횡단
한국사

횡단 한국사

연표로 가로지르는 한반도 121년,
1901~2021

장석봉 기획·집필

궁리
KungRee

머리말

역사는 이야기이다. 소설도 이야기이고 영화도 이야기이다. 다른 점이 있다면 역사는 허구가 아니라 사실들의 연결이라는 것이다. 더 정확히는 사실로 확인된 것들을 연결해 만든 이야기이다. 그리고 소설이나 영화처럼 역사에도 등장인물들과 화자가 있다. 누가 누구를 주인공으로 삼아 이야기하느냐에 따라 이야기는 달라진다. 그래서 누군가는 역사는 힘 있는 자들이 만든 이야기라고 말하기도 한다. 객관적인 역사, 중립적인 역사 그런 건 애초부터 존재하지 않는다.

이 책은 1901년부터 2021년까지의 한국과 세계 근현대 역사를 담은 연표이다. 한 해 동안 벌어진 일들에 허락된 지면은 단 두 쪽이다. 이 안에 어떤 사건을 담을지 담지 않을지는 선택의 문제이다. 그리고 모든 선택에는 어려움이 따르게 마련이다. 하물며 '역사'라는 거대한 주제 앞에서 무엇을 넣고 무엇을 뺄지를 선택하는 것은 훨씬 더 어려운 문제이다. 내가 연표에 생략한 어떤 사건이 누군가에게는 내가 연표에 담은 그 어떤 사건들보다 훨씬 더 중요한 사건일 수도 있기 때문이다.

이 책을 쓸모 있는 책으로 만들기 위해 많은 공을 들였다. 단순한 사실들의 나열이 되는 것을 막기 위해 간략하게나마 설명이나 해석을 달았고, 시각 자료들도 되도록 시원시원하게 쓰려고 했다. 그리고 이 책에 실린 날짜나 사실은 확인할 수 있는 한 최대한 확인하려고 노력했다. 사실들의 연결이 아니라 오류들의 연결이 되는 일을 막기 위해서였다. 그리고 이 과정에서 많은 이의 도움을 받았다. 이 책이 누군가의 쓸모 있는 공구서가 되어 좋은 이야기, 좋은 역사 이야기를 만들어내는 데 도움이 되기를 바란다.

한 후배에게 이 책의 교정지를 보여주며 조언을 구한 적이 있다. 그때 그가 한국의 역대 대통령을 모은 인포그래픽 속 사진들을 보며 혼잣말을 했다. "어째 이렇게 제대로 된 사람이 적지…." 그리고 이 책을 만드는 작업이 막바지에 들어섰을 때, 어쩌면 역사가 한순간에 뒤바뀔지도 모를 사건이 일어났다. 그 와중에 명색이 국회의원이란 자가 "나 욕 많이 먹었어. 그런데… 내일, 모레, 1년 후에 국민은 다 달라져."라는 말을 했다. 그랬다. 답은 망각에 있었다. 그는 시간이 지나면 이번 일도 사람들의 기억 속에서 사라지고 전부 다시 자신을 "찍어"줄 것이라는 믿음이 있었던 것이다. 그리고 지난 과거를 살펴보면 어느 정도는 수긍을 할 수도 있는 말이었다.

그래서 또 다른 바람이 생겼다. 잘못을 저지른 자들이 벌인 행위들이 '망각'되지 않는 데 이 책이 조금이나마 도움이 되었으면 한다. 그래서 그 국회의원으로 대표되는 힘 있는 자들의 믿음이 얼토당토않은 헛소리임이 이제는 완벽하게 증명되었으면 좋겠다.

2025년 8월

장석봉

차례

머리말 5 | 이 책을 읽는 방법 8 | 일러두기 11

1901~1910	1910~1945	1945~1948
대한제국	일제강점기	미군정기
12	36	112

| 1948~2021 | 인포그래픽으로 보는 역사 |

대한민국

120

20	비행기의 역사
34	대한제국의 길
58	삼일운동
92	우리가 먹고 마시고 써 온 것들
128	한국전쟁
140	베트남전쟁
168	100m 세계 기록 추이
169	마라톤 세계 기록 추이
174	산업재해로 쓰러져 간 사람들
200	한국시리즈 우승팀
242	축구의 역사
254	주요 정당 변천사
276	대한민국의 대통령
282	한국영화 100년

| 주(註) | 289 | 도입부 인용문 출처 | 308 | 사진 및 그림 출처 | 314 |
| 참고자료 | 316 | 찾아보기 | 323 |

이 책을 읽는 방법

① 대한제국, 일제 강점기, 미군정기, 대한민국 네 시대를 바탕색을 달리 써 구분했다.

② 해당 연도에 일어난 핵심적인 사건을 선정했다.

③ 해당 사건이 시각적으로 잘 드러나는 사진을 비롯해 그림, 스틸 컷, 포스터, 콜라주 등 이미지 자료를 활용했다.

④ 이미지 자료를 설명하는 글이다.

⑤ 해당 사건의 성격이 잘 드러나는 인용문을 실었다. 출처는 책 뒷부분에서 주(註)로 밝혔다.

⑥ 우리나라와 관련된 사건을 실은 섹션이다.

⑦ 우리나라와 관련된 날짜는 붉은색으로, 나라 밖 항목은 녹색으로 표시했다.

⑧ 주요 역사적 사건은 진하게 표시했다.

⑨ 나라 밖에서 일어난 사건을 실은 섹션이다.

⑩ 문화, 과학·환경, 스포츠로 섹션을 나누어 정치나 사회 분야에 해당하지 않는 사건을 실은 섹션이다.

⑫ 해당 연도를 인상적으로 보여주는 이미지를 선정해 실었다.

⑬ 도표, 그래프, 지도 등을 활용해 해당 역사적 사실을 좀 더 객관적이고 풍부하게 이해할 수 있게 했다.

⑭ 해당 연도의 시대상을 엿볼 수 있는 항목들을 정리했다.

⑯ 항목들은 작품성뿐 아니라 대중성, 시대적 분위기 등을 고려하여 선정했다.

⑰ 이 해에 세상을 뜬 사람들을 정리했다.

⑪ 이해를 돕는 시각 자료를 실었다.

1901

2021

일러두기

① 이 책은 1901년부터 2021년까지의 한국 근현대사를 다룬다. 2022년 이후는 아직 객관적 거리를 갖기에 이르다고 판단했기 때문이다. 이에 따라 이 책의 경계선을 2021년으로 정했다. 2022년 이후의 역사는 조금 더 시간이 흐른 뒤 차분히 정리하려 한다. 그날이 오면 독자 여러분과 함께 역사의 다음 장을 써 내려가길 기대해본다.

② 맞춤법과 외래어 표기는 국립국어원의 기준을 따랐다.
다만 신문, 잡지 등 당대 자료를 발췌한 경우 원문 그대로 실었다.

③ 본문에는 해당 사건들이 일어난 날짜를 표기하고 있는데, 날짜를 알 수 없거나 확실하지 않은 경우는 '동그라미(○)'로 표시했다. 붉은색은 우리나라와, 녹색은 나라 밖에서 벌어진 일과 관련된 날짜이다. 모든 날짜는 현지 시간을 기준으로 했다. 또한 본문에 등장하는 화살표(→)는 주(註) 코너에 추가 설명이 있다는 표시이다.

④ 약물은 다음과 같이 표기했다.

단행본, 신문, 잡지, 앨범: 《 》
논문, 영화, 드라마, 음악, 미술 작품, 법령 제목: 〈 〉
기사 제목: ' '

⑤ 각 연도별 〈0000년 풍경〉은 한반도의 생활상을 담은 미시사 코너로, 궁리출판 이갑수 대표(《나무와 돌과 어떤 것》 저자)가 집필했다.

⑥ 〈이 해에는〉은 해당 연도에 발간된 문화·예술 작품이나 영향력 있는 인물이 사망한 궂긴 소식을 담은 코너로, 기준 삼은 날짜는 아래와 같다.

책: 초판 출간 연도(번역판 제외)
음악: 발표한 연도(리메이크작의 경우 원곡 발표 연도)
영화: 정식 개봉일(시사회, 페스티벌 개봉 연도 제외)

⑦ 이 책에 사용된 도판은 최대한 저작권 확인을 거쳤으나, 저작권자가 불분명하거나 연락이 닿지 않은 경우가 있었다. 추후 연락이 이루어질 경우 저작권 해결에 최선을 다할 것임을 밝힌다. 사진 및 그림자료 출처는 314쪽에 있다.

1901~1910

대한제국

1901년

최악의 가뭄과 함께 시작된 한반도의 20세기

"가뭄, 전염병, 죽음이 몇 달 동안 조선에 창궐했다."

↑ "고금에 어찌 올해와 같은 한재(旱災)가 있었겠는가? 각도(各道)에 가뭄과 비의 정도가 같지 않은데 비가 내려 어느 정도 수확을 기대할 만한 곳이 간혹 있지만 애당초 이앙(移秧)하지 못한 데가 많아서 들판이 황무지로 되었고 경색(景色)이 스산하여 어디라 할 것 없이 흉년이 들 것이 이미 명백하여졌다. 아직 가을도 되기 전인데 백성들이 굶주림을 당할 걱정을 하고 떠돌며 먹을 것을 바라는 참상은 듣기에 더없이 참혹하다." 이해 가을 고종의 두려움에 찬 근심처럼 조선의 20세기 새로운 100년은 시련과 역경으로 막을 열었다. 나라 밖 상황 역시 만만치 않았다.

↓ 2021년 3월, 《인민일보》는 '두 신축년의 대비'라는 사진을 올리며 "중국인과 말할 때는 태도에 주의하라"고 일갈했다. 신장 위구르족 인권 문제 등을 거론하며 서방이 중국을 거세게 압박하는 상황에서 자국이 120년 전과는 완전히 다른 나라가 되었다는 자신감을 드러낸 것이다.

평소에는 평화를 사랑하고 법을 지키는 사람들이 가족과 자신을 기아에서 구할 수 있는 식량을 빼앗기 위해서 무리를 지어 다니며 시골사람들을 괴롭혔다. … 전국적으로 무정부 상태가 지속되었고, 사람들의 절실한 필요는 그들을 필사적으로 내몰았다. … 조선은 몇 달 만에 햇빛과 안식의 평화롭고 행복한 땅에서 불행, 가난, 불안의 황무지로 돌변했다. 구호 수단은 빈약했고, 쌀을 수입하긴 했지만 쌀을 살 돈이 없는 많은 사람은 굶어 죽었다. 이러한 재난에 대비할 효율적인 기관이 없다는 것이 혼란을 더욱더 가중시켰다.
— 앵거스 해밀턴, 《러일 전쟁 당시 조선에 대한 보고서》

대한제국

2. 경인철도회사 종업원들, 임금인상을 요구하며 파업. 국내 최초의 철도노동자 투쟁이었다.

2. 12. 〈화폐조례〉 공포. 화폐발행권의 정부귀속을 명시하고, 당시 유통되던 1엔 은화 유통을 금지시켜 화폐 주권 회복을 시도했다. 기존 은본위제를 대체한 한국 최초의 금본위제였던 이 법령에 따라 금 2푼(약 0.75g)의 가치가 1환으로 규정됐다.

3. 23. 벨기에와 수호통상조약 체결. 벨기에는 당시 스위스와 함께 국제사회가 인정하는 중립국이었고, 이 수교는 대한제국이 영세 중립국으로 자리 잡는 일에 대한 지원을 얻기 위한 바람도 있었다.

5. 28. 신축의거. 이재수 등 제주 주민들이 탐관오리들과 결탁해 횡포를 일삼던 프랑스 천주교 세력에 맞서 제주성을 함락시켰다. 이 민란으로 300여 명의 사망자가 생겼다. 신축민란, 이재수의 난이라고도 불린다. 한편 가톨릭 쪽에서는 제주신축교난이라 부르며 자신들이 박해받았음을 강조하기도 한다.

6. 17. 한성전기회사, 경운궁에 전등 여섯 개를 시험 가동. 국내 최초의 영업용 전등이었다.

8. 20. 국내 두 번째 철도 노선인 경부선의 북부 기공식이 서울 영등포 정차장에서 열렸다. 남부 기공식은 9월 21일에 부산 초량에서 열렸다.

8. 25. 방곡령 실시. 경기도와 충청도의 극심한 흉년으로 시장에서 미곡이 자취를 감춰 돈이 있어도 쌀을 구할 수 없는 상황에 이르자 대한제국 정부는 7월 25일 곡물의 수출을 금하는 방곡령을 실시할 것이라고 예고했다. 이날 실시된 방곡령은 11월 25일 해제된다.

9. 13. 베트남에서 수입한 쌀[安南米]이 인천항에 도착. 앞선 8월 17일 탁지부대신 이용익은 안남미 30만 섬을 들여오기로 결정했다고 밝혔고 그중 일부가 이날 도착했다. 심각해진 기근과 쌀의 일본 수출로 식량 부족이 심해진 데 따른 결정이었다.

10. 9. 혜민원 설치 결정. 굶주리는 인민을 진휼하며 풍년이 든 때에 지극히 '곤궁하고 의지할 데 없는 홀아비, 홀어미, 부모 없는 어린이, 자식 없는 늙은이를 구호하는 일'을 관장하는 관청이었다.

10. 10. 신축의거로 체포되어 서울로 압송된 장두 40여 명 중 오대현, 강우백, 이재수가 사형에 처해짐. 3년 후인 1904년 제주 주민들은 프랑스 공사에 배상금 6315원을 납부한다.

10. 20. 〈지계아문직원급처무규정〉 반포. 이 칙령 제21호에 근거해 오늘날의 등기부와 같이 토지소유권을 법적으로 보장하는 관계(官契)를 발급하기 위한 지계아문(地契衙門)이 설치된다.

11. 16. 수옥헌, 화재로 전소. 황실의 귀중 도서, 인장, 어진 등이 보관되어 책고(冊庫)로도 불렸다. 현 덕수궁 중명전 자리에 있었다.

11. 27. 외부(외무부), 정동 근처에서는 고층건물 신축을 금지할 것을 각국 공사관에 통지. '정동 한 곳만은 만백성이 삼가고 우러르는 황궁과 가까운 곳이니 나라의 체모에 관련'이 있다는 이유였다.

세계

1.1 [오스트레일리아] 영국에서 독립, 오스트레일리아 연방 성립. 뉴사우스웨일스 등 6개 주가 연방에 참여했다.

1.22 [영국] **빅토리아 여왕**, 81세의 나이로 세상을 뜸. 1837년부터 시작된 그의 치세 기간, 영국은 '해가 지지 않는 나라'로 불릴 정도로 전성기를 구가했다. 맏아들인 에드워드 7세가 승계했다.

4.19 [필리핀] 제1공화국이 해체됨. 3월 23일 미군에 체포된 에밀리오 아기날도 대통령이 이날 미국에 충성을 맹세하고 필리핀에 대한 미국의 주권을 인정했다. 이로써 필리핀 제1공화국이 채 2년도 유지하지 못하고 퇴장했다. 미국의 통치는 이후 1946년까지 지속된다.

5.14 [멕시코] 첫 원유 생산. 이날 에바노 유전에서 채굴된 50배럴의 원유와 함께 멕시코는 산유국이 됐다. OPEC 회원국은 아니지만 2023년 기준 생산량은 세계 11위이다.

5.18 [일본] 사회민주당 창당. 일본 최초의 사회주의 정당이지만, 20일 정부 당국이 금지처분을 내리면서 창당 이틀 만에 해산됐다.

9.6 [미국] 윌리엄 매킨리 대통령, 피습. 팬아메리칸 박람회 참석 도중 무정부주의자의 총격을 받고 일주일 뒤인 14일 사망했다. 부통령인 시어도어 루스벨트가 대통령직을 승계했다.

9.7 [청] **신축조약** 체결. 의화단의 난이 서구 8개 연합국에 의해 진압되고 청과 열강 11개국 사이에 베이징에서 체결된 이후 청은 사실상의 식민지로 전락했다. 더불어 배상금 4억 5000만 냥을 지급해야 했다. 배상은 1938년에야 모두 끝난다. 이 조약은 베이징 의정서라고도 불린다.

9.14 [미국] 시어도어 루스벨트 제26대 대통령 취임. 역대 미국 대통령 중 최연소(42세)로 취임한 대통령이다.

12.10 [스웨덴/노르웨이] **첫 노벨상 시상**. 다이너마이트를 발명한 스웨덴의 알프레드 노벨의 유언에 따라 제정된 노벨상의 첫 시상식이 스웨덴 스톡홀름에서 열렸다. X선을 발견한 독일의 빌헬름 뢴트겐(물리학)을 포함해 화학, 생리·의학, 문학 등 네 개 분야의 수상자가 상을 받았다. 장 앙리 뒤낭과 프레데리크 파시가 공동 수상한 평화상 시상식은 오슬로에서 열렸다. 1969년부터는 경제학상이 추가된다.

↘ 신축의거는 교폐(敎弊, 교회가 들어서면서 생겨난 민간 폐해)와 세폐(稅弊)에 대한 민중의 항거였다. 제주 서귀포시 대정읍에는 강우백, 이재수, 오대현 등 세 의사(義士)를 기리기 위해 마을 사람들이 세운 '제주 대정 삼의사비'가 있다. 이 비의 뒷면에 적힌 비문은 이렇게 시작한다. "여기 세우는 이 비는 종교가 무릇 본연의 역할을 저버리고 권세를 등에 업었을 때 그 폐단이 어떠한가를 보여주는 교훈적 표식이 될 것이다."

문화 / 과학·환경 / 스포츠

문화

3.15 [프랑스] 파리의 베르넴-죈 갤러리에서 대규모 **고흐 회고전** 열림. 앙리 마티스, 모리스 드 블라맹크 등 젊은 화가들을 열광시켜 야수파의 출현에 기여했다.

6.24 [에스파냐] 파블로 피카소, 첫 개인전. 파리의 볼라르 화랑에 전시된 작품 중 일부는 피카소의 '청색 시대' 작품으로 불린다.

9.7 고종 50회 탄신 축하연. 덕수궁에서 열린 이날 연회에서 군악대(侍衛第一聯隊)가 독일인 프란츠 에케르트의 지휘로 서양 음악 두 곡(이탈리아 가곡 한 곡, 독일행진곡 한 곡)을 연주했다. 군악대의 초연이었다.

11.9 [러시아] 세르게이 라흐마니노프, 〈피아노 협주곡 2번〉 초연. 자신이 직접 피아노를 연주하고 알렉산드르 질로티가 지휘한 이날 공연으로 그는 한동안의 부진을 딛고 재기에 성공했다. 이 작품은 후기 낭만주의의 걸작으로 평가받고 있다.

○ 구스타프 클림트의 〈유디트와 홀로페르네스〉. 흔히 '유디트 1'로 불리는 이 작품은 그의 '황금 양식' 시기의 시작을 알리는 그림이었다.

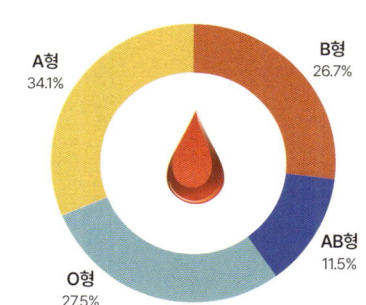

과학·환경

8.30 [영국] 허버트 세실 부스, 전기 진공청소기 특허 획득.

11.25 [독일] 알로이스 알츠하이머, 50세 여성 아우구스테 데터 검진 시작. 급격한 기억상실 증상을 보이며 "저 자신을 잃어버렸어요"라는 말을 자주 하던 이 환자는 이듬해 증상이 악화되던 중 패혈증으로 사망했다. 알츠하이머는 다른 동료 의사들과 함께 환자의 뇌를 해부하고 그 안에서 알츠하이머 신경섬유매듭들을 발견했다. 치매의 가장 흔한 형태인 이 병은 후에 알츠하이머병으로 명명됐다.

12.12 [이탈리아] 굴리엘모 마르코니, 세계 최초로 **대서양 횡단 무선 신호 수신**. 영국 폴듀에서 3500km 떨어진 영국령 뉴펀들랜드(현 캐나다 지역)의 세인트존스로 보내진 첫 무선 신호는 모스 부호의 문자 'S'였다.

○ [오스트리아] 카를 란트슈타이너, 인간의 혈액을 적혈구의 응집 반응에 따라 세 그룹(ABC)으로 분류. 그의 분류법은 오늘날 ABO식 혈액형(AB, A, B, O)의 토대가 됐다.

스포츠

4.24 [미국] 아메리칸 리그의 첫 경기 열림. 시카고의 사우스 사이드 파크에서 열린 이 경기에서 시카고가 클리블랜드에 8-2로 이겼다.

1901년 풍경

근대는 철도의 달음박질, 기차의 기적소리와 함께 출발했다. 모든 길은 제 안으로 들어와 지나다니는 이를 차별하지 않는다. 사람, 동물, 자동차 등 발이나 바퀴가 있으면 누구든 이용 가능하다. 철도는 전용 궤도가 있어 궁합이 꽉 맞는 바퀴를 갖추었다. 이를 통해서 마찰력을 획기적으로 줄여 속도를 오래 일정하게 유지할 수 있게 되었다. 이런 철도를 통해 물자는 대량으로 신속하게 이동하여 적재적소에 배치될 수 있었다. 기차의 등장으로 전통적인 지리 개념은 해체되고 근대적인 시공간이 새로 탄생하였다. 기차는 축지법의 도사였다. 덕분에 인간의 활동 범위가 대폭 늘어났다. 철도 없는 산업화, 기차 없는 근대화는 상상할 수 없다. 경부선 철도가 첫삽을 떴다. 이후 경부선을 비롯해서 철도를 통해 어마어마하게 내달린 속도와 거리가 여기까지 도달한 우리의 역사다. 기차는 홀로 떠나고 혼자 도착하지 않는다. 기차는 시대를 싣고 시간을 관통하며 달리고 달리고 또 달리며 오늘도 달린다.

한국인의 혈액형 비율

- A형 34.1%
- B형 26.7%
- AB형 11.5%
- O형 27.5%

이 해에는

책
- [영국] 《피터 래빗 이야기》, 비어트릭스 포터 (개인 출판, 정식 출판은 1902년)
- [독일] 《논리 연구 2: 현상학과 인식론 연구》, 에드문트 후설

노래
- [미국] 〈성조기여 영원하라〉, (작곡, 존 필립 수자)
- [일본] 〈황성의 달〉, (작곡, 다키 렌타로)

영화
- [영국] 〈불이야〉, 제임스 윌리엄슨

궂긴 소식
- 1.22 빅토리아 영국 여왕
- 1.27 주세페 베르디 (이탈리아의 작곡가)
- 2.3 후쿠자와 유키치 (일본의 계몽사상가)
- 9.9 앙리 드 툴루즈 로트레크 (프랑스의 화가)
- 11.7 리훙장 (청나라의 정치인)

1902년

하와이 이민

↑ 20세기 벽두, 한반도에는 가뭄과 홍수로 인한 식량난이 생기고 전염병이 창궐했다. 이 무렵 대한제국의 곳곳에 호레이스 앨런 주한미국공사가 추진한 미국 이민 공고가 나붙기 시작했다. 이미 하와이의 사탕수수밭 농장주들은 1850년대부터 중국인과 일본인 등 아시아계 노동자들을 고용해 쓰고 있었다. 그러나 급등하는 설탕 수요를 감당하기 어려워진 그들은 새로운 노동력을 찾아 나섰고, 입에 풀칠하기조차 어려웠던 대한제국의 국민들이 그 대상이 된 것이다. 한국에서 근대적 의미의 이민은 그렇게 1902년 121명이 일본 배 겐카이마루를 타고 제물포항을 떠나며 시작됐다. 2023년 현재 총 181개국에 7,081,510명의 재외동포가 체류하거나 거주하고 있다.

↓ 손탁 호텔 개관. 프랑스 태생 독일인인 앙투아네트 손탁이 정동에서 운영한 이 호텔은 한양에서 가장 유명한 서양식 호텔이자 대표적인 사교 공간이었다. 더불어 구한말의 중요한 역사의 현장이었다. 손탁빈관, 한성빈관이라는 이름으로도 불렸다.

"월급은 미국 금전으로
매삭 십오 원씩이요
일하는 시간은 매일
십시 동안이요.
일요일에는 휴식함"
— 〈하와이 이민 모집 홍보물〉

나는 4시 30분에 일어나 아침을 먹었다. 새벽 5시에 일터로 나가야 하고 5시 30분부터 일을 시작하여 오후 4시 30분까지 일을 했다. 점심시간 30분이 고작 휴식 시간이었다. 십장은 하와이 말로 루나로 불렸는데 나의 십장은 독일인이었다. … 그는 우리를 소나 말처럼 다루었다. 만약 그의 명령을 어기면 사정없이 뺨을 맞거나 채찍질을 당했다. 우리들은 해고될까 두려워 그의 학대에 대항할 수 없었다. 우리들은 증명 카드로서 번호표를 줄곧 달고 있었고, 이름은 쓰지 않고 번호를 대신 썼다. 나는 막사에 살았다. 숙소는 사병들의 막사같이 생긴 판잣집이었다. 한 칸에 미혼 남자 네 사람씩 기거했다. 이부자리는 한 사람당 담요 한 장뿐이었다. 가끔 나는 찌는 듯한 실내 더위로 전혀 잠을 이룰 수 없었다. … 일당은 남자는 67센트, 여자는 50센트였다. 한 달 월급은 16불이었고, 통역관은 30불이었다고 한다. 이 돈으로 생활을 겨우 유지할 정도였다.
— 라철삼, 《아메리카의 한인들》

대한제국

1. 13. 함경남도 갑산에서 동광 붕괴 사고 발생. 갱도가 무너지면서 광부 600여 명이 사망했다.

3. 20. 통신원, 한성-인천 간 전화 개통. 한성전보사와 인천전보사 사이의 이용 요금은 첫 5분간 은화 50전, 이후 5분당 50전씩 추가됐다. 요금은 미리 내야 했으며 납부한 후에는 돌려받지 못했다. 기존의 관용 전화와 달리 일반 국민도 사용할 수 있는 국내 최초의 공중전화였다.

5. 8. 서북철도국, 경의선 철도 기공식 거행. 서북철도국은 서울-신의주 간 철도를 놓기 위해 1900년 궁내부(宮內府)에 설치된 기관이었다. 경의 철도 부설권은 원래 프랑스가 가지고 있었으나 자금 사정 등의 이유로 포기했다.

5. 20. 일본 제일은행, 지폐 발행. 이날 제일은행은 부산에서 한국 정부의 허가도 없이 무단으로 1원권을 발행했다. 8월에 5원권, 12월에 10원권을 추가 발행하여 상인들의 배척운동에 직면했지만, 통감부가 제일은행에 대한제국 발권 은행 지위를 부여한 1905년 이후 1910년 한국은행권이 발행될 때까지 법화로 통용됐다.

6. 서북지방에 콜레라 창궐. 9월에는 전국으로 퍼졌고 서울에서만 매일 50~250명이 사망했다.

7. 15. 덴마크와 조정수호통상조약 체결. 대한제국이 외국과 맺은 마지막 수호조약이었다. 덴마크는 당시 정말국(丁抹國)으로 불렸다.

8. 15. 프란츠 에케르트가 작곡한 〈대한제국 애국가〉를 공식 국가로 제정. 가사는 이렇게 시작된다. "상제는 황제를 도우사 성수무강하사 해옥주를 산같이 쌓으소서."

10. 18. 전환국(典圜局), 고종황제 어극(御極) 40주년 기념우표 발행. 이 땅에서 발행된 최초의 기념우표이자 대한제국 유일의 기념우표로 모두 5만 장이 발행됐다.

12. 22. 제1차 하와이 이민자 출국. 제물포항에서 121명이 출발했다. 한국 최초의 공식 '이민의 시작'이었다. 일본 나가사키항을 거쳐, 이듬해 1월 13일 호놀룰루 상륙 허가를 받은 이는 86명이었다. 이들은 사탕수수 농장의 계약 노동자로 일했다. 1905년 8월 8일까지 총 64회에 걸쳐 7000명이 넘는 대한제국 국민이 태평양을 건너간다.

SONTAG HOTEL SEOUL KOREA. J. BOHER PROPRIETOR.

세계

1. 10. [뉴질랜드] 엘런 도허티, 세계 최초로 국가 공인 간호사 면허 취득. 뉴질랜드는 간호사 등록법을 시행한 세계 최초의 국가이다.

". 30. 시베리아 철도 개통.

". 30. [영국/일본제국] **영일동맹** 체결. 영국과 일본은 러시아 제국의 남하 정책에 대항할 목적으로 런던에서 군사 동맹 조약을 체결했다.

2. 1. [청] 만한불통혼(滿漢不通婚, 만주족과 한족의 결혼 금지) 폐지. 전족 금지령 공포.

2. 15. [독일] 베를린에 지하철 개통.

4. 8. [러시아/청] 〈러청만주철병조약〉 체결. 이 조약에 의해 러시아는 6개월 이내에 만주에서 철군을 시작하기로 했다.

4. 29. [미국] 〈중국인 배척법〉 효력 무기한 연장. 중국인 노동자의 입국을 금지하는 이 법은 1882년 처음 제정되었고, 1902년 10년이 연장되었다가 다시 이날 무기한으로 연장됐다. 더불어 '모든 중국인 거주자는 등록을 하고 거류증명서를 발급받아야 하며 증명서가 없으면 추방된다'는 조항이 추가됐다. 이 법은 1943년에 폐지된다.

5. 20. [쿠바] 토마스 에스트라다 팔마 **쿠바 공화국** 초대 대통령 취임. 쿠바의 새 헌법이 발효되어 공화국이 성립되고, 그의 취임과 함께 미국의 첫 번째 점령은 끝을 맺었다. 그러나 미국은 이후로도 다시 군사적으로 개입해 쿠바를 점령한다.

6. 2. [미국] 대규모 석탄 노동자 파업. 펜실베이니아에서 15만 명이 참여한 이 파업의 결과 미국 정부는 10% 임금 인상과 9시간 노동을 인정했다. 이는 노사관계에 정부가 적극 개입하여 중재한 첫 사례가 됐다.

6. 16. [오스트레일리아] 모든 성인 여성에게 참정권 부여. 1893년 뉴질랜드에 이어 두 번째였다.

6. 28. [미국] 파나마 운하 건설을 위한 부지 매입 결정. 이날 스푸너 법이 의회를 통과함으로써 '4000만 달러를 초과하지 않는 비용'으로 부지와 권리를 프랑스 측으로부터 구입하는 것이 승인됐다.

11. 21. [콜롬비아] 천일전쟁 종식. 보수당과 자유당의 갈등으로 1899년에 발발해 1,130일간 이어진 이 내전으로 당시 10만~15만 명이 사망한 것으로 추정된다.

12. 10. [영국 보호령 이집트] 아스완 댐 완공. 1898년 영국이 나일강에 건설을 시작한 댐이 이날 완공됐다. 완공 당시 세계에서 가장 큰 댐이었지만, 용량 부족으로 이후 두 차례 증축됐다. 그럼에도 결국 관개 수요를 충족시키지 못해 약 6km 떨어진 상류에 댐을 더 건설하게 된다. 일반적으로 아스완 댐은 이 상류의 댐을 지칭하고, 하류의 댐은 아스완 저지 댐으로 불린다.

문화 / 과학·환경 / 스포츠

문화

2. 4. 황실, 희대 설치. 조선인이 설치한 최초의 상설 실내극장이다. 황실 내탕금 4만 원으로 유럽식 극장 모양으로 한성에 세워진 약 500석 규모의 이 극장은 통칭 협률사 혹은 원각사라 불렸다.

4. 11. [이탈리아] 엔리코 카르소, 아리아 음반 녹음. 이 전설적인 테너가 밀라노의 호텔에서 녹음한 아리아 곡들은 그라모폰사에서 출시되어 날개 돋친 듯 팔려나갔다.

7. 2. 세키노 다다시 입국. 이날 부산에 입항한 그는 두 달 일정으로 한국의 고건축과 유적을 조사해 1904년 도쿄 대학에 《한국건축조사보고》를 제출했다. 후에 조선총독부 고적조사위원회 위원으로 임명되어 유적의 발굴 조사를 담당한 그는 방대한 양의 논문과 저서를 남겼다. 식민지 문화유산에 대한 왜곡된 시각이 작용했음에도 그의 학술 활동과 연구 성과는 당시 한국인 연구자들에게 '과학적, 근대적' 연구로 받아들여졌다.

9. 1. [프랑스] 조르주 멜리에스의 〈달세계 여행〉 개봉. 파리의 로베르 우댕 극장에서 개봉된 이 채색 영화는 사상 첫 SF 영화였다.

과학·환경

4. 20. [프랑스] 피에르 퀴리와 마리 퀴리, 염화 라듐 정제에 성공.

10. 10. 도량형법 제정. '도량형기의 제조와 검정에 대한 사무를 총괄'하는 기관으로 7월 궁내부 산하에 설치된 평식원이 〈도량형 규칙〉을 제정해 이듬해 7월 1일 시행되었지만, 실질적인 도량형 개혁까지는 나가지 못했다. 당시 미터법은 '미돌법(米突法)'이라 불렸다.

11. 17. 지석영, 《황성신문》에 '양매창론(楊梅瘡論)' 기고. 이 글에서 그는 매독의 위험성을 대중에게 알렸다.

○ [미국] 윌리스 캐리어, 에어컨 설계 도면 완성. 습도와 온도를 동시에 조절하는 이 장치는 이듬해인 1903년 뉴욕 브루클린에 있는 출판사 건물에 처음으로 설치됐다. 최초의 현대식 에어컨이었다.

스포츠

3. 6. [에스파냐] 축구 클럽 마드리드 CF 창단. 축구광인 알폰소 13세가 '레알'이란 칭호를 하사했고, 팀명 앞에 '왕실'을 뜻하는 이 단어가 붙여졌다. 레알 마드리드는 2000년 루이스 피구의 영입을 시작으로 '갈락티코스' 정책을 펴 지내던 지단, 호나우두, 데이비드 베컴, 크리스티아누 호날두 등의 슈퍼스타를 불러 모아 2012년까지 5번의 라 리가 우승과 2번의 UEFA 컵 우승을 거두며 '은하수'에 걸맞은 전성기를 구가한다.

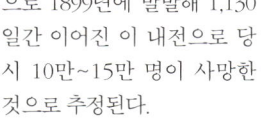

← 6개 조로 구성된 영일동맹 조약의 핵심은 영국과 일본이 각각 청나라와 대한 제국에 대한 특별한 권익을 인정하고, 상대국이 이들 국가와 전쟁을 할 경우 중립을 지킨다는 것이다. 특히 이 동맹을 통해 위신과 자신감이 높아진 일본은 2년 후 러일전쟁을 감행한다. 이 조약은 1905년과 1921년에 두 차례 개정되면서 공수동맹의 성격이 더욱 강화된다. 영일동맹을 통해 양국 모두 막대한 이익을 얻는다.

1902년 풍경

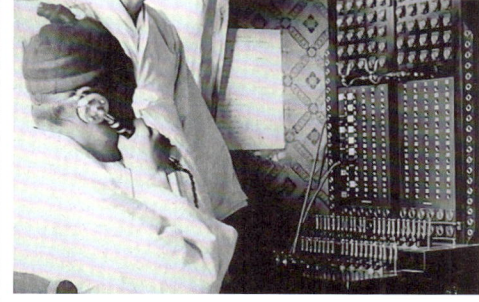

발 없는 말이 천 리 간다. 낮말은 새가 듣고 밤말은 쥐가 듣는다. 말의 위력을 누구보다 잘 알지만 입에는 문이 없어 단속하기가 퍽 힘들다. 한번 뱉은 말은 엎질러진 물과 같은 것이라서 그 사용에 있어 엄중함과 신중함을 기울여야 한다. 그래서 저런 속담도 만들어졌으리라. 전기의 도움 없이 오로지 육성에만 의존했던 시절, 목소리의 반경은 교실이나 운동장 정도였을 것이다. 대부분 얼굴 마주보고 말을 섞었다. 전화기가 도입된 이래, 말은 못 가는 곳이 없다. 길을 벗어나서도 간다. 선이 없어도 간다. 전화기가 들어오고 발신자와 수신자를 교환, 연결하는 저곳은 종교시설에서 기도라도 드리는 듯 경건한 분위기가 물씬하다. 그만큼 말을 받드는 데 정성을 기울였다는 것일까. 하지만 이중의 누구도 사람이 핸드폰의 노예가 될 줄은 꿈에도 몰랐으리라.

대한제국의 외교

	수교일	단교일	조약
일본제국	1876. 2.27	1910. 8.29	강화도 조약
미국	1882. 5.22	1905.11.17	조미수호통상조약
대영제국	1883.11.26		조영수호통상조약
독일제국	1883.11.26		조독수호통상조약
이탈리아 왕국	1884. 6.26		조이수호통상조약
러시아 제국	1884. 7. 7		조로수호통상조약
프랑스	1886. 6. 4		조불수호통상조약
오스트리아-헝가리 제국	1892. 6.23		조오수호통상조약
청나라	1899. 9 11		한청통상조약
벨기에	1901. 3 23		한백수호통상조약
덴마크	1902. 7.15		한정수호통상조약

이 해에는

책

3. 25. [영국] 《바스커빌 가문의 개》, 아서 코난 도일

10. [러시아] 《상호부조론》, 표트르 크로폿킨 (망명 중인 영국에서 영어로 출간됨)

○ [영국] 《제국주의론》, 존 앳킨슨 홉슨

○ [영국] 《어둠의 심연》, 조지프 콘래드

○ [러시아] 《무엇을 할 것인가》, 블라디미르 레닌

○ [프랑스] 《과학과 가설》, 앙리 푸앵카레

영화

○ [프랑스] 〈달세계 여행〉, 조르주 멜리에스

굳긴 소식

6. 11. 헨리 아펜젤러 (미국의 선교사)

9. 29. 에밀 졸라 (프랑스의 소설가)

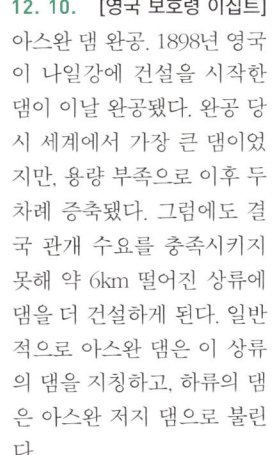

1903년

폭풍전야, 급박한 국제 정세

↑ 1903년 청일전쟁 후 러시아는 중국 만주에 대한 지배를 강화함과 동시에 조선으로도 진출을 꾀하고 있었다. • 러시아가 만주를 점령하게 되면 조선이 러시아의 직접적인 위협 아래 놓일 것이라고 본 일본은 •• 러시아를 상대로 전쟁을 준비했다. 이렇듯 한반도를 둘러싼 긴장이 고조되는 가운데 1903년 대한제국은 군비 확충과 함께 전시중립화 방안을 제시했다. 그러나 전쟁은 피할 수 없었고, 이듬해 일본은 전쟁을 개시한다.

↓ 12월 17일. 라이트 형제가 미국 노스캐롤라이나주 키티호크 인근에서 가솔린 엔진을 장착한 비행기 '라이트 플라이어'를 각각 2회씩 총 4회 조종했다. 첫 번째 비행에 나선 형 오빌은 12초 동안 120피트(36.5m)를 날았다. 비행시간도, 거리도 모두 짧았다. 그러나 '진정한 비행'에 성공한 것만큼은 분명했다. •

> "현재 우리 한국은
> 위기에 처해 있어
> 위태로운 상황이다."

아! 우리 전국의 동포분 여러분, 현재 우리 한국은 위기에 처해 있어 위태로운 상황이다. 마치 알을 쌓아놓은 것처럼 위험한 상황이며, 마치 술렁이는 물결과 같은 형세이다. 가장 슬프고 한탄스러운 것은 세계 각국이 모두 자신의 힘과 위세를 자랑하며 우리를 압박하고 멸시하여 괴롭히고 위협하는 것이다. 우리나라 안의 농업, 산업, 광산, 삼림, 철도, 우편, 어업, 상업 등 모든 이익을 빼앗아 가려 하니 이는 참으로 견디기 어려운 상황이다. …

동포 여러분은 우리 부모의 나라가 장차 외적의 땅으로 전락할 것이라는 점을 잘 생각하고 분발하여 스스로를 버리지 말고 임금에게 정책을 제시하거나 정부에 계획을 제시하여 마음을 하나로 합쳐 외세가 우리를 침략하고 멸시하지 못하도록 하고 우리 부모의 나라가 외적의 소유가 되지 않도록 해야 한다. 그래야만 우리 국민으로서의 책임을 다할 수 있다.

아아! 전국의 동포여! 전국의 동포여!
— 《황성신문》, 1903. 6. 8.

대한제국

1. 8. 제네바 협약 가입.

2. 5. 한성판윤 장화식, 일본 제일은행권 유통 금지령 공포.

3. 24. 중앙은행조례와 태환금권조례 제정. 정부는 이를 통해 금본위 지폐를 독자적으로 발행하고 중앙은행을 설립하려 했지만, 일본의 방해로 금융개혁은 실현되지 못했다.

4. 21. 용암포 사건. 만주에 주둔하고 있던 러시아군 일부가 압록강변의 벌목 목재 집산지인 용암포까지 진출했다. 러시아는 곧 용암포 조차를 요구했고, 7월에는 조차에 대한 가조약이 체결됐다. 이러한 일련의 사태를 둘러싸고 러시아와 일본은 날카롭게 대립했다. 이듬해 3월 용암포가 개항지로 선언되면서 일단락되기는 했지만, 이 갈등은 결국 전쟁으로 이어진다.

6. 1. 팔미도, 소월미도 등대 점등. 일본은 자국 선박의 안전을 확보하고 러시아를 견제하기 위해 서해에 등대 설치를 강권했다. 결국 1902년 인천에 해관등대국이 설치되고 5월 팔미도와 소월미도에 등대를 설치하는 공사가 시작되었고 이날 두 등대가 점등된 것이다. 소월미도 등대는 해방 이후 철수하던 일본인들에 의해 폭파되어 현재는 팔미도 등대만 남아 있다.

9. 17. 명월루 개업. '신식적, 파천황적, 청결적, 완전적 요리점'이 황토현(현 서울 세종로 지역)에서 탄생하니 조선요리점의 비조 • 였다. 황실 요리사이자 명월루의 주인인 안순환은 1906년 9월 같은 자리에 2층 양옥을 새로 짓고 이름을 명월관으로 바꾼다. ••

9. 30. 전차 사고로 사망 사고 발생. 한성 황토현에서 14세 소년이 전차에 치여 숨지는 사고 • 가 발생했다. 이 사고에 분노한 시민들이 한성전기회사 전차와 사옥, 인근 일본인 상점을 파괴했다. 이 사고는 전차 운영에 대한 여론을 급격히 악화시켰고, 결국 경영난에 빠진 한성전기회사는 이듬해 7월 한미전기회사로 개편되었다가 1909년 결국 일본계 회사에 매각된다.

10. 3. 러시아, 39도선을 기준으로 한반도를 양분할 것을 제안. 이날 러시아는 주일 러시아공사 로만 로마노비치 로젠 남작을 통해 39도선을 기준으로 한반도를 양분해 러시아와 일본이 각각 영향을 행사하자고 제안했다. 하지만 일본은 이를 거절했고 이듬해 러일전쟁이 발발하면서 이 담판은 결렬됐다.

10. 28. 황성기독교청년회(한국 YMCA의 전신) 창립. 선교사인 호러스 언더우드와 필립 질레트가 주도해 설립한 이 단체는 교육·계몽·선교에 주안점을 두고 활동했으며 스포츠와 기술 교육 등에 큰 영향을 미쳤다. 특히 '처음 듣는 새 말'인 청년이란 개념을 발견해 유행시키기도 했다.

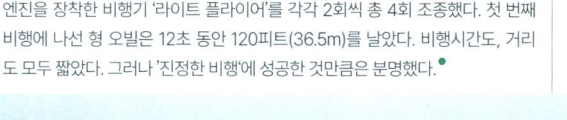

세계

2. 23. [쿠바/미국] 미국, 쿠바로부터 관타나모만 해군기지를 영구 조차함. 미국의 해외 기지 중 가장 오래된 곳이다.

4. 19. [러시아] 키시뇨프 학살. 부활절이기도 한 이날, 키시노프(현 몰도바의 수도인 키시너우)에서 폭동이 발생했다. 두 달 전 한 러시아 소년이 살해된 사건을 빌미로 언론이 거짓 선동을 하면서 벌어진 3일간의 폭동으로 최소 47명의 유대인이 사망했다. 러시아 경찰은 폭동을 수수방관했고, 2년 후 같은 일이 같은 도시에서 반복되다.

5. 16. [미국] 포드 자동차사 설립. 이해 7월 23일 첫 차인 포드 모델 A를 출시했다. 기본 가격이 750달러에 빨간색으로만 판매된 이 모델의 최고 속도는 28mph(45km/h)였다.

7. 30. [러시아] 러시아 사회민주노동당 제2차 대회 개막. 벨기에 브뤼셀에서 시작해 8월 10일 영국 런던에서 폐막된 이 대회를 계기로 러시아 사회민주노동당이 **볼셰비키**와 **멘셰비키** 두 파로 **분열**됐다. 당규약 문제로 대립했던 레닌파가 스스로를 '볼셰비키'로 불렀는데, 러시아어로 '볼셰비키'는 다수파를, '멘셰비키'는 소수파를 뜻한다.

8. 4. [바티칸] 사르토 추기경, 교황에 선출됨. 교황명은 비오 10세이다. 현대 세계의 조류에 휩싸이는 것을 두려워한 그는 1910년 인간주의적 학설과 반계시적 사고를 거부하는 "반현대주의자 선서"를 사제들에게 요구하기도 했다.

8. 17. [핀란드] 핀란드 노동자당 제2차 당대회 개막. 포르사에서 20일까지 열린 이 대회에서 노동자당은 핀란드 사회민주당으로 당명을 개정했다. 1899년에 '핀란드 노동자당'으로 창당된 사회민주당은 현재 핀란드 정당 중 가장 오래된 정당이다. 현재 가장 많은 의석을 가지고 있다.

10. 10. [영국] 에멀라인 팽크허스트, 여성사회정치연맹(WSPU) 결성. 맨체스터에서 결성된 이 조직은 20세기 초 전투적 여성참정권 운동을 이끌었다.

11. 3. [파나마] 콜롬비아 공화국으로부터 분리 독립.

11. 18. [미국/파나마] 헤이-뷔노바리야 조약 체결. 미국은 파나마 측 대리를 맡은 필리프 뷔노바리야와 맺은 이 조약으로 파나마에 금전적 보상을 하고 대신 파나마 운하 지대의 영구 조차권 및 건설권을 독점적으로 부여받았다.

↓ 영국의 시민운동가 에멀라인 팽크허스트는 공고한 기득권에 맞서 여성의 투표권 확보를 위해 체포와 투옥을 감수했다. 사진은 1908년 딸들이 시위를 벌이다 체포된 데 항의하기 위해 의회에 들어가려다 체포되는 팽크허스트의 모습이다. 그는 6주의 징역형을 선고받는다.

문화 / 과학·환경 / 스포츠

문화

6. 한성전기회사, 활동사진 상영. 동대문에 있는 전기회사 기계창에 활동사진소를 만들어 미국에서 수입한 필름을 상영했는데 전차를 타고 온 관람객들로 인산인해를 이룰 정도로 반응이 폭발적이었다고 한다. 입장 요금은 동화 10전이었다. 조선에서 활동사진이 일반대중에게 공개되기 시작한 것은 이 무렵으로 볼 수 있다.

12. [미국] 〈대열차 강도〉 개봉. 에드윈 포터가 만든 무성 단편 서부물인 이 영화는 전례 없는 상업적 성공을 거두었다.

과학·환경

4. 28. [러시아] 이반 파블로프, 〈동물의 실험심리학 및 정신병리학〉 발표. 이날 에스파냐 마드리드에서 열린 제14회 국제의학회의에서 그는 '조건반사'라는 용어를 처음으로 언급했다.

12. 10. 마리 퀴리, 노벨 물리학상 수상. 자연방사선을 발견하고 연구한 공로로 남편 피에르 퀴리 및 앙리 베크렐과 공동으로 수상했다. 최초의 여성 노벨상 수상자가 된 그는 이후 1911년에는 라듐을 발견하고 연구한 공로로 노벨 화학상을 단독으로 수상한다.

12. 17. [미국] **라이트 형제, 첫 동력 비행기** 조종 성공. 이날 노스캐롤라이나주 키티호크 인근에서 가솔린 엔진을 장착한 비행기 '라이트 플라이어'가 처음으로 하늘을 날았다.

스포츠

3. 12. [미국] 뉴욕 양키스, 아메리칸 리그 뉴욕 프랜차이즈 권리 획득. 4월 22일 하이랜더스라는 팀명으로 치른 리그 첫 경기는 워싱턴 세너터스에 3-1로 패했다. 1901년 볼티모어 오리올스를 현 양키스의 원조로 보는 이들도 있지만, 양키스는 팀의 공식적인 시작을 1903년부터로 기록하고 있다.

4. 26. [에스파냐] 축구 클럽 아틀레티코 마드리드 창단. 창단 당시 팀명은 '아틀레티크 클루브 스쿠르살 데 마드리드'였다.

9. 15. [브라질] 축구 클럽 그레미우 창단. 연고지는 포르투알레그리이다.

7. 1. [프랑스] 첫 **투르 드 프랑스** 개막. 이 대회는 보통 3주에 걸쳐 프랑스와 그 주변국을 무대로 약 3500km를 달리는 자전거 도로 경기이다. 첫 대회는 파리에서 출발해 19일간 전국을 일주한 후 다시 파리로 돌아오는 2428km 코스에서 펼쳐졌다.

10. 1. [미국] 첫 월드 시리즈 열림. 10월 13일까지 열린 이 시리즈에서 보스턴 아메리칸스(보스턴 레드삭스의 전신)가 피츠버그 파이리츠를 5승 3패로 꺾고 우승했다.

1903년 풍경

대청 들마루에 어린아이들이 빽빽하게 모였다. 할아버지부터 꼬마들까지 이리 한곳에 모이게 한 건 무엇일까. 곡마단이라도 왔을까, 퇴박 장수라도 왔을까. 무슨 잔치라도 벌어진 것일까. 웅숭깊은 마당에 무슨 재미난 일이 생긴 것일까. 어느 마을의 서당에서 공부하는 모습이다. 이날은 졸업앨범 사진이라도 찍는 듯 사진사가 들이닥쳤다. 담뱃대 길게 꼬나문 훈장 할아버지와 그 소란한 와중에도 손에서 책을 놓지 않는 학동들. 〈논어〉는 아직 너무 어렵고 아마 천자문을 배웠겠지. 하늘 천, 따 지, 검을 현, 누를 황…… 교실은 좁아도 배우는 바는 넓고 높고 깊었다. 오늘날 유치원에서 배우는 것과는 천지 차이였다. 쓰기보다는 읽기 위주의 학습법. 얼른 사진 찍고 난 후, 학동들의 작은 입으로 글 읽는 합창 소리에 마을이 떠나갔으리.

안전면도기

질레트가 양날 안전면도기를 출시했다. 날을 교체할 수 있는 이 면도기의 출시 가격은 한 세트(면도기 1개와 면도날 20개)에 5달러였다. 당시 노동자 주급의 1/3에 해당하는 금액이었다. 이듬해 특허를 승인받는다.

이 해에는

책
- 《대한강역고(大韓疆域考)》, 장지연
- [미국] 《야성이 부르는 소리》, 잭 런던
- [영국] 《수학의 원리》, 버트런드 러셀

영화
- [미국] 〈대열차 강도〉, 에드윈 포터

굵긴 소식
- 5. 8. 폴 고갱(프랑스의 화가)
- 7. 20. 교황 레오 13세
- 11. 13. 카미유 피사로(프랑스의 화가)
- 12. 8. 허버트 스펜서(영국의 사회학자)

독립한 나라
- 11. 3. 파나마 (← 콜롬비아)

비행기의 역사

"떴다 떴다 비행기, 날아라 날아라 / 높이 높이 날아라, 우리 비행기." - 윤석중

1903년 12월 17일, 오빌 라이트가 '나는 기계' 플라이어호를 타고 하늘을 날았다. 비행시간은 12초, 날아간 거리는 36.5미터였다. 그리고 1969년 7월 20일, 닐 암스트롱이 달에 착륙했다. 비행시간은 3일 3시간 49분, 비행거리는 393,309킬로미터였다. 오빌 라이트의 첫 비행에서 닐 암스트롱의 달 착륙까지 걸린 시간은 약 66년 7개월에 불과했다. 하늘을 날고 싶다는 우리 인간의 꿈이 얼마나 오래되었는지를 생각해보면 엄청나게 짧은 시간에 이룬 엄청난 성취이다.

1783
승객 두 명을 태운 몽골피에의 열기구가 높이 약 910m까지 올라 25분에 걸쳐 파리 상공을 약 9km 날았다.

1852
프랑스의 앙리 지파르가 비행선을 타고 3시간 동안 27km를 비행했다. 조종이 가능한 최초의 동력 비행선이었다. 증기 기관을 동력으로 사용했으며 최고속도는 시속 9km였다.

1891
독일의 오토 릴리엔탈이 실제 크기의 글라이더를 제작해 직접 타고 비행을 시작했다. 그의 글라이더는 공기보다 무거운 사람을 태우고 활공에 성공한 최초의 '무거운' 항공기였다.

1900
독일의 페르디난트 폰 체펠린이 첫 경식 비행선 LZ 1을 타고 20분 동안 공중에 떠 있었지만 착륙 도중에 부서졌다. 이후 거듭된 개량 끝에 체펠린은 비행선의 대명사가 됐다.

1903
라이트 형제가 첫 동력 조종 비행에 성공했다. 오빌이 12초 동안 36.5m를 날았다.

1912
제1차 발칸 전쟁 중 불가리아의 전투기 알바트로스가 오스만 제국(현재의 튀르키예)의 카라아치역에 폭탄 두 개를 투하했다. 비행기가 폭격기로 쓰인 첫 사례였다.

첫 폭격기 알바트로스 F-2

첫 동력 비행기 플라이어 I

경식 비행선 체펠린 LZ 1

데르비쳐 글라이더

지파르 비행선

몽골피에 열기구

1910 
레몽드 들라로슈
비행 면허를 취득한 최초의 여성

1914 
도메니코 몬델리
최초의 흑인 비행사

1941
미국의 이고리 시코르스키가 VS-300을 타고 1시간 32분 동안 비행하는 데 성공했다. 이에 앞서 비행에 성공한 헬리콥터들이 있기는 했지만, VS-300은 2차대전이 끝나기 전까지 400대 이상이 제작된 R-4로 이어지며, 현대식 헬리콥터의 효시로 여겨진다.

1952
영국해외항공(BOAC)이 런던-요하네스버그 노선에 DH.106 기종을 투입했다. 터보제트 엔진 4기를 탑재한 이 기종은 세계 최초의 상업용 제트 여객기였다.

1967
해리어 전투기는 수직 및 단거리 이착륙이 가능한 군용 제트기이다. 영국에서 제작된 이 전투기는 급제동과 급선회도 가능했다. 포클랜드 전쟁에서 실전 성능이 입증됐다.

1969
프랑스와 영국이 공동 제작한 콩코드는 초음속 여객기였다. 파리-뉴욕 노선을 3시간 30분 이내로 주파했다. 2003년 운행이 중단됐다.

2005
프랑스의 에어버스 A380은 4발 초대형 여객기이다. 최대 탑승인원 853명인 이 여객기는 크기 면에서 보잉 747을 누르고 슈퍼 점보 여객기라는 별칭을 얻었다.

2009
솔러 임펄스는 스위스에서 제작한 장거리 태양광 항공기이다. 2015년 조종사인 베르트랑 피카르가 아랍에미리트 수도 아부다비에서 출발해 이듬해 다시 아부다비로 돌아옴으로써 태양 에너지만을 이용한 세계 일주 비행에 성공했다.

현대식 헬리콥터 VS-300

첫 상업용 제트 여객기 드 하빌랜드 DH.106 코멧

수직 이착륙 제트기 해리어 전투기

초음속 여객기 콩코드

초대형 여객기 에어버스 A380

태양광 항공기 솔러 임펄스

1920 임시정부, 대한인비행가양성소 개교

1922 안창남, 한국인 최초로 이 땅 위를 날다

1924 권기옥, 첫 여성 단독 비행

1948 대한국민항공사, 대한민국 최초 항공사

1950 대한민국 최초 전투기 비행사들

1953 부활호, 대한민국 최초 군용기

1969 대한항공 창립

2021 KF21 보라매, 최초 국산 전투기

1927 찰스 린드버그 최초의 단독 무착륙 대서양 횡단 비행

1932 어밀리아 에어하트 여성 최초 대서양 단독 비행

1937 여객 비행선 LZ 129 힌덴부르크 참사

1947 척 예거 최초의 음속 돌파 비행

1904년

한일의정서 조인

↑ 〈한일의정서〉에는 일본의 '조언을 받아 시정의 개선을 도모'한다는 등 대한제국 식민지화를 위해 침략의 발판을 마련하기 위한 일본의 강경한 요구들이 노골적으로 드러나 있다.

"대한제국 정부는
대일본제국 정부를 확신하고
시정 개선에 관하여
그 충고를 받아들인다."

　대한제국 황제 폐하의 외부대신 임시서리 육군 참장 이지용과 대일본 제국 황제 폐하의 특명전권공사 하야시 곤스케는 각각 상당한 위임을 받아 아래의 조관(條款)을 협정한다.
　제1조, 한일 양국 사이의 항구적이고 변함없는 친교를 유지하고 동양의 평화를 확립하기 위해 대한제국 정부는 대일본 제국 정부를 확신하고 시정(施政) 개선에 관한 충고를 받아들인다.
　제2조, 대일본 제국 정부는 대한제국 황실을 확실한 친의(親誼)로써 안전강녕하게 한다.
　제3조, 대일본 제국 정부는 대한제국의 독립과 영토 보전을 확실하게 보증한다.
　제4조, 제삼국의 침략이나 내란으로 인해 대한제국 황실의 안녕과 영토의 보전에 위험이 있을 경우에는 대일본 제국 정부는 속히 정황에 따라 필요한 조치를 취할 수 있다. 그러나 대한제국 정부는 앞에 말한 대일본 제국 정부의 행동이 용이하도록 십분 편의를 제공한다. 대일본 제국 정부는 앞 항의 목적을 이루기 위해 군략상 필요한 지점을 정황에 따라 차지해 이용할 수 있다.
　제5조, 대한제국 정부와 대일본 제국 정부는 상호 승인을 거치지 않고는 앞으로 본 협정의 취지를 위반하는 협약을 제삼국과 맺을 수 없다.
　— 한일의정서

↓ 2월 8일 일본군이 인천에 상륙했다. 이튿날 일본은 러시아의 위협을 명분으로 대한제국의 한양을 빠르게 점령했다. 이어 육로로 계속 이동해 대한제국 전역을 점령했다. 이 모든 일은 대한제국과 일본이 의정서를 체결한 23일 이전에 벌어진 일이었다. 사진은 일본군 보병이 한양 중심가를 행진하는 모습이다.

대한제국

1. 21.　러일전쟁 발발 시 국외중립을 지킬 것임을 선언. 이날 대한제국은 '러·일 간에 발생하고 있는 미묘한 관계'와 관련해 정부는 '엄정 중립'을 지킬 것이라는 외부대신 이지용 명의의 선언문을 프랑스 공사관의 협조를 얻어 각국에 타전했다. 하지만 열강이 중립선언을 받아들여 국권 수호가 가능할 것이라는 고종의 믿음은 물거품이 됐다. 공식적으로 지지를 표명한 열강은 하나도 없었다.

2. 8.　**러일전쟁** 발발.

2. 9.　제물포 해전. 이날 일본이 오전 11시 제물포 앞바다에서 러시아 함정을 공격했다. 이 공격으로 러시아군은 33명이 사망했고 함정 2척을 잃었지만, 일본 측 피해는 미미했다. 한편 이날 오전 제물포항 상륙을 마친 일본육군은 육로로 북진하면서 군수품 운반에 많은 한국인을 강제 동원한다.

2. 12.　러시아 공사 알렉산드르 파블로프 철수. 그는 러일전쟁이 발발하자 프랑스 공사에게 사무를 위임한 후 공사 직원들과 함께 인천에서 프랑스 군함을 타고 출국했다.

2. 23.　**한일의정서 조인**. 일제의 강박 아래 이지용 외부대신 서리와 곤스케 하야시 공사 사이에 체결됐다.

3. 12.　경의선 철도 착공

3. 23.　용암포 개항. 용암포 사건은 일단락된다.

4. 14.　경운궁에 화재 발생.

7. 18.　《대한매일신보》창간. 총 6면 중 한글이 2면, 영문이 4면이었다. 1905년 8월 11일부터는 국한문혼용 신문과 영문 신문이 따로 발행된다. 발행인 겸 편집인은 영국《데일리 크로니클》임시특파원으로 와 있던 어니스트 베델(한국명은 배설). 총무는 양기탁이었다. 후에 박은식, 신채호 등이 참여한다.

8. 20.　친일단체 일진회 설립. 송병준의 주도로 18일에 조직된 유신회가 이날 윤시병을 회장으로 추대하며 단체명을 일진회로 바꿨다. 이후 12월 4일 이용구의 진보회를 흡수 통합하며 전국적으로 몸집을 불려나간다.

8. 22　고문용빙에 관한 협정('**제1차 한일협약**'이라고도 함) 조인. 이 협정은 한국의 재정과 외교를 장악하기 위해 일제가 강제로 체결한 것이다. 이후 일본은 재정고문으로 메가타 다네타로를, 외교고문으로 더럼 스티븐스를 한국에 파견한다.

11. 20.　경부철도주식회사, 철도 운행 시각을 '내지 중앙 표준시'(도쿄 표준시)로 변경. 발차 시각이 30분 빨라진 것이다.

11. 28.　전환국(典圜局) 폐지. 1883년 설치된 상설 조폐기관인 전환국은 1894년부터 화폐를 주조해 유통시켰지만, 백동화의 남발로 인한 폐해를 낳았고, 일본인 재정고문 주도로 화폐 정리 사업이 추진되면서 결국 폐지됐다.

세계

2. 6. [일본제국] 러시아와 국교 단절 선언.

2. 8. **러일전쟁 발발.** 일본 제국이 뤼순항에 정박 중이던 러시아 제국 함대를 선전포고 없이 기습 공격했다. 일본은 이틀 후인 10일 러시아에 정식 선전포고를 했다. 한국과 만주의 지배권을 놓고 벌어진 충돌이었다. 일본은 5월 27~28일 대한해협에서 벌어진 쓰시마 해전에서 러시아 태평양 함대를 괴멸시켰고, 9월 5일 미국의 중재로 포츠머스 조약을 이끌어내며 전쟁을 끝냈다.

4. 1. [영국] 롤스로이스 1호차 롤스로이스 완성. 2기통 10마력 엔진이 장착된 이 차종은 2006년까지 모두 16대가 제작되었는데, 현재 4대가 남아 있는 것으로 여겨진다. 그중 가장 오래된 1904년 차는 롤스로이스 10hp라 불린다.

4. 8. [영국/프랑스] 영불협상 체결. 이 협상은 양국 공동의 적인 독일 제국의 진출을 방지하기 위해 식민지에 관해서 맺은 협상이다. 식민지를 둘러싼 양국의 분쟁을 원만하게 해결하기 위해 이집트에 대한 영국의 우월권, 모로코에 대한 프랑스의 우월권을 서로 승인하는 데 합의했다. 이후 양국의 연대는 알헤시라스 회의(1906)와 제2차 모로코 위기를 통해 재확인됐다.

4. 30. [미국] 세인트루이스에서 루이지애나 매입 박람회 개막. 프랑스로부터 루이지애나를 구매한 것을 기념하고 과시하기 위해 12월 1일까지 열린 이 박람회에는 62개국이 참가했으며, 약 1970만 명이 관람했다.

6. 15. [미국] 제너럴 슬로컴 호에 화재 발생. 뉴욕항을 중심으로 운행하던 이 유람선에 발생한 화재로 탑승자 1,342명 중 1021명이 사망한 것으로 추정된다.

8. 3. [영국/티베트] 영국, 티베트 수도 라싸 점령.

8. 11. [독일령 남서아프리카] 독일 제국군, 바터베르크 전투 승리. 독일은 1월 발생한 헤레로인들의 반란을 제압하면서 그들을 오마하케 사막으로 몰아냈다. 이 전투는 헤레로·나마 집단학살의 시작이었다. 1911년 인구조사는 8만 명으로 추정되는 헤레로인 가운데 생존자가 1만 5,130명에 불과했음을 보여준다. 2021년 독일 정부는 집단학살로 자행된 잔학행위를 공식적으로 인정한다.

8. 12. [영국/일본] 제2차 영일동맹 체결.

11. 8. [미국] 대통령 선거. 현직 대통령이자 공화당 후보인 시어도어 루스벨트가 민주당 후보 앨턴 브룩스 파커를 누르고 재선에 성공했다.

12. 1. [덴마크] 세계 첫 크리스마스실 발매. 장당 2외레에 발행되었으며 수입금은 요양원을 세우는 데 사용됐다. 요양원은 후에 결핵협회에 기증됐다.

문화 / 과학·환경 / 스포츠

문화

2. 17. 자코모 푸치니의 오페라 〈나비부인〉 초연. 이탈리아 밀라노의 스칼라 극장에서 한 이 첫 공연은 야유를 받을 정도로 반응이 좋지 않았다. 하지만 5월 28일 브레시아 공연을 시작으로 성공 가도를 달렸다. 일본의 항구 도시 나가사키를 배경으로 하는 이 오페라는 일본이 진주만을 공격한 후 한동안 미국에서 공연되지 못했다.

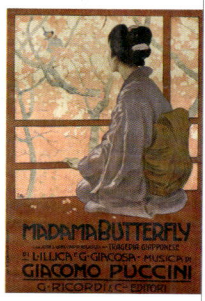

10. 15. [프랑스] 오귀스트 로댕, 살롱 도톤에 〈생각하는 사람〉 출품. 〈생각하는 사람〉은 로댕의 생전과 사후 여러 종류의 석고상과 청동상으로 제작되었는데, 살롱 도톤에 출품된 이 청동상은 그중에서도 가장 유명하다. 현재 파리의 로댕 미술관에 소장되어 있다. 〈생각하는 사람〉은 원래 1880년에 제작된 〈지옥의 문〉의 일부였고, 작품명도 처음에는 '생각하는 사람'이 아니라 '시인'이었다.

12. 27. [영국] 〈피터 팬: 자라지 않는 소년〉 초연. 제임스 매슈 배리가 쓴 희곡을 바탕으로 런던에서 초연된 이 연극은 이후 소설, 뮤지컬, 애니메이션, 영화 등 다양한 장르로 변주되며 인기를 끈다.

과학·환경

11. 16. [영국] 존 앰브로즈 플레밍, 발진 밸브 특허 출원. 플레밍 밸브라고 불리게 될 이 2극 진공관은 음성신호 무선송신을 가능하게 만든다. 이후 1907년 3극관이 발명되는 등 개량이 거듭되며 수십 년 동안 라디오 수신기와 레이더에 사용된다. 진공관의 발명은 전자공학의 시작점으로 평가받기도 한다.

스포츠

5. 5. [미국] 보스턴 아메리칸스(현 보스턴 레드삭스)의 투수 사이 영, 퍼펙트 게임 기록. 그는 이날 필라델피아 애슬레틱스(현 오클랜드 애슬레틱스)를 상대로 27명의 타자를 모두 돌려세우는 완벽한 투구를 펼쳤다. 이전에도 메이저리그에서 두 차례의 퍼펙트 기록이 있었지만, 현대적인 야구 규칙이 자리 잡은 후로는 이 경기가 최초였다.

5. 21. **국제축구연맹** 창립. 프랑스 파리에서 결성됐다. 현재 각국의 211개 축구협회가 가입해 있다.

7. 1. [미국] 세인트루이스에서 3회 올림픽 개막. 개막식은 5월 14일에 거행되었고, 경기는 11월 23일까지 진행됐다. 다이빙, 복싱 등이 대회 종목으로 첫선을 보였다.

← 러일전쟁의 승리로 일본이 한국을 지배하에 두게 된 것은 분명했지만, 무인도나 다름없던 사할린 남부 영토에 대한 영유권을 얻은 것 외에는 별다른 영토 확장도 배상금도 획득하지 못했다. 10년 전 청일전쟁과는 달랐다. 일본의 전쟁지속 능력은 바닥났다. 왼쪽 목판화는 러일전쟁 중 만주 남부에서 러시아 보병과 전투를 벌이는 일본군 병사들의 모습을 담고 있다.

1904년 풍경

평생의 죽마고우인 둘이 한껏 차려입고 나들이를 나섰다. 흰색 두루마기 일습의 정장에 모자까지 갖추고 검은 선글라스를 걸쳤다. 나간다, 우리가. 보아라, 우리를. 호령하지 않아도 전방에 내뿜는 아우라가 사위를 압도하고도 남는다. 시대를 초월하는 전위적인 스타일의 패션이다. 사진 속의 모델에게도 눈길이 가지만 사진사의 실력도 보통은 아니다. 둘을 한껏 돋보이게 하려 고래등 같은 배경의 집들을 꽉, 눌러놓았다. 더구나 너무나도 다정하게 빈틈없이 포개진 그림자를 자르지 않고 온전히 살려놓은 솜씨를 보라. 사람이란 존재는 그림자까지 포함한다는 것을 사진으로 웅변하고 있다. 세상을 향하여 거칠 것 없이 나아가는 둘의 본새가 여기 오늘까지 그대로 전해지는 듯하다. 저들이 있어 그 후예가 오늘날 K-pop을 부를 수 있으리.

일제의 대한제국 국권 침탈 과정

한일의정서 1904. 2.	대한제국 영토 안에서 일본의 군사적 행동을 허용받음.
↓	
고문용빙에 관한 협정 (제1차 한일협약) 1904. 8.	재정과 외교 장악. 재정, 외교 고문 파견.
↓	
을사늑약 (제2차 한일협약) 1905. 11.	외교권 박탈. 보호국화. 통감부 설치.
↓	
정미조약 1907. 7.	법령 제정권, 주요 행정권 장악. 차관정치. 군대해산.
↓	
기유각서 1909. 7.	사법권 박탈.
↓	
한일병합 조약 1910. 8.	국권 강탈. 총독부 설치.

이 해에는

책

11. [독일] 《프로테스탄트 윤리와 자본주의 정신》, 막스 베버 (11월과 이듬해 6월 두 편의 논문으로 발표되었다가 1920년 책의 형태로 간행됨)

영화

○ [프랑스] 〈불가능한 항해〉, 조르주 멜리에스
○ [미국] 〈서스펜스〉, 로이스 웨버, 필립스 스몰리

궂긴 소식

7. 15. 안톤 체호프 (러시아의 작가)

1905년

을사늑약 체결

↑ 내부대신 이지용, 군부대신 이근택, 학부대신 이완용, 외부대신 박제순, 농상공부대신 권중현(왼쪽에서 오른쪽 순), 우리는 이들을 을사오적이라 부른다. 이들은 모두 일본으로부터 귀족 작위와 조선총독부 고문 자리를 받았다. 매국노로 당대에 그리고 훗날의 역사에 더러운 이름을 남기기는 했지만, 어차피 그들은 자신들의 이름이나 명예 따위는 안중에도 없었을 사람들이었을 터이니 그들에게는 손톱의 때만큼의 타격도 없을 것이다. 중요한 건 그들은 살아생전 아무런 응징도 받지 않았다는 사실이다. 그리고 1992년 이완용의 증손자는 서울 북아현동의 땅을 자신의 조상 땅이었다며 소유권을 주장하며 소송을 제기한다.

"원통하고 원통하다.
동포여! 동포여!"
― 장지연

일본 정부와 한국 정부는 두 제국을 결합하는 공동의 이익을 공고히 하기 위해 한국이 실제로 부강해졌다고 인정할 수 있을 때까지 이 목적을 위해 아래에 열거한 조목들을 약속해 정한다.

제1조, 일본국 정부는 도쿄에 있는 외무성을 통해 금후에 한국의 외국과의 관계 및 사무를 감독 지휘하며, 일본국의 외교 대표자와 영사는 외국에 재류하는 한국의 관리와 백성 및 그 이익을 보호한다.

제2조, 한국 정부는 이후 일본국 정부의 중개를 거치지 않고는 국제적 성격을 띤 어떤 조약이나 약속도 하지 않을 것을 약속한다.

제3조, 일본국 정부는 그 대표자로 하여금 한국 황제 폐하의 아래에 1명의 통감을 두되, 통감은 전적으로 외교에 관한 사항을 관리하기 위해 서울에 주재하며 직접 황제 폐하를 만나볼 수 있는 권리를 갖는다.
…
제5조, 일본국 정부는 한국 황실의 안녕과 존엄을 유지할 것을 보증한다.
― 을사늑약

↓ 〈을사늑약〉 체결 당일(11월 17일), 한국 주차군 사령부가 있는 대관정을 나서 마차에 오른 일본군 사령관 하세가와 요시미치 대장과 일본에서 급파된 이토 히로부미 특사.

대한제국

1. 1. **경부선 완전 개통**. 개통 당시 서울에서 부산까지는 17시간이 걸렸다.

1. 5. 경성 및 외곽의 치안권을 일본 헌병대가 장악. 한국 주차군 사령관이 이 일대의 치안 경찰은 한국 관헌을 대신해 일본군에서 담당하고 집행한다는 군령을 발표했다.

1. 13. 탁지부, 일본 제일은행 경성지점과 국고금 취급 위탁 계약 체결. 이로써 한국민이 부담한 일체의 조세와 정부의 재정수입이 일본의 금융기관에 들어가게 됐다. 일개 사립 은행이 대한제국의 중앙은행 지위를 획득하게 된 것이다.

1. 18. 〈화폐조례〉에 관한 세 칙령 공포. 〈화폐조례 실시에 관한 건〉 등 칙령 세 건이 공포됐다. 일제의 입김이 강하게 작용한 이 조치들의 주요 내용은 엽전과 백동화의 회수를 주요 내용으로 했다. 7월부터 시작된 구화 교환의 방식은 농촌의 수공업, 도시 상업자본 및 민족자본의 몰락을 가속화했다. →

1. 28. **일본제국, 독도를 시마네현에 편입**. 정부는 이날 열린 각의에서 독도를 다케시마(竹島)로 명명하고 자국 영토로 편입시켰다. 대한제국 정부는 뒤늦게 이 사실을 알았지만, 이미 외교권을 박탈당한 터라 마땅히 항의할 데도 없었다.

7. 29. 가쓰라-태프트 밀약. (25쪽 세계 참조)

8. 5. 이글표 담배 발매. 매표 담배라고도 불렸으며 서울 원효로에 세워진 연초 공장에서 생산됐다. '비록 일본인들이 본국에서 기술자들을 초빙해 만든 것이기는 하지만 이 땅에서 제조된 첫 궐련이었다. 가격은 10개비 한 갑이 3전이었다.'

9. 5. [러시아-일본] 포츠머스 조약 체결. 이 조약으로 러일전쟁은 종료되었지만, 러시아는 한국에 대한 일본의 보호권을 인정해주었다. 결과적으로 일본은 한국의 보호국화를 미국과 영국에 이어 러시아로부터도 승인받게 됐다.

9. 11. 관부연락선, 첫 취항. 일본의 산요기선상사가 운영하는 연락선인 이키마루(壹岐丸)는 이날 밤 시모노세키를 출발해 다음 날 부산에 도착했다.  운항시간은 11시간 30분이었고 여객운임은 1등실 12엔, 2등실 7엔, 3등실 3엔 50전이었다.

10. 27. 〈대한적십자규칙〉 반포. 대한제국은 1903년 1월 제네바 협약, 2월에 헤이그 협약에 가입한 후 이듬해부터 적십자 관계 국제회의에도 참여했다. 〈규칙〉 제1조는 '빈곤한 상병자를 구호하기 위함'이라고 병원의 업무를 제시하고 있다. 대적십자사는 〈규칙〉이 반포된 10월 27일을 창립일로 삼아 기념하고 있다.

11. 17. **을사늑약 체결**. 일본의 강압으로 체결된 이 조약으로 대한제국은 외교권을 박탈당하고 일본에 위임하게 됐다. 조약의 공식명칭(조약 원본의 제목)이 없기 때문에 '제2차 한일협약', '을사보호조약' 등 여러 명칭으로 불린다. 이후 각지에서 의병항쟁이 일어나는 등 전 민족적 저항을 촉발했다.

11. 20. 장지연 주필, 《황성신문》에 논설 〈시일야방성대곡〉 게재. 그러나 그는 1913년부터 조선총독부 기관지 《매일신보》에 친일 색채가 짙은 글들을 게재한다.

11. 30. 시종무관장 민영환, 을사늑약 체결을 크게 개탄하며 자결. 그는 '마지막으로 우리 대한제국 이천만 동포에게 고함'이라는 유서를 남겼다.

12. 1. 손병희, 동학을 '천도교'로 개칭.

세계

1. 22. [러시아] **피의 일요일** 사건 발생. 제국의 수도 상트페테르부르크에서 노동자들이 황제 니콜라이 2세에게 노동 조건 개선 등을 요구하는 청원서를 제출하기 위해 겨울 궁전을 향해 행진을 하는 도중, 제국 근위대가 이들에게 발포했다. 다수의 사망자가 발생한 이 사건은 1907년 6월까지 2년 넘게 이어지는 제1차 러시아 혁명의 발단이 됐다.

3. 4. [미국] 제26대 대통령 시어도어 루스벨트, 두 번째 임기 시작.

3. 31. [모로코/프랑스/독일] 제1차 모로코 위기. 이날 독일 황제 빌헬름 2세가 모로코 북부 탕헤르를 방문해 이 지역에 대한 독일의 이익을 지키겠다는 의지를 표명했다. 당시 프랑스, 에스파냐, 영국, 독일 모두 이 지역에 눈을 들이고 있었다. 그의 이런 행보는 다른 열강들로부터 어떠한 양보도 얻어내지 못한 채 이 지역 패권과 국제적 위기만 초래했고, 결국 1차 세계대전이라는 비극의 서막 가운데 한 장이 된다.

5. 27. [일본/러시아] 쓰시마 해전. 러일전쟁 중 쓰시마 섬 인근 바다에서 일본 연합 함대와 러시아 발트 함대 사이에 전투가 벌어졌다. 다음 날까지 이어진 전투는 러시아의 굴욕적인 항복으로 끝났다. 러시아군은 단 이틀간의 전투로 216명의 장교를 포함해 모두 4830명이 전사했다.

6. 7. [노르웨이] 스웨덴-노르웨이 연합왕국으로부터 분리 독립.

6. 27. [미국] 세계산업노동자연맹(IWW) 설립. 시카고에서 창립된 국제노동조합인 이 단체는 사회주의와 아나키즘의 영향을 받았다.

7. 29. [일본/미국] **가쓰라-태프트 밀약**. 미국 국방장관 윌리엄 하워드 태프트와 일본 내각총리대신 가쓰라 다로가 도쿄에서 만나 비밀 회담을 가졌다. 두 사람은 필리핀에 대한 미국의 지배권과 대한제국에 대한 일본제국의 지배권을 상호 승인한다는 쪽으로 의견을 모았고, 태프트는 이 대화 내용을 간추려 '비망록'으로 루스벨트 대통령에게 보고했다. 미국과 일본이 '한국을 두고 거래'를 한 것이다.*

8. 12. [영국/일본] 제2차 영일동맹 체결. 영국은 일본의 한국 '보호권'을, 일본은 인도에 대한 영국의 특권을 인정했다.

8. 20. [청] 중국동맹회 결성. 쑨원과 황싱 등이 일본 도쿄에서 혁명 단체를 통합해 조직한 비밀결사체였다. 총리를 맡은 쑨원의 민족·민권·민생이라는 삼민주의를 혁명 강령으로 삼았다.* 여러 차례 무장봉기를 일으켜 청의 봉건 통치 타도에 나섰고. 1911년 신해혁명을 주도한다.

9. 2. [중국] 과거제도 폐지. 국가 주도로 시험을 치러 관리를 선발하는 제도인 과거제도는 6세기 말~7세기 초 중국 수나라에서 처음 시작됐다.

9. 5. [러시아-일본] **포츠머스 조약** 체결. 루스벨트 미국 대통령의 중재로 미국의 군항 도시 포츠머스에서 일본 제국과 러시아 제국이 러일전쟁의 강화조약을 맺었다.

10. 16. [인도] 벵골 분할. 영국은 반영 운동이 활발한 벵골 지방을 힌두교도가 다수인 서부와 무슬림이 다수인 동부로 분할했다. 이 조치는 종교 갈등을 이용해 민족 운동을 약화시키려는 의도였지만, 인도인의 계속된 저항으로 불과 6년만인 1911년 취소된다.

문화 / 과학·환경 / 스포츠

문화

7. 지석영, 〈신정국문〉 상소. 7월 19일 결재가 내려진 이 문서에는 6항목으로 된 맞춤법 통일안이 담겨 있다. 한 개인이 국가 어문정책으로 채택되었다는 반발이 생겨났고, 2년 후인 1907년 국문연구소 설치로 이어진다.

10. 15. 클로드 드뷔시의 〈바다〉 초연.

○ 김인식, 〈학도가〉 발표. 20세기 초 우리 선조들이 가장 흔하게 흥얼거리던 노래로 '학도가'라는 노래들이 있었다.* 그가 평양 서문소학교 운동회 때 합창으로 처음 발표한** 이 곡('학도야 학도야 저기 청산 바라보게'로 시작)은 학문을 권장하거나 신체 단련과 근면을 독려하는 가사가 주를 이뤘다. 이런 학도가류의 노래 중 우리 음악가가 작곡한 최초의 곡이었다.***

과학·환경

3. 21. 〈도량형법〉 제정. 대한제국 1905년 법률 제1호였다. 길이와 부피는 척(尺), 무게는 냥(兩)을 기본으로 삼되, 미돌(米突: 미터)법을 함께 쓸 수 있도록 했다.

6. [프랑스] 알프레드 비네, 새로운 지능검사 척도 발표. 아이들의 언어 능력에 초점을 맞춰 검사하는 척도였다. 함께 연구한 테오도르 시몽의 이름을 따 비네-시몽 지능 척도라고 불리는 이 척도는 오늘날 인간의 지능을 측정하기 위해 고안된 검사인 IQ 검사의 원조이다. 현재 사용되는 여러 지능검사 방법들은 대체로 90~110 정도를 평균적인 지능지수로 본다.

9. 26. 아인슈타인, **특수상대성이론** 발표. 6월 30일에 접수되어 이날 발표된 〈움직이는 물체의 전기역학에 대하여〉라는 논문에는 나중에 특수상대성이론이라고 불리게 될 이론이 담겨 있다.

스포츠

3. 10. [영국] 잉글랜드 축구 클럽 첼시 FC 창단. 런던의 풀럼 지역에 있는 스탬퍼드 브리지를 홈구장으로 창단되었으며, 첫 1부 리그 우승은 1954~55시즌이었다.

10. 20. [튀르키예] 축구 클럽 갈라타사라이 SK 창단. 튀르키예의 현존하는 축구팀 중 가장 오래된 팀이다.

↓ 피의 일요일을 묘사한 보이치에흐 코사크의 그림 (부분)

1905년 풍경

멀리 하늘가에 인왕산 정상이 뚜렷하게 보이는 한양 어느 곳의 빨래터. 물은 그냥 흐르고 그냥 가는 것만은 아니었다. 하늘에서 떨어져 나뭇잎을 덮고 사뿐하게 착륙한 빗방울. 목마른 나무의 뿌리를 적시고 골짜기로 모였다. 처마 끝에 달린 물방울이 마을마다 전설 하나씩 만들어주었다. 냇물아 흘러 흘러 어디로 가니? 강원도에서 시작하여 그렇게 실컷 세상 구경하고 서해를 찾아가는 시냇물이 오늘은 이 빨래터를 지나는 중이다. 어미는 그 물로 옷의 얼룩을 씻어내고, 아이들은 그 곁에서 물장구를 하고 놀았다. 빨래, 더러운 옷이나 피륙 따위를 물에 빠는 일. 사람들의 생활에서 묻은 피곤과 땀과 먼지를 이렇게 아무지게 닦아주고 물은 그렇게 천천히 휘돌아 나갔다. 그 물에 목을 축인 짐승들도 많았으리라.

별표 사이다

2월 일본인 히라야마 마츠타로(平山松太郞)가 인천 신흥동에 '인천탄산수제조소'라는 공장을 세우고 국내 첫 사이다인 '별표사이다'를 출시했다.

이 해에는

노래
○ 〈학도가〉 (작곡, 김인식)

영화
○ [영국] 〈로버가 구출하다〉, 세실 헵워스, 르윈 피츠해이먼

굵긴 소식
3. 24. 쥘 베른 (프랑스의 소설가)
11. 30. 민영환 (대한제국의 시종무관장)

독립한 나라
6. 7. 노르웨이 (← 스웨덴 노르웨이 왕국에서 분리 독립)

1906년

조선 통감부 설치

↑ 일본은 남산의 왜성대(倭城臺)에 통감부 청사를 건립한다. 서울 중구 예장동과 회현동 1가에 걸쳐 있는 왜성대는 임진왜란 때 왜군이 주둔한 곳이다. 일본은 1910년 한일합방 이후 이 건물을 조선총독부 청사로 사용하다 1926년 경복궁 신청사로 이전한다. 왜성부 청사는 1950년 한국전쟁 때 폭격을 받아 파괴된다.

"나온다오,
통감이 나온다오…
통분치 않소? 원통치 않소?"
―《대한매일신보》, 1905. 12. 24.

↓ 북간도로 망명한 이상설이 중심이 되어 연길 용정촌에 설립한 학교인 서전서숙은 한국 근대 민족교육의 효시이자 요람이었다. 학비는 없었고, 역사, 지리, 수학 등의 신학문을 가르쳤다. 당시 교가의 가사 "인일기백(人一己百) 공부하니 / 구국안민(救國安民)하여 보세"가 이 학교의 성격을 잘 드러내고 있다. 학교는 재정난에 일제의 탄압과 방해가 겹쳐 이듬해에 폐교된다.

제1조 조선 경성에 통감부를 둔다.
제2조 통감부에 통감을 둔다.
통감은 친임으로 한다.
통감은 천황에 직속하며 외교에 관해서는 의무대신을 통해 내각 총리대신을 거치며 그밖의 사무에 관해서는 내각 총리대신을 거쳐 상주하여 재가를 받는다.
제3조 통감은 한국에서 제국 정부를 대표하며 제국 주차(駐箚) 외국 대표자를 경유하는 것 이외에는 한국에 있는 외국 영사관 및 외국인에 관한 사무를 통할하며 한국의 시정 사무 중에서 외국인과 관계있는 것을 감독한다
통감은 조약에 의거하여 한국에서 제국 관헌 및 공서(公署)를 시행해야 하는 제반 정무를 감독하며 그 밖에 종래 제국 관헌에 속한 일체의 감독 사무를 시행한다.
제4조 통감은 한국의 안녕 질서를 유지하기 위해 필요하다고 인정될 때는 한국 수비군 사령관에 대해 병력의 사용을 명할 수 있다
― 〈통감부 및 이사청 관제〉

대한제국

1. 6. 친일계 일간지 《국민신보》 창간. 일진회의 기관지였다. 1910년 10월 폐간된다.

1. 17. 외교 사무 담당 부서였던 외부(外部) 폐지. 의정부 산하 외사국(外事局)으로 격하됐다.

2. 1. 일제, **통감부 설치**. 전년 12월 20일 공포된 〈통감부 및 이사청관제〉에 따라 한성부에 설치된 이 기관은 1910년 8월 조선총독부가 설치될 때까지 4년 6개월 동안 국정 전반을 사실상 장악했던 식민 통치 준비 기구였다.

3. 2. 이토 히로부미 통감 부임. 실제 임명일은 전년 12월 21일이었지만, 이날 부임과 함께 일제의 '통감 정치'가 본격 가동됐다. 그는 외교와 내정의 사소한 부분까지 간섭하며 한일합방의 수순을 차근차근 밟아나갔다.

3. 13. 신돌석, 경북 영해(지금의 영덕)에서 100여 명을 모아 의병 운동 재개.

3. 13. 제1회 시정개선협의회 개최. 이토 히로부미 통감 주재로 열린 이 회의에는 대한제국의 관료 전원이 참석했다. 통감은 1909년 12월 28일까지 97번 열어, 외교뿐만 아니라 재정, 금융, 문화, 군사 등 대한제국의 거의 모든 업무를 처리한다.

4. 3. 경의선 철도 전 구간 개통.

4. 4. **대한자강회 설립**. '교육과 산업의 발달이 곧 단 하나의 자강지술'이기 때문에 '조국의 정신을 양성하며 밖으로 문명의 학술을 흡수하는' 것을 목적으로 조직된 이 애국계몽 사회운동단체의 회장은 윤치호였다. 이듬해 8월 일제의 탄압으로 해산당한다.

6. 4. 최익현, 전북 태안(현 정읍)에서 의병 궐기. 한때 의병의 수가 500명을 넘어서기도 했지만, 황제의 직지를 받고 해산한 후 14일 관군에 체포되어 압송됐다.

6. 13. 통감부, 권업모범장(勸業模範場) 설치. 일제가 농업 기술의 시험·조사 및 지도를 위해 수원에 설치한 기관이다. 주로 벼농사법을 연구했는데 이는 더 많은 쌀을 일본으로 반출하기 위해서였다.

8. 27. 〈보통학교령〉 제정. 1895년 설치된 근대적 초등교육 기관인 소학교가 이 칙령에 따라 보통학교로 개편됐다. 보통학교의 수업연한은 4년이었고 입학연령은 8세부터 12세의 남녀였다.

10. 서전서숙 설립.

10. 1. 한국주차군사령부, 용산으로 이전. 대한제국에 주차한 일본군의 총 지휘부인 한국주차군사령부가 남산 필동 군영지(지금의 남산한옥마을)에서 용산 병영으로 이전했다. 2022년 윤석열 대통령은 일본군의 주둔지로 사용되던 용산 지역에 있는 국방부 청사로 집무실을 이전한다.

10. 19. 《경향신문》 창간. 통감부의 언론 탄압을 피하고자 발행인을 프랑스인 신부 안세화로 내세운 이 신문은 순한글판 주간신문이었다. 애국 계몽 운동의 성격이 짙었다. 1910년 12월 폐간되지만, 1946년 10월 6일 천주교 서울교구가 제호를 계승해 같은 제호로 다시 창간한다.

○ 김기호, 평양에 양말공장 설립. 일본산 자동편직기 4대를 구매해 설립한 이 공장은 국내 최초의 양말 공장이었다.

세계

1. 16. [유럽] 알헤시라스 회의 열림. 제1차 모로코 위기 도중, 독일과 프랑스의 분쟁을 조정하기 위해 13개국이 모여 4월 7일까지 에스파냐 알헤시라스에서 연 이 회의 결과로 모로코는 사실상 프랑스의 세력권에 편입됐다. 반 독일 전선에선 프랑스와 영국의 관계는 더 긴밀해졌다.

2. 15. [영국] 노동대표위원회, **노동당**으로 개칭. 8일 실시된 총선에서 29석을 얻은 노동대표위원회는 이날 공식적으로 당명을 개칭하며 의회 정당으로 조직을 변경했다.

4. 18. [미국] **샌프란시스코 지진** 발생.

5. 6. [러시아] 국가기본법 공포. 1905년 혁명의 소용돌이 속에서 궁지에 몰린 니콜라이 2세는 10월 선언과 뒤이어 공포한 기본법을 통해 일련의 양보 조치를 취했다.• 그러나 러시아 제국의 사실상 첫 헌법인 이 기본법은 권력의 일부를 의회와 공유하는 내용을 담고 있기는 했지만, 황제의 최고주권을 여전히 인정하고 있었다.

7. 12 [프랑스] 대법원, 알프레드 드레퓌스 대위에게 무죄 선고. 그는 13일에 포병 소령으로 복직했고, 이로써 19세기 말 유대인인 그의 간첩 혐의를 놓고 프랑스를 떠들썩하게 만들었던 사건은 막을 내렸다.

9. [쿠바] 미국, 제2차 쿠바 점령. 점령은 미군의 철군이 완료된 1909년 2월 6일까지 계속됐다.

11. 9. [러시아] 표트르 스톨리핀 총리, 농업 개혁 시작. 농촌공동체 미르를 해체하고 공동 소유 토지의 개별 소유를 가능하게 했다.

11. 26. [일본제국] 남만주철도주식회사 설립. 약칭 만철(滿鐵)로 불린 이 반관반민의 특수 회사는 철도 사업을 중심으로 만주 지역 식민화의 핵심적인 기능을 했다.

11. 28. [영국] 아서 그리피스, 신페인 창당.

12. 14. [독일] U1, 독일황립해군에 취역. 독일의 첫 잠수함이자 유보트(U-boot) 형식으로 건조된 첫 잠수함이었다.

12. 30. [인도] **전인도무슬림연맹** 창설. 한 해 전인 1905년 영국이 벵골 분할을 시행하자 국민회의는 철회를 요구하며 반영 운동의 수위를 높여갔다. 이에 불안을 느낀 영국은 힌두교도와 무슬림을 분열시켜 반영 운동을 약화시키려고 했다. 한편 국민회의 내의 소수파인 무슬림들은 민족적, 종교적 감정을 자극하는 방식의 운동을 펼치는 다수파 힌두교도들의 독주에 위기감을 가지고 있었다. 이런 상황에서 다카에서 창설된 전인도무슬림연맹은 '영국에 충성'한다는 내용을 담기도 했다. 그러나 1911년 분할령이 철회되자 연맹은 친영에서 반영으로 돌아서 자치정부 수립을 목표로 내건다.

문화 / 과학 · 환경 / 스포츠

문화

7. 21. 《대한매일신보》에 '대구여사(大丘女史)'란 필명으로 시조〈혈죽가(血竹歌)〉가 실림. 1905년 충정공 민영환이 을사늑약 체결에 항의해 자결한 후, 피 묻은 옷과 칼을 걸어둔 마루방에 대나무 네 줄기가 바닥을 뚫고 올라와 있었다는 이야기를 토대로 한 시조였다.

7. 22. 이인직,《만세보》에 〈혈의 누〉 연재 시작. 같은 해 10월 10일까지 50회에 걸쳐 연재되었고, 이듬해 3월 광학서포에서 단행본으로 발간됐다.

10. 18. [프랑스] 제3회 살롱 도톤 개막. 파리 그랑팔레에서 열린 이 미술 전람회에서 앙리 마티스, 앙드레 드랭 등의 회화 작품들이 전시된 7번 방 중앙에 놓인 알베르 마르케의 청동조각상을 본 평론가 루이 복셀이 "야수들 사이의 도나텔로!"라는 비유적인 표현을 써서 평했다. 강렬한 색채와 단순한 형태를 특징으로 하는 **야수파**의 탄생을 알리는 순간이었다. 위의 그림은 야수파의 선구자 중 한 명인 앙리 마티스가 그린〈모자를 쓴 여인〉이다.

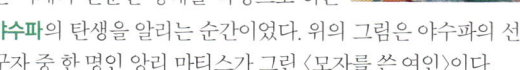

과학 · 환경

11. 12. 산투스 두몽(브라질), 자체 동력 비행기를 타고 하늘을 남. 이날 그는 프랑스 파리에서 14-비스 호를 타고 네 번째 시도 끝에 6m 높이에서 220m를 나는 데 성공했다. 유럽 최초의 동력 비행 성공이었다.

 [미국] 리 디포리스트, 3극 진공관 발명. 그는 존 앰브로즈 플레밍이 발명한 2극 진공관의 음극과 양극 사이에 그리드라 불리는 극을 하나 더 추가해 3극 진공관을 만들고 오디언이라는 이름을 붙였다. 3극 진공관은 1960~70년대에 트랜지스터로 대체되기 전까지 라디오, 텔레비전, 오디오 시스템 같은 가전기기에 널리 사용됐다.

스포츠

2. 3. 황성기독교청년회(현 한국 YMCA의 전신) 대 덕어(독일어)학교의 야구 경기가 열림. 덕어학교가 세 경기 모두 이겼다. 이 경기는 한국인으로 이루어진 팀들 간에 열린 **최초의 야구 경기**로 간주된다.•

3. 11. 경구구락부(競球俱樂部) 창립.• 김기정, 신봉휴 등이 서울에서 창립한 이 단체는 한국 최초의 근대적 사회체육 단체였다. 같은 달 말에 대한체육구락부로 이름이 바뀐 이 단체는 이듬해까지 약 2년 동안 축구를 중심으로 활동하며 그동안 각 학교의 운동회를 중심으로 발전하던 체육활동을 사회체육으로 확산시키는 역할을 했다.

4. 22. [그리스] 아테네에서 중간 올림픽 개막. 5월 2일에 폐막했다. 흔히 '잊혀진 대회'로 불리는 이 대회는 1896년 아테네 올림픽 10주년을 기념하기 위해 열렸지만, 이 해의 대회가 처음이자 마지막 중간 올림픽이었다.

4. 22. 국내 첫 자전거 경주대회. 서울 동대문 훈련원에서 열린 이날 자전거 대회에는 당시로서는 큰 액수인 100원(圓)이 상금으로 걸렸다.

← 4월 18일 미국 샌프란시스코에 지진이 발생했다. 새벽 5시 북부 캘리포니아 해안을 강타한 이 지진 때문에 이어진 화재로 샌프란시스코 지역의 80%가 파괴되었고, 최소 3000명의 사망자가 발생했다.

1906년 풍경

두 발과 공 하나만 있으면 할 수 있는 게 축구다. 경기장도 심판도 없는 길거리에서 축구를 한다. 정식 유니폼도 갖춰 입지 않은 동네 축구다. 그래도 공은 동글동글하다. 날쌔게 공 몰고 거침없이 질주할 땐 하늘의 달이나 별 하나 드리블하는 기분이었다. 우리는 그때 '축구 찬다'는 말을 자주 했다. 마음먹고 차도 마음대로 굴러 가지 않는 공. 선수들은 자신의 의도를 벗어나 마음 바깥으로 휘어져 나가는 그 엉뚱한 공의 궤적을 보면서 그때 이미 이 세상이란 잘 되기보다는 잘 안 되기가 훨씬 쉽다는 것을 알아차렸던 것일까. 몸에 붙어 있는 발로 공을 차는 경기, 축구. 그렇다고 '발 족(足)'의 족구라 하지 않고 '찰 축(蹴)'의 축구라 명명한 건 이 호쾌한 운동경기에 알맞은 탁월한 선택이었다.

만주 · 간도 · 연해주의 위치

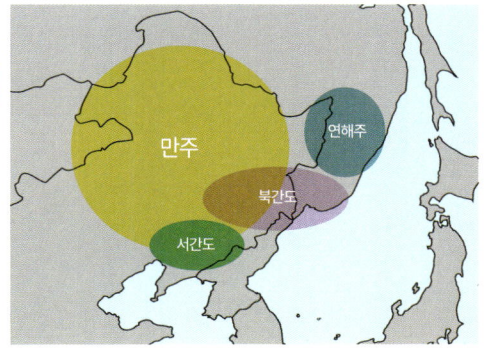

이 해에는

책

2. 26. [미국] 《정글》, 업턴 싱클레어

6. 《대한국어문법》, 주시경

6. 10. 《동국사략》, 현채

○ [스웨덴] 《닐스의 신기한 여행》, 셀마 라겔뢰프

영화

○ [오스트레일리아] 〈켈리 갱 이야기〉, 찰스 테이트

굿긴 소식

4. 19. 피에르 퀴리(프랑스의 과학자)

5. 23. 헨리크 입센(노르웨이의 극작가)

9. 5. 루트비히 볼츠만(오스트리아의 물리학자)

10. 22. 폴 세잔(프랑스의 화가)

1907년

헤이그 특사 파견

"그렇다면 이 세상에 정의란 없는 것이군요, 여기 헤이그에서조차도."
— 이위종

↑ 이준, 이상설, 이위종이 을사늑약의 불법성을 폭로하고 주권 회복을 열강에게 호소하기 위해 고종의 특사 자격으로 제2회 만국평화회의 개최지인 네덜란드 헤이그에 파견됐다. 이들은 숙소로 정한 호텔에 태극기를 달고 회의 주최 측에 자신들의 도착을 알리는 등 공식 활동을 전개했지만, 일제의 방해로 끝내 회의에 참석하지 못했다.

↓ 이 해 《대한매일신보》 2월 21일자에 이런 글이 실렸다. "지금 나라의 빚이 1300만 원이며, 이는 우리 대한제국의 존망에 관계된 일이다. 이를 갚으면 나라를 보존하게 되고 못 갚으면 나라를 잃고 만다. 형세가 여기에 이르렀으나 현재 국고로는 보상하기가 어렵다. 그러므로 삼천리 강토는 장차 우리나라가 아니게 될 것이다. 땅을 한 번 잃으면 돌이킬 방법이 없을 뿐만 아니라 월남과 같은 나라의 민족 신세를 면하기 어렵다. 일반 국민도 이 국채 보상에 대한 의무에 대해 모른체 하거나, 참여하지 않겠다고 말할 수 없다. 모두가 보상에 참여해야만 성공할 수 있다. 2000만의 백성이 3개월 동안 담배를 끊고 그 돈을 각 사람마다 20전씩 낸다면 1300만 원을 모을 수 있다. 만약 부족하다면 1원, 10원, 100원, 1000원 등 따로 기부를 받으면 될 것이다."

그리고 90년 후인 1997년 대한민국에서도 비슷한 일이 또 벌어졌다. 일을 벌이는 자들 따로, 해결하는 사람들 따로이다. 그때그때 백성, 민초, 국민, 시민, 보통 사람이란 이름으로 불리는 사람들이다.

일본인들은 항상 '평화', '평화'하지만은 어찌 사람이 기관총구 앞에서 평화롭게 살 수 있겠는가. 한국민이 모두 죽어 없어지면 모르겠지만 그렇지 않은 상태에서는 한국의 독립과 한국민의 자유가 이루어지지 못하는 한 극동의 평화는 있을 수 없는 것이다. 한국 국민들은 조직은 되어 있지 않으나 독립과 자유라는 공동 목표에 대하여 정신적으로 결합되어 있으며, 이 목적을 위하여 한국 국민은 죽음을 무릅쓰고 일본인의 잔인하고 비인도적이며 이기적인 침략에 대항하고 있다. 어떠한 일을 해서라도 일본인과 싸우려고 결심한 2천만의 한국 국민을 대량 학살한다는 것은 일본인에게 있어서 그다지 흥미 있거나 쉬운 일이 아니라는 것은 사실이다. 사실상 일본은 한국의 독립과 문호개방에 대한 엄숙한 공약을 배반하였다.

— 이위종, 〈한국을 위한 호소〉

대한제국

1. 보성전문학교, 이재학과를 경제학과로 개칭. 이재학전문과(1905년 설치)를 경제학전문과로 개칭하고 수업연한을 3년으로 연장했다. 국내 대학 최초의 경제학과였다.

1.1. 의병장 최익현, 단식 끝에 쓰시마섬 감옥에서 73세로 순국.

2.21. 대동광문회, **국채보상운동** 대구군민대회 개최. 일제가 대한제국을 경제적으로 예속시킬 목적으로 제공한 차관 1300만 원을 국민이 나서 갚고자 대구 북문 밖 북후정에서 시작된 이 운동은 전국으로 퍼져나갔지만, 일제의 방해로 이듬해 7월 실패로 돌아간다.

2.23. 남일동 패물폐지부인회 결성. 대구 남일동에서 결성된 이 단체는 자발적으로 팔찌와 목걸이 등 패물을 내놓으며 국채보상운동에 힘을 모았을 뿐만 아니라 전국의 다른 여성들도 동참할 것을 호소했다. 이후 전국 각지에 국채보상을 위한 여성 단체들이 설립됐다. 이에 국채보상운동은 '우리 역사상 최초로 아래로부터 올라오는 자율적인 여성 운동의 효시가 됐다.'

4. 신민회 결성. 안창호, 양기탁 등이 결성한 이 비밀결사는 국권 회복을 목적으로 두었다. 자신들이 세우려는 자유 독립국의 정치 체제를 입헌군주국이 아닌 공화국으로 규정했다.

4. 일제, 남대문 성벽을 헐어내고 남대문 밖 남쪽 연못 매몰. 9월로 예정된 일본 황태자의 한성 방문을 위해 시가지를 정리한다는 구실을 들었다.

5.22. 이완용 내각 성립.

5.30. 〈지방금융조합규칙〉 공포. 이에 따라 각 지방에 처음으로 농촌금융기관인 지방금융조합이 설립됐다.

6.25. 이준·이상설·이위종, 네덜란드 헤이그 도착.

7.3. 《대한매일신보》, **헤이그 특사 사건**, 국내 첫 보도. 이토 히로부미, 고종을 알현해 헤이그 특사 사건의 책임을 추궁.

7.18. 이완용 등 내각 대신들, 고종 퇴위 강요. 그들은 헤이그 특사 사건의 책임을 추궁하며 고종을 압박했다.

7.19. 고종 황제, 강제 퇴위. 일제는 헤이그 밀사 사건을 빌미로 고종의 퇴위를 밀어붙였다. 이날 새벽 5시 고종은 황태자에게 정사를 대리한다는 조칙에 도장을 찍었고, 일제는 다음 날 오전 9시에 급히 양위식을 거행했다. 하지만 당사자인 고종과 순종 모두 참석하지 않았다.

7.24. 한일신협약 체결. 일본이 한국을 강점하기 위한 예비 조처로서 체결한 7개 항목으로 구성된 이 조약에는 군대 해산 등의 내용이 담겨 있다. '정미칠조약'이라고도 한다.

7.24. 순종, 〈신문지법〉 반포. 신문 창간 허가, 사전 검열 등을 제도화한 이 법은 순종이 즉위하고 이완용 내각이 법률 제1호로 공포한 첫 법령이었다. 법률 제2호는 〈보안법〉이었다. 둘 모두 반일감정과 항일운동을 억누르려는 일제의 의도가 담긴 법령이었다.

8.1. 일제, **대한제국 군대 강제 해산**. 전날 밤 군대 해산에 대한 순종 황제의 칙령이 반포되었고, 해산식이 이날 오전 동대문 훈련원에서 거행됐다. 영문도 모르고 모였던 병사들에게는 몇 푼의 지폐가 은사금 명목으로 주어졌다. 이후 9월 3일까지 북청진위대를 끝으로 지방의 군대까지 모두 해산됐다.

12.6. 이인영, 창의대진소 편성.

12.24. 오산학교 개교. 이승훈이 평안도 정주에 설립한 4년제 민족학교였다. 입학생은 모두 7명이었다.

세계

3. 15~16. [핀란드] 의회 선거. 정부가 한 해 전 세계 최초로 여성에게 선거권과 피선거권을 인정한 후 처음 실시된 이 선거 결과 의원정수 200명 중 19명의 여성 의원이 탄생했다.
4. 아주화친회 결성. 일본의 고토쿠 슈스이, 중국의 장빙린 등이 일본에 있는 아시아 각국의 사회주의자들과 혁명파 인사들을 규합해 만든 이 단체는 '제국주의에 반항하며 아시아의 주권을 잃어버린 민족들이 독립하는 것'을 목표로 했다. 반제국주의를 목표로 모인 아시아 최초의 국제조직이었다. →
6. 15. 제2회 만국평화회의, 네덜란드 헤이그에서 개막. 국제 평화 회담인 이 회의는 헤이그 회담이라고도 불린다.
6. 21. [미국] UP 통신사 설립. 현 UPI 통신사의 전신이다.
8. 31. [영국/러시아 제국] 영러협상 체결. 러시아 상트페테르부르크에서 영국과 러시아 제국 사이에 맺은 이 협정으로 이란, 아프가니스탄, 티베트에서 양국의 세력 범위를 결정했다. 이로써 1892년 러시아-프랑스(러불동맹)와 1904년 영국-프랑스(영불협약)에 이어 영국과 러시아 간에도 동맹 관계가 맺어짐에 따라 삼국협상이 형성됐다. 이 3개국은 삼국동맹을 이룬 독일, 오스트리아-헝가리, 이탈리아에 맞서 팽팽한 세력 균형을 이루게 된다.
9. 26. [뉴질랜드] 영국, 영국령 뉴질랜드를 뉴질랜드 자치령으로 지위 변경. 이로써 뉴질랜드의 지위는 식민지에서 자치령으로 격상됐다.
12. 17. [부탄] 우겐 왕축, 초대 국왕으로 선출. 작은 왕국들로 흩어져 있던 부탄은 이로써 통일 왕국을 이루게 됐다.

↓ 243×233cm의 거대한 화폭 안에 여자 다섯이 그려져 있다. 네 여자는 서 있고 한 여자는 앉아 있다. 그런데 이 여인들은 아름답지 않다. 보기 흉하다. 아니 그런 여자의 모습은 존재하지도 않는다. 큰 눈, 정면의 모습에 옆 모습의 코, 오른쪽 여자들의 모가 난 얼굴, 엄청나게 큰 발. 도무지 정상적인 모습이 아니다. 이 다섯 여자는 입체적으로 그려져 있다. 한 화면에 둘 이상의 시점이 동시에 들어간 것이다. 1907년 젊은 피카소의 〈아비뇽의 아가씨들〉과 함께 큐비즘이 시작되었고, 현대 미술도 시작됐다. 이 그림은 현대 회화의 첫걸음을 알리는 기록이라고 할 수 있다.

문화 / 과학·환경 / 스포츠

문화

3. 한국 최초 음반 발행. 미국 콜럼비아사에서 제작하고 일본 산코도(삼광당)에서 발행했다.* '조선으로부터는 한인오, 관기 최홍매 외 3인을 오사카에 불러 〈유산가〉, 〈적벽가〉, 〈주유가〉 등, 전부 30면의 조선곡**이 녹음됐다.

5. 7. [독일] 하겐베크 동물원 개장. 아마추어 동물수집가인 카를 하겐베크가 함부르크에 세운 이 동물원은 현대 동물원의 시초이다. 우리나 창살을 설치하고 그 안에 동물들을 가두는 대신 해자로 둘러싸인 개방형 공간에서 자연 상태와 유사하게 살게 만든 최초의 근대식 동물원이었다.

6. 4. 지명근 등, 단성사 설립. 종로 파자전교 근근에 세워진 이 극장은 초창기에는 주로 각종 전통 연희를 공연했다. 1919년 한국 최초의 영화 〈의리적 구토〉 상영을 시작으로 한국의

대표적인 극장으로 자리매김해왔지만, 멀티 플렉스 극장의 등장으로 경영 부진을 겪다 2019년부터 영화역사관으로 운영되고 있다.
7. 파블로 피카소, 〈아비뇽의 아가씨들〉 완성.
7. 8. 국문연구소 설치. 오늘날의 교육부에 해당하는 학부 안에 설치된 이 기관은 훈민정음 창제 당시의 정음청(正音廳) 설치 이후 한글을 연구하기 위한 최초의 국가기관이라 할 수 있다.
8. 김규진, 천연당사진관 개설. 일본에서 사진술을 배우고 돌아온 김규진이 석정동(현 서울 소공동 지역)에 있는 자신의 뜰에 개업한 이 사진관은 한국인이 세운 사진관 중 기록이 남아 있는 최초의 영업사진관이다.

과학·환경

2. 26. [미국] 그랜드캐니언 국립공원 설치.
11. 13. [프랑스] 최초의 헬리콥터 자유비행 성공. 폴 코르뉘가 발명한 헬리콥터가 체중 55kg의 조종사를 태우고 이륙했다. 1.5m 높이에서 몇 초 동안 떠 있는 데 불과했지만, 조종사가 탑승한 최초의 헬리콥터 자유 비행이었다.
○ [미국] 리오 베이클랜드, 합성수지 개발. 베이클라이트로 명명된 이 합성수지는 20세기 플라스틱 산업의 첫 성공 사례로 꼽힌다.
○ [독일] 파울 에를리히, '화합물 606' 개발. 비소화합물의 새로운 유도체인 이 물질을 개발하는 과정에서 그는 이듬해 특정 세균에만 반응하는 화학물질을 활용한 치료제 즉 '마법의 탄환'을 만들 수 있다는 개념을 공식화했다. 한편 이 물질은 1910년 살바르산이라는 매독 치료제 개발로 이어졌고, 이것은 페니실린 등의 항생제가 나오기 전까지 널리 사용됐다.

스포츠

10. 노백린 등, 대한국민체육회 결성. 한국 최초의 체육진흥단체였다. 발기 취지서를 통해 '체육상 완전한 기관을 설비하여 대한국민 체육에 아주 새로운 빛을 밝히려 하겠다'*고 밝혔지만, 별다른 족적을 남기지 못하고 단명한 듯 하다.

1907년 풍경

우리가 딛고 있는 땅, 아득한 옛날과 연결되지 않는 곳이란 한 평도 없다. 땅에서 일어나는 일, 땅 위의 역사로 남는다. 서울 서대문구 현저동과 홍제동을 잇는 무악재(毋岳峴). 이제는 흔한 동네 이름의 하나로 지하철 노선도에나 파묻힌 곳이지만, 그 옛날에는 한양을 떠나 북으로 갈 때 반드시 지나쳐야 하는 고개였다. 중국과 왕래할 때 반드시 통과해야 했던 관문. 처음엔 희미한 오솔길이었겠지. 개성을 떠나 새 도읍지를 찾던 무학대사가 이 고개를 넘어 한양을 점찍은 이래, 산을 허물고 길을 넓혔다. 아직 자동차가 없던 시절, 무악재는 행인들과 우마차가 다니기에 충분히 넓었다. 이 길을 넓히고, 도로의 성분을 바꾸며 바닥을 다지며 시대는 흘러왔다. 아무리 시대가 파천황의 변화를 거듭해도 저기 저 하늘의 윤곽은 옛날 그대로다. 멀리 하늘가에 맞닿은 북한산의 경계가 이 땅의 광경을 묵묵히 지켜보고 있다.

이 해에는

책
6. 10. [프랑스] 《괴도신사 아르센 뤼팽》, 모르스 르블랑
○ [프랑스] 《창조적 진화》, 앙리 베르그송

영화
○ [프랑스] 〈붉은 유령〉, 페르디낭 제카, 세군도 데 초몬

궂긴 소식
1. 1. 최익현(조선의 관료)
1. 20. 드미트리 멘델레예프(러시아의 화학자)
7. 14. 이준(독립운동가)
11. 1. 알프레드 자리(프랑스의 작가)
12. 7. 켈빈 남작 윌리엄 톰슨(영국의 물리학자)

1908년

정미의병, 난지도 결전

↑ 영국의 일간지 《데일리 메일》의 기자 프레더릭 매켄지가 찍은 의병 사진이다. 그는 1907년 9월 25일, "아침 서울에서 출발해 얼마 못 가 바위와 모래가 깔린 강변에 이르러 의병 부대와 만났다. 일본군으로 오인당해 기습을 받을 뻔했다가 위기를 모면하고 의병들을 일렬로 세운 뒤 사진을 찍었다"고 기록했다.

"우리는 어차피 죽게 되겠지요 그러나… 일본의 노예가 되어 사느니보다는 자유로운 민으로 죽는 게 훨씬 낫습니다."

나는 그들이 갖고 있는 총을 보았다. 여섯 사람이 각각 다른 다섯 종류의 무기를 갖고 있었는데 어느 것이나 제대로 쓸 만한 총이 없었다. 한 사람은 가장 낡은 유형의 화승총으로 알려져 있는, 총구로 탄환을 재는 구식 한국 총을 자랑스럽게 가지고 다녔다.

…

나는 다른 의병군의 조직에 대해 여러 가지로 그에게 물어 보았다. 그들은 도대체 어떻게 조직되어 있는 것일까? 그 대장이 나에게 해준 이야기로 미루어 보면 그들은 실제로 전혀 조직이 되어 있지 않은 것이 분명했다. 각각 흩어져 있는 몇 개의 무리들이 아주 엉성하게 결합되어 있는 것에 불과했다. 각지의 부유한 사람들이 기금을 제공했다. 그것을 그가 산재해 있는 한두 사람의 의병에게 은밀히 건네주면 그들이 각각 자기 주위에서 자기편을 모으는 것이었다.

그는 자기들의 전도가 반드시 밝은 것만은 아님을 인정하였다. "우리는 죽을 수밖에 없을 것입니다. 그러나 그것으로 좋습니다. 일본의 노예로 살기보다는 자유로운 인간으로서 죽는 편이 훨씬 낫습니다"라고 그는 말했다.

— 프레더릭 매켄지, 《대한제국의 비극》

↓ 1911년 황금정 4정목(오늘날 중구 을지로4가)에 건립된 동양척식주식회사 본점. 1917년 일본 도쿄로 본점이 이전된 이후로는 경성지점으로 전환됐다.

대한제국

1. 13. **십삼도창의군**, 일본군에 패함. 허위가 통솔한 연합의병이 **한성 진격**에 나서 동대문 밖 30리 지점까지 진출했지만, 후원군이 도착하지 않아 일본군에 패했다.

3. 15. 소난지도 전투 패전. 홍원식, 최구현 등의 지휘로 1906년부터 충청남도 당진의 소난지도에서 항쟁을 벌이던 의병들이 이날 섬에 상륙한 일본 경찰대와 총격전 끝에 패했다. 의병들은 결사 항전을 벌였지만 수적 열세에 탄약마저 떨어진 상태에서 전체 150여 명 중 약 40명이 사망하고 50명이 행방불명됐다.

3. 23. **장인환·전명운, 스티븐스 저격**. 대한제국의 친일 외교관인 더럼 스티븐스가 미국 샌프란시스코에서 일본의 한국 지배를 정당화하는 발언을 일삼자, 이에 공분한 두 사람은 서로 모른 채 각각 거사에 나섰다. 전명운이 먼저 총을 쏘았으나 불발되었고, 장인환이 세 발을 쏘아 두 발은 스티븐스에게 맞고, 한 발은 전명운의 어깨에 맞았다. 스티븐스는 이틀 후 병원에서 사망했다.

4. 1. 한성고등여학교 설립. 현 경기여자고등학교의 전신이며 최초의 관립 중등여학교이다.

4. 1. 독자적인 한국 표준시 도입. 동경 127.5도를 기준으로 했다. 130도를 기준으로 하는 일본 중앙 표준시와는 30분의 차이가 난다.

4. 1. 청진 개항. 1월 7일 외국통상항으로 지정되어 이날 개항했다. 원래 부령군의 작은 어촌에 불과한 청진의 개항에는 '만주와 러시아를 겨냥한 일본군과 일본 상인의 이해가 반영'됐다. 두만강 유역의 삼림자원과 동해의 풍부한 수산자원과 자국의 설탕, 석유, 견직물 등의 수송에는 이곳이 최적지였던 것이다.

7. 16. 통감부, 《홍삼전매법》 공포. →

9. 1. 대한수도회사, 한성부민에게 급수 시작. 영국인이 운영한 이 회사는 8월 31일 뚝섬에 1만 2500톤/일 규모의 완속여과 정수장을 완공하고 이날부터 사대문 안과 용산 일대에 물을 공급하기 시작했다. 수도가 집집마다 설치된 것이 아니라 공공 수도가 주요 거점에 설치된 형태였지만, 근대적 상수도 사업의 시작이었다.

10. 전군도로(全群道路) 완공. 개항장이자 일본인의 거류지였던 군산항과 전라북도의 감영 소재지인 전주를 연결하는 노선이다. 사실상 첫 신작로였던 이 도로를 통해 김제평야에서 생산된 쌀이 군산항으로 수송되어 일본으로 갔다. 철도와 마찬가지로 이 도로 역시 식민지 수탈의 한 수단이었다.

10. 1. 영국 구세군 정령 로버트 호가드, 대한제국에 도착. 구세군 대한본영은 이날을 대한제국에서 사역이 공식적으로 시작된 날로 기념하고 있다. 제1영은 한성 서대문에 개영됐다.

10. 21. 경성감옥 개소. 의병과 항일 세력을 통제하기 위해 설치됐다. 1912년 마포 공덕동의 신축 옥사로 이전했고 기존의 이 감옥은 서대문 감옥으로 불렸다. 이 감옥은 증축을 거듭하며 동양 최대 규모로 확장되었고, 한때 수감자 수가 6000명을 넘어서기도 했다. 1923년 '서대문 형무소'로 명칭이 변경됐다.

12. 28. **동양척식주식회사 설립**. 한일 합작의 형식을 띠긴 했지만 실권은 일본 측에 있어 일제 강점기 내내 농민 수탈의 앞잡이 노릇을 했다.

세계

2. 1. [포르투갈] 국왕 카를루스 1세, 암살됨. 왕실 가족과 함께 마차를 타고 가던 중 총격 사건이 발생해 왕세자 필리페도 함께 목숨을 잃었다. 살아남은 차남 마누엘 왕자가 왕위를 승계한다.

5. 26. [카자르 이란] 남서부 도시 마스제드솔레이만 인근에서 유정 발견. 1908년 영국계 오스트레일리아인 윌리엄 녹스 다시가 회사 연이익의 16%를 정부에 지불하는 조건으로 채굴권을 확보했다. 이 권리는 1952년 이란이 석유 산업을 국유화할 때까지 유효했다.

7. 3. [오스만 제국] **청년 튀르크 혁명.** 이날 아흐메트 니야지 소령이 게릴라군 추종자들을 이끌고 탈영해 알바니아 고원으로 갔다. 연합진보위원회 소속인 그는 1878년 이후 정지된 헌법을 부활하고 입헌 정부로 돌아갈 것을 요구하며 혁명을 일으켰다. 술탄 압뒬하미드 2세는 군을 동원해 진압에 나섰지만 실패했고, 결국 7월 23일 항복한 뒤 헌법의 부활을 선언한다. 이후 11월과 12월 치러진 총선을 통해 의회가 구성됐다.

7. 26. [미국] 수사국(BOI) 발족. 법무부 산하 수사 기관인 BOI는 1935년 연방수사국(FBI)으로 개칭된다.

8. 12. [미국] 포드자동차사, **모델 T** 첫 생산. 호환성 있는 부품으로 조립된 최초의 **대량생산**형 자동차였다. 덕분에 포드는 모델 T의 가격을 850달러로 낮출 수 있었다.

1914년에는 93분당 한 대씩을 만들게 되었고, 1920년대에는 가격이 260달러까지 떨어졌다. 덕분에 자동차는 엄청난 속도로 대중화됐다.

10. 5. [불가리아] 오스만 제국으로부터 독립. 불가리아 왕국이란 국명으로 자체 독립국을 선포했다.

10. 6. [오스트리아-헝가리] 보스니아 헤르체고비나 합병. 이 지역은 15세기 이래 오스만튀르크의 지배를 받아왔다. 1878년 베를린 조약 이후 오스트리아-헝가리가 점령하고 있었지만, 오스만 제국의 영향력은 여전히 작동하고 있었다. 이 지역의 공식적인 합병은 인근 국가인 세르비아 왕국과 몬테네그로 공국의 강력한 반발을 불러와 보스니아 위기를 유발하고, 이는 1차 세계대전을 촉발시킨 '사라예보 사건'의 직접적인 원인을 제공한다.

11. 3. [미국] 대통령 선거. 공화당 후보 윌리엄 하워드 태프트 전쟁 장관이 윌리엄 제닝스 브라이언을 누르고 제27대 대통령에 당선됐다.

11. 15. [콩고 독립국/벨기에] 콩고, 벨기에의 식민지가 됨. 10월 18일 벨기에 의회가 통과시킨 식민지 헌장이 이날 발효되면서 콩고는 공식적으로 벨기에령 콩고가 된다.

12. 2. [청] **푸이, 황제 즉위.** 광서제의 조카로 두 살 때 황제가 된 그를 대신해 서태후가 섭정을 했다. 중국의 마지막 황제인 그의 연호는 선통(宣統)이었다.

↑ 마스제드솔레이만 유정 발견과 관련된 초창기 사진. 이 유정은 중동 지역에서 발견된 첫 유정이었고, 이후 중동의 역사를 극적으로 바꾸어놓는다.

문화 / 과학·환경 / 스포츠

문화

7. 26. 원각사(圓覺社) 설립. 국내 최초의 서양식 극장이다.

8. 7. 빌렌도르프의 비너스 발견. 오스트리아 바하우 계곡 인근의 마을 빌렌도르프에서 헝가리의 고고학자 솜버티 요제프가 11.1cm 크기의 여성 조각상을 발견했다.

8. 27. 신채호, 〈독사신론〉 연재 시작. 《대한매일신보》에 12월 13일까지 연재한 글을 통해 그는 단군조선에 정통성을 부여하고 한국 고대사의 무대를 반도에서 대륙으로 확장했다.

8. 31. 주시경, 국어연구학회 조직. 산하에 강습소를 두고 그가 직접 강의했다.

11. 1. 최남선, 월간지 《소년》 창간. 한국 최초의 근대적 종합잡지였으며, 창간호에 최초의 신체시인 〈해에게서 소년에게〉가 게재됐다. 당시 일본 유학 도중 귀국한 최남선의 나이는 18세였다. 잡지의 창간일인 11월 1일은 잡지의 날로 정해져 기념되고 있다.

○ 최남선, 〈경부텰도노래〉 발표. 신문관에서 단행본으로 발행된 이 창가는 흔히 〈경부철도가〉로 불린다.

과학·환경

5. 22. 라이트 형제, 비행기 특허 취득.

6. 30. [러시아] 퉁구스카 대폭발 사건. 오전 7시 17분경 예니세이스크현(지금의 크라스노야르스크 지방)의 포트카멘나야 퉁구스카강 유역에서 원인을 알 수 없는 대규모 공중 폭발이 발생했다. 약 8000만 그루의 나무가 쓰러지고 순록 약 1500마리가 폐사했지만, 다행히 사망자는 없었다. 지금까지 알려진 가장 유력한 원인은 지름이 50~80m인 물체가 대기 중에서 낙하하다 폭발했다는 설이다.

11. 5. 보구여관 간호원* 졸업식. 이 자리는 몇 년 동안의 어려운 교육과정을 모두 이수하고 대내외적으로 전문 간호원으로 인정받는 자리였다.** 이날 졸업한 김마르다와 이그레이스는 조선 최초의 졸업간호원이 됐다.

스포츠

3. 9. 이탈리아 축구 클럽 FC 인테르나치오날레 창단. 현재 공식 팀명은 FC 인테르나치오날레 밀라노이다.

4. 27. [영국] 런던에서 제4회 올림픽 개막. **마라톤**의 출발점과 결승점 사이의 거리가 이 대회를 기점으로 설정됐다. 원래 25마일(약 40km) 내외로 제각각이었는데, 알렉산드라 왕비가 출발 장면을 보고 싶다고 하는 바람에 예정된 거리보다 늘어났다. 이후 1924년 올림픽부터 마라톤의 표준 거리는 26마일 385야드(42.195km)로 고정됐다.

10. 14. [미국] 시카고 컵스, 2년 연속 월드 시리즈 우승. 컵스는 디트로이트 타이거즈를 상대로 4승 1패로 우승을 차지했다. 하지만 다음 우승까지는 무려 108년이나 기다려야 했다.

1908년 풍경

인류 문명의 역사는 곧 자연과의 대결의 역사이기도 하다. 그중 몇몇을 짚어보면, 거친 식물의 작물화, 사나운 짐승들의 가축화 등등을 꼽을 수 있겠다. 이를 통해 인간은 비로소 방황을 청산하고 정주 생활이 가능해졌다. 이후 도시화를 통해 문명은 더욱 집중적으로 발달하였다. 물론 부작용이 없는 건 아니었다. 한편 강의 치수는 모든 권력자들을 항상 불안케 했던 국가과제였다. 물은 배를 띄우기도 하지만 뒤집어 엎어버리기도 하니까. 하늘 아래 모든 생명은 물 없이는 살아갈 수 없다. 특히 도시에서 식수는 삶의 질을 결정하는 긴급하고도 당면한 문제였다. 흐르는 물을 관리하고, 오수를 통제하고, 깨끗한 물을 공급하여 전염병의 위험에서도 벗어날 수 있었다. 물론 오늘날엔 그마저도 못 믿어 플라스틱 속의 생수를 먹지만.

한반도를 호랑이에 비유한 지도

이 해에 발행된 《소년》 창간호에 최남선의 〈봉길이 지리공부〉라는 글이 실렸다. 그는 이 글에 1903년 일본의 지리학자 고토 분지로가 한반도의 형상을 토끼 모양에 비유한 사실을 소개하며 '맹호가 발을 들고 허우적거리면서 동아대륙을 향하여 나는 듯 뛰는 듯 생기있게 할퀴며 달려드는 모양'이라는 설명과 함께 한반도를 호랑이 모양으로 표상한 그림을 실었다. 한반도의 형상을 호랑이와 연결한 최초의 그림이었다.

이 해에는

책
2. [미국] 《강철 군화》, 잭 런던
10. 8. [영국] 《버드나무에 부는 바람》, 케네스 그레이엄
○ [영국] 《전망 좋은 방》, E. M. 포스터

영화
○ [프랑스] 《판타지》, 에밀 콜

궂긴 소식
2. 1. 카를루스 1세(포르투갈 국왕)
6. 24. 그로버 클리블랜드(미국의 대통령)
8. 25. 앙리 베크렐(프랑스의 물리학자)
10. 13. 이강년(항일 의병장)
11. 14. 광서제(청나라 황제)
11. 15. 서태후(청나라 황후)

독립한 나라
10. 5. 불가리아 (← 오스만 제국)

1909년

안중근, 이토 히로부미 사살

"대한독립의 소리가
천국에 들려오면
나는 마땅히 춤추며
만세를 부를 것이다."
―안중근

안중근은 이등 공 암살한 이유 15조를 말하였는데 아래와 같다더라.

1. 명성황후를 살해한 일
2. 광무9년 11월에 보호조약을 체결한 일
3. 융희 원년 7월에 7협약을 체결한 일
4. 태황제 폐하를 폐립한 일
5. 육군을 해산한 일
6. 양민을 살해한 일
7. 이익의 권리를 빼앗은 일
8. 교과서를 불사른 일
9. 신문의 구람을 금지한 일
10. 은행권을 발행한 일
11. 국채를 쓰게 한 일
12. 동양에 평화를 요란케 한 일
13. 보호정책이 말과 같지 않은 일
14. 일본 천황제를 살해한 일
15. 일본과 세계를 속인 일이라 하고, 또 연루된 사람은 조도원, 만연준, 탁공투, 김여수, 김성옥, 류강료, 정대호, 김형재라 하더라.
— 《대한매일신보》, 1909. 11. 21.

↑ 10월 26일 오전 9시, 청국의 영토였지만 러시아가 조차해 관리하던 하얼빈 역에 조선통감 이토 히로부미를 태운 열차가 도착했다. 열차에서 내린 이토가 러시아군의 사열을 받는 도중 총성이 울렸다. 한국인 안중근이 쏜 총알이었다. 그중 두 발이 이토의 복부에 명중했다. 이토는 오전 10시에 사망했다. 안중근은 현장에서 러시아 관헌에 체포됐고, 이듬해 3월 26일 뤼순 감옥에서 교수형에 처해졌다. 그의 나이 30세였다. 그는 대한의군의 참모중장이었지만 일본 재판부는 그의 행위를 군인이 아니라 일반 개인의 행위로 규정하고 자국 《형법》199조에 따른 살인죄를 적용했다.

↓ 12월 이용구의 집에서 촬영한 친일단체 일진회의 단원들. 일진회원과 일본인이 섞여 있다. 앞줄 왼쪽에서 다섯 번째가 일진회 회장인 이용구이다. 그는 "한민족의 행복과 복지를 위해 한일 양국은 합방되어야 한다."는 내용의 《합방성명서》를 작성해 전국에 배포했다. 이 공로로 그는 일제로부터 훈장을 받았고 1934년 일본 우익단체 흑룡회가 도쿄의 메이지 신궁교 옆에 세운 일한합방기념탑의 석실 안에 '일한합방공로자'로 이름을 올렸다.

대한제국

3. 6. 통감부, 〈민적법〉공포. 법률 제8호로 제정되어 4월 1일 시행에 들어간 이 법의 실행으로 일본식 호적제도가 이 땅에 이식됐다.

5. 1. 어니스트 베델 사망. 웨일스 출신으로 《대한매일신보》를 창간해 구한말 항일 운동에 지대한 영향을 미쳤던 그는 양화진외국인묘지에 묻혔다. 한국 이름은 '배설(裵說)'이었다.

6. 15. 소네 아라스케 제2대 한국통감 취임. 이토 히로부미를 보좌하는 부통감이었던 그는 이토가 퇴임하자 통감직을 이어받았다.

7. 12. 기유각서 체결. 이 각서의 체결로 대한제국의 사법권은 소멸되었고, 병합까지 1년이 채 남지 않은 상황에서 한반도에 식민지적 사법제도가 탄생하게 됐다.

7. 23. 대한적십자사 폐지. 일본적십자사가 한국 내 적십자의 모든 활동을 관리하기 시작했다.

9. 1. 한국주차군사령부, 남한대토벌작전 개시. 전라도 지역에서 활발하게 전개된 의병 운동을 '토벌'하기 위해 10월 30일까지 진행됐다. 최대 규모의 병력과 말단 행정기관까지 총동원돼 자행한 의병토벌과 민간인 학살로 호남의 의병 세력은 사실상 와해됐고, 독립무장투쟁의 중심은 만주로 옮겨졌다.

9. 4. 간도협약 체결. 일본은 남만주의 철도부설권과 푸순 탄광 개발권을 얻는 대가로 두만강을 조선과 청의 국경으로 정함으로써 불법적으로 청과 조선 사이의 오랜 분쟁거리였던 간도 영유권을 청에 넘겨버렸다. 이 협약으로 간도의 한국인은 청국의 법률을 따라야만 했다. 이로써 간도를 개척한 약 10만 명의 한인들은 졸지에 '자기 땅'을 잃게 됐다.

10. 26. 안중근, 이토 히로부미 사살.

10. 30. 한국은행 창립. 기존 일본 제일은행이 맡아오던 국고 업무 등을 인수해 대한제국의 중앙은행 역할을 했다. 그러나 일본인이 68%를 출자한 사실상 민간은행이었다. 이후 합방 이후 1911년 8월 조선은행으로 개편된다.

11. 1. 창경궁 내 박물관·동물원·식물원, 일반인에게 공개. 입장료는 10전이었다. 일제는 시민을 위한 도시 휴식 공간을 제공한다는 미명 아래 대한제국의 궁궐과 제례 공간을 집중적으로 훼철하려 했다.

12. 4. 일진회, 〈일한합방성명서〉발표. '우리나라가 청나라에 망하지 않은 것이 어찌 천황의 덕이 아니며 우리나라가 러시아에 먹히지 않은 것이 또한 어찌 천황의 인덕이 인한 것이 아니겠'냐며 일본과 한국의 합방을 주장했다. 소네 아리스케 통감, 이완용 총리대신, 대한제국 황제에게 각각 제출됐다.

12. 22. 이재명, 이완용 암살 시도. 벨기에 국왕 레오폴 2세의 추도식에 참석한 이완용의 허리와 어깨 등을 칼로 찔러 치명상을 입혔다. 병원으로 옮겨진 이완용은 수술을 받고 간신히 살아났지만, 남은 생애 내내 후유증으로 고생했다. 거사 당시 스물세 살 청년이었던 이재명은 이듬해 처형된다.

세계

1.5. [콜롬비아/파나마] 콜롬비아, 파나마 독립 승인. 1903년 파나마가 콜롬비아로부터 독립을 선언한 지 6년 만이었다. 파나마 운하를 건설하고 이권을 확보하기 위해 1903년 11월 파나마의 독립을 가장 먼저 승인한 미국은 운하 지대를 상실한 콜롬비아의 불만을 해소시키기 위해 1923년 콜롬비아에 10년 동안 매년 25만 달러를 '임대료' 형식으로 지급하기로 한다.

2.12. [미국] 전미유색인지위향상협회(NAACP) 설립. '모든 시민의 정치적, 교육적, 사회적 및 경제적 권리의 평등을 보장하고 인종적 증오와 인종 차별을 철폐하는 것'을 목표로 설립된 단체이다. 창립일을 이날로 잡은 것은 이날이 링컨 대통령의 탄생 100주년이 되는 날이었기 때문이다.

3.4. [미국] 윌리엄 하워드 태프트, 제27대 대통령 취임.

3.10. [영국/시암 왕국] 영국-시암 조약 체결. 이 조약으로 영국령 말라야(현 말레이시아)와 시암 왕국(현 타이)의 국경이 확립됐다.

4. [오스만 제국] 아다나주에서 무슬림들이 소수민족 아르메니아인들을 학살함. 이 과정에서 2만~2만 5천 명이 목숨을 잃었는데, 대다수는 아르메니아인이었다.

4.27. [오스만 제국] 압둘하미드 2세 폐위. 3월에 군이 일으킨 반혁명에 그는 아무런 조치를 취하지 않았다. 이에 청년튀르크의 연합진보위원회가 다수인 의회가 투표로 술탄 압둘하미드 2세를 폐위하고 그의 동생 메흐메드 레샤드를 옹립했다. 그는 본명인 레샤드 대신 메흐메드 5세란 칭호로 왕위에 올랐다.

9.4. [일본/청] 간도협약 체결.

11.18. [미국] 니카라과에 군함 파견. 미국이 지원하는 보수 반란이 확산되자, 호세 산토스 셀라야 니카라과 대통령이 반란군에 가담한 두 명의 미국인을 처형했다. 이에 미국은 자국민 보호를 명분으로 전함을 파견하고, 반란 세력에 대한 지원을 더욱 강화했다. 결국 셀라야는 12월 니카라과를 떠나야 했고, 그의 뒤를 이은 호세 마드리스 역시 이듬해 8월 미국의 압력에 굴복해 사임한다. 1912년 미국은 본격적으로 해병대를 파견해 니카라과를 실질적으로 점령한다.

• 미래주의의 공식적 출범을 알리는 선언문에서 필리포 마리네티는 으르렁거리는 자동차를 〈사모트라의 니케〉보다 아름답다고 찬양했고, 전쟁, 군국주의, 애국심, 이념을 찬미했다. 미래주의는 이탈리아에서 파시즘 이데올로기 형성에 정치적, 이념적으로 동화되며 아방가르드가 본성적으로 진보적인 좌파 정치를 지향한다는 전통적인 가설을 뒤집는다.

문화 / 과학·환경 / 스포츠

문화

1.15. 나철, 대종교 창시.

2.20. [이탈리아] 필리포 톰마소 마리네티, 《르 피가로》에 〈미래주의 창립선언〉 게재.

5.18. [러시아] 발레 뤼스, 프랑스 파리 공연 시작. 세르게이 댜길레프의 발레단 발레 뤼스가 프랑스 파리에서 시즌 첫 무대를 열었다. 6월 18일까지 연 이 공연으로 발레 뤼스는 오랫동안 파리의 장르였던 발레의 주도권을 이어받는다. 이후 20년 동안 발레 뤼스는 바츨라프 니진스키를 중심으로 〈목신의 오후〉, 〈봄의 제전〉 같은 충격적이고 강력한 작품들을 공연한다.

6.2. 《대한민보》, 풍자만화 게재. 창간호에 실린 이도영의 이 만화는 한국 최초의 시사만화로 평가받고 있다.

12.29. 조양구락부 설립. 한국 최초의 사립음악교육기관이었다. 근대적 음악교육기관의 체계를 갖춘 1911년 조선정악전습소로 개칭한 이 기관의 교사들은 당대 음악 전통의 대가들과 서양음악의 선구자들로 구성되어 있었다.

과학·환경

4.6. [미국] 로버트 피어리, 북극점 도달. 로버트 피어리가 북극에 도달했다고 주장했다. 프레더릭 쿡도 같은 주장을 하면서 두 탐험가의 주장을 둘러싸고 진위 논란이 있었다. 처음에는 피어리의 주장이 받아들여졌지만, 이후 그가 남긴 기록에 의문이 제기됐다. 현재는 그가 거짓 주장을 했다는 쪽으로 의견이 모아져 있다.

6.10. [영국] 슬라보니아호, SOS 조난 신호 발신. 아소르스 제도에서 암초에 부딪혀 좌초한 이 영국 여객선이 SOS를 모스 부호로 발신했다. 인근에서 이 신호를 수신한 독일 여객선 프린체스호가 승객들을 구조했다. SOS 신호를 이용한 역사상 최초의 구조 요청이었다.

○ [크로아티아] 안드리야 모호로비치치, 지각과 맨틀의 경계면 발견. 10월 8일 자그레브 인근에서 지진이 발생했다. 모호로비치치는 이 지진의 데이터를 연구하다 지진파의 속도가 지구 내부의 어떤 경계면을 기준으로 불연속적으로 빨라지는 지점이 있다는 사실을 알아냈다. 그는 이를 토대로 지각은 밀도가 더 높은 맨틀 위에 떠 있다는 결론을 내렸다. 지각과 맨틀 사이의 이 불연속적인 경계는 그의 이름을 따서 '모호로비치치 불연속면'이라 불린다.

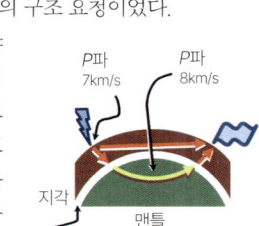

모호로비치치 불연속면

스포츠

12.19. 독일 축구 클럽 보루시아 도르트문트 창단. 창단 당시에는 파랑-하양 줄무늬 셔츠를 입었다. 지금의 친숙한 검정-노랑 줄무늬 셔츠를 입기 시작한 것은 1913년부터이다. 보루시아는 '프로이센'을 뜻하는 라틴어이다.

1909년 풍경

남한 대토벌 작전은 일제가 한반도 남부의 의병 세력을 근절하기 위해 실시한 군사 작전이다. 정미7조약에 의해 강제 해산된 대한제국 정규군은 각종 무기를 들고 지방 의병들과 결합하여 일본과의 싸움을 치열하게 전개하였다. 특히 동학농민운동의 본거지였던 호남 지역에서 활발하게 운동이 전개되었다. 한일합방이 완전히 이루어진 이후 국내 근거지를 상실한 항일 전투 세력은 국경을 넘어 만주, 연해주 등으로 망명하여 독립군으로 그 명맥을 잇게 된다. 오늘날에는 대한민국 국군으로 이어진다. 이들은 체포되면 '폭도'로 규정되었다고 한다. 1980년대에도 어디서 들었던 그 단어, 폭도! 위정자들이 걸핏하면 자의적으로 붙였던 딱지. 봉두난발의 머리를 대강이나마 단정하게 정리하고, 가슴팍에는 수인번호를 달았지만 헌칠한 체구에서 내뿜는 형형한 눈빛이 사진을 찢는 듯하다. 사진 속 깨알 같은 글씨로 된 영웅들의 이름을 여기에 삼가 다시 적는다. "라승화, 박성화, 강사문, 김병철, 안계홍, 조규문, 심남일, 양진여, 김원국, 황두일, 이영준, 강무경, 모천년, 이강산, 송병운."

아지노모토

5월 20일, 일본의 이케다 기쿠나에가 '아지노모토(味の素)'라는 상표를 단 조미료를 판매하기 시작했다. 글루타민산을 주요 성분으로 하는 조미료 제조법'이란 이름으로 특허를 획득한 이 조미료는 단맛, 신맛, 쓴맛, 짠맛과 더불어 다섯 가지 기본 맛 중의 하나인 감칠맛을 내는 인공조미료였다. '가사 선생이 말씀하시되 모든 음식을 손쉽게 경제롭게 맛있게 하자면 아지노모토를 치십시오. 이것이 요리법 철칙이오.' 등의 광고 공세를 편 아지노모토는 조선에서도 큰 호응을 얻었다. 언젠가부터 전국의 국숫집, 냉면집, 설렁탕집 등에서 아지노모토의 사용이 자연스러워질 정도였다. 해방 후 생산되기 시작한 한국의 미원(味元)과 미풍(味豊) 모두 같은 성분을 주원료로 하는 통칭 MSG 조미료이다.

이 해에는

책

9. [미국] 《마틴 에덴》, 잭 런던

○ [프랑스] 《좁은 문》, 앙드레 지드

영화

○ [프랑스] 〈악랄한 세입자〉, 조르주 멜리에스

궂긴 소식

2.17. 제로니모(아파치 부족의 전사)

5.1. 어니스트 베델(영국의 언론인, 한국명은 배설)

9.20. 이인영(항일 의병장)

10.26. 이토 히로부미(일본의 정치인)

대한제국의 길

1. 시민광장(역사문화거점)
2015년 광복 70주년을 맞아 일제강점기의 잔재였던 옛 국세청 별관 건물을 철거 후 일제에 의해 훼손되고 가려졌던 역사적 공간을 역사문화명소로 조성. 지상은 시민광장, 지하는 서울도시건축박물관을 조성할 예정.

2. 성공회 서울성당
1926년 제3대 마크 트롤로프 주교에 의해 건립됐으며, 1978년 서울특별시 유형문화재 제35호로 지정. 일제강점기에 서양인에 의해서 로마네스크 양식으로 설계된 본격적인 건축물이라는 점에서 가치가 큰 건물.

3. 양이재
1905년 경운궁(덕수궁의 옛 이름)을 중건하면서 건축. 1906년부터 수학원(修學院)으로 사용되었고, 1920년대부터 대한성공회에서 소유·관리. 2006년 9월 등록문화재 제267호로 지정.

4. 영국 대사관
1883(고종 20)년 조영수호통상조약으로 영국과 조선 사이에 외교관계가 수립되자 서울에 주재하는 영국 외교사절단이 사용하기 위해 정동에 지은 건물로 1890(고종 27)년에 완공.

5. 구세군 중앙회관(현 구세군 역사박물관)
구세군은 1908년부터 한국에서 선교사업을 시작하였고, 1928년 준공된 이 건물은 벽돌조 2층으로 구세군의 사관 양성과 자선, 사회사업의 본거지. 건물 뒷면은 증축되었지만, 건립 당시의 원형을 잘 유지.

6. 선원전 터
대한제국 시기 왕의 초상인 어진을 봉안하는 곳. '영성문대궐'이라 불릴 만큼 덕수궁과 별도로 독립적인 공간으로 인식. 1920년 일제에 의해 모두 훼철되어 그 후 창덕궁으로 옮겨졌으며, 문화재청에서 2039년까지 단계별로 복원 예정.

7. 홍교 터
1902년 대한제국과 황실의 위엄을 드러내고자 경희궁과 경운궁의 원활한 이동을 위해 서대문로 상공을 가로지르는 구름다리인 홍교를 설치하고 경희궁 궁장을 개축. 양 궁궐을 잇는 홍교는 최초의 보도육교였으나 1908년에 철거됨.

8. 구)러시아 공사관
1885년 러시아와 조선의 국교 체결 이후 1890년에 이곳에 건립. 1896년 친러세력에 의해 고종과 세자가 이곳으로 피신한 것으로 유명한 아관파천의 무대가 되기도 했으며, 1950년 6·25전쟁으로 건물이 파괴되어 지금은 전망탑만 남음.

9. 정동공원(외교역사 거점)
근대 공사관 거리의 역사성을 반영한 외교역사공원 조성예정. 문화재청의 구 러시아 공사관 복원계획과 연계 및 외교공관 문화행사 장소 제공 등 축제 및 탐방객들의 휴식 공간으로 활용 예정.

10. 구)벨기에 영사관 터(현 캐나다 대사관)
고종은 서양 열강들이 각축 속에서 중립국이었던 벨기에를 모델로 하여 대한제국 시기 주권수호를 위해 전략적으로 벨기에와 수교를 맺었음.

11. 손탁호텔 터(현 이화여고100주년 기념관)
구한말과 대한제국 시기에 한국에서 활동한 손탁(孫澤, Antoniette Sontag)이 1902년 설립한 최초의 서구식 호텔인 손탁호텔이 있던 곳. 표지석이 이화여자고등학교 내 심슨기념관 앞 주차장 입구에 세워져 있음.

12. 이화학당(현 이화여고)
1886년 미국 감리교 선교사 메리 스크랜턴 여사가 설립한 우리나라 최초의 근대 여성 교육기관으로 유관순 열사의 모교. 1887년 고종으로부터 '이화학당'이라는 교명을 하사받음.

13. 구)프랑스 공사관 터(현 창덕여중)
1896년 빅토르 콜랭 드 프랑시 공사가 건축. 1905년 (을사늑약) 체결과 더불어 외교관계가 단절되면서 프랑스영사관으로 격하. 2010년 창덕여중 신축 터인 교내 운동장 조사 중 지하실 유구와 성곽의 기단부 발견.

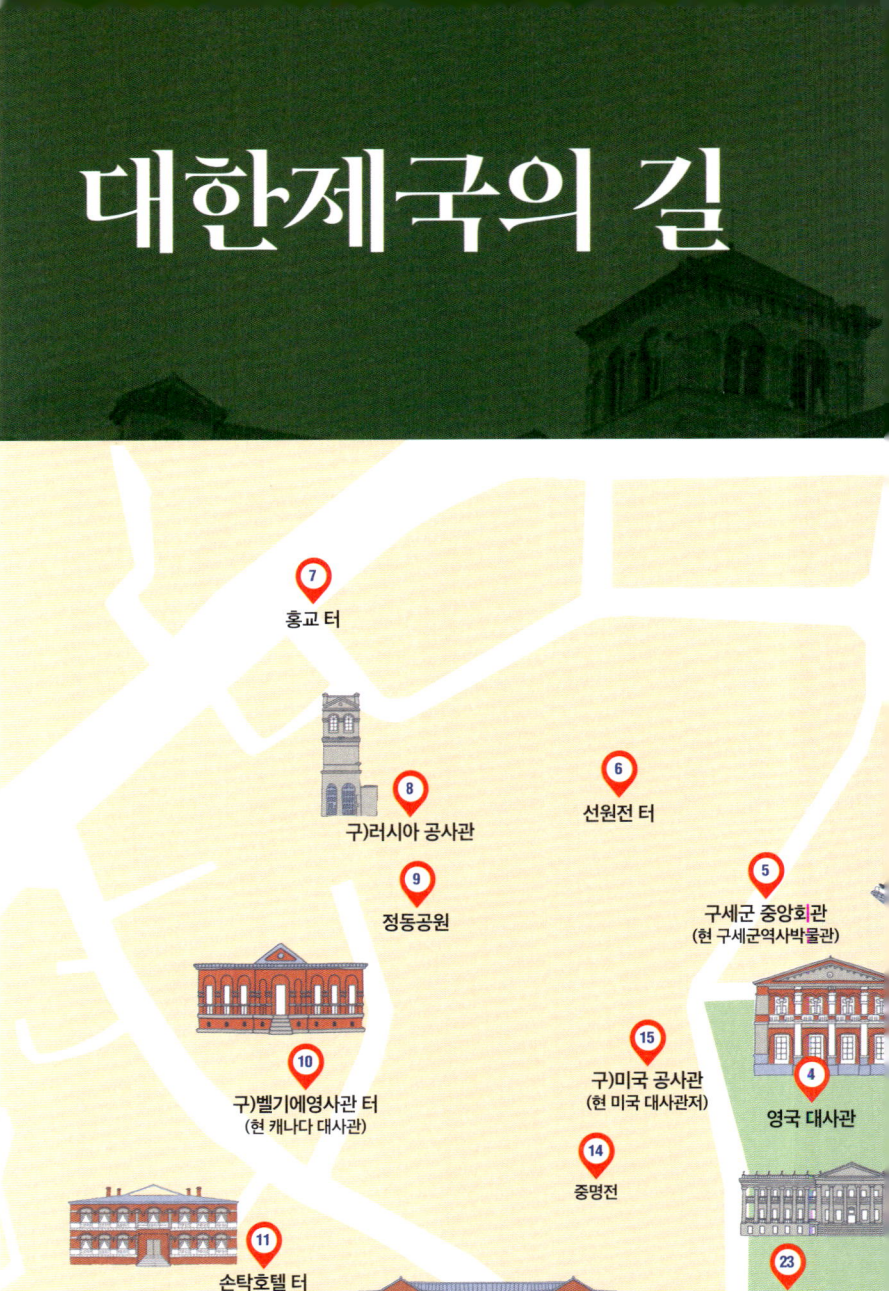

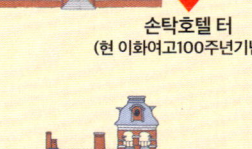

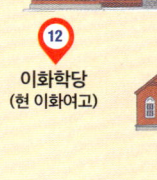

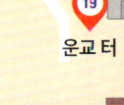

14. 중명전
1901년 건축된 황실 도서관. 1904 덕수궁 화재로 고종의 집무실이자 외국사절 접견실로 사용. 1905년 을사늑약이 이곳에서 체결되고, 1907년 황태자(순종)와 윤비(尹妃)와의 가례(嘉禮)가 이곳에서 거행됨.

15. 구)미국 공사관(현 미국 대사관저)
서양인에게 매각된 최초의 부동산이자 미국의 첫 외교공관(1976년 5월 완공). 관저 신축 당시 국무부 반대를 무릅쓰고 한옥을 고집한 필립 하비브 대사를 기리는 뜻에서 하비브하우스라고 불림. 미국대사관저 중 세계 최초로 주재국 전통 건축 양식을 따름.

16. 정동제일교회
1887년 10월 9일 미국의 감리교 선교사인 H. G. 아펜젤러가 지금의 위치에 설립. 고딕양식의 붉은 벽돌로 지어진 예배당 건물은 최초의 서양식 교회로 이화학당, 배재학당과 밀접한 관련을 맺고 개화운동의 중심 역할.

17. 배재학당 동관 (현 배재학당 역사박물관)
한국 최초의 근대식 중등교육기관. 고종 22년(1885) 미국의 선교사인 헨리 아펜젤러 목사가 스크랜턴 의사의 집 한 채를 빌려 두 명의 학생으로 수업을 시작하였으며, 1886년 6월 8일 고종은 배재학당(배양영재의 줄임말)이라는 교명과 액(額)을 내림.

18. 평리원 터(현 서울시립미술관)
르네상스식 건물인 본관은 1899년 5월부터 1907년 12월까지 존치되었던 우리나라 최고법원이자 최초의 재판소인 평리원(한성재판소)이 있던 자리에 일제가 1928년 경성재판소를 지었고, 광복 후 대법원으로 사용되었으며 1995년 서초동으로 이전 후 서울시립미술관으로 사용 중.

19. 운교 터
경운궁의 좁은 궁역을 확장하기 위하여 중화문 맞은편의 땅을 확보하고 국가의 재정을 담당하는 탁지부를 만들었으며, 그곳으로 건너는 운교를 설치. 정동길이 확장되면서 철거되었고, 현재는 덕수궁 측에 기초만 남아 있음.

20. 정동전망대(열린경 관거점)
서소문청사 1동 13층에 위치하여 덕수궁 및 정동 주변 명소를 한눈에 관람할 수 있으며, 열린경관거점으로 조성 예정.

21. 대한문
원래의 정문은 남쪽의 인화문(仁化門)이었으나, 환구단 건립 등으로 동쪽이 중심이 되자 대안문(大安門)을 정문으로 삼았으며, 1906년 수리 시에 대한문으로 명칭을 변경. 1970년 태평로를 확장하면서 현재의 위치에 자리 잡음.

22. 중화전
덕수궁의 정전으로 보물 819호. 1902년 2층 건물로 지어졌으나, 1904년 덕수궁 화재 때에 소실되어 단층 다포계(多包系) 양식의 팔작지붕으로 중건. 정문인 중화문은 단층의 3문, 다포계 팔작지붕의 구조로, 원래는 대문의 좌우로 행각이 연결되어 있었으나 지금은 동쪽 일부에만 그 흔적이 남아 있음.

23. 석조전
조선시대 궁중 건물 중 대표적인 유럽풍의 석조 건축물로 1900년 기공되어 1910년 준공. 화재 위험을 막기 위해 돌을 사용, 현관에는 오얏꽃이 새겨져 있으며, 내부는 서양식 가구와 벽난로, 화려한 전등으로 장식되어 있음. 고종(高宗)이 고관대신과 외국 사절들을 만나는 용도로 사용됨.

24. 정관헌
1900년 건립된 것으로 추정되는 이 동서양 양식을 모두 갖춘 정관헌은 고종이 다과회를 개최하고 음악을 감상하던 곳이며 한때 이곳에 태조의 어진을 봉안. 아파나시 세르딘사바틴이 설계했으며, 지붕은 동양식으로 팔작지붕이 덮여있고, 둘레에는 서양식으로 차양 칸이 위치한 독특한 구성.

25. 환구단
1897년 10월 12일 고종이 국호를 대한제국으로 선포하고 천지에 고하는 제사를 드린 후 황제에 즉위한 곳. 일제는 1913년 환구단을 헐고 그 자리에 조선 철도 완공을 기념하는 철도호텔을 지었으며, 현재는 웨스틴조선호텔이 들어서 있고, 황궁우만 남아 있음.

© 서울시도심권사업과, 이현정

1910~1945

일제강점기

1910년
경술국치

대한제국 / 일제강점기

3. 26. 안중근, 순국. 뤼순 감옥에서 사형이 집행됐다. 그의 나이 30세였다. 그로부터 한 세기가 넘게 지났지만, 고국에 돌아오지 못한 채 아직도 중국 뤼순 땅 어딘가에 묻혀 있다.

5. 29. 남산, 공원 조성 공사 종료. 3월 한일공동공원이라는 이름으로 남산 지역 약 30만 평을 무상으로 대여하여 남산공원 확장이 추진되었고, 공사 완료와 함께 '한양공원'으로 명명했다.

5. 30. 데라우치 마사타케, 제3대 한국통감 취임. 일본 육군대신을 겸임했다.

6. 십삼도의군 창설. 유인석과 이상설 등이 러시아 블라디보스토크에서 창설한 항일의병부대였다.

6. 24. 일제, 경찰권 접수. 이날 〈대한제국의 경찰사무위탁에 관한 각서〉를 체결하면서 '한국의 경찰 제도가 완비되었다고 인정할 수 있을 때가 될 때까지 한국 정부는 경찰 사무를 일본국 정부에 위탁한다.' 이 제도는 군경찰인 헌병이 일반국민에 대한 경찰 행정을 담당하는 제도이다.

8. 22. **한일병합 조약 체결.** 총리대신 이완용과 통감 데라우치 마사타케가 날인한 이 조약으로 '한국 전부에 관한 일체의 통치권'은 '완전하고 영구히 일본국 황제 폐하에게 잉여'됐다.

8. 29. 한일합방조약 공포. 대한제국의 국호가 조선으로 개칭됐다.

8. 29. 일본, 칙령 318호 공포. 전문은 '한국의 국호를 고쳐 지금부터 조선이라 한다' 단 한 문장이었다.

10. 1. **조선총독부 설치.** 한반도 통치를 위해 운영한 조직이었으며, 전신은 통감부였다. 초대 총독에는 한국통감이던 데라우치 마사타케가 임명됐다. 육군 출신인 그는 후에 총리대신 자리에까지 오른다.

10. 1. 조선총독부임시토지조사국 설치. '조선총독의 관리에 속하여 토지의 조사 및 측량에 관한 사무를 관장' 하는 기구였다.

10. 7. 조선총독부, 이완용 등에게 귀족작위 수여. 이날 거행된 수작영식(授爵榮式)은 8월 29일 제정된 〈조선귀족령〉에 따른 조치였다. 박영효(후작), 이완용(백작), 이지용(백작) 등 모두 76명에게 작위와 고액의 은사금(최고 50만 4천 엔)이 수여됐다. 대부분 '가문의 영광'으로 여기고 흔쾌히 받아들였지만, 김석진(음독 자결), 조정구, 유길준 등 여덟 명은 끝내 거부했다.

10. 11. 《국민신보》 폐간. 일진회의 기관지이기도 했던 이 신문은 이용구, 송병준 등 대표적인 친일파들이 사장을 맡았다.

12. 1. 한국은행, 일원권, 오원권, 십원권 발행. 화폐단위가 앞면에는 '원(圜)', 뒷면에는 '圓'으로 표기되어 있었다.

12. 2. 최사라, 하와이 호놀룰루에 도착. 당시 23세였던 그는 도착하자마자 이민국에서 민찬호 목사의 주례로 이내수(38세)와 혼례를 올렸다. 신랑감의 사진만 보고 고향을 떠나 먼 나라로 건너간 최초의 '사진 신부'로 알려져 있다.

12. 29. 총독부, 〈회사령〉 공포. 이에 따라 조선 내의 모든 회사는 총독부의 '허가'를 받아야만 설립할 수 있게 되었다. 토착자본의 형성을 막고 한국을 일본의 상품시장으로 만들기 위한 강력한 통제 수단이었다. 3·1 운동 직후인 1920년 문화정치의 일환으로 폐지됐다.

12. 30. 이왕직(李王職) 설치. 이에 따라 궁내부가 총괄하던 왕실 업무가 이왕직으로 이관됐다.

↑ 8월 22일, "한국 전부(全部)에 관한 일체의 통치권을 완전히, 또한 영구히 일본국 황제 폐하에게 양여"됐다.

↓ 7월 23일, 일본 정계의 실력자 데라우치 마사타케가 통감관저로 부임해 가는 장면을 찍은 사진이다. 그는 5월 30일에 이미 제3대 한국통감으로 임명되었지만, 그로부터 두 달 정도 늦게 한국에 부임했다. 부임 전 한국을 병합하기 위한 세부 계획을 마련할 필요가 있었기 때문이었다. 그 사이 일본은 6월 3일 내각회의에서 〈병합 후 한국에 대한 통치 방침〉을 결정하고, 6월 24일에는 대한제국의 경찰권을 접수했다.

"새 짐승도 슬피 울고
강산도 찡그리네
무궁화 온 세상이
이젠 물속으로 가라앉네."
— 황현

일본국 황제 폐하와 한국 황제 폐하는 두 나라 간의 특수하고 친밀한 관계를 고려해 상호의 행복을 증진하며 동양의 평화를 영구히 확보하기 위해서는 이 목적을 달성하기 위해 한국을 일본 제국에 병합하는 방법밖에 없다고 확신해 이에 두 나라 사이에 병합조약을 체결하기로 결정하니 이를 위해 일본국 황제 폐하는 통감 자작 데라우치를, 한국 황제 폐하는 내각 총리대신 이완용을 각기 전권위원으로 임명함에 아래의 전권위원은 회동 협의해 다음과 같은 제 조항을 협의해 정했다.

제1조 한국 황제 폐하는 한국 전부에 관한 일체의 통치권을 완전하고 영구히 일본 황제 폐하에게 양여한다.
제2조 일본국 황제 폐하는 앞 조항에 열거한 양여를 수락하고, 한국을 완전히 일본 제국에 병합함을 승낙한다.
제3조 일본국 황제 폐하는 한국 황제 폐하, 폐황제 폐하, 황태자 전하, 그 황후, 왕비, 후비로 하여금 각기 지위에 따라 상당한 존칭, 위엄과 명예를 향유하게 하고 이를 유지하기 위한 충분한 세비를 공급할 것을 약속한다.…
— 한일병합 조약

세계

3. 8. [프랑스] 레몽드 들라로슈, 여성 최초로 비행면허 취득. 이날 프랑스 항공클럽으로부터 그는 여성으로서는 최초로 비행면허를 발급받았다. 면허 번호는 국제항공연맹 #36이었다.

5. 6. [영국] 국왕 에드워드 7세, 사망. 아들 조지 5세가 뒤를 이었다.

5. 25. [일본] 경찰, 미야시타 다키치·니무라 다다오 등 검거. 검찰은 이들이 폭탄으로 천황을 암살하려는 계획을 모의했다며 대역죄로 몰고 갔다. 이어 6월에는 수사를 전국으로 확대해 사회주의자, 무정부주의자 수백 명을 체포했다. 26명이 대역죄로 기소됐고 비밀 재판을 통해 이듬해 1월 18일 12명이 사형선고를 받았다. 이 대역사건은 사회주의를 탄압하기 위해 날조된 사건이었지만, 이후 일본의 사회주의 운동은 겨울을 맞이하게 된다.

8. 28. [몬테네그로] 니콜라 1세 공, 왕국 선포. 공국에서 왕국으로 격상되고, 독립 국가로서 인정받게 된 것은 오스만 제국과의 오랜 투쟁의 이정표였다. 그러나 이 왕국은 오래가지 못하고 1918년 세르비아인·크로아티아인·슬로베니아인 왕국(훗날의 유고슬라비아 왕국)에 통합된다.

10. 5. [포르투갈] 왕정 폐지, 제1공화국 성립. 3일 공화정을 요구하는 무장 봉기가 전국적으로 일어났고, 그 결과 국왕 마누엘 2세가 4일 해외로 망명했다. 5일 아침 9시, 리스본 시청 발코니에서 공화국이 선포됐다. 이 혁명을 '10월 5일 혁명'이라고 부른다.

11. 18. [미국] 여성참정권 요구 시위. 여성참정권 운동가들이 투표권을 요구하며 의회까지 행진했다. 시위 참가자 중 다수가 경찰에 체포되거나 부상을 당했다. '검은 금요일'이라고도 불린 이 시위를 기점으로 여성참정권 운동은 폭력적인 형태를 띠게 된다.

11. 20. [멕시코] **멕시코 혁명** 시작. 치와와주를 포함해 여러 지역에서 동시다발적으로 13건의 봉기가 발생한 이날을 혁명의 시작일로 본다. 권력에서 배제된 중간계급의 불만과 토지개혁에 대한 농민층의 갈망이 촉발시킨 이 혁명은 1920년까지 이어지며 최소 40만, 최대 300만 명이 목숨을 잃은 것으로 추정된다.

12. 1. [멕시코] 포르피리오 디아스 대통령 취임. 그는 자신의 대통령 불출마 선언 번복, 경쟁 후보 프란시스코 마데로의 투옥, 부정선거 논란 속에 치러져 멕시코 혁명의 단초가 되었던 선거에서 80세의 나이로 8선의 승자가 되었지만, 이듬해 5월 25일 사임한 후, 파리로 망명한다.

← 판초 비야는 멕시코 혁명이 일어나자 병사들을 이끌고 마데로의 혁명군에 가담해 북부 지역을 평정했다. 그는 몰수한 대지주들의 토지를 분배하고 학교를 설립하는 등 농민을 위한 정책을 펼쳤다. 사진은 판초 비야(가운데 오른쪽)와 '황금의 남자들'이라고 불린 그의 대원들이다.

문화 / 과학·환경 / 스포츠

문화

1. 20. 황성기독교청년회학관에 사진과 설치.

2. 18. 경성고등연예관 개관. 이 국내 첫 상설영화관은 일본인 거류지 황금정(현 서울 을지로)에 있었으며 소유주는 일본인 기네하라 긴조였다. 근대식 2층 건물로 수용인원은 500명 정도였다.

6. 25. [러시아] 이고르 스트라빈스키의 발레곡 〈불새〉, 파리 오페라 극장에서 초연.

○ [러시아] 바실리 칸딘스키의 〈무제: 추상수채화〉. 화가 자신이 작품 뒷면에 '추상 수채화'라는 문구와 함께 1910이라는 연도를 적어놓은 이 작품은 오랫동안 미술사상 최초의 추상작품으로 여겨져왔다. →

과학·환경

12. 13. [일본] 스즈키 우메타로, 아베린산 추출 보고. 그는 백미만 섭취하는 사람들에게 각기병이 더 많이 발생하는 현상을 보고 연구를 시작했다. 그는 쌀겨에서 미량 영양소를 추출해낸 후, 이를 아베린산이라 명명했다. 이후 인간과 동물에게 미량 영양소가 필수적이라는 사실이 밝혀지면서, 1912년 이 물질에 **비타민**이라는 이름이 붙여진다. 스즈키가 발견한 물질은 오늘날의 비타민 B1이었다. 그는 비타민을 최초로 분리한 학자였다.

○ [미국] 토머스 헌트 모건, 유전자가 염색체 안에 있다는 것을 발견.

스포츠

7. 4. [미국] 잭 존슨, 제임스 제프리스를 꺾음. 이날은 미국 독립기념일이었다. 존슨은 2년 전 흑인 최초로 복싱 헤비급 챔피언이 된 흑인의 우상이었고, 상대인 제프리스는 이미 은퇴했다가 '위대한 백인의 희망'으로 호명되어 불려나온 전 챔피언이었다. 시작부터 존슨의 일방적인 우세 속에 펼쳐진 경기는 15라운드에 제프리스의 코치가 수건을 던지며 끝났다. 경기가 끝나자 미국 전역에서 인종폭동이 일어나 최소 20명이 사망하고 수백 명이 부상당했다.

1910년 풍경

야구는 왜 野球라 했을까. 어째서 야구는 축구보다도, 농구보다도 더 넓은 공간의 의미를 획득했을까. 야구는 오뒷세우스의 모험을 떠오르게 하는 경기다. 홈을 떠나 간난을 지나 1루 가고, 신고를 겪으며 2루로 갔다가, 풍파를 거치며 3루로 갔다가 파란을 이긴 뒤 마침내 홈을 밟는다. 희로애락의 인생 사계절을 이처럼 절묘하게 엮는 경기가 또 있을까. 그러니 인생의 벌판을 경기로 삼은 야구이기에 저토록 넓게 野球라 명명한 것이 아닐까. 일제하 훈련원에서 교관이 심판을 보는 가운데 맞붙은 고등학교 야구 경기 장면. 자그마한 야구공의 행방을 주시하며 운동장에 묘한 정적이 흐른다. 온갖 난관을 뚫고 집으로, 홈으로 가야 한다는 엄청난 압박에 선수도 관중도 모두 일어서서 그 긴장을 견디고 있다.

조선총독부 관제

조선총독부

중앙기구 — 총무부, 내무부, 탁지부, 농상공부, 사법부
지방기구 — 도부, 군면
사법 기관 — 재판부
치안 기구 — 감옥
자문조사 기구 — 경무총감
교육 기관 — 충추원, 취조국, 각급학교
경제 약탈 기구 — 철도국, 통신국, 세관, 임시토지조사국

이 해에는

책

4. 15. 《국어문법》, 주시경
8. 4. [인도] 《기탄잘리》, 라빈드라나트 타고르
3. [프랑스] 《오페라의 유령》, 가스통 르루
○ [독일] 《말테의 수기》, 라이너 마리아 릴케
○ [영국] 《수학 원리》, 앨프리드 노스 화이트헤드, 버트런드 러셀(1913년 3권으로 완간됨)

영화

3. 18. [미국] 〈프랑켄슈타인〉, J. 시얼 더둘리

궂긴 소식

3. 26. 안중근(독립운동가)
4. 21. 마크 트웨인(미국의 소설가)
5. 6. 에드워드 7세(영국 국왕)
8. 13. 플로렌스 나이팅게일(영국의 간호사)
9. 2. 앙리 루소(프랑스의 화가)
10. 30. 앙리 뒤낭(스위스, 국제적십자위원회 창시자)
11. 20. 레프 톨스토이(러시아의 소설가)

독립한 나라

5. 31. 남아프리카 연방 (현재의 남아프리카 공화국) (← 영국)

1911년

조선교육령 공포

↑ 한국을 강제로 병합한 일본은 보통학교부터 국어 즉 일본어를 가르쳤다. 보통학교 1학년부터 6학년에 이르기까지 모든 교과의 수업을 일본어로 진행한 것이다. 조선어 교과는 1910년대에는 한문과 함께 가르쳤고, 1938년 이후에는 선택과목으로 바꾸었고, 그나마 1941년 국민학교제가 실시되면서 폐지해버렸다. • 사진 속 어린 학생이 쓰고 있는 문장은 '쥐를 잡자'이다.

"양국의 병합은 당연한 운명임을 이해시킨다."
— 일본 제국교육회 조선교육조사회 조사안(1910. 10)

짐은 조선교육령을 재가하고 이에 이를 공포한다.

제1조 조선에서 조선인의 교육은 본령에 따른다.
제2조 교육은 교육에 관한 칙어(勅語)의 취지에 기초해 충성스럽고 선량한 국민을 육성하는 것을 근본으로 한다. …
제5조 보통교육은 보통의 지식과 기능을 가르치며 특히 국민으로서의 성격을 함양하고 국어를 보급하는 것을 목적으로 한다. …
제28조 공립 또는 사립의 보통학교, 고등보통학교, 여자고등보통학교, 실업학교 및 전문학교의 설치 또는 폐지는 조선총독의 인가를 받아야 한다.
제29조 보통학교, 고등보통학교, 여자고등보통학교, 실업학교 및 전문학교의 교과목 및 그 과정, 직원, 교과서, 수업료에 관한 규정은 조선총독이 정한다.
제30조 본장에 게재된 이외의 학교에 관해서는 조선총독이 정한 바에 따른다.

— 〈조선교육령〉

↓ 105인 사건에 연루되어 재판소로 끌려가는 독립운동가들. 혐오감을 불러일으키게 할 목적으로 머리에 용수를 씌웠다.

일제강점기

1. 1. 총독부, 안악 사건을 빌미로 대대적인 항일민족운동 지도자 검거에 나섬. 경찰은 '일당 60여 명이… 조선총독부 총독 데라우치 마사타케를 암살하려고 했다'는 사건을 조작하고 신민회 인사를 중심으로 윤치호·양기탁·이승훈·유동열·김구 등 600여 명을 체포했다. 이를 신민회 사건이라고 하는데, 이때 1심에서 실형을 선고받은 사람이 105명이기 때문에 '**105인 사건**'이라고도 불린다. 105명은 모두 고등법원에 항소했다. 원래 고문까지 동원해 날조한 것이라 증거가 없었고, 결국 일제의 고등법원은 1913년 5월 24일 대구복심법원으로 되돌려 보낸다.

3. 28. 총독부, 〈조선은행법〉 제정. 1909년에 제정된 〈한국은행조례〉를 대신한 이 법에 따라 한국은행은 조선은행으로 명칭이 바뀌었고, 한국 정부에 있던 감독권은 조선총독에게 넘어간다.

4. **경학사** 설립. 1910년 전후한 시기부터 서간도에서는 신민회가 주도한 독립운동 기지 건설이 착실히 진행되고 있었다.• 이회영, 이상룡 등이 독립운동 기지를 경영하기 위해 설립했다. 이후 6월, 독립군을 양성하기 위해 부설 기관으로 신흥강습소(신흥무관학교의 전신)를 세운다.

6. 3. 총독부, 〈사찰령〉 공포. 주지임면권을 조선총독에 귀속시키는 등 전국의 사찰을 통제했다.

6. 10. 신흥강습소 설립. 이동녕, 이회영 등이 중국 지린성 삼원포에 설립한 이 강습소는 이름과는 달리 실제로는 군사학교의 성격이 강했다. '강습소'란 이름은 일제의 눈을 피하기 위해 내건 것뿐이었고, 교명은 1919년 학교를 류허로 이전하면서 신흥무관학교로 바뀌었다.

6. 15. 총독부, 성균관을 폐지하고 경학원 설립. 이로써 성균관은 최고학부로서의 교육 기능을 잃고, '총독부 감독하에'• 친일유생 양성과 총독부의 유교 정책을 선전하는 일을 주요 업무로 삼게 된다.

6. 20. 〈삼림령〉 제정. 이 법령에 따라 '조선총독은 국토의 보안, 위해의 방지, 수원의 함양, 항행의 목표, 공중의 위생, 어부(魚附) 또는 풍치를 위하여 필요하다고 인정하는 때에는 삼림을 보안림으로 편입할' 수 있게 됐다. '총독부가 치산녹화를 중요하게 여긴 것은 식량 공급지인 조선에서 식림을 장려해 치수 사업을 보완하기 위함이다.'

8. 23. 조선총독 데라우치, **조선교육령**(제1차) 공포. '국어'(일어) 보급, 일본에 '충량한 국민' 양성, 노동력 착취를 위한 실업교육 강화, 한국인의 우민화를 목적으로 하는 법령이었다. 이것은 일본의 경우 교육연한이 소학교가 6년인 데 반해 조선인은 보통학교 4년으로 짧고, 실업교육을 유달리 강조한 데에서 여실히 드러난다.

11. 1. 압록강철교 개통.• 1909년 착공된 이 철교는 압록강을 가로질러 평북 신의주와 중국 단둥을 연결하는 철교이다. 건설비는 중국과 일본이 분담했다. 일본의 대륙 침략의 교두보 구실을 했다.

12. 권업회 결성. 이종호, 최재형, 홍범도 등이 주도해 블라디보스토크 신한촌에서 창립한 이 단체는 연해주 일대 조선인을 하나로 모으고 학교를 세워 민족교육을 확대하는 활동을 했지만, 단체의 가장 큰 목적은 항일무장 투쟁이었다.• 1914년 일본의 요구로 러시아 정부에 의해 강제해산당하고 주요 인물은 추방당한다.••

세계

- **3. 19.** 첫 세계 여성의 날 기념 집회.
- **4. 29.** 중국, 칭화학당 개교. 베이징에 있는 황실 궁원인 칭화원에 세워졌으며, 현 칭화대학의 전신이다.
- **7. 1.** [모로코] 독일, 모로코 아가디르에 전함 파견. 독일은 프랑스의 팽창정책에 맞서 자국의 이익을 보호한다는 명분을 내세웠다. 이 사건으로 모로코를 둘러싸고 1905~6년에 이어 제2차 모로코 위기가 발생하며 유럽에 전운이 감돌았다. 프랑스와 독일 양국은 비밀협상을 벌여 11월, 독일은 프랑스의 식민지인 콩고의 영토를 양도받는 대가로 모로코에 대한 프랑스의 권리를 인정했다. 모로코는 이후 1956년까지 프랑스 보호령으로 남는다.
- **9. 29.** [이탈리아] 리비아 침공. 이날 오스만 제국에 선전포고를 하고 리비아 트리폴리로 군함을 파견한 이탈리아는 10월 리비아에 상륙해 트리폴리, 벵가지 등을 점령했다. 이듬해 오스만 제국은 리비아를 이탈리아에 양도한다.
- **10. 10.** [청] **신해혁명** 발발. 이날 후베이성 우창에서 봉기한 혁명군은 우창, 한양, 한커우를 점령한 후 후베이의 독립을 선언했다. 이후 다른 성들도 동참해 독립을 선언했고, 이듬해 1월 1일, 쑨원이 임시 대총통에 취임하면서 아시아 최초의 공화제 국가인 '중화민국'이 탄생했다. 이어서 2월 12일 청의 황제 선통제(푸이)가 퇴위를 선언했다. 우창 봉기에서 시작해 청 왕조를 멸망시키고 중화민국의 탄생으로 이어진 일련의 과정을 봉기가 일어난 해인 신해년을 따서 신해혁명이라 부른다.
- **11. 28.** [멕시코] 에밀리아노 사파타, 아얄라 강령 발표. 에스파냐가 아메리카 대륙을 정복하는 과정에서 생겨난 대토지 소유제(아시엔다)로 멕시코의 '농민들은 사실상 광대한 대농장의 노예로 전락'한 상태였다. 멕시코 혁명 당시 남부 모렐로스주의 혁명 지도자인 사파타는 프란시스코 마데로 대통령의 미진한 개혁을 들어 '배반자'라고 비난하며 대농장주들의 토지를 원주민과 농민에게 재분배할 것을 요구하는 무장혁명을 시작하자고 선포했다. 그의 아얄라 강령은 1920~30년대 멕시코의 토지개혁에 큰 영향을 미쳤다.
- **12. 11.** 몽골 독립 선언. 청이 멸망하자 임시정부가 독립을 선언했지만 새로 들어선 중화민국은 몽골을 자국 영토로 간주했다. 몽골은 이날을 독립기념일로 지정하고 있다.
- **12. 12.** [인도] 조지 5세 영국 국왕, 수도를 델리로 이전할 것이라고 선언. 조지 5세는 당시 인도의 황제도 겸하고 있었으며, 영국령 인도제국의 기존 수도는 캘커타(현재 공식명은 콜카타)였다. 공식적인 천도는 1931년에 이루어졌다.

↘ 독일, 오스트리아, 덴마크, 스위스 등 유럽 전역에서 100만여 명이 여성의 참정권과 일할 권리, 차별 철폐를 요구하며 시위를 벌였다.

문화 / 과학·환경 / 스포츠

문화

- **3. 6.** 《구약전서》 출간. 미국성서공회(현 대한성서공회)에서 두 권으로 발행됐다. 여기에 1906년에 나온 《신약전서》가 합쳐져 국내 최초로 신·구약 전체가 한글로 번역된 《성경전서》가 완성됐다.
- **7. 24.** 하이럼 빙엄, 마추픽추 발견. 미국의 탐험가이자 역사가인 그는 잉카 원주민들의 도움을 받아 잉카 제국의 '잊혀진' 요새 마추픽추를 '발견'했다. 하지만 독일인 기술자 헤르만 괴링이 1874년 제작한 지도에 마추픽추가 나오는 것으로 보아 빙엄이 이곳을 발견한 최초의 서양인이라는 주장에는 무리가 있다. 해발 2430m에 있으며, 황제의 궁궐로 15세기에 건설됐다.

- **8. 21.** 레오나르도 다빈치의 〈모나리자〉, 도난 당함. 당시 파리 루브르 박물관에 상설 전시중이었는데, 범인은 그곳에서 일하던 이탈리아 출신 이민자 빈센초 페루자였다. 그는 자기집 난로 밑에 숨겨두고 있던 작품을 골동품상에게 팔려다 체포되어 1년 15일의 징역형을 선고받았지만, 후에 7개월 15일로 감형됐다. 작품은 1914년 1월 4일 루브르 박물관으로 돌아온다.

과학·환경

- **4. 8.** [네덜란드] 헤이커 카메를링 오너스, 초전도 현상 발견. 그는 온도를 4.2 켈빈온도로 낮춰 액화시킨 헬륨에 담긴 수은선의 저항이 갑자기 사라지는 현상을 발견했다. 그는 이처럼 어떤 물질이 특정 온도 이하에서 전기 저항이 급격하게 감소되어 0이 되는 현상을 '초전도' 현상이라고 명명했다.
- **12. 14.** [노르웨이] 로알 아문센, 인류 최초로 **남극점에 도달**. 경쟁자인 영국의 로버트 팰컨 스콧보다 31일 빨랐다.

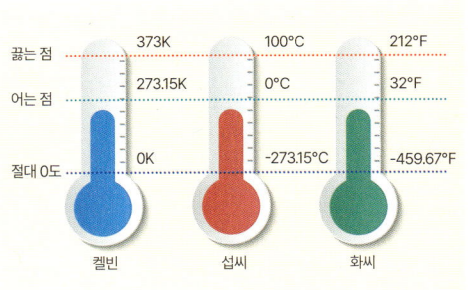

- ○ 어니스트 러더퍼드, **원자핵 발견**. 뉴질랜드 출신의 물리학자인 그는 영국 맨체스터 대학에서 한스 가이거, 어니스트 마스덴과 함께 진행한 알파입자 산란실험을 통해 양전하를 띤 원자질량 대부분이 원자의 중심부에 집중되어 있다는 가설을 제안했다. 이 가설로 그는 자신의 스승인 조지프 존 톰슨의 푸딩 원자모형을 완전히 대체했다.

스포츠

- **4. 26.** [크로아티아] 축구 클럽 HŠK 그라잔스키 창단. GNK 디나모 자그레브의 전신이다.
- **5. 30.** 첫 인디애나폴리스 500마일 레이스 열림. 줄여서 인디 500으로 불리는 이 자동차 경주 대회는 매년 인디애나폴리스에서 열린다. 르망 24시, 모나코 그랑프리와 함께 세계 3대 레이스로 꼽힌다.
- **8. 27.** [러시아] 축구 클럽 CSKA 모스크바 창단.

1911년 풍경

한 끼의 식사를 두고 거룩하다고 표현하는 건, 그 밥그릇 안에 몸을 살리는 양분이 골고루 들어 있기 때문이다. 물만 먹고 사는 건 불가능한 일이지만 밥만 먹고 사는 것 또한 가능한 일은 아니다. 그것은 조금 과장하자면 영화 〈올드보이〉에서 사설감옥에 납치 감금된 오대수가 15년간 오로지 군만두만 먹어야 했던 일과 거의 같은 일일 테니까. 그래서 밥 말고, 군것질이 따로 필요했던 것. 전통적인 군것질은 떡, 한과 등이 있지만 가장 서민적인 게 엿이다. 오늘날 쩍쩍 들러붙는 엿의 힘으로 합격의 영예를 누리기도 했듯, 과거에는 과거(科擧) 시험장에도 엿장수가 돌아다녔다고 한다. 여기 두 아이가 엿 팔러 나섰다. 이 또한 직업이라면 전위적인 직업일까. 너무 일찍 생활 전선에 뛰어든 감도 없지 않다. 아이가 이동식 구멍가게를 차려 세상으로 나간다. 엿이 달콤하다고 엿을 파는 일 또한 달디단 일은 결코 아니겠지만, 이 작은 엿판에 엿 파는 아이의 큰 희망이 부디 수북하게 쌓여 있기를.

절대 온도

	끓는점	어는점	절대 0도
켈빈	373K	273.15K	0K
섭씨	100°C	0°C	-273.15°C
화씨	212°F	32°F	-459.67°F

이 해에는

책
- **8.** [미국] 《비밀의 화원》, 프랜시스 호지슨 버넷

영화
- [이탈리아] 〈인페르노〉, 프란체스코 베르톨리니, 주세페 데 리구오로, 아돌포 파도반

궂긴 소식
- **1. 17.** 프랜시스 골턴(영국의 인류학자)
- **5. 18.** 구스타프 말러(오스트리아의 작곡가)
- **10. 18.** 알프레드 비네(프랑스의 심리학자)
- **10. 29.** 조지프 퓰리처(미국의 언론인)

독립한 나라
- **12. 29.** 몽골 (← 청)

1912년

토지조사사업 시행

↑ 일제가 토지 조사와 토지법 제정을 추진하면서 일관되게 견지한 원칙은 일본인이 조선에서 토지를 매개로 경제활동을 하는 데 아무런 장애가 없도록 일본민법적 질서를 한국에 제도화하는 일이었다.*

"토지의 소유자는 조선총독이 정하는 기간 내에 그 주소, 성명, …결수를 임시토지조사국장에게 신고하여야 한다."
─〈토지조사령〉 제4조

지주총대들은 꼭 무슨 벼슬이라도 한 사람들 같았다. 토지조사 신고서를 받아든 대부분의 농부들은 비록 한문을 깨치지는 못했지만 그들이 자기네들 편이 아니라는 것은 금세 알아차렸다. 지주총대로 나선 사람들은 하나도 빼놓지 않고 평소부터 자기네들을 업신여기는 부자양반들이거나, 양반도 아니면서 언제나 양반 흉내를 내며 눈꼴시게 구는 옛날 서리 출신들이었던 것이다.

지주총대가 된 부자양반들은 그나마 자기들이 직접 나서서 신고서를 돌리지 않았다. 마름이나 머슴들을 시켜서 돌리고 말았다. 그런 동네 사람들은 더구나 토지조사를 왜 하는 것인지, 신고서에 무엇을 어떻게 적어야 하는 것인지 알 도리가 없었다.
─ 조정래, 《아리랑4》 50쪽 (1994년판)

↓ 항일지사들은 경찰의 심문 과정에서부터 악랄한 고문을 받았고, 특수범죄자로 분류되어 독방에 수감됐다. 고문과 사벌(私罰), 폭행 등 갖은 악형이 자행되어 자살하는 사람들도 적지 않았다. 1930년대 후반부터는 전향을 강요해 이를 거부하면 각종 고문을 하거나 징벌을 가했다. 사형을 면한 많은 애국지사가 감옥에서 목숨을 잃은 것도 이와 같은 악형과 전향 거부 때문이었다.*

일제강점기

1. 1. 총독부, 한국 표준시 폐지. 기준이 동경 127.5도에서 135도로 변경되면서 시간이 30분 앞당겨졌다. 개정된 표준시는 이후 한 차례 변경되기도 했지만 다시 돌려져 현재까지 유지되고 있다.

3. 18. 총독부, 〈조선민사령〉 제정. 식민지 조선에서 발생하는 모든 민사 문제에 관한 판단기준이 된 이 법령은 '법령에 특별히 정함이 있는 경우를 제외하고는'*는 모두 일본의 민사 관련 법안들을 따른다고 규정했다. 일제가 조선의 '영구병합'을 꿈꾸며 이때 시행한 '일본의 민법은 지금 대한민국의 민법으로 이어지고 있다. 두 법을 대조하면 조항의 내용과 순서가 변하지 않고 그대로인 경우가 많다.'**

3. 18. 총독부, 〈조선태형령〉 제정. 일제는 자국에서는 1882년 폐지된 태형을 '조선인에 한하여'*** 유지시켰다. 4월 1일부터 시행된 이 태형령은 3·1 운동이 일어난 후인 1920년에 폐지된다.

3. 25. 〈경찰범처벌규칙〉 제정. 4월 1일 이 규칙이 적용되면서 일본 경찰과 헌병은 '유언·부설 또는 허위의 보도를 한 자' 등을 재판 없이 처벌할 수 있게 됐다.

3. 27. 중앙시험소 설립. 이날 '조선총독부 중앙시험소 관제'가 공포되면서 설치된 조직은 연구소라는 이름과는 달리 '조선총독의 관리' 하에 공업과 관련해 식민지 경영에 필요한 광물, 농산품, 공산품의 시험·분석 사무를 담당했다.

6. 23. 구포은행 설립. 자본금 50만 원으로 설립된 한국 최초의 민족계 지방은행이었다. 전신은 구포저축이고 1915년 상호를 경남은행으로 변경하고 본점을 부산 초량으로 옮겼다. 1941년 한성은행에 합병되어 해체됐다.

7. 4. **동제사** 결성. 박은식, 신채호, 홍명희, 여운형, 조소앙 등이 참여해 중국 상하이에서 결성된 이 단체는 '같은 배를 타고 함께 강을 건넌다'는 뜻의 '동주공제(同舟共濟)'를 줄인 말을 단체명으로 사용한 데서 알 수 있듯이 회원 사이의 친목과 융화, 상호구제를 지향했다. 하지만 이는 명분일 뿐, 사실은 상하이에서 최초로 국권회복 운동을 전개한 독립운동단체였다.

8. 13. 총독부, 〈**토지조사령**〉 시행. 조사는 총독부에 설치된 임시토지조사국에서 전담했다. 이때부터 본격화되어 1918년까지 전국적으로 진행된 이 사업으로 근대적 토지소유권 개념이 정착되었다는 평가도 있지만, 많은 농민이 땅을 잃고 토막민이나 소작농으로 전락했다. 전체 농민의 3퍼센트에 불과한 지주가 전체 경작지의 절반 이상을 소유하게 되었고, 총독부와 동양척식주식회사를 포함해 일본으로 넘어간 땅이 전체 경작지의 11퍼센트를 넘어서게 됐다.

9. **독립의군부** 조직. 8월 고종의 밀명을 받고 다음 달인 9월 서울에서 곽한일, 이식, 이명상 등 재야 유생과 전직 관료들이 중심이 되어 조직된 복벽주의 계열의 독립운동단체이다. 최익현의 지휘 아래 의병활동을 하다 일본 대마도에 유배되었다가 돌아온 임병찬이 전라남도 순무대장에 임명되면서 조직이 전국적으로 확대됐다. 의병을 모집하고, 독립선언과 거병을 계획했지만 일제에 발각되면서 뜻을 이루지는 못했다.*

9. 3. 경성감옥, 경성부 마포로 이전 개소. 현저동에 있던 기존의 감옥 시설은 '서대문감옥'으로 개명됐다.

세계

1. 1. [중화민국] **건국.** 쑨원이 난징에서 임시 대총통에 취임하면서 아시아 최초의 공화제 국가가 수립됐다.

1. 8. [남아프리카 연방] 남아프리카원주민민족회의 결성. 1923년 아프리카 민족회의(ANC)로 이름이 바뀐 이 조직의 목표는 남아프리카 연방 흑인의 권리와 자유 수호였다. 초창기만 해도 소극적인 저항운동을 벌였지만, 정권의 아파르트헤이트 정책이 강화되자 무장투쟁에 나섰다. 아파르트헤이트 체제가 종식된 후 처음 치러진 1994년 총선 이후 현재까지 집권 여당의 지위를 유지하고 있다.

2. 12. [청] 선통제 퇴위. 청 멸망. 이로써 청 왕조는 268년 간에 멸망하고 명목상으로는 공화정이 성립했다.

3. 10. [중화민국] 위안스카이, 제2대 임시 대총통에 취임.

3. 30. [모로코/ 프랑스] 페스 조약 체결. 이 조약으로 모로코는 프랑스의 보호령이 됐다. 같은 해 11월에는 모로코의 일부 지역이 공식적으로 에스파냐의 보호령이 됐다. 44년이 지난 1956년에야 모로코는 보호국에서 벗어나 독립한다.

4. 15. [영국] **타이태닉호 침몰.** 10일 영국 사우샘프턴을 떠나 미국 뉴욕으로 첫 항해 중이던 타이태닉이 14일 23시 40분에 빙산과 충돌해 이날 2시 20분에 침몰했다. 승선한 것으로 추정되는 2224명 중 1500명 이상이 사망했다. 당시 단일 선박 사고로는 가장 많은 희생자가 나온 비극적인 사고였다.

5. 5. [러시아] 소련공산당,《프라우다》창간. 1991년 소련 연방이 붕괴하기 전까지 소련공산당의 기관지였던 이 일간지는 러시아연방 공산당이 인수해 현재도 발행되고 있다. 소련 시절 공산당은 카를 마르크스의 생일이자 《프라우다》창간일인 5월 5일을 언론의 날로 지정해 기념했다.

7. 30. [일본] 메이지 천황 사망. 아들 요시히토가 천황(다이쇼 천황)으로 즉위했다.

10. 3. **발칸 전쟁** 발발. 이날 몬테네그로 왕국이 오스만 제국에 선전포고했다. 이어 그리스 왕국, 세르비아 왕국과 불가리아 왕국이 합류해 '발칸 동맹'을 맺음으로써 확전된 이 전쟁의 결과 오스만 제국은 이스탄불 주변을 제외한 유럽의 모든 영토를 잃었고, 알바니아는 독립을 달성했다. 하지만 동맹 국가들 간의 전후 처리 문제로 인한 대립으로 제2차 발칸 전쟁이 발발하면서 동맹은 해체된다.

11. 5. [미국] 대통령 선거. 민주당 뉴저지 주지사 우드로 윌슨이 현직 대통령이자 공화당 후보인 윌리엄 하워드 태프트를 누르고 제28대 대통령에 당선됐다.

11. 28. [알바니아] 오스만 제국으로부터 독립 선언. 1914년까지 유지된 이 나라는 보통 '독립 알바니아'로 불린다.

문화 / 과학·환경 / 스포츠

문화

10. [미국] 타잔 첫 등장. 에드거 라이스 버로스가 펄프 잡지《올스토리》10월호에《유인원 타잔》을 연재하기 시작했다. 이 소설은 엄청난 인기를 끌며 1914년 단행본으로 출간되었고, 이후 20편이 넘는 속편이 나왔고, 수많은 영화와 TV 시리즈로 만들어졌다. 소설의 배경인 아프리카를 실제로는 단 한 번도 가보지 못했고, 우생학을 신봉했던 버로스는 타잔이 영국 귀족 혈통이어야만 한다고 생각했다.* 그러나 어쨌든 그가 만든 타잔이라는 캐릭터는 저 멀리 한국의 아이들도 한때 '아아아, 아아아아~'라고 큰 소리를 내며 놀 정도로 대단한 성공을 거둔 것만은 분명하다.

○ [스위스] 카를 융의《리비도의 변화와 상징》출간. 1916년 영역본의 제목《무의식의 심리학》으로 더 잘 알려져 있는 이 책은 분석심리학의 두 거장 프로이트와 융의 결별을 알리는 신호탄이었다.

과학·환경

1. 6. [독일] 알프레트 베게너, 대륙 이동설 제시. 이날 프랑크푸르트에서 열린 지질학회에서 처음 이 가설을 발표했다. 원래 하나로 이뤄져 있던 거대한 초대륙이 갈라지면서 '표류'해 현재와 같은 대륙들이 만들어졌다는 것이다. '대륙 이동'이란 용어를 처음으로 사용한 것도 그였다.

○ [미국] 윌버 스코빌, 고추의 매운맛 측정법 고안. 그의 이름을 따서 명명된 '스코빌 척도'는 고추에 포함된 캡사이신의 농도를 수치로 표시한 것이다. 단위는 SHU이다. 초기에는 실험자들이 직접 평가했지만, 현재는 기계를 이용해 농도를 측정한 후 스코빌 척도로 환산한다.

스포츠

4. 14. 브라질 축구 클럽 산투스 창단. 상파울루주 산투스를 연고로 하는 이 팀에서 펠레가 1956년 15세의 나이로 시니어 팀 데뷔전을 치렀다.

5. 5. [스웨덴] 스톡홀름에서 제5회 올림픽 개막. 대회 사상 처음으로 모든 대륙에서 참가국이 나왔다.

10. 7. 유각권구락부*, 권투 경기 개최. 단성사의 극장주 박승필은 단성사에서 유술(유도), 권투, 씨름 경기를 열어 종합 성적으로 상품을 주었다. 구락부는 영어 '클럽'의 일본어식 표현이다.

11. 2. 조선야구단, 와세다 대학과 경기.* 한국 최초로 일본 원정을 떠난 황성기독교청년회 야구단이 이날 와세다 대학과 경기를 벌여 0-23으로 패했다. 청년 야구단은 11일까지 에바라 중학, 메이지 대학 등과 모두 7경기를 벌여 1승 1무 5패를 기록했다. 야구단은 황성기독교청년회 운동부 부장 여운형이 이끌었다.

← 타이태닉 호가 침몰한 다음 날인 4월 16일, 신문팔이 소년 네드 파펫이 런던의 화이트 스타 라인 본사 밖에서 타이태닉호 참사 기사가 실린《이브닝 뉴스》를 팔고 있다. 화이트 스타 라인은 타이태닉호를 소유한 해운사였다. 20세기의 가장 상징적인 이미지 중 하나인 이 사진 속 15세 소년 네드는 6년 후 1차대전 복무 중 독일군의 포격으로 전사한다.

1912년 풍경

이렇게 단정한 기와집 아래에서 체벌을 진행하다니. 이럴 때 기와 지붕의 선은 차라리 서릿발 같은 엄정함으로 빛난다. 맞는 이는 이런 일 처음으로 당하는 경험인 듯 엉거주춤하고, 때리는 이는 이런 일쯤이야 이골이라도 난 듯, 치켜든 손과 회초리가 매우 매섭다. 곤장을 친다. 엉덩이 볼기를 때린다. 통증을 극대화하기 위해 버드나무로 넓고 길게 만든 방망이. 아픈 곳은 볼기만 아니라 그 주위로 다 퍼져나간다. 전신이 아픔을 힘껏 나누어 가진다. 그래서 더 아프다. 무슨 잘못을 했을까. 힘 있는 놈들이 제 맘 대로 금 그어놓고 힘 없는 이들이 금 밟았다고 저런 치도곤을 당하는 경우도 없지 않았다. 엎드린 이는 비명 없이는 태형을 감내하지 못했을 것. 그 소리는 지켜보는 이들한테도 고스란히 전해지고 그래서 더욱 많은 이들을 아프게 했다.

국내산 라면의 스코빌 척도

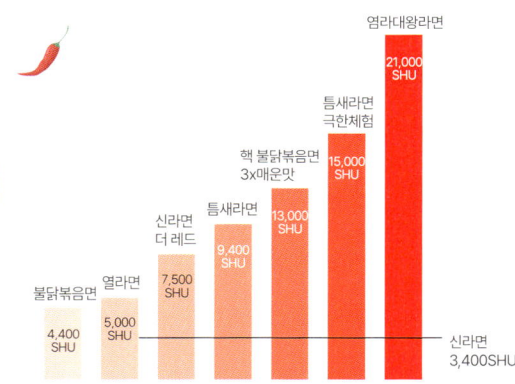

이 해에는

책
○ [스위스]《무의식의 심리학》, 카를 융
○ [미국]《키다리 아저씨》, 진 웹스터

영화
3. 15. [프랑스]〈낙엽〉, 알리스 기

궂긴 소식
3. 29. 로버트 팰컨 스콧(영국의 탐험가)
4. 25. 경허(한국의 선사)
5. 30. 윌버 라이트(미국의 비행기 발명가)
7. 17. 앙리 푸앵카레(프랑스의 수학자)
7. 30. 메이지 일본 천황
8. 20. 윌리엄 부스(영국의 구세군 창시자)

독립한 나라
11. 28. 독립 알바니아(← 오스만 제국) 지금의 알바니아 공화국

1913년

장한몽, 신파의 탄생

↑ 우리나라 20세기 초중반 대중예술에 나타나는 독특한 질감의 비극성에는 '과잉된 슬픔의 비극성' 외에 다른 것이 존재한다. 우리가 신파적이라고 부르는 그것에는 '가슴의 밑바닥을 긁어대듯 묘하게 자극하는 독특한 질감, 시쳇말로 손발이 오그라드는 것처럼 민망하고 자극적인 설정으로 만들어지는 유다른 비극성 같은 것'이 존재한다.* 위의 사진 속 인물은 1965년 영화 《이수일과 심순애》에 각각 이수일 역과 심순애 역으로 출연한 배우 신성일과 김지미이다.

> "김중배의 다이아몬드 반지가 그렇게도 탐이 나더냐?"

아무리 이 세상은 돈이라 하기로 너무도 심하다. 그래도 네 마음은 편하냐. 너는 가서 이 세상에 호강도 하겠고 영화도 받겠다마는 돈 하나 없는 까닭으로 네게 소박맞아 쫓겨난 이 놈의 마음도 좀 생각을 하여 보아라. 분하다 할른지 원통하다 할른지. 내 마음대로 하면 너 같은 것은 이 자리에서 한칼로 찔러 죽이고 나도 그 칼로 죽을 마음이 불현 듯 하다마는 그 마음을 억지로 서려 담고 제 계집을 남에게 빼앗기면서 가만히 보고만 있는 놈의 마음도 좀 생각하여라 어떠할 듯하여 너만 잘되면 남은 어떻게 되더라도 상관이 없니? 도대체 이수일이라 하는 놈은 네게 어떻게 되는 사람이냐…

돈 한가지로 말을 하면 나하고 김중배하고 당초에 비할 수가 없다. 김중배는 유명한 재산가요 나는 미실미한한 일개 서생이로구나. 응. 그러나 여보소, 순애…사람의 행복이라 하는 것은 결단코 돈으로는 사지 못하는 것이라. 사람의 팔자와 돈은 딴 물건이야. 돈만 많으면 팔자가 좋은 줄 아는가.

— 조중환, 《장한몽》

일제강점기

2. 대한광복단 결성.* 채기중이 주도해 만든 이 의병계열 항일비밀결사 조직은 경북 풍기를 중심으로 활동하며 독립군 양성을 위한 무기 구입과 군자금 모금에 주력했다. 결성된 곳의 지명을 따 풍기광복단이라고도 불린 이 조직은 1915년 대한광복회, 1916년 다시 대한광복단으로 이름을 바꿔가며 무장 독립운동을 지속한다.

3. 20. 경성복심법원, 신민회 사건 2심 판결. 두 해 전, 데라우치 총독 살해음모 사건을 날조해 항일민족운동 지도자들을 대거 검거한 신민회 사건(105인 사건)에 대해 2심 재판부가 1심에서 유죄판결을 받은 105인 중 윤치호, 이승훈, 안태국 등 6인에만 5~6년의 징역형을 내리고 나머지 99명에게는 증거불충분을 이유로 무죄를 선고했다. 일제 역시 사건의 허위성을 자인할 수밖에 없었던 것이다.

4. 19. 미국 하와이의 4개 여성단체가 합병해 대한인부인회 조직. 이 단체의 목표는 국어교육을 장려하고, 가정에서 일본산 물건을 사용하지 않고, 재난을 당한 동포를 구제하는 것이었다. 이후 1919년 대한부인구제회 결성에 참여해 조국의 독립을 위해 후원금을 모금하는 등 독립운동에 앞장섰다.

5. 13. 흥사단 창립. 재미 한인의 인재 양성을 목표로 안창호가 주도해 샌프란시스코에서 창립된 이 단체는 신민회에 뿌리를 둔 민족운동 단체이다.

5. 21. 호서은행 설립. 애국계몽운동의 영향을 받은* 대지주 유진상, 성낙헌 등이 충남 예산에 설립한 이 이 은행은 충남 최초의 민족계 지방은행이었다.

7. 15. 대구복심법원, 105인 사건 관련 99명 무죄로 석방. 한 해 전 9월 제1심에서 징역형을 받은 105명 가운데 99명이 무죄로 석방됐고 윤치호, 양기탁 등 6명에게만 징역 5~6년형이 선고됐다. 이 사건이 일제가 날조한 것이라는 사실을 어느 정도 인정할 수밖에 없었던 것이다.

10. 30. 총독부, '부제(府制)' 공포. 이듬해 4월 1일부터 시행된 이 제령에 따라 경성, 인천, 군산 등 12부는 시가지 지역만을 부의 영역으로 남겨두고 산하의 면은 분리하여 별도의 군으로 독립시켰다. 이로써 부는 지방행정의 기초단위이자 도 시행정의 기본단위가 됐다.*

10. 30. 〈역둔토특별처분령〉 공포. 일제는 국유지(역둔토)로 점탈한 토지를 이 시행령에 따라 동양척식회사나 일본인들에게 불하했다. 이후 갈수록 소작농이 더 증가한 지주의 토지는 더 확대되어 갔다.**

12. 호남창의대장 이석용, 체포됨. 전라도 임실에서 의병대를 이끌던 그는 의병 활동의 한계를 절감하고 중국으로 망명해 독립운동을 계속하려다 발각돼 이듬해인 1914년 사형을 선고받고 교수형에 처해졌다.

← 석굴암이 심한 훼손 위기에 처해 있다고 본 조선총독부는 이해 10월 보수 공사를 시작했다. 1915년 9월까지 공사비 22,717원 70전*이 투입된 이 공사는 석굴 전체를 해체해 다시 조립한 후 콘크리트로 돔을 덮는 식으로 진행됐다. 그러나 석굴 내부에 누수가 발생하고 습기가 차는 등 상황은 나아지지 않았다. 이에 일제는 1917년과 1920~21년에 두 차례 더 보수 공사를 더 진행한다. 해방 후 1961년 대한민국 정부도 보수에 나섰지만 이번에도 콘크리트를 사용한 부실한 공사이기는 마찬가지였다. 결국 1976년 이후 관람객들은 유리문을 통해서만 석굴암 내부를 볼 수 있다. 사진은 석굴암 본존불 앞에 일제의 보수공사 관계자들이 서 있는 모습이다.

세계

2. 3. [미국] 수정헌법 16조 비준. 이로써 "연방의회는 소득원에서 얻어지는 소득에 대해서도, 각 주에 배당하지 않고 국세조사나 인구수 산정에 관계없이 소득세를 부과, 징수할 권한을" 갖게 됐다.

2. 11. [일본] 가쓰라 다로 내각 총사퇴.

2. 19. [멕시코] 프란시스코 마데로 대통령 사임. 이로써 같은 달 9일부터 시작된 군부 쿠데타가 끝을 맺고 멕시코 혁명은 새로운 국면에 접어들었다. 정부군과 반군의 치열한 교전으로 약 5500명이 목숨을 잃은 이 열흘의 기간을 멕시코인들은 '비극의 열흘'이라 부른다. 반란군에 가담한 빅토리아노 우에르타 장군이 20일 대통령으로 취임하고, 22일에는 마데로가 암살을 당해 생을 마감한다.

3. 4. [미국] 우드로 윌슨, 제28대 대통령 취임. 미국을 '세계 유일의 이상주의 국가'로 자부한 그의 행정부는 진보적인 정책을 펼친다.

3. 22. [중국] 쑹자오런 사망. 20일 상하이 기차역에서 국민당 지지를 호소하는 연설을 하던 중 저격당했고 이틀 후인 이날 30세의 나이로 사망했다. 이 사건으로 중국의 정치 분위기는 악화되었고 결국 2차 혁명의 실패로 이어진다.

5. 21. [스웨덴] 국민연금법 의회 통과. 67세 이상의 모든 국민이 세계 최초로 보편적 공적 연금을 받게 됐다. 이로써 현대 스웨덴 사회복지제도의 토대가 마련됐다.

6. 18. 아랍 민족 회의. 23일까지 프랑스 파리에서 열린 이 회의에서 아랍 민족주의자들은 오스만 제국의 개혁안을 논의했다.

6. 29. **제2차 발칸 전쟁** 발발. 전쟁은 8월 10일 불가리아의 패배로 끝났고, 세르비아 왕국이 다뉴브강 남쪽에서 가장 군사적으로 강력한 국가가 됐다. 한편 오스만 제국은 1, 2차 발칸 전쟁으로 발칸반도에 남아 있던 영토를 거의 잃었다.

12. 1. [미국] 포드자동차사, 이동식 조립 라인 도입.

12. 23. [미국] 연방준비제도 설립. 일련의 금융위기에 대처할 중앙은행이 필요하다는 인식을 하게 된 정부가 설립한 중앙은행이다. 대통령이 임명하고 상원이 승인한 이사 일곱 명으로 이루어진 연방준비제도이사회에 의해 운영되며, 정부로부터는 철저한 독립성을 보장받는다.

↓ 1913년 포드자동차사가 이동식 조립라인을 도입했다. 그리고 나중에는 여기에 컨베이어 벨트를 걸어 작업물이 움직이는 속도를 조절했다. 덕분에 포드자동차는 모델 T 자동차를 전보다 훨씬 많이, 더 빨리 생산할 수 있게 됐다. 1899년 미국의 도든 자동차 회사가 생산한 자동차 수는 2500대였다. 1914년 모델 T 한 차종의 생산 대수가 26만 4972대였다. 이러한 대량 생산 덕분에 가격은 1910년 950달러에서 1921년에는 397달러로 떨어졌다. 기업과 소비자 모두가 승자인 것처럼 보였다. 대신 노동자들은 머리를 전혀 쓸 일 없는 동일하고 지루한 동작만 온종일 반복해야 했다. 아래 그림은 멕시코의 화가 디에고 리베라가 헨리 포드의 아들 에즈도드의 주문을 받아 그린 〈디트로이트 산업 벽화〉 중 일부이다.

문화 / 과학·환경 / 스포츠

문화

1. 1. 《붉은 저고리》 창간. 최남선을 발행인으로 신문관에서 어린이를 대상으로 발행된 이 잡지는 매월 1일과 15일 8면으로 발행됐다. 통권 12호를 끝으로 강제 폐간됐다.

5. 13. 조중환, 《**장한몽**(長恨夢)》 연재 시작. 《매일신보》에 연재된 이 번안 소설의 원작은 일본의 오자키 고요의 미완성작 《곤지키야샤(金色夜叉)》였다. 8월에 유일단이, 11월에 혁신단이 연극으로 공연했다.

5. 29. 스트라빈스키의 발레곡 〈봄의 제전〉, 초연. 프랑스 파리의 샹젤리제에서 공연되었고 니진스키가 안무를 맡았다.

9. 13. 데라우치 마사타케 총독, 석굴암 해체 수리 공식 결정. 석굴암 내부는 당시 보수가 필요한 상태이기는 했지만, 일본은 사전 조사나 준비가 충분히 되지 않은 상태로 10월부터 공사에 착수했고, 그 결과 부실 공사로 여러 문제가 발생했다.

11. 13. [프랑스] 마르셀 프루스트의 《잃어버린 시간을 찾아서》 첫 권 〈스완네 집 쪽으로〉 출간.

과학·환경

7. 10. [미국] 퍼니스크릭에서 세계 최고 기온 기록. 미국 캘리포니아주 데스밸리에 있는 작은 마을인 퍼니스크릭의 목장에서 기온 56.7°C가 관측됐다. 이날은 세계기상기구(WMO)가 공인한 지구에서 가장 더웠던 날이다.

7. [덴마크] 닐스 보어, 〈원자와 분자의 구성에 관하여〉 발표. 이 논문에서 그는 양전하를 띤 핵 주위를 전자들이 에워싸고 원형 궤도를 따라 회전하는 원자 모형을 제시했다. 그의 이름을 따 **보어 모형**으로 불리는 이 모형은 양자역학이라는 새로운 세계로 나가는 문을 열었다.

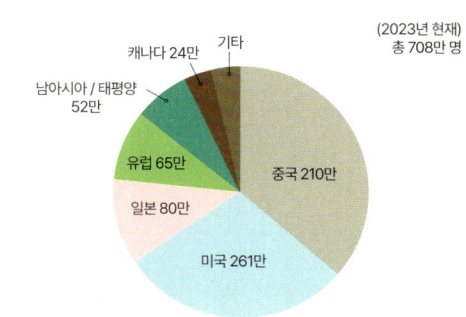

보어 모형

스포츠

4. 13. 엄복동, **전조선 자전차경기대회 우승**. 경성의 용산 연병장에서 열린 이 대회에서 대한해협을 건너온 일본의 일급 선수들을 모두 누르고 우승을 차지했다. 22세 청년 대스타가 탄생하는 순간이었다. 그는 다음날 인천에서, 같은 달 27일 평양에서 열린 대회까지 연이어 우승을 차지한다. 1920년대 중반까지 각종 대회를 석권한 그의 활약에 조선인들은 "떴다 보아라 안창남, 내려다보니 엄복동"이라는 노래를 부르며 환호하며 식민지의 설움을 달랬다.

8. 31. 네덜란드 축구 클럽 필립스 스포츠 퍼레이니힝(약칭 PSV) 창단. 히딩크가 1987년부터 1990년까지 감독으로 있으며 두 번의 1부 리그 타이틀과 한 번의 준우승을 안겼다. 허정무, 박지성, 이영표가 이 팀에서 뛰었다. 연고지는 에인트호번이다.

1913년 풍경

'신부 사진'이란 행복한 단어이다. 결혼식 앞두고 일생에 한 번 가장 황홀한 순간에 면사포 쓰고 찍는 사진 아닌가. 단어 위치만 바꾸면 '사진 신부'. 그것은 아주 슬픈 단어이다. 1900년 초반 하와이 사탕수수 농장으로 조선의 노동자들이 이민을 갔다. 조선에서 간 노총각들이 고국으로 자신의 사진을 보내면 처녀들은 사진으로 선을 보고서 배우자를 선택했다. 어디에 어떻게 사는지도 모르는 채 남편감의 사진만 들고 인천항에서 하와이행 배를 탄 이들을 '사진 신부(Picture Bride)'라 하였던 것. 노총각들은 한 살이라도 어리게 보이려고 분장을 하거나 젊은 시절 사진을 보냈다고 한다. 하와이에 막 도착한 예비 신부들은 아직 짝을 만나기 전이었는지 모두 설레는 표정들이다. 하지만 닥쳐올 운명을 예감이라도 하는 듯 서로의 어깨에 손을 얹은 게 꼭 떨어지지 말자는 사슬처럼 보인다. 사진 오른편 아래에 푸드덕거리며 달아나려는 장닭도 한 마리 보인다. 혼례식 때 쓰려고 했을까. 조선에서 가지고 왔을까. 사진 신부 11명의 운명은 어떻게 되었을까.

재외 동포 현황

(2023년 현재)
총 708만 명

- 중국 210만
- 미국 261만
- 일본 80만
- 유럽 65만
- 남아시아/태평양 52만
- 캐나다 24만
- 기타

이 해에는

책

5. 25. 《조선불교유신론》, 한용운
11. 13. [프랑스] 《잃어버린 시간을 찾아서》, 마르셀 프루스트
○ 《장한몽》, 조중환
○ [오스트리아] 《토템과 터부》, 지그문트 프로이트
○ [영국] 《아들과 연인》, 데이비드 허버트 로런스
○ [프랑스] 《알코올》, 기욤 아폴리네르

궂긴 소식

2. 22. 페르디낭 드 소쉬르(스위스의 언어학자)
3. 10. 해리엇 터브먼(미국의 흑인 인권운동가)
3. 31. J. P. 모건(미국의 금융인)
9. 29. 루돌프 디젤(독일의 발명가)
11. 22. 도쿠가와 요시노부(일본의 마지막 쇼군)

1914년

대조선국민군단 창설

"나라의 혼이 없으면 군인이 어디 있으며, 군인이 없으면 나라의 혼이 어디 있으리오"
— 박용만

하와이 군도에 있는 한인들은 고국에 돌아가 의용군을 일으키어 독립 전쟁을 준비하기 위하여 각처에서 군사 조련을 하는데 섬에서는 이왕 퇴직한 군관 수 인이 농장 교당 마당에서 그 동포들을 모아 가지고 전술을 교수하며 하마구아[하와이의 지명] 연안 일대에 있는 한인들은 노동 여가에 들어 나가 군사를 연습하더라. …

우리가 한일합병을 반항하던 당시 하와이 한인의 군사 훈련과 그후 재묵 동포[재 멕시코 동포] 숭무 학교의 병식 체조와 미주 네버라스가의 병학교와 하와이 산넘어 군단과 미 가주 윌로스의 비행학교는 모두 충성과 적개심이 늘 왜적이 코웃음 하여 반드시 보구설한[남이 해준 그대로 원함을 갚음] 할 것을 믿었나니 이것이 재미 한인의 탁연특립[탁월]하여 굴치 않고 흔들리지 않는 애국 사상과 반일 정신이올시다. 이 모든 군사훈련의 결과를 보면 최후 성공이 없었고 논자는 말하기를 쓸데 없는 일을 공연히 하였다는 이도 있거니와 실상 그런 것이 아니올시다. … 전투 결과는 어찌 되었거나 기려 있는 것이 충성과 적개심이올시다.
— 《신한민보》, 1944. 9. 28.

↑ 6월 10일 박용만이 대조선국민군단과 대조선국민군단사관학교를 창립했다. 미국 하와이에서 박용만이 조직한 이 조직들은 재미 한인사회에 항일독립전쟁의 필요성을 널리 알리고 독립군 부대의 지휘관을 양성할 목적으로 설립됐다. 군단과 사관학교의 병력은 많을 때는 300명에 달했다. 그러나 외교에 중점을 둔 이승만 계열과 무장투쟁을 지향한 박용만 계열의 대립으로 일어난 하와이 한인사회의 갈등을 파고든 일제의 방해를 받아 1917년경 해체된다. 하와이에서 사격 훈련을 하는 대조선국민군단 대원들.

↓ 우리나라 최초로 대학을 졸업한 여성인 이화학당 졸업생 신마실라, 이화숙, 김애식(왼쪽부터). 졸업식은 4월 1일 정동교회에서 열렸다.

일제강점기

1. 7. 샬럿 브라운리, 이화유치원 설립. 유아 16명을 대상으로 한국인 보조교사 조 앨리스와 함께 정동에 있는 손택호텔에서 시작한. 이 유치원은 한국인 교사가 한국인 자녀들을 교육한 우리나라 최초의 유치원이었다. 이 유치원은 이화여자대학교 사범대학 부속 이화유치원으로 현재까지 운영되고 있다. 한편 비록 교사는 일본인이었지만, 일본인 자녀가 아닌 한국인 자녀를 대상으로 정토종포교자원이 1909년 함경북도 경성군 나남읍에 설립한 나남유치원을 우리나라 최초의 유치원으로 보는 견해도 있다.

1. 11. 호남선 전 구간 개통. 이날 정읍 ~ 송정리 간 호남선 전 구간이 개통됐다. 1910년 1월에 시작된 공사가 이렇게 신속하게 끝난 데에는 곡창지대인 호남의 쌀을 자국으로 원활하게 수송하려는 일제의 의도가 담겨 있었다. 이렇듯 수탈의 상징으로 시작된 호남선은 이후 호남 차별의 상징이 된다. 1939년에 전체 구간이 복선화된 경부선과 달리 호남선 복선화 공사는 1968년에야 시작되어 2003년에야 끝이 났다. 개통된 지 거의 90년이 걸린 것이다.

3. 1. 조선총독부, 지방 행정구역 개편. 조선총독부령 제111호 《도의 위치·관할 구역 변경 및 부·군의 명칭·위치·관할 구역 변경에 관한 규정》(1913년 12월 29일 공포). 에 따라 기존 329개이던 군이 220개로, 이어 4월 1일에는 4322개이던 면이 2522면(최종 2521개)로 통폐합됐다. 이러한 부군면 통폐합의 목적은 효율적인 식민 통치였다.

4. 1. **이화학당** 첫 졸업식. 정동교회에서 열린 이날 졸업식은 국내 최초의 4년제 여자대학 졸업식이었다. 입학생 15명 중 신마실라, 이화숙, 김애식 3명이 졸업했다.

6. 10. 박용만, 대조선국민군단사관학교 창설.

7. 1. 총독부, 〈연초세령〉 시행. 이전까지 과세 대상이던 연초의 경작세와 판매세 이외에 제조세와 소비세를 신설하고 연초 제조업을 허가제로 바꿨다. 이를 통해 조세 수입을 크게 늘릴 수 있었을 뿐만 아니라, 영세한 조선인 제조업자를 고사시켜 일본인 업자들의 시장 지배력을 높일 수 있었다.

8. 16. 경원선 철도 전 구간 개통. '오전 열 시 오분에 원산에서 떠나 경성으로 향하는 열차가 출발했다. 정식 개통식은 9월 16일에 원산에서 거행됐다. 경원선은 호남선과 함께 한반도를 X자형으로 잇는 철도의 뼈대가 됐다. 이로써 일본은 조선 전역을 좀 더 용이하게 지배할 수 있게 됐다. 경원선은 원래 남대문역(현 서울역)에서 원산역까지 총 223.7km였지만, 분단 이후 남북 간 연결이 중단된다. 현재 남한 쪽에서는 용산역에서 철원의 백마고지역까지 94.4km 구간만 운행되고 있다.

8. 25. 독일 영사관 폐쇄됨. 23일 일본이 독일에 선전포고를 함에 따라 경성의 독일 총영사관이 폐쇄됐다.

9. 1. 조선은행, 100원권 지폐 발행.

10. 안희제, **백산상회** 설립. 곡물, 면직물, 해산물 등을 파는 소규모 상회로 출발해 1919년에는 백산무역주식회사로 성장한다. 부산 동래를 거점으로 설립된 이 민족기업은 독립운동 단체의 연락 및 자금공급 활동에도 힘썼다. 경주 최부잣집의 최준도 함께했다.

10. 10. 남만주철도주식회사, 조선호텔 개업.

세계

4. 21. [미국] 멕시코 베라크루스 점령. 빅토리아노 우에르타 멕시코 대통령이 독일에서 군수물자를 지원받지 못하도록 하기 위해 해병대가 이날 베라크루스에 상륙해 6개월 넘게 항구를 점령했다. 당시 미국 대통령 우드로 윌슨은 우에르타 대통령을 무시하고 혁명 투쟁을 지지하고 있었다. '점령'으로 미국과 멕시코의 외교관계는 차갑게 식었고, 멕시코인들의 반미 정서도 극에 달했다.

6. 28. **사라예보 사건** 발생. 오스트리아-헝가리 제국의 황위 계승자 프란츠 페르디난트가 사라예보를 방문 중 아내와 함께 암살된 사건이다. 제1차 세계대전의 도화선이 됐다.

7. 8. 쑨원, 도쿄에서 중화혁명당 결성.

7. 28. [1차대전] 오스트리아-헝가리, 세르비아에 선전 포고. 이와 함께 제1차 세계대전이 시작됐다.

7. 31. [1차대전] 러시아, 총동원령 선포. 세르비아를 지지하며 28일 부분 동원령을 내렸던 러시아는 이날 아침 이를 총동원령으로 바꿔 선포했다. 같은 날 오스트리아-헝가리의 동맹국인 독일도 러시아에 선전포고를 한 후, 8월 2일 룩셈부르크를 점령하고 3일 프랑스에 선전포고한다. 이어 4일 중립국인 벨기에를 침공하자, 프랑스와 영국까지 전쟁에 휩쓸리며 전쟁은 '세계 대전'으로 확전된다.

8. 15. [파나마] **파나마 운하** 개통. 남아메리카 남단을 돌아 대서양에서 태평양으로 가려면 약 2만km를 항해해야 했지만, 약 80km의 운하를 통과하는 데는 평균 8~10시간이면 되기 때문에 최소 25일에서 최대 30일의 시간이 절약된다. 1881년 프랑스가 시작했지만 중단되었다가 1904년 미국이 인수해 재개한 공사 과정에서, 쥐가 옮기는 페스트, 모기가 옮기는 황열병, 말라리아 등으로 2만 5000명이 넘는 노동자가 목숨을 잃었다.

8. 23. [1차대전] 일본, 독일에 선전포고. 일본의 참전 목적은 서구 열강이 아시아에 신경 쓸 겨를이 없는 것을 틈타 중국을 침략하려는 것이었다.

9. 6. [프랑스] 마른 전투. 파리 인근 마른강 유역에서 프랑스-영국 연합군과 독일 사이에 벌어진 전투이다. 이 전투로 프랑스는 수도를 잃을 위기에서 벗어났고, 벨기에를 통과해 프랑스를 침공해 전쟁을 속전속결로 끝내겠다는 독일의 슐리펜 계획은 좌절됐다.

10. 29. [1차대전] 오스만 제국, 러시아 기습 공격. 이날 오스만 제국은 러시아의 흑해 연안 공격을 감행함으로써 1차대전에 참전하며 독일 편에 서게 된다. 러시아는 11월 2일 전쟁 선포로 대응했다.

← 6월 28일, 오스트리아-헝가리 왕위 계승자인 프란츠 페르디난트 대공과 그의 아내 소피가 19세의 보스니아 세르비아 민족주의자인 가브릴로 프린치프에 의해 사라예보에서 암살당했다. 이 암살은 7월 위기로 알려진 일련의 사건을 촉발했고, 결국에는 제1차 세계대전 발발을 초래했다.

문화 / 과학·환경 / 스포츠

문화

5. 8. [미국] 파라마운트 픽처스 설립. 파라마운트는 세계에서 여섯 번째이자 미국에서는 유니버설 픽처스에 이어 두 번째로 오래된 영화사이다. 〈대부〉(1972), 〈레이더스〉(1981), 〈탑건〉(1986), 〈포레스트 검프〉(1994), 〈타이타닉〉(1997) 등을 제작했다.

10. 13. 《매일신보》, 기보 연재 시작. 이날부터 〈사활묘방〉이란 제목으로 거의 매일 바둑 묘수풀이에 지면을 할애하기 시작했다.

12. 10. 《매일신보》 신년문예모집 공고. 모집 분야는 '시, 문, 시조, 언문줄글, 언문풍월, 우슘거리, 가(창가), 언문편지, 단편소설, 화(畵)'였다. 한국에서 신춘문예의 시작이었다. 1920년부터 '신춘문예'라는 용어가 나타났으며, 1925년과 1928년에 각각 신춘문예를 시행하기 시작한 《동아일보》와 《조선일보》가 이를 따르면서 신년 문학작품 모집 제도를 가리키는 보편 용어로 자리잡았다. 일본에서도 오래전 자취를 감춘 이 제도는 한국 문학에만 있는 고유한 특성이 됐다.

과학·환경

8. 5. [미국] 첫 전기신호기 설치. 미국 오하이오주 클리블랜드에 세계 최초로 전기신호등이 설치됐다. 빨간색과 초록색 신호등만 있었고 교통경찰이 수동으로 조작했다. 오늘날과 마찬가지로 빨간색은 정지 신호, 초록색은 진행 신호였다.

9. 1. 미국 신시내티 동물원에 남아 있던 마지막 여행비둘기가 오후 1시에 죽었다. 이로써 여행비둘기가 멸종됐다.

스포츠

8. 26. [브라질] 축구 클럽 팔레스트라 이탈리아 창단. 이탈리아 이민자들이 만든 이 팀은 2차대전이 일어나면서 추축국과 관련된 이름을 금지한 정부의 조치에 따라 1942년 SE파우메이라스로 팀명을 변경했다. 연고지는 상파울루이다.

11. 10. 오성구락부, 용산철도국에 승리. 오성구락부는 오성학교 야구부 졸업생들이 주축을 이루고 여기에 황성YMCA 야구단과 경신학교 야구부 출신이 합류한 혼성팀이었다. 한편 일본인들로만 이루어진 용산철도국은 당시 한반도 최강으로 통하던 실업팀이었다. 훈련원 터에서 벌어진 이 경기에서 오성구락부가 14 대 13의 극적인 한 점 차 승리를 거두자 흥분한 일본인 관중들이 몽둥이를 들고 난입해 한국인 관중들과 대난투극이 벌어졌고, 결국 경찰이 출동하는 사태까지 벌어졌다.

1914년 풍경

인간 삶의 무대가 압축적으로 전개되는 광경이다. 하늘이 낮은 듯 산이 우뚝하고, 그 아래 집이 있고, 그 앞에 사람들이 모여 있다. 그 옆으로 강이 흘러간다. 생명이 바다에서 왔다지만, 목숨이 종합적으로 집합된 몸은 아무래도 산에서 내려온 것 같다. 산의 높이는 해발로 계산하지, 산도 실은 바다에서 직접 융기한 것이다. 산꼭대기에서 발견되는 조개껍질이 이 사실들을 뒷받침한다. 아마도 이 사진 앞으로 넓은 들판이 있고, 시냇물이 흐르고, 곡식이 무성할 것이다. 산에서 왔다가 들에서 일하다가 집에 머무르다 어느 날 산으로 돌아가는 것이 사람의 일생. 시대가 바뀌어 저 장소에 빌딩 숲이 들어서고, 산의 능선이 일부 바뀐다 해도 삶의 순서, 생의 차례는 대동소이하다. 그 안에서 벌어지는 살림살이의 세목도 다들 비슷하게 반복되는 일일 것이다.

객관식 문제

이 해에 객관식 문제가 처음으로 등장했다. 미국의 프레드릭 켈리가 선다형 문제 유형이라는 '객관적'인 시험 방식을 개발한 것이다. 덕분에 값싸고 빠르게 대규모로 시험을 치르고 채점할 수 있게 되었지만, 이제 수험생들은 짧은 시간 안에 문제를 보고 즉각 정답을 찾아내는 능력을 길러 '시간과의 싸움'에 대비해야 했다. 2024년 수능 수험생들은 70분 동안 45문항의 영어 문제를 풀어야 했다. 지문을 읽고 다섯 개의 보기 중 하나를 골라 실수 없이 답안지에 표시하는 데 허용된 시간은 한 문제당 1분 33초이다.

이 해에는

책
- **6. 15.** [영국] 《더블린 사람들》, 제임스 조이스
- ○ [미국] 《유인원 타잔》, 에드거 라이스 버로스

영화
- **4. 18.** [이탈리아] 〈카비리아〉, 조반니 파스트로네

궂긴 소식
- **4. 19.** 찰스 샌더스 퍼스(미국의 철학자)
- **6. 28.** 프란츠 페르디난트(오스트리아-헝가리 제국의 황태자)
- **7. 27** 주시경(국어학자)
- **7. 31.** 장 조레스(프랑스의 사회주의자, 정치인)
- **8. 20.** 교황 비오 10세
- **9. 30.** 유길준(구한말 정치인)
- **12. 24.** 존 뮤어(미국의 자연보호운동가)

1915년

마지막 의병장 채응언 순국

"나는 의병인즉
강도살인의 죄명으로
사형을 받기는 싫다"

"비록 선비들은 전술을
익히지 않았고, 농사짓는
백성들은 무기도 없었지만,
나라를 위해 죽는다는
의지를 지니고 있었다."
— 박은식

↑ 1909년 일제가 실시한 남한대토벌작전을 분기점으로 호남뿐만 아니라 전국의 의병 운동이 퇴조하기 시작했다. 박은식은 《한국독립운동지혈사》에서 이렇게 말했다. "의병의 저항 때문에 일인의 무력적 압박이 더하였고 저들의 무력 압박으로 우리나라 사람의 저항은 더 격렬하여졌다. 그러니 의병이란 것은 독립운동의 도화선이었다. 이를 성패로써 논하는 것은 그 지식의 천박함을 나타낼 뿐이다."

희대의 흉적이라는 말을 들으나 그 대담함과 출몰 자재한 행동 등을 보면 참으로 보통 사람 이상으로 뛰어나다 할만한 채응언은 …고등법원에서 상고 기각의 판결을 당하여 사형이 확정되었음으로 십일 월 사 일 오후 두 시부터 평양감옥에서 …교수대에 올라갔는데 태도가 극히 태연하며 스스로 시세를 모르고 폭거를 시작하였다가 마침내 잡혀 사형을 당함은 부득이한 일이라 하고 …채응언이가 '나는 의병인즉 강도살인의 죄명으로 사형을 받기는 싫다' 하고 상고는 하였으나 사형을 면하지 못할 줄은 짐작한 모양이더라. 감방 중에 있어서도 책을 보는 등 태연하더라.
— "교수대상의 채응언", 《매일신보》

일제강점기

2. 28. 조선국권회복단 결성. 경상북도 달성(현 대구광역시)에서 서상일, 박상진 등이 결성한 계몽운동 계열의 이 비밀결사는 국내에서 세력을 확장하고 해외의 민족운동 세력과 연대해 독립을 쟁취하는 것을 목표로 했다. 단원들은 상덕태상회, 태궁상점, 백산상회 등의 상회를 운영하며 동지를 규합하고 군자금을 모집했다. 1919년 3·1 운동을 주도하고, 4월에는 군자금 15,000원을 모아 상하이 임시정부에 보내기도 했지만, 이 과정에서 동지의 밀고로 조직이 노출되면서 해체됐다.

3. 신한혁명당 조직. 유동열·박은식 신규식·이상설 등이 상하이 영국 조계지에서 조직한 독립운동 단체였다.

3. 24. 총독부, 〈사립학교규칙〉 개정. 이 개정은 1911년 제정된 '규칙'보다 사학에 대한 감시와 통제가 훨씬 더 강화된 내용을 담고 있었다. 특히 이제 보통학교의 교원은 '국어(일본어)에 통달한 자'만이 할 수 있게 됐다.

4. 15. 경신학교 대학부 개교. 호러스 그랜드 언더우드가 설립한 이 학교는 1917년 연희전문학교로 교명이 바뀐다. 현 연세대학교의 전신이다.

6. 5. 총독부, 〈전염병예방령〉 제정. 이해 10월부터 공진회가 열림에 따라 유동 인구 증가로 전염병이 창궐할 수도 있다는 점을 염두에 둔 조치이기도 했다. 이 법령에 따라 감염병과 관련된 행정을 경찰이 담당하게 됐다. 법정 전염병으로는 콜레라·홍역·장티푸스·페라티푸스·두창·발진티푸스·성홍열·디프테리아·페스트 등 9종이 선정됐다.

7. 22. 총독부, 〈자동차취체규칙〉 제정. 한국 최초의 자동차 관련법규였다. 자동차의 안전 운행, 구조 및 허가, 검사, 운전면허 등 자동차에 관한 최초의 종합 법규였다. 총 25개 조문으로 되어 있었는데 그중 제17조에는 음주 운전시 100원 이하의 벌금 또는 구류 또는 과료가 부과된다는 조항도 있었다.

8. 25. 대한광복단, 대한광복회로 확대 개편됨. 동시대에 결성된 비밀결사 중 가장 전투적인 성향을 갖춘 항일단체였던 대한광복단(풍기광복단)은 대한광복회로 조직을 발전시킨 후 전국적 지부망을 갖추고 항일운동을 선도한다.

9. 11. 총독부, 조선물산공진회 개최.

9. 15. 경성우편국 준공.

11. 4. 채응언, 사형됨. 1907년부터 의병활동에 참가해 강원도, 황해도, 함경도를 중심으로 무력 항쟁을 전개했다. 밀고로 이해 7월 체포된 그는 이날 평양감옥에서 교수형에 처해져 순국했다. 구한말 마지막 의병장이었다.

11. 5. 총독부, 중앙학림 인가. 불교계의 고등교육기관인 이 학교의 수업연한은 예과 1년, 본과 3년이었다. 3.1 운동을 주도했다는 사유로 1922년 일제에 의해 강제 폐교된다. 현 동국대학교의 전신이다.

12. 24. 총독부, 〈조선광업령〉 제정.

← 9월 11일, 총독부가 주도한 조선물산공진회가 개최됐다. 10월 30일까지 경복궁에서 열린 이 공진회의 목적은 '시정 5년 기념 조선물산공진회'란 이름에서 알 수 있듯 식민 통치 5년간의 성과를 과시하기 위함이었다. 총독부는 예산으로 50만 원을 책정했지만 부족했던지, 부족한 돈을 벌충하기 위해 각 도에 공진회협찬회를 조직해 '기부금'을 긁어모으도록 했다. 공진회는 총 120만 명의 관람객을 동원했을 정도로 '볼거리'로서 당대인들의 주목을 받은 것도 사실이지만, 왕실의 존엄인 경복궁을 행사 장소로 선택한 것에서도 알 수 있듯 정치적 목적을 노골적으로 드러낸 행사이기도 했다.

세계

1. 18. [일본] 중화민국(중국)에 21개 조 특권 요구. 산둥반도를 점령한 일본은 만주에 대한 자국의 이권 반영구화, 남만주와 내몽골 일부 조차 등을 요지로 하는 21개 조항을 만들어 위안스카이 북양정부에 요구했다. 5월 9일 중국은 이중 몇 가지를 제외하고 요구를 수용할 수밖에 없었다.

1. 19. [1차대전] 독일의 비행선 체펠린, 영국 동부 공습. 이날 밤 두 대의 공습으로 주민 2명이 사망했다. 이후 체펠린을 이용한 독일의 영국 본토 공습이 계속 이어졌다.

2. 4. [1차대전] 지정 해역에서의 잠수함 격침을 선언함.

2. 19. [1차대전] 갈리폴리 전투. 이날 영국 함대가 오스만 제국의 갈리폴리반도에 포격을 개시했다. 영연방국들과 프랑스의 연합군은 힘겹게 갈리폴리에 상륙하기는 했지만, 케말 아타튀르크가 지휘하는 오스만 군에 대패했다. 이듬해 1월 완전 철수 때까지 연합국은 약 25만 명의 사상자가 발생했다. 이 전투는 아타튀르크의 부상과 튀르키예 공화국의 성립에 큰 몫을 했다.

4. 15. [오스만 제국] 아르메니아 지식인 체포 시작. 이날부터 수차례에 걸쳐 약 2350명이 체포되었고 그 중 대다수가 학살된 것으로 추정된다. 이후 1923년까지 지속적으로 반복되었던 집단 학살 과정에서 2만~2만 5천 명이 목숨을 잃었는데, 대다수는 아르메니아인이었다. 이슬람교를 믿는 투르크인들과 그리스도교를 믿는 아르메니아인들 사이의 종교적 갈등이 낳은 참사였다. 아르메니아 정부는 4월 15일을 기념일로 삼아 희생자들을 추모하고 있다.

4. 26. [1차대전] 런던 조약 체결. 삼국 협상(영국, 프랑스, 러시아 제국)과 이탈리아가 조약을 체결했다. 이 비밀조약의 체결로 이탈리아는 1차대전에 연합국 진영으로 참전하게 됐다.

5. 7. [1차대전] 독일, 루시타니아호 격침. 독일의 유보트 U-20이 영국의 여객선 루시타니아호를 어뢰로 격침시켰다. 뉴욕에서 리버풀로 가던 이 여객선의 침몰로 민간인 1199명이 사망했다. 희생자 중에는 미국인도 128명이 포함돼 있었고, 이로 인해 미국 내 참전 여론이 높아졌으며 결국 2년 후인 1917년 독일에 선전포고를 한다.

5. 23. [1차대전] 이탈리아, 오스트리아-헝가리에 선전포고. 연합국에 가담해 1차대전에 참전했다.

7. 28. [미국] 아이티 점령. 우드로 윌슨 대통령의 명령을 받은 해병대 340명이 아이티를 침공했다. 미국의 점령은 1934년까지 계속된다.

10. 19. [1차대전] 제2차 이프르 전투. 독일이 교착상태에 빠진 서부전선의 상황을 타개하기 위해 벨기에 이프르에서 처음으로 독가스(염소가스)를 사용했다.

12. 12. 위안스카이, 자신을 중화제국 대황제로 선포함.

문화 / 과학·환경 / 스포츠

문화

2. 8. [미국] 데이비드 그리피스의 〈국가의 탄생〉 개봉. 상영시간 190분인 이 영화를 본 윌슨 대통령은 '번개로 쓴 역사 같으며 전편에 진실이 넘친다'라고 평했다. 하지만 해방된 노예들을 약탈자로, KKK 단원들을 영웅으로 묘사했기 때문에 인종주의와 관련해 격렬한 항의가 잇따랐다.

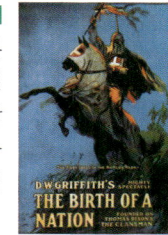

6. 박은식의 《한국통사(韓國痛史)》 출간. '태백광노(太白狂奴)'라는 가명으로 쓴 이 책의 초판은 중국 상하이의 대동편역국에서 발간됐다. 그가 직접 민족해방운동전선에 참가하여 활동하면서 근대 이후 일본의 침략과정을 서술했다.* 조선총독부가 설치한 조선사편수회는 이 책을 두고 '진상을 규명하지 않고 함부로 망설을 드러내어 인심을 어지럽히는 저서'라고 비난했다.**

12. 《변신》 출간. 오스트리아-헝가리 제국의 프란츠 카프카가 쓴 이 소설은 독일의 월간지 《바이센 블뢰터》 10월호에 게재되었고, 12월에 독일 라이프치히의 쿠르트 볼프 출판사에서 단행본으로 출간됐다.

12. 1. 총독부 박물관 경복궁 내에 개관.

과학·환경

11. 7. 전선의회 결성, 지석영이 회장으로 추대됐다. 일제의 한의학 홀대에 반발한 의생들이 설립한 단체였지만 채 5개월도 지속하지 못하고 이듬해 4월 내분으로 해산했다.*

11. 25. [독일] 알베르트 아인슈타인, 〈중력장 방정식〉 발표. 프로이센 과학학술원에 발표된 이 논문 속 방정식들을 통해 '자연에 대한 인간 사고의 최대 위업'이라고 칭송받은* 일반상대성이론이 모습을 드러냈다.

스포츠

6. 13. 조선공론사, 조선야구대회 개최. 용산철도 그라운드*에서 15일까지 열린 이 대회는 한국에서 열린 첫 공식 야구대회였다. 일본인 팀 6개 이외에 조선인 팀으로는 유일하게 참가한 오성 구락부가 준우승을 차지했다.

8. 18. [일본] 오사카 아사히 신문사, 제1회 전국 중등학교 우승 야구 대회 개최. 학제 개편에 따라 1948년 제30회 대회부터 전국고등학교야구선수권대회로 명칭이 바뀐 이 대회는 일본 최대 아마추어 스포츠 대회이다. 한신의 고시엔 구장에서 열리기 때문에 '고시엔'이란 약칭으로 불린다.

1915년 풍경

자동차는 발의 연장이다. 가마나 소달구지, 지게 등의 인력에 의지했던 운반수단만 보다가 석유를 먹고 달리는 이 희한한 물체를 보고 놀라 휘둥그레졌을 당시 사람들의 눈이 눈에 선하다. 자동차는 괴물처럼 신기했다. 말처럼 지친 기색도 없이 도로가 있는 한 거침없이 내달렸으니까. 자동차에 길을 깔아주느라 전국의 도로는 날로 길어졌고, 그 길에서 많은 일들이 벌어지고 있다. 결과적으로 전국은 평준화되고, 차이가 없어진다. 이는 곧 특색이 없어지는 일이기도 하다. 고을마다 있던 전설과 민담도 자동차에 실려 점점 사라지고 말았다. 현대 문명의 총아이기도 하지만 참으로 냉정한 자동차. 헤어질 때 문 탁, 닫고 휭, 뒤도 안 돌아보고 떠나버리는 자동차를 보고 현대 문명의 싸늘함을 진즉에 알아챈 이도 있었으리라.

법정 감염병 분류 체계

	주요 감염병	신고시기	전파력에 따른 격리 수준
1급 감염병	에볼라바이러스병 중증급성호흡기 증후군(SARS) 중동호흡기증후군(MERS) 등	인지 즉시	높은 수준의 격리
2급	코로나바이러스 감염증(코로나19), 결핵, 수두, 홍역, 콜레라, 장티푸스, A형간염 등	24시간 이내	격리 필요
3급	후천성면역결핍증(AIDS), B·C형감염, 일본뇌염,말라리아, 지카바이러스감염증 등	24시간 이내	발생률 계속 감시
4급	인플루엔자, 매독, 수족구병, 사람유두종바이러스 감염증 등	7일 이내	표본감시 활동 필요

이 해에는

책
- **6.** 《한국통사》, 박은식
- **12.** [오스트리아-헝가리] 《변신》, 프란츠 카프카 (독일에서 출간됨)
- ○ [영국] 《인간의 굴레》, 윌리엄 서머싯 몸
- ○ [독일] 《대륙과 해양의 기원》, 알프레트 베게너

영화
- **3. 21.** [미국] 〈국가의 탄생〉, 데이비드 그리피스
- **11. 13.** [프랑스] 〈흡혈귀들〉, 루이 푀이야드

궂긴 소식
- **7. 26.** 제임스 머리(영국의 사전 편찬자)
- **8. 20.** 파울 에를리히(독일의 생화학자)
- **10. 11.** 장앙리 파브르(프랑스의 곤충학자)
- **11. 4.** 채응언(항일 의병장)

← 제1차 이프르 전투에서 염소를 이용한 독가스가 살상무기로 처음 사용됐다. 이 전투에서 독일군은 4회에 걸쳐 독가스를 사용했고, 1000명이 넘는 병사가 '숨을 헐떡거리며 노란 점액질 거품을 토해내며… 처참한 고통'* 속에 죽어갔다. 화학무기는 1993년 파리에서 조인된 화학무기금지협약에 따라 개발·생산·비축·사용이 모두 금지된다. 영국의 존 싱어 사전트가 그린 이 그림은 1차대전 중에 독가스의 공격으로 부상당한 군인들이 치료소로 걸어가는 모습을 담고 있다.

1916년

교원심득 공포

↑ 1919년 시흥공립보통학교 7회 졸업식을 찍은 이 사진에서 가장 눈에 띄는 것은 가운데 검은 제복을 입고 칼 위에 손을 얹은 두 사람이다. 오른쪽이 교장이고 왼쪽은 교사이다. 일제 시대 훈도라고 불린 교사들은 금테를 두른 검은 제복을 입고 칼을 소지했다. 학생들에게 위압감을 주는 동시에 권위를 드러내기 위해서였다.

"조선 교육의 본지는…
제국의 충량한 국민을
육성함에 있다."

제국교육의 본지는 일찍이 교육에 관한 칙어에 명시된 바로서 일본인에 대해서나 조선인에 대해서 나를 불문하고 균등하게 성려에 따라 충량한 국민을 육성하지 않으면 안 된다. 무릇 우리 제국은 개벽 이래 만세일계, 군신일체 등, 세계에 유례없는 국체를 가지고 있다. 그러므로 제국신민된 자는 협심육력하여 선조의 미풍을 계승함으로써 천지간의 무궁한 황운을 부익하지 않으면 안 된다. 이것이야말로 교육의 대본이며 또한 국가가 특히 교육을 펴는 까닭이다. 따라서 교육의 임무를 맡은 자는 언제나 국민교육의 대본을 염두에 두고 특히 다음의 3개조에 유의하여 노력분투하여야 한다.

제1조 충효를 근본으로 하여 덕성을 함양해야 한다.
제2조 실용을 주지로 삼아 지식과 기능을 교수해야 한다.
제3조 강건한 신체를 육성해야 한다.
— 〈교원심득〉

일제강점기

1. 4. 조선총독부, 〈교원심득(敎員心得)〉 공포. '제국교육의 본지는 일찍이 교육에 관한 칙어에 명시된 바로서, 내지인이나 조선인을 막론하고 다 함께 성지에 따라 충량(忠良)한 국민을 육성해야 한다'는 것을 요지로 하는 〈교원심득〉은 식민지 조선에서 근무할 일본인 및 조선인 교원의 행동규범을 담은 훈령이자, 교육을 일제의 신민 육성이라는 기형적 형태로 강요하는 기율이었다.

2. 24. 소록도 자혜의원 설치. 전라남도 소록도에 한센병 환자 수용과 진료를 목적으로 세워졌다. 주민들의 격렬한 반대에 부딪혔음에도 섬의 5분의 1에 해당하는 집과 땅을 강제로 매입해 의원을 설립하고 한센병 환자들을 이주시켜 격리한 것은 총독부가 한센병 환자들이 국가의 위상을 높이는 데 장애가 된다고 보았기 때문이었다. 자혜의원은 1934년 소록도갱생원으로 개편된다.

4. 22. 총독부, 대구신사 창립 허가.

4. 28. 박중빈, 깨달음을 얻음. 그는 오랜 구도 끝에 이날 새벽 영광 노루목 집에서 큰 깨달음[大覺]을 얻는다. 이후 그는 교단을 설립하고 원불교를 창시한다. 원불교에서는 '이날을 원불교 열린 날(大覺開敎日)로 삼아 기념하고 있다.

5. 22. 총독부, 경성신사 창립 허가. 남산대신궁을 정식 신사인 경성신사로 바꿨다. 신사의 주신을 아마테라스 오미카미 외에도 일본 국토를 개척한 세 신으로 확대했다. 개척의 신을 모신 데는 한반도가 일본 제국의 영토임을 종교적으로 합리화하려는 의도가 작용했다. 단지 일본인의 종교적 공간에 머문 것이 아니라 한반도의 중심인 서울을 일제가 통치하고 있다는 상징과도 같은 것이었다.

6. 25. 총독부, 경복궁 터에 조선총독부 청사 착공.

9. 1. 총독부, 〈주세령〉 공포. 2년 전 공포한 〈연초세령〉에 따른 담뱃세에 이어 일반인들이 자유롭게 빚어 마셔왔던 술에까지 세금을 부과함으로써 일제는 조세수입 확대에 상당한 성과를 거두었다. 1935년 전체 조세수입 가운데 30%가 넘을 정도였다.

9. 12. 나철, 자결. 대종교의 창시자이자 독립운동가인 그가 이날 황해도 구월산에서 수행 중 유서를 남기고 스스로 목숨을 끊었다.

10. 16. 하세가와 요시미치 제2대 조선총독 취임. 육군대장 출신인 그는 전임 데라우치 총독의 무단정치 방침을 이어받아 3·1운동을 무력으로 진압했다.

○ 총독부, 임야조사사업 시작. 법적 근거 없이 시작된 이 사업은 한국의 임야에 근대적인 등기제도를 확립한다는 미명하에 임야에 대한 한국인의 소유권을 강탈하는 데 목적이 있었다. 일제는 1918년 5월에야 〈조선임야조사령〉을 공포해 법적 근거를 마련해 1925년에 사업을 마쳤다. 전체 임야의 약 60%가 국유림으로 편입되었고, 그중 일부는 일본인 이민자들에게 헐값으로 넘어간다.

← 김관호의 〈해 질 녘〉. 《매일신보》는 김관호가 일본미술전람회에서 특선을 받은 사실을 크게 보도했지만, 정작 작품의 사진을 싣지 않았다. 유교적 사회에서 야외에서 벌거벗은 여인의 그림은 사람들에게 충격적일 수밖에 없다고 판단한 것이다.

세계

1. 15. [몬테네그로] 오스트리아-헝가리 제국, 몬테네그로 왕국 점령. 점령은 1918년 10월까지 계속됐다.

2. 21. [1차대전] **베르됭 전투** 시작. 프랑스 베르됭에서 독일군의 포격으로 시작됐다. 프랑스의 병력과 물자를 소모시킨 뒤 서부전선을 돌파해 조기에 전쟁을 끝내려는 전략이었다. 같  은 해 12월 18일까지 이어진 이 전투는 약 10개월 동안 두 나라를 합쳐 최소 70만 명이 넘는 사상자가 나온 '인류 역사상 가장 참혹한 소모전'이었다.

3. 22. [중국] 위안스카이, 군주제 폐지 선언. 석 달 전인 1915년 12월 그는 공화제를 폐지하고 제정을 부활시킨 후 황제가 되었지만, 윈난성, 구이저우성 등의 잇따른 독립 선언과 전국적인 반발에 직면해 물러났다. 그는 직후인 6월 6일 사망했다. 이제 중앙 권력은 붕괴하고 중국은 군벌의 시대로 돌입했다.

4. 24. 아일랜드 부활절 봉기. 부활절 주간의 월요일인 이날 아일랜드의 공화주의자, 의용군, 시민군, 여성연맹 회원들이 더블린의 주요부를 점거하고 아일랜드 공화국의 독립을 선언했다. 이 봉기는 전투가 시작된 지 7일 만인 30일에 진압됐다. 하지만 공화주의자들은 무력 항쟁을 아일랜드 정치의 핵심 의제로 삼는 데 성공했다. 여기에는 봉기에 참여한 반군이 고작 1600명이었음에도 3500명이 넘는 사람을 체포하고, 지도부 15명을 군사재판에 회부해 반역죄로 처형한 영국 정부를 향한 아일랜드인들의 반감도 큰 몫을 했다.

7. 1. [1차대전] 솜 전투. 프랑스 솜강 상류 지역에서 시작된 연합국과 독일제국 사이에 벌어진 전투이다. 양측 합쳐 100만 명이 넘는 사상자가 나올 정도로 치열한 전투였다. 특히 영국은 전투 첫날에만 1만 9240명이 사망할 정도로 최악의 피해를 입었다.

10. 16. [미국] 마거릿 생어, **피임 진료소 개설**. 그는 브루클린에 진료소를 개설한 지 9일 만에 체포됐다. 당시만 해도 피임을 설명하는 안내책자를 배포하는 것도, 피임과 임신중절도 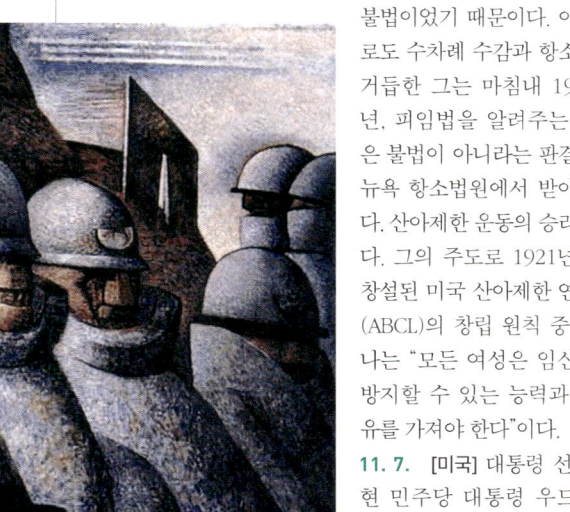 불법이었기 때문이다. 이후로도 수차례 수감과 항소를 거듭한 그는 마침내 1918년, 피임법을 알려주는 것은 불법이 아니라는 판결을 뉴욕 항소법원에서 받아냈다. 산아제한 운동의 승리였다. 그의 주도로 1921년에 창설된 미국 산아제한 연맹(ABCL)의 창립 원칙 중 하나는 "모든 여성은 임신을 방지할 수 있는 능력과 자유를 가져야 한다"이다.

11. 7. [미국] 대통령 선거. 현 민주당 대통령 우드로 윌슨이 공화당 후보 찰스 에번스 휴스를 근소한 차이로 누르고 재선에 성공했다.

문화 / 과학·환경 / 스포츠

문화

7. 14. [독일] 후고 발, 〈다다 선언문〉 발표. 스위스 취리히에서 그가 낭송한 이 짧은 글과 함께 다다이즘이 본격적으로 펼쳐진다. 다다이스트들은 기존 질서와 상식에 도전했다.

10. 김관호의 〈해 질 녘〉, 제10회 일본미술전람회 서양화 부문 특선. 평양 대동강 능라도 부근에서 머리를 말리고 있는 두 명의 여성 누드를 그린 이 작품은 한국 최초의 누드 서양화였다.

○ 페르디낭 드 소쉬르의 《일반언어학 강의》 출간. 제자들이 강의 노트 등을 모아 편집한 이 책은 구조언어학의 출발점으로 간주된다.

과학·환경

1. [독일] 카를 슈바르츠실트, 블랙홀을 수학적으로 예측. 그는 아인슈타인의 일반상대성이론을 이용해, 별이 자신의 중력을 지탱하지 못해서 끝없이 붕괴되게 하는 반지름의 크기를 계산한 논문을 발표했다. 그가 구한 반지름은 훗날 슈바르츠실트 반지름이라고 불리게 되는데, 이 반지름 영역 내로 들어가면 빛도 탈출할 수 없게 된다. 반세기 후, 이런 별에 블랙홀이라는 이름이 붙여진다.

4. 1. [미국] 길버트 뉴턴 루이스, 〈원자와 분자〉 발표. 화학결합에 관한 고전적인 이 논문에서 그는 훗날 공유결합으로 불리게 될 개념을 공식화했다. 공유결합은 두 개 이상의 원자가 서로의 전자를 공유해 분자를 만드는 화학결합이다. 이런 전자공유를 통해 분자는 안정된 전자배열을 이룰 수 있다. 루이스의 설명은 원자들이 어떻게 상호작용하고 분자를 형성하는지에 대한 화학자들의 이해에 혁명을 일으켰다.

스포츠

3. 4. 바이런 반하트, YMCA 소년부 간사로 내한. 미국에서 농구선수로도 활동했던 그는 한국에 배구를 소개했다.

5. 6. YMCA, 실내체육관 개관. 한국 최초의 실내 체육관이었다. 이제 '추운 겨울이나, 비가 오는 날이나 저녁에도 운동을 할 수' 있게 됐다.

7. 2. [아르헨티나] 제1회 남미축구 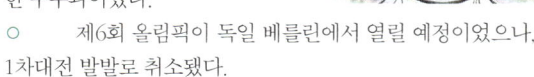 선수권대회 개막. 아르헨티나 독립 100주년을 기념해 부에노스아이레스에서 열렸다. 흔히 코파 아메리카로 불리는 이 대회는 국가대표팀끼리 겨루는 첫 대륙별 대회였다. 17일까지 라운드로빈 방식으로 열린 이 첫 대회의 우승팀은 2승 1무를 기록한 우루과이였다.

○ 제6회 올림픽이 독일 베를린에서 열릴 예정이었으나, 1차대전 발발로 취소됐다.

← 1차대전에 참전했던 프랑스의 화가 마르셀 그로메르는 플라스틱처럼 보이는 푸른 군복을 입고 헬멧을 쓴 다섯 병사의 무표정한 얼굴을 통해 전쟁의 기만성과 비인간성을 고발했다.

1916년 풍경

"인천 앞바다에 사이다가 떠돌아도 꼬뿌(컵) 없으면 못 마십니다." 어느 만담가가 유행시킨 저 재담은 오래 사람들을 웃긴 말이다. 그냥 재치 있는 문답으로 웃어넘길 수도 있겠으나 의미를 따져 보면 참 맞는 말이기도 하다. 컵이 없으면 그냥 병째 마셔도 된다. 정 뭐하면 손바닥을 그릇처럼 오므리고 혀로 핥아먹는 건 어떤가. 그러나 그게 아니란다. 그렇게는 못 마신단다. 강아지는 할 수 있어도 컵이 없다면 차라리 마시지 말라는 거다. 왜냐? 우리는 사람이니까. 사이다도 컵이라는 예의를 갖추어 마시라는 것. 근대 개항기에 인천은 많은 문물의 통로였다. 인천 짠물이라는 말도 있듯, 그래서 물의 부가가치를 높인 저 사이다도 인천을 통해 전국으로 퍼졌나 보다. 얼마나 입맛을 홀렸는지 경인철도 옆구리에는 별표사이다 광고까지 붙었다.

화학결합의 유형

이온결합	공유결합	금속결합
전자가 한 원자에서 다른 원자로 이동한다	비금속 원자들이 전자를 공유한다.	금속 원자들의 전자가 자유롭게 이동한다.
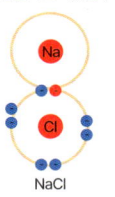 NaCl	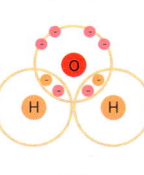 H_2O	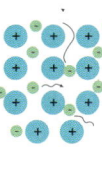 Fe

이 해에는

책
- 12. 29. [영국] 《젊은 예술가의 초상》, 제임스 조이스
- ○ [스위스] 《일반언어학 강의》, 페르디낭 드 소쉬르
- ○ [미국] 《미국의 성장은 끝났는가》, 로버트 제이 고든

노래
- 4. 23. 〈카추사〉, 고수철

영화
- 10. 4. [미국] 〈인톨러런스〉, 데이비드 그리피스

궂긴 소식
- 6. 6. 위안스카이(중화민국 총통)
- 8. 6. 프란츠 에케르트(독일의 작곡가)
- 9. 12. 나철(대종교 창시자)
- 11. 12. 퍼시벌 로웰(미국의 천문학자)
- 11. 22. 잭 런던(미국의 작가)
- 12. 9. 나쓰메 소세키(일본의 소설가)

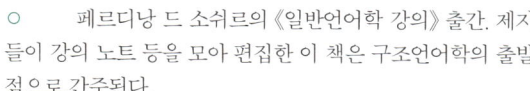

1917년

대동단결선언

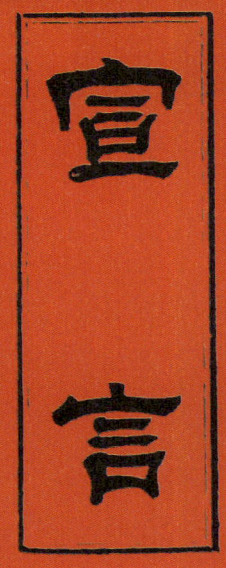

"구한국 최후의 날은
곧 신한국 최초의 날이니"

융희황제가 삼보(三寶: 토지·백성·정치)를 포기한 8월 29일은 즉 우리 동지가 삼보를 계승한 8월 29일이니 그 사이 순간도 멈춘 적이 없다. 우리 동지는 완전한 상속자이니 저 황제권이 소멸한 시점은 즉 민권이 발생한 시점이오, 옛 한국의 마지막 1일은 즉 신한국 최초의 1일이니 왜냐하면 우리 한국은 아득한 옛날 이래로 한국인의 한(韓)이오, 한국인이 아닌 자의 한(韓)이 아니다. 한국인 간에 주권을 주고받는 일은 역사상 불문법의 국법이오, 한국인이 아닌 자에게 주권을 양여하는 것은 근본적 무효로 한국인이 가진 성질상 절대 불허하는 바이다. 따라서 1910년 융희 황제의 주권 포기는 즉 우리 국민 동지에 대한 묵시적 선위(禪位)이니 우리 동지는 당연히 삼보를 계승하여 통치할 특권이 있고 또한 대통(大統)을 상속할 의무가 있다. 고로 2천만의 생명과 삼천리의 옛 강토와 4천 년의 주권은 우리 동지가 상속하였고, 상속하는 중이오, 상속할 터이니 우리 동지는 이에 대하여 불가분의 무한책임이 중대한 것이다.

— 〈대동단결선언〉

↑ 공화주의의 단초는 한말 신민회의 일부 성원들 사이에서 나타났다가 구체적인 결실을 맺지 못한 채 유야무야된 바 있다. 그런데 1917년에는 당대의 대표적인 민족주의자들이 〈대동단결선언〉을 통해 앞으로 세워질 나라가 국민주권에 바탕을 두어야 한다는 점을 명백히 밝혔다.* 이러한 주장은 왕정 복고를 추구하는 복벽주의를 불식시키고 공화주의를 운동 이념으로 정착시키는 데 크게 기여했다.**

↓ 러시아 화가 보리스 미하일로비치 쿠스토디예프가 1920년 그린 〈볼셰비키〉

일제강점기

2. 21. 총독부, 불교옹호회 인가. 이완용, 권중현 등이 조직한 이 친일 불교단체는 '조선불교를 옹호하며 익익 신앙적 수양을 쌓게 하야… 충량한 신민이 됨을 기하고자'* 한다고 설립 취지를 밝혔다.

3. 23. 조선국민회 결성. 장일환, 배민수, 백세빈 등 평양 숭실학교 출신 청년들이 주도한 항일 비밀결사인 조선국민회는 재외동포와 협력하고 간도 방면에 독립운동 근거지를 마련하는 등의 활동을 했지만 이듬해 발각되어 해산한다.

4. 7. 총독부, 연희전문학교 설립 인가. 문과, 신과, 상과, 수물과, 응용화학과, 농과가 10년 기한 조건부로 인가됐다. 한국 최초의 사립전문학교였다.

7. 대동단결선언. 신규식, 박은식, 신채호, 조소앙 등 14인의 이름으로 발표된 이 선언은 국민주권주의 공화주의 이념을 처음으로 공식 문서화한 것이다.

7. 17. 〈조선수리조합령〉 제정. 수리조합은 대규모 관개, 개간 등 토지개량사업을 목적으로 한 조직이다.* 일제는 일본인 대지주들의 이익을 위해 이를 적극적으로 지원했다. 불법과 편법도 서슴치 않은 공권력을 등에 업은** 대지주들은 지역민들의 의사와 상관없이 사업을 추진할 수 있었고, 이에 따라 중소지주와 자작농, 소작농 등은 과도한 조합비와 소작료 인상 등으로 큰 고통을 받았다. 이러한 불만은 전국적으로 조합 설치와 조합비에 반대하는 저항 운동으로 이어졌다.

10. 1. 총독부 '면제(面制)' 시행. 이에 따라 전국 200여 면의 명칭이 변경되었고, 면장에 일본인이 임명되기 시작했다.

10. 7. 한강인도교 개통. 경비 70만 원*을 들여 노량진-중지도(지금의 노들섬)-용산을 연결한 이 다리가 개통됨으

로써 배를 타지 않고도 걸어서 한강을 건널 수 있게 됐다. 중지도를 기점으로 남쪽으로 연결된 다리는 한강교, 북쪽으로 놓인 다리는 한강소교로 구분해 불렀다.

11. 10. 대한광복단, 장승원 사살. 친일부호들을 대상으로 군자금을 모금했는데 이 해 들어 모금에 큰 차질을 빚어지기 시작하자 직접 처단에 나섰다. 첫째 대상은 군자금 요청을 거부한 경북 칠곡의 부호 장승원이었다. 이날 단원인 채기중과 강순필이 장승원을 총으로 쏴 처단했다. 이듬해 1월에는 악명 높은 친일 면장인 충남 아산의 도고 면장 박용하가 광복단원들의 손에 사살된다.

12. 전로한족회중앙총회 결성. 러시아 연해주 지역 한인 동포들이 귀화인과 비귀화인을 가리지 않고 조직한 자치기관이었다. 회장은 문창범, 부회장은 김립이 선출됐다.* 1919년 대한국민회로 이름을 바꾼다.

세계

2. 1. [1차대전] 독일, 무제한 잠수함 작전 재개 결정. 전쟁 상황에서 적국과 관계된다고 여겨지는 선박이 있으면 함정이든 상선이든 목표를 가리지 않고 경고 없이 공격하는 것이다.

3. 8. [미국] 쿠바 3차 점령. 대통령 선거와 관련된 쿠바 내부의 혼란과 무장 반란을 빌미로 미국은 다시 군사적 개입을 했다. 점령은 1922년 2월까지 계속됐다.

3. 8. [러시아] **2월 혁명**. 율리우스력으로 2월 23일인 이날 파업 노동자 수천 명이 제국의 수도 페트로그라드(현 상트페테르부르크) 거리로 쏟아져 나왔다. 혁명의 불길을 당긴 것은 '머릿속의 생각이 아니라 배고픔'*이었다. 정부는 밀가루와 빵 배급에 나서고 거리 집회를 금지했지만, 시위대의 수는 늘어만 갔고, 이들의 요구는 군주제 타도로까지 이어졌다. 결국 15일 차르 니콜라이 2세가 퇴위하고 임시정부가 수립되면서 러시아는 공화국이 됐다.

4. 6. [미국] 독일에 선전포고. 제1차 세계대전 발발 당시부터 불개입 원칙을 고수하던 미국의 참전으로 대세는 연합국의 승리로 기울게 된다. 경제대국 미국이 '군사 대국'으로 발돋움하는 순간이기도 했다.

4. 16. [러시아] 블라디미르 레닌, 페트로그라드에 도착. 스위스에서 망명 생활을 하던 그는 독일의 협조 아래 '봉인 열차'를 타고 페트로그라드의 핀란츠키역(핀란드역)에 도착했다.

6. 16. [러시아] 제1차 전러시아 소비에트 대회 개최.

6. 25. [미국] 파병군 첫 부대 프랑스에 상륙.

7. 20. 코르푸 선언. 그리스 케르키라에서 열린 회의에서 세르비아 총리와 유고슬라비아위원회 위원장은 세르비아, 크로아티아, 슬로베니아 통일 국가를 수립하기로 합의했다. 이 선언은 남슬라브인의 단일 국가였던 유고슬로비아 성립의 첫 단추가 된다.

10. 15. [프랑스] 마타 하리, 뱅센에서 처형. 마타 하리는 제1차 세계 대전 중 프랑스를 무대로 독일과 프랑스의 이중첩자였던 네덜란드 출신의 무용가인 마르하레타 헤이르트라위다 젤러의 가명이다.

11. 2. [영국] 밸푸어 선언. 아서 밸푸어가 이 날짜로 유대인 금융자본가인 로스차일드 남작에게 보낸 서한에는 영국 정부는 '팔레스타인에 유대인 향토를 설립하는 것'을 지지하지만, 팔레스타인에서 아랍민족과 유대민족 양측 모두의 권리를 인정한다는 내용이 담겨 있다.* 모순적이고 애매한 이러한 태도는 영국의 이권을 염두에 둔 것이었다. 이 선언은 현재 진행 중인 이스라엘-팔레스타인 갈등의 주요한 원인 가운데 하나가 된다.

11. 7. [러시아] **10월 혁명**. 블라디미르 레닌이 이끄는 볼셰비키가 케렌스키 임시 정부를 전복시키고 페트로그라드에서 권력을 장악했다. 이 사건은 당시 러시아에서 사용되던 율리우스력으로 10월에 발생했기 때문에 10월 혁명으로 알려져 있다. 그러나 일부 학자들은 이 '위대한' 혁명의 명칭을 거부하고 대신 볼셰비키 쿠데타*라고 부르기도 한다. 임시정부의 붕괴는 곧바로 러시아 내전의 촉발 원인이 되었고, 이 갈등은 1923년 6월까지 5년 반 이상 계속된다.

11. 20. [1차대전] 캉브레 전투. 영국의 마크 IV 탱크가 대량으로 사용된 첫 전투였다. →

12. 20. [러시아] 체카 설립. '반혁명과 사보타주의 모든 기도와 행위를 없애기' 위해* 설립된 이 특별기구는 곧바로 가장 강력한 국가 기관들 가운데 하나로 변한다.

문화 / 과학·환경 / 스포츠

문화

1. 20. 안확의 《조선문법》 출간, 언한문혼용법(諺漢文混用法=국한문 혼용체)을 써 문법을 기술한 이 책은 유일서관에서 발행됐다. 이후 1923년 《수정 조선문법》이 간행된다. 첫 책에서 사용된 부음(父音)이 자음(子音)으로 바뀌는 등, 상당한 개정이 이루어진다.

4. 18. 뉴욕 독립예술가협회, 마르셀 뒤샹의 〈샘〉 전시 거부. 기성품 도자기 소변기에 'R. Mutt'라는 서명을 쓴 이 작품은 일상적인 물건을 예술작품으로 전환시킨 '레디메이드' 작품이다. 원래의 작품은 사라졌고, 현재는 복제품만 있다.

과학·환경

3. 20. [일본] 이화학연구소 설립. 아시아 최초의 기초과학 종합연구소인 이 연구소는 정부의 보조금과 민간의 기부금으로 도쿄에 설립됐다. 일본 최초의 노벨상 수상자인 유카와 히데키, 도모나가 신이치로, 노요리 료지 등 세 명의 노벨 물리학상 수상자가 이 연구소를 거쳐갔다. 줄여서 '리켄'이라고 불린다.

○ [오스트리아] 율리우스 바그너야우레크, 신경매독 환자에게 말라리아를 감염시켜 고열을 유도하는 치료법 개발. 이때 발생하는 고열이 매독균을 줄여 증상을 완화시켰고 이 공로를 인정받아 그는 1927년 노벨 생리학·의학상을 받는다.

스포츠

3. 30. 중앙기독교청년회팀, 서울 거주 서양인팀과 배구 경기. YMCA 실내체육관에서 12인제로 열린 이 경기는 한국에서 열린 첫 번째 배구 경기이자 실내체육관에서 열린 최초의 구기 경기였다. 중앙YMCA 팀이 3-0으로 이겼다.*

1917년 풍경

호랑이 담배 피우던 시절이 있었는지는 정확히 모르겠으나 호랑이가 설치던 시절은 분명 있었다. 전설이나 민담에나 등장하던 호랑이가 저 언어의 울타리를 벗어나 울창한 한반도를 실제로 활개치며 돌아다녔던 것이다. 입에서 입으로 전해지는 호환(虎患)의 두려움은 마마보다도 무서웠다. 호랑이는 백수의 상징이기도 했지만 영험한 동물의 상징으로 전설과 이야기 속 주인공으로 등장하기도 했다. 한반도 지형을 토끼가 아니라 호랑이 모습으로 그린 지도도 있다. 이제 한반도에서 온전히 자취를 감춘 호랑이는 시나 소설, 영화 속에서 그 파리한 명맥을 유지하고 있을 뿐이다. 분류학적으로 호랑이는 고양이과에 속한다. 호랑이과의 고양이가 아니라, 고양이과의 호랑이라는 뜻. 거실을 어슬렁거리는 고양이, 아니 호랑이의 동생을 다시 보자.

대한민국 멸종위기 야생동물 I급(포유류)*

번호	종명
1	늑대 Canis lupus coreanus
2	대륙사슴 Cervus nippon hortulorum
3	무산쇠족제비 Mustela nivalis
4	물범 Phoca largha
5	반달가슴곰 Ursus thibetanus ussuricus
6	붉은박쥐 Myotis rufoniger
7	사향노루 Moschus moschiferus
8	산양 Naemorhedus caudatus
9	수달 Lutra lutra
10	스라소니 Lynx lynx
11	여우 Vulpes vulpes peculiosa
12	작은관코박쥐 Murina ussuriensis
13	표범 Panthera pardus orientalis
14	호랑이 Panthera tigris altaica

이 해에는

영화
[미국] 〈이민자〉, 찰리 채플린

궂긴 소식
- 3. 8.   그라프 체펠린(독일의 비행선 기술자)
- 4. 1.   이상설(독립운동가)
- 4. 14. 루도비코 라자로 자멘호프(폴란드의 의사, 에스페란토의 창안자)
- 9. 27. 에드가 드가(프랑스의 화가·조각가)
- 10. 15. 마타 하리(네덜란드의 무용가, 1차대전 당시 첩자)
- 11. 15. 에밀 뒤르켐(프랑스의 사회학자)
- 11. 17. 오귀스트 로댕(프랑스 조각가)

독립한 나라
- 12. 6. 핀란드 (← 러시아 소비에트 연방 사회주의 공화국)

← '미합중국군은 당신을 원한다', 1917년 제임스 몽고메리 플래그가 그린 신병 모집 포스터이다. 엉클 샘이 집게손가락으로 보는 이들을 가리키고 있다.

1918년

한인사회당 창당

↑ 한인사회당의 러시아 명칭은 '한인사회주의자동맹'이었는데, 실제로는 공산주의 정당이었다. 러시아 극동지역의 한인 이주민 사회 내에서 공산주의 선전 활동을 하고, 무장 부대를 편성해 독립운동을 펼쳤다. 사진은 이동휘(위원장, 왼쪽)와 김알렉산드라(중앙위원, 오른쪽)이다.

"일본 제국주의의 압제 및 자본주의적 착취로부터 조선을 해방하는 것이 불가피하다."
―〈한인사회당 강령〉

조선의 후손들아, 내가 걸어 나온 열세 걸음은 조선의 13도를 의미하는 것이다. 나는 열세 발자국마다 조선의 볼셰비키당과 전세계 근로자들의 수령이신 레닌 선생께서 받아든 공산주의 꽃씨를 심어놓고 내 피로써 거름을 주어 가꾸련다. 그러니 이 13송이 꽃은 어떤 풍상이든지 겁내 하지 않고 자라서 산발할 것이다. 조선의 13도의 후손들아, 당신들은 이 꽃을 두 손에 표나게 쥐고 조국을 해방시키고 사회주의를 건설하여 온 세상에 자랑하라.... 공산주의 만세! 소비에트 정권 만세! 볼셰비키당 만세! 조선 독립 만세!
― 김알렉산드라

↓ 일제가 실시한 토지조사사업은 토지 수탈로 이어졌고, 많은 농민들이 소작인으로 전락했다. 일본은 조선인이 생산한 미곡을 자국으로 공출해 갔고, 조선인들은 배를 주려야 했다. 아래 그림은 일제가 공출을 강요하기 위해 만든 포스터이다.

일제강점기

1. 22. 김철훈·오하묵 등, 이르쿠츠크 공산당 한인 지부 결성. 귀화한 러시아인이거나 이민 1세대의 후손인 이들이 이르쿠츠크에서 결성한 이 한인 조직은 백군에 맞서 볼셰비키의 소비에트를 지키기 위한 적군을 지원하는 것이 주목표였다.

2. 21. 총독부, 〈서당규칙〉 공포. 일제는 서당 개설을 허가제로 바꾸고, 천자문이나 사서 등 전통적인 교과목 외에 일본어와 수신교과도 가르칠 것을 강요했다. 조선인이 운영하는 사립학교와 서당을 동화 정책의 방해물로 보고 황국신민화를 위한 도구로 활용한 것이다.

4. 1. 조선에 〈화폐법〉 시행. 이로써 조선에서도 일본과 동일한 법률에 의해 규정되는 주화가 사용되었고, 구화는 1920년 말까지만 통용될 수 있게 했다. 단 기존의 엽전은 그대로 사용토록 했다.

5. 1. 〈조선임야조사령〉 시행. 일제는 토지조사사업과 더불어 1916년부터 임야조사사업을 준비하기 시작했다. 통감부 시절인 1908년 〈삼림법〉을 시작으로 1911년 〈삼림령〉, 이해 4월 〈조선총독부 임야조사위원회 관제〉 제정을 통해 관련 법령을 정비해 나갔다. 그리고 5월 〈조선임야조사령〉 시행과 함께 남부 지방을 중심으로 임야조사사업에 돌입했다. 조선인의 임야 소유 현황을 파악하고 소유권을 확정해 수탈을 좀 더 용이하게 하기 위해서였다.

5. 11. 한인사회당 결성. 이동휘, 김알렉산드라 등이 초창기 한인 사회주의자 활동의 중심지인 극동 소비에트 하바롭스크에서 조직했다. 한국 최초이자 아시아 최초의 사회주의 정당이었다.

6. 1. 조선주차군, 조선군으로 개칭됨.

8. 2. 미주 지역 한인 여성단체들, 대한여자애국단으로 통합. 이 단체의 목적은 '대한 여자를 단합하여 애국정신을 고취하며 근검절용하여 돈을 모으며 때를 따라 의연금을 모집하여 대한독립단을 응원'하는 것이었다.

10. 1. 조선식산은행 설립. 1906년 설립된 한성농공은행 등 농공은행 6개를 합병해 설립된 이 은행은 총독부의 식민지 산업 정책을 뒷받침하는 자금원으로 활용됐다. 동양척식주식회사와 함께 식민지 경제지배의 양축이었다.

11. 2. 토지조사사업 종료. 조선총독부가 경복궁 근정전에서 토지조사사업 종료식을 거행했다. 이 자리에서 하세가와 요시미치 총독은 '조선토지조사사업의 완성을 고하게 되어... 지극히 다행스럽고 기쁘다'는 축사를 했고, 이완용도 참석해 거들었다. 이틀 후인 4일 총독부는 〈조선총독부임시토지조사국관제〉를 폐지했다.

11. 28. 여운형, 신한청년당 조직. 그는 20세 이상 40세 이하의 사람을 입당시켰는데, 이는 청년 튀르크당의 영향을 받은 것이었다. 20여 명으로 이루어진 이 소수정당은 우드로 윌슨 대통령과 파리강화회의에 독립청원서를 제출하고 파리에도 한국 대표로 김규식을 직접 파견했고, 당원을 국내외에 밀사로 파견해 선전활동가 모금활동을 펼쳤다. 이런 활동을 기반으로 신한청년당은 3·1 운동이 일어나는 데 영향을 주었고, 대한민국 임시정부의 중심 조직으로 활약했다.

세계

1. 8. [미국] 우드로 윌슨 대통령, 14개조 평화원칙 선언. 이날 의회에서 그는 1차대전을 끝내고 유럽의 평화를 구축하기 위한 원칙을 밝힌다. 이 연설은 민족자결주의로 해석되어 3·1운동을 위시해 이집트, 인도 등의 민족주의 독립운동에 많은 영향을 미쳤다. 하지만 그의 원칙은 패전국인 독일, 오스트리아-헝가리 등의 식민지에만 적용되었지, 전승국들의 식민지에는 적용되지 않는다.

1. 18. [러시아] 러시아 공화국 제헌의회 소집됨. 이날 16시에 소집된 회의는 13시간 동안 진행되다 다음 날 오전 5시에 바로 해산됐다. 4400만 명의 러시아 국민들이 구성한 제헌의회가 해산됨에 따라 볼셰비키당의 권력 장악은 더욱더 힘을 얻는다.

3. 에스파냐 독감 1차 유행.

3. 3. [1차대전] 브레스트-리토프스크 조약 체결. 소련과 동맹국(독일, 오스트리아-헝가리, 오스만 제국, 불가리아) 사이에 체결된 이 평화조약으로 소련은 1차대전에서 이탈했다.

7. 10. [러시아] 소비에트 러시아 헌법 채택. 이 소비에트 최초의 헌법은 '공산당은 모든 국가 기구를 감독·명령·지배'한다고 명시했다.

7. 17. [러시아] 제국의 마지막 황제 니콜라이 2세, 처형됨. 이날 황제와 그의 가족을 포함해 모두 11명이 예카테린부르크에서 볼셰비키에 의해 총살 당했다. 시신들은 인근 숲으로 옮겨져 불태워졌다. 이와 함께 러시아 제국도 역사 속으로 완전히 사라졌다. 1998년 1월 니콜라이 2세와 가족 일부의 유골이 발견되었고 DNA 검사 결과 그들의 것임이 확인되었고, 7월 17일 상트페테르부르크의 페트로파블롭스크 성당에 안장됐다.

8. 에스파냐 독감 2차 유행. 6개월 동안 3천만 명 넘게 사망했다.

11. 9. [독일] 빌헬름 2세 황제 퇴위 발표, 자신의 동의 없이 퇴위가 발표되자 그는 네덜란드로 망명했다. 총리가 된 사회민주당 대표 프리드리히 에베르트는 독일을 공화국으로 선포했다. 이로써 독일제국은 종말을 맞고 공화정이 섰다.

11. 11. [1차대전] 독일, 연합국과 휴전협정 체결. 오전 5시 프랑스 도시 콩피에뉴에서 체결된 이 협정은 이날 오전 11시를 기해 발효됐다. 휴전 기간은 36일이었지만 이후 세 차례에 걸쳐 연장됐다. 사실상 이 휴전 협정으로 **1차 세계대전**은 독일의 패배로 **종료**된 것이었다. 군인과 민간인을 합쳐 1500만 명이 넘게 목숨을 잃은 '20세기의 원초적 재앙'은 이렇게 끝을 맺는다.

12. 1. [아이슬란드] 덴마크와 동군연합을 이루는 조건으로 독립국이 됨.

← 1918년, 봄, 그리고 가을-겨울 두 차례에 걸쳐 전 세계를 휩쓴 독감으로 5000만 명이 넘는 사람이 사망했다. 사진은 독감 대유행 당시 캘리포니아주 로커스트 애비뉴에서 마스크를 쓴 시민들의 모습이다. 이 해 10월 캘리포니아주 전체 감염자가 5만 명을 넘자, 샌프란시스코에서는 마스크를 착용하지 않은 사람에게 5달러에서 100달러에 이르는 벌금과 함께 10일간의 징역형을 부과하는 법령이 통과됐다. 한국에서는 '무오년 독감'이나 '서반아 감기'로 불린 이 독감으로 14만 명이 사망했다.

문화 / 과학·환경 / 스포츠

문화

4. 8. [미국] 찰리 채플린 등, 자유채권 모금 운동에 합류. 이날 그는 더글러스 페어뱅크스와 함께 뉴욕 월가 재무부 청사 계단 앞에 2만 명이 넘게 모인 엄청난 수의 군중에게 연설했다. 그들은 1차대전 참전 비용을 충당하기 위해 정부가 발행한 이른바 '자유 채권'을 사줄 것을 열렬히 호소했다. 이날 집회는 정부 정책에 헐리우드 스타들의 엄청난 인기를 활용할 수 있음을 보여준 획기적인 사건이었다.

7. 20. 이광수의 《무정》 출간. 1917년 1월 1일부터 6월 14일까지 조선총독부 기관지인 《매일신보》에 연재된 이 작품은 근대문학사상 최초의 장편소설로 간주된다. 당대 최고의 출판사인 신문관에서 초판 1000부가 발행되어 일제강점기에만 8판에 걸쳐 인쇄된 베스트셀러가 됐다. 초판의 가격은 1원 20전이었고, 현재 고려대도서관과 한국현대문학관에 각각 한 권씩 소장되어 있다.

과학·환경

○ [뉴질랜드] 들쇠고래 1000여 마리가 해안에 표류. 뉴질랜드 동남쪽 채텀 제도 해안에 들쇠고래가 집단으로 떠밀려 숨지는 일이 벌어졌다. 기록된 사례로는 최대 규모였다. 고래가 해변에 떠밀려 떼죽음을 당하는 일은 종종 벌어지는 일이기는 하지만 최근 들어 부쩍 늘어난 원인으로는 먹이 고갈, 선박 운행 증가, 해양오염, 기후변화 등이 거론되지만 정확히 알려진 바는 없다.

○ [미국] 할로 섀플리, 우리은하 크기 계산. 그는 우리은하의 지름이 약 10만 광년에 달하며, 태양계는 은하의 중심이 아니며 변두리에 있다는 것을 발견했다. 16세기에 코페르니쿠스가 지구를 태양계의 중심에서 물러나게 했듯이 그는 이제 태양을 우주의 중심에서 물러나게 했다.

스포츠

○ 많은 주요 대회가 1차대전과 에스파냐 독감 대유행으로 취소됐다.

1918년 풍경

겨우 존재하는 인간만큼 연약한 것도 없지만, 또 이만큼 특수한 존재도 없다. 세포로 이루어진 몸, 반투과성 막(膜)으로 신진대사를 영위한다. 죽음이란 이런 특수한 상태가 해제되는 것, 말하자면 세포의 벽들이 모두 허물어져 세상의 바닥인 흙과 평등하게 너나들이 하는 상태가 되는 것이다. 목숨의 바탕인 이런 몸을 객관화하고, 지도처럼 세세히 들여다보는 이는 인간뿐이다. 이를 전문적으로 하는 이가 의사다. 인간의 수명을 늘리는 한편 유쾌, 상쾌, 통쾌의 상태를 유지케 하는 임무를 부여받은 직업이다. 서양의학이 조선에 들어온 이래 경성의학전문학교에서 세 명의 여의사가 배출되었다. 안수경, 김해지, 김영흥. 병원균은 물론 미신과 터부와 터무니없이 굴어대는 남성들도 상대해야 했던 선구자들.

고래의 크기

대왕고래 32m

바키타 1.5m

이 해에는

책
7. 20. 《무정》, 이광수

영화
10. 1. [독일] 〈나는 남자가 되고 싶지 않아〉, 에른스트 루비치

궂긴 소식
1. 6. 게오르크 칸토어(독일의 수학자)
2. 6. 구스타프 클림트(오스트리아 화가)
3. 25. 클로드 드뷔시(프랑스의 작곡가)
7. 17. 니콜라이 2세(러시아 제국의 황제)
9. 28. 게오르크 지멜(독일의 사회학자)
10. 31. 에곤 실레(오스트리아의 화가)

독립한 나라
10. 28. 체코슬로바키아 공화국 (현 슬로바키아 지역 포함) (← 오스트리아-헝가리)

○ 다음 나라들이 러시아 소비에트 연방 사회주의 공화국으로부터 독립했다.
아르메니아, 아제르바이잔 민주공화국, 에스토니아 공화국, 사카르트벨로 민주공화국 (현 조지아), 우크라이나 인민공화국

○ 다음 나라들이 러시아 소비에트 연방 사회주의 공화국과 독일제국으로부터 독립했다.
라트비아 공화국, 리투아니아 공화국, 폴란드 공화국

1919년

대한민국 임시정부 수립

↑ 단 한 문장으로 이루어진 《대한민국 헌법》 전문은 이렇게 시작한다. "유구한 역사와 전통에 빛나는 우리 대한국민은 3·1운동으로 건립된 대한민국 임시정부의 법통과 불의에 항거한 4·19 민주이념을 계승하고…". 위 사진은 대한민국 임시정부 재상해 직원 일동 기념 사진이다. (1열) 이화숙, 현순, 최창식, 김철, 안창호, 윤현진, 이춘숙, 김원경 (2열): 차상균, 황진남, 유상규, 전재순, 김병조, 이원익, O, 이규서, 엄항섭, 김구

"대한민국은 민주공화제로 함."

제1조 대한민국은 민주공화제로 함.
제2조 대한민국은 임시정부가 임시의정원의 결의에 따라 이를 통치함.
제3조 대한민국의 인민은 남녀의 귀천 및 빈부의 계급이 없고 일체 평등임.
제4조 대한민국의 인민은 종교, 언론, 저작, 출판, 결사, 집회, 신서(信書), 주소 이전, 신체 및 소유의 자유를 향유함.
제5조 대한민국의 인민으로 공민 자격이 있는 자는 선거권 및 피선거권이 있음.
제6조 대한민국의 인민은 교육 납세 및 병역의 의무가 있음.
제7조 대한민국은 신(神)의 의사에 따라서 건국한 정신을 세계에 발휘하며 진하야 인류의 문화 및 평화에 공헌하기 위해서 국제연맹에 가입함.
제8조 대한민국은 구 황실을 우대함.
제9조 생명형 신체형 및 공창제를 모두 폐지함.
제10조 임시정부는 국토회복 후 만 1년 안에 국회를 소집함.
―《대한민국임시헌장》

↓ 학생은 동맹 휴학으로 상인은 철시로 노동자는 동맹파업으로 동참했다. 농민들도 장날을 이용해 함께 만세를 불렀다. 예상치 못한 항쟁의 열기에 일제는 무자비한 폭력 진압으로 맞섰다. 비록 독립은 달성하지 못했지만 3·1운동은 대한민국 임시정부 수립과 일제의 무단통치 폐지라는 결과를 낳았다.

일제강점기

1. 21. 광무황제(고종) 승하. 그는 조선의 제26대 왕이자 대한제국 초대 황제였다.

2. 8. 재일 유학생들, '2·8 독립선언' 결의.

3. 1. 3·1 운동. 이날 오후 2시 독립선언서에 서명한 대표 33명 가운데 29명이 서울 종로 태화관에 모여 선언서를 낭독하며 독립선언식을 진행했다. 거의 같은 시각 탑골공원에서는 학생들이 독립선언식을 하고 거리로 나가 만세시위를 벌였다. 시위는 전국의 도시와 농촌지역으로 들불처럼 퍼져 나갔다.

3. 17. 대한국민회, 《독립선언서》 발표. 2월 25일 전로한족회중앙총회를 중심으로 니콜스크우수리스키에서 열린 전로국내조선인회에서 임시 국민의회*가 조직됐다. 3월 17일 대한국민회는 자체 명의의 독립선언서를 발표함으로써 성립을 공식적으로 선포했다.**

4. 11. **대한민국임시정부 수립**. 이날 상하이에 모인 각 지방 대표가 임시의정원을 구성한 후 회의를 통해 국호를 '대한민국'으로 정하고, 《대한민국임시헌장》을 채택했다. 행정수반인 국무총리에는 이승만이 선출됐다. 《대한민국임시헌장》의 제1장은 '대한민국은 민주공화제로 함'이었다.

4. 15. 제암리 학살. 3월 말 경기도 수원(현 화성시) 지역의 시위가 폭력적인 양상으로 변해가던 와중에 4월 3일 시위대의 공격으로 화수리 주재소가 불에 타고 일본인 순사가 죽는 일이 발생했다. 이에 일본군이 출동해 방화와 살인으로 대응했고, 15일 마을 사람들을 제암리에 있는 교회당에 몰아넣고 출입구를 막은 채 사격을 가하고 불태웠다. 이 만행으로 교회당 안팎에서 28명이 살해되고 민가 31호가 불탔다.

4. 23. 한성임시정부 선포.

8. 13. 사이토 마코토 제3대 조선총독 취임. 그는 자신의 새로운 통치방식을 '문화정치'로 명명했지만, 그의 재임 기간 식민지 지배구조는 더욱 강화됐다.* 그는 역대 조선총독 중 유일하게 육군 대장이 아니라 해군 대장이었다.

9. 2. **강우규**, 조선총독 사이토 마코토에게 수류탄 투척. 그는 이날 총독으로 부임하기 위해 남대문정거장에 도착한 사이토를 향해 수류탄을 던졌다. 37명의 사상자가 발생했지만 사이토는 살아남았다. 강우규는 현장에서는 유유히 빠져나왔지만 보름 만인 9월 17일 체포되었고, 이듬해 11월 29일 서대문형무소에서 사형당했다. 거사 당시 강우규는 64세였다.

9. 6. 통합 임시정부 수립. 상하이 임시정부 내무총장 안창호의 주도로 블라디보스토크의 대한국민의회 임시정부와 국내의 임시정부인 '한성정부'를 포괄하는 통합 임시정부 논의가 전개됐다. 그리고 이날 임시의정원은 '대한민국임시헌법'을 제정하고 이승만을 대통령으로, 이동휘를 국무총리로 하는 내각을 구성했다. 대한민국임시헌법의 제1장 제1조는 '대한민국은 대한인민으로 조직함.'이었다.

10. 5. 김성수·박영효, 경성방직주식회사 설립. '우리 옷감은 우리 손으로'를 구호로 내걸고 경성 영등포에 설립된 이 기업은 일제강점기 대표적인 민족자본*이었다.

11. 10. **의열단** 결성. 신흥무관학교 출신 독립운동가들이 전날 밤 만주 지린성의 중국인 반모(潘某)의 집에 모여 숙의 끝에 이날 새벽 항일비밀결사 단체인 의열단을 결성했다. 급진적 민족주의 노선을 지향하는 이 단체의 단장에는 김원봉이 선출됐다.

세계

1. 1. [독일] 독일공산당 창당. 독일 최초의 공산주의 정당이며 베를린에서 창당했다.

1. 16. [미국] 수정 헌법 제18조 비준. '주류의 제조, 판매, 또는 운송, 수입, 수출'을 금지하는 조항은 우드로 윌슨 대통령의 거부권 행사 등 우여곡절 끝에 이듬해 1월 17일 오전 12시 1분에 발효됐다. 이 조항은 애국주의자들에게는 마땅히 따라야 할 전쟁수행조치로 간주되었지만, 평화시에는 집행 불가능할 뿐만 아니라 조직폭력을 양산하는 결과를 가져왔고 결국 1933년에 폐기됐다.

1. 18. [프랑스] 파리강화회의 개최. 제1차 세계대전이 끝나고 수습책을 마련하기 위해 파리에서 1920년까지 열린 일련의 이 회의 이후 이루어진 새로운 국제질서를 '베르사유 체제'라고 한다. 연합국 주요 열강인 프랑스, 영국, 미국, 이탈리아가 주도한 이 빅4 회담에서 국제연맹 초안도 결정됐다.

3. 18. [인도] '형사법긴급권한법', 제국의회 통과. 식민통치에 저항하는 독립운동 세력을 탄압하기 위해 만든 이 법이 제정됨으로써 경찰은 영장 없이도 사람을 체포하거나 재판 없이 구금할 수 있게 됐다. 롤럿법이라고도 불리는 이 법에 반대해 마하트마 간디는 비폭력 불복종 운동을 벌였다.

4. 6. [인도] 마하트마 간디, **비폭력 불복종 투쟁** 촉구. 그는 영국인들에게 폭력을 가하는 대신, 파업이나 영국 상품 불매, 납세 거부 운동 같은 비폭력적인 방식으로 평화를 요구하며 항의하라고 촉구하며 델리에서 대규모 시위를 벌일 계획을 발표했다. 제1차 비폭력 불복종 운동의 시작이었다. 델리에 들어오지 말라는 정부의 경고를 거부한 그는 9일 체포된다. 1922년 저항운동이 폭력적으로 변해가자 그는 운동을 잠시 중단하지만, 1930년부터 재개된다.

5. 4. [중국] 베이징의 톈안먼 광장에서 학생들이 시위를 벌임. 산둥성에 대한 일본의 자치권을 인정한 파리 조약에 관한 소식이 알려지자 베이징 시내의 13개 대학 3000여 명의 학생들이 이날 광장에 집결했다. 시위가 격화되자 진압에 나선 정부는 시위자들을 체포했지만, 나빠진 여론과 학생들의 수업거부에 직면해 6월 28일 파리의 중국 대표단은 베르사유 평화 조약의 조인을 거부했다. **5·4 운동**이라 불리는 약 두 달에 걸친 이 항쟁은 반제국주의·반봉건주의 성격을 갖는 운동이었다.

8. 11. [독일] 헌법 공포. 독일국 초대 대통령인 프리드리히 에베르트가 서명해 공포했다. 정식 명칭은 '독일국 헌법'이지만 제정 논의가 진행된 도시 이름을 따서 주로 바이마르 헌법이라고 불린다.

10. 29. [몽골] 중화민국, 몽골 점령. 쉬수정이 이끄는 변방군이 니슬렐후레(지금의 울란바토르)를 장악하고 11월 17일 몽골의 자치권을 폐지했다. 하지만 점령은 오래가지 못했고, 1921년 러시아군에 밀려난다.

→ 중국 화가 량위룽이 그린 〈5·4 운동〉.

문화 / 과학·환경 / 스포츠

문화

1. 20. 《신청년》 창간. 도쿄에서 발행된 《창조》에 열흘 앞서 발행됐다. 한국에서 발행된 최초의 문예지로, 방정환이 창간을 주도했다.

2. 1. 《창조》 창간. 김동인, 주요한, 전영택 등 일본 유학생들이 도쿄에서 창간한 이 문예 동인잡지는 구어체의 문장을 쓰면서 사실주의 및 자연주의를 바탕으로 '문학을 위한 문학'을 추구하면서 문학 자체로서 가치를 갖는 순문학을 지향했다.

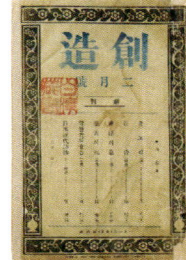

4. 12. 바우하우스 설립. 건축가 발터 그로피우스가 주도해 독일 바이마르에 설립한 미술학교였다. 기하학적 형태를 기반으로 한 단순한 디자인, 기능성, 대량생산을 강조하는 교육을 실시했다. 1933년 나치에 의해 폐교되었지만, 바우하우스의 유산은 오늘날까지도 미술, 건축, 디자인 분야에 지대한 영향을 미치고 있다.

10. 27. 단성사, 〈의리적 구토(義理的仇討)〉 상영. 김도산이 연출한 이 영화는 연극의 일부 장면을 영화로 보여주는 연쇄극이었다. 배우들의 실제 무대 연기와 영화 상영이 교대로 이어지는 식으로 진행됐다.

과학·환경

5. 29. [영국] 아서 에딩턴, 빛이 휘어지는 현상 관찰. 아프리카 서해안의 프린시페섬에서 개기일식을 관측하던 그는 이날 일식 때 찍은 사진 속 별이 전날 찍힌 사진에서는 다른 곳에서 빛나고 있다는 사실을 발견했다. 아인슈타인의 일반상대성이론이 실제 관측으로 검증된 순간이었다. 이 소식은 전 세계 신문들에 의해 주요 기사로 다루어졌다. 《타임스》는 이 내용을 '과학의 혁명, 새로운 우주론, 뉴턴주의는 무너졌다'라는 식으로 대서특필했고 아인슈타인은 전 세계적인 유명인사가 됐다.

스포츠

2. 18. 조선체육협회 창립. "조선에서 체육을 장려한다"는 목적으로 민간이 주도했지만, 실제로는 일제의 관변단체 성격이 짙었다.

10. 9. [미국] 블랙삭스 스캔들 발생. 메이저리그 월드 시리즈에서 시카고 화이트삭스가 신시내티 레즈에게 고의로 졌다. 도박사들과 연루되었다는 의혹이 크게 번지면서 사건이 법정 소송으로 이어졌고, 화이트삭스 소속 선수 8명이 야구계에서 영구 제명을 당했다. 시리즈는 레즈가 5승 3패로 우승했다.

1919년 풍경

인체의 중앙이 배꼽이라면 사람의 중심은 인중(人中)이다. 윗입술과 콧구멍 사이에 오목하게 골이 진 부분이다. 이승으로 나올 때 전생의 모든 기억을 잊고 잘 살라며 천사가 손가락으로 지그시 누른 자국이라는 우아한 이야기도 있다. 들숨과 날숨이 교차하는 곳. 한 소식 듣겠다고 용맹정진에 돌입한 수행자가 화두를 얹어놓은 곳도 바로 인중이다. 보는 것, 듣는 것, 먹는 것, 한 생명이 이 세계와 연결되는 방법이다. 그중에서도 한 호흡은 가장 긴급한 요체이다. 일제하 3·1 운동도 수포로 돌아간 우울한 연말, 그래도 송구영신을 준비해야 하는데 악성감기가 유행했던가 보다. 병원균이 노린 급소도 바로 인중 근처다. 급한 대로 '입코덮개'를 썼지만, 그래서 더 숨이 헐떡헐떡하는 것이라고 당시 신문은 전한다. 이후 오늘까지 전염병은 숱하게 되풀이되었고 마스크는 일상생활에 더욱 밀착하였다. 코를 막고 입마저 차단하며 귀를 끌어당기는 마스크. 이 기특한 의료용품은 말을 줄이고 경청하라며 사람의 그 어떤 고질병까지 일부 치료해주기도 하였다.

대한민국 임시정부 수립 개념도

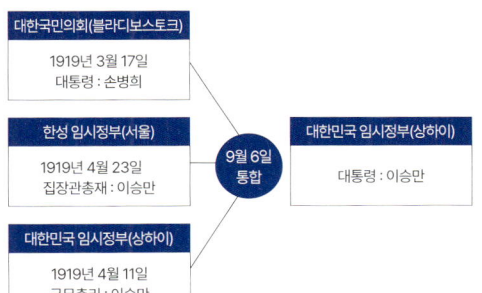

이 해에는

책

- **4. 15.** [영국] 《달과 6펜스》, 윌리엄 서머싯 몸
- [네덜란드] 《중세의 가을》, 요한 하위징아
- [미국] 《세계를 뒤흔든 10일》, 존 리드
- [독일] 《데미안》, 헤르만 헤세

음악

- 〈클레멘타인〉 (작사, 박태원(朴泰元) 번안곡이다

영화

- **10. 14.** [미국] 〈흩어진 꽃잎〉, 데이비드 그리피스
- **10. 27.** 단성사, 〈의리적 구토〉, 김도산

궂긴 소식

- **1. 6.** 시어도어 루스벨트(미국 대통령)
- **1. 15.** 로자 룩셈부르크(독일의 정치이론가, 사회주의 혁명가)
- **1. 21.** 고종(조선 국왕, 대한제국 황제)
- **8. 11.** 앤드루 카네기(미국의 기업인)
- **11. 9.** 기욤 아폴리네르(프랑스의 시인)
- **12. 3.** 오귀스트 르누아르(프랑스의 화가)

독립한 나라

- **8. 19.** 아프가니스탄 토후국 (← 영국)

삼일운동

기미년 3월 조선 역사에는
이름도 얼굴도 없이 잊힌
독립운동가들이
수백만이었다.

"이 땅의 모든 청년들과 마찬가지로 내 정치경력은 3·1운동으로 시작됐다. 대중운동의 힘이 내 존재를 뿌리부터 뒤흔들어 놓았다."

미국인 기자 님 웨일스를 통해 세상에 털어놓은 회고담 《아리랑》에서 혁명가 김산은 밝혔다. 정확히 오늘로부터 100년 전 조선에서 벌어진 기미년 3월 1일의 싸움이 당대 청년들에게 어떤 의미였는지 집약적으로 드러내어 주는 말이다.

그날, 식민지 백성들은 새로운 근대주체로 다시 태어났다. 글을 배운 학생들은 격문을 쏟아냈고, 글을 못 배운 이들은 다른 이에게 물어서라도 '민족자결주의'가 무엇인지 알아냈다. 땅을 빼앗긴 농부들은 분노했고, 착취당한 노동자들은 파업했으며 상인들은 상점 문을 걸어 잠갔다. 가부장제 아래 가장 약한 존재였던 여학생과 기생들이 남자보다 앞장서서 용기를 냈다. 얼굴 없던 이들이 얼굴을 드러냈고, 말 없던 이들이 말을 쏟아냈다. 수직적으로 짓누르는 식민지 권력에 맞서 조선의 2백만 민중은 수평적으로 연대하며 운동을 발전시켜 갔다. 3·1운동의 흐름 안에서 본격화된 학생운동, 여성운동, 노동운동, 농민운동 등 사회운동은 이후 100년 동안 대한민국을 진보시킨 원동력이 됐다.

기미독립선언서에 서명한 민족대표는 33인이지만 계획에 가담한 이들까지 확대하여 민족대표 48인이라고 통칭한다. 《한겨레》는 3·1운동 100주년을 맞아 1919년 사회지도층이 아님에도 만세 시위를 주도했던 이들을 톺아 '민중대표 48인'을 선정했다. 자유와 평화를 희구했던 평범한 영웅들의 얼굴을 기억하기 위해서다. 재판 기록 등 3·1운동에 참여했음을 확인할 공식 기록이 있는 이들 가운데 사진이 남아있는 이들을 주요 대상으로 검토했다. 여기 소개된 48인의 민중 대표는 그나마 얼굴과 이름이라도 알릴 수 있던 이들이다. 기미년 3월 조선 역사에는 이름도 얼굴도 없이 잊힌 독립운동가들이 수백만이었다.

한겨레 엄지원

권희
(19. 서당 생도. 경기 시흥)

김공우
(17. 조선약학교 학생. 서울)

김마리아
(28. 일본 유학생. 서울)

문용기
(41. 교사. 전북 익산)

박노영
(19. 경성고등보통학교 학생. 서울)

박애순
(23. 교사. 광주)

신관빈
(34. 전도사. 황해 개성)

안종규
(30. 마을 구장. 경기 양주)

양재순
(21. 경성공업전문학교 학생. 서울)

윤산온 (본명 조지 섀넌 매큔)
(47. 선교사. 평북 선천)

윤형숙
(19. 수피아여고 학생. 전남 광주)

이두현
(17. 미곡상. 경기 고양)

장용하
(21. 배재고등보통학교. 서울)

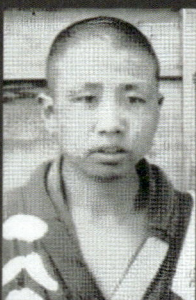
장종건
(24. 경성서적 조합원. 서울)

정호석
(33. 덕수궁파출소 순사보. 서울)

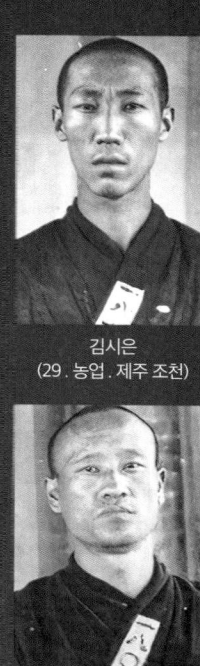

김시은
(29 . 농업 . 제주 조천)

김연태
(40 . 객주집 주인 . 강원 김화)

김창의
(64 . 농업 . 강원 화천)

김향화
(23 . 기생 . 경기 수원)

김관준
(20 . 직조업 . 서울)

김효순
(17 . 세브란스 견습간호사 . 서울)

노순경
(17 . 세브란스 견습간호사 . 서울)

박의송
(33 . 농업 . 평남 안주)

박정선
(45 . 전도사 . 서울)

박현숙
(23 . 교사 . 평남 평양)

배희두
(16 . 잡화상 . 서울)

석호필 (본명 프랭크 스코필드)
(30, 세브란스 의전 교수, 서울)

소은명
(14 . 배화학당 학생 . 서울)

소은숙
(16 . 배화학당 학생 . 서울)

어윤희
(38 . 전도사 . 황해 개성)

엄창근
(38 . 노동 . 서울)

염규호
(39 . 농업 . 경기 파주)

임명애
(33 . 농업 . 경기 파주)

유관순
(17 . 이화학당 학생 . 충남 병천)

유봉진
(32 . 은 세공업 . 경기 강화)

유연화
(20 . 중앙학교 학생 . 경북 안동)

이승익
(44 . 마을 구장 . 경기 양주)

이시종
(19 . 농업 . 경기 광주)

이신도
(17 . 세브란스병원 견습간호사 . 서울)

이신애
(28 . 전도사 . 서울)

이춘봉
(19 . 무직 . 서울)

임갑득
(16 . 객주집 사환 . 인천)

임춘식
(18 . 직공 . 서울)

조수인
(38 . 농업 . 경북 안동)

차금봉
(21 . 용산기관차 화부 견습공 . 서울)

차병한
(35 . 마을 구장 . 경기 수원)

탁영숙
(26 . 원산 구세병원 간호사 . 서울)

후세 다쓰지
(39 . 변호사 . 일본 도쿄)

© 한겨레, 엄지원, 김기모

1920년

봉오동·청산리 전투

> "우리는 한 발짝도
> 물러설 수 없었지."
> ─도종환, 〈다시 부르는 기전사가〉

1.
하늘은 미워한다 배달족의
자유를 억탈하는 왜적놈들을
삼천리 강산에 열혈이 끓어
분연히 일어나는 우리 독립군
맹세코 싸우고 또 싸우리니
성결한 전사를 하게 하소서

2.
백두산의 찬바람은 불어 거칠고
압록강 얼음 위에 은월이 밝아
고국에 전해오는 피비린 냄새
분하고 원통하다 우리 동족들
맹세코 싸우고 또 싸우리니
성결한 전사를 하게 하소서

3.
물어보자 동포들아 내 죄뿐이냐
네 죄도 있을지니 함께 싸우자
하나님 저희들은 굽히지 않고
천만대 후손의 자유를 위해
맹세코 싸우고 또 싸우리니
성결한 전사를 하게 하소서
─〈기전사가〉

↑ 1920년, 만주 땅에서 한민족의 불굴의 의지가 폭발하여 봉오동과 청산리에서 독립군의 승리로 꽃피웠다. 봉오동에서는 홍범도 장군이 이끄는 독립군이 유인 전술로 일본군을 격파했고, 그 여세를 몰아 청산리에서는 김좌진 장군이 이끄는 무장독립 단체인 북로군정서를 중심으로 한 연합 독립군이 5박 6일간의 치열한 전투 끝에 일본 정규군을 상대로 대승을 거두었다.

↓ 4월 1일 임시정부 군무총장 노백린은 재미동포 김종린의 재정지원을 받아 한인비행학교를 설립했다. 6월 비행기 두 대를 도입했고 초창기 '노백린군단', '사관학생대', '사관양성소', '한인비행학교'로 불리던 학교는 7월 5일 개소식을 거행하며 '대한인비행가양성소'란 정식 교명을 갖게 됐다. 하지만 경제적인 어려움에 직면해 이듬해 4월 폐소됐다. 현재 대한민국 공군은 공식적으로 윌로스 비행학교를 자신들의 연원으로 삼고 있다. 아래는 1920년 4월 7일자 《독립신문》에 실린 '대한이 처음으로 가지는 비행가 6인'의 사진이다. 왼쪽부터 장병훈, 오임하, 이용선, 노백린, 이초, 이용근, 한장호이다.

일제강점기

1. 6. 총독부, 《동아일보》 《조선일보》 《시사일보》 발행 허가. →

2. 20. 한인비행학교 개소. 독립운동에 필요한 한인 비행사 양성을 목적으로 미국 캘리포니아주 윌로스에 설립된 이 학교는 우리나라 최초의 비행학교였다.

3. 5. 《조선일보》 창간. 창간 주체는 친일 성향의 경제인 단체인 대정실업친목회였고, 초대 사장인 조진태 역시 회원이었다.

4. 1. 《동아일보》 창간. 초대 사장은 박영효였지만, 사실상의 경영자는 호남 지주 김성수였다. 민족주의, 민주주의, 문화주의를 주지(主旨)로 내걸고 민족지를 자처했다. *

4. 11. 조선노동공제회 출범. 전국적인 노동자 단체를 표방하는 한국 최초의 노동단체였다.

5. 1. 허영숙, 영혜의원 개원. 산부인과와 소아과 전문으로 서울 서대문정*에서 개원했다. 그는 한국 최초의 여성 개원의였다.

6. 7. 봉오동 전투. 4일 독립군 홍범도·최진동의 부대가 두만강을 건너 국내 진공작전을 전개해 일본군 초소를 습격하자 일본군 남양수비대가 독립군을 추격했다. 6일 벌어진 교전에서 일본군은 독립군에 패했고, 이에 다시 추격대를 편성해 봉오동으로 출동했다. 7일 독립군 연합 부대인 대한북로독군부는 일본군을 봉오동 골짜기로 유인한 후 일제 공격을 가해 큰 피해를 입혔다.

7. 1. 대구에서 버스 운행 시작. →

9. 5. 이각경, 《매일신보》 입사. 한국 최초의 여기자인 그는 입사 후 '부인기자의 가정방문기', '축첩에 대한 이해' '위생에 대한 주의' 등의 기명 기사를 썼다. 기자로 활동한 기간은 그다지 길지 못했다. 1921년 후반기부터는 지면에 그의 이름이 등장하지 않는다.

9. 14. 의열단, 부산경찰서 폭파 의거. 고서적 상인으로 변장한 의열단원 박재혁이 부산경찰서에서 폭탄을 터뜨려 하시모토 슈헤이를 암살했다. 현장에서 체포된 박재혁은 이듬해 5월 12일 대구형무소에서 단식 끝에 순국했다.

10. 2. 훈춘 사건. 이날 중국 마적단이 중국 지린성 훈춘의 일본 영사관을 습격해 방화하고 일본인을 살해한 다음, 중국인들의 상가까지 불태우고 도망갔다. 일본군은 이를 계기로 2만여 명의 대병력을 동원해 서간도와 북간도를 침략했다. 훈춘 사건은 일본군이 간도 출병의 구실을 얻기 위해 중국 마적을 매수해 벌인 일이라는 설도 있다. *

10. 경신참변(庚申慘變). 훈춘 사건 이후 간도에 들어온 일본군은 삼사 개월에 걸쳐 조선인 마을을 찾아다니며 수천 명을 학살했다. 간도참변이라고도 불린다.

10. 21. 청산리 전투. 이날 김좌진이 지휘하는 북로군정서군과 홍범도가 지휘하는 대한독립군 등으로 이루어진 연합 부대가 중국 지린성 청산리 계곡에 매복해 일본군 선발 부대를 기습 공격해 섬멸시켰다. 이어 이 일대에서 26일 새벽까지 10여 차례에 걸쳐 벌어진 전투에서 연합부대는 전투에 승리하며 일본군에 큰 손실을 입혔다.

11. 20. 제1회 부·면협의회원 선거. 3·1운동 이후 민심회유책의 하나로 실시된 이 선거에서 당선자 190명 중 조선인 당선자는 56명에 불과했고, 나머지는 모두 일본인이었다.

세계

1. 10. 국제연맹 발족. 연맹의 상임이사국은 영국, 프랑스, 일본 제국, 이탈리아 왕국 등 4개국이었다. 미국은 끝내 가입하지 않았고, 소련은 1934년에야 뒤늦게 가입한다.

1. 17. [미국] 금주법 시행.

3. 13. [독일] 카프 폭동 발생. 볼프강 카프와 발터 폰 뤼트비츠가 주도한 우익 준군사조직이 쿠데타를 시도해 수도 베를린을 점령하고 신정부 수립을 선언했지만, 대중의 저항과 총파업으로 불과 4일 만인 17일에 공화국군에 진압됐다.

6. 22. [그리스] 튀르키예 공격.

8. 10. [1차대전] 세브르 조약 체결. 1차대전이 끝난 후 연합국과 프랑스 파리 근교 세브르에서 체결한 이 조약으로 오스만 제국은 영토를 대규모로 상실했다. 사실상 오스만 제국의 해체를 의미하는 것이나 마찬가지인 이 조약은 당시 독립전쟁을 이끌던 무스타파 케말 파샤의 튀르키예 민족주의자들의 반발을 샀다. 이후 전쟁이 튀르키예의 승리로 돌아간 후 튀르키예 공화국과 연합국은 로잔 조약을 맺음으로써 세브르 조약은 효력을 상실한다.

8. 18. [미국] 수정 헌법 제19조 발효. 1878년 의회에 제출되었지만 1919년 5월과 6월이 되어서야 각각 하원과 상원을 통과한 이 조항에 따라 미국의 성인 여성 모두가 투표권을 보장받게 됐다. 수정 헌법 제19조 1항은 "미국 시민의 투표권은 성별로 인해서 미국이나 주에 의하여 거부 또는 제한되지 않는다"이다.

8. 25. [폴란드] 바르샤바 전투 승리. 한 해 전 시작된 소련 붉은 군대와의 전쟁에서 수세에 몰려 있던 폴란드는 이 결정적 승리로 전세를 뒤집고 반격에 나설 수 있었다.

9. 5. [인도] 인도국민의회, 비협력 운동 결의. 국민회의는 12월 나그푸르에서 열릴 예정이던 연례회의를 앞당겨 이날 캘커타에서 특별회의를 열고 '자치정부가 수립될 때까지 비폭력비협력 정책을 확인하고 인준하는 길밖에 없다'고 결의했다. • 영국 정부가 펼치는 경제, 정치, 교육 활동 등에 협조하거나 동참하지 말자는 마하트마 간디의 비협력 운동을 국민회의가 공식적으로 공인하고 행동에 나선 것이다.

11. 2. [미국] KDKA, 미국 최초 라디오 상업 방송 시작. 이날 KDKA 방송국은 워런 하딩이 대통령에 당선되었다는 소식을 음성으로 알렸다. 신문보다 빠르게 소식을 들을 수 있다는 사실이 알려지며 KDKA는 라디오 방송의 위력을 만천하에 과시했다. 이후 4년 동안 미국 전역에 600여 개의 상업 방송국이 생겨났다.

11. 2. [미국] 대통령 선거. 공화당 워런 하딩 상원의원이 민주당 제임스 콕스 오하이오 주지사를 누르고 제29대 대통령에 당선됐다.

← 여성이 투표할 권리를 얻는 과정은 지난했다. 1893년에 뉴질랜드가 국가 단위로서는 처음으로 여성의 투표권을 인정했다. 그리고 122년 후인 2015년, 사우디아라비아 여성들이 처음으로 투표권을 행사할 수 있게 된다. 사우디아라비아는 바티칸을 제외하면 지구에서 마지막으로 여성의 투표권을 인정한 국가이다.

문화 / 과학·환경 / 스포츠

문화

3. 30. 총독부, 《조선어사전》 간행. 식민지 언어 정책의 일환으로 조선의 옛 문헌 해독을 위해 간행한 이 사전은 한국어-일본어 사전의 형태를 띠었으며 총 1003쪽이다.

6. 25. 《개벽》 창간. 천도교단에서 "천도교사상과 민족사상의 앙양"을 목표로 창간한 월간종합지였다.

7. 25. 《폐허》 창간. 김억, 남궁벽, 오상순 등이 서울에서 발행한 이 문예 동인 잡지에는 3·1 운동의 실패에 따른 지식인들의 좌절감과 퇴폐주의가 짙게 배어 있다. 이듬해 2호를 내고 종간했다. 제호인 '폐허'는 독일의 시인 프리드리히 실러의 "옛것은 멸하고, 시대는 변하였다. 내 생명은 폐허로부터 온다"라는 시구에서 따온 것이다.

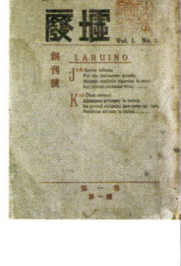

10. [영국] 애거사 크리스티 첫 소설 출간. 미국에서 출간된 이 《스타일스 저택의 괴사건》에 처음 등장한 탐정 에르퀼 푸아로는 1975년 발표된 소설 《커튼: 푸아로의 마지막 사건》에서 사망하는 것으로 나오자 《뉴욕 타임스》에 부고 기사가 날 정도로 유명인사가 된다.

11. 27. 경성도서관 개관. 야마구치 세이가 운영한 경성도서관의 장서를 구입하고 일부는 기증받아 지금의 서울 종로구 가회동에 있던 취운정에 설립됐다. →

과학·환경

3. [독일] 헤르만 슈타우딩거, 중합체가 긴 사슬 형태의 분자임을 제안. 당시 대부분의 과학자는 고무나 플라스틱 같은 물질은 모래더미

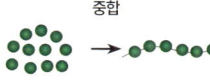

처럼 약한 힘으로 연결된 분자들의 집합체일 뿐이라고 생각하고 있었다. 그러나 그는 논문을 통해 이런 물질들이 여러 개의 반복 단위(단량체)가 사슬 형태로 연결되어 있는 거대분자라고 제안했다. 이후 실험을 통해 자신의 생각을 증명해 나간 그는 1953년 노벨 화학상을 받는다.

스포츠

7. 13. 조선체육회 창립, 고원훈, 김성수, 장덕수 등이 주도했다. '조선 인민의 생명을 원숙 창달하는 사회적 통일적 기관'이 목표였다.

8. 14. [벨기에] 안트베르펜에서 제7회 올림픽 개막. 올림픽 선서와 오륜기가 첫선을 보였다. "우리는 조국의 명예와 스포츠의 영광을 위하여 기사도 정신으로 올림픽 대회에 참가할 것을 맹세합니다."

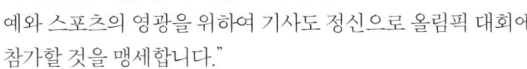

10. 17. [미국] 메이저리그 베이스볼(MLB), 중심이 코르크인 야구공 첫 사용. 이날 열린 필라델피아 애슬레틱스와 시카고 컵스의 월드 챔피언십 시리즈 1차전에서 중심이 기존의 고무가 아니라 코르크인 공이 처음 사용됐다. →

11. 4. 제1회 전조선야구대회 개막. 조선체육회의 첫 사업으로 열린 이 대회는 오늘날 전국체육대회의 기점이 되는 행사였다.

1920년 풍경

인간의 몸을 구성하는 수십 조 개의 세포는 특별하다. 자신의 항상성을 유지하기 위해 내부를 외부와 구별하고 그 상태를 언제나 유지한다. 그런 세포들의 집적(集積)인 인간의 몸 또한 특수하다. 옷으로 포장하기도 하지만 몸이 세계에서 살려면 자신만의 상태를 경영하여야 한다. 무게와 부피를 견사하고 신진대사를 통해 철저하게 여타의 사물들과 분리되어야 한다. 인간의 몸이 놓인 이 세계는 멸균상태가 아니다. 이끼나 균, 미생물도 치열하게 경쟁하며 살아가는 곳이다. 예방접종은 병원체를 주입하여 몸으로 하여금 항체를 길러 인체가 병균에 대한 면역력을 갖게 하는 의료행위다. 이를 통해 집단면역도 키워 인간수명은 획기적으로 늘어날 수 있었다. 한편 아무리 의술이 발달해도 주사기의 바늘 끝은 변하지 않는다. 간호사가 찌르면 그때도 지금도 공히 따끔하다.

청산리·봉오동 전투 지역

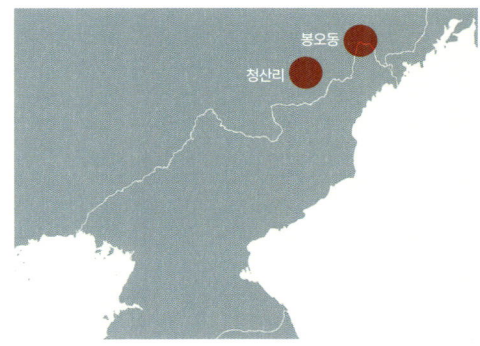

이 해에는

책
- 《한국독립운동지혈사》, 박은식

노래
- 〈봉선화〉, 홍난파

영화
- [독일] 〈칼리가리 박사의 밀실〉, 로베르트 비네

굵긴 소식
- **1. 24.** 아메데오 모딜리아니(이탈리아의 화가)
- **4. 26.** 스리니바사 라마누잔(인도의 수학자)
- **6. 14.** 막스 베버(독일의 사회학자)
- **8. 31.** 빌헬름 분트(독일의 심리학자)
- **9. 28.** 유관순(독립운동가)
- **11. 29.** 강우규(독립운동가)

1921년

나혜석 첫 개인전

"나도 한 사람이다."

↑ 나혜석의 〈자화상〉은 한국 최초의 여성 화가로서 그의 정체성을 드러내는 중요한 작품으로 남았다. 이 자화상은 우울한 눈빛과 중성적인 얼굴을 통해, 당시 사회에서 여성이 겪는 고뇌와 고립감을 상징적으로 표현하고 있으며, 나혜석 자신의 복잡한 감정을 반영한다. 이후 그녀의 자화상은 다양한 해석을 불러일으키며, 한국 현대미술에서 여성의 목소리와 존재를 탐구하는 중요한 기점으로 자리 잡았다.

↓ 1921년 1월 1일 대한민국임시정부와 임시의정원 신년축하식 사진이다. 박윤근, 전재순, 김구, 오희원, ○, ○, 유기준, 정태희, 김재덕, 김붕준, ○, 정제형(1열), 이규홍, 김철, 신익희, 신규식, 이시영, 이동휘, 이승만, 손정도, 이동녕, 남형우, 안창호, 오영선, 윤현진, 서병호, 조완구(2열), ○, 임병직, ○, 김복형, 도인권, 최근우, 김인전, 이원익, 정광호, 김태연, 이복현, ○, 김홍서, 나용균, 황진남, 김정목(3열), ○, 왕삼덕, 차균상, 김여제, 안병찬, 장붕, 김석황, 이규서, 김용철, ○, 송병조, 양헌, 조동호, 이유필(4열)

우리 조선 여자는 너무 오랫동안 자기에 대한 가장 중요한 것을 잃고 살아 왔습니다. 즉 '나도 다른 사람과 같이 생명이 있다'는 것을 억제하고 살아왔습니다. 가만히 앉아서 제 숨소리를 들어 보십시오. '나도 한 사람이다'라는 자부심이 이상스럽게 전신에 흐르리이다. 이렇게 여자의 눈이 뜨일 동시에 지금까지의 자기가 불행하였고 불쌍했던 것을 알아질 것입니다. 누구를 물론하고 불행인 역경에서 행복인 순경으로 옮기려는 본능에 따라 여자 자신도 어떻게 하면 행복하게 행락스럽게 살아갈까 고심하게 될 것입니다. 그리하여 지금까지 받아보지 못했던 영원 불변으로 있을 자기 자신이 귀하고 사랑스러운 것을 자주자주 느낄 것입니다. 이와 같이 자기 자신을 진실로 사랑할 줄 알면 모든 사람을 사랑할 것입니다.

— 나혜석, 〈생활 개량에 대한 여자의 부르짖음〉

일제강점기

1. 24. 이동휘, 대한민국 임시정부 국무총리직 사임. 이승만 대통령과의 의견 대립이 이유였다.

4. 24. 군사통일주비회 개최. 임시정부 이승만의 정책이 외교활동에 치우쳐 있고 그의 독선적 운영으로 내분이 더욱 악화되자, 이회영, 신채호, 박용만 등이 주도해 베이징에서 군사통일주비회를 열었다. 이 회의에 참석한 무장독립운동 세력 대표들은 독립군부대의 정비, 대오 통일 문제, 지휘권 문제 등을 논의하고, 이승만의 위임통치 건의 사실을 들어 임정과 의정원의 해산을 요구했다. • 임시정부가 출범한 지 채 2년도 안 된 시점이었다.

5. 고려공산당 창립. 1920년 레닌 정부로부터 받아온 자금 문제로 임시정부의 갈등이 심화된 가운데, 이동휘가 자파만의 회의를 열어 자금을 공산주의 운동에 사용하기로 결정하고 전로고려공산당 중앙총회의 명칭을 고려공산당으로 정했다. 이를 계기로 해외 공산주의 운동 세력은 이동휘와 윤해 등을 중심으로 하는 고려공산당 상하이파와 원세훈과 여운형, 박헌영 등이 주도하는 고려공산당 이르쿠츠파로 분열된다.

5. 13. 신규식, 임시정부 국무총리대리로 임명됨. 그가 임명된 것은 이동휘의 후임으로 국무총리 대리를 맡은 이동녕마저 정부제도를 고쳐 위원제로 바꾸자고 들고 나왔다가 막히자 물러서는 바람에 내각 구성마저 힘들어진 이승만 임시정부 대통령이 상하이를 떠나기 전 마지막으로 던진 승부수였다. •

5. 28. 이승만 임시정부 대통령, 상하이를 떠나 미국으로 감. 퇴진요구를 받던 그는 상하이에 온 지 반년 만에 워싱턴 회의(태평양 회의)를 대비한다는 이유로 미국으로 돌아갔다. 그러나 비난을 감수하고 떠났음에도 그의 외교활동은 이렇다 할 성과를 내지는 못한다.

6. 28. **자유시 사변.** 러시아 혁명군과 자유대대가 사할린의 용대와 독립군을 공격했다. 많은 독립군이 목숨을 잃었고, 독립군은 사할린을 떠나 다시 만주로 돌아왔다. '자유시'는 자유로운이란 뜻의 러시아 도시 스보보드니를 의역한 말이다.

9. 12. 김익상, 총독부에 폭탄 투척. 의열단원인 그는 전기공으로 변장하고 총독부 청사 안에 들어가 폭탄을 던진 후 유유히 빠져나왔고 사건은 미궁에 빠졌다. 그러나 총독의 집무실이라고 여긴 방은 비서실이었다. 그는 이듬해 상하이에서 일본 육군대장 다나카 기이치를 암살하려다 실패해 체포되고 이 일로 총독부 폭탄 투척 사건의 자세한 경위가 밝혀진다.

9. 26. 부산 부두노동자 5,000여 명, 임금인상을 요구하며 총파업.

11. 1. 보행자 좌측통행 실시. 〈도로취체규칙〉에 따라 이날부터 실시된 이 조치는 2010년 다시 우측통행으로 바뀐다.

세계

2. 22. [이란] 레자 칸, 테헤란 입성. 이 쿠데타로 1925년 카자르 왕조의 마지막 샤인 아마드 샤가 폐위되고 팔레비 왕조가 시작된다.

3. 18. [폴란드/소련] 리가 조약 체결. 폴란드, 우크라이나 소비에트 사회주의 공화국, 러시아 소비에트 연방 사회주의 공화국 사이의 조약이다. 라트비아 리가에서 체결된 이 조약으로 폴란드-소련 전쟁이 종식되며 두 나라 사이에 국경이 설정됐다. 이 국경은 2차대전이 발발하면서 다시 그어졌다.

3. 21. [러시아] 신경제정책(NEP) 시작. 곡물 강제징발을 그만두고 수확량에 따른 현물세를 농민에게 부과하는 것을 골자로 하는 정책이었다. 이때부터 농민들은 잉여생산물을 자신의 책임하에 처분할 수 있게 됐다.* 소련의 국민경제발전 5개년 계획이 실시된 1928년까지 계속된 이 정책은 강요된 노동 역시 비생산적이라는 것을 확인한 뒤 '사회주의로 통하는 다른 길'을 모색하려는 시도**였다. 이후 기근이 극복되고 생산성이 증가하면서 경제상황은 눈에 띄게 나아졌지만,* **빈부격차는 심해졌다.

5. 5. [중국] 쑨원, 중화민국 광저우 정부 임시 주석 취임.

5. 11. [독일] 1차대전 배상 조건 수락. 5월 1일 영국이 독일에 1320억 마르크를 금으로 배상할 것을 최종결정함으로써 전후 독일의 배상 문제가 막바지로 치달았다. 이날 독일은 이 조건을 수락했다. 이미 지급하고 남은 410억 마르크의 배상을 모두 완료한 것은 2010년이다.

5. 19. [미국] 이민 할당제 시행. 동유럽과 남유럽 출신 이민자가 급증해 반이민 정서가 고조되면서 매년 입국하는 이민자의 수를 이미 미국에 거주하는 해당 국가 출신자 수의 3%로 제한하는 제도였다. 이 제도는 1968년에 폐지된다.

7. 23. [중국] 중국공산당 제1차 전국대표대회 개막. 상하이에서 시작해 8월 3일 자싱에서 폐막했다. **중국공산당**의 공식 출범을 발표했다. 하지만 7월 1일이 공산당 창건 기념일로 정해졌는데, 이는 당시 회의와 관련된 기록들이 많이 유실되어 정확한 날짜를 확인하기 어려운 가운데 공산혁명의 지도자 마오쩌둥이 1938년 '지구전을 논함'이라는 글에서 "올해 7월 1일이 중국 공산당 창립 17주년이 되는 기념일이다"라고 써서 자연스럽게 굳어진 것이다.

11. 4. [일본] 하라 다카시 내각총리대신, 암살당함.

11. 9. [이탈리아] **국가 파시스토당** 창당. 베니토 무솔리니가 창당한 이 정당은 파시즘 운동을 지향하는 독재체제를 구축했다. 1920년대 중후반에는 사실상 이탈리아 왕국의 유일한 정당이었다. 1943년 파시스트 정권이 몰락할 때까지 존속했다.

11. 12. 워싱턴 해군회의 시작. 이듬해 2월 6일까지 미국 워싱턴 D.C.에서 열린 이 회의의 목적 가운데 하나는 일본, 영국, 미국 사이에 불붙은 해군력 증강 경쟁을 종식시키는 것이었다.* 회의 결과 아시아·태평양 지역에서 열강 간 세력 다툼이 일시적으로 안정기에 들어선 것을 워싱턴 체제라 한다.**

12. 6. [영국/아일랜드] 영국-아일랜드 조약 체결. 이로써 아일랜드의 대부분 지역에서 영국군이 철수하고 아일랜드 자치국이 선포됐다. 하지만 북아일랜드에 거주하는 대다수 사람은 영국의 일부로 남기를 원했고, 이듬해 아일랜드는 내전에 휩싸인다.

문화 / 과학·환경 / 스포츠

문화

3. 19. **나혜석**, 첫 개인 전시회. '유회(油繪) 육칠십 점'이 걸린 이날 개인 '전람회'는 '양화로는 아직 적적한 우리 조선에 양화가 어떠한 것'인가를 소개하는 동시에 여성으로서는 '조선에서 처음' 열린 개인 전시회였다.*

5. 24. 《장미촌》 창간. 황석우의 주도로 발행한 한국 최초의 시 전문 잡지였다.

8. 염상섭, 《개벽》에 〈표본실의 청개구리〉 연재 시작. 작품은 8, 9, 10월 3회에 걸쳐 게재되었고, 발표 당시의 제목은 '標本室의 靑개고리'였다.

12. 3. 조선어연구회 창립. '조선어의 정확한 법리를 연구함'을 목적으로 한 이 단체는 1931년 창립된 조선어학회의 전신이다.

12. 4. 루쉰, 《아큐정전(阿Q正傳)》 연재 시작. 베이징에서 발행되던 일간지 《신보(晨報)》의 주간부록인 〈신보부간〉에 이듬해 2월 12일까지 1~2주 간격으로 연재된 이 중편소설은 현대 중국 현대문학의 걸작으로 평가받고 있다. '그의 소설들은 부패한 상층계급에 대해서는 날카로운 풍자와 비판의 날을 세웠고, 가엾은 하층민들에게는 그들의 불행의 원인을 밝혀 보여주었다.'*

과학·환경

[스위스] 헤르만 로르샤흐, 잉크 얼룩을 이용한 성격검사 방법 개발. 좌우대칭인 잉크 얼룩을 제시하고 피험자가 그것을 어떻게 언어로 표현하는지를 분석해 심리적 특성을 파악하는 방법이다. 비구조화된 그림에 대해 지각하고 반응하는 과정에서 개인의 내적 심리가 투영되고 이를 통해 무의식을 파악할 수 있다는 이 방법은 후에 로르샤흐 검사법이라 불리게 된다. 위 그림은 이 검사법의 첫 번째 얼룩이다.

스포츠

7. 19 [미국] **베이브 루스**, 메이저리그 개인 통산 최다 홈런 기록 경신. 디트로이트 타이거스 전에서 뉴욕 양키스의 루스가 139번째 홈런을 쳐 로저 코너가 23년 동안 보유하던 통산 홈런 기록을 깨뜨렸다. 이후 그가 치는 모든 홈런은 메이저 그의 역사가 되었고, 1935년 은퇴할 때까지 그 숫자는 714까지 늘어났다.

↓ 중국공산당 전국대표대회(전인대)는 5년마다 개최되며 중국공산당 중앙위원회가 소집한다. 사진은 2012년 제20차 전국대표대회가 열리고 있는 베이징 인민대회당의 모습이다.

1921년 풍경

첨성대는 신라 선덕여왕(580~647) 때 만든 천문대이다. 세계에서 가장 오래되었다. 무엇보다도 만들어진 이래 후대의 개축, 보수가 전혀 개입하지 않은 유산이다. 지금 보는 첨성대는 처음 만들어진 모습대로의 첨성대인 셈이다. 돌 하나, 돌이 놓인 모양이 그때 그대로이다. 경주에 있는 문화유산들은 어느 하나 소중하지 않은 것 없지만 특히 첨성대가 빠진다면 퍽 쓸쓸하겠다는 생각이 든다. 밤 하늘로 향한 통로가 닫힌다는 느낌. 사람은 콧잔등에서 눈동자까지는 움푹 꺼져 제법 깊이가 있다. 얼굴에 작은 망원경 하나 장착한 셈인가. 그것으로 우리는 우리의 저 바깥을 본다. 인간의 압도적인 감각인 '보다'를 뜻하는 한자는 많다. 見, 視, 觀, 看, 睹, 眺, 瞻 등등 여러 개다. 이 중에서 고르고 골라 瞻星臺라 한 솜씨! 한편, 《왕오천축국전》을 남긴 혜초가 신라사람임을 말해주는 전거는 그가 남천축으로 가는 도중 고향을 그리며 남긴 여덟 구의 오언시에서 찾아볼 수 있다고 한다. 마지막 구절인 "誰爲向林飛(수위향림비, 누가 계림으로 날아가 소식 전해주리오)"에서 '林'이 계림(鷄林)을 뜻하고, 당시 신라를 뜻하는 이 명칭은 멀리 인도까지 알려졌다는 것. 그리고 이 오언시의 첫 구절은 이렇다. "月夜瞻鄕路(월야첨향로, 달 밝은 밤에 고향길을 바라보니)/浮雲颯颯歸(부운삽삽귀, 뜬구름만 너울너울 돌아가네). 혜초는 선덕여왕 이후 50년 후쯤 태어난 사람, 마땅히 첨성대를 보며 자랐다. 그래서 그런가, 저 '첨(瞻)'자가 범상치 않아 보이면서 유독 마음을 때리는 것이다.

샤넬 넘버5

지구에서 가장 유명해질 향수가 이해 5월 5일 첫선을 보였다. RCHO란 화학식을 가진 화합물인 알데히드를 섞은 첫 향수는 아니었지만, '새로운 향수 유형을 만들어내면서'* 대량생산된 최초의 향수였다. 이 향수의 이름이 샤넬 넘버 5가 된 것은 러시아의 조향사 에르네스트 보가 병에 담아 제시한 10개의 샘플 중 코코 샤넬이 고른 향이 다섯 번째 것이었기 때문이다. 1952년 매릴린 먼로가 인터뷰에서 잘 때 뭘 입고 자느냐는 기자의 질문에 샤넬 넘버 5라고 답하면서 이 향수는 사람들의 뇌리에 더 깊숙이 각인됐다.

이 해에는

책
- [독일] 《논리철학 논고》, 루트비히 비트겐슈타인
- [이탈리아] 《작가를 찾는 6인의 등장인물》, 루이지 피란델로

노래
- [일본] 〈고추잠자리〉 (작사, 미키 로후 / 작곡, 야마다 고사쿠)

영화
- [스웨덴] 〈유령마차〉, 빅토르 셰스트룀
- **1. 21.** [미국] 〈키드〉, 찰리 채플린

궂긴 소식
- **8. 2.** 엔리코 카루소(이탈리아의 성악가)
- **5. 27.** 박재혁(독립운동가)
- **12. 16.** 카미유 생상스(프랑스의 작곡가)

1922년

첫 어린이날 행사 거행

↑ 초창기 어린이날 포스터(왼쪽은 1925년, 오른쪽은 1933년에 제작됐다.)

"나쁜 구경을 시키지 마시고 동물원에 자주 보내주십시오"

↓ 사진은 1923년 일본 잡지 《역사사진》 8월호에 실린 안창남의 모습이다.

1. 어린 사람을 헛말로 속이지 말아주십시오.
2. 어린 사람을 늘 가까이 하시고 자주 이야기하여 주십시오.
3. 어린 사람에게 경어를 쓰시되 늘 부드럽게 하여 주십시오.
4. 어린 사람에게 수면과 운동을 충분하게 하여 주십시오.
5. 이발이나 목욕 같은 것을 때맞춰 하도록 하여 주십시오.
6. 나쁜 구경을 시키지 마시고 동물원에 자주 보내 주십시오.
7. 장가나 시집 보낼 생각 마시고 사람답게만 하여 주십시오.
— 제1회 '어린이의 날' 선전문

일제강점기

1. 19. 무산자동지회 결성. 서울에서 공산주의자들이 조직한 한국 '최초의 사상단체'였다. 같은 해 3월 신인동맹회와 통합해 무산자동맹회로 이름을 바꾼 이 단체는 비밀결사인 조선공산당의 '합법기관' 역할을 했다.**

1. 21. 김규식·여운형 등, 극동인민대표대회 참석. 서구 열강의 워싱턴 회의에 맞서 코민테른 집행위원회 주관으로 '약소민족은 단결하라'는 표어 아래 2월 22일까지 소련 모스크바에서 열린 이 대회에는 한국인 참가 9개국 중 가장 많은 52명이 참석했다. 한국의 독립 요구가 거론조차 되지 않은 워싱턴 회의와는 달리 이 회의에서는 임시정부를 중심으로 한 민족주의운동을 지지하는 결의안을 채택했다.

2. 6. 총독부, 〈조선교육령〉 개정 공포. 문화통치가 시작되면서 교육정책에도 변화가 생겼다. 이 2차 조선교육령으로 보통학교의 교육 연한이 4년에서 6년으로 늘어나는 등 각급 학교의 연한이 연장되었고, 대학교의 설립도 가능해졌다. 그러나 식민지 교육의 본질이 바뀐 것은 아니었다. 여전히 조선인과 일본인은 다른 교육 체계가 적용되었고, 더욱이 일본어 과목이 필수가 되는 등 일본과 관련된 교육이 대폭 강화됐다.*

3. 28. 의열단, 일본 육군대장 다나카 기이치 암살 실패. 의열단원인 오성륜·이종암·김익상이 상하이 황포탄에서 다나카를 암살하려다 실패했다. 이종암은 도피했지만 김익상과 오성륜은 체포됐다. 일명 황포탄 의거라고 불린다.

5. 1. 천도교 소년회, **어린이날** 선포. 김기전이 주도한 소년회는 이날 자동차대와 창가대로 나뉘어 경성 일대를 누비며 창가를 부르고 선전서를 뿌리는 등 첫 어린이날 행사를 거행했다.* 어린이날은 1937년을 끝으로 중단되었다가 해방 후인 1946년 5월 5일 부활한다.

5. 1. 조선노동공제회, 노동제일 기념 연설회 개최. 경성 각황사에서 열린 이 행사는 한국에서 최초로 열린 메이데이 기념행사였다. 박이규가 '조선에서 처음인 오늘'을, 김홍기가 '노동자와 메이데이'를 주제로 강연하는 등 모두 네 명의 연사가 강연했다.**

10. 18. 조선노동연맹회 결성. 조선노동공제회를 이탈한 윤덕병 등이 신사회 건설과 계급적 단결을 강령으로 내걸고 조직한 이 사회주의 노동조합에는 경성인쇄직공친목회 등 13개 노동단체가 참여했다. 1924년 조선노농총동맹에 통폐합된다.

10. 21. 조선건축회, 문화주택도안전람회 개최. →

12. 10. 안창남, **고국방문** 비행. "조선의 비행기가 조선의 하늘에서 처음으로 나는 날이 왔다.… 조선 지도를 그린 금강호는 맑고 맑은 공중으로 웅장하게 날아오르니 수만 군중의 환호하는 소리는 여의도 넓은 마당이 떠나가는 듯했다."* 일본에서 활동하던 그를 동아일보사에서 성금을 모아 초청해 열린 이 비행을 보러 당시 경성 인구의 6분의 1에 이르는 5만 명이 매서운 겨울 날씨를 뚫고 여의도에 운집했다.**

12. 18. 총독부, 〈조선호적령〉 제정. 1914년에 개정된 일본호적법을 거의 그대로 가져왔고 이듬해 7월 1부터 시행됐다. 이에 따르면 호적은 호주인 남편의 직계 혈통을 중심으로 기재되었으며, 여성은 원칙적으로 호주가 될 수 없었다. 호적령은 해방 후에도 계속 시행되다 1960년 호적법으로 대체되었지만 내용은 크게 달라지지 않았다. 호주제는 2005년, 호적법은 2008년이 되어서야 폐지된다.

세계

2. 28. [이집트] 영국에서 독립. 이집트 점령에 대한 반감이 걷잡을 수 없을 만큼 팽배해졌다고 생각한 영국이 보호령의 폐지와 이집트 독립을 일방적으로 선언했다. 술탄 푸아드 1세가 이집트 국왕이 됐다. 하지만 왕국에는 여전히 영국군이 주둔하는 등 영국의 상당한 영향력을 행사하는 제한적인 독립이었다.

4. 3. [소련] 이오시프 **스탈린**, 소비에트연방공산당중앙위원회 서기장에 선출됨. 취임 2년 뒤 인민위원평의회 의장 블라디미르 레닌이 사망하자 그는 최대 정적인 레프 트로츠키를 축출하고 권력을 장악한다.

6. 28. [아일랜드] 내전 발발. 1921년 12월 체결된 영국-아일랜드 조약을 지지하는 세력과 반대하는 세력 사이에 내전이 벌어졌다. 내전은 이듬해 5월 조약 지지 세력의 승리로 끝나지만, 이때의 갈등과 상처는 오늘날까지도 아일랜드 정치에 영향을 미치고 있다.

10. 18. [영국] 영국방송회사(BBC) 창립. 무선수신기 제조업체들이 연합

해 런던에 설립한 이 유한회사는 11월 14일 오후 6시 첫 라디오 방송을 시작했다. 5년 후인 1927년 국영기업이 되며 영국방송협회(BBC)로 사명이 바뀌며(끝 단어 Company가 Corporation으로 바뀜) 세계 최초의 공영방송사가 된다.

10. 27. [이탈리아] 검은 셔츠단원들, 로마로 **진군** 시작. 24일, 무솔리니는 나폴리에서 검은 셔츠단원들에게 로마로 행군해 권력을 장악하라고 연설했다. 27일 이탈리아 전역에서 진군을 시작한 약 2~3만 명의 파시스트 검은 단원들이 일부 관공서와 역을 점거해가며 속속 로마에 집결했다. 그사이 무솔리니는 밀라노에서 국왕 에마누엘레 3세와 정부를 상대로 원격 협상을 진행했다. 결국 29일 국왕은 무솔리니를 총리로 임명하겠다고 발표했다. 루이지 팍타 총리의 계엄령 요청은 받아들여지지 않았다. 이후 31일 무솔리니가 총리가 되면서 이탈리아 왕국은 1943년까지 약 20년에 걸친 파시스트 전체주의 정권 시대로 들어간다.

11. 1. [오스만 제국] 메흐메드 6세, 폐위. 이로써 600년 넘게 지속된 오스만 제국은 멸망해 역사 속으로 사라진다.

12. 30. [소련] 소비에트사회주의공화국연방 건국. 소련은 러시아, 우크라이나, 벨라루스, 자캅카스가 연방을 이뤄 결성됐다. 1917년 러시아 혁명으로 제국이 붕괴되고 내전이 벌어진 지 5년 만이었다.

문화 / 과학·환경 / 스포츠

문화

1. 9. 《백조》 창간. 홍사용, 박종화, 나도향, 박영희 등 휘문의숙과 배재학당 출신의 문학청년들이 주도해 발행했다. 편집인은 홍사용이었지만, 발행인은 일제의 검열을 피하기 위해 선교사 아펀설라(亞篇薛羅, 헨리 아펜젤러)에게 맡겼다. 《백조》의 창간과 함께 한국 문단에 각각 자연주의, 퇴폐주의, 낭만주의적 경향을 보인 창조파, 폐허파, 백조파가 형성됐다.

4. 5. 안확의 《조선문학사》 발간. 국문학연구사상 최초로 시도된 국문학사 책이다. 한일서점에서 발간됐다.

5. 이광수, 〈개벽〉에 〈민족 개조론〉 기고.

6. 1. 조선미술전람회 개막. 총독부가 주최한 이 공모전의 공모 부문은 서양화 및 조각, 동양화, 서(書) 세 분야로 이루어졌다. 이때 유화 또는 양화로 불렸던 명칭은 '서양화'로 통일되었고, 서화는 '동양화'로 바뀌었다. 줄여서 선전이라고도 불린 이 전람회는 1944년까지 23회 계속되는 동안 입선 작가의 65퍼센트가 일본인이어서 조선의 화단에는 일본 화풍이 자연스럽게 스며들었다.

11. 26. [영국/이집트] 하워드 카터, 투탕카멘 무덤 발굴. 이날 그는 묘의 내부에서 도굴되지 않은 채 보존된 부장품들을 발견했다. 왕들의 계곡에서 가장 완벽하게 발굴된 이 무덤 덕분에 투탕카멘은 세계적으로 가장 유명한 파라오가 됐다.

○ [영국] 제임스 조이스의 소설 《**율리시스**》 및 T. S. 엘리엇의 시 《**황무지**》 출간. 이 두 작품이 연이어 출간된 1922년을 문학사가들은 모더니즘이 절정을 이룬 해로 평가한다.

과학·환경

11. 1. [캐나다] 레너드 톰슨, 인슐린을 주사받은 최초의 당뇨병 환자가 됨. 그는 프레더릭 밴팅과 찰스 베스트가 발견하고 제임스 콜립이 정제한 인슐린을 맞았다. 당시 당뇨 합병증으로 혼수 상태였던 14세 소년은 그 후 처방을 계속 받으며 13년을 더 살았다. 그전까지만 해도 당뇨병 환자는 치료제가 없어 불과 1~2년밖에는 살지 못했다. 2021년 기준, 전 세계의 성인 약 5억 3700만 명이 당뇨병을 앓고 있다.

스포츠

12. 8. 전조선야구단, 전미야구팀과 경기. 일본 투어 경기를 마친 전미야구팀을 초청해 용산 만철운동장에서 열린 이날 경기에서 조선대표팀은 3-23으로 대패했다. '헌터 올스타스'라고도 불린 전미야구팀에는 이 해 월드 시리즈 경기에도 뛴 조지 켈리(뉴욕 자이언츠), 조 부시(뉴욕 양키스) 등 메이저 리그 스타들도 포함되어 있었다.

← 이 해에 루이 암스트롱이 시카고의 킹 올리버 크리올 재즈 밴드에 합류하며 재즈계의 중요한 인물로 부상했다. 이 전환을 통해 암스트롱은 뛰어난 코넷 기술을 선보일 수 있었을 뿐만 아니라, 청중과 음악가 모두를 사로잡은 복잡한 두 개의 코넷 브레이크를 포함하여 재즈에 혁신을 일으킨 무대를 마련했다. 이 활기찬 도시에서 자신의 이름을 알리기 시작하면서 암스트롱의 재능과 카리스마는 미국 재즈의 풍경을 바꾸어놓았다.

1922년 풍경

"산에는 꽃 피네/꽃이 피네/갈 봄 여름 없이/꽃이 피네"(산유화/김소월). 산에 산에 산마다 꽃이 피면 골골마다 집집마다 사람도 피고 진다. 네모난 방처럼 시간에도 네모의 사계절이 차례차례 다녀간다. 본다는 봄, 열리는 여름, 간다는 가을에 이어 한 해를 마무리하는 난해한 계절, 겨울이 왔다. 이제는 많이 흐지부지해졌지만 한반도의 겨울은 삼한사온이 뚜렷했다. 차렷! 자세의 매서운 날씨가 공중에 서면 고드름이 처마 밑에 달리고, 한강은 얼었다. 서울은 한반도의 고원지대는 아니지만 가장 높은 대접을 받는다. 어느 곳에서든 상경(上京)한다고 했으니깐. 그 서울을 관통하는 한강(漢江). 한강의 漢은 은하수를 뜻한다. 그만큼 넓고도 길게 휘돌아 은하수의 꼬리처럼 한반도를 횡단하는가. 그 한강이 꽁꽁 얼었다. "작일의 일요를 이용하야 가지고 한강텰교 및 얼음에서 '스켓'을 하는 광경." 비류직하삼천척(이태백)의 폭포 울타리처럼 멀리 철교 아래 스케트 타는 사람들, 지상에 잠시 소풍 나온 하늘의 신선인 듯!

일제의 시기별 통치

시기	1910년대	1920년대	1930·40년대
통치 방식	무단 통치	문화 통치	민족말살 통치
배경	항일민족운동	3.1 운동	세계 경제 공황 일제의 전쟁 확대
목표	식민지 통치 기반 조성	민족 분열 유도	침략 전쟁 동원
주요 정책	1910 회사령 1911 제1차 조선교육령 1912 조선태형령 토지 조사 사업	1920 일간지 창간 허용 (검열 실시) 산미증식계획 1922 제2차 조선교육령 1924 경성제국대학 설립 1925 치안유지법	신사참배 강요 1936 조선사상범보호관찰령 1937 황국신민서사 강요 1938 국가총동원령 제3차 조선교육령 1939 국민징용령 1940 창씨개명 1941 금속류수령 1942 조선어학회 사건 조작 1943 학도병 강제 동원 1944 여자정신근로령

이 해에는

책
- 2. 2. [영국] 《율리시스》, 제임스 조이스
- 4. 5. 《조선문학사》, 안확
- 10. [영국] 《황무지》, T. S. 엘리엇

영화
- [독일] 《노스페라투》, 프리드리히 빌헬름 무르나우

궂긴 소식
- 1. 5. 어니스트 섀클턴(영국의 탐험가)
- 1. 22. 교황 베네딕토 15세
- 5. 19. 손병희(독립운동가, 천도교 교주)
- 9. 25. 신규식(독립운동가)
- 11. 18. 마르셀 프루스트(프랑스의 소설가)

독립한 나라
- 2. 22. 이집트 왕국 (← 영국)

1923년

간토 대학살

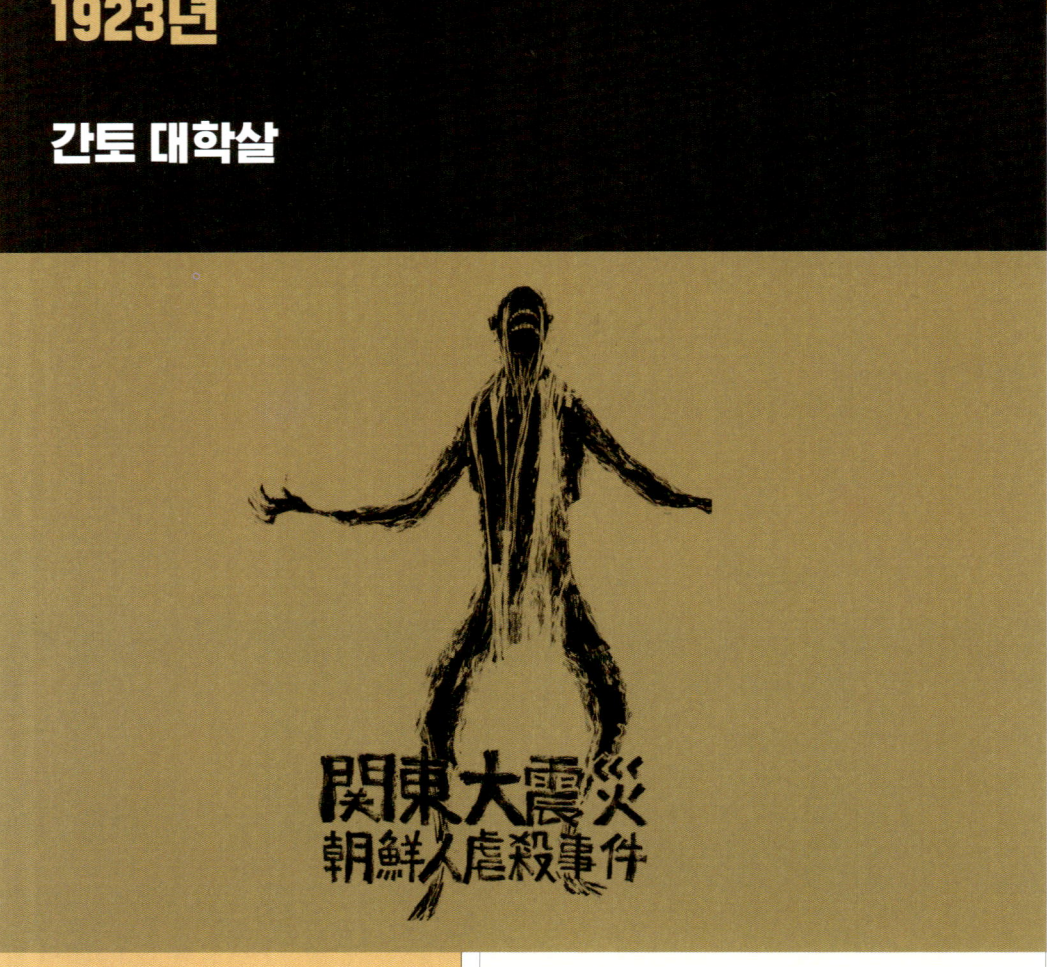

↑ 9월 1일 대지진이 일어나자 도쿄를 중심으로 계엄령이 선포된 가운데 일본 경찰과 자경단이 조선인과 일본인 사회주의자를 학살했다. 그들은 조선인들이 폭동을 획책하고 있다며 마구잡이로 폭행하고 살해했다. 며칠 동안 6천에서 2만 명의 조선인이 목숨을 잃었다.

"정말 너 일본인이야?
15엔 50전(쥬고엔 고짓센)
이라고 말해봐!"

복전(福田) 계엄사령관은 대략 다음과 같은 발표를 하였는데 이번의 재해를 당하여 불량 조선인의 폭동에 대하여 여러 가지로 헌전되었는 바 진재 당초에 삼삼오오의 불량 조선인이 폭동을 한 것은 사실이니 즉 횡빈(橫濱)부근에서 일부의 조선인은 강도·강간·방화를 계획하였을 듯하며 동경 지구전정(芝區田町)정류장 부근에서 삼영(森永) 제과소에 방화하고자 한 자를 발견한 것과 또 귀정호(龜井戶) 경찰서에서 지난 5일 또 조선인 6명과 또 이를 선동한 내지인의 사회주의자를 구속하였는데 명령에 굴복치 아니하여 폭행을 할 뿐 아니라 다른 구금자를 꾀여서 불온한 행동을 한 일이 있었으나 군대와 경찰관의 힘으로 불량 조선인 일파의 폭동은 전연히 침정되었고, 동경·횡빈의 질서는 회복되어 인심은 전혀 안정되었다더라.
— 《매일신보》, 1923. 9. 10.

일제강점기

1. 의열단, 〈조선혁명선언〉 발표. 의열단의 투쟁 지침인 이 선언문은 김원봉의 부탁을 받은 신채호가 작성했다. 선언문은 따르면 '강도 일본'을 쫓아내려면 민중이 직접 혁명에 나서는 방법밖에 없으며 '폭력은 우리 혁명의 유일 무기'이자 '정당한 수단'이다. 그리고 '일본 강도 정치 하'에서 문화운동을 주장하는 것은 '조선의 불행'으로 이어진다. 그러나 의열투쟁이 민중의 봉기를 끌어내리라는 기대는 이루어지지 않았고, 의열단은 1925년 이후 암살·파괴 활동에서 무장군사활동으로 노선을 전환했다.

1. 3. [임시정부] 국민대표회 개회. 독립운동 대표 100여 명이 상하이에 모여 연 이 회의의 목적은 임시 정부에 내재해 있던 갈등과 분열을 해소하고 독립운동의 전선을 통일시키기 위함이었다. 그러나 이날 임시회의를 시작으로 6월 7일까지 본회의와 비밀회의를 포함 총 74회나 회의가 열렸음에도, 통일을 이루는 데는 실패했다. 기존의 임시정부를 해체하고 새로운 정부를 수립하자는 창조파, **임시정부** 자체는 그대로 두고 조직만 개조하자는 개조파로 **분열**된 것이다. 회의 결렬로 임시정부는 큰 타격을 받고 이후 오랫동안 침체 상태에 빠지고 말았다.

1. 12. 김상옥, 종로경찰서에 폭탄 투척. 이날 밤 경성 종로경찰서에서 폭탄이 터졌다. 경찰은 의열단원인 김상옥을 범인으로 지목하고 추적했지만 그는 경찰을 따돌리고 도피를 이어갔다. 22일 경찰 4백 명이 은신처를 에워싸자 그는 3시간 동안 경찰 16명을 사살하는 등 총격전을 벌이다 마지막 남은 총알 한 발로 자결했다.

3. 24. 전조선청년당대회 개최. 93개 조직 260명의 대표가 참가해 29일까지 서울에서 열린 이 대회는 국내에서 사회주의자들의 주도하에 열린 최초의 전국적 집회였다. 청년운동을 사회주의 운동으로 확실하게 전환하려는 서울청년회가 주도한 이 집회를 계기로 조선 내의 민족·문화 운동은 문화운동과 사회·공산주의 운동으로 확연히 갈라서게 된다.

4. 25. **형평사** 창립. 경남 진주에서 조직된 이 백정 단체는 차별 철폐와 신분 해방을 목표로 했다.

4. 25. [임시정부] 조덕진 등 11인, 임시의정원에 이승만 탄핵안 제출. 국민대표회의가 진행 중이었기 때문에 본격적으로 논의되지는 못했다.

9. 간토 대학살.

12. 4. 암태소작인회 결성. 전남 무안군 암태면의 농민들이 7~8할에 달하는 가혹한 소작료 부과에 항의해 조직을 결성하고 소작료를 3할로 할 것을 요구하고 이것이 관철될 때까지 지주에게 소작료를 내지 않겠다고 결의했다. 요구는 묵살되었고 농민들은 시위와 단식투쟁으로 대응했다. 이듬해까지 이어진 항쟁은 8월 30일 소작료 4할로 인하 등의 성과를 얻어내며 농민 측의 승리로 일단락됐다. 암태도 소작쟁의는 이후 다른 지역에도 영향을 미치며 한국농민운동사의 한 획을 그은 사건으로 평가받고 있다.

← 1984년 갑오개혁으로 백정은 법적으로 해방됐지만, 멸시와 모욕 등 사회적인 차별은 여전했다. 백정 출신 자신이 이학찬과 양반 출신 강상호, 신현수, 천석구 등이 진주에서 80여 명의 회원들과 함께 형평사를 창립했다. 그들은 '공평은 사회의 근본이요, 애정은 인류의 본량(本良)이다. 그런고로 우리는 계급을 타파하고 모욕적 칭호를 폐지하여 교육을 장려'해 자신들도 '참다운 사람'이 되는 것이 자신들의 목표라고 밝혔다. 백정들의 이러한 형평운동에 대해 이것을 '양반이 되려는 운동'이라고 비판하며 형평사를 습격하거나 '새 백정놈'들에게 폭력을 가하는 일도 벌어졌다.

세계

- **5. 16.** [러시아] 적군, 야쿠트 반란 진압. 러시아 극동지역에서 일어난 이 마지막 군사 교전이 진압되면서 5년 넘게 지속된 러시아 내전도 막을 내린다. 내전은 단지 10월 혁명의 종결만은 아니었다. 내전을 거치며 러시아에는 공포 정치를 활용하는 새로운 전체주의 체제가 탄생했다.*
- **6. 29.** 제2차 발칸 전쟁 발발.
- **7.** [독일] 초인플레이션 발생.
- **7. 24.** 로잔 조약 체결. 튀르키예 공화국과 연합국이 체결한 이 평화조약으로 튀르키예는 이스탄불, 이즈미르, 동트라키아 등 핵심 영토를 인정받았다. 그러나 에게해에 있는 대부분의 섬이 그리스로 넘어가고, 이미 영국의 지배하에 있던 키프로스에 대한 튀르키예의 권리도 부인됐다. 이 조약은 현대 튀르키예의 독립과 국경을 확립한 중요한 전환점이었다.
- **8. 3.** [미국] 캘빈 쿨리지, 대통령직 승계. 전날 워런 하딩 대통령이 갑작스럽게 사망함에 따라 부통령인 그가 이날 제30대 대통령으로 취임했다.
- **9. 1.** [일본] 간토 대지진 발생. 규모 7.9의 이 지진으로 10만~20만 명이 목숨을 잃었다. 도쿄 주택의 4분의 3인 57여만 호의 주택이 무너져 파괴되거나 화재로 타버렸다. 지진 발생 후 일본 정부의 명시적, 암묵적 승인하에 군경과 자경단이 약 6000명을 학살했다. 희생자 중에는 한국인뿐만 아니라 일본인 공산주의자, 사회주의자, 무정부주의자, 특이한 방언을 쓴 일본인들도 있었다.
- **9. 9.** [튀르키예] 인민당 창당. 무스타파 케말 아타튀르크 주도로 창당된 이 당은 튀르키예에서 가장 오래된 당이다. 이듬해 현재의 당명인 공화인민당으로 개칭됐다.
- **10. 29.** [튀르키예] 공화국 선포. 새로운 수도인 앙카라에서 공식적으로 공화국이 선포됐다. 초대 대통령은 무스타파 케말 아타튀르크였다.
- **11. 8.** [독일] 뮌헨 폭동 발생. 독일투쟁동맹의 아돌프 히틀러가 뮌헨에서 돌격대(SA)를 이끌고 바이에른 정부를 전복하려고 시도했지만, 다음날 정부군에 의해 진압됐다. 이날 폭동으로 20명이 사망했고, 히틀러는 11일 체포됐다. 히틀러는 5년형을 선고받지만 이듬해 12월 감옥에서 풀려난다. 결국 폭동은 성공하지 못했지만 그는 전국적으로 유명해졌고, 감옥에 있는 동안《나의 투쟁》을 쓴다.

문화 / 과학·환경 / 스포츠

문화

- **4.** 염상섭, 중편소설 〈만세전〉 발표.
- **5. 1.** 방정환 등, 색동회 조직. 도쿄에 있던 방정환의 집에서 손진태, 윤극영 등이 참여해 결성한 아동문예연구회인 색동회는 어린이를 위한 동요 작곡, 동화 창작 등 어린이 문화운동에 함께할 동지를 규합하려 했다. 이후 바람대로 색동회는 일제강점기와 해방 이후 어린이 운동의 주축이 된다.*
- **7. 13.** [미국] 할리우드 사인 설치. 캘리포니아주 로스앤젤레스 할리우드힐스 지구가 내려다보이는 곳에  설치된 이 사인은 원래 부동산 개발 업자가 광고로 설치한 것으로 원래 글자는 할리우드랜드(Hollywoodland)였다. 임시로 설치된 것이었지만 유명세를 탄 덕분에 존치되다가 1949년 뒤쪽 글자 '랜드' 부분이 철거되어 할리우드만 남았다. 할리우드 영화의 랜드마크로 자리잡은 이 표지판은 1978년 내구성이 뛰어난 강철 구조물로 바뀌었다.

과학·환경

- **4.** 지그문트 프로이트의《자아와 이드》출간. 이 논문에서 그는 의식과 무의식의 형성과 상호관계를 설명하기 위해 자아, 이드, 초자아라는 개념을 제시한 후, 인간의 정신이 이 세 부분으로 구성되어 있다고 주장했다.
- **7. 7.** 조선유학생학우회, 상대성이론 순회강연 시작. 이 회의 순회강연은 1920년 여름방학부터 시작되었는데, 이 해의 주제는 '금번 물리학계의 일대 혁명이라고 말하는 아인슈타인 씨의 상대성이론'이었다.* 이여성, 한위건, 최윤식이 주도한 순회강연은 이날 부산을 시작으로 26일까지 거의 한 달간 조선 전역을 달구었다. 일반인 30전, 학생 20전의 입장료를 받았음에도 강연회장은 20년대 초 조선 전역을 휩쓴 아인슈타인 열풍** 속에서 '시대에 낙오되지 않으려는' 사람들로 매번 만석이었다.

스포츠

- **4. 28.** [영국] 웸블리 경기장 개장. 영국 축구의 상징과 같은 이 구장의 개장 첫 행사는 볼턴 원더러스와 웨스트햄 유나이티드 간의 FA컵 결승전이었다. 수용인원은 입석까지 12만 5000명이었지만, 이날 관중 수는 30만 명을 훨씬 넘었을 것으로 추정된다. 2003년 철거되고 2007년 9만석 규모로 다시 세워졌다.
- **6. 30.** 제1회 전조선여자정구대회 개막. 동아일보 주최로 경성 정동 제일고등여학교 운동장에서 열린 이 대회는 여학교 응원단과 부인들에게만 입장을 허용했음에도 '경기장의 수용력보다 입장한 사람은 몇 곱절을 초과'할* 정도로 장안의 관심을 불러일으켰다.

1923년 풍경

라면 한 봉지, 보잘것없어도 물 붓고 끓이면 한 끼니를 해결해주는 훌륭한 요리다. 각종 가전제품도 마찬가지다. 애개개 싶다가도 전기만 넣으면, 못 가는 곳, 못 하는 일이 없다. 전차는 이제껏 보지 못한 대규모의 발이었다. 졸지에 축지법을 실현한 전차를 보고 사람들은 무슨 생각을 했을까. 아버지의 등보다 훨씬 견고하고 넓은 전차는 단순히 이동 수단만은 아니었다. 제 옆구리에 광고를 붙이고, 공간을 뒤섞으며 문화를 전파하였다. '남녀칠세부동석'이라 운운하던 시대에도 한 여성이 객실의 가운데를 당당히 차지하며 혼자 외출하였다. 육중한 전차의 시대 정신을 이어받은 전동차가 오늘도 서울, 부산, 대구, 인천, 광주, 대전의 지하를 씩씩하게 달리고 있다.

진도 등급별 현상 (1단계~12단계)

진도1	지진계에만 기록되는 수준
진도2	매달린 물체가 약하게 흔들림
진도3	트럭이 지나가는 것과 같은 진동
진도4	집안의 그릇, 창문이 심하게 흔들림
진도5	그릇, 창문 등이 깨지기도 함
진도6	무거운 가구가 움직일 수 있음
진도7	운전 중인 사람도 지진동을 느낌
진도8	기둥, 벽돌이 무너짐
진도9	모든 건물에 피해발생 가능
진도10	지표면이 심하게 갈라짐
진도11	다리가 무너지고 땅이 꺼짐
진도12	지표면에 파동이 보임, 물체가 공중으로 튀어 나감

이 해에는

책
- 8. [중국]《절규》, 루쉰
- ○ [독일]《두이노의 비가》, 라이너 마리아 릴케
- ○ [스위스]《새로운 건축을 향하여》, 르코르뷔지에
- ○ [스위스]《역사와 계급의식》, 루카치 죄르지(독일에서 독일어로 출간)

영화
- 4. 1. [미국]〈안전불감증〉, 프레드 뉴마이어, 샘 테일러
- ○ 〈월하의 맹서〉, 윤백남

궂긴 소식
- 1. 22. 김상옥(독립운동가)
- 2. 10. 빌헬름 콘라트 뢴트겐(독일의 물리학자)
- 3. 9. 요하네스 디데릭 판데르발스(네덜란드의 물리학자)
- 8. 2. 워런 하딩(미국의 대통령)
- 8. 19. 빌프레도 파레토(이탈리아의 경제학자)
- 12. 27. 귀스타브 에펠(프랑스의 건축가)

← 독일은 1921년 6월부터 1924년 1월 사이에 엄청난 초인플레이션을 겪었다. 1차대전 이전 미국 돈 1달러는 4마르크가 조금 넘었다. 1923년 1월에는 1만 7000마르크였다. 12월에는 4.2조 마르크였다. 맥주 한 잔의 가격이 무려 1억 5천만 마르크였다. 결국 1924년에는 100조짜리 마르크화 지폐가 발행됐다. 100조는 1 뒤에 0이 14개가 붙은 수이다. 아이들은 지폐 뭉치를 장난감 삼아 놀았고, 어른들은 불쏘시개나 벽지로 썼다. 이런 초인플레이션의 가장 큰 원인은 최종적으로 1320억 마르크로 결정된 1차대전 배상금이었다. 초인플레이션은 1924년 배상금 상환을 대폭 완화하는 도스안이 체결되고, 렌텐마르크라는 새로운 화폐를 도입하면서 진정되기 시작하지만, 끝내 히틀러라는 희대의 독재자를 등장시키고 결국 2차대전을 촉발시켰다.

1924년

경성제국대학 개교

↑ 6월 12일, 경성제국대학이 개교했다. 이 대학은 교명은 원래 조선제국대학이었다. 원래 일본은 도쿄 제국대학, 교토 제국대학처럼 앞에 지역명을 붙여 제국대학의 교명을 짓는 것이 관행이었다. 그래서 조선에 세우는 대학의 교명 역시 조선을 앞에 붙여 조선제국대학이라고 지었지만, 그렇게 되면 조선제국의 대학을 뜻할 수도 있게 된다는 것이 문제가 되어 이미 예과 입학시험을 치렀음에도 경성제국대학으로 바꿨다. 첫 입학시험의 최종합격자 180명 중 조선인은 고작 44명이었고 나머지는 모두 일본인이었다. 경성제국대학은 해방 전 한반도에 존재한 유일한 대학이었다. 사진은 경성 청량리에 신축된 경성제국대학 예과 교사이다.

> "반갑고 즐겁다는 것보다도 가이없고 애닯다는 말할 수 업는 비애를 가지게 되엿다. 그 이유는…
> 「이것도 우리의 것이 아니다」"
> — "경성제국대학 예과의 개교식을 보고서", 《개벽》

교육의 목적은 국체(國體)의 본의에 준하여 충량유위(忠良有爲)한 황국신민을 연성(鍊成)하는 바에 있으며, 특히 대학은 최고학부이므로 졸업생들은 국가에 수요(須要)한 인재로서의 자각이 필요합니다. 학생들은 입학 이래 절차탁마하여 졸업하게 되었으며, 가는 길은 달라도 최종적으로는 국체의 본의에 귀착해야 하고 황국을 위해서 나가야 합니다. 내외의 정세는 중대한 시기에 들어가 있으나 사변 이래 황국(皇國)은 백전백승하고 있으며 국시(國是)의 관철을 착착 진행 중입니다. 그러나 동양의 평화를 확립하고 성업을 이룩하기 위해서는, 견인지구(堅忍持久) 전도다사(前途多事)이며, 이러한 중대한 시국에 사회에 나아서 학창들과 같이 국가를 위해 뜻을 관철해야 합니다. 졸업생은 황국의 사명과 일성봉공(一誠奉公) 대의를 명심하여 학창들과 협력하여 내선일체의 실(實)을 심화시키고 또한 경성대 설립의 목적에 따라서 천황폐하의 기대에 보답해야 합니다.
— 조선총독 미나미 지로, 〈경성제국대학 제10회 졸업식 고사(告辭)〉, 1938년 3월 25일

일제강점기

1. 5. 김지섭, 일본 황궁에 폭탄 투척 시도. 의열단원인 그는 일본 황궁에 폭탄을 던지려 했다. 그러나 중국에서 준비해간 수류탄 세 개가 모두 터지지 않았다. 비록 실패하기는 했지만 일본 천황을 대상으로 삼은 최초의 의거였다.

3. 18. 조선제국대학 입학시험. 한국에서 치러진 첫 대입시험이었다. 이날부터 4일에 걸쳐 실시된 입학시험에는 중등학교 졸업자 659명이 지원했고, 합격자는 26일에 발표됐다. 4월 말 교명이 바뀌었고, 합격자들은 조선제국대학이 아니라 **경성제국대학** 학생이 됐다.

4. 18. 조선노농총동맹 창립. 노동단체와 농민단체를 아우르는 중앙 조직이었던 조선노농총동맹은 전국적으로 확대되던 각종 쟁의에 개입해 일제의 식민통치에 대항하였다.

4. 21. 조선청년총동맹 결성. 23일까지 열린 창립대회에는 전국 600여 개 청년단체 중 223개 단체가 참여한 이 단체는 '대중을 본위로 한 신사회 건설'과 '조선민중 해방운동의 선구가 되는 것'을 목표로 삼았다.

4. 23. [임시정부] 이동녕, 국무총리 취임.

5. 23. 정종명·김필애·주세죽 등, 조선여성동우회 결성. 한국 최초의 사회주의 계열 여성단체인 조선여성동우회는 '신사회의 건설과 여성해방'을 위한 '일꾼 양성'을 목표로 했다.

5. 30. [임시정부] 노백린, 참모총장 취임.

6. 12. **경성제국대학 개교** 일본 제국의 6번째 제국대학으로 설립된 경성제국대학이 이날 개교식을 거행했다. 예과는 이에 앞서 5월 12일부터 수업을 개시했다. 해방 후 경성대학으로 전환되었다가, 미군정에 의해 폐교됐다. 이후 서울대학교 설립과정에서 경성제국대학의 시설들이 활용된다.

6. 26. [임시정부] 참의부 정식 인준. 정식 명칭이 '대한민국임시정부 육군주만참의부'인 이 독립군단체는 대한통의부를 이탈해 임시정부 직할 부대로 편성됐다. 서간도 지역을 근거로 항일 무장투쟁에 주력했다.

7. 5. **권기옥**, 단독 비행 성공.

9. [임시정부] 임시의정원, 이동녕을 대통령직 대리로 지명. 이에 이승만은 크게 반발하여 임시정부에 보내는 각종 독립자금의 송금을 중단하라고 지시했다.

11. 대한통의부, 정의부로 확대 개편됨. 정의부는 군사기구이자 자치기구의 성격을 지니고 있는 독립운동연합체로 하얼빈 이남의 만주 중앙 지역을 근거로 활동했다.

11. 19. 신사상연구회, 화요회로 개칭. 서울청년회와 통일당 건설이 무산된 이후 국내부가 독자적인 당 건설을 위해 단체의 명칭을 변경했다. 단체 명칭은 마르크스의 생일이 화요일인 것에서 따왔다. 1925년 북풍회와 통합해 조선공산당 창당을 주도한다.

11. 25. 북성회, 북풍회 조직. 재일한국인 사회주의 단체인 북성회의 국내지부였다.

12. 17. [임시정부] 임시의정원, 박은식을 국무총리 겸 대통령대리로 추대.

← 7월 5일, 중국 원난육군항공학교 1기생 권기옥이 첫 단독비행에 성공했다. 육군 항공대 창설과 비행사 양성을 구상하고 있던 임시정부의 요인인 이시영의 추천서를 받아 1923년 12월 항공학교에 입학한 그는 1925년 2월 학교를 졸업한 후 조선 여성 최초로 비행사가 된다. 임시정부에 입사하여 독립운동에 참여하기를 원했지만 여의치 않자, 이후 중국 서북군 공군을 거쳐 국민혁명군 동로 항공사령부 등에서 비행사로 활동하며 북벌에 참가하기도 했는데, 여성 조종사로는 그가 유일했다. 사진은 1935년 중국 공군에서 선전 비행을 준비하던 권기옥의 모습이다. (당시의 비행기 사진들과 합성한 것이다.)

세계

1. 20. [중국] 중국국민당 제1차 전국대표대회 개막. 쑨원 주재로 중국공산당도 참여한 가운데 이날부터 30일까지 광저우에서 열린 이 대회를 통해 러시아와의 동맹, 공산당과의 동맹, 농민과 노동자 지원이라는 세 가지 주요 정책이 결정됐다. 이로써 국민당과 공산당은 혁명통일전선을 구축해 일본제국에 대항한다는 합의로 **제1차 국공합작**이 이루어진다. 이 대회에는 마오쩌둥도 중국 국민당 지역 조직 대표로 참가했다.

1. 21. [소련] 인민위원평의회 의장 **블라디미르 레닌 사망**.

1. 22. [영국] 노동당 내각 출범. 램지 맥도널드가 총리와 외무장관을 겸직한 이 내각은 영국 역사상 최초의 노동당 내각이었다.

3. 25. [그리스] 의회, 공화정 선포. 이후 4월 13일 실시된 국민투표로 군주제 폐지와 제2공화국으로의 이행이 승인됐다.

4. 11. [덴마크] 사회민주당, 총선 승리. 최초로 사회민주당 정부가 집권하였다. 이후 총리가 된 토르발 스타우닝 당 대표의 주도로 니나 방을 세계 최초의 여성 장관으로 임명하는 등 일련의 자유주의적인 개혁을 펼쳐 복지국가의 기반을 마련했다.

5. 24. [미국] 캘빈 쿨리지 대통령, 이민법에 서명. 1924년 이민법이라고도 불리는 이 법은 미국 이민자의 수를 제한하는 법이었다. 특히 아시아 출신자에 대해 이민을 전면적으로 금지하는 조항이 포함되어 있었다.

8. 16. [1차대전] 도스안 조인. 연합국과 독일 바이마르 공화국은 이날 파리에서 도스안에 서명했다. 찰스 게이츠 도스 미국 재무장관 주재로 영국과 미국의 합동 위원회가 제안한 이 안은 독일이 연합국 측에 지급해야 할 배상금의 연간 배상금을 조정해 지급기간을 늘려주고, 미국이 월스트리트를 통해 독일에 차관을 제공한다는 것이었다. 9월 1일부터 발효된 이 안은 독일의 전후 경제회복에 크게 기여했다.

11. 4. [미국] 대통령 선거. 현직 대통령인 공화당의 캘빈 쿨리지가 민주당의 존 데이비스를 누르고 재선에 성공했다.

11. 26 [몽골] 몽골인민당, 인민공화국 선포. 소련에 이은 세계에서 두 번째이자 아시아 최초 사회주의 국가의 탄생이었다.

↓ 1923년 3월 레닌에게 세 번째 뇌졸중이 찾아왔다. 그는 몸이 마비되었고, 말도 제대로 할 수 없게 됐다. 그리고 이듬해인 1924년 1월 21일에 죽었다. 그에 대한 숭배가 부활했다. 러시아 제국의 수도였던 페트로그라드의 이름이 26일 '레닌그라드'로 개칭됐다. 그를 기리는 기념비가 곳곳에 세워지고 거대한 초상화가 거리에 내걸렸다. 삼두체제의 주역 중 한 사람인 그리고리 지노비예프가 '레닌은 세상을 떠났지만, 레닌주의는 살아 있다'고 말했듯이 '프롤레타리아트의 선봉대 역할'을 해온 일당 독재는 소비에트에서 오랫동안 사라지지 않았다. 스탈린, 흐루쇼프, 브레즈네프, 고르바초프 이들 모두가 '레닌주의자'였다. 그리고 레닌의 시신은 방부처리되어 모스크바의 붉은광장에 있는 영묘에 안치되어 공개되고 있다.

문화 / 과학·환경 / 스포츠

문화

2. 12. [미국] 조지 거슈윈, 뉴욕에서 〈랩소디 인 블루〉초연. '재즈 시대의 문화적 시대정신을 구현한' 작품이자 미국 음악사의 새 시대를 연 곡으로 평가받고 있다. 1984년 로스앤젤레스 하계 올림픽 개막식에서는 이 곡을 84명의 피아니스트가 동시에 연주했다.

6. 현진건, 〈운수 좋은 날〉 발표.

7. 11. 조선키네마주식회사 설립. 부산에서 설립된 이 영화사는 민간자본으로 설립된 한국 최초의 영화제작 주식회사였다. 그러나 한국인 인력의 서울행으로 인한 제작 인력 공백과 흥행 실패로 인한 재정적 어려움으로 〈운영전〉 등 단 네 편만을 제작하고 단명한다.

10. 13. 노수현, 〈멍텅구리 헛물켜기〉 연재 시작. 이날부터 1926년 5월 30일까지 《조선일보》에 연재된 이 작품은 한국 최초의 신문 연재만화이자 4컷 만화였다. 멍청하게 한 여자만을 바라보는 최멍텅과 기생 신옥매, 그 둘 사이를 농락하는 윤바람을 주인공으로 한 이 만화는 주인공의 이름을 모르는 사람이 없을 만큼 선풍적인 인기를 끌었고, 1926년에는 〈멍텅구리〉라는 영화로 제작된다.

과학·환경

10. 1. 발명학회 창립. 경성공업전문학교 1회 졸업생인 김용관이 주도한 이 학회는 발명을 통한 과학기술인 양성과 과학지식 보급을 통한 대중 계몽운동을 목적으로 했다. 1933년 《과학조선》을 창간하고, 이듬해에는 '과학데이' 행사를 주최한다.

11. 23. 에드윈 허블, 우리은하 밖의 또 다른 은하 확인. 그동안 먼지와 가스 구름으로 여겨져 '성운'으로 분류되던 것들이 실제로는 은하수 너머에 있는 또 다른 은하임을 후커 망원경을 통해 확인했다. 이러한 발견이 《뉴욕 타임스》에 최초로 발표됐다.

스포츠

1. 25. [프랑스] 샤모니에서 **제1회 동계 올림픽 개막**. 원래는 하계 올림픽에 포함된 행사였지만, 이듬해 IOC의 결정으로 소급 적용되어 이 대회가 제1회 대회로 지정됐다. 스피드스케이팅 남자 500m에서 우승한 미국의 찰스 주트로가 동계 올림픽 최초의 금메달리스트가 됐다.

7. 5. [프랑스] 파리에서 제8회 하계 올림픽 개막. 올림픽 표어 "**더 빨리, 더 높이, 더 힘차게**(Citius, Altius, Fortius)"가 이 대회 때부터 정식으로 도입됐다.

1924년 풍경

1922년 아인슈타인은 중국 상해에서 일본으로 가는 배 위에서 노벨상 수상 소식을 들었다고 한다. 상대성이론을 발표한 뒤 개기일식을 통해 빛의 휘어짐을 관측하면서 아인슈타인의 이론이 옳다는 것이 증명됐다. 이로써 그는 일약 세계적인 과학 영웅이 됐다. 아인슈타인이 조선을 방문하지 않았지만 그에 대한 소개와 '과학'에 대한 강연회는 당시 선풍적인 인기를 끌었다고 한다. 아직 과학이라는 말이 정립되고 '사이언스'라는 용어가 채 통용되기도 전의 일이었다. 이런 현실을 딛고 과학은 서서히 압도적인 힘을 갖추기 시작했다. 발명학회가 출범하고 '과학데이'가 제정됐다. 실험실의 도구로 사람의 생각을 객관적으로 관찰 가능한 영역으로 옮겨놓게 된 것이다. 그 이후 오늘날까지 과학이 거둔 압도적인 성과와 성가는 증명됐다. 이렇다 할 기기가 별 없는 어느 고등학교 과학반 풍경. 일견 조악해 보이는 실험도구 앞에서 눈빛만큼은 형형하다. 안광(眼光)이 지배(紙背)가 아니라 삼각플라스크를 철(撤)할 만큼.

소주 알코올 도수 변천사

- 진로(증류식): 35도 (1924)
- 진로(희석식): 30 (1960), 25 (1970)
- 20~19.8 (1998)
- 처음처럼 (2006)
- 새로: 16 (2022)
- 선양소주: 14.9 (2023)

이 해에는

책
- 11. 20. [독일] 《마의 산》, 토마스 만
- ○ [칠레] 《스무 편의 사랑의 시와 한 편의 절망의 노래》, 파블로 네루다

노래
- ○ 〈반달〉(작사·작곡, 윤극영)
- ○ 〈설날〉(작사·작곡, 윤극영)
- ○ 〈고드름〉(작사, 유지영 / 작곡, 윤극영)

영화
- 9. 5. 〈장화홍련전〉, 박정현
- 12. 4. [미국] 〈탐욕〉, 에리히 폰 슈트로하임

궂긴 소식
- 1. 21 블라디미르 레닌(러시아/소련의 사회주의 혁명가이자 정치인)
- 2. 3. 우드로 윌슨(미국의 대통령)
- 6. 3. 프란츠 카프카(체코의 소설가)
- 7. 13. 앨프리드 마셜(영국의 경제학자)
- 11. 29. 자코모 푸치니(이탈리아의 작곡가)

1925년

치안유지법 시행, 국가보안법의 뿌리

↑ 〈치안유지법〉과 관련해 《동아일보》에 실린 만평들. ① 2월 26일자는 비탈길을 굴러 내려오는 사상의 바위를 〈치안유지법〉으로 막으려는 우매함을 비꼬았다. ② 3월 20일자는 〈치안유지법〉이라는 도끼로 조선의 독립운동 나무를 마구 베어내는 상황을 풍자했다. ③ 4월 27일자는 총독부의 제령7호 바위에 이미 짓눌려 있는 조선인의 등에 〈치안유지법〉 바위를 하나 더 얹는 일본 정계의 무모함을 꼬집었다.

"국체를 변혁하는 것을
목적으로 결사를 조직한 자는 …
사형 또는 무기나
7년 이상의 징역에 처한다"

제1조 국체를 변혁하거나 사유재산제도를 부인하는 것을 목적으로 결사를 조직하거나 이에 가입한 자는 10년 이하의 징역 또는 금고에 처한다.
제3조 그 목적이 되는 사항의 실행을 선동한 자는 7년 이하의 징역 또는 금고에 처한다.
— 〈치안유지법〉, 1925년

제1조 국헌을 위배하여 정부를 참칭하거나 그에 부수하여 국가를 변란할 목적으로 결사 또는 집단을 구성한 자는 좌에 의하여 처벌한다.
제3조 그 목적한 사항의 실행을 협의선동 또는 선전을 한 자는 10년 이하의 징역에 처한다.
— 〈국가보안법〉, 1948년

↓ 신축된 경성역의 전경을 담은 채색 사진엽서. 경인 철도 개통 이래 줄곧 '남대문정거장' 또는 '남대문역'으로 불려온 이 역은 신축 공사가 한창 진행 중이던 1923년 1월 1일부터 '경성역(京城驛)'으로 개칭됐다. 해방 후인 1947년 11월 1일 서울역으로 역명이 바뀐다.

일제강점기

3. 10. 신민부 결성. 북만주 지역의 독립운동단체들이 통합을 추진하는 과정에서 대한독립군단과 북로군정서가 통합해 결성됐다. 군사기구이자 자치기구의 성격을 띠었다. 이로써 만주 지역에는 3부 즉 참의부, 정의부, 신민부가 활동하게 된다.

3. 18. [임시정부] 임시의정원, **이승만 대통령 탄핵**. 11일 임시대통령 이승만 심판위원회는 이승만은 '난국수습과 대업의 진행에 하등 성의를 다하지 않을뿐더러… 의정원의 선거를 받아 취임한 임시대통령이 자기 지위에 불리한 결의라 하야 의정원의 결의를 부인하고 심지어 한성조직의 계통 운운함과 같음은 대한민국의 임시헌법을 근본적으로 부인하는 행위'라고 심판했다. 이어 18일 의정원은 그를 탄핵하고, 23일 면직시킨 뒤 곧바로 박은식을 대통령으로 선출했다.

3. 30. [임시정부] 임시헌법 개정안 결의. 박은식 대통령이 대통령제를 폐지하고 국무령을 중심으로 하는 내각책임제를 채택했다. 대통령제가 독재로 흘렀던 점을 고려한 것이다. 그는 개헌을 마친 후 8월 사임했고, 9월 임기 3년의 이상룡이 초대 국무령으로 취임했다. 박은식은 이해 11월 세상을 떴다.

4. 17. 화요회·북풍회·상해파 등, **조선공산당 창당**. 김재봉, 김찬, 김약수, 박헌영 등 독립과 사회주의를 꿈꾸는 19인이 비밀리에 경성 아서원에 모여 조직한 이 결사체는 국내 최초의 통일된 사회주의당이었다.

5. 12. 〈**치안유지법**〉 시행. '국체를 변혁하는 것을 목적으로 결사를 조직한 자 또는 결사의 역원 기타 지도자의 임무에 종사한 자'를 처벌하는 이 법은 일본뿐만 아니라 조선에도 적용됐다.

9. 30. 남만주철도주식회사, **경성역 준공**. 돔 형태의 지붕과 벽돌로 지어진 르네상스식 양식의 이 역은 1896년 지어진 스위스의 루체른역을 따라 지은 것이다. 10월 15일에 영업을 개시했고, 25일에는 국내 최초의 양식당이 역사 내에 문을 열었다. 2004년에 새 역사가 완공되면서 이 옛 역사는 영업을 종료했다.

10. 15. 총독부, 경성신궁(조선신궁)을 조선신사로 격상시킴. 일제는 조선에 대한 일본의 지배와 신성함을 과시하기 위한 조치였다. 일본의 식민지에서 신궁은 조선신궁이 유일했다. 신궁 진좌제가 열린 이날 법무국은 '죄수들에게 떡을 주고 점심밥도 다소간 평시보다 좋게 주었다.'

11. 22. 신의주 사건 발생. 신의주의 한 식당에서 신만청년회 회원들이 친일변호사와 일본인 순사를 구타하는 일이 벌어졌다. 제1차 조선공산당 사건이라고도 불리는 이 사건의 수사과정에서 조선공산당이 코민테른에 보내는 문서가 발각되어 김재봉, 박헌영 등 약 220명이 검거된다. 이로 인해 조선공산당은 와해 상태에 이른다.

12. 조선공산당 재조직. 제1차 조선공산당의 김재봉 등은 신의주 사건으로 검거되기 전 12월에서 이듬해 1월에 걸쳐 조직을 재정비해 강달영을 책임비서로 하는 제2차 조선공산당을 구성했다.

세계

3. 4. [미국] 캘빈 쿨리지, 제30대 대통령 취임. 이날 거행된 취임식은 처음으로 라디오로 중계방송됐다.

3. 12. [중국] 쑨원, 사망. "나의 국민혁명의 목적은 중국의 자유와 평등의 실현이다"라는 유촉(遺囑)을 남겼다. 국민당 총리인 그가 암으로 죽자 우파인 장제스와 좌파인 왕징웨이 사이에 즉각적인 권력 투쟁이 벌어졌고, 이듬해 장제스가 권력을 잡는다.

4. 22. [일본] 〈치안유지법〉 공포. 사회주의를 지향하는 조직과 운동을 더 효과적으로 단속하기 위해 제정됐다. '국체를 변혁'하려거나 '사유재산제도를 부인하는 것'을 목적으로 결사를 조직하는 것'을 범죄로 규정했다. 단속 대상이 공산주의자에서 점차 자유주의자, 종교인으로 확대되어 일본의 전쟁 정책에 비판적인 사상과 운동에 대한 탄압법으로 맹위를 떨치게 된다. 2차대전 후 연합국 점령 당국에 의해 법이 폐지될 때까지 7만 명 이상이 이 법에 따라 체포된다.

4. 25. [독일] 대통령 선거 2차 투표. 초대 대통령 프리드리히 에베르트가 사망함에 따라 전달 29일에 실시된 대통령 선거에서 과반 득표자가 나오지 않아 이날 실시된 2차 투표 결과 파울 폰 힌덴부르크가 당선됐다. 우파의 지지를 받은 그는 1933년 아돌프 히틀러를 총리로 임명함으로써 나치가 권력을 장악하는 데 중요한 역할을 한다.

4. 28. [영국] 윈스턴 처칠 재무장관, 금본위제 복귀 발표. →

5. 5. [일본] 중의원의원선거법 공포. 약칭 '보통선거법'으로 불린 이 법으로 일본국적을 갖고 내지에 거주하는 만 25세 이상의 모든 성년 남자에게 선거권이 주어졌다. 시행 초기 전 인구의 약 20%가 해당됐다.

6. 17. 제네바 의정서 서명. 정식 명칭은 '질식성, 독성 또는 기타 가스 및 세균학적 전쟁수단의 전시사용 금지에 관한 의정서'이다. 남북한 모두 1988년에 각각 비준하였다.

12. 1. [유럽] 로카르노 조약 조인. 10월 영국, 프랑스, 이탈리아, 독일, 벨기에, 체코슬로바키아, 폴란드 대표들이 스위스 로카르노에 모여 협상한 후 12월 1일 영국 런던에서 서명한 이 일련의 조약은 지역 평화를 위한 국제적 안전보장조약이었다. 특히 독일은 프랑스와 벨기에의 국경을 인정하고 존중하기로 약속했다. 이 조약으로 유럽은 잠시 평화기로 들어섰다.

12. 12. [이란] 제헌의회, 레자 칸을 샤로 선언. 레자 칸은 레자 샤 팔레비라는 이름으로 이란의 황제가 되었고, 대관식은 이듬해 4월 거행됐다. 이로써 이란의 마지막 왕조인 팔레비 왕조가 시작됐다.

문화 / 과학·환경 / 스포츠

문화

6. 8. 총독부, 조선사편수회 설치. 1922년 설치된 조선사편찬위원회가 칙령 제218호 조선사편수회관제에 의거 확대 개편된 이 기구는 1931년부터 1937년까지 총 36권에 달하는 《조선사》를 간행했다. '한국의 역사와 문화에서 타율성과 정체성을 부각시켜 식민지 지배의 필요성을 뒷받침하는 식민주의 역사학을 구체화한 것'이었다.

8. 23. 조선프롤레타리아예술가동맹 결성. 프롤레타리아 문학과 계급혁명운동을 목적으로 삼은 사회주의 문학단체였다. 단체의 에스페란토식 표기인 'Korea Artista Proleta Federatio'의 머리글자를 따 약칭 '카프'(KAPF)로도 불린다. 최서해, 이기영, 한설야, 임화 등이 회원이었으며, 1931년과 1934년에 회원들이 일제에 검거되는 사건이 일어나면서 동력을 상실했고 1935년 해체된다.

12. 21. [소련] 〈전함 포템킨〉 개봉. 1905년 혁명을 기념해 모스크바 볼쇼이 극장에서 이날 첫 상영된 세르게이 예이젠시테인 감독의 이 무성영화는 전함 포템킨에서 일어난 선원들의 반란을 다루고 있다. 역사상 최고의 선전 영화로 평가받고 있는 이 영화는 특히 혁신적인 촬영 기술과 몽타주 기법이 적용된 오데사 계단 장면으로 유명하다. 이 강력한 시퀀스는 수많은 영화에서 오마주될 정도로 큰 영향력을 지녔다.

12. 26. 김소월의 《진달래꽃》 발행. 윤동주의 《하늘과 바람과 별과 시》와 함께 한국인이 가장 아끼는 시집 중 하나인 이 책은 소월 생전에 출간된 유일한 시집이다. →

과학·환경

7. 21. [미국] 존 스코프스, 유죄 선고 받음. 고등학교 교사인 그는 공립학교 교사가 진화론을 가르치는 것을 금지하는 테네시주 버틀러 법을 어겼다는 이유로 벌금 100달러를 부과받았다. '원숭이 재판'이라고도 불리며 대중의 큰 관심을 끌어모았다. 버틀러법은 1967년에 폐지된다.

9. 27. [독일] 《물리학회지》, 논문 〈양자역학에 관하여〉 접수. 막스 보른과 파스쿠알 요르단이 공동으로 쓴 이 논문은 '양자역학'이란 용어가 처음으로 사용된 물리학 문헌이었다. 이 논문은 이듬해 베르너 하이젠베르크가 합류해 발표한 〈양자역학에 관하여 II〉와 함께 현대 양자역학의 문을 열어젖힌 역사적인 논문이었다.

10. 2. [영국] 존 로지 베어드, 텔레비전 화상 전송 성공. →

스포츠

10. 15. 경성운동장 개장. 정식 명칭이 '동궁전하어성혼기념 경성운동장'인 이 한국 최초의 근대적 종합운동장은 2008년 철거될 때까지 80년 넘게 한국 스포츠의 중심 무대였다. 1945년 서울운동장, 1985년 동대문운동장으로 이름이 바뀐다.

← 11월 14일부터 25일까지 프랑스 파리의 피에르 화랑에서 초현실주의 회화전이 열렸다. 조르조 데 키리코, 막스 에른스트, 파울 클레, 호안 미로, 만 레이, 파블로 피카소 등 일군의 초현실주의 예술가들이 참여했다. 초현실주의 예술가들이 연 첫 공식전인 이 전시회는 20세기 이후 예술과 문화에 초현실주의가 지속적인 영향을 미칠 수 있는 토대가 됐다. 옆 그림은 미로가 그린 〈아를레키노의 카니발〉이다. 그는 자신의 이 그림이 '배고픔이 낳은 환각의 산물'이라고 말했다.

1925년 풍경

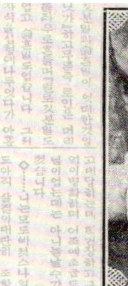

들숨에서 날숨까지, 한 호흡 간에 매달려 있는 사람의 목숨. 요람에서 무덤까지. 울퉁불퉁한 사람의 일생. 대문 밖이 바로 저승이고, 태어난 순서가 곧 죽음의 차례가 아닌 건 이런 생생한 경험에 근거한 오래된 정보다. 그래서 자기 나이만큼 살 수밖에 없는 사람에게 장수에 관한 소식은 늘 뉴스거리였는가 보다. '백세장수자 천씨의 생활'이란 제목의 기사 아래 기자의 인터뷰는 이렇게 이어진다. "자식 9명, 자부 7명. 니는 다 빠져도 살결 좋추 건강해. 난리 중에는 천주교도학살난이 무서워. 제주도 신좌면 신촌리에 사는 고행숙씨의 모친 천씨(千氏)가 백 살이나 되었습니다. …먼저 장수한 것을 축하하는 뜻을 표한 즉 '전생에 무슨 죄가 잇섯든지 이러케 오래 살아 잇슴니다' 하고…" 첫돌이야 웬만하면 누리지만 백돌은 함부로 허락되지 않는다. 이 천지간에 가득한 기운도 사람이란 그릇이 없다면 그 뜻을 어디다 담을까. 파란만장의 한 세기를 온전히 살아낸 저 노인 앞에서 어쩌면 이 광활한 우주도 사람이란 형식의 길이와 넓이 안의 일이겠다는 생각이 드는 것이다.

동물의 수명

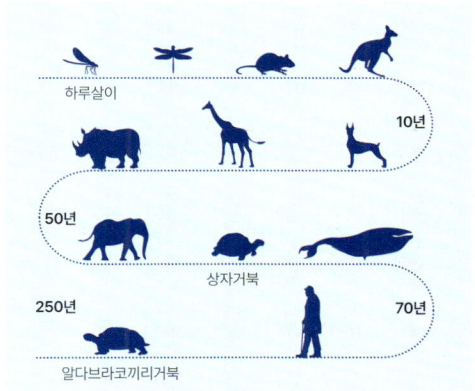

이 해에는

책

4. 10. [미국] 《위대한 개츠비》, 프랜시스 스콧 피츠제럴드
7. 18. [독일] 《나의 투쟁》, 아돌프 히틀러
12. 26. 《진달래꽃》, 김소월
○ [프랑스] 《위폐범들》, 앙드레 지드

영화

○ [소련] 〈전함 포템킨〉, 세르게이 예이젠시테인
3. 〈심청전〉, 이경손

궂긴 소식

3. 12. 쑨원(중화민국의 혁명가)
7. 1. 에리크 사티(프랑스의 작곡가)
7. 26. 고틀로프 프레게(독일의 철학자, 수학자)
11. 1. 박은식(역사학자, 독립운동가)

1926년

김우진, 윤심덕 동반 자살

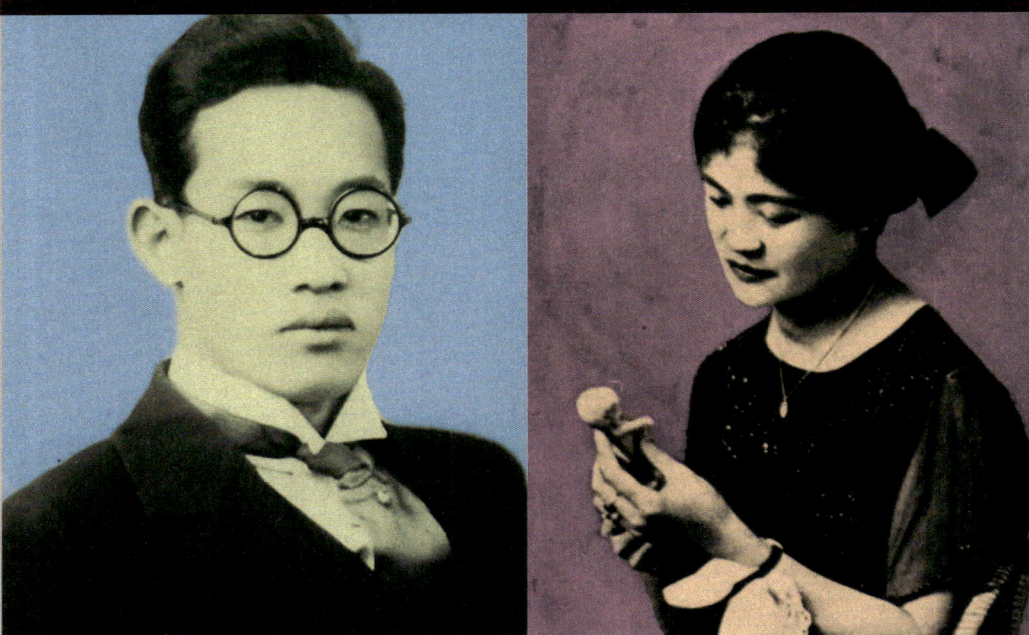

↑ 식민지 조선 땅에 대중음악 시장의 문호를 연 것은 〈사의 찬미〉를 남기고 죽은 윤심덕이다. • 윤심덕과 김우진, 두 엘리트 남녀의 동반 자살은 대중에게 엄청난 충격을 주었다. 게다가 자살한 여자의 목소리가 담긴 노래가 나오고 그 죽은 여자의 목소리를 들을 수 있다는 사실 그 자체도 충격적이었다. 〈사의 찬미〉가 수록된 음반은 10만 장 가까이 판매된 것으로 추산된다. ••

"광막한 광야에 달리는
인생아 너의 가는 곳
그 어데이냐."

광막한 광야에 달리는 인생아
너의 가는 곳 그 어데이냐
쓸쓸한 세상 험악한 고해에
너는 무엇을 찾으러 가느냐

눈물로 된 이 세상에
나 죽으면 그만일까
행복 찾는 인생들아
너 찾는 것 허무

웃는 저 꽃과 우는 저 새들이
그 운명이 모두 다 같구나
삶에 열중한 가련한 인생아
너는 칼 위에 춤추는 자로다
— 윤심덕, 〈사의 찬미〉

↓ 6월 10일, 대한제국의 마지막 황제인 순종의 장례일을 기해 조선공산당, 천도교, 학생계 등 다양한 세력이 연합해 만세 시위운동을 전개했다. 순종의 장례(인산) 행렬 모습.

일제강점기

4. 14. 화요회·북풍회·조선노동당·무산자동맹회, 정우회(正友會)로 통합. 사회주의 세력 내의 조직적 통일을 위한 조치였다.

6. 10. **6·10 만세운동.** 제2차 조선공산당이 대한제국의 마지막 황제인 순종의 인산일에 맞춰 종교계, 민족주의, 학생, 청년 등의 세력이 결집한 만세 시위를 계획하면서 시작됐다. 10일 아침 학생들이 일본 군경의 삼엄한 감시 속에서 격문을 살포하고 태극기를 들고 만세 시위를 벌였다. 이에 수많은 사람이 시위에 동참하고 학생들은 동맹휴교를 했다. 처음 계획에는 크게 못 미치는 규모로 끝났지만, 이 만세 운동은 3·1 운동 이후 침체되어 있던 항일민족운동에 활기를 불어넣었다.

6. 20. 유일한, **유한양행** 창립. 그는 미국 재산을 정리하고 귀국해 '건강한 국민만이 주권을 누릴 수 있다'는 신념으로 종로 덕원빌딩에 제약회사 유한양행을 설립했다. 1969년 경영 일선에서 은퇴하며 자식이 아닌 회사 임원에게 사장직을 물려줘 전문경영인 등장의 선구자 역할을 한 것도 그가 가진 기업 철학의 실천이다. 특히 투명경영과 성실납세는 기업 경영의 제1원칙이었다. 일제시대와 1960년대 권력과 타협하지 않는 유한양행을 향한 세무조사의 칼날은 1원도 탈세하지 않았다는 사실이 알려지며, 오히려 모범납세기업으로 선정되는 일도 있었다.

7. 7. [임시정부] 임시의정원, 홍진을 국무령으로 선출.

7. 8. 안창호, 대혁명당 결성 촉구. 그는 독립운동촉진회 주최로 상하이에서 개최된 연설회에서 '우리 민족을 압박하는 일본을 대항하며 나아가자는 민족적 현상을 절규함에는 자기의 주의가 무엇이든지 같은 소리로 나아갈 수 • 있다며 대혁명당을 결성할 것을 제안했다. 좌우를 가리지 않고 독립운동의 모든 세력을 통일해 하나의 정당을 조직하자는 **민족유일당 운동**••을 촉구한 것이었다.

11. 15. 정우회 선언 발표. 조선공산당과 밀접한 관계를 맺고 있던 정우회가 공개 발표한 이 선언서에는 사회주의 운동의 새로운 방침과 함께 비타협적 민족주의 세력과의 제휴 필요성이 담겨 있었다. 정우회의 이런 노력은 이듬해 신간회라는 좌우합작 민족협동전선의 창립으로 이어진다.

12. 6. 조선공산당 재조직. 제2차 조선공산당은 6·10 만세 운동이 준비 단계에서 발각되어 결정적 타격을 입었다. 이에 조직 재정비에 나선 김철수 등을 중심으로 이날 경성에서 제2회 대회를 열고 당을 재건했다. 이 제3차 조선공산당은 대체로 서울계 신파, 일월회계, 만주 고려공청파가 합세한 형태를 취한 '통일 조공' 또는 'ML당'이라고도 불렸다.

12. 14. [임시정부] 김구, 국무령에 취임.

12. 28. 의열단원 나석주, 식산은행과 동양척식주식회사 경성지점에 폭탄 투척. 폭탄은 두 곳 다 폭발하지 않았고, 그는 경찰과 대치 중 자결했다.

세계

5. 3. [영국] 노동조합회의(TUC), 총파업 개시. 직장폐쇄로 쫓겨난 광부들을 지지하기 위해 이날 오후 11시 59분 TUC가 총파업에 들어갔다. 철도와 항만이 마비되고 공장과 신문사가 문을 닫는 등 9일간 영국 전체를 뒤흔든 일대 사건이었던 이 총파업에는 약 170만 명의 노동자가 참여했다. 파업은 일주일 넘게 지속되었지만, TUC는 어떠한 양보도 얻어내지 못한 채 굴복했다.

5. 28. [포르투갈] 군사 쿠데타 발생. 제1공화국이 전복되고, 1974년 카네이션 혁명이 일어날 때까지 독재체제가 이어진다.

7. 9. [중국] 국민혁명군, 북벌 개시. 국민혁명군 총사령 장제스가 군벌과 제국주의를 타도하고 중국의 통일과 독립을 위해 전군에 동원령을 내리고 북벌을 시작한다. 소련은 자국에 우호적인 중앙정부를 재건하기 위해 국민당과 공산당 모두와 협력하고 북벌을 지지했다. 그러나 장제스는 1927년 대부분의 중요한 군벌을 물리치거나 끌어들이자마자 합작을 무너뜨리고 공산당을 금지한다.

9. 8. [독일] 국제연맹 가입. 나치 독일 정권 성립 후인 1933년 탈퇴한다.

11. 15. [미국] NBC, 라디오 방송 시작. 6월 19일 전자회사 RCA가 설립한 NCA는 CBS, ABC, 폭스와 함께 미국의 '빅 4' 상업 방송사 중 하나이며 그중 가장 오래됐다.

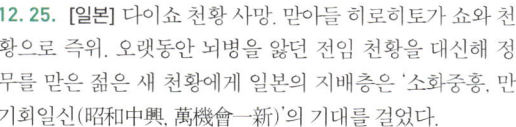

12. 25. [일본] 다이쇼 천황 사망. 맏아들 히로히토가 쇼와 천황으로 즉위. 오랫동안 뇌병을 앓았던 전임 천황을 대신해 정무를 맡은 젊은 새 천황에게 일본의 지배층은 '소화중흥, 만기회일신(昭和中興, 萬機會一新)'의 기대를 걸었다.

↓ 쇼와 천황. 천황의 자리에서 그가 이끈 태평양전쟁으로 아시아인 2000만 명과 일본인 300만 명이 희생됐다. 그는 법적으로 패전국의 최고책임자였으면서도 침략전쟁에 대한 아무런 책임도 지지 않았다. 오히려 새로 제정된 헌법에 따라 '일본국의 상징이며 일본국민 통합의 상징'(제1장 제1조)으로서 1989년 1월에 사망할 때까지 패전 후로도 40년 넘게 천황의 자리를 지켰다. 사진은 1928년 즉위식 때 의례복을 차려입은 쇼와 천황의 모습이다.

문화 / 과학·환경 / 스포츠

문화

2. 10. 경성사진사협회 결성. 사진사 간의 친목과 사진업 규칙 등을 통일하고 일본인 사진관과 경쟁하기 위해 경성의 조선인 사진사들이 모여 만든 이 단체는 이익단체로만 머물지 않고 사진을 통한 계몽운동과 교육활동도 펼쳤다.

6. 이상화, 〈빼앗긴 들에도 봄은 오는가〉 발표. 《개벽》 6월호에 실렸다.

10. 1. 〈아리랑〉 개봉. 민족영화이자 한국 무성영화의 기념비적 작품인 나운규의 이 무성영화는 일제에 탄압받던 한국인의 고통을 잘 표현해 1926년 10월 단성사에서 처음 상영되자마자 대만원을 이루며 이후 전국 방방곡곡으로 퍼져나갔다. 현재 〈아리랑〉의 원본 필름은 소재가 파악되지 않고 있다.

10. 14. 앨런 알렉산더 밀른의 《곰돌이 푸》 출간. 문학 역사상 가장 유명한 곰인 푸가 등장하는 첫 소설이었다. 월트 디즈니 컴퍼니는 1961년 작품의 스토리와 캐릭터에 대한 권리를 확보해 일련의 애니메이션과 캐릭터 상품을 제작해 엄청난 수익을 거둔다.

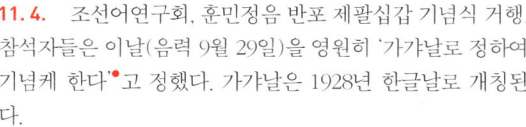

10. 코코 샤넬의 '리틀 블랙 드레스'가 《보그》 10월호에 실림. 《보그》는 샤넬이 디자인 한 이 옷을 포드의 자동차 모델 T에 비유하며 '온 세상이 입을 드레스'라고 소개했다. 그의 이 실용적인 드레스는 검은색을 슬픔의 색이 아니라 우아함의 색으로 재정의했다.

11. 4. 조선어연구회, 훈민정음 반포 제팔십갑 기념식 거행. 참석자들은 이날(음력 9월 29일)을 영원히 '가갸날로 정하여 기념케 한다'고 정했다. 가갸날은 1928년 한글날로 개칭된다.

과학·환경

3. 16. [미국] 로버트 고더드, 액체연료 로켓 발사 성공. 매사추세츠주 오번에서 발사된 이 로켓은 2.5초 동안 12.5미터를 상승해 184.51미터를 날았다. 액체연료 추진제, 즉 연료와 산화제를 사용한 세계 최초의 로켓 비행이었다.

스포츠

8. 25. 축구 클럽 AC 나폴리 창단. 1984년 아르헨티나의 디에고 마라도나를 영입하면서 그가 떠난 1991년까지 리그 우승 두 차례, 1989년 UEFA컵 우승을 차지하는 등 전성기를 구가했다. 2020년 홈구장의 명칭을 산파올로 경기장에서 디에고 아르만도 마라도나 경기장으로 바꿀 정도로 그는 아직까지도 팬들의 절대적인 사랑을 받으며 영웅 대접을 받고 있다. 현재 클럽명은 SSC 나폴리이다.

1926년 풍경

독립운동가이기도 했던 나운규는 뜻한 바 있어 영화판에 뛰어들어 〈아리랑〉을 제작한다. 우리나라 최초의 무성영화인 그 영화의 주인공은 3·1 운동의 고문 후유증과 충격으로 미쳐버린 '김영진'이다. 일제의 암울한 시대를 "미치광이"가 아니고서는 살아낼 수 없다는 점을 영화는 정직하게 암시하는 것이다. 이는 시대상의 정곡을 찔러 대단한 흥행몰이를 했다. 하지만 이후 제작된 아리랑 후속편은 처참한 실패였다. 그러나 과연 실패일까. 그 이후 한국 영화는 여러 우회로를 거치면서 오늘날의 대단한 '한국 영화'가 되지 않았는가. 〈아리랑〉 촬영을 모두 마친 배우들은 화면 바깥의 사정을 이미 간파한 듯, 시간을 믿는다는 듯, 홀가분한 기분을 만면에 가득 담고 있다. 연기가 아니라 실제의 표정으로.

민족유일당 운동의 흐름

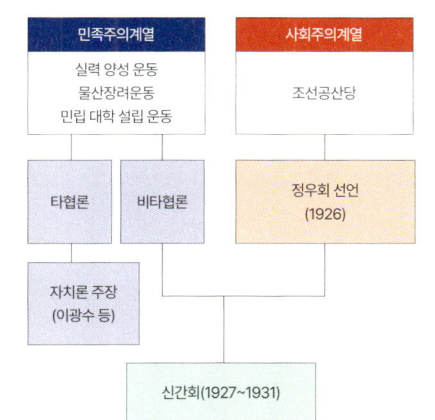

이 해에는

책
- 5. 20. 《님의 침묵》, 한용운
- ○ [프랑스] 《사탄의 태양 아래》, 조르주 베르나노스
- ○ [영국] 《애크로이드 살인 사건》, 애거사 크리스티

노래
- ○ 〈사의 찬미〉 (노래, 윤심덕)

영화
- 10. 1. 〈아리랑〉, 나운규

궂긴 소식
- 2. 12. 이완용(관료, 친일반민족행위자)
- 4. 25. 순종(대한제국의 황제)
- 6. 10. 안토니 가우디(에스파냐의 건축가)
- 8. 4. 윤심덕(성악가, 가수)
- 8. 26. 나도향(소설가)
- 12. 5. 클로드 모네(프랑스의 화가)
- 12. 25. 다이쇼(일본의 천황)
- 12. 28. 나석주(독립운동가)
- 12. 29. 라이너 마리아 릴케(오스트리아의 작가)

1927년

신간회 결성

"우리는 단결을
공고히 한다."

↑ 1927년 경성 종로 기독교청년회관에서 열린 신간회 창립대회 모습이다. 회장에 이상재, 부회장에 홍명희가 선출됐다.

조선 민족의 정치적 의식이 발달됨에 따라 무슨 파가 암암리에 활동하느니 혹은 무슨 파가 집단적으로 결속하느니 하며 사회 각 방면에 여러 가지 풍설이 유행하는 것은 일반이 아는 바와 같다. 이제 순민족주의 단체로 신간회가 발기되어 현재 창립 준비 중이라는데 그 회의 목표는 우경적 사상을 배척하고 민족주의 중의 좌익전선을 형성하려는 것이라고 한다. 조선에 있어서 어느 의미로 보든지 드물게 보는 회합이므로 각 방면의 영향이 크리라고 일반이 추측한다. 그 회의 강령과 발기인의 이름은 아래와 같다고 하며 창립총회는 2월 15일에 개최한다고 한다.

강령
우리는 정치적·경제적 각성을 촉진한다.
우리는 단결을 공고히 한다.
우리는 기회주의를 일체 부인한다.
— 〈신간회 강령〉

↓ 5월, 일본질소비료주식회사가 함경남도 흥남에 조선질소비료주식회사를 설립했다. 이 비료회사는 인근 부전강 수력발전소의 전기를 이용해 화학비료를 생산했다. 조선의 전력과 자원을 이용해 대규모 화학공업과 군수산업을 육성하고 만주 침략을 지원하기 위해 설립된 대표적인 식민지 기업이었다.

일제강점기

1. 28. 박경원, 3등조종사 면허 취득. 한국 최초 민간 여성 비행사였다.

2. 15. **신간회 설립**. '민족유일당 민족협동전선'이란 표어 아래 비타협적 민족주의 세력과 사회주의 세력이 항일이라는 공동 목표 실현을 위해 연대해 만든 좌우합작 사회운동단체였다.

2. 16. **경성방송국** 정식 방송 시작. 조선총독부 체신국 산하의 이 라디오 방송국의 호출부호는 JODK였다. 이는 1925년 개국한 도쿄(JOAK), 오사카(JOBK), 나고야(JOCK) 방송국에 이어 일본제국의 네 번째 방송국이었기 때문이다. 개국 초기에는 한국어와 일본어를 1:2 비율로 방송했고, 청취료는 월 2원이었다.

3. 29. **이상재**, 별세. 경성의 셋집에서 78세의 나이로 세상을 떴다. '살아서는 조선사람이 되고, 죽어서는 조선 귀신이 되려고 했을 뿐인' 그의 마지막 직책은 신간회 회장이었다. 셋집을 전전하던 그가 남긴 재산은 아무것도 없었다. 그러나 4월 7일, 사회장으로 치러진 그의 장례에 운집한 추모객은 10만여 명이었다. 당시 경성 인구의 3분의 1에 해당하는 규모였다.

4. 11. [임시정부] 〈대한민국임시약헌〉 공포. 제3차 개정 헌법이었다. 국무령을 폐지하고, 5~11인의 국무위원들이 공통으로 권한과 의무를 가졌다. 이로써 임시정부는 단일지도체제에서 집단지도체제로 바뀌었다. 주석은 두되 국무위원 가운데 호선한다고 규정하여 권력을 분산시킨 것이다. "대한민국의 최고권력은 임시의정원에 있음"(제2조)이라고 규정함으로써 국가의 최고권력이 당에 있다는 것을 명시했는데, 당시 진행 중이던 민족유일당 운동을 의식한 것이었다.

5. 27. **근우회** 설립. 여성운동 진영이 좌우를 초월해 설립한 식민지 시기 최대의 여성단체였다.

5. 27. 노구치 시타가우, 조선질소비료주식회사 설립. 이미 1925년 조선에 진출해 수력개발사업을 하고 있던 그가 흥남에 세운 이 회사는 수력 발전으로 얻은 전력을 화학 비료 사업에 활용했다.

8. 19. [임시정부] 이동녕, 주석으로 추대됨. 국무위원과 법무장도 겸임했다. 신임 내각에서는 김구가 내무장, 오영선이 외무장, 김철이 군무장, 김갑이 재무장을 맡았다.

9. 6. 조선노농총동맹, 조선노동총동맹과 조선농민총동맹으로 분리됨.

12. 10. 야마나시 한조, 제4대 조선총독 취임. 육군대장 출신이었다.

세계

1. 24. [미국/니카라과] 미국 해병, 니카라과 상륙. 이어진 증파와 함께 미군의 사실상의 니카라과 점령 상태는 1932년까지 지속됐다.

4. 12. [중국] 장제스, 상하이에서 반공 쿠데타 감행. 그가 이끄는 국민당이 무력을 동원해 공산당과 노동자를 공격했다. 이 사건으로 제1차 국공합작이 결렬되고 제1차 국공내전에 돌입하게 된다.

4. 18 [중국] 장제스, 난징에 중화민국 국민정부 수립. 상하이의 부르주아지는 이를 지지했고 7월 상하이 특별정부가 출범했다.

5. 21. [미국] 찰스 린드버그, 첫 무착륙 단독 대서양 횡단 비행 성공. 단엽기 '세인트루이스 정신' 호를 타고 20일 이른 아침 뉴욕을 출발한 그는 다음 날인 21일 오후 10시 22분에 파리 인근 르부르제 공항에 착륙했다.

7. 4. [인도네시아] 수카르노, 인도네시아 민족주의자연합 결성. 이듬해 인도네시아 국민당으로 개칭됐다. 네덜란드 식민 정부에 맞서 민족운동을 전개한 최초의 정당이었다.

9. 18. [미국] CBS 개국. 이날 개국과 동시에 라디오 방송을 시작한 CBS는 NBC, ABC, 폭스와 함께 미국의 '빅 4' 상업 방송사 중 하나이다.

11. 12. [소련] 레프 트로츠키, 공산당에서 축출됨. 이로써 이오시프 스탈린은 소련을 완벽하게 장악했다.

12. 2. [미국] 포드자동차사, 모델 A 공개. 1908년 모델 T를 생산하기 시작한 지 19년만에 출시한 모델이었다. 헨리 포드는 "모든 것을 새로 시작한다"는 의미로 이 후속 차에 다시 '모델 A'라는 이름을 붙였다. →

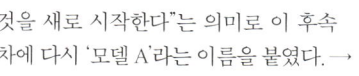

12. 25. [베트남] **베트남 국민당** 창당. 하노이의 젊은 지식인 그룹이 결성했다. 처음에는 민족주의적이고 혁명적인 색채가 강한 소규모 비밀 조직으로 출발했지만, 곧 베트남의 청년, 지식인, 도시 중산층의 호응을 얻으며 조직이 확대됐다. 프랑스 식민지배를 종식시키고 민주공화국을 건설하는 것을 목표로 삼았다.

12. 30. [일본] 긴자선 운행 개시. 아사쿠사역과 우에노역 사이의 14.2km를 운행한 이 철도 노선은 아시아 최초의 본격적인 지하철이었다.

문화 / 과학·환경 / 스포츠

문화

2. 8. 조선어연구회, 동인지 《한글》 첫 호를 펴냄. 이 월간지는 이듬해 10월 9호가 간행되고 종간되었지만, 조선어학회가 1932년에 창간한 기관지 《한글》의 전신으로 볼 수 있다.

3. 조선영화예술협회 설립. 우수한 순문예영화를 제작하여 일본을 비롯한 외국에 수출할 것을 목표로 이경손, 안종화, 이우 등의 발기로 설립됐다. 임화, 김유영, 서광제, 조경희 등이 함께 연구생으로 들어갔고, 이들로부터 카프영화운동이 시작된다.

10. 6. 〈낙화유수〉 발표. 김서정이 작사·작곡한 이 대중가요는 이구용이 감독하고 단성사에서 개봉된 동명의 무성영화 주제가로 발표됐고, 1929년 그의 동생인 이정숙의 노래로 음반이 발매됐다. 한국인이 작사·작곡한 최초의 가요였다.

10. 6. [미국] 최초의 장편 유성영화 〈재즈 싱어〉 개봉. 앨런 크로슬랜드가 감독하고 앨 졸슨이 주연한 이 영화의 엄청난 성공으로 본격적인 유성영화의 시대가 열린다. 극 중에서 앨 졸슨은 이렇게 말한다. "잠깐, 잠깐만. 아직 넌 아무것도 못들었다니까."

과학·환경

2. 23. [독일] 베르너 하이젠베르크, 불확정성 원리 정초. 이날 볼프강 파울리에게 보낸 14쪽짜리 편지에는 정확히 한 달 후인 3월 23일 제출한 논문에 담긴 것과 거의 일치하는 중요한 내용이 담겨 있었다. 위치와 운동량 사이에 정확성이 반비례한다는 것이었다. 그리고 이러한 생각은 '어느 시점에서 한 입자의 위치와 운동량을 동시에 정확하게 하는 것은 불가능하다'라는 **불확정성 원리**로 확장된다.

$$\Delta x \, \Delta p \geq \frac{\hbar}{2}$$

7. 22. [미국] 허먼 조지프 밀러, 〈유전자의 인공적 변이〉 발표. 그는 한 해 전, 초파리(*Drosophila melanogaster*)에 X선을 노출시키면 치명적인 돌연변이가 크게 증가한다는 사실을 발견했다. 그는 연구를 이어갔고, 실험 유전학과 방사선 유전학의 토대를 마련했다는 평가를 받으며 국제적인 명성을 얻고 노벨 생리학·의학상을 받았다. →

스포츠

6. 7. [이탈리아] 축구 클럽 AS 로마 창단. 로마를 연고지로 하며 세리에 A에서 세 차례 우승했다.

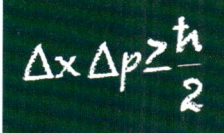

10. 17. 마봉옥, 한국 마라톤 첫 공인 기록 수립. 제3회 조선신궁경기대회의 한 종목으로 열린 경기에서 그는 **3시간 29분 37초**의 기록으로 우승했다.

12. 20. 제1회 조선씨름대회 개막. 경성 종로청년회관 대강당에서 22일까지 열린 이 대회의 '우승의 소[牛]는 뚝섬 신득윤 군에게' 돌아갔다.

← 영화에 음향효과를 통합시킨 최초의 유성영화인 〈재즈 싱어〉에서 소리가 나오는 시간은 10분 남짓이었다. 1930년이 넘어서면서 어떤 영화사도 소리를 향한 진화를 넋 놓고 지켜볼 수만은 없게 된다. MGM은 그레타 가르보가 출연한 1927년의 〈키스〉 뒤로는 다시는 무성영화를 만들지 않는다. 대사 넣기를 거부했던 찰리 채플린도 1931년 〈시티 라이트〉를 시작으로 영화에 영상과 일치하는 음향효과와 음악을 쓴다. 사진은 〈재즈 싱어〉 개봉일에 영화를 보기 위해 뉴욕 워너극장 앞에 모인 관객들의 모습이다.

1927년 풍경

그 모든 당대는 당대로서 충분히 현대적이다. 대개 지나간 시절은 흑백사진으로 기억된다. 그렇다고 과거가 빛도 없이 캄캄했던 시절은 결코 아니다. 매연이나 황사 한 톨 없는 환경. 외려 지금보다 훨씬 깨끗한 총천연색의 세상이지 않겠는가. 식민지 시대 공간에서 만나는 문학잡지는 어두운 감이 없지 않았다. 《개벽》, 《창조》, 《폐허》, 《장미촌》 등등. 이마저 창간호를 내고 대부분 2~3호에 그쳤다. 여기에 제목도 별스러우면서 오래 견딘 잡지가 있다. 〈별건곤(別乾坤)〉. 하늘(乾)과 땅(坤)을 아우르는 건곤에 특별하다(別)는 뜻을 붙인 신박한 조어이다. 그야말로 세상의 별난 호기심을 담은 대중종합잡지였다. 그렇다고 '방탕한 오락물'과 '비열한 정서'를 조장하는 취미는 '박멸'하자면서, "조선은 어디로 가나?" 등의 기획기사를 싣기도 하였다. 팔짱 끼고 거리를 활보하는 모던걸, 모던뽀이! 저들의 모습에서 독자들은 숨막히는 식민지 공기에서 한 모금의 활달을 섭취하기도 했으리라.

100m 달리기·마라톤 기록

종목	한국 기록	세계 기록
100m 달리기	10초 07 김국영, 2017	9초 58 우사인 볼트, 2009
100m 달리기	11초 49 이영숙, 1994	10초 49 플로렌스 그리피스 조이너, 1988
마라톤	2시간 07분 20초 이봉주, 2000	2시간 00분 35초 켈빈 킵툼, 2023
마라톤	2시간 25분 41초 김도연, 2018	2시간 09분 56초 루스 체프게티, 2024

* 남자 100m 세계 기록 10초 07을 시속으로 환산하면 약 37.58km/h이다.
* 남자 마라톤 세계 기록 2시간 00분 35초는 100m를 17.15의 속도로 42.195km 내내 달려야 나오는 기록이다.

이 해에는

책
- [프랑스] 《테레즈 데케이루》, 프랑수아 모리아크

노래
- **10. 6.** 〈낙화유수〉, 작사·작곡, 김서정 / 노래, 이정숙(음반은 1929년에 발매됨)
- 〈풍당풍당〉 (윤석중 작사, 작곡, 홍난파)

영화
- **1. 10.** [독일] 〈메트로폴리스〉, 프리츠 랑

궂긴 소식
- **3. 29.** 이상재(독립운동가)
- **3. 31.** 캉유웨이(중국의 사상가, 정치인)
- **5. 11.** 이해조(소설가)
- **7. 24.** 아쿠타가와 류노스케(일본 소설가)
- **9. 14.** 이사도라 덩컨(미국의 무용가)

1928년

《임꺽정》, 한국 대하소설의 효시

"자, 임꺽정이의 이야기를
붓으로 쓰기
시작하겠습니다."

자. 임꺽정이의 이야기를 붓으로 쓰기 시작하겠습니다. 쓴다 쓴다 하고 질감스럽게 쓰지 않고 끌어오던 이야기를 지금부터야 쓰기 시작합니다.

각설. 명종대왕 시절에 경기도 양주 땅 백정의 아들 임꺽정이란 장사가 있어.…… 이야기 시초를 이렇게 멋없이 꺼내는 것은 이왕에 유명한 소설 권이나 보아두었던 보람이 아닙니다. 《수호지》 지은 사람처럼 일백 단팔마왕이 묻힌 복마전을 어림없이 파젖히는 엄청난 재주는 없을망정 《삼국지》같이 천하대세 합구필분이요, 분구필함이라고, 별로 신통할 것 없는 말씀이야 이야기 머리에 얹으라면 얹을 수 있겠지요.

— 홍명희, 《임꺽정》

일제강점기

2. 27. 제4차 조선공산당 조직. 제3차 당대회에서 성립한 이 조선공산당은 2월당이라고도 불린다.

3. 16. 《동아일보》, '글 장님 없애기 운동' 계획 발표. 동아일보는 창립 8주년을 기념해 문맹타파 운동을 시작하겠다고 밝혔다. 전 조선 300여 지분국을 총동원하고 문맹타파를 촉구하는 노래를 공모해 당선자에게 50원을 지급하겠다고 했다. 하지만 이 계획은 실행되지 못했다. 공식적인 행사가 시작되기 3일 전 일제가 강제로 취소시켰기 때문이다.

4. 22. 경성부, 승합자동차업 개시. 영업에 타격을 받게 된 인력거와 택시 업계의 반대에도 "일본에 주문하였던 자동차 열 대도 도착되고 또 차장으로 쓸 여자의 '뻐스 껄'과 운전수의 채용도 전부 완료"되어 이날부터 경성에 부영버스가 운행을 시작하였다. 버스 요금은 1구역당 7전이었다. 한편 한국 최초의 버스 운행이 시작된 곳은 1912년 대구였다.

5. 5. 어린이날 행사 거행. 매년 5월 1일에 열던 어린이날 행사가 이 해부터는 메이데이와 겹치는 것을 피하기 위해 5월 첫째 일요일에 열렸다.

5. 12. 유일당촉성회의 개막. 민족유일당을 건설하기 위해 좌파와 우파를 막론하고 만주 지역에서 활동하는 18개 독립운동 단체가 참여한 가운데 일제의 감시망을 피해 지린성 화덴 등지를 옮겨 다니며 26일까지 3차에 걸쳐 열렸지만 결렬됐다.

6. 29. 〈치안유지법〉 개정. 1925년 제정 당시 10년 이하의 징역 또는 금고형까지 가능했지만, 개정을 통해 최고 사형까지 가능하도록 강화됐다.

6. 30. 구월산 단군사당 강제 철거.

8. 총독부 내무국, 종족(宗族)제도와 성씨(姓氏) 분포 상태 조사. 이 조사에 따르면 당시 조선에는 총 492개의 성이 있었다. 그중 관향은 〈김(金)〉씨가 498개, 이(李)씨가 365개, 박(朴)씨가 309개였다. 2015년 기준 한국의 5인 이상 성씨는 모두 532개이다.

9. 삼부통합회의 개최. 만주 지역에서 활동하는 무장 독립운동 세력인 참의부, 정의부, 신민부 대표가 정의부의 제안으로 지린성 신안툰에 모여 민족유일당 건설과 관련된 문제를 논의했다. 그러나 통합 방법에 대한 견해차를 좁히지 못하고 결렬됐다.

12. 10. 코민테른, 조선공산당 승인 취소. 코민테른의 최상급 기구인 집행위원회 정치비서부가 '12월당과 2월당으로 갈라져 내분에 빠져 있는 조선 공산주의 그룹들 가운데 그 누구에게도 조선지부 대표권의 승인을 거절한다'는 결정을 내렸다.

12. 10. 코민테른, 12월 테제 결정. 코민테른 집행위원회 정치비서부가 채택한 이 테제의 정식 명칭은 '조선의 농민 및 노동자의 임무에 관한 테제'이다. '민족주의 세력과 협동해야 한다'는 기존 방침과 달리 '민족개량주의자들을 근로대중으로부터 고립시켜야 한다'는 내용을 담았다. 이 테제는 민족통일전선인 신간회 해체 등 한국 공산주의 운동에 큰 영향을 미쳤다.

↖ 조선 명종 때의 의적 임꺽정의 일대기를 다룬 홍명희의 《임꺽정》은 황석영의 《장길산》, 조정래의 《태백산맥》, 최명희의 《혼불》로 이어지며 한국 대하소설의 장대한 산맥을 이룬다.

← 10월 18일부터 시운전에 나선 부영 '뻐스'의 모습과 승차권.

세계

2. 20. [일본] 제16회 중의원 의원 총선거. 〈보통선거법〉에 따라 실시된 첫 총선이었다. 선거 결과 정부 여당인 입헌정우회가 근소한 차이로 제1당이 되기는 했지만, 다나카 기이치 내각에 대한 불신 역시 만만치 않았다. 노동농민당, 일본노농당 등 무산정당 계열 정당들이 8석을 얻었다. 선거가 끝난 지 한 달도 채 안 된 3월 15일 새벽, 경찰은 〈치안유지법〉 조항을 발동시켜 공산당, 노농당, 무산청년동맹 등 좌익 단체에 대한 대대적인 검거에 나섰다. 이 과정에서 1600명이 넘는 공산주의자와 사회주의자가 체포됐다.

3. 22. [이집트] 하산 알 반나, 무슬림 형제단 결성. 신앙의 부흥을 목표로 한 수니파 이슬람 종교단체로 시작된 무슬림 형제단은 1940년대 들어 강력한 정치세력으로 진화했다. 1954년 정교분리를 내세운 나세르 정권에 의해 불법화되는 등 탄압을 받았지만, 1980년대 이후 아랍의 이슬람주의 운동을 대표하는 조직으로 성장한다. →

6. 4. [중국] 장쭤린, 살해됨. 관동군 장교들이 중국 군벌 장쭤린이 타고 있던 열차를 폭파하고, 난징 국민정부 간첩들의 소행으로 위장했다. 이 폭살이 계기가 되어 다나카 기이치 총리가 만주에서 더욱 강경한 정책을 취하기를 노리고 벌인 일이었지만, 그는 관동군 지도자들이 바라는 과격한 방침을 받아들이지 않았다.

10. 1. [소련] 제1차 국민경제발전 5개년 계획 시작. 1991년 소련이 해체될 때까지 국가 주도로 13차례 수립된 5개년 계획의 첫 출발이었다. 이오시프 스탈린은 계획 수립단계부터 이미 낙관적으로 산출된 목표치를 이듬해 엄청나게 더 높게 끌어올렸다. 게다가 '5개년 계획을 4년에 마칠 것'을 요구했다. 국민의 노동과 희생 속에서 1932년 1차 계획이 끝났을 때 공업 부문에서 '위대한 일보전진'이 이루어진 것은 사실이었다. 그러나 농업 부문은 가장 큰 피해를 입고 거기에 더해 '대전환'을 겪어야 했다.

10. 8. [중국] 장제스, 난징 국민정부 주석으로 임명됨.

11. 1. [튀르키예] 문자 개혁. 기존 오스만 튀르키예 문자 대신 라틴어 문자를 기반으로 한 튀르키예어 로마자가 도입됐다.

11. 3. [튀르키예] 로마자 도입. 1일 의회를 통과한 '튀르키예 문자 채택 및 적용에 관한 법률'에 따라 이날부터 기존에 사용되던 아랍어 기반 문자가 로마자를 기반으로 하는 문자로 바뀐다. 이러한 문자 개혁은 세속적이고 현대적인 민족국가를 만들기 위한 아타튀르크 개혁의 일환이었다.

11. 6. [미국] 대통령 선거. 공화당의 허버트 후버가 민주당 후보인 앨 스미스 뉴욕 주지사에게 압승을 거두고 제31대 대통령에 당선됐다.

← 이 해에 소련은 모든 지역을 개발하고 모든 자원을 사용해 공업화를 이루는 '종합적 계획' 즉 제1차 국민경제발전 5개년 계획에 착수했다. 이듬해 스탈린은 5개년 계획을 4년에 마칠 것을 촉구했다. '5개년 계획을 4년에'가 일상의 슬로건이 됐다. 왼쪽은 제6차 경제발전 5개년 계획을 선전하기 위해 1957년에 제작된 포스터이다. "우리는 당의 사명을 완수한다!"

문화 / 과학·환경 / 스포츠

문화

4. 13. 경성방송국, JODK 관현악단 창단. 홍난파가 17명의 단원과 함께 이 전속 관현악단을 만들어 지휘했다. 대부분 유행가 반주에 그쳤지만, 한국 최초의 직업 관현악단이었다.

4. 20. 신낙균의 《사진학강의》 출간. 조선 사람이 쓴 최초의 '사진학' 전문서였다.

10. 1. [미국] 〈증기선 윌리〉 개봉. 월트 디즈니가 제작한 7분 47초짜리 이 애니메이션은 세상에서 가장 유명해질 쥐인 **미키 마우스**의 탄생을 알리는 기념비적인 작품이다.

11. 22. [프랑스] 모리스 라벨의 〈볼레로〉 초연. 그는 이 곡을 단순한 관현악 연습곡으로 여겼지만, 단 몇 달 만에 작곡가 본인도 놀랄 만큼 엄청난 성공을 거두며 그의 작품 중 가장 유명한 곡이 된다. 최면을 거는 듯한 반복과 정교하게 구성된 오케스트라의 크레셴도가 특징인 이 획기적인 구성은 이후 수많은 재해석을 통해 영화, 무용, 그리고 대중문화에 깊이 스며든다.

11. 21. 홍명희, 《**임꺽정**》 연재 시작. 이 대하소설은 《임거정전(林巨正傳)》이란 제목으로 이날부터 1939년 3월 11일까지 10년 넘게 《조선일보》에 연재되다 《조광》 10월에도 발표되었으나 결국 미완으로 끝났다.

○ 〈황성(荒城)의 적(跡)〉 발표. 이해 늦가을 경성 단성사에서 막간 공연 때 배우 신일선이 이 노래를 처음 불렀다. 하지만 이후 무대에서는 주로 이애리수가 이 곡을 불러 엄청난 인기를 모았고, 그는 대중가요사상 첫 '국민 가수'가 된다. 전수린이 작곡한 이 곡은 1941년 남인수가 〈황성 옛터〉라는 제목으로 취입하면서 이 제목으로 굳어졌다.

과학·환경

9. 28. [영국] 알렉산더 플레밍, 푸른곰팡이의 박테리아 성장 억제 효과 발견. 이날 그는 뚜껑이 열려 오염된 배양접시에서 푸른곰팡이 주변의 박테리아가 죽어 있는 것을 발견했다. 이 '우연한' 발견은 1940년대 중반 인류가 만들어낸 최초의 항생제인 **페니실린**의 탄생으로 이어진다. 그리고 2차대전 중 이 항생제는 감염병에 걸린 최소 수십만 명의 목숨을 구한다.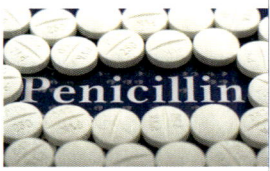

스포츠

2. 11. [스위스] 장크트모리츠에서 제2회 동계 올림픽 개막.

7. 28. [네덜란드] 암스테르담에서 제9회 하계 올림픽 개막. 이 대회에서 올림픽 성화가 처음으로 점화되었고, 코카콜라가 스폰서로 처음 등장했다.

1928년 풍경

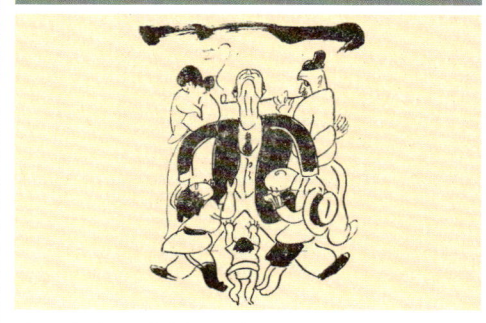

대부분의 일생, 고향에서 멀어지는 쪽으로 이주하는 경향이다. 웬만한 일생을 보내기에 고향이 너무 비좁은 것도 사실이다. 떠나 보아야 고향의 귀중함을 알게 되는 것, "나의 살던 고향은 꽃 피던 산골, 복숭아꽃 살구꽃 아기진달래…" 누구나 저런 노래를 부르면서 낯선 곳에 살림살이를 부려놓으면서 타향살이의 서러움은 시작됐다. 천지불인(天地不仁)이라는 말도 있지만 도시 또한 잔인한 곳, 스스로 몸을 일으키지 않는 한, 아무도 도와주지 않는다. 하늘이 무너져도 솟아날 구멍이 있지만, 또한 하늘은 스스로 돕는 자만을 돕는다고도 했다. 고향과는 근본적으로 다른 도시는 은행, 회사, 상점 등의 자본의 역할에 따라 철저히 재편되면서 근대적 틀을 일구어나갔다. 회사원, 샐러리맨이 대거 등장한 건 당연지사. 월급, 그게 뭐라고 하기엔 너무 절박한 단어! 월급쟁이의 저 홀쭉한 봉투에 단란한 가족의 밥줄이 달리는 시대가 도래하였다. 늘 쥐꼬리만한 월급 봉투에 단비 같은 소식은 1년에 한 번 받는 연말 '뽀-너스'였다. 저마다 목매고 기다리는 식구들에 둘러싸여 난감해진 월급쟁이가 가장의 처지와 심정을 고스란히 대변하는 삽화.

대한민국의 성씨 분포

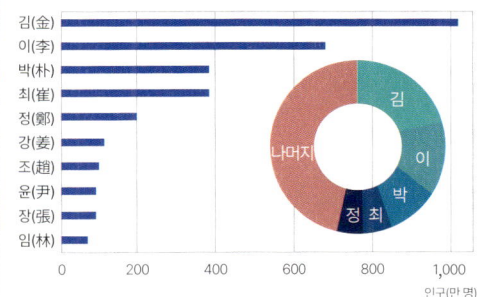

이 해에는

책

5. 25. [프랑스] 《나자》, 앙드레 브르통

○ [영국] 《채털리 부인의 연인》, 데이비드 허버트 로런스

노래

○ 〈황성(荒城)의 적(跡)〉 (전수린 작곡)

영화

4. 21. [프랑스] 〈잔다르크의 수난〉, 카를 테오도르 드레위에르

궂긴 소식

1. 11. 토머스 하디 (영국의 작가)

2. 4. 헨드릭 로런츠 (네덜란드의 물리학자)

6. 18. 로알 아문센 (노르웨이의 탐험가)

10. 10. 조명하 (독립운동가)

1929년

원산 총파업

↑ 원산 총파업 당시 원산노동연합회 시위 행렬.

"우리도 같은 노동자다!"

원산에 2000여 명의 노동자가 총파업을 단행한 결과 운수 기타 모든 기관이 일제 정돈(停頓) 상태에 빠지자 일본인 측 자본가와 상업회의소와 국수회 등 온갖 단체의 알선으로 시내 각 상점의 점원과 목수와 미장이 등 약 50여 명의 일본인 노동자가 의용적(義勇的)으로 매일 부두에 나가 중사(仲仕)라는 가장 중요한 작업을 맡아 보아오던 중 전전날 2일 아침에 우리들도 노동자인 점에는 같아서로 동회회원들이 가지고 있던 노동시장을 빼앗을 수가 없다 하여 일종의 동정 의식으로부터 마침내 상업회의소에서 영구하게 또 도맡아 일하여 달라는 요구를 일언하에 일축하는 동시에 오후부터는 전부폐업 귀가하였다는데 이와 같은 일본인 노동자의 태도에 대하여 일반사회의 인사들은 이상한 충동을 느끼고 있는 한편 고주 측과 상업회의소 당사자들은 놀라서 그 대책을 강구중이라 하더라.

— 《조선일보》, 1929. 2. 4.

일제강점기

1. 14. **원산총파업** 시작. 한 해 전 9월, 영국계 석유회사인 라이징 선 석유주식회사의 문평유조소의 일본인 감독이 조선인 노동자를 구타하자 노동자들이 파업을 벌이며 항의했지만, 회사 측은 미온적인 태도로 일관했다. 이에 원산노동연합회는 이날부터 파업을 재개했다.

4. 1. 경성비행장 개장. 일본 당국이 1916년 현재 여의도 일대에 운용하던 간이 비행장을 정비하여 체신국이 경성비행장으로 명명해 개장했다. 9월부터 도쿄~경성~다롄 간 주 3왕복 정기여객 수송이 시작되면서, 국제비행장으로 거듭났다.

5. 5. 조선비행학교 개교. '조인(鳥人)' 신용인이 영등포 여의도에 설립하고 직접 교장을 맡았다. 일제하 조선인이 비행사를 직접 양성하는 첫 전문비행학교였다.

8. 17. 사이토 마코토, 제5대 조선총독 취임. 1927년 총독직에서 물러난 지 2년 8개월 만의 복귀였다.

10. 1. '청년훈련소 규정' 공포. 일본인 퇴역군인단체인 제국재향군인회에 의해 일본인을 주 대상으로 설치되던 조선의 청년훈련소가 이 규정이 공포되면서 공립으로 전환되어 인천, 수원, 개성, 청주, 충주, 전주, 군산, 김천, 서울 등 전국적으로 설치됐다. 조선의 청년들을 체제협력자로 만들고 제국주의적 팽창을 위한 인적자원을 배양하고 확충하기 위해 일본어와 직업교육을 실시했다.

11. 부전강 수력발전소 완공. 1926년 4월 조선수전주식회사가 함경남도 부전강 유역에 짓기 시작한 수력발전소가 완공됐다. 일본이 당시 동양최대 규모의 이 발전소에서 생산된 거의 대부분의 전기는 흥남 지역 질소비료공장으로 보내졌다.

11. 3. **광주학생항일운동**. 10월 30일 나주역에서 일본인 광주중학생들이 한국인 여학생을 희롱하는 것을 목격한 광주고보 학생 박준채 사이에 싸움이 벌어졌다. 이어 두 학교 사이의 대규모 충돌이 이어졌고, 급기야 11월 3일 야구 배트, 죽검, 농기구까지 동원된 집단 난투극이 발생했다. 교직원들의 만류로 사태는 진정되었지만, 귀가 도중 광주농업학교, 광주사범학교 학생들도 합류하며 거리 행진은 시위로 돌변했다. 학생들은 거리를 누비며 '조선독립만세' 등의 구호를 외쳤고 일반시민들도 합세했다. 다음 날부터 학교는 휴교했고, 경찰은 대규모 검거에 나섰지만, 시위는 수그러들지 않고 확산됐다. 이 시위는 전국으로 퍼져나가 이듬해까지 이어졌다.

12. 20. 조선혁명당 결성. 1928년 9월 만주 지린성에서 조직된 한시적 민족해방운동 조직인 '민족유일당조직동맹'을 바탕으로 현익철·최동오·고이허 등이 결성했다. • 중국 동북 지역의 민족해방운동은 대체로 항일무장투쟁의 전통이 강했다. 조선혁명당 세력은 국민부를 행정기관으로 하고 조선혁명군을 조직해 군사활동을 하며 •• 철저히 비타협적인 민족운동을 전개했다.

← 광주학생운동은 해를 넘기면서 전국적으로 퍼져나가며 학생운동이 본격적인 민족해방운동으로 바뀌는 계기가 되었다. • 이 기간 전국에서 320개 학교의 학생 수만 명이 동참해 '일본 제국주의 타도', '피억압민족 해방 만세', '총독정치 절대반대' 등의 구호를 외쳤고, 이로 인해 광주에서만 180여 명, 전국적으로는 수백 명이 넘는 학생이 실형을 선고받았다. ••

세계

1. 22. [소련] 레프 트로츠키, 국외로 추방됨. 한 해 전 1월 알마티로 유배되었던 그는 이날 다시 국외로 추방되어 2월 12일 아내, 장남과 함께 튀르키예에 도착했다. 튀르키예의 무스타파 케말 아타튀르크 정부와 요시프 스탈린은 튀르키예 땅에서 그를 암살하려는 시도는 절대 없을 것이라고 약속했다. 이 약속은 지켜진 셈이었지만, 트로츠키는 멕시코에서 스탈린이 보낸 것으로 추정되는 자객이 휘두른 등산용 피켈에 머리를 맞고 사망한다.

2. 11. 라테라노 조약. 이탈리아 정부와 로마 교황청 사이에 체결된 이 조약은 바티칸시가 주권을 가진 독립국가임을 인정했다. 이로써 19세기 이탈리아 왕국에 합병되었던 교황령이 세계에서 가장 작은 국가인 바티칸 시국으로 독립했다.

3. 4. [미국] 허버트 후버, 제31대 대통령 취임.

3. 4. [멕시코] 플루타르코 엘리아스 카예스, 국민혁명당 창당. 전 대통령인 그가 창당한 이 당은 1938년 멕시코혁명당, 1946년 제도혁명당으로 당명을 바꾸며 2000년까지 71년 동안 계속해서 집권한다.

4. 5. [브루나이] 유전 발견. 영국령하에서 영국인들에 의해 원유 채굴이 시작됐다. 원유와 천연가스는 1인당 7만 달러가 넘는 브루나이 경제의 대부분을 차지하고 있다. 브루나이는 1984년 독립한 이래 군주국 체제를 유지하고 있다.

7. 19. [중국/소련] 외교관계 단절. 중국 동북부의 군벌 장쉐량이 소련이 통제하는 동청철도 전체를 되찾으려 시도한 것이 발단이었다.

10. 3. [유고슬라비아] 알렉산다르 1세, 세르브인 크로아트인 슬로벤인 왕국의 국명을 유고슬라비아로 공식 변경.

10. 24. [미국] **월스트리트 대폭락**.

11. [나이지리아] 이그보족 여성들, 대규모 시위. 영국 식민정부가 남성들뿐 아니라 자기들에게도 세금을 부과할 것이라고 여기고 법원, 은행, 상점 등을 공격하고 시위를 벌였다. 이듬해 1월까지 벌어진 시위로 지역 여성들의 지위가 눈에 띄게 향상됐다. 그러나 시위 진압 과정에서 53명이 희생됐다. 최대 2만 5000명이 참여한 이 일련의 투쟁을 영국에서는 이그보 '반란'이라고 불렀지만, 이그보족 여성들은 여성 '전쟁'으로 부른다.

문화 / 과학·환경 / 스포츠

문화

5. 16. [미국] 제1회 **아카데미상** 시상식 열림. 오스카상으로도 불리며 영화 예술 과학 아카데미가 주관하는 이 상은 미국 엔터테인먼트 산업에서 가장 권위 있고 중요한 상으로 간주되고 있다. 2020년 봉준호 감독의 〈기생충〉이 작품상, 감독상, 각본상, 국제장편영화상 네 부문에서 수상하며 최다 수상작품이 됐다.

10. 31. 조선어연구회, 조선어사전편찬회 조직. 이날 조선교육협회 회관 강당에서 438돌 가갸날 기념 축하회를 열고, 각계 인사 108명이 발기하여 조선어사전편찬회를 조직했다.

11. 7. [미국] 뉴욕 현대미술관 개관. 첫 전시회는 〈세잔, 고갱, 반 고흐, 쇠라〉 전이었다. 세계에서 가장 중요하고 영향력 있는 근현대 미술 컬렉션을 자랑하는 미술관이다. 반 고흐의 〈별이 빛나는 밤〉, 파블로 피카소의 〈아비뇽의 아가씨들〉, 살바도르 달리의 〈기억의 지속〉 등을 소장하고 있다. MoMA라는 약어로 더 잘 알려져 있다.

과학·환경

3. 15. [미국] 에드윈 허블, 〈외부은하 성운들 간의 거리와 시선속도 사이의 관계〉 발표. 이 논문에서 그는 우주가 팽창하고 있으며, 팽창 속도는 지구에서 멀수록 거기에 비례해 더 빨라진다고 주장했다. 그의 이름을 따 '허블의 법칙'이라 불린 이 법칙은 후에 빅뱅 이론으로 이어지며, 그를 현대 천문학의 스타로 만들었다. 하지만 2018년 국제천문연맹은 이 법칙을 허블-르메트르 법칙으로 고쳐 부를 것을 결의했다. 허블보다 2년 앞서 프랑스의 조르주 르메트르 역시 우주가 팽창한다고 제안하며 팽창률의 추정치를 제시하는 논문을 발표했다는 것을 인정한 것이다.

스포츠

4. 16. [미국] 클리블랜드 인디언스, 등번호 사용. 메이저리그 최초로 등에 숫자를 사용했다. 이전에도 소매 등에 번호를 부착하는 경우는 있었다. 원래 이날 뉴욕 양키스도 등번호를 붙이고 개막전에 나설 예정이었지만, 우천으로 경기가 연기되는 바람에 첫 등번호의 영예는 인디언스의 차지가 됐다.

10. 8. 제1회 전평양 대 전경성 축구대항전 개막. 경성 휘문운동장에서 '평양군 선축으로 개전'된 1회전은 '근래 희유의 대접전'이 이어지며 1대1 무승부로 끝났다. 9일 2회전은 평양이 4-3, 10일 마지막 3회전 역시 평양이 4-2로 승리를 거두면서 1회 **경평전**은 평양이 2승 1무로 우승하며 막을 내렸다. '넓은 운동장에 빽빽이 들어찬 수천 관중'이 '일진일퇴하는 백열된 육박전에 열광되어 우레가튼 박수 소리가 수시로 그라운드 일대를 진동'시키던 경평전은 1935년에 중단되었다가, 해방 후인 1946년을 마지막으로 명맥이 끊어진다.

← '검은 목요일'이라고 불리게 될 10월 24일 뉴욕증권거래소가 개장하자마자 다우지수가 11%나 폭락하면서 시작됐다. 폭락은 잠시 진정세를 보였으나, 28일 검은 월요일, 29일 검은 화요일을 거치며 지속적인 붕괴로 이어졌다. 9월 런던 증권거래소 대폭락에 이은 이 폭락은 이후 12년 동안 서구권 전체를 뒤흔든 대공황의 시작을 알리는 신호탄이었다. 사진은 뉴욕의 아메리칸 유니온 뱅크 앞에 예금자들이 모여 있는 모습이다.

1929년 풍경

이런 사실도 지구는 둥글다는 현상과 무관치 않을 것이다. 한 나라가 빗장을 걸고 내부끼리 똘똘 뭉쳐서만 살 수는 없다. 오랜전 좁은 안목으로 쇄국정책을 고집하다가 조선이란 나라는 나락으로 떨어졌다. 그 이후 벌어진 현실은 이미 돌이킬 수 없는 역사가 되고 말았다. 이 땅에 들이닥친 서양의 문물. 도로가 바뀌고, 건물이 바뀌고, 생각도 바뀐 사람들이 골목에서 나와 광장에 넘쳐나기 시작했다. 근대의 특징 중 하나가 개인의 등장이다. 국가, 문중, 집안 등 복수로 존재하는 사람이 혼자, 홀로, 단독자로서 자기의 목소리를 내는 시대가 됐다. 개인들은 모자, 우산, 액세서리 등 개성 있는 디자인을 과감히 선택하고 타인의 시선 따위 무서워하지 않았다. 한복에서 양장까지, 노인에서 처녀까지. 자유분방한 풍속을 한 페이지에 편집한 탁월한 감각은 시대를 앞서고도 남는다. 근데 다들 바삐 어디로 가시는가? 지구는 둥글고 같은 곳은 없다. 저이들의 구두 뒤축도 둥근 지구의 표면과 궁합을 맞추며 둥글게 닳아갔을 것이다.

대한민국의 국제공항

이 해에는

책
- 1. 29. [독일] 《서부전선 이상 없다》, 에리히 레마르크
- 9. 28. [영국] 《자기만의 방》, 버지니아 울프
- 9. 27. [미국] 《무기여 잘 있거라》, 어니스트 헤밍웨이

노래
- 〈고향의 봄〉 (작사, 이원수 / 작곡, 홍난파)
- 〈짝자꿍〉 (작사, 윤석중 / 작곡, 정순철) 원래 제목은 〈조선 아기 행진곡〉이었다.

영화
- 1. 7. [소련] 〈카메라를 든 사나이〉, 지가 베르토프
- 6. 9. [프랑스] 〈안달루시아의 개〉, 루이스 부뉴엘

궂긴 소식
- 1. 19. 량치차오(중국의 사상가, 정치인)
- 4. 4. 카를 벤츠(독일의 기술자이자 기업인)
- 8. 3. 소스타인 베블런(미국의 경제학자)
- 8. 19. 세르게이 댜길레프(러시아의 예술평론가, 안무가)

독립한 나라
- 2. 11. 바티칸 시국 (← 이탈리아)

1930년

한국독립당 창당

↑ 한국독립당 제1차 중앙집감위원 기념 사진(1940. 5. 16). 앞줄 왼쪽부터 김붕준, 지청천, 송병조, 조완구, 이시영, 김구, 유동열, 조소앙, 차리석. 뒷줄 왼쪽부터 엄항섭, 김의한, 조경한, 양우조, 조시원, 김학규, 고운기, 박찬익, 최동오.

"우리의 독립과 자유를 회복하고 정치·경제·교육 3권이 균등한 신 민주국가를 건립한다."

↓ 10월 24일 경성 미쓰코시 백화점 개점 당일, 중앙 계단에 인산인해를 이룬 고객 모습.

우리 한국은 5천 년 독립자주의 국가로서 이민족 일본에게 강점 당한 후, 정치가 유린되고 경제가 파멸되고 문화가 말살 당한 상태에 처하여 사멸에 직면하여 민족자존을 얻을 수 없고 세계와의 공영을 누릴 수 없게 됐다.

본당은 혁명적 수단으로 잔인하고 포악한 일본의 모든 침략세력을 박멸하고, 국토와 주권을 완전히 되찾고, 정치·경제·교육의 균등을 기초로 하는 신 민주국가를 건설하여, 안으로는 국민들의 균등한 생활을 확실히 보증하며, 밖으로는 민족과 민족, 국가와 국가 사이의 평등을 실현하여 세계의 한 가족으로 되는 길로 나아간다.

— 〈한국독립당 당의〉

일제강점기

1. 24. 김좌진, 암살당함. 중국 지린성 산시(현 헤이룽장성 하이린)에 있는 자택 앞 정미소에서 고려공산청년회 회원 박상실이 쏜 총탄에 맞아 세상을 떴다. 나이 42세였다.

1. 25. 한국독립당 결성. 상하이 임시정부 청사에서 결성된 이 당은 이동녕·김구 등 임시정부의 핵심 세력과 안창호를 비롯한 흥사단 계열이 주류를 이루고 있었다. '당의(黨義)'로 정치·경제·교육의 균등을 '당강(黨綱)'으로 참정권·국민생활권·수학권의 평등을 내세웠고 이는 후에 '삼균주의'로 발전한다. 한국독립당의 창당과 함께 만주의 민족해방운동은 크게 남만주의 조선혁명당-조선혁명군, 북만주의 한국독립당-한국독립군이라는 두 갈래로 정리됐다.**

7. 한국독립당 결성. 홍진, 지청천, 신숙 등이 북만주에서 결성했다.

8. 7. 평양 지역 고무공장 노동자, 총파업. 평양고무공업 동업회가 8일부터 직공들의 임금을 일제히 10% 감액할 것이라고 발표하자, 노동자들이 이날부터 동맹파업에 돌입했다. 고무공업(더 정확히는 고무신 생산)의 도시 평양에서 23일간 노동자와 조선인 자본가가 충돌한* 이 연대 파업은 원산 총파업, 신흥 탄광 파업과 함께 일제강점기 3대 파업으로 꼽히기도 한다.**

9. 18. 총독부, 〈중등학교 학교규칙〉 개정 발표. 중등학교 '각 학년의 과정 수료 또는 모든 학과의 졸업을 인정하는 데는 평소의 학업 성적을 고사하여 이로써 정한다'는 내용이었다. 언론들은 이 발표를 '시험폐지'나 '시험철폐'라는 의도로 읽고 크게 다뤘다. '시험이 일절 없어도 능히 충분한 공부를 할 수 있느냐'라는 설문 조사를 벌이기도 했다. 총독부는 개정의 이유를 '자학자습의 기풍을 양성'하기 위해서라고 밝혔지만,** 실상은 달랐다. 광주학생항일운동으로 동맹휴학과 백지동맹이 잦았던 시기였던 점을 감안하면, '시험폐지' 규정은 저항하는 학생들을 일상적으로 통제할 수 있는 교육 장치였다고 볼 수 있다.***

10. 1. 개성·함흥, 부(府)로 승격. 이로써 부가 총 14개로 늘었다.

10. 24. 미쓰코시 백화점, 경성지점 개점. 해방 후 동화백화점, 미군국방마트 등으로 운영되다 1963년 삼성에 인수되어 신세계 백화점으로 바뀐다.

11. 9. 신간회, 김병로를 위원장으로 선출. 김병로는 자치론자들과 제휴를 모색하는 등 타협적인 노선으로 기울었다. 이에 지방의 지회들이 강력히 반발했고, 12월 6일, 부산지회, 27일 평양지회의 신간회 해소 요구를 시작으로 급속한 쇠퇴의 길로 들어섰다.

11. 28. 당인리발전소 완공. 경성전기주식회사가 건설한 이 화력발전소의 전기는 경성, 인천, 수원 지역으로 송전됐다.

12. 1. 지방제도 개정. 이듬해 4월부터 시행된 이 개정으로 읍면제가 실시됐다.

세계

2. 3. [베트남] **베트남 공산당** 창당. 코민테른의 요청을 받은 응우옌아이꾸옥(호찌민)이 인도차이나 공산당과 안남공산당의 대표자들을 홍콩으로 불러 모아 통합에 합의하고 베트남 공산당을 창당했다. 현재 베트남의 유일한 합법 정당이다.

3. 12. [인도] 마하트마 간디, **소금 행진** 시작. 이날 그는 영국이 인도산 소금에 부과하는 특별세 폐지를 주장하며 사바르마티 아슈람을 출발해 비폭력 불복종 행진을 시작했다. 단디에서 체포되어 재판 없이 구금될 때까지 24일간 약 390km를 걸은 이 행진은 세계 언론의 조명을 받으며 인도의 독립운동에 큰 영향을 주었다.

9. 6. [아르헨티나] 군사 쿠데타 발생, 이폴리토 이리고옌 정권 전복. 직접선거로 선출된 최초의 대통령이 이끌던 자유주의적 정권이 전복되었고, 이후 아르헨티나는 부패한 독재정권이 이끄는 '악명 높은 10년'이라고 불리는 암흑기를 지내게 된다.

9. 14. [독일] 나치당, 총선거에서 선전하여 제2당이 됨. 12석에서 107석으로 늘어났다.

10. 3. [브라질] 무장 봉기 발생. 브라질 혁명 또는 10월 혁명으로 불리는 이 봉기는 24일 쿠데타로 정점을 찍었다. 공화국의 워싱턴 루이스 대통령이 축출되고 3월 대통령 선거에서 패배한 제툴리우 바르가스가 11월 3일 대통령이 되며 구공화국이 종식됐다. 이로써 목축업과 커피 재배를 기반으로 하는 대토지 소유주들이 주도한 과두정치인 '밀크 커피'의 시대도 종말을 고했다.

10. 24. [미국] 월스트리트의 검은 목요일. 이날 다우 지수는 전일 대비 20% 이상 급락했다. 시카고의 거래소가 장중에 거래 중지되었음에도 이날 하루에만 10명이 넘는 투자자가 자살하는 일이 벌어졌다. 그러나 주가는 하락을 멈추지 않고 29일 또다시 '**검은 화요일**'을 만들어냈다. 그리고 월스트리트에 가해진 이런 충격은 몇 달 후 사상 초유의 대공황으로 이어진다.

10. 24. [브라질] 포르투알레그리, 제툴리우 바르가스가 이끄는 혁명 세력에 장악됨. 혁명은 전국적으로 확산되었고, 권력을 장악한 군사정권은 11월 1일 바르가스를 임시 대통령으로 추대했다.

10. 26. [브라질] 폭동으로 바르가스가 대통령이 되고 독재권을 획득(~1945)

11. 2. [에티오피아] 하일레 셀라시에 황제 즉위.

11. 14. [일본] 하마구치 오사치 총리, 피습. 이날 그는 도쿄역에서 우파 청년 사고야 도메오의 총격을 받아 중상을 입었고, 수술 후 퇴원했지만 다음해 8월 26일 사망했다. 군부의 반대를 무릅쓰고 영국과 군축 조약을 체결하는 등 일본제국주의 시대 내각 중 가장 자유주의적인 정책을 주도하던 그의 피습과 사망의 여파는 컸다. 이후 제국주의에 반대하던 정치인들은 몇 년간 침묵에 빠져들고 일본은 급격한 우경화의 길로 치닫는다.

→ 호찌민은 베트남인들에게 국부로 추앙받고 있지만, 지금도 '호 아저씨'라고 불릴 정도로 소박한 사람이었다.

문화 / 과학·환경 / 스포츠

문화

12. 13. 조선어연구회, 맞춤법통일안 제정 결의. '각인은 각자의 임의적 철자법을 실시하였을 뿐, 그것이 종합 귀일되지 못하였던 까닭에, 대중은 그 어느 것을 추수할지 갈피를 잡지 못하였던 까닭에'* 조선어학회가 총회를 열어 '조선어철자 통일 위원회'를 구성했다. 이로써 조선어연구회의 철자법 제정 문제가 본격화했다.**

과학·환경

2. 18. [미국] 클라이드 톰보, **명왕성 발견**. 그가 일하던 로웰 천문대는 이 새로운 행성의 이름을 제안받아 로마 신의 이름을 딴 플루토로 결정했다. 국제

천문연맹이 마련한 새로운 행성기준에 따라 2006년 태양계 행성의 지위를 박탈당한다. 한편 우리말 이름 명왕성은 같은 한자권인 일본에서 들어온 것으로 추정된다.

5. 27. [미국] 크라이슬러 빌딩 완공. 뉴욕에 지어진 높이 319m의 이 77층 건물은 완공 당시 세계에서 가장 높은 초고층 건물이었다. 그러나 그 명성은 오래가지 못했다. 바로 다음해 높이 389m의 102층 건물인 엠파이어스테이트 빌딩이 세워진 것이다.

스포츠

7. 13. [우루과이] **제1회 FIFA 월드컵** 개막. 별도의 예선 없이 FIFA의 모든 회원국이 초대된 유일한 대회였다. 13개국이 참가했다. 개최국 우루과이가 아르헨티나를 4-2로 꺾고 첫 우승국이 됐다.

1930년 풍경

서울 근교의 5대산은 북한산, 도봉산, 관악산, 수락산, 불암산이다. 그 안에 자리잡은 한양을 방어하기 위하여 북악산·낙산·남산·인왕산에 도성을 쌓았다. 인의예지의 이름을 넣어 동서남북에 사대문을 두었다. 흥인지문(동), 돈의문(서), 숭례문(남), 숙정문(북)이 그것이다. 그 안에 왕의 거처인 궁궐을 두었다. 경복궁, 창덕궁, 창경궁, 덕수궁, 경희궁. 하나같이 그 이름의 의미가 어마어마하다. 경복(景福)만 해도 《시경》에 나오는 말로 '큰 복'을 뜻한다. 조선을 강탈한 일제는 왕실을 능멸하는 방법으로 경복궁 앞에 조선총독부를 지었다. 창경궁은 창경원으로 전락시켜 동물원으로 만들어버렸다. 이런 일은 그냥 이러고 말았을 것인가. 쇠창살의 우리 안을 보고 있는 어느 일가족. 단지 호랑이나 사자만 구경하는 중일까. 허전한 듯이 많은 말을 하는구나.

역대 월드컵 우승팀

브라질	5
이탈리아	4
독일	4
아르헨티나	3
프랑스	2
우루과이	2
잉글랜드	1
에스파냐	1

이 해에는

책
- [오스트리아] 《문명 속의 불만》, 지그문트 프로이트

노래
- 〈오빠 생각〉 (최순애 시 / 작곡, 박태준)

영화
- [미국] 〈서부전선 이상 없다〉, 루이스 마일스톤

궂긴 소식
- 1. 24. 김좌진(독립운동가)
- 3. 28. 우치무라 간조(일본의 기독교 사상가)
- 4. 2. 안창남(비행사, 독립운동가)
- 5. 9. 이승훈(독립운동가, 교육자)
- 5. 13. 프리드쇼프 난센(노르웨이의 탐험가, 외교관)
- 7. 7. 아서 코넌 도일(영국의 소설가)
- 11. 2. 알프레트 베게너(독일의 지질학자)

1931년

만보산 사건

"동포여! 우리가 조선에 있는 중국사람 8만 명에게 하는 일은 곧 중국에 있는 백만 명 우리동포에게 돌아옴을 명심하십시오."
—《동아일보》, 7. 7.

[장춘 김 특파원 지급 전보] 2일 새벽에 중국관민 사백여 명이 대거하야 수전개척 중의 삼성보(三姓堡) 조선동포촌락을 습격하고 관개공사의 수호(水濠)를 전부 파괴매립하였다 함은 작보한 바와 같거니와 이로 말미암아 삼성보에 있는 이백여 명의 동포와 중국관민 팔백 명 사이에는 충돌이 생기어 조선 농민 다수가 살상되어 당지에 주재 중인 일본경관 중국인 간에 교전됐다. 이 급보를 접한 장춘(長春)의 일본인 관헌은 급거히 현장으로 출동하고 계속하야 일본군대가 출동준비 중에 있다.

↑ 7월 2일과 3일 이틀에 걸친 《조선일보》의 오보는 엄청난 파문을 일으켰다. 인천, 평양 등 중국인이 많이 거주하던 도시 지역에서 중국인에 대한 무차별적인 테러와 방화가 잇달았다. 폭동 직전인 1930년 말 6만 9천여 명이던 화교 인구가 불과 1년 뒤인 1931년 말 5만 6천여 명으로 격감할 정도로 중국인들의 피해는 엄청났다. ● 조선인에게 '호떡집에 불난 사건'으로 각인된 이 만보산 사건은 일본 상인과 경쟁하는 화교 상인을 견제하려고 중국인 노동자와 조선인 노동자 사이 갈등을 부추기는 정책을 쓴 조선총독부의 모략과 이에 부화뇌동한 친일파 식민지 지식인들이 만들어낸 전형적이고 비극적인 인종주의적 학살이었다. ●● 그러나 호떡집 왕서방으로 지칭되던 이런 혐오는 여전히 살아남아 있다. 얼빠진 안보보수주의자들과 극우는 자신들의 이해득실에 따라 중국인들을 향한 대중의 혐오를 더욱 부추기고 있다. 사진은 만보산 사건으로 폐허가 되다시피한 평양의 중국인 거리이다.

↓ "나는 죽음을 각오하고 이 지붕 위에 올라왔습니다.… 여러분, 나를 지붕에서 강제로 끌어낼 생각은 마십시오. 누구든지 이 지붕 위에 사다리를 놓기만 하면 나는 곧 떨어져 죽을 뿐입니다." ● 강주룡의 농성은 9시간여 만에 강제로 끝났고, 그는 경찰에 체포됐다. 그는 경찰서에서 풀려난 뒤에도 다시 단식 투쟁을 이어가다 결국 감옥에 1년 동안 수감되었다 병보석으로 풀려난 지 두 달 만에 30세의 나이로 숨을 거두었다.

일제강점기

4. 임시정부, 〈대한민국임시정부선언〉 발표. 임시정부가 처음으로 천명한 '건국원칙'이 담겨 있었다. ● 삼균주의에 바탕을 둔 이 원칙은 한국독립당의 창당 이념을 반영한 것이었다.

5. 15. 신간회 해산. 경성 종로 중앙청년회관에서 열린 신간회 전체대회 이틀째인 이날 신간회 해소안이 찬성 43, 반대 3, 기권 30으로 가결됐다. 민족해방이라는 공통 목표를 위해 민족주의자와 사회주의자가 이념을 넘어 함께한 단체이자, 식민지 시기 국내에서 조직된 여러 단체 가운데 규모와 활동 면에서 가장 큰 민족단체가 창립 4년만에 '해체'된 것이다. ●

5. 21. 부읍(府邑) 의원 선거. 부회와 읍회는 의결기구였지만, 선거는 제한 선거로 이뤄졌다. 피선거권은 연간 5원 이상의 부세를 납부한 25세 이상의 '제국 신민' 남자에게만 주어졌다. ● 선거 결과 경성부 의원 당선자는 조선인이 18명인 데 반해 일본인은 30명이나 됐다. 게다가 총독은 부회의 해산을 명령할 수 있고, 총독, 도지사, 부윤 등이 부회의 의결권을 제한할 수 있는 등 허울뿐인 지방자치제였다.

5. 29. 강주룡, 고공농성 시작. 평양 평원고무공장 여직공인 그는 동료 여성 노동자 49명이 사측의 임금 삭감에 항의해 공장을 점거하고 단식 농성을 벌이다 경찰에 의해 강제 해산되자, 이날 새벽 1시에 죽음을 각오하고 을밀대 지붕 위로 올라가 고공 농성에 돌입했다. 그는 한국 최초의 여성 노동운동가이자 고공농성자로 알려져 있다.

6. 17. 우가키 가즈시게, 제6대 조선총독 취임. 그는 제네바 군축협상을 위해 유럽에 파견되었을 때 사이토 마코토 총독을 대신해 조선총독 임시대리(1927년 4월~10월)를 지낸 적이 있었다.

7. 1. 만보산 사건. 중국 동북부 지린성 창춘에서 수로 공사 문제로 중국 농민과 한인 농민이 충돌. 만보산(완바오산) 지역에서 이주 한인들이 수로공사를 진행하는 과정에서 이날 중국 농민 500여 명이 농기구를 들고 모여들어 제방을 파괴했다. 아무런 인명 피해도 생기지 않은 단순한 충돌이었다. 그러나 2일 밤과 3일 새벽 《조선일보》가 이례적으로 두 차례나 발간한 호외가 뿌려진 직후부터 인천을 시작으로 폭동이 전국으로 확대되면서 국내 거주 화교 약 120명이 학살당하는 일이 벌어졌다. 이 일련의 사건을 만보산 사건이라고 한다.

7. 16. 《동아일보》, 브나로드 운동 시작. 《동아일보》는 지면을 통해 제1회 학생 하기 브나로드 운동에 참가해 '글을 모르는 이에게 글을 줄' 학생들을 모집하기 시작했다. ● 도시에 유학 중인 학생들이 농촌으로 돌아가 농민들을 계몽시켜야 한다는 이 운동은 1929년 여름, 같은 취지의 운동을 시작한 《조선일보》에 비해 조금 늦게 시작된 것이었다. 일제의 탄압을 받을 가능성이 적은 문화 분야의 활동을 두 신문이 거의 비슷한 시기에 시작한 것이다. 이런 활동은 경영난에 처해 있던 두 신문이 새로운 독자층을 확보하려는 전략과도 맞물려 있었다. ●●

세계

2. 10. [인도] 뉴델리로 수도 이전. 1911년 12월 수도를 캘커타(현재 이름 콜카타)에서 델리로 이전한다고 발표한 지 20년만이었다.

4. 14. [에스파냐] 제2공화국 선포. 12일 치러진 지방선거에서 국왕 알폰소 13세를 지지하는 세력이 패했다. 왕위에서 물러나 나라를 떠날 것을 요구받은 그는 14일 마드리드를 떠나 망명길에 올랐고, 에스파냐 제2공화국이 선포됐다. 무혈 혁명이 이뤄졌고 임시정부가 수립됐다. 12월 9일 에스파냐 헌법이 의회에서 승인됐다.

5. 11. [오스트리아] 크레디탄슈탈트 파산. 오스트리아 최대 은행인 이 은행이 파산하면서 중부 유럽의 여러 은행이 붕괴되기 시작하며 금융위기가 전 세계로 퍼져나갔다.

6. 19. 제네바 협약 발효. 공식명칭은 〈1929년 7월 27일자 제네바 전쟁 포로 대우에 대한 협약〉이다. 일본은 서명은 했지만 군부의 반대로 비준하지 않았다. 1949년 〈포로의 대우에 관한 1949년 8월 12일자 제네바 협약〉으로 개정됐다. 포로에 대한 인도적 보호를 규정한 이 협약은 현재 196개 국가가 가입해 있다.

7. 13. [독일] 다나트 은행 파산. 정부는 비상령을 내려 전국의 모든 은행을 48시간 동안 폐쇄했지만, 다른 주요 은행들에도 뱅크런 사태가 이어지며 독일에 본격적인 경제 위기가 초래됐다.

7. 16. [에티오피아] 하일레 셀라시에 황제, 헌법 공포. 에티오피아 최초의 헌법이었다.

9. 18. [중국] **만주사변** 발발. 일본 관동군은 만주의 류탸오후 철교를 폭파하고 이를 중국군이 벌인 일로 조작해 이를 구실로 만주를 침공해 6개월 후 만주국이란 괴뢰 국가를 세웠다. →

9. 21. [영국] **금본위제 폐지**. 영국은 통화가치를 금에 직접 연동시키는 통화 시스템인 금본위제를 포기했다. 대공황으로 인한 경제적 압박과 파운드 스털링에 대한 신뢰 상실 때문이었다. 이어 같은 해 오스트리아, 캐나다, 일본 등이, 그리고 1933년 미국이 뒤를 이으면서 금본위제의 시대는 종말을 고한다.

11. 7. [중국] 중국공산당, 중화소비에트공화국 임시정부 수립. 소련 코민테른의 지지 하에 설립됐다. 마오쩌둥이 중앙집행위원회 위원장으로서 정부 지도자로 임명됐다.

12. 11. [영국] 의회, 웨스트민스터 헌장 제정. 자치령인 오스트레일리아, 뉴질랜드, 남아프리카 연방, 아일랜드 자유국, 뉴펀들랜드가 본국인 영국과 동등한 관계임을 명시한 법률이다. 이로써 대영제국은 '**영국연방**'이 됐다.

문화 / 과학 · 환경 / 스포츠

문화

1. 1. 염상섭,《삼대》연재 시작. 9월 17일까지 총 215회에 걸쳐《조선일보》에 연재됐다.

6. 3. 살바도르 달리, 〈기억의 지속〉 첫 전시. 현실과 허구를 하나의 화폭에 담은 이 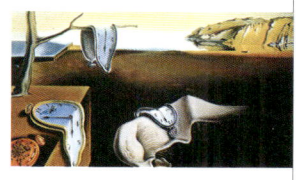 작품은 파리의 피에르 화랑에서 열린 개인전에서 처음으로 전시됐다. 초현실주의의 아이콘으로 대중문화에 지속적인 영향을 미친 이 작품은 현재 미국 뉴욕의 현대미술관(MoMA)에 소장되어 있다.

과학 · 환경

1. 2. [미국] 어니스트 로런스, 사이클로트론 발명. 전기를 띤 입자를 자기장 속에서 자기장과 수직인 방향으로 움직여 가속시키는 이 혁신적인 입자가속기는 직경이 11cm에 불과했지만, 양성자를 최대 8만eV까지 가속시킬 수 있었다. 제작비는 30달러도 들지 않았다. 그는 이 공로를 인정받아 1939년 노벨 물리학상을 받았다.

4. 7. [독일] 전자현미경 개발. 베를린 왕립기술대학교의 막스 크놀과 에른스트 루스카가 빛 대신 전자를 이용하는 현미경으로 첫 이미지를 얻어내는 데 성공했다. 배율은 16배 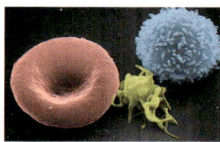 에 불과했지만, 당시 광학현미경의 최대배율 2000배라는 한계에 직면해 있던 과학자들에게는 엄청난 소식이었다. 2년 후 크놀과 루스카는 2000배율을 초과하는 성능의 전자현미경을 만들어낸다. 성능은 눈부시게 발전했고, 현재는 배율 5000만 배 이상의 이미지도 얻을 수 있다.

5. 1. [미국] 엠파이어스테이트 빌딩 개관. 첨탑까지 높이가 443m인 이 102층 건물은 11개월 전 같은 뉴욕에 세워진 크라이슬러 빌딩을 능가하는 세계 최고층 건물이 됐다.

스포츠

3. 21. 제1회 마라손경주대회 열림. 이날 정오 "사이렌이 울림과 함께 철각을 자랑하는 14명의 건아는 동아일보정문전을 출발"하였다. 고려육상경기회가 주최하고 조선체육회와 동아일보가 공동후원한 이 대회에는 모두 14명이 참가했다. 왕복 23.2km(京永十五哩) 레이스의 첫 우승자는 양정고의 김은배였고, 기록은 1시간 22분 05초였다. 마라손 경주대회는 1964년 동아마라톤대회로 이름이 바뀌었고, 1982년부터는 서울국제마라톤대회(서울 마라톤)를 겸해 열리고 있다.

← 1920년대 후반의 마천루 경쟁은 개발업체들이 세계에서 가장 높은 구조물이라는 타이틀을 차지하기 위해 경쟁하면서 엠파이어 스테이트 빌딩의 건설로 절정에 달했다. 이 경쟁에서 맨해튼 트러스트은행 빌딩, 크라이슬러 빌딩, 엠파이어 스테이트 빌딩이 차례로 높이에서 서로를 앞지르며, 엠파이어 스테이트 빌딩이 첨탑까지 동원한 끝에 최종적으로 승리했다. 대공황 중에 개장하여 점유율이 낮아 '빈 상태 빌딩'이라는 별명이 붙었지만, 엠파이어 스테이트 빌딩은 410일이라는 빠른 공사 기간과 선구적인 커튼월을 포함한 혁신적인 디자인으로 미국의 야망과 건축적 위력을 상징하는 지위를 굳건히 했다.

1931년 풍경

"인천 시내에 잇는 조선인 경영의 유수한 음식점인 평양관, 인천관, 사정옥 등 일곱 음식점은 전화를 두고 일반의 주문에 의지하야 배달하든 중이든바 수일 전부터 돌연히 협의하야 가지고 전화를 폐지하얏슴으로 일반은 비상히 불편하게 되엿다는데 그 리유는 불경기로 인하야 물건은 팔리지 안이하고 전화료와 배달인부 기타 손료만 다달이 손해를 당하게 됨으로 부득이 폐지하게 된 것이라 한다." 1930년대《매일신보》의 단신이다. 몇 가지 사실을 알 수 있다. 냉면은 그 당시에도 여름철 인기 별미였다. 맛으로 승부한 집은 주문 전화통에 불이 났다고 한다. 사회 규모가 커지고 미로처럼 발달한 도로. 식당의 주방과 사람의 입을 여하히 연결시키는 것이 음식을 만드는 것 못지 않게 중요한 문제로 대두됐다. 아니, 칼은 주방에 있는데, 그 자루는 배달회사가 쥐고 있는 게 오늘의 현실이다. 면은 때가 지나면 불어 터지기 마련이다. 자신의 애마(愛馬) 같은 자전거 앞에서 포즈를 취한 냉면집 배달부들. 저 때만 해도 쫄깃한 면발을 손님에게 얼른 제공하겠다는 결기만이 표정에 가득했다.

성별 간 임금 격차(2020년)

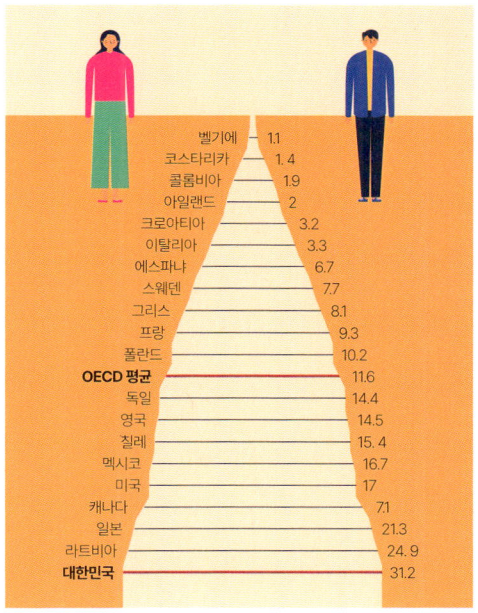

국가	격차
벨기에	1.1
코스타리카	1.4
콜롬비아	1.9
아일랜드	2
크로아티아	3.2
이탈리아	3.3
에스파냐	6.7
스웨덴	7.7
그리스	8.1
프랑스	9.3
폴란드	10.2
OECD 평균	**11.6**
독일	14.4
영국	14.5
칠레	15.4
멕시코	16.7
미국	17
캐나다	7.1
일본	21.3
라트비아	24.9
대한민국	**31.2**

이 해에는

노래
○ 〈희망의 나라로〉 (작사·작곡, 현제명)

영화
○ [미국] 〈시티 라이트〉, 찰리 채플린

궂긴 소식
4. 10. 칼릴 지브란(레바논계 미국의 작가)
5. 9. 앨버트 에이브러햄 마이컬슨(미국의 물리학자)
7. 23. 방정환(아동문학가)
10. 18. 토머스 에디슨(미국의 발명가)

1932년

윤봉길, 상하이 의거

↑ 상하이 사변에서 승리한 일본군이 천장절(천황 생일)을 맞아 4월 29일 상하이 훙커우공원에서 개최한 전승 기념 축하식에서, 한인애국단 단원 윤봉길이 단상에 폭탄을 던졌다. 일본 육군대장 시라카와 요시노리와 일본인 거류민단장 가와바타 데이지가 현장에서 즉사하고 고위인사 10여 명이 중상을 입었다.

> "나는 적성(赤誠)으로써
> 조국의 독립과 자유를
> 회복하기 위하여
> 한인애국단의 일원이 되어
> 중국을 침략하는 적의 장교를
> 도륙하기로 맹세하나이다."
> ― 윤봉길, 한국애국단 가입 선언문

너희도 만일 피가 있고 뼈가 있다면
반드시 조선을 위해 용감한 투사가 되어라.
태극의 깃발을 높이 드날리고
나의 빈 무덤 앞에 찾아와 한 잔 술을 부어 놓으라.
그리고 너희들은 아비 없음을 슬퍼하지 말아라.
사랑하는 어머니가 있으니 어머니의 교양으로 성공자를
동서양 역사상 보건대
동양으로 문학가 맹자가 있고
서양으로 불란서 혁명가 나폴레옹이 있고
미국의 발명가 에디슨이 있다.
바라건대 너희 어머니는 그의 어머니가 되고
너희들은 그 사람이 되어라.
― 윤봉길

일제강점기

1. 8. 이봉창, 쇼와 천황에게 폭탄 투척. 한인애국단 단원인 그는 육군관병식이 열린 도쿄 요요기운동장에서 육군 관병식을 마치고 이동하는 천황 일행의 마차를 향해 수류탄을 던졌지만 목표를 이루지 못했다. 스스로 '내가 폭탄을 던졌다'고 외쳐 경찰에 체포된 뒤 재판에서 사형 선고를 받고 10월 10일 서른 둘의 나이로 순국했다.

2. 15. 박석윤 등 친일파, 민생단 조직. 중국 룽징에서 결성된 이 단체는 '재만 조선인의 자치와 생활 안정 및 낙토 건설'을 표방했지만, 사실은 간도 동만주 일대에서 활약하던 조선인 항일무장 세력들이 중국공산당과 합작해 구축한 항일연합전선을 와해시키려는 일본영사관의 조종을 받는 친일반공 단체였다.● 실제로 중국공산당이 조직 내부에 침투한 민생단 조직원들을 제거한다는 명목으로 이 해 10월부터 4년여 간 벌인 반민생단 투쟁으로 수백 명의 조선인 반일전선 투사들이 민생단원이란 혐의를 받고 처형당했다.

3. 22. 방응모, 《조선일보》 경영권 인수.

4. 29. 윤봉길, 폭탄 의거.

5. 임시정부, 상하이에서 항저우로 이전.

9. 30. 농촌진흥위원회 설치. 7월 우가키 가즈시게 조선총독이 농촌진흥운동 전개를 천명했다. 농촌 경제의 파탄, 소작쟁의·부역 반대 투쟁 등 농민들의 생존권 투쟁 급증, 혁명적 농민조합운동의 활성화 그리고 만주사변 등에 따른 식민통치체제의 모순과 위기를 모면하기 위해서였다.● 이를 위해 총독부는 농림국 산하에 농촌진흥위원회를 설치했다. 이를 통해 도-부군도-읍면-정동리 부락 연맹 등의 행정단위를 기본으로 전국의 모든 말단 행정 조직이 마을 단위까지 연결되어 위로부터의 명령이 일사분란하게 전달하게 됐다.●●

9. 30. 충남도청, 공주에서 대전으로 이전.

10. 한국대일전선통일동맹 결성. 일본의 만주 침략에 대응해 해외, 특히 중국 관내 지역의 독립세력의 연합이 필요하다고 여긴 한국독립당, 한국광복동지회, 조선혁명당, 한국혁명당, 의열단의 대표가 상하이에서 만나 한국대일전선통일동맹을 결성했다. 이 동맹은 '우리는 혁명의 방법으로써 한국의 독립을 완성코자 한다', '우리는 혁명역량의 집중과 지도의 통일로써 대일전선의 확대 강화를 기한다' 등을 규약으로 내세웠다.●

10. 11. 총독부, 자작농지설정사업 시작. 생산비를 밑도는 저곡가 체제하에서도 일본으로 대량의 미곡을 반출하는 데는 지주를 강화하는 것이 일제에게는 더 유리했다. 그러나 1930년대 들어 농업공황으로 지주와 소작인의 대립이 격화되고 혁명적 농민조합운동이 힘을 얻어가게 되자 일제는 체제유지적 개량 정책을 실시하지 않을 수 없었다. 자작농지설정사업도 그중 하나였다. 이 사업은 조선총독부와 금융조합, 농회 등을 통해 농민에게 자작농지 구입자금을 대부해 농촌의 갱생을 도모한다는 목적으로 추진되었지만, 이미 파탄지경에 이른 조선의 농촌경제를 되살리기에는 역부족이었다.

← 지주로부터 논을 빌려서 농사를 짓는 소작농가는 1918년 37.8%에서 1942년에는 53.8%로 급증했다. 소작농에 자작과 소작을 겸하는 '자소작농'을 더하면 거의 80%에 달했다.

세계

2. 2. 제네바 군축회의 개막. 각국의 군비 감축을 통해 또 다른 세계대전의 재발을 막기 위해 국제연맹 주관으로 스위스 제네바에서 열렸다. 회의는 60개국 이상이 참여했다. 그러나 별다른 진전 없이 계속된 회의는 이듬해 11월 독일의 국제연맹 탈퇴를 계기로 동력을 상실하고 1934년 11월 실질적인 합의에 도달하지 못한 채 끝난다.

3. 1. [중국] 일본, 만주국 건국 선언. 9일 푸이가 이 괴뢰국가의 집정으로 취임했다. 이후 일본의 자원공급 중심지가 되면서 많은 일본인이 만주로 진출했다.

4. 10. [독일] 대통령 선거 2차 투표. 3월 13일 투표에서 과반 득표자가 나오지 않은 가운데 실시된 2차 결선 투표에서 파울 폰 힌덴부르크가 아돌프 히틀러를 누르고 재선에 성공했다. 그러나 히틀러가 이끄는 나치당은 7월 31일 국가의회 선거에서 230석이라는 '현기증 나는' 성공을 거뒀다.

5. 15. [일본] 이누카이 쓰요시, 암살됨. 민간 우익단체인 혈맹단에 가담한 해군 청년장교들이 정우회 총재이자 총리인 이누카이 쓰요시를 암살했다. 5·15 사건이라고 불리는 이 사건은 제국 일본의 의회정치에 종언을 구하는 것이었다. 혈맹단이 노린 것은 시국을 혼란에 빠뜨려 계엄령을 선포시킨 후 군부 내각을 만들고 군국주의 체제를 수립하는 것이었다. 내각을 장악한 군과 관료의 수뇌들은 일본의 영토 확장을 정당화하며 군국주의의 분위기를 확산시켰다. 이듬해 3월, 일본은 국제연맹을 탈퇴한다.

5. 21. [미국] 어밀리아 에어하트, 대서양 단독 비행 성공. 전날 록히드 베가를 타고 뉴펀들랜드 하버그레이스를 출발한 그는 14시간 56분 만에 북대서양을 건너 북아일랜드 데리에 도착했다. 여성으로서는 최초로 대서양 단독 횡단비행에 성공했다.

6. 24. [타이] 입헌혁명. 군 장교들과 관료들로 구성된 인민당 당원들이 왕궁을 점령하고 쿠데타를 공식 선포했다. 그들은 방콕을 떠나 있던 프라차티뽁 국왕에게 입헌군주의 지위를 받아들이라고 촉구했고, 국왕은 그들의 요구를 수용했다. 이로써 타이에서 절대군주제 시대가 막을 내렸다.

7. 31. [독일] 독일 국가의회 선거. 국가사회주의 독일노동자당(나치당)이 처음으로 제1당이 됐다.

9. 23. [사우디아라비아] 이븐 사우드 네자드헤자즈 왕국 국왕, 사우디아라비아로 국명 개명.

11. 8. [미국] 대통령 선거. 공화당 후보인 뉴욕 주지사 프랭클린 루스벨트가 현직 대통령인 공화당의 허버트 후버에 압승을 거두고 제32대 대통령이 됐다.

문화 / 과학·환경 / 스포츠

문화

3. 31. 조선사편수회, 《조선사》 간행 시작. 박은식의 《한국통사》 등 해외에 있는 조선 지식인의 저서들이 국내에 유입되자, 조선인의 저항을 막아내면서 영구적으로 다스리기 위해 조선의 역사를 편찬할 필요가 생긴. 조선총독부는 조선사편찬위원회와 조선사편수회를 설립해 《조선사》를 간행하기 시작해 1938년 35권을 완간한다.

8. 6. [이탈리아] 제1회 베네치아 국제영화제 개막. 세계에서 가장 오래된 이 영화제의 최고상인 황금사자상은 1949년부터 주어지기 시작했는데 첫 주인공은 프랑스 앙리조르주 클루조 감독의 〈정부 마농〉이었다. 한국영화로는 1987년에 임권택 감독의 〈씨받이〉가 여우주연상(강수연)을, 2012년에는 김기덕 감독의 〈피에타〉가 황금사자상을 수상한다.

9. 14. 〈임자없는 나룻배〉 개봉. '나운규가 주연하는 춘삼이란 한 농부 노동자의 슬픈 이야기'를 '한 개인의 이야기로 보지 말고 조선민족이라는 한 민족의 이야기로' 보아야 하는 이규환 감독의 이 영화는 '조선영화계에서 일찍이 보지 못했던 새로운 감독과 명쾌한 촬영으로 된 영화'였다. 원본 필름은 소실되었지만 다행히 포스터 원본은 남았다. 한국 영화로는 현재 남아 있는 가장 오래된 포스터이다.

과학·환경

2. 17. [영국] 제임스 채드윅, 《네이처》에 〈중성자의 존재 가능성〉 기고. 이 간략한 보고서에서 그는 1920년대 내내 가설로만 제시되던 중성자가 실제로 존재한다는 사실을 발견했음을 알린다. 열흘 뒤인 27일 《네이처》에 실린 이 보고서는 6월 1일 《런던왕립학회지》에 더 자세한 형태로 실리게 된다. 중성자는 원자핵을 구성하는 입자 중 하나이며 전하가 없다. 같은 원소의 원자들은 양성자의 수가 같지만, 중성자의 수는 다를 수 있으며, 이런 원자를 동위원소라고 한다. 중성자의 발견으로 동위원소를 설명할 수 있게 됐다.

스포츠

2. 4. [미국] 레이크플래시드에서 제3회 동계 올림픽 개막.

6. 18. 국제농구연맹(FIBA) 창립. 원래 명칭은 '국제아마추어농구연맹'이었지만, 1989년 프로 농구 선수들의 올림픽 참가를 결정하면서 명칭에서 '아마추어'를 뺐다.

7. 30. [미국] 로스앤젤레스에서 제10회 하계 올림픽 개막. 비록 일장기를 달고 뛰기는 했지만 김은배, 권태하, 황을수가 한국인 최초로 올림픽에 참가했다.

← 이븐 사우드 네자드헤자즈 왕국 국왕이 영토를 통일하고 왕국의 이름을 사우디아라비아로 바꿨다. 이로써 그는 아랍반도의 대부분 지역에서 왕권을 수립하는 데 성공했을 뿐만 아니라 영국으로부터도 독립을 지킬 수 있었다. 사우디아라비아 지역에 석유가 없다고 오판한 덕분이었다.

1932년 풍경

19세기 말 미국의 서부 개척기 시대를 비롯해 많은 나라에서 골드러시 바람이 분다. 《강철 군화》의 작가인 잭 런던도 알래스카에서 금을 노리지만 건강 때문에 포기하고, 이때의 경험을 살려 세계적인 작가가 된다. 잭 런던은 러일전쟁 당시 조선에 기자로 와서 인천-서울-평양을 지나는 종군기를 쓰기도 하였다. 이후 1930년대 우리나라에도 골드러시 열풍이 불었다. 일제의 지배 체제는 더욱 공고해지고, 미래가 암울해지자 일확천금을 노리는 지식인이 한둘이 아니었다. 형편이 어려워진 《조선일보》를 인수한 방응모도 금광으로 떼돈을 번 사람이었다. 우리나라 신문 삽화의 선구자인 석영 안석주는 《조선일보》 〈시대상〉 코너에서 '황금광 시대'를 다루며 이렇게 일갈한다. "조선에는 어느 곳이나 금이 안 나는 곳이 없다 하니 금땅 위에서 사는 우리는 왜 요다지 구차한지?" 한편 그때 불었다는 광풍은 한 번으로 그친 건 아닌 모양이다. 금을 향한 인간의 욕망이 간다고 어딜 가겠는가. 그 이후 시대를 달리한 오늘날에도 석유, 부동산, 주식, 비트코인 등으로 황금광들은 끊임없이 "금이다 황금이다 하며 악쓰고 덤비면"서 활개치지 않는가.

세계 주요 원유 생산국(2024년 기준)

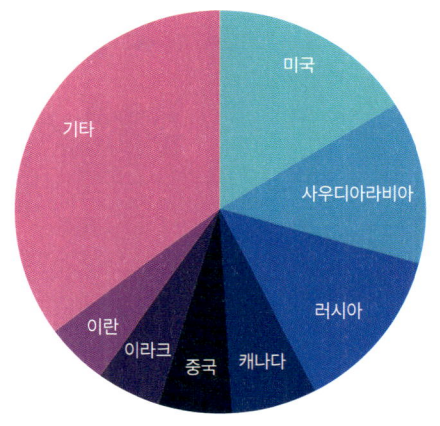

이 해에는

책

2. 4.　[영국] 《멋진 신세계》, 올더스 헉슬리

영화

4. 9.　[미국] 〈스카페이스〉, 하워드 호크스
9. 14.　〈임자없는 나룻배〉, 이규환

굵긴 소식

7. 2.　마누엘 2세(포르투갈의 국왕)
8. 9.　존 필즈(캐나다의 수학자)
10. 10.　이봉창(독립운동가)
11. 17.　이회영(독립운동가)
12. 18.　에두아르트 베른슈타인(독일의 사회주의 혁명가)
12. 19.　윤봉길(독립운동가)

독립한 나라

10. 3.　이라크 왕국 (← 영국)　

1933년

토막촌 철거

↑ 일제강점기 농촌의 몰락과 함께 밀려난 농민들은 도시의 빈민층으로 전락했다.● 1920년대부터 본격적으로 늘어난 도시빈민을 상징하는 것이 토막이었다. 토막은 산기슭, 다리 밑, 개울가 같은 곳에 나뭇가지나 가마니 등을 재료로 얼기설기 지은 집이다. 일제는 1930년대부터 도시 미관 정비라는 명목으로 이들의 마지막 안식처인 토막촌을 무자비하게 철거하기 시작했다. 가난한 조선인들이 피와 땀으로 일구어낸 허름한 집들이 하루아침에 무너져내렸다. 일제의 폭압적인 도시계획으로 집을 잃은 이들의 울부짖음과 한숨은 식민지 조선의 슬픈 현실을 적나라하게 드러냈다.

"사람 잇는 집을 허는 법 잇소?"

이런 경우가 어데잇읍니가 사람이 들어잇고 가구가 그대로 잇는집을 마구헐어버렷습니다. 보시는바와 같이 이 어린애들하고 오늘 잘 곳이 문제입니다. 인부들은 못 벌어 먹을지언정 이 집은 헐지 못하겟다 하니까 십장이 마구 욕을 하고 억지로 시켜서 헐엇습니다. 인정도 없고 눈물도 없는 사람들이 아닙니까? 청부업자가 조금전에 한사람을 불러내어 돈 삼원씩을 줄터이니 집을 헐어가라고 하엿답니다. 돈은 삼원이고 삼십원이고 채갈데를 정해야 되지않습니까? 그들은 우리가 지난 이십일일 이사하겟다고 약속하엿다하나 우리는 그런 말을 한 일이 없고 곧 갈곳을 정한 후에 속이 내어주겟다는 약속만은 햇습니다. 우선 오늘밤은 어데서 새워야 되겟습니까?
—《동아일보》, 1933. 8. 31.

↓ 윗줄 왼쪽부터 김삼룡, 박진홍, 이순금, 이재유, 이현상, 이효정이다.

일제강점기

1. 13. 중한연합토일군 결성. 지청천을 사령관으로 한 한국독립군이 중국의용군인 제14사 차이스룽의 부대와 연합해 한·중 연합항일부대인 중한연합토일군을 결성했다. 한국독립군은 규모가 수백 명, 길림구국군은 2,000여 명에 달했다. 토일군은 경박호·동경성·대전자령 등 전투에서 일본군에 대승을 거뒀다.

2. 1. 〈조선소작조정령〉 시행. 소작쟁의가 벌어졌을 때 조정을 실시해 당사자간 화해를 통해 쟁의를 해결하는 것을 목적으로 하는 이 법령은 총독부가 농촌의 심각한 사회경제적 위기를 타개해 농민의 불만을 잠재우기 위해 내놓은 사회개량적 농지정책이었다.

2. 27. **남자현**, 일제경찰에 체포됨. 만주국 1주년 행사가 열리는 3월 1일을 기해 일본의 만주국 대사 무토 노부요시를 처단하려는 계획을 세운 그는 무기 조달을 위해 노파로 변장하고 무기와 폭탄 운반에 나서다 발각되어 이날 하얼빈에서 일제경찰에 체포됐다. 그는 일본총영사관 감옥에서 여섯 달 동안 고문에 시달리던 중 단식투쟁을 벌여 10여 일 만에 병보석으로 풀려났지만 며칠 만인 8월 22일 고문 후유증으로 목숨을 잃었다. 그의 나이 61세였다. '혁명의 어머니', '전율할 노파' 등으로 불리며● 국내와 만주를 중심으로 교육활동, 독립운동가 후원과 구명활동, 무장활동을 펼친 그는 한국독립운동사에서 여성을 대표하는 인물로 손꼽힌다. 마지막 눈을 감는 순간 그는 가지고 있던 돈 249원 50전 중 '200원은 조선이 독립되는 날 독립된 정부에 갖다 바치라고' 당부하고, '사람이 죽고 사는 것이 먹고 안먹고의 문제가 아니라 정신에 있다'는 말을 남겼다.●●

3. 17. 백정기·원심창·이강훈 외, 주중 일본공사 암살 시도. 아나키스트 운동 단체인 남화한인청년연맹의 하부 조직인 흑색공포단 단원들인 그들은 상하이 훙커우에서 주중 일본공사 아리요시 아키라를 암살하려는 계획을 세웠다. 실행 직전 정보가 새어나가는 바람에 단원들은 현장에서 체포됐다. 비록 미수에 그쳤지만 이 육삼정 의열투쟁은 한국인들뿐만 아니라 중국인들의 항일의식에도 큰 영향을 주었고, 이로 인해 한국민족운동에 대한 중국정부의 지원 또한 크게 확대됐다.

3. 28. 총독부, 〈미곡통제법〉 공포. 이 법은 1929~30년의 대공황과 연이은 쌀값 폭락으로 발생한 자국 농민들의 불만을 잠재우기 위해서 제정됐다. 조선에서 들어오는 쌀이 자국 쌀의 가격 하락을 부추긴다고 본 지주들은 조선 쌀 배척 운동을 했고, 결국 이로 조선총독부는 산미증식계획을 축소하고 조선 쌀의 일본 반출도 통제하기 시작했다.

6. 30.~7. 대전자령 전투. 지청천이 이끈 한국독립군과 중국 길림구국군 부대가 연합해 랴오닝성 대전자령(다뎬쯔링)에서 철수하는 일본군 수송부대를 기습해 거의 궤멸 수준의 대승을 거두었다. 봉오동 전투, 청산리 전투와 함께 독립군 3대 대첩으로 불린다.

8. 이재유, 이현상, 김삼룡, 경성트로이카 조직. 조선공산당 당원인 이들은 기존 엘리트 중심의 당 건설을 지양하고 생산현장에서의 대중활동과 대중투쟁을 확대하고 강화해 노동계급을 중심으로 당을 재건하는 것을 목표로 전위 조직을 만들어 활동했다.

8. 우치다 겐지로, **토막촌** 철거.

세계

1. 22. [소련] 우크라이나와 북코카서스 지역 봉쇄. 스탈린의 신경제 정책(NEP)에 따른 농업집단화 정책의 부작용과 이에 따라 농민들의 반발로 한 해 전부터 기근이 극도로 심화했다. 이에 소련 정부는 굶주린 농민들이 도시로 탈출하는 것을 막기 위해 농민들에게 장거리 열차표 판매 중지 등의 봉쇄 조치를 취했다. 1932~33년 사이에 이 지역에서 발생한 '홀로도모르(우크라이나어로 '굶어죽음'을 뜻함)'로 400만 명이 넘게 사망했다.

1. 30. [독일] 파울 폰 힌덴부르크 대통령, 아돌프 히틀러를 총리로 임명. 국가사회주의 독일 노동자당(나치당)의 대표였던 히틀러는 정치적 반대파를 무자비하게 탄압하고 숙청해 마침내 7월 일당독재 체제의 기틀을 마련했다.

2. 27. [독일] 국회의사당 화재 사건. 3월 선거를 앞두고 발생한 이 사건의 범인으로는 마리뉘스 반 데어 루베라는 네덜란드 출신 공산주의자가 지목되었지만, 사실은 나치가 배후일 수 있다는 의혹이 퍼졌다. 힌덴부르크 대통령은 이날 곧바로 〈국민과 국가 보호를 위한 대통령령〉에 서명했고, 이어 공산주의자와 사회주의자에 대한 대대적인 체포에 나섰다. 화재와 이 법령은 바이마르 공화국에서 나치 일당독재로 가는 결정적인 구실을 했다.

3. 4. [미국] 프랭클린 루스벨트가 제32대 미합중국 대통령에 취임. 그는 취임사에서 대공황과 관련해 '우리가 두려워해야 할 유일한 것은 두려움 그 자체'라고 선언했다.

3. 5. [미국] 프랭클린 루스벨트 대통령, 은행 휴업 선포. 그는 취임 바로 다음 날 곧바로 전국의 모든 은행에 대해 4일간 휴업을 명령했다. 이 기간 동안 각 은행의 경영상태 점검이 이뤄졌고 지불능력이 확인된 은행은 업무가 재개됐다. 뉴딜 정책의 시작이었다.

3. 27. [일본] 국제연맹 탈퇴 발표. 2월 국제연맹이 만주사변에 대한 보고서를 채택하고 일본의 철병을 요구한 데 대한 반발이었다.

4. 26. [독일] 헤르만 괴링, 게슈타포 창설. 정식 명칭이 '게하이메 슈타츠폴리(비밀국가경찰)'인 이 조직은 독일 전역을 '공포' 분위기로 몰아갔다.

9. 4. [쿠바] 쿠데타 발생. 풀헨시오 바티스타를 포함한 일군의 하급 장교들이 일명 '상사의 반란'을 일으켜 정부를 전복시켰다.

10. 14. [독일] 국제연맹 탈퇴. 베르사유 조약에 따른 군비제한에 대한 반발이었다.

문화 / 과학 · 환경 / 스포츠

문화

3. 2. [미국] 〈킹콩〉 첫 상영. 스톱모션 애니메이션, 미니어처 촬영, 매트 페인팅 등 획기적인 기술이 사용된 이 영화는 디지털 시대 이전 특수효과가 만들어낼 수 있는 최고의 경지를 보여준 영화였다. 특히 킹콩이 엠파이어스테이트 빌딩 꼭대기로 올라가 포효하는 상징적인 이미지는 대중문화의 아이콘이 되어 수많은 리메이크작을 낳았다.

5. 22. 총독부, 〈축음기레코드취체규칙〉 제정 공포. 1930년대 들어 축음기 보급이 확대되고 음반이 대중화되면서 체계적인 음반 통제의 필요성을 갖게 된 총독부는 음반에 대한 검열과 단속 등 통제에 들어갔다.

10. 29. 조선어학회, 〈한글 마춤법 통일안〉 공포. 3년에 걸쳐 125차례 회의를 거듭한 결실로, 여러 차례의 수정을 거쳐 1948년 정부에서 공식적으로 채택함에 따라 한국 정서법의 법전이 됐다. 현재 쓰이는 한글맞춤법 규정은 2017년 국립국어원이 개정한 것이다.

과학 · 환경

6. 10. 발명학회, 《과학조선》 창간. 과학기술의 중요성을 알리기 위해 발명학회의 김용관, 박길용 등이 중심이 되어 발행한 국내 최초의 과학종합잡지였다. 과학의 보급이라는 목적에 맞게 독자들의 질문에 답하는 코너도 있었는데, 태양빛이 지구에 도달하는 시간을 묻는 질문, 좋은 카메라를 추천해달라는 요구 등에 대한 응답이 실렸다.

7. 14. [독일] 〈유전병 자손 예방법〉 제정. 이듬해 1월 발효된 이 법에 따라 유전적 질환 목록에 속하는 것으로 추정되는 모든 시민에 대해 강제 불임수술이 허용됐고, 나치 정권 기간 동안 40만 명이 넘는 사람이 자신의 의지에 반해 불임수술을 받았다.

스포츠

4. 14. 경성방송국, 권투 경기 중계방송. 조선권투구락부와 일본 센슈대학권투부의 경기가 경성공회당에서 벌어져 조선권투구락부가 3-2로 이겼다. 이날 벌어진 경기는 경성방송국이 라디오로 중계했다. 최초의 조선말 스포츠 중계방송이었다. 현장에서 마이크를 잡은 이는 박충근이었다.

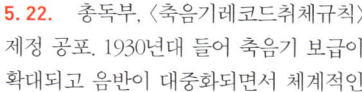

9. 19. 조선축구협회 창립. 대한축구협회의 전신이다. 초대 회장은 박승빈이었다.

← 대공황의 절망에서 태어난 뉴딜 정책은 경제 붕괴로 산산이 조각난 국가를 재건하려는 필사적이면서도 희망적인 시도였다. 후버 댐과 테네시 밸리 개발 공사와 같은 대규모 공공 사업 프로젝트를 통해 수백만 명의 실업자에게 일자리를 제공했을 뿐만 아니라 미국의 물리적, 사회적 지형을 재편하여 한 국가의 회복력을 상징한다. 그러나 이러한 업적 아래에는 취약성에 직면하도록 강요받은 국가의 슬픔이 남아 있었고, 이러한 공학적 업적은 인간의 독창성의 승리이자 이를 필요로 했던 고통을 상기시키는 것으로 남았다.

1933년 풍경

얼음은 물이 잠시 흐름을 멈춘 것이다. 누가 시키지 않아도 겨울만 되면 벌어지는 자연스러운 현상이다. 산업은 물론 일상생활에서도 얼음의 용도는 많다. 어떻게 하면 뜨거운 여름에도 얼음을 건사할 수 있을까. 신라시대에도 그 고민은 있어 석빙고(石氷庫)를 만들 정도였다. 읍 단위의 고장 뒷골목을 걷다 보면 시장에서 제법 떨어진 곳에 쌀이나 석유, 얼음 파는 곳을 만나기도 한다. 왜 이렇게 골목상권에 저런 얼음 가게일까. 그해는 몹시 더웠던가 보다. "불 나는 어름집"이라고 혹서기를 맞이하여 얼음집 풍경을 소개하고 있다. 얼음 가게의 간판에서 '氷'은 푸른색이 아니라 붉은 글씨로 쓴다. 고단한 인생길에서 그 얼마나 핫뜨거한 일이 많은가. 그 울화를 진압하려고 얼음은 여름까지, 저 골목에까지 진출한 건 아니었을까.

우리말 문장 부호

.	?	!	,
마침표	물음표	느낌표	쉼표

·	:	/	" "
가운뎃점	쌍점	빗금	큰따옴표

' '	( )	{ }	[ ]
작은따옴표	소괄호	중괄호	대괄호

《 》	〈 〉	─	-
겹화살괄호	홑화살괄호	줄표	붙임표

~	……		
물결표	줄임표		

이 해에는

책
- 《조선사회경제사》, 백남운
- [프랑스] 《인간의 조건》, 앙드레 말로

노래
- 〈봄 처녀〉 (시, 이은상 / 작곡, 홍난파)
- 〈가고파〉 (시, 이은상 / 작곡, 김동진)
- 〈자전거〉 (작사, 목일신 / 작곡, 김대현)

영화
4. 7. [미국] 〈킹콩〉, 메리안 쿠퍼 / 어니스트 쇼드색

궂긴 소식
- 1. 5. 캘빈 쿨리지(미국 대통령)
- 1. 17. 양전백(독립운동가)
- 8. 7. 박경원(비행기 조종사)
- 8. 22. 남자현(독립운동가)

1934년

진단학회 창립

"어느 사회의 문화든지 그것을 진실 또 정확히 검토 인식하고…"

↑ 이병도가 주도해 만든 진단학회는 '실증사학'을 기치로 내걸고 일제강점기에는 《진단학보》를, 해방 후에는 《한국사》 7권(위 사진)을 간행하고 수많은 후학을 길러내는 등 한국 사학계의 중추적인 역할을 했다. 그러나 진단학회, 나아가서는 한국 사학계 전체에 막강한 영향력을 휘둘렀다고 해도 과언이 아닌 이병도 그 자신 그리고 그가 내건 실증사학과 관련해서는 늘 꼬리표가 따라다녔다. 1960년대 들어 식민사학을 극복하려는 노력이 추구되면서 그가 일제 강점기 당시 식민사학의 첨병이던 조선사편수회의 《조선사》 편찬에 참여한 사실, 실증사학을 추구한다고 주장하면서도 박정희 군사정권이 들어선 후에는 오히려 국사를 현실정치의 도구로 사용*하는 데 일조한 것 등과 관련한 비판이 그것이다.

↓ 산업화와 도시화가 급속히 진행되면서 식량 부족으로 큰 어려움을 겪게 된 일본은 식민지 조선을 식량 생산기지로 만들어 본국의 수요를 충당하려 했다. 1920년 조선에서 산미증식계획을 실시해 쌀 생산량을 늘리는 데 성공했다. 그러나 농촌은 더욱도 황폐해졌다. 일제와 지주의 쌀 수탈이 가중되면서 부를 축적한 것은 일본인과 조선인 지주들이었다. 가난한 농민들은 타격을 입었다. 자작농은 줄고 소작농은 늘어만 갔다. 분노한 소작농들은 쟁의에 나섰고, 투쟁은 검거·투옥·재판 등 일제의 탄압이 본격화됨에 따라 정치적 성격의 농민 운동으로 바뀌어 갔다.* 이를 무마시키기 위해 소작인의 경작권을 강화한 법이 〈조선농지령〉이었다. 그러나 악화된 농촌 사정을 개선하는 데는 그다지 도움이 되지 않았다.

근래 조선(문화)을 연구하는 경향과 성열(誠熱)이 날로 높아가는 상태에 있는 것은 참으로 경하(慶賀)에 견디지 못하는 바이나, 그런 경향과 성열이 조선인 자체에서보다 조선인 이외의 인사간에 더 많고 큼을 발견하게 된다. 그 까닭은 우리 스스로 냉정히 캐어볼 필요가 있지만, 어떻든 우리는 그런 연구까지 남에게 밀어 맡기어, 오직 그들의 노력과 성과만을 기다리고 힘입기를 바라는 자가 아니다. 비록 우리의 힘이 빈약하고 연구가 졸렬할지라도, 자분자진(自奮自進)하야 또 서로 협력하야, 조선문화를 개척 발전 향상시키지 않으면 안될 의무와 사명을 가진 것이다. 어느 사회의 문화든지 그것을 진실 또 정확히 검토 인식하고, 또 이를 향상발달함에는 그 사회에 생(生)을 수(受)하고, 그 풍속 습관 중에서 자라나고, 그 언어를 말하는 사회의 사람의 노력과 성열에 기대함이 더 큰 까닭이다.

— 〈진단학회 창립〉

일제강점기

2. 25. 신한독립당 결성. 한국독립당이 난징에 이규채 등을 파견해 한국혁명당 측에 연합을 제의했다. 한국혁명당의 동의로 두 당은 신한독립당을 결성했다. 이후 대표자 회의를 열고 중앙위원장에 홍진, 군사위원장에 지청천 등을 선임했다. '중앙집권제의 민주공화국 건설' 등을 강령으로 삼은 이 당은 1935년 7월 조선민족혁명당 결성에 참여하며 해산했다.

4. 11. 〈조선농지령〉 제정. 일제는 1932년 자작농지설정사업, 1933년 〈조선소작조정령〉 제정에 이어 이 해에 〈조선농지령〉을 제정하는 등 일련의 개량적인 토지 정책을 시행했다. 일제의 농업정책은 1920년대까지 지주·소작 관계라는 생산관계를 바탕으로 지주 계급의 이해를 적극적으로 옹호하던 것에서 1930년대 이후로는 안정적, 영구적 식민지 지배를 위한 정책으로 전환했다.*

4. 13. 이재유, 서대문경찰서 탈출. 경성트로이카를 결성하고 공산당 재건운동을 벌이다 체포되어 서대문 경찰서에 갇혀 있던 그가 탈출하자 경성과 경기도의 경찰이 총동원되어 시내를 뒤졌다. 그러나 한 달 전에도 탈출했다 실패한 적이 있던 그는 이번에는 다시 잡히지 않았다. 탈출에 성공한 그는 정치신문 《적기》를 발행하는 등 활동을 계속했다. 1936년 12월 체포되어 징역 6년을 선고받았지만 전향을 하지 않았다는 이유로 만기가 끝나고도 석방되지 못한 채 1944년 10월 26일, 끝내 해방을 보지 못하고 40세의 나이로 세상을 떴다.

5. 30. 이마이다 기요노리 정무총감, 산미증식계획 중지 발표. 그는 계획의 중지에 따른 영향은 전혀 없을 것이라고 덧붙였다. 일제는 1차대전 중 자국의 농업생산력이 급격히 떨어지고 이에 따라 식량폭동이 일어남에 따라 조선의 쌀 생산량을 늘려 식량문제를 해결한다는 방침 아래 1920년부터 산미증식계획을 강행했다. 이 해에 중지된 계획은 '조선증미계획'이란 이름으로 1940년부터 재개된다.

9. 10. 경성본정서, 교통정리기 설치. 교통량이 시내에서 가장 많은 곳인 남대문 옆에 '모던 전기교통정리기'*가 설치됐다. 진행은 푸른빛, 정지는 붉은빛, 돌아가는 표시는 노란빛 전기 신호로 표시됐다. 당시의 신호기는 교통순사가 수동으로 작동시켰다. 자동식 신호등은 4년 후인 1938년 황금정 사거리(현 을지로 사거리)에 처음으로 설치된다.

11. 10. 〈의례준칙〉 발령. 이 준칙은 표면상으로는 의례개선을 내세웠지만 궁극적으로는 조선의 전통의례를 해체함으로써 민족의 정체성과 긍지를 분열시키는 민족말살정책의 하나로 진행된 것이다.* 또한 1930년을 전후한 세계공황의 여파로 일본은 조선의 물적 수탈과 인적 수탈을 위해 조선의 의례를 간소화할 필요해진 것도 한 이유였다.

12. 김구, 한국특무대독립군 조직. 중국중앙육군군관학교 뤄양 분교에 '한인특별반' 교육생 중 일부를 중국 중앙육군군관학교에 입교시킨 후 이들을 중심으로 결성된 군사조직이었다. '김구구락부'로 불릴 만큼 김구의 사조직 성격이 강했다. 이듬해 1월 중순 발대식을 가진 대원들은 뤄양 분교 졸업생들과 함께 한국광복군의 모태가 됐다.

세계

- **3. 1.** [일본] 푸이를 만주국 황제로 앉힘. 무력으로 만주를 점령한 일본은 자신들의 입맛에 맞는 인물로 청조의 마지막 황제 푸이를 선택하고 만주국을 군주국으로 선포했다.
- **6. 14.** [독일/이탈리아] 아돌프 히틀러 독일 총리, 이탈리아 방문. 히틀러는 이날 베네치아에서 베니토 무솔리니 총리를 처음으로 만났다.
- **6. 30.** [독일] 국가사회주의 독일노동자당(나치당), 돌격대(SA) 숙청. 아돌프 히틀러 총리의 친위 세력이 돌격대 지도부를 습격했다. 7월 2일까지 이어진 이 습격으로 전임 총리 쿠르트 폰 슐라이허, 돌격대 사령관인 에른스트 룀이 총살되는 등 많은 반히틀러 세력이 학살됐다.
- **7. 3.** [캐나다] 중앙은행 캐나다은행 설립. 중앙은행이 설립되기 전까지는 당시 캐나다 최대 은행이었던 몬트리올은행이 정부의 은행 역할을 했고, 연방 재무부가 캐나다 지폐를 인쇄하는 업무를 담당했다.
- **8. 15.** [미국] 아이티에서 군대 철수. 그러나 재정통제권은 1947년까지 계속 유지한다.
- **8. 19.** [독일] 국민투표 실시. 파울 폰 힌덴부르크 대통령이 사망한 지 불과 몇 주 뒤에 실시된 이 국민투표에서 89.9%의 찬성으로 아돌프 히틀러가 대통령과 총리의 직위를 통합한 총통 겸 제국총리에 오른다.
- **10. 16.** [중국] 대장정 시작. 장제스의 국민당군에 패한 공산당의 홍군 8만여 명이 중국 남동부 장시성에 모여 이날 1만 2500km에 달하는 장정(長征)을 시작했다. 다음 해 산시성 옌안에 도착하는 것으로 끝을 맺은 이 장정에서 마지막까지 생존한 사람의 수는 8000여 명에 불과했다. 장정 기간 동안 마오쩌둥은 중국공산당의 핵심 지도자로 부상했다.
- **12. 1.** [멕시코] 라사로 카르데나스 멕시코 대통령 취임. 멕시코 혁명에 적극적으로 가담했던 그는 재임 중 토지개혁을 실시하고 석유산업을 국유화하는 등 혁명의 정신을 실현하기 위해 노력했다.
- **12. 5.** [이탈리아/에티오피아] 국경 지역에서 충돌. 약 200명의 사상자가 발생했고, 1935년 이탈리아 왕국의 전면침공의 계기가 된다.
- **12. 5.** [튀르키예] 여성에게 완전한 참정권 부여. 이제 튀르키예 여성들도 투표하고 의원이 될 수 있는 길이 열렸다.

↓ 10월 16일, 국민당군에 포위된 홍군이 어둠을 틈타 장시 탈출을 개시했다. 중국공산당 역사에서 가장 영웅적 서사인 '대장정'이 시작된 것이다. 370일 동안 큰 산맥을 다섯 개 넘었고, 수많은 강을 건넜다. 무모한 작전이었지만, 장정은 결과적으로 혁명적 대의의 타당성뿐만 아니라 궁극적으로는 지도자와 그의 정책이 정확하다는 것을 보여주는 증거로 받아들여졌다.

문화 / 과학·환경 / 스포츠

문화

- **7. 24.** 이상, 〈오감도(烏瞰圖)〉 연재 시작. 《조선중앙일보》에 연재되다 너무 이상하다는 이유로 독자들의 엄청난 비난을 받고 8월 8일 중단됐다. '당대에는 물론 지금 보아도 여전히 파격적인 시 형식과 전위적인 시의식을 드러내고 있는 이 연작이… 불러일으킨 이 스캔들은 한국 문학사 전체를 통틀어서 보아도 보기 드문 일이었다. 이상은 연재가 중단된 후 "하도들 야단에 배암꼬랑지커녕 쥐꼬랑지도 못달고 그만두니 서운하다"고 불만을 토로했다.
- **5. 7.** **진단학회** 설립. '학문은 현실정치를 초월할 것이라는 신념' 아래 '순수 학구적'인 사람들이 주도한 단체였다. 이병도, 고유섭, 문일평 등이 발기인으로 참여했다.
- **8.** 나혜석, 《삼천리》에 〈이혼 고백장〉 발표.
- ○ 주요섭의 〈사랑방 손님과 어머니〉 발표.

과학·환경

- **1.** 발터 바데와 프리츠 츠비키, 중성자별의 존재 예측. 캘리포니아 공대에서 공동 연구를 진행한 이들은 초신성이 폭발한 잔해가 중력에 의해 붕괴되면서 '중성자별'이 된다고 주장했다. 중성자별은 질량이 태양의 1.2~2.3배에 달할 정도로 무겁지만 크기는 도시 하나 정도에 불과할 정도로 밀도가 높고, 매우 빠르게 회전한다.
- **4. 19.** 제1회 과학데이 행사. '과학일반의 보급과 과학의 필요를 일반 민중에게 인식시키는 것을 주안으로' 과학기술자들이 시작한 이 행사는 1920년대 민족 계몽운동의 관점을 계승한 과학 대중화 운동이었다.

스포츠

- **3. 22.** 첫 오거스타 내셔널 초청 대회 열림. 1940년 '마스터스 토너먼트'로 명칭이 바뀐 이 대회는 가장 중요하고 권위 있는 남자 골프 대회로 여겨지고 있다. 첫 대회의 우승 선수는 호턴 스미스였고 우승 상금은 1500달러였다(2022년 270만 달러). 한편 1949년부터 우승 선수에게 입혀주기 시작한 그린 재킷은 모든 남자 골프 선수들이 가장 입고 싶어하는 옷이다. 한국 선수가 올린 최고의 성적은 2020년 대회 때 임성재가 거둔 준우승이다.
- **5. 16.** [필리핀] 제10회 극동선수권대회 개막. 필리핀 마닐라에서 20일까지 열렸다. 중국은 만주국 참가 문제로 불참했다. 만주국의 참가 역시 이루어지지 못했다. 1913년 처음 열리기 시작한 극동선수권대회는 대회를 끝으로 폐지된다.
- **5. 27.** [이탈리아] 제2회 FIFA 월드컵 개막. 무솔리니는 이 대회를 파시즘 선전 무대로 활용했다. 이탈리아가 체코슬로바키아를 연장전 끝에 2-1로 승리하며 우승을 차지했다. 심판들도 이탈리아 팀을 위해 뛴다는 말이 나올 정도로 판정과 관련된 논란으로 얼룩진 대회였다. 디펜딩 챔피언 우루과이는 4년 전 자국에서 열린 대회에 유럽팀이 대거 불참한 데 대한 불만으로 참가를 보이콧했다.

1934년 풍경

부산의 영도는 《삼국사기》에 등장하는 '절영도(絶影島)'를 줄인 지명이다. 태종대를 보유한 영도의 동삼동에서는 선사시대의 패총도 발견됐다. 이 지역의 배후 역사가 참으로 만만찮음을 짐작할 수 있다. 부산의 끝자락에서 그림자도 끊어진 채 우리 국토를 뒷받침하고 마무리하는 섬인 셈이겠다. 영도대교는 그 호젓한 섬과 대륙을 잇는 다리이다. 1934년에 개통되어 다리의 중간이 활짝 열리는 도개교(跳開橋)로 설계되어 명물로 자리잡았다. 피난 시절 '영도다리 밑'에는 경향 각지에서 몰려든 실향민의 숱한 사연이 쌓이기도 하였다. 이웃 자갈치 시장은 부산의 명물로 오래전부터 자리잡았다. 한동안 기능을 잃었던 다리는 2013년 복원되어 도개교로 재개통됐다. 오후 2시, 부산 영도대교가 번쩍 들릴 때, 그림자만 끊기는 게 아니다. 어쩌면 우리는 모두 하늘에서 온 피난민. 사이렌이 울리고 문득 이 세상이 공중에서 끊기는 것을 목격할 수 있을지니.

경성의 인구 분포(1934년)

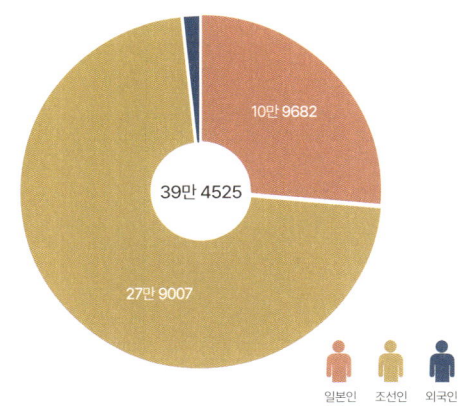

- 10만 9682
- 39만 4525
- 27만 9007
- 일본인 / 조선인 / 외국인

이 해에는

책
- ○ [영국] 《역사의 연구》, 아놀드 토인비(1961년에 12권으로 완결됨)
- ○ [영국] 《메리 포핀스》, 패멀라 린든 트래버스(1988년까지 8권이 출간됨)

노래
- ○ 〈어린 음악대〉 (작사·작곡, 김성도)
- **6.** 〈타향살이〉 (작곡, 손목인 / 노래, 고복수) 원래 제목은 〈타향〉이었다.

영화
- **9. 12.** [프랑스] 〈라탈랑트〉, 장 비고
- **9. 21.** 〈청춘의 십자로〉, 안종화

궂긴 소식
- **1. 29.** 프리츠 하버(독일의 화학자)
- **7. 4.** 마리 퀴리(프랑스의 폴란드계 과학자)
- **9. 20.** 양세봉(독립운동가)
- **12. 24.** 김소월(시인)

1935년

〈춘향전〉 개봉

↑ 이 해에 제작된 이명우 감독의 〈춘향전〉은 한국 영화사에 기록된 최초의 발성영화로서, 식민지 시대의 억압 속에서도 민족 정체성을 고양하는 중요한 작품으로 자리 잡았다. 이 영화는 전통적인 판소리와 민속 이야기를 현대적 매체로 재구성해 대중에게 전달함으로써, 한국 문화의 지속성과 변화를 동시에 보여주는 상징적인 사례가 됐다. 이후 다양하게 변주되어 영화로 제작된 〈춘향전〉은 이 작품이 단순한 고전의 재현을 넘어, 한국 사회의 가치와 갈등을 반영하는 매개체로서 끊임없이 재창조되었음을 보여준다.

↓ 1930년대 중반부터 일본은 조선인에게 신사참배를 본격적으로 강요하기 시작했다. 사진은 매일 일정한 시간에 교내 신사참배를 강요당하던 이리농림학교 학생들의 모습이다.

> "천하대망,
> 조선 최초의
> 발성영화의 출현!!"
>
> 우리 고전문학의 지보의 하나인 춘향전이 경성촬영소의 손에 조선 최초의 조선어 토키로 되어지고 방금 경성에서 상영중이다.
> 조선의 문학고전 중에서도 가장 널리 또 많이 인구에 회자되어 있는 춘향전이 새로 영화화하여 다시금 우리의 감상을 받게 되었다는 것은 그것만으로도 조선에 있어서는 한 개 주목에 치하는 사건이므로 영화로서야 잘 되었던 못 되었던 한번 보아두자는 사람이 많을 것은 당연한 일이다. 게다가 종래로 발성영화라면 의례히 외국영화로서 거기서 짖거려 나오는 외국어는 들어도 모르는채 궁금히 넘기는 것이 일대유감이던 차에 어색하고 서투르나마 알아들을 수 있는 정도의 조선어가 화면에 움직이는 조선인의 입에서 들리는 것이 마치 양요리에 질린 사람에게 김치맛이 정다웁듯하여 보기와 듣기에 어지간히 호감이 돌게 될 것도 당연한 일이다. 이 두 가지 당연한 결과를 예상한 곳에 경성촬영소가 이 작품의 제작에 착수한 동기는 있으리라. … 그러나 이 조선 최초의 흥행성적을 내고 있다고 선전하는 영화를 보고서 거기에 우리의 춘향전이 충분히 살려져 있다고 끄덕인 조선 사람은 과연 몇이나 되는가?
>
> ―《동아일보》, 1935. 10. 11.

일제강점기

7. 5. **조선민족혁명당** 창당. 만주사변 이후 정세변화에 대응하기 위해 협동전선을 구축할 필요가 생긴 독립운동 세력은 중국 난징에서 조선혁명당, 의열단, 신한독립당, 대한독립단, 한국독립당 등이 연합한 조선민족혁명당을 결성했다. 서기장은 의열단의 김원봉이 맡았다. 결성 초기부터 김원봉의 당권 장악에 불만을 품은 조소앙, 홍진이 창당 2개월 만인 9월에 탈당하고, 1937년 3월에는 지청천계마저 탈당하면서 처음 목표인 단결보다 분열 양상을 드러내기도 했지만, 좌파계열인 조선민족혁명당은 김구가 주도하는 우파 위주의 대한민국 임시정부와 함께 1930년대 후반 독립운동의 양대 세력을 이루게 된다.

7. 13. 일본광업진남포제련소 직공, 파업 돌입. 제련소의 조선인 직공 1200여 명이 임금인상과 8시간 노동제 등을 요구하며 총파업을 단행했다.

8. 조선방송협회, 경성방송국을 중앙방송국으로 개칭.

8. 1. 육군, 지방의 고등보통학교에도 장교 배속. 총독부 학무국과 육군은 한 해 전부터 경성제일과 경성제이 고등보통학교에 현역 장교를 배속해 시행한 **군사교련**을 지방으로도 확대했다. 이에 따라 동래고보, 대구고보, 광주고보 등 7개교에 현역장교들이 배속됐다. 학생들을 대상으로 한 군사교육은 해방 후에도 교련이란 학과목으로 끈질기게 이어진다. 교련은 세기가 바뀌고 2011년이 되어서야 학교에서 완전히 사라진다.

9. 21. 부산방송국 개국. 개국식이 열린 이날 조선방송협회 최초로 부산방송국과 경성중앙방송국을 연결해 '목소리를 교환하는 2원방송'을 했다. 호출부호는 JBAK였다.

11. 한국국민당 창당. 김구 등 민족혁명당에 참여하지 않는 이들이 중심이 되어 항저우에서 창당했다. 임시 정부의 여당 역할을 한 한국국민당은 '혁명적 수단으로써 구적(仇敵) 일본의 총 침탈 세력을 박멸하여 국토와 주권을 완전히 광복하고, 정치·경제·교육의 균등을 기초로 하는 신민주공화국을 건설'하는 것을 목표로 삼았다. 민족혁명당이 좌우연합과 통일전선의 결성을 목표로 한 정당이었던 데 반해, 한국국민당은 좌우연합에 매우 부정적이었다.

11. 1. 총독부, 국세조사 실시. 조선 제3회 국세조사 결과 조선의 총인구는 2289만 명으로 집계됐다. '조선의 1년간 평균인구증가율은 1000인에 대하여 17인 강(强)으로 최근 세계에서 거의 그 유례를 찾아볼 수 없는 대증가율'이었다.

11. 21. 장진강발전소, 발전 개시. 1933년에 착공해 2년여 만에 완공한 이 발전소는 당시 동양 최대 규모였다. 일본은 전시에 바로 화약제조공장으로 전환할 수 있는 질소비료공장을 흥남에 세웠다. 공장 위치를 흥남으로 정한 것은 압록강 수계를 개발하면 공장 가동에 필요한 막대한 전기를 얻을 수 있다는 계산 때문이었다. 게다가 식민지에서는 토지수용이나 주민 이주 과정에서 발생하는 심각한 마찰을 비교적 용이하게 처리할 수단도 있었다.

세계

3. 16. [독일] 아돌프 히틀러, 독일 재무장 선언. 또다시 전쟁을 일으키는 것을 막기 위해 독일의 군사력에 제한을 둔 베르사유 조약을 위반하는 일방적인 선언이었다. 징병제를 재시행해 군대의 규모도 크게 늘렸다.

5. 14. [필리핀] 헌법, 국민투표로 비준됨. 미국의 해외영토였던 필리핀이 자치령이 됐다. 9월 마누엘 케손이 첫 대통령에 선출됐다. 필리핀의 완전한 독립은 1946년에 이뤄진다.

6. 18. 영국-독일 해군협정 체결. 이 협정으로 나치독일은 해군 함정 건조 제한이 풀려 해군력을 크게 증강시킬 수 있게 됐다.

8. 2. [인도] 〈인도정부법〉, 영국의회 통과. 인도인들에게 일정 수준의 자치권을 부여하는 조항이 포함되어 있었다.

8. 3. [일본] 정부, 국체명징성명 발표. 천황이 통치권의 주체임을 명시하고, 대일본제국은 천황이 통치하는 국가라는 선언이었다.

8. 14. [미국] 프랭클린 루스벨트 대통령, 〈사회보장법〉 서명. **뉴딜 정책**의 일부였던 이 법에는 노령보험, 실업보험, 공공부조와 사회복지 서비스가 규정되어 있다. 독일은 1880년대에, 영국과 프랑스 등은 20세기 초에 이미 비슷한 사회보장제도를 실시하고 있었다.

9. 15. [독일] **뉘른베르크법** 제정. 이 법들●에 따라 한 명 혹은 그 이상의 유대인 조부모를 가진 사람은 유대인 혹은 '혼혈'로 범주화되었고, 유대인과 비유대인의 결혼은 금지되었으며, 유대인은 독일 시민권을 상실한 채 외국인이 됐다.●●

10. 3. [이탈리아] 에티오피아 침공. 이날 새벽 에밀리오 데 보노 장군이 지휘하는 이탈리아군이 선전포고 없이 에티오피아로 진격했다. 에티오피아 자국의 식민지로 만들어 아프리카에서 영국, 프랑스 등과 경쟁하기 위함이었다. 이듬해 5월 이탈리아는 에티오피아 점령에 성공하고 하일레 셀라시에 황제는 망명길에 올랐다.

11. 15. [필리핀] 자치정부 출범. 미국으로부터의 완전한 독립을 준비하기 위한 행정 조직인 필리핀 자치정부가 헌법의 발효와 함께 수립됐다. 초대 대통령은 마누엘 케손이었다.

↓ 후버 댐 건설은 대공황의 깊은 곳에서 나온 기념비적인 업적으로, 역경에 직면한 인간의 회복력과 야망을 상징한다. 이 공학적 경이로움은 약 2만 1000명의 노동자의 노동을 필요로 했으며, 그들 중 많은 사람이 일자리에 대한 절박함으로 인해 현장으로 끌려왔다. 혹독한 조건과 위험한 작업환경으로 인해 이 중 거의 100명이 사망했다.

문화 / 과학·환경 / 스포츠

문화

3. 28. [독일] 〈의지의 승리〉 개봉. 레니 리펜슈탈이 1934년 나치당의 뉘른베르크 전당대회를 다큐멘터리로 제작한 이 나치 선전 영화는 비난과 찬사를 동시에 받았다. 히틀러와 군중의 열기를 함께 자아내기 위한 망원렌즈의 사용 등 혁신적인 촬영 기법은 오늘날의 광고와 상업영화에도 많은 영향을 미치고 있다. →

5. 21. 조선프롤레타리아예술가동맹(KAPF) 해체.

7. 30. [영국] 펭귄북스 첫선. 앨런 레인과 형제들이 세운 출판사 펭귄북스에서 문고판 책 10권 일명 '오리지널 텐'을 출간했다. 1번은 앙드레 모루아의 《아리엘》이었고, 그 외에 어니스트 헤밍웨이, 애거사 크리스티 등의 작품이 포함된 이 **페이퍼백**들은 출시 1년 만에 300만 권 이상 팔려나갔다.

9. 10. 심훈, 〈동아일보〉에 〈상록수〉 연재 시작. 동아일보사의 '창간 15주년 기념 장편소설 특별공모'에 당선되어 이듬해 2월 15일까지 연재된 이 소설은 브나로드 운동을 다룬 장편소설이다.

10. 4. 〈춘향전〉 개봉. 경성 단성사에서 개봉된 이명우 감독의 이 영화는 한국 최초의 **발성영화**였다.

과학·환경

2. 28. [미국] 월리스 캐러더스, 나일론 합성 성공. 듀폰사의 연구원이었던 그는 탄소 6개를 가진 헥사메틸렌다이아민과 아디프산을 반응시켜 새로운 열가소성 중합체를 합성하는 데 성공했다. **나일론**으로 명명된 이 물질은 탄성과 강도가 탁월했다. 나일론은 칫솔모에 처음 사용됐고, 이어 1940년 스타킹에 적용되면서 상업적으로 엄청난 성공을 거뒀다.

○ [미국] 찰스 릭터, 지진 강도 측정 단위 제안. 릭터 규모라고 불리게 된 이 단위는 지진계에 나타나는 진폭에 로그 값을 적용해 계산한다. 지진의 크기를 측정하기 위해 개발된 최초의 척도이다.

○ [미국] 아서 제프리 뎀스터, 우라늄-235 발견. 우라늄의 방사성 동위원소인 이 원소의 발견은 이후 원자폭탄의 개발로 이어진다.

스포츠

6. 2. 경성축구단, 제15회 전일본축구선수권대회 우승. 베를린 올림픽 일본 예선대회를 겸해 도쿄 메이지신궁 외원 경기장에서 열린 결승전에서 도쿄문리과대학 팀을 6-1로 누르고 우승했다. 경성축구단은 10월에 열린 메이지신궁체육대회에서도 우승을 차지했다.

11. 3. 손기정, 제8회 메이지신궁대회 마라톤 우승. 베를린 올림픽 대표선발 2차 예선을 겸해 도쿄에서 열린 이 경기에서 그는 2시간 26분 41초로 세계 신기록을 세우며 우승했다.

1935년 풍경

궁술은 활 쏘는 기술이다. 무예와 더불어 군자가 닦아야 할 심신 수련의 하나로서 중시됐다. 마음을 모으지 않으면 과녁은 명중되지 않는다. 활쏘기 시합은 《논어》에도 등장한다. 군자가 다툴 곳이 어디에도 없지만 활쏘기에서만큼은 다투어도 된다고 예외를 인정한다. 여기에서는 다투는 것이 예의인 것이다. 국궁장인 우리 활터는 전국 웬만한 곳에 많이 있다. 남산의 석호정, 인왕산의 황학정도 그 중 하나다. 흔히는 활은 남자들만 잡는다고 생각하기 쉽다. 그러나 명중은 완력보다는 심력에 좌우되는 것. 여성들도 궁술을 즐겼다. 팔의 힘에 의존하는 활은 그 유효거리가 짧아 무기의 기능은 사실상 사라진 지 오래다. 오늘날은 레슬링만큼이나 그 역사가 오래된 스포츠로 각광받는다. 올림픽에서 우리나라의 남녀 양궁은 금메달 밭이다. 궁술대회에 운집한 선비들의 힘이 오늘의 선수에게 전해진 음덕이리라.

이 해에는

책
10. 27. 《정지용 시집》, 정지용

노래
○ 〈목포의 눈물〉, 이난영

영화
10. 4. 〈춘향전〉, 이명우
○ [독일] 〈의지의 승리〉, 레니 리펜슈탈
○ [미국] 〈프랑켄슈타인의 신부〉, 제임스 웨일

궂긴 소식
1. 31. 이동휘(정치인, 독립운동가)
4. 14. 에미 뇌터(독일의 수학자)
5. 15. 카지미르 말레비치(러시아의 화가)
7. 12. 알프레드 드레퓌스(프랑스의 군인)
9. 19. 콘스탄틴 치올콥스키(러시아의 공학자)

우리가 먹고 마시고 써 온 것들

1884
문위우표 / 우정총국

1910
부채표 활명수 / 동화약방

1922
대장군 고무신 / 대륙고무공업사

1924
진로 / 진천양조상회

1950
칠성 사이다 / 동방청량음료

1954
드럼통 버스 / 하동환 버스

샘표간장 / 삼시장유양조장

1956
신선로표 미원 / 동화화성공업

UN 팔각성냥 / 유연화학공업사

1957
종암 아파트 / 중앙산업

1958
무궁화 스타킹 / 남영염직

1959
금성라디오 A501 / 금성사

1962
금성 자동전화기 / 금성사

1963
삼양라면 / 삼양공업

모나미 153 볼펜 / 광신화학공업사

1965
눈표 냉장고 / 금성사

1966
흑백 텔레비전 VD 191 / 금성사

1967
이태리 타올 / 한일직물

1967  말표 구두약 / 말표산업

1969 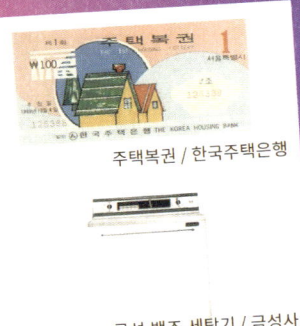 주택복권 / 한국주택은행
금성 백조 세탁기 / 금성사

1970  부라보콘 / 해태제과

1971  새우깡 / 롯데공업
 삼립호빵 / 삼립식품
새우깡 / 농심

1974  바나나맛 우유 / 대일유업
 지하철 / 서울교통공사  오리온 초코파이 / 동양제과

1975  백설 쇠고기 다시다 / 제일제당

1976  포니 / 현대자동차

1978  외환카드 / 외환은행

1981  삼성 마이마이 ST 906 / 삼성전자
 삼보 SE-8001 / 삼보 엔지니어링

1982  동원참치 / 동원산업

1987  스틱형 맥심 커피믹스 / 동서식품

1988  휴대폰 삼성 SCH 100 / 삼성전자

1990  네이버 / 네이버컴

1999  싸이월드 미니홈피 / 싸이월드

2000  mp3 플레이어 아이리버 IMP 100

2010  카카오톡 / 카카오

© 김기모, 장석봉

1936년

손기정 베를린 올림픽 마라톤 우승

↑ 손기정은 2시간 29분 19초 2의 올림픽 신기록으로 베를린 올림픽 마라톤을 우승하고 이틀 뒤, 전남 나주에 사는 친구 이순채에게 엽서를 한 장 보냈다. 서울 양정고보에서 같이 공부했던 친구에게 보낸 그 엽서에는 "슬푸다!!?", 단 세 글자만 적혀 있었다.

> "슬푸다!!?"
> —손기정

105리 길도 뛰어왔는데… 우승자답게 당당하게 걸어가자, 절룩거리지 않으려고 애쓰며 시상대 맨 윗단에 올라선다. 2위는 하퍼, 3위는 남승룡 선배, 금메달이 수여되고 승리의 월계관이 머리에 씌워지고… 그리고 마침내 국기 게양의 순간, 아, 저 민족의 울분과 굴욕의 상징 일장기가 올라가다니……

나는 코리아의 손기정이다! 나는 일본 사람이 아니다. 왜 나의 우승에 일장기가 올라가야하는가. 왜 '기미가요'가 베를린 하늘에 울려 퍼져야만 하는가. 이것이 정말 나의 우승이란 말인가. 가슴에 핏자국처럼 박힌 일장기 나라 빼앗긴 족속의 낙인을 지워버리지 못한 내 꼴이 저주스럽다.

나는 한 번도 일본을 위해 뛰어본 적이 없다. 나와 내 나라 조선을 위해 뛰었을 뿐이다. 그런데도 나의 우승은 나라를 빼앗긴 슬픔, 빼앗긴 땅에서 태어난 절망만을 더욱 절실하게 되새겨줄 뿐이로구나, 다시는 뛰지 않으리라. 일장기의 멍에가 사라지지 않는 한 나의 마라톤은 다시 없으리라. 목구멍으로 삼킨 눈물이 가슴 속을 폭포처럼 떨어져 내려간다.

— 손기정, 《나의 조국, 나의 마라톤》

↓ 몰락한 충청도 양반의 자식으로 태어난 단재 신채호는 할아버지 밑에서 한학을 배우며 성장했다. 그는 일제 강점기의 독립운동가이자, 민족주의 사학자이자, 아나키스트로서 말로만 떠드는 사이비 지식인이 아니라 실제로 실천에 옮긴 행동하는 지성인이었다. 그는 평생을 민족해방이라는 시대적 과제를 등에 짊어지고 그것을 완수하고자 노력하는 한편, 온몸을 불태워 자유로운 삶을 추구했다. '결코 뉘 말을 들어서 제 소신을 고치는 인물이 아니었던' 그는 조국의 해방을 보지 못한 채 일제의 감옥에서 삶을 마감했다.

삼천만의 유골을 태백산 같이 쌓을지라도 일본과 싸우자.
— 단재 신채호

일제강점기

1. 21. 총독부, 학무국 내에 사상계 설치. 설치 목적은 '교육관계자와 학생의 사상을 조사하고 그 결과 적색이나 극좌익에 기울어지는 인원을 체포하자는 것'이었다.

3. 14. 신채호, 뤼순 감옥에서 옥사.

5. 1. 경성 시내 택시 미터제 실시. 요금은 최초 1km까지는 50전, 이후 800m마다 10전이었다. →

5. 29. 〈미곡자치관리법〉 공포. 일본 본토의 미곡증산장려운동과 식민지 조선의 산미증식계획이 효과를 보면서 공급과잉으로 인한 쌀값 폭락사태가 벌어지자 미곡 생산량과 가격을 동시에 통제하기 위한 법이었다.

8. 5. 미나미 지로, 제7대 조선총독 취임. 그는 재임기간 중 창씨개명을 실시한다.

8. 13. 《조선중앙일보》, 일장기를 지운 손기정 사진 게재. 이어서 25일 《동아일보》도 일장기를 지운 사진을 게재한다. '일장기 말소 사건'으로 불리는 이 일로 《동아일보》는 8월 29일자로 무기정간 처분을 당하고, 《조선중앙일보》는 9월 5일부로 자진 휴간한다.

10. 13. 신용욱, 경성-이리 간 정기 항공 운항 시작. 12일 체신국으로부터 항공운송영업 허가를 받은 '조인(鳥人) 신용욱씨 여객기가… 오전 11시 45분 여의도를 출발하야 오후 1시 5분 이리 비행장에 무사히 착륙'했다. 이날 투입된 비행기는 KR 2형 '조선동포호'로 3인승 150마력기였다. 그가 세운 조선항공사업사는 우리나라 최초의 민간항공사였다.

11. 15. 평양방송국 개국. 조선방송협회의 지방분국이었으며 호출부호는 '제, 뻬, 뻬, 케(J, BB, K)'였다.

11. 15. 관부연락선 곤고마루(金剛丸)호 취항. 부산과 시모노세키를 오간 이 정기여객선의 정원은 1,746명이었다. 삼등실에도 목욕실을 설치할 정도로 큰 초대형 여객선을

도입한 것은 1932년 만주국을 세우면서 만주국으로 향하는 개척단과 일본군 병사들이 크게 늘면서 도항제한이 가해질 정도로 여객 수요가 넘쳐났기 때문이다.

12. 1. 특급열차 아카쓰키, 운행 개시. 경성과 부산 사이 '450키로를 6시간 45분으로 도달하게 되었는데 철도에 있어서' '역사적 장거의 막을 내리는 셈'이었다.

12. 12. 조선사상범보호관찰령 제정. 21일부터 시행된 이 법의 목적은 '사상범 전향자에 대하여는 전향을 확보시키고 비전향자 또는 준전향자에 대하여는 사상전향을 지도촉진하여 그들로 하여금 완전한 국민적 자각과 생활의 확립을 도모하도록 지도보호하는 데' 있다고 했지만, 독립운동가, 공산주의자, 민족주의자 중 전향하지 않은 이들을 '사상범'이라는 명목으로 보호관찰 대상으로 삼아 사실상 구금할 수 있는 법적 근거를 만든 것이었다. 법무국은 '전향자'를 '혁명적 사상을 버리고 모든 사회운동에서 떠날 것을 맹서하거나 장래 합법적 사회운동에 나아가려는 자' 또는 '혁명적 사상은 버렸으나 합법적 사회운동에 대해 아직 태도가 결정되지 못한 자'로 규정했다.

세계

2. 26. [일본] 황도파, 쿠데타 시도. 육군 청년 장교들이 천황이 직접 국가를 통치하고 천황 이외에는 신하나 백성 사이에 어떠한 신분적 차이와 차별을 인정하지 말 것(一君萬民論)을 요구하며 반란을 일으켰다. 쿠데타는 3일 만에 실패했지만, 이후 군부의 영향력이 크게 강화되면서 일본의 병영화가 가속됐다.

3. 1. [미국] **후버 댐** 완공. 대공황 기간인 1931년부터 건설되기 시작한 이 댐은 미국인들에게 경제적 어려움 속에서도 놀라운 회복력을 보여준 자신들의 저력을 상징하는 건축물로 평가받고 있다. 네바다주와 애리조나주 경계의 블랙 협곡에 있는 이 댐은 높이 221m의 중력식 아치 댐 구조이다.

3. 7. [독일] 라인란트 재점령. 나치 독일이 베르사유 조약과 로카르노 조약을 위반하고 라인란트에 진입했다. 이에 대해 프랑스와 영국은 군사적 대응을 하지 않았다.

5. 9. [이탈리아] 에티오피아 병합 선언.

7. 17. [에스파냐] 군사 쿠데타 발생. 에밀리오 몰라 장군과 여러 고위 장교들이 계획한 군사 쿠데타가 에스파냐령 모로코와 카나리아 제도에서 시작됐다. 에스파냐 내전의 시작을 알리는 사건이었다.

11. 3. [미국] 대통령 선거. 현직인 민주당의 프랭클린 루스벨트가 공화당 앨프 랜던을 누르고 재선에 성공했다. 루스벨트는 48주 중 46주에서 이겼다. 양당 체제가 시작된 이래 가장 큰 승리였다.

11. 23. [미국] 《라이프》 창간. 이미 《타임》을 창간해 성공적으로 운영하고 있던 헨리 루스가 만든 주간지인 이 잡지는 20세기 포토저널리즘을 대표하는 잡지였다.  창간사에 실린 "삶을 보자, 세계를 보자"라는 문구처럼 《라이프》에는 로버트 카파, 앙리 카르티에 브레송, 마거릿 버크화이트, 데이비드 시모어 같은 뛰어난 사진가들의 작품이 실렸다. 발간 4개월 만에 발행부수 200만 부를 돌파하고 전성기에는 850만 부까지 발행되기도 했지만, 텔레비전의 대중화와 함께 1972년 이후 휴간과 복간을 거듭하다 2007년을 마지막으로 더 이상 발행되지 않고 있다.

12. 5. [소련] 소비에트 연방 헌법 채택. 소련의 두 번째 헌법으로 일명 '스탈린 헌법'이라고도 불린다. 이 헌법이 공포되면서 자캅카스사회주의연방 소비에트공화국이 해체되고 아르메니아, 아제르바이잔, 그루지야가 소련의 완전한 공화국이 됐다.

12. 12. [중국] 시안 사건 발생. 동북군 총사령관 장쉐량이 산시성 시안에서 국민당 정권의 총통 장제스를 납치해 감금했다. 장쉐량은 내전 중지와 항일 전쟁을 요구했다.

문화 / 과학·환경 / 스포츠

문화

5. 김유정, 〈동백꽃〉 발표. 《조광》에 실린 이 소설은 이렇게 시작된다. "오늘도 또 우리 수탉이 막 쫓기었다."

6. 30. [미국] 《바람과 함께 사라지다》 출간. 남북전쟁과 재건시대를 배경으로 하는 마거릿 미첼의 이 소설은 출간되자마자 인기를 얻어 이 해와 이듬해 미국 최고의 베스트셀러가 됐다. 1939년에 개봉된 동명의 영화 역시 엄청난 인기를 모았다. 한편 이 소설은 미첼이 살아 있는 동안 출판된 유일한 작품이다.

9. 이상, 〈날개〉 발표. 《조광》 11호에 실린 이 소설은 이렇게 끝난다. "날개야 다시 돋아라. 날자. 날자. 날자. 한 번만 더 날자꾸나. 한 번만 더 날아 보자꾸나."

10. 이효석, 〈메밀꽃 필 무렵〉 발표. 《조광》에 실린 이 소설은 이렇게 시작된다. "이지러는 졌으나 보름을 갓 지난 달은 부드러운 빛을 흐뭇이 흘리고 있다."

과학·환경

9. 7. [오스트레일리아] 태즈메이니아주머니늑대, 멸종. 오스트레일리아 호바트 동물원에서 마지막 개체가 죽었다. 유럽인들이 정착하기 전 오스트레일리아에는 약 5000마리가 야생에 살고 있었다. 그러나 이 포식자를 가축에 대한 위협으로 여긴 당국은 19세기부터 이 동물 사냥에 포상금을 걸었고, 결국 멸종됐다. 오스트레일리아 정부는 마지막 태즈메이니아주머니늑대가 죽은 이날을 국가 멸종위기종의 날로 기념하고 있다.

스포츠

1. 8. 전(全)연희전문, 제16회 전일본남자종합농구선수권대회 우승. 이날 교토 제국대를 상대로 펼쳐진 결승전에서 연희전문은 "41-22의 대스코어의 차로… 당당 우승하여 대기백을 토하였다."

2. 6. [독일] 가르미슈파르텐키르헨에서 제4회 동계 올림픽 개막.

8. 1. [독일] 베를린에서 제11회 하계 올림픽 개막. 히틀러는 이 대회를 자신의 정부, 아리아인의 우수성, 반유대주의를 선전할 기회로 보았고, 애초에는 흑인과 유대인의 올림픽 참가를 거부하기까지 했다. 하지만 **제시 오언스**가 육상에서 금메달 4개(100m, 200m, 400m 이어달리기, 멀리뛰기)를 따며 영웅 대접을 받는 등 금메달리스트 목록에는 미국의 흑인 선수 다섯 명이 포함됐다.

8. 9. 손기정, 올림픽 마라톤 우승. 남승룡은 영국의 어니스트 하퍼에 이어 3위를 차지했다.

← 2월 실시된 총선에서 좌익과 공화주의 정당의 연합인 인민전선이 간신히 승리하자, 7월 군부가 제2공화국의 허약한 정권을 상대로 쿠데타를 일으켰다. 반군은 쿠데타가 쉽게 성공할 것으로 예상했다. 그러나 여러 지역의 노동자들이 무기를 들었고, 선거에서 그랬던 것처럼 에스파냐는 둘로 완전히 갈라졌고, 이내 내전으로 이어졌다. 이 와중에 프란시스코 프랑코 장군이 반란의 핵심 지도자로 떠올랐다. 이탈리아 파시스트 정권과 독일 나치 정권이 국민당 반군을, 공산주의 소련과 코민테른이 주도해 모집한 세계 각국의 의용군인 국제여단이 인민전선을 지원했다. 사람들은 좌파나 우파, 공화국이나 파시즘의 어느 한 편에 설 수밖에 없었다. 끔찍한 내전은 거의 3년 동안이나 지속됐다. 내전은 1939년 4월 1일 반란군의 승리로 끝났고, 프랑코의 독재정권이 시작됐다. 이 체제는 프랑코가 사망한 1975년까지 에스파냐를 망가뜨렸다.

1936년 풍경

비바람이 몰려다니고 천둥이 마지막으로 도착하는 곳, 지상의 표면이다. 벼락도 실은 이곳의 누군가를 겨냥한 것이리라. 멀미가 바다에서만 나겠는가. 세파에 흔들리는 육지에서도 충분히 일어난다. 노 젓듯 두 팔을 흔들며 조심조심 걷는 사람들. 미끄러운 세상은 지나가는 것들로 가득하다. 가공할 사건이 벌어지는 참 수상한 시절, 그저 흘러가고 지나가는 것들이 변덕을 부리지만 그 와중에도 지그시 제자리를 누르며 중심을 잡아주는 것들이 있어 세상은 이렇게라도 유지된다. 산도 제 높이를 지탱하려고 돌이나 바위를 부동켜안고 있다. 해는 길고, 마땅한 장난감은 없고, 동생은 칭얼대는 시골 길바닥. 세상의 무거움을 대표하는 이런 돌을 가지고 아이들이 가볍게 공기놀이를 하고 있다. 이 작은 자갈을 왜 공기라 했을까. 땅바닥에 앉아 손바닥으로 무거움과 가벼움을 자반 뒤집듯 가지고 노는 아이들에게 물어볼까나.

서울 부산 구간 소요 시간

연도	열차	시간
1908.	융희호	(11시간)
1936.	아카쓰키	(6시간 45분)
1946.	조선해방자호	(9시간 40분)
1954.	통일호	(9시간 30분)
1960.	무궁화호	(6시간 40분)
1962.	재건호	(6시간 10분)
1966.	맹호	(5시간 45분)
1969.	관광호	(4시간 50분)
1985.	새마을호	(4시간 10분)
2004.	KTX	(2시간 40분)
2024.	KTX-청룡	(2시간 17분)

이 해에는

책
- 1. 20. 《사슴》, 백석
- 2. [영국] 《고용, 이자 및 화폐의 일반 이론》, 존 메이너드 케인스
- 6. 30. [미국] 《바람과 함께 사라지다》, 마거릿 미첼
- ○ [미국] 《카네기 인간관계론》, 데일 카네기
- ○ [프랑스] 《푸른 연꽃》, 에르제

노래
- 6. 〈농수버들〉, 선우일선
- 9. 25. 〈노래가락〉, 이화자

영화
- 11. 6. 〈미몽〉, 양주남
- ○ [미국] 〈모던 타임스〉, 찰리 채플린

궂긴 소식
- 1. 20. 조지 5세(영국의 국왕)
- 2. 21. 신채호(역사학자, 독립운동가)
- 2. 27. 이반 파블로프(러시아의 생리학자)
- 6. 18. 막심 고리키(소련의 작가)
- 9. 16. 심훈(작가, 독립운동가)
- 10. 19. 루쉰(중국의 작가)

1937년

고려인 강제이주

고려인 강제이주 경로

> "극동 전지역에 남아있는
> 한인들을 모두 이주시킨다."
> ─〈인민위원회의와 전소연방
> 공산당 중앙위원회 명령〉

나는 신한촌 하바롭쓰까야 거리에 살았는데 3일 부터(1937년 10월) 떠나가는 열차를 다 전송하고 10월 11일에 떠났다. 나는 전송할 때마다 사람들의 얼굴에서 눈물과 슬픔만을 보았을 뿐이다. 로인들은 고향땅 친척들의 묘지의 흙을 수건에 싸가지고 떠났다. 이처럼 사람들은 고향을 버리기 애석했다. …

10월 7일 해삼에서 떠난 이주민 렬차는 따쓰겐트에 와서 정차했는데 렬차에서 내린 사람들은 한달동안이나 도중에서 갖은 고생을 다한 나머지 더는 못가겠다고 항의하고는 짐짝들을 부리우기 시작했다. 순식간에 총창을 든 군대가 나타나더니 차량에 오르라는 명령이 내려 하는 수 없이 사람들은 렬차에 올랐다. …

우리 열차는 10월 11일 해삼에서 떠나 10월혁명 기념일이 썩 지난 후에야 카자흐스탄 우랄쓰크에 당도했다. 또 여기서 자동차를 타고 100여Km를 가서 야와르쩨워라는 촌에 도착하였다. 우리를 위하여 준비해 놓았다는 집들이 양, 소들을 사양하기 위한 외양간들이었다. 대다수 짚을 깔아놓았을 뿐이었다. 이런 집들에서 추운 겨울을 지내야했다. 이곳에서 나의 공민증에는 '거주지 제한'이라는 도장이 찍히었다. 이것이 정배살이, 강제이주가 아니고 무엇인가?

─ 송희연,《레닌기치》

↑ 9월 9일 밤, 소련 포시에트 극동지역의 한인들을 태운 수송 열차가 출발했다. 이를 시작으로 스탈린 정권은 17만 명이 넘는 극동지역의 한인들을 중앙아시아 지역으로 강제이주시켰다. 화장실도 없는 짐 싣는 열차에 실려 서쪽으로 서쪽으로 6000km를 이동하는 도중 2만 5천에서 3만 명이 목숨을 잃었다.

↓ 심지어는 결혼할 때도 신랑 신부는 물론이고 모든 하객이 일어나서 〈황국신민서사〉를 외운 다음에야 결혼식을 치를 수 있었다.

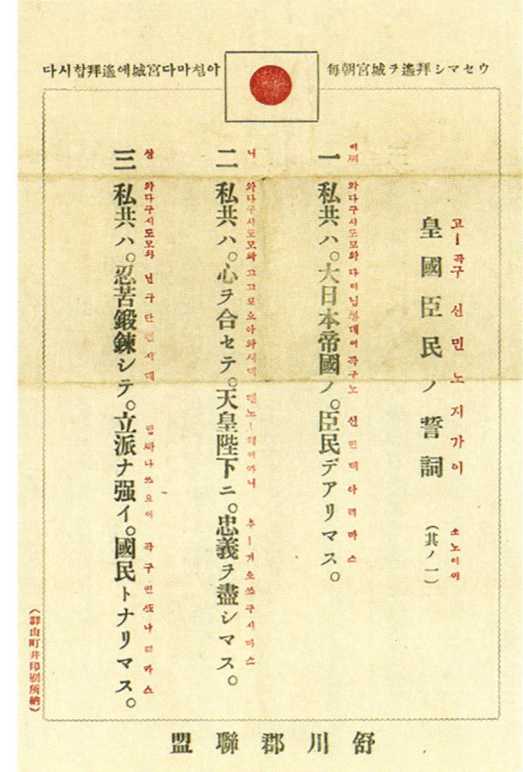

일제강점기

2. 16. 경찰, 백백교 간부 유대열 검거. 언론 보도를 통제하고 수사에 착수한 경찰에 의해 백백교 사건의 관련자 150여 명을 검거하는 과정에서 백백교의 '잔인무쌍한 대 범죄사실이 백일 하에 폭로됐다.' 사이비 종교인 백백교의 교주와 간부들은 '지방농민들을 허무맹랑한 조건으로 낚아 재산을 몰수하고 부녀자의 정조를 함부로 유린한 후 그 비밀을 막기 위해 수단을 가리지 않고 닥치는 대로 살육을 감행해 교도 중에서 피살된 사람이 추정인수 150명이었다.' 교주인 수괴 전용해는 경찰 수사를 피해 달아나다 경기도 용평군 용문산에서 자결해 산짐승에게 뜯어 먹힌 상태의 시체로 발견됐다.

6. 4. 보천보 전투. 김일성이 중국공산당 소속 항일부대인 동북항일 부대를 이끌고 압록강을 건너 함경남도 보천면 보전주재소(오늘날의 파출소)를 기습 공격했다. 이 공격으로 일본군이나 경찰은 단 한 명도 죽지 않았고, 일본인 술꾼과 한 아기가 유탄에 맞아 죽었을 뿐이었다. 경관이 고작 대여섯 명 상주하는 산중의 작은 마을에서 벌어진 이 전투로 26살의 김일성과 그 일파의 비적(匪賊)은 조선의 영웅이 됐다. 여기에는 두 차례나 호외를 발행하며 연일 대서특필한《동아일보》의 공이 컸다.

6. 5. 청진방송국 개국. 조선방송협회의 지방분국이었으며 호출부호는 'JBCK'였다.

6. 6. 경찰, 수양동우회 회원 검거 시작. 수사과정에서 명부가 압수되면서 검거가 전국으로 확대되었고, 안창호를 비롯해 동우회 회원 150여 명(이듬해까지 총 181명)이 치안유지법 위반 혐의로 체포됐다. 수양동우회는 안창호의 주도로 서울의 수양동맹회와 평양의 동우구락부가 합동해 흥사단의 자매단체로 인격 수양 및 민족의 실력 배양을 표방한 단체였다. 단체를 실제로 주도한 이는 이광수였고, 회원은 주로 지식인들이었다. 중일전쟁 이후 전시 체제에 돌입한 일제는 지식인과 부르주아 집단을 장악할 필요가 있었고, 그 표적이 된 것이 수양동우회였다. 안창호는 고문후유증으로 이듬해 3월 사망한다. 이광수, 흥난파, 주요한, 정인 등 체포된 회원 대부분은 전향을 대가로 1941년 11월 무죄 선고를 받고 풀려난다.

7. 11. 경성우유동업조합 창립. 경성 정동에서 창립된 이 조합은 현재 서울우유협동조합의 모체이다.

8. 17. 한국광복운동단체연합회 결성. 중일전쟁이 발발하자 대한민국임시정부를 주체로 하여 한국국민당·한국독립당·한인애국단 등 9개 단체가 연합해 조직한 민족주의운동 계열의 연합체였다.

8. 21. 소련, 극동 지역 거주 **고려인 강제이주** 결정. 중일전쟁이 발발하자 소련 정부는 고려인들이 일본 측에 설 수 있다는 명분을 내세워 국경 지대의 '위험 요소' 정리에 들어갔다. 오래전부터 계획되었던 강제이주를 본격적으로 시행해 다음 해 1월까지 약 17만 명이 척박한 중앙아시아 지역으로 이주됐고, 이 과정에서 수많은 고려인이 목숨을 잃었다.

10. 2. 총독부,〈**황국신민서사**〉제정. 각 학교 조례와 모든 집회에서 제창하고 조선인들에게 암기를 강요했던 문안이다. 천황에 대한 충성을 맹세하는 내용으로 "우리는 황국신민이다"로 시작되는 어른용과 "우리는 대일본제국의 신민입니다"로 시작되는 어린이용이 있었다.

세계

4. 26. [에스파냐] 나치 독일, 게르니카 폭격. 독일군이 프랑코 정권을 지원하기 위해 바스크 지방의 소도시 게르니카를 구차별 폭격했다. 도시의 4분의 3이 파괴되고 수백 명이 사망했다.

5. 6. [미국] 힌덴부르크 참사. 여객 비행선 LZ 129 힌덴부르크가 뉴저지주 레이크허스트 해군항공기지에서 착륙을 시도하다 화재로 전소했다. 이 사고로 탑승자 97명 중 22명이 사망했다. →

5. 28. [영국] 네빌 체임벌린, 총리 취임. 그는 나치 독일에 대해 '전적으로 비현실적인' 유화 정책을 폈다.

7. 7. [일본/중국] 중일전쟁 발발. 이날 밤 베이핑(지금의 베이징) 루거우 다리 인근에서 훈련 중이던 일본군 병사 한 명이 실종되는 사건이 발생했다. 일본군은 수색을 이유로 중국군 주둔지역 진입을 요구했으나, 실종 병사는 이미 복귀한 상태였다. 하지만 일본군은 다음 날 새벽 포격을 감행했다(루거우차오 사건). 양측 군대는 11일 정전에 합의했으나, 일본 당국은 증원군 파병을 결정하고 28일 본격적인 공격을 개시해 전쟁을 확대시켰다. →

8. 13. [일본/중국] 제2차 상하이 사변 발발. 전투 두 번째 날인 14일부터 일본은 상하이를 무차별 폭격했다. 상하이가 함락될 때까지 3개월 넘게 지속된 전투로 중국군 약 20만 명, 일본군 10만 명이 사망했다.

8. 24. [일본] 국민정신총동원 실시요강 결정. 중일전쟁이 일어나자 정부는 거국일치(擧國一致), 진충보국(盡忠報國), 견인지구(堅引持久)라는 슬로건을 걸고 소비절약, 저축장려, 근로봉사, 생활개선을 독려했다. 10월 12일에는 국민정신총동원 중앙연맹을 발족시켜 멸사봉공의 정신을 강조하는 관제 국민운동을 본격적으로 시작했다. →

12. 13. [일본] 중국 난징 점령. 일본군은 이날부터 6주 넘게 학살을 자행했다. 난징대학살이라고 불리는 이 학살로 20~30만 명의 중국인이 잔혹하게 살해됐다. →

문화 / 과학·환경 / 스포츠

문화

1. 《삼천리》, 댄스홀 허가 요청 공개 탄원서 게재. 《삼천리》 1월호에 실린 탄원서는 이렇게 시작한다. "미쓰하시(三橋) 경무국장 각하여, 우리들은 이제 서울에 땐스홀을 허하여 줍시사고 연명으로 각하에게 청하옵나이다." 서양과 일본에서 유행하는 댄스홀조차 식민지 조선에서 통제되고 있는 현실의 부당성을 주장한 이들은 대일본레코드회사 문예부장, 끽다점 비너스 마담, 바 멕시코 여급, 여배우 등 여덟 명이었다. 탄원서는 '더 쓸 말이 많으나 너무 지루하실 듯' 하다며 이렇게 끝을 맺는다. "우리가 동경 갔다가 '후로리다 홀'이나 '제도', '일미' 홀 등에 가서 놀고 오는 것 같은 유쾌한 기분을 60만 서울 시민들로 하여 맛보게 하여 주소서."

과학·환경

○ [이탈리아] 에밀리오 세그레, 테크네튬 발견. 그는 팔레르모 대학에서 카를로 페리에르와 함께 원자번호 43인 새로운 원소를 발견했다. 원소를 변성시켜 완전히 새로운 원소를 인공합성으로 만든 첫 사례이자 멘델레예프의 주기율표에 채워지지 않았던 네 개의 원소 중 하나를 메운 것이었다. 후에 그들은 이 원소에 테크네튬이라는 이름을 붙였다.

○ [영국] 한스 크렙스, 시트로산 회로 발견. 그는 세포가 단백질, 탄수화물, 지방 등을 분해하고 그 과정에서 방출되는 에너지를 저장하는 일련의 과정을 발견했다. 이 회로는 세포 호흡의 중간 과정 중 하나이다.

스포츠

10. 8. 총독부 학무국, 황국신민체조 제정. '일본 무사도의 정신을 근대 스포츠에도 넣어서 크게 황국정신을 발양'하기 위해 만들어진 이 체조는 '전조선 각 학교에 통첩'되어 '체조시간에 반드시 한 번씩은 실시하게' 됐다.

1937년 풍경

지나간 일은 흑백사진처럼 기억되기에 지난 시대도 그저 밋밋한 일상으로 치부되기가 십상이다. 하지만 그럴 리가 없다. 모든 당대는 당대로서 너무 현대적이고 너무나 전위적이다. 지금이 가장 꼭대기라고 우쭐대지만 실은 최근의 공기는 매연으로 오염되었고, 인정(人情) 또한 번들거리는 욕망에 사로잡혀 제 본래의 순수를 많이 잃어버렸다. 우리는 시대의 바닥을 자처할 줄도 알아야 한다. 무용은 낯설긴 해도 최고 수준의 예술이다. 그것을 저 시대에 전공하고, 조선을 벗어나, 일본을 뚫고, 세계적 명성을 획득한 최승희. 그의 춤은 외국의 것을 그저 수용한 게 아니라고 한다. 서구의 동작을 조선의 춤사위로 번역하여 자신의 것으로 소화하여 내놓은 것이다. 피카소, 헤밍웨이, 채플린 등 당대의 예술가들도 그의 춤을 직접 보고 감탄하였다고 한다. 150여 전에 이미 전설이 된 최승희. 그가 한양 조선호텔의 프랑스 식당〈팜코트〉의 썬룸에서 커피를 마시고 있다. 1937년 2월 19일 오후, 적막한 시간이다. 오늘의 커피보다 훨씬 달콤했을 커피를 마신 뒤 최승희는 저 적막을 걷고 어디로 또각또각 또 걸어갔을까.

커피 종류

이 해에는

책
○ [미국] 《중국의 붉은 별》, 에드거 스노

노래
1. 〈짝사랑〉, 고복수
2. 〈연락선은 떠난다〉, 장세정
○ 〈알뜰한 당신〉, 황금심

영화
6. 8 [프랑스] 〈위대한 환상〉, 장 르누아르
12. 21 [미국] 〈백설 공주와 일곱 난쟁이〉, 데이비드 핸드

굳긴 소식
3. 29. 김유정(소설가)
4. 17. 이상(작가)
4. 27. 안토니오 그람시(이탈리아의 철학자)
5. 28. 알프레트 아들러(오스트리아의 심리학자)
7. 11. 조지 거슈윈(미국의 작곡가)
7. 20. 굴리엘모 마르코니(이탈리아의 발명가)
8. 9. 나운규(영화감독)
9. 2. 피에르드 쿠베르탱(프랑스, 근대 올림픽의 창시자)
10. 19. 어니스트 러더퍼드(영국의 물리학자)
12. 28. 모리스 라벨(프랑스의 작곡가)

↓ 1937년 에스파냐 정부가 피카소에게 작품을 의뢰했다. 파리 만국박람회 에스파냐관에 걸릴 그림이었다. 그해 5월 1일 《스 수아르》가 에스파냐 내전 중 일어난 학살 사진 석 장을 게재했다. 4월 26일 프랑코의 명령을 받은 독일 폭격기들이 게르니카라는 작은 마을을 무참히 공격한 장면을 담은 사진이다. 폭격으로 1654명이 사망하고 889명이 다쳤다. 모든 전쟁이 그러하듯 피해자의 대부분은 노인, 여자, 어린아이었다. 이 사진을 보고 스케치를 시작한 피카소는 6월 4일 〈게르니카〉라는 대작을 완성했다. 죽은 아이들과 불길에 휩싸인 집, 깨진 동물의 머리 등을 그려 전쟁의 참혹상을 고발했다. 그런데 이 그림에서 붉은색을 쓰지 않았다. 참혹함을 강조하기 위해 오히려, 검정, 흰색, 회색만을 썼다. 흑백의 대조만이 강조되는 거대한 화폭에는 폭탄도 전투기도 없다. 그러나 그것으로도 충분했다. 피카소의 그림은 전쟁의 참혹상을 처절하게 보여주었고 지도상에서 사라진 마을 게르니카를 사람들에게 증언해주었다.

1938년

국가총동원법 시행

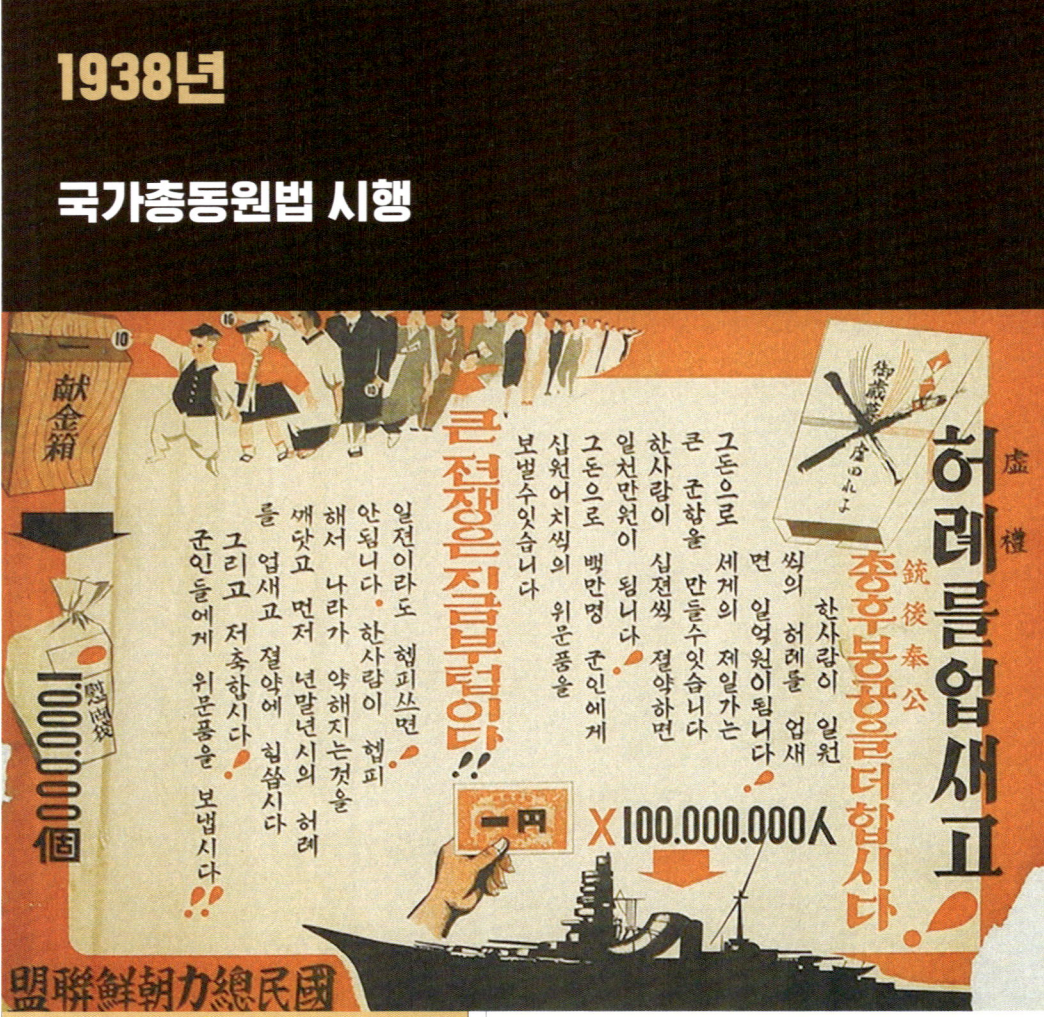

↑ 국민총력조선연맹이 배포한 위문헌금 모금 포스터이다.

"일치단결 국민정신을
총동원하고 내선일체
전능력을 발양하여
국책의 수행에 협력한다"

이래일년 황군은 연전연승 이미 한토(漢土)의 반을 석권하얏고 총후의 국민거국일치진충보국의 성을 다하고잇다 아반도(我半島)에잇서서는 총독 낭자제국의 향할바를 명백히하야 민중의 나아갈길을 가르켜 반도의 민중 또한 국민적자각을 환기하야 내선일체가되여 총후의 적성을다하고잇다 이는오로지 어릉위(御稜威)의 소치로 황국신민은 다함께 감격에 불감하는바이다…
당국은 차정세에 감하야 국민정신총동원운동을 투철시켜 존엄한 아국체에 칙하야 익익진충보국의 정신을 양양하야 차를 국민일상생활의 실천에 구현화하며 향상화하야써 소기의 목적을 관철하려고한다 차역국민전체의 의지요 의무이다 아등자(我等玆)에 국민정신총동원조선연맹을 결성하야 사회 각방면에 긍하야 동일지도정신하에 운동을 통제 강화하야 참으로 관민협력내선일체국책에 순응하야 총후의 수호를 굿게하야 시간을 극복하려고한다.
— 국민정신총동원조선연맹 취지

↓ 10월 10일, 조선민족전선연맹이 무장부대인 조선의용대를 창설했다. 중국 민당 정부를 상대로 끈질기게 협의한 결과였다. 대장은 김원봉이었고, 본부 인원까지 합한 전체 대원수는 97명이었다. 한중 연대의 산물로 만들어졌고 한인들로만 구성된 군대였지만, 모든 물적 지원을 국민당 쪽에서 지원했기 때문에 중국군의 지휘와 통제를 받으며 활동했다. 아래는 조선의용대 창립 기념사진이다. 맨 앞줄 휘장 뒤 가운데가 김원봉 대장이다.

일제강점기

1. 15. 일본 육군성, 조선에 지원병제 실시 계획 발표.

2. 22. 〈육군특별지원병령〉 공포. 일제는 4월 3일부터 시행된 이 법령에 따라 소위 '지원병'이라는 명목으로 조선인에 대한 병력동원을 실시했다. 사실 일제가 조선인을 '병력자원'으로 활용하는 것을 적극적으로 고려하기 시작한 것은 1931년 만주 침략을 전후한 시기였다. 그럼에도 병력동원이 늦어진 것은 조선인이 대일적개심을 가지고 있다고 본 일제가 조선인을 자국 군대에 편입시키는 것에 대해 불안해했기 때문이다. 그래서 일제는 '사상이 견고한' 자만이 지원병이 될 자격이 있다고 못 박고, 조선군 선발 과정 또한 복잡한 절차를 거치게 만들었다. 이 해부터 시작된 조선인 병력 동원은 일제가 패망할 때까지 약 21만 명에 달하는 것으로 추정된다.

3. 3. 제3차 〈조선교육령〉 공포. 총독부는 '조선인이 일본 국민이라는 자각을 철저히 갖도록 하기' 위해 〈조선교육령〉을 개정했다. 보통학교의 필수과목이었던 조선어를 선택과목으로 바꾸고 황국사관에 입각한 일본사와 수신·공민 과목을 강화해 조선 청소년들을 일본의 국체와 황헌에 절대복종하는 황국신민으로 만들고자 한 것이다. 이렇듯 조선인을 전쟁에 동원하기 위한 일제의 황민화 정책은 교육부문에서 먼저 시작됐다.

3. 31. 숭의여학교·숭실중학교, 폐교. 신사참배를 거부하고 폐교당했다.

5. 5. 〈국가총동원법〉 시행. 일본의 전시통제 기본법인 이 법이 적용되면서 이듬해부터 조선에서도 인적동원이 본격화된다. 일제는 이듬해 7월 적용된 〈국민징용령〉에 따라 모집·징용·보국대·근로동원·정신대 등의 이름으로 조선의 노동력을 수탈한다. 수많은 조선인이 군수사업장과 전쟁터로 내몰려 희생된다.

7. 1. 국민정신총동원조선연맹 발족. 한 해 전 중일전쟁이 발발하자 본토에서 국민정신총동원 운동을 시작한 일본은 조선에서도 총동원 체제를 추진했다. 조선총독부가 출범시킨 이 친일단체의 창립 취지는 "국민정신을 총동원하여 내선일체 전능력을 발양하여 국책의 수행에 협력하여 성전궁극(聖戰窮極)의 목적을 관철"한다는 것이었다.

9. 최창석·김원길, 조선청년전위동맹 조직.

9. 10. 조선예수교장로회, 신사참배 결의. 9일부터 평양서문밖교회에서 열린 제27회 총회 이튿날인 이날 총회장 홍택기 명의로 '신사는 종교가 아니오. 기독교의 교리에 위반되지 않는 본의를 이해하고 신사참배가 애국적 국가의식임을 자각한다'고 결의한 후 총회 임원들이 단체로 평양신사를 찾아가 허리를 숙여 절을 했다.

10. 10. 조선민족전선연맹, **조선의용대** 조직.

10. 30. 함흥방송국 개국. 조선방송협회의 지방방송국이었으며 호출부호는 '쩨·삐·띄·케(J·B·D·K)'였다.

11. 3. 임시정부, 광저우에서 류저우로 이전. 임시정부 요인들과 가족들이 9월 광저우를 떠나 이날 류저우에 도착해 낙군사를 본부로 정하고 5개월간 머물렀다.

세계

1. 16 [일본] 제1차 고노에 성명. 고노에 후미마로 총리가 일본 정부는 '이후 국민정부를 상대하지 않겠다'며 국민정부를 '부정 또는 말살하는 것'을 목표로 싸운다는 방침을 선언했다. 그가 이런 성명을 발표하는 동안 난징에서는 끔찍한 대학살이 벌어지고 있었다.

3. 4. [사우디아라비아] 상업성이 있는 유정 첫 발견. 미국계 회사 캘리포니아 스탠더드 오일 사(SOCAL)가 6년간의 고생 끝에 담맘 지하 1440m에서 초대형 유전을 발견했다. 이란과 이라크에서는 이미 유전이 발견되었지만, 아라비아반도에서는 처음이었다. 2023년 말 기준 사우디아라비아는 세계 3위의 원유생산국이다.

3. 13. [독일] 오스트리아 합병. 12일 아침 나치 독일군이 아무런 저항도 받지 않은 채 국경을 넘어 오스트리아로 진군했고, 이튿날인 13일 합병이 이루어졌다. 합병은 베르사유 조약을 정면으로 위반하는 것이었지만 영국과 프랑스는 개입하지 않았다.

3. 18. [멕시코] 석유산업 국유화. 라사로 카르데나스 대통령이 멕시코 내 17개 석유기업의 자산을 국유화한 후, 6월 국영회사 페멕스를 설립했다. 국유화 직후 석유산업계의 반발로 궁지에 몰리기도 했지만, 2차대전 발발로 연합국이 멕시코 원유의 독일 유출을 우려할 상황이 전개되면서 위기를 넘겼다. 1980년대까지 페멕스는 멕시코 수출의 80%를 담당한다. 멕시코의 사례는 아랍 산유국의 석유산업 국유화에 큰 자극제가 된다.

3. 28. [일본] 중화민국 유신정부 수립. 난징을 함락한 일본은 네 번째 괴뢰정부인 중화민국 유신정부를 세웠다.

4. 1. [일본] 〈국가총동원법〉 공포. 중일전쟁의 교착상태를 타개하기 위해 일본이 감행한 남진정책은 결국 아시아태평양전쟁으로 확대되어 국가의 총력을 결집하는 총동원체제로 돌입하게 만들었다. 이에 고노에 후미마로 내각은 〈국가총동원법〉을 제정해 전시총동원을 강행했다. 총동원체제 하에서 희생된 동아시아, 동남아시아, 태평양 지역 민중의 수는 대략 2000만 명을 넘는다고 추산된다.

9. 30. 뮌헨 협정. 독일 뮌헨에서 영국, 프랑스, 독일, 이탈리아가 체결한 이 협정으로 나치 독일은 체코슬로바키아의 수데티(주데티란트)를 할양받았다. 1차대전의 승전국인 자유민주주의 국가들이 단독으로든 연합으로든 적군인 파시즘과 권위주의 국가들의 전진을 저지할 능력도 의지도 없었던 것이다. 뮌헨의 치욕은 단순히 히틀러에게 값싼 승리를 안겨주었다는 데 있는 것이 아니라 전쟁에 대한 명백한 공포에 있었다.

← 1937년 12월 13일 난징을 점령한 일본군은 이듬해 2월까지 6주 동안 대규모 학살과 강간 약탈 방화를 자행했다. 1948년 공개된 국제군사재판소의 판결문에 따르면 '일본이 점령한 후 6주 동안 난징과 그 인근 지역에서 살해된 민간인과 전쟁 포로의 수는 20만 명이 넘었다'고 한다. 왼쪽 그림은 미국의 화교작가 리쯔지안이 그린 〈난징 대학살〉(부분)이다.

문화 / 과학·환경 / 스포츠

문화

4. 18. [미국] 슈퍼맨 첫 등장. 가상의 행성 크립톤에서 지구로 온 칼엘, 일명 슈퍼맨이 《액션 코믹스》 1호 표지에 실렸다. 제리 시걸과 조 슈스터가 창조해낸 그는 영화, 소설, 게임 등 온갖 장르에서 활약하며 슈퍼 히어로물의 대표 캐릭터로 자리잡는다. →

5. 3. 총독부, 진돗개를 천연기념물로 지정. 1933년 제정된 〈조선보물고적명승천연기념물보존령〉에 따라 천연기념물로 지정된 첫 번째 개였다. 순번은 제53호였다. 후에 풍산개가 128호로 등재된다. 현재 대한민국의 천연기념물에는 이들 외에 삽살개와 동경이가 포함되어 있다.

7. 10. 문세영의 《조선어사전》 출간. 일본 도요 대학에 입학해 우리말 어휘를 수집하기 시작한 지 22년 만이었다. 한국인이 최초로 만든 우리말사전이었다. 10만여 개의 어휘가 수록된 이 사전은 수일 만에 1000부가 소진되어 12월 15일 재판을 찍었다.

8. 29. 보화각 준공. 빛나는 보물을 모아둔 집이라는 뜻을 가진 '보화각'은 한국 최초의 사립 미술관이다. 이 미술관을 만든 이는 10만 석 지기의 외아들인 간송 전형필이었다. 나라를 잃은 식민지 시기, 청년 전형필은 물려받은 재산을 우리 문화 유물을 수집하고 보존하는 데 아낌없이 쏟아부었다. 지금은 간송미술관으로 이름이 바뀐 이 미술관에는 훈민정음 해례본, 고려 시대의 청자상감운문매병, 신윤복의 〈미인도〉 등 많은 국보와 보물을 소장하고 있다.

과학·환경

12. 17. [독일] 오토 한, 핵분열 발견. 이날 그는 조수인 프리츠 슈트라스만과 함께 방사성물질을 연구하던 중, 중성자를 우라늄에 포격한 후 원자량이 우라늄 절반 정도에 불과한 바륨원소를 검출했다. 오토 한은 이 사실을 동료 화학자 리제 마이트너에게 편지로 알렸고, 관련된 논의 과정에서 이 현상을 표현하는 단어로 '분열'을 찾아냈다. 이로써 핵분열이라는 20세기의 상징단어가 탄생했다.

스포츠

6. 4. [프랑스] 제3회 FIFA 월드컵 개막. 디펜딩 챔피언 이탈리아가 헝가리를 4-2로 꺾고 우승했다.

7. 4. 조선체육회 해체. 조선총독부의 억압으로 조선일보사 3층 소강당에서 조선체육회가 회원 20여 명이 참석한 가운데 긴급 이사회를 열고 일본인 단체인 조선체육협회와 합체를 의결했다.

1938년 풍경

한자는 중국에서 왔지만 외국어 느낌이 없다. 오랜 토착화의 결과이다. 영어는 다르다. 그야말로 완벽한 이어(異語)일 수밖에 없다. 서세동점(西勢東漸)이란 서쪽의 세력이 점점 동쪽으로 몰려온다는 것. 저녁이 산 그림자를 먼저 내려보낸 뒤 곧바로 마을을 어둠으로 몽땅 덮는 것과 같다. 우리의 근대는 영어가 한자를 밀어내고 대세를 차지하는 과정이기도 하다. 아메리카도 米國이 아니라 美國으로 표기했다. 그래서 영어를 다루는 저런 과외와 광고가 필요했고 미인화법이 성행했던 것이다. "윗사람이 되고 십흔 분, 立身出世를 希望하는 諸君. '英語'만은 꼭 배워 두십시오" "五輪大會, 萬國博까지 겨우 2년!! 영어를 아는 이익은 실로 무한하오." 오늘날에도 올림픽을 앞두고 텔레비전 특수가 있는데, 당시에도 마케팅 문구는 사람들의 욕망을 정확하게 겨냥하고 있다. 그리고 우리 사회는 6·25 전쟁에서 미국에게 크게 신세를 진 뒤, 아직도 미국을 믿는 사람들이 대세를 차지하는 그런 사회가 되었다.

이 해에는

책
4.	[영국] 《카탈루냐 찬가》, 조지 오웰
12. 7.	《소설가 구보씨의 일일》, 박태원 (첫 발표는 1934년)
12. 17.	《동백꽃》, 김유정
○	《조선어 사전》, 문세영

음악
1.	〈애수의 소야곡〉, 남인수
2.	〈눈물 젖은 두만강〉, 김정구
2.	〈왕서방 연서〉, 김정구
7.	〈나는 열일곱 살〉, 박단마
12.	〈꼴망태 목동〉, 이화자
○	〈산토끼〉, 작사·작곡, 이일래
○	〈오빠는 풍각쟁이〉, 박향림

영화
| 2. 16. | [미국] 〈베이비 길들이기〉, 하워드 혹스 |
| 10. 16. | 〈어화〉, 안철영 |

궂긴 소식
1. 21.	조르주 멜리에스 (프랑스의 영화제작자·감독)
3. 10.	안창호 (독립운동가)
3. 15.	니콜라이 부하린 (소련의 혁명가)
4. 19.	양기탁 (독립운동가, 언론인)
4. 27.	에드문트 후설 (독일의 철학자)
10. 17.	카를 카우츠키 (독일의 사회주의이론가)
10. 19.	김산 (혁명가)
11. 10.	케말 아타튀르크 (튀르키예의 대통령)
12. 25.	카렐 차페크 (체코의 작가)

1939년

국민징용령 공포

일제 강점기 인권 유린과 노동 착취! 기억해야 할 우리의 역사입니다.

"도망간 자가 잡히면
천장에 매달아 놓고 때렸다."
— 염찬수, (강제징용되어
탄광에서 일한 노동자)

↑ 국민징용령의 대상은 만 16세 이상 40세까지의 남자였다. '길을 지나가는 청장년을 마구잡이로 연행하는 경우도 있었고, 마을을 습격해 청장년을 연행하는 경우도 있었다. 한마디로 원시적 폭력이 동원된 노동력 동원방식이었다.'* 도주하다 잡히면 폭행을 당했고, 견디다 못해 자살하는 사람도 있었다. 1965년 가거나 저항하면 폭력을 당했다. 1955년 12월 한일 양국은 일본이 한국에 5억 달러(무상 3억 달러, 유상 2억 달러)의 경제협력 자금을 제공하고 '그 국민 간의 청구권에 관한 문제가 완전히 그리고 최종적으로 해결된다는 것을 확인한다'고 합의한다.

↓ 비상시국하의 교통기관에는 옛것이 다시 나타나고 새것이 안출됨을 볼 수가 있다. 자취를 감춘 지 벌써 오랜 마차가 거대 경성의 길거리를 만보할 뿐만 아니라 '깨소린'의 소비를 조절하기 위하여 자동차 대용품이 요구된 지 오랜 이때에 인동차라는 것이 작금 가두에 등장하여 시대의 총아로 사람을 태우고 질주한다. (《동아일보》, 8월 15일자)

징용이라는 것이 대체 무슨 소리요.
천황폐하를 위해서 일하는 것입니다. 국가의 명령에 따라서 나라에서 하라는 일을 하는 것이 징용의 근본입니다

젊으니 들은 쌈터에 갓스니
총후에 나믄 우리들
그들이 쓸 총 칼을 만들기 위하야
밤낮을 헤아리지 안코
부지러니 일 하겟나이다.
꿈에도 게으른 생각이 업겟나이다.
— 미야 고이치, 《조선징용문답》, 1944년

일제강점기

2. 22. 총독부, 개척민위원회 설치.

4. **경성콤**그룹 결성. 조선공산당을 재건하기 위해 이관술, 이순금, 김삼룡, 이현상, 박헌영 등이 중심이 되어 결성한 경성콤그룹은 중일전쟁 발발 이후 최후의 저항을 시도하던 국내 항일운동의 가장 대표적인 조직이었다. 이들은 계급의식으로 각성된 노동자·농민을 중심으로 당을 조직해야 하며 결정적 시기에는 무장봉기가 필요하다고 생각했다. 일제에 의해 조직원들이 검거되어 1941년 와해되었지만, 1945년 해방 직후 조선공산당이 재건되는 데 결정적 토대가 됐다.

4. 17. 총독부, 국민정신총동원회 조직.

5. 임시정부, 치장으로 이전. 4월 류저우를 떠나 5월 충칭시 치장에 도착해 임시판공처를 설치해 청사로 사용했다.

7. 8. 일본, 〈**국민징용령**〉 공포. 중일전쟁이 장기화되면서 국가차원의 전면적인 노동력 통제와 동원이 필요해진 일본은 자국민은 물론 식민지민을 강제로 동원시키기 위한 명령을 발동했다. 본토보다 조금 늦은 10월 1일부터 조선을 포함한 식민지에 적용된 '국민징용령'에 따라 최소 70만 명이 넘는 조선인이 강제동원되어 힘겨운 노동을 견뎌내야 했다. 이는 본토인 보다 훨씬 많은 수였다.

7. 17. 전국연합진선협회 결성. 김구계의 한국광복운동단체연합과 김원봉계의 한국민족전선연맹이 중국 내 한국독립운동단체들의 대동단결과 민족연합전선을 위해 통합해 결성됐다. 중일전쟁이 절정에 이른 상황에서 좌우양대세력의 합작이 성립된 것이지만, 정파 간의 이견으로 얼마 가지 못하고 1942년에 해체된다.

7. 25. 경춘선 개통. 성북역에서 춘천역까지 24개 역 총 87.3km를 연결한 이 노선은 경춘철도가 운영하는 사설철도였다.

8. 경성에 인동차(人動車) 등장. 기존 자전거에 덮개를 씌운 승객용 짐차를 다는 식으로 기존 자전거를 개량해 승객에게 요금을 받고 택시처럼 운행한 교통수단이었다. 전쟁으로 인해 부족한 '깨소린'의 소비를 조절하기 위해 자동차 대용품'이 '가두에 등장해 시대의 총아로 사람을' 태우고 달려갔다.* 요금은 첫 1km는 30전, 그 후로는 1km마다 10전씩을 더 받았다.**

8. 30. 경성부, 소학교 2부제 수업 전면실시 발표. 학무국은 소학교 확충안이 제반정세에 비추어 당초 예산으로는 도저히 감당치 못하게 되어 2부제(오후반)을 전면적으로 실시할 수밖에 없다고 밝혔다.*

9. 1. 총독부 학무국, 여자청년당 설치 보급 지시.

11. 5. 김붕준, 제15대 대한민국 임시의정원 의장에 선출됨.

11. 10. 〈조선민사령〉 개정. 총독부는 '조선민사령'을 하는 한편 제령으로 '조선인의 씨명에 관한 건'을 공포했다. 이 제령의 제1조는 '자기의 성 이외의 성을 사용할 수 없다. 다만, 일가창립의 경우에는 그러하지 아니하다.'였고 제2조는 '성명은 변경할 수 없다. 다만, 정당한 사유가 있는 경우에 조선총독이 정하는 바에 의하여 허가를 받은 경우에는 그러하지 아니하다.'였다. 이듬해 2월 11일부터 시행된 이러한 조치로 창씨개명이 본격화된다.

세계

3. 14. [체코슬로바키아] 슬로바키아, 분리 독립 선언. 아돌프 히틀러의 종용으로 슬로바키아 의회가 소집됐고, 의회는 만장일치로 독립을 선언했다. 다음 날 독일이 서쪽 나머지 지역을 점령했고, 이어 동쪽 지역은 헝가리가 점령했다. 이로써 체코슬로바키아는 공식적으로 소멸했다.

4. 1. [에스파냐] 반군, 전쟁 종료 선언. 이로써 2년 8개월 15일 간 이어진 **내전이 끝났다**. 1943년까지 20만 명으로 추산되는 공화주의자가 일부는 처형으로 또 일부는 감옥에서 질병으로 죽었고, 프란시스코 프랑코는 1978년까지 독재 정권을 유지한다.

5. 노몬한 사건. 외몽골과 만주국 국경에 있는 노몬한 지역에서 소련군과 일본군이 충돌했다. 현대적인 무기를 갖춘 소련군이 관동군에 압도적인 승리를 거뒀다. 일본 측이 투입한 6만 명의 병력 중 약 2만 명이 전사하거나 병사했다. 한해 전 7월 장구펑에 이어 이 전투에서도 소련에 패한 일본은 소련과의 확전을 피하기 위해 9월 15일 정전협정을 체결했다.

5. 22. 강철조약 체결. 나치 독일과 이탈리아 왕국은 이 조약의 체결로 군사적·정치적 동맹 관계에 돌입했다.

6. 24. [타이] 쁠랙 피분송크람 총리, 국호를 시암에서 타이로 개칭.

7. 8. [일본] 〈국민징용령〉 공포.

8. 23. **독일-소련 불가침 조약 체결**. 모스크바에서 서명된 이 조약에 딸린 비밀의정서는 동유럽과 핀란드를 나치 독일과 소련이 각각 자신들의 '영향권'으로 분할한다는 내용이 담겨 있었다. 이 조약은 2차대전의 발발에 중요한 역할을 했다. 조약은 1941년 히틀러가 소련을 침공하면서 파기됐다.

9. 1. [2차대전] 독일, 폴란드 침공. 이날 새벽 4시 45분 독일군 전함이 폴란드 단치히에 있는 군수송 창고에 포격을 가했다. 거의 같은 시간 독일 공군이 국경을 넘어 폴란드의 마을을 공습했다. 소련과의 불가침조약이 체결된 지 일주일 만이었다. 제2차 세계대전의 시작이었다.

9. 3. [2차대전] 영국·프랑스·뉴질랜드·오스트레일리아·인도, 나치 독일에 선전포고.

9. 17. [소련] 폴란드 침공. 독일이 폴란드를 침공한 지 16일 만이었다. 28일 폴란드는 양국 모두에 항복했고, 독일은 폴란드의 서부를, 소련은 동부를 분할 점령했다.

← 독일 외무장관 요아힘 폰 리벤트로프와 소련 외무장관 뱌체슬라프 몰로토프가 모스크바에서 상호불가침 및 중립의무를 부과하는 조약을 체결했다. 동유럽 분할 점령의 구체적 밀약 사항을 담은 비밀의정서도 동시에 체결했다. 이 조약은 1941년 6월 독일이 소련을 침공하면서 파기된다. 사진은 독일 군대가 폴란드 바르샤바 시가를 행진하는 모습이다.

문화 / 과학·환경 / 스포츠

문화

3. 14. 친일단체 황군위문작가단 발족.

10. 29. 조선문인협회 결성. '총동원체제하의 문필보국'을 내걸고 조직됐다. '반도문단의 새로운 건설은 내선일체로부터 출발하여야 한다'는 초대회장 이광수의 취임사에서 드러나듯 문학(활동)이 내선일체와 전쟁 수행에 봉사해야 한다는 인식에 바탕을 두고 있었다. 조선 문인들을 동원해 '국민문학' 건설, 전국 순회강연회, 위문활동 등을 통해 일제의 침략정책을 적극 지원했다. 박영희, 유진오, 최재서 등이 참여했다.

12. 15. [미국] 〈바람과 함께 사라지다〉 시사회. 출간 6개월만에 미국에서만 100만 부가 넘게 팔려나간 마거릿 미첼의 동명 소설을 원작으로 한 이 영화는 인플레이션을 고려할 때 세계에서 가장 높은 수익을 거둔 영화이다. 이날부터 3일 동안 열린 시사회를 보기 위해 30만 명이 애틀랜타로 몰릴 정도였다. '남북전쟁을 배경으로 귀족적 사회문화가 흔적도 없이 파괴된 가운데서 스카아렛 오하라라는 일개 여성이 어떻게 살아나가고 어떻게 자기를 재건해 나갔는지를 그린' 이 영화는 한국에서는 미국 개봉 18년만인 1957년 3월 25일 서울의 수도극장과 국제극장에서 처음 상영된다.

과학·환경

8. 27. [독일] 하인켈(Heinkel) He 178, 첫 비행 성공. 세계 최초의 제트 항공기인 하인켈 He 178에는 프로펠러 대신 터빈 엔진이 탑재되어 있었다.

9. [스위스] 파울 헤르만 뮐러, DDT의 살충 효과 발견. 곤충에게는 독성이 있지만, 다른 생명체에는 독성이 없으며 저렴하고 안정적인 화합물을 찾던 그는 1874년 오스트리아의 오트마르 차이들러가 처음 합성한 다이클로로다이페닐트라이클로로에테인($C_{14}H_9C_{l5}$, 약어로 DDT)이 바로 그 물질임을 알아냈다. '저렴하고 안정적인' 이 물질은 장티푸스, 말라리아 등의 질병을 옮기는 해충을 구제하는 방역용 살충제나 농업용 살충제로 널리 사용된다. 그러나 생태계에 미치는 해악이 알려지면서 1970년대 들어 사용이 금지된다.

스포츠

5. 2. [미국] 루 게릭, 연속경기 출장 기록 마감. 이날 디트로이트의 브리그스 스타디움의 장내 아나운서는 "신사숙녀 여러분. 2130 연속 경기만에 처음으로 루 게릭의 이름이 양키스의 출장선수 명단에 나오지 않습니다"라고 말했다. 장장 14년에 걸친 메이저리그 연속출장 기록이 멈추는 순간이었다. 한 달 후 그는 근위축성 측삭경화증 진단을 받았고, 그 후 이 질병은 '루 게릭병'으로 불리게 된다. 한편 그의 연속경기 출장 기록은 장장 56년이란 시간이 흐르고 나서야 깨진다.

1939년 풍경

동물에게 거울을 갖다 대면 반응이 각각 다르다. 원숭이는 처음엔 놀라다가 이내 거울 속을 파악한 뒤 아예 거울을 가지고 논다. 앵무새는 거울 속의 자신을 무섭게 여기고 놀라 도망친다. 하지만 새도 자꾸 보면 이내 사정을 알아채지 않을까. 거울이 없었더라면 인간은 자신의 모습을 어떻게 알아차렸을까. 그는 나무, 바위, 구름을 자신이라 여길 수도 있으리라. 그러나 인간은 이런 사실을 간단하게 뛰어넘는다. 나무, 바위, 구름을 보고 거기에서 한 걸음 나아가 그것을 거울로 여기기도 한다. 사물에서 사람을 읽어내는 것이다. 스스로를 객관화, 추상화할 수 있는 뛰어난 능력. 아울러 인간은 이 세상이 빛과 그림자로 동시에 이루어졌다는 것을 간파하였다. 그래서 빛을 사로잡고, 그늘을 포착하는 사진기를 발명하였다. 여기 모델이 있고 사진사가 있다. 사진사는 사진에 나올 수 없다. 만약 그랬더라면 이 사진은 고작 증명사진이나 되고 말았을 것이다. 사진사도 사진에 나옴으로써 이 사진은 한 시대의 풍속을 증거하는 예술이 됐다.

이 해에는

책

- 4. 14. [미국] 《분노의 포도》, 존 스타인벡
- 5. 4. [영국] 《피네간의 경야》, 제임스 조이스
- 12. 15. 《탁류》, 채만식
- ○ [미국] 《빅 슬립》, 레이먼드 챈들러
- ○ [프랑스] 《향성》, 나탈리 사로트

노래

- 4. 〈감격시대〉, 남인수
- 4. 25. 〈홍도야 우지마라〉, 김영춘

영화

- 12. 15. [미국] 〈바람과 함께 사라지다〉, 빅터 플레밍
- ○ [프랑스] 〈게임의 규칙〉, 장 르누아르

궂긴 소식

- 1. 1. 송만갑(판소리 명창)
- 1. 28. 윌리엄 예이츠(아일랜드의 시인)
- 2. 10. 교황 비오 11세
- 4. 3. 문일평(역사학자)
- 7. 14. 알폰스 무하(체코의 화가)
- 9. 21. 박영효(정치인)
- 9. 23. 지그문트 프로이트(오스트리아의 정신분석학자)
- 11. 19. 노먼 베순(캐나다의 의사)
- 11. 28. 제임스 네이스미스(미국의 체육인)

1940년

창씨개명 접수 시작

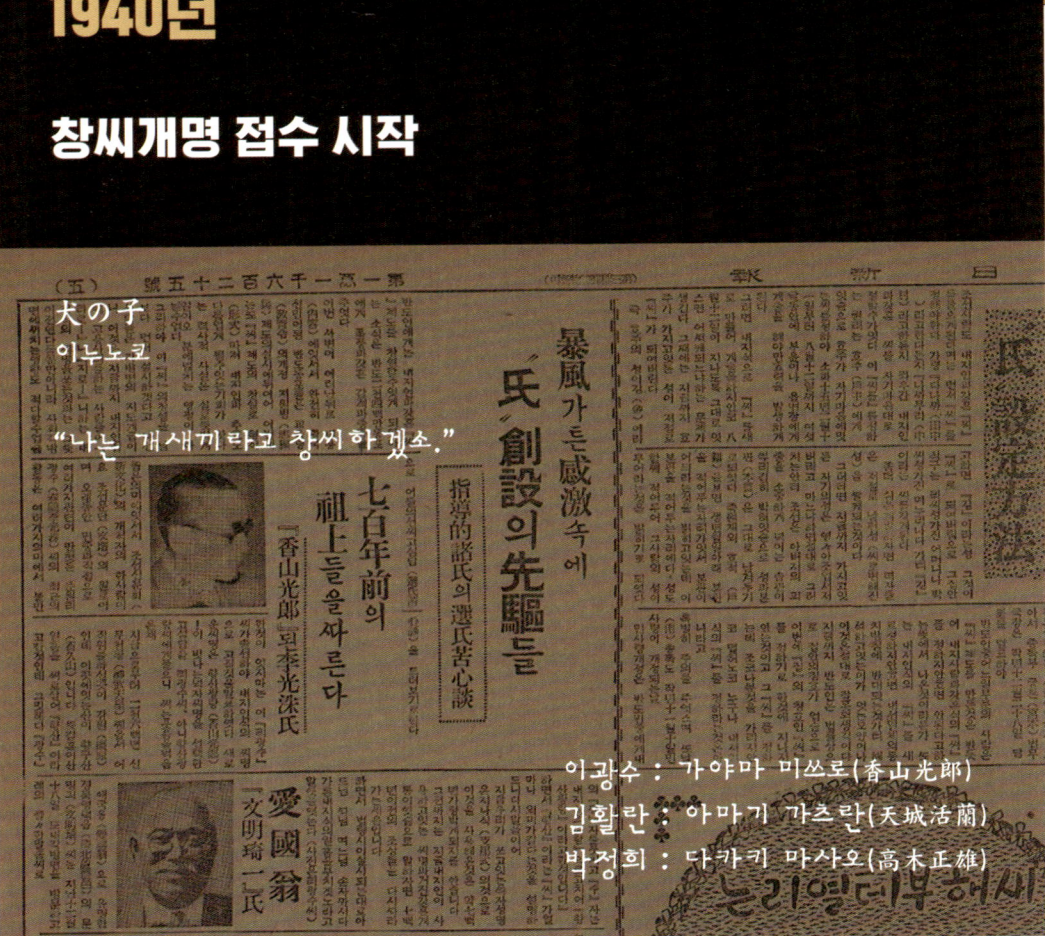

이광수 : 가야마 미쓰로(香山光郞)
김활란 : 아마기 가츠란(天城活蘭)
박정희 : 다카키 마사오(高木正雄)

"조선인 호주는 본령 시행 후 6개월 이내에 새로 씨를 설정하여…신고함을 요한다."
—〈조선민사령〉, 부칙

나는 천황의 신민이다. 내 자손도 천황의 신민으로 살 것이다. 이광수라는 씨명으로도 천황의 신민이 못될 것이 아니다. 그러나 향산 광랑(香山光郞)이 조금 더 천황의 신민답다고 나는 믿기 때문이…
내선일체를 국가가 조선인에게 허하였다. 이에 내선일체 운동을 할 자는 기실 조선인이다. 조선인이 내지인과 차별 없이 될 것밖에 바랄 것이 무엇이 있는가. 따라서 차별의 제거를 위하여서 온갖 노력을 할 것밖에 더 중대하고 긴급한 일이 어디 또 있는가. 성명 석 자를 고치는 것도 그 노력 중의 하나라면 아낄 것이 무엇인가. 기쁘게 할 것이 아닌가. 나는 이러한 신념으로 좀山(향산)이라는 씨를 창설하였다.…
금년 8월 10일까지 조선인의 창씨 기한이 끝난다. 그날의 결과는 정치적 영향에 큰 관계가 있다고 나는 믿는다.
— 이광수, 〈창씨와 나〉

↑ "나는 조선인은 성을 바꾸면 개새끼, 소새끼라고 불리는데 창씨는 성을 바꾸는 것이니까 이누노코라고 창씨했다고 답했다." -경상남도 동래읍에 사는 히야마(조선명 불명, 54세)
"씨를 설정하더라도 조선인은 역시 조선인이지 일본인은 아니니까 개라 하든 돼지라 하든 상관없지 않은가?" -제주도 조천면에 사는 가네다(조선명 김유환, 41세) **
이 두 사람은 모두 징역 6개월의 판결을 받았다. ***

"나는 천황의 신민이다. 내 자손도 천황의 신민으로 살 것이다. 이광수라는 씨명으로도 천황의 신민이 못될 것이 아니다. 그러나 향산광랑이 조금 더 천황의 신민답다고 나는 믿기 때문이다." - 경성에 사는 가야마 미쓰로(조선명 이광수, 47세) ****
조선총독부는 그에게 중추원 참의직을 여러 차례 제안했다.

← 중국과 조선의 공동항일에 대한 인식이 고조되면서 국민당의 지원으로 창설된 한국광복군은 중국군사위원회의 지휘를 받았다.* 광복군에는 김정숙, 지복영, 오광심, 조순옥 등 30명이 넘는 여성도 참여해 활약했다.** 여성광복군은 대원모집, 선전, 첩보수집 활동을 주로 했지만 직접 총을 메고 전선에 나서기도 했다. 9월 17일 한국광복군 성립 전례식을 치르고 대원들이 모여 찍은 기념사진이다.

일제강점기

2. 11. 총독부, **창씨개명** 접수 시작. 일제는 이날부터 8월 11일까지 창씨를 완료하도록 요구했다. 원래는 신고제였지만 접수 초기 창씨개명율이 저조하자 일제는 협박과 강요에 나섰다. 개명을 하지 않으면 학교의 입학과 진학이 막히고, 식량과 물자 배급 대상에서 제외되고 경우에 따라서는 사찰과 미행까지 당하는 등 온갖 탄압을 받았다. 결국 일제는 법정 마감일까지 전체 가구수 대비 80%의 창씨개명 신고를 받아냈다.

3. 1. 총독부, 〈석유배급통제규칙〉 공포. 기존 휘발유와 중유 외에 등유, 경유, 기계유 등 모든 석유제품에 대해 고도의 배급통제를 실시했다.

5. 9. 한국국민당·한국독립당·조선혁명당 합당. 충칭에 자리를 잡은 임시정부가 조직과 체계 정비에 나선 가운데 김구의 한국국민당, 조소앙의 한국독립당, 지청천의 조선혁명당이 해체를 선언하고 합당해 새로운 한국독립당을 결성하고 단결을 강화했다.

8. 11. 《조선일보》·《동아일보》, 폐간.* 두 신문은 이날 당국의 통제방침에 '순응'하여 폐간하게 되었음을 밝히는 최종호를 발행했다. 이로써 조선어 신문은 총독부의 기관지인 《매일신보》만 남았다.

9. 임시정부, 충칭으로 거점 이전.

9. 17. 임시정부, 한국광복군 창설. 이틀 전 김구 주석 명의로 작성된 〈한국광복군 선언문〉은 광복군이 '중화민국 국민과 합작하여 두 나라의 독립을 회복하고자 공동의 적인 일본제국주의자들을 타도하기 위하여 연합군의 일원으로 항전을 계속한다'고 선언했다. 사령관은 지청천이었다.

10. 9. [임시정부] 〈대한민국임시약헌〉 제정. 우파인 한국국민당·조선혁명당·한국독립당 재건파가 합당해 한국독립당이 결성되고, 한국광복군이 창설되면서 이에 발맞춰 제4차 헌법 개정이 이뤄졌다. 이 약헌의 특징은 1927년부터 유지되어 온 국무위원제를 주석제로 바꾼 것이다. 주석이 정부 수반이자 국가통수권자가 됨으로서 기존 의원내각제의 집단지도체제 대신 주석 중심의 단일지도체제로 바뀌었다. 국무위원회 초대 주석으로는 김구가 선출됐다.

10. 16. 국민정신총동원조선연맹, 국민총력조선연맹으로 재편. 총력연맹은 말단에 주민을 10호 단위로 조직한 '애국반'을 두고 인력 동원 등에 활용했다.*

10. 25. 중국, 한국광복군의 중국 전선 참전 승인.

11. 29. 광복군 총사령부, 충칭에서 시안으로 이동. 전략적 요충지인 시안에 도착한 지휘부는 군사특파단을 폐지하고 총사령부인 서안판사처를 설치했다.

12. 25. 황도학회 결성. '내선일체의 실천을 위해 일본정신을 깨닫고 황도정신을 받들자'는 취지로 결성됐다. 발기인 대표는 이광수였고, 회장은 신봉조였다.

세계

- **4. 3.** [2차대전] 독일, 베저위붕 작전 시작. 이날 새벽 독일 군은 스칸디나비아의 중립국 덴마크와 노르웨이를 침공했다. 영국의 해상봉쇄를 막아 철광석 공급로를 확보하기 위해서 였다. 덴마크는 불과 6시간 만에, 노르웨이는 두 달여만인 6월 10일에 점령됐다.
- **4. 27.** [나치 독일] SS국가지도자 하인리히 힘러, 아우슈비츠 에 강제 수용소건설 명령. →
- **5. 10.** [2차대전] 독일군, 프랑스와 저지대 국가들(네덜란 드, 벨기에, 룩셈부르크) 침공. 독일의 전격적인 침공으로 서부전선이 포화에 휩싸였다.
- **5. 10.** [영국] 조지 6세 국왕, 윈스턴 처칠을 총리로 임명. 처칠은 곧바로 5인 전쟁 내각을 구성했다.
- **5. 26.** [2차대전] 됭케르크 전투 시작. 프랑스를 침공한 독일 군의 빠른 진격으로 수세에 몰린 프랑스와 영국의 연합군은 대규모 철수 작전을 펼쳤다. 6월 4일 됭케르크항이 독일군에게 함락되기 30만 명이 넘는 연합군 병사가 바다를 통해 탈출했다. 이 과정에서 벌어진 전투로 약 1만 6000명이 전사하는 등 연합군은 막대한 피해를 입었다.
- **6. 10.** [2차대전] 이탈리아, 프랑스와 독일에 선전포고.
- **6. 14.** [2차대전] **독일군, 파리 입성.**
- **8. 13.** [2차대전] 독일, 영국 본토 공습.
- **8. 21.** [소련] 레프 트로츠키 사망. 그는 전날 스탈린의 사주를 받은 소련 내무인위원회(NKVD) 요원이 휘두른 등산용 얼음도끼에 머리를 맞았다.
- **9. 7.** [2차대전] 독일, 영국 런던 공습. 7월부터 영국을 상대로 공습에 나섰고, 이날 수도 런던에 대규모 공습을 가했다. 공습은 다른 도시들로 확대되어 이듬해 5월까지 이어졌다. 계속되는 야간 폭격으로 이 기간 동안 4만여 명의 영국인이 사망했다.
- **9. 22.** [2차대전] 일본, 프랑스령 인도차이나 침공. 베트남 지역에서 26일까지 이어진 짧은 전투에서 프랑스에 승리한 일본은 인도차이나에 교두보를 마련할 수 있었다.
- **9. 27.** [2차대전] 삼국동맹조약 체결. 독일, 이탈리아, 일본이 독일 베를린에서 군사동맹조약을 체결했다. 이로써 2차 대전의 추축국이 형성됐다.
- **11. 5.** [미국] 대통령 선거. 프랭클린 루스벨트가 3선에 성공했다.

↓ 6월 14일, 독일군이 파리에 입성했다. 나치군의 급속한 진군 속에서 파괴를 피하기 위해 이 도시는 "개방 도시"로 선언됐다. 프랑스를 침공한 지 불과 한 달 만에 독일군은 프랑스의 방어선을 압도했고, 프랑스 정부는 도피했다. 사랑하는 수도가 외국의 점령하에 함락되는 것을 지켜보던 파리 시민들 사이에 깊은 절망감이 퍼졌다.

문화 / 과학·환경 / 스포츠

문화

- **1. 4.** 총독부, 〈조선영화령〉 제정. 영화를 강력히 통제하고, 적극적으로 활용해 천황제 이데올로기를 조선 민중에게 주입하고 최종적으로는 전쟁에 동원하기 위한 조치였다. 이 법은 8월 1일부터 시행됐다.
- **2. 10.** [미국] 《고양이, 쫓겨나다》 개봉. 톰과 제리 시리즈 첫 에피소드인 이 애니메이션은 장난꾸러기 쥐돌이 쥐 제리를 잡으려는 고양이 톰 (첫 편에서는 '재스퍼'라는 이름으로 등장)이 매번 실패하는 이야기를 담고 있었다. →
- **2. 29.** [미국] 해티 맥대니얼, 아카데미상 여우조연상 수상. 《바람과 함께 사라지다》에서 스칼렛의 하녀 매미 역을 맡았던 그는 아프리카계 미국인 최초의 아카데미상 수상자였다.
- **6. 7.** 조선어학회, 〈외래어 표기법 통일안〉 발표. '현재 사용하는 한글의 자모와 자형만으로 적는다'는 규정은 오늘날까지도 외래어 표기의 기본 원칙으로 적용되고 있다.
- **2. 29.** [프랑스] **라스코 동굴벽화** 재발견. 프랑스 남서부 몽테냐크에서 18세 소년 마르셀 라비다가 동굴 입구를 발견하고 다른 친구 세 명을 데리고 와 15m 깊이의 갱도에 들어갔다가 동굴 벽에 동물들이 그려져 있는 것을 보았다. 이 동굴의 그림들은 구석기 시대인 1만 7천 년에서 2만 2천 년 사이에 그려진 것들로 추정된다. 전문가들은 구석기인들이 말, 사슴, 들소 등의 그림을 그린 목적은 정확히 알 수는 없지만, 사냥과 관련이 있다고 본다. 동굴은 1948년 대중에게 공개되지만, 너무 많은 방문객으로 인해 벽화의 훼손이 심해지자 정부는 일반 대중의 출입을 금지한다. 대신 1983년부터 인근에 동굴을 재현해 관광객에게 공개하고 있다.

과학·환경

- **6. 11.** **석주명**의 《조선산 접류 총목록》 출간. 당시 송도고보의 교사였던 그가 왕립 아시아학회 한국지회의 의뢰를 받아 집필해 영문으로 간행된 이 책은 같은 종이지만 다른 종으로 잘못 알려져 엉뚱한 이름이 붙은 나비들의 학명을 바로잡아 한국산 나비 연구에 매우 중요한 참고도서가 됐다. '한 줄의 논문을 쓰기 위해서 5만 마리의 나비를 만져'볼 정도로 '정진 노력'하며 '조선생물학'을 추구한 그 송도고보 교사는 조선에 사는 나비들에게 산제비나비, 부전나비, 유리창떠들썩팔랑나비 같은 이름을 붙여주었다.

스포츠

- ○ 이 해에 일본 도쿄에서 열릴 예정이었던 하계 올림픽이 2차대전 때문에 열리지 못했다. 동계 올림픽은 일본 삿포로가 중일전쟁 발발로 개최권을 포기했고, 스위스 장크트모리츠, 독일 가르미슈파르텐키르헨이 차례로 개최지로 선정되었지만 이마저도 열리지 못했다.

1940년 풍경

나이에 따라 가용한 면적이 달라진다. 골목과 뒷동산을 뛰놀다가 입학하면 좁은 교실에 작은 책상에 갇힌다. 푸른 하늘을 연상하는 칠판이 있어도 두 눈을 담기엔 너무 비좁다. 학년에 따라 쓰는 말도 달라진다. 소풍이란 학창 시절 누구나 손꼽아 기다리던 야외 나들이를 이르는 말. 이보다 오래된 말로 '원족'이 있다. 遠足, 발로 멀리 걷는다는 뜻이다. 소풍에 비해 원족은 낭만이 사라진 말이다. 체력을 기른다는 목적의 군사적인 뉘앙스도 다분히 풍긴다. 고적대란 말도 그렇다. 고적대란 북(鼓)과 피리(笛)를 연주하며 행진하는 악대이다. 학교마다 고적대가 있어 울긋불긋 유니폼을 입고 시범을 보이면 온동네가 아연 활기차게 일어나기도 하였다. 여기 좀 고약한 고적대가 있다. 일제는 매달 한번씩 민족의 정기가 깃든 서울의 남산에 신사를 짓고 여고생을 걷도록 했다고 한다. 구슬픈 피리 소리, 푹 처진 북소리. 경쾌하기는커녕 아픈 발을 더욱 처량하게 만들었을 슬픈 고적대.

이 해에는

책

4. 20.	《문장강화》, 이태준
6. 11.	《조선산 접류 총목록》, 석주명
10. 21.	[미국] 《누구를 위하여 종은 울리나》, 어니스트 헤밍웨이
○	[이탈리아] 《타타르인의 사막》, 디노 부차티

노래

2.	〈나그네 설움〉, 백년설
5. 1.	〈불효자는 웁니다〉, 진방남
10.	〈번지 없는 주막〉, 백년설
○	[멕시코] 〈베사메 무초〉, 콘수엘로 벨라스케스

영화

굿긴 소식

3. 13.	이동녕(독립운동가, 정치인)
6. 22.	블라디미르 코펜(독일의 기상학자)
6. 29.	파울 클레(스위스의 화가)
8. 20.	레프 트로츠키(러시아의 혁명가)
8. 30.	조지프 존 톰슨(영국의 물리학자)
9. 27.	발터 베냐민(독일의 문학평론가, 철학자)
11. 9.	네빌 체임벌린(영국의 총리)
12. 21.	스콧 피츠제럴드(미국의 소설가)

1941년

임시정부, 일본에 선전포고

韓民國臨時政府對日宣戰聲明書

大韓民國臨時政府主席金九
外務部長趙素昻

大韓民國二十三年十二月十日

↑ 일제가 진주만을 기습하고 3일 후인 12월 10일, 대한민국 임시정부는 김구 주석과 조소앙 외무부장의 이름으로 일본에 대한 선전포고를 발표하며, 3천만 한국인의 독립 의지를 세계에 알렸다. 그러나 이 역사적인 선언은 일본의 조기 항복으로 인해 한국광복군의 국내 진공 작전이 무산되면서, 우리 손으로 직접 조국을 해방시키지 못한 아쉬움과 한을 남기고 말았다.

> "한국 전체 인민은…
> 축심국에 전쟁을 선언한다."

우리는 3천만 한인과 정부를 대표하여 삼가 중국·영국·미국·네덜란드·캐나다·오스트레일리아 및 기타 여러 나라가 일본에 대해 전쟁을 선포한 것이 일본을 격패시키고 동아시아를 재건하는 가장 유효한 수단이 되므로 이를 축하하면서, 다음과 같이 성명한다.

1. 한국 전체 인민은 현재 이미 반침략전선에 참가해오고 있으며, 이제 하나의 전투단위로서 축심국(軸心國)에 전쟁을 선언한다.
2. 1910년 합병조약과 일체의 불평등 조약이 무효이며, 아울러 반침략 국가가 한국에서 합리적으로 얻은 기득권익이 존중될 것임을 거듭 선포한다.
3. 한국과 중국 및 서태평양에서 왜구를 완전히 구축하기 위하여 최후의 승리를 거둘 때까지 혈전한다.
4. 일본 세력 아래 조성된 장춘 및 남경 정권을 승인하지 않는다.
5. 루스벨트·처칠 선언의 각 항이 한국의 독립을 실현하는데 적용되기를 견결(堅決)히 주장하며, 특히 민주 진영의 최후 승리를 미리 축원한다.

대한민국 임시정부 주석 김구(인), 외무부장 조소앙(인)
대한민국 23년(1941) 12월 10일
— 대한민국 임시정부, 〈대일선전성명서〉

↓ 침략전쟁이 본격화되면서 무기 제작에 쓸 금속이 부족해지자 금속 확보에 총력을 기울이기 시작했다. 9월 1일 본토에서 시행된 〈금속류회수령〉이 한달 후인 10월 1일 식민지 조선에서도 시행됐다. 총독부는 국민의 애국정신에 호소해 자발적 공출을 독려하는 것으로 시작했다. 그러나 얼마 후부터 '국책에 협력해 집안에 있는 쇠붙이는 전부 내놓으라'는 식으로 조선인들을 윽박지르기 시작했다. 가정에서 사용하는 식기는 물론 교회종, 불상, 박물관 소장품까지 징발, 사실상 약탈의 대상이 됐다. 총독부의 이러한 정책은 희망 없는 전쟁과 한계에 달한 증산구조의 모순을 조선인 일반과 중소기업의 고혈로 그것을 해결하고자 한 식민지 수탈의 전형적 양상이었다.

일제강점기

1. 4. 〈조선미곡배급조정령〉 시행. 1939년 큰 가뭄을 계기로 제정된 이 조정령에 따라 미곡에 대한 유통 통제(공출)와 소비 통제(배급)를 하는 방식으로 조선 쌀은 국가 관리 체제에 놓이게 됐다.

4. 1. 〈국민학교규정〉 시행. 이 규정의 시행으로 기존 심상소학교의 명칭이 국민학교로 바뀌었다. 이 규정의 제2조 1항은 다음과 같다. "교육에 관한 칙어의 지취에 의하여 교육의 전반에 걸쳐 황국의 도를 수련하게 하고 특히 국체에 대한 신념을 공고히 하여 황국신민이라는 자각에 철저하게 하도록 힘써야 한다."

5. 9. 한국독립당, 제1차 전당대표대회 개최.

7. 1. 총독부, 조선주택영단 설립. 1920년 약 20만 명이던 경성의 인구가 1940년 90만 명을 넘어서면서 주택 부족 문제가 심각해지자, 일제는 노동력 확보에 어려움을 겪게 됐다. 이에 총독부는 주택난을 해결해 국민생활을 확보하고 생산력 증강을 뒷받침한다는 목적하에 조선주택영단을 설립해 표준화된 집단주택을 4년간 2만 호를 공급하기로 했다.

9. 28. 수풍댐 준공식 거행. 조선총독부와 만주국 정부가 공동출자한 압록강수력발전주식회사가 세워졌다. 총독부는 이 댐에서 생긴 전기를 만주국과 절반씩 나누어 소비하기로 약정했다. 댐은 준공 당시 동양 최대 규모였다.

10. 1. 〈금속류회수령〉 시행. 전쟁을 확대하면서 더 많은 군수물자가 필요해진 일제는 '4월 1일부터 관청, 공동단체 소속의 철 및 동 제품의 특별회수를 단행하고 6, 7월 중 전국적으로 민간 공장 사업장'까지 확대했다. 이어 〈국가총동원법〉의 규정에 따라 〈금속류회수령〉이 8월 30일부 칙령 제835호로써 공포되어 내지는 9월 1일부터, 외지는 이날부터 시행'했다.

11. 13. 중국국민당 정부, '한국광복군의 행동 준승 9개항' 요구. 중국 측이 광복군의 군사원조의 조건으로 광복군의 활동을 규제하기 위한 조치였다. 이로써 임시정부는 더 이상 광복군에 대한 통수권을 가질 수 없었다. 광복군의 활동지역, 작전, 조직, 훈련 등은 모두 중국군사위원회의 지휘를 받도록 됐다. 이에 임시정부는 '9개 준승' 폐기를 위해 부단히 노력했지만 지휘권은 1945년 5월에야 임시정부로 넘어온다. 이후 미국 전략정보국의 도움 아래 국내 진공을 시도하지만 일본이 항복하면서 실행되지는 못한다.

11. 28. 〈대한민국 건국강령〉, 임시정부 국무회의 통과. 해방을 염두에 두고 장차 독립된 새 국가의 정치방향과 독립전쟁 준비태세를 천명한 문건이다. 제1장 총강(總綱), 제2장 복국(復國), 제3장 건국(建國) 등 총 3장 24개 항으로 구성된 이 강령은 정치적으로 의회주의에 바탕을 둔 민주공화국의 건설, 사회경제적으로 균등사회의 건설을 지향했다. 조소앙이 제창한 삼균주의를 이론적 틀로 삼았는데 이는 대체로 사회민주주의 또는 민주사회주의의 성격을 지녔다.

12. 10. [임시정부] 일본에 선전포고. 일본의 진주만 공습으로 태평양전쟁이 발발하자 임시정부가 일본에 대해 선전포고를 했다.

세계

1. 20. [미국] 제32대 대통령 프랭클린 루스벨트, 세 번째 임기 시작.
1. 22. [2차대전] 영국·오스트레일리아 연합국, 투브루크 점령. 북아프리카의 항구 도시인 이곳은 당시 이탈리아가 점령하고 있었다. 연합군은 4월부터 11월까지 8개월 넘게 지속된 독일과 이탈리아의 포위 공격을 막아내 독일군의 이집트 진격을 좌절시킨다.
2. 6. [2차대전] 독일, 유고슬라비아·그리스 침공. 이날 독일은 추축국인 이탈리아, 헝가리와 함께 발칸반도를 침공해 18일에 유고슬라비아를, 이어 6월 1일 그리스를 점령하는 데 성공한다. 이로써 히틀러는 유럽 대륙의 대부분을 장악한다.
4. 13. [일본/소련] 일소중립조약 체결. 정식 명칭이 '대일본제국 및 소련 사회주의공화국연방 간 중립조약'인 이 조약은 만주국과 몽골에서 양국의 영토 보전과 상호불가침을 의무화한 조약이었다. 이로써 소련은 서구에 안심하고 대처할 수 있게 되었고, 일본은 태평양 지역에 전념할 수 있게 됐다.
5. 19. [베트남] 인도차이나 공산당, 베트남 독립동맹회 결성. 일본이 베트남을 점령하자 변화된 정세에 대응해 민족해방을 위해 결성된 민족통일전선이었다. 호찌민이 주도한 이 동맹의 약칭은 베트민이었다. →
6. 22. [2차대전] **독일, 소련 침공**. 독일은 이날 추축국들과 함께 역대 전쟁 역사상 최대 규모인 380만 명이 넘는 병력을 동원해 소련 서부를 침공해 동부전선으로 전선을 확대했다. 작전명 '바르바로사'로 명명된 이 침공에서 독일은 개전 초기에는 우세를 보였지만, 붉은 군대의 겨울 반격과 소모전에 밀려 이듬해 1월 소련에 패한다.
9. 8. [2차대전] 독일, 레닌그라드 포위전 시작. 독일은 소련 제2의 도시인 레닌그라드(현 상트페테르부르크)에 대한 포위 공격을 2년 넘게 이어갔지만, 함락에 성공하지 못했다. 이 봉쇄 기간 100만 명이 넘는 소련인이 사망했는데 이 중 절대다수의 사인은 식량부족으로 인한 아사였다.
12. 7. [2차대전] **일본**, 하와이 **진주만 공격**. 이 기습은 태평양전쟁의 시작을 알리는 동시에 당시 중립국이던 미국을 2차대전으로 끌어들이는 결과를 낳는다.

← 12월 7일 오전 7시 48분, 일본 해군이 하와이 진주만에 있는 미 해군기지를 기습 공격했다. 이 공격으로 미국 전함 4척이 침몰하고 군인과 민간인 2400명 이상이 사망했다. 반면 일본은 항공기 29대를 잃고 약 60명이 사망자를 내는 데 그쳤다. 일본은 이를 군사적 성공으로 여겼지만, 선전포고에 앞서 감행된 기습은 미국민들의 분노를 불러일으켰다. 루스벨트 대통령은 이튿날 의회에 대일 선전포고를 요청했고 의회는 이를 즉각 승인했다. 미국의 2차대전 참전은 전쟁의 흐름을 결정적으로 바꿔놓는다. 언젠가는 협상으로 갈등을 해결할 수 있으리라는 일본 측의 희망은 물거품이 되었고, 미국은 이제 일본을 궤멸시킬 때까지 싸울 태세가 되어 있었다.

문화 / 과학·환경 / 스포츠

문화

3. 2. 조선미술가협회, 창립전 개최. 일본에서 서양화를 전공한 유학생인 이중섭, 이쾌대, 문학수 등 일곱 명이 결성한 이 단체는 드러내놓고 식민통치에 반기를 든 집단은 아니었지만, 총독부의 조선미전을 거부하며 순수하게 조선적인 것을 수호하려 했던 모임이었다. 이날 도쿄, 5월 서울 등 1944년까지 총 4회의 전시회를 열었다.

4. 5. 조선인만화인협회 창립. '국민총력선전부와 협력해, 만화보국의 새로운 출발'을 하기로 선언했다.

과학·환경

4. 17. [미국] 시코르스키 VS-300, 수상 이착륙 성공. 최초의 수륙양용 헬리콥터였다. 5월 6일. 이고리 시코르스키는 자신이 만든 이 헬리콥터를 타고 1시간 32분 동안 비행하는 데 성공했다. 이에 앞서 비행에 성공한 헬리콥터들이 있기는 했지만, VS-300은 2차대전이 끝나기 전까지 400대 이상이 제작된 R-4로 이어지는 현대식 헬리콥터의 효시로 여겨진다.

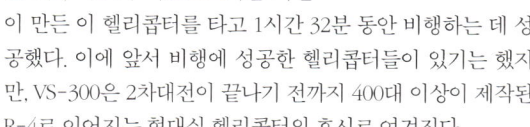

스포츠

4. 26. [미국] 워싱턴 세네터스·브루클린 다저스, 모든 타자가 헬멧을 쓰고 경기함. 이날 양 팀의 타자들은 메이저리그 역사상 최초로 모든 선수가 헬멧을 쓰고 정규 리그 경기에 나섰다.

7. 2. [미국] 조 디마지오, **45경기 연속안타** 기록. 그는 양키 스타디움에서 열린 보스턴 레드삭스와 경기 5회 말 좌월 홈런을 쳐 윌리 킬러가 가지고 있던 44경기 연속안타 기록을 깼다. 그의 연속안타 기록은 16일 56경기 연속안타를 마지막으로 멈췄다. 이 기록은 80년 넘게 깨지지 않고 있고, 앞으로도 깨지지 않을 것이다. 타율이 3할인 어떤 타자가 경기당 평균 4타석에 선다고 가정했을 때, 그는 약 630만 경기에 출장해야 언젠가 한 번 57경기 연속안타를 칠 수 있을 것이다.

1941년 풍경

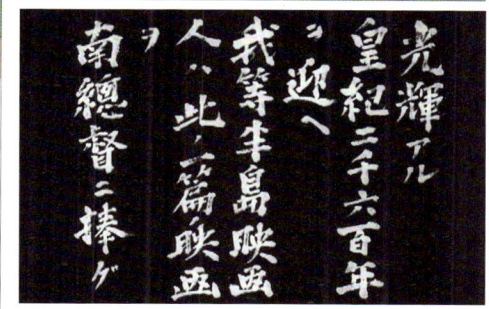

세계는 화면으로 분할되어 있다. 인생의 한 곡진한 국면을 요령 있게 풀어낸 영화의 마무리는 점에서 시작하여 점점 커지다가 "끝"이란 글자로 확대되면서 진짜 끝난다. 이윽고 주제가와 함께 천천히 떠오르는 자막. 그것은 대개 검은 바탕에 흰색으로 곱게 포장한 듯 수고한 분들의 이름이다. 밑에서 위로 우화(羽化)하듯 떠오른다. 옆으로 흐르거나 위에서 아래로 떨어지는 엔딩 크레딧은 없다. 그것은 지금에서 영원으로, 지상에서 하늘로 가는 길을 암시하는 것 같기도 하다. 여기 좀 기이하고 희한한 엔딩 크레딧이 있다. 영화를 만든 감독도, 참여한 배우도 아닌 일종의 임석상관처럼 엉뚱한 이름이다. 당시의 조선총독 미나미에게 이 영화를 바친다는 상투적인 내용을 박아놓은 것이다. 그것은 어느 명승지의 바위에 흠물스럽게 새겨진 채 모질게 닳아가는 바위 글씨처럼 그 시대 영화사의 우스꽝스럽고 더러운 엔딩 크레딧이 아닐 수 없었다.

초등학교 명칭 변경

1895	소학교
1906	보통학교
1938	소학교
1941	국민학교
1996	초등학교

이 해에는

책
2. 10. 《화사집》, 서정주
○ [미국] 《아리랑》, 님 웨일스·김산(한국어판 1984년)
○ [미국] 《자유로부터의 도피》, 에리히 프롬

영화
2. 19. 〈집없는 천사〉, 최인규
○ [미국] 〈시민 케인〉, 오손 웰스

궂긴소식
1. 4. 앙리 베르그송(프랑스의 철학자)
1. 13. 제임스 조이스(아일랜드의 소설가)
3. 28. 버지니아 울프(영국의 소설가)
6. 2. 루 게릭(미국의 야구선수)
6. 4. 빌헬름 2세(독일 제국의 마지막 황제)
8. 7. 라빈드라나트 타고르(인도의 시인)

1942년

조선어학회 사건, 감옥에 갇힌 우리말

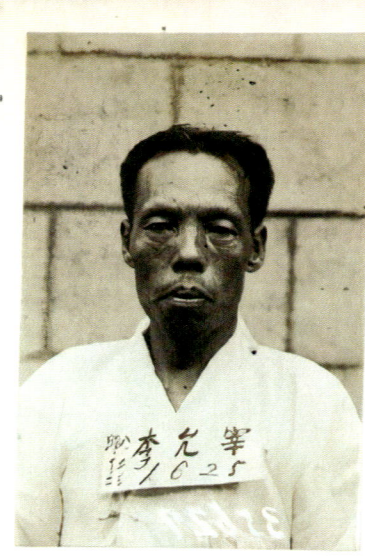

"조선어 사전을 만든다지?"
— 일본 형사

↑ 조선어학회의 국어운동을 '민족정신의 환기와 실력양성 운동'으로 인식한 일제는 9월 5일 정태진을 전격 연행해 조선어학회가 독립운동을 목적으로 한 단체라는 억지 자백을 받아냈다. 이를 빌미로 구속된 학회 회원들은 고문을 당하며 자백을 강요받은 후 '학술단체를 가장한 독립운동단체' 조직이라는 죄명으로 기소됐다. 이 과정에서 이윤재와 한징은 고문 끝에 옥사했다.

대개 본건 조선어학회는 1919년 만세소요사건의 실패에 감하여 조선의 독립을 장래에 기함에는 문화운동에 의하여 민족정신의 환양 및 실력의 양성을 급선무로 해서… 표면상 문화운동의 가면 아래 조선독립을 위한 실력양성 단체로서 본건 검거까지 10년 여의 긴 세월에 걸쳐 조선민족에 대하여 조선어문 운동을 전개한 것으로써 종시일관을 진지하고 변치 않는 그 활동은 끈기 있게 조선어문에 대한 조선민심의 기미에 파고들어 깊이 그 심저에까지 먹어들어 조선어문에 대한 새로운 관심을 낳게 해서 다년간 내려오던 편협한 민족관념을 배양하고 민족문화의 향상, 민족의식의 양양 등 그 기도한 조선독립을 위한 실력신장에 기여한 것이 … 민족주의 단체에서 단독민족주의의 아성을 사수한 것으로써 중시하게 됨에 이르러 후단 기재의 그 사실과 같은 것은 어느 것이나 언문신문 등의 열이 있는 지지하에 조선인 사회에 이상의 반향을 불러 그 중에도 조선어학 사전편찬 사업과 같은 광고의 민족적 대사업으로서 촉망돼 있었던 것으로서 …

— 〈조선어학회 사건 예심종결 결정문〉

일제강점기

2. 총독부, 구정 폐지.

4. 6. 중국국민당 정부 국방최고위원회 상무회의, 대한민국 임시정부 승인 결의.

5. 8. 일본 정부 각의, 징병제 한국 실시 결정.

5. 15. 중국군사위원회, 조선의용대의 광복군 합류를 명령. 이와 함께 김원봉을 광복군 부사령에 임명했다. 이에 따라 7월 조선의용대 본부가 광복군에 합류하게 됐다.

5. 20. 〈조선염 전매령〉 공포.

5. 29. 고이소 구니아키, 제8대 조선총독 취임. 육군 대장 출신인 그는 이날 도쿄에서 열린 취임식 후 "일시동인(一視同仁), 이것이 통치의 근간이다. 따라서 내선을 구별해서는 안 된다.… 혼연일체가 되어 대동아공영권을 완성"하는 것이 자신의 포부라고 밝혔다.

6. 29. 임시정부, 국기양식 일치안 확정. '근래에 우리 국기의 양식이 일치하지 못함으로… 국무회의에서 국기의 양식을… 일정케 하야… 공포하기로 결의'했다.

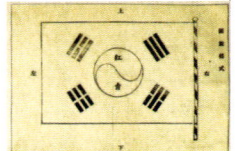

7. 10. 조선독립동맹 결성. 1941년 1월 중국 산시성 타이항산에서 조직된 화북조선청년연합회가 발전적으로 해체되면서 김두봉을 주석으로 하는 조선독립동맹이 결성됐다. 본격적 민족해방운동단체인 조선독립동맹은 창립선언에서 당파를 망라하여 항일민족통일전선을 구축하며, 중국 특히 중국공산당과 공동전선을 결성해 항일전에 참가하겠다고 밝혔다. 그러나 공산주의 이념을 내세우지 않았고, 독립운동 세력의 대표성을 자임하지도 않았고, 스스로를 '조선 독립을 쟁취하기 위한 하나의 지방단체'로 규정하면서 세력을 규합해나갔다.

7. 20. 국민총력조선연맹, 유기 공출 결의. 가정에서 사용하는 유기(놋그릇) 등을 국가에 공출할 것을 결의하고 각지의 이를 각지의 애국반에 지시했다.

10. 1. 경찰, 조선어학회 회원 검거 시작. 경찰은 이날 이윤재, 최현배, 이희승, 김윤경 등 11명을 시작으로 이듬해 3월까지 조선어학회 회원 33명을 검거해 투옥했다. 조선어학회 사건의 시작이었다.

12. 10. 교황청, 노기남을 주교로 서품. 한국인으로서는 최초의 주교였다. 그러나 그는 국민정신총동원 천주교성교구연맹 이사와 회장으로 활동하며 '일본어 상용, 내선일체, 황국필승 기원' 등 일제의 정책에 적극적으로 동참했다.

← 역사 속의 태극기
① 데니 태극기
② 명신여학교 태극기
③ 불원복 태극기
④ 동덕여자의숙 태극기
⑤ 강릉 선교장 소장 태극기
⑥ 태극기 목판
⑦ 서울 진관사 소장 태극기
⑧ 남상락 자수 태극기
⑨ 대한민국 임시의정원 태극기1
⑩ 대한민국 임시의정원 태극기2
⑪ 김구 서명문 태극기
⑫ 대한독립만세 태극기
⑬ 한국광복군 서명문 태극기
⑭ 이철희 '사변폭발' 태극기
⑮ 미 해병대원 버스비어 기증 태극기
⑯ 경주 학도병 서명문 태극기

세계

1. 2. [2차대전] 일본, 필리핀 마닐라 함락.

1. 20. [2차대전] 독일, 최종 해결책 결정. 라인하르트 하이드리히가 베를린 근교 반제의 별장에서 연 회의에서 유대인을 학살수용소로 강제이주시키는 일명 '유대인에 대한 최종 해결책'이 결정됐다.

2. 15. [2차대전] 일본, 싱가포르 함락. 일본은 8일부터 계속된 전투에서 승리함으로써 동남아시아에서 가장 중요한 영국의 군사기지이자 경제적으로 중요한 항구인 싱가포르를 점령했다. 윈스턴 처칠은 이 패배를 두고 '영국군 역사상 최악의 재앙'이라고 말했다. 직전에 벌어진 말레이시아 전투를 포함해 70일 동안 영연방 연합군은 약 8700명이 죽거나 부상당했고, 13만 명이 포로로 잡혔다.

2. 19. [2차대전] 일본, 오스트레일리아 다윈에 대규모 공습.

2. 27-3. 1. [2차대전] 자와해 해전. 이 전투에서 미군의 전함 휴스턴호가 침몰하는 등 연합군은 일본에 크게 패했다.

3. 9. [2차대전] 일본, 네덜란드령 동인도 점령.

4. 18. [2차대전] 미국, 둘리틀 공습. 항공모함에서 이륙한 미군의 B-25 편대가 일본의 본토를 공습했다. 일본 본토에 대한 미국의 첫 공습이다. 일본의 피해는 크지 않았다.

5. 20. [2차대전] 일본, 영국령 버마 점령. 이로써 일본군은 동남아시아 전역을 차지하고 영국령 인도와 버마의 국경 지대까지 위협하게 된다.

6. 4~7. [2차대전] 미드웨이 해전. 4일, 야마모토 이소로쿠가 이끄는 일본 해군이 하와이 북서쪽 미드웨이섬에 있는 미군 기지를 공격했다. 계획은 암호를 해독한 미군에 발각되었고 전투는 미국의 일방적인 승리로 끝났다. 일본군의 항공모함 네 척이 궤멸되었지만 미군의 손실은 한 척뿐이었다. 미드웨이 해전은 태평양에서 일본군의 진격을 중단시켰고, 미군이 반격할 길을 열었다.

11. 4. [2차대전] 영국, 제2차 엘 알라메인 전투 승리. 1940년 시작된 북아프리카 지역 전투는 2년 동안 연합국 및 추축국의 진격과 후퇴가 반복되고 있었다. 1942년 여름 '사막의 여우' 에르빈 롬멜이 이끄는 추축군이 카이로를 점령하고 수에즈 운하로 진격할 준비를 했다. 10월 23일 이집트 엘 알라메인 인근에서 에르빈 롬멜 휘하의 독일-이탈리아군과 영국의 버나드 몽고메리 휘하 연합군 사이에 전투가 벌어졌다. 전투는 11월 4일 독일-이탈리아군이 리비아와 이집트의 사막 지역으로 퇴각하면서 끝났다.

11. 8. [2차대전] 연합국, 북아프리카 상륙작전 개시. '횃불 작전'으로 명명된 이 작전은 미국이 2차대전에 참전하기로 결정한 후 처음 참여한 대규모 군사작전이었다.

→ 메이지 유신 이후 서구 열강에 맞서기 위해 빠르게 군사력을 키운 일본은 해외 영토 확장에 나섰다. 청일전쟁, 러일전쟁, 한반도 병합을 통해 일본은 한반도, 만주, 대만 등을 식민지로 만들었다. 일본은 2차대전 중 동남아시아나 태평양에 진출했다. 1942년 6월 미드웨이 해전 직전까지 일본은 동서로 버마에서 태평양 길버트 제도, 남북으로는 뉴기니에서 만주까지 800만 km²가 넘는 식민 영토를 확보했다. 그러나 이 해전의 패배로 일본의 팽창은 한계에 부딪히고 연합국의 반격에 밀리게 된다.

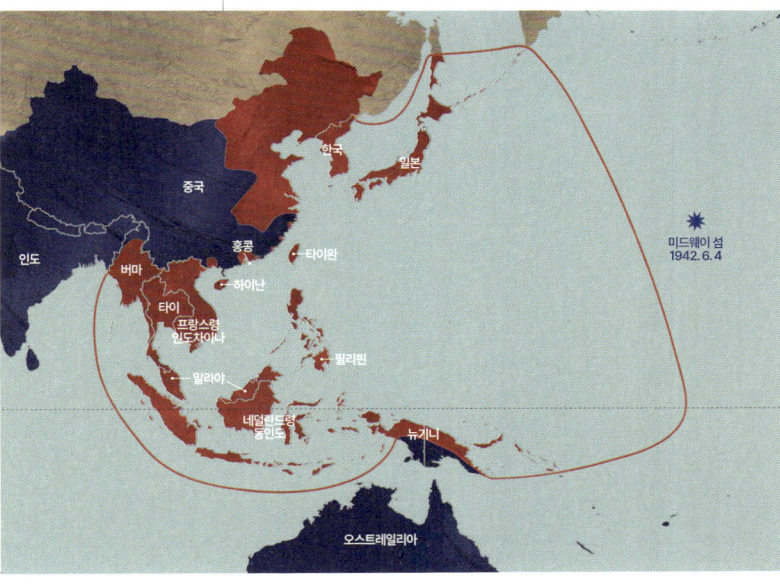

문화 / 과학·환경 / 스포츠

문화

5. 19. 알베르 카뮈의 《이방인》 출간. '오늘 엄마가 죽었다. 아니 어쩌면 어제.'로 시작하는 이 중편소설은 생텍쥐페리의 《어린 왕자》, 쥘 베른의 《해저 2만리》에 이어 세계에서 세 번째로 많이 읽힌 프랑스어권 소설이다.

10. 《한글》폐간. 1932년 5월 조선어학회가 창간한 《한글》이 '조선어학회 사건'의 여파로 10월 통권 93호를 끝으로 폐간됐다. 조선어학회는 조선어문의 연구와 통일을 목적으로 일본의 식민지라는 악조건에도 굴하지 않고 '민족의 말과 글'을 수호, 발전시키려고 많은 일을 했다. 해방 후인 1946년 4월부터 재간되어 현재 한글학회에서 계속 발간되고 있다.

10. 20. 최호진의 《근대조선경제사》 출간. 일본에서 일본어로 출간된 책이기는 하지만, 창씨개명하지 않은 한국인의 이름을 달고 출간된 이 학술서는 발간되자마자 일본과 한국학계의 주목을 받았다. 전체주의 이데올로기가 기승을 부려 마르크스는 고사하고 자본주의라는 말조차 함부로 쓰기 힘들 때에 그는 과학적 역사관 즉 사적유물론에 바탕을 두고 조선말기의 '동양적 정체성'의 양상을 탐구했다.

과학·환경

3. [미국] 아이작 아시모프, **로봇공학의 3원칙** 제안. 그는 단편소설 〈나는 로봇이야〉에서 '인간에게 해를 끼치지 않을 것, 인간이 내린 명령에 복종할 것, 이 두 가지 원칙에 어긋나지 않는 한 자신을 보호할 것'이라는 세 가지 원칙을 가상의 책인 '로봇공학 안내서 56판 서기 2058년'을 인용해 소개했다. 이 원칙은 과학소설(SF)뿐만 아니라 실제 로봇공학의 발전에도 큰 영향을 주었다.

스포츠

2. 14. 총독부, 조선체육진흥회 설립. 이 관제 단체는 일제 말기 체육 분야에서 황국신민화를 주도하고 국방체육을 추진하는 통제기관이었다.

1942년 풍경

사람이 모여 살면서 사회를 이루고, 그 체계적 조직으로 나라를 만든다. 효율을 따지며 다 좋자고 한 일이었는데 어느 순간에는 관계의 역전이 생긴다. 그 나라가 주권자인 국민을 통제하기 시작하는 것이다. 국가가 국민에게 강제하는 건 많다. 대표적인 게 납세, 근로, 교육, 그리고 국방의 의무다. 국가는 나라를 지키기 위해, 사회질서를 위해 합법적 물리력인 경찰과 군대를 보유한다. 이를 유지하기 위하여 인원을 조달하는데, 징병제와 모병제가 있다. 일제는 전쟁의 막바지에 징병제를 실시했다. 그리고 이런 제도를 홍보하기 위하여 감사 행진까지 벌였다. 아직 대상이 되지 않으나 미구에 자신에게도 닥칠 줄을 가늠했는가. 한 아이가 행진을 기웃기웃 지켜보고 있다. 깃발 아래 저 행진은 누구를 위한 것인가. 저 아이의 너무 이른 고민은 하루로 끝나지 않아 오늘날까지도 계속 이어지고 있다.

1942년도 대구공립중학교 입학시험 '산술' 문제

1. 다음을 계산하라.
   ① 24 × 2(1/2) ② 1(1/5) × 1(× 7)
   ③ 2 − ((7/10) + (1/5)) ④ 4/5 ÷ (1/6) + (1/8) + (1/10)

3. 50m를 8.5초 속도로 걷는 쪽과 10초에 60m 속도로 걷는 쪽은 어느 쪽이 어느 정도 더 빠른가.

7. 측면의 폭이 4간(間), 집의 높이가 3간 반, 지붕의 기울기가 5촌(寸)인 집의 측면도를 그려라.

8. 천 원을 연 3분(푼), 반년마다 복리로 저금한다. 1년 후 원리합계는 얼마인가?

이 해에는

책
5. 19. 《이방인》, 알베르 카뮈
10. 20. 《근대조선경제사》, 최호진
○ [프랑스] 《바다의 침묵》, 베르코르
○ [미국] 《자본주의, 사회주의, 민주주의》, 조지프 슘페터

영화
11. 26. [미국] 〈카사블랑카〉, 마이클 커티즈

궂긴 소식
2. 22. 슈테판 츠바이크(오스트리아의 작가)
5. 25. 이효석(소설가)
5. 27. 천두슈(중국의 혁명가, 정치인)

1943년

조선인 학도병 강제 동원

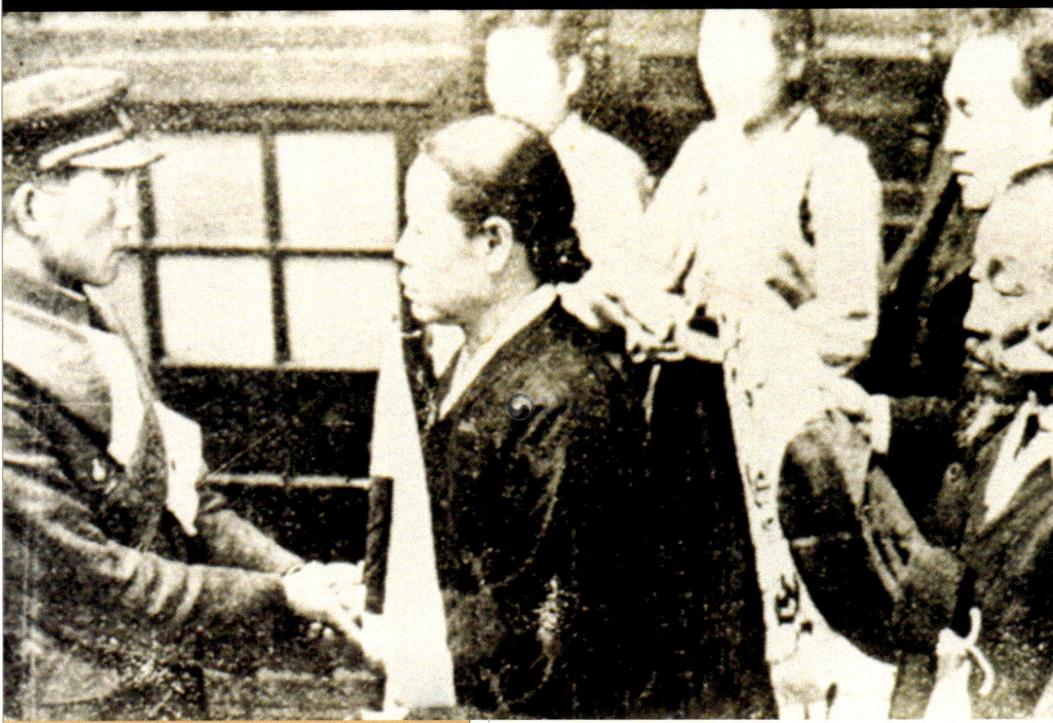

↑ 1943년 10월, 일제는 전쟁의 패색이 짙어지자 조선의 젊은 학생들을 전쟁의 제물로 삼고자 학도병 제도를 강행했다. 꽃다운 나이의 학생들은 책과 펜 대신 총을 들고 낯선 전장으로 끌려갔으며, 많은 이들이 돌아오지 못한 채 차가운 이국땅에 묻혔다. 이들의 강제 동원은 일제의 야만성을 드러내는 동시에, 조국의 해방을 보지 못하고 스러져간 젊은 영혼들의 아픔을 오늘날까지 전하고 있다.

> "이 성전의 용사로,
> 부름받은 그대
> - 조선의 학도여 지원하였는가
> - 특별 지원병을"
> ― 가야마 미쓰로(이광수)

> 학도병 출진의 북은 울렸다.
> 그대들은 여기에 발맞추어 용약(勇躍) 떠나련다!
> 가라, 마음놓고! 뒷일은 총후(銃後)는 우리 부녀가 지킬 것이다.
> 남아로 태어나서 오늘같이 생의 참뜻을 느꼈음도 없었으리라.
> 학병 제군 앞에는 양양한 전도가 열리었다. 몸으로 국가에 순(殉)하는 거룩한 사명이 부여됐다. 이 얼마나 감사할 일이냐. 제군은 오늘 이때를 영구히 잊지 못할 것이다. 나가라! 전선으로 그 뒤는 우리가 맡겠다. 총후의 여성들은 제군들이 안심할 만큼 만사를 해내일 각오가 굳은 바이니, 바라건대 모쪼록 빛나는 전공을 세워 조선학도의 참다운 일면을 길이 청사에 빛내여라!
> ― 김활란, 〈뒷일은 우리가〉

일제강점기

3. 1. 일본, 〈병역법〉 개정. 중일전쟁 발발 이후 병역자원 고갈에 직면한 일본은 병역법 23조를 개정해 병역 임무를 한국에까지 확대했다. 8월 1일부터 시행된 이 **징병제**로 식민지 조선 청년 20만 명이 일본인 피해를 최소화하기 위해 징집됐다.

3. 1. 총독부, 〈출판사업령〉 시행. 일본 정부는 '미영격멸의 사상선전전의 중요성에 비추어 직전 해 2월 〈신문사업령〉을 공포하여 신문의 획기적 통제를 단행'하였고, '서적, 잡지, 기타 출판물도 통제하기로 되어 총동원법에 의한 출판사업령을' 제정해 조선에서는 이날부터 실시했다. '싸우는 출판물을 만들도록 출판업자를 힘있게 통제지도하라는' 이 법령에 따라 조선총독은 출판사의 폐지를 명령할 수 있게 됐다.

3. 8. 총독부, 제4차 〈조선교육령〉 공포. 이 개정을 통해 일제는 확전에 따른 인적·물적 손실을 메우기 위해 학교 교육을 근로와 직접적으로 연결시켰고 군사적 목적 달성을 위한 수단으로 격하시켰다. 또한 학교 수업 연한도 단축시켰다.

6. 10. 경성부, 구제(區制) 시행. 기존 4개 출장소(용산, 동부, 영등포, 서부)가 폐지되고, 종로구, 중구, 동대문구, 성동구, 서대문구, 용산구, 영등포구 등 7개 구가 설치됐다.

10. 5. 관부연락선 곤론마루 침몰. 오전 1시 15분 부산과 시모노세키를 오가던 곤론마루가 미군 잠수함이 발사한 어뢰에 맞아 침몰했다. 원래 곤론마루는 일본군 2000명을 태우고 부산으로 갈 예정이었지만, 일본군이 탄 열차가 도중에 고장나는 바람에 민간인만 태우고 출항했다. 승객과 승무원 655명 중 583명이 사망하거나 실종됐다. 전쟁이 끝나고 희생된 일본인들은 보상을 받았지만 조선인들은 그렇지 못했다.

10. 20. 〈육군특별지원병임시채용규칙〉 공포. 육군성령 제48호로 공포된 이 규칙은 식민지 학도들에게는 지원의 형식을 가장한 병력동원제도이자 제국 일본에 '헌신'할 병력동원의 당위성을 더욱 공고하게 하는 수단이었다. 이른바 조선인학도육군특별지원병제도로 불린 이 제도의 시행 이후 약 4500명의 조선인 전문학교 학생, 대학생이 **학도병**이란 이름으로 침략전쟁터로 끌려갔다.

11. 27. **카이로 선언**. 미국, 영국, 중국 등 세 연합국이 이날 카이로 회담의 결과를 도출해 12월 1일 정식 발표했다. 3국 정상은 선언문을 통해 '한국인들을 적절한 시기에 자유롭게 독립시키기로 결정한다'고 밝혔다.

← 동주는 '동방을 밝히는 곳(明東村)'이라는 뜻을 지닌 북간도 최대의 한인촌에서 태어났다. 섬세한 영혼의 동주는 평양, 용정에서 청소년 시기를 보내고 경성의 연희전문학교에 입학한다. 인왕산 아래에서 하숙하면서 산책하고, 시를 짓고, 친구들과 담소하기를 즐겨 하였다. 동주는 땅에 발을 디디고 살았지만 시선은 늘 무한대였다. 철학에 심취하고, 여러 나라의 말을 배웠으며 인문학에도 해박했다. 그렇다고 집 근처 풀 하나에도 신경을 기울이지 않은 건 아니었다. 동주는 일본으로 유학, 영문학을 공부하다가 그리도 그리던 고향 땅으로 가는 길에 오르기 직전 사상범으로 체포됐다. 그리고 해방이 되던 해 감옥에서 절명하였다. 시인으로서의 동주는 늘 청년이다. 동주가 중년과 장년과 노년을 지상에서 보냈더라면 〈서시〉 이후로 얼마나 많은 시와 접신하였을까. 동주의 3주기에 발간된 유고시집 《하늘과 바람과 별과 시》는 큰 반향을 일으켰다. 이 시집을 읽은 이들은 이전과는 좀 다른 '하늘'과 '바람'과 '별'과 '시'를 말할 수 있게 됐다.

세계

2. 2. [2차대전] 독일, 스탈린그라드 전투 패배. 한 해 전 8월부터 6개월간 지속된 이 전투는 독일을 중심으로 한 추축국과 소련 양측 모두에게 막대한 피해를 안겼다. 그러나 이날의 승리를 기점으로 소련은 전세를 역전시키며 서부전선으로 진격해 독일군을 패퇴시킬 전환점을 마련한다.

2. 9. [2차대전] 연합국, 과달카날 전투 승리. 한 해 전 8월 7일 미군이 주도하는 연합군이 일본의 태평양 지역 팽창을 막기 위해 솔로몬 제도의 과달카날섬에 상륙했다. 이후 6개월 동안 육상, 해상, 공중에서 치열한 전투가 펼쳐졌고, 이날 연합국이 승리했다. 이 승리는 태평양전쟁에서 일본의 진격을 막는 중요한 전환점이자 반격의 시작을 알리는 신호탄이 됐다.

4. 19. [폴란드] 바르샤바 게토 봉기. 나치 독일이 바르샤바 게토에 남아 있는 유대인들을 강제수용소 가스실로 이송하려는 작전을 시작하자 유대인 저항조직이 무장봉기를 일으켰다. 봉기는 5월 16일 실패로 돌아갔고, 독일군은 5만 명이 넘는 유대인을 체포해 그중 7000여 명을 총살한 후 나머지 사람들을 수용소로 보냈다.

5. 15. [미국] ABC 설립. NBC, CBS, 폭스와 함께 미국의 '빅 4' 상업 방송사 중 하나이다.

7. 5.~8. 23. [2차대전] 쿠르스크 전투. 독일이 성채 작전이라는 작전명으로 러시아 서부 쿠르스크 돌출부에서 소련군에 대규모 공세를 가했다. 그러나 동원 가능한 전력을 최대로 끌어들여 방어에 나선 소련군에 막혀 패했다. 2월 스탈린그라드 전투에 이은 연이은 패배로 독일은 동부전선에서 더 이상 대규모 공세를 펼칠 수 없게 되었고, 소련은 진격의 기회를 잡았다.

7. 10. [2차대전] 미국·영국 연합군, 이탈리아 시칠리아섬 상륙.

9. 3. [2차대전] 이탈리아, 연합국에 항복. 7월 연합군의 시칠리아섬 상륙으로 파시스트 정권이 무너지고 새로 들어선 정부는 3일 연합국과 비밀리에 휴전협정을 체결했다. 이 협정은 닷새 후인 8일 드와이트 아이젠하워 연합국 사령관의 공식 발표로 발효됐다. 이탈리아는 혼란에 빠졌고, 이탈리아의 배신에 분노한 독일은 이탈리아로 진군했다.

11. 22~26. [2차대전] 카이로 회담.

11. 28~12. 1. [2차대전] 테헤란 회담. 프랭클린 루스벨트 미국 대통령, 윈스턴 처칠 영국 총리, 이오시프 스탈린 소련 서기장이 영국 점령하 이란의 테헤란에서 만나 유럽에서의 전쟁전략과 전후 처리를 둘러싼 논의를 진행했다.

문화 / 과학·환경 / 스포츠

문화

4. 6. [프랑스] 앙투안 드 생텍쥐페리의 《어린 왕자》 출간. 미국 뉴욕에서 영어와 프랑스어로 동시에 출간됐다. 마야어를 포함해 500개가 넘는 언어로 번역되어 성서 다음으로 많이 번역된 작품이다. 한국에서는 1956년 처음 번역되기 시작했고, 현재 전라도 방언 번역본 등 600종이 넘는 번역본을 서점에서 구할 수 있다.

4. 17. 조선문인보국회 결성. '조선의 문학자의 총력을 대동아전쟁의 목적에 결집하고 황도 세계관을 현현하는 일본문학을 수립'하고 '조선에 세계 최고의 황도문학을 수립'한다는 목표하에 조직된 친일 문학단체이다. 패전 때까지 조선은 물론 해외의 각 전장을 순회하며 일본군을 위문격려하고, 각종 연설회를 열어 징병과 징용, 정신대 동원에 앞장섰다. 이광수, 유치진, 박영희, 김동환, 최재서, 주요한, 김팔봉, 이무영, 이서구 등이 임원을 맡았다.

6. [프랑스] 장 폴 사르트르의 《존재와 무》 출간. 사르트르는 실존주의 철학의 한 정점을 이룬 기념비적인 이 책에서 "존재는 본질에 앞선다."고 선언했다. 이는 인간이 정해진 목적을 가지고 태어나는 것이 아니라, 자신의 행동과 선택을 통해 스스로를 창조해 나간다는 것을 뜻한다. 그는 모든 형태의 결정론을 거부하고, 개인의 자유와 책임을 강조했다.

과학·환경

○ [네덜란드] 빌럼 콜프, 인공신장투석기 개발. 그는 나치 독일에 점령된 상태의 열악한 상황에서 오렌지주스 캔, 자동차 부품 등을 활용해 투석을 시도했지만 모두 실패했고, 1945년이 되어서야 첫 환자를 성공적으로 치료한다. 인공투석기는 신장 기능에 장애가 있는 환자의 혈액을 몸 밖으로 꺼내 노폐물을 걸러주는 기계이다.

○ [프랑스] 자크 쿠스토, 애퀄렁 발명. 잠수부가 수면 위로 올라오지 않고도 수중에서 숨을 쉴 수 있게 해주는 이 장비는 잠수부가 숨을 들이쉴 때 공기가 공급되며, 외부의 수압과 동일한 압력으로 폐에 공기를 넣어준다. 이 장비는 오늘날 스쿠버(독립형 수중호흡장치)로 불린다.

스포츠

○ 2차대전의 여파로 US 오픈(테니스)을 제외한 거의 모든 주요 국제대회가 취소됐다.

← 11월 22일, 장제스 중화민국 주석, 프랭클린 루스벨트 미국 대통령, 윈스턴 처칠 영국 총리가 이집트 카이로에 모여 연합국의 태평양 전선의 상황과 대일 전략, 전후 처리 문제를 논의했다. 다음 달 1일 정식 발표된 선언문에는 일본의 무조건 항복, 일본이 점령한 모든 영토 반환 등의 내용이 담겼다.

1943년 풍경

천하(天下)는 '하늘 아래 온 세상'이다. 하(下)는 고마운 글자다. 땅을 딛고 사는 이에게 겸손도 가르쳐주면서 나중 갈 곳을 나중에 안내해 주는 것이다. 사는 동안 안심하고 살라는 뜻도 저 글자에는 깊숙이 들어있는 것이리라. 천(天)만큼 웅장한 글자가 또 있을까. 하늘만 보면, 하늘이라 중얼거리며, 그것만으로도 마음속에 하얀 구름이 지나가고 그 어떤 일렁임이 일어나는 것 같다. 중력이 지배하는 무거운 세상에 살면서도 저 하늘의 기운을 끌어당기며 사람들은 하루하루 살아간다. 지상에 강이 흐르고, 강물보다 더 깊고 긴 시간이 흘러도 하늘은 크게 변화가 없다. 늘 어제와 별반 다르지 않다. 삼천 년 전의 하늘과 1943년의 하늘이 크게 다를까. 당시 여고생들이 교정에 모여 글라이더 시합을 벌이고 있다. 각자 만든 무동력 비행기로 멀리 오래 가는 시합을 벌인 것이다. 날개를 두드리며 날려 보낸 비행기가 체공(滯空)하는 동안 하늘의 푸르름을 간절히 길어 올린 이도 적지 않았으리라.

필수 비타민

비타민A	비타민B12
✓ 어두운 곳에서 시야 유지 ✓ 상피 세포 성장 및 발달 ✓ 피부, 점막 형성	✓ 적혈구 생산 ✓ 정상적인 엽산 대사에 필요

비타민B1	비타민C
✓ 탄수화물 분해 및 에너지 대사에 도움	✓ 세포 보호 ✓ 철 흡수 ✓ 결합 조직 형성 및 유지

비타민B2	비타민D
✓ 탄수화물, 지방, 단백질 등 열량소 대사에 도움 ✓ 피부, 손톱, 모발 건강	✓ 치아, 뼈 건강 증진 ✓ 면역세포 생산

비타민B6	비타민E
✓ 아미노산 대사에 큰 관여 ✓ 심혈관계 질환 위험 요소 분해	✓ 세포 보호 ✓ 항산화 작용 ✓ 콜레스테롤 조절

비타민B9 (엽산)	비타민K
✓ 세포 분열 및 성장 ✓ 적혈구 생산 및 성장 발달	✓ 혈액 응고 ✓ 뼈, 혈압, 신장 건강에 도움

이 해에는

책
- 4. 6. [프랑스] 《어린 왕자》, 앙투안 드 생텍쥐페리
- 6. [프랑스] 《존재와 무》, 장 폴 사르트르

영화
- [미국] 〈의혹의 그림자〉, 앨프리드 히치콕

궂긴 소식
- 1. 7. 니콜라 테슬라(미국의 공학자)
- 2. 14. 다비트 힐베르트(독일의 수학자)
- 4. 25. 이상화(시인, 독립운동가)
- 4. 25. 현진건(소설가)
- 8. 24. 시몬 베유(프랑스의 철학자)
- 10. 25. 홍범도(독립운동가)
- 10. 19. 카미유 클로델(프랑스의 조각가)

독립한 나라
- 11. 22. 레바논 공화국 (← 프랑스)

1944년

여자정신근로령 공포

↑ 일제는 전쟁 막바지에 〈여성정신근로령〉을 만들어 조선인 여성 수십만 명을 강제동원해 일본과 조선 내의 군수공장으로 보내 일하게 했다. 근로정신대와 관 알선 방식으로 강제동원된 조선인 여성 노동자는 무서운 감시 속에서 노란무와 밥, 그리고 된장국이 전부인 하루 두 끼 식사로 종일 배고픔과 강도 높은 노동에 시달렸다. 이보다 더 잔혹한 폐해는 1930년대 초부터 시작된 조선인 '성노예' 연행이 이 법령이 시행되면서 더욱 본격화됐다는 것이었다. 일본군의 정욕을 채우기 위해 위안부로 징발되어 전쟁 지역으로 보내진 여성은 총 8만~20만 명이라고 하는데 그 중 70~80퍼센트가 조선 여성이었다. 사진은 미쓰비시중공업에서 강제노역한 근로정신대 소녀들의 모습이다. 1944년 조선 여성 300여 명이 일본 미쓰비시중공업 나고야 항공기 제작소에 강제 동원됐다.

"일본 가면은
공장에서 일 잘하면은
월급도 주고 공부도
시켜준다고 하니까"

문. 조선의 여자 근로는 어째서 필요한가?
답. 싸움이 한층 가울하여짐에 따라서 남자는 제일선의 군무에 또는 전쟁에 직접 필요한 중요 산업 부문으로 동원되어 차츰 근로자원이 질과 양에서 부족하여지고 있다. 이때에 남자를 대신해서 여자들이 용감하게 직장으로 진출하여 생산증강에 돌격하는 것은 가장 숭고한 의무이다. 즉 토목 건축 공공 부문에는 물론이고 그외의 작업방면에도 부인 노무력은 거의 동원되지 않고 있는 현상이다. 따라서 부인의 힘을 급속히 동원시켜 근로화시키고 생산화시키고 전력화시킴은 긴급한 전국에 비추어 절대로 필요하다.

문. 여자정신근로령을 실시하는 취지는?
답. 일할 수 있는 자는 남녀를 구별할 것 없이 모조리 멸적 생산전사가 된다는 숭고한 국민개로의 정신 아래에서 철벽같은 여자 근로 태세를 정비한 다음 여자들의 씩씩한 힘을 생산증강에 더욱 효과 있게 집결시킬 것을 목표로 한 다음 그것에 새로이 법적인 근거를 두어 여자 근로자들의 급여 대우후생시설에도 만전을 꾀하기로 된 것이다.
— 〈매일신보〉 1944.8.26 시오다 광공국장의 문답 내용

↓ 해방을 1년 앞둔 1944년 조선건국동맹 동지들이 서울에서 회합을 갖고 있다. 오른쪽에서 세 번째가 여운형이다.

일제강점기

2. 28. 〈총동원법〉에 의해 징용실시.

4. 총독부, 조선여자청년연성소 설치. 조선의 여성들을 황국 여성화한다는 미명하에 일본어 학습과 기술 지도를 위해 국민학교, 공장, 광산 등에 설치했다. 총독부는 '초등교육을 받지 못한 반도 부녀자의 황국여성으로서의 자질'을 향상시키겠다고 주장했다.●

4. 1. 제1차 징병검사 실시. 8월 20일까지 진행되었고, 9월 1일부터는 징병 대상자가 입대하기 시작했다. 대상인 징병적령자는 '1933년 12월 1일부터 1944년 11월 30일 사이에 만 20세가 되는 장정'●이었다.

4. 17. 문부성, 학도동원본부 설치.● 이와 함께 문부성은 학도동원을 위한 비상체제에 돌입했다.●●

4. 22. 임시정부, 〈대한민국임시헌장〉 공포. 〈대한민국임시약헌〉을 폐지하고 제정했다. 좌우 세력이 합의한 이 약헌으로 임시정부는 주석·부주석제가 갖추어졌다. 주석에는 한국독립당의 김구가, 부주석에는 민족혁명당의 김규식이 선임됐다.

4. 28. 학도동원본부 규정 공포. 이로써 국민학교 4학년 이상 대학생·전문대생까지 동원하는 체제가 확립됐다.

7. 1. 총독부, 제1회 학도동원 실시.

7. 24. 아베 노부유키, 제9대 조선총독 취임. 마지막 조선총독이었다.

8. 10. 조선건국동맹 조직. 여운형, 현우현 등이 주축이 되어 조직해 독립운동을 전개한 이 비밀 단체는 '불문(不文), 불언(不言), 불명(不名)'의 3대 원칙을 지키며 활동했고, 위원장은 여운형이 맡았다.

8. 23. 〈**여성정신근로령**〉 공포 시행. 만 12세 이상 40세 미만의 배우자 없는 여성을 일본 남양 등 각지로 징용했다. '전국이 심각해진 오늘에 여자들도 남자나 다름없이 전쟁에 이기기 위한 일터로 나갈 것을 요청하는 결전시책에서 나온 법령으로, 조선에도 당연히 실시'된 법령이었다. 이에 따라 12~40세의 조선인 여성을 매매, 사기, 협박 등 갖은 수단으로 징용했다.

9. 24. 반도무훈현창회 결성. 한상룡, 윤치호, 장헌식, 손영목, 민규식, 이성근 외 일본인 일곱 명이 태평양전쟁 제3주년 기념식을 기해 만들었다. 앞서 9월 이성환 등이 주도해 만든 국민동원총진회와 마찬가지로 친일 유력자들이 결성한 민간전쟁협력단체였다.

10. 28. 〈군수회사법〉 시행. 군수회사의 지정과 생산 책임자의 임명을 군수대신이 일원적으로 주관●하게 됐다. 대만에서도 이해에 시행된 이 법에 따라 12월 1차로 친일 기업인 박흥식의 조선비행기공업주식회사 등 56개사가 군수회사로 지정됐다.

12. 6. 조선식산은행, 복표 발매 시작. 조선 최초의 복권인 이 복표는 2원권 150만 장이 발행됐고, 1등 당첨금은 1만원어치 황금과 청주 한 말, 면포 한 필이었다. 이듬해 1월 15일 실시된 추첨으로 결정된 1등 번호는 78961이었다.● 총독부가 〈복표규칙〉까지 제정하며 복권 발행에 나선 것은 확전으로 군자금이 부족해졌기 때문이었다.

세계

7. 18. [2차대전] 레닌그라드 포위전 종료. 1941년 9월 8일 시작된 독일군의 봉쇄가 소련군의 레닌그라드 탈환 성공으로 이날 풀렸다. 872일 동안 이어진 장기간의 전투와 봉쇄로 수많은 사상자가 발생했다. 1941년 한 달 동안에만 무려 5만 3000명에 달하는 레닌그라드 시민이 기아로 사망했을 정도로 참혹한 포위전이었다.

6. 6. [2차대전] 연합군, **노르망디 상륙**.

7. 18. [일본] 도조 내각 총사퇴. 도조 히데키 총리는 연이은 패전으로 퇴진 압력에 시달렸지만, 천황도 그를 지지하지 않았고 결국 정권에서 밀려나고 말았다.

7. 22. 브레턴우즈 협정 체결. 7월 12일 미국 뉴햄프셔주 브레턴우즈에 모인 44개 연합국 대표들이 이날 서명한 협정으로 금본위제 미국 달러화를 기초로 하는 '조정 가능한 고정환율제도'가 도입되고 국제통화기금(IMF)과 국제부흥개발은행(IBRD)이 설립됐다. 이 협정에 따라 구축된 국제통화체제인 브레턴우즈 체제는 이후 1976년까지 지속된다.

8. 25. [2차대전] **연합군, 파리에 입성**. 이날 아침 연합군이 파리에 진입하자 점령군이었던 독일 수비대가 항복하고 물러났다. 이후 샤를 드골 장군이 임시정부의 수장으로서 도시를 장악했다. 이로써 4년에 걸친 나치 독일의 프랑스 수도 점령은 종지부를 찍고 파리는 '해방'된다.

10. 23. [2차대전] 레이테만 해전 시작. 미국과 오스트레일리아 해군 연합이 일본이 점령하고 있던 필리핀의 레이테섬을 공격했다. 7월 사이판, 8월 괌이 미국에 함락되면서 광기에 사로잡힌 일본 해군은 조종사가 폭탄을 실은 전투기를 타고 적국 전함에 부딪치는 전술인 가미카제(神風)까지 동원해가며 총력 방어에 나섰지만, 26일 극심한 전력 피해만 남긴 채 궤멸하고 만다.

11. 7. [미국] 대통령 선거. 현직 대통령인 민주당 프랭클린 루스벨트가 4선에 성공했다. 그는 활발한 선거운동으로 건강에 대한 우려를 불식시키기는 했지만, 네 번째 임기를 시작한 지 3개월도 되지 않아 사망한다.

12. 19. [프랑스] 《르 몽드》 창간. 프랑스에서 가장 널리 읽히고 가장 신뢰받는 일간지(석간)이다. 단순한 사실 전달보다 분석과 해석을 중시하며 중도좌파 성향을 띤다. 몽드는 프랑스어로 '세계'를 뜻한다.

문화 / 과학·환경 / 스포츠

문화

4. 7. 조선영화제작주식회사, 조선영화사로 개편됨. 조선영화배급사가 조선영화제작주식회사를 합병해 사단법인 조선영화사로 개편했다. 이 영화사는 해방 때까지 〈태양의 아이들〉, 〈사랑과 맹세〉 두 작품을 제작했다. 두 영화 모두 내선일체를 기반으로 전쟁참여를 독려하는 내용의 전시 어용영화였다.

○ [아르헨티나] 호르헤 루이스 보르헤스의 《픽션들》 출간. 전통적인 리얼리즘에서 단호하게 벗어난 이 단편집은 라틴아메리카뿐 아니라 전 세계의 문학 전통에 깊은 영향을 미쳤다. 이 책에 수록된 단편 〈갈라지는 오솔길들의 정원〉처럼, 그의 이야기들은 사실과 허구, 시간과 공간, 자아와 타자가 끝없이 뒤엉키는 미로처럼 펼쳐지며, 익숙한 모든 것에 대해 다시 질문을 던지게 하는 강렬한 지적 유희를 선사한다.

과학·환경

2. 오즈월드 에이버리, DNA를 유전물질로 제시. 오랫동안 과학자들은 유전정보가 세포 속 단백질에 포함되어 있다고 여겨왔다.* 하지만 에이버리와 동료들은 박테리아의 유전물질이 단백질이 아니라 DNA이며 고등생물의 경우에도 마찬가지일 수 있다고 제안했다. 이들의 혁명적인 발견 덕분에 유전학은 이후 빠른 속도로 발전하기 시작했다.

8. 7. [미국] 하버드 마크 I 공개. 하워드 에이컨이 설계하고 IBM이 2월에 제작을 완료한 이 세계 최초의 대형 범용 컴퓨터가 이날 하버드 대학교에 인도됐다. 존 폰 노이만이 맨해튼 계획에 필요한 계산에 이 컴퓨터를 활용하기도 했다.

Harvard Mark I

스포츠

○ 이 해에 영국 런던과 이탈리아 코르티나담페초에서 각각 열릴 예정이었던 하계와 동계 올림픽이 2차대전 때문에 열리지 못했다. 그밖에 윔블던 테니스 등 주요 국제 경기 역시 거의 다 취소됐다.

← 'D-데이'로 불린 6월 6일 연합군이 노르망디에 상륙했다. 미국의 드와이트 아이젠하워 총사령관의 지휘하에 미국·영국·캐나다 등의 연합군이 프랑스 노르망디에 상륙했다. 역사상 가장 규모가 큰 상륙작전이었다. 서부전선에서 연합군이 승리하는 데 결정적인 계기가 됐다.

1944년 풍경

신풍. 참으로 그럴듯한 말이다. 神風이라고 쓴다. 이는 태평양 전쟁 말기에 일본군이 시도한 비행기 자폭 특공대이다. 목표 지점까지의 연료만을 주입한 뒤, 그곳에서 자살 테러를 감행하라는 것이었다. 스스로 결단하여 솥단지 깨고 돌아올 배를 물에 빠뜨린다는 파부침주(破釜沈舟)와는 근본적으로 다른 행위이다. 패배를 패배로 받아들이지 못하고 군벌이 개인에게 자살을 명한 것으로 인명을 극단적으로 경시하는 최악의 전쟁 범죄이다. 일본에서는 아직도 애국심과 자기희생의 상징으로 칭송되기도 한다는데 한심한 작태가 아닐 수 없다. 일제는 가미카제 특공대에 우리 학도병을 몰아넣기도 하였는데, 여기에는 묘한 흐름이 있다. 1941년 일본말 사용을 강제하고, 1942년 징병제를 실시한 건 조선인을 군용으로 잘 써먹기 위함이라는 것. 그런 일련의 흐름 끝에 가미카제 특공대가 있다. 누구의 교활한 기획일까. 침이라도 퉤, 뱉고 싶다.

컴퓨터 관련 약어

OS	(Operating System)
RAM	(Random Access Memory)
HDD	(Hard disk drive)
CPU	(Central Processing Unit)
LAN	(Local Area Network)
IP	(Internet Protocol)
SSD	(Solid State Drive)
DNS	(Domain Name System)
WWW	(World Wide Web)
HTTP	(HyperText Transfer Protocol)
HTTPS	(HyperText Transfer Protocol Secure)
USB	(Universal Serial Bus)
Wi-Fi	(Wireless Fidelity)
GPU	(Graphics Processing Unit)

이 해에는

책

- **7. 10.** 《조선과학사》, 홍이섭
- ○ [영국] 《생명이란 무엇인가》, 에르빈 슈뢰딩거
- ○ [영국] 《노예의 길》, 프리드리히 하이에크
- ○ [미국] 《거대한 전환》, 칼 폴라니
- ○ [미국] 《게임 이론과 경제 행동》, 존 폰 노이만, 오스카 모겐스턴
- ○ [프랑스] 《오렐리앙》, 루이 아라공
- ○ [아르헨티나] 《픽션들》, 호르헤 루이스 보르헤스

영화

- **7. 6.** [미국] 〈이중 배상〉, 빌리 와일더

궂긴 소식

- **1. 16.** 이육사(시인, 독립운동가)
- **1. 23.** 에드바르 뭉크(노르웨이의 화가)
- **2. 1.** 피트 몬드리안(네덜란드의 화가)
- **4. 26.** 강경애(작가, 노동운동가)
- **6. 29.** 한용운(승려, 시인, 독립운동가)
- **7. 31.** 앙투안 드 생텍쥐페리(프랑스의 소설가)
- **10. 26.** 이재유(독립운동가)

독립한 나라

- **6. 17.** 아이슬란드(← 덴마크)

1945~1948

미군정기

1945년

해방

↑ 1945년 8월 15일, 마침내 해방의 종소리가 울려 퍼졌지만, 그 기쁨은 온전히 우리의 것이 되지 못했다. 35년 간의 일제 강점기에서 벗어났다는 환희 속에서도, 우리의 운명이 여전히 강대국의 손에 좌우되는 현실은 가슴 아픈 역사의 아이러니였다. 해방은 새로운 시작이었지만, 동시에 분단과 이념 대립이라는 또 다른 비극의 서막이기도 했으며, 이는 우리 민족에게 또 다른 고난의 길을 예고하는 것이었다.

↓ 9월 9일 오후 4시, 조선총독부 청사에서 미군 제24군단 사령부와 일본 측 사이에 항복 문서 조인식이 열렸다. 조인과 동시에 총독부 청사에서 일장기가 내려지고 성조기가 게양되었다. 이로써 남한 지역의 통제권이 일본군에서 미군으로 넘어갔다.

> "해방 이후에 분한 일의 하나는 이 도적같이 하늘에서 온 해방을 도적해 가려는 도적놈들의 많은 것이다."

해방 이후에 분한 일의 하나는 이 도적같이 하늘에서 온 해방을 도적해 가려는 도적놈들의 많은 것이다. 그들은 해방이 다 된 후, 제법 자기만은 그 시대가 올 줄을 미리 알았던 것처럼 선전을 한다. 신사에 참배하라면 허리가 부러지게 하고, 성을 고치라면 기일을 놓쳤다가는 안 될 것 같이 분주히 고치고, 시국강연을 하려면 침을 말려 황국신민을 부르짖고, … 이 나라 정치가, 사상가, 종교가, 교육가, 지식인, 문화인에 또 해외에 유랑 수십 년 이름은 좋아도 서로 서로 박사파, 선생파, 무슨 계(系) 무슨 계(系)에 하와이 샌프란시스코에서는 미국인의 심부름꾼 노릇을 하며 세력다툼을 하고 중경 남경에선 중국인이 주는 강낭죽을 얻어먹으며 자리 다툼을 일삼던 사람들이 사상은 무슨 사상이고 정치는 무슨 정치인가? 알기는 누가 알았나? 이 나라가 해방이 될 줄은 한 사람도 안 사람이 없다. 알기는 고사하고 믿은 사람도 없다. 믿었다면 무지한 민중이 무지해서 무지하게 막 믿었지 학식께나 있고 밥술이나 매끈히 먹는 사람엔 없었다.

— 함석헌, 《성서적 입장에서 본 조선역사》, 1950

일제강점기 / 미군정기

2. 4-11. 얄타 회담. 이 회담에서 프랭클린 루스벨트 미국 대통령은 한국에 대해 신탁 통치를 제안해 스탈린 소련 서기장의 비공식적인 동의를 얻어냈다.

7. 24. 애국청년당, 경성 부민관에 폭탄 투척. →

7. 26. 포츠담 선언. 미국, 중화민국, 영국은 이 선언을 통해 '카이로 선언 조항'의 이행을 재확인했다. 이로써 '한국을 적당한 시기에 자유롭고 독립적인 국가로 만들 것'이라는 것도 다시 한 번 확인됐다.

8. 8. 소련, 일본에 선전포고. 소련은 일본군과 전투를 벌여 11일에서 20일 웅기·나진·청진과 나남을 점령하고 22일에는 **평양**에 입성했다.

8. 15. 히로히토, 무조건 항복 방송. 한반도가 일제의 강점으로부터 해방됐다.

8. 15. 여운형, **조선건국준비위원회**(건준) 결성. →

8. 16. 미국·소련, 북위 38도선을 경계선으로 한반도 분할 점령 합의.

8. 17. 평안남도 건국준비위원회 결성.

9. 8. 미군, 인천 상륙. 존 하지 중장이 이끄는 미국 제24군단이 이날 인천에 상륙했다. 현재까지 이어지는 주한미군의 시작이었다.

9. 16. 한국민주당 창당. 송진우, 김성수, 조병옥 등 자본가와 지주를 대표하는 인물들이 창당한 우익 계열 정당이었다.

9. 16. 조선건국준비위원회, 조선인민공화국 수립 선포. 다음날 발표된 내각에는 주석 이승만, 부주석 여운형이 선임됐다.

9. 19. 김일성, 귀국. →

10. 3. 소련, 민정부 설립. 이듬해 2월 북조선임시인민위원회가 창설될 때까지 북쪽에서 정부에 해당하는 기능을 했다.

10. 16. 이승만, 귀국. 반공·친미 성향의 그는 미군정의 지원하에 23일 독립촉성중앙협의회를 결성했다.

10. 20. 조선공산당 북조선 분국 결성. 제1책임비서 김일성, 제2책임비서 김용범 등으로 구성된 이 조직은 서울에 본부를 둔 조선공산당으로부터 상대적인 독자성을 지니고 있었다.

11. 5. 조선노동조합전국평의회 결성. 약칭 '전평'으로 불린 이 전국적 좌파 노동조합연합체는 이듬해 2월, 38선 이남과 이북을 모두 아우르며 16개 산별노조에 235개 지부, 조합원 57만 4,479명을 가진 강력한 노동자 대중조직으로 성장한다.

11. 11. 해방병단(海防兵團) 창설. 대한민국 해군은 이날을 해군 건군일로 삼아 기념하고 있다.

11. 23. 김구 임시정부 주석, 귀국. 그를 비롯한 대한민국임시정부 요인들은 미군정의 요구에 따라 임시정부 요인이 아닌 개인 자격으로 귀국했다.

12. 16. 모스크바 3국 외상회의. 회의 결과는 임시정부 수립 방법에 관한 것이 핵심이었지만 한국에서는 '신탁통치'만이 부각되었고, '**찬탁**=친공·친소, **반탁**=반공·친미'라는 극심한 좌우대립으로 확산됐다.

세계

1. 27. [2차대전] 아우슈비츠와 강제수용소 해방. →
2. 4~11. [2차대전] 얄타 회담. 프랭클린 루스벨트 미국 대통령, 윈스턴 처칠 영국 총리, 이오시프 스탈린 소련 서기장이 소련 크림반도의 얄타에 모여 회담했다. 이 회의에서는 독일의 비무장화 및 연합국 4국(영국, 미국, 프랑스, 소련)의 분할 통치, 폴란드의 국경 확정, 소련의 대일 전쟁 참전, 사할린 남부의 소련 반환 및 쿠릴열도의 이양 등의 합의가 이루어졌다.
2. 19. [2차대전] 이오지마 전투 →
4. 1. [2차대전] 오키나와 전투 →
4. 12. [미국] 해리 트루먼, 대통령 승계. 프랭클린 루스벨트가 뇌출혈로 사망하자 부통령인 그가 제32대 대통령이 됐다. 부통령이 된 지 83일 만이었다.
4. 28. [2차대전] 이탈리아 독재자 베니토 무솔리니, 처형. →
4. 30. [2차대전] 아돌프 히틀러, 자살. →
4. 30. [2차대전] 소련군, 베를린 점령. 이날 밤늦게 독일의 국가 의회 의사당에 소련 국기가 걸렸다.
5. 8. [2차대전] **독일 항복**. 빌헬름 카이텔 독일 총사령관이 이날 베를린에서 최종적인 무조건 항복 문서에 서명했다. 유럽의 연합국들은 이날을 승전의 날로 기념한다.
7. 26. [2차대전] **포츠담 선언**. 17일부터 영국, 미국, 소련의 정상이 독일 포츠담에 모여 전후 대응에 대해 논의하는 과정에서 이 날짜로 일본의 무조건 항복을 요구하는 대일 공동선언을 발표했다. →
8. 6. [2차대전] 미국, **히로시마에 원자폭탄 투하**. B-29에 탑재된 일명 '리틀 보이'라는 코드명의 원자폭탄이 이날 오전 8시 15분에 히로시마에 투하됐다. 9일에는 나가사키에도 투하됐고, 이 두 차례 원폭 투하로 15만에서 25만 명이 사망한 것으로 추정되는데 희생자의 대다수는 민간인이었다.
8. 15. [2차대전] 히로히토 **일본** 천황, 라디오로 **종전** 조서 발표. 그는 **항복**이나 **패배**라는 단어는 쓰지 않았다. →
8. 16. [베트남] 8월 혁명. 8월 15일 일본이 2차대전에 패망하고 항복하자, 호찌민 휘하의 베트민이 봉기를 일으켜 19일 하노이를, 25일에는 사이공까지 장악했다. 결국 바오다이 황제는 퇴위를 발표하고, 30일 옥새를 인도차이나 공산당 대표에게 넘겼다. 이로써 143년 간 이어진 응우옌 왕조가 막을 내렸다. 베트남 공산당은 이를 '8월 혁명'이라 부른다.
9. 2. [베트남] 베트남 민주공화국 수립. 호찌민이 하노이 바딘 광장에서 베트남 민주공화국의 독립을 선언했다.
9. 2. [2차대전] 일본, 최종 공식 항복 문서 서명. 이로써 제2차 세계대전이 공식적으로 막을 내리게 됐다.
10. 24. 국제연합(UN) 창설. 국제연합헌장에 서명한 국가의 대다수가 비준을 마치고 이날 공식적으로 창설됐다. 창립 회원국은 총 51개국이었다.
11. 20. 뉘른베르크 국제군사재판 시작. 패전국 나치독일의 지도급 전범들을 대상으로 이듬해 10월 1일까지 독일 뉘른베르크에서 열렸다.
12. 16. 모스크바 3국 외상회의 개최. 미국·영국·소련 3개국 외무장관이 모스크바에 모여 26일까지 연 이 회의는 각 지역의 전후처리 문제를 논의하기 위한 회담이었다. →
12. 27. 국제통화기금(IMF) 출범. →

문화 / 과학·환경 / 스포츠

문화

8. 17. [영국] 조지 오웰의 《동물 농장》 출간. 스탈린주의를 풍자한 이 소설을 통해 오웰은 권력, 부패, 선전, 평등, 전체주의 등의 주제를 탐구하고 있다. 소설 속 일곱 개 계율은 "모든 동물은 평등하다" 하나만 살아남는다. 그것도 "그러나 어떤 동물은 다른 동물들보다 더 평등하다"는 말이 덧붙여진 채.

10. 15. 국립도서관 개관. 1925년 세워진 조선총독부도서관을 승계했다. 처음 서울 중구 소공동에 있던 도서관은 남산 어린이회관 건물을 거쳐 현재 서초구 반포동으로 옮겨지고, 명칭도 국립중앙도서관으로 바뀐다. 국립중앙도서관의 관장은 문교부와 문체부 고위 관료들이 독식해오다● 개관 69년 만인 2019년에야 사서 출신 관장이 선임된다.

과학·환경

7. 16. [미국] 트리니티 실험. 오전 5시 29분 미군이 뉴멕시코주의 사막에서 **세계 최초**로 **핵폭탄 실험**을 했다. 암호명은 트리니티였다. 맨해튼 계획의 일부였던 이 실험이 성공한 후, 8월 미국은 일본 히로시마와 나가사키에 핵폭탄을 투하했다.

스포츠

9. 5. 조선체육동지회 결성. 일제의 탄압으로 침체되었던 스포츠를 재건하고자 조직된 임시 기구였다.● 위원장은 이상백이었다.
10. 27. 자유해방경축 종합경기대회 개막. 해방 후 조선체육동지회를 주축으로 서울운동장에서 개막된 이 대회에서는 육상, 축구, 럭비 등 10개 종목이 진행됐다. 1937년을 끝으로 중단되었던 전국 규모 종합 체육대회가 이 대회를 계기로 부활해 오늘날 전국체육대회로 이어진다. 이 대회는 제26회 대회로 인정되고 있다.
11. 26. **조선체육회 재건**. 1938년 7월 일제에 의해 강제 해산되었던 조선체육회가 서울 YMCA 회관에서 재건총회를 하고 여운형을 11대 회장으로 추대하며 부활했다.

↓ 5월 8일, 독일이 항복했다는 소식을 들은 런던 시민들이 거리로 몰려나와 기뻐하고 있다.

1945년 풍경

해방은 도둑처럼 슬그머니 온다고 했다. 친일에 앞장선 자칭타칭의 일류 시인 미당 서정주도 해방이 이렇게 빨리 올 줄은 미처 몰랐다고 고백하지 않는가. 같은 하루라도 너무나도 다른 하루가 있었다. 해방이고 독립의 날. 쌍둥이 같은 그날이 왔다고 시간이 더 늘어난 건 아니지만 체감하는 공기의 성분은 확실히 달라졌다. 이제 우리말로 생각하고 내 뜻을 마음의 억압 없이 내 식대로 표현하고 우리 글로 쓴다. 좋다는 말도 한글로 쓰고, 싫다는 뜻도 우리말로 발음한다. 비로소 마음과 글자가 한 치 어긋남 없이 일치하는 것이다. 이제 일본은 외국이 되었고 누가 뭐라 해도 내 나라는 대한민국이다. 광복된 해의 가을, 전라북도 이리(익산)의 중앙국민학교의 학예회 모습이다. 정면에 태극기가 뚜렷하고 '조선독립 민주국가' 휘장이 그 누구의 눈치도 보지 않고 활짝 드리워졌다. 책상과 걸상에서 일어나 꼿꼿한 아이들. 해방된 나라의 독립한 개인들이다. 미래의 주인공인 아이들의 힘차고 낭랑한 대사는 자못 숙연한 관객석으로 분수처럼 흩어지고.

이 해에는

책
8. 17. [영국] 《동물 농장》, 조지 오웰
11. 26. [스웨덴] 《내 이름은 삐삐 롱스타킹》, 아스트리드 린드그렌
○ [영국] 《열린 사회와 그 적들》, 칼 포퍼

영화
9. 27. [이탈리아] 《무방비 도시》, 로베르토 로셀리니

궂긴 소식
2. 16. 윤동주(시인)
3. 12. 안네 프랑크(《안네의 일기》 작가)
4. 12. 프랭클린 루스벨트(미국의 대통령)
4. 22. 케테 콜비츠(독일의 미술가)
4. 28. 베니토 무솔리니(이탈리아의 정치인)
4. 30. 아돌프 히틀러(나치 독일의 총통)
5. 1. 요제프 괴벨스(나치 독일의 정치인)
8. 10. 로버트 고더드(미국의 공학자)
12. 30. 송진우(정치인, 독립운동가)

독립한 나라
8. 15. 한국(← 일본)
8. 17. 인도네시아(← 네덜란드, 일본)
9. 2. 베트남(← 일본, 프랑스)

1946년

신탁통치 찬반 갈등

"소련은 신탁통치주장
미국은 즉시 독립 주장"
―《동아일보》 1945. 12. 27.

카이로, 포츠담 선언과 국제 헌장으로 세계에 공약한 한국의 독립 부여는 금번 모스크바에서 개최한 3상회의의 신탁 관리 결의로서 수포로 돌아갔으니…다시 우리 3천만은 영예로운 피로써 자주독립을 획득치 아니하면 아니 될 단계에 들어섰다. 3천만의 총역량을 발휘하여서 신탁 관리제를 배격하는 국민 운동을 전개하여 자주독립을 완전히 획득하기까지 3천만 전민족의 최후의 피 한방울까지라도 흘려서 싸우는 항쟁 개시를 선언함.

― 〈탁치 반대 국민 총동원 시위 대회 선언문〉

모스크바 삼상회의의 결정을 신중히 검토한 결과, 우리는 다음의 태도를 표명한다. 이번 회담은 세계민주의 발전에 있어서 또 한 걸음 진보이다. 조선을 독립국가로 부흥하고 민주주의 기초 우에서 나라가 발전될 조건을 맨들기 위하야…임시적 조선민주주의적 정부를 조직한다는 동 결정문에 잇서서 이러한 국제적 결정은 금일 조선을 위하야 가장 정당한 것이라 우리는 인정한다.

― 〈모스크바 3국 외상회담 결정에 대한 조선 공산당의 지지 담화문〉

↑ 해방의 기쁨이 채 가시기도 전에 신탁통치를 둘러싼 찬반 갈등은 한반도를 뜨겁게 달구었고, 이는 우리 민족의 분열과 대립의 씨앗이 됐다. 좌우익의 첨예한 대립 속에서 신탁통치 문제는 단순한 정책 논쟁을 넘어 이념과 노선의 갈등으로 비화되어, 해방 직후 한국 사회의 취약한 정치적 기반을 여실히 드러냈다. 결국 이 갈등은 통일된 독립국가 수립의 꿈을 좌절시키고 분단의 비극을 더욱 가속화하는 계기가 되어, 우리 민족에게 깊은 상처와 아픔을 남겼다.

↓ 3월 5일, 북한이 무상몰수 무상분배 방침에 입각한 토지개혁을 실시했다. 소유권은 농민에게 부여되었으며 매매와 소작, 저당이 금지되고 직접 경작한다는 전제에서만 소유권이 인정되는 근로농민적 토지소유권이었다. 이러한 토지 개혁은 위로부터의 주도와 아래로부터의 요구가 결합해 만들어낸 신속하고 급진적인 변화였다. →

미군정기

1. 15. 남조선국방경비대 창설. 통위부(당시 국방부) 산하로 현 육군사관학교 자리에 1개 중대로 창설됐다. 대한민국 국군의 기원이자 육군의 전신으로 여겨지고 있다. 미군정하에서 항만과 미군부대 등 국가 중요시설의 경비와 좌익분자들의 폭동 진압 임무를 맡았다. 첫 사령관은 미군 중령 존 마셜이었다.

1. 16. 미소공동위원회 예비회담. 모스크바 3국 외상회의의 결정에 따라 한반도의 임시 정부 수립을 지원하기 위해 미국과 소련이 이날 덕수궁에서 연 예비회담에서는 남북교류 문제가 처음으로 논의됐다.

2. 8. 대한독립촉성국민회 발족. 이승만의 독립촉성중앙협의회와 김구의 신탁통치반대국민총동원위원회가 통합해 '자주독립을 목적으로 하는' 국민운동추진단체가 결성됐다.

2. 8. [북한] 북조선임시인민위원회 발족.

3. 5. [북한] 북조선임시인민위원회, 〈북조선 토지개혁에 대한 법령〉 공포.

3. 20. 제1차 미소공동위원회 개최. 38도선 철폐 문제에 대한 대립으로 5월 6일, 무기휴회가 선언됐다.

5. 15. 미군정. 정판사 위조지폐사건 정식 발표. 미군정은 위조 일당 16명 전원이 조선공산당원이라고 밝혔다. 이 사건은 미군정이 좌익 세력을 탄압하기 위해 조작한 것이라는 의혹이 제기되었지만, 조선공산당의 활동이 불법화되면서 유야무야됐다. →

7. 30. [북한] 〈북조선의 남녀평등권에 대한 법령〉 제정·공포.

8. 10. 미군정, 〈서울시헌장〉 제정 및 시행. 주한미군정은 일제강점기 이래 경기도에 속했던 '경성부'를 도(道)와 동등한 직능과 권한을 갖는 독립적인 도시로 승격하고, 그 명칭도 '경성'에서 '서울'로 통일했다. →

9. 24. 9월 총파업 개시. 부산철도국 소속 노동자들이 전면 파업에 들어갔다. 이를 시작으로 다른 지역의 철도 노동자들뿐만 아니라, 출판·체신·섬유·전기 노조도 동참하면서 전국적인 총파업으로 확산됐다. 조선노동조합전국평의회(전평)가 주도한 이 총파업에 대해 미군정은 30일, 군경과 우익 청년단, 대한독립촉성노동총동맹(대한노총)을 동원해 무차별 진압에 나서 1,200여 명의 노동자를 검거했다. 이로 인해 전평은 조직이 크게 약화되었고 그 공백은 대한노총이 대신했다.

10. 1. 10월 인민항쟁. 대구시청 앞에서 쌀 배급을 요구하는 시위가 벌어졌고, 이 과정에서 경찰의 발포로 시민 1명이 사망했다. 이 일은 총파업과 맞물리면서 대규모 시위를 촉발시켰다. 시민들이 무기를 탈취해 파출소를 점거하는 사태로까지 번지자 정부는 대구에 계엄령을 선포하고 진압에 나섰고, 다수의 경찰과 시민이 목숨을 잃는 전쟁 같은 상황이 벌어졌다. 대구는 곧 진압되었으나, 항쟁은 전국으로 확산되며 약 두 달 동안 이어졌다. 민간인 1,000여 명과 경찰 200여 명이 10월 항쟁 기간 동안 사망했다. →

11. 25. [북한] 북조선 임시인민위원회 제3차 확대위원회. 건국사상총동원 운동 추진 방침 결의. 인민들의 사상 개조를 목적으로 출발한 이 운동은 정치적으로는 애국주의 운동이었다.

세계

1. 10. 국제연합 첫 총회 개최. 이날 런던에서 열린 총회에는 51개 회원국이 모두 참석했다.

1. 11. [알바니아] 엔베르 호자, 인민공화국 선포. 현재 정식 국호는 알바니아 공화국이다.

3. 5. [영국] 윈스턴 처칠 전 총리, '**철의 장막**' 언급. 그는 미국 미주리주 풀턴의 웨스트민스터 대학에서 열린 명예학위 수락연설에서 "발트해의 슈체친에서 아드리아해의 트리에스테에 이르기까지 철의 장막이 대륙을 가로질러 드리워졌습니다"라고 말했다.

5. 3. [일본] 극동국제군사재판 개정. 일본의 중대 전쟁 범죄인을 재판이 도쿄에서 열렸다. 도조 히데키 등 28명의 A급 전범 용의자가 전쟁범죄로 기소되어 전원이 유죄판결을, 그 중 7명이 사형 선고를 받았다. 도쿄재판이라고도 불리는 이 재판은 동아시아에서 반공진영을 구축하려는 미국의 점령 정책으로 인해 '인도에 반한 죄'가 추궁되지도 않은 채 11월 12일 서둘러 종결됐다.

6. 2. [이탈리아] 국가 형태를 선택하는 국민투표 실시. 공화제로 바꿀 것인지, 아니면 군주제를 유지할 것인지를 두고 실시된 이날 투표에서 공화제 찬성이 과반을 넘겼다. 이로써 **이탈리아 왕국**은 **해체**되고 6월 18일 공화국이 들어선다.

7. 4. [필리핀] 미국으로부터 독립. 이로써 에스파냐와 미국의 식민지 시대가 400여 년 만에 끝났다.

8. 16. [인도] 무함마드 알리 진나, 직접 행동의 날 선포. 인도의 독립 여건이 고조되는 가운데 전인도무슬림연맹의 대표인 그는 무슬림만의 국가 분리를 주장하며 투쟁을 선언했다. 캘커타에서 무슬림과 힌두교도 사이에 대규모 폭력 사태가 발생해 3일간 약 4000명이 사망하는 참사가 벌어졌다.

11. 3. [일본] 〈일본국헌법〉 공포. 이 신헌법은 천황의 지위를 절대군주에서 '일본국의 상징'이자 '일본국민 통합의 상징'(제1조)으로 격하시켰다. 그리고 제9조에서 '일본국민은 정의와 질서를 기조로 하는 국제평화를 성실히 희구하며 국제분쟁을 해결하는 수단으로써 국권이 발동되는 전쟁과 무력에 의한 위협 또는 무력의 행사는 영구히 포기한다'고 강조한다. 현재까지 유지되고 있는 이 헌법은 '평화헌법'이나 '전후헌법'으로도 불린다.

12. 13. [베트남] **제1차 인도차이나** 전쟁 발발. 11월 23일 프랑스가 베트남 북부의 항구도시 하이퐁을 포격해 민간인 6000명이 사망했다. 이에 12월 19일 베트민은 베트남 민주공화국의 주석 호찌민은 하노이 해방을 목표로 반격을 개시했다. 이렇게 시작된 전쟁은 1954년 8월까지 7년 7개월 동안 계속된다.

← 프로그램이 가능한 최초의 범용 전자식 디지털 컴퓨터인 ENIAC 개발팀에는 여섯 명의 여성이 포함되어 있었다. 프로그램을 작성하는 중요한 일을 담당했음에도 이들은 전문가 대우를 받지 못한 채 그저 컴퓨터 즉 계산원으로만 불렸고, 이후 잊혀졌다. 사진 속 여성은 그들 ENIAC 식스 중 두 명인 매릴린 웨스코프와 루스 리히터먼이다.

문화 / 과학·환경 / 스포츠

문화

3. 5. 조선사진예술연구회 결성. 일제 시기부터 예술사진 활동을 했던 사진가들이 중심이 되어 결성한 '순수 아마추어 단체'인 이 단체는 이듬해부터 조선예술사진공모전을 주최해 전국적으로 사진 열기를 불러일으키고 저변을 확대하는 성과를 거뒀다.

5. 1. 김용환의 《토끼와 원숭이》 출간. 마해송의 동명 동화를 원작으로 한 이 작품은 한국 최초의 독립 단행본 만화이다. 원숭이 나라가 이웃 토끼 나라를 침략해 괴롭히다 패망한다는 줄거리로, 일제강점기와 광복 이후의 상황을 풍자했다.

9. 20. [프랑스] 제1회 **칸 영화제** 개막. 이탈리아 베네치아 국제영화제, 독일 베를린 국제영화제와 함께 세계 3대 영화제로 꼽힌다. 2019년 봉준호 감독의 〈기생충〉이 이 영화제의 최고상인 황금종려상을 수상한다.

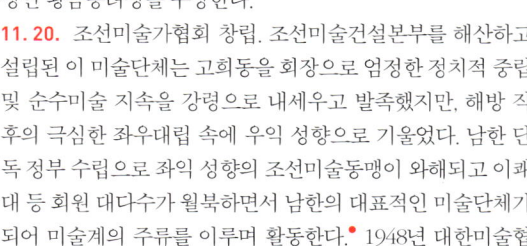

11. 20. 조선미술가협회 창립. 조선미술건설본부를 해산하고 설립된 이 미술단체는 고희동을 회장으로 엄정한 정치적 중립 및 순수미술 지속을 강령으로 내세우고 발족했지만, 해방 직후의 극심한 좌우대립 속에 우익 성향으로 기울었다. 남한 단독 정부 수립으로 좌익 성향의 조선미술동맹이 와해되고 이쾌대 등 회원 대다수가 월북하면서 남한의 대표적인 미술단체가 되어 미술계의 주류를 이루며 활동한다. 1948년 대한미술협회, 1961년 한국미술협회로 개칭된다.

과학·환경

2. 14. [미국] **ENIAC** 공개. ENIAC은 프로그래밍이 가능한 전자식 범용 디지털 컴퓨터였다. 이런 유형의 컴퓨터로는 최초인 이 컴퓨터가 공개되었을 때 《뉴욕 타임스》는 '어렵고 복잡한 수학적 작업을 최초로 전기적 속도로 계산하는 놀라운 기계'라고 썼다. 미 육군이 자금을 대고, 존 모클리와 존 프레스퍼 에커트가 설계한 이 컴퓨터는 무게가 30톤이 넘는 '괴물' 같은 기계였다.

스포츠

○ 2차대전의 여파로 FIFA 월드컵, 투르 드 프랑스 등의 주요 대회가 취소되었지만, 오스트레일리아 오픈, 프랑스 오픈, 윔블던 등 3대 테니스 그랜드슬램 대회는 재개됐다.

3. 26. 경평축구 경기. 자유신문사 주최로 경성에서 열린 이날 경기에서는 전날 2-1로 패했던 평양팀이 1-3으로 경성팀을 이겼다. 해방 이후 첫 경평축구전이자 마지막 경기였다.

1946년 풍경

인간으로 태어나 사람으로 길러진다. 나무처럼 가만히 있으면 그냥 나무막대기밖에 안 된다. 전쟁 중에도 학업의 끈은 끊이지 않았다. 피란지에서도 학교는 임시 교사를 빌려 개강했고 수업은 야외로 이어졌다. 하늘을 칠판으로 삼았고 야단법석이 따로 없었다. 《논어》가 '배울 학(學)'을 첫 글자로 삼은 건 의미심장한 배치이다. 인간에서 사람으로 건너가려면 배움이 필요하다. '배울 學' 자를 뜯어보면, 조그마한 아들(子)이 큰 지게를 지고 있는 모습의 글자다. 사진 속 그림자로 짐작해보면 정오 무렵, 하교하는 길인가 보다. 운동화에 반듯한 모자의 아이들. 형의 옷을 줄여 입은 아이들. 가방 대신 책보를 둘러맨 아이들. 매우 궁핍했던 시절이었지만 아이들의 표정은 모두 의기양양하다. 그땐 사진 찍을 때, 김치~ 대신 무슨 기합을 넣었을까. 포즈를 풀고 흩어져 귀가하는 학동들의 책 보따리에선 달그락달그락 필통에서 몽당연필 구르는 소리 우렁찼으리.

7. 5. [프랑스] 루이 레아르, 비키니 공개. 그는 파리의 한 수영장에서 상하가 분리되어 브래지어와 팬티로 이루어진 수영복을 공개했다. 4일 전 미국이 한 핵 실험의 장소인 태평양의 산호섬 비키니에서 이름을 딴 이 수영복을 그는 '세계에서 가장 작은 수영복보다 더 작다'고 광고했다. 자신보다 앞서 6월 자크 하임이 투피스 수영복 아톰을 발표하며 '세계에서 가장 작은 수영복'이라고 한 것을 의식한 광고였다.

이 해에는

책
- **10. 20.** 《육사시집》, 이육사
- ○ 《국화와 칼》, 루스 베네딕트
- ○ [프랑스] 《말》, 자크 프레베르

영화
- **10. 21.** 〈자유만세〉, 최인규
- **10. 29.** [일본] 〈우리 청춘 후회 없다〉, 구로사와 아키라

궂긴 소식
- **2. 8.** 박향림(가수)
- **4. 21.** 존 메이너드 케인스(영국의 경제학자)
- **6. 3.** 미하일 칼리닌(러시아의 혁명가)
- **8. 13.** 허버트 조지 웰스(영국의 소설가)
- **10. 15.** 헤르만 괴링(나치 독일의 군인, 정치인)

독립한 나라
- **4. 17.** 시리아 공화국 (← 프랑스)
- **5. 25.** 요르단 왕국 (← 영국)
- **7. 4.** 필리핀 공화국 (← 미국)

1947년

여운형 피살

↑ 7월 9일, 여운형이 서울 혜화동 로터리 근처에서 우익 테러 단체인 백의사 소속 한지근 등의 저격을 받고 사망했다.

> "독립을 완성하려면 땅의 남북과 사상의 좌우를 가릴 필요가 어디 있는가?"

근로인민당수 여운형 씨는 돌연 19일 권총 '테러'로 말미암아 62세를 최후로 세상을 떠나고 말았다.

19일 오후 여운형 씨는 명륜동 모처에서 자동차 (2001호)로 고경흠 씨와 경비원 박성복(=28) 군과 함께 떠나 오후 1시 15분경 혜화동 로터리 앞에 이르렀을 때 돌연 괴한 1명이 자동차 뒤로 뛰어올라 권총을 발사하여 여 씨의 오른편 등으로부터 심장을 관통하여 즉시 부근 대학 병원으로 운반하였으나 드디어 응급치료도 기하기 전에 별세하고 말았다. 이전에도 한 번 권총피습을 받은 장소이며 수도청을 비롯하여 각서 총출동으로 부근 일대에 경계망을 치고 수사 중인데 오후 3시 현재까지 범인은 아직 체포되지 않았다.

— 《경향신문》, 1947. 7. 20.

↓ 뚜렷한 성과 없이 지지부진하게 이어지던 회의는 10월 21일, 소련 대표단이 한국 문제를 유엔으로 이관시킨 미국의 조치에 항의하며 서울에서 철수하면서 최종 결렬됐다.

미군정기

1. 5. 락희화학공업사 창립. 구인회가 부산에서 설립한 이 회사는 현 LG그룹의 모태이다. 설립 당시 종업원은 약 20명이었고, 첫 생산품은 화장품인 럭키크림이었다.

2. [북한] 계획경제 시작. 단기계획으로서 이 해와 이듬해인 1948년에는 2회에 걸쳐 1개년 계획으로 추진되었고, 1949년에는 2개년 계획에 착수했다.

2. 22. [북한] **북조선인민위원회** 성립. 전날 시작된 북조선인민회의 제1차 회의에서 북조선임시인민위원회의 주권을 이양받은 북조선인민회의가 이날 북조선임시인민위원회를 북조선인민위원회로 개편하고 '미소공동위원회의 통일적 임시정부 수립까지'라는 전제 아래 법적으로 승인했다.* 이 최고 집행기관의 위원장으로는 김일성이, 부위원장으로는 김책과 홍기주가 임명됐다.

3. 1. 제주 3·1절 발포 사건 발생. 제주북국민학교에 3만여 명의 제주도민이 모여 3·1절을 기념하며 즉각적인 독립국가 건설을 외쳤다.* 관덕정 앞 광장에서는 참가자들의 거리 행진이 이어졌는데 한 아이가 경찰이 탄 말에 채여 넘어지는 사고가 일어났다. 이를 본 군중이 돌멩이를 던지며 항의하자 육지에서 파견된 경찰이 발포해 6명이 사망하고 다수의 부상자가 발생했다.** 이 날의 사건은 '1948년 4월 3일 발생한 소요사태 및 1954년 9월 21일까지 제주도에서 발생한 무력충돌과 그 진압 과정에서 주민들이 희생당한 사건'인 제주 **4·3 사건의 기점**'이 된다.***

5. 21. 제2차 미소공동위원회 개최.

6. 17. 남북전력협정 체결. 당시 남한의 전력소비는 북한의 수력전기에 대한 의존도가 높았다. 1946년 말부터 1947년 초 북한은 남한으로 내려보내는 전기량을 제한했다. 이에 미군정은 북한으로부터의 수전량을 안정적으로 확보하기 위해 전력요금 지급 문제를 해결하고 북한과 협정을 체결했다.*

7. 19. 여운형, 암살됨.

9. 3. 미군정, 국제전기통신연합(ITU)로부터 호출부호 HL 배당받음. 이로써 JODK가 사라지고 HLKA 등 HL로 시작되는 새로운 호출부호가 사용된다. 한국방송협회는 이날을 방송의 날로 기념하고 있다.

9. 17. 미국, 한국 문제를 유엔으로 이관. 좌우합작운동이 실패하고 미소공동위원회 결렬이 확실시되자 미국은 모스크바 3상회의 결정을 통한 한국 문제 해결 방식을 소련의 반대를 무릅쓰고 일방적으로 파기하고 유엔으로 이관했다.*

11. 14. 유엔 총회, **남북 총선거를 통한 정부수립 결정**. 유엔 감시하에 인구 비례에 따른 남북 총선거를 실시하고 선거의 공정한 감시와 관리를 위해 유엔한국임시위원단을 구성했다. 위원단은 처음 오스트레일리아, 캐나다 등 9개국이 지명되었지만, 우크라이나는 참여를 거부했다.

12. 6. [북한] 북조선인민위원회, 화폐개혁 실시. 12일까지 7일 동안 화폐개혁에 따라 소련군 군표와 옛 조선은행권이 북조선중앙은행이 발행한 새 화폐와 교환됐다. 신구 화폐의 교환비율은 1대1로 정해졌지만 교환 한도는 소유 형태에 따라 차별을 두었다. 이를 통해 일제 식민지 화폐 제도가 청산되고 화폐 주권이 실행됐고 물가안정을 이룰 수 있었지만, 남북이 서로 다른 화폐를 쓰게 됨에 따라 분단구조는 더욱 심화됐다.*

12. 22. 김구, 단독정부 수립 반대 성명 발표.

세계

2. 28. [대만] 2·28 민중항쟁. 1945년 일본이 항복한 후, 대만의 행정권이 중국으로 넘어가면서 59년 간의 일본 식민지 통치가 종식됐다. 중국 본토의 국민당은 대만을 점령하고 천이를 행정장관으로 임명했다. 천이의 행정부는 부패했고 대만 주민들을 가혹하게 대했다. 이에 분노한 대만인들이 부패와 독재에 항거해 민중봉기를 일으켰다. 국민당 정부는 병력을 보내 무력으로 진압했다. 이 과정에서 1만 8000명에서 2만 8,000명에 달하는 대만 주민이 학살됐다.

3. 12. [미국] 트루먼 독트린 선언. 이날 해리 S. 트루먼 대통령은 의회에서 자신은 "미국의 정책이 소수의 무장세력이나 외부의 압력에 굴복하지 않으려고 투쟁하는 자유민들의 노력을 지원하는 것이야 한다"고 믿는다고 말한다. 공산주의를 배격하고 그 확산을 적극적으로 저지하겠다는 강력한 의지를 담고 있는 이날의 선언은 '트루먼 독트린'이라 불리며 냉전의 심화에 결정적인 역할을 했다. 한편 미국이 기존의 고립주의 외교정책을 버리고 영국을 대신해 민주 진영의 맹주를 맡겠다는 의지의 표현이기도 했다.

5. 3. [일본] 〈일본국헌법〉 시행. 6개월 전인 1946년 11월 3일 공포되어 이날부터 시행된 이 헌법은 '국제분쟁을 해결하는 수단으로써 국권이 발동되는 전쟁과 무력에 의한 위협 또는 무력행사를 영구히 포기'한다고 명시되어 있다.

6. 5. [미국] 조지 마셜 국무장관, 마셜 플랜 발표. 미국은 이 부흥 계획에 따라 무려 130억 달러에 달하는 원조를 유럽에 제공했다. 미국은 지원에 앞서 각 나라와 강제적인 성격의 양자조약을 체결했다. 이를 통해 서유럽의 경제력은 전쟁 전 수준으로 회복됐다. 미국은 원조자금의 사용처를 '조언'하거나 대유럽 수출을 확대하는 권한을 누리며 미국의 힘을 보여줄 수 있었다.

8. 14. [인도] 분할. 대영제국의 식민지였던 인도가 힌두교도가 다수인 인도 자치령과 무슬림이 다수인 파키스탄 자치령으로 분할됐다.

9. 18. [미국] 중앙정보국(CIA) 창설. 미국의 정보 부처 중 하나인 이 기관은 전략사무국(OSS)의 후신이다.

10. 30. 관세와 무역에 관한 일반협정(GATT) 조인. 스위스 제네바에서 23개국이 서명한 이 협정은 무역장벽을 완화하고 차별 대우를 폐지해 세계무역을 확대하는 것을 목표로 한 조약이었다. 이듬해 1월 1일 발효된 이 협정은 1995년 세계무역기구(WTO)가 창설되면서 수명을 다한다.

11. 29. 유엔 총회, 팔레스타인 분할안 채택. 이 안이 채택되면서 영국이 위임통치하던 팔레스타인 지역이 아랍 지역과 유대인 지역으로 분할되고 이듬해 이스라엘이 건국된다.

← 인도가 분할되면서 약 1000만 명이 이동했고, 그사이 인도 전역에서 발생한 폭동으로 수십만 명이 사망하고 수백만 명이 고향을 잃었다. 파키스탄은 영토가 동파키스탄과 서파키스탄으로 나뉘어 '지리적으로 기괴한 나라'가 됐다. 인도는 8월 15일을, 파키스탄은 14일을 독립기념일로 삼고 있다. 분할이 14일에서 15일로 넘어가는 자정을 기해 합법적으로 발효됐기 때문이다. 동파키스탄은 인구가 약 7500만 명, 서파키스탄은 약 5500만이었지만, 정치적·군사적 권력의 고삐를 쥔 것은 서파키스탄의 지도자들이었다. 언어도 달랐다. 서파키스탄은 주로 우르두어를, 서파키스탄 사람들은 주로 벵골어를 썼다. 결국 1971년 서파키스탄은 따로 독립해 방글라데시가 된다.

문화 / 과학·환경 / 스포츠

문화

2. 12. [프랑스] 크리스티앙 디오르, 첫 패션 컬렉션을 선보임. 아래로 넓게 퍼지며 종아리 바로 아래까지 내려오는 스커트와 잘록한 허리 라인과 풍만한 가슴을 강조하는 재킷은 패션의 혁명이었다. 이 혁명은 '뉴룩(the New Look)'이란 이름으로 패션의 역사에 기록된다.

10. 9. 조선어학회, 《조선말 큰사전》 1권 간행. 1929년 조선어사전편찬회가 작업을 시작한 지 18년 만이었다. 출판사는 을유문화사였고, 책값은 1200원이었다. 1957년 전체 여섯 권으로 완간된다.

12. 15. 김구의 《백범일지》 출간. 아들 김신에 의해 국사원에서 발행된 이 책의 말미에 김구는 '나의 소원'이라는 글을 첨가하였다. "네 소원(所願)이 무엇이냐 하고 하느님이 내게 물으시면, 나는 서슴지 않고, '내 소원은 대한 독립이오.' 하고 대답할 것이다."로 시작하는 이 글에는 그의 정치이념, 국가비전이 응축되어 있다.

과학·환경

3. 4. [미국] 윌러드 리비, 탄소-14를 이용한 연대 측정 성공. 그의 연구팀은 이집트 유물처럼 이미 연대가 알려진 유물 등을 대상으로 실험해 이 기법의 높은 정확성을 확인했다. 5월 그는 《사이언스》에 연구 결과를 발표했다. 연구를 계속한 그는 탄소-14의 반감기를 약 5568년으로 제시했고, 이 수치는 후에 약간의 보정이 있었지만 여전히 전통적인 기준으로 사용되고 있다. 방사성탄소 연대측정법은 고고학을 새로운 시대로 이끌었다.

10. 14. [미국] 척 예거, 음속 돌파. 공군 대위였던 그는 이날 벨 X-1을 타고 캘리포니아주 모하비 사막 상공을 마하 1.06(1,299.1km/h)로 날아 인류 최초로 음속을 돌파한 비행사가 됐다.

스포츠

4. 19. 서윤복, 보스턴 마라톤 우승. 한국인으로서는 세계 4대 마라톤 대회 첫 우승이었다. 2시간 25분 39초의 기록은 이 대회에서 세워진 첫 세계 신기록이기도 했다.

6. 20. 조선체육회, 조선올림픽위원회(KOC) 설립 및 국제올림픽위원회(IOC) 가입.

1947년 풍경

로봇처럼 건장한 외국 병사의 시선 끝에 우리의 운명이 놓인 날이 있었다. 위태로운 시절이 닥쳐오고 있었다. 허공이나 쳐다보며 땅이 잠기도록 그저 울기만 한 날. 담요가 아니라 거적때기에 눕히고 이불이 아니라 가마니에 덮인 시신들 옆에서 아이를 들쳐업고 살아남은 식구들은 오열했다. 그것만이 그때 온몸으로 할 수 있는 유일한 동작이었다. 무덤덤한 강대국의 손끝에 한반도의 운명이 결정되는 날이 왔다. 국토의 허리를 나눈 무심한 삼팔선. 어느 미군 병사가 아라비아 숫자 38을 다 쓰고 난 뒤에 저런 동작을 연출하듯, 한반도의 운명은 그들의 손바닥에서 결정됐다. 결정되고 난 이후에야 결정된 사실을 받아들이고 견딜 수밖에 없는 약소국의 형편이었다. 國破山何在 城春草木深(국파산하재 성춘초목심. 나라는 결딴 나도 산하는 변함 없어/봄이 온 성터엔 초목이 우거졌네). 두보의 시 구절처럼 그래도 저 난리 뒤에도 뒷산에 봄이 오고, 앞산에 진달래 피고. 버려진 보리밭과 개울창 옆 쑥부쟁이가 피어난 길을 따라 절룩거리는 다리로 또 일어나 걷고 걷고 걸어 온 게 우리의 역사다.

컴퓨터 버그

1947년 9월 9일, 컴퓨터에서 실제로 '버그(bug)'가 발견됐다. 하버드 대학교 연구팀이 마크 Ⅱ 컴퓨터가 오작동하는 원인을 찾다 컴퓨터 내부 판넬에 갇혀 있는 나방 한 마리를 발견했다. 그들은 나방을 테이프로 카드에 붙인 후 '벌레(bug)'가 발견된 첫 실제 사례라는 메모를 남겼다. 물론 기술자들은 이미 19세기 말부터 기계적인 결함을 '버그'라고 부르곤 했다. 그러나 "버그"라는 말이 문자적으로든 은유적으로든 오늘날까지 널리 쓰이게 된 결정적인 계기가 그날 오후 3시 45분의 사건이었음은 분명하다.

이 해에는

책
- 6. 10. [프랑스] 《페스트》, 알베르 카뮈
- 6. 25. [네덜란드] 《안네의 일기》, 안네 프랑크
- 10. 11. [이탈리아] 《이것이 인간인가》, 프리모 레비
- 11. 25. 《삼대》, 염상섭 (1948년 하권 발행)
- 12. 15. 《백범일지》, 김구

노래
- 〈신라의 달밤〉, 현인
- 〈우리의 소원〉, (안병원 작곡)
- [프랑스] 〈장밋빛 인생〉, 에디트 피아프

영화
- 11. 25. [미국] 〈과거로부터〉, 자크 투르뇌르

궂긴 소식
- 1. 7. 홍사용(시인)
- 4. 7. 헨리 포드(미국의 발명가, 기업인)
- 7. 19. 여운형(정치인)
- 10. 4. 막스 플랑크(독일의 물리학자)
- 12. 30. 앨프리드 노스 화이트헤드(영국의 철학자)

독립한 나라
- 8. 14. 파키스탄 자치령 (← 영국)
- 8. 15. 인도 연합 (← 영국)

1948~2021

대한민국

1948년

대한민국 정부 수립

"대한민국은
민주공화국이다."

↑ 1948년 8월 15일 대한민국 임시정부를 계승한 대한민국 정부가 수립됐다. 앞서 7월 17일 제정된 헌법의 전문은 "유구한 역사와 전통에 빛나는 우리들 대한국민은 기미 삼일운동으로 대한민국을 건립하여 세계에 선포한 위대한 독립정신을 계승하여 이제 민주독립국가를 재건"한다고 분명하게 명시했다. 제1장 제1조는 그때나 지금이나 여전히 "대한민국은 민주공화국이다"이다. 그리고 대한민국 원년(1919) 4월 제정된 〈대한민국임시헌장〉 제1조 역시 "대한민국은 민주공화제로 함"이었다.

↓ 한 해 전 제주도에서 열린 3·1절 기념식 도중 한 아이가 경찰이 탄 말에 채여 넘어지는 사고가 일어났고, 이를 본 군중이 돌멩이를 던지며 항의하는 과정에서 경찰이 발포하여 여섯 명이 목숨을 잃었다.(1941년 본문 참조) 제주민들의 분노는 관·민총파업으로 이어졌고, 미군정은 육지 경찰까지 동원해 진압에 나섰다. 이 과정에서 대규모 검거, 폭력과 강탈이 난무했다.
이듬해 4월 3일, 남조선로동당(남로당) 제주도당이 도내 경찰지서와 우익단체들을 습격했다. 이날 경찰 네 명, 민간인 여덟 명, 무장대 두 명이 죽었다. 미 군정은 또 다시 강경 진압에 나섰고 양측 합쳐 수백 명의 사망자가 발생했다. 미국은 후에도 이승만 정권이 벌인 '제주도 반란군 토벌'에 고문 자격으로 협력했다. 수년에 걸친 경찰과 군의 유혈 진압 과정에서 수많은 주민이 학살당했다. 2003년 통과된 〈제주 4·3 사건 진상 조사 보고서〉에서는 2만 5천에서 3만여 명이 4·3 때 희생된 것으로 추정했는데 당시 제주도 인구의 10분 1 정도가 희생된 것이다. 아래 그림은 강요배가 그린 〈토벌대의 '포로'〉이다.

유구한 역사와 전통에 빛나는 우리들 대한국민은 기미 삼일운동으로 대한민국을 건립하여 세계에 선포한 위대한 독립정신을 계승하여 이제 민주독립국가를 재건함에 있어서 정의인도와 동포애로써 민족의 단결을 공고히 하며 모든 사회적 폐습을 타파하고 민주주의제도를 수립하여 정치, 경제, 사회, 문화의 모든 영역에 있어서 각인의 기회를 균등히 하고 능력을 최고도로 발휘케 하며 각인의 책임과 의무를 완수케하여 안으로는 국민생활의 균등한 향상을 기하고 밖으로는 항구적인 국제평화의 유지에 노력하여 우리들과 우리들의 자손의 안전과 자유와 행복을 영원히 확보할 것을 결의하고 우리들의 정당 또 자유로히 선거된 대표로써 구성된 국회에서 단기 4281년 7월 12일 이 헌법을 제정한다.

— 〈대한민국 헌법〉

미군정기 / 대한민국

1. 7. 유엔한국임시위원단 남한 입국. 위원단은 오스트레일리아, 캐나다 등 8개국으로 구성되었으며, 임무는 5·10 총선거의 공정한 감시 및 관리였다.

1. 12. 대한국민당 창당.

2. 8. [북한] 조선인민군 창건. 북한에서 '건군절'로 불린다. 공휴일로 지정되어 있다.

4. 3. **제주 4·3 항쟁** 발발.

5. 10. 제헌 국회의원 선거. 21세 이상 모든 국민에게 투표권이 부여된 대한민국 최초의 민주적 선거였다. 유엔의 감시하에 남한 지역에서 실시된 이 총선거 결과 무소속 후보가 85석인 최다 의석을 얻는 강세를 보였다. 대한독립촉성국민회도 55석을 얻었지만, 신탁통치에 반대하는 세력의 연합체 성격이 강해 정식 정당으로 보기는 힘들었다. 단독정부 수립에 반대하는 김구, 김규식 등은 불참했다. 미군정의 지지를 받은 반공 우익 성향의 한국민주당이 참패(29석)하는 의외의 결과를 낳기도 했다.

5. 14. [북한] 남한 송전 중단. →

7. 17. 국회, **제헌헌법** 공포. '기미 삼일운동으로 대한민국을 건립하여 세계에 선포한 위대한 독립정신을 계승'한다고 밝힌 이 '대한민국 헌법 제1호'의 제1조는 1987년 제정된 현행 '제10호' 헌법과 동일하다. "대한민국은 민주공화국이다."

7. 20. 대한민국 제1대 정·부통령 선거. 국회에서 간접선거로 실시된 이날 선거에서 대한독립촉성국민회의 후보 이승만이 대통령에, 이시영이 부통령에 당선됐다. 이승만은 재적 국회의원 198명 중 180표를 얻었다. 한국독립당의 김구는 대통령 후보 거부 의사를 밝혔음에도 13표를 얻었다.

7. 24. **이승만**, 제1대 **대통령 취임**. 부통령은 이시영이었다.

8. 2. 국회, 이범석 총리 임명 승인. 전달 27일 국회의 승인을 거부당했던 그는 당시 조선민주당 부당수였다.

8. 5. 국회, 김병로 대법원장 임명 승인.

8. 15. **대한민국 정부 수립 선포**.

9. 22. 〈반민족행위처벌법〉 공포. 7일 국회를 통과해 정부에 회부된 이 법이 이날 공포 즉시 시행됐다. 명분에 밀려 반민법을 공포하기는 했지만, 이승만 정권은 공포 바로 다음 날인 23일 '반공구국총궐기 정권이양대축하 국민대회'라는 사실상 반민법 반대 집회를 적극 지원하는 식으로 반민법에 대한 여전한 적대감을 표출했다.

10. 19. 여순사건 발생.

10. 22. 국회, 반민족행위특별조사위원회(반민특위) 설치.

10. 30. 대한국민항공(KNA), 서울–부산 노선 취항. 국내 첫 민간항공기 취항일인 이 날을 1981년부터 '항공의 날'로 지정해 기념하고 있다.

11. 17. 제주도 지구 계엄령 선포. 이승만 정부는 아직 법령조차 없던 '계엄령'을 발포하고 '초토화 작전'을 감행한다. 이듬해 2월까지 군경은 마을을 불태우고 항쟁과 무관한 민간인까지 학살하는 만행을 자행한다.

12. 12. UN 총회, 한국독립문제에 관한 제195(Ⅲ)호 결의 채택. 이 결의의 내용은 대한민국을 한반도 내 유일한 합법 정부로 승인한다는 것이다.

세계

1. 4. [버마] 영국으로부터 독립. 버마인들과 소수 민족이 함께하는 버마 연방이 탄생했다. 버마는 영국이 지배했던 다른 나라들과는 달리 영연방에는 가입하지 않았다.

1. 30. [인도] 마하트마 간디, 암살당함. 뉴델리에서 나투람 고드세라는 극단적 힌두 민족주의자의 총에 맞아 78세의 나이로 세상을 떴다. 암살범은 간디가 이슬람의 편만 들었다는 이유를 댔다.

4. 7. 세계보건기구(WHO) 설립. 유엔 전문기구의 하나로 설립된 이 기구의 목표는 '모든 사람들이 가능한 한 최고의 건강 수준에 도달하는 것'이다. 설립일인 4월 7일은 세계 보건의 날로 정해져 있다. 로고 중앙, 뱀이 감싸고 있는 지팡이는 의학의 신인 아스클레피오스의 지팡이를 형상화한 것이다.

4. 18. [이탈리아] 총선. 이탈리아 공화국의 초대 의회 의원을 선출하는 이 선거에서 미국과 로마 가톨릭교회의 '전방위적 개입'* 덕을 본 기독교민주당이 압승을 거뒀다.

4. 30. 미주기구(OSA) 설립. 콜롬비아 보고타에서 열린 제9차 범미주회의에 참석한 아메리카 대륙 21개국 대표들이 이날 미주기구헌장을 채택하고 범미연맹을 미주기구로 개칭했다. 냉전에 대응해 지역 통합에 돌입한 미국이 첫 대상으로 삼은 곳이 라틴아메리카 지역이었다.

5. 14. [이스라엘] 독립과 동시에 건국 선포. 건국식에서 '이스라엘 독립선언서'를 읽은 사람은 다음 해 총리로 선출된다. 다비드 벤구리온이었다. 이스라엘인들은 이날을 욤 하츠마우트(독립기념일)로 기념하고 있지만, 팔레스타인인들은 나크바의 날(재앙의 날)로 기념하고 있다.

5. 26. [남아프리카 연방] 총선 실시. 총선 결과 야당 국민당이 여당인 통일당을 누르고 다수당이 됐다. 새로운 정부의 탄생은 인종차별정책인 **아파르트헤이트** 체제의 개막을 뜻했다. 총리가 된 다니엘 프랑수아 말란은 더 많은 백인의 지지를 얻기 위해 인종간 결혼을 전면 금지하고, 인종에 따른 거주 구역 분리, 인종별 신분증 의무화 등의 조치를 취했다. 이후 국민당의 강령은 '적극적인 아파르트헤이트'로 확대됐다.*

6. 24. [소련] 베를린 봉쇄.

11. 2. [미국] 대통령 선거. 선거 결과 현직 대통령인 민주당의 해리 트루먼이 공화당 후보 토머스 듀이 뉴욕 주지사를 누르고 재선에 성공했다.

← 6월 24일, 소련이 서베를린으로 향하는 모든 육로를 차단했다. 이는 서방연합국이 서베를린 관할권을 포기하게 만들려는 조치였다. 연합군은 서베를린에 대규모 물자 공수 조치로 맞섰고, 소련은 이듬해 5월 12일 봉쇄를 해제한다. 냉전 초기 미소 간의 갈등을 고조시킨 이 봉쇄 조치는 북대서양조약기구가 창설되는 계기가 된다.

문화 / 과학·환경 / 스포츠

문화

10. 9. 〈한글 전용에 관한 법률〉 제정. 이 법은 "대한민국의 공용문서는 한글로 쓴다. 다만, 얼마 동안 필요한 때에는 한자를 병용할 수 있다"가 전부인 짧은 법이었다. →

6. 21. [미국] 컬럼비아 레코드, LP(롱 플레이) 출시. 회전 속도가 33⅓ RPM인 음반은 1931년에 이미 개발되었지만 기술적, 경제적 이유로 널리 보급되지 못했다. 이전까지 표준이었던 78RPM 셀락 음반은 음악을 한 면에 5분밖에는 담을 수 없었다. 반면 비닐 소재로 제작된 컬럼비아의 12인치 LP는 한 면에 22~25분의 음악을 녹음할 수 있게 되면서 음반 산업의 새로운 표준으로 자리 잡는다.

과학·환경

6. 3. [미국] 헤일 망원경 헌정. 캘리포니아주 팔로마 천문대의 200인치(5.1m) 반사망원경이 이날 조지 엘러리 헤일의 이름을 따 헤일 망원경으로 명명되어 헌정됐다. 이 망원경을 이용한 첫 관측은 이듬해 1월 26일 에드윈 허블에 의해 이뤄졌다. 1975년 소련의 BTA-6 망원경이 등장하기 전까지 세계에서 가장 큰 반사망원경이었다.

스포츠

1. 30. [스위스] 제5회 동계 올림픽 개막. 장크트모리츠에서 열린 이 대회는 대한민국이 태극기를 달고 참가한 최초의 올림픽이다. 스피드스케이팅에 선수 세 명이 참가했다.

7. 29. [영국] 런던에서 14회 하계 올림픽 개막. 2차대전의 영향으로 12년 만에 열린 이 대회에는 전범국인 독일(동서독)과 일본은 참가가 불허됐다. 한국은 김성집과 강준호가 역도와 복싱에서 각각 동메달을 획득했다.

8. 2. 축구 국가대표팀, 멕시코에 승리. 이날 런던 올림픽 축구 1라운드 경기에서 멕시코를 5-3으로 이기고 8강에 진출했다. 이 경기는 대한민국 남자 축구 국가대표팀 최초의 국가대표팀 간 경기(A매치)였다. 첫 골의 주인공은 최성곤이었고, 감독은 오늘날 야구의 '이영민 타격상'의 그 이영민이었다. 한편 3일 뒤 벌어진 8강전에서는 스웨덴에 12-0으로 대패했다.

9. 3. 조선체육회, 대한체육회로 개칭.

1948년 풍경

326글자, 93단어의 대한민국 헌법 전문은 단 한 문장이다. "유구한 역사와 전통에 빛나는 우리 대한국민은 3·1운동으로 건립된 대한민국 임시정부의 법통과 불의에 항거한 4·19 민주이념을 계승하고…". 대한민국의 역사는 단 한순간의 단절도 없이 면면하게 흘러왔다. 일본이 '공허한 중심'(롤랑 바르트)인 천황제를 고수하고, '민주주의'가 의심스러운 나라에 머문 데 비해, 우리는 전근대적인 왕정을 극복하고, '대한민국'의 나라 이름을 받들고, '민주공화제'임을 합의하여 오늘날 '민주주의' 체제로 역사의 물줄기를 올곧게 틀었다. "대한민국은 민주공화국이다. 대한민국의 주권은 국민에게 있고, 모든 권력은 국민으로부터 나온다"고 천명하였다. 이로써 역사는 일통하게 이어지고, 대한민국 헌법은 '…우리들과 우리들의 자손의 안전과 자유와 행복을 영원히 확보할 것을 다짐한다'는 것으로 굳세게 마무리되었다.

대한민국의 헌법 개정 역사

이승만 정권	장면 정권	박정희 정권
• 1948.7. **제헌헌법** 대통령 국회선출, 단원제 국회	• 1960.6. **3차 개헌** 의원내각제, 양원제 국회	• 1962.12. **5차 개헌** 대통령 직선제, 단원제 국회
• 1952.7. **1차 개헌** 대통령 직선제, 양원제 국회	• 1960.11. **4차 개헌** 3·15부정선거 관련자 등 처벌 소급 특별법 제정 허용	• 1969.9. **6차 개헌** 대통령 3선 허용
• 1954.11. **2차 개헌** 초대통령 직선제, 사사오입 개헌		• 1972.12. **7차 개헌** 대통령 간선제, 종신집권 가능, 유신헌법 1962.12. 5차 개헌 대통령 직선제, 단원제 국회

전두환 정권	노태우 정권	
• 1980.11. **8차 개헌** 대통령 간선제(7년 단임)	• 1987.10. **9차 개헌** 대통령 직선제(5년 단임) 87체제 헌법	• 1969.9. **6차 개헌** 대통령 3선 허용
		• 1972.12. **7차 개헌** 대통령 간선제, 종신집권 가능, 유신헌법

이 해에는

책
- **1. 30.** 《하늘과 바람과 별과 시》, 윤동주
- **10. 5.** 《조선상고사》, 신채호
- ○ [미국] 《사이버네틱스》, 노버트 위너
- ○ [미국] 《인간 남성의 성행동》, 앨프리드 킨제이

노래
- **2. 18.** [프랑스] 〈세 시 봉〉, 장 마르코
- ○ 〈울고 넘는 박달재〉, 박재홍
- ○ 〈가거라 삼팔선〉, 남인수

영화
- **6. 5.** 〈검사와 여선생〉, 윤대룡
- **11. 24.** [이탈리아] 〈자전거 도둑〉, 비토리오 데시카

궂긴 소식
- **1. 30.** 마하트마 간디 (인도의 독립운동가)
- **2. 11.** 세르게이 예이젠시테인 (소련의 영화감독)
- **6. 6.** 루이 장 뤼미에르 (프랑스의 영화제작자, 감독)
- **6. 13.** 다자이 오사무 (일본의 소설가)
- **7. 23.** 데이비드 그리피스 (미국의 영화감독)
- **8. 16.** 베이브 루스 (미국의 프로야구 선수)
- **12. 23.** 도조 히데키 (일본의 군인, 정치인)

독립한 나라
- **1. 4.** 버마 연방 (현 미얀마) (← 영국)
- **2. 4.** 실론 자치령 (현 스리랑카) (← 영국)
- **5. 14.** 이스라엘 (← 영국 위임통치령 팔레스타인)

1949년

반민족행위 특별조사위원회 와해

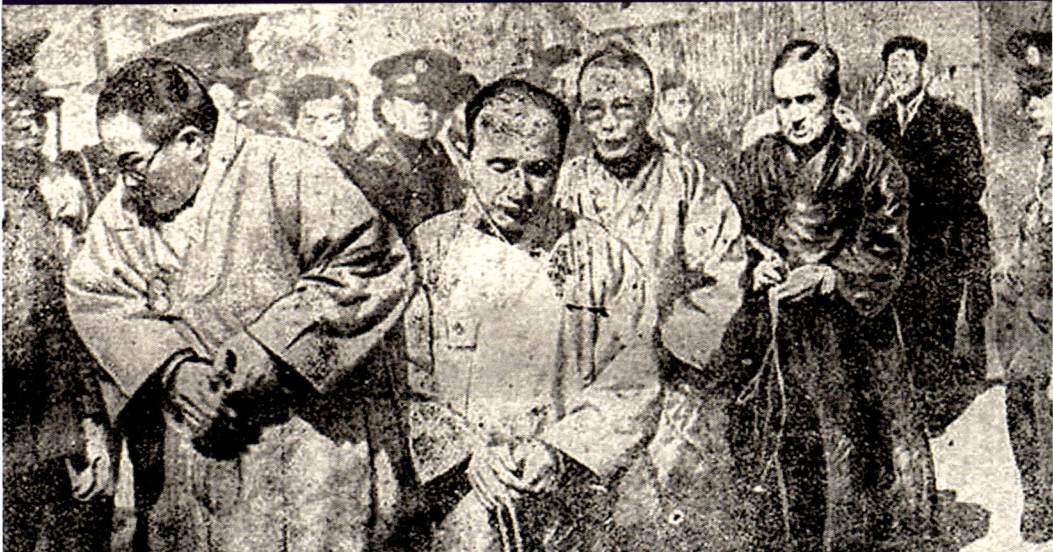

"제9조 반민족행위를 예비조사하기 위하여 특별조사위원회를 설치한다."

제1조 일본 정부와 통모하여 한일합병에 적극 협력한 자, 한국의 주권을 침해하는 조약 또는 문서에 조인한 자와 모의한 자는 사형 또는 무기징역에 처하고 …

제2조 일본 정부로부터 작위를 받은 자 또는 일본 제국의회의 의원이 되었던 자는 무기 또는 5년 이상의 징역에 처하고 …

제3조 일본치하 독립운동자나 그 가족을 악의로 살상, 박해한 자 또는 이를 지휘한 자는 사형, 무기 또는 5년 이상의 징역에 처하고 …

제4조 아래의 각 호의 1에 해당하는 자는 10년 이하의 징역에 처하거나 15년 이하의 공민권을 정지하고 그 재산의 전부 혹은 일부를 몰수할 수 있다.
1. 작위를 세습한 자
4. 밀정행위로 독립운동을 방해한 자
5. 독립을 방해할 목적으로 단체를 조직했거나 그 단체의 수뇌간부로 활동하였던 자
11. 종교, 사회, 문화, 경제 기타 각 부문에 있어서 민족적인 정신과 신념을 배반하고 일본 침략주의와 그 시책을 수행하는데 협력하기 위하여 악질적인 반민족적 언론, 저작과 기타 방법으로써 지도한 자…

— 〈반민족행위처벌법〉

↑ 10월 4일, 〈반민족행위처벌법에 관한 개정법률안〉과 〈반민특별검사부의 특별재판부 및 부속기관폐지에 관한 법률안〉이 국회에서 가결되면서 반민족행위특별조사위원회는 사실상 와해됐다. 이에 앞서 2월 19일 이승만 대통령은 "우리가 공산당과 싸우는 것은 그들이 조국을 남의 나라에 예속시키려는 반역행위를 하기 때문에 싸우는 것"이고 "반민자를 처벌하지 말자는 것은 아니며 처단하되 적당한 방법을 취하는 동시에 시기를 고려하자는 것"이라고 말했다. 그 '적당한 시기'가 언제인지는 모르겠지만 그로부터 75년이 흐른 어느 날, 대한민국의 대통령은 "일제강점기에 우리 국민들의 국적은 일본이었다"고 말하는 자를 대한민국 독립기념관 관장에 앉혔고 그는 취임 첫 일성으로 "억울하게 친일인사로 매도되는 사람이 있어서도 안 되겠다"고 내뱉었다. 그리고 광복절 경축사에서 그 대통령은 "반자유 세력, 반통일 세력"에 "맞서 싸워야"한다고 말했다.

대한민국

1. 13. 국회의원 보궐 선거. 전북 무주 등 네 곳에서 실시됐다. 경북 안동 을에서 임영신이 장택상을 누르고 당선되면서 헌정사상 첫 여성 국회의원이 됐다. 그는 안동은 '여성을 멸시하는 풍속이 아직도 남아있는 곳이나 이번 이와 같은 고풍은 완전히 타파된 셈이다. 내 당선이란 사필귀정이라 하겠다'고 당선 소감을 밝혔다.

2. 10. 민주국민당 창당. 한국민주당과 대한국민당이 합당해 창당했다. 당명은 한국민주당에서 '민주', 대한국민당에서 '국민'을 따서 지었다. 민국당이란 약칭으로 불린 이 정당은 1955년에 민주당에 흡수되어 해체된다.

3. 17. [북한] 소련과 조소군사비밀협정 체결. 정식 명칭은 〈조선과 쏘련 사이의 경제적 및 문화적 협조에 관한 협정〉이었다. 이 협정으로 북한 총 1200만 루블의 차관을 약정받았다. 다음 날인 18일에는 중국과 상호방위조약을 체결했다.

4. 15. 대한민국 해병대 창군.

5. 1. 제1회 총인구조사 실시. 대한민국 정부가 들어선 후 처음으로 실시하는 인구조사였다. 조사 결과 남한의 총인구는 2016만 6758명으로 집계됐다.

6. 5. 국민보도연맹 결성. '개선의 여지가 있는 좌익 세력에게 전향의 기회를 주겠다'는 명분을 내걸고 국민보도연맹을 결성했다. 좌익 활동을 했거나 그것에 동조했다가 전향한 사람들을 특별 관리하기 위해 대한청년단을 앞세워 만든 단체였다. 전국적으로 30만 명이 넘는 사람들을 모두 보도연맹 회원으로 만들어놓고 그들 모두를 정부 통제하에 두고 감시하고자 한 것이다. 그러나 전쟁이 발발하자 정부의 지시를 받은 군경이 최소 수만 명, 최대 10만 명이 넘는 보도연맹원을 살해한다.

6. 6. 경찰, 반민족행위특별조사위원회 습격. 4일 반민특위 특경대가 친일경찰들을 전격 구속하자 이날 40여 명의 무장경찰이 사무실을 습격해 특경대를 무장해제시킨 후 요원 35명을 체포했다. 이승만 대통령은 자신이 특경대 해산을 지시했다며 친일경찰을 비호했다.

6. 21. 〈농지개혁법〉 제정. 북한의 무상몰수 무상분배 방식과 달리 유상몰수 유상분배 방식이었다.

6. 26. 김구, 피살.

6. 30. 미국, 주한미군 철수 완료. 한 해 전 9월 15일부터 철수를 시작해 이날부로 완료했다. 그러나 이듬해 한국전쟁이 발발하면서 미군은 유엔군으로 다시 돌아와 참전하게 된다.

7. 문교부, 〈우리의 맹서〉 제정. "신국가를 건설함에 있어서 국민 일반의 확고한 신념이 지극히 요망되어 〈우리의 맹서〉, 〈학생의 맹서〉, 〈청년의 맹서〉를 제정하여 이를 언제나 머릿속에 깊이 새겨서 신념화하고 생활화하도록 서울 시장, 각 도지사급, 각 대학장에 통첩을 발하였다." 〈우리의 맹서〉는 "(1)충성은 조국에 (2)사랑은 민족에 (3)목숨은 통일에"였다.

8. 18. 중앙선 죽령터널 열차 사고 발생. 서울발 안동행 열차가 죽령터널 안에서 갑자기 탈선해 48명이 사망하고 101명이 다쳤다.

10. 1. 대한민국 공군 창군.

← 6월 26일, 김구가 암살당했다. 경교장에서 육군 포병 소위 안두희가 쏜 네 발의 총탄에 맞은 것이다. 안두희는 끝까지 단독범행이라고 주장했지만, 그럴 가능성은 매우 희박하다. 7월 5일 치러진 그의 장례식에는 50만 명의 인파가 운집했으며, '남한이 통곡 속에 휩싸였다'고 해도 좋을 정도였다. 이 해 7월호 《LIFE》지에는 김구의 조문객들이 경교장 사무실 경내에서 절을 하는 사진이 실렸다. 칼 마이댄스는 안두희가 쏜 총알에 의해 파손된 깨진 유리창을 통해 사진을 찍었다.

세계

1. 20. [미국] 제33대 대통령 해리 트루먼, 두 번째 임기 시작.

1. 25 경제상호원조회의(COMECON) 창설. 소련의 주도하에 불가리아, 체코슬로바키아, 헝가리, 폴란드, 루마니아 동구권 국가들로 구성된 경제기구였다. 서유럽에서 유럽부흥계획(마셜 플랜)이 시작되고, 유럽경제협력기구(OEEC)가 창설된 데 대한 동구 사회주의 국가들의 대응이었다. 동유럽의 위성국가들에 대한 소련의 헤게모니를 강화하는 데 기여한 이 기구는 동서 냉전이 끝나면서 1991년 해체된다.

4. 4. **북대서양조약 체결.** 북대서양조약기구(NATO)의 근간이 된 이 조약은 영국, 프랑스 등 서유럽을 비롯해 미국, 캐나다 12개국이 냉전 시대 소련의 위협으로부터 집단안보를 지키기 위해 체결됐다. 핵심은 회원국 중 하나라도 무장 공격을 받는 경우 이를 전체 회원국에 대한 공격으로 간주하는 것이다. 2023년 스웨덴이 32번째 NATO 회원국이 된다.

5. 12. [소련] 베를린 봉쇄 해제.

5. 23. [서독] 독일연방공화국 탄생. 이날 독일연방공화국 기본법이 발표되면서 서방연합국 점령지역이 하나의 국가로 출발한다. 콘라트 아데나워가 초대 총리가 됐다. 패전으로 폐허가 된 독일을 '라인강의 기적'으로 상징되는 경제성장을 이끌어내는 데 필요한 기반을 다진 인물로 평가받고 있다.

8. 29. [소련] 원자폭탄 실험 성공. 카자흐스탄 대초원 지대에 있는 시험장에서 소련 최초의 원자폭탄인 RSD-1의 실험이 성공했다. 이 폭탄은 1945년 미국이 일본 나가사키에 투하한 '팻 맨'과 유사한 플루토늄 폭탄이었다. 소련의 원자폭탄 개발과 뒤이은 한국전쟁 발발로 1950년부터 군비경쟁이 가열되었고, 미국의 국방비는 1950~60년 사이 무려 네 배 가까이 늘어났다. 더불어 군산복합체는 미국이 경제강국으로 우뚝 서는 원동력이 됐다.

10. 1. [중국] 마오쩌둥 주석, **중화인민공화국 건국** 선포.

10. 7. [동독] 독일민주공화국 탄생. 소련 점령지역에 세워진 이 위성국가의 탄생과 함께 동서독 분단이 공식화됐다. 이 해 농업의 비중이 큰 동독에 사는 사람은 1840만 명, 산업 중심지를 보유한 서독 인구는 5040만 명이었다.

← 10월 1일, 베이징 톈안먼 문루에서 열린 건국식에서 중앙인민정부위원회 주석 마오쩌둥이 "동포 여러분, 오늘 중화인민공화국 중앙인민정부가 수립되었습니다"라고 선포했다. 몽골, 북베트남, 북한에 이어 아시아에서 네 번째로 건국된 공산주의국가였다. 이날 건국식에는 조선 민족을 대표해 항일운동가 주덕해도 참석했다.

문화 / 과학·환경 / 스포츠

문화

4. 9. 〈여성일기〉 개봉. 당시 25세였던 홍성기가 감독한 한국 최초의 컬러 영화였다.

9. 18. [서독] 프랑크푸르트 도서전 부활. 세계 최대 규모인 이 도서전은 500년 이상의 역사를 갖고 있다. 요하네스 구텐베르크가 서적 인쇄에 혁명을 일으킨 마인츠에서 아주 가까운 곳에 위치한 프랑크푸르크에서 도서전이 열리기 시작한 것은 15세기 중반부터였다. 17세기까지 유럽에서 가장 중요한 도서전의 지위를 누렸지만, 이후 라이프치히 도서전에 밀렸다. 그러나 동서독이 분단된 이 해 다시 열리기 시작하면서 명성을 되찾기 시작했다. 2005년 한국이 주빈국으로 참가한다.

11. 21. 제1회 대한민국미술대전 개막. 문교부 주최로 경복궁미술관에서 열린 이 공모전은 조선미술전람회의 체제를 그대로 따라 동양화, 서양화, 조각, 공예, 서예 등 다섯 부문으로 나뉘 진행됐다. 약칭 '국전'으로 불리며 이후 30여 년간 한국 미술계에 절대적인 영향력을 행사했지만, 관 주도 행사라는 한계와 심사를 둘러싼 시비 끝에 1981년의 제30회 국전을 마지막으로 폐지된다.

○ [프랑스] 시몬 드 보부아르의 《제2의 성》 출간.

과학·환경

3. 28. [영국] 프레드 호일, '**빅뱅**(Big Bang)'이란 용어 처음으로 사용. 그는 BBC 라디오 방송에 출연해 빅뱅이란 용어를 처음으로 사용했다. 우주는 팽창하지만 항상 현재와 같이 정상적인 상태를 유지한다는 정상우주론을 지지했던 그는 이 용어를 다소 부정적인 의미로 사용했다.

11. [영국] 라이너스 폴링, 인간 질병과 특정 단백질의 변이 사이의 관계 규명. 그는 낫형적혈구빈혈증이 적혈구 안에 있는 헤모글로빈 단백질의 아미노산 서열 중 하나가 돌연변이에 의해 비정상적으로 변이되기 때문에 일어나는 유전병이라는 사실을 담은 논문을 《사이언스》에 발표했다. 분자유전학의 시작을 알리는 획기적인 논문이었다.

스포츠

2. 19. 문동성, 세계스피드스케이팅 선수권대회 남자 500m 5위 기록. 노르웨이 오슬로에서 열린 이 대회에서 47초 8로 5위에 입상했다. 당시 김용구 빙속협회부회장은 '유지 여러분의 의연으로 장도에 오르게 되었는데 기대에 어긋나서 미안하다'며 '다음 기대를 기다려 노력하고자 한다'고 했다. 하지만 당시의 열악한 상황에 견주면 세계 대회 500m 5위는 놀라운 성적이었다.

1949년 풍경

사람의 한평생, 보따리로 달랑 들고 가도 되는 것. 사람 나이 사십이면 그 어디에서든 보따리 쌀 준비를 하고 살아야 한다는 말이 있다. 막힘 없이 걸림 없이 아무 미련도 남기지 말고 훌쩍 떠나는 그림자처럼 살아야 한다는 당위를 표현한 말이기도 하겠다. 신산스럽기 짝이 없는 옛날 사진들을 보면 유독 보따리 사진이 눈에 많이 띈다. 어쩐지 우리 삶의 한 은유이기도 한 저 보따리에 자꾸 눈길이 간다. 남정네들이 지게를 지거나 멜빵 바지를 입을 때 어깨를 이용했다면, 보따리는 유독 아낙네들의 머리를 좋아하는 듯하다. 몸피만한 부피의 보따리, 인정사정 봐줄 리 없는 몸무게만큼의 보따리와 함께 어디로 가시는 걸까. 거의 다 큰 아이들 두엇은 기본으로 데리고 머리에 저 무거운 보따리를 또 이고 우리의 어머니들은 힘든 시절을 헤치고 나아갔다.

친일인사 기념상

	시상명칭	시상기관	제작년도	시상분야
문학·예술분야	동인문학상 (김동인)	조선일보사	1955	소설
	노산문학상 (이은상)	노산문학회	1976	시조 국학연구
	공초문학상 (오상순)	서울신문사	1993	시
	월탄문학상 (박종화)	운영위원회	1966	시
	육당시조문학상 (최남선)	운영위원회	1985	시조
	소천비평문학상 (이헌구)	운영위원회	1989	평론
	팔봉비평문학상 (김기진)	한국일보사	1990	평론
	조연현문학상 (조연현)	한국문인협회	1982	종합
	이주홍아동문학상 (이주홍)	운영위원회	1981	아동문학
	난파음악상 (홍난파)	난파기념사업회	1968	음악
	동랑연극상 (유치진)	한국예술연구원	1977	연극

이 해에는

책

3. 31. 《이상 선집》, 이상

6. 8. [영국] 《1984》, 조지 오웰

○ [프랑스] 《제2의 성》, 시몬 드 보부아르

○ [미국] 《세일즈맨의 죽음》, 아서 밀러

○ [미국] 《인간행동》, 루트비히 폰 미제스

○ [이탈리아] 《피부》, 쿠르치오 말라파르테

노래

○ [프랑스] 〈고엽〉, 이브 몽탕(1945년 조제프 코스마가 작곡함)

영화

2. 9. 〈마음의 고향〉, 윤용규

9. 1. [영국] 《제3의 사나이》, 캐럴 리드

궂긴 소식

6. 26. 김구(독립운동가, 정치인)

8. 16. 마거릿 미첼(미국의 소설가)

9. 8. 리하르트 슈트라우스(독일의 작곡가)

1950년

한국전쟁 발발

↑ 새벽 4시 북한군이 북위 38도선을 넘어 남침했다. 전쟁은 1953년 7월까지 3년 넘게 이어지며 수백만 명의 목숨을 앗아간다.

"아 아 잊으랴!
어찌 우리 이 날을.
조국을 원수들이
짓밟아 오던 날을."
— 박두진 작사, 김동진 작곡,
〈6·25의 노래〉

금 25일 조조 5시부터 8시 사이에 38선 전역에 걸쳐 이북 괴뢰집단은 대거하여 불법 남침하고 있다.
기중 동두천 방면 전투에서는 적측이 전차까지 출동시켜 내습하였으나 아군 대전차포에 격파당하고 말았다.
— 〈북한군 공격에 관한 국방부 정훈국장의 담화〉

매국역적 리승만괴뢰정부의 군대는 6월 25일 38선 전역에 걸쳐 공화국북반부지역에 대한 전면적 진공을 개시하였습니다. 용감한 공화국경비대는 적들의 침공에 항거하여 가렬한 전투를 전개하면서 리승만군대의 진공을 좌절시켰습니다.
— 〈모든 힘을 전쟁의 승리를 위하여〉
전체 조선인민에게 한 방송연설

↓ 7월 26일, 충북 영동군 황간면 노근리에 피난민으로 위장한 북한군이 있다고 본 미군이 철로와 쌍굴다리의 피난민을 향해 공중 폭격과 지상군 사격을 가했다. 29일까지 이어진 무차별 학살로 여자와 어린아이를 포함해 130명이 넘는 민간인이 사망했다.

대한민국

1. 6.	첫 고등고시 실시. →
4. 10.	〈농지개혁법〉 개정 법령 공포. 이로써 유상몰수 유상분배 방식의 **농지개혁**이 시작됐다. →
5. 30.	제2대 국회의원 선거 실시. 선거 결과 무소속이 126명, 여당인 민주국민당이 24석, 야당인 대한국민당이 24석, 대한독립촉성국민회가 14석을 차지했다. 선거 실시 전 패배를 예측한 이승만 대통령은 선거를 12월로 미루려 했지만, 미국의 반대로 예정대로 치러진. 이 선거는 사실상 이승만의 참패였다. 그의 지지세력은 대한독립촉성국민회 12명, 대한청년당 4명을 합해도 57명 정도에 지나지 않았다.
6. 12.	한국은행 창립. 5월 5일 공포된 〈한국은행법〉에 따라 이날 한국은행이 조선은행의 자산을 양수받아 업무를 개시했다.
6. 25.	**한국전쟁 발발**.
6. 27.	[한국전쟁] 정부, 대전으로 이전. 이날 새벽 2시 이승만 대통령은 대전행 특별열차를 타고 서울을 빠져나갔다. 그는 이날 밤 "정부는 대통령 이하 전원이 평상시와 같이 중앙청에서 집무하고" 있으니 "…국민은 군과 정부를 신뢰하고 조금도 동요함이 없이 직장을 사수하라"는 내용의 대통령 담화를 방송하게 했다.
6. 28.	[한국전쟁] 국군, 한강인도교 폭파.
6. 28.	[한국전쟁] **북한군, 서울 점령**. 남침 후 불과 3일 만의 일이었다.
6. 28.	[한국전쟁] 북한군, 서울의대 부속병원에 난입해 경비병, 의료진, 환자와 가족 등 1000여 명 학살.
7. 3.	[한국전쟁] 남한 공군, 첫 출격. →
7. 22.	한국은행권 발행.
7. 26.	[한국전쟁] **노근리 양민학살 사건**.
8. 18.	임시 수도, 부산으로 이전.
9. 6.	여자의용군교육대 창설. 국방부는 이날을 여군의 날로 기념한다. →
9. 15.	[한국전쟁] **인천상륙작전**. 한국군 2개 연대를 포함, 해병과 보병 각 1개 사단으로 구성된 상륙 부대가 유엔군 사령관 더글러스 맥아더의 지휘하에 인천상륙작전을 펼쳤다. 인천을 탈환한 상륙 부대는 3일 후 김포와 영등포 두 방향으로 진격해 서울을 포위하기 시작한다.
9. 28.	[한국전쟁] 유엔군, **서울 수복**. 전쟁이 발발한 지 3개월 만이었다. →
10. 1.	[한국전쟁] 한국군, 38선을 넘어 북진 개시. 제3사단 23연대가 강원도 동해안 양양 지역에서 최초로 38선을 넘은 이날은 1956년부터 국군의 날로 정해져 기념된다.
10. 9.	[한국전쟁] 금정굴 학살 사건. →
10. 17.	[한국전쟁] 한국군, 미군유엔군과 함께 38선 이북 중국 국경선까지 진격.
10. 19.	[한국전쟁] **중국군** 30만 명이 압록강 건너 **북한**으로 **진입**. 명분은 항미원조전쟁이었다. 항미원조전쟁은 미국에 대항해 북한을 지원한 전쟁이라는 뜻으로 한국전쟁을 일컫는 중국 정부의 공식 명칭이다. 한편 이날 한미연합군은 평양을 점령했다.
10. 19.	[한국전쟁] **유엔군 전면 철수**.
10. 19.	[한국전쟁] **원산, 흥남 철수 작전**.
12. 21.	〈국민방위군설치법〉 제정 및 시행.

세계

1. 12. [미국] 애치슨 선언. 이날 딘 애치슨 국무장관은 소련과 중국의 야심을 저지하기 위한 태평양의 미국 방위선을 알류산 열도-일본 오키나와-필리핀을 잇는 선으로 정한다는 내용의 연설을 했다. 한국과 대만은 이 방위선 밖이고 미국은 개입하지 않는다는 것이었다. 이러한 방위선(애치슨 라인)의 설정과 관련해서는 결과적으로 북한의 남침을 예측하지 못한 미국의 결정적 실책이라고 보는 견해가 강하다.

2. 9. [미국] 매카시즘 광풍 시작.

2. 14. [중국/소련] 중소우호동맹상호원조조약 체결. 마오쩌둥과 이오시프 스탈린이 모스크바에서 체결한 이 조약에서 소련은 중국을 '일본과 그 동맹'의 공격으로부터 방어하고 군사·민간 원조를 제공하기로 약속했다.

3. 19. 평화 지지자 세계대회, 스톡홀름 호소문 채택. 2차대전이 끝난 후에도 핵 실험은 계속되었고 냉전 구도는 더욱 공고해져가는 상황에서 평화지지자 세계대회(후에 세계평화협의회로 명칭 변경) 상임위원회원들이 스톡홀름에 모여 '위협과 대량살상의 도구인 핵무기의 불법화'와 '이를 시행하기 위한 엄격한 국제적 통제'를 요구했다. 이에 지식인과 예술가, 활동가들을 포함해 약 2억 5천만 명이 서명했다. 한국전쟁에서 핵무기를 사용 못 하게 만드는 데도 일정 정도 기여했다.

6. 27. [한국전쟁] 유엔, 안전보장이사회 결의 83 채택. 남한에 대한 북한의 적대행위의 즉각적인 중지와 무장세력의 38선 이북으로의 군대 철수 촉구, 남한에 대한 회원국들의 지원을 권고하는 내용을 담은 이 결의안은 찬성 7표, 반대 1표로 통과됐다.

6. 28. [한국전쟁] 해리 트루먼 미국 대통령, 남한에 대한 미군의 즉각적인 지원 개시 명령. 이틀 후 남한에 지상군 투입을 결정했다.

7. 5. [이스라엘] 〈귀환법〉 제정. 전 세계의 모든 유대인이 이스라엘로 이주해 국민이 될 수 있는 권리를 인정하는 법이었다. 국경을 틀어막고 팔레스타인 난민들이 고향으로 돌아오는 것을 금지한 와중에 빼앗은 난민들의 토지와 재산을 나눠줄 인구를 해외에서 불러들인 것이다.

10. 7. [중국] 티베트 침공. 진사강을 건너 티베트를 침공한 인민해방군은 19일 국경도시 참도(창두)를 점령했다. 중국은 이듬해 5월 23일 17개조 협정을 맺고 티베트의 주권을 박탈한다.

← 2월 9일, 위스콘신주 상원의원 조지프 매카시가 웨스트버지니아주 휠링에서 종이 몇 장을 흔들며 205명의 명단이 있다고 주장했다. 그는 정부 안에 공산주의자들이 침투해 있다고 주장했다. 1949년 소련의 원자폭탄 실험으로 냉전이 고조되던 시기에 이러한 주장은 사람들을 두려움과 의심에 빠져들게 했다. 많은 블랙리스트가 만들어졌고 빨갱이라는 단어가 할리우드, 언론, 심지어는 과학계까지 집어삼켰다. 1954년 육군-매카시 청문회 이후 매카시의 영향력은 급격히 힘을 잃었지만, 그 여파는 1960년대까지 이어졌다.

문화 / 과학·환경 / 스포츠

문화

8. 25 [일본] 〈라쇼몽〉 개봉. 하나의 사건을 네 명의 목격자가 서로 상반된 관점에서 회상하는 방식으로 그린 구로사와 아키라의 이 영화는 기존의 스토리텔링 방식을 과감하게 깨뜨리며 영화의 역사에 지울 수 없는 흔적을 남겼다. 〈라쇼몽〉은 우리가 알고 있다고 생각하는 모든 것을 의심하게 만든다.

12. 30. 고바우 영감, 주인공으로 첫 데뷔. 김성환의 만화 캐릭터인 고바우 영감이 《사병만화》 지면에 주인공으로 등장했다. 이름은 '우리나라 민족성을 살린 구수한 체취와 강직한 보수성을 나타내기 위해 바위(巖)란 뜻으로 바우라고' 붙였다고 한다. 고바우 영감은 이후 1955년 2월 1일 《동아일보》를 시작으로 《조선일보》를 거쳐 2000년 9월 29일 《문화일보》에서 마지막 인사를 고한다. 무려 45년간 1만 4139회를 연재한 한국 최장수 시사만화이다.

과학·환경

10. 1. [영국] 앨런 튜링, 〈계산 기계와 지능〉 발표. 그는 《마인드》라는 학술지에 실린 이 논문에서 "기계가 생각할 수 있을까?"란 질문을 던졌다. 이어서 그는 기계가 지능이 있는지를 판별하는 테스트의 하나로 모방 게임을 제안한 후, 기계가 생각을 할 수 없다는 주장을 일축하고 여러 가지 반론을 제기했다. '인공지능(AI)'의 판별기준을 처음으로 제시한 이 테스트는 훗날 '튜링 테스트'로 불리게 된다.

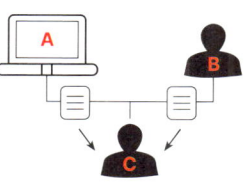

스포츠

4. 19. 함기용, 보스턴 마라톤 우승. 기록은 2시간 35분 58초였다. 함께 출전한 송길윤이 2위, 최윤칠이 3위를 하며 우리 선수들이 1, 2, 3위를 모두 차지했다.

6. 24. [브라질] 제4회 FIFA 월드컵 개막. 결승전에서 우루과이가 브라질을 2-1로 꺾었다. 1930년에 이은 두 번째 우승이었다.

8. 3. [프랑스] 축구 클럽 올랭피크 리옹 창단. 2001~02 시즌 첫 우승을 차지한 후, 2007~08 시즌까지 무려 7회 연속 리그1 우승을 차지하는 엄청난 기록을 세운다.

1950년 풍경

전쟁의 얼굴이라고 늘 야수를 닮지는 않는다, 라고 말한다면 위험한 발언이다. 어떤 특수한 일면을 그 나머지 사정으로 일반화하는 오류를 범하는 일이다. 요즘 가상의 전쟁에서는 전후방이 따로 없다지만 그때도 그리했을까. 생사가 오고 가는 백병전이 치열하게 벌어지는 현장과 달리 또 그 전쟁의 와중에도 일상은 간단없이 이루어져야 했다. 사진은 어느 후방에서 유모차를 공수하는 작전을 찍은 것이다. 전쟁이야 어른들이 별인 일, 그렇다고 그 참화가 아이들의 사정을 봐줄 리가 없다. 전쟁의 소용돌이에 맞춘 복장의 군인들 사이로 민간인은 아무렇게나 대책 없는 옷이다. 엄마보다 먼저 차에서 내려 주위 풍경을 이끌고 걸어 나오는 조그마한 아이, 한 꽃송이. 박격포탄이 막 떨어진 옆에서도 그저 흔들리기만 하는 들국화가 저와 같을까.

이 해에는

책

4. 1. 《성서적 입장에서 본 조선역사》, 함석헌(1961년 '뜻으로 본 한국역사'라는 제목으로 증보개정판 간행)
5. 4. [미국] 《화성 연대기》, 레이 브래드버리
9. 4. [프랑스] 《대머리 여가수》, 외젠 이오네스코

영화

8. 25. [일본] 〈라쇼몽〉, 구로사와 아키라

궂긴 소식

1. 8.   조지프 슘페터(오스트리아의 경제학자)
1. 21   조지 오웰(영국의 소설가)
4. 8.   바츨라프 니진스키(러시아의 무용수)
6. 11. 채만식(소설가, 친일반민족행위자)
9. 25. 정지용(시인)
10. 6. 석주명(나비 연구가)
10. 25. 이광수(소설가, 친일반민족행위자)
11. 2. 조지 버나드 쇼(아일랜드의 작가)
12. 10. 김규식(독립운동가, 정치인)

한국전쟁

1. 12.	애치슨 미국 국무장관, 태평양방위선 연설
1. 26.	한미 상호방위원조협정 체결
4. 5.	김일성-스탈린 비밀회담
5. 13.	김일성-마오쩌둥 회담
5. 29.	북한 남침선제타격계획 완성
5. 30.	국회의원 선거
6. 12.	북한군 전투부대 38선 부근으로 이동
6. 17.	덜레스 미 대통령 고문 방한
6. 22.	북한군 남침정찰명령 하달
6. 23.	국군 비상경계 해제
6. 25.	**북한군 전면 남침**
6. 27.	정부, 대전으로 이동
6. 28.	유엔안전보장이사회, 한국 군사지원 결의안 채택
6. 28.	**북한군 서울 점령**
6. 29.	유엔군 서울 수복, 맥아더 최고사령관, 한강방어선 시찰
6. 30.	미국, 지상군 투입결정
7. 7.	유엔안보리 유엔통합군사령부 설치 결의
7. 8.	정부, 전국 비상계엄 선포(전라남북 제외)

1948 — **1949** — **1950**

2. 8.	북한, 조선인민군 창건
5. 10.	남한, 유엔 감시하에 총선거 실시
8. 15.	**대한민국 정부수립**
8. 16.	국방경비대를 국군으로 명명
9. 9.	**조선민주주의인민공화국 수립**
10. 19.	여순 사건

3. 5.	김일성-스탈린 회담
3. 17.	조·소 군사, 경제, 문화협정 체결
4. 28.	김일성-마오쩌둥 회담
6. 28.	조국통일민주주의전선 결성
6. 29.	주한미군 철수 완료
7. 1.	주한 미 군사고문단 설치
10. 1.	중화인민공화국 수립
12. 16.	마오쩌둥-스탈린 회담

7. 14.	국군 작전지휘권 유엔군총사령관에게 이양
7. 16.	정부, 대전에서 대구로 이동
8. 1.	낙동강 방어선 형성
8. 18.	정부, 대구에서 부산으로 이동
9. 15.	**인천상륙작전**
9. 23.	김일성, 북한군 총 후퇴 명령 하달
9. 29.	수도 환도식 거행(중앙청)
10. 19.	**평양탈환**
10. 25.	중국군 참전
10. 30.	평양시민 환영대회
11. 25.	청천강 전투 (-12월 2일)
11. 26.	장진호 전투 (- 12월 13일)
11. 30.	유엔군 전면 철수
12. 14.	**원산, 흥남철수 작전**
12. 23.	미 제8군사령관 워커 중장 전사
12. 26.	신임 미 제8군사령관 리지웨이 장군 부임
12. 31.	중국군 제3차 공세(신정공세)

1952

- 1. 30. 육군사관학교 개교
- 2. 24. 공산군, 미군 세균전 살포 조작 및 비난
- 4. 11. 맥아더 해임
- 4. 22. 임진강 전투 (교착 상채 돌입)
- 4. 28. 유엔군, 일괄타결안 제의
- 5. 7.   거제포로수용소 항거 폭동
- 5. 9.   유엔군사령관 클라크 대장 부임
- 6. 21. 유엔군, 포로 강제송환 강력 반대
- [여름] 미군, 네이팜탄 사용
- 7. 23. 백선엽 중장, 육군참모총장 취임
- 8. 5.   정부통령 선거(대통령 이승만, 부통령 함태영 당선)
- 9. 28. 유엔군, 포로의제 선택적 제안
- 10. 6. 한국군 제9사단, 백마고지 전투

1951

- 1. 4.   유엔군 서울 철수(1·4후퇴)
- 1. 17. 정부, 정전안 반대
- 2. 12. 거창 양민 학살 사건
- 3. 15. 서울 재탈환
- 4. 11. 맥아더 장군 해임, 리지웨이 장군 임명
- 4. 25. 가평/ 임진강 전투
- 5. 12. 국민방위군 설치법 폐지
- 6. 1.   유엔 사무총장, 38도선에서 휴전성명 발표
- 6. 23. 이종찬 소장 육군총참모장 취임
- 6. 30. 리지웨이 사령관, 휴전회담 제의
- 7. 1.   공산군, 휴전회담 수락
- 7. 10. 휴전회담 개성에서 개막 (시작)
- 9. 5.   미 제2사단 피의 능선 점령
- 10. 25. 휴전회담 판문점에서 재개

1953

- 1. 20. 미 아이젠하워 대통령 취임
- 1. 25. 정전 협정 재개
- 3. 5.   스탈린 사망
- 4. 20. 상병포로 교환 개시
- 5. 25. 한국대표, 회담 불참 선언
- 6. 18. 이대통령, 반공포로 석방
- 6. 26. 이승만-로버트슨 회담
- 7. 13. 중국군 최후공세 개시
- 7. 27. 정전협정 조인

1951년

거창 민간인 학살 사건

"이 많은 사람을 설마
죽이겠느냐'는 것이었지요"

↑ 공비 소탕작전을 펼치려 했던 국군 11사단 9연대(연대장 오익경)의 공비 소탕 작전에 참여한 제3대대(대대장 한동석 소령)가 2월 5일 거창군 신원면에 진주한 후 13일까지 작전 실행을 빌미로 민간인을 학살하는 만행을 저질렀다. 특히 10일에는 주민들을 신원국민학교로 집합시켰다. 다음날인 11일 군·경·공무원과 마을 유지의 가족만 골라낸 후 남은 사람들을 근처 박산 골짜기로 끌고가 집단으로 살해했다. 이날 목숨을 잃은 주민이 무려 517명이었고, 9일부터 11일까지 희생된 주민이 719명이었다.

"학교 밖을 벗어날 때는 그래도 한가닥 기대는 있었습니다. '이 많은 사람을 설마 죽이겠느냐'는 것이었지요…토벌대원들이 양쪽 옆으로 서고 그 사이로 부락민들을 떼밀어 보내고 있었어요. 박산골로 말입니다. 부락민들은 나이 많은 노인, 부녀자, 멋 모르고 따라가는 아이들이 대부분이었습니다…그 순간, 집단사살의 총소리가 온 골짜기에 울렸어요.…얼마나 지났을까, 총질을 멈추더니 우리들을 불러 세우고는 나무를 시체더미 위에 져다 나르라는 겁니다. 말을 안들으면 죽일 것 같고 해서 시키는대로 했지요. 그때 누군가가 나무더미에 불을 붙였어요. 불길이 한참 타오르는데 그 속에서 애기 울음소리가 들립니다. 그러자 엉긴 시체를 향해 다시 총질을 해댔어요. 우리는 넋을 놓고 이 광경을 보고 있었어요. 이제는 죽었구나 싶어 지레 그 자리에 퍽 주저앉았는데 나중에 보니까 나무를 져다 날랐던 5~6명 중 문홍준씨와 나만 무사했어요. 그들은 우리 두 사람이 살아 있는 것을 알고도 그대로 둡디다."
— 거창 민간인 학살 사건 생존자 신현덕의 증언

↓ 중국군이 물밀듯이 내려오자 정부는 청장년들을 국민방위군으로 편성해 남쪽으로 이동시켰다. 보급품조차 제대로 지급되지 않은 가운데 혹한 속에 무리한 이동을 강요하여 집결지인 영남지역으로 이동하는 과정에서 수많은 청장년이 추위와 굶주림으로 죽었다. 설상가상으로 국민방위군 사령부 간부들은 장병들에게 지급될 군수물자와 군량미를 대대적으로 착복했다.

대한민국

1. 4. [한국전쟁] 서울, 공산군 입성. 대규모 중국인민지원군의 참전으로 전세는 다시 국군과 유엔군에 불리해졌고, 결국 이날 서울이 다시 공산군 수중에 떨어졌다. 서울은 그로부터 두 달 후에 다시 수복됐다. 이날 정부가 수도 서울에서 철수한 사건을 '1·4 후퇴'라고 부른다.

2. 전시하 반공교육 강화와 학제 개편.

2. 11. **거창 민간인 학살 사건.**

2. 14. 〈반민족행위 처벌법〉, 폐지.

3. 6. 6-3-3-4 학제를 원칙으로 한 교육법 개정안이 국회를 통과하였다.

5. 4. 〈대학교육에관한전시특별조치령〉 공포. 전쟁이 장기화될 조짐이 보이자 문교부는 부산, 광주, 전주, 대전 등 4개 피난도시에 '전시연합대학'을 설치해 합동수업을 진행하게 했다. 이에 앞서 2월 18일 대학 재학생의 징집을 연기해 주는 잠정조치를 발표하자, 대학생 수가 '무서운 속도로'• 늘어났다. 징집을 회피하기 위해서였다.

5. 9. 이시영 부통령 사임. 그는 이승만 정권의 국민방위군 사건을 비판하며 '국민에게 고함'이란 글을 남긴 후 사임했다. 사표는 15일 처리됐다.

5. 12. [한국전쟁] 〈국민방위군설치법〉 폐지.

5. 16. 제2대 부통령 선거. 국회에서 실시된 이날 보궐 선거에서 결선까지 가는 접전 끝에 김성수가 78표(51%)를 얻어 부통령에 당선됐다. 이미 사직한 이시영에게도 73표가 나왔다.

7. 10. [한국전쟁] **정전회담** 개시. 협상은 북진통일을 주장하는 이승만 정권의 반대 속에 판문점에서 시작됐다. 미군과 공산군은 최소 6주 정도면 타결될 것으로 기대했지만, 협상은 처음부터 난항을 겪었다. 길고도 지루한 교착상태가 계속됐다. 그 주된 이유는 중국군 측이 협상 기간을 통해 군의 손실을 보충함으로써 군사적 우위를 회복하려 했고, 또 무엇보다도 이오시프 스탈린이 줄곧 정전에 반대했기 때문이다.•

7. 14. [한국전쟁] 이승만 대통령, 전시작전지휘권 이양. 그는 더글러스 맥아더 유엔군 사령관에게 "현 작전 상태가 계속되는 동안 일체의 작전 지휘권을 이양"한다는 내용의 서한을 보냈다. 이렇게 사적인 편지를 통해 이양된 국군의 작전권은 40년이 더 지나고 나서야 일부가 국군으로 돌아온다. 1994년 평시 작전통제권 중 일부가 환수되지만, 전시를 포함한 작전통제권의 완전한 이양은 여전히 이뤄지지 않고 있다.

10. 20. 한일예비회담 개시. 대일청구권과 평화선 문제 등 한국과 일본 간의 각종 현안을 처리하기 위해 일본 도쿄에서 이날과 22일 이틀간 열렸다. 본회담은 이듬해 1952년 2월 15일부터 시작됐다.

10. 25. 정전회담 판문점에서 재개.

12. 23. **자유당** 창당. 이날 '자유당'이란 이름을 내건 두  개의 정당이 창당했다. 하나는 공화민정회 소속 국회의원 70여 명이 만든 이른바 '원내 자유당', 다른 하나는 원외의 관변단체를 중심으로 한 '원외 자유당'이었다. 원외 자유당은 이승만을 지지하는 정당이었던 반면, 원내 자유당의 주류는 장면을 지지했다.• 한국 최초의 여당이었다. 이 두 당은 이듬해 9월 18일 하나로 합쳐진다.

세계

4. 5. [미국] 로젠버그 부부, 사형 선고 받음. 줄리어스 로젠버그와 에델 로젠버그가 소련을 위한 간첩 혐의로 기소되어 사형을 선고 받았다. 사형은 6월 19일에 집행됐다. 미국 역사상 민간인이 간첩 혐의로 처형된 것은 처음이었다.

4. 11. [한국전쟁] 해리 트루먼 미국 대통령, 더글러스 맥아더 극동군 사령관 해임. 만주 폭격과 원자탄 사용을 주장하던 그는 '노병은 결코 죽지 않는다. 다만 서서히 사라질 뿐이다'라는 말을 남기고 군 생활에 작별을 고했다. 후임으로는 매슈 리지웨이가 임명됐다.

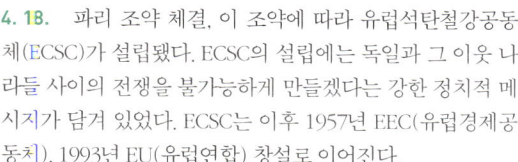

4. 18. 파리 조약 체결. 이 조약에 따라 유럽석탄철강공동체(ECSC)가 설립됐다. ECSC의 설립에는 독일과 그 이웃 나라들 사이의 전쟁을 불가능하게 만들겠다는 강한 정치적 메시지가 담겨 있었다. ECSC는 이후 1957년 EEC(유럽경제공동체), 1993년 EU(유럽연합) 창설로 이어진다.

5. 23. [티베트/중국] 17조 협정 체결. 공식 명칭이 '중앙 인민 정부와 티베트 지방 정부의 평화적인 티베트 해방에 관한 법적 협의'인 이 조약은 티베트의 자치권 보장, 종교의 자유 허용 등을 담고 있기는 하지만, 사실상 티베트의 주권이 중국에 박탈된 것이나 마찬가지였다.

9. 8. 샌프란시스코 강화조약 체결. 48개국 대표가 미국 샌프란시스코에 모여 일본과의 교전 상태 종결을 정식으로 승인했다. 이로써 태평양 전쟁이 공식적으로 끝을 맺고, 연합국의 일본 점령도 4월 28일 이 조약의 발효와 함께 정식으로 끝났다.

9. 8. 미일안전보장조약 체결. 미국이 일본 내에 기지를 확보해 군대를 주둔시키는 것을 인정하는 조약이었다. 일본 내에서는 격렬한 반대 운동이 일어났지만, 이 조약은 냉전체제 하에서 일본의 고도성장을 가능하게 한 중요한 외적 요인이 된다. 1960년 6월 미국과 일본 간의 상호협력 및 안보조약(신안보조약)이 발표되면서 효력이 상실된다.

10. 15. [이란] 모하마드 모사데그 총리, 석유 산업 국유화 선언.

10. 26. [영국] 윈스턴 처칠, 총리 재선. 6년만의 복귀였다.

12. 24. [리비아] 이탈리아로부터 독립. 이드리스가 국왕이 되어 리비아 왕국을 선포했다. 이탈리아의 또 다른 식민지였던 소말리아는 1960년에 독립한다.

← 강화 조약에 서명하는 요시다 시게루 총리의 모습이다.

문화 / 과학·환경 / 스포츠

문화

1. 3. [일본] 〈NHK 홍백가합전〉 첫 방송. 오후 8시부터 한 시간 동안 라디오로 방송됐다. 남녀 대항 방식의 이 프로그램은 청취자들로부터 엄청난 관심을 모았고, 2년 후부터는 매해 새해 전날 TV 전파를 타며 일본의 국민적 행사로 자리잡는다.

3. 10. [북한] 조선문학예술총동맹 결성. 1946년 결성된 북조선예술총연맹이 임화, 이용악, 최승희 등 월북 남한 예술인들을 흡수해 조선문학예술총동맹으로 개편됐다. 위원장은 한설야였다. 반종파 투쟁에 휘말려 1953년 9월 해체된다.

6. 6. [서독] 제1회 베를린 국제영화제 개막. 이탈리아 베네치아 국제영화제, 프랑스 칸 영화제와 함께 세계 3대 영화제로 꼽힌다. 이 영화제의 최고상은 황금곰상이다. 1961년 강대진 감독의 〈마부〉가 특별은곰상을 수상했다.

9. 10. [일본] 구로사와 아키라 감독의 영화 〈라쇼몽〉, 제12회 베네치아 영화제 황금사자상 수상. 아시아 영화로는 최초였다.

과학·환경

2. [영국] 페란티 마크 1, 맨체스터 대학에 인도됨. 최초의 상업용 전자 컴퓨터였다.

7. 22. [소련] R-1 발사. 이 준궤도우주비행 로켓에는 데지크와 치간이라는 이름의 개 두 마리가 타고 있었다. 이들은 높이 110km에 도달한 후 낙하산으로 지구로 귀환했다. 우주로 나간 최초의 포유류이자 개였다. 데지크는 9월 다시 한번 우주로 나갔다 로켓의 낙하산이 펼쳐지지 않아 죽었다.

12. 20. [미국] 실험용 증식로(EBR-1), 발전 성공. 아이다호주 사막에 있는 연구용 원자로에서 이루어진 세계 최초의 원자력 발전이었다. 발전량은 200와트 전구 네 개를 켤 수 있는 정도였다.

스포츠

3. 2. [미국] NBA 첫 올스타 게임.

3. 4. [인도] 뉴델리에서 제1회 아시안 게임 개막. 11개국에 총 489명의 선수가 참가했다. 전쟁 중이었던 대한민국은 참가하지 못했다.

10. 27. 제32회 전국체육대회 개막. 한해 전 서울에서 개최될 예정이었으나 전쟁으로 취소되었던 전국체육대회가 이날 전라남도 광주에서 개막됐다. 서울 이외의 곳에서 열린 것은 이때가 처음이었다.

1951년 풍경

미국은 신미양요 이래, 한반도에 끊임없이 개입하였다. 그리고 한국전쟁이 나자 일반 백성들과도 이렇게 외교나 예절, 허례의식도 없이 직접적이고 전면적으로 접촉이 이루어졌다. 사진은 미군들이 주민들의 협조를 받아 어린이들에게 DDT를 살포하는 모습이다. 전쟁통에는 빈약한 위생시설에 적과의 전쟁뿐만이 아니라 창궐하는 전염병과의 전쟁을 동시에 수행해야 한다. DDT는 농약이다. 살충, 제초 효과가 강력하다. 그 부작용이 너무 커서 오늘날 대부분의 나라에선 사용이 금지됐다. 전쟁을 고스란히 겪어야 했던 어린이는 무슨 가루인 줄 알고 저 분무기 앞에 머리를 내놓아야 했을까. 백색의 밀가루인 줄 알았다가 독한 냄새에 진저리를 치지 않았을까. 그리고 그 후유증을 어떻게 감당했을까. 살면서 시나브로 영어를 알아야 하긴 하겠지만 '굿모닝'이나 '웰컴'보다도 먼저 '디디티'를 접했어야 했던 그런 혐악한 시절이 있었다.

주요 영화제

	1932	베네치아 영화제
	1946	칸 영화제
	1951	베를린 영화제
OSCARS	1929	아카데미상
	1996	부산국제영화제

이 해에는

책

- **2. 7.** [프랑스] 《지붕 위의 기병》, 장 지오노
- **7. 16.** 《호밀밭의 파수꾼》, 제롬 데이비드 샐린저
- **9. 25.** [프랑스] 《시르트의 바닷가》, 쥘리앙 그라크
- ○ [미국] 《전체주의의 기원》, 한나 아렌트

영화

- **2. 7.** [프랑스] 〈어느 시골 사제의 일기〉, 로베르 브레송

궂긴 소식

- **1. 5.** 서재필(독립운동가)
- **1. 5.** 김동인(소설가, 친일반민족행위자)
- **4. 29.** 루트비히 비트겐슈타인(오스트리아의 철학자)
- **7. 13.** 아르놀트 쇤베르크(오스트리아의 작곡가)
- **7. 23.** 필리프 페탱(프랑스의 군인)

독립한 나라

- **12. 24.** 리비아 왕국 (← 영국, 프랑스)

1952년

발췌개헌안 국회 통과

↑ 1952년 7월 4일, 대한민국 헌정사의 암흑기를 알리는 발췌개헌안이 국회에서 통과했다. 이승만 대통령의 권력 연장을 위해 강행된 이 개헌은 민주주의의 근간을 흔들고, 국민의 의지를 짓밟는 폭거였다. 발췌개헌의 통과는 대한민국의 민주주의가 독재의 길로 접어드는 비극적 전환점이었으며, 이후 수년간 지속될 정치적 혼란과 국민의 고통을 예고하는 불길한 서막이었다.

"개헌안은 대통령 직선제와 상하 양원제의 이 점에만 국한하고 기타의 점에는 '닺치'하지 말 것."

제31조 국회는 민의원과 참의원으로써 구성한다.
제53조 대통령과 부통령은 국민의 보통, 평등, 직접, 비밀투표에 의하여 각각 선거한다.
제69조 국무총리는 대통령이 임명하고 국회의 승인을 얻어야 한다…국무위원은 국무총리의 제청에 의하여 대통령이 임명한다.
제70조…국무총리와 국무위원은 국회에 대하여 국무원의 권한에 속하는 일반국무에 관하여는 연대책임을 지고 각자의 행위에 관하여는 개별책임을 진다.
제70조의2 민의원에서 국무원불신임결의를 하였거나 민의원의원총선거 후 최초에 집결된 민의원에서 신임결의를 얻지 못한 때에는 국무원은 총사직을 하여야 한다.
제98조 헌법개정의 제안은 대통령, 민의원의 재적의원 3분지 1 이상 또는 참의원의 재적의원 3분지 2 이상의 찬성으로써 한다…헌법개정의 의결은 양원에서 각각 그 재적의원 3분지 2 이상의 찬성으로써 한다.
— 〈대한민국 헌법〉(제2호)

대한민국

1. 18. 이승만 대통령, '인접 해양에 대한 주권에 관한 선언' 선포. 독도가 한국의 영토로 포함된 평화선 설정이 포함된 이 선언에 대해 28일 일본 정부는 "명백히 일본의 영토인 이들 섬에 대한 대한민국 정부의 그 어떠한 가정이나 주장도 인정할 수 없다"며 항의했다. 이에 한일간에 독도를 둘러싼 영토 분쟁이 본격화했다.

1. 18. 헌법개정안 부결. 대통령 직선제와 양원제를 골자로 이승만 정부가 제출한 헌법개정안이 국회에서 143-19라는 압도적 표차로 부결됐다. 국회의원들이 대통령 선출권이라는 막대한 권리를 스스로 포기할 리 없었던 것이다.●

4. 17. 국회, 책임내각제 개헌안 제출. 국회의원 123명의 찬성날인을 받은 안이었다. 123은 개헌선을 단 한 명 초과하는 수였다.

4. 25. 시·읍·면 의회의원 선거. 한국 최초로 실시된 지방선거였다. 이어 5월 10일 시·도의회 의원 선거가 실시됐다. 두 선거 모두 여당이 승리했다.

4. 26. 서울대학교, 첫 박사학위 수여. 부산대학 강당에서 거행된 졸업식에서 서울대는 김동일 등 3인에게 이학박사, 이춘근에게 의학박사, 이병도 등 2인에게 문학박사 학위를 수여했다. 해방 후 첫 박사학위 취득자들이었다.●

5. 14. 정부, 헌법개정안 제출. 대통령 직선제와 상하원 양원제를 내용으로 하는 안이었다.

5. 24. 〈대한민국과 통일사령부 간의 경제조정에 관한 협정〉 체결. 한국과 미국이 유엔사령부와 남한 간의 경제문제를 조정하기로 합의했다. 한미경제조정협정 혹은 마이어 협정으로 불리는 이 협정에 따라 원조물자의 효율적 사용을 위해 한미합동경제위원회가 구성되어 사실상 한국 경제와 관련된 최고 의사결정 기구 역할을 한다.

5. 25. 전남북·경남도 일부 지역에 계엄령 선포. 다음 날인 26일, 이승만 정권은 의사당으로 출근하는 50여 명의 국회의원이 탄 통근버스를 헌병대로 강제로 끌고가 이른바 '국제공산당 사건'을 급조했다. 이 일로 10명의 국회의원이 구속되면서 **부산 정치파동**이 본격화됐다.

5. 29. 김성수, 부통령직 사임.

6. 23. [한국전쟁] 미군, 수풍발전소 폭격. 이 공격으로 북한 전역의 전력 공급이 2주 동안 완전히 끊겼다.

7. 4. **발췌개헌**안 국회 통과.

8. 5. 제2대 대통령·제3대 부통령 선거. 해방 후 최초로 국민직선으로 치러진 이 선거의 결과 자유당의 이승만이 대통령, 함태영이 부통령으로 당선됐다. 이승만은 74.1%, 무소속 조봉암과 이시영이 각각 11.4%와 10.9%의 표를 얻었다.

8. 15. 이승만, 제2대 대통령에 취임. 부통령은 함태영이었다.

11. 27. [한국전쟁] 정전협정 가조인. 연합군과 공산군이 10월부터 판문점에서 정전협상을 재개해 이날 38선이 아닌 군사접촉선을 군사분계선으로 하고 협정이 조인되는 시점까지 전투를 계속한다는 원칙에 합의했다. 이로 인해 양측은 서로 한뼘이라도 더 많은 땅을 차지하기 위해 동부의 산악지대에서 고지를 서로 뺏고 뺏기는 전투를 치열하게 전개한다.

12. 조선방직, 총파업.

← 거제포로수용소에 수용된 북한군 포로들이 치료를 받기 위해 줄을 서서 기다리는 모습이다. 한국전쟁 와중에 남해의 섬인 거제도는 냉전의 축소판이 되었고, 포로가 된 군인들의 삶으로 파고든 공산주의와 민주주의 이념의 충돌은 그들의 운명을 영원히 바꾸어놓았다.

세계

2. 6. [영국] 국왕 조지 6세 사망. 장녀 엘리자베스가 국왕(엘리자베스 2세)으로 즉위.

3. 10. [쿠바] 풀헨시오 바티스타, 군사 쿠데타로 재집권. 1944년 이후 미국에서 머물던 그는 이 해 다시 대통령 선거에 출마했다. 선거를 3개월 앞둔 이날 그는 군부의 지원을 받아 다시 권력을 장악했다.

5. 1. [일본] 피의 메이데이 사건. 노동절인 이날 노동자 20만 명이 식민지화·군사기지화에 반대하면서 도쿄 궁성 앞에서 시위를 벌였다. 이에 무장경찰이 권총과 최루탄, 곤봉으로 진압하면서 1000명 가량의 사상자가 나오는 유혈참사가 빚어졌다. 261명이 소란죄로 기소됐다. 재판은 20년 넘게 이어지다 1973년 16명을 제외한 나머지 모든 사람에게 무죄 판결이 나면서 21년 만에 종료된다.

7. 23. [이집트] 쿠데타 발생. 가말 압델 나세르 등이 이끌던 자유장교단이 주도한 이 혁명으로 파루크 국왕이 폐위되고 이집트 혁명이 시작됐다. 이 혁명은 이집트의 군주제와 신분제도의 폐지를 이끌어낸다.

[케냐] 마우마우 봉기. 케냐의 최대 부족인 키쿠유족이 영국의 식민 지배에 맞서 무장 봉기를 일으켰다. 10월, 영국은 비상사태를 선포하고 군대를 투입했다. 이후 10년 동안 9만 명의 케냐인이 영국군에게 살해되었고, 16만 명이 수용소에 구금됐다. 2013년 영국 정부는 식민통치 시절 케냐 주민에게 행한 잔혹행위를 인정하고 피해자들에 대한 사과와 보상을 결정한다.

10. 3. [영국] 원자폭탄 실험 성공. 오스트레일리아 몬테벨로 제도에서 시행된 이 원폭 실험의 성공으로 영국은 미국, 소련에 이어 세 번째 핵 보유국이 됐다.

11. 1. [미국] 수소폭탄 실험. 미국은 마셜 제도 에네웨타크에서 세계 최초로 수소폭탄 실험에 성공했다. 7년 전 일본 히로시마에 떨어진 원자폭탄의 700배에 달하는 위력이었다. 이듬해 8월 소련도 수소폭탄 실험에 성공했다.

11. 4. [미국] 대통령 선거. 선거 결과 공화당 후보 드와이트 아이젠하워가 민주당의 애들레이 스티븐슨을 누르고 제34대 대통령에 당선됐다. 이로써 20년간 지속된 민주당의 백악관 시대가 끝났다.

← 7월 27일 체코슬로바키아의 에밀 자토펙이 헬싱키 올림픽 마라톤에서 1위로 들어왔다. 5000m와 10000m 우승에 이은 3관왕이었다. '그의 조국은 기관차처럼 강하고 빨랐던 무적의 장거리 달리기 선수인 그를 국민 영웅으로 선포했고, 군의 대령으로 임명했다. 몇 년 뒤인 1968년 그는 대중 봉기를 지지했고, 소련의 침공에 반기를 들었다. 대령이었던 그는 청소부로 내몰렸다.'

문화 / 과학·환경 / 스포츠

문화

2. 21. [파키스탄] 벵골어 되찾기 시위. 동파키스탄(현 방글라데시) 다카에서 학생들이 벵골어 공용어 인정을 요구하며 시위를 벌였다. 경찰이 시위대를 향해 발포해 네 명이 사망했다. 이 사건 이후 기존 우르두어와 함께 벵골어가 공용어로 채택됐다. 1999년 유네스코가 이날을 세계 모어의 날로 정해 기념한다.

8. 29. [미국] 존 케이지의 《4분 33초》 초연. 뉴욕주 우드스톡에서 연주자 데이비드 튜더가 스톱워치를 들고 피아노 앞에 앉아 세 악장의 시간에 맞춰 건반 뚜껑을 열고 닫는 행위를 반복하다 자리에서 일어났다. 4분 33초는 절대 영도인 -273℃를 시간으로 환산한 숫자라고 한다.

10. 20. 《학원(學園)》 창간호 발매. 전란의 와중에 대구에서 김익달이 발행한 이 청소년 종합잡지의 창간호는 114면에 책값은 4000원이었다. 독자 소식란에 "나는 학원을 사랑하는 소년입니다"라는 투고문이 실리고, 1954년 제1회 학원문학상을 공모했을 때는 투고작이 5000편을 넘을 정도로 학생들에게 인기가 있었다. →

11. 26. [미국] 〈브와나 데블〉 개봉. 텔레비전에 밀려 흥행 부진을 겪던 영화계에 돌파구로 등장한 최초의 장편 컬러 입체영화(3D)였다.

과학·환경

5. 2. [영국] 영국해외항공(BOAC), 정기 노선에 DH.106 투입. 런던-요하네스버그 노선에 투입된 이 기종은 터보제트 엔진 4기를 탑재한 세계 최초의 상업용 제트 여객기였다.

12. 5. [영국] 런던에 사상 최악의 스모그 발생. 한랭기단이 머물러 기온이 영하로 내려가자, 런던 사람들은 난로에 석탄을 더 많이 집어넣었다. 수백만 개의 굴뚝이 1000톤의 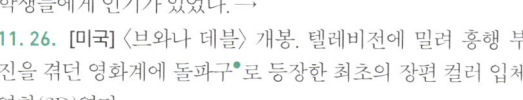 석탄 매연과 400톤에 가까운 이산화황을 토해냈다. 최근 연구에 따르면 9일까지 지속된 이 스모그로 인한 사망자 수는 1만 2000명에 달했다. 이 사건은 대기오염의 심각성을 보여주었고, 청정대기법 등 대기 질 개선을 위한 정책 마련의 계기가 됐다.

스포츠

2. 14. [노르웨이] 오슬로에서 제6회 동계 올림픽 개막. 대한민국은 한국전쟁으로 인해 참가하지 못했다.

7. 19. [핀란드] 헬싱키에서 제15회 하계 올림픽 개막. 하계 올림픽 역사상 가장 북쪽에 있는 도시에서 개최된 대회이다. 2차대전의 책임을 물어 참가가 금지되었던 독일(서독)과 일본이 올림픽 무대에 복귀했다. 대한민국 대표팀은 김성집이 역도에서 런던 대회에 이어 두 번째 동메달을. 강준호가 복싱에서 동메달을 땄다.

1952년 풍경

태풍 속의 눈이 태풍이 없는 곳보다 오히려 더 고요하듯, 전쟁 중의 부산은 일견 그런 곳이었을까. 전방의 전황에 귀를 쫑긋하기도 하였지만 긴장을 잠시 푸느라 술집은 흥청거렸고, 시장은 복닥거렸고, 공장은 분주했으며 아시는 전한다. 화가는 더욱 그림에 매달렸고 하늘을 칠판으로 미루나무 그늘에서 수업은 진행되었다고 한다. 일상에 일어날 일은 더 야멸차고 더욱 집요하게 일어난 셈이겠다. 이별의 정거장인 부산역 대합실도 예외는 아니었다. 후방으로 막 도착했건, 전방으로 떠나기 직전이건, 소지품을 한켠에 모아놓고 빈손으로 모인 군인들은 자못 홀가분한 심정이다. 그 심사가 넓직한 뒷모습에 고스란히 드러난다. 그 무리에서 한 발짝 떨어져 거적대기를 뒤집어 쓴 채 이 광경을 보고 있는 한 아이. 많은 것을 알아버린 듯한 아이는 군중 속의 고독도 이미 파악한 표정이다.

이 해에는

책
- [일본] 《20억 광년의 고독》, 다나카와 슌타로
- [프랑스] 《고도를 기다리며》, 사뮈엘 베케트
- [미국] 《노인과 바다》, 어니스트 헤밍웨이
- [프랑스] 《검은 피부, 하얀 가면》, 프란츠 파농
- [독일] 《양귀비와 기억》, 파울 첼란

노래
- 〈전선야곡〉, 신세영

영화
- **3. 27.** [미국] 〈사랑은 비를 타고〉, 진 켈리 / 스탠리 도넌

궂긴 소식
- **2. 6.** 조지 6세(영국의 국왕)
- **5. 6.** 마리아 몬테소리(이탈리아의 교육자)
- **6. 1.** 존 듀이(미국의 철학자)
- **7. 26.** 에바 페론(아르헨티나의 정치인)
- **11. 20.** 베네데토 크로체(이탈리아의 철학자)

1953년

정전협정 타결

↑ 7월 27일, 3년 1개월 2일간의 참혹한 동족상잔의 비극이 잠시 멈춘 그 순간, 판문점에서는 한반도의 운명을 결정짓는 정전협정이 체결됐다. 유엔군 총사령관과 북한군 최고사령관, 중국인민지원군 사령원의 서명으로 이루어진 이 협정은 전쟁의 종식이 아닌 일시적 중지를 의미하는 것으로, 한반도의 완전한 평화는 여전히 미완의 과제로 남겨졌다. 정전협정은 비무장지대의 설정, 군사정전위원회의 설치, 포로 교환 등을 담고 있었지만, 동시에 한반도가 분단의 아픔을 안고 살아가야 할 운명의 시작을 알리는 비극적인 선언이기도 했다.

> "쌍방은 비무장지대 내에서··· 어떠한 적대적 행위도 감행하지 못한다."
>
> ···하기의 서명자들은 쌍방에 막대한 고통과 유혈을 초래한 한국충돌을 정지시키기 위하여서 최후적인 평화적 해결이 달성될 때까지 한국에서의 적대행위와 일체 무장행동의 완전한 정지를 보장하는 정전을 확립할 목적으로 하기 조항에 기재된 정전조건과 규정을 접수하며 또 그 제약과 통제를 받는 데 각자 공동 상호 동의한다.
>
> 1. 한 개의 군사분계선을 확정하고 쌍방이 이 선으로부터 각기 2km씩 후퇴함으로써 적대 군대 간에 한 개의 비무장지대를 설정한다···
>
> 36. 중립국감독위원회를 설정한다···
>
> 63. 제12항을 제외한 본 정전협정의 일체 규정은 1953년 7월 27일 22:00시부터 효력을 발생한다.
>
> 국제연합군 총사령관: 미국 육군 대장 마크 더블유 클라크
> 조선인민군 최고사령관: 조선민주주의인민공화국 원수 김일성
> 중국인민지원군 사령원: 펑더화이
> ― 〈정전협정〉

대한민국

2. 15. 재무부, 〈통화에관한특별조치령〉 발표. 극심한 인플레이션에 대한 대응책인 이 화폐개혁 조치로 2월 17일을 기해 화폐 가치가 100대 1로 평가절하되었고, 화폐 단위도 원(圓)에서 환(圜)으로 변경(100원→1환)됐다.

5. 10. 〈근로기준법〉 제정. 이날 제정된 법의 제42조 1항은 이랬다. "근로 시간은 휴게 시간을 제하고 1일에 8시간 1주일에 48시간을 기준으로 한다. 단 당사자의 합의에 의하여 1주일에 60시간을 한도로 근로할 수 있다."

6. 18. 이승만 대통령, 반공포로 석방. 휴전협정 체결과 관련해 포로 문제가 최대 난제로 부상한 가운데, 유엔군과 공산군은 각각 '전원 송환'과 '자원 송환'을 고수했다. 시종일관 휴전을 반대하고 북진통일을 주장하던 이승만은 이날 약 2만 7000명의 반공포로를 일방적으로 석방했다.

7. 3. 간통쌍벌제 법안 국회 통과. 형법안 중 간통죄의 남녀쌍벌주의를 규정한 조항이 논란 끝에 원안대로 통과됐다. 9월 18일 제정된 〈형법〉의 '배우자 있는 자가 간통한 때에는 2년 이하의 징역에 처한다. 그와 상간한 자도 같다.'는 제241조 1항에 따라 '종래에는 남편 있는 여자가 간통했을 때 여자만을 처벌하고 처(妻)가 있는 남자가 간통했을 때 남자는 처벌받지 않았던 봉건적인 인습이 배격'되고 '사회에 만연한 축첩 문제가 해결될 실마리를 보였다.' 간통죄는 2015년 헌법재판소의 위헌결정으로 사라진다.

7. 27. [한국전쟁] **정전협정 타결.** 본회담 160여 회 등 총 760여 차례의 회의 끝에 유엔 측 대표와 공산 측 대표가 2년 만에 정전협정서에 서명했다.

8. 5~9 [북한] 조선로동당 중앙위원회 제6차 전원회의. 전후 복구를 위한 주요 정책들이 논의된 이 회의에서 농업집단화 방침이 결정됐다. 이 정책은 이듬해 11월부터 강력하게 추진되어 1958년 8월에는 모든 농가가 협동조합원이 될 정도로 빠르게 진전됐다. 이 과정에서 가족이 최소 경제 단위의 기능을 상실하고, 가부장적 권위주의가 약화되었으며, 여성의 지위가 향상됐다.

9. 18. 〈형법〉 제정. 이어 10월 3일 새로운 〈형법〉이 시행됨으로써 1912년 조선총독부가 공포한 〈조선형사령〉에 따라 일본 〈형법〉과 〈형사소송법〉 등이 군정기를 거쳐 해방 이후까지 그대로 적용되는 상황에서는 벗어나게 되었지만, 이때 제정된 〈형법〉에도 여전히 일제의 잔재가 많이 남아 있었다.

10. 1. 〈한미상호방위조약〉 체결. 조약은 이날 미국 워싱턴 D. C.에서 서명되었지만 '한국군의 작전통제권 문제 때문'에 이듬해 11월 18일에 가서야 발효됐다. 미국은 한국이 단독으로 북진을 감행하는 것을 우려해, 한국군에 대한 통제권을 유지하려 했다. 정식 명칭이 〈대한민국과 미합중국 간의 상호방위조약〉인 이 조약의 제4조는 이렇다. '상호적 합의에 의하여 미합중국의 육군, 해군과 공군을 대한민국의 영토 내와 그 부근에 배치하는 권리를 대한민국은 이를 허여(許與)하고 미합중국은 이를 수락한다.'

10. 11. 공군, 최초 국산기 시범 비행 성공. 미군 L-16기의 부품을 활용해 사천공군기지에서 조립 제작된 이 경비행기는 이듬해 '부활호'로 명명된다.

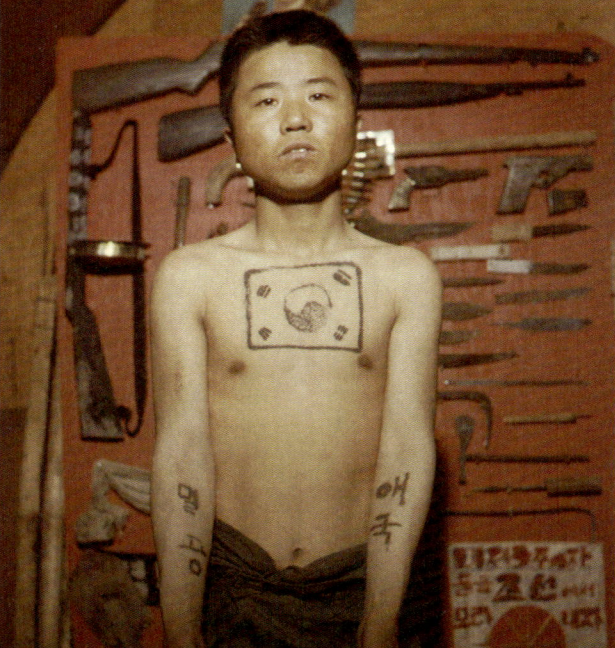

← 송환을 선택한 포로와 거부한 포로가 친공과 반공 포로로 구분되면서 유엔군 포로수용소는 또 다른 전쟁터가 됐다. 사진은 송환을 요구하다 반공포로들에 의해 몸에 '애국', '멸공'이란 글자와 태극기 문신이 강제로 새겨진 친공 포로의 모습이다.

세계

1. 1. [중국] 제1차 5개년 계획 착수. 국가 경제발전을 위해 5년마다 수립되는 이 장기계획은 현재 제14차 계획이 시행 중이다.

1. 14. [유고슬라비아] 요시프 브로즈 티토, 대통령에 선출됨. 총리였던 그는 전날 발효된 헌법에 따라 대통령을 겸임하게 됐다. 1963년 개정된 헌법에 따라 그는 종신제 대통령이 된다.

1. 20. [미국] 드와이트 아이젠하위, 제34대 대통령에 취임.

2. 1. [일본] NHK, 텔레비전 본방송 시작. 일본 최초였다.

3. 5. [소련] 이오시프 스탈린 서기장 사망. 그는 누가 후계자가 되어야 하는지에 대해 아무런 말도 남기지 않았고, 한동안 권력은 분할됐다.

5. 29. [영국/네팔] 에베레스트산 등정 성공. 뉴질랜드의 산악인 에드먼드 힐러리와 네팔의 셰르파 텐징 노르가이가 세계에서 가장 높은 산의 정상에 세계 최초로 올랐다.

6. 18. [이집트] 공화국 선포.

7. 26. [쿠바] 반군, 산티아고 몬카다 병영 습격. 피델 카스트로가 포함된 이 반바티스타 반군의 이날 공격은 실패했다. 반군은 전투 중 사망하거나 정부군에게 처형되었고 얼마 안 되는 생존자들도 체포됐다. 그러나 이날의 습격은 쿠바 혁명의 시발점으로 여겨지고 있다. 한편 10월 16일 카스트로가 재판정에서 직접 한 변론의 제목으로 알려진 "역사가 나를 무죄로 하리라"는 말은 지금까지도 널리 회자되고 있다. 체포되었던 반군들은 1955년에 모두 사면되어 풀려난다.

7. 27. [한국전쟁] 정전협정 타결.

8. 19. [이란] 모하마드 레자 자헤디, 친위 쿠데타. 자헤디 장군이 지휘하는 군대가 미국을 등에 업고 쿠데타를 일으켜 모하마드 모사데그 총리를 해임하고, 국외 망명 중이던 모하마드 레자 팔레비를 복귀시켰다. 이 쿠데타를 배후에서 주도한 미국은 이후 이란 내에서 막강한 영향력을 갖기 시작한다.

8. 20. [모로코] 프랑스, 모로코 국왕 무함마드 5세 추방. 이 일로 그는 정치적 순교자로 추앙받게 되고, 결국 1955년 복위에 성공한다. 이듬해 모로코는 독립을 달성한다.

9. 7. [소련] 공산당중앙위원회, 니키타 흐루쇼프를 제1서기로 지명.

↓ 제임스 왓슨과 프랜시스 크릭이 DNA의 이중나선 구조를 밝혀내면서 유전학에 혁명이 일어났다. 그들은 유전의 분자적 기초를 밝혀냄으로써 현대 분자생물학의 길을 열었다. 그들의 모델은 유전 정보가 세포 분열 중에 어떻게 안정적으로 복제될 수 있는지 설명했을 뿐만 아니라 DNA 서열이 생물학적 정보를 어떻게 암호화 할 수 있는지에 대한 통찰력을 제공해 유전 코드를 해독할 수 있는 기초를 마련했다.

문화 / 과학·환경 / 스포츠

문화

1. 5. [프랑스] 〈고도를 기다리며〉 초연. 파리의 바빌론 극장에서 처음 무대에 올랐다. 영어와 프랑스어 모두로 글을 쓴 아일랜드 작가 사뮈엘 베케트의 이 작품은 아무 일도 일어나지 않으면서도 강렬한 서사적 긴장감을 조성하는 데 성공했다.

4. 1. 《사상계》 창간호 발행. 부산 피난 시절 장준하가 발행한 이 종합월간지는 50~60년대 한국의 지성과 양심을 상징하는 월간지였으나, 유신 정권을 비판한 김지하의 시 〈오적〉 게재가 빌미가 돼 1970년 5월 통권 205호를 끝으로 강제 폐간됐다.

4. 13. [영국] 이언 플레밍의 《카지노 로열》 출간. 007 제임스 본드 시리즈의 첫 번째 책이었다. 이 소설에 영국 비밀정보부 요원으로 등장하는 주인공 제임스 본드는 원래 플레밍이 좋아하는 조류학 책의 저자 이름이었다. 플레밍은 주인공의 이름을 아주 평범하게 짓고 싶어했다고 한다.

12. 1. [미국] 《플레이보이》 창간. 휴 헤프너가 시카고에서 창간한 잡지 첫 호에는 매릴린 먼로의 누드 사진이 실렸다. 남성을 위한 이 소프트코어 호색 잡지는 '거의 옷을 걸치지 않은 플레이메이트들' 사진 사이사이에 생뚱맞게도 사르트르, 웰스, 카스트로, 러셀, 아라파트, 맬컴 엑스, 잡스, 호킹 등을 인터뷰한 글을 싣는 것을 망설이지 않았다. 1971년 11월호의 판매 부수가 700만 부를 넘을 정도로 한 시대를 풍미했지만, 이후 큰 폭의 판매 하락을 피하지 못하고 2020년 종이판 제작을 중단한다.

과학·환경

4. 25. [미국] 프랜시스 크릭·제임스 왓슨, 〈핵산의 구조: 데옥시리보 핵산의 구조〉 발표.

11. 20. [영국] 런던 자연사박물관, 필트다운인의 두개골이 사기라고 발표. 1912년 찰스 도슨이 필트다운에서 몇 개의 뼛조각을 발견했다. 이 두개골 파편과 턱뼈를 감정한 런던 자연사박물관의 아서 스미스 우드워드는 이것들이 인류와 유인원 사이의 '잃어버린 고리'라고 주장했다. 영국의 인류학, 지질학자들은 필트다운인이라고 불리게 된 이 뼈들을 앞다퉈 보증했다. 그러나 이 모든 것은 사기로 드러났다. 두개골은 오래된 다른 원인의 것이었지만 턱뼈는 오랑우탄의 뼈를 가공해 붙인 것이었다.

스포츠

11. 25. [영국] 잉글랜드 축구 대표팀, 헝가리에 6-3 패. 잉글랜드는 당시 세계 랭킹 1위 팀이자 24경기 무패 행진을 이어가던 말 그대로 '축구 종가'였다. 그러나 이날 웸블리 경기장에서 열린 '세기의 경기'에서는 그렇지 못했다. 홈 경기에서 패한 것도 1949년 아일랜드 전 이후 처음이었다. 잉글랜드는 6개월 후인 이듬해 5월 부다페스트 원정 경기에서 설욕을 별렀지만 이번에도 7-1 대패했고, 현재까지 팀이 당한 가장 큰 점수차 패배 기록으로 남아 있다.

1953년 풍경

유엔군과 북한, 중공군과의 협상이 무르익어 휴전협정이 임박했다는 소식이 들렸다. 우리는 당사자로 끼지도 못한 휴전 협상. 이리도 심한 고통과 엄청난 희생을 치르고서도 고작 38선이 휴전선으로 대체되는 것이라니! 지금은 완전히 사라졌지만 '북진통일'의 구호가 난무하던 때였다. 위정자들에게 백성은 호주머니 속의 공깃돌 같았던 시절이었다. 이승만 정부가 서울 시내 고등학생들을 동원해 휴전 반대 시위를 벌였다. 누구는 의도를 가지고 그런 일을 벌이지만 누구는 그런 일에도 최선을 다한다. 모이라 하면 모이고 흩어지라 하면 흩어졌다. 당장에는 몰라도 나중에는 다 드러나게 되는 일이다. 휴전선 같은 철조망이 둘러쳐진 용산 미군사령부 앞에서 목이 터져라 시위하는 진명여고 학생들. 닥친 일에 진심을 다하고 주어진 일에 전력을 다했던 그런 분들이 결국 우리 역사를 떠메고 가는 주인공들.

세계의 산

이 해에는

책
- [미국] 《세속의 철학자들》, 로버트 하일브로너

노래
- 〈굳세어라 금순아〉, 현인
- 〈봄날은 간다〉, 백설희
- 〈샌프란시스코〉, 장세정

영화
- **11. 3.** [일본] 〈동경 이야기〉, 오즈 야스지로
- **7. 15.** [미국] 〈신사는 금발을 좋아해〉, 하워드 혹스

궂긴 소식
- **3. 5.** 이오시프 스탈린(소련의 정치인)
- **4. 17.** 이시영(독립운동가, 정치인)
- **8. 6.** 임화(문학평론가, 작가)
- **9. 28.** 에드윈 허블(미국의 천문학자)
- **9. 17.** 이현상(독립운동가, 빨치산 총사령관)

독립한 나라
- **11. 9.** 캄보디아 왕국 (← 프랑스)

1954년
사사오입 개헌

"자연인을 정수가 아닌
소수점 이하까지
나눌 수 없으므로…"

헌법개정 의결은 헌법 제98조 4항 및 발췌개헌 부칙 제3항에 의거하여 민의원 재적 3분지 2 이상의 찬성을 얻어서 하게 되어 있는데 민의원의 현 재적의원인 203명의 3분지 2의 정확한 수치는 135.333…인데 자연인을 정수가 아닌 소수점 이하까지 나눌 수 없으므로 사사오입(四捨五入)의 수학 원칙에 의하여 가장 근사치의 정수인 135명임이 의심할 바 없다. 그런데 개헌에 필요한 3분지 2 이상이라는 것은 3분지 2 초과라는 것과는 다른 법률용어로써 3분지 2의 수를 포함하여 3분지 2의 수와 그보다 많은 수를 지칭하는 것이며 이것은 전술한 산출방법에 의하면 135명의 찬성으로써 개헌안은 가결되는 것이다. 그러므로 작일 최 부의장이 본회의에서 가결되지 못한 것과 같이 선포한 것은 의사 과정의 잘못된 산출방법의 보고에 의하여 착오선포한 것이다.

— 자유당 원내총무 이재학 의원의 담화
1954. 11. 28.

↑ 1954년 11월 27일, 대한민국 헌정사에 씻을 수 없는 오점을 남긴 사사오입 개헌이 자행됐다. 이승만 정권은 헌법 개정에 필요한 국회 재적의원 3분의 2의 찬성을 얻지 못하자, 203명 중 135.333…명이라는 황당한 계산으로 135명의 찬성을 3분의 2로 간주하여 개헌안을 통과시켰다. 이는 민주주의의 기본 원칙을 무참히 짓밟은 폭거였으며, 독재 권력의 횡포가 얼마나 뻔뻔하고 무자비할 수 있는지를 적나라하게 보여준 사건이었다.

↓ 1월 1일부터 《서울신문》에 연재되기 시작한 정비석의 소설 《자유부인》은 연재가 끝나기도 전에 상권이 출간되어 당일 초판 3천 부가 매진되고, 연재 완료후 나온 하권까지 합해 광복 후 처음으로 10만 부 이상 팔릴 정도로 선풍적인 인기를 끌었다. 이러한 인기에는 작가 정비석과 서울 법대 교수 황산덕 사이에 벌어진 논쟁도 한몫했다. 대학교수 부인의 일탈을 그린 이 소설과 관련해 황산덕은 '인기욕에만 사로잡혀 저속 유치한 에로 작문을 희롱하는 문학의 적이라, 문학의 파괴자요, 중공군 50만 명에 해당하는 적'이라며 작가를 맹비난했다.

대한민국

1. 15. 〈한미상호방위조약〉 동의안 국회 통과. 조약은 11월 18일에 발효됐다.

1. 18. 독도에 대한민국 영토 표식 설치. 전해 10월 일본 해상보안청 순시선이 독도에 상륙해 한국의 영토표식을 제거하고 자국의 영토표식을 설치하였다. 이에 한국은 이날 독도에 영토표식을 다시 설치한 데 이어, 8월 10일 등대를 설치하고 9월 15일에는 독도 우표를 처음으로 발행했다.

1. 31. 경기도 오산서 열차–군용트럭 충돌. 경부선 철도 건널목에서 발생한 이 사고로 56명이 목숨을 잃고 100여 명이 다쳤다. 당시 건널목에는 차단기가 설치되어 있지 않았다.

4. 1. 한국산업은행 설립. 1918년 조선총독부가 설치했던 조선식산은행이 3월 31일 폐쇄되고 이날 한국산업은행이 설립됐다. →

4. 3. 부산진 대화재 발생. 부산시 좌천동에 있는 송유관을 수리하다 발생한 이 화재로 37명이 사망하고 3700명이 넘는 이재민이 생겼다.

5. 20. 제3대 국회의원 선거. 이승만 정부는 경찰과 공무원 등을 총동원하고, 금품 살포와 부정선거 등을 자행했다. 덕분에 자유당은 203개 선거구 중 114석을 차지하는 압승을 거뒀다. 한편 자유당의 김영삼(26세)이 최연소로 당선됐다.

6. 9. 《한국일보》 창간. 장기영이 《태양일보》를 인수해 제호를 바꿔 조간으로 창간했다.

7. 25. 이승만 대통령, 미국 방문. 28일 미국 상·하 양원 합동회의에서 그는 소련을 공격하고 중공 해안을 봉쇄할 것 등을 제안하며 초강경 발언을 계속했다. 그는 시카고에서도 중국과의 즉시 결전을 강조하고 북진을 염원한다는 성명을 발표했지만, 미국의 반응은 싸늘했다.

8. 15. 교통부, 통일호 운행 개시. 특급열차인 통일호의 서울–부산 간 소요시간은 9시간 30분이었다. 통일호란 열차 명칭은 공모로 정해졌다.

8. 23. 독도의용수비대, 일본 순시선 격퇴. 독도의용수비대는 1950년대 울릉도에 사는 제대 군인들이 주축이 되어, 일본에 맞서 자발적으로 독도 경비에 나선 순수 민간단체다. 수비대는 이날 독도에 접근하려는 초계정을 공격해 막아냈다. 이어 11월에도 독도에 접근한 일본군 함정들을 박격포를 쏘아 격퇴했다.

10. 3. [북한] 중국 인민지원군 철수 시작. 1950년 10월 한국전쟁에 참전한 인민지원군 중 일부는 정전 후에도 계속 북한에 남아 건설 현장과 농촌 등에서 전후 복구 건설 지원에 참여했다. 이날 철수를 시작한 인민지원군은 1958년 10월 철수를 완료한다.

11. 27. 사사오입 개헌.

12. 15. CBS기독교방송국 개국. 콜사인 HLKY로 라디오 방송을 시작한 국내 최초의 민영방송국이자 민간 종교방송국이다.

세계

1. 21. [미국] 노틸러스호 진수. 코네티컷주 그로턴에서 진수한 이 기군 해군 잠수함은 세계 최초의 원자력 잠수함이었다.

3. 13. [베트남] 디엔비엔푸 전투 개시. 베트민군의 포격으로 시작된 전투에 프랑스군은 공중폭격으로 맞섰으나 저지에 어려움을 겪었다. 프랑스는 미국에 공군 지원을 요청했지만 지원을 받지 못했고, 5월 7일 항복했다. 제1차 인도차이나 전쟁의 승패를 가른 결정적인 전투였다.

5. 4. [파라과이] 알프레도 스트로에스네르, 쿠데타를 일으킴. 페데리코 차베스 대통령을 축출한 그는 8월 15일 대통령이 됐다. 1989년 측근이 일으킨 쿠데타로 쫓겨날 때까지 독재자로 군림한다.

5. 17. [미국] 연방대법원, 브라운 대 토피카 교육위원회 사건 판결. 대법원은 캔자스주의 공립학교 체제의 법적 인종 분리를 심리하면서, 지역사회는 백인의 시설과 같은 것을 제공하기만 한다면 흑인이 사용하는 시설을 분리할 수 있다고 규정했던 1896년 플레시 대 퍼거슨 판결을 만장일치로 기각했다.→

7. 1. [일본] 자위대 창설.

7. 21. [베트남] 북위 17도선 기준으로 분할. 4월 26일부터 열린 제네바 회담 결과, 이날 체결된 협정으로 북위 17도선을 경계로 베트남을 남북으로 분리하고 2년 후인 1956년 7월 자유선거를 통해 통일을 도모한다는 결정이 내려졌다. 그러나 이 선은 그 후로도 20년 이상 지속되며 실질적인 국가 경계로 굳어진다.

9. 8. 동남아시아조약기구(SEATO) 창설. 타이, 필리핀, 미국, 프랑스, 영국, 파키스탄, 뉴질랜드, 오스트레일리아 등 8개국이 조직한 반공군사동맹이었다. 인도차이나 전쟁 발발 이후 동남아시아에서 공산주의가 확대되는 것을 막기 위한 봉쇄정책의 하나로 창설됐다.

11. 1. 알제리 독립전쟁 발발. 국민해방전선(FLN)의 게릴라 부대들이 알제리 전역에서 공격을 시작했다. 이듬해 8월 게릴라군이 프랑스인들이 정착해 있던 마을인 필리프빌을 공격해 123명을 살해하고, 이에 프랑스가 잔혹한 보복 학살을 감행한다. 결국 대규모 민중봉기가 일어나고 프랑스는 알제리를 민족주의의 위협으로부터 지켜낼 것을 다짐하며 파병 결정을 내린다. 7년 넘게 이어진 잔혹하고 무자비한 전쟁은 1962년 3월이 되어서야 끝난다.

↓ 일본이 자위대를 창설했다. 2차대전 패전 후 일본 평화헌법 9조에는 일본이 "국권이 발동되는 전쟁과 무력에 의한 위협 또는 무력의 행사를 영구히 포기"하며 "육해공군, 그 밖의 전력을 보유하지 아니한다"고 명시되어 있다. 따라서 준군사조직인 자위대의 창설은 엄밀히 말하면 위헌사항이었다.

문화 / 과학·환경 / 스포츠

문화

1. 1. 정비석, 《자유부인》 연재 시작.

7. 3. 문교부, 한글간소화 방안 발표. 49년 한글날부터 한글 개정 필요성을 피력한 바 있던 이승만 대통령은 3월 27일 "신구약과 기타 국문서에 쓰던 방식을 따라서만 국문을 쓰게 할 것이고… 석달 안에 교정해서 써야 할 것"이라는 특별담화를 발표했다. 이에 따라 7월 2일 국무회의를 거쳐 이날 문교부에서 한글간소화 방안을 발표했다. 그러나 높은 반대여론에 밀린 이승만 대통령은 55년 9월 현 맞춤법에 "다시 이론을 붙이지 않을 것"이라며 철회했다. 이로써 54년부터 55년까지 문화계를 떠들썩하게 만든 이른바 '한글 파동'도 일단락된다.

과학·환경

1. 7. [미국] 조지타운-IBM 실험. 조지타운 대학과 IBM이 공동으로 주관해 뉴욕에서 실시된 이 실험은 기계번역 시스템의 첫 번째 공개시연이었다. 이날 컴퓨터에 입력된 러시아어 문장 수십 개가 영어로 번역되어 프린터로 출력됐다. 당시 사용된 IBM 컴퓨터에는 어휘 250개와 문법규칙 여섯 개가 프로그래밍되어 있었다. 3~5년 내에 실질적인 기계 번역이 가능해지리라는 기대감을 표명한 이들도 있었지만 기계를 이용하는 번역의 발전은 매우 더디게 진행된다.

2. 23. [미국] 대규모 소아마비 백신 접종 시작. 펜실베이니아주 피츠버그에서 실시된 이 예방 접종에는 조너스 소크가 개발한 백신이 쓰였다. 이듬해 4월 12일, 이 '백신은 안전하고 효과적이며 강력하다'고 선언됐다.

스포츠

3. 7. 축구국가대표팀, 일본에 승리. 일본 도쿄에서 열린 스위스 월드컵 아시아 예선전에서 한국이 일본에 5-1로 이겼다. 해방 후 처음 열린 한일간 스포츠 경기였다. 14일 도쿄에서 벌어진 2차전은 2-2 무승부로 끝났다. 원래 홈 앤드 어웨이 경기가 원칙이었지만 이승만 대통령이 일본 선수단의 입국을 허용하지 않아 두 경기 모두 도쿄에서 열렸다. 이승만 대통령은 선수단에게 '일본에게 지면 현해탄에 빠져 죽으라'고 했다는 말이 나돌 정도로 험악한 분위기에서 열린 이 경기는 단순한 스포츠 경기가 아니라 '우리 국민의 외교전이요 사상전이고 우리 한민족 대 일본민족 간의 총력전인' 말 그대로 '무기 없는 전쟁'이었다. 적어도 한국 팀 선수들에게는 그랬다.

5. 1. [필리핀] 마닐라에서 제2회 아시안 게임 개막. 전쟁 때문에 첫 대회에 불참했던 대한민국이 처음 참가했다. 2일 남자 육상 1500m 달리기에서 최윤칠이 3분 56초 2의 아시아 최고기록을 세우며 우승해 아시안 게임 한국 첫 금메달리스트가 됐다.

5. 8. 아시아축구연맹(AFC) 창설. 현재 47개 회원협회가 속해 있다. 오스트레일리아는 가입 회원이지만, 뉴질랜드는 오세아니아축구연맹(OFC) 회원이다.

6. 16. [스위스] 제5회 FIFA 월드컵 개막. 서독이 헝가리를 3-2로 꺾고 우승했다. 당시 헝가리는 세계 최강의 전력을 갖추고 있었고, 이날의 결승전을 독일에서는 '베른의 기적'으로 부른다. 월드컵에 첫 출전한 대한민국은 예선 2조 경기에서 헝가리에 9-0, 튀르키예에 7-0으로 패하며 2전 전패로 예선 탈락했다.

1954년 풍경

대중에 이름을 널리 알린 먼로는 자신에게 쏟아지는 시선의 종류와 그 성질을 누구보다 잘 아는 배우였다. 때로 선망과 따뜻함도 없지 않았지만 대부분 관음증에 기댄 것들. 타인의 시선이란 날카로운 창보다 더 자신의 가슴을 찔러대는 것임을 잘 알았다. 독서를 아주 좋아했던 먼로는 그저 예쁘기만 한 인형 같은 배우, 시키면 시키는 대로 하는 로봇 같은 배우가 아니었다. 먼로는 지푸라기처럼 빽빽하고 축축하게 쏟아지는 대중의 시선을 짚으로 묶어 처리할 줄도 알았다. 그리하여 영화 촬영 도중의 짬이 나는 시간이면 비키니 차림으로도 간이의자에 앉아 그 난해하다는 소설, 제임스 조이스의 《율리시즈》를 읽는 명민한 배우였다. 고전의 바다를 헤엄치며 어느 기슭에 도달한 듯한 편안한 표정으로 남아 여러 사람의 거실에 독서하는 사진으로 걸리기도 한 매릴린 먼로. 영화계의 못된 관행을 바꾸기도 했던 배우. 그런 매릴린 먼로가 신혼여행 중에 잠시 전쟁 중의 한국에 들러 전방을 위문하고 돌아갔다.

스타치약

한국 최초의 국산 치약은 럭키치약이라고 알려져 있지만, 사실은 이 해 2월 발매된 계림화학의 스타치약이 최초였다. 이듬해 락희화학(현 LG생활건강의 전신)의 럭키치약을 시작으로 고려유단의 은단치약, 미덕유기화학공업의 호프치약 등이 출시되어 경쟁을 벌였다. 그러나 불과 몇 년만에 미제 콜게이트치약을 몰아내고 1960년대 중반부터는 시장을 거의 독식한 럭키치약이 국민치약으로 등극했다. 출시 초기 락희화학은 "미국 원료, 미국 처방, 독일 기계로 된 제품으로 품질이 미제와 똑같습니다."라며 미제와 비교하는 광고 공세를 펼쳤다.

이 해에는

책

- **4. 20.** 《자유부인》(상권), 정비석
- **7. 29.** [영국] 《반지의 제왕》, J.R.R. 톨킨
- **9. 17.** [영국] 《파리 대왕》, 윌리엄 골딩
- **11. 17.** [프랑스] 《슬픔이여 안녕》, 프랑수아즈 사강
- ○ [이탈리아] 《경멸》, 알베르토 모라비아
- ○ [이탈리아] 《슈틸러》, 막스 프리슈
- ○ [독일] 《희망의 원리》, 에른스트 블로흐

노래

- ○ 〈이별의 부산정거장〉, 남인수
- ○ 〈백마야 우지마라〉, 명국환

영화

- **4. 26.** [일본] 〈7인의 사무라이〉, 구로사와 아키라
- **11. 3.** [일본] 〈고지라〉, 혼다 이시로
- **12. 14.** 〈운명의 손〉, 한형모

굵긴 소식

- **4. 10.** 오귀스트 뤼미에르(프랑스의 영화 제작자, 감독)
- **5. 25.** 로버트 카파(헝가리계 미국인 사진가)
- **6. 7.** 앨런 튜링(영국의 수학자)
- **8. 12.** 이영민(체육인)
- **11. 3.** 앙리 마티스(프랑스의 화가)
- **11. 28.** 엔리코 페르미(이탈리아의 물리학자)

1955년

박인수 무죄 선고

↑7월 22일 서울지방법원이 박인수에게 무죄를 선고했다. '한국판 카사노바'로 불린 그는 1년 동안 헌병 대위를 사칭하고 댄스홀에 출입하며 여성 70여 명과 무분별한 성관계를 가지다 공무원 사칭과 혼인빙자간음 혐의로 피소됐다. 이날 1심 담당 판사 권순영은 '가치가 있고 보호할 사회적 이익이 있을 때 한하여 법은 그 정조를 보호하는 것이다.'는 희대의 명언을 남기며, 혼인빙자간음 혐의에 대해서는 무죄를 선고하고, 공문서부정행사 혐의만 유죄로 인정해 벌금 3400환만을 부과하고 석방했다. 이 사건에서 비난의 초점이 된 것은 여성들을 기만한 남성이 아니라 피해 여성들이었다.

> "보호할 사회적 이익이
> 있을 때 한하여 법은
> 그 정조를 보호하는 것이다."

지난 유월십칠일 대법정에서 열린 "혼인을 빙자한 간음 및 공무원 자격 사칭 및 공문서 부정행사" 혐의사건 제일회 공판의 주인공 피고는 불과 이십육 세의 제대장교로서, 왕시 불명예 제대를 당하고도 계속 헌병대위 행세를 하면서 오십여 명의 처녀를 간음하여 왔다는 엽색청년이다. 이는 '박모'라는 피고와 수십 명 피해자에 국한되는 문제가 아니라 실로 중대한 사회문제로 화(化)하고 있다.

주로 사교춤을 추며 사귄 여자들이라 하며 공판정에 선 피고인 청년은 아무런 뉘우침도 부끄러움도 없이 모든 사실을 시인하는 것으로 보아 정신적으로 이상이 있는 것이 아닌가 생각될 정도이다. …이것이 차라리 자연에 가까운 행동이 아니냐고 말할지도 모른다. 그러나 결코 자연은 질서가 없는 것은 아니며 문란한 것이 아니다. …여기서 우리가 명백히 할 것은 인간이란 정직하고 솔직해야 하는 것이지 결코 동물적인 노골을 말하는 것이 아니라는 것이다.
— 《동아일보》, 1955. 6. 22.

↓시발 자동차는 전후 한국 산업화의 상징적인 시작점이었다. 최무성 형제가 설립한 국제차량제작주식회사가 미군 지프를 개조해 만들었다. 이는 미국의 원조에 의존했던 당시의 경제 상황을 반영한다. '부분적으로는 약간의 결함이 있기는 하나 여하튼 순국산의' 이 시발 자동차의 등장은 한국이 자동차 생산국으로 발돋움하는 첫걸음이었으며, 이후 한국 자동차 산업 발전의 토대가 됐다. 4기통 엔진을 단 이 승용차의 이름인 시발은 한자로 '始發' 즉 처음을 뜻한다.

대한민국

3. 2. 부산역 객차 화재. 승객이 가지고 탄 인화물질에 불이 붙으며 폭발해 승객 42명이 사망하고 48명이 중상을 입었다.

5. 25. <u>재일본조선인총련합회</u>(조총련) **결성**. 1951년 결성된 재일조선통일민주전선(민전)이 북한 정부의 영향력 아래 해체 되고 이날 조총련으로 새로이 출범했다. 이로써 좌파적 재일 조선인의 운동이 북한 사회주의 건설 운동으로 성격이 변했고, 재일 교포사회를 둘러싼 남북 경쟁이 본격화되기 시작했다.* 더불어 한반도의 남과 북 중 어디를 지우너하느냐에 따라 재일코리안 사회가 민단(재일본대한민국거류민단)과 조총련 둘로 나뉘게 된다.**

7. 8. '신생활복 착용에 관한 결의안 및 건의안', 국회 통과. 긴박한 경제 실정에 비추어 '민의원은 솔선 신생활복의 착용을 실천하고 국무위원 및 각급 공무원으로 하여금 솔선 신생활복(국산복지)을 착용케 한다'*는 내용이었다. 그러나 신생활복은 일제의 국민복과 미군 전투복을 섞어놓은 옷이라는 비난을 받았고, 결의안도 곧 사문화됐다.**

7. 22. 서울지방법원, <u>박인수 무죄 선고</u>.

8. 1. 정부, 중립국감시위원단 철수 요구 성명 발표. 이날 긴급 성명을 통해 '38선 이남에 있는 모든 우리 영토에 대한 우리의 권리를 회복하기 위하여 필요한 조치를 취할 것이며 개성과 옹진반도 등 매우 중요한 지점을 수복할 준비를 갖추고 있다며, 중립국감시위원단이 한국으로부터 물러나기를 요구'했다.* 곧이어 철수를 요구하는 대규모 관제 궐기대회와 시위가 잇달았다.

8. 17. 대일무역 및 여행 금지 성명 발표. 갈홍기 공보실장은 이 정책을 실시하는 이유가 일본이 "우리 재산의 85퍼센트는 고사하고 전부를 바라고 있는 것이 분명"하기 때문이라고 밝혔다. 당시 총수출액의 50퍼센트, 총수입액의 30~50퍼센트를 차지하는 상대가 일본이었던 상황에서 이승만 정부의 이런 허세는 먹힐 길이 없었고, 발표는 10일 후에 취소됐다.**

8. 26. 국제통화기금(IMF), 국제부흥개발은행(IBRD) 가입. 한국은 58번째 가맹국이 됐다. 각국의 지분에 해당하는 특별인출권은 당시 0.14%에서 현재 1.8%로 늘었다.

9. 14. 대구매일신문사 테러 사건. 학생들을 관제 시위나 고위층의 행사에 동원하는 폐습을 비판하는 '학도를 정치 도구로 이용하지 말라'라는 제목의 사설이 전날 《대구매일신문》에 실리자, 자유당의 사주를 받은 폭력배 20여 명이 매일신문사를 습격해 인쇄기 등 기물을 파괴하고 사원들을 폭행하는 사건이 발생했다. 그러나 경찰은 '백주 테러는 테러가 아니라며' 오히려 습격한 사람들을 두둔했다. 이승만의 '동원 정치'가 빚은 비극*이었다.

9. 18. 민주당 창당. 한 해 전 있었던 사사오입 개헌을 계기로 창당된 이 통합보수야당에는 '구파'로 불리는 민주국민당 계열과 '신파'라 불리는 자유당 탈당 의원, 무소속 의원, 흥사단 계열 등이 참여했다. 민주당의 구파와 신파는 이승만 정부에 함께 대항하면서도 당내 주도권을 둘러싸고 끊임없이 갈등했다.*

세계

4. 18. 아시아-아프리카 회의(**반둥 회의**) 개막. 24일까지 아시아와 아프리카의 29개국 대표가 인도네시아 반둥에 모여 연 이 회의는 식민지 시대를 마감하고 '제3세계'의 개념을 정립했다. 유럽이나 미국, 소련에 속하지 않는 '제3세계' 12억 5천만이 자기 목소리를 내기 시작한 것이다.

5. 6. [서독] 북대서양조약기구(NATO) 가입.

5. 14. **바르샤바 조약** 체결. 정식 명칭은 '우호, 협력 및 상호 지원' 조약'이다. 서구의 북대서양 조약기구(NATO)에 대응하기 위해 소련의 주도로 동구권 8개국이 폴란드 바르샤바에 모여 체결했다. 이 조약에 따라 군사동맹 기구인 바르샤바 조약기구(WTO)가 설립됐다. 하지만 협정이 종료된 1991년까지 NATO와 WTO는 동서대립의 상징이기는 했지만, WTO가 존재한 36년 동안 두 기구가 유럽에서 직접적인 전쟁을 벌인 적은 없다.

6. 2. [유고슬라비아] 베오그라드 선언. 요시프 브로즈 티토 유고슬라비아 대통령과 니키타 흐루쇼프 소련 서기장이 소련이 유고슬라비아 내정에 간섭하지 않겠다는 내용의 문서에 서명했다. 이로서 1948년 스탈린과 티토의 결별 이래 개선되지 않았던 갈등이 적어도 공식적으로는 끝났다.

10. 26. [베트남] 응오딘지엠 총리, 공화국 선포. 23일 '베트남이 공화국이 되어야 하는가, 군주제로 남아야 하는가'를 놓고 국민투표가 실시됐다. 부정투표로 얼룩진 이 선거에서 98.91%라는 압도적 다수가 공화국을 원하는 것으로 나왔다. 총리 응오딘지엠은 결과 발표와 동시에 베트남 공화국을 선포하고, 자신이 대통령 자리에 올랐다. 이로써 바오다이 정권이 무너지고 응오딘지엠을 수반으로 하는 반공정부가 수립됐다.

12. 1. [미국] 로자 파크스, 체포됨. 흑인 민권운동가인 그는 앨라배마주 몽고메리에서 백인 승객에게 좌석을 양보하라는 버스 기사의 지시를 따르지 않았다는 이유로 체포됐다. 인종차별 반대단체들은 이 사건을 계기로 버스 승차 거부운동을 조직했고, 이 운동은 민권운동에서 핵심적인 투쟁이 됐다. →

12. 8. [서독] 할슈타인 독트린 공식 결정. 콘라트 아데나워 정부의 외무부와 주요 대사관 수뇌부가 본에서 회의를 열고 동독과 수교하는 나라와는 외교관계를 맺지 않거나 단절하겠다는 외교 원칙을 정했다. 아데나워 대통령은 앞선 9월 16일 기자회견에서, 그리고 22일 의회에 제출한 정부성명을 통해 이러한 정책에 대해 언급한 바 있다.

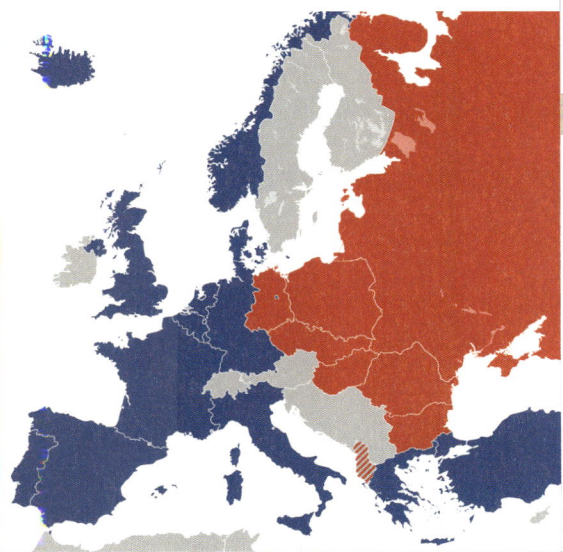

문화 / 과학·환경 / 스포츠

문화

9. 15. 《롤리타》 출간. 러시아계 미국인 블라디미르 나보코프가 쓴 이 소설은 '포르노로밖에는 보이지 않는다'는 이유로 미국의 여러 출판사에서 출간을 거절당했고 결국 프랑스 파리의 올랭피아 출판사에서 영어로 출간됐다. 프랑스와 영국 등에서 발행 금지되었지만, 오늘날에는 영어권 문학의 걸작으로 평가받고 있다. 미국에서는 1958년에 출간됐다. 어린 소녀에 대한 성인 남성의 집착을 뜻하는 용어인 '롤리타 콤플렉스'는 이 소설에서 유래했다.

8. 23. 영화 〈피아골〉, 검열 통과. 경무대 특별 시사회를 통해 이승만 대통령까지 관람했을 정도로 호평을 받은 영화였음에도, 빨치산을 영웅화했다는 비판에 직면해 2개월 동안이나 일반상영이 막혔던 이강천 감독의 이 영화는 끝 장면에 태극기를 추가해 겹쳐 넣는 등의 재편집을 거친 후에야 검열을 통과할 수 있었다. '반공 휴머니즘 영화'의 효시로 평가받은 영화가 '용공' 혐의를 받는 아이러니한 일이 생긴 것이다.

8. 27. [영국] 《더 기네스》 출간. 인간과 자연계의 세계 기록들을 모아 기록해 매년 발간되는 이 책은 기네스 양조회사의 사장인 휴 비버가 세상에서 가장 빠른 사냥감 새가 무엇인지를 두고 논쟁을 벌이다 생각해낸 책이다. 특이한 기록들이 많이 실리지만 많이 먹기, 단식 등이 건강상의 이유로, 풍선 많이 날려보내기가 환경 문제로, 가장 무거운 애완동물이 동물학대 등의 이유로 빠지는 등 시대가 변하면서 많은 기록들이 이런저런 우려로 삭제됐다.

10. 7. KBS, 라디오 드라마 〈청실홍실〉 첫 방송. 이듬해 4월 28일까지 30회에 걸쳐 매주 일요일 오후 9시 15분부터 30분 동안 방송된 이 드라마는 한국 최초의 라디오 멜로드라마였다. 한 남자와 두 여자 사이의 삼각관계를 다루었고, 라디오 보급에 영향을 미칠 정도로 청취율이 높았다고 한다.

과학·환경

5. [미국] 밀타운 출시. 신경안정제인 밀타운이 여성용 항불안제로 판매되기 시작했다. 이 약은 이 해 말까지 무려 500만 달러어치나 팔려나갔다. 이 약이 말 그대로 폭발적으로 팔려나가는 것을 본 다른 제약 회사들이 새로운 항불안제를 찾아 나선다. 중독성에 대한 우려에도 불구하고 항불안제 생산은 연간 매출 수십 억 달러에 달하는 거대 산업으로 성장한다.

스포츠

6. 13. 이기붕 대한체육회 회장, 국제올림픽위원회(IOC) 위원 당선. 한국의 첫 IOC 위원이었다.

10. 14. 제36회 전국체육대회 성화 채화. 강화도 마니산 첨성단에서 채화된 성화는 다음 날 손기정에 의해 서울운동장 성화대에 점화됐다. 한국 최초의 성화 봉송이었다.

← 1982년 12개국으로 창설된 북대서양 조약기구(NATO)의 회원국은 32개국(2024년 기준)으로 늘어났다. 바르샤바 조약기구는 1955년 창설되어 1991년 해체됐다. 왼쪽 지도는 바르샤바 조약기구가 해체되기 직전인 1990년 기준 북대서양 조약기구(푸른색)와 바르샤바 조약기구(붉은색)에 가입한 유럽의 국가들을 표시한 지도이다.

1955년 풍경

사람이라면 누구나 하늘로 가는 사다리를 피할 수 없겠지만 지상에 머무는 동안 끊임없이 신분의 상승을 꾀하고 나은 자리로 가려고 한다. 일류대학을 가고, 좋은 직장을 가는 건 이런 고지를 조금이나마 유리하게 차지하려는 선택이다. 개천에서 용 난다는 말처럼 가장 확실히 보장된 출세의 길은 그 어렵다는 고등고시 합격이었다. 위기지학(爲己之學)보다는 위인지학(爲人之學)이 보편화된 것을 굳이 나무랄 일도 아니었다. 그렇다고 용이 된 뒤에 개천을 돌보는 일도 드물었다. 그래서 아무런 사회경험 없이 등과한 새파란 청년에게도 영감님이라며 고개를 굽실거리기도 했다. 굽실거린 사람이야 자존심이 좀 상한 것으로 그쳤지만, 결과적으로 젊은 영감님들을 폴딱 망하게 한 경우도 많았다. 그리고 그 후과는 결국 우리 사회가 치루어야 했다. 오늘날에는 그들이야말로 개혁의 대상이 될 만큼.

승용차의 유형

경차 세단 CUV SUV

해치백 쿠페 픽업트럭 밴

리무진

이 해에는

책
- 9. 15. 《롤리타》, 블라디미르 나보코프 (프랑스 파리에서 출간, 미국에서는 1958년에 출간됨)
- 10. 1. 《슬픈 열대》, 클로드 레비스트로스
- 11. 30. [미국] 《재능 있는 리플리》, 퍼트리샤 하이스미스
- ○ 《알개전》, 조흔파

영화
- 4. 2. 〈미망인〉, 박남옥
- 8. 26. [인도] 〈아푸 제1부—길의 노래〉, 샤티아지트 레이
- 9. 23. 〈피아골〉, 이강천
- 10. 13. 〈양산도〉, 김기영
- 10. 27. [미국] 〈이유 없는 반항〉, 니컬러스 레이

궂긴 소식
- 2. 18. 김성수(언론인, 교육자, 친일반민족행위자)
- 3. 11. 알렉산더 플레밍(영국의 미생물학자)
- 3. 12. 찰리 파커(미국의 재즈 음악가)
- 4. 18. 알베르트 아인슈타인(독일/미국의 물리학자)
- 8. 12. 토마스 만(독일의 소설가)
- 8. 17. 페르낭 레제(프랑스의 화가)
- 9. 30. 제임스 딘(미국의 배우)
- 11. 4. 사이 영(미국의 야구선수)
- 12. 5. 박헌영(독립운동가, 정치인)

베트남 전쟁

> "미국이 20년 동안 전쟁하기를 원한다면, 우리는 20년 동안 전쟁을 할 것이다."

제2차 세계대전 이후 고착된 냉전 구도 속에서 남베트남 내 반정부 세력이자 북베트남의 지원을 받는 남베트남 민족해방전선과 베트남 공화국(남베트남) 정부군 간 내전으로 시작된 베트남 전쟁은 미국이 남베트남의 통킹만 사건을 구실로 참전함으로써 사실상 미국과 북베트남의 대결 양상으로 전개됐다. 미국의 압도적 군사력에도 불구하고 북베트남 정부에 대한 베트남 농민들의 지지, 남베트남 정부의 부패와 무능, 베트남의 역사적, 지리적 환경에 대한 미군의 몰이해는 이 전쟁의 승리로 기울도록 하는 요인이 됐다. 2023년 2월 한국 사법부는 당시 파병된 한국군의 베트남 민간인 학살에 대한 한국 정부의 책임을 처음으로 인정하였다.

분단과 내전의 발발

1945. 9.	베트남 민주공화국 수립
1946. 12.	제1차 인도차이나 전쟁 발발
1949. 6.	북위 17도 이남 지역에 프랑스 괴뢰국인 베트남국(남베트남) 수립
1954. 4.	미 아이젠하워 대통령, '도미노 이론' 발표
5.	디엔비엔푸 전투서 베트남 정부군 승리, 1차 인도차이나 전쟁 종결
7.	분단 및 통일을 위한 보통선거 실시를 규정한 제네바 협정 체결
12.	미국, 프랑스, 남베트남 간 상호 방위 조약 추진
1955. 10.	남베트남 단독 국민선거 실시, 베트남 공화국 수립
1956. 5.	한국-베트남 공화국 수교
1959. 5.	북베트남, 병참보급로 '호찌민 루트' 건설 시작
1960. 12.	남베트남 정권의 독재 통치 정책에 반발하여 남베트남 민족해방전선 결성
1961. 6.	케네디 미국 대통령과 흐루쇼프 소련 서기장 간 빈 회동서 베트남 문제 함의 결렬
11.	박정희 국가재건최고회의장, 한미 정상회담서 베트남 파병 제안
1962. 1.	미군, 100여 년 만에 경쟁 전투서 남베트남 정글 지역에 고엽제를 살포하는 랜치 핸드 작전 시작
1963. 1.	남베트남군, 업박 전투서 남베트남 민족해방전선에 패퇴
5.	남베트남군, 불교 탄압에 항의하는 사위대 향해 발포
1964. 5.	미국, 한국 포함 25개국에 남베트남 지원 위한 파병 요청

11.	소련 및 중국, 북베트남 지원 강화	
1965. 3.	미 해병대 3500명, 베트남 다낭에 상륙	
3.	한국, 군사원조단인 비둘기 부대 2000명 파병	
10.	한국, 전투부대인 청룡부대 파병 시작. 이후 1966년까지 총 3만 명 파병	
12.	미 해병대 추가 파병	
1966. 3.	미국, 한국에 추가 파병 요청 및 군사적, 경제적 지원 약속한 브라운 각서 전달	
6.	미군, 하노이 및 하이퐁 공습	
10.	박정희 대통령, 남베트남 방문	
1967. 4.	뉴욕, 워싱턴 DC 등지서 대규모 베트남 전쟁 반대 시위	
1968. 1.	북베트남군과 남베트남 민족해방전선, 구정 대공세	
2.	한국군, 꽝남성 퐁니•퐁넛 마을서 민간인 70여 명 학살	
3.	후에 전투 중 북베트남군과 남베트남 민족해방전선에 의해 민간인과 포로 수천 명 학살	
1968. 5.	북베트남–미국, 평화협정 논의 개시	
1968. 11.	베트남 전쟁의 명예로운 매듭을 공약한 리처드 닉슨, 미국 대통령에 당선	
1969. 3.	미국, '호찌민 루트' 봉쇄 명목으로 중립국인 캄보디아 무차별 폭격 시작	
7.	아시아 동맹국 내 미국 역할 축소를 모색한 닉슨 독트린 발표. 미군 철군 시작	
9.	호찌민 사망	
1970. 4.	미군, 캄보디아 참공	
5.	미국 오하이오 켄트주립대학서 열린 반전 시위 도중 주 방위군의 총탄에 맞은 대학생 사망	
1971. 2.	미군, 국회 동의 없이 라오스 구정 지대 침공	
6.	뉴욕타임즈, 펜타곤 문서 폭로. 미 전역으로 반전운동 확산	
12.	한국군 1차 철군 시작	
1973. 1.	닉슨 미 대통령, 북베트남 공격 중지 발표. 파리평화협정 체결	
3.	한국군 및 미군 철군 완료	
1975. 4.	사이공 함락	
4.	한국, 베트남 공화국과 외교관계 단절	
1976. 7.	베트남사회주의공화국 수립	
1992. 12.	한국-베트남 재수교	
1995. 7	미국-베트남 수교	
2001. 8.	김대중 대통령, 한국군의 베트남 민간인 학살에 대해 첫 사과	
2023. 2.	한국 사법부, 베트남 민간인 학살에 대한 한국 정부 책임 첫 인정	

1967.10. 반전 시위 중에 주 방위군에게 꽃을 내미는 잰 로즈 캐즈미어

종전 및 관계 개선

1972.6. 네이팜탄 공격을 받은 남베트남의 한 마을에서 울면서 도망치는 판티 킴 푹(가운데)

© 이현정, 임현정

1956년

한국 최초 텔레비전 방송국 개국

> "매스커뮤니케이션의 혁명아인 테레비가 한국에 등장한 의의야말로 큰 것이다."
> ―《경향신문》

↑ 5월 12일, 한국 최초의 텔레비전 방송국 HLKZ-TV가 개국하며 대한민국은 새로운 시대의 문턱을 넘어섰다. 이 역사적인 순간은 단순한 기술의 도입을 넘어, 미국의 영향력이 한국 사회 깊숙이 스며드는 상징적 사건이었으며, 동시에 한국이 세계 15번째, 아시아에서는 4번째로 텔레비전 방송을 시작한 국가로 자리매김하는 순간이었다. 그러나 이 눈부신 기술의 도입 이면에는 당시 정권의 정치적 의도가 숨겨져 있었다. 선거를 불과 3일 앞두고 개국한 방송국의 첫 화면에 비친 것이 이기붕 부통령 후보의 모습이었다는 사실은 새로운 미디어가 권력의 도구로 활용될 수 있음을 암시하는 불길한 전조였다.

전세계에서 15번째이며 동양에서 4번째(日·比·泰)로 장치된 '테레비죤'이 지난 16일부터 정기적으로 방송이 개시됐다. HLKZ의 방송국 기호로 종로 네거리에 있는 KORCAD 건물에서 매주 토·일·수요일의 3일간 오후 8시부터 동 10시까지 방송되는 동 '테레비죤'은 연극, 영화, '라디오'의 3개 효과가 한꺼번에 나타나 마치 영화구경이나 하듯이 수신기의 '스크린'에 비치는 화면을 바라보며 시민들은 이 신기한 과학의 산물을 감탄하고 있다.

…특히 동 방송국에서 유의하고 있는 것은 의학실험과 저명한 교수의 강의 등을 방송하여 교육적 효과를 얻도록 '푸로'를 작성할 것이라 한다.

그런데 동 정기 방송이 시작되자 약빠른 기업주들은 동 방송을 통해 상업선전을 전개하여 '노래자랑 시간' 등을 만들고 있으며 앞으로 동 방송을 통하여 광고의 '푸로'도 청취자들의 구미를 돋을 수 있도록 점차 활발해지리라고 관계자들은 말하고 있다.

―《경향신문》, 1956. 6. 18.

↓ 한국전쟁으로 온 국토가 폐허가 되다시피 한 북한은 빠른 복구와 경제발전이 절실했다. 이에 김일성은 사회경제적 불안정과 정치적 위기를 극복하고 체제를 더욱 공고히 하기 위한 체제 수준의 운동인 천리마 운동을 시작했다. 질풍처럼 내달리는 천리마의 '속도'를 전면에 내세운 이 운동의 초기 성과는 놀라웠다. 북한 당국의 보고에 따르면 1960년의 공업 총생산액은 1956년 대비 3.5배, 알곡 생산량은 1.3배 증가했다. 그러나 인민의 자기희생에 바탕을 둔 이런 외면적 성장은 자원 공급 부족, 도농 간·산업 간 격차, 대외관계 악화, 대중 동원에 따른 피로감 등으로 시간이 흐를수록 한계에 접어든다.

대한민국

1. 30. 김창룡 피살. 육군 특무대장이었던 그는 출근길에 부하들이 쏜 총탄에 맞아 사망했다. 일본군 헌병으로 첩보활동에 종사하며 30여 건이 넘는 항일조직을 적발했던[*] 그는 이승만의 총애를 얻어 1949년 육군 방첩대장으로 임명된 후 '빨갱이 사냥'의 선두에 섰던 인물이다. 그의 시신은 현재 대전현충원에 매장되어 있다.

3. 3. 대한증권거래소 개장. 서울 명동 거래소 출범과 함께 상장된 종목은 조흥은행을 포함해 모두 12개였다.

5. 5. 신익희 급서. 민주당 대통령후보였던 그는 호남 유세를 위해 기차로 이동하던 중 뇌출혈로 사망했다. 대선 결과 185만 표라는 추모표를 얻었고, 특히 서울에서는 당선자인 이승만보다도 더 많은 표가 나왔다. 한편 그가 호남선 열차 안에서 타계했다는 소식을 들은 시민들이 추모곡 삼아 부르기 시작한 〈비 나리는 호남선〉(박춘석 작곡)이 인기를 얻으며 민주당 당가처럼 불리기도 했다.

5. 12. 한국 RCA(KORCAD), 첫 텔레비전 방송.

5. 15. **제3대 대통령** · 제4대 부통령 **선거**. 직접선거로 치러진 선거 결과 자유당의 이승만이 대통령으로 또 다시 당선되었고, 부통령으로는 민주당의 장면 전 총리가 민주당의 이기붕 후보를 이기고 당선됐다. 5월 5일, 민주당의 대통령 후보 신익희가 갑자기 사망하는 사고가 발생했고, 그 결과 야당의 후보로는 무소속의 조봉암만 남은 가운데 선거가 치러졌다. 이승만은 70.4%의 표를 얻었다.

6. 1. [북한] 김일성 수상, 소련 및 동유럽 순방. 전후 복구 자금 마련을 위한 순방이었다. 그의 부재 기간을 노려 반대파들이 8월 종파사건을 계획했다.

8. 15. 이승만, 제3대 대통령에 취임. 부통령은 장면이었다.

8. 25. 이태영, 여성법률상담소 창립.

8. 30. [북한] 조선로동당 중앙위원회 전원회의 개막. 평양에서 열린 이 회의에서 상업상 윤공흠이 당이 독재적으로 운영된다고 비판하며 김일성 수상의 정치 노선과 경제 정책을 비난했다. 이에 김일성 지지자들이 그를 단상에서 끌어내리는 일이 벌어졌다. 이른바 '**8월 종파사건**(8월 전원회의 사건)'이 발생한 것이다. 이튿날 전원회의에서는 윤공흠, 서휘, 리필규 등이 반당종파로 몰려 출당조치 됐다. 이후 김일성은 1956년 말부터 '아래로부터 반종파 투쟁'을 전개해, 김두봉, 최창익, 박창옥 등 대다수 연안파와 소련파들을 로동당에서 제거했다.[*] 8월 종파사건의 수습은 당내 숙청으로 끝나지 않았다. 당국은 '종파분자들'을 넘어 '반혁명분자' 색출 운동을 전사회적·전국적 규모로 확대했다.[**] 이 모든 일이 끝났을 때, 북한 내에서 하나의 세력으로서 김일성과 다른 견해를 표명할 수 있는 집단은 사라졌다.[***]

9. 28. 장면 부통령 저격 미수사건 발생. →

11. 10. **진보당 창당**. 한 해 전 12월 22일 창당준비위원회를 발족한 지 11개월 만이었다. 5월 창당준비위원회 차원에서 대통령 선거에 출마해 216만 표를 얻은 조봉암이 위원장으로 선임됐다. 진보당은 지방지부 결성과정에서 정치 깡패들이 자행한 테러에 시달렸다. 또한 여당인 자유당은 물론 보수 야당인 민주당도 조봉암의 평화통일론을 용공으로 몰았다.[*] 결국 창당 15개월 만인 1958년 2월 강제 해산되면서 역사 속으로 사라졌지만, 진보당은 2000년 민주노동당이 창당될 때까지 대한민국 역사상 가장 영향력 있는 진보정당이었다.[**]

세계

2. 25. [소련] 니키타 흐루쇼프 공산당 제1서기장, 이오시프 스탈린 비판. 2월 14일부터 열린 소련공산당 제20차 대회 마지막 날인 25일 비밀회의*에서 흐루쇼프가 스탈린을 비판하는 연설을 했다. 그는 이 자리에서 스탈린의 개인숭배를 비판했다. 더불어 그는 스탈린 시절 행해진 대숙청도 비판했다. 그러나 그는 일반 시민들을 집단 체포 또는 탄압한 사실을 언급하지 않음으로써 당을 대숙청의 유일한 희생자로 만들어 현 지도부의 무죄를 선고하고 그 죄를 스탈린에게 전가하려고 애썼다.** 그리고 곧 소련 지도부의 주도하에 스탈린주의로부터 이탈하는 과정이 개시된다.*** →

3. 23. [파키스탄] 제헌 헌법 발효. 이 헌법에 따라 파키스탄 이슬람공화국이 선포됐다.

4. 17. 코민포름 해산.

7. 26. [이집트] 가말 압델 나세르 대통령, 수에즈 운하 국유화 선언. 그는 혁명 4주년을 기념해 알렉산드리아에서 한 연설에서 '이제 수에즈 운하는 이집트의 회사'라고 선언했다. 프랑스와 영국이 공동운영하던 운하를 국유함으로써 얻어지는 수입을 아스완 하이 댐 건설 사업에 쓰기 위해서였다. 이 선언은 곧이어 제2차 중동전쟁으로 이어졌다.

10. 23. [헝가리] 혁명 시작.

10. 29. 제2차 중동전쟁 발발. 7월 가말 압델 나세르 이집트 대통령이 수에즈 운하 국유화를 선언하자 운하의 운영권을 가지고 있던 영국과 프랑스는 이스라엘과 공모해 무력으로 운영권을 되찾아 오려고 시도했다. 먼저 이스라엘이 가자 지구와 시나이반도를 침공했고, 이어 프랑스와 영국이 합류했다. 그러나 이집트를 지원하던 소련이 이 분쟁에 개입하겠다며 반발하자 미국은 프랑스와 영국에 노골적인 위협을 가하며 정전을 강요했다. 결국 프랑스와 영국이 백기투항하면서 11월 7일 정전이 이뤄졌다. 9일간의 이 전쟁으로 나세르는 아랍민족주의자들의 투사로 떠올랐다.

11. 6. [미국] 대통령 선거. 공화당의 드와이트 아이젠하워가 재선에 성공했다.

↓ 10월 23일, 일군의 대학생들이 헝가리 부다페스트에 있는 국회의사당에 집결해 게뢰 에르뇌 제1서기장의 퇴진을 요구하며 시위를 벌였다. 이에 시민들이 동참하면서 일당제 폐지, 언론자유 보장, 소련군 철수 등을 요구하기 시작했다. 다음 날 개혁파인 너지 임레가 총리 자리에 앉았고, 이로서 민중봉기는 성공한 듯 보였다.* 30일 너지는 자유선거를 보장하고 바르샤바 조약을 탈퇴한다고 발표했다. 그러나 11월 4일 소련군 부대가 탱크를 몰고 부다페스트로 진입해 봉기를 진압한 후 친소 정권을 세웠다. 이 과정에서 2000명이 넘는 민간인이 사망했고, 너지는 1958년 처형된다.

문화 / 과학·환경 / 스포츠

문화

1. [캐나다] 글렌 굴드의 〈바흐: 골드베르크 변주곡〉 발매. 한 해 전인 1955년 6월에 녹음된 그의 데뷔 앨범인 이 음반은 이 해 최고의 클래식 베스트셀러 음반이 되며 〈골드베르크 변주곡〉의 부활을 알렸다. 동시에 무명의 23세 청년 피아니스트인 그에게 세계적 명성을 가져다 주었다.

5. 6. 이어령, 〈우상의 파괴 – 문학적 혁명기를 위하여〉 발표. 《한국일보》 일요판 별지에 발표된 이 글로 대학 2학년생 이어령은 당대의 '우상파괴자'로 혜성처럼 등장한 후, 조연현, 염상섭, 김동리와 세대 논쟁을 벌이며 전쟁의 폐허 속에서 전후 신시대를 대변하는 존재로 부상했다.*

과학·환경

1. 26. [미국] 조 힌 치오의 논문 〈인간의 염색체 수〉가 발표됨. 치오는 기존에 알려진 것과는 달리 인간의 염색체 수가 48개가 아니라 46개(23쌍)라고 발표했다. 수십 년 만에 정확한 염색체 수를 알게 됨에 따라 과학자들은 불과 3년 만에 다운증후군이 21번 염색체의 이상으로 나타나는 유전질환이라는 사실이 밝혀지는 등 유전과 질병에 대한 이해를 획기적으로 증진시킬 수 있게 해주었다.

5. 1. [일본] 미나마타병 환자 발생 첫 보고. 미나마타 보건소에 보고된 환자들은 보행장애, 언어장애, 경련 증상을 보였지만 원인은 알 수 없었다. 3년이 훨씬 지난 후에 밝혀진 병

의 원인은 수은이었다. 수은이 축적된 어패류를 다량으로 섭취한 사람들의 중추신경계에 이상이 생긴 것이다. 문제가 되었던 메틸수은은 인근의 화학 공장에서 바다에 방출된 것으로 밝혀졌다. 1912년에 발생한 이타이이타이병과 함께 일본의 대표적인 공해병으로 꼽히고 있다.

스포츠

1. 26. [이탈리아] 코르티나담페초에서 제7회 동계 올림픽 개막.

9. 15. **AFC 아시안컵 우승**. 대한민국 축구 국가대표팀이 홍콩에서 열린 제1회 아시안컵 결선리그 마지막 경기에서 남베트남을 5-3으로 물리치고 2승 1무 승점 5점으로 첫 우승컵을 들어올렸다. 대표팀은 홈에서 열린 1960년 대회에서도 연이어 우승을 차지했지만, 이후 60년이 넘게 우승과는 인연이 멀었다.

11. 22. [오스트레일리아] 멜버른에서 제16회 하계 올림픽 개막. 남반구에서 열린 최초의 대회였다. 인도 남자 필드하키 국가대표팀이 6회 연속 올림픽 금메달을 목에 걸었다. 한국은 은메달 한 개, 동메달 한 개를 땄다. 복싱에서 나온 송순천의 메달은 한국의 사상 첫 올림픽 은메달이었다.

1956년 풍경

얼핏 보면 지붕 개량 공사하는 줄로 알겠지만, 제3대 대통령 선거 개표 결과를 알리는 신문사 벽면의 풍경이다. 집에서 잡음 속에 들리는 라디오 뉴스를 듣다가 답답함을 이기지 못해 뛰쳐나온 시민들이 현장 중계를 지켜보고 있다. 운동장에서나 가능할 법한 구름 관중이 신문사 앞에 모였다. 스포츠 경기의 결과야 한순간 마음의 승패로 그치고 말겠지만 선거의 승부는 모든 국민의 생활에 심대한 영향을 미치는 경쟁 이상의 경쟁이다. 대통령은 하늘이 낸다 하였는데, 저 공중으로부터 나오는 결과에 따라 관중들은 일희일비했다. 거의 대부분 수작업에 의존하던 정보는 이제 빛의 속력으로 사람들의 눈과 귀에 도달한다. 산업화는 늦었지만 정보화는 세계 최고인 결실을 오늘의 우리가 톡톡히 누리고 있다. 지켜보는 시민들이 대통령을 갈아치우며 이런 시대정신을 달성했지만 정작 대통령의 수준은 늘 그 변동 폭이 너무 심한 건 아니었나?

이 해에는

책
4. 19. [미국] 《파워엘리트》, 찰스 라이트 밀스
○ [영국] 《아웃사이더》, 콜린 윌슨

노래
5. 21. [미국] 〈케 세라, 세라〉, 도리스 데이
○ 〈단장의 미아리고개〉, 이해연
○ 〈비 나리는 호남선〉, 손인호

영화
5. 16. [미국] 〈수색자〉, 존 포드
6. 9. 〈자유부인〉, 한형모

궂긴 소식
3. 20. 박인환(시인)
5. 5. 신익희(독립운동가, 정치인)
8. 11. 잭슨 폴록(미국의 화가)
8. 14. 베르톨트 브레히트(독일의 작가)
9. 6. 이중섭(화가)
9. 11. 뤼시앵 페브르(프랑스의 역사가)
10. 16. 쥘 리메(프랑스의 체육인)

독립한 나라
1. 1. 수단 공화국 (← 영국, 이집트)
3. 20. 튀니지 왕국 (← 프랑스)
4. 7. 모로코 (← 프랑스(3. 2), 에스파냐)

1957년

우리말큰사전 완간

↑ 10월 9일, 《우리말큰사전》의 완간은 일제강점기와 한국전쟁의 폐허를 딛고 일어선 민족 정신의 승리였다. 이 사전은 단순한 어휘 집성을 넘어, 우리 말과 글의 정체성을 지키고 발전시키려는 선조들의 피와 땀이 깃든 결실이었다. 이 위대한 업적 뒤에는 사전 편찬에 평생을 바치고도 완간을 보지 못한 채 세상을 떠난 수많은 국어학자들의 한맺힌 노력이 숨어 있었다.

"말은 사람의 특징이요,
겨레의 보람이요,
문화의 표상이다."

말은 사람의 특징이요, 겨레의 보람이요, 문화의 표상이다. 조선말은 우리 겨레가 반만년 역사적 생활에서 문화 활동의 말미암던 길이요 연장이요 또 그 결과이다. 그 낱낱의 말은 다 우리의 무수한 조상들이 잇고 이어 보태고 다듬어서 우리에게 물려 준 거룩한 보배이다. 그러므로 우리말은 곧 우리 겨레가 가진 정신적 및 물질적 재산의 총목록이라 할 수 있으니 우리는 이 말을 떠나서는 하루 한때도 살 수 없는 것이다.

그러나 조선말은 조선 사람에게 너무 가깝고 너무 친한 것이기 때문에 도리어 조선 사람에게서 가장 멀어지고 설어지게 됐다. 우리들이 항상 힘써 배우고 닦고 한 것은 다만 남의 말, 남의 글이요 제 말과 제 글은 아주 무시하고 천대해 왔다. 날마다 뒤적거리는 것은 다만 한문의 자전과 운서뿐이요 제 나라 말의 사전은 아예 필요조차 느끼지 아니하였다. 프랑스 사람이 와서는 프랑스 말로써 조선어 사전을 만들고 미국 영국 사람이 와서는 각각 영어로써 조선어 사전을 만들고 일본 사람이 와서는 일본말로써 조선어 사전을 만들었으나 이것은 다 자기네의 필요를 위하여 만든 것이요 우리의 소용으로 된 것이 아니었다.

— 《우리말큰사전》 머리말

↓ 8월, 한 청년의 대담한 사기극은 당시 한국 사회의 어두운 단면을 적나라하게 드러냈다. 이승만 대통령의 양아들 행세를 하며 관료들의 아첨과 극진한 대접을 받았던 이 사건은, 권력에 대한 맹목적인 복종과 부패한 관료 시스템의 민낯을 여실히 보여주었다. 이 사건의 진정한 비극은 단순한 사기극을 넘어, 당시 사회의 깊은 상처와 불평등을 드러냈다. 가짜 이강석 역할을 했던 청년마저 몇 년 후 스스로 목숨을 끊었다.

대한민국

1. 1. [북한] 제1차 5개년 계획 시작. 당초 1961년까지 예정되어 있었으나 북한 정부는 1959년 7월 목표가 조기 달성되었음을 선언했다. 5개년 계획을 지표상으로 2년 반 만에 완수한 셈이다. 이 성과로 북한은 사회주의 진영 내에서도 경제 개발의 모범 사례로 선전되었으며, 대남 관계에도 자신감을 가지고 적극적으로 임할 수 있었다.* 그러나 경제적 고립과 자본 축적의 부족에도 불구하고 얻은 일시적 성공 경험은 이후 북한 경제의 구조적 문제와 악순환을 개혁하지 못하는 한 원인이 됐다.** 1960년으로 앞당겨 완료된다.

1. 5. 연희대학교·세브란스의과대학 통합. 교명은 연희와 세브란스의 앞글자를 따 연세대학교로 정해졌다. 초대 총장은 백낙준, 부총장은 최현배였다.

1. 11. 관훈클럽 결성. 풀브라이트 동창생이 중심이 된 중견 언론인들이 조직한 단체였다.

4. 7. 한국신문편집인협회 결성. 《독립신문》 창간 61주년을 기해 결성된 이 협회는 4월 7일을 신문의 날로 정하고 〈신문윤리강령〉을 선포했다.

5. 5. 〈어린이헌장〉 선포. 제35회 어린이날을 맞아 공포된 이 헌장은 모두 9개 항으로 되어 있었는데 그중 제1항은 '어린이는 인간으로서 존중하여야 하며 사회의 한 사람으로서 올바르게 키워야 한다'였다. 1988년 개정된 헌장의 제 1조는 '어린이는 건전하게 태어나 따뜻한 가정에서 사랑 속에 자라야 한다'이다. 한편 '굶주린 어린이는 먹여야 한다'는 부분도 '어린이는 고른 영양을 취하고'로 바뀐다.

5. 11. 백성국민학교 집단중독 사건 발생. 경기도 안성에 있는 이 학교 학생들이 배고픔을 견디다 못해 등나무 껍질을 벗겨먹다 27명이 집단중독하는 일이 벌어졌다.* 당시 전국 국민학교의 결식아동수는 50여 만(많게는 80만) 명으로 추산되었는데, 문교부는 결식아동 통계를 극비에 부친 채 이들에게 유니세프에서 배급하는 분유를 제공한다고만 밝혔다.* * 그나마 이 분유마저 교직원들이 횡령하는 일이 다반사였다.

7. 1. 유엔군사령부, 서울로 이전.

9. 1. 야당 주최 시국강연회에 정치깡패 난동. 야당의 국민주권옹호투쟁위원회가 서울 장충단공원에서 연 강연회에서 조병옥의 연설이 시작되고 불과 5분도 안 되어 괴한들이 난입해 마이크에 휘발유를 뿌려 불을 지르고 연단 위로 돌과 유리병 등을 던졌다. 괴한들은 자유당의 정치깡패로 권세를 휘두르던 이정재의 부하 유지광 일파였다. 20여만 명에 달하는 시민이 모여 있었음에도 자유당의 사주를 받은 깡패 700명의 행패에 경찰은 수수방관으로 일관했다.

9. 15. 맥아더 장군 동상 제막. 인천상륙작전 7주년을 기념해 인천 만국공원(현 자유공원)에 설치됐다. 동상건립위원회는 그는 '자유의 승리와 대한민국의 구원을 가져'온 사람으로서 '영원히 기념'되어야 한다고 밝혔다.

9. 15. AFKN 텔레비전 방송국 개국. 주한미군이 관할하는 방송이다. 현재 명칭은 AFN Korea이다.

9. 18. 대구지방경찰청, 강성병 구속. 그는 8월말부터 경북 영천, 경주, 안동, 봉화 일대를 누비며 이승만 대통령의 양자인 이강석 행세를 하다 검거됐다.

세계

1. 21. [미국] 제34대 대통령 드와이트 아이젠하워, 두 번째 임기 시작.
3. 6. [가나] 독립. 유럽이 식민 지배하던 아프리카 국가 중에서 최초로 독립한 국가였다. 가나의 독립은 아프리카 전역에 독립 열풍을 몰고 왔다. 불과 3년 후인 1960년까지 아프리카 대륙에서는 17개국이 독립을 달성하고, 1960년대 말에는 거의 대부분이 식민지 지배에서 벗어난다.
3. 17. [필리핀] 라몬 막사이사이 대통령, 사망. 세부섬에 있는 비사야 대학에서 명예박사학위를 받고 마닐라로 돌아가는 길에 비행기 추락사고를 당한 것이다. 이듬해 그를 기리기 위해 록펠러 재단의 지원을 받아 막사이사이상이 제정됐다. 이 상은 한때 '아시아의 노벨상'으로 불릴 정도로 권위 있는 상이었다.
3. 25. 로마 조약 체결. 유럽석탄철강공동체 6개국(네덜란드, 룩셈부르크, 벨기에, 서독, 이탈리아, 프랑스) 대표들이 로마에 모여 유럽경제공동체(EEC)와 유럽원자력공동체(EURATOM) 설립조약을 체결했다. 이 두 조약은 이듬해 1월 1일 발효됐다. EEC 설립조약의 목표는 6개 창립회원국간 관세장벽 없는 공동시장 실현이었다. 2차대전 종전 12년 만에 체결된 이 조약으로 유럽은 이제 새로운 미래를 꿈꿀 수 있게 됐다.
5. 15. [영국] 수소폭탄 실험. 태평양 중서부의 몰덴섬에서 실시된 이날 첫 실험은 사실상 실패였지만, 영국은 세 번째 수소폭탄 보유국으로 받아들여졌다. 실험은 이듬해 9월까지 총 9회가 실시됐고, 결국 실험에 성공했다.
8. 21. [소련] 대륙간탄도미사일(ICBM) 발사 성공. 세계 최초의 ICBM인 이 R-7 세묘르카는 6000km 이상을 비행했다. 현재 육상 기반 ICBM을 보유한 것으로 알려진 국가는 러시아, 미국, 중국, 북한, 인도, 이스라엘뿐이다.
8. 31. [말라야 연방] 영국으로부터 독립. 1963년 사바, 사라왁, 싱가포르가 합류하면서 국명이 말레이시아 연방으로 바뀐다.

문화 / 과학·환경 / 스포츠

문화

1. 28. 〈저작권법〉 공포. 한국의 저작권법은 1899년의 일본 저작권법을 모델로 제정된 후 이후 30년간 한 번의 개정도 없이 유지된다.
2. [미국] 노엄 촘스키의 《통사구조》 출간. MIT 출판부에서 출간하려 했으나 거절되고 네덜란드의 출판사에서 출간된 이 책에서 촘스키는 인간이 유한한 규칙으로부터 무한한 문장을 생성할 수 있는 타고난 능력을 가지고 있다고 주장했다. 통사와 의미를 구분하고 관찰가능한 행동보다 정신적 능력을 강조하는 그의 변형-생성 문법은 당시 학계를 지배하던 행동주의적 언어관에 도전하며 언어학에 혁명을 일으켰다.
4. 3. 주한 미국공보원, 〈인간가족 전시회〉 개최. 미국 뉴욕현대미술관(MoMA)이 1954년 기획한 전시회의 세계 순회 전시의 하나로 한국 역사 이래로 가장 많은 관객 동원에 성공했고 생활리얼리즘 사진이 한국 사진의 주류로 자리잡을 수 있게 해주었다.
5. 19. 한국일보, 제1회 미스코리아 대회 개최. 심사 결과 영예의 크라운은 박현옥이 차지해, 같은 해 미국에서 열린 미스 유니버스에 한국 대표로 파견된다. 이 대회는 1972년부터 TV에 생중계되는 등 한때 큰 인기를 모았다. 그러나 남성의 시각으로 여성의 몸을 상품화한다는 비판에 부딪히며 현재는 명맥만 유지되고 있다.
10. 9. 한글학회, 《우리말 큰사전》 전 6권으로 완간.

과학·환경

7. 29. 국제원자력기구(IAEA) 설립. 원자력의 평화적 이용을 촉진하고 군사적 이용을 방지하기 위해 설립된 유엔 관련기관이며 본부는 오스트리아 빈에 있다.
10. 4. [소련] 스푸트니크 1호 발사.
11. 3. [소련] 스푸트니크 2호 발사. 지구궤도에 진입한 이 인공위성에는 라이카란 이름의 우주견이 타고 있었다. 소련 당국은 이 개가 궤도 진입 후 안락사되었다고 주장했지만 실제 사인은 고열과 산소부족이었다.

스포츠

2. 8. 아프리카축구연맹(CAF) 창설. 처음 이집트, 수단, 남아프리카연방, 에티오피아 4개국이었던 연맹의 회원국은 현재 54개국이다.
10. 16. [사우디아라비아] 올림픽 클럽 창단. 이듬해 알힐랄 SFC로 구단명을 바꾼 이 팀은 AFC 챔피언스리그에서 가장 많은 우승(4회, 아시안 클럽 챔피언십 포함)을 차지한 팀이다. 구단명 알힐랄은 '초승달'을 뜻한다.

← 10월 4일 소련이 스푸트니크 1호를 발사했다. 바이코누르 우주기지에서 발사된 이 인공위성은 3개월 간 궤도를 돌며 지구에 신호를 보내다 이듬해 1월 4일 대기권에 재진입하며 타버렸다. 세계 최초로 지구 궤도 진입에 성공한 이 인공위성은 우주 시대의 개막을 알리며 미국을 냉전기의 우주 경쟁에 끌어들였다. 스푸트니크는 러시아어로 '동반자'를 뜻한다.

1957년 풍경

갱에서 석탄을 캐듯, 마부들이 꽁꽁 언 한강에서 큼지막한 얼음을 사각으로 자르고 있다. 꽁꽁 언 한강은 스케이트장으로도 변하지만 단박에 얼음공장으로 변신했다. 지금에야 집집마다 냉장고를 갖추고 살지만, 그땐 겨울에만 자연이 제공하는 냉장고가 있을 뿐이었다. 지금은 상상조차 못하지만 오염 없던 저 시절엔 얼음이 공업용이 아니라 식용도 가능하지 않았을까. 전쟁 끝나고 추위는 지독했다. 체감되는 살림살이의 냉기는 더욱 그러했을 것이다. 마소는 그런대로 훈련으로 길들일 수 있다지만, 이 앙소한 자연의 얼음은 도무지 말을 듣지 않는구나. 발을 쩍쩍 붙들어 맨다. 채찍보다 더 날카로운 쇠지팡이로 얼음을 살살 달래는 마부의 눈빛에서 결코 얼지 않는 희망을 읽어낸다.

큰사전 말수

큰 사 전 말 수				
	순우리말	한자말	외래어	모두
으뜸말	56,115	81,362	2,987	140,464
사투리	13,005	—	—	13,006
고유명사	39	4,165	999	5,203
옛말	3,013	—	—	3,013
이두	1,449	—	—	1,449
머리말	990	—	—	990
모두	74,612	85,527	3,986	164,125

이 해에는

책
2. [미국] 《통사구조》, 노엄 촘스키
9. 5. [미국] 《길 위에서》, 잭 케루악
○ [프랑스] 《신화》, 롤랑 바르트
○ [프랑스] 《변경》, 미셸 뷔토르

영화
2. 11. 〈시집가는 날〉, 이병일
2. 12. 〈청춘쌍곡선〉, 한형모
2. 16. [스웨덴] 〈제7의 봉인〉, 잉마르 베리만

궂긴 소식
2. 8. 존 폰 노이만(미국의 수학자)
2. 19. 김내성(소설가)
3. 16. 콘스탄틴 브랑쿠시(루마니아의 조각가)
3. 17. 라몬 막사이사이(필리핀의 대통령)
5. 2. 조지프 매카시(미국의 정치인)
9. 20. 장 시벨리우스(핀란드의 작곡가)
11. 24. 디에고 리베라(멕시코의 화가)

독립한 나라
8. 31. 말라야 연방 (현 말레이시아) (← 영국)
8. 4. 가나 (← 영국)

1958년

진보당 조봉암 사건

"원관결을 파기한다.
피고인 조봉암, 동 양이섭을
각 사형에… 처한다."
— 〈서울고등법원 판결문〉

↑ 정부는 2월 25일 진보당의 등록을 취소했고, 진보당은 총선에 참여할 수 없었다. 조봉암은 간첩이라는 증거가 없었음에도 이듬해 7월 서대문 형무소에서 사형을 당한다. 진보당의 총재인 그는 북의 주장과 유사한 평화통일론을 주장했다는 이유로 1958년 초에 구속된 후 6월 1심에서 5년 형을 선고받았다. 그러나 이듬해 2월 대법원의 판결은 특이했다. 진보당의 평화통일 주장은 합법이지만, 조봉암은 간첩행위를 했다며 사형을, 진보당 간부들에게는 무죄를 선고했다. • 조봉암은 재심을 청구했지만, 7월 30일 기각되었고, 다음날인 이날 전격적으로 처형됐다. 55년 후인 2011년 대법원은 재심에서 무기소지죄만 유죄를 인정하고 나머지 혐의는 모두 무죄를 선고했다.

우리는 무슨 방법으로든지 하루속히 평화리에 통일을 완성하여야 되겠습니다. 그런데 국회라는 것은 잘됐든 못됐든 각색 국민을 대표했다는 기관인 만큼 그 어느 기관보다도 진지한 통일에 대한 공작을 해야 될 의무도 있는 것이요 권리도 있다고 봅니다. 국민의 통일에 대한 요구도 클 뿐만 아니라 국회 자체에 있어서도 이 통일을 요구하는 기운이 농후해져서 이 앞으로 국회 안에서도 통일촉진기관을 따로 설치하여서 전적으로 그 문제를 취급할 것이고 동시에 국민으로서도 남북통일운동을 적극 추진하여 국회와 국민운동이 표리일체가 되어야 할 것으로 압니다. … 국민의 이런 운동을 적극 조장하고 협력하여 주어야 할 것입니다.
— 조봉암, 1948년 7월 24일 국회의원 좌담회

제1 피고인 조봉암은…"우리는 남북한에서 평화통일을 저해하는 요소를 견제하고 진보당 세력의 주도권 장악하에 피흘리지 않는 평화적 방식으로 조국의 통일을 실현한다"는 지(旨)의 평화통일의 실현 등을 강령정책으로 하는 진보당을 조직하는 동시에 그 수괴인 중앙당 위원장에 취임하고…
— 〈서울고등법원 판결문〉

↓ 1940년대 말부터 이승만 대통령 탄신축하식이 해마다 성대하게 열렸다. 1958년 3월 26일, 이승만 대통령 83회 생일을 맞아 동원된 학생들이 매스게임을 펼치고 있는 모습을 담은 이 사진은 그가 어떤 대통령이었는지를 여실히 보여준다. 1949년 반민특위 와해, 보도연맹원 살해, 50년 제주 4·3 사건, 52년 부산 정치파동, 54년 사사오입 개헌, 55년 대구매일신문사 테러 사건, 57년 정치깡패 난동 사건, 59년 진보당 조봉암 사형 집행, 60년 3·15 부정선거, 이 모두가 그가 대통령이던 시절에 일어난 일이다.

대한민국

1. 11. 진보당 조봉암 사건. 총선을 4개월여 앞둔 이날 밤, 경찰이 진보당 지도부 검거에 나서, 이튿날부터 13일까지 박기출, 김달호, 조봉암 등을 국가보안법 위반 혐의로 체포했다. • **진보당 사건**의 시작이었다.

1. 21. 제5차 문맹퇴치운동 시작. 3월 31일까지 농한기를 이용해 70일간 진행됐다. 대상은 전국문맹자 99만 명 중 약 반 수에 해당하는 50만 명이었다. •

2. 16. KNA여객기 납북. 부산에서 서울 여의도공항으로 향하던 여객기가 경기도 평택 상공에서 북한으로 납치되어 평양 북방 순안비행장에 강제착륙됐다. 승객 29명을 포함해 총 34명이 타고 있었는데, 북한은 납치범으로 추정되는 8명을 제외하고 26명을 한국으로 송환했다.

3. 3. [북한] 조선로동당 제1차 대표자회 개막. 6일까지 4일간 열린 이 회의에서는 종파주의 청산과 당의 통일단결 강화가 강조됐다. 이어 5월 30일 로동당중앙위원회 상무위원회에서 '반당·반혁명분자와의 투쟁을 전당·전인민적으로 전개할데 대하여'라는 결정서가 채택됨으로써 종파 청산이 선언됐다.

5. 2. 제4대 국회의원 선거(민의원 선거). 진보당이 불법화된 상태에서 치러진 이 선거의 결과 자유당이 131석, 민주당이 79석을 차지했다. 자유당은 이전에 비해 10석 이상 줄었다.

7. 12. 소년법안, 국회 통과. 이 법에 따라 12세 이상 14세 미만의 소년에 대해서는 사형과 무기징역을 폐지하고 범할 당시 18세 미만인 소년에 대하여 사형과 무기징역을 폐지하고 최대 15년의 유기징역형을 선고하게 됐다. 현행 〈소년법〉에 따르면 12세 이상 14세 미만의 소년(촉법소년)에 대해서는 형사처벌을 할 수 없다.

8. 8. 서울시경, 함석헌 긴급구속. 《사상계》 8월호에 〈생각하는 백성이라야 산다: 6·25 싸움이 주는 역사적 교훈〉이라는 제목의 글을 기고한 재야인사 함석헌이 〈국가보안법〉 위반혐의로 구속됐다. 서울지검 조인구 부장검사는 '남한은 북한을 소련·중공의 꼭두각시라 하고, 북한은 남한을 미국의 꼭두각시라 하니 남이 볼 때 있는 것은 꼭두각시뿐이지 나라가 아니다'라는 구절이 대한민국의 국체를 부인하는 것이라고 말하며 함씨뿐만 아니라 논문을 게재한 사상계사 편집책임자에 대해서도 게재경위 등을 추궁하겠다고 밝혔다. • 그리고 발행인 장준하와 주간 안병욱도 연행해 조사했다. 이른바 함석헌 필화사건의 시작이었다. 25일 함석헌은 구속해제로 풀려났고, 《사상계》는 이 필화사건으로 더욱 인기가 치솟았고 판매 부수도 늘었다.

12. 24. 국가보안법 개정안, 국회 통과. 자유당은 국회 경호권을 발동해 농성 중인 야당 의원들을 강제로 끌어내 지하실에 감금한 후 순식간에 날치기로 통과시켰다. 정부는 이를 위해 유도와 검도 등 무술에 능한 전국의 경관 300여 명을 차출해 국회 경위로 특채하기까지 했다. 이날 자유당은 지방자치법 개정안도 함께 통과시켰는데 이 두 법의 개정은 1960년 치러질 정·부통령 선거 대비책이었다. • **'신국가보안법'**은 국가기밀을 전달하지 않고 수집만 해도 처벌할 수 있게 하고 '신지방자치법'은 기존 선거제로 되어 있던 시·읍·면장을 임명제로 바꾸는 내용이었다. 이날의 날치기 통과는 12월 24일에 일어난 일이라 '24 국가보안법 파동'이라고 불리게 됐다.

세계

2. 14. [이라크/요르단] 아랍연방 결성. 하심 가의 두 군주인 이라크 국왕 파이살 2세와 요르단 국왕 후세인 1세가 통합해 만든 이 연방은 개별적인 국가 지위는 유지하되 연합 군대를 꾸리고 공동 외교정책을 취하는 연방제 국가였다. 이 두 국가가 연방을 결성한 것은 접증하는 범아랍주의에 대한 대응책이기도 했다.

2. 22. [이집트/시리아] 통일아랍공화국 수립. 이집트와 시리아의 통합은 아랍 통합이라는 새로운 시대를 알렸다. 범아랍주의를 내건 압델 나세르 이집트 대통령의 입지는 더욱 강화됐고, 친서방 아랍 국가들의 위기감은 더욱 고조됐다.

5. 5. [중국] 제8차 전국대표대회 제2차 회의 개최.

7. 14. [이라크] 7·14 혁명. 압둘카림 카심이 이끄는 자유장교단이 쿠데타를 일으켜 하심 왕조와 친서방 정부를 무너뜨렸다. 쿠데타 당일 국왕 파이셀 2세와 그의 일가 등이 살해되면서 아랍연방은 결성 5개월 만에 해체되고 이라크 공화국이 수립됐다. 서방과 동구 모두 이 혁명이 아랍 민족주의의 광풍을 일으킬 것이라고 우려했지만, 이라크는 통일아랍공화국에 합류하지 않았다.

8. 29. [중국] 중국공산당 중앙정치국 확대회의, 〈농촌에 인민공사를 건설하는 문제에 대한 중국공산당중앙위원회의 결의〉 채택. 농촌의 급진적 지도부가 마오쩌둥의 암묵적인 격려를 받으며 모든 농촌을 인민공사로 조직하는 운동을 이끌어나가자 공산당 중앙위원회는 인민공사 설립을 공식적으로 추인했다. 수리공사와 같은 대규모 사업을 수행하기 위해서는 큰 규모의 공동 노동 조직이 필요했고, 이에 따라 농업집단화를 위해 만들어진 대규모 집단농장이 인민공사였다.

10. 4. [프랑스] 제5공화국 출범. 새 헌법의 발효와 함께 탄생한 제5공화국 체제는 의원내각제에 대통령의 강력한 권한을 가미한 형태였다. 강력한 행정부와 국민주권의 강화라는 샤를 드골의 이념은 대통령의 권한 강화와 국민투표제의 재도입을 통해 실현됐다.

12. 21. [프랑스] 샤를 드골, 대통령으로 선출됨.

↓ 5월 5일부터 23일까지 열린 중국 중앙정치국 확대 회의에서 '사회주의 건설 총노선'과 '대약진 운동'의 기치가 내걸렸다. 이어 8월 인민공사 설립확대가 결정되면서 삼면홍기(三面紅旗) 운동이 본격적으로 전개됐다. 대약진이 농업과 공업을 동시에 발전시키려는 구체적인 정책이고, 인민공사가 그 실행의 주요 수단이었다면, 총노선은 지도 이데올로기 역할을 했다. 대약진 운동은 모든 인민의 힘을 모아 나라를 부강하게 만들기 위해 시작되었으나, 2500만 명에 이르는 사상 최악의 아사자를 내고 큰 실패로 끝이 난다.

문화 / 과학·환경 / 스포츠

문화

7. 13. [미국] 엘비스 프레슬리의 〈하운드 도그〉 출시. 〈돈트 비 크루얼〉의 B면으로 출시됐다. 3년 전 빅 마마 손턴이 불렀던 이 곡은 부분적으로 '백인적인 개량'이 일어나면서 로큰롤의 시대를 열었다. 스물한 살의 그는 이 해 〈하운드 도그〉, 〈돈트 비 크루얼〉, 〈하트 브레이크 호텔〉, 〈러브 미 텐더〉 등 네 곡으로 34주간이나 빌보드 차트 1위를 차지했다. 어른들은 깜짝 놀랐고, 어느 순간 세상이 확 바뀌어 있었다.

10. 25. 정음사, **세계문학전집** 배본 시작. 출판사는 "타사가 추종치 못할 결정판 세계문학전집"을 "폭발적 환호리에 드디어" 배본한다고 광고했다. 소설가 박종화는 전집이 발행되자 신문에 "세계문학을 정선하여 완역하여 간행하게 되었으니 이야말로 우리들의 자랑거리이며 동시에 번역문학계에 빛나는 금자탑이 될 것이다"라고 쓰기도 했다. 전집은 전기 30권, 신역판 50권을 거쳐 1978년 전100권이 완간된다. →

10. 29. 노라노 패션쇼 개막. 서울 반도호텔(현 롯데호텔)에서 열린 노라노(본명 노명자)의 이 패션쇼는 한국 패션의 시작을 알리는 기념비적인 행사였다. 정식으로 패션을 공부하고 자신의 독창적인 디자인으로 패션쇼를 연 인물은 노라노가 처음이었고, 쇼에 쓰인 원단들은 모두 국산이었다.

과학·환경

1. 31. [미국] 익스플로러 1호 발사. 1957년 10월 소련이 발사한 스푸트니크 1호의 충격이 채 가라앉지 않은 가운데 발사된 이 미국 최초 인공위성의 공식명칭은 '1958 알파 1호'였다.

7. 29. [미국] 미국항공우주국(NASA) 발족. 소련의 스푸트니크 1호 발사 성공에 대응해 국가항공자문위원회(NACA)를 대체하는 정부의 독립기관으로 설립됐다. 2022년 현재 약 1800명이 근무하며 예산은 약 240억 달러이다.

스포츠

5. 24. [일본] 도쿄에서 제3회 아시안 게임 개막. 한국의 이창훈이 29일 2시간 32분 55초로 마라톤에서 금메달을 땄다.

6. 8. [스웨덴] 제6회 FIFA 월드컵 개막. 브라질이 스웨덴을 5-2로 꺾고 우승했다. 이 대회는 훗날 '축구의 왕'으로 불리게 될 17세 소년 펠레의 월드컵 데뷔 무대이기도 했다. 대한민국은 축구협회 직원이 출전 신청서를 분실하는 바람에 예선에도 참가하지 못했다.

9. 14. [미국] IBM, 하드 디스크 드라이브 출시. 기존 자기테이프를 대체하기 위해 개발된 세계 최초의 이 디스크 저장장치는 지름 60cm인 디스크 50장으로 이루어져 있었으며, 펀치카드 6만 4000장에 해당하는 약 3.8MB의 데이터를 저장할 수 있었다.

1958년 풍경

고바우 영감은 신문사회면 4컷 만화의 주인공이다. 만화의 주인공인 고바우 영감은 표정이 없다. 그날의 복잡한 머릿속 사정을 한 올의 머리카락으로 절묘하게 표현한다. 자유당 시절 등장한 이래 군부독재를 겪는 동안 통렬한 비판과 해학으로 국민들의 짓눌린 가슴을 뻥 뚫어놓는 통풍구 같은 역할을 해왔다. 절대권력이 활개치던 경무대. 똥 치는 사람 앞에 같은 행색의 사람이 지나가자 귀하신 분이라며 굽신거린다. 저 이가 누구냐고 묻는 고바우에게 주는 답을 통해 만화가는 이렇게 말하고 있는 것 같다. '귀하신 몸, 행차, 어른, 경무대'와 같은 고급진 말들과 '똥'이 결국 같은 것이라고. 경무대 똥물 파동으로 일컬어지는 이 사건으로 만화가 김성환이 모처에 끌려가 고초를 당했다고 한다. 똥물에도 파도가 있다는 말이 있다. 이 필화 사건 이후 얼마지 않아 4·19 혁명이 일어났다. 말하자면 똥물의 파도에 경무대가 휩쓸려 나간 것!

치킨 라멘

일본의 안도 모모후쿠가 세계 최초로 발명한 인스턴트 라면이 '치킨 라멘'이라는 상품명으로 오사카에서 첫 시판됐다. 우동 사리 한 개에 6엔이던 시절 이 라면의 가격은 35엔이었다.

이 해에는

책
- [미국] 《풍요한 사회》, 존 케네스 갤브레이스
- [이탈리아] 《표범》, 주세페 토마시 디 람페두사

영화
- 3. 9. 〈돈〉, 김소동
- 4. 20. 〈지옥화〉, 신상옥
- 5. 9. [미국] 〈현기증〉, 앨프리드 히치콕
- 8. 30. 〈종각(또 하나의 새벽을 그리며)〉, 양주남

궂긴 소식
- 6. 16. 너지 임레(헝가리의 총리, 민주화운동가)
- 8. 27. 어니스트 로런스(미국의 물리학자)
- 9. 10. 조소앙(독립운동가)
- 10. 9. 교황 비오 12세
- 10. 24. 조지 에드워드 무어(영국의 철학자)
- 11. 김원봉(독립운동가, 정치인)
- 12. 15. 볼프강 파울리(오스트리아의 물리학자)

독립한 나라
- 10. 2. 기니 공화국(← 프랑스)

1959년

태풍 사라 한반도 강타

↑ 9월, 태풍 사라가 한반도를 강타했다. 사라는 해방 이후 가장 참혹한 자연재해였다. 평균 초속 45m의 강풍과 폭우는 남부지방을 중심으로 집과 농경지를 삼키고, 849명의 목숨을 앗아가며 37만 명의 이재민을 남겼다. 기상 관측의 오류와 무방비 상태 속에서 맞이한 이 재앙은 자연의 위력 앞에 무력했던 당시 한국 사회에 깊은 상처를 남겼다.

"동포여! 70만 수재민을 살립시다!"

가을에 풍작을 앞눈에 두고 추석 명절을 즐기게 된 이 나라 백성 앞에 뜻하지 않았던 하늘의 재난 태풍 사라호가 별안간 내습하여, 이루 다 헤아릴 수 없는 처참한 광경을 이 땅 위에 빚어내고 말았습니다. 바로 추석날인 9월 17일 새벽 3시 반경부터 약 10시간에 걸쳐서 폭우를 동반하여 엄습한 태풍 사라호는 한국의 남해안을 비롯해서 경상남북도, 전라남북도 그리고 강원도 등을 강타하여 수십 년 내에 보기 드문 막대한 피해를 입혔습니다…

시속 120마일, 강우량 59인치라는 놀라운 이번 태풍이 남겨놓은 참변은 21일의 정오시 현재 전국의 사망자 618명, 실종자 311명, 부상자 2,332명을 냈으며, 가옥 피해는 도합 11만 9,451호로서 그 피해액은 90억 7,590여만 원에 달했는데, 이재민수는 총 66만 3,400명이라는 막대한 숫자에 이르렀습니다…

국토재건과 앞날의 번영을 위해서 전진하던 이 나라의 강토는 불의의 태풍습격으로 만신창이가 됐을 뿐만 아니라 한 동리가 온통 침수되고 통신망이 끊김으로써 고립된 곳이 허다했으며 철도의 파괴와 아울러 교량 및 도로의 유실 또는 매몰로서 교통이 두절되어 한때 일대 혼란을 일으키는 등 그 참사는 이루 다 형언할 수 없을 만큼 심했습니다.

— 〈리버티 뉴스〉 태풍특보, 1959. 9. 17.

↓ 12월 14일, 니가타 항에서 북한행 첫 배가 출항하면서 시작된 재일동포 북송은 한국 현대사의 가장 비극적인 장면 중 하나였다. 일본에서의 차별과 빈곤을 피해 '낙원'이라 선전된 북한으로 떠난 이들의 여정은, 결국 많은 이들에게 돌이킬 수 없는 고통의 시작점이 됐다. 가족과 고향을 등지고 떠난 9만여 명의 재일동포들의 눈물 어린 작별은, 분단의 비극과 냉전 시대의 이념 대립이 얼마나 잔인하게 개인의 삶을 흔들어놓았는지를 보여주는 아픈 증거였다.

대한민국

1. 22. 대한반공청년단 발족. 이승만 대통령은 발족식에서 외무장관이 대독한 축사를 통해 '모든 사람이 사심을 버리고 나라를 사랑하는 애국정신으로 일을 해주기 바란다'고 당부했다. 그러나 반공청년단은 사실상 다음 해 3월 15일에 치러질 정부통령 선거를 위해 만들어진 관변단체이자 자유당의 전위행동대였다.

2. 13. 재일교포 북송 규탄 시위 시작.

3. 10. 제1회 노동절 기념행사. 과거 5월 5일이었던 노동절을 이 날로 변경한 것은 '공산국가에서 5월 5일을 공통적으로 노동절로 정하고 있기 때문'이었다. 그리고 3월 10일은 대한독립촉성전국노동총동맹(대한노총)의 창립일이기도 했다.

3. 20. 이승만 대통령, 내각 개편. 이날 내무, 재무, 부흥, 농림, 교통 등 장관 다섯을 경질했는데 이 개각에서 가장 주목할 인물은 내무장관으로 임명된 최인규였다. 그는 '자유당 내의 어느 파에도 가담치 않고 다만 경무대와 이 의장에게만 충성을 바쳤다'는 평가를 받았다. 이런 평가에 걸맞게 60년 정부통령 대선을 앞두고 '4할 사전 투표', '공개 투표' 등이 포함된 부정투표 계획을 치밀하게 짰고, 이듬해 그대로 시행한다.

4. 30. 정부, 《경향신문》 폐간 명령. 당시 《동아일보》에 이어 발행부수 2위이던 《경향신문》은 이승만 자유당 정권에 비판적인 언론이었고, 정부는 이 신문이 허위 보도로 폭동을 선동하고 있다고 주장했다.

5. 9. 산업개발위원회, 경제개발 3개년계획안 발표. 계획의 목표는 연간경제성장율 5%로 최종년도의 총성장률 21.9%, 수출은 79% 증가한 3800만 달러 달성 등이었다.

6. 15. 정부, 대일통상 중단 선언. 이 결정은 '일본이 북한 괴뢰 적십자 사건에 재일교포 북송에 합의를 봄에 따라 대일 강경책'으로 나온 것이었다. 중단 조치는 10월 8일에 부분 해제됐다.

6. 29. 자유당, 대통령 후보에 이승만 지명. 부통령 후보로는 이기붕이 지명됐다.

7. 17. 부산공설운동장 압사 사건. 부산시민 위안의 밤 행사 도중 갑자기 폭우가 쏟아지자 관중 3만여 명이 비를 피하기 위해 한꺼번에 몰려나가다 67명이 압사하고 150여 명이 부상당하는 참사가 발생했다. 사상자가 이렇게 많았던 데에는 무질서 상태인 군중을 통제하기 위해 경찰이 쏜 공포탄 20여 발도 큰 요인이 됐다.

7. 31. 조봉암에 대한 사형이 집행됨.

9. 17. **태풍 사라**, 남부지방 강타.

11. 26. 민주당, 대통령 후보에 조병옥 지명. 장면을 지지하는 신파와 조병옥을 지지하는 구파가 정·부통령 후보 문제를 둘러싸고 이전투구를 벌이던 민주당이 후보 지명대회를 열고 조병옥을 대통령 후보로 장면을 부통령 후보로 지명했다. 표차는 겨우 3표차(484 대 481)였다. 신파와 구파는 심각한 불신과 갈등을 안고 이듬해 선거를 맞이한다.

12. 14. [북한] 재일동포 북송 귀환선, 일본 니카타항 출발.

세계

1. 1. [쿠바] 혁명군, 수도 아바나 점령. 풀헨시오 바티스타 정권이 전복됐다. 1953년 7월 시작된 **쿠바 혁명**이 성공한 것이다.

3. 10. [티베트] 봉기. 1951년 체결된 17조 협정으로 중국의 전면적인 통제 하에 있던 티베트 수도 라싸에서 대규모 봉기가 일어났다. 23일까지 이어진 격렬한 무장 봉기 과정에서 수많은 티베트인이 중국군에게 살해당했고, 아름다운 라마교 사원들이 파괴됐다. 달라이 라마와 장관들을 포함해 약 8만 명이 인도 북부로 피신했다.

4. 27. [중국] 전국인민대표대회, 류샤오치를 국가주석으로 선출. 대회 기간 동안 마오쩌둥이 국가주석직을 사임했고 류샤오치가 그 자리에 임명됐다. 마오쩌둥은 중앙위원회 위원장과 군사위원회주석직은 그대로 유지했다.

4. 29. [티베트] 제14대 달라이 라마, 망명정부 수립. 3월 초 티베트를 탈출해 인도로 망명한 그는 1951년 중국과 맺은 17개조 협정을 무효화하고 망명정부를 수립했다.

7. 5. [인도네시아] 수카르노 대통령, 1945년 헌법으로 복귀에 관한 대통령령 공포. 그는 이 명령에 따라 의회를 해산하고 1945년 독립전쟁 당시의 헌법으로 돌아갈 것을 선언했다. 이로써 '**교도민주주의**'라는 인도네시아식 전체주의 체제가 시작되어 1965년까지 지속된다.

8. 21. [미국] 하와이, 미국의 주로 편입됨. 1월 알래스카에 이어 50번째였다. 이듬해 미국 국기의 성조기는 별이 50개가 된다.

9. 15~27. [소련/미국] 니키타 **흐루쇼프** 제1서기장 미국 방문. 드와이트 아이젠하워 미국 대통령의 초대로 **미국**을 **방문**했다. 동서 냉전기, 핵전쟁이 일어날 수도 있다는 우려가 일던 가운데 이뤄진 이 방문으로 초강대국의 두 지도자가 얼굴을 맞댈 기회를 갖게 되었고, 얼어붙은 분위기는 일시적으로나마 훈훈해졌다.

12. 1. 남극조약 체결. 미국과 소련을 포함해 12개국이 서명했다. 남극 대륙에서의 군사 행위 금지, 자유로운 과학 연구를 핵심으로 하는 이 조약은 냉전 중 체결된 최초의 군비 통제 협정이었다. 이를 위해 핵 실험, 군사 활동, 경제적 착취, 영토 주장 등이 금지됐다. 1961년 6월 23일 발효됐고, 현재 조약 당사국은 57개국이다.

← 1월 1일 풀헨시오 바티스타의 독재정권을 무너뜨리는 데 성공한 피델 카스트로는 미국에 종속돼있던 경제 구조를 바꾸기 위해 농지개혁을 하고 집단농장을 도입했다. 더불어 전면적인 무상교육과 무상의료를 실시하는 등 쿠바를 정치·경제·사회 등 모든 면에서 이전의 쿠바와는 전혀 다른 모습으로 변화시켰다. 쿠바 혁명은 1910년 멕시코 혁명, 1979년 니카라과 산디니스타 혁명과 함께 20세기 라틴아메리카의 3대 사회주의 혁명이라고 할 수 있다. 아바나에 입성한 피델 카스트로가 시민들의 환영을 받고 있는 모습이다.

문화 / 과학·환경 / 스포츠

문화

3. 19. 한국반공예술인단 결성. →

10. 21. [미국] 뉴욕 솔로몬 구겐하임 미술관 개관. 프랭크 로이드 라이트가 설계한 마지막 공공 건축 프로젝트였다. 나선형 경사로와 흰색 원통형 외관이라는 혁신적인 디자인은 완공 당시에는 많은 논란을 일으켰다.

11. 춘조사, 《달나라의 장난》 발간. 1948년부터 1959년에 발표된 시 총 40편이 실렸다. 이 시집은 김수영이 살아 있을 때 유일하게 발간된 시집이다. 그는 '어째서 자유에는 피의 냄새가 섞여 있는가'를 너무도 잘 알고 있어 '우리들의 싸움은 쉬지 않는다'고 노래한다. 그는 1968년 6월 귀가하던 밤길에 집 근처에서 버스에 치어 48세의 나이로 너무도 때이르게 숨을 거둔다.

11. 15. 금성, 라디오 A-501 출시. 최초의 국산 진공관 라디오이다. 다섯 개의 진공관과 5인치 스피커를 장착하였다. 산요전기의 진공관 등에 국산 부품을 더해 조립하였다. 금성사는 1962년 미국 아이젠버그사에 라디오 62대를 수출, 국산 가전제품 첫 수출을 기록하였다.

○ 학원사, 《대백과사전》 완간. 한 해 전부터 내기 시작해 6권으로 완간된 이 사전은 해방 이후 최초로 간행된 백과사전이었다. 할부판매제를 도입해 초판 발간 후 60년대 초반까지 30만 권을 판매해 한국 출판사상 가장 성공적인 기획물 중 하나로 꼽힌다. 그러나 1970년대 중반 서문당으로 넘어가면서 명맥이 끊기고 만다.

과학·환경

9. 14. [소련] 루나 2호, 달 표면에 충돌. 12일 바이코누르 우주기지에서 발사된 루나 2호가 이날 00:02:24(모스크바 시간)에 초속 3.3km로 달 표면에 충돌했다. 인간이 만든 물체가 처음으로 지구 밖 다른 천체에 닿은 것이다. 이어 10월 7일 루나 3호가 달의 뒷면 사진을 처음으로 지구로 전송했다. 인간이 처음으로 달의 뒷면을 볼 수 있게 된 것이다.

스포츠

9. 28. 9·28 서울수복기념 제1회 국제마라톤대회. 인천 해안통 로터리에서 출발해 중앙청 정문까지 달린 이 대회는 대한민국에서 열린 첫 국제마라톤대회였다. 이창훈이 2시간 24분 7초 8로 우승했다.

1959년 풍경

어릴 적 추억은 맛과 결부된 것일수록 강할 수밖에 없다. 쌀과 밀의 대체재처럼, 빵과 우유의 보완재처럼, 사이좋은 형과 동생처럼, 콜라와 사이다는 그렇게 우리 곁으로 왔다. 톡 쏘는 맛에 혀가 놀랄 수밖에 없는 중독된 문명이었다. 얼음도 귀했던 시절, 길거리에서 목마른 자들의 우물이 되어 주었던 차가운 냉차처럼. 차도 등도 없는 어느 넓은 광장의 귀퉁이일까. 교복까지 갖춰 입은 중학생 형이 한 방울이라도 흘릴까 병목을 움켜쥔 채 음료수를 마시고 있다. 줄무늬 스웨터의 아이가 부럽게 지켜본다. 아이의 바지에는 호주머니는 있지만 그 안에는 땡전 하나 없다. 가을 소풍에는 나도 저 사이다 한 병 마실 수 있으려나. 유리병에 가둔 설탕물, 모가지를 잡아떼는 탄산가스 물이 언제 우리한테 왔었나. 이제까지 물은 그냥 흘러가는 개울물을 떠먹는 게 고작이었다. 그랬던 풍경에서 이제는 맹물도 병물에 담긴 것만 집어들어야 하는 세상이 되기까지, 그 세월이 느리고 천천히 강물처럼 흘렀다.

바비 인형

3월 9일 바비 인형이 출시됐다. 마텔 사의 루스 핸들러가 고안한 이 인형은 역사상 가장 인기가 높은 인형이다. 정열적인 빨간색 손톱과 발톱, 매혹적인 눈썹과 육감적인 입술, 이 잘빠진 '10대 패션모델'에 대한 열광은 즉각적이었다. 출시 당시 가격은 3달러였고, '바비'는 개발자인 핸들러의 딸 이름이었다.

이 해에는

책
○ [독일] 《양철북》, 귄터 그라스
○ [독일] 《아르투로 우이의 출세》, 베르톨트 브레히트
○ [영국] 《두 문화》, 찰스 퍼시 스노

노래
○ 〈아리조나 카우보이〉, 명국환
○ [벨기에] 〈날 떠나지 말아요〉, 자크 브렐

영화
10. 31. 〈이름없는 별들〉, 김강윤

궂긴 소식
7. 31. 조봉암(정치인)
8. 10. 우장춘(농학자)
10. 28. 카밀로 시엔푸에고스(쿠바의 혁명가)

1960년

4·19 혁명

↑ 격렬한 비판에 직면한 이기붕은 부통령 당선 사퇴는 물론 모든 공직 사퇴를 선언하고 일가족이 경무대로 피신했다.

"민주주의 사수하라!"

친애하는 고대학생 제군!
한 마디로 대학은 반항과 자유의 표상이다. 이제 질식할 듯한 기성독재의 최후적 발악은 바야흐로 전체 국민의 생명과 자유를 위협하고 있다.

그러기에 역사의 생생한 증언자적 사명을 띤 우리들 청년학도는 이 이상 역류하는 피의 분노를 억제할 수 없다. 만약 이와 같은 극단의 악덕과 패륜을 포용하고 있는 이 탁류의 역사를 정화시키지 못한다면 우리는 후세의 영원한 저주를 면치 못하리라.

말할 나위도 없이 학생이 상아탑에 안주치 못하고 대사회투쟁에 참여해야만 하는 오늘의 20대는 확실히 불행한 세대이다. 그러나 동족의 손으로 동족의 피를 뽑고 있는 이 악랄한 현실을 어찌 방관하랴.

존경하는 고대학생동지 제군!
우리 고대는 과거 일제하에서는 항일투쟁의 총본산이었으며 해방 후에는 인간의 자유와 존엄을 사수하기 위하여 멸공전선의 전위적 대열에 섰으나 오늘은 진정한 민주이념의 쟁취를 위한 반항의 봉화를 높이 들어야 하겠다.

고대학생동지제군! 우리는 청년학도만이 진정한 민주역사창조의 역군이 될 수 있음을 명심하여 총궐기하자.

단기 4293년 4월 18일 고려대학교 학생일동
— 〈선언문〉

↓ 8월 12일 대통령 선거가 실시됐다. 이날 선거는 민주당 대통령 후보 조병옥의 사망으로 사실상 이승만의 당선이 확실했지만, 부통령 선거는 이기붕이 민주당의 장면 후보를 이기기 쉽지 않았다. 그러나 결과는 이기붕이 79.2%로 당선됐다. 선거에 사활을 건 이승만 자유당 정부가 4할 사전투표, 3~5인조 공개 투표 등 온갖 방식으로 사상 최대의 부정선거를 자행한 것이다. 이 3·15 부정선거에 분노한 많은 이들이 거리로 쏟아져 나와 시위를 벌였고 결국 4·19혁명으로 이어진다.

대한민국

2. 28. 대구 학생의거. 대구에서 고등학생 1000여 명이 교육당국의 정치 개입에 반발해 시위에 나섰다. →

3. 15. 제4대 대통령·제5대 부통령 선거.

3. 15. 마산의거. 선거 당일인 이날 오후, 마산의 시민과 학생, 야당 관계자들이 부정선거에 항의하며 시위를 벌였다. 시위가 시청 부근으로 확대되자 경찰이 시위대에 총과 최루탄을 무차별 발사해 8명이 사망하고 80여 명의 중상자가 발생했다. 이 의거는 '제1차 마산항쟁'으로도 불린다.

4. 11. 김주열, 시신으로 발견됨. 고등학생인 그의 시신이 이날 오전 마산 앞바다에서 떠올랐다. 발견 당시 그의 시신은 경찰이 발사한 최루탄이 오른쪽 눈에 박힌 상태였다. 이 소식이 세상에 알려지면서 시위는 마산을 넘어 전국으로 확산되었고 **4·19 혁명**으로 이어졌다. 김주열에게 정면으로 최루탄을 쏴 살해하고 시신을 바다에 유기한 죄로 체포된 이는 마산경찰서 경비주임 박종표였다. 일본 이름 아리아 겐키치였던 그는 반민특위에 잡혀갔던 악질 헌병 출신으로 일제강점기 부산경남 지역의 고문왕이라고 불렸던 사람이다.

4. 18. 고려대 학생 시위. 고려대학교 학생 3000여 명이 교정에서 긴급집회를 연 후, 국회의사당으로 행진해 시위를 벌였다. 이승만 정부와 결탁한 반공청년단원 폭력배 100여 명이 시위를 마치고 돌아가는 학생들을 습격해 흉기로 구타했다.

4. 19. 시위 확산. 오전, 학생들의 거리 시위에 시민들이 합류하면서 시위 군중이 서울에서만 10만 명을 넘어섰다. 경찰이 발포를 시작했고, 이날 경찰 4명을 포함해 115명이 사망했다.

4. 19. 정부, 비상계엄령 선포.

4. 23. 장면 부통령 사퇴.

4. 24. 이기붕 부통령 당선 사퇴 발표.

4. 25. 대학교수 시위. 전국 27개 대학 교수 300여 명이 이승만의 대통령 하야 등을 요구하는 시국선언문을 발표하고 시위행진에 나섰다.

4. 26. 이승만 대통령, 하야 성명 발표. 그는 '국민이 원하면 사임할 것'이라고 밝혔다.

4. 27. 이승만 대통령, 국회에 **사임서 제출**. 수석국무위원인 외무부장관 허정이 대통령 권한대행을 맡았다. 이로써 제1공화국이 막을 내렸다.

5. 29. 이승만, 하와이 망명.

7. 29. 제5대 국회의원 선거. 의정사상 최초로 양원을 구성한 제2공화국 첫 번째 국회의원 선거였다. 선거 결과는 예상대로 야당의 압승이었다. →

8. 12. 대통령 선거. 3·15 부정선거와 4·19 혁명으로 제4대 대통령선거 및 제5대 부통령선거가 무효가 되고 다시 치러진 이 선거 결과 윤보선이 당선됐다. 대통령은 새헌법에 따라 민·참의원 합동회의에서 의원들의 간접 선거로 치러졌으며, 내각책임제였기 때문에 실질적 권한 없이 국가원수로서의 상징성만이 부여됐다.

8. 13. 윤보선, 제4대 대통령에 취임.

8. 19. 민의원, 장면 국무총리 인준. 윤보선 대통령은 김도연에 이어 2차로 신파인 장면을 총리로 지명했다. 가까스로 인준되어 장면 내각이 출범하기는 했지만, 이후 민주당 신구파의 갈등은 사그라들지 않고 더 커져만 간다.

12. 30. 윤보선 대통령, 경무대를 청와대로 개칭. →

세계

1. 1. [카메룬] 프랑스로부터 독립. 이를 시작으로 이 해에 간 아프리카 대륙에서 17개국이 독립했다. 이 해는 아프리카의 해로 불린다.
1. 19. 미일 상호협력 및 안전보장조약 체결. 1951년 체결된 구 안전보장조약에 비해 양국 간 상호관계를 좀 더 확대하는 방향으로 개정된 조약이었다. 하지만 미군의 일본 주둔에 반대하는 노동자, 학생 및 시민들은 조약 체결 논의 단계부터 대규모 '안보 투쟁'을 전개했다. 당시 일본 본토에 4만 6천 명, 오키나와에 3만 7천 명의 주일미군이 주둔하고 있었다. 5월 19일 신 안보조약은 33만 명의 데모대가 국회를 에워싼 가운데 참의원의 결의를 거치지 않고 자연 승인됐다.
4. 21. [브라질] 브라질리아로 수도 이전. 새로운 수도를 위한 공모전에서 당선된 루시우 코스타의 설계에 따라 브라질 고원지대에 건설된 철저한 계획도시인 브라질리아는 세계유산 목록에 오른 세계 최초이자 유일한 20세기 도시이다. 옮기기 전 수도는 리우데자네이루였다.
5. 30. [콩고] 벨기에로부터 독립. 1908년 벨기에에 점령된 콩고가 콩고 공화국이란 이름으로 독립했다. 그러나 당시 콩고 공화국은 통제가 불가능할 정도로 무정부 상태였고, 분리주의의 확대, 외세 개입 등으로 극한 갈등을 겪으며 5년 동안 약 10만 명이 목숨을 잃는다. 이른바 '콩고 위기'로 불리는 이 혼란은 1965년 11월 조제프 모부투가 쿠데타를 일으켜 군사독재정권을 수립할 때까지 지속된다.
7. 21. [실론] 시리마보 반다라나이케 총리 취임. 세계 최초의 총리이자 선출직 여성 정부 수반이었다.
9. 14. 석유수출국기구(OPEC) 결성. 5개 산유국(베네수엘라, 사우디아라비아, 이란, 이라크, 쿠웨이트)가 이라크 바그다드에 모여 결성한 이 조직은 세계 석유 시장에서 이익을 극대화하기 위한 공동 협력체로 창설됐다. 현재 회원국은 총 12개국이며 이들은 전 세계 석유 매장량의 약 80%, 생산량의 약 38%를 차지하고 있다.
11. 8. [미국] 대통령 선거. 민주당의 존 에프 케네디 상원의원이 현직 부통령인 리처드 닉슨을 전체 득표율 0.17% 차이로 간신히 이기고 35대 대통령에 당선됐다. 42세로 역대 최연소 미국 대통령이었다.
12. 20. [베트남] 남베트남민족해방전선 결성. 일명 베트콩으로 불린 이 조직은 남베트남 정부를 전복시켜 베트남을 공산주의 체제로 통일하기 위해 결성된 정치조직이었다. 북베트남의 지원을 받으며 게릴라 전술로 미국 정부에 맞서 싸웠다. 게릴라와 정규군 부대가 모두 있었으며, 자신들이 장악한 영토 특히 메콩강 삼각주 지역에서 농민들로부터 상당한 지지를 얻었다.

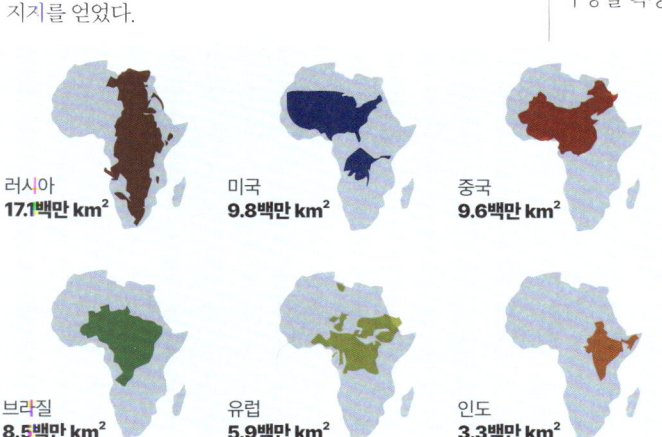

러시아 17.1백만 km² / 미국 9.8백만 km² / 중국 9.6백만 km² / 브라질 8.5백만 km² / 유럽 5.9백만 km² / 인도 3.3백만 km²

문화 / 과학·환경 / 스포츠

문화

1. 4. [프랑스] 알베르 카뮈, 사망. 46세의 나이로 빌블레뱅이라는 작은 마을에서 교통사고로 사망했다. 그는 자신이 살던 보클뤼즈주 루르마랭에 있는 묘지에 묻혔다. 그의 죽음 50주년인 2010년을 앞두고 니콜라 사르코지 프랑스 대통령은 그의 유해를 팡테옹으로 이장하는 계획을 세우고 카뮈의 자녀들 설득에 나서지만 그들은 거부한다. 카뮈는 자신의 소설《페스트》에 이렇게 썼다. "나는 영웅주의를 믿지 않는다. 내가 흥미를 느끼는 것은, 사랑하는 것을 위해서 살고 사랑하는 것을 위해서 죽는 일이다."

과학·환경

4. 8. [미국] 오즈마 프로젝트 시작. 프랭크 드레이크가 버지니아주 그린뱅크에 있는 국립전파천문대에서 외계의 지적 생명체를 찾는 작업을 시작했다. 이듬해 외계 지적 생명체 탐사(SETI)가 본격적으로 시작된다.
5. 9. [미국] 식품의약국, 에노비드를 경구피임약으로 승인. 에노비드는 원래는 피임약이 아니라 생리불순과 불임 치료제로 FDA에 승인된 약품이었다. 20세기에 이루어진 가장 중요한 의학적 진보로 꼽히는 이 피임약은 전 세계 여성들의 삶을 혁명적으로 바꾸어놓았다. →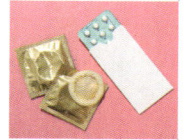
11. 리림학,〈(G2) 유형의 단순 리 군과 관련된 단순군 족〉 발표.《미국수학회지》에 실린 이 논문을 통해 그는 G2라는 새로운 유형의 단순군을 발견했음을 알렸다. 그리고 이듬해 F4라는 단순군을 또 발견한다. 이 두 단순군에는 그의 이름을 따 '리 군(Ree group)'이란 이름이 붙는다.

스포츠

2. 18. [미국] 스쿼밸리에서 제8회 동계 올림픽 개막.
8. 25. [이탈리아] 로마에서 제17회 하계 올림픽 개막. 어릴 때 소아마비를 앓았던 미국의 윌마 루돌프가 여자 육상 100m, 200m와 400m 이어달리기 우승으로 3관왕에 올랐다. 에티오피아의 아베베 비킬라는 맨발로 마라톤에서 2시간 15분 16초로 세계신기록을 세우며 우승해 아프리카 최초의 올림픽 금메달리스트가 됐다.
10. 21. 제2회 AFC 아시안컵 우승. 대한민국 축구 국가대표팀이 서울 효창운동장에서 열린 경기에서 대만을 1-0으로 꺾고 우승을 확정지었다. 지난 대회에 이은 2연속 우승이었다. 이후 한국은 준우승만 네 번 차지하는 데 그친다.

← 1월 1일 카메룬이 프랑스로부터 독립했다. 이어 세네갈, 토고, 말리, 마다가스카르, 베냉, 니제르 등 17개국의 독립이 이어진다. 몇몇 국가는 평화적으로 독립했지만, 어떤 나라들은 독립의 대가로 엄청난 피를 흘려야 했다. 아프리카 대륙은 전 세계 육지 면적의 약 20%를 차지하며, 인구는 약 14억 8천만 명으로 전 세계 인구의 18.5%이다. 그럼에도 전 세계의 GDP에서 차지하는 비중은 2.7%에 불과하다. 인류의 탄생지인 이 대륙은 여전히 가난하다. 그러나 그 가난의 책임 중 상당 부분은 한때 그곳을 식민지배했고, 지금도 여전히 그곳의 자원을 놓고 각축을 벌이는 소위 '열강'이라고 불리는 국가들에 있다. 우리가 흔히 볼 수 있는 메르카토르 도법으로 작성된 이 세계지도에 나오는 아프리카와는 상당히 다른 느낌이다.

1960년 풍경

어린이를 어린이로 대접하는 건 우리나라의 고유한 풍경이다. 지금에서야 흔한 말이 되었지만, 어린이는 처음부터 그리 인정받는 존재는 아니었다. 어른에게 종속되는 존재로 취급받아 아해, 얼라, 애놈, 아들놈, 딸년 등으로 불리기 일쑤였다. 동학의 인내천 사상은 어른한테만 해당하는 게 아니다. 어린이에게도 차별없이 귀한 하늘이 간직되어 있다고 본다. 동학의 3대 교조인 손병희의 사위인 방정환은 '어린이'라는 말을 발굴하여 그 의미를 새롭게 환기시켰다. 이런 흐름 속에서 어린이를 보호하고 존중하는 분위기가 만들어진 것이다. 4·19가 일어나고 어린이들도 행진에 참가하였다. "군인 아저씨들, 부모 형제들에게 총부리를 대지 말라!!"고 작은 입으로 외치는 어린이들. 역사의 대의는 이렇게 어린이들한테까지 와서야 비로소 완성되는가.

석유의 분별증류

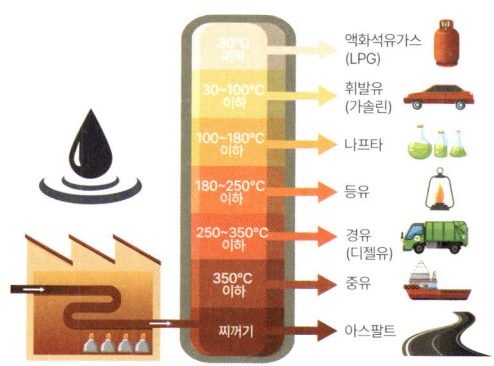

이 해에는

책

7. 11. [미국]《앵무새 죽이기》, 하퍼 리

영화

1. 28. 〈로맨스빠빠〉, 신상옥
10. 5. 〈박서방〉, 강대진
11. 3. 〈하녀〉, 김기영

궂긴 소식

1. 4. 알베르 카뮈(프랑스의 작가)
2. 15. 조병옥(독립운동가, 정치인)
3. 15. 김주열(학생 민주화운동가)
4. 28. 이기붕(정치인)
5. 30. 보리스 파스테르나크(소련의 작가)

독립한 나라

1. 1. 카메룬 공화국 (← 프랑스, 영국)
1월 1일 카메룬을 시작으로 세네갈, 토고, 말리, 마다가스카르, 베냉, 니제르, 오트볼타(당시 국명 부르키나파소), 코트디부아르, 차드, 중앙아프리카 공화국, 콩고 공화국, 가봉, 모리타니가 프랑스에서, 콩고 공화국(현 콩고 민주공화국)이 벨기에에서, 키프로스, 나이지리아가 영국에서, 소말리아가 영국과 이탈리아에서 독립하는 등 무려 17개국이 독립했다.

1961년

5·16 군사정변

↑ 5월 16일, 박정희 소장이 주도한 군사정변은 제2공화국의 민주적 질서를 무참히 파괴하며 한국 현대사에 어두운 그림자를 드리운 사건으로 기록된다. 이 쿠데타는 군부가 정치적 혼란을 틈타 권력을 장악하는 비극적 전환점이 되었으며, 이후 30년 이상 지속된 군사정권의 시대를 여는 신호탄이 됐다. 박정희 정권은 이 사건을 통해 군사적 통치를 정당화하고, 국민의 기본권과 민주주의를 억압하는 길로 나아가며, 한국 사회에 깊은 상처와 갈등을 남겼다.

"우리의 과업이 성취되면 언제든지 정권을 이양하고 복귀할 준비를 갖추겠습니다."

친애하는 애국 동포 여러분. 은인자중하던 군부는 드디어 오늘 아침 미명을 기해서 일제히 행동을 개시해, 국가의 행정·입법·사법 삼권을 완전히 장악하고, 이어 군사 혁명 위원회를 조직했습니다.

군사 혁명 위원회는 첫째, 반공을 국시의 제일의(第一義)로 삼고, 지금까지 형식적이고 구호에만 그친 반공 태세를 재정비·강화할 것입니다. 둘째, 유엔 헌장을 준수하고, 국제 협약을 충실히 이행할 것이며, 미국을 위시한 자유 우방과 유대를 더욱 공고히 할 것입니다. 셋째, 이 나라 사회의 모든 부패와 구악을 일소하고, 퇴폐한 국민 도의와 민족정기를 다시 바로잡기 위하여, 청신한 기풍을 진작시킬 것입니다. 넷째, 절망과 기아선상에서 허덕이는 민생고를 시급히 해결하고, 국가자주경제 재건에 총력을 경주할 것입니다. 다섯째, 민족적 숙원인 국토 통일을 위하여, 공산주의와 대결할 수 있는 실력 배양에 전력을 집중할 것입니다…

여러분은 본 군사혁명위원회를 전폭적으로 신뢰하고, 동요 없이 각인의 직장과 생업을 평상시와 다름없이 유지하시기 바랍니다. 우리들의 조국은 이 순간부터, 우리들의 희망에 의한, 새롭고 힘찬 역사가 창조돼가고 있습니다.

— 중앙 제1방송국(현 KBS), '혁명공약' 첫 방송

↓ '민족의 진로를 제시하고, 부정과 부패를 고발하며, 근로대중의 권익을 옹호하고, 조국의 통일을 절규한다.'는 사시를 내걸고 남북교류, 중립화 통일, 민족자주 통일 등을 주장한 《민족일보》가 창간 95일 만인 2월 19일 강제폐간됐다. 5·16 군사 쿠데타 세력은 재일본조선인련합회의 자금을 지원받고 북한을 도왔다는 혐의를 뒤집어씌워 민족일보사 관계자들을 전격구속해 재판에 넘겼다. 10월 31일, 최종 재판에서 그중 조용수·안신규·송지영에게 사형 선고가 확정됐다. 이후 두 명은 박정희에 의해 무기징역으로 감형되었지만, 발행인 조용수는 12월 21일 끝내 사형이 집행됐다. 민족일보 사건은 박정희 군사정권이 자행한 '빨갱이 만들기'의 시작이자 대표적인 비극이었다. 사진은 8월 11일 혁명재판소에서 열린 민족일보 사건 변론 공판에서 검사의 논고를 듣고 있는 피고인들의 모습이다. 앞줄 맨 왼쪽이 조용수 민족일보사 대표이다.

대한민국

2. 8. 한미경제기술원조협정 체결. 주권국가의 협정이라기보다는 미국 측의 일방적인 통고에 가까운 이 협정의 체결로 전국 학생 한미경제협정 반대 투쟁위원회와 한미경제협정 반대 공동투쟁위원회가 결성되는 등 반미 감정이 확산되고, 미국과 민주당 정권에 대한 불신도 높아졌다.

2. 20. 신민당 창당. 1월 20일 장면 정부가 개각을 하는 과정에서 민주당 내 신파와 구파와의 갈등이 더욱 격화됐다. 이에 구파가 떨어져 나와 신민당을 결성했다. 김도연이 위원장으로 선출됐다.

2. 25. 민족자주통일중앙협의회 결성. 통일사회당을 제외한 여러 혁신정당과 통일운동단체, 진보적 사회단체가 참여한 이 단체는 통일의 3대 원칙으로 자주, 평화, 민주를 내걸었다. 한국전쟁 이후 최대 규모의 사회운동 조직으로 전국적으로 약 5만 명의 회원을 확보했다. 약칭은 민자통이다.

3. 22. 양법반대 대구시민 궐기대회. 장면 정부가 제정하려는 반공특별법과 데모규제법을 반대하는 궐기대회가 대구역앞 광장에서 열렸다. 이튿날에는 서울시청 앞 광장에서 반민주악법반대성토대회가 열렸다. 반대 목소리는 전국으로 퍼져나갔고, 결국 두 법안은 통과되지 못했다.

4. 1. 대한가족계획협회 창립.

5. 16. 군사정변.

6. 10. 국가재건최고회의, 중앙정보부 신설. 이날 공포된 〈국가재건최고회의법〉에 따라 설치됐다. 정보·사찰 기능뿐만 아니라 수사 권한도 가진 이 정보기관은 미국의 CIA와 FBI를 합쳐놓은 것과 같은 막강한 기관이었다. 초대 김종필을 비롯한 역대 중앙정보부장은 박정희 정권 18년을 지킨 수호신으로, 박정희 다음의 권력을 누리며 무소불위의 힘을 휘둘렀다. 본청이 있는 곳이 '남산'이라는 이름으로도 불린 중앙정보부의 원훈은 '우리는 음지에서 일하고 양지를 지향한다'였지만, 납치, 회유, 협박, 고문 등을 사실상 드러내놓고 자행했다.

7. 1. 한국전력주식회사 정식 발족. 조선전업, 경성전기, 남선전기가 통합해 발족했다. →

7. 3. 박정희, 제2대 국가재건최고회의 의장 취임.

7. 22. 경제기획원 설립.

12. 2. 한국문화방송국 개국. 서울 인사동에서 라디오 호출명칭 'HLKV 문화방송'의 첫 방송을 전송하며 출범했다. 현 MBC의 뿌리는 1959년 4월 15일 개국한 부산문화방송으로 거슬러 올라간다. MBC는 민간방송으로 출발했지만 1980년 언론통폐합 과정에서 공영방송으로 바뀐다.

12. 5. 청계천 복개도로 개통. 공사비 23억 3200만 환을 들여 4년 3개월 만에 준공된 이 도로는 광교에서 오간수교까지 총연장 2358m였다. 공사를 맡은 이석구 대림산업 대표는 개통식에서 '한양천도 560여 년 동안의 숙원이 이제 이루어진 것'이라고 말했다. 그러나 2003년 서울시는 복원 공사를 시작한다. 그리고 2005년 청계천은 다시 지상으로 모습을 드러낸다.

12. 6. 박정희 국가재건최고회의 의장, 가족계획을 국가시책으로 채택. 그는 피임 약제수입 및 국내 생산에 대한 금지조치 해제, 가족계획 상담소 설치 등의 기본 방침을 천명했다. 이러한 국가시책 채택은 1952년 인도, 1959 파키스탄에 이어 대한민국이 세 번째였다.

세계

4. 17. 피그스만 침공. 1월 3일 드와이트 아이젠하워 미국 대통령은 쿠바와 단교했다고 발표했다. 그리고 케네디 정부는 피델 카스트로에 반대하는 쿠바 난민 약 1500명을 무장시켜 본토 침투를 간접 지원했다. 그러나 CIA가 기획하고 추진한 이 침공 작전은 난민 반군이 쿠바 내 미군기지인 관타나모 옆 피그스만에 상륙한 지 불과 사흘 만인 20일 완전한 실패로 끝났다. 쿠바 민중이 자발적으로 봉기할 것이라는 기대가 빗나간 것이다.

5. 28. 국제앰네스티 출범. 이 달 《옵서버》에 "잊혀진 죄수들"이라는 제목의 기사가 실렸다. 한 카페에서 자유를 위 해 건배했다는 이유로 포르투갈 학생 둘이 투옥됐다는 기사를 읽은 영국의 변호사 피터 베넨슨이 투고한 글이었다. 그는 이 글에서 의견이나 종교가 다르다는 이유로 탄압받는 사람들에 대한 연대를 호소했다. '인권이 모든 사람에게 보장되는 미래를 만드는 데 헌신하는' 단체인 국제앰네스티의 시작이었다. 한국지부는 1972년 창립된다.

3. 13. [동독] 베를린 장벽 착공. 높이 3.5m, 길이 156km의 이 장벽이 건설되면서 동베를린-서베를린, 동독-서독, 동유럽-서유럽 사이에 명확한 경계가 만들어진다. 냉전이 낳은 이 괴물을 넘어 탈출하려다 사망한 동독 시민의 수는 장벽이 무너진 1989년 11월까지 최소 138명이었다.

9. 30. 유럽경제협력기구(OEEC), 경제협력개발기구(OECD)로 확대 개편. 시장경제와 민주주의를 지향하는 협의체인 OECD는 기존 OEEC 회원국 16개국에 미국과 캐나다가 가입하면서 발족했다. 현재 회원국은 38개국이며 대부분 선진국이다. 한국은 1996년 29번째 회원국으로 가입한다.

12. 10. [소련/알바니아] 소련, 알바니아와 외교관계 단절. 스탈린주의를 고수해 온 알바니아는 중소 분열 기간 중국을 지지했고, 이로 인한 불화가 외교관계 단절이라는 형태로 나타난 것이다.

문화 / 과학·환경 / 스포츠

문화

1. 18. 〈춘향전〉 개봉. 이 해 영화계의 가장 큰 화제는 스타 배우 김지미와 최은희의 대결이었다. 홍성기가 감독하고 김지미가 출연한 〈춘향전〉이 개봉하고 바로 열흘 뒤 신상옥 감독, 최은희 주연의 〈성춘향〉이 개봉해 설날 흥행작으로 맞대결을 벌인 것이다. 결과는 한국 최초의 컬러 시네마스코프인 〈성춘향〉의 완승이었다. 이 영화는 그때까지 최대인 약 36만 명의 관객을 동원했고, 이 기록은 〈미워도 다시한번〉이 나온 1968년까지 유지된다.

7. 19. 문교부, 〈오발탄〉 상영 중지시킴. 이범선의 동명 소설을 각색해 유현목이 감독한 이 영화는 이미 심의를 받고 상영 허가를 얻은 작품이었다. 그러나 5·19 군사 정변이 일어나면서 다른 영화들과 함께 재검열을 받게 될 것이다. 영화는 2년 후인 1963년 몇몇 장면을 삭제하고 나서야 다시 상영된다. 그 중에는 실향민 노모가 "가자, 가자"고 외치는 장면도 포함되어 있다.

10. 5. 〈티파니에서 아침을〉 개봉. 영화는 오드리 헵번이 연기한 홀리 골라이틀리의 잊을 수 없는 이미지로 시작된다. 텅 빈 뉴욕시 5번가. 검은색 지방시 가운을 우아하게 차려입은 오드리 헵번(홀리 골라이틀리 역)이 티파니의 쇼윈도 앞에서 화려한 보석을 바라보며 페이스트리와 커피로 아침을 맞이한다. 이 영화가 상업적·비평적 성공을 넘어 미국 로맨틱 코미디 장르의 고전으로 자리 잡은 이유는 〈문 리버〉의 잊혀지지 않는 멜로디가 흐르는 이 상징적인 오프닝 장면 하나만으로도 충분히 설명된다.

과학·환경

4. 12. [소련] 보스토크 1호 발사.

4. 29. 세계자연기금(WWF) 창립. 창립 당시의 이름은 세계야생동물기금이었다. 세계 최대 규모의 자연환경보호단체인 이 국제 비정부기구는 자연을 보호하고, 지구의 생물다양성을 위협하는 요인을 제거하는 활동을 벌이고 있다.

5. 25. [미국] 존 에프 케네디 대통령, 아폴로 계획 선포. 이날 그는 의회에서 '10년 안에 사람을 달에 착륙시킨 다음 안전하게 지구로 귀환시키는' 계획을 제안했다.

스포츠

4. 《주간 연예스포츠》 창간. '문화정신을 앙양옹호하여 각 문화 각 분야를 계몽창달하며 대중과의 유대를 통해서 건전한 사회건설에 이바지할 것'이라는 포부를 밝혔다. 국내 최초 전문 스포츠 저널이었지만 얼마 안 되어 폐간됐다.

9. 19. 대한수박도회·대한태권도회·공수도 창무관 등, 대한태수도협회로 통합. →

← 4월 12일 소련이 보스토크 1호를 발사했다. 인류 최초의 우주비행이었다. 미국은 이번에도 다시 한번 우주경쟁에서 소련에 선두 자리를 내주고 말았다. 인류 최초의 우주비행사인 유리 가가린이 108분 동안 약 4만km를 비행한 반면, 한 달 늦은 5월 5일 머큐리-레드스톤 3호를 타고 우주로 나간 미국의 첫 우주비행사 앨런 셰퍼드는 15분 22초 동안 487km를 나는 데 그쳤다.

1961년 풍경

시간이 흐르고, 시대가 변하고, 사진이 낡고, 말의 뜻이 변해도, 이 사진 만큼은 현재진행형이다. 사진 속 말의 위력도 그대로다. 인간이란 혼자 있으면 외로워서, 같이 있으면 고독해서 자살 충동을 느낀다고 한다. 사람은 그냥 사는 게 아니라 끊임없이 외부와의 작용과 반작용, 인풋과 아웃풋의 관계로 살아가야 하는 존재다. 우리는 식물처럼 입이 없는 존재가 아닌 것이다. 여느 동물처럼 외부에서 먹이를 조달해야 한다. 자료에 따르면 1950, 1960년대에는 전후의 궁핍한 삶을 이기지 못한 사람들의 투신이 폭발적으로 늘었다고 한다. 그러나 자살은 먹고 사는 문제에서 기인한 것만은 아니다. 살아야 하는 이유만큼이나 자살의 핑계 또한 모자라지 않는 법. 한강물이 마를 날이 없듯 오늘날도 그 추세는 꺾이지 않는다. 아무튼. 그래도, 아무리 힘들어도, 한 번만, 잠깐만 참으세요.

이 해에는

책
- 2. 5. 《광장》, 최인훈
- ○ [영국] 《역사란 무엇인가》, E. H. 카
- ○ [프랑스] 《광기의 역사》, 미셸 푸코
- ○ [오스트리아] 《삼십세》, 잉게보르크 바흐만

노래
- 7. [그리스] 〈아테네의 흰 장미〉, 나나 무스쿠리
- 10. 15. [일본] 〈위를 향해 걷자〉, 사카모토 규
- ○ 〈노오란 샤쓰의 사나이〉, 한명숙
- ○ 〈찰리 브라운〉, 김시스터즈

영화
- 1. 28. 〈성춘향〉, 신상옥
- 2. 15. 〈마부〉, 강대진
- 4. 13. 〈오발탄〉, 유현목
- 8. 26. 〈사랑방 손님과 어머니〉, 신상옥
- 9. 29. [프랑스/이탈리아] 〈지난 해 마리앵바드에서〉, 알랭 레네
- 10. 5. [미국] 〈티파니에서 아침을〉, 블레이크 에드워즈
- 10. 18. [미국] 〈웨스트 사이드 스토리〉, 로버트 와이즈

궂긴소식
- 1. 4. 에르빈 슈뢰딩거(오스트리아의 물리학자)
- 5. 10. 임방울(판소리 명창)
- 6. 6. 카를 융(스위스의 정신의학자)
- 7. 2. 어니스트 헤밍웨이(미국의 작가)
- 8. 9. 계용묵(소설가)
- 12. 6. 프란츠 파농(프랑스의 정신과 의사, 철학자)

독립한 나라
- 4. 27. 시에라리온 (← 영국)
- 6. 19. 쿠웨이트 (← 영국)
- 12. 9. 탕가니카(현 탄자니아) (← 영국)

1962년

제1차 경제개발 5개년 계획 발표

↑ 1962년을 기점으로 시행된 이 계획의 목표는 '경제적 후진성을 극복하고 국민경제의 자립적 성장'을 위해 연평균 경제성장률 7.1%로 해 국민총생산을 40.8% 증가시키는 것을 목표로 했다. 이 계획안의 골자는 국가가 주도하는 '지도받는 자본주의'와 국내 자본을 최대한 동원한 기간산업(중공업) 건설이었다.

↓ 1960년대 초 대한민국의 가족계획은 급격한 인구 증가에 대응하기 위한 정부의 필사적인 노력의 일환으로 시작되었으며, 이는 경제개발과 자원의 효율적 배분을 위한 중요한 정책으로 자리 잡았다. 당시 정부는 "적게 낳고 잘 기르자"라는 슬로건 아래, 피임 방법을 보급하고 가족계획 상담소를 설치하여 국민들에게 출산 조절의 필요성을 강조했다. 이러한 정책은 이후 한국 사회에서 출산율을 비약적으로 감소시키는 데 기여했다.

"당면한 우리의 지상 목표는 경제재건을 위한 산업개발에 두어야 하겠습니다."
—국가재건최고회의 의장 박정희

우리의 의욕에 찬 경제 5개년 계획이 새해부터는 발족을 보게 되었습니다.

여러분들이 지대한 관심을 가지고 있는 이 계획에는 공업 발전과 자원 개발이라든지 이를 위한 자본 형성과 외자 도입 문제 또한 이를 뒷받침할 수 있는 세제의 합리화, 국제 수지의 균형 등의 성안이 짜여져 있는 것입니다.

이 계획의 강력한 추진으로서 무엇보다도 시급한 실업자가 점차 해소될 것이고 장차의 복지국가 건설을 기약할 수 있을 것입니다.

우리의 후진과 빈곤의 근원이라고 할 농촌의 부흥도 계획되고 있습니다.

농민의 생활 향상 없이는 경제 재건도 민주 발전도 바랄 수 없기 때문에 농촌 시책을 계속하여 주력할 것입니다.
—〈자립 정신과 자조의 노력-국민에게 보내는 연두사〉

대한민국

1. 1. 공용연호를 서기로 변경. 1948년에 제정된 〈연호에 관한법률〉이 폐지됨에 따라 이 해부터 기존의 단기(檀紀)가 서기(西紀) 연호로 통일됐다.

1. 13. 정부, **제1차 경제개발 5개년 계획** 확정 발표.

3. 16. 〈정치활동정화법〉 공포. 이날 국회 본회의를 만장일치로 통과한 이 법은 '구정치인'의 정치활동을 규제하기 위한 법이었다. '정치활동을 정화하고 참신한 정치도의를 확립'한다는 명분을 내걸었지만, '정화' 대상에 들어 정치활동이 봉쇄된 4374명 중에는 부정축재를 한 정치인들뿐만 아니라 진보적 혁신정당의 지도자, 비판적 언론인, 학생운동지도부까지 포함되어 있었다.

3. 22. 윤보선 대통령, 하야 성명 발표. 그는 성명서를 통해 자신이 '유감스럽게 생각했던 것은 정치정화법에 관한 것'이라고 밝혔다. 다음날 박정희 국가재건최고회의 의장이 대통령권한대행이 됐다.

6. 1. 서울증권시장, 거래 중지. 중앙정보부와 증권업자가 결탁해 주가조작을 벌이다 투기가 과열돼 결제일에 주식거래대금이 결제가 되지 못하는 일이 벌어졌고 결국 이날 증권시장의 거래가 중지됐다. '5월 증권파동'이라 불리는 일련의 사태 이후 워커힐 사건, 새나라 자동차 사건, 빠찡고 사건 등 **4대 경제 의혹 사건**'이 연이어 터졌다. 이 사건들은 모두 쿠데타세력이 공화당 창당 자금을 조달하기 위해 벌인 조직적 경제범죄의 성격을 띠고 있었다.

6. 10. 화폐개혁 단행. 군사정권이 이날 0시를 기해 화폐개혁을 단행했다. 9년여 동안 사용되던 '환'을 '원'으로 바꾸는 이 개혁은 박정희 정권 초기 경제정책 실패의 대표적인 사례였다. 박정희 국가재건최고회의 의장은 통화개혁으로 지하경제 자금을 색출해내고 그 돈으로 부족한 경제개발자금을 충당하려 했지만, 창피만 당하고 한 달 만에 무효화시키고 말았다.

11. 12. **김종필·오히라 메모** 작성. 김종필 중앙정보부장과 오히라 마사요시 일본 외상이 도쿄에서 3시간 30분간의 비밀협상을 통해 청구권 문제에 합의한 후 그 결과를 메모 형식으로 작성했다. 메모는 일본 측이 한국에 제공할 청구권 액수로 '무상 3억 달러, 유상 2억 달러, 민간차관 1억 달러 이상'이라는 총액의 대강을 규정했지만 자금 명목은 한마디도 언급되지 않았다. 이 합의 내용은 3년 후인 1965년에 체결된 〈한일청구권 협정〉에 그대로 담긴다.

12. 1. 마포 아파트 준공. 서울시 마포구 도화동에 단지 개념으로 건설된 한국 최초의 아파트 단지였다. '450세대가 행복을 누릴 수 있는 현대식 생활의 전당'인 이 아파트는 매월 임  대료를 내고 12개월분의 임대료를 따로 보증금으로 내는 형식이었다. 월 임대료는 8.7평짜리가 1880원, 15.3평짜리가 4230원이었다.

12. 10~14. [북한] 로동당중앙위원회 제4기 제5차 전원회의. 김일성 수상의 제의로 4대 군사노선이 채택됐다. 당시에는 '경제 건설과 국방 건설의 병진 정책'이라고만 표현됐다. 1966년 김일성에 의해 상세히 공표된 이 정책은 전인민의 무장화, 전국의 요새화, 전군의 간부화, 전군의 현대화로 이루어진 **4대 군사노선**이다. 이런 군사 노선이 국방비에 전체 예산의 30% 이상을 쓸 정도로 과도한 군사비 지출을 초래하면서 북한 경제는 발전 지체 현상을 겪기 시작한다.

세계

3. 2. [버마] 군사 쿠데타. 네 윈 장군이 군사 쿠데타를 일으켜 우 누 총리의 세력을 축출했다. 네 윈은 버마식 사회주의를 표방하며 1988년까지 군부독재정권을 이어간다.

7. 5. [알제리] 독립. 1830년 프랑스의 식민지가 된 지 132년 만이었다.

7. 27. [예멘] 군사혁명 발생. 나세르주의자들로 구성된 일군의 장교들이 군주정을 타도하고 예멘 아랍공화국을 선포했다. 이 혁명은 곧 내전으로 이어졌다. 그리고 이집트와 사우디아라비아 간, '진보적인' 공화국 체제와 '보수적인' 군주제 간의 아랍 전쟁으로 발전해 8년간 계속됐다.

10. 11. [바티칸] 제2차 공의회 개막. 교황 요한 23세가 소집해 바오로 6세 교황 시기인 1965년까지 열렸다. 전례 예식에서 모국어를 사용할 수 있도록 허용하고 다른 종교들과의 화합이 강조되는 등 광범위한 개혁을 이루어 가톨릭 역사의 중요한 전환점이 됐다.

10. 20. 중국-인도 전쟁 발발. 중국의 인민해방군이 국경지역에서 선전포고도 없이 인도를 공격했다. 국경 문제로 이미 대립하고 있던 상황에서 1959년 인도가 달라이 라마의 망명을 허가하자 양국 관계에 긴장이 고조됐다. 국경지역에서 중국군은 인도군에 승리를 거두었지만, 11월 21일 일방적으로 휴전을 선언한 뒤 자신들이 침입한 지역 대부분에서 철수했고 국경선 양쪽에 비무장 지대를 만들었다.

10. 22. [미국/쿠바] 존 에프 케네디 미국 대통령, **쿠바 봉쇄** 발표. 미국이 지원한 반카스트로 쿠바 상륙작전 이후 피델 카스트로 국가평의회 의장은 소련의 보호를 원했다. 니키타 흐루쇼프 제1서기는 이를 미국의 대륙간 미사일 개발로 불리해진 군사적 균형을 회복할 수 있는 절호의 기회로 보고, 쿠바에 중거리 핵 미사일을 배치했다. 이에 소련이 미사일을 추가배치하지 못하게 미국이 쿠바 해상을 봉쇄하자 핵 전쟁에 대한 위기감이 고조됐다. 극도의 긴장 속에서 며칠이 지나고 28일 흐루쇼프는 쿠바의 소련 미사일 기지를 철거하라고 명령했다고 발표했고, 대신 케네디는 튀르키예에 있는 미국의 미사일을 철수하는 데 동의하고 봉쇄를 풀었다.

↓ "새들은 도대체 어디로 가버린 것일까? … 죽은 듯 고요한 봄이 온 것이다. 전에는 아침이면 울새, 검정지빠귀, 산비둘기, 어치, 굴뚝새 등 여러 새의 합창이 울려 퍼지곤 했는데 이제는 아무런 소리도 들리지 않는다. 들판과 숲과 습지에 오직 침묵만이 감돌았다."

9월, 레이철 카슨의 《침묵의 봄》이 출간됐다. 이 책은 합성 살충제, 특히 DDT의 무분별한 사용이 환경에 미치는 해악을 고발하며 큰 반향을 일으켰다. 세계보건기구는 말라리아를 옮기는 모기를 박멸할 일차적 방안으로 살충효과가 이미 입증된 물질인 DDT를 채택했다. 그러나 카슨의 이 책이 출간된 직후 미국 정부는 조사에 들어갔고 결국 1972년 DDT 사용을 사실상 금지했다.

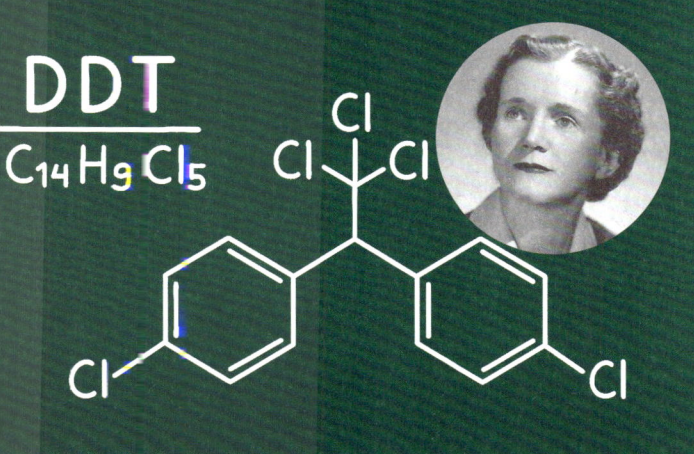

문화 / 과학·환경 / 스포츠

문화

1. 5. 한국예술문화단체총연합회 창립.

1. 20. 〈영화법〉 제정. 영화제작신고제, 상영허가 및 중지제, 영화사 허가제, 영화사 통폐합 등 사전검열과 규제강화가 주된 내용이었다. 이로 인해 1965년 이만희 감독이 〈7인의 여포로〉가 용공혐의로, 1969년 신상옥 감독이 〈내시〉로 입건되는 일이 벌어지기도 했다. 한편 관람객들은 문화영화란 명목의 국정홍보물을 보아야 했고, 1970년대 초부터는 '영화가 시작되기 전… 일제히 일어나 애국가를 경청하고… 대한 사람 대한으로 길이 보전하세로 각각 자리에 앉는' 진풍경이 펼쳐졌다.

3. 30. 제1회 대종상 시상식 열림. 문교부가 주관해 1959년에 시상식을 가진 우수국산 영화상에 뿌리를 둔 이 영화상은 1992년 정부 주도에서 민간 주도로 바뀌었고, 현재는 한국영화인총연합회에서 주관하고 있다. 첫 작품상 수상작은 신상옥 감독의 〈연산군〉이었다.

6. 14. 방송윤리위원회 발족.

7. 9. [미국] 앤디 워홀, 첫 개인전. 로스앤젤레스에서 열린 이 전시회에는 캠벨 수프 캔이 그려진 캔버스 32개가 전시됐다. 그가 그려 전시한 통조림 캔의 이미지들은 슈퍼마켓 선반 위에서 흔히 볼 수 있는 것이었다. 볼만한 가치라고는 전혀 없었고 그래서 예술 작품이 됐다. 그는 팝 아트의 대표 작가로 떠올랐다. 그의 유명세는 '15분'을 훨씬 넘겨 지금까지도 지속되고 있다.

8. 10. [미국] 스파이더맨 첫 등장. 스탠 리와 스티브 딧코가 창조한 슈퍼히어로인 스파이더맨은 마블의 만화 시리즈 《어메이징 판타지》 15호에 처음 등장했다.

과학·환경

7. 11. [미국] 텔스타 1호, 텔레비전 영상 중계. AT&T와 NASA가 개발한 실험용 통신위성인 텔스타 1호가 미국의 지상기지국에서 발신한 텔레비전 영상 신호를 수신해 주파수를 변경하고 증폭시켜 대서양 건너 영국과 프랑스로 재전송했다. 위성을 이용한 사상 첫 텔레비전 중계 방송이었다.

9. 27. [미국] 레이철 카슨의 《침묵의 봄》 출간.

스포츠

5. 30. [칠레] 제7회 FIFA 월드컵 개막. 디펜딩 챔피언 브라질이 체코슬로바키아를 3-1로 꺾고 우승했다. 대회 2회 연속 우승은 이후 어떤 팀도 달성하지 못한다. 대한민국은 본선 진출에 실패했다.

8. 24. [인도네시아] 자카르타에서 제4회 아시안 게임 개막.

10. 23. [북한] 신금단, 여자 400m 달리기 세계 최고기록 수립. 이날 평양에서 기록한 51초 9는 기존 53초 4를 1.5초나 앞당긴 엄청난 기록이었다. 그는 1960년대 초반 국내외 육상 대회의 400~800m에서 11번의 세계기록을 세웠지만 국제육상연맹이 공인한 기록은 이날 수립된 400m 기록 하나뿐이었다. 기록에 따르면 그는 1965년을 제외하고, 400m에서는 1959~1967년, 800m에서는 1960~1967년까지 세계 최강자로 군림한 것을 알 수 있다.

1962년 풍경

태어나서 거울을 처음 본 이는 거울 속의 낯선 이를 보고 무척 놀랐을 것이다. 한참을 보다가 그게 자신이라는 것을 알고 한 번 더 기겁했을 것이다. 한 번도 본 적 없던 자신의 모습에 더욱 놀라 자빠졌을지도 모를 일. 거울이 혼자 보는 것이라면 텔레비전은 여럿이 함께 보는 것이다. 자연을 무대로 한 풍경이 느리고 느린 매체라면 텔레비전은 너무나 전개가 빠른 매체다. 동네에 겨우 한두 대였던 텔레비전은 이내 집집마다 하나씩 들어가서 집안의 중심을 차지했다. 멀리 워싱턴의 뉴스까지 전해 듣고, 세상사 아는 게 많아졌지만 그 쓸데없는 소식이 나하고 무슨 상관이랴? 그러는 사이 사람들의 시야는 점점 좁아져 갔다. 해, 달, 별의 하늘에서 저 좁은 모니터로 사람들의 안목은 점점점 비좁아져 갔다.

합계출산율(2021년)

이 해에는

책
- [미국] 《침묵의 봄》, 레이철 카슨
- [미국] 《과학혁명의 구조》, 토머스 쿤
- [미국] 《자본주의와 자유》, 밀턴 프리드먼
- [영국] 《혁명의 시대》, 에릭 홉스봄

노래
- 〈잘살아보세〉 (작사, 한운사 / 작곡, 김희조)

영화
- **4. 12.** [이탈리아] 〈태양은 외로워〉, 미켈란젤로 안토니오니

굵긴 소식
- **1. 26.** 전형필(문화유산 수집가)
- **5. 10.** 김창숙(독립운동가)
- **6. 26.** 남인수(가수)
- **7. 6.** 윌리엄 포크너(미국의 작가)
- **8. 5.** 매릴린 먼로(미국의 배우)
- **8. 9.** 헤르만 헤세(독일 출신 스위스 작가)
- **11. 18.** 닐스 보어(덴마크의 물리학자)

독립한 나라

이 해에는 6월 1일 사모아(← 뉴질랜드)를 시작으로 다음 나라들이 독립했다.

부룬디(← 벨기에), 르완다(← 벨기에), 알제리(← 프랑스), 자메이카(← 영국), 트리니다드 토바고(← 영국), 우간다(← 영국)

1963년

파독 광부 제1진 출발

"서독 광부 지원, 대학졸도 115명"
―《동아일보》, 1963. 9. 2.

↑ 대한민국은 경제발전의 절실한 필요성에 의해 독일로 광부를 파견하게 되었고, 이는 국가의 미래를 위해 희생과 헌신을 감내한 역사적 사건으로 남있다. 이들은 낯선 땅에서 혹독한 노동환경 속에서도 땀과 눈물을 흘리며 한국 경제의 기초를 다지는 데 기여했다. 그들의 노력은 단순한 개인의 생존을 넘어 국가의 자존심을 지키기 위한 전투와도 같았다.

광부라는 직업은 한국에서 높이 평가되지 않았고, 독일에서 정확히 어떤 일을 수행해야 하는지에 대한 사전 지식이 없었음에도 불구하고 파독광부 프로그램은 매우 인기가 있었다. 많은 사람들은 이 프로그램에 참여하는 것이 한국에서의 빈곤에서 벗어나는 길이라고 생각했다.

출국에 대한 준비는 모든 파독광부에게 충분히 그리고 제대로 이뤄지지 않았다. 그들은 독일어를 거의 구사하지 못했고 광산 일에 익숙하지 않았다. 거주지역과 어떤 광산에서 일할지조차 몰랐다. 독일에 도착해서야 편성과 배치가 알려졌다. 그러나 그들은 이 모든 것을 기꺼이 받아들였다. 왜냐하면 이미 군대에서 이런 방식에 익숙해졌고, 독일로의 파견이 가난에서 벗어나는 길이며 많은 돈을 가지고 한국으로 금의환향할 수 있다는 희망과 연결되었기 때문이다.

― 국사편찬위원회, 구술사료선집29《파독광부 생애사》중

↓ 10월 15일 제5대 대통령 선거가 실시됐다. 민정이양을 위해 직접 선거로 실시된 이 선거에서 군복을 벗고 민간인이 된 민주공화당의 박정희 후보가 민정당의 윤보선 후보를 1.55%라는 근소한 표 차이로 누르고 당선됐다. 윤보선 후보 진영은 박정희가 여순사건과 관련해 사면되었던 전력을 폭로하며 색깔론을 제기했고 결국 이 해의 대통령 선거는 이후 지속적으로 나타나는 색깔 논쟁의 단초가 된다.

대한민국

1. 1. 　정치활동 금지 조치 해제. 전날 국가재건최고회의가 '일체의 정당, 상회단체의 정치활동'을 금지했던〈군사혁명위원회포고 제4호〉를 폐기하고 더불어〈집회및시위에관한법률〉과〈정당법〉을 제정해 이날부터 시행함에 따라 1년 7개월 만에 정식으로 정치활동이 재개됐다. 또한〈정치활동정화법〉에 해당되어 정치활동이 금지됐던 기성정치인 중 171명을 1차로 해금했다.

1. 1. 　부산시, 직할시로 승격됨.

1. 1. 　〈국영텔레비전방송사업 운영에관한임시조치법〉시행. 시행령에 따라 월 100원의 텔레비전 방송시청료를 징수되기 시작했다.

2. 18. 　박정희 국가재건최고회의 의장, 민정 불참 선언.

2. 26. 　민주공화당(약칭, 공화당) 창당. 쿠데타 주도 세력이 민정 이후에도 권력을 유지하기 위해 창당된 이 당에는 구 여권 인사와 학계 인사도 다수 참여했다. →

3. 16. 　박정희 국가재건최고회의 의장, 군정 4년 연장 선언. 그는 민정 불참은 물론 민정 이양에 대한 약속까지 파기하고 군정을 4년간 더 연장할 것을 제의한 뒤 이를 국민투표에 회부하겠다고 선언했다. 그는 더불어 정치활동 금지, 언론·출판·집회를 제한하는〈비상사태수습을 위한 임시조치법〉도 공포했다.

4. 8. 　박정희 국가재건최고회의 의장, 시국수습을 위한 최종단안 발표. 그는 군정연장에 관한 국민투표를 9월말까지 보류하고,〈비상사태수습을 위한 임시조치법〉을 폐기해 정당활동 재개를 허용하겠다는 내용의 성명을 발표했다.

4. 25. 　동아방송(DBS) 개국. CBS기독교방송과 문화방송에 이어 세 번째 민영방송국이었다.

5. 14. 　민정당(民政黨) 창당. 윤보선, 김병로 등을 중심으로 창당됐다. 5·6 공화국 시기 민주정의당의 약칭 민정당(民正黨)과는 당명의 한자가 다르다.

7. 18. 　민주당 창당. 쿠데타로 사라진 민주당의 재건을 내세운 민주당은 박순천을 총재로 선출했지만, 대통령 후보는 내지 않고 윤보선을 지지하기로 결정한다.

8. 31. 　박정희 국가재건최고회의 의장, 공화당 총재직과 대선 후보 수락. '다시는 이 나라에 본인과 같은 불운한 군인이 없도록 합시다'라고 말하며 군복을 벗은 지 단 하루만이었다.

10. 15. 　제5대 대통령 선거.

11. 26. 　제6대 국회의원 선거. 선거 결과 민주공화당이 110석으로 압승을 거두었다. 이어서 민정당이 41석, 민주당이 13석, 자유민주당이 9석을 얻었다. 의정 사상 최초로 전국구 비례대표제를 택한 선거였다.

12. 16. 　〈의료보험법〉제정. 강제가입 방식이 아닌 임의적용 방식이었기 때문에 사실상 유명무실한 제도였다.

12. 17. 　**박정희, 제5대 대통령**에 취임. 헌법 제6호에 따라 선출된 박정희 정권의 탄생과 함께 제3공화국이 이날 정식으로 출범했다.

12. 21. 　**파독광부** 제1진 출발. 서독으로 가는 광부 123명이 전세기로 김포공항을 떠났다. 2진 126명은 26일 출발했다.

세계

5. 25. 아프리카단결기구(OAU) 결성. 이 기구는 "국가 수뇌들의 노동조합" 역할을 했으며 식민지시대에 그어진 국경의 불가침성을 보장했다. 이에 따른 대가는 '범아프리카라는 꿈의 좌절'이었다.

6. 11. [남베트남] 승려 틱꽝득, 분신. 응오딘지엠 정권의 불교 탄압에 항의해 사이공에서 분신했다. 그의 분신과 연이은 군중의 시위는 응오딘지엠 정권에 대한 지원 철회와 정권의 몰락을 불러온다.

6. 20. [미국/소련] 모스크바-워싱턴 핫라인 개설. 한 해 전 쿠바 미사일 위기를 계기로 비상사태가 발생할 경우 정상 간의 직접적인 의사소통 수단의 필요성을 절감한 양국은 8개월간의 논의 끝에 모스크바 크렘린과 워싱턴 백악관 사이에 핫라인을 개설하기로 합의했다. 이때 개설된 핫라인은 전화가 아니라 문자로 메시지를 주고받는 전신타자기였다.

8. 5. [미국/영국/소련] 부분적 핵 실험 금지 조약 체결. 미국, 영국, 소련이 모스크바에서 대기권, 우주, 수중에서의 핵 실험을 금지하는 조약에 서명했다.

8. 28. [미국] 마틴 루서 킹, 워싱턴 행진 주도.

9. 16. [말레이시아] 말레이시아 연방 성립. 말라야 연방과 북보르네오, 사라왁, 싱가포르가 연합하면서 말레이시아로 통합됐다. 중국계가 다수인 싱가포르는 2년 후 다시 분리독립한다.

11. 2. [남베트남] 응오딘지엠 대통령, 살해됨. 그는 전날 발생한 군사 쿠데타 세력에게 체포되어 살해됐다. 미국의 지원을 받아 권력을 잡은 그였지만, 최후의 순간 미국은 그를 외면했다.

11. 22. [미국] **존 에프 케네디 대통령, 암살됨.** 텍사스주 댈러스 시내에서 카퍼레이드 도중 해병대 출신 리 하비 오즈월드가 쏜 총탄에 맞아 사망했다. 현장에서 범인으로 체포된 오즈월드는 이틀 뒤 교도소로 이송 도중 잭 루비가 쏜 총탄에 맞아 즉사했다. 케네디가 사망하고 몇 시간 뒤 부통령 린든 존슨이 워싱턴으로 돌아가는 대통령 전용기 안에서 취임 선서를 하고 제36대 대통령이 됐다.

12. 12. 케냐, 독립. 1963년 12월 12일, 영국으로부터 독립을 선언하며 주권 국가로 거듭났다. 독립은 마우마우 항쟁과 랭커스터 하우스 회담을 통해 이루어졌다. 마우마우 항쟁을 주도해 투옥되었던 조모 케냐타가 초대 총리가 됐다.

↓ 8월 28일 마틴 루서 킹이 '일자리와 자유를 위한 워싱턴 행진'을 주도했다. 노예해방 100주년을 기념하고 《민권법》 제정을 압박하기 위해 최소 25만 명이 참가한 이 평화행진은 당시까지 미국에서 벌어진 단일 시위로는 최대 규모였다. 이날 그는 흑인인권 운동사에 길이 남을 연설을 했다. '나에게는 꿈이 있습니다'라는 구절로 유명해진 이 연설은 미국인들에게 흑백차별에 대한 심각성을 깨우쳐주었다.

문화 / 과학·환경 / 스포츠

문화

1. 1. [일본] 후지 테레비전, 〈철완 아톰〉 방송 시작. 데즈카 오사무의 원작 만화를 바탕으로 해 1966년까지 총 193화가 방송된 〈철완 아톰〉은 일본 최초의 로봇 애니메이션이었다. 한국에는 1970년 〈아톰〉이란 제목으로 TBC를 통해 방송됐다.

3. 22. [영국] 비틀스의 《플리즈 플리즈 미》 발매. 1957년 결성된 지 6년 만에 내놓은 첫 정규 앨범의 타이틀 곡인 〈플리즈 플리즈 미〉는 영국 차트 1위곡에 오른 후 30주 동안 그 자리를 지켰다.

과학·환경

6. 16. [소련] 발렌티나 테레시코바, 최초의 여성 우주 비행사가 됨. 이날 보스토크 6호를 타고 대기권을 벗어난 그는 지구 궤도를 48회 돌며 우주에서 2일 22시간 50분을 보낸 후, 19일 지구로 무사히 귀환했다. 단독 우주비행 임무를 수행한 최초이자 최연소 여성이 된 그는 최고 영예인 '소련의 영웅' 칭호를 받았다.

8. 30. [네덜란드] 필립스, **카세트테이프** 공개. 베를린 라디오 전시회에서 이 신제품은 음악의 역사를 바꾸어놓았다. 필립스는 이미 녹음이 되어 있는 테이프와 공테이프를 함께 판매했다. 이미 만들어진 음반 속 음악이 아니라 내가 원하는 곡들만 녹음해 나만의 테이프를 만들어 음악을 감상할 수 있게 된 것이다. 70~80년대 전성기를 구가한 카세트테이프는 90년대에 콤팩트디스크(CD)에 자리를 내준다. 카세트테이프를 처음 만든 이도 그것을 퇴장시킨 CD의 개발을 주도한 것도 필립스이다.

스포츠

2. 1. **장충시립체육관** 개관. 1955년 6월 지붕 없이 육군체육관으로 출발한 이 체육관은 1960년 3월부터 개보수에 들어가 이날 개관했다. 총공사비 1억 2544만 3627원이 투입된 8000석 규모의 이 '호화판 원형 경기장'은 1966년 김기수가 한국 최초로 프로복싱 챔피언에 오른 경기가 열리는 등 한국 스포츠의 중심 무대였을 뿐만 아니라 박정희와 전두환이 대통령으로 선출된 '체육관 선거'의 바로 그 체육관이기도 했다. 2012년 리모델링에 들어가 2015년 재개관한 후 현재 프로배구 우리카드 우리WON과 GS칼텍스 KIXX의 홈구장으로 쓰이고 있다.

8. 15. 《일간스포츠신문》 창간. 한국 최초의 스포츠 전문 일간지였지만, 1년 정도 뒤인 1964년 10월 《일간경제신문》(현 《한국경제》)으로 전환된다.

1963년 풍경

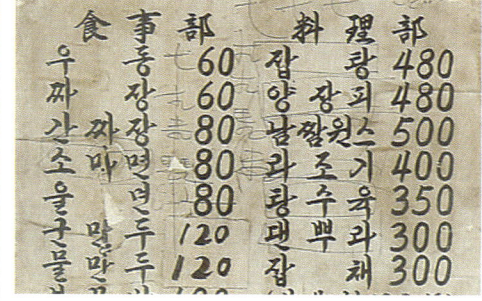

진달래 없는 뒷동산을 상상할 수 없듯, 짜장면 없는 우리네 외식문화를 입에 올릴 수 있을까. 짜장면은 중화요리지만, 정작 중국에는 없는 우리나라만의 독창적인 요리이다. 짜장면은 맛이 없기가 힘들다. 웬만하면 짜장면에 맛이 있듯 모두들 짜장면에 추억 하나 가지고 있다. 짜장면 남은 소스에 찍어 먹는 군만두는 덤으로 따라오는 맛! 짜장면은 보통 사람들의 입맛을 달래는 최고의 음식이었지만 가격 또한 착해서 서민들의 호주머니 사정도 배려해주었다. 단순 비교할 건 아니지만, 저 때와 오늘을 비교하면 무려 약 100배나 올랐구나. 그나저나 식당에 가서 메뉴판을 보면 주방의 사정도 어느 정도 보인다. 저 중국집 가격표, 어쩌면 저렇게 글자들도 맛이 좔좔 흐르듯 썼는가. 오늘도 만만하게 짜장면 한 그릇을 주문한다. 짜장면은 언제나 짜장면 이상이었다.

이 해에는

책
9. [영국] 《추운 나라에서 온 스파이》, 존 르 카레
   [미국] 《예루살렘의 아이히만: 악의 평범함에 대한 보고서》, 해나 아렌트
   [미국] 《여성의 신비》, 베티 프리던
9. 1. 《국가와 혁명과 나》, 박정희
9. 13. [프랑스] 《조서》, 르 클레지오
○ 《한국영화사》, 노만

노래
6. 5. [일본] 〈고교 3년생〉, 후나키 가즈오

영화
2. 8. 〈또순이〉, 박상호
2. 13. [이탈리아] 〈8과 1/2〉, 페데리코 펠리니
3. 15. 〈고려장〉, 김기영
4. 11. 〈돌아오지 않는 해병〉, 이만희
5. 1. 〈김약국의 딸들〉, 유현목
10. 3. 〈혈맥〉, 김수용

궂긴 소식
3. 14. 염상섭(소설가)
6. 3. 교황 요한 23세
6. 3. 오상순(시인)
8. 31. 조르주 브라크(프랑스의 화가)
10. 11. 에디트 피아프(프랑스의 가수)
11. 2. 응오딘지엠(남베트남의 대통령)
11. 22. 올더스 헉슬리(영국의 작가)
11. 22. 존 F. 케네디(미국의 대통령)
12. 15. 역도산(재일교포 프로레슬러)

독립한 나라
12. 12. 케냐 (← 영국)

1964년

베트남 파병

↑ 이 해 대한민국은 베트남 전쟁에 군대를 파병하기로 결정했다. 국가의 운명을 걸고 전투의 최전선에 나서는 중대한 선택이었다. 박정희 정권은 공산주의 확산을 저지하고 미국과의 동맹을 강화하기 위해 이 결정을 내렸으며, 이는 단순한 군사적 개입을 넘어 국가의 자존심과 미래를 위한 전투로 여겨졌다. 그러나 이 파병은 수많은 젊은이들의 목숨을 담보로 한 비극적 선택이었다.

> "젊은이여, 월남으로 가라."

> 만약에 월남에 우리 한국군을 파견하지 않았다면 당시의 내 추측으로는 주한미군 2개 사단이 월남으로 갔을 것입니다. …미국은 지금 평시에 가지고 있던 현역사단들을 거의 전부 월남에 출동시켰습니다. …지금 월남에서는 병력 부족을 느끼고 있습니다. 당시 미국과 월남이 한국군을 보내달라고 했을 때 우리가 보내기 싫으면 안 보낼 수도 있습니다. 그럴 경우 여기에 있는 미군 2개 사단이 갔을 것입니다. …그 결과로 휴전선에는 힘의 공백이 생기며 북한에 침공 찬스를 주게 됩니다. 그러면 당장 정치적·심리적 불안을 가져오고 외국인이 한국투자와 차관도 꺼리게 됩니다. 또 북괴 내침시 우리가 누구에게 부탁을 해야 합니까? …미국에게 부탁해야 되겠지요? 그런데 월남에 가 있는 미군을 한국으로 돌려줄 것 같습니까? 아마 불가능할 것입니다. 그러니 우리나라의 국방을 위해서도 한국군이 월남에 가지 않을 도리가 없지 않습니까?
> — 박정희, 대통령 선거 유세(1967년 4월 17일)

대한민국

1. 1. 〈산업재해보상보험법〉 시행.

2. 27. [북한] 3대 혁명역량 강화 노선 채택. 로동당 중앙위원회 제4기 8차 전원회의에서 혁명기지로서 북한의 혁명역량 강화, 국제 혁명역량 강화, 남한 내의 혁명역량 강화를 내용으로 하는 노선이 채택됐다. 최종목표는 한반도 전체의 공산화였다.

3. 9. 대일저자세외교반대 범국민투쟁위원회 결성. 야당들이 연합해 구성한 이 위원회는 재산청구액과 피해배상청구액 분리, 평화선 고수 등을 내세우고 한일회담 반대 투쟁에 돌입했다. 24일 서울 시위를 기점으로 대규모 시위가 일어났고 학생들뿐만 아니라 시민들도 시위에 대거 합류했다.

5. 3. 재무부, 단일변동환율제도 시행. 당시 1달러당 130원으로 고정되어 있던 환율을 255원을 하한선으로 시장 상황에 따라 변동될 수 있게 했지만, 사실상 하한선이 기준 환율이 되면서 원화가치가 고정환율제와 별다른 차이 없이 결정됐다.

5. 7. 울산 정유공장 준공.

6. 3. 박정희 대통령, 비상계엄령 선포. 청와대 외곽의 경찰저지선이 뚫리는 등 한일회담 반대 시위가 이날 정점에 달했다. 이에 박정희 정권은 오후 9시 40분에 오후 8시로 소급해 서울시 일원에 비상계엄령을 선포했다.• 6·3 사태라고 불리는 이날 하루 200여 명이 부상당하고 1300여 명이 체포됐다.

7. 31. 〈월남공화국 지원을 위한 국군부대 해외파견에 관한 동의안〉 국회 통과. 이에 따라 9월, 의료부대 및 태권도교관 130명이 파병됐다.

8. 14. 중앙정보부, 인민혁명당 사건 수사 결과 발표.

9. 22. 한국군, **베트남 파병**.

10. 9. [북한] 신금단 부녀 상봉. 도쿄 올림픽 개막을 하루 앞둔 이 날, 도쿄 조선회관에서 북한의 육상 선수 신금단이 헤어져 살던 남한의 아버지 신문준을 만났다. 그러나 분단 이후 최초의 이 이산가족 상봉은 단 7분 만에 끝났다. 올림픽 불참을 선언한 북한 선수단이 일본을 떠나기 위해 니가타행 기차를 탈 시간이 얼마 남지 않았기 때문이었다.

11. 30. 연간 **수출, 1억 달러 돌파**.• 정부는 이를 기념해 12월 5일 제1회 수출의 날 기념 행사를 열어 수출 기업들을 격려했다. 수출은 곧 성장이요 선이었으며, 수출을 많이 하는 기업이 곧 훌륭한 기업이었다.•• 6년 후 1970년 수출은 10억 달러를, 그리고 또 7년 후인 1977년 100억 달러를 달성한다.

12. 3. 7차 한일회담 시작. 계엄 선포 후 연기됐던, 한일회담이 도쿄에서 재개되어 이듬해 3월 한일기본조약이 가조인된 후 6월에 정식 체결된다.

12. 7. 동양방송 텔레비전 개국. 개국 당시의 사명은 D-TV였지만, 후에 JBS-TV를 거쳐 TBC로 변경된다. 재벌 이병철의 삼성 계열사인 동양방송은 텔레비전 방송을 자사의 이익 추구에 활용한다. 1966년 한국비료 사카린 밀수 사건이 일어났을 때 삼성이 텔레비전을 포함해 산하 언론 매체들을 총동원해 한동안 밀수를 옹호하는 방송을 내보낸 것은 그 대표적인 예이다.•

← 4월 9일, 인혁당 사건 관련자 여덟 명이 고문과 조작된 증거에 의해 사형을 선고받았다. 권력을 유지하기 위한 정권의 무자비한 본성을 여실히 드러내는 순간이었다. 인혁당 사건은 박정희 정권의 폭압적 통치를 정당화하기 위한 음모로, 반체제 인사들을 희생양 삼아 국가의 위기를 모면하려는 시도였다. 사진은 사형 소식에 오열하는 인혁당 사건 가족들 모습이다.

세계

1. 27. [프랑스/중국] 샤를 드골 프랑스 대통령, 중화인민공화국 승인. 프랑스는 중국을 정식 국가로 인정한 첫 국가였다.
5. 28. 팔레스타인해방기구(PLO) 결성. 이날 팔레스타인민족평의회 대표 433명이 예루살렘에 모여 팔레스타인 국민헌장에 명시될 일련의 목표들을 비준했다.● 팔레스타인의 여러 저항운동 세력이 하나로 뭉친 이 조직은 팔레스타인인들의 대 이스라엘 투쟁의 통합조직이 됐다.
7. 2. 린든 존슨 대통령, 〈민권법〉 서명. 인종, 피부색, 종교, 성별에 따른 차별을 금지하는 법이다. 이 법에 의해 공공시설, 고용, 선거에서의 흑백차별이 금지되고 이를 실시하기 위한 기구가 설치됐다. 재건 시대 이후 제정된 〈민권법〉 가운데 가장 효능 있는 법으로서 이 법의 제정은 민권운동의 승리를 의미했다.●
8. 2. [베트남 전쟁] 미국 구축함 매덕스, 북베트남 함정과 교전. 북베트남 연안 통킹만 해상에서 미군 매덕스함과 북베트남군 함정들 사이에 교전이 벌어졌다. 이틀 후인 4일, 린든 존슨 미국 대통령은 구축함이 2일에 이어 한 차례 더 공격을 받았다고 발표했다. 그러나 거짓이었다. 2차 공격은 없었다. 통킹만 사건으로 불리는 이 '거짓' 교전들은 미국이 대대적으로 군사개입을 확대할 명분을 만들어주었다.
8. 7. [베트남 전쟁] 통킹만 결의, 미국 의회 통과. 의회의 이 공동결의안은 '미국군대에 대한 어떠한 무장공격도 격퇴하고 더 이상의 침략을 막기 위해 필요한 모든 조치'●를 취할 권한을 대통령에게 부여했다.
10. 1. [일본] 신칸센 개통. 세계 최초의 고속철도였다.
10. 16. [중국] 핵 실험 성공. 타클라마칸 사막에서 시행된 이 원폭 실험의 성공으로 중국은 미국, 소련, 영국, 프랑스에 이어 다섯 번째 핵 보유국이 됐다.
10. 14. [소련] 니키타 흐루쇼프, 실각. 그가 제1서기직에서 축출된 후 등장한 권력형태는 레오니트 브레즈네프를 당 책임자로 하고 알렉세이 코시긴을 각료회의 의장(총리)으로 하는 집단지도체제였다. 그러나 1970년대로 들어서면서 브레즈네프에 비해 코시긴의 권한은 상당 부분 약화된다.●
11. 3. [미국] 대통령 선거. 1963년 11월 케네디 대통령이 암살된 후 대통령직을 승계했던 민주당의 린든 존슨이 공화당의 배리 골드워터에 압승을 거두며 당선됐다.

↓ 2월 7일, 미국 CBS의 〈에드 설리번 쇼〉에 비틀스가 출연했다. 영국 리버풀 출신의 4인조 밴드가 출연한 이 프로그램은 방영되던 한 시간 동안 뉴욕시가 생긴 이래 처음이자 마지막으로 범죄 건수가 0일 정도로 엄청난 시청률을 기록했다.● 이날은 1960년대 중반에서 70년대까지 이어진 영국 록과 팝 음악이 미국에서 엄청난 인기를 얻은 문화현상인 이른바 '영국 침공'이 본격적으로 시작된 날이었다. 허먼스 허밋, 데이브 클라크 파이브, 롤링 스톤스, 애니멀스, 피터 앤 고든, 비지스 등이 '침략'에 가세했다.

문화 / 과학·환경 / 스포츠

문화

5. 1. 《새소년》 창간. 어문각에서 발행한 이 월간지는 1980년대까지 《어깨동무》(1967년 창간), 《소년중앙》(1969년 창간)과 함께 어린이 잡지 삼총사로 어린이들의 마음을 사로잡는다.
10. 김승옥, 〈무진기행〉 발표. 《사상계》 10월호에 실린 이 단편소설은 이른바 새로운 감수성으로 한국소설의 신기원을 개척했다고 평가받고 있다.●

10. 공병우, 첫 국산 타자기 출시. 스위스 헤르메스사의 '모델 8' 타자기를 그대로 본뜬 이 타자기는 세벌식이었다.● 세벌식 타자기는 초성, 중성, 종성 각각 한 번씩의 글쇠를 갖춘 타자기이다.
11. 10. 공주 석장리 유적 발굴 시작. 한해 전인 1963년 고고학 조사를 위하여 한국에 머물렀던 미국의 앨버트 모어 부부가 홍수로 무너져 내린 공주 석장리의 강가에서 뗀석기를 채집한 것을 계기로 발굴이 시작됐다.● 2010년까지 모두 13차에 걸친 발굴작업이 진행됐다. 조사 결과 주먹도끼, 찍개 등의 석기류가 발견된 이 유적지는 2만 8000~3만 600년 전 구석기인들이 살던 집터로 밝혀진다. 남한에서 최초로 발굴된 선사시대 유적이다.

○ 이미자의 〈동백아가씨〉 발표. 그가 만삭의 몸으로 녹음한 이 노래는 같은 해에 개봉된 엄앵란, 신성일 주연 동명 영화의 삽입곡이다. 인기를 얻을 것이라 예상 못했기 때문에 처음에 음반의 뒷면에 수록되어 있었다. 하지만 음반이 세상에 나오자 달라졌다. '전국의 음반업자들이 판을 구하지 못해 아우성칠' 정도로● 전무후무한 대성공을 거두며 여기저기서 〈동백아가씨〉만 울려 퍼졌기 때문이다.●● 이후 그는 〈섬마을 선생님〉, 〈기러기 아빠〉, 〈흑산도 아가씨〉 등을 연이어 히트시키면서 '엘레지의 여왕'이라는 호칭을 얻는다.●●●

과학·환경

○ 머리 겔만, 쿼크 모형 제안. 쿼크는 분수전하를 가진 아원자 입자로 물질의 기본적인 구성요소 중 하나이다.
○ ● IBM, DAC-1 공개. CAD(컴퓨터 지원 설계)의 첫 상용 프로그램이었다.

스포츠

1. 29. [오스트리아] 인스브루크에서 제9회 동계 올림픽 개막.
10. 10. [일본] 도쿄에서 제18회 하계 올림픽 개막. 이 대회에는 아시아에서는 최초로 열린 올림픽이자, 통신위성으로 중계된 최초의 대회였다. 이제 방송을 위해 더 이상 녹화 테이프를 해외로 보낼 필요가 없게 된 것이다.

1964년 풍경

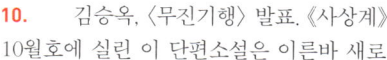

흔히들 다리 밑에서 주웠노라고 흰 거짓말들을 하지만 사실 사람과 사람의 골짜기 사이에서 아이들은 태어난다. 몸집으로 치면 너무나 연약해서 무리 지어 살아야 하는 인간. 그들의 사회는 아득한 고대로부터 많은 정치체제를 바꾸어 왔다. 하지만 그 어떤 지배자도 '가족'이라는 단위는 바꾸지 못했다. 태어나 처음으로 정든 집을 떠나 낯선 학교로 가 처음 보는 얼굴들과 어울려야 하는 코흘리개 아이들. 나를 함부로 대하지 말라는 뜻일까. 작은 손수건을 가슴에 의젓하게 달았다. 인간으로 태어나 '사회적 동물'로 만들어지는 첫 과정인 입학식. 이날 학교에서 나눠준 국어 교과서의 첫 단어는 '나, 너, 우리'다. 이를 조그만 입으로 합창하며 아이들은 세상의 넓이, 친구의 깊이를 터득하며 성큼 우리의 공동체로 들어섰다.

이 해에는

책
11. 3. 《한국문화사대계》, 고려대학교 민족문화연구소(1976년 총5권 완간)
○ [미국] 《일차원적 인간》, 허버트 마르쿠제

노래
○ 〈동백아가씨〉, 이미자
8. [미국] 〈오, 프리티 우먼〉, 로이 오비슨
11. [영국] 〈다운타운〉, 페툴라 클라크

영화
2. 15. [일본] 〈모래의 여자〉, 데시가하라 히로시
4. 29. 〈맨발의 청춘〉, 김기덕
6. 20. 〈육체의 고백〉, 조긍하
7. 10. 〈마의 계단〉, 이만희
7. 31. 〈검은 머리〉, 이만희

궂긴 소식
1. 13. 김병로(초대 대법원장)
2. 6. 에밀리오 아기날도(필리핀의 독립운동가, 대통령)
4. 5. 더글러스 맥아더(미국의 군인)
4. 14. 레이철 카슨(미국의 해양생물학자, 환경운동가)
5. 27. 자와할랄 네루(인도의 독립운동가, 초대 총리)
10. 20. 허버트 후버(미국의 제31대 대통령)

독립한 나라
7. 6. 말라위 (← 영국)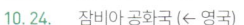
9. 21. 몰타국 (← 영국)
10. 24. 잠비아 공화국 (← 영국)

1965년

한일협정 체결

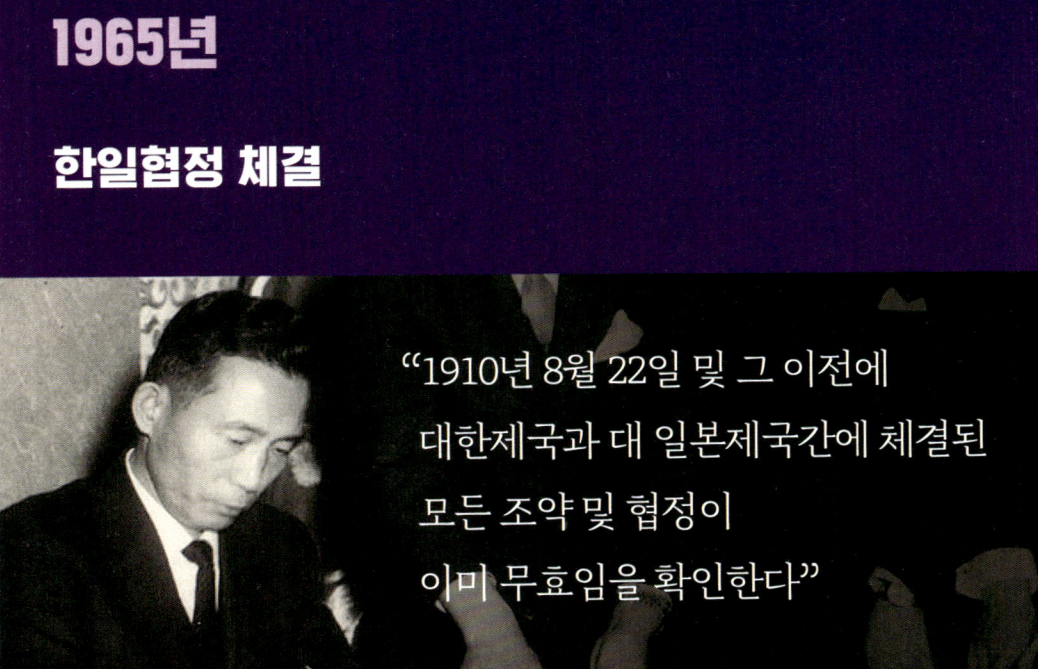

"1910년 8월 22일 및 그 이전에 대한제국과 대 일본제국간에 체결된 모든 조약 및 협정이 이미 무효임을 확인한다"

↑ 6월 22일 한일협정이 체결됐다. 도쿄 총리관저에서 한국은 이동원 외무장관과 김동조 수석대표가, 일본은 시나 에쓰사부로 외무장관과 다카스기 신이치 수석대표가 협정서에 서명했다.

"한일회담을 즉각 중지하라!"

↓ 8월 개학과 함께 한일협정 반대시위가 대학에서 다시 대규모로 일어났다. 시위가 걷잡을 수 없이 커져자자 박정희 정권은 군을 동원하기 시작했고, 급기야 25일에는 무장 군인 500여 명이 고려대 교내로 난입하는 일까지 벌어졌다. 그리고 이튿날 서울 일원에 위수령이 발령됐다. 1950년 제정 이후 첫 발령이었다. '국회의 동의 없이도' 치안유지에 군 병력을 동원을 가능하게 한 이 위수령은 1971년 교련반대 시위 때와 1979년 부마항쟁 때 발령됐고, 2018년 폐지된다.

제1조 양 체약 당사국 간에 외교 및 영사관계를 수립한다. 양 체약 당사국은 대사급 외교사절을 지체없이 교환한다. 양 체약 당사국은 또한 양국 정부에 의하여 합의되는 장소에 영사관을 설치한다.
제2조 1910년 8월 22일 및 그 이전에 대한제국과 대일본제국 간에 체결된 모든 조약 및 협정이 이미 무효임을 확인한다.
제3조 대한민국 정부가 국제연합 총회의 결정 제195호(III)에 명시된 바와 같이 한반도에 있어서의 유일한 합법정부임을 확인한다.
제6조 양 체약 당사국은 민간항공 운수에 관한 협정을 체결하기 위하여 실행 가능한 한 조속히 교섭을 시작한다.
제7조 본 조약은 비준되어야 한다. 비준서는 가능한 한 조속히 서울에서 교환한다.
─〈한일기본조약〉

대한민국

1. 5. 제2차 경제개발 5개년 계획 수립.
1. 18. 제7차 한일 본회담 개막.
1. 25. 제2한강교 개통. 한강대교, 광진교에 이어 한강에 건설된 세 번째 도로교량이었다. 1984년 현재 이름인 양화대교로 개칭된다.
1. 26. 월남파병 동의안 국회 통과. 찬성 106, 반대 11, 기권 8표로 본회의를 통과했다. 한 해 전 1차 파병 동의안이 통과된 데 이어 이날 2차 파병 동의안이 국회를 통과함에 따라 공병 및 수송부대원으로 구성된 건설지원단이 파견됐다.
2. 20. 〈한일기본조약〉 가조인. '1910년 8월 22일 및 그 이전에 대한제국과 대일본제국간에 체결된 모든 조약 및 협정이 이미 무효임을 확인한다.(제2조)'는 조항이 삽입된 이 조약은 6월 22일 도쿄에서 정식 조인된 후, 12월 18일에 발표됐다.
2. 27. 사단법인 광복회 발족. 초대 회장은 이갑성이었다.
3. 12. 구로동 수출산업공업단지 기공.
4. 17. 대일굴욕외교반대 범국민투쟁위원회, 시민궐기대회 개최. 서울 효창운동장에서 대규모 시민집회가 열렸다. 이후 4월 한 달 내내 전국적으로 학생 시위가 일어났다. 시위가 중·고등학생에게까지 파급되자 정부는 휴교령까지 내렸다.
6. 14. 민중당 창당. 야당인 민정당과 민주당이 합당해 창당했다. 박순천이 대표최고위원으로 선출됐다. 양당은 한일협정 체결 저지를 위한 총체적 단합을 선언했다.
5. 16. 박정희 대통령, 방미. 세 번째 미국 방문이었다. 그는 한국의 전투대 파병을 원하는 미국의 열렬한 환대 속에 린든 존슨 대통령과 두 차례 회담했다. 박정희와 린든 존슨 미국 대통령은 공동성명을 발표했다. 이를 통해 미국은 가조인된 한일양국간의 교섭 성과를 '환영 찬성'하고 '기대를 표명'●했다. 이 소식이 알려지자 한일협정 반대 시위에서 미국에 대한 반감이 표출됐다.
6. 22. 한일협정 체결.
7. 19. 이승만 전 대통령, 사망.
8. 13. 1개 전투사단 월남파병 동의안, 국회 통과. 야당의원들이 의원직 사퇴서를 제출한 가운데 공화당 단독으로 통과됐다. 이에 따라 정부는 9월, 전투부대인 제2해병여단(청룡부대)을, 10월에는 수도사단(맹호부대)을 추가로 파병했다.
8. 14. 한일협정 비준동의안, 국회 통과.
8. 26. 위수령 발령.
9. 22. 《중앙일보》 창간. 사장은 삼성 재벌 이병철이었다. 조중동 3개 신문 체제의 시작이었다.
12. 8. 일본과 외교관계 수립. 서울에서 양국이 한일협정 비준서를 교환함으로써 수교를 위한 모든 절차가 마무리됐다. 1951년 10월 예비회담이 시작된 지 14년 만이었다.

세계

1. 20. [미국] 제35대 대통령 린든 존슨, 두 번째 임기 시작.
2. 21. [미국] 맬컴 엑스, 피살. 흑인민권운동가인 그는 한때 자신이 대변인으로 있던 이슬람 민족의 창립자 월리스 파드 무하마드와의 갈등으로 이미 수 차례 살해 위협을 받고 있던 와중에 뉴욕에서 이슬람 민족 회원 3명이 쏜 총탄에 맞아 사망했다. 미국의 악몽만을 꾼다던 그가 미국의 꿈을 이야기하는 마틴 루서 킹과 첫 회담을 하기로 한 날로부터 불과 1주일 전이었다.
3. 2. [베트남 전쟁] 미국, 롤링 선더 작전 시작. 미국의 공군과 해군, 남베트남 공군이 북베트남에 3년 반에 걸친 공중폭격 작전을 시작했다. 2차대전 이후 미국이 행한 가장 큰 규모의 이 공중폭격전으로 막대한 민간인 희생자가 발생한다.
3. 8. [베트남 전쟁] 미군 해병대, 남베트남 다낭 인근 해변에 상륙 시작. 첫 배치된 1400여 해병의 임무는 다낭 공군기지 방어였다. 남베트남에는 이미 2만 3천여 명의 미군이 있었지만 이날 상륙한 해병은 전쟁 중인 베트남으로 파병된 첫 전투부대였다.
5. 18. [베트남 전쟁] 미군, B-52 첫 투입. 괌의 공군기지에서 발진한 장거리 전략폭격기 B-52 30대가 남베트남 벤깟에 있는 베트콩 요새를 폭격했다.
8. 9. [싱가포르] 독립. 말레이시아 연방에서 독립했다. 리콴유 총리가 싱가포르의 독립을 선언했다. 그는 1990년까지 총리직을 유지한다.
9. 30. [인도네시아] 9·30 운동. 인도네시아 공산당을 지지하는 군인들이 쿠데타를 일으켰다. 이 날 아침 그들은 장군 6명, 장교 1명을 납치·살해했다. 이에 당시 육군 전략사령부 사령관이었던 수하르토 준장이 쿠데타를 진압하고 이를 공산당의 소행이라고 선전하며 좌익 인사 사건이 벌어졌다. 군부 실력자인 수하르토 당시 육군참모차장은 이 사건이 인도네시아 공산당(PKI) 소행이라고 선전하며, 좌익에 대한 대대적인 탄압에 나섰다. 이 사건의 여파로 공산당은 완전히 몰락하고 수십만 명이 살해당했다. 국부로 불리던 수카르노는 쫓겨나고, 수하르토는 대통령이 되어 32년간의 장기집권을 시작한다.

↓ 3월 8일, 미군 해병대가 남베트남 다낭 인근 해변에 상륙을 시작했다. 첫 배치된 1,400여 해병의 임무는 다낭 공군기지 방어였다. 남베트남에는 이미 2만3천여명의 미군이 있었지만 이날 상륙한 해병은 전쟁 중인 베트남으로 파병된 첫 전투부대였다.

문화 / 과학·환경 / 스포츠

문화

3. 2. [미국] 〈사운드 오브 뮤직〉 개봉. 로버트 와이즈가 감독한 이 영화는 〈바람과 함께 사라지다〉의 흥행기록을 갱신하며 역대 최고의 수익을 올리고 다섯 부문에서 아카데미상을 수상하며 뮤지컬 영화의 전설로 남는다. 그러나 정작 영화의 배경인 오스트리아에서는 흥행과 평가 모두 낙제점을 받았다.
10. 6. 박수근 유작전 개막. 5월 6일 51세의 나이로 세상을 뜬 그의 첫 개인전이자 유작전이 10일까지 서울 중앙공보관 화랑에서 열렸다. 가난 때문에 국민학교밖에 다닐 수 없어 독학으로 그림을 공부한 그는 미군부대 PX에서 초상화가로 일하며 생계를 유지할 정도로 고단한 삶을 살았다. 1956년 국내 최초 갤러리인 반도화랑에서 연 2인전에서 외국인들이 그의 작품을 사가는 등 화가로서의 위상이 높아져가기는 했지만, 형편은 여전히 어려웠다. 가장 한국적인 그림을 그린 서민화가인 그의 미술관이 2004년 강원도 양구군에 개관된다.

과학·환경

2. 24. [소련] 트로핌 리센코, 소련 과학아카데미 유전학연구소 소장직에서 해임됨. 멘델 유전학을 거부하고 라마르크 유전학을 지지한 그는 환경변화가 동식물의 특성을 근본적으로 바꿀 수 있다고 주장했다. 스탈린의 지원을 받으며 정치적 영향력을 확보한 그는 정통 유전학을 부르주아 학문으로 낙인찍고 심지어 자신을 비판하는 학자를 처형하는 등 소련 과학의 역사에 어둠의 시대를 만들어냈다.
3. 18. [소련] 알렉세이 레오노프, 우주에서 인류 최초로 선외활동(EVA) 성공. 그는 안전끈이 연결된 우주복을 입고 45분 동안 사용할 수 있는 산소가 든 금속 배낭을 메고 보스호트 2호 밖으로 나가 12분 9초간 우주를 유영했다.

스포츠

1. 29. [콩고 민주공화국] 브라자빌에서 제1회 올 아프리칸 게임 개막. 이 대회는 4년마다 개최되는 아프리카 대륙의 종합 스포츠 대회이다. 2012년 대회명이 아프리칸 게임으로 변경되어 현재까지 유지되고 있다.
6. 30. 프로레슬러 김일, 귀국. 역도산의 제자로 일본 무대에서 활약하던 그는 "이제까지 모은 돈으로 조국의 레슬링 발전을 위해" 노력하겠다는 귀국 인사 겸 다짐을 했다. 다짐은 실현되었고, '그의 박치기에 프로레슬링의 인기는 폭발적으로 올라갔고 장충체육관은 관중들로 미어터졌다.'

1965년 풍경

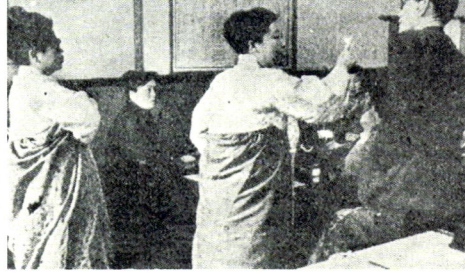

남남북녀라는 말도 있지만, 그때 그 시절 흑백사진 속 인물이 지금보다 잘생겼다. 공부도 더 열심히 하고 더 잘했던 모양이다. 국민학교에서 중학교에 진학할 때부터 입학시험을 치러야 했다. 세칭 일류 중학교에 가려면 경쟁이 치열해서 한두 문제만 틀려도 결판이 났다. 당시 서울시 중학교 입학시험. 엿을 만들 때 엿기름 대신 넣어도 좋은 것은 묻는 객관식 질문에서 정답인 ①번 '디아스타제' 대신 ④번 '무즙'을 선택한 학생들의 학부모들이 들고 일어났다. 결국 법원 판결로 학생들은 구제되었고, 이 소동으로 중학교는 추첨에 의한 무시험제도가 정착됐다. 치맛바람이라면 극성 학부모들의 대명사이지만, 이들은 법정에도 치마를 입고 갔다. 그리고 직접 솥에서 엿을 만들어 무즙도 정답이라는 것을 증명했다고 한다. 공부는 일상에서 때때로 하는 것. 아이들을 입시지옥에서 구한 건 부엌의 과학이었다.

이 해에는

책
- [나이지리아] 《해설자들》, 월레 소잉카(영국에서 출간됨)
- [프랑스] 《마르크스를 위하여》, 루이 알튀세르

노래
9. 13. [영국] 〈예스터데이〉, 비틀스
- [프랑스] 〈라 보엠〉, 샤를 아즈나부르

영화
5. 5. 〈저 하늘에도 슬픔이〉, 김수용
7. 3. 〈춘몽〉, 유현목
11. 19. 〈갯마을〉, 김수용
12. 9. 〈비무장지대〉, 박상호
12. 22. [영국/미국/이탈리아] 〈닥터 지바고〉, 데이비드 린

궂긴 소식
1. 4. T. S. 엘리엇(영국의 시인, 평론가)
1. 24. 윈스턴 처칠(영국의 총리)
2. 15. 냇 킹 콜(미국의 재즈 음악가)
2. 21. 맬컴 엑스(미국의 흑인인권 운동가)
4. 11. 이난영(가수)
5. 6. 박수근(화가)
7. 19. 이승만(정치인, 제1~3대 대통령)
8. 27. 르 코르뷔지에(스위스 출신 프랑스의 건축가)
9. 16. 안익태(작곡가)
12. 16. 윌리엄 서머셋 몸(영국의 작가)

독립한 나라
2. 18. 감비아 (← 영국)
7. 6. 몰디브 (← 영국)
8. 9. 싱가포르 (← 말레이시아)

1966년

한국비료 사카린 밀수사건

↑ 부패와 권력의 부조리를 적나라하게 드러낸 충격적인 사건이 벌어졌다. 한국비료의 사카린 밀수 사건은 단순한 범죄행위를 넘어 사회 전반에 걸친 불신과 분노를 초래하였다. 삼성그룹이 정부의 묵인 아래 사카린을 건설자재로 위장하여 대량 밀수입한 사실이 드러나면서, 국민들은 권력과 자본이 결탁하여 법과 정의를 무시하는 현실에 경악하게 되었고, 이는 정치적 격변의 서막을 알리는 신호탄이 됐다.

"그러나…
절실한 책임감을 느끼고
국민 여러분께 사과드립니다."

판본방적의 밀수사건을 매듭도 짓기 전에 또다시 삼성재벌의 방계회사인 한국비료에서의 밀수입사건이 드러나 크게 주목된다. 15일 관계소식통에 의하면 부산세관은 지난 6월 한국비료에서 사카린 약 2천 부대(42㎏들이)를 건설자재로 가장, 울산으로 밀수입한 것을 적발, 동 물품을 압수하는 한편 이미 벌과금을 비롯한 기타세금 약 2천만 원을 부과 징수했다 한다. 이 소식통은 이어 부산세관은 전기 밀수입품 사카린 약 2천 부대 중 5백 부대는 시중에 유출되고 있어 나머지 1천 5백 부대만 압수하고 있는 것이라고 전했다.

한편 14일 하오 명동근 재무부 세관국장도 이와 같은 사실이 있었음을 시인하면서 이미 종결된 사건이고 앞으로 있을 국정감사에서 자세히 밝혀질 것인 만큼 이에 앞서 무어라 더 말할 수 없다고 언급을 회피했다. 이어 명 국장은 밀수사건은 악질행위이나 세관당국으로서는 재산형을 가해 세금을 많이 받아들이는 것이 최선의 방법인 것이라고 덧붙였다.

—《경향신문》1966. 9. 15.

↓ 6월 25일, 김기수가 세계복싱협회(WBA) 주니어 미들급 챔피언 타이틀을 획득했다. 그는 이탈리아의 니노 벤베누티를 2-1 판정으로 누르고 대한민국 최초 프로복싱 세계챔피언에 올랐다. 장충체육관에서 열린 이날 경기가 끝난 후 그의 허리에 챔피언 벨트를 직접 매준 이는 박정희 대통령이었다.

대한민국

3. 7. 브라운 각서 체결. 주한미국 대사 윈스럽 브라운과 이동원 외무부장관이 서명한 이 각서는 한국의 전투부대 파병 대가로 한국에 대한 군사원조뿐만 아니라 1억 5천만 달러에 달하는 특별 경제원조를 제공하는 것을 내용으로 했다.

3. 20. 〈한국군의 월남증파 동의안〉, 국회 통과. 추가 파병에 반대하는 민중당이 전날부터 열린 본회의에서 21시간 20분 동안 질의와 토론을 이어가며 지연전술을 펼쳤지만 역부족이었다. 재석 125석 중 찬성 95, 반대 27, 기권 2표였다.

3. 31. 정부, 김현옥을 서울특별시장으로 임명. 그는 '불도저'라는 별명답게 군대식 총력 개발동원 방식으로 서울 도심 개발을 추진했다. 그러나 4년 뒤 와우 아파트 붕괴사고로 사임한다.

7. 9. 주한미군지위협정 체결. 미군에게 완전히 보장해준 재판관할권이 형식적이나마 한국 쪽에 넘어오는 등 1950년 체결된 대전협정에 비해서는 진전된 면이 있었지만, 본 협정과 같은 효력을 갖는 3개 부속문서의 자동포기조항을 통해 미군의 형사재판권에 대한 실질적인 관할권을 보장해주는 등 명분만 살린 불평등 협정이라는 비판을 당시에도 받았다. SOFA라고도 불리는 협정의 정식 명칭은 '대한민국과 아메리카합중국 간의 상호방위조약 제4조에 의한 시설과 구역 및 대한민국에서의 합중국 군대의 지위에 관한 협정'이다.

8. 1. 서울시, 시내버스 승차회수권제 실시. 버스 요금을 현금으로 받지 않고, 승차회수권만 받게 됐다. 회수권의 가격은 일반권은 8~12원, 학생권은 5원, 어린이권은 4원이었다.

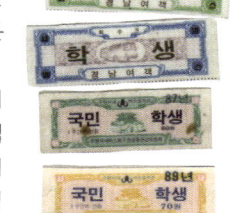

8. 27. 백마부대 환송 국민대회 개최. 환송식을 마친 제9사단 백마부대는 중앙청에서 동대문까지 시가행진을 했다. 박정희 대통령은 환송식에서 '여러분의 사명은 결코 전쟁의 계속이 아니라 자유를 쟁취하고 평화를 수호하는 데 있다'고 말했다.

9. 15. 《경향신문》, 한국비료 사카린 밀수 사건 보도. 이 보도로 밀수사건이 전국적인 이슈로 떠올랐지만, 사실 첫 보도는 5월 29일 《경남일보》에서 나왔다.

9. 22. 김두한 의원 오물 투척 사건. 삼성재벌 밀수사건을 논의 중이던 국회 본회의 도중 김두한 의원이 "똥이나 처먹어 이 새끼들아!"라고 외치며 정일권 국무총리 등을 향해 분뇨를 뿌렸다.

10. 31. 린든 존슨 미국 대통령, 방한.

12. 22. 민주사회당 창당. 대표최고위원에 서민호가 선출됐다. 혁신계 정당인 민주사회당은 이듬해 대중당으로 당명을 바꿔 지속되다 1973년 해산된다.

세계

1. 1. [중앙아프리카 공화국] 장베델 보카사, 쿠데타로 정권 장악. 그는 전날 밤 쿠데타로 다비드 다코 대통령을 사임시키고 대통령이 됐다. 그는 1976년 중앙아프리카 제국을 세우고 황제 자리에 올랐다. 새해 벽두인 이날 중앙아프리카 공화국을 시작으로 같은 달에 나이지리아, 2월 우간다와 가나, 7월 부룬디, 이듬해 1월 토고까지 쿠데타가 잇달아 발생했다.

1. 19. [인도] 인디라 간디, 총리에 선출됨. 초대 총리 자와할랄 네루의 딸인 그는 인도 최초이자 유일한 여성 총리였다.

3. 11. [인도네시아] 수카르노 대통령, 수하르토에게 정권 이양. 수카르노 대통령이 자신의 정치권력을 군 최고사령관인 수하르토에게 이양하는 문서에 서명했다. 사실상 정권을 잡은 수하르토는 이듬해 3월 대통령 권한대행으로 임명된다.

5. 16. [중국] 중국공산당 중앙위원회 전체회의, '통지' 채택.

6. 13. [미국] 연방대법원, 미란다 권리 확립. 18세 여성을 납치해 강간한 혐의로 체포되어 유죄판결을 받은 에르네스토 미란다의 항소 재판에서 연방대법원은 피의자는 자신에게 '묵비권'과 '변호사의 조언을 받을 권리'가 있다는 것을 '뚜렷하고 명백한 용어로 처음에 고지받아야 한다'며 무죄로 판결했다. 피의자의 권리를 보호하기 위한 제도적 장치가 마련된 것이다. '미란다 원칙'이라고 불리는 이 장치는 한국에는 1997년 '형사소송법'에 도입됐다.

8. 11. 말레이시아 · 인도네시아, 평화협정 체결. 이로써 말레이시아 창설에 반대하는 수카르노 인도네시아 대통령 주도로 1963년부터 3년 넘게 지속된 양국 간의 '대결' 국면이 종식됐다.

10. 15. [미국] 휴이 뉴턴 · 바비 실, 흑표범당 창설. 흑인 해방을 목표로 창립된 이 단체는 흑인에 대한 경찰의 과도한 폭력 등 부당행위를 감시하는 활동으로 유명했다. 또한 아동들에게 아침 식사를 제공하는 등 가난한 흑인들에게 복지를 제공하는 활동으로 저변을 넓혀가며 전국적인 조직으로 성장했다. 그러나 급진적인 흑인민족주의적 성향으로 FBI의 최우선 감시대상이 되면서 정부의 탄압을 받았다.

↓ 5월 16일 중국공산당 중앙위원회 전체회의에서 '통지'가 채택됐다. '반드시 당, 정부, 군대, 문화 영역에 난립한 부르주아 대변인들을 비판하고 이들을 깨끗이 제거'할 것을 요구한 이 통지는 문화대혁명에 대한 최초의 공식적인 공개 문건이었다. 이 일명 '5·16 통지'를 시작으로 마오쩌둥은 '무산계급문화대혁명'을 발진시켰다.

문화 / 과학 · 환경 / 스포츠

문화

1. 15. 《창작과비평》 창간. 이해 겨울호를 시작으로 문우사의 이름을 빌려 발간되기 시작한 이 계간지는 69년 가을 · 겨울 합병호부터 발행사가 창작과비평사로 바뀌었다. 1970년대 이후 민족문학론을 제시하며 《문학과지성》과 함께 한국의 문학과 지성계에 지대한 영향을 미쳤다.

6. 14. 로마 교황청, 금서목록 폐지. 제2차 바티칸공의회의 결정에 따라 신앙교리성은 금서목록이 도덕적으로는 구속력이 있지만 교회법의 효력을 갖지는 않는다고 공지했다. →

12. 27. 〈영화법시행령〉 개정. 이듬해부터 극장들은 국산영화를 연간 90일 이상 의무적으로 상영해야 했다. 국내 영화 보호를 위해 실시된 이 스크린쿼터의 기준은 이후 상업적 상황과 맞물려 146일, 106일 등으로 수시로 변했고, 2006년 이후 73일로 유지되고 있다.

과학 · 환경

2. 3. [소련] 무인 달 탐사선 루나 9호, 달 연착륙 성공. 인류 역사상 처음으로 다른 천체에 연착륙한 탐사선이었다.

2. 10. 한국과학기술연구소(KIST) 개소. 미국 국제개발처의 원조와 정부의 재정지원으로 설립됐다. 연구소는 3년 간의 공사 끝에 1969년에 준공됐다. 초대 연구소장은 최형섭이었다.

7. 29. 제2차 과학기술진흥 5개년계획 확정. 1962~1966년의 제1차 기술진흥 5개년계획 앞에 '과학'을 추가했다. 박정희 대통령이 과학을 기술 앞에 세운 이유는 과학을 앞세우면 자신의 정치적 야심을 더 효과적으로 채울 수 있다는 것을 알았기 때문이다. 현재 우리가 과학기술에 대해 생각하고 있는 것, 즉 과학이 경제개발을 위한 효과적인 도구이며 과학자는 국가에 충성하는 애국자라는 인식이 바로 이 시기에 완성됐다.

스포츠

6. 18. 장창선, 세계레슬링선수권 대회 자유형 플라이급 금메달. 한국 선수로는 최초였다.

6. 25. 김기수, 세계복싱협회(WBA) 주니어 미들급 챔피언 획득.

6. 30. 태릉우수선수합숙소 개소. 태릉선수촌이라고 불린 이 시설은 2011년 진천선수촌으로 이전될 때까지 45년간 국가대표급 선수들의 훈련소로 쓰이며 엘리트 스포츠 선수 배출의 산실이 됐다.

7. 11. [영국] 제8회 FIFA 월드컵 개막. 개최국 잉글랜드가 서독을 연장전 끝에 4-2로 꺾고 우승했다. 북한은 월드컵 데뷔 무대에서 예선 성적 1승 1무 1패 조 2위로 8강에 진출하는 놀라운 성적을 거뒀다. 특히 박두익의 논스톱 킥으로 이탈리아를 1-0으로 꺾고 예선 탈락시킨 경기는 월드컵 역사상 손에 꼽힐 정도로 충격적인 이변이었다. 8강전에서 만난 포르투갈을 상대로도 북한은 경기 시작 24분에 세 골을 넣으며 앞서 나갔다. 하지만 흑표범 에우제비우에게 속절없이 당하면서 경기는 5-3 역전패로 끝났다. →

12. 9. [타이] 방콕에서 제5회 아시안 게임 개막.

1966년 풍경

모처럼 1966년 잉글랜드 월드컵 본선에 진출한 북한은 그야말로 돌풍의 팀이었다. 국제 무대에 혜성처럼 등장해 강호들을 격파한 것이다. 공중볼 경합을 위해 패널티 박스 앞에서 일렬로 늘어선 북한 수비수들이 점프하는 모습. 이른바 사다리 전법으로 널리 알려진 장면이다. 연습은 실전처럼, 실전은 연습처럼 한다지만, 카메라와 구름 같은 관중이 지켜보는 잔디구장에서 실제 경기 중에 저런 동작을 만들기란 쉬운 일이 아니다. 공중볼을 내 것으로 만들려 서로 다투는 게 아니라, 차라리 공중의 볼이 사다리 같은 사람들의 머리를 딩동댕 음표처럼 차례로 딛고 저 먼 나라로 떠나는 중! 저 아름다운 장면들을 딛고 대한민국은 2002년 한일 월드컵에서 '어게인 1966'을 외치며 이탈리아를 꺾고, 에스파냐도 이기며 4강에 오를 수 있었다.

이 해에는

책
- 5. 10. 《그리고 아무말도 하지 않았다》, 전혜린
- 8. 31. 《수학의 정석》, 홍성대
- 3. 30. 《한국과학기술사》, 전상운
- ○ [프랑스] 《말과 사물》, 미셸 푸코
- ○ [프랑스] 《에크리》, 자크 라캉

노래
- ○ 〈하숙생〉, 최희준

영화
- 6. 10. 〈초우〉, 정진우
- 11. 10. 〈물레방아〉, 이만희

궂긴 소식
- 1. 11. 알베르토 자코메티(스위스의 조각가)
- 4. 14. 이상백(체육인)
- 6. 4. 장면(정치인)
- 8. 24. 라오서(중국의 작가)
- 9. 6. 마거릿 생어(미국의 산아제한운동 활동가)
- 9. 28. 앙드레 브르통(프랑스의 작가)
- 10. 15. 효봉(조계종 종정)
- 11. 6. 마해송(아동문학가)
- 12. 15. 월트 디즈니(미국의 애니메이션 제작자)

독립한 나라
- 5. 26. 가이아나 (← 영국)
- 9. 30. 보츠와나 (← 영국)
- 9. 30. 레소토 (← 영국)
- 11. 30. 바베이도스 (← 영국)

1967년

동백림 사건

↑ 7월 8일, 중앙정보부는 '동백림 사건'을 발표하며 한국 사회에 엄청난 충격을 안겨줬다. 권력의 폭압적 통치 아래에서 억울한 희생자들을 만들어낸 비극적 사건이었다. 동베를린을 거점으로 한 북한의 대남 공작단을 적발했다는 명목으로, 문화예술계와 학계의 저명한 인사들이 간첩으로 몰려 사형과 무기징역이라는 중형을 선고받으면서 사회 전체에 공포 분위기가 조성됐다. 사진은 동백림 사건 관련자들이 재판정에서 판결을 기다리고 있는 모습이다. 왼쪽 끝이 윤이상이다.

"법원에서 최종적으로 간첩죄로 처벌받은 사람은 한 명도 없었다."

본 사건을 통하여 밝혀진 북괴망원과 전기 임박사들의 주모자로부터 포섭된 자와 그 대상자는 학계·언론계·문화계·저명인사 등 각계각층에 거쳐 광범위하게 침투되어 있는데 총수는 194명에 달하고 있으며 입북 또는 구속수사 중인 자는 107명이다.
— 북괴대남적화공작단 사건 1차 발표문' 중

중앙정보부는 검찰에 송치한 66명 중 23명에게 간첩죄를 무분별하게 적용하고, 기타 혐의가 미미하고 범의도 없던 인물에게도 범죄사실의 확대를 시도하였으며, 자수자의 진술만을 토대로 민비연으로 수사를 확대하면서 증거가 미미한 상태에서 강압수사를 통해 허위진술을 유도한 것이다. 동백림 사건은 1967.6.8. 치러진 7대 총선에 대한 부정선거 규탄시위의 확산을 막고 박정희 정권의 공안통치 강화에 도움이 되었던 반면에 중앙정보부의 해외활동 인프라가 훼손되고 외국의 방첩 기관으로부터 집중 견제를 받는 등 해외정보력 감소를 초래하였다.
— 국정원과거사건진실규명을통한발전위원회, 《과거와 대화, 미래의 성찰》

대한민국

1. 14. 한일호-충남함 충돌 사고. 여수항을 출발해 부산으로 가던 정기여객선 한일호가 해군 구축함 충남함과 충돌해 여객선에 타고 있던 승객과 승무원 등 100여 명이 목숨을 잃었다.

1. 30. 한국외환은행 발족. 한국은행이 맡아하던 외환업무를 승계해 발족했다. 2015년 하나은행이 인수해 KEB하나은행으로 통합했다가 2020년 하나은행으로 은행명을 변경한다.

2. 7. 신민당 창당. 대통령 선거를 앞두고 신한당과 민중당이 통합해 창당된 신민당은 1980년 해산될 때까지 3·4 공화국의 제1야당이었다.

2. 9. 주한미군지위협정(SOFA) 발효. 한해 전인 7월 9일에 조인되어 이날 발효된 이 협정은 한국에 주둔한 '아메리카합중국 군대의 지위에 관한 협정'이다. 이전까지 주한미군에 대한 형사재판권은 1950년 체결된 '대전협정'에 따라 전적으로 미군당국이 행사했다. 이 협정으로 한국 정부도 미군범죄에 대한 재판권을 부분적으로 가질 수 있게 되었으나, 한국의 재판권 행사율이 1991년에야 처음으로 1%대에 도달할 정도로 매우 불평등했다.●

4. 1. 구로동수출산업단지 준공. 국내 최초의 공업단지였다. 줄여서 구로공단이라고 불린 이곳의 주업종은 가발, 봉제, 섬유 같은 경공업 위주의 노동집약적 산업이었다. 2000년 디지털산업단지로 이름이 바뀐다.

5. 3. 제6대 대통령 선거. 선거 결과 별다른 쟁점이 부각되지 않은 채 경제성장의 성과를 앞세운 여당인 민주공화당의 박정희가 앞선 대선에서도 맞붙었던 신민당의 윤보선을 무난히 제치고 재선에 성공했다.

6. 8. 제7대 국회의원 선거. 선거 결과 민주공화당이 129석(73.3%)를 얻어 절대다수의석을 차지했고, 신민당은 45석을 얻었다. '망국선거'라고 불릴 정도로 역대 선거 중 가장 타락한 선거●로 여겨지고 있다.

6. 15. 휴교령 발령. 6·8 부정선거 규탄 시위가 확산되자 문교부는 대학은 물론 고등학교에까지 휴교령을 내렸다.

7. 1. 박정희, 제6대 대통령에 취임.

7. 8. 중앙정보부, 동백림(동베를린)을 거점으로 한 북괴대남적화공작단 사건 수사결과 발표.

8. 3. 보건사회부, 기생충 백서 발간. 이에 따르면 국민의 기생충 감염률은 회충과 촌충이 각각 80%로 가장 높았고, 간디스토마와 폐디스토마도 각각 5%나 되는 감염률을 보였다.

8. 9. 제1차 한일각료회담 개막. 11일까지 도쿄에서 열린 이 회담을 통해 일본은 2억달러의 민간상업차관을 새로 공여할 용의가 있다고 밝혔다.

12. 29. 현대자동차 설립.

← 1월 21일 〈홍길동〉이 개봉했다. 신동우가 《소년조선일보》에 연재한 〈풍운아 홍길동〉을 원작으로 동생인 신동헌 화백이 제작한 이 작품은 한국 최초의 장편 애니메이션 영화였다. 제작비 2000만 원●이 든 이 '움직이는 만화'의 관람료는 청소년 65원, 일반 80원이었는데, 개봉 이틀 동안에만 45982명●●이 관람할 정도로 흥행에 성공했다.

세계

4. 21. [그리스] 군사 쿠데타 발생. 요르요스 파파도풀로스 대령을 중심으로 한 군사 세력이 탱크를 동원해 아테네를 장악하고, 민주 정부를 전복했다. 이들은 공산주의 확산을 막고 국가 안정을 유지한다는 명분으로 독재체제를 수립했다. 쿠데타 직후 약 1만 명이 체포되었으며, 정치적 반대파에 대한 탄압과 검열이 이어졌다. 미래의 총리가 되는 안드레아스 파판드레우는 체포되어 12월 25일까지 정치범으로 수감됐다. 이 군사 독재는 1974년까지 지속되며 그리스 현대사에 깊은 상처를 남겼다.

5. 30. [나이지리아] 비아프라, 독립 선언. 추쿠에메카오두메구 오주쿠가 나이지리아 동부 지역인 비아프라의 분리 독립을 선언했다. 7월 6일 나이지리아군이 비아프라를 침공하면서 2년 반에 걸친 내전이 시작됐다.

6. 5. 제3차 중동전쟁 발발.

8. 8. 동남아시아국가연합(ASEAN) 발족. 타이 방콕에서 기존 동남아시아연합(ASA)의 발전적 해소 형태로 새로이 발족한 이 기구에는 기존 회원국인 말레이시아, 타이, 필리핀 외에 인도네시아와 싱가포르가 참여했다. 안보와 경제적 사안에 대한 상호협력을 목표로 하는 이 기구에는 현재 동남아시아 10개국이 참여하고 있다. →

10. 9. 체 게바라 사망. "쿠바에서는 모든 일이 끝났다"는 편지를 남기고 볼리비아로 투쟁 무대를 옮긴 그는 레네 바리엔토스 정권을 상대로 정글에서 게릴라전을 벌이다 CIA의 지원을 받는 정부군에 체포되어 사살당했다. 혁명을 선택하고, 진정한 저항군의 삶을 살다가 마흔도 채 되지 않은 나이에 쓰러져 간 후, 민중 혁명의 낭만적 신화가 된 그는 '아직 존재하지 않는 세계의 시민'이었다.

11. 30. [남예멘] 독립. 남예멘이 영국으로부터 독립해 예멘인민공화국이 건국됐다. 1970년 사회주의 일당 독재정권이 들어서면서 예멘인민민주공화국으로 국명이 바뀐다.

↓ 6월 5일 아침, 제3차 중동전쟁이 시작됐다. 이스라엘이 이집트 비행장 선제공습과 시나이 반도, 가자지구 지상공격을 감행했다. 이집트뿐만 아니라 시리아와 요르단 등 아랍국가들이 반격에 나섰지만 전쟁은 불과 발발 6일째인 10일 압도적 제공력을 앞세운 이스라엘의 일방적인 승리로 끝났다. 시나이반도, 서안지역, 골란고원, 동예루살렘 등이 이스라엘에 넘어갔다. 6일 전쟁이라고도 불리는 이 전쟁은 이스라엘들의 서안지구 정착촌 건설, 팔레스타인인들의 대 이스라엘 무장투쟁 등 중동의 기존질서에 심각한 위협을 가한다.

문화 / 과학·환경 / 스포츠

문화

1. 21. 〈홍길동〉 개봉.

5. 30. [콜롬비아] 가브리엘 가르시아 마르케스의 《백년의 고독》 출간. 마콘도라는 상상의 마을을 배경으로, 부엔디아 가문의 100년을 그린 이 작품은 사실과 환상이 뒤섞인 마술적 사실주의의 소설의 대표작으로 꼽히며, 20세기의 가장 대담하고 독창적인 에스파냐어 소설로 평가받고 있다. 초판은 콜롬비아가 아닌 아르헨티나에서 출간됐다.

과학·환경

12. 3. [남아프리카 공화국] 크리스천 버나드, 심장이식 수술 성공. 이식을 받은 환자는 당뇨병과 심장병을 앓고 있는 54세의 폴란드인 루이스 바스칸스키였고, 기증자는 교통사고로 뇌사상태에 빠진 29세의 여성 드니스 다발이었다. 30명의 의료진이 참여한 세계 최초의 심장이식 수술은 성공적이었지만, 바스칸스키는 면역억제제 부작용으로 이식 후 18일 만에 폐렴으로 사망했다.

12. 29. 건설부, 지리산을 국립공원으로 지정. 대한민국 최초의 국립공원이었다. 현재 전국의 국립공원은 모두 22곳이며 전체 국토 대비 면적은 4.0%이다. 멸종위기종(246종) 중 65%에 달하는 150종이 국립공원 내에 서식하는 것으로 확인되고 있다. 세계 최초의 국립공원은 1872년에 지정된 미국의 옐로스톤 국립공원이다.

스포츠

3. 29. 중앙정보부, 양지축구단 축구협회에 등록. 한 해 전 북한이 월드컵 8강에 진출했다. 이에 스포츠 경기를 체제 대결의 장으로 여기던 정권은 중앙정보부 김형욱 부장 주도로 양지축구단을 창단했다. '양지'는 '우리는 음지에서 일하고 양지를 지향한다'는 중정의 부훈에서 따온 이름이었다. 군인뿐만 아니라 입대를 하지 않은 선수까지도 반강제로 입대시켜 호화진용을 갖춘 축구단은 105일간의 해외훈련 등 파격적인 대우를 받으며 실질적인 국가대표팀 구실을 했다. 하지만 김형욱이 박정희로부터 버림받으면서 힘을 잃고 1970년 3월 해체된다.

4. 22. 세계 여자농구 선수권대회 준우승. 한국은 체코슬로바키아 프라하에서 열린 이 대회 마지막 날 경기에서 유고슬라비아에 78-71로 이기고, 결승 라운드 성적 4승 1패로 소련에 이어 준우승을 차지했다. 세계 선수권대회 단체경기에서 따낸 첫 은메달이었다. 준우승임에도 한국 팀의 주장 박신자가 대회 최우수선수로 선정됐다.

5. 9. [미국] 세계복싱협회(WBA), 무하마드 알리의 헤비급 세계 챔피언 타이틀 박탈. 군입대를 거부했다는 이유였다. 그는 1970년 10월까지 공식적인 경기에 나갈 수 없었다.

5. 25. [영국] 셀틱, 유러피언컵 우승. 포르투갈 리스본에서 열린 결승전에서 셀틱은 인테르나치오날레 밀라노를 2-1로 물리치고 우승을 차지했다. 이로써 셀틱은 유럽 최초로 트레블을 기록한 팀이 됐다.

1967년 풍경

유세(遊說)란 정치적 견해를 채택받기 위해 널리 돌아다니며 설명하고 이해를 구하는 행위를 말한다. 중국의 춘추전국시대에는 여러 사상가, 정치가, 학자들이 각 나라의 군주들을 찾아다니며 이런 활동을 했다. 요샛말로 하면 정치적 구직활동이겠다. 공자도 학문이 어느 경지에 이르자, 제자들과 함께 자신의 경륜을 펼칠 기회를 찾아 천하를 주유했다. 하지만 누구에게도 발탁되지 않아 공자는 뜻을 접고 고향으로 돌아와 젊은이 교육에 여생을 바친다. 오늘의 유세란 성격이 좀 다르다. 선거 때 투표로 당선되기 위해 유권자들에게 호소하는 것이다. 말로 하는 싸움만큼 재미있는 구경거리가 어디 있겠나. 유세장에 많은 주권자들이 모였다. 쩌렁쩌렁 무슨 말씀들을 하시나, 公約인가 空約인가. 오늘의 공자들, 잠시 짬을 내어 젊은이들 틈에 앉아 진지하게 현장 학습을 하고 계신다.

이 해에는

책
- **3. 20.** 《한국사신론》, 이기백
- **8. 15.** 《한국공산주의 운동사》, 김준엽·김창순 (1972년 총7권 완간)
- ○ [체코슬로바키아] 《농담》, 밀란 쿤데라
- ○ [프랑스] 《방드르디, 태평양의 끝》, 미셸 투르니에
- ○ [소련] 《거장과 마르가리타》, 미하일 불가코프

노래
- ○ 〈안개〉, 정훈희
- ○ 〈돌아가는 삼각지〉, 배호
- ○ [미국] 〈더 레터〉, 박스 탑스
- ○ [미국] 〈왓 어 원더풀 월드〉, 루이 암스트롱
- ○ [영국] 〈페니 레인〉, 비틀스

영화
- **3. 28.** [프랑스] 〈무세트〉, 로베르 브레송
- **4. 22.** 〈산불〉, 김수용
- **7. 27.** 〈귀로〉, 이만희
- **10. 19.** 〈안개〉, 김수용
- **12. 21.** [미국] 〈졸업〉, 마이크 니컬스

궂긴 소식
- **2. 13.** 유치환(시인)
- **4. 18.** 로버트 오펜하이머(미국의 물리학자)
- **4. 19.** 콘라트 아데나워(서독의 정치인)
- **5. 15.** 에드워드 호퍼(미국의 화가)
- **7. 8.** 비비언 리(영국의 배우)
- **7. 17.** 존 콜트레인(미국의 재즈 색소포니스트)
- **8. 15.** 르네 마그리트(벨기에의 화가)
- **10. 9.** 체 게바라(쿠바의 혁명가)
- **10. 17.** 선통제(청나라의 마지막 황제)

독립한 나라
- **11. 30.** 남예멘 (현 예멘) (← 영국)

1968년

국민교육헌장 반포

"자손만대에 남겨줄 수 있는 민족적 헌장을 만들라."
—박정희

↑ 12월 5일, 박정희 정권은 〈국민교육헌장〉을 선포하며 국가의 이념과 교육방향을 강력히 규명하는 중대한 선언을 했다. 이 헌장은 민족중흥과 국가발전을 위한 교육의 지표로 자리잡으며, 국민들에게 집단주의와 국가주의의 가치를 주입하기 위한 도구로 활용되었고, 이는 권위주의적 통치 아래에서 개인의 자유와 권리를 억압하는 기제로 작용했다.

우리는 민족중흥의 역사적 사명을 띠고 이 땅에 태어났다. 조상의 빛난 얼을 오늘에 되살려 안으로 자주독립의 자세를 확립하고 밖으로 인류공영에 이바지할 때다. 이에 우리의 나아갈 바를 밝혀 교육의 지표로 삼는다.

성실한 마음과 튼튼한 몸으로 학문과 기술을 배우고 익히며 타고난 저마다의 소질을 계발하고 우리의 처지를 약진의 발판으로 삼아 창조의 힘과 개척의 정신을 기른다. 공익과 질서를 앞세우며 능률과 실질을 숭상하고 경애와 신의에 뿌리박은 상부상조의 전통을 이어받아 명랑하고 따뜻한 협동정신을 북돋운다. 우리의 창의와 협력을 바탕으로 나라가 발전하며 나라의 융성이 나의 발전의 근본임을 깨달아 자유와 권리에 따르는 책임과 의무를 다하며, 스스로 국가건설에 참여하고 봉사하는 국민정신을 드높인다.

반공민주정신에 투철한 애국애족이 우리의 삶의 길이며 자유세계의 이상을 실현하는 기반이다. 길이 후손에 물려줄 영광된 통일조국의 앞날을 내다보며 신념과 긍지를 지닌 근면한 국민으로서 민족의 슬기를 모아 줄기찬 노력으로 새 역사를 창조하자.

— 〈국민교육헌장〉

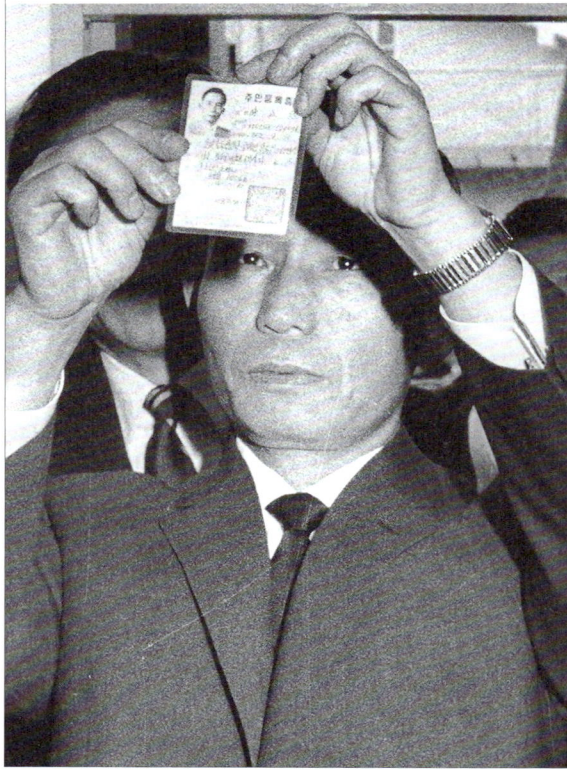

대한민국

1. 21. 무장공비, 서울 침입. 북한 124부대 소속 무장군인 31명이 청와대 앞 500미터까지 침투했다. 이날 밤 자하문 초소에서 경찰과 총격전이 벌어졌다. 종로경찰서 최규식이 총에 맞아 사망했다. 1월 말까지 계속된 소탕 과정에서 29명이 사살되었고 1명은 도주하였으며, 1명이 투항하였다. 22일 투항한 김신조는 기자회견에서 자신들이 "박정희의 모가지를 따러" 왔다고 밝혀 충격을 주었다. 1·21 사태라고 불리는 이날의 습격 사건으로 남북간의 위기감은 급격히 고조됐다.

1. 23. 미국 첩보함 푸에블로호, 북한에 억류됨. 원산 앞바다에서 해양조사선으로 위장하고 동해안의 정보를 수집하던 푸에블로호가 영해 침공을 이유로 북한군에 의해 원산항으로 나포됐다. 이후 비밀 협상을 거쳐 12월 23일 승무원 82명과 교전 중 사망한 1인의 유해가 판문점을 통해 송환됐다. 미국의 군함이 외국 군대에 나포된 첫 번째 사건이었고, 이 기간 동안 미국이 핵항공모함 엔터프라이즈함을 급파하는 등 한반도에서는 일촉즉발의 위기 상황이 전개되기도 했다.

5. 13. 부산청십자의료보험조합 창립. 장기려 등이 설립한 이 조합은 한국 최초의 민간 의료보험조합이었다. "건강할 때 이웃 돕고, 병났을 때 도움받자"는 슬로건을 내건 이 조합의 보험료는 1인당 월 60원이었고, 가입비는 1인당 당시 담배 한 갑 값인 100원이었다.* 장기려는 일제 강점기에 경  성의전을 졸업하고 북한에서 평양의과대학과 김일성종합대학에서 외과 교수로 재직하다 한국전쟁이 발발하자 남으로 피란왔다가 가족과 떨어져 홀로 남은 후 평생 자신의 의술을 가난한 사람들을 위해 펼쳤다.

7. 15. 문교부, 중학교 입시 제도 폐지 발표.* 정부는 과도한 입시경쟁을 없애 국민학교 교육을 정상화하기 위해 이듬해인 1969학년도부터 서울을 시작으로 중학교 입시를 폐지하고 학교군 별로 추첨을 해 입학할 학교를 뽑는다고 발표했다. 추첨에는 69학년도에는 추첨알을 사용했고, 70년대부터는 자동기기를 활용한다.

11. 21. **주민등록증 발급** 시작.

11. 29. 서울시, 노면전차 운행 중단. 1898년 서울 거리를 달리기 시작한 전차가 이날 밤 8시 12분 청량리에서 동대문  으로 달려온 303호 전차를 마지막 주자로 70년 만에 자취를 감췄다.* 현재 노면 전차 실물은 서울역사박물관 앞의 381호, 국립서울과학관의 363호 단 두 대 만이 전시물로 남아 있다.**

12. 5. 박정희 대통령, 〈**국민교육헌장**〉 선포.

12. 19. 문교부, 첫 대학입학예비고사 실시. 애초 대학입시 응시 자격시험이었던 예비고사는 1974년부터 본고사와 합산되는 입학시험의 일부가 됐다.* 약 11만 2000명이 응시한 이날 시험의 커트라인은 360점 만점에 152점이었다.** 예비고사는 이후 1982년에 학력고사로 1994년에 수능시험으로 이름이 바뀐다.

← 11월 21일 주민등록증이 발급되기 시작했다. 박정희 대통령이 서울 종로구 자하동 사무소에서 증명사진 세 장을 내고 좌우 지문을 찍은 뒤 주민등록증을 발부받았다.* 그의 번호는 110101-100001번이었는데, 110101은 서울 종로구 자하동을, 뒤쪽 1은 남성을, 그 뒤로 이어지는 숫자는 발급 순서 번호였다. 주민등록증 발급은 이 해 1월 청와대 인근까지 간첩이 침투하는 사건을 계기로 '간첩 색출'이라는 명분으로 추진됐다.

세계

1. 5. [체코슬로바키아] 알렉산드르 둡체크, 공산당 제1서기로 선출됨. 개혁가인 그의 취임과 함께 체코슬로바키아는 탈스탈린화와 정치적 자유화의 길을 걷기 시작한다. 하지만 '인간의 얼굴을 한 사회주의' 슬로건 아래 진행된 일련의 개혁은 3월 21일 밤, 소련, 폴란드, 헝가리 등의 군대로 이루어진 바르샤바 조약군 50만 명이 침공해 체코슬로바키아의 요충지 대부분을 불과 몇 시간 만에 점령함으로써 무산되고 만다. 프라하의 봄'이라 불린 이 7개월 반의 시기는 밀란 쿤데라의 《참을 수 없는 존재의 가벼움》 등 많은 예술작품에 영감을 주었다.

1. 30. [베트남 전쟁] 구정 대공세(뗏 공세). 이날 베트남 민주공화국(북베트남)과 남베트남 민족해방전선 군대가 남베트남 전역에 걸쳐 100개 이상에 달하는 모든 도시를 공격대상으로 삼아 기습했다. 약 6개월간 지속된 이 공세는 북베트남의 군사적 패배로 간주되었지만, 정치적으로는 미국의 패배였다. 종전이 가까워졌다는 군과 정부의 공언을 들어온 미국민들은 존슨 행정부에 완전히 등을 돌렸고, 반전시위가 미국의 거리를 휩쓸었다.

1. 31. [베트남 전쟁] 베트콩, 주사이공 미국 대사관 공격. 베트콩 19명이 대사관 구내까지 침투해 해병대원들과 치열한 총격전을 벌이다 진압됐다.

3. 27. [인도네시아] 국민협의회, 수하르토를 대통령으로 선출. 이로써 그는 직위에서 권한대행을 떼고 임기 5년의 정식 대통령이 됐다. 선거 없이 대통령에 오른 그는 정적과 반대파들을 무자비하게 숙청하며 대통령 권한대행 기간을 포함해 1998년까지 32년 동안 독재정권을 유지한다.

4. 4. [미국] 마틴 루서 킹 주니어, 암살당함. 저임금 아프리카계 미국인 환경미화 노동자들의 파업지지 활동을 위해 테네시주 멤피스에 와 있던 그는 숙소였던 로레인 모텔에서 제임스 얼 레이가 쏜 총에 맞아 사망했다. 절도범 경력이 있던 레이는 기소되어 99년형을 선고받았다.

7. 1. 핵확산금지조약(NPT) 서명 시작. 프랑스(1960년 2월)와 중국(1964년 10월)이 각각 핵 실험을 실시하면서 핵무기 확산에 대한 우려가 커지자, 미국과 소련은 1968년 3월 제네바 군축회의에 NPT 공동 초안을 제출했다. 6월 12일 유엔 총회에서 초안이 승인된 후 이날부터 각국의 서명이 시작됐다. 핵 비확산, 핵무기 군비축소, 핵 기술의 평화적 사용을 주요 내용으로 하는 이 조약은 1970년 3월 5일 발효된다.

11. 5. [미국] 대통령 선거. 공화당 후보이자 전 부통령인 리처드 닉슨이 민주당의 휴버트 험프리를 누르고 제37대 대통령에 당선됐다.

문화 / 과학·환경 / 스포츠

문화

12. 10. [스웨덴] 첫 노벨 경제학상 시상. 이날 스톡홀름에서 열린 시상식에서 랑나르 프리슈(노르웨이)와 얀 틴베르헌(네덜란드)가 노벨 경제학상 첫 수상의 영예를 안았다. 이로써 노벨상의 시상 부문은 기존 다섯 개에서 여섯 개로 늘어났다.

과학·환경

4. 21. 과학기술처, 제1회 과학의 날 행사 거행. 과학기술처가 정부의 독립 행정기구로 분리 발족한 지 한 돌을 맞아 제정된 과학의 날 기념식과 제3회 전국과학기술자대회가 서울시민회관 대강당에서 열렸다. 근대화라는 정부의 의도와 처우 개선이라는 과학기술자들의 현실적 요구가 만나 국가와 과학기술의 결합이 다져지는 날이기도 했다.

12. 7. [미국] NASA, OAO-2 발사. 이 망원경은 임무를 성공적으로 수행한 최초의 우주망원경이었다. 1966년에 발사된 OAO-1은 궤도에서 제대로 작동하지 않았다.

스포츠

2. 3. 국세청, 여자배구단 창단. 이 팀은 이후 1973년 대농에 인수된 후, 팀명이 대농에서 미도파를 오가며 여러 차례 변경되지만, 미도파란 이름은 한국 배구사의 전설로 남는다. 특히 1973년부터 1980년까지 이어진 181연승은 국내 그 어떤 팀도 넘볼 수 없는 꿈의 기록이다.

2. 6. [프랑스] 그르노블에서 제10회 동계 올림픽 개막. IOC가 처음으로 참가 선수들을 대상으로 약물 및 성별 검사를 실시한 대회였다. 슈스라는 이름을 가진 마스코트가 비공식적이기는 하지만 처음으로 등장했다.

6. 20. [미국] 짐 하인스, 100m 달리기 10초 벽 첫 돌파. 캘리포니아주 새크라멘토에서 열린 미국 육상선수권대회 남자 100m 달리기에서 수동계시 9초 9(전자계시 기록은 10초 3)를 기록해 사상 처음으로 10초 벽을 무너뜨렸다. 전자계시 기록으로 10초 벽을 최초로 깬 선수도 그였다. 그는 넉 달 뒤인 10월 14일 멕시코시티 올림픽에서 9초 95를 기록한다.

10. 12. [멕시코] 멕시코시티에서 제19회 하계 올림픽 개막. 육상 남자 200m 달리기 시상식에서 미국 흑인 선수 토미 스미스(금)와 존 칼로스(동)가 검은 장갑을 낀 주먹을 들어올리며 흑인 저항 운동에 지지를 표명했다가 올림픽 출전을 영구 금지 당했다. 개최지의 높은 고도(2200m) 덕분에 육상에서 무려 17개의 세계신기록이 작성됐다. 높이뛰기 종목에서 일명 포스베리 플롭(배면뛰기)이 처음 등장한 것도 이 대회였다.

10. 14. 미국의 짐 하인스가 멕시코시티 올림픽 육상 남자 100m 달리기에서 9초 95로 세계신기록을 세우며 우승했다. 10초 벽을 허문 최초의 선수였다.

"현실을 직시하라, 불가능을 꿈꾸라". 1968년 5월 프랑스 학생 시위의 물결은 '모든 권위에 대한 저항'이라는 공통의 문화적 양상을 띠며, 이 해 독일, 에스파냐, 이탈리아 등 유럽을 넘어 전 지구적으로 퍼져나갔다.

1968년 풍경

시루 속의 콩나물은 빽빽해야 잘 자란다. 듬성듬성하다는 몇 바가지의 물한테는 흐물흐물 녹고 만다. 스크럼을 짜듯 서로 웅크리고 앉아야 콩나물의 줄기도 더 통통해진다. 저 콩나무 시루처럼 학생들로 빽빽하던 국민학교 교실. 졸업 앨범을 위해 교실 풍경을 찍은 날이다. 평소와 달리 책을 꺼내 모두 책상에 세우고 교과서를 합창하며 읽었다. 분단도 없으며 밀착하였지만 그래도 다 담을 수 없었던 그날의 교실 풍경. 그런 영향의 후과일까. 부모 둘에 아이는 하나, 이렇게 셋으로 이루어진 핵가족이란 말이 유행했다. 자연은 이미 3대 이상을 건사하지 않는다. 손자가 태어나면 머지않아 할아버지는 퇴장하는 것. 무슨 재앙처럼 인구폭발이라고 하더니 가족계획, 산아제한이 국가정책으로 수립되기도 하였다. 이제 그런 시절은 지나가고 요즘은 인구절벽에 따른 국가소멸을 걱정하는 시대가 됐다. 시간이 흐른다고 더 나은 시대로 진행하는 건 절대 아니다.

이 해에는

책
- [브라질] 《나의 라임 오렌지나무》, 조제 마우루 지 바스콘셀루스
- [미국] 《이중나선》, 제임스 왓슨
- [스위스] 《주군의 여인》, 알베르 코엔

노래
- **4. 5.** [미국] 〈미세스 로빈슨〉, 사이먼 앤 가펑클
- **8. 26.** [영국] 〈헤이 주드〉, 비틀스

영화
- **7. 20.** 〈미워도 다시한번〉, 정소영
- **9. 14.** 〈장군의 수염〉, 이성구
- 〈휴일〉, 이만희

굳긴 소식
- **3. 5.** 홍명희(소설가, 독립운동가)
- **4. 4.** 마틴 루서 킹 주니어(미국의 인권운동가)
- **5. 17.** 조지훈(시인)
- **6. 1.** 헬렌 켈러(미국의 작가, 교육가)
- **6. 16.** 김수영(시인)
- **10. 2.** 마르셀 뒤샹(프랑스의 미술가)
- **12. 9.** 이승복(무장간첩 침투 사건의 희생자)
- **12. 20.** 존 스타인벡(미국의 작가)

독립한 나라
- **1. 31.** 나우루 (← 영국, 오스트레일리아, 뉴질랜드)
- **3. 12.** 모리셔스 (← 영국)
- **9. 6.** 스와질랜드 (현 에스와티니) (← 영국)
- **10. 12.** 적도 기니 (← 에스파냐)

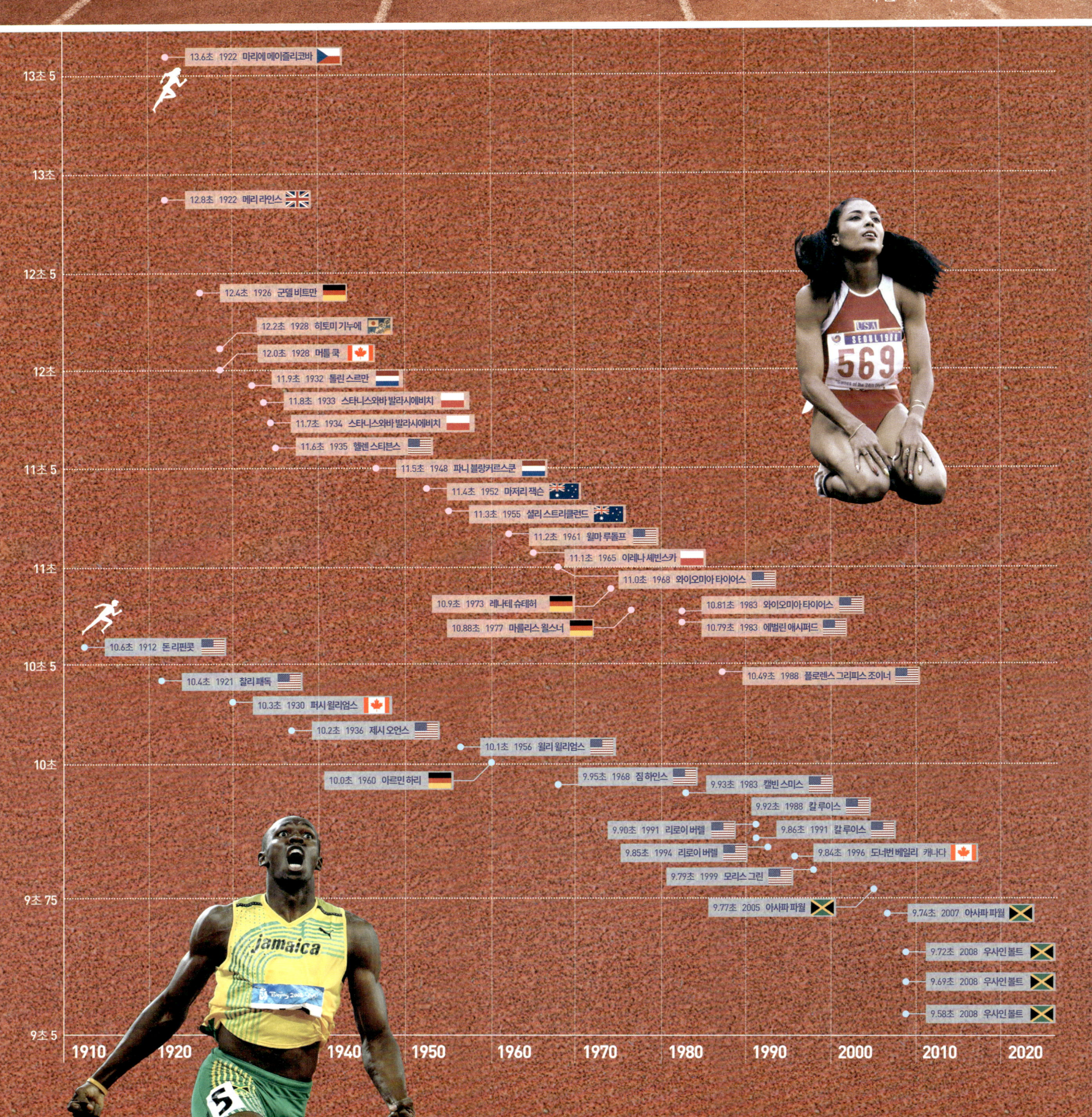

마라톤 세계 기록 추이

남자 마라톤 신기록

- 2시간 55분 18초 4 | 1908 | 조니 헤이스 🇺🇸
- 2시간 52분 45초 4 | 1909 | 로버트 파울러 🇺🇸
- 2시간 46분 52초 8 | 1909 | 제임스 클라크 🇺🇸
- 2시간 46분 04초 6 | 1909 | 앨버트 레인스 🇺🇸
- 2시간 42분 31초 0 | 1909 | 헨리 배럿 🇬🇧
- 2시간 40분 34초 2 | 1909 | 투레 요한손 🇸🇪
- 2시간 38분 16초 2 | 1913 | 해리 그린 🇬🇧
- 2시간 36분 06초 6 | 1913 | 알렉시스 알그렌 🇸🇪
- 2시간 32분 35초 8 | 1920 | 한네스 콜레흐마이넨 🇫🇮
- 2시간 29분 01초 8 | 1925 | 앨버트 마이컬슨 🇺🇸
- 2시간 27분 49초 0 | 1935 | 스즈키 후사시게 🇯🇵
- 2시간 26분 44초 0 | 1935 | 아케나카 야스오 🇯🇵
- 2시간 26분 42초 | 1935 | 손기정 🇰🇷
- 2시간 25분 39초 | 1947 | 서윤복 🇰🇷
- 2시간 20분 42초 2 | 1952 | 짐 피터스 🇬🇧
- 2시간 18분 40초 4 | 1953 | 짐 피터스 🇬🇧
- 2시간 18분 34초 8 | 1953 | 짐 피터스 🇬🇧
- 2시간 17분 39초 4 | 1954 | 짐 피터스 🇬🇧
- 2시간 15분 17초 0 | 1958 | 세르게이 포포프 🇷🇺
- 2시간 15분 16초 2 | 1960 | 아베베 비킬라 🇪🇹
- 2시간 15분 15초 8 | 1963 | 토루 테라사와 🇯🇵
- 2시간 14분 28초 | 1963 | 레너드 에딜런 🇺🇸
- 2시간 13분 55초 | 1964 | 배질 허틀리 🇬🇧
- 2시간 12분 12초 2 | 1964 | 아베베 비킬라 🇪🇹
- 2시간 12분 00초 | 1965 | 시게마쓰 모리오 🇯🇵
- 2시간 09분 36초 4 | 1967 | 데릭 클레이턴 🇦🇺
- 2시간 08분 33초 6 | 1969 | 데릭 클레이턴 🇦🇺
- 2시간 08분 18초 | 1981 | 로버트 데카스텔라 🇦🇺
- 2시간 08분 05초 | 1984 | 스티브 존스 🇬🇧
- 2시간 07분 12초 | 1985 | 카를루스 로페스 🇵🇹
- 2시간 06분 50초 | 1988 | 벨라이네 딘사모 🇪🇹
- 2시간 06분 05초 | 1998 | 호나우두 다 코스타 🇧🇷
- 2시간 05분 42초 | 1999 | 할리드 하누치 🇲🇦
- 2시간 05분 38초 | 2002 | 할리드 하누치 🇺🇸
- 2시간 04분 55초 | 2003 | 폴 터갓 🇰🇪
- 2시간 04분 26초 | 2007 | 하일레 게브르셀라시에 🇪🇹
- 2시간 03분 59초 | 2008 | 하일레 게브르셀라시에 🇪🇹
- 2시간 03분 38초 | 2011 | 패트릭 마카우 🇰🇪
- 2시간 03분 23초 | 2013 | 윌슨 킵상 🇰🇪
- 2시간 02분 57초 | 2014 | 데니스 키메토 🇰🇪
- 2시간 01분 39초 | 2018 | 엘리우드 킵초게 🇰🇪
- 2시간 01분 09초 | 2022 | 엘리우드 킵초게 🇰🇪
- 2시간 00분 35초 | 2023 | 켈빈 킵툼 🇰🇪

2시간 07분 20초 6 | 2000.02.13 | 이봉주 | 한국최고기록 🇰🇷

여자 마라톤 신기록

- 3시간 40분 22초 | 1926 | 바이얼릿 피어시 🇬🇧
- 3시간 37분 07초 | 1963 | 메리 레퍼 🇺🇸
- 3시간 27분 45초 | 1964 | 데일 그레이그 🇬🇧
- 3시간 19분 33초 | 1964 | 밀드리그 샘슨 🇳🇿
- 3시간 14분 23초 | 1967 | 모린 윌턴 🇨🇦
- 3시간 07분 25초 2 | 1967 | 아니 페데에르트캄프 🇩🇪
- 3시간 02분 53초 | 1970 | 캐럴라인 워커 🇺🇸
- 3시간 01분 42초 | 1971 | 엘리자베스 보너 🇺🇸
- 2시간 55분 22초 | 1971 | 엘리자베스 보너 🇺🇸
- 2시간 49분 40초 | 1971 | 셰릴 브리지스 🇺🇸
- 2시간 46분 36초 | 1973 | 미치코 고먼 🇺🇸
- 2시간 46분 24초 | 1974 | 샹탈 랑글라세 🇫🇷
- 2시간 43분 54초 5 | 1974 | 재클린 핸슨 🇺🇸
- 2시간 42분 24초 | 1975 | 리아네 빈터 🇩🇪
- 2시간 40분 15초 8 | 1975 | 크리스타 팔렌지크 🇩🇪
- 2시간 38분 19초 | 1975 | 재클린 핸슨 🇺🇸
- 2시간 35분 15초 4 | 1977 | 샹탈 랑글라세 🇫🇷
- 2시간 34분 47초 5 | 1977 | 크리스타 팔렌지크 🇩🇪
- 2시간 32분 29초 8 | 1978 | 그레테 바이츠 🇳🇴
- 2시간 27분 32초 6 | 1979 | 그레테 바이츠 🇳🇴
- 2시간 25분 41초 3 | 1980 | 그레테 바이츠 🇳🇴
- 2시간 25분 28초 | 1981 | 앨리슨 로 🇳🇿
- 2시간 25분 28초 7 | 1983 | 그레테 와이츠 🇳🇴
- 2시간 22분 43초 | 1983 | 조언 버누잇 🇺🇸
- 2시간 21분 06초 | 1985 | 잉리 크리스티안센 🇳🇴
- 2시간 20분 47초 | 1998 | 테글라 로로우페 🇰🇪
- 2시간 19분 46초 | 2001 | 다카하시 나오코 🇯🇵
- 2시간 18분 47초 | 2001 | 케서린 은데레바 🇰🇪
- 2시간 17분 18초 | 2002 | 폴라 레드클리프 🇬🇧
- 2시간 15분 25초 | 2003 | 폴라 레드클리프 🇬🇧 (기록 공인기준 변화)
- 2시간 17분 01초 | 2017 | 메리 켑코스게이 케이타니 🇰🇪
- 2시간 14분 04초 | 2019. 10. 13 | 브리지드 코스게이 🇰🇪
- 2시간 11분 53초 | 2023 | 티지스트 아세파 🇪🇹

2시간 25분 41초 | 2018.03.18 | 김도연 | 한국최고기록 🇰🇷

2:00:35 켈빈 킵툼

2:11:53 티지스트 아세파

© 이현정, 장석봉

1969년

3선 개헌

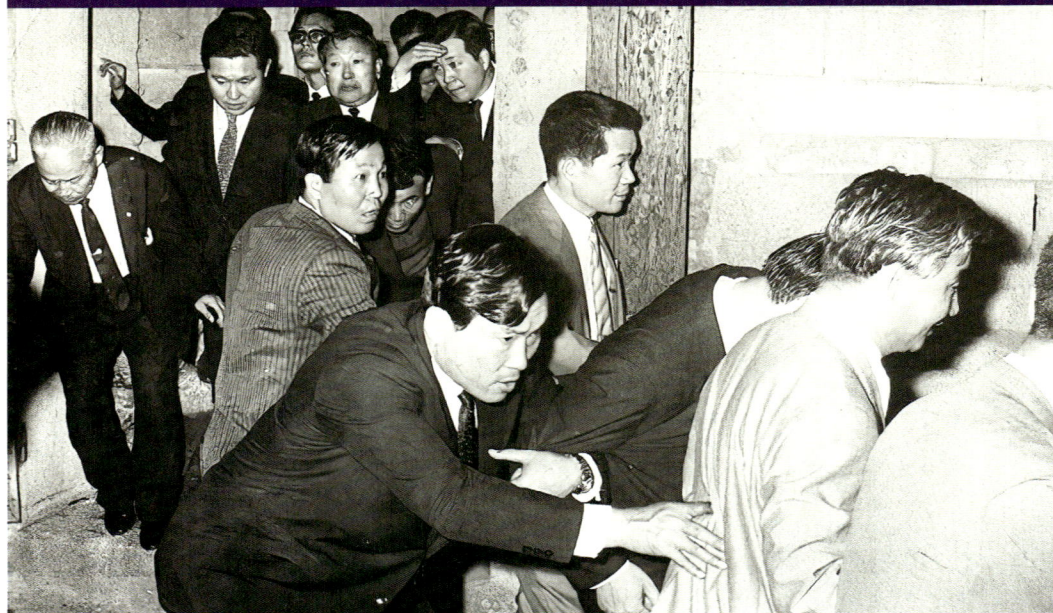

↑ 박정희 정권은 국민의 의사를 무시한 채 3선 개헌을 강행하며 민주주의의 근본을 뒤흔드는 폭거를 저질렀다. 이 개헌은 대통령의 3선 연임을 허용하는 내용을 담고 있었으며, 국회에서의 날치기 통과와 국민투표를 통해 정당성을 부여하려 했지만, 그 과정은 권력의 부패와 폭압을 여실히 드러내는 비극적 장면으로 남았다. 사진은 9월 14일 새벽 2시 30분, 3선 개헌안을 날치기 통과시킨 공화당 의원들이 황급히 제3별관을 빠져나오고 있는 모습이다.

> "명패 수 122, 총투표 수 122, 가 122표로서 헌법 개정안은… 가결되었음을 선포합니다."
> — 국회의장 이효상, 1969. 9. 14.

1. 기왕에 거론되고 있는 개헌 문제를 통해서, 나와 이 정부에 대한 신임을 묻는다.
2. 개헌안이 국민 투표에서 통과될 때에는, 그것이 곧 나와 이 정부에 대한 국민의 신임으로 간주한다.
3. 개헌안이 국민 투표에서 부결될 때에는, 나와 이 정부는 야당이 주장하듯이 국민으로부터 불신임을 받고 있는 것으로 간주하고 나와 이 정부는 즉각 물러선다.
4. 이에 따라, 여당은 빠른 시일 내에 개헌안을 발의해 줄 것을 바라며,
5. 야당은 합법적으로 개헌 반대 운동을 전개하여 지금까지 정부를 공격해온 사실이, 정녕 민의에 근거를 두었다는 것을 국민투표 결과에서 입증토록 노력해야 할 것이다.
6. 개헌에 대한 찬반은 반드시 합법적 방법으로 표현하여야 할 것이며, 폭력과 불법은 배제되어야 한다.
7. 정부는 중립을 지켜, 공정한 국민 투표의 관리를 할 것이다.

— 박정희 대통령, 〈7·25 특별 담화문〉

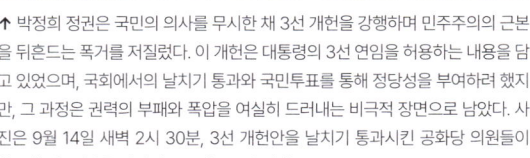

대한민국

1. 1. 박정희 대통령, 신년사 발표. 그는 1969년 한 해가 "싸우며 건설하는"* 해가 될 것이라고 했다.

2. 5. 서울시, **중학교 무시험** 추첨 실시.

3. 1. 대한항공 창립. 1962년 대한국민항공사(KNA)가 파산한 후 정부는 이를 인수해 국영 대한항공공사(KAL)를 설립해 운영했지만 막대한 적자를 감당하지 못하고 한진상사에 매각했다. 한진상사는 인수 후 사명을 대한항공으로 바꿨지만, 항공사 코드는 KAL을 그대로 사용하고 있다.

3. 5. 박정희 대통령, 〈가정의례준칙〉 선포. '모든 의례는 형식적인 절차보다 그 정신이 중요'하다는 원칙 아래 '번잡한 옛 의례에 따른 폐단과 낭비를 시정'하기 위한 것이었다. 박정희 정권이 도입한 가정의례준칙은 국민들의 사생활 영역에 깊이 개입하여 이를 통제하려는 국가주의적 시도였다. 1973년 준칙 위반에 대한 제재와 처벌 조항이 삽입된 개정 법률인 〈가정의례 준칙에 관한 법률〉이 시행된다.

3. 22. 3·1 고가도로 개통. 서울의 한복판을 가로지르는 이 고가도로는 총연장 3750m, 폭 16m의 4차선이었다. 내자 11억 원, 외자 4억 3천만 원 등 총 15억 3천만 원을 들여 17개월만에 청계도로 위에 또 하나의 길을 만든 것이었다.* 3·1고가도로란 명칭은 당시 국내에서 가장 높은 건물로 지어지고 있던 삼일빌딩에서 딴 것이다. 2003년 철거되어 건설된 지 34년 만에 사라진다.

3. 28. 바티칸, 서울대교구장 김수환을 추기경으로 임명. 당시 47세로 세계 최연소 추기경이었다.

4. 8. 국회, 권오병 문교부장관 해임건의안 가결. 야당인 신민당이 낸 해임건의안이 재석 152명 중 찬성 89, 반대 57, 기권 3, 무효 3표로 가결됐다. 최소 48표는 공화당을 포함한 여권에서 나왔다는 뜻이었다. 박정희 대통령이 추진하는 3선 개헌에 반대하는 세력이 자신들의 힘을 보여주려 한 결과였다. 그러나 박정희는 이를 항명으로 규정하고 반당적인 불평분자들을 철저히 가려내 가차없이 처단하라는 지시를 내렸다. 결국 소위 4·8 항명사건은 실패로 돌아가고 삼선개헌도 이루어진다.

8. 20. 박정희 대통령, 방미. 미국이 주한미군 감축 계획을 추진하는 가운데 샌프란시스코에서 리처드 닉슨 대통령과 가진 정상회담에서 양국의 우의는 재삼 확인됐지만, 이듬해 미군 1개 사단 철수가 결정된다.

9. 14. 개헌안·국민투표법안, 국회 통과. 공화당 주도로 새벽에 몰래 통과시켰다.

10. 17. **삼선개헌**안, 국민투표에서 가결.

12. 26. 제3한강교 개통. 서울시 용산구 한남동과 성동구 신사동을 연결하는 이 다리는 한강을 가로지르는 네 번째 교량이었다. 영동지역(현재 강남구)이 급속하게 개발되는 계기가 됐다. 혜은이의 노래로 유명한 '제3한강교'란 이름은 1985년 한남대교로 바뀐다.

← 이 해 한국 교육계에 혁명적인 변화가 일어났다. 중학교 입학이 시험 대신 추첨으로 결정되기 시작한 것이다. 이전의 경쟁적인 입시 제도를 대체해 교육 기회의 평등화를 목표로 한 이 '교육 룰렛'은 학생들의 스트레스를 줄이고 평등한 교육 기회를 제공하려는 의도였지만, 동시에 많은 논란과 혼란을 불러일으켰다. 2월 5일, 서울에서 처음 실시된 무시험 추첨에서 한 여학생이 추첨기를 돌리고 있다. 학생이 추첨기 손잡이를 직접 돌려 떨어진 추첨 알의 번호나 색상에 따라 입학할 중학교가 정해졌다.

세계

1. 20. [미국] 리처드 닉슨, 제37대 대통령 취임.

2. 4. [팔레스타인] 야세르 아라파트, 팔레스타인해방기구(PLO) 제3대 의장으로 선출됨. 이집트 카이로에서 열린 팔레스타인민족평의회에서 이날 의장으로 선출된 그는 2004년 세상을 뜰 때까지 자유의 전사와 테러리스트라는 상반된 평가를 받으며 PLO를 이끈다.

3. 2. [중국/소련] 우수리강 전바오섬에서 충돌. 중·소 양국 국경 수비대원들 난투극이 총격전으로 번졌고, 이후 장갑차와 대전차포까지 동원되는 군사적 충돌로 확대되며 11월까지 이어져 150명이 넘는 전사자가 발생했다. 우수리강 유역과 신장위구르 지역의 국경을 따라 벌어진 제한적인 유혈 사태였음에도 중국 지도자들은 소련이 핵을 사용할지도 모른다는 불안에 미국과의 화해를 모색했고, 1972년 리처드 닉슨 대통령의 중국 공식방문으로 이어진다. 중소 국경 문제는 2008년 최종적으로 해결된다.

6. 8. [미국] 리처드 닉슨 대통령, 베트남에서 미국 철수 예정 발표.

7. 25. [미국] 리처드 닉슨 대통령, 아시아에서 미국의 역할에 대한 견해 발표. 아시아 순방 중이던 그는 괌에서 기자회견을 통해 '아시아를 아시아인들에게 맡겨야 한다'고 천명했다. 훗날 닉슨 독트린으로 불리게 될 이 외교정책 중 한반도 정책은 주한미군 철수와 군사원조를 앞세운 남북대화 종용, 그리고 '두 개의 한국 정책'이었다.

9. 1. [리비아] 쿠데타 발생. 이드리스 국왕이 치료 차 외국에 나가 있던 이날 이른 아침 육군 장교 무아마르 알 카다피가 쿠데타를 일으켰다. 이 무혈 쿠데타로 군주제가 몰락하고 리비아 아랍공화국이 선포됐다.

10. 21. [서독] 빌리 브란트, 총리로 선출됨. 사회민주당 출신이 연방 총리가 된 것은 1930년 이래 처음이었다. 그는 취임 후 동방정책을 펼쳤고, 그 공로로 노벨 평화상을 받는다.

↓ 7월 20일, 아폴로 11호의 역사적인 달 착륙은 단순한 기술적 업적을 넘어 인류 역사에 깊은 의미를 남긴 순간이었다. 이는 인류가 처음으로 다른 천체에 발을 내딛은 사건으로, 달 착륙선 이글에서 내린 닐 암스트롱은 "이것은 한 사람에게는 작은 한 걸음이지만, 인류에게는 거대한 도약입니다."라는 유명한 말을 남겼다. 이 기념비적인 사건은 존 F. 케네디 대통령이 제시한 "10년이 끝나기 전에 인간을 달에 착륙시키겠다"는 야심 찬 목표를 실현했을 뿐만 아니라, 전 세계에 통합과 경이로움을 안겨 주며 세대에 걸쳐 별 너머를 꿈꾸게 하는 영감을 선사했다.

문화 / 과학·환경 / 스포츠

문화

9. 19. 한대수, 데뷔 공연. 서울 남산 드라마센터 무대에서 '듣도 보도 못한 스타일'의 한대수라는 청년이 '장막을 걷어라'로 시작하는 〈행복의 나라로〉를 부르기 시작했다. 놀랍게도 그 두 시간짜리 공연에서 부른 모든 노래를 그 사람이 직접 작곡했다. 공연은 이틀 간 열렸고, 5년 후인 1974년 그는 1집 음반 〈멀고 먼 길〉을 내며 한국 대중음악에 싱어송라이터의 시대를 연다. 그러나 정부는 음반에 실린 모든 곡을 금지곡으로 지정한다. 그 중 〈물 좀 주소〉가 금지곡에 오른 사유는 가사가 물고문을 연상시킨다는 이유였다. 군사정권이 '물'이라는 말에조차 민감하게 반응한 것이다.

8. 15. [미국] 우드스탁 페스티벌. 18일까지 뉴욕 베델에서 우드스탁 페스티벌이 열려 35만 명이 넘는 참석자가 모였다. 이 페스티벌은 반문화 운동의 결정적인 순간이 되었으며, 음악과 사회 변화에 대한 평화로운 표현으로 기억되고 있다.

과학·환경

3. 2. [프랑스/영국] 콩코드, 첫 비행. 프랑스와 영국이 공동 제작한 이 항공기는 초음속 여객기였다. 파리-뉴욕 노선을 3시간 이내로 주파했다. 2003년 운행이 중단됐다.

3. 25. 국내 첫 신장이식 수술 성공. 서울 성모병원 이용각 교수팀이 만성신장염을 앓고 있던 33세 남성의 오른쪽 신장을 도려내고 어머니의 왼쪽 신장을 이식하는 데 성공했다. 한국 최초의 장기이식 수술 성공이었다.

7. 20. [미국] 아폴로 11호, 달 착륙.

스포츠

7. 14. [온두라스/엘살바도르] 축구전쟁 발발. 6월 열린 멕시코 월드컵 지역 예선 경기에서 엘살바도르가 2승 1패로 본선에 진출했다. 국경을 맞대고 있는 양국 간의 누적된 갈등이 이 세 차례의 경기를 치르는 동안 폭발하면서 실제 전쟁이 발생했다. 7월 14일 엘살바도르가 온두라스를 침공하면서 시작되어 18일까지 이어진 이 전쟁으로 민간인 수천 명이 사망했다.

9. 26. 한국일보, 《일간스포츠》 창간. 스포츠를 중시한 박정희 정권이 한창일 때 창간된 이 신문은 고우영의 만화, 최인호의 소설 등을 연재해 인기를 끌며 한동안 독점적 지위를 누렸다.

1969년 풍경

인간은 고향을 떠나면 불안한 존재다. 고향에서 점점 멀어지는 쪽으로 이주해 온 근대적 삶. 현대인은 고향 상실의 시대를 지나 이제는 고향 없는 시대를 살고 있다. 그러기에 고향에서 멀리 있을수록, 고향을 찾아가는 마음은 더욱 출렁출렁거린다. 설과 추석은 모든 이가 한꺼번에 고향을 찾아가는 명절. 도시로 흩어졌던 사람들이 동시에 고향으로 향한다. 아직 자가용 시대는 아니라서 대중교통을 이용하느라 차표는 늘 모자랐다. 고생길이 뻔해도 악착같이 귀성길에 오른 건 이유가 있다. 고향이 있는 사람은 그 어디에 있어도 기가 결코 죽지 않는 법. 그리하여 모처럼 간 고향에서 또 다음 명절까지 견딜 수 있는 힘을 길어왔던 것이다.

딱풀

이 해에 일명 딱풀이라고 불리는 고체풀이 처음 시판됐다. 이 풀은 볼프강 디어리히스가 비행기를 타고 출장을 가다 한 여성이 립스틱을 바르는 모습을 보고 처음 떠올린 제품이다. 그는 풀을 립스틱처럼 만들면 깨끗하고 편리하지 않을까라고 생각했다. 일반 남성이라면 립스틱을 바르는 여성의 모습을 보며 그런 생각을 하지는 않을 것이다. 하지만 그는 독일의 생활용품 제조 기업인 헨켈의 접착제 부서에서 일하던 사람이었다. 그가 비행기 안에서 본 여성이 누구였는지는 애석하게도 알려져 있지 않다.

이 해에는

책
- [독일] 《부분과 전체》, 베르너 하이젠베르크

노래
- **3. 17.** [미국] 〈퍼플 헤이즈〉, 지미 헨드릭스
- 〈월남에서 돌아온 김상사〉, 김추자

영화
- **3. 4.** 〈독짓는 늙은이〉, 최하원
- **3. 8.** 〈천년호〉, 신상옥
- **9. 12.** [프랑스/이탈리아] 〈그림자 군단〉, 장피에르 멜빌

굿긴 소식
- **2. 26.** 카를 야스퍼스(독일의 철학자)
- **3. 28.** 드와이트 D. 아이젠하워(미국의 대통령)
- **4. 7.** 신동엽(시인)
- **7. 5.** 발터 그로피우스(독일의 건축가)
- **8. 6.** 테오도어 아도르노(독일의 사회학자, 철학자)
- **8. 8.** 최승희(무용가)
- **9. 2.** 호찌민(베트남의 독립운동가, 초대 국가주석)
- **10. 21.** 잭 케루악(미국의 작가)

1970년

전태일 분신 자살

"우리는 기계가 아니다!"
"근로기준법을 준수하라!"

대통령 각하……
저는 서울특별시 성북구 쌍문동 208번지 2통 5반에 거주하는 22살의 청년입니다……
저희들의 요구는, 1일 15시간의 작업시간을 1일 10~12시간으로 단축해주십시오. 1개월 휴일 2일을 늘려서 일요일마다 휴일로 쉬기를 원합니다. 건강진단을 정확하게 하여주십시오. 시다공의 수당 (현재 70원 내지 100원)을 50% 이상 인상하십시오.
절대로 무리한 요구가 아님을 맹세합니다. 인간으로서의 최소한의 요구입니다.
— 전태일이 박정희 대통령에게 보낸 편지

↑ 11월 13일 전태일의 분신은 한국 사회에 노동문제와 노동자의 권리를 전면에 부각시키는 계기가 되었으며, 이는 1970년대 사회운동의 성격을 변화시키는 중요한 역할을 했다. 이 사건은 노동운동뿐만 아니라 학생운동과 재야운동에도 큰 영향을 미쳐, 대학생들을 중심으로 한 사회변혁 의식을 고취시키고 정부의 억압에 대항하는 새로운 청년문화 형성의 기폭제가 됐다. 더불어 급속한 경제성장 이면에 존재하던 노동자들의 열악한 근로조건과 사회 불평등 문제를 드러내며, 한국 사회가 경제발전과 함께 노동권과 인권에 대한 인식을 제고하는 계기를 마련했다.

↓ 4월 8일, 서울 마포구 창전동의 와우아파트가 무너져내리며 33명의 목숨을 앗아간 참사는 한국 현대사의 어두운 장면 중 하나로 기록됐다. 이 사건은 급속한 경제성장의 그늘에 가려진 부실한 건설 관행과 부패한 행정 체계의 민낯을 적나라하게 드러냈으며, 한국 사회의 양심을 뒤흔들었다. 와우아파트의 붕괴는 단순한 건물의 붕괴가 아닌, 당시 한국 사회의 도덕적 붕괴를 상징하는 사건으로, 이후 한국의 건설 문화와 행정 체계에 대한 근본적인 성찰을 요구하는 계기가 됐다.

대한민국

4. 8. **와우아파트 붕괴** 사고. 완공된 지 넉 달밖에 안 된 서울시 마포구 와우아파트가 무너져 33명이 사망했다.

4. 22. 박정희 대통령, '새마을 가꾸기 운동' 제시. 한수해(旱水害) 대책회의에서 '각 부락단위로 향토예비군이 중심이 되어 새마을 또는 알뜰한 마을 가꾸기 운동을 전개'할 것을 지시했다. 새마을 운동의 시작이었다. 내무부는 전국의 농촌에 시멘트 47만 톤을 지급하기로 결정했다. 집을 고치고, 도로를 만드는 근대화의 재료인 시멘트를 받은 농민들은 대대적인 농촌 개조 작업에 들어갔다. 박정희는 새마을 운동을 더욱 밀고 나가며, 새마을 운동이야말로 '한국적 민주주의의 실천도장'이라고 강조했다. 그러나 농촌을 운동의 주체가 아니라 개혁되어야 할 대상으로 삼았던 새마을 운동은 민주주의와는 거리가 먼 유신체제를 지탱하는 버팀목 역할을 했다.

6. 25. 서울특별시, 인구 500만 명 돌파.

7. 1. 우편번호제 실시. 서울중앙우체국 100, 서울수색우체국 120-01 등 우체국 별로 전국에 1818개의 우편번호가 부여됐다. 1988년 여섯 자리로 바뀐 우편번호는 2015년 다시 다섯 자리로 34140개가 부여되어 현재까지 그대로 사용되고 있다. 우편번호를 가장 먼저 도입한 국가는 1941년의 독일이었다.

7. 7. **경부고속도로 개통.** 공사비 429억 7300만 원을 들여 2년 5개월 만에 완성된 총연장 416km의 경부고속도로는 '민족중흥의 꿈을 실은 국가번영에의 길'이자 경제개발의 상징이었다. 경부고속도로의 완공으로 전국이 1일 생활권이 됐다.

7. 16. 〈의료보험법〉 개정안 국회 통과. 1963년 제정된 〈의료보험법〉을 전부개정한 이 법의 골자는 소수의 가입국민만을 대상으로 운영되던 의료보험을 강제가입으로 바꿔 11월부터 시행하는 것이었다. 그러나 실제로는 1977년이 되어서야 시행된다.

8. 15. 박정희 대통령, 8·15 선언. 제25주년 광복절기념 경축사를 통해 남한 측의 '요구를 북괴가 수락, 실천하고 있다는 것을 우리가 확실히 인정할 수 있'다면, '인도적 견지와 통일기반 조성에 기여할 수 있으며, 남북한에 가로 놓인 인위적 장벽을 단계적으로 제거해 나갈 수 있는 획기적이고도 보다 현실적인 방안을 제시할 용의가 있다'고 북한에 제안했다.

9. 29. 신민당, 대통령 후보로 김대중 지명. 김영삼, 김대중, 이철승 등의 40대 후보들이 40대 기수론을 내걸고 출마한 당내 경선에서 2차 투표까지 가는 치열한 경쟁 끝에 김대중이 대통령 후보로 결정됐다.

11. 2. [북한] 조선로동당 제5차 대회. 13일까지 진행된 이 대회에서는 사회주의의 완전한 승리를 앞당기기 위해 사상·기술·문화의 3대 혁명을 더욱 심화시키기 위한 과업들이 제기됐다.

11. 13. **전태일**, 근로조건 개선을 요구하며 분신자살.

12. 15. 여객선 남영호 침몰. 제주-부산 간을 운행하는 여객선 남영호가 전남 소리도 근해에서 침몰해 승객과 승무원 326명이 사망했다.

12. 30. 호남고속도로, 대전~전주 구간 개통. 7월 완공된 경부고속도로는 4차선인데 비해 호남고속도로는 2차선이었다. 전주~순천 구간은 1973년에 완공된다.

세계

*. 15. [나이지리아] 내전 종식. 나이지리아로부터 독립을 선언했던 비아프라가 7월 13일 항복했고 15일 마지막 전투를 끝으로 내전이 종식됐다. 2년 반 동안 이어진 내전 기간 동안 나이지리아 정부군의 봉쇄와 기근으로 100만~200만 명이 사망한 것으로 추정된다.

3. 5. 핵확산금지조약(NPT) 발효. →

3. 10. [동독/서독] 동·서독 정상회담. 빌리 브란트 서독 총리가 동독을 방문해 에르푸르트에서 빌리 슈토프 총리와 정상회담을 했다. 독일이 분단된 후 첫 정상회담이었다.

3. 15. [일본] 오사카 만국박람회 개최. 일본의 빠른 성장을 상징했던 이 박람회에서 가장 인기 있는 전시물은 1969년 아폴로 11호가 가져온 월석이었다.

5. 1. [베트남 전쟁] 미군, 캄보디아 침공. →

5. 4. [베트남 전쟁] 켄트 주립대학 총격 사건 발생. 오하이오주 켄트 주립대학에서 미국의 캄보디아 침공에 항의하는 시위를 벌이던 학생들에게 주방위군이 실탄을 발포해 학생 네 명이 사망했다. 이후 학생들의 동맹파업과 시위는 더욱 격화됐고, 미국의 베트남 전쟁 개입에 대한 반대여론도 급속히 높아졌다.

8. 12. [서독/소련] 모스크바 조약 체결. 서독과 소련 상호간의 무력사용 금지와 유럽의 현행 국경선 유지 등을 담은 이 조약은 빌리 브란트 서독 총리의 동방정책과 소련의 대서방 긴장완화정책이 맞물린 결과물이었다.

9. 6. 팔레스타인해방인민전선(PFLP), 항공기 납치. PFLP가 뉴욕행 여객기 네 대를 납치했다. 이어 9일에는 런던행 여객기 한 대를 추가로 납치했다. →

10. 24. [칠레] 살바도르 아옌데, 대통령 당선. 좌파 계열 정당들의 연합인 인민연합의 후보인 그는 4일 실시된 선거에서 1위를 했지만 과반득표에는 실패했다. 그는 의회의 결선 투표로 대통령에 선출됐다. 세계 최초로 민주적인 선거로 선출된 사회주의 대통령인 그는 광범위한 국유화와 급진적인 사회개혁에 착수했다.

11. 12. [파키스탄] 볼라 사이클론 강타. 동파키스탄(현 방글라데시)과 인도 서벵골 지역에 열대성 사이클론이 강타했다. 역사상 가장 파괴적인 이 열대성 사이클론과 이에 동반한 해일로 70~100만 명이 목숨을 잃었다. 중앙정부(서파키스탄)의 미비한 대응은 동·서 파키스탄의 갈등을 더욱 증폭시켰고, 전쟁을 거쳐 이듬해 독립국가 방글라데시의 탄생으로 이어진다.

12. 7. [서독] 빌리 브란트 총리, 폴란드 유대인 학살 사죄.

12. 14. [이탈리아] 이혼법 제정. 현재 이혼을 허용하지 않는 나라는 필리핀과 바티칸 시국뿐이다.

문화 / 과학·환경 / 스포츠

문화

○ 김민기, 〈아침 이슬〉 발표. 이 곡은 이듬해 6월 30일 양희은의 목소리로, 그리고 10월 21일에는 김민기 자신의 목소리로 음반에 담겼다. 1970년대 포크송의 최고 수준을 보여준 이 곡은 1975년 금지곡이 되면서 한국의 대표적인 저항 가요로 자리잡는다. 그러나 1970~80년대 시위 현장에서 애국가처럼 불리며 한국 대중음악의 역사 자체를 바꾸는 명곡이 된다.

4. 10. 폴 매카트니, 비틀스 해산 공식 발표. 밴드를 떠난다는 매카트니의 발표로 비틀스는 사실상 해체됐다. 5월 8일 비틀스의 12번째이자 마지막 스튜디오 앨범인 〈렛 잇 비〉가 발매됐다.

8. 《문학과지성》 창간. 이 해 10월 15일 가을호를 시작으로 발행되기 시작한 이 계간지는 문학이 정치나 이데올로기로부터 자유롭고 자율적이어야 비판과 견제의 역할을 할 수 있다는 입장을 견지했다. 정치적·사회적 현실에 대한 문학의 적극적인 참여를 주장한《창작과비평》과는 결이 다른 입장이었다. 창간 당시의 편집 동인은 김현, 김병익, 김치수, 김주연이었다.

과학·환경

1. 22. 세계 최초의 점보 제트기인 보잉 747, 첫 상업 비행. 승객 332명과 18명의 승무원을 태우고 뉴욕에서 런던까지 비행했다. 최대 550명을 태울 수 있는 점보 제트기로 항공 여행과 상업 항공 사업에 혁명을 일으켰다.

2. 11. [일본] 인공위성 오스미, 궤도진입 성공. 일본은 소련, 미국, 프랑스에 이어 세계에서 네 번째 인공위성 발사국이 됐다. 이어 4월 24일에는 중국이 동방홍 1호로 다섯 번째로 위성 발사국에 합류했다.

4. 22. 미국의 상원의원 게일로드 넬슨과 하버드 대학생 데니스 헤이스가 '지구의 날' 선언문 발표.

스포츠

5. 31. [멕시코] 제9회 FIFA 월드컵 개막. 브라질이 이탈리아를 4-1로 꺾고 우승했다. 브라질은 대회 세 번째 우승으로 쥘리메 트로피를 영구적으로 보유하게 되었지만, 1983년 도난당해 영영 되찾지 못했다. 남한은 지역 예선에서 탈락해 본선 진출에 실패했고, 북한은 기권했다.

9. 13. [미국] 첫 뉴욕 마라톤 대회 열림. 월드 마라톤 메이저스에 포함되는 대회 중 하나로 세계에서 규모가 가장 큰 대회이다. 2017년에는 9만 8274명이 참가했고, 2019년에는 5만 3627명이 결승선을 통과했다. 통상 매년 11월 첫째 일요일에 열린다.

12. 9. [타이] 방콕에서 제6회 아시안 게임 개막.

12. 14. 조오련, 방콕 아시안 게임 남자 자유형 400m에서 4분 20초 2로 아시아 신기록을 세우며 우승. 그는 이튿날 열린 1500m 자유형에서도 우승해 대회 2관왕이 됐다.

← 12월 7일, 빌리 브란트 서독 총리가 바르샤바 게토 봉기 기념관 앞에서 무릎을 꿇고 폴란드 유대인에 대한 나치 독일의 잔혹 행위에 대해 조용히 용서를 구했다. 이 자발적인 겸손과 통회의 행위는 독일이 과거 범죄를 인정하고 폴란드 그리고 유대인들과 화해하겠다는 의지를 강력하게 상징하는 것이 됐다. 그리고 국가들이 역사적 잘못을 직면하는 방식에 있어서 전환점을 마련했다.

1970년 풍경

국가는 유일하게 합법적으로 폭력을 지닌다. 그렇다고 폭력이 행사될 때 합법과 비합법이라고 차이가 나는 건 아니다. 경찰이 곤봉을 휘둘러도, 깡패가 칼로 찔러도, 행사하면 다친다. 신체의 자유는 몸에 나는 상처만 따지는 게 아니다. 우리 헌법에 인간은 누구나 행복할 권리를 가진다고 적시되어 있다. 그런데 통행금지라니! 두 발의 자유를 금하다니! 통행금지는 자정부터 새벽 4시까지, 4시간 동안 국가가 보행의 자유를 뺏은 것이었다. 귀신이 활동한다는 그 시간에 길을 걷다가 걸리면, 그것이 죄가 되어 저렇게 총칼의 위압하에 하룻밤 유치장에 수용되기도 했다. 이후에도 상당히 오랫동안 우리의 발은 멀쩡하게 묶인 상태였다가 88 올림픽을 맞아 외국인이 우리나라를 찾아오고서야 겨우 풀려날 수 있었다.

서울의 인구 변화

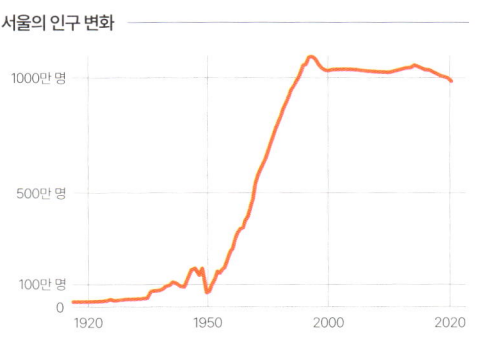

이 해에는

책
1. 20. 《한국노동운동사》, 김윤환·김낙중
○ [프랑스] 《우연과 필연》, 자크 모노
○ [미국] 《성의 정치학》, 케이트 밀릿
○ [미국] 《갈매기의 꿈》, 리처드 바크

노래
○ 〈소양강 처녀〉, 김태희

영화
10. 22. [이탈리아/프랑스/서독] 〈순응자〉, 베르나르도 베르톨루치
12. 16. [미국] 〈러브 스토리〉, 아서 힐러

궂긴 소식
2. 2. 버트런드 러셀(영국의 철학자)
3. 23. 최현배(한글학자)
6. 21. 수카르노(인도네시아의 초대 대통령)
9. 18. 지미 헨드릭스(미국의 록 가수)
9. 28. 가말 압델 나세르(이집트의 대통령)
11. 9. 샤를 드 골(프랑스의 대통령)
11. 13. 전태일(노동운동가)

독립한 나라
6. 4. 통가 (← 영국)
10. 10. 피지 (← 영국)

산업재해로 쓰러져간 사람들

어느덧 3편이

퇴근하지 못했다

일러스트 | 성덕환 기자

근로자들의 최소한의 노동조건이 규정된 법인 〈근로기준법〉이 처음 제정된 건 1958년이었다. 그리고 2022년 1월에도 중대재해 처벌 등에 관한 법률'이 시행되었다.

하지만 오늘도 A씨의 죽음을 알리는 건조한 기사는 계속된다.

"충청의 한 군부대 관사 신축 공사장에서 배관공 A(63)씨가 배관 자재에 머리를 맞고 사망했다. 시공사 정도설비는 중대재해처벌법 적용 대상이다."

— 2022년 6월 서울경제 기사 —

지난해 1월1일부터 2019년 9월 말까지 고용노동부에 보고된 중대재해 중 추락 5대 사고 도 사망한 노동자 1200명 | 관련기사 2·3면

© 경향신문, 장석봉

1971년
광주대단지 사건

↑ 1960년대 후반 서울의 인구가 급격히 증가하자 정부와 서울시는 도심을 재개발하기 시작했고, 그곳에 살던 도시빈민들을 외곽으로 강제이주시키는 정책을 시행했다. 그 중 가장 대표적인 사례가 청계천 일대의 도시빈민을 경기도 광주에 수용하는 광주 대단지 건설계획이었다. 그러나 정작 서울 외곽으로 쫓겨난 이주민들을 위한 일자리나 기반 시설은 거의 전무했고 이에 참다 못한 이주민들이 1971년 8월 10일 서울로 와 격렬하게 항의했다. 이틀 후, 서울시장은 이주민들의 요구를 수용하고 광주대단지를 성남시로 승격시키겠다고 약속했다. '광주 대단지 폭동'이라 불리는 이 소요 사태는 이로써 3일만에 진정됐다. 당시 이주민들이 내건 구호들은 이랬다. "배가 고파 못살겠다! 토지 불하가격 내려달라!", "배고프다 직장달라, 일터없다 시장달라!", "백 원에 산 땅 만원에 파는 폭리를 하지 말라!"

"백 원에 매수한 땅 만 원에 폭리 말라!"

난생처음 20평짜리 땅덩어리가 내 소유로 떨어진 겁니다. (…) 나는 사실로 나 이상으로 불행한 어느 철거민의 소유였어야 할 그것이 협잡으로 나한테 굴러떨어진 (…) 잊고 지낼 정도였습니다. (…)

"저것 좀 보라고 청년이 갑자기 소리칩니다. 그러잖아도 난 이미 보고 있었는데요. 빗속에서 사람들이 경찰하고 한창 대결하는 중이었죠. 최루탄에 투석으로 맞서고 있었어요. …그런데 잠시 지켜보고 있는 사이에 장면이 휘까닥 바꿔져버립디다. 삼륜차 한 대가 어쩌다 길을 잘못 들어가지고는 그만 소용돌이 속에 파묻힌 거예요. 데모 피해서 빠져나갈 방도를 찾느라고 요리조리 함부로 대가리를 디밀다가 그만 뒤집혀서 벌렁 나자빠져 버렸어요. 누렇게 익은 참외가 와그르르 쏟아지더니 길바닥으로 구릅디다. 경찰을 상대하던 군중이 돌멩이질을 딱 멈추더니 참외 쪽으로 벌 떼처럼 달라붙습디다. 한 차분이나 되는 참외가 눈깜짝할 새 동이 나버립디다. 진흙탕에 떨어진 것까지 주워서는 어적어적 깨물어먹는 거예요. 먹는 그 자체는 결코 아름다운 장면이 못 되었어요. 다만 그런 속에서도 그걸 다투어 주워먹도록 밑에서 떠받치는 그 무엇이 그저 무시무시하게 절실할 뿐이었죠.(…)"
— 윤흥길,《아홉 켤레의 구두로 남은 사내》

대한민국

2. 12. 《다리》 필화사건. 서울지검 공안부는 〈사회참여를 위한 학생운동〉을 쓴 임중빈과 월간지 《다리》의 편집인 윤형두 등을 반국가단체활동을 찬양해 〈반공법〉을 위반했다는 이유로 입건했다. 이 사건은 '대선을 앞두고 주도면밀하게 기획된 정치공작'이었다.

2. 23. 국무회의, 교육법 시행령 개정안 의결. 이에 따라 대학 필수과목에 교련(군사훈련)이 추가되어 모든 대학생은 재학 중 711시간(7학점)을 받아야만 졸업할 수 있게 됐다. 4월 학생들의 교련거부 시위가 대학가 전체로 확산됐다.

3. 1. 문화공보부, 극장 등 공연장에서 애국가 영화 상영 지시. 영상이 '상영될 시 관객이 기립토록 국민의 이해와 협조를 바란다'고도 했다.

3. 27. 미국 제7보병사단 철수. 제7사단은 2차대전 종전 후 일본군의 무장 해제를 위해 한반도에 상륙했다. 그후 미 군정이 끝나자 일본 홋카이도로 철수했다가 1950년 한국전쟁이 발발하면서 다시 한반도에 투입됐다. 23년 10개월 동안 주둔했던 제7사단이 닉슨 독트린에 의한 주한미군 감축계획에 따라 이날 미8군 연병장에서 고별식을 갖고 철수를 시작했다.

4. 12. [북한] 최고인민회의 제4기 5차 회의, 군축·남북교류 등 8개항의 통일방안 제시.

4. 27. 제7대 대통령 선거. 선거 결과 민주공화당의 박정희 후보가 40대 기수론을 기치로 내세운 신민당의 김대중 후보를 어렵게 누르고 정권을 재장악하는 데 성공했다. 선거유세에 최대 100만 명의 인파를 모으며 바람을 일으키는 김대중에 맞서 집권당의 박정희는 색깔론과 선심공세, 부정선거로 맞섰다.

5. 25. 제8대 국회의원 선거. 선거 결과 민주공화당이 113석으로 의원정수의 과반을 넘었지만, 4년 전과는 달리 개헌 정족수인 3분의 2에는 한참 모자랐다. 야당인 신민당은 89석을 얻었다.

7. 1. 박정희, 제7대 대통령 취임.

8. 10. **광주대단지 사건**.

8. 12. 대한적십자사, 북한에 남북적십자회담 제안. '1천만 남북이산가족들의 실태를 확인하고 이들의 소식을 알려주며 재회를 알선하는 가족찾기운동을 협의'하기 위한 남북 적십자회담을 제의했다. 북한이 이에 응해 9월 20일 판문점 중립국감시위원회 회의실에서 첫 예비회담이 열렸다. 이 자리에서 남북은 판문점 공동경비구역 안 양쪽에 연락사무소를 설치하고 그 두 곳을 잇는 직통전화 가설 등에 합의했다.

10. 15. 위수령 발동. 박정희 대통령 당선 이후에도 군사정권에 대한 반대운동은 계속됐다. 이에 질서회복을 내세운 서울시장의 군동원 요청으로 다시 위수령이 발동됐다. 더불어 교련 반대 시위자들에 대한 강제입대도 대대적으로 실시됐다.

12. 6. 박정희 대통령, **국가비상사태 선포**. 이어 27일에는 〈국가보위에관한특별조치법〉을 제정했다. 특별조치법은 비상사태 하에서 대통령이 국가동원령 선포, 국민의 기본권 제한 등을 신속하게 실시할 수 있도록 규정한 것이다. 이 해에는 주한미군 감축 문제나 외채위기를 제외하고는 별다른 안보상의 문제가 없었음에도 이러한 조치를 취한 까닭은 불안정한 집권기반을 안정화하기 위해서였다.

← 12월 25일, 서울 대연각 호텔에서 발생한 화재는 한국 역사상 최악의 화재 사건 중 하나로, 프로판 가스 폭발로 시작되어 불길이 순식간에 21층 건물 전체로 번졌다. 이 화재로 163명이 사망하고 63명이 부상을 입었다.

세계

1. 25. [우간다] 이디 아민, 권력 장악. 이날 쿠데타로 밀턴 오보테를 몰아내고 대통령이 된 그는 이후 8년 동안 군부의 지원을 받으며 독재자로 우간다를 통치한다. 정권을 잡고 있는 동안 수십만 명을 학살한 그는 '우간다의 도살자'로도 불린다.

2. 8. [미국] 나스닥(NASDAQ) 개설. 시가  총액 기준 뉴욕증권거래소에 이어 세계 2위의 증권거래소인 나스닥에는 구글(알파벳), 애플, 아마존닷컴, 인텔 등 첨단기술과 인터넷 기업이 주로 상장되어 있다. 1971년 100으로 시작된 나스닥 종합지수는 2024년 말 현재 19,310이다.

4. 10. [미국/중국] 미국 탁구 선수단, 중국 방문. 일본 나고야에서 열린 제31회 세계탁구선수권대회에 참가한 이들은 중국 측의 초대로 17일까지 중국을 방문해 중국 선수들과 시범경기를 펼쳤을 뿐만 아니라 저우언라이 총리의 환대도 받았다. 이는 서방 언론의 엄청난 관심을 끌어모았고, 이듬해 2월 리처드 닉슨 대통령의 중국 본토 방문으로 이어진다. '핑퐁 외교'라고도 불리는 이 방문은 미중 관계의 전환점을 이루며 20년 넘게 지속된 중국의 외교적 고립을 푸는 데 도움을 준다.

8. 15. [미국] 리처드 닉슨 대통령, 금태환 제도 일시 정지 선언. 그는 이날 텔레비전 방송을 통해 '달러를 방어'하기 위해 '달러를 금이나 기타 예비 자산으로 전환하는 것을 일시적으로 중단하라고 지시했다'고 밝혔다. 이는 중앙은행이 발행한 지폐인 은행권을 금으로 교환하는 금태환을 정지하는 조치였다. 이로써 금본위제를 기초로 1944년부터 유지되어 온 브레턴우즈 체제는 사실상 종료된다.

9. 13. [중국] 린뱌오 공산당중앙위원회부주석, 사망. →

10. 25. [중국] 유엔 가입. 중화민국(타이완)은 유엔에서 축출됐다. 국제연합에서 중국을 대표하던 중화민국이 축출되고 중화인민공화국이 상임이사국이 됐다.

12. 16. [동파키스탄] 파키스탄군, 인도와 방글라데시 연합군에 항복. 다카에서 9만 3000명의 파키스탄군이 항복하며 방글라데시 독립 전쟁이 종결됐다. 동파키스탄의 승리는 방글라데시의 독립을 실질적으로 이끌어냈다. 이날은 방글라데시에서 '승리의 날'로 기념되고 있다.

↓ 11월 15일 인텔 4004가 출시됐다. 상업용으로는 세계 최초로 출시된 마이크로프로세서였다. 이 작은 칩은 2300개의 트랜지스터를 포함하는 4비트 중앙처리장치(CPU)로, 비교적 간단한 작업만 수행할 수 있었지만, 외부 명령을 통한 프로그래밍 가능성이라는 혁신적인 개념을 제시했다. 출시 가격은 60달러였으며 컴퓨팅 역사의 커다란 이정표로 평가받고 있다.

문화 / 과학·환경 / 스포츠

문화

3. 6. 〈수사반장〉 첫 방송. 시경수사과 특별수사본부 수사관들의 활약상을 그린 MBC 수사 드라마였다. 다루는 사건은 매회 바뀌었지만, 처음 박 반장(최불암), 김 형사(김상순), 조 형사(조경환), 서 형사(김호정)로 출발한 형사들은 고정되었고, 개성이 뚜렷하며, 케미가 잘 맞았다.* 1984년 681회를 끝으로 폐지되고 〈두 형사〉로 대체됐다. 그러나 반응이 전과 같지 않아 이듬해 5월 다시 방영되기 시작해** 그 뒤로도 4년 넘게 전파를 타 〈전원일기〉에 이어 두 번째 장수 TV 드라마가 됐다. 2024년 〈수사반장 1958〉이란 제목으로 프리퀄이 제작됐다.

7. 7. **무령왕릉 발굴.** 충남 공주시 송산리고분군에 있는 6호분 벽돌무덤 배수로 공사 중 우연히 발견되어 이날 발굴이 시작된 이 고분은 백제 제25대 국왕인 무령왕의 무덤으로 확인됐다. 훗날 국보로 지정된 유물 17점을 포함 수 천 점의 유물이 나올 정도로 '한국 고고학사의 기념비적 발굴'이었지만 또 한편으로 두고두고 욕먹게 한 아픈 실패담'이기도 했다.* 폭우로 8일 재개된 발굴 작업은 공사용 삽까지 동원되어 불과 하루 만에 끝낼 정도로 시간에 쫓긴 최악의 발굴이었다.

7. 17. [북한] 〈피바다〉 초연. 김일성 자신이 1936년 만주에서 창작한 〈혈해(血海)〉라는 연극을 바탕으로 재창작한 이 가극은 〈꽃파는 처녀〉 등과 함께 북한의 5대 혁명가극으로 평가받고 있다.

과학·환경

4. 19. [소련] 살류트 1호 발사. 소유즈 10호가 세계 최초의 이 우주정거장에 도킹을 시도하지만 실패한다. 그 후 6월 7일 소유즈 11호가 도킹에 성공해 우주비행사 세 명이 23일간 머물며 각종 실험을 했다. →

9. 15. [캐나다] 그린피스호, 앰칫카섬을 향해 출항. 이날 밴쿠버 출신의 활동가들이 낡은 소형 어선을 타고 출항했다. 어선의 이름은 '**그린피스**'였고, 항해의 목적은 알래스카 앰칫카섬에서 행해지는 핵 실험에 항의하기 위해서였다. 이들의 시위는 핵 실험에 대한 비판적인 언론 보도를 이끌어냈고, 핵 실험은 더 이상 진행되지 않았다. 1972년 활동가 그룹은 자신들의 이름을 그린피스 재단으로 변경한다. 그린피스는 이 항해를 '자신들의 이야기가 시작된 곳'*으로 소개하고 있다.

11. 15. [미국] 인텔, 인텔 4004 출시.

스포츠

5. 2. 제1회 박대통령컵 쟁탈 아시아축구대회 개막. 일명 '**박스컵**'으로 불린 이 대회에는 아시아 8개국이 참가했다. 한국은 결승에서 버마와 재경기까지 가는 접전을 펼쳤지만 승부를 가리지 못하고 공동우승했다. 제작비 170만 원*에 보험료 4,825원**이 든 750g 순금 우승컵은 버마가 가져갔다가 6개월 뒤 한국이 찾아왔다. 박 대통령 사후, 이 대회는 '대통령배', '코리아컵'으로 이름이 바뀌며 명맥을 유지하다 1999년을 끝으로 사라졌다.***

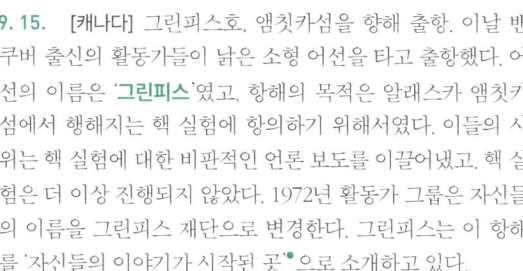

1971년 풍경

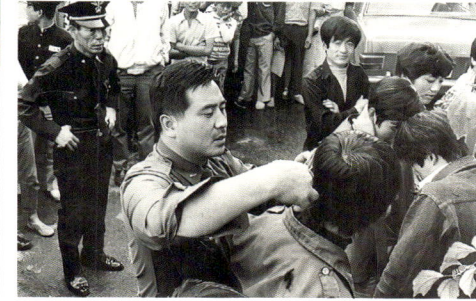

머리를 깎는다. 몸에서 떨어져 나가는 머리카락이 사각형으로 차분하게 쌓인다면 보기에 좋을까. 그럴 일은 없다. 혼돈의 뿌리인 머리에서 나온 머리카락이 그렇게 얌전할 리가 없다. 머리털은 어수선하게, 솔잎처럼 뾰족하게, 카오스처럼 굵고 짧게 바닥으로 흩어져 내린다. 이발은 理髮로 표기한다. 신체발부 중에서도 가장 높은 곳의 머리에 대한 합당한 예의일까. 窮理나, 哲理, 理解 등 형이상학적인 이치를 나타내는 理가 터럭을 미는 데까지 쓰인다. 장발이 미풍양속을 해친다는 이유로 경찰이 '바리캉'을 들고 설친 시절이 있었다. 머리카락 길이까지 단속하던 폭압적인 권력이 무서워 뒷골목으로만 다니기도 했다. 백주대낮 이발소가 아니라 길거리에서 육체의 일부가 강제로 잘려나갈 때, 그 젊은이의 머릿속으로 무슨 생각이 스치고 갔을까.

새우깡*

12월, 롯데공업에서 새우깡을 출시했다. 이 '새우로 만든 고급 스낵'은 중간 상인들이 같은 회사 제품인 라면 세 박스를 사야만 새우깡 1상자(30개)를 공급하는 끼어팔기를 할 정도로[1] 인기를 끌었다. 심지어는 어른들이 아들에게 알 수 없는 속어의 하나로 '쌩까네'라는 말과 함께 새우깡이 꼽힐 정도였다.[2] 바싹 마른 사람을 '새우깡'이라고 부르기도 했다. 업계의 다른 회사들은 잠보새우, 도미깡, 오징어깡, 콩깡[3] 같은 제품명으로 맞대응을 했지만, 새우깡의 선풍적인 인기를 잠재우기에는 역부족이었.

1988년 '손이 가요, 손이 가 새우깡에 손이 가요, 아이 손 어른 손 자꾸만 손이 가라는 한국 광고사의 명작 CM송이 만들어진다. 작곡가는 가수 윤형주였다. 아무튼 '인체흡수율 98%'[4]라는 이 스낵은 2022년 연매출액 1000억 원의 메가브랜드 반열에 오를 정도로 현재까지도 장수 브랜드의 대명사로 꼽히는 제품이다.

이 해에는

책
- [페루] 《해방신학》, 구스타보 구티에레스
- [미국] 《정의론》, 존 롤스

노래
- 〈거짓말이야〉, 김추자
- 〈아침이슬〉, 양희은
- 〈가을 편지〉, 최양숙

영화
- 4. 1. 〈화녀〉, 김기영
- 12. 19. [영국/미국] 〈시계 태엽 오렌지〉, 스탠리 큐브릭

굳긴 소식
- 1. 10. 코코 샤넬(프랑스의 패션 디자이너)
- 3. 11. 유일한(기업인)
- 4. 6. 이고르 스트라빈스키(러시아의 작곡가)
- 6. 4.. 루카치 죄르지(헝가리의 사상가)
- 7. 6. 루이 암스트롱(미국의 재즈 음악가)
- 9. 11. 니키타 흐루쇼프(소련의 정치인)

독립한 나라
- 3. 26. 방글라데시 (← 파키스탄)
- 8. 15. 바레인 (← 영국)
- 9. 3. 카타르 (← 영국)
- 12. 2. 아랍에미리트 (← 영국)

1972년

박정희 대통령 '10월 유신' 선포

↑ 10월 17일 박정희 대통령이 특별선언을 발표했다. 전국에 비상계엄령을 선포해 헌정질서를 중단시켰다. 국회는 해산되었고, 모든 정치활동이 금지됐고, 대학에는 휴교령이 내려졌다. 이른바 '10월 유신'이 선포된 것이다.

> "나는 정상적인 방법으로는 도저히 이같은 개혁이 이루어질 수 없다는 판단을 내리게 되었습니다."

1. 1972년 10월 17일 19시를 기하여 국회를 해산하고 정당 및 정치활동의 중지 등 현행헌법의 일부조항 효력을 정지시킨다.
2. 일부효력이 정지된 헌법조항의 기능은 비상국무회의에 의하여 수행되며 비상국무회의의 기능은 현행헌법의 국무회의가 수행한다.
3. 비상국무회의는 1972년 10월 27일까지 조국의 평화통일을 지향하는 헌법개정안을 공고하며 이를 공고한 날로부터 1개월 이내에 국민투표에 붙여 확정시킨다.
4. 헌법개정안이 확정되면 개정된 헌법절차에 따라 늦어도 금년 년말 이전에 헌정질서를 정상화시킨다.

— 박정희, 〈10·17 대통령특별선언〉

대한민국

5. 7. 이순자, 부산피복보세가공지부 노조 지부장에 선출됨. 부산의 피복보세가공업계에 종사하는 4012명(여성 3600명)의 노조원을 이끌게 된 그는 이날 전체 대의원 63명 중 61명의 압도적 지지를 얻어 지부장이 됐다.* 한국 노동운동 사상 최초의 여성 지부장이었다. 이어 10일에는 주길자가 동일방직 노조 지부장에 선출됐다.**

7. 4. 5월 남한의 이후락 중앙정보부장과 북한의 박성철 부수상이 차례로 평양과 서울을 각각 방문해 비밀접촉을 했고 그 결과물로 이날 7·4 남북공동성명이 발표됐다. 남북은 자주, 평화, 민족 대단결이라는 평화 통일 3대 원칙을 바탕으로 상호 중상비방 및 무력도발 중지, 다방면에 걸친 교류 등에 합의했다. 이 성명은 이어진 회담의 불발로 남북관계 개선에 실질적인 도움을 주지는 못했다. 그러나 이 남북한 최초의 합의문서는 이후 남북 회담과 합의에 기본적인 틀을 제공한다.

8. 3. 박정희 대통령, 〈경제의 안정과 성장에 관한 긴급명령〉 발동. 이른바 8·3 사채동결조치로 불리는 이 긴급명령의 골자는 기존 월 4~5%였던 기업들의 사채금리를 월 1.35%로 내려주고 원금도 3년간 상환을 유예하고 그 후 5년에 걸쳐 분할상환하게 해주는 것이었다. 어쨌거나 정부의 이 조치로 기업들은 살아났지만,* 기업의 재정적 어려움을 국민 모두에게 전가하는 극단적인 친기업 조치이자 폭력적 조치였다.**

8. 30. 제1차 남북적십자회담 개막. 평양 대동강 문화회관에서 열린 이 회담은 7·4 남북공동성명에 따라 남북 이산가족 재회 문제를 논의했지만, 이듬해 7월 13일 제7차 본회담을 끝으로 아무런 성과 없이 끝났다. 남북한 이산가족 교환방문은 1985년이 되어서야 실제로 성사된다.

10. 17. 비상계엄령 선포. 이로써 **10월 유신**이 시작된다.

10. 31. 울산석유화학지원단지 내 석유화학공장 준공. 석유공사의 나프타 분해공장을 비롯한 8개 회사의 9개 석유화학 계열 공장이 준공됐다.*

11. 21. **유신헌법**, 국민투표 통과. 90%가 넘는 찬성으로 확정된 이 헌법은 대통령 선거제도를 직선제에서 통일주체국민회의 대의원에 의한 간선제로 바꾸고, 대통령에게 긴급조치권과 국회해산권, 의원 정수의 1/3에 해당하는 국회의원 임명권 같은 초헌법적인 권한을 부여하는 등 북한의 1인 체제를 남한에 그대로 구축해놓은 것이나 마찬가지의 내용을 담고 있었다.*

12. 23. 제8대 대통령 선거. 유신헌법에 따라 통일주체국민회의 대의원 2359명이 서울 장충체육관에 모여 실시된 '체육관 선거'였다. 단독출마한 박정희가 대통령으로 선출됐다. 무효표 두 표를 뺀 모든 표가 찬성표였다. 그의 당선으로 유신체제가 본격적으로 가동됐다.

12. 27. 박정희, 제8대 대통령에 취임.

← 남북공동성명 발표. 5월 이후락 중앙정보부장이 평양을 방문해 김일성 주석을 만났고, 이어 북한의 박성철 부수상이 서울을 방문해 박정희 대통령과 회담했다. 이런 비밀 접촉을 거쳐 '자주·평화·대단결'이라는 3대 '조국통일원칙'을 담은 남북공동성명서가 발표됐다. 성명서에 서명한 이들은 남북정상이 아니라 이후락과 박성철이었다. 이 성명으로 남북대화와 화해 무드가 조성되기도 했지만, 남측 박정희 정권과 북측 김일성 정권의 체제 경쟁은 더욱 가열됐다.

세계

1. 30. [영국] 영국군, 비무장 시민들을 향해 발포. 재판 없이 구금하는 정부의 조치에 항의하며 북아일랜드 데리에서 행진 중이던 시민들에게 가해진 총격으로 13명이 현장에서 사망했다. '피의 일요일 사건'이라고 불리는 이 학살 사건은 아일랜드의 가톨릭계 민족주의자들의 적대감을 불러일으켰고 아일랜드 공화국군(IRA)의 재무장이 가속화되는 계기가 됐다.

2. 21. [미국] 리처드 닉슨 대통령, 중화인민공화국 방문. →

4. 10. 생물무기 금지협약(BWC) 체결. 세균무기(생물무기) 및 독소무기의 개발, 생산 및 비축을 금지하고 완전히 폐기하는 것을 목적으로 한 다자간 군축조약이다.

5. 15. [일본] 미국, 오키나와 관리권 일본에 반환. 오키나와는 샌프란시스코 조약에 따라 1952년부터 미국이 신탁통치해 왔다. 반환이 이루어지기는 했지만 오키나와에는 여전히 주일미군 기지의 70%가 집중돼 있다.

5. 26. [미국/소련] 탄도탄요격미사일제한(ABM)조약 체결. 이 조약은 탄도탄 요격 미사일의 배치를 제한하는 군비통제 조약이다. 1969년 11월 헬싱키에서 시작된 전략무기제한협상(SALT 1)이 얻어낸 성과였다. →

5. 30. [일본] 적군파 게릴라, 로드 공항 습격. 일본 적군파 무장 게릴라 세 명이 이스라엘 텔아비브의 로드 공항(현 벤구리온 공항)을 습격해 자동소총을 난사했다. 이 습격으로 민간인 26명이 사망하고 80명이 부상당했다. 게릴라 중 두 명은 사망하고, 한 명은 체포됐다.

9. 29. [중국/일본] 중일국교 정상화. 베이징을 방문한 다나카 가쿠에이 일본 총리와 저우언라이 총리가 베이징에서 중일 공동성명에 서명했다. 이로써 중국과 일본의 '비정상적인 관계'가 종료됐다. 일본은 '과거에 일본국이 전쟁을 통해 중국 국민에게 중대한 손해를 입힌 것에 대한 책임을 통감하고 깊이 반성한다.'고 표명했다. 그리고 이를 전제로 중국은 국가 차원의 대일배상청구권을 포기했다. 그러나 이후 대일배상 청구권의 포기에 민간인의 배상청구권이 포함되느냐를 두고 양국은 여전히 서로 정반대의 해석을 하고 있다. 같은 날 대만은 일본과의 국교 단절을 선언했다.

11. 7. [미국] 대통령 선거. 현직 공화당 대통령인 리처드 닉슨이 민주당 상원의원 조지 맥거번을 압도적으로 누르고 연임에 성공했다.

12. 21. [동독/서독] 독일연방공화국과 독일민주공화국 관계의 기초에 관한 조약(동서독 기본조약) 체결. 이듬해 6월 21일에 발효된 이 조약은 동독과 서독이 서로를 주권국으로 인정한 조약이다.

↓ 닉슨의 중국 방문은 미국 대통령으로서는 처음이었다. 마오쩌둥과의 미·중 정상회담을 포함해 28일까지 이어진 그의 중국 방문은 1979년 미·중 교국정상화의 길을 열었다.

문화 / 과학·환경 / 스포츠

문화

5. 29. 박병선,《백운화상초록불조직지심체요절(白雲和尙抄錄佛祖直指心體要節)》발견. →

9. 7. 《문학사상》창간. 이어령의 주도로 삼성출판사에서 발행됐다. 구본웅이 그린 이상의 초상화가 표지화로 실린 창간호인 10월호는 2만 부를 찍어낸 지 1주일 만에 1만 2000부를 더 찍었고, 이듬해 2월부터는 출판사를 옮겨 문학사상사에서 발행된다.

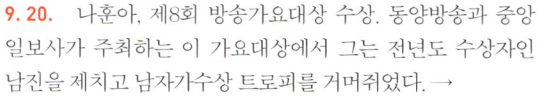

9. 20. 나훈아, 제8회 방송가요대상 수상. 동양방송과 중앙일보사가 주최하는 이 가요대상에서 그는 전년도 수상자인 남진을 제치고 남자가수상 트로피를 거머쥐었다. →

12. 3. [일본] 《마징가 Z》, 첫 방송. 사람이 타고 조종하는 거대한 로봇이 등장하는 나가이 고의 장편만화를 원작으로 제작된 TV 애니메이션이다. 우리나라에서도 1975년부터 문화방송을 통해 방영되어 당시 어린이들에게 엄청난 인기를 끌었다. →

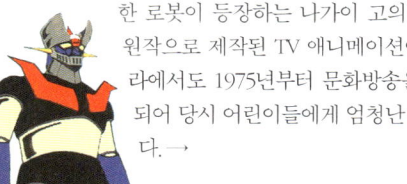

과학·환경

6. 5. 유엔인간환경회의 개막. 16일까지 스웨덴 스톡홀름에서 열린 이 회의는 환경문제 관련 세계 최초의 대규모 정부 간 회의였다. '오직 하나뿐인 지구'를 표어로 114개국 대표가 참가해 환경문제의 실태와 그 대응책 등을 논의한 후 인간환경선언문 일명 **스톡홀름 선언문**을 채택하고 유엔환경계획을 설치하기로 결의했다. 회의 개막일인 6월 5일은 1987년부터 환경의 날로 지정된다.

6. 14. [미국] 환경보호청, DDT 사용 금지 결정. 인간, 동물, 조류 및 물고기의 먹이사슬에 머무는 기간이 긴 독성 살충제인 DDT에 대해 환경보호청이 이날 사용금지 결정을 내렸다. →

스포츠

2. 3. [일본] 삿포로에서 제11회 동계 올림픽 개막.

7. 19. 군산상업고등학교, 제26회 황금사자기쟁탈고교야구 대회 우승. 군산상고는 서울운동장 야구장에서 열린 결승전에서 영남의 강호 부산고와 만났다. 4-1로 패색이 짙은 9회 말 군산상고는 3번 타자 김준환의 끝내기 안타로 5-4로 역전승을 거뒀다. 군산상고의 선제 득점, 동점, 역전, 재역전으로 이어진 이날 경기 이후, 군산상고란 이름 앞에는 늘 '**역전의 명수**'란 별명이 따라붙게 된다. 프로야구가 시작되기 전까지만 해도 고등학교 야구는 구름 관중을 몰고 다닌 국내 최고의 인기 스포츠였다.

8. 26. [서독] 뮌헨에서 제20회 하계 올림픽 개막. 대회 기간 중인 9월 5일 팔레스타인 테러 단체인 검은 9월단이 선수촌을 습격해 이스라엘 대표팀 두 명을 살해하고 아홉 명을 인질로 잡은 후 이스라엘에 수감된 팔레스타인인들과 아랍인들의 석방을 요구했다. 협상은 결렬되고 독일 경찰이 구출 작전에 나섰으나 실패하고 인질 9명 모두 목숨을 잃었다. 이 참사 사건으로 대회의 모든 경기 일정이 하루 동안 순연됐다. 이 대회에는 북한이 처음으로 참가해 금메달 한 개, 은메달 한 개, 동메달 세 개를 땄다.

1972년 풍경

일주일에 한 번 전교생이 운동장에 모여서 조회를 한다. 앞으로 나란히, 앞으로 나란히, 앞 친구 어깨에 두 팔이 닿을 듯 말 듯 오와 열을 맞춘 간격으로 일사불란하게. 무슨 말인지 잘 들리지도 않는 교장 선생님의 지루한 훈화. 왕왕거리는 마이크 소리에 장난치기를 좋아하던 손은 잠시 움츠러 들었다. 로봇 병정처럼 차렷과 열중쉬엇에 익숙해야 했던 아이들. 생각도 토막난 두부처럼 똑같아질 뻔했건만 그래도 아이들은 제멋대로 잘 자라났다. 마지막은 일제히 노래와 구령에 맞춰 국민보건체조를 하고 각자의 교실 앞으로 또 나란히, 나란히, 줄 지어 나란히. 그렇게 획일적으로 앞으로 나아가던 그 어느 날!

하계 올림픽 마스코트

1972 뮌헨 / 1976 몬트리올 / 1980 모스크바 / 1984 로스앤젤레스
1988 서울 / 1992 바로셀로나 / 1996 아틀란타 / 2000 시드니
2004 아테네 / 2008 베이징 / 2012 런던 / 2016 리오
 2020 도쿄 /  2024 파리

이 해에는

책
3. 2. 《성장의 한계》, 도넬라 메도스 외

노래
○ 〈아름다운 강산〉, 신중현

영화
3. 14. [미국] 〈대부〉, 프랜시스 포드 코폴라
4. 7. 〈화분(꽃가루)〉, 하길종

궂긴 소식
3. 27. 마우리츠 코르넬리스 에셔(네덜란드의 화가)
4. 16. 가와바타 야스나리(일본의 소설가)
5. 11. 이범석(독립운동가)
10. 24. 재키 로빈슨(미국의 야구 선수)
11. 1. 에즈라 파운드(미국의 시인)
11. 14. 주요섭(소설가)
12. 26. 해리 S. 트루먼(미국의 대통령)

1973년

포항제철소 완공

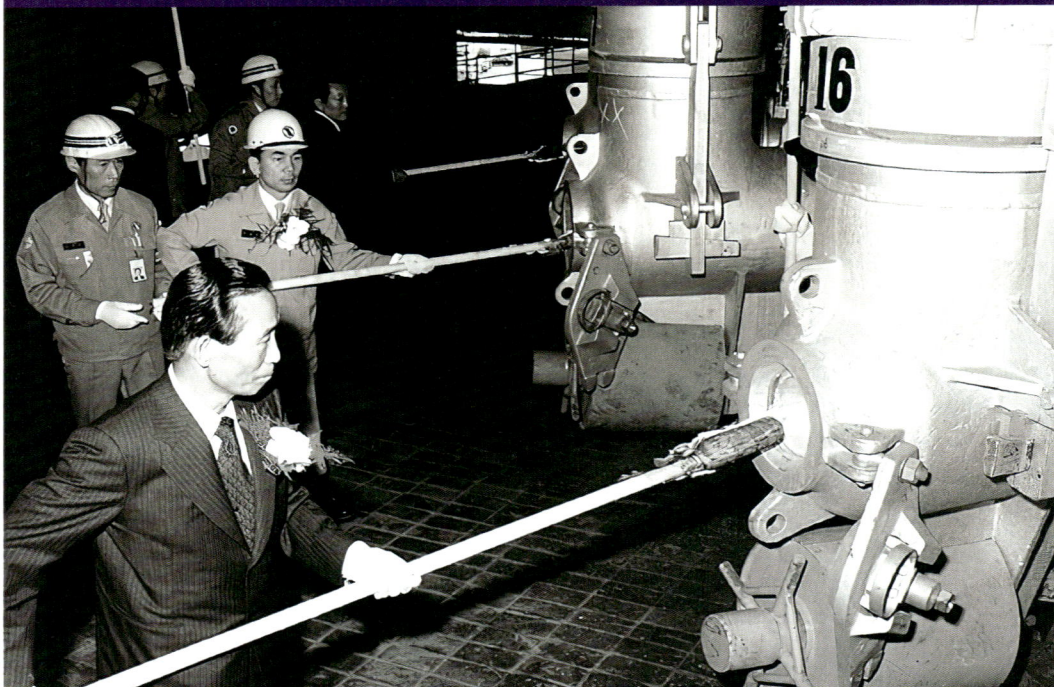

↑ 7월 3일 포항제철 준공식에 참석한 박정희 대통령은 3년 3개월 만에 허허벌판이었던 이곳에 이와 같은 초현대적인 훌륭한 종합 제철 공장이 준공된 데 대해서 감개무량함을 금할 수 없다는 소감을 밝힌 후, '우리나라 공업이 중화학 공업 시대의 문턱에 도달했다'고 선언했다. 이어 그는 80년대 초에 '100억 달러 수출을 할 때가 되면 총수출량에 있어서 중화학 분야의 제품이 차지하는 비율이 전체의 약 60%를 넘게 된다'는 목표를 밝혔다.

↓ 8월 8일, 김대중 전 대통령 입후보자가 납치됐다. 신병치료차 일본에 머물고 있던 그가 이날, 도쿄의 그랜드 팔레스 호텔에서 중앙정보부 요원들에게 끌려간 것이다. 배에 실려 수장될 뻔하기도 했지만 미국의 개입으로 5일만인 13일 밤 서울 동교동 자택 앞에서 풀려났다. 2007년 '국정원과거사건진실규명을통한발전위원회'는 조사보고서를 통해 '박정희 대통령 지시여부에 대해서는…이를 밝혀줄 직접적인 문서나 증거는 발견하지 못했으나 사전지시 가능성과 함께 최소한 묵시적 승인은 있었던 것으로 판단'된다고 밝혔다.

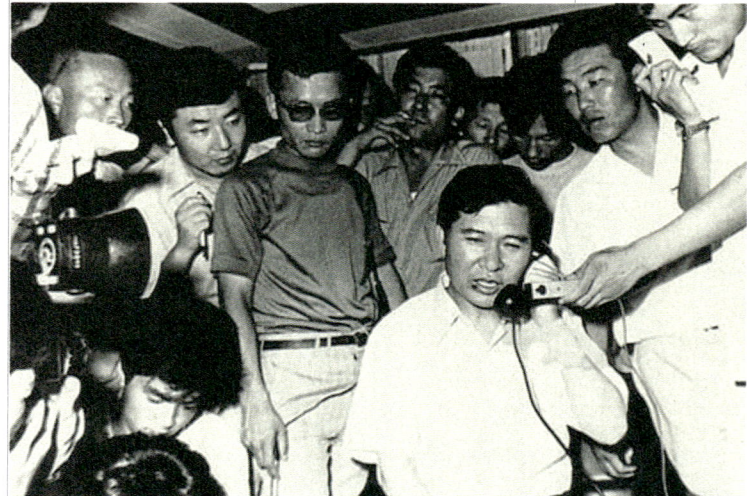

"보라, 하늘을 향해 치솟는 불꽃 여기는 잠자지 않는 일터"

우리나라 공업은 이제 바야흐로 '중화학공업시대'에 들어갔습니다. 따라서 정부는 이제부터 중화학공업육성의 시책에 중점을 두는 중화학공업정책을 선언하는 바입니다.… 80년대에 가서 우리가 100억 달러 수출, '중화학공업'의 육성 등등 이러한 목표 달성을 위해서 범국민적인 과학기술의 개발에 총력을 집중해야 되겠습니다. 이것은 국민학교 아동에서부터 대학생·사회 성인까지 남녀노소 할 것 없이 우리가 전부 기술을 배워야 되겠습니다. 그래야만 국력이 빨리 신장하는 것입니다.…

제철능력은 지금 현재의 100만 톤에서 80년대 초에 가서는 약 1000만 톤까지 끌어올리고, 조선능력은 현재 약 25만 톤 되는데, 이것을 약 500만 톤까지 끌어올리며, 정유시설은 일산 39만 바렐에서 약 94만 바렐까지 끌어올릴 계획입니다.… 이러한 대규모의 공장들을 수용하기 위해서, 정부는 지금부터 동해안, 남해안, 서해안 지방에 여러 가지 대단위 국제 규모의 공장단지, 또는 기지를 조성해나갈 생각입니다.

— 박정희, 연두기자회견

대한민국

1. 12. 박정희 대통령, 연두기자회견서 **중화학공업육성** 선언. 이 자리에서 그는 유신의 정당성을 설파하면서 강력한 방위산업에 대한 구상을 밝혔고, 그 기반으로서 중화학공업을 집중적으로 육성하겠다고 했다. 실제로 그는 유신체제를 제2의 경제 도약 시기로 삼았고, 그 중심에 중화학공업화 전략이 있었던 것이다.

2. 27. 제9대 국회의원 선거. 한 지역구에서 두 명씩 총 146명의 국회의원을 뽑는 중선거구제로 치러진 이날 선거 결과 여당인 민주공화당이 73석, 신민당이 52석을 차지했다. 민주공화당의 지역구 의석수에 사실상 박정희 대통령이 임명해 3월 통일주체국민회의의 형식적인 찬반투표를 거쳐 선출되는 '청와대 특공대' 유신정우회의 몫 73석을 합치면 총 219석 중 146석으로 의원정수의 3분의 2였다. 이로써 '유신체제하의 국회는 대통령에 의해 조종되는 하부기구로 전락'하고 만다.

3. 10. 경찰, 개정 〈경범죄처벌법〉에 따른 단속 시작. 장발이거나 미니스커트를 입는 경우에도 19일까지는 연행해 각서를 쓰게 하고 훈방조치를 취했지만 이후에는 '10만원 이하의 벌금, 구류, 또는 과료에 처'해졌다. 이에 따라 거리에서 경찰이 남성의 머리카락을 자르거나 여성의 무릎과 치마 사이의 길이를 재는 일이 빈번하게 벌어졌다.

6. 23. 문교부, 초중고 국사교과서 국정으로 변경. 유신이 선포되자마자 시작된 **역사교과서 국정화** 논의가 이날 문교부의 결정으로 일단락됐다. 당시 검정 체제하에서 11종이던 중·고교 국사 교과서가 중·고 각 1종의 국정 교과서로 통일됐다. 정부는 '역사 교육을 더 강화한다'는 명분을 내세웠지만 그 이면에는 유신정치의 정당성 홍보라는 독소가 들어 있었다. 실제로 1974년판과 1979년판 국정 국사 교과서는 5·16 군사 정변을 '혁명'으로 표현한다.

7. 3. 포항종합제철 준공. 1970년 4월 착공된 이래 내외자 1,215억 원을 들여 이날 포항 1기 설비가 종합준공됐다. 이로써 포항제철은 원광으로부터 철강제품에 이르기까지 일관생산체제를 갖추게 됐다. 2002년 포스코로 이름이 바뀐 이 제철사의 조강 생산량은 초창기 약 100만 톤에서 3864만 톤(2022년)으로 증가한다.

8. 8. **김대중** 전 대통령 입후보자 **납치됨**.

9. 6. [북한] 평양 지하철 천리마선 개통. 남한보다 1년 앞서 개통됐다. 붉은별역(1987년 봉화역까지 연장됨)까지 개통되고, 이어 1978년 광복역에서 락원역을 잇는 혁신선이 개통된다.

12. 4. 정부, 석유류 판매 가격 30% 인상. 제1차 석유파동에 따른 품귀 현상을 타개하기 위해 국내 석유 및 석유 관련 제품과 비료, 분유, 설탕 등 9개 품목의 판매 가격을 대폭 인상했다.

12. 24. 현행헌법개정청원 운동본부, 개헌청원 백만인 서명운동 시작. 이에 대한 유 신정권의 응답은 이듬해 1월 8일의 긴급조치 1호 발동이었다.

12. 24. 〈국민복지연금법〉 제정. 이듬해 1월 1일부터 시행될 예정이었던 국민연금제도는 석유파동과 이에 따른 경제불황 때문에 무기한 연기되었다가 1988년부터 시행된다.

세계

1. 27. 파리 평화협정 조인. 프랑스 파리에서 북베트남, 남베트남, 미국, 남베트남 공화국 임시혁명정부 대표들이 서명한 이 조약의 요점은 미국과 다른 모든 나라들이 1954년 제네바 합의에 따라 베트남의 독립과 주권 및 영토의 통일을 인정한다는 것이었다. 이에 따라 미군은 3월 말까지 전원 철수했고, 베트남 전쟁에 대한 미국의 개입은 끝을 맺는다. 베트남 전쟁은 미국이 최초로 패배한 전쟁으로 기록된다.

3. 4. [미국] 제37대 대통령 리처드 닉슨, 두 번째 임기 시작.

4. 4. [미국] 세계무역센터 개장. 뉴욕시 맨해튼에 110층짜리 트윈 타워(쌍둥이 건물)를 중심으로 총 일곱 개 건물로 구성되어 있었다. 완공 당시 북쪽 타워는 417M, 남쪽 타워는 415로 세계에서 가장 높은 건물이었다. 2001년 9·11 테러로 붕괴되었고, 건물들이 있던 부지에는 현재 새 초고층 건물 공사가 진행 중이며, 예정된 6동 중 4동이 완공됐다.

9. 11. [칠레] 군사 쿠데타 발생. 아우구스토 피노체트 장군이 이끄는 군부가 쿠데타를 일으켰다. 민주적으로 선출된 살바도르 아옌데 대통령의 사회주의 정권을 전복시킨 그는 이후 17년 동안 이어질 잔혹한 독재정권을 수립한다.

9. 18. [유엔] 동·서독 동시 가입 승인.

10. 6. 욤키푸르 전쟁 발발. 이집트군과 시리아군이 남과 북에서 동시에 이스라엘을 기습공격하면서 전쟁이 시작됐다. 개전 초기 이집트와 시리아는 확실한 주도권을 쥘 수 있었으나 이내 미국의 지원을 등에 업은 이스라엘의 반격으로 전세는 이스라엘 쪽으로 기울어갔다. 이에 아랍국들은 자신들의 석유를 무기로 사용하기로 결정했다. 여기에 소련의 위협이 더해지면서 강대국들은 외교적 해결에 나섰고, 25일 유엔 안전보장이사회 결의안 340호가 채택되면서 제4차 아랍-이스라엘 전쟁은 끝이 났다.

10. 17. 아랍석유수출국기구 (OAPEC), 석유 금수조치 발표. OAPEC은 회원국의 산유량을 23% 줄이고, 5일 발발한 중동전쟁에 이스라엘을 지원했던 미국, 네덜란드, 로디지아 등의 국가들에 전면적인 석유 금수 조치를 취했다. 이 조치로 1974년까지 유가는 배럴당 미화 3달러에서 12달러까지 4배로 치솟고, 이로 인해 세계 경제는 휘청거리게 된다. 제1차 **석유파동**이라고도 불리는 이 사태는 이듬해 4월 OAPEC가 금수 조치를 해제하고 나서야 진정세를 보인다.

문화 / 과학·환경 / 스포츠

문화

2. 18. MBC, 〈장학퀴즈〉 첫 방송. 청소년 대상의 이 퀴즈 프로그램은 1996년 종영되었다가 이듬해 EBS로 옮겨 현재까지 50년 넘게 진행되고 있다. 장수 프로그램의 대명사인 〈전국노래자랑〉 보다 역사가 더 길다.

4. 6. 경주 황남동 155호분 조사 착수. 발굴작업이 한창이던 8월 22일, 하늘을 나는 천마가 채색된 백화수피 말다래가 나타났다. 신라의 것으로 거의 유일하게 남아 있는 이 그림에는 이듬해 천마도라는 이름이 붙여진다. 그리고 고분의 이름도 천마총으로 정해진다.

과학·환경

4. 3. [미국] **첫 휴대전화 통화**.

5. 14. [미국] NASA, 스카이랩 발사. 미국 최초의 우주 정거장인 스카이랩을 궤도에 진입시켰다. 이 임무는 미국의 우주 탐사 역량을 크게 발전시켰다.

11. [미국] 스탠리 코언, 폴 버그, 허버트 보이어, 유전자 재조합 DNA 기술 개발. 이들은 DNA를 제한효소로 잘라 다른 DNA 운반체에 삽입해 새로운 유전물질인 재조합 DNA를 만드는 데 성공했다. 이들은 자신들의 연구결과를 11월 《미국국립과학원회보(PNAS)》에 발표했다.

스포츠

4. 9. 제32회 **세계탁구선수권대회** 여자단체전 **우승**. 유고슬라비아 사라예보에서 열린 대회에서 정현숙, 김순옥, 이에리사, 박미라로 구성된 단체전 팀이 중공과 일본을 잇달아 격파하고 우승을 차지했다.

대한민국 스포츠 역사상 구기 종목에서 이룬 최초의 세계 대회 우승이었다. 당시 19세였던 이에리사는 1977년 여자 어린이가 좋아하는 여성 스타 조사에서 1위 혜은이, 2위 원더우먼에 이어 3위에 오를 정도로 인기를 모았다.

5. 25. 제1회 세계태권도선수권대회 개막. 서울 국기원에서 열린 이 대회에서는 남자 두 체급 경기만 열렸다. 여자 경기는 1987년 대회 때 처음 열린다.

5. 28. 세계태권도연맹 창설. 3월 세계태권도선수권대회가 국기원에서 열린 후, 이날 같은 장소에서 세계 35개국 대표가 모여 창설했다. 창설을 주도한 김운용이 초대 총재로 선출됐다. 태권도는 2000년 시드니 하계 올림픽 때 정식종목으로 채택되었고, 현재 회원국가협회 수는 213개국이다.

9. 20. [미국] 빌리 진 킹, 바비 릭스와 경기. 빌리 진 킹이 '성별 대결'이라는 이름의 대대적인 테니스 경기에서 바비 릭스를 물리쳤다. 이 사건은 여성 스포츠와 성 평등에 있어 중요한 순간이다.

← 4월 3일, 뉴욕 맨해튼의 거리가 역사적인 순간의 무대가 됐다. 모토로라의 마틴 쿠퍼는 무게가 2kg이나 나가고 벽돌처럼 생긴 휴대전화 시제품으로 벨 전화 연구소의 경쟁자 조엘 엥젤에게 전화해 자랑했다. "저는 지금 휴대전화로 전화하고 있습니다. 진짜 휴대전화로요. 손에 들고 다닐 수 있는 개인용 휴대전화입니다." 37km나 떨어진 곳에 있는 두 사람이 전화선도 없이 순식간에 연결된 것이다. 쿠퍼가 사용한 벽돌폰은 점점 더 작아지고 더 똑똑해졌다. 그리고 세상을 돌이킬 수 없을 정도로 바꿔놓는다.

1973년 풍경

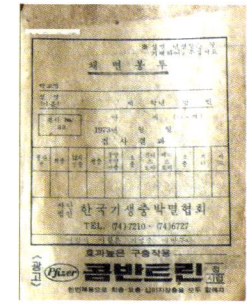

곤충 채집하듯, 자신의 똥을 채집하여 봉투에 담아 학교에 제출하던 시절이 있었다. 책가방에 도시락과 채변봉투를 같이 넣을 땐 기분이 좀 그랬다. 이때 변(便) 검사는 학생들의 기생충 박멸을 위한 것이었다. 사람이 먹기도 모자란 판에 귀하게 입으로 넣은 영양분을 감히 가로채다니! 국가가 나서서 몸 안의 벌레를 퇴치해준 것이다. 덕분에 영문도 모른 채 시름시름 앓던 아이들이 구충약을 먹고 건강을 되찾기도 했다. 사람이 잘 산다는 것, 따로 특별히 특효약이 있는 건 아니다. 그저 잘 먹고 잘 자고 잘 싸는 것! 이때 쉽게 '잘'이라고 쓰지만 사실 따지고 보면 그게 결코 쉬운 일이 아니다. 이후 증상에 맞춰 세세한 약이 개발되었지만 '잘 살게 해주는 약'은 아직 나오지 않았다. 모든 약에는 부작용이 있다.

평양 지하철 노선도

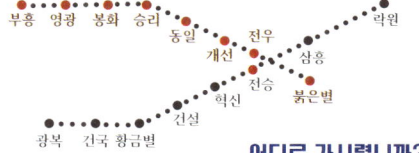

이 해에는

책
- 1. 1. [독일] 《모모》, 미하엘 엔데
- 3. 5. 《농무》, 신경림
- 8. 30. 《한국문학사》, 김윤식·김현
- 9. 15. 《별들의 고향》, 최인호
- ○ [소련] 《수용소 군도》, 알렉산드르 솔제니친 (파리에서 러시아어로 출간됨)
- ○ [영국] 《작은 것이 아름답다》, 에른스트 프리드리히 슈마허

노래
- 9. 20. [일본] 〈간다가와〉, 가구야히메
- ○ 〈이별〉, 패티 김
- ○ 〈햇님〉, 김정미

영화
- 10. 16. [영국/이탈리아] 〈쳐다보지 마라〉, 니컬러스 로그

궂긴 소식
- 4. 8. 파블로 피카소(에스파냐의 화가)
- 7. 20. 이소룡(중국계 미국인 배우)
- 9. 2. 존 로널드 로얄 톨킨(영국의 소설가)
- 9. 11. 살바도르 아옌데(칠레의 대통령)
- 9. 16. 빅토르 하라(칠레의 가수)
- 9. 23. 파블로 네루다(칠레의 시인)
- 10. 22. 파블로 카잘스(에스파냐의 첼리스트)
- 10. 25. 아베베 비킬라(에티오피아의 육상 선수)

독립한 나라
- 7. 10. 바하마 (← 영국)
- 7. 10. 기니비사우 (← 포르투갈)

1974년

긴급조치의 시대

↑ 1월 8일 박정희 대통령이 긴급조치를 발동했다. 이날 동시에 발표된 제1호는 유신헌법을 비판하는 사람을 군사재판에 넘겨 징역 15년까지 처할 수 있다는 내용이었고, 제2호는 이를 위해 비상군법회의를 설치한다는 것이었다. 한마디로 유신헌법과 관련해서는 '무조건 입을 닫으라는 것'이었다. 개헌을 요구하는 성명과 시위가 이어지는 가운데 나온 이들 긴급조치는 6일 후에 나온 제3호 이후 계속되어 1979년 제9호까지 계속된다.

"나는 오늘, 우리 헌정의 기본과 국가의 안전보장을 공고히 하기 위하여 만부득이 헌법절차에 따라 긴급조치를 선포하지 않을 수 없게 되었습니다."
— 박정희 대통령

1. 대한민국 헌법을 부정, 반대, 왜곡 또는 비방하는 일체의 행위를 금한다.
2. 대한민국 헌법의 개정 또는 폐지를 주장, 발의, 제안, 또는 청원하는 일체의 행위를 금한다.
3. 유언비어를 날조, 유포하는 일체의 행위를 금한다.
4. 전 1,2,3호에서 금한 행위를 권유, 선동, 선전하거나, 방송, 보도, 출판 기타 방법으로 이를 타인에게 알리는 일체의 언동을 금한다.
5. 이 조치에 위반한 자와 이 조치를 비방한 자는 법관의 영장없이 체포, 구속, 압수, 수색하며 15년 이하의 징역에 처한다. 이 경우에는 15년 이하의 자격정지를 병과할 수 있다.
6. 이 조치에 위반한 자와 이 조치를 비방한 자는 비상군법회의에서 심판, 처단한다.
7. 이 조치는 1974년 1월 8일 17시부터 시행한다.

↓ 4월 3일 박정희 대통령은 긴급조치 4호를 선포하며 담화문을 통해 '이른바 전국민주주의청년학생총연맹이라는 불법단체가 반국가적 불순세력의 배후조종하에 그들과 결탁하여 공산주의자들이 이른바 그들의 인민혁명의 수행을 위해 '반국가적 불순활동을 전개하기 시작했다는 확증을 포착했다'고 말했다. 민청학련 사건의 시작이었다. 긴급조치에 따라 '민청학련에 관련되는 제 단체를 조직하거나… 찬양, 고무 또는 이에 동조하'면 '사형, 무기 또는 5년 이상의 유기징역에 처'해질 수 있었다.

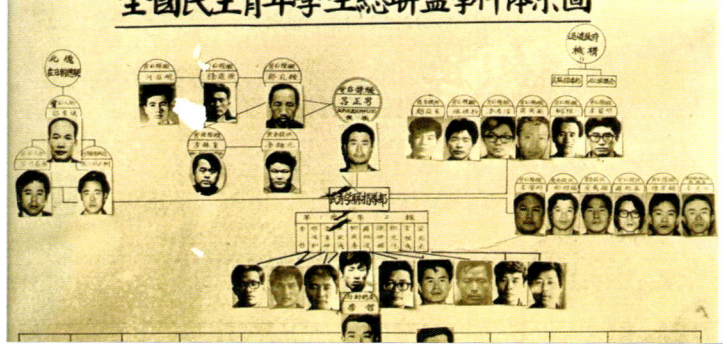

대한민국

1. 8. 박정희 대통령, **긴급조치** 발동.

1. 15. 장준하와 백기완, 긴급조치 1호 위반으로 구속됨. 유신헌법 반대운동을 한 이들에게 1월 13일 결심공판에서 징역 15년이 구형되었고 바로 다음날 징역 15년이 확정됐다. 당시 이들의 변호를 맡은 한승헌 변호사는 이를 '정찰제 재판'이라고 비판했다.

2. 13. [북한] 로동당 중앙위원회 제5기 8차 전원회의, 김정일을 당중앙위원회 정치위원으로 선출. 이로써 그는 김일성의 '유일한 후계자'로 확정됐다. 그의 최대 당면과제는 후계자인 자신의 지시만을 따르는 지도·보고·사업 체계를 구축하는 이른바 유일적 지도체계를 확립하는 일이었다. 19일 그는 '온 사회의 김일성주의화'(주체사상화)를 선포했다.

2. 14. 서울시, 후기고등학교 신입생 추첨. 이날 서울시 여고생, 이튿날 서울시 남고생과 부산시 남녀 학생에 대한 학군별 신입생 배정 추첨이 실시되면서, **고교 평준화** 정책이 본격적으로 시작됐다. 현재 전국의 특별시, 광역시, 특별자치시는 모두 고교 평준화 정책을 시행하고 있다.

4. 3. 박정희 대통령, **긴급조치 4호** 선포.

8. 15. 대통령 부인 **육영수**, **피살**. 제29회 광복절 기념식 도중 박정희 대통령 암살을 기도한 재일교포 문세광이 쏜 총탄에 맞아 사망했다.

8. 15. **서울지하철 1호선 개통**. 서울역에서 청량리역까지 9개 역, 7.8km를 운행했다. 국내 최초인 이 지하철의 개통 당시 요금은 30원
이었다. 한국은 일본, 중국, 북한에 이어 아시아에서 네 번째로 지하철을 개통한 국가이다.

9. 18. [북한] 국제원자력기구(IAEA) 가입. 북한은 1985년 핵확산방지조약(NPT)에도 가입하는 등 한동안은 핵 관련 국제사회 규범을 준수하는 태도를 보였지만, 그러나 1993년 NPT, 1994년 IAEA를 탈퇴하는 등 독자적인 핵 개발에 나선다.

9. 23. 천주교정의구현전국사제단 출범. 7월 중앙정보부가 원주교구장 지학순 주교를 비밀리에 연행 구금한 사건을 계기로 결성됐다. 서울 명동성당에서 열린 기도회에서 '우리는 인간의 위대한 존엄성과 소명을 믿는다'로 시작해 유신헌법 철폐, 긴급조치 무효화 등을 요구하는 제1시국선언을 발표하며 창립됐다.

10. 24. 동아일보·동아방송 기자들, 자유언론실천선언 선포. 선언문의 골자는 '자유언론은 바로 우리 언론 종사자들 자신의 실천과제일 뿐 당국에서 허용받거나 국민 대중이 찾아다 쥐어주는 것이 아니다'였다.

11. 15. 땅굴 발견. 북한이 판 갱도식 진지인 지하터널. 일명 제1땅굴이 군사분계선 남쪽인 경기도 연천군 고랑포리에서 발견됐다. 땅굴은 길이 3.5km, 폭 1m, 높이 1.2m였고 내부는 콘크리트 벽과 천장으로 되어 있었다. 북한은 '전 지역의 요새화'가 포함된 4대 군사노선이 실시되기 한 해 전인 1961년에 이미 지하 군사시설 건설 계획을 수립했고, 그 계획에 따라 본격적으로 땅굴을 만들었다.

세계

3. [방글라데시] 기근 발생. 독립전쟁이 끝난 지 고작 2년 여가 지난 후 발생해 12월 경 끝난 이 기근은 20세기 최악의 기근 중 하나로 여겨지고 있다. 정부의 부패와 홍수로 인해 벌어진 이 기근으로 방글라데시 정부 공식 추산 2만 7000명, 비공식 추산으로 15만 명이 사망했다.

4. 25. [포르투갈] 쿠데타 발생. 젊은 장교들이 주도한 이 쿠데타는 거의 무혈로 오랜 독재정권인 제2공화국을 전복시켰다. 시민들은 군인들에게 카네이션을 건네며 지지를 표했고, 혁명은 '카네이션 혁명'으로 불리게 됐다. 이 혁명으로 포르투갈은 민주주의로의 이행을 시작한다.

5. 7. [서독] 빌리 브란트, 사임 발표. 4월 서독의 방첩 부서가 브란트의 개인 비서가 동독 스파이임을 폭로했다. 브란트는 총리에서 물러났고, 16일 헬무트 슈미트가 후임 총리가 됐다. 슈미트 총리는 브란트의 동방정책을 이어간다.

9. 12. [에티오피아] 하일레 셀라시에 황제, 폐위됨. 멩기스투 하일레 마리암 의장이 주도하는 임시군사행정평의회(데르그)가 일으킨 군사 쿠데타로 그가 축출되면서 500년 넘게 지속되던 솔로몬 왕조가 붕괴했다. 데르그는 마르크스주의를 받아들이고 공산 진영의 원조를 받았지만*, 에티오피아는 이후 16년 넘게 내전에 휩싸인다.

7. 20. [튀르키예] 키프로스 침공. 그리스가 5일 전 발생한 쿠데타를 지원한 데 따른 대응이었다. 튀르키예군은 섬 북부를 신속하게 장악했고, 섬은 사실상 남북으로 분할됐다. 그리스계 키프로스인은 남부로 이동했고, 현재 키프로스는 여전히 북키프로스 튀르크 공화국과 키프로스 공화국으로 갈려 있다.

7. 27. [미국] 하원법사위원회, 리처드 닉슨 대통령 탄핵건의안 가결.

8. 8. [미국] 리처드 닉슨 대통령 사임 발표. 그는 워터게이트 사건과 관련한 탄핵안 가결이 불가피해지자, 이날 사임을 발표했다. 이튿날인 9일, 그가 공식 사임함에 따라 부통령 제럴드 포드가 직무를 승계해 제38대 대통령에 취임했다.

10. 29. 아랍연맹, 팔레스타인 결의안 채택. 모로코 라바트에서 열린 제7차 아랍정상회의에서 아랍 정상들은 팔레스타인해방기구(PLO)를 팔레스타인인들의 유일하고 합법적인 대표기구로 인정했다. 이어 11월 13일, 야세르 아라파트 의장이 유엔총회에 참석해 "오늘 저는 올리브 가지와 자유전사의 총을 가슴에 품고 왔습니다. 올리브 가지가 제 손에서 떨어지도록 놔두지 마십시오."라고 연설했다.

문화 / 과학·환경 / 스포츠

문화

6. 5. 리영희의 《전환시대의 논리》 출간. 견고한 반공이념으로 대중을 물샐틈없이 통제해온 '지배권력의 머리 위에 던져진 가장 위험한 돌멩이'들 가운데 하나였던 이 책은 대학 신입생들에게 '시각조정을 위한 필독서 1번*'으로 읽혔다.

7. 3. 정명훈, 차이콥스키 국제 콩쿠르 피아노 부문 2위 입상.

과학·환경

6. 28. [미국] 염화불화탄소가 오존층 파괴의 주범임이 밝혀짐. 마리오 몰리나와 프랭크 셔우드 롤런드가 염화불화탄소가 지구의 오존층을 파괴한다는 내용의 논문을 《네이처》에 발표했다. 1987년 냉장고나 에어컨 냉매제, 헤어스프레이 분무제 등으로 널리 사용되는 이 화합물(일명 프레온가스)이 포함된 제품의 생산을 단계적으로 금지하고 다른 제품으로 대체하기로 하는 몬트리올 의정서가 채택된다.

스포츠

4. 8. [미국] 행크 에런, 715홈런 기록. 애틀랜타 브레이브스 소속의 에런은 이날 로스앤젤레스 다저스와의 경기에서 베이브 루스의 메이저리그 개인 통산홈런 기록을 갈아치웠다. 이 기록을 달성하는 과정에서 그는 인종주의자들로부터 산더미 같은 협박 편지를 받기도 했다.* 그는 76년 은퇴할 때까지 통산 755개의 홈런을 친다.

6. 13. [서독] 제10회 FIFA 월드컵 개막. 결승전에서 서독이 네덜란드를 2-1로 이겼다. 1954년에 이은 두 번째 우승이었다. 남북한 모두 본선 진출에 실패했다.

7. 3. 홍수환, WBA 밴텀급 챔피언 획득. 남아프리카 공화국 더반에서 열린 이날 경기에서 홍수환은 아놀드 테일러에게 15회 판정으로 이겼다. 당시 육군 일병이었던 그가 경기가 끝난 후 라디오 중계석에서 어머니와 전화통화를 하며 한 "엄마, 나 챔피언 먹었어!"란 말은 한동안 장안의 유행어가 됐다.

9. 1. [이란] 테헤란에서 제7회 아시안 게임 개막. 이란은 마라톤이 고대 그리스가 페르시아를 이긴 마라톤 전투를 기념하는 경기라는 이유를 들어 개최 종목에서 제외했다.

10. 14. [독일] 첫 베를린 마라톤 대회 열림. 이 대회는 보스턴, 뉴욕, 런던 등의 대회와 함께 세계 메이저 마라톤 대회 중 하나로 꼽히며, 코스가 평탄해 선수들의 기록이 좋은 것으로도 유명하다. 1977년을 시작으로 모두 12개의 세계 신기록이 이 대회에서 작성됐다. 현 남자 마라톤 세계 기록인 엘리우드 킵초케의 2시간 1분 9초도 2022년 이 대회에서 작성된 것이다.

← 7월 27일, 미국 하원법사위원회가 리처드 닉슨 대통령 탄핵건의안을 가결시켰다. 1972년 6월, 닉슨 대통령의 측근이 그의 재선을 위해 워싱턴 D.C.에 있는 워터게이트 빌딩의 민주당 전국위원회 본부에 불법적으로 침입해 도청장치를 설치하려 했다. 이들이 현장에서 발각되면서 이른바 '워터게이트 사건'으로 불리는 정치 스캔들이 촉발됐다. 이에 대한 심의 끝에 이날 위원회는 닉슨 대통령의 사법방해(위증)를 이유로 탄핵건의안을 가결했다. 이어서 29일까지 권한남용과 의회모독을 추가 사유로 하는 탄핵건의안이 차례로 통과됐다.

1974년 풍경

레슬링은 고대로부터 유래한 유서 깊은 운동이다. 아무런 기구 없이 인간의 유일한 밑천인 몸으로만 싸우는 경기이다. 여기에 흥행의 요소를 가미한 프로레슬링이 있다. 박치기의 왕, 김일의 경기가 있는 날, 칙칙거리는 흑백 텔레비전 앞으로 모두 모여들었다. 상대는 허우대만 멀쩡한 서양이나 일본 선수들. 유니폼이 따로 없어 거저 팬티 한 장 걸치고, 그냥 살과 살이 부딪치는 경기. 구름 관중이 모인 장충체육관에서 시합이 시작되고 손에 땀을 쥘 때, 경기장 천장에서 소리가 울렸다. 30분 경과, 남은 시간 20분. 그러면 잠시 코너에 몰리던 김일 선수 특유의 박치기가 작렬했다. 박치기 서너 방에 상대는 어질어질 나가떨어졌지만 김일 선수의 이마도 터져 피가 번들거렸다. 우리나라에서는 우리나라 선수가 이겼다. 텔레비전 앞의 사람들을 기쁘게 하고 난 뒤, 링에 기대 피를 닦던 김일 선수. 그땐 그저 이기기만 하면 되었는데, 그게 다가 아니란 생각이 들기도 한다. 이제사, 뒤늦게.

서울 지하철 기본요금 변화*

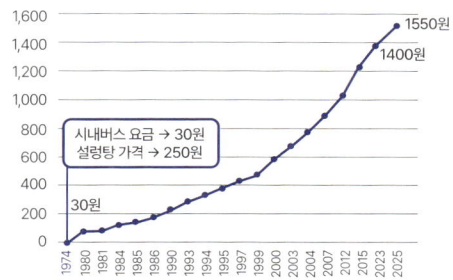

이 해에는

책
- 3. 15. 《객지》, 황석영
- 4. 20. 《경제학원론》, 조순
- 6. 5. 《전환시대의 논리》, 리영희
- 8. 10. 《강아지똥》, 권정생
- 9. 25. 《거대한 뿌리》, 김수영
- ○ [독일] 《카타리나 블룸의 잃어버린 명예》, 하인리히 뵐

노래
- ○ 〈미인〉, 신중현과 엽전들
- ○ 〈행복의 나라로〉, 한대수

영화
- 4. 26. 〈별들의 고향〉, 이장호
- 5. 5. [서독] 〈불안은 영혼을 잠식한다〉, 라이너 베르너 파스빈더
- 12. 16. [미국] 〈타워링〉, 존 길러민

굵긴 소식
- 1. 17. 박열(독립운동가)
- 7. 1. 후안 도밍고 페론(아르헨티나의 대통령)
- 7. 25. 김환기(화가)
- 8. 15. 육영수(박정희 대통령의 부인)

독립한 나라
- 2. 7. 그레나다 (← 영국)

1975년

긴급조치 제9호 발동

↑ 5월 13일 긴급조치 9호가 선포됐다. '국력의 낭비와 국론 분열 그리고 국민총화를 저해하는 일체의 행위에 종지부를 찍기' 위해 선포된 이 조치는 한 해 전 1월부터 발표하기 시작한 유신시절 긴급조치들의 종합판이었다. 이 조치에 따라 '유언비어를 날조, 유포하거나 사실을 왜곡하여 전파하는 행위' 등의 위반 행위를 하면 '법관의 영장없이 체포·구금·압수 또는 수색할 수 있으며 '1년 이상의 유기징역'에 처해질 수 있었다. 이로 인해 1979년 유신정부가 무너질 때까지 무수히 많은 사람이 감옥에 갇히게 된다. 일명 '막걸리 반공법'으로도 불린 이 조치의 정식 명칭은 〈국가안전과 공공질서의 수호를 위한 대통령 긴급조치〉였다.

"공산주의와의 대결에 있어서 국론의 분열은 패배를 뜻하며, 국론의 통일은 승리를 보장하기 때문입니다."
—박정희 대통령, 〈특별담화〉

1. 다음 각 호의 행위를 금한다.
가. 유언비어를 날조, 유포하거나 사실을 왜곡하여 전파하는 행위.
나. 집회·시위 또는 신문·방송·통신 등 공중전파수단이나 문서·도화·음반 등 표현물에 의하여 대한민국 헌법을 부정·반대·왜곡 또는 비방하거나 그 개정 또는 폐지를 주장·청원·선동 또는 선전하는 행위.
다. 학교당국의 지도, 감독 하에 행하는 수업, 연구 또는 학교장의 사전 허가를 받았거나 기타 의례적 비정치적 활동을 제외한, 학생의 집회·시위 또는 정치 관여 행위.
라. 이 조치를 공연히 비방하는 행위.
...
8. 이 조치 또는 이에 의한 주무부장관의 조치에 위반한 자는 법관의 영장 없이 체포·구금·압수 또는 수색할 수 있다.
— 〈국가안전과공공질서의수호를위한대통령긴급조치〉

대한민국

2. 12. 유신헌법 찬반 국민투표 실시. 박정희 대통령은 국민투표를 앞두고 이 투표를 '대통령에 대한 신임투표로 간주하겠으며, 국민이 원한다면 즉각 대통령직에서 물러날 것'이라고 밝혔다. 야권은 투표 거부를 호소했지만, 정권은 개헌 열기를 잠재우기 위해 노골적인 개입에 나섰다. 투표 결과 찬성 73.1%로 유신헌법 체제는 그대로 유지됐다.

3. 8. 동아일보, 기자 해고 시작. 한 해 전 12월, 박정희 정권은 《동아일보》에 광고를 내는 회사들을 압박해 광고 게재 중단을 요구하기 시작했고, 이로 인해 광고를 채우지 못한 《동아일보》는 광고란을 백지 상태로 발행했다. 독자들이 격려광고가 이어졌지만 동아일보 사주는 정권의 광고탄압에 굴복해 사원과 기자들을 해고했다. 기자들이 제작거부에 들어갔지만, 동아일보는 5월 1일까지 7차례에 걸쳐 113명을 해고했다. 《조선일보》 사주 방우영 역시 대규모 기자 해고에 동참했다. 이러한 해고조치로 정권과 사주들은 자유언론실천운동을 원천봉쇄하는 효과를 거두었지만, 해직기자들은 오랜 세월 고통을 겪어야 했다.

4. 9. 인혁당재건위 사건 관련자 사형집행. 이날 새벽 여정남, 도예종, 서도원 등 관련자 여덟 명에 대한 형이 집행됐다. 대법원 전원합의체가 상고를 기각하고 원심대로 형을 확정한 지 불과 18시간 만이었다. 이 사건은 유신체제하에서 벌어진 최대의 인권탄압 사건이었다.

4. 23. 핵확산금지조약(NPT) 가입. 86번째 비준국이었다.

5. 13. 긴급조치 9호 선포.

6. 20. 학도호국단 부활. →

7. 16. 〈사회안전법〉 제정. 일제의 〈조선사상범보호관찰령〉과 유사한 이 법에 의하면 법무부장관은 국가보안법 위반죄 등으로 복역한 경력이 있는 정치범 전과자들에 대하여 '재범의 위험성'을 근거로 '보호관찰', '주거제한'과 '보안감호' 등 세 종류의 보안처분을 과할 수 있다. 유신체제가 만들어낸 온갖 악법 가운데서도 가장 대표적인 인권탄압법이었다. 1989년 〈보호관찰법〉으로 대체된다.

7. 16. 방위세 신설. →

7. 25. 〈민방위기본법〉 제정. 민방위대의 편성대상은 제정 당시에는 20~50세인 남자였지만, 현재는 20~40세인 남자로 줄었다.

8. 17. 장준하, 사망. 유신철폐 시국성명을 발표하기 위해 동분서주하던 장준하가 경기도 포천군 약사봉을 등반하다가 의문의 추락사를 당했다. 그의 시신을 직접 메고 내려온 백기완은 등산용 칼로 찍힌 듯한 후두부의 함몰 부위 등을 근거로 타살 의혹을 제기했다. 장준하의 죽음은 유신 정권기의 대표적인 의문사 사건으로 여겨지면서 진상규명 요구가 오랫동안 이어지고 있지만 여전히 해결되지 않은 상태로 남아 있다.

9. 15. 조총련계 재일교포 모국성묘단 입국.

10. 8. 연쇄살인사건 범인 김대두 검거. 그는 55일 동안 어린이를 포함함 17명을 마구 살해했지만, 빼앗은 금품은 현금 2만 5000원과 손목시계 등이 전부였다.

← 이 해 개봉한 영화 〈영자의 전성시대〉는 당시 한국 사회의 급격한 산업화와 도시화 속에서 여성의 삶을 조명하며, 사회적 불평등과 성 착취 문제를 드러내는 작품이다. 주인공 영자는 시골에서 상경해 다양한 직업을 경험하다가 결국 매춘부로 전락하게 된다. 이는 1970년대 한국 사회에서 여성들이 겪는 고난과 현실을 사실적으로 반영한다. 이 영화는 단순한 멜로 드라마를 넘어, 여성의 자아와 권리를 탐구하는 메시지를 담고 있어, 당시 군사정권하의 억압적인 사회 분위기 속에서도 여성의 목소리를 대변하는 역할을 했다.

세계

3. 25. [사우디] 파이살 국왕 피살. 이복형제인 칼리드 빈 압둘아지즈가 왕위를 계승했다.
4. 5. [대만] 장제스 총통 사망. 북벌을 이끌어 중국 통일을 이룩한 영웅과 반체제 인사들을 탄압한 독재자라는 양극단적인 평가가 오가는 그는 1950년부터 사망할 때까지 25년간 중화민국의 총통이었다.
4. 13. [레바논] 마론파 팔랑헤당 무장조직, 버스에 탄 팔레스타인인 28명 살해. 그들은 테러분자들이 먼저 마론파 기독교계 주민들을 공격했기 때문에 벌인 보복이라고 주장했다. 1990년까지 계속된 레바논 내전의 시작이었다. 내전은 해가 바뀌면서 이슬람교와 기독교 극단주의자들 간의 충돌로 변질되었고, 학살은 또 다른 보복 학살로 이어진다.*
4. 17. [캄보디아] 크메르루주, 프놈펜 함락.
4. 30. [베트남 전쟁] 북베트남군, 사이공 함락. 이틀 전 취임 연설에서 즈엉반민 남베트남 대통령이 평화교섭을 즉시 재개할 것을 요구했지만, 북베트남군은 사이공 폭격으로 답했다. 이날 수도가 점령되자 그는 무조건 항복을 선언했다. 이로써 19년 넘게 계속된 베트남 전쟁이 종식됐다.
6. 5. [이집트] 수에즈 운하 운행 재개. 1967년 6일 전쟁 후 폐쇄됐던 수에즈 운하가 이날 운행을 재개했다. 미국의 도움으로 운하에서 선박들의 잔해와 기뢰 등을 모두 치운 이집트는 운행 재개를 자축했다. 그러나 시나이반도의 대부분은 여전히 이스라엘이 통제하고 있었다.*
11. 15. 제1차 주요 6개국(G6) 정상회의 개최. 프랑스, 서독, 이탈리아, 일본, 영국, 미국 등 서방 선진국 6개국 정상이 프랑스 랑부예성에 모여 17일까지 열린 이 회의는 이후 장소를 옮겨가며 매해 열리고 있다. 이듬해인 1976년에 캐나다가 합류해 G7이 되고, 1997년에는 러시아의 합류로 G8이 되지만 2014년 우크라이나 돈바스 전쟁으로 제외되어 현재까지 G7 체제가 유지되고 있다.
11. 20. [에스파냐] 프란시스코 프랑코 사망. 이틀 후인 22일, 후안 카를로스가 왕위에 오른다. 이로써 1939년부터 지속된 프랑코 독재정권이 종식되고 민주주의가 회복됐다.
12. 2. [라오스] 군주제 폐지. 미국의 개입 중지와 남베트남 항복으로 라오스에도 공산주의 정권이 들어섰다.* 라오스애국전선(파테트라오)이 수도 비엔티안을 점령하고 시사왕 와타나 국왕을 폐위시키고 라오인민민주공화국을 수립한 것이다.

문화 / 과학·환경 / 스포츠

문화

2. **삼중당문고** 발간. 100권 1차분이 동시에 발행된 이 문고는 권당 200원이라는 저렴한 가격을 전면에 내세웠다. 이미 을유문고와 서문문고가 판매되고 있었지만 200원이라는 가격은 출판계에 일종의 '블록버스터급' 사건*이었다. 당시 문고본의 가격은 대부분 300원대였다. 이에 서문당은 4월부터 기존에 이미 발행된 책들의 포함해 모든 문고본 가격을 200원으로 인하했다. 콜라 한 병에 100원이던 시절.** 비싸지 않아 '내 것'으로 만들 수 있는 이 책들을 누군가는 '경제개발 몇 개년 식으로'*** 읽어갔다.

3. [일본] 산리오, 헬로 키티 캐릭터 상품 출시. 시미즈 유코가 고양이를 모티프로 디자인한 이 캐릭터는 비닐 동전지갑에 처음 등장했다. 출시 직후부터 인기를 끌기 시작해 2021년 기준 포켓몬에 이어 세계에서 두 번째로 높은 가치(854억 달러)*를 가진 인기 캐릭터로 성장한다. 산리오는 이 캐릭터의 실제 이름은 키티 화이트이고 1974년 11월 1일 잉글랜드 남부에서 태어났다고 설명한다. →

과학·환경

7. 17. [미국/소련] 미국의 아폴로 우주선과 소련의 소유즈 19 우주선이 대서양 상공에서 도킹에 성공했다. 두 우주선에는 각각 세 명의 우주비행사가 탑승했다. 도킹에 성공한 후, 비행사들은 서로의 우주선 사이를 왕래하며 함께 임무를 수행했다. 양국 비행사들의 악수는 냉전 시기 두 초강대국의 긴장완화를 상징하는 중요한 장면이었다.

스포츠

○ 백인천, 선두타자상 수상. 일본 프로야구에 진출한 한국인 1호인 그는 일본 진출 13년 만에 타율 0.319로 퍼시픽리그 선두타자에 올랐다. 1982년 MBC 청룡의 감독과 선수를 겸업하며 기록한 0.412라는 국내 프로야구 시즌 최고 타율은 앞으로도 깨지기 힘든 불멸의 기록으로 남을 듯하다.

1975년 풍경

시험만 없다면 공부하는 재미가 좀 있을까. 이른바 출세의 관문을 통과하는 기술이 시험이라면 공부는 한 인간이 좀 더 성숙해지는 경지로 오르는 계단 같은 것. 시험은 대개 학교 졸업과 동시에 끝나지만 공부는 어디에서도 계속해야 하는 것이었다. 하지만 실상은 그렇지 못했다. 대부분의 우리는 학교 졸업을 학문의 하향 내지는 종결로 처리하였다. 우주의 책이라는 《논어》는 첫 글자로 '배울 학(學)'을 배치하였고, 공자는 일생 호학의 자세를 놓지 말라고 권한다. 한편 배움에 대한 이야기는 많지만 시험 이야기는 별로 없다. 배움은 목적이지 수단이 아니라는 것이다. 학교에는 또래의 학생들이 많이 모여 경쟁은 피할 수 없고, 시험 또한 비켜갈 수 없다. 그래서 저렇게 책가방으로 짝꿍과도 벽을 치고 혹 컨닝이라도 하나 눈을 흘기기도 하였다. 그러나 그런 경쟁이 전부는 아니었으니 시험만 끝나면 언제 그랬냐는 듯, 함께 울고 웃으며 손뼉도 치며 어깨동무하고 함께 놀았다, 그때는.

이 해에는

노래
8. 30. 〈고래사냥〉, 송창식

영화
1. 21. [벨기에/프랑스] 〈잔 딜망〉, 샹탈 아케르만
2. 11. 〈영자의 전성시대〉, 김호선
5. 23. 〈삼포 가는 길〉, 이만희
5. 31. 〈바보들의 행진〉, 하길종
6. 20. [미국] 〈죠스〉, 스티븐 스필버그

궂긴 소식
4. 5. 장제스(중화민국 총통)
8. 9. 드미트리 쇼스타코비치(소련의 작곡가)
8. 17. 장준하(정치인, 독립운동가)
8. 27. 하일레 셀라시에 1세(에티오피아의 황제)
9. 21. 허장강(배우)
12. 4. 해나 아렌트(독일 출신 미국의 정치철학자)

독립한 나라
이 해에는 6월 25일 모잠비크(← 포르투갈)를 시작으로 다음 나라들이 독립했다.

카보베르데(← 포르투갈), 코모로(← 프랑스), 상투메 프린시페(← 포르투갈), 파푸아뉴기니(← 오스트레일리아), 앙골라(← 포르투갈), 수리남(← 네덜란드), 동티모르(← 포르투갈)

← 4월 17일, 크메르루주에 의해 프놈펜이 함락됐다. 캄보디아 역사를 가장 비극적인 상황으로 몰아간 전환점이었다. 도시의 활기찬 삶은 급진적인 변화를 약속하는 잔혹한 정권의 무게 아래 갑자기 침묵했다. 섬뜩한 희망의 전환점에서 많은 주민들은 처음에는 크메르루주를 해방자로 환영했지만, 결국 강제 대피와 대량 처형이라는 악몽에 빠져 가족이 흩어지고 수많은 생명이 극단주의 이념의 이름으로 학살됐다. 200만 명이 목숨을 잃었고, 국가에 지울 수 없는 상처를 남겼다.

1976년

양정모, 올림픽 금메달

↑ 7월 31일 양정모가 올림픽 레슬링 자유형 62kg급에서 우승했다. 1948년 런던 올림픽 참가 이래 28년 만의 첫 금메달이었다.

"장하다! 대한의 아들!
그 이름 양정모!
3천만 기원, 민족의 숙원,
드디어 세계정상을 정복하다."

눈물이 왈칵 쏟아지는 그런 순간이었다. 그토록 열망해오던 올림픽 금메달을 자랑스러운 양정모 선수가 기어이 따낸 것이다. 건국 후 처음, 올림픽 출전 여덟 번째에 거둔 승전보였다. 광복의 달 첫날 첫 휴일인 이날 올들어 최고를 기록한 무더위도 그저 무색하기만했다. …

이날 粱(양) 선수의 우승 확정이 발표되는 순간 '몬트리올' '모리스 리처드' 경기장에 모인 현지 대사관 직원과 임원 선수 등 5백여 동포는 "양정모 만세", "대한민국 만세"를 목이 터져라고 외쳤다. 뒤이어 태극 깃발 아래 시상대 상단에 우뚝 선 양 선수, 금빛 찬란한 금메달이 목에 걸리고 장엄하게 울려 퍼지는 애국가, 실로 올림픽 사상 처음으로 연주되는 우리 국가였다. 그리고 지구의 이쪽 모국, 안방과 피서지 거리할 것 없이 전국의 방방곡곡에서도 걷잡을 수 없는 감격과 흥분이 크나큰 파도처럼 번져갔고 저마다 TV화면과 라디오에서 눈과 귀를 뗄 줄 몰랐다. 올림픽 출전 사상 가장 많은 메달 수확과 함께 북괴도 거뜬히 눌렀다는 기쁨 속에 감격의 열기는 '한국 스포오츠 내일'에의 새로운 염원으로 곧장 이어져갔다.

— 《동아일보》, 1976. 8. 2.

↓ 8월 18일, 판문점에서 발생한 도끼 사건은 한반도의 긴장 상태를 극도로 고조시킨 비극적 사건으로, 북한군이 미루나무 가지치기를 하던 유엔군을 기습적으로 공격하여 2명의 미군 장교를 잔혹하게 살해했다. 이 사건은 단순한 군사적 충돌을 넘어, 한국전쟁 이후 처음으로 미군이 사망하는 사태로 이어져 국제 사회에 큰 충격을 주었고, 미국은 즉각적으로 전투 준비 태세인 '데프콘 3'을 발령하며 전면전의 위기에 직면했다.

대한민국

1. 15. 박정희 대통령, 영일만 부근에서 석유가 발견됐다고 발표. 그는 연두기자회견을 통해 '작년 12월 초 (포항) 영일만 부근에서 우리나라에서는 처음으로 석유가 발견됐다. 발견된 양은 몇 드럼 정도의 소량이나… 분석 결과 질이 좋은 것으로 판명되었다.'고 공개했다. 석유가 발견됐다는 발표에 한동안 온 나라가 들썩였다. 그러나 8월 박정희 대통령이 진해에서 '기름이 조금씩 나오긴했지만 아직까지 만족스러운 결과는 못된다'며 장기적으로 '탐사와 시추를 꾸준히 해나가겠다'고 밝힌 후 석유 발견의 한바탕 호들갑으로 끝난다. 그리고 2024년 윤석열 정부하에서 똑같은 소동이 반복된다.

3. 첫 공립유치원 개원. 서울의 신천·공덕·신용산·삼선, 부산의 성지국민학교 병설 유치원이 개원했다. 이와 함께 유아교육에도 공교육이 도입됐다. 당시 전국의 사립유치원 수는 611개였고, 수업료는 월 4130원이었다.

3. 1. 김대중·함석헌·함세웅 등 민주구국선언 발표. 서울 명동성당에서 3·1절 기념 미사에서 이들이 서명한 선언문이 낭독됐다. 이 선언은 긴급조치 철폐, 투옥 인사와 학생 석방, 의회정치 복원, 사법권 독립 등을 촉구하는 내용이었다. 유신체제에서 이루어진 최초의 재야 인사 성명이었다. 이 사건은 서울지검이 '정부 전복 선동'으로 규정하고 김대중 등 11명을 구속 기소하고 혹독한 고문을 가하면서 큰 사건으로 부각되었고, 이때부터 명동성당은 기독교회관과 함께 민주화운동의 성지로 각인되기 시작했다.

5. 31. 반상회 실시. 정부가 매월 말일을 '반상회의 날'로 지정함에 따라 이날 첫 반상회가 전국 25만 5000개 반에서 열렸다. →

6. 18. 경제기획원, 제4차 경제개발 5개년 계획 발표.

8. 18. 판문점 도끼 사건.

9. 2. 박정희 대통령, 국민학교 운동회 부활 지시. 문교부는 새마을 정신 고취를 위해 가마니짜기, 새끼꼬기 등을, 총력안보를 위해 대피운동, 모래주머니 나르기, 화생방 대비 경기 등의 종목을 운동회에 넣으라고 지시했다. →

9. 15. 신민당, 이철승을 대표최고위원으로 선출. 5월 25일 치러진 신민당 전당대회는 김영삼을 중심으로 하는 주류와 이철승을 중심으로 하는 비주류 간의 심각한 갈등으로 주먹부대와 각목이 난무하는 폭력 사태로 얼룩졌다. 두 파벌은 전당대회를 따로 전당대회를 열어 김영삼과 김원만을 동시에 당 대표로 선관위에 등록했다 각하당하기도 했다. 결국 이날 다시 열린 전당대회에서 2차 투표까지 가는 치열한 경쟁 끝에 이철승이 389 대 364로 김영삼을 누르고 대표최고위원으로 당선됐다. 이철승 체제는 중도타협을 내세웠다. 유신체제를 인정하고 그 안에서 야당 노릇을 하겠다는 것이었다.

10. 24. 《워싱턴 포스트》, 박동선이 개입한 불법 로비 보도. 한국정부의 기관요원 박동선이 1970년대에 연간 50만 내지 100만 달러 상당의 뇌물로 90여 명의 의원과 공직자를 매수했다는 내용의 이 기사는 미국 의회를 발칵 뒤집어 놓았다. 코리아 게이트라고 불리게 된 이 사건으로 미국을 비롯한 국제적인 여론이 극도로 악화되었고 이는 박정희 체제의 위기를 촉진시키는 요인으로 작용했다.

12. 4. 박정희 대통령, 중앙정보부장에 김재규 임명.

세계

3. 24. [아르헨티나] 군사 쿠데타 발생. 육군 사령관 호르헤 라파엘 비델라가 이끄는 군부 반란 세력이 이사벨 페론 대통령을 구금하고 계엄령을 선포했다. 29일 대통령이 되어 정권을 장악한 비델라는 '국가 재건'을 구실삼아 테러, 고문, 납치, 정보 조작 등을 자행하며 '더러운 전쟁'을 벌인다. →

4. 1. [미국] 애플 컴퓨터 설립. 두 명의 젊은 도전자 스티브 잡스와 스티브 워즈니악이 캘리포니아 쿠퍼티노에 있는 차고에서 애플 컴퓨터를 설립했다. 이들의 대담한 목표는 모든 사람이 쓸 수 있는 개인용 컴퓨터를 만드는 것이었다. 그들의 첫 작품인 애플 I은 기술혁명을 일으킨 간단한 회로판이었다. 이들의 혁신은 애플 II, iMac, iPod, iPhone, iPad로 이어졌고, 애플은 글로벌 빅테크 기업으로 성장한다.

4. 5. [중국] 톈안먼 사건 발생. 1월 8일 저우언라이 총리가 사망했다. 4월 4일 청명절을 맞아 베이징 시민들이 톈안먼에 모여 그를 추모했다. 이튿날 시민들은 자신들이 바친 꽃과 플래카드들을 경찰이 수거해갔다는 것을 발견했다. 분노한 군중은 4인방(왕훙원, 장춘차오, 장칭, 야오원위안)을 비판하며 집회를 열었다. 10만 명이 넘게 참여한 집회는 경찰과 민병대에 의해 강제진압됐다. →

6. 16. [남아프리카 공화국] 소웨토 항쟁. 학교 수업을 아프리칸스어로 하라는 정부의 방침에 반대해 흑인거주 지역인 소웨토에서 2만여 명의 흑인 학생들이 시위를 벌였다. 아프리칸스어는 남아공에 정착한 백인들의 언어였기 때문이다. 경찰은 시위대에 발포했고, 학생 수백 명이 목숨을 잃었다. 평화롭던 시위가 비극으로 바뀌며 봉기는 전국으로 확대됐다. 이 봉기는 남아공의 아파르트헤이트에 매우 심각한 타격을 주었다.

7. 28. [중국] 탕산에 대지진 발생. 오전 3시와 다음날 오후 5시에 중국 허베이성 탕산 지역에서 규모 7.6의 강진이 발생했다. 이 두 차례의 지진으로 최소 30만 명이 사망했다. 중국 역사상 가장 치명적인 이 재해, 그리고 6주 후인 9월 9일 마오쩌둥 주석의 사망은 4인방의 몰락과 함께 문화혁명의 종식으로 이어졌다.

9. 9. [중국] 마오쩌둥 사망.

11. 2. [미국] 대통령 선거. 지미 카터가 현직 대통령인 제럴드 포드를 근소한 차이로 누르고 당선됐다. 1968년부터 1988년까지 6차례 대선에서 민주당이 승리한 유일한 선거였다.

문화 / 과학·환경 / 스포츠

문화

1. 9. 신안 앞바다에서 송·원대 청자 발견. 전남 신안군 지도면 앞바다에서 어부 최평호의 그물에 도자기 한 점이 걸려 올라왔다. 그는 군공보실에 감정을 의뢰했는데 문화재 관리국에 의해 이 도자기가 원나라 초기 또는 송나라 말의 청자라는 감정을 받았다. 신안 해저유물 발굴의 시발점이었다. 이 해 10월부터 1984년까지 해군 해난구조대(SSU)까지 동원되어 9년간 이뤄진 발굴을 통해 중국 복건성 천주(泉州)지역에서 만든 240톤급 규모의 목제 범선에 실린 중국, 고려, 일본, 동남아시아의 유물 수만 점이 발굴된다.

7. 24. 〈로보트 태권 V〉 개봉. 서울 대한극장과 세기극장에서 동시 개봉했다. 김청기 감독의 이 장편 애니메이션은 당시 한국영화 2위의 흥행 기록을 세울 정도로 인기를 끌며 후속 시리즈와 〈태권동자 마루치 아라치〉(1977), 〈똘이장군〉(1979) 등 단기간이나마 장편 애니메이션 제작 붐으로 이어진다.

과학·환경

7. 20. [미국] 바이킹 1호, 화성 착륙. 전 해 8월 20일 발사되어 10개월간의 비행 끝에 6월 19일 화성 궤도에 진입한 이 무인탐사선은 이날 세계 최초로 화성에 착륙했다. 착륙지는 크라이시 평원이었고, 이날은 유인우주선 달 착륙 7주년이 되는 날이기도 했다.

스포츠

2. 4. [오스트리아] 인스브루크에서 제12회 동계 올림픽 개막.

7. 17. [캐나다] 몬트리올에서 제21회 하계 올림픽 개막. 뉴질랜드 럭비팀이 아파르트헤이트를 계속하던 남아프리카 공화국 원정 경기에 나선 것을 둘러싼 논란 끝에 아프리카의 대부분인 29개국이 대회에 불참했다.

7. 30. 여자 배구 국가대표팀, 올림픽 배구 동메달 획득. 3~4위 전에서 헝가리를 3-1로 이겼다. 올림픽 여자 종목 대한민국 최초의 메달이자, 구기 종목의 첫 메달이기도 했다.

7. 31. 양정모, 올림픽 레슬링 자유형 62kg급 우승. 1948년 런던 올림픽 참가 이래 28년만의 첫 금메달이었다.

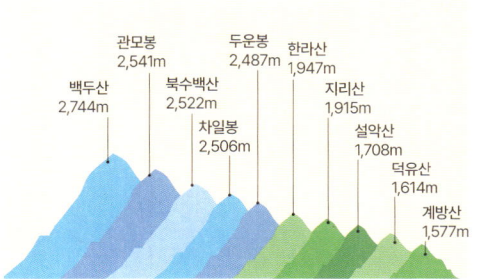

← 7월 18일, 루마니아의 체조 선수 나디아 코마네치(14세)가 이단평행봉에서 우승하며 올림픽 역사상 최초로 만점을 기록했다. 숫자 세 자리까지만 표시될 수 있었던 전광판에는 점수가 1.00으로 표시됐다.

1976년 풍경

아이들의 자라는 속도를 대한민국 교육제도는 절대 못 따라간다. 고등학교 3년 동안 피 끓는 몸을 교복에 가두고 대학입시에 내몰렸다가 일생의 꿈조차 붙들지 못한 채 대학에 가면 목석같던 청춘을 위로하듯 벚꽃은 흐드러지게 피고, 마침 그때 억압의 해방구처럼 대학 축제는 열렸다. 대학가 축제는 기발한 종목이 다양하게 등장했다. 우유를 파트너에게 먹여주는 '쌍쌍 마셔주기' 대회. 천국과 지옥의 차이를 아시는가. 산해진미가 가득한 그곳의 식탁에는 팔보다 더 긴 수저가 있다고 한다. 지옥은 그 긴 것으로 제 입에 넣으려다 결국 아무것도 못 먹고 아귀다툼을 벌이지만 천국에서는 서로 상대에게 그윽하게 떠먹여준다. 긴 숟가락처럼 팔 뻗어 애인에게 서로 우유를 먹여주는 이 순간만큼은 적어도 둘에게는 젖병 뗀 이후 처음 맞이한 천국의 입구였으리라.

한반도 산높이 순서

- 백두산 2,744m
- 관모봉 2,541m
- 북수백산 2,522m
- 차일봉 2,506m
- 두운봉 2,487m
- 한라산 1,947m
- 지리산 1,915m
- 설악산 1,708m
- 덕유산 1,614m
- 계방산 1,577m

이 해에는

책
- 4. 20. 《무소유》, 법정
- 5. 25. 《당신들의 천국》, 이청준
- 5. 30. 《장길산》, 황석영
- 5. 30. [영국] 《이기적 유전자》, 리처드 도킨스
- ○ [미국] 《내 영혼이 따뜻했던 날들》, 포리스트 카터

노래
- ○ 〈돌아와요 부산항에〉, 조용필

영화
- 1. 26. [에스파냐] 〈까마귀 기르기〉, 카를로스 사우라
- 1. 29. 〈고교얄개〉, 석래명

궂긴 소식
- 1. 8. 저우언라이(중국의 정치인)
- 1. 12. 애거서 크리스티(영국의 소설가)
- 2. 1. 베르너 하이젠베르크(독일의 물리학자)
- 3. 17. 박종홍(철학자)
- 4. 6. 한설야(소설가)
- 5. 26. 마르틴 하이데거(독일의 철학자)
- 8. 2. 신불출(만담가)
- 9. 9. 마오쩌둥(중국의 국가주석)

독립한 나라
- 6. 29. 세이셸 (← 영국)

1977년

수출 100억 달러 달성

↑ 이 해 대한민국은 수출 100억 달러를 달성하며 경제적 기적의 이정표를 세웠고, 이는 단순한 숫자가 아닌 국가의 자존심과 희망을 상징하는 역사적 순간이었다. 이 성과는 박정희 정권의 강력한 수출 주도 정책과 중화학 공업 육성의 결과로, 전후 폐허 속에서 일어선 한국이 세계 경제의 일원으로 자리매김하는 데 중요한 역할을 했다. 그러나 이 성취는 또한 군사정권의 억압적 통치 아래 이루어진 것이며, 경제성장의 이면에는 민주주의와 인권이 유린된 아픈 역사가 어른거렸다.

"눈부신 조국건설 태양도 밝다
나가자 우리들도 수출전선에"
— 〈수출 행진곡〉

친애하는 국민 여러분!
전국의 기업인과 근로자 여러분!
드디어 우리는 수출 100억불을 돌파했습니다.
...
돌이켜보면 제 1차경제 개발 5개년 계획이 시작되었던 1962년만 하더라도 우리 나라의 수출 실적은 겨우 5천여만 불의 미미한 것이었으며, 그나마도 대부분이 농수산물과 광산물 등 1차 산품이었습니다. 그로부터 불과 15년이 지난 오늘, 이제는 단일 업체가 6억불 수출을 하게 되었는가 하면, 1억불 이상 수출한 업체만도 17개 사가 넘는 등, 엄청난 기록들을 세웠습니다.
그리하여, 우리는 당초 목표를 4년이나 앞당겨 100억불 수출을 무난히 실현하였습니다. 이는 우리가 일찍이 「수출입국」의 목표 아래 굳게 뭉쳐서 국력 배양에 노력해온 성과입니다.
...
오늘 이 국민적 경축의 식전에서 나는 그 동안 우리 국민 여러분이 허리띠를 졸라 매고 오직 부강한 조국을 건설하겠다는 일념으로, 묵묵히 땀흘리며 매진해 온 지난 일들을 회상하면서 가슴 벅찬 감회를 누를 길이 없습니다.
— 박정희, 〈100억 불 수출의 날 치사〉

↓ 7월 1일 국민의료보험제도가 시행됐다. 실시 첫 해인 이 해에는 500인 이상 사업장 근로자들을 대상으로 선별적으로 실시됐다. 보험금은 기업이 50%, 종업원이 50%를 부담했다. 국가는 한 푼도 낼 필요가 없는 구조였다. 정부재정은 전혀 쓰지 않으면서 이른바 복지국가를 건설한 셈이었다. 어쨌든 1963년 12월 〈의료보험법〉이 제정된 지 16년 6개월 만에 국민의료보험이 본격적으로 실행된 것이다.

대한민국

2. 2. 방림방적 여성 노동자들, 노동청에 진정서 제출. 이들은 구타 행위 중지, 정시 출퇴근, 잔업 수당 지급 등의 요구가 담긴 22개항의 근로조건요구 진정서를 노동청과 회사에 제출했다.

2. 4. 박정희 대통령, 충효사상 교육 지시. 그는 문교부 순시 중 '한국사상의 으뜸은 충효였으나 도중에 잊혀지거나 먼지가 앉거나 녹슬었고 이것들을 이제 되찾는 것이 민족문화, 정신문화의 재발견 재개발'이라고 말하며 충효사상 교육을 지시했다.

3. 9. 지미 카터 미국 대통령, 주한미군 철수 계획 발표. 그는 이날 기자회견에서 주한 미 지상군을 향후 4~5년간 점진적으로 철수하겠다고 밝혔다. 그러나 그의 철군 계획은 의회와 군부의 반발로 1979년에 잠정 중단된다.

4. 18. 정의구현전국사제단, 77선언. 사제단은 서울 명동성당에서 4·19 학생혁명 16주년 기념 특별미사를 봉헌하고 유신헌법 철폐, 사법권 독립 보장, 정치범과 양심의 수인 석방, 고문 종식 등을 요구하는 선언을 발표했다.

7. 1. 국민의료보험제도 시행.

7. 1. 부가가치세제 신설. 세율은 그때나 지금이나 여전히 10%이다.

7. 1. [북한] 200해리 경제수역 선포. 이어 8월 1일에는 이 경제수역을 보호한다는 명분으로 동해 50해리, 서해 200해리를 군사경제수역으로 일방적으로 정했다. 남한 정부는 이를 인정하지 않았다.

7. 11. 제23회 국제기능올림픽대회 우승. 1967년 제16회 에스파냐 마드리드 대회 때부터 참가한 한국 팀은 네덜란드 위트레흐트에서 열린 이 대회에서 첫 종합우승을 차지했다. 한국은 이후 9번 연속 우승하는 등 최상위급 성적을 이어가고 있다.

8. 11. 박정희 대통령, 포항 영일만 석유 개발 가능성이 희박하다고 언명.

9. 15. 고상돈, 에베레스트 정상 등정 성공. 이로써 한국은 세계 여덟 번째 에베레스트 등정국이 됐다.

9. 6. 미국 법무부, 박동선 기소.

11. 11. **이리역 폭발 사고** 발생. 밤 9시 10분경 전라북도 이리역(현 익산역) 구내에 대기 중이던 화물열차가 폭발했다. 열차에는 한국화약주식회사의 다이너마이트와 전기뇌관 등 40톤의 고성능 폭발물이 실려 있었다. 59명이 사망하고 9500여 채의 주택과 건물이 파괴된 이 사고는 호송원이 열차 안에 촛불을 켜놓고 술에 취한 채 잠을 자는 사이 촛불이 다이너마이트 포장 상자에 옮겨 붙은 것이 원인이었다. 호송원은 법원에서 징역 10년을 선고받고 복역했지만, 회사 측의 법위반 사실이 드러났음에도 한국화약 사장 신현기는 항소심에서 벌금 20만 원을 선고받는 데 그쳤다.

12. 1. 시내버스 토큰제 실시.

12. 12. 노동청, 월 최저 통상임금 3만 원 이상으로 결정. 근로자의 최저기본급을 2만 원선으로 행정지도해 온 노동청이 다음해부터는 최저통상임금급 제도로 바꾸고 통상임금이 3만 원 이상이 되도록 할 방침이라고 밝혔다.

12. 22. **수출 100억 달러** 돌파.

12. 31. 〈영해법〉 제정. 대한민국의 영해의 범위를 '기선으로부터 측정해 그 외측 12해리의 선까지 이르는 수역'으로 정했다.

세계

1. 6. [체코슬로바키아] 〈77 헌장〉 발표. 지식인과 시민 243명이 서명한 이 선언은 공산주의 독재정권하에서 벌어지고 있는 인권침해를 규탄하고 1975년 헬싱키 협정에 명시된 인권조항 준수를 요구했다. 주도자 바츨라프 하벨 등이 국가전복죄로 실형을 선고 받는 등 심한 탄압을 받았지만, 〈77 헌장〉은 국내외에 큰 파장을 일으키며 동유럽 민주화의 중요한 전환점이 된다.

1. 20. [미국] 지미 카터, 제39대 대통령 취임. 남부의 땅콩 농장주 출신인 그는 재임 중 인권을 앞세운 외교정책을 펼쳤다. 그의 이런 인권 중시 원칙은 한미동맹에도 갈등과 논란을 일으킨다. 그는 주한미군 철수를 주장하며 권위적인 유신정권을 압박한다.

3. 27. [에스파냐] 테네리페 공항 참사. 카나리아 제도 테네리페섬 로스 로데오스 공항에서 KLM과 팬암의 보잉 747 여객기 두 대가 활주로에서 충돌해 탑승객 583명이 사망했다. 항공 역사상 가장 많은 희생자를 낸 사고였다.

6. 15. [에스파냐] 총선. 1936년 프란시스코 프랑코가 정권을 잡은 후 41년 만에 처음으로 실시된 민주적 선거였다. 1975년 11월 독재자 프랑코가 사망한 후 입헌군주제 전환 등 민주주의 이행과정에서 치러진 이 선거 결과 민주중도연합이 최대 세력으로 부상했다.

7. 13. [미국] 뉴욕시, 블랙아웃. 뉴욕시 전역에서 대규모 정전 사태가 일어나 도시 기능이 마비되는 사태가 발생했다.

9. 28. 일본 적군파의 항공기 납치. 납치범들은 혁명적인 목적을 외치며 항공기를 납치했고, 이는 전 세계적으로 큰 충격을 주었다.

11. 19. [이집트] 안와르 사다트 대통령, 이스라엘 방문. 그는 아랍 지도자로서는 처음으로 이스라엘을 방문하여 메나헴 베긴 총리와 회담을 가졌다. 이는 중동 평화를 위한 중요한 첫걸음이었다.

문화 / 과학·환경 / 스포츠

문화

5. 25. [미국] 〈스타워즈〉 개봉.

9. 12. 제1회 MBC 대학가요제. 서울 문화체육관에서 열린 이 가요제의 대상은 〈나 어떡해〉를 부른 서울대학교 농대 그룹사운드 샌드 페블스가 차지했다. 대학가요제는 1970~80년대 엄청난 인기를 누렸고, '학내 행사'와는 차원이 다르게 '전국방송'을 통해 중계된 이 대회를 계기로 산울림, 심수봉, 송골매, 무한궤도, 김동률 등이 이름을 세상에 알렸다.

12. 15. 산울림 1집 발매. 김창완, 김창훈, 김창익 3형제로 이루어진 산울림은 서라벌레코드를 통해 발매된 이 앨범으로 한국 그룹사운드의 전통에서 전례가 없는 파격을 만들어냈다. 하늘에서 뚝 떨어진 듯한 존재인 산울림은 이후 대중음악계의 한 시대를 풍미한다.

과학·환경

8. 20. 고리 1호기, 송전 개시. 6월 30일부터 시험 발전을 거쳐 이 날부터 정식 송전을 개시했다. 1970년 9월 착공해 7년만에 송전을 시작한 이 발전소로 한국은 세계 20번째 **핵발전**국이 됐다. 2024년 현재 국내에는 6곳에 총 24기의 원자로가 가동 중이고, 2기가 영구중지된 상태이다.

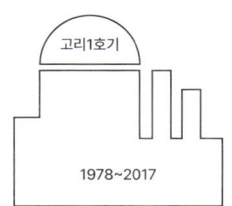

스포츠

1. 1. 세계육상연맹(IAAF), 스프린트 종목(400m 이하) 전자계시 필수화. IAAF는 이날부터 올림픽, 세계선수권 등 주요 대회의 기록을 기존 수동방식의 1/10초 단위에서 자동전자계시 방식의 1/100초 단위로 변경해 공인하기 시작했다.

3. 7. 대한체육회, 국민체조 제정. 이 체조는 '국민체위의 향상과 명랑하고 건전한 사회기풍을 조성함으로써, 새마을운동을 추진하는 역군으로서의 심신을 다지기 위해' 각급 학교 및 직장을 통해 전국에 보급됐다. 이 체조에 앞서 1953년에 국민보건체조, 1961년 재건체조, 1972년 신세계체조, 1974년 새마을체조가, 그 뒤로 1999년 새천년건강체조가 제정됐다. →

9. 25. [미국] 첫 시카고 마라톤 대회 열림. 월드 마라톤 메이저스에 포함되는 대회의 하나이며 매년 통상 10월에 열린다. 일리노이 육상 클럽 주관으로 1905년 시카고 교외에서 열린 대회의 전통을 잇는 대회이다.

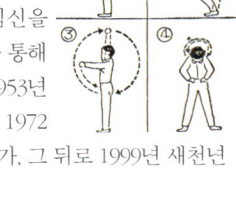

11. 26. 홍수환. WBA 타이틀 획득. 파나마시에서 열린 이 경기에서 그는 2라운드에 네 번이나 다운됐음에도 매번 다시 일어났다. 그리고 3라운드, 그는 '지옥에서 온 악마' 엑토르 카라스키야를 KO로 꺾고 슈퍼밴텀급 챔피언에 올랐다. 방송국은 이 경기를 **4전 5기의 신화**라고 부르며 끝없이 내보냈다.

← 아주 먼 옛날, 아주 아주 먼 우주를 배경으로. 〈스타워즈〉는 단순히 한 편의 영화가 아니다. 조지 루커스는 하나의 세계를, 영화의 스타일을, 잊을 수 없는 외계의 오페라를 만들어낸 것이다. 이후 수많은 모방작이 나왔지만 그 무엇도 이 영화를 능가하지 못했다.

1977년 풍경

옛날이면 세 살 적에 《천자문》을 배우고, 일곱 살이면 《논어》를 배운다고 했다. 그 뜻을 다 깨우치기야 했으랴만, 입안에 '하늘 천, 따지'와 '검을 현, 누를 황'쯤이야 수시로 읊조리고 다녔다. 우주와 집, 창공의 별과 대지의 땅을 손바닥의 공깃돌처럼 지니고 놀았다. 강아지와 어울리고 장난감이나 다루는 요즘 애들과는 노는 차원이 달랐다. 저런 배경이 있었기에 호연지기도 가능했을 것이다. 서당이 학교로, 한복이 교복으로 바뀌고 현대적 교육기관이 생겨났다. 그 때 우리나라 고등학생들은 연합고사와 본고사를 치르고 대학교로 진학했다. 청춘을 위로하는 시나 소설 대신 딱딱한 교과서와 《정통종합영어》, 《수학의 정석》을 옆구리에 끼고 다녔다. 그런 와중에 국어사전에는 먼지가 쌓이고, 영어사전만 새까맣게 손때가 탔다. 누구나 입시 전쟁에 내몰렸고 대입 합격에 일생을 건 이들을 상대로 한 요란한 광고. 공교육을 압도하는 사교육도 저런 학원 광고판에서 출발하지 않았을까.

루빅스 큐브

나중에 루빅스 큐브라고 불리게 될 장난감이 이 해에 헝가리의 완구점에서 "매직 큐브"라는 이름으로 처음 판매됐다. 이 큐브를 구성하는 조각들의 가능한 배열의 수는 51902 40392 93878 27200 00(약 519경)에 달한다. 큐브를 만든 건축가 루비크 에르뇌는 원래 학생들의 공간 감각을 키워주기 위한 교육적 도구로 이 장난감을 고안했다. 믿을 수 없을 정도로 단순하면서도 동시에 논리력과 인내심을 요구하는 이 장난감은 세계적인 인기를 끌게 된다.

이 해에는

책
- [미국] 《사랑은 지옥에서 온 개》, 찰스 부코스키
- [미국] 《최초의 3분》, 스티븐 와인버그

노래
- 10. 1. [일본] 〈코스모스〉, 야마구치 모모에
- 12. 15. 〈아니 벌써〉, 산울림
- 〈나 어떡해〉, 샌드 페블즈

영화
- 1. 29. 〈고고알개〉, 석재영
- 5. 25. 〈스타워즈〉, 조지 루커스
- 9. 27. 〈겨울여자〉, 김호선
- 11. 21. [미국] 〈록키〉, 존 애빌슨
- 〈이어도〉, 김기영

궂긴 소식
- 2. 4. 양주동(국문학자, 영문학자)
- 5. 23. 김광섭(시인)
- 6. 16. 이휘소(물리학자)
- 8. 16. 엘비스 프레슬리(미국의 가수)
- 9. 16. 마리아 칼라스(그리스의 성악가)
- 12. 25. 찰리 채플린(영국의 배우)

독립한 나라
- 6. 27. 지부티 (← 프랑스)

1978년

현대 아파트 특혜분양 사건

↑ 6월 30일 사정 당국은 아파트 청약과정에서 특혜분양을 받은 고급 공무원 등을 적발, 해당 부처에 명단을 통보했다. 7월 4일 언론을 통해 알려진 바로는 명단에는 공직자 190여 명, 국회의원 6명, 법조인 24명, 장성 3명, 중앙정보부원 10명 등이 포함되어 있었다. • 한해 전 9월에 착공한 이 아파트의 평당 분양가는 30만 원이었는데 준공도 되기 전에 3배 이상 뛰어오른 가운데 터진 이 사건은 여름 내내 아파트 투기 열기와 함께 세상을 뜨겁게 달구었다. ••

↓ 2월 21일 동일방직의 여성 노동자들이 노동조합 결성을 시도하던 중 회사 측이 구사대로 고용한 남성 노동자들이 여성 노동자들에게 똥물을 퍼붓고 노조 사무실을 습격해 폭력을 휘둘렀다. 이후 중앙정보부의 개입과 사측이 124명 해고 등으로 일단락되었지만, 이 이른바 '똥물 사건'은 1970년대 노동운동의 대표적인 상징이 됐다. • 사진은 1985년 옛 동일방직 노조원들이 《동일방직 노동조합 운동사》 출판 기념회 때 함께 모여 찍은 사진이다.

"싸게 나온 것 없습니까?"

특수분양으로 계속 물의를 빚고있는 서울 강남구 압구정동 현대 아파트는 최근의 부동산 가격상승세를 타고 프리미엄이 당초 입주금의 2배 이상 껑충 뛰어 특수분양에 따른 특혜의 이권이 얼마나 큰 것인가를 실증하고 있다. 과연 문제의 아파트 프리미엄은 얼마나 될까…

분양 당시 이들 아파트의 평당 가격은 44만 원이었으나 분양 1개월 후인 지난해 10월에는 4백만원의 프리미엄이 붙어 팔리다가 최근에는 평당 90만 원까지 올라 당초 분양가격의 2배를 넘어섰다…

65평형의 아파트를 특수 분양 받는 사람은 적어도 앉아서 3천만 원을 벌었고 대부분 실수요자인 38평형 아파트 분양자도 1천7백만 원에서 2천여만 원의 이득을 본 셈이다……

문제의 한국도시개발회사가 무주택 사원용으로 서울특별시장의 허가를 받아 분양한 아파트는 모두 1천2백88 가구. 이 중 사원에게는 3백36 가구분이 분양됐고 나머지 9백59 가구분이 특수층 인사에게 은밀히 분양된 것…

한강 변에 병풍처럼 둘러 지어진 이 아파트는 주변 환경이 조용하고 한강을 조망할 수 있다는 점에서 인기가 있는데 요즘 한창 말썽이 되고 있는데도 사겠다는 사람이 이 주변의 78개 복덕방에 계속 드나들고 있다는 것.

대한민국

1. 14. 최은희 실종. 영화배우인 그가 홍콩에서 실종됐다. 이에 최은희의 행방을 수소문하던 영화감독 신상옥도 홍콩에서 실종됐다. 당시 국내에서는 이들이 납북한 것으로 소문이 났지만, 결국 북한이 납치해 북으로 데려간 것으로 판명났다. 이들은 1986년 3월 탈출해 남한으로 돌아온다.

2. 21. 동일방직 사건.

4. 20. 대한항공기, 소련 강제 착륙. 파리발 서울행 대한항공 902편이 항법장비 이상으로 소련 영공을 침범해 소련 전투기에 격추당한 후 무르만스크 인근에 비상착륙했다. 이 사고로 탑승객 두 명이 사망했다.

4. 24. 함평 고구마부정수매사건 항의 농민대회. 1976년 전라남도 함평군 단위농협이 고구마를 전년보다 비싼 값에 전량 수매하겠다고 농민들에게 약속했다. 농민들은 예년보다 훨씬 많은 고구마를 생산했지만 약속은 지켜지지 않았고 엄청난 피해를 입었다. 농민들은 피해보상대책위원회를 꾸리고 피해 보상을 요구했지만 받아들여지지 않았고, 결국 4월 24일 광주 북동성당에 모여 단식에 돌입했다. 결국 정부가 조사에 나섰고 농협임직원들의 횡령사실이 드러나 5월 보상과 사과를 받아냈다. '함평 고구마 사건'으로 불린 이 투쟁은 농민운동사의 한 획을 긋는 승리였다.

6. 30. 압구정동 현대아파트 특혜 분양 사건.

7. 5. 민주주의국민연합 발족. 문익환 목사, 윤보선 전 대통령 등의 주도로 각계 인사 402명이 참여해 발족했다. 유신체제 타파, 노동자·농민 권익 옹호, 자유언론 쟁취, 정치범 사면복권을 투쟁목표로 선언했다.

7. 6. 제9대 대통령 선거. 통일주체국민회의 대의원 2578명이 출석해 치러진 간접선거였다. 현직 대통령 박정희가 단독 출마한 가운데 서울 장충체육관에서 실시된 이날 선거에서는 박정희 대신 '박정의'라고 적힌 무효표 한 표를 제외한 모든 표가 찬성표였다.

10. 1. 내무부, 국기 강하식 방송 의무화. 국기 강하식이 실시되는 오후 6시(겨울은 5시 30분)에 애국가가 들리는 동안 모든 국민은 차렷자세를 취하고, 만약 옥외에 있다면 국기를 향해 경례를 해야 했다. • 강하식은 국가주의의 과잉이라는 비판 속에 1989년 1월 이후 사실상 폐지됐다.

11. 7. 한미연합군사령부 창설. 1950년 한국전쟁 중에 유엔군 사령관에게 위임됐던 작전통제권이 한미연합사령관에게 이전됐다.

12. 12. 제10대 국회의원 선거. 여당인 민주공화당은 유정회 77석을 포함해 총 145석을 얻어 이번에도 제1당을 유지했다. 그러나 지역구에서는 과반을 달성하지 못했고, 득표율에서는 신민당에 1.1% 뒤졌다. 민심 이반이 광범위하게 일어나고 있다는 것을 분명하게 보여주는 결과이자 유신체제 몰락의 징후였다. •

12. 27. 박정희, 제9대 대통령 취임. 그의 다섯 번째이자 생애 마지막 대통령 취임식이었다. 취임식을 맞아 특별사면이 실시됐다. 이에 따라 긴급조치 위반으로 복역 중이던 김대중이 형집행정지로 석방됐고 민청학련 사건으로 무기징역을 선고받았던 김지하가 징역 20년으로 감형됐다.

세계

4. 27. [아프가니스탄] 사우르 혁명. 아프가니스탄의 모하마드 다우드 칸 대통령이 쿠데타로 축출되어 사망했고, 누르 무하마드 타라키가 이끄는 아프가니스탄 민주공화국이 수립됐다. 이 사건은 아프가니스탄에서 벌어진 오랜 갈등의 시작이었다.

9. 17. 캠프 데이비드 협정 체결. 안와르 사다트, 메나헴 베긴, 지미 카터가 캠프 데이비드 협정에 서명해 중동과 이집트와 이스라엘 간의 평화를 위한 틀을 마련했다. 이 역사적인 협정은 이듬해 체결된 이집트-이스라엘 평화조약의 토대를 마련했다.

10. 16. [바티칸] 교황 요한 바오로 2세 선출. 폴란드 추기경 카롤 보이티와가 교황으로 선출되어 455년 만에 이탈리아인이 아닌 교황이 됐다. 그의 선출은 가톨릭 교회의 지도부에 중대한 변화를 가져왔고 세계 정치와 종교에 광범위한 영향을 미쳤다.

11. 18. [가이아나] 존스타운 대학살. 짐 존스의 지도하에 가이아나 존스타운에서 인민 사원 컬트 구성원 918명이 대량학살 혹은 자살로 사망했다. 이 비극적인 사건은 전 세계에 충격을 주었고 컬트의 위험한 영향력에 대한 경각심을 불러일으켰다.

11. 16. [이란] 이란 혁명 시작. 이란이 군사 통치하에 놓였고 이는 이란 혁명의 중요한 순간을 알렸다. 이 조치는 샤 정권의 붕괴를 앞당겼고 이슬람 공화국 수립의 길을 열었다.

12. 18. [중국] 중국공산당 제11기 중앙위원회 제3차 전체회의 개막. 22일까지 열린 이 회의에서 국무원부총리 덩샤오핑이 마오쩌둥 시대의 정책을 뒤집고 개혁개방 노선을 채택했다. 2018년 12월 18일, 시진핑 국가주석은 40주년 기념식에서 개혁 개방을 '중국공산당 설립, 중화인민공화국 성립과 함께 5·4 운동 이래 3대 역사적 사건'이라고 평가한다.

12. 25. [베트남] 캄보디아 침공. 국경을 넘어 반복적인 공격을 하던 캄푸치아 인민혁명군이 23일 본격적인 발포를 개시하자, 베트남은 민주 캄푸치아(현 캄보디아)에 대한 본격적인 침공을 개시했다. 베트남은 2주 만에 캄푸치아 전역을 점령하고 폴 포트 정권을 무너뜨렸다.

↓ 7월 25일, 영국에서 체외수정을 통한 첫 아기가 태어났다. 세계 최초로 여성의 몸 밖에서 난자와 정자를 수정한 뒤 자궁에 착상시키는 '체외수정' 과정을 거쳐 출산된 아기인 루이스 브라운이 이날 태어났다. 나팔관에 이상이 있어 아기를 낳지 못하는 엄마의 자궁에서 난자를 채취해 남편의 정자와 '시험관'에서 수정시킨 후 제왕절개수술로 분만되었기 때문에 보통 시험관 아기●라고 불린다. 한국에서는 1985년에 첫 시험관 아기가 태어난다.

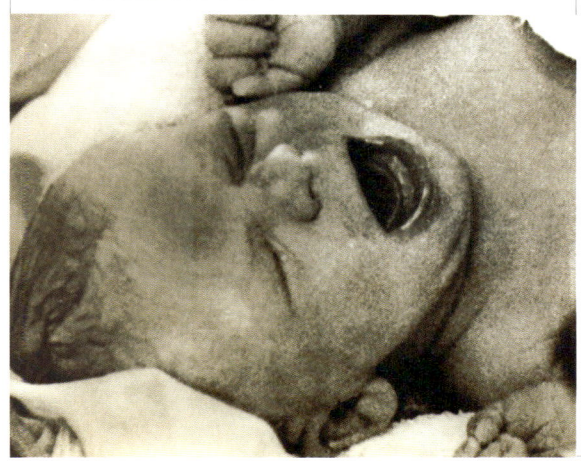

문화 / 과학·환경 / 스포츠

문화

4. 14. 세종문화회관 준공 및 개관. 1972년 화재로 전소되어 헐린 시민회관 자리(현 종로구 세종대로)에 건립됐다.

6. 10. 《난장이가 쏘아올린 작은 공》 출간. 줄여서 '난쏘공'이라 불린 조세희의 이 연작 소설집은 '악이 자선이 되고 희망이 되고 진실이 되고, 또 정의가 되던'● 시절, 산업화에 밀려 도시 빈민으로 전락한 이들의 삶을 우화 형식에 담고 있다.

6. 30. 한국정신문화연구원 개원.

9. 14. 〈은하철도 999〉 TV 방송 시작. 마쓰모토 레이지의 원작의 만화를 바탕으로 한 이 애니메이션은 이날 후지 TV에서 첫 전파를 탄 후 1981년까지 총 113화가 방영됐다.

과학·환경

7. 25. [영국] 체외수정을 통한 첫 아기 탄생.

10. 5. 〈자연보호헌장〉 선포. 서울 세종문화회관에서 선포된 헌장의 전문은 이렇게 시작된다. "인간은 자연에서 태어나 자연의 혜택 속에서 살고 자연으로 돌아간다."

11. 3. [중국] 삼북방호림(三北防護林) 조성 사업 시작. 세계 최대 규모의 생태 프로젝트로 2050년까지 3단계로 나눠 실시되는 이 사업은 중국 북부 지방의 사막화와 토양 침식, 모래폭풍을 막기 위해 방풍지대를 만드는 것이다.

스포츠

6. 1. [아르헨티나] 제11회 FIFA 월드컵 개막. 아르헨티나가 네덜란드를 연장전 끝에 3-1로 꺾고 우승했다. 남한은 지역예선에서 탈락해 본선 진출에 실패했고, 북한은 기권했다.

9. 27. 제42회 세계사격선수권대회 개막. 그동안 대한민국에서 열린 스포츠 대회 중 가장 많은 68개국이 참가한 이 대회의 성공적 유치와 운영은 1988년 서울 올림픽 유치에 성공하는 발판이 된다.

12. 9. [타이] 방콕에서 제8회 아시안 게임 개막.

12. 20. 대한민국 축구 국가대표팀, 아시안 게임 북한과 공동우승. 이날 결승전에서 양 팀은 연장까지 가는 치열한 경기를 펼쳤지만 0-0 무승부로 공동우승을 차지했다. 대회 개막식 실황 중계 때 북한팀의 입장 장면을 송두리째 지워버릴 정도로 대결 의식이 강하던 시절, 분단 이후 열린 최초의 남북 대표팀 간 축구경기였다. 2022년 현재 북한과의 전적은 7승 9무 1패로 남한이 앞서 있다.

12. 30. 차범근, 서독 분데스리가 데뷔. 그는 이날 다름슈타트 98 소속으로 VfL 보훔과의 경기로 분데스리가 데뷔전을 치렀지만, 병역 문제로 귀국할 수밖에 없었다. 군 복무를 마친 그는 이듬해 서독으로 떠나 아인트라흐트 프랑크푸르트, 바이어 04 레버쿠젠에서 1989년까지 분데스리가 308경기를 뛰며 총 98골을 기록한다. 독일에서 '차붐'이란 애칭으로 불린 그는 '교포에게는 기쁨의 눈물을, 고국에는 희망을, 세계에는 한국을 알리던 한국 스포츠 사상 가장 위대한 플레이어였다.'●

1978년 풍경

짐이 곧 국가였던 시절, 달력은 왕의 손아귀에 있었다. 그처럼 한때 저 오후 6시를 국가가 소유했던 시절이 있었다. 낮과 밤이 교차하는 푸르스름한 시간, 어둠의 입구에 푸른 등이 내걸리는 시간. 새들도 제 둥지를 찾아 일제히 자리를 박차고 오르는 시간, 전국 각지에서 애국가가 흘러나왔다. 대한국민이라면 누구나 있는 자리에서 동작을 멈추고 일어나 가슴에 손을 대고, 국기에 대한 경례를 해야 했다. 국기에 대한 맹세도 들어야 했다. 일방적 애국관, 강요된 국기 하기식. 저 의식에 참여하지 않으면 마치 국가에 죄를 짓는 듯한 애매한 기분을 주었다. 이제 그런 시간은 깨끗이 지나갔다. 저녁이 시작되는 푸릇푸릇한 시간, "토씨 하나 찾아 천지를 돈"(진이정) 어느 시인은 고질병처럼 앓던 한 구절을 마침내 만나 슬며시 자판을 끌어당기기도 하리라.

커피자판기

이 해 3월 22일, 서울 종각, 시청, 서울역 세 곳에 한국 최초로 커피자판기가 등장했다. 롯데산업과 화신전기가 일본에서 수입한 자판기에 100원짜리 동전 하나만 넣으면 커피 한 잔을 마실 수 있었다.● 그러나 여름이 되자 판매업자들은 폭염을 틈타 자동판매기에서 판매되는 냉커피, 냉밀크커피 등 얼음이 들어간 커피의 값을 한 잔에 150원으로 50%나 기습 인상하기도 했다.●●

이 해에는

책
- 3. 31. 《소외론 연구》, 정문길
- 5. 15. 《일제하 민족언론사론》, 최옥자(최민지라는 필명으로 출간)
- 5. 20. 《한국경제의 실상과 허상》, 유인호
- 6. 10. 《난장이가 쏘아올린 작은 공》, 조세희
- 6. 30. 《머나먼 쏭바강》, 박영한
- 8. 20. 《분단시대의 역사인식》, 강만길
- 10. 10. 《을화》, 김동리
- ○ [미국] 《오리엔탈리즘》, 에드워드 사이드
- ○ [프랑스] 《인생 사용법》, 조르주 페렉

노래
- 10. 15. 〈한동안 뜸했었지〉, 사랑과 평화
- 11. 5. 〈시인의 마을〉, 정태춘

영화
- 9. 13. [미국] 〈천국의 나날들〉, 테렌스 맬릭

궂긴 소식
- 1. 14. 쿠르트 괴델(오스트리아의 수학자)
- 3. 24. 박목월(시인)
- 8. 6. 교황 바오로 6세

독립한 나라
- 7. 7. 솔로몬 제도 (← 영국)
- 10. 1. 투발루 (← 영국)
- 11. 3. 도미니카 연방 (← 영국)

1979년

10·26사태

↑ 궁정동 안가에서 열린 술자리에서 중앙정보부 부장 김재규가 박정희 대통령과 차지철 경호실장 등을 권총으로 쏘았다. 박정희는 국군병원으로 이송 중 사망했다. 그의 나이 61세였고, 그의 유신체제도 종언을 고했다. 그렇게 '하나의 시대가 끝났다. 그리고 1980년대가 시작됐다.'

"야수의 마음으로
유신의 심장을 쏘았습니다."

금번 본인은 내란죄로 기소되어 재판 받고 있습니다. 합법적인 민주당 정권은 5·16 군사혁명에 의하여 밀려났습니다. 10월 유신은 자유민주주의를 발산한 또 한 차례의 혁명이었습니다.
…
5·16 혁명, 10월 유신이 부당한 것이 아니라면 10·26 혁명도 정당한 것입니다. 10·26 혁명이 범법이라면 의미 없는 혁명이 되고 맙니다. 우리나라는 자유민주주의 국가가 건국 이념이고 국시입니다. 전체 국민이 수난 당하며 지켜왔던 것입니다. 무슨 이유로도 말살될 수 없습니다. 그런데 10월 유신으로 까닭 없이 말살되었습니다. 10월 유신은 국민을 위한 체제가 아니라 박대통령의 종신 집권을 위한 체제였습니다.
…
많은 사람이 구속되었습니다. 이 불은 영원히 꺼지지 않고 계속 번져 나갔습니다. 정보부장으로서 파악한 바에 의하면 유신체제를 유지하려면 정부와 국민 간에 치열한 공방전이 벌어집니다. 이승만과 박대통령을 비교하면 이승만은 그만둘 때 그만둘 줄 알았으나 박대통령은 많은 국민이 희생되더라도 그만둘 사람이 아닙니다.

— 김재규, 〈법정 최후 진술〉

↓ YH 사건은 한국 사회의 억압적인 유신체제 아래에서 여성 노동자들의 생존권을 위한 절박한 투쟁이었다. 이 사건은 단순한 노동 쟁의가 아닌 민주주의를 향한 강력한 저항의 서막을 알리는 사건으로 기록된다. YH무역의 여성 노동자들은 회사의 위장 폐업에 항의하며 신민당사에서 농성에 들어갔고, 이 과정에서 경찰의 무자비한 진압으로 김경숙이라는 젊은 노동자가 목숨을 잃음으로써 그들의 투쟁은 더욱 비극적이고 상징적인 의미를 갖게 됐다. 유신정권의 폭력성과 부패를 드러내며, 이후 민주화 운동의 불씨를 지피는 계기가 되었고, 결국 박정희 정권의 몰락을 촉발하는 중요한 전환점이 됐다.

대한민국

3. 1. 윤보선·함석헌·김대중 등 재야인사, '민주주의와 민족통일을 위한 국민연합' 결성.

6. 29. 지미 카터 미국 대통령 방한. 2박 3일 일정의 회담 기간 동안 그는 한국의 인권상황에 대해 문제를 제기했다. 반면 박정희 대통령은 주한미군 철수 반대를 일방적으로 설명했다.

8. 9. **YH 사건**. YH무역의 여성 생산직 노동자들이 회사폐업조치에 항의해 신민당 당사에서 농성을 벌였다.

10. 4. 국회, 김영삼 신민당 총재 제명 처리. 집권당인 공화당과 유정회는 경호권을 발동한 가운데 날치기로 제1야당 총재를 국회의원직에서 제명했다. 제명당한 그는 "아무리 닭의 목을 비틀지라도 새벽이 온다는 것을 잊어서는 안 됩니다"는 유명한 말을 남겼다.

10. 16. **부마항쟁** 시작. 김영삼 제명 사건이 발생한 3일 뒤인 이날 부산대 학생 5000여 명이 유신철폐, 독재타도 등을 외치며 교내에서 시위를 벌이다 시내로 진출했다. 이어 저녁 무렵이 되자 7만여 명의 시민이 합세해 시청 앞과 광복동 일대에서 시위를 벌였다. 밤이 깊어가자 파출소들을 공격하는 등 시위는 더욱 격렬한 저항으로 바뀌었다. 다음날 부산대에는 임시 휴교령이 내려지고 경찰은 폭력적인 진압에 나섰지만 저항의 불길을 끌 수는 없었다.

10. 18. 정부, 부산시 일원에 비상계엄 선포. 이날 오전 박정희 대통령은 계엄 선포에 즈음한 담화를 발표해 계엄의 목적이 "악랄한 선동과 폭력으로 사회질서를 파괴하고 국리민복을 해치며 헌정 기본질서를 위태롭게 하는 불순분자들의 일체의 경거망동과 불법행위를 발본색원 하자는 데" 있다고 주장했다. 그러나 18일 밤부터는 마산에서도 시위가 일어났고, 이에 정부는 20일에 마산·창원에도 위수령을 발동했다.

10. 26. **박정희 대통령**, 김재규에게 **피살**됨.

10. 27. 최규하 국무총리, 대통령 권한대행 취임. 비상계엄령이 선포된 상태였고, 계엄사령관은 정승화 육군참모총장이었다.

11. 6. 최규하 대통령 권한대행, 특별 담화 발표. 잔여 임기를 채우지 않고, 빠른 시일 내에 헌법을 개정해 새로운 정부를 구성하겠다는 내용의 약속이었다.

12. 6. 제10대 대통령 선거. 사망한 박정희 대통령의 잔여 임기를 채울 후임자를 뽑기 위해 통일주체국민회의 대의원이 참여해 서울 장충체육관에서 실시된 간접선거였다. 무소속으로 단독 출마한 최규하 대통령 권한대행이 압도적 절대다수표를 얻어 선출됐다. 그는 불참한 11명의 표와 무효표 84표를 제외한 모든 표를 얻었다. 하지만 사실상의 반대표인 무효표는 지난 두 번의 체육관 선거에 비해서는 엄청나게 많은 수였다.

12. 8. 〈긴급조치 제9호〉 해제. 이 조치는 발동된 지 4년 7개월만인 이날 0시를 기해 해제됐다.

12. 8. 김대중 가택연금 해제. 비록 계엄령이 지속되는 상태였지만, 표면적으로는 계엄령이 곧 해제되고, 새로운 헌법과 민주적인 정부가 만들어져 민주화가 이루어질 것으로 기대됐다.

12. 12. 신군부, 군사 반란 일으킴. 박정희의 신임을 받으며 성장한 전두환을 중심으로 하는 군대 내 사조직 세력이 일으킨 쿠데타였다.

12. 21. 최규하, 제10대 대통령에 취임.

세계

2. 11. [이란] **팔레비 왕조 몰락.** 팔레비 왕조가 공식적으로 무너지고 루홀라 호메이니가 권력을 잡았다.

2. 17. 중국, 베트남 침공. 한 해 전 12월 베트남이 캄보디아를 침공해 친중 성향의 크메르 루주 정권을 붕괴시키자. 중국이 베트남 북부를 기습 침공했다. 중국군은 일시적으로 북부의 주요 도시를 점령하지만, 베트남의 반격에 고전하다 3월 6일 철수했다.

3. 26. 이집트—이스라엘 평화조약 체결. 미국 백악관에서 안와르 사다트 이집트 대통령과 메나헴 베긴 이스라엘 총리가 평화조약에 서명했다. 조약의 주요 내용은 양국의 상호 인정과 관계 정상화, 1948년 아랍—이스라엘 전쟁 이후 존재해온 전쟁 상태 중단, 시나이반도에서 이스라엘군의 철수 등이었다. 이스라엘과 다섯 차례의 전쟁을 했던 가장 강력한 아랍 국가가 칼을 내려놓은 것이다. 조약이 체결되자 아랍 국가들은 이집트와의 국교를 단절했고, 다시 돌아오는 데에는 20년이 넘게 걸린다.

5. 4. [영국] **마거릿 대처,** 총리 취임. 보수당 대표인 그는 전날 실시된 총선에서 보수당이 노동당에 승리함에 따라 이날 영국 여성 최초로 총리에 올랐다. '철의 여인'이라고도 불린 그는 1990년까지 총리로 재임하며 신자유주의에 기반한 보수적인 정책을 펼치며 주요 산업의 민영화 등을 밀고 나갔다.

7. 17. [니카라과] 아나스타시오 소모사 데바일레 대통령. 사임. 니카라과를 40년 넘게 지배하고 착취해온 가문의 마지막 대표자인 그가 사임했다. 형식은 사임이었지만 사실상 산디니스트에 의해 쫓겨난 것이었다. 그는 미국 마이애미로 도피했고, 19일 산디니스타민족해방전선이 수도 마나과에 입성해 임시 혁명정부를 세웠다. 이후 미국은 자신들이 원치 않는 좌익 성향의 정부를 제거하기 전통적인 비밀 작전을 개시해 반 산디니스트 세력인 콘트라 반군을 적극적으로 지원한다.

↓ 1월 16일, 1953년 CIA의 배후 공작으로 미국을 등에 업고 권력을 되찾았던 이란의 독재자 팔레비 국왕이 권좌에서 쫓겨났다. 2월 3일 이란에서 이슬람공화국이 선포됐다. 새 최고지도자 루홀라 호메이니는 '미 제국주의'를 주적으로 삼았다.

문화 / 과학・환경 / 스포츠

문화

7. 26. 제1회 MBC FM 강변축제 개막. 1982년 제3회부터 MBC 강변가요제로 명칭이 바뀐 이 대학생 중심의 가요 경연 대회는 2001년까지 22차례 지속되며 주현미, 이선희, 이상은 등 많은 스타를 배출한다. 매년 여름 경기도 청평유원지, 남이섬, 강원도 춘천 등 북한강 유역에서 열렸다.

12. 6. 현실과 발언 결성. 원동석. 최민. 성완경. 오윤 등 12명이 모여 만든 이 소집단은 '현실동인' 이후 침잠해 있던 민중미술에 대한 의지를 다시 일깨웠다. 미술가뿐 아니라 평론가들도 다수 참여한 이 집단은 미술과 정치 현실을 동일시하며 미술계 내부의 엘리트주의와 권위주의를 비판했다. 임옥상, 강요배 등이 합류했다. 이들은 엄혹했던 1980년대 비판적 '발언'으로 민중미술을 대표하는 집단으로 성장했다.

과학・환경

3. 28. [미국] 펜실베이니아주 스리마일섬 원자력발전소 사고 발생.

스포츠

4. 29. 서울에서 제8회 세계여자농구선수권대회 개막. 전대회 우승국 소련 등 동구권 국가들이 불참한 가운데 열린 이 대회에서 박찬숙과 강현숙을 앞세운 한국은 '역대 대표팀 중 최장신(평균 174cm)에 평균 나이 21세라는 최강의 전력'을 바탕으로 사상 첫 우승까지 기대했다. 결과는 미국에 이은 준우승이었다.

7. 20. 제30회 세계양궁선수권대회. 여자 개인 및 단체 우승. 김진호를 앞세운 한국은 베를린에서 열린 이 대회에서 여자 개인과 단체 모두 금메달을 땄다. 세계양궁선수권대회 한국 첫 금메달이었다. 이 대회를 시작으로 한국 양궁은 국제양궁연맹이 한국의 독주를 막기 위해 경기 방식을 수차례 바꿀 정도로 독보적인 위치를 차지한다.

9. 8. 서말구, 남자 100m 달리기 한국 기록 경신. 그는 멕시코에서 열린 제10회 하계 유니버시아드 대회에서 10초 34의 기록으로 예선을 통과했다. 이 기록은 2010년 김국영이 10초 31을 기록할 때까지 무려 31년 간 깨지지 않던 한국 단거리 달리기의 답보를 상징하는 숫자로 남았다. 한편 이 부문 첫 공식 기록은 1926년 당시 양정고보 선수였던 김장률이 세운 11초 8(수동 계시)이었다.

10. 12. [미국] 크리스 포드, NBA 첫 **3점슛** 득점. 1979~80시즌 NBA의 3점슛제 도입 후. 최초의 3점슛 득점은 보스턴 셀틱스의 크리스 포드가 휴스턴 로키츠를 상대로 치른 시즌 첫 경기에서 나왔다. 국제농구연맹(FIBA)이 3점슛제를 정식으로 채택한 첫 대회는 1988년 서울 올림픽이었다. 3점슛 라인 거리는 림을 중심으로 6.75m이다.

1979년 풍경

대한민국의 수도는 서울이고 대통령은 박정희인 줄로만 알았던 시절. 그 기간이 무려 18년 동안 계속되었다. 징조는 있었지만 선거, 사고, 병, 하야, 혁명이나 그 어떤 가시적 절차에 따른 게 아니라 아닌 밤의 홍두깨식으로 벼락처럼 벌어진 일이었다. 최고 권력자가 심복이 겨눈 탄환에 절명할 줄은 상상조차 못했다. 막상 독재자가 극적으로 사라지자 사람들은 진공상태로 빠져들었다. 정치는 한 치 앞도 안 보이는 오리무중으로 빠져들었다. 오늘날의 인터넷처럼 정보가 일반대중에게 광범위하게 나누어진 것도 아니었다. 집권 18년의 유산은 강고했다. 거리는 철시하고, 조기가 내걸렸다. 안개가 걷히고, 진상이 밝혀지고, 사태가 드러나기 시작했다. 한 사람이 갑자기 죽었다. 그것도 무려 대통령이었다. 사람들은 '근조'가 달린 셔터 문을 다시 올리고 생업에 복귀하였다. 그리고 또다시 기나긴 생각을 이어 나갔다.

이 해에는

책
- 5. 5. 《북치는 소년》, 김종삼
- 5. 26. 《성서의 가난한 사람들》, 서인석
- 6. 15. 《사람의 아들》, 이문열
- 10. 15. 《해방전후사의 인식》, 송건호 외
- ○ [영국] 《은하수를 여행하는 히치하이커를 위한 안내서》, 더글러스 애덤스

노래
- ○ 〈그때 그 사람〉, 심수봉
- ○ 〈제3한강교〉, 혜은이

영화
- 5. 25. [영국/미국] 〈에이리언〉, 리들리 스콧
- 8. 15. 〈지옥의 묵시록〉, 프랜시스 포드 코폴라
- 9. 13. 〈소나기〉, 고영남

궂긴 소식
- 2. 28. 하길종(영화감독)
- 5. 29. 고상돈(산악인)
- 6. 11. 존 웨인(미국의 배우)
- 7. 8. 도모나가 신이치로(일본의 물리학자)
- 10. 26. 박정희(대통령)

독립한 나라
- 2. 22. 세인트루시아 (← 영국)
- 5. 1. 마셜 제도 (← 미국)
- 7. 12. 키리바시 (← 영국)
- 10. 27. 세인트빈센트 그레나딘 (← 영국)

1980년

광주 민주화 운동

↑ 5월 18일 아침, 휴교령 철폐와 계엄 해제 등을 외치며 시위를 벌이다 공수부대원들에 의해 해산된 전남대 학생들이 금남로로 나가 시위를 계속하자 공수부대가 총검까지 사용해 학생과 시민들에게 무자비한 폭력을 휘두르고 수많은 사람을 끌고 갔다.

"왜 찔렀지, 왜 쏘았지,
트럭에 싣고 어딜 갔지…"
―〈5월의 노래〉

↓ 12월 1일, 오전 10시 30분, 한국에서도 컬러 텔레비전 방송이 시작됐다. 첫 프로그램은 수출의 날 기념식 중계였다. 컬러 방송으로 한국 전자산업의 수준을 한 단계 높여 수출 증대의 계기로 삼겠다는 명분을 부각시킨 것이다. 이날 전두환 대통령은 평소 입던 짙은 밤색 계통이 아닌 밝은 회색빛 옷을 입었다. 컬러 방송이 한국의 전자산업 발전에 큰 기여를 한 것도 사실이고, 사회 전반에 큰 변화를 일으킨 것도 사실이다. 그러나 그게 다는 아니었다. 이해 광주민주화 운동을 군인까지 동원해 폭력적으로 진압한 정권은 자신들을 향해 쏟아지는 반감을 정치가 아닌 다른 곳으로 돌려야 할 필요가 있었던 것이다. 2년 뒤 프로 스포츠 시대의 개막, 에로 영화 상영 묵인 등으로 이어진 우민화 정책, 즉 3S 정책의 시작이었다.

시민 여러분, 지금 계엄군이 쳐들어오고 있습니다. 사랑하는 우리 형제, 우리 자매들이 계엄군의 총칼에 숨져가고 있습니다. 우리 모두 계엄군과 끝까지 싸웁시다. 우리는 광주를 사수할 것입니다. 여러분 우리를 잊지 말아주십시오, 우리는 최후까지 싸울 것입니다. 시민 여러분, 계엄군이 쳐들어오고 있습니다.
― 광주민주화운동 당시 가두방송

대한민국

4. 14. 전두환, 중앙정보부 부장과 합동수사본부 부장 대리 겸임.

4. 21. 동원탄좌 광부들, 사북읍 점거. →

5. 15. 서울역 시위. 7만에서 10만 명에 이르는 대학생이 서울역 앞에 모여 유신철폐와 계엄해제를 외쳤다. 그러나 공수부대가 투입될 수도 있다는 소문이 돌았고, 이제 지도부는 격론 끝에 일단 해산하기로 결정했다. 이날의 이런 결정은 훗날 '서울역 회군'으로 불리게 된다.

5. 17. 국무회의, 계엄령 확대 결의.

5. 17. 수도경비사령부, 김대중 체포. 이날 신군부 세력은 김대중을 용공, 김종필을 부정축재혐의로 구속하고, 김영삼은 가택에 연금했다.

5. 17. 이희성 계엄사령관, 계엄포고령 제10호 발령. 전두환 정권은 '17일 24시를 기하여' 비상계엄의 '시행지역을 대한민국 전 지역으로 변경한' 후, 계엄군을 투입해 18일 오전 1시 45분 경 국회를 점거했다.

5. 18. [광주민주화운동] 오전 10시 무렵 전남대학 학생들이 학교 출입을 막는 계엄군에 항의하면서 계엄군과 충돌했다. 광주민주화운동의 시작이었다.

5. 19. [광주민주화운동] 공수부대, 실탄 사격. 광주가 피로 물들자 분노한 시민들이 시위에 동참했다. 이에 장갑차까지 동원하고 투입된 공수부대가 시위하는 시민을 향해 발포했다.

5. 21. [광주민주화운동] 공수부대, 집단 발포 시작. 광주역 광장에서 시신이 발견되었다는 소식에 분노한 시민 수십만 명이 항쟁에 동참하자 오후 1시경 공수부대가 집단발포를 시작했다. 시위대를 향해 조준사격이 가해지며 많은 희생자가 나오자 시민들이 광주 인근 지역의 예비군 무기고에서 획득한 무기로 무장하고 시가전을 전개했다.

5. 22. [광주민주화운동] 수습위원회 구성. 전날 공수부대가 조선대학교로 철수하자 시민들은 수습위원회를 구성해 질서와 치안을 유지하며 계엄군 측에 수습안을 제시했다.

5. 23. [광주민주화운동] 시민수습대책위원회, 광주도청광장 앞에서 제1차 범시민 궐기대회 개최. 15만여 명이 참가했다. 계엄사는 헬리콥터로 광주시민을 간첩, 불순분자, 깡패로 몰며 시내 전역에 경고 전단을 뿌리며 대응했다.

5. 27. 한미연합사, 상무충정사업에 병력 동원 승인.

5. 27. [광주민주화운동] 광주 진압작전(상무충정작전) 종료. 탱크와 헬기를 앞세운 계엄군 특공대가 도청을 비롯해 시내 전역을 무력으로 장악하고 진압작전을 종료했다.

5. 31. 국가보위비상대책위원회(국보위) 발족. 위원장은 대통령이 맡았지만 실권은 상임위원장 전두환에 있었다. 5·16 쿠데타 직후 국가재건최고회의 같은 국회와 행정부를 무력화하고 사법부를 통제하는 초헌법적 기관이었다.•

8. 27. 제11대 대통령 선거. 사퇴한 최규하 대통령의 잔여 임기를 채울 후임자를 뽑기 위해 통일주체국민회의 대의원이 참여해 서울 장충체육관에서 실시된 간접선거였다. 단독 출마한 전두환 국가보위비상대책상임위원장이 압도적 지지로 선출됐다. 1972년 처음 실시된 이래 네 번째이자 마지막 '체육관 선거'였지만, 이듬해 제12대 선거 역시 여전히 간접선거로 치러졌다.

9. 1. 전두환, 제11대 대통령에 취임.

12. 31. 노동관계법 대폭 개정. 〈노동조합법〉, 〈노동쟁의조정법〉 개정, 〈노사협의회법〉 신설 등 일련의 조치로 기업별 노조가 강제되고, 쟁위행위에 제3자 개입이 금지되면서 노동 3권이 심하게 침해받았다.

세계

1. 13. [서독] **녹색당** 창당. 생태적 지혜, 사회정의, 풀뿌리 민주주의, 비폭력을 4대 핵심 원칙으로 카를스루에에서 창당됐다. 1990년 독일 통일 뒤 옛 동독의 민주화운동 정당연합인 '동맹 90'과 합당했다. 이때 공식 당명도 '동맹 90/녹색당'으로 바뀌었지만 현재까지도 흔히 녹색당으로 불리고 있다. →

4. 6. [인도] 인도인민당 창당. 우익 힌두 민족주의 정당인 이 당은 인도국민회의와 함께 인도의 양대 정당 중 하나이다. 2023년 현재 인도뿐 아니라 세계에서 가장 큰 정당이다. 당원 수만 1억 명이 넘는다. 1996년 처음 여당이 된 후 아주 짧은 기간을 제외하고는 현재까지 계속 집권 여당의 지위를 유지하고 있다.

4. 18. [짐바브웨] 독립. 영국령 식민지였다 1965년 일방적으로 독립을 선언한 이후 미승인 국가 상태였던 로디지아가 이날 짐바브웨 공화국이란 국명으로 공식 독립했다. →

5. 4. [유고슬라비아] 요시프 브로즈 티토 대통령 사망. 1948년 소련과 결별한 그는 이념적으로 적대적인 두 진영으로 나뉜 유럽 대륙에서 독자적인 사회주의 노선을 발전시켜 동서 양 진영 모두의 영향권에서 벗어난 유일한 국가*를 건설하고, 다민족 국가인 유고슬라비아 사회주의연방공화국을 유지시켰다. 35년 동안 장기집권을 하며 권위적인 1당 지배체제를 유지한 그의 장례식에는 당시 154개 유엔회원국 중 128개국의 대표단이 참석했다. 그가 사망하자 민족주의가 대두하면서 연방공화국 내의 6개의 공화국과 2개의 자치주는 느리지만 격렬한 분열의 길을 걷게 된다.

6. 1. [미국] CNN, 첫 방송 송출. 일요일인 이날 오후 6시, CNN은 24시간 뉴스만을 보도하는 세계 최초의 텔레비전 채널이 됐다. 24시간 현장에서 실시간으로 생생하게 전달되는 뉴스 보도가 정부의 중요한 정책 결정에까지 영향을 미쳐 'CNN 효과'라는 말까지 만들어졌다.

11. 4. [미국] 공화당의 로널드 레이건이 현직 대통령인 지미 카터를 누르고 당선됐다. 그는 임기 중 케인스주의 경제정책을 거부하고 '레이거노믹스'로 알려진 일련의 보수적이고 시장 지향적인 개혁을 시행한다. →

← 9월, 폴란드에서 독립자치노동조합 '연대'가 출범한 것은 공산정권에 대한 강력한 저항의 상징으로, 노동자들이 스스로의 권리를 주장하기 시작한 역사적 순간이었다. 레흐 바웬사의 지도 아래, 이 조직은 단순한 노동조합을 넘어 사회 전반에 걸친 민주화 운동의 선두주자로 자리매김하며, 억압받는 이들의 목소리를 대변하는 중요한 역할을 했다. '연대'의 출범은 이후 동구권 전체에 퍼진 민주화 물결의 초석이 되었으며, 이는 폴란드뿐만 아니라 세계 역사에 길이 남을 변혁의 서사를 시작하는 계기가 됐다.

문화 / 과학·환경 / 스포츠

문화

3. 20. **조용필** 1집 음반 발매. 〈창밖의 여자〉를 타이틀곡으로 하고 〈돌아와요 부산항에〉가 재수록된 이 음반은 한국 최초로 100만 장 넘게 판매된 음반이다. 조용필은 이전에도 음반을 낸 적이 있지만, 이 음반을 자신의 첫 앨범으로 여긴다.

6. 1. 교보문고 개장. 서울 광화문 대한교육빌딩 지하에 문을 연 이 서점은 당시 국내 최대 규모였다.

10. 21. MBC, 《전원일기》 첫 방송. 에피소드 〈박수칠 때 떠나라〉가 MBC TV로 방송됐다. 양촌리 김회장(최불암 분) 네를 중심으로 전개된 이 농촌 드라마는 2002년 12월 20일까지 장장 22년을 이어간 한국 최장수 드라마였다.

과학·환경

1. 1. 환경관리관실, 환경청으로 승격

5. 8. 세계보건기구(WHO), **천연두 완전 퇴치** 선언. 1977년 소말리아에서 진단된 환자를 끝으로 이 병의 자연적 발생 사례는 보고되지 않았다. 천연두는 인류가 근절시키는 데 성공한 처음이자 유일한 인간감염병이다.

스포츠

2. 13. [미국] 레이크플래시드에서 제13회 동계 올림픽 개막.

4. 20. 미도파, 181연승 마감.* 실업여자배구팀 미도파가 선경합섬에 3-0으로 패했다. 국세청 배구팀을 인수해 대농으로 출범한 1973년부터 8년 동안 이어가던 연승 기록이 막을 내리는 순간이었다. 그 전설적인 기록은 3월 18일 전국남녀실업배구연맹전 결승에서 현대에 3-0으로 승리하며 세운 181연승이었다.

5. 28. 장훈, 3000안타 달성. 롯데 오리온스 소속인 그는 한큐 브레이브스와의 경기에서 홈런으로 일본 프로야구 사상 최초로 3000안타를 기록했다. 그는 이듬해 은퇴할 때까지 3085안타를 기록했고, 아직까지 최다 안타 기록으로 남아 있다.

7. 19. [소련] 모스크바에서 제22회 하계 올림픽 개막. 소련-아프가니스탄 전쟁에 대한 항의 표시로 미국을 비롯한 서방 국가들이 불참을 선언했다. 1956년 이후 가장 적은 국가가 참가해 '**반쪽 올림픽**'이라는 오명을 얻었다.

12. 20. 할렐루야 축구단 창단. 한국 최초의 프로축구단인 이 팀은 1983년 프로축구 수퍼리그(현 K리그) 원년 우승을 차지했다.

1980년 풍경

그때 그 시절, 1980년 광주로, 돌아가 본다. 만약 지금에도 그런 사정이 있어 방아쇠가 당겨졌다면 그때 그 사람들 또 분명 분연히 일어났을 것이다. 그랬을 때, 만약 오늘날처럼 누구나 휴대폰을 소지하고, 개인이 뉴스를 만들고, 현장을 다니고, 방송을 한다면 어땠을까. 그때도 전두환 일당이 뉴스를 틀어쥐고, '기레기'들은 계엄군이 안내하는 대로 취재해서 '폭도'라 딱지 붙인 르포를 지면에 실을 수 있을까. 그때 거기, 광주의 한 소녀가 5·18민주화운동기록관에 전시된 사진의 일기를 남겼다. "5월 19일 월요일, 공포. 도청에서 난리가 났다고 한다. 그래서 난 교실 청소에도 못 가고 벌벌 떨었다. 젊은 언니 오빠들을 잡아서 때린다는 말을 듣고 공수부대 아저씨들이 잔인한 것 같았다. 꼭 김일성이 쳐들어 올 것 같다. 왜 그런지 그런 느낌이 자주 든다. 하루빨리 이 무서움이 없어져야겠다." 이런 자료를 토대로 한강은 다음과 같은 문장으로 시작하는 소설, 《소년이 온다》를 썼다. "비가 올 것 같아. 너는 소리 내어 중얼거린다. 정말 비가 쏟아지면 어떡하지. 너는 눈을 가늘게 뜨고 도청 앞 은행나무들을 지켜본다." 그리고 2024년 노벨 문학상을 수상하였다. 이제 저 일당들의 만행은 글이 있는 한 언어의 감옥에 갇히게 되었다. 광주를 넘어 세계로, 오늘을 지나 후세로, 영원한 무기징역.

이 해에는

책
- 10. 30. 《뒹구는 돌은 언제 잠 깨는가》, 이성복
- ○ [미국] 《엔트로피》, 제러미 리프킨
- ○ [미국] 《코스모스》, 칼 세이건
- ○ [이탈리아] 《장미의 이름》, 움베르토 에코

노래
- ○ 〈단발머리〉, 조용필
- ○ 〈임을 위한 행진곡〉, 오정묵

영화
- 5. 23. [미국/영국] 〈샤이닝〉, 스탠리 큐브릭
- 11. 15. 〈최후의 증인〉, 이두용
- 11. 27. 〈바람불어 좋은날〉, 이장호

궂긴 소식
- 3. 18. 에리히 프롬(독일 출신 미국인 심리학자)
- 3. 31. 제시 오언스(미국의 육상 선수)
- 4. 15. 장 폴 사르트르(프랑스의 철학자)
- 4. 29. 앨프리드 히치콕(영국의 영화감독)
- 5. 4. 요시프 브로즈 티토(유고슬라비아의 대통령)
- 5. 24. 김재규(군인, 정치인)
- 7. 27. 모하마드 레자 팔레비(이란의 국왕)
- 9. 16. 장 피아제(스위스의 교육학자)
- 12. 2. 로맹 가리(프랑스의 작가)
- 12. 8. 존 레논(영국의 가수)
- 12. 24. 조흔파(소설가)

독립한 나라
- 4. 18. 짐바브웨 (← 영국)
- 7. 30. 바누아투 (← 영국/프랑스)

1981년

제5공화국 출범

> "대통령을 뽑을 일꾼
> 내힘으로 선출하자."
> — 제12대 대통령 선거인 선거 표어

↑ 2월 25일, 전두환이 임기 7년의 제12대 대통령으로 선출됐다. 1979년의 군사 반란과 1980년 광주 민주화 운동 진압 이후 신군부 세력이 권력을 장악한 결과였다. 전두환은 선거인단 투표에서 90% 이상의 지지를 얻어 당선되었지만, 그 과정은 민주적 절차가 결여된 상태에서 이루어진 것이었다.

↓ 사회질서를 회복하고 불량배를 소탕한다는 명분으로 국가보위비상대책위원회가 주도해 삼청교육대를 창설했다. 이 과정에서 약 80만 명의 군과 경찰이 동원되어 수십만 명이 영장 없이 검거됐다. 이들은 군부대에 수용되어 강제적인 순화교육을 받았다. 삼청교육대의 설립은 국가의 폭력적 통치 수단을 통한 인권침해의 대표적 사례였다.

이번 제12대 대통령선거를 통하여 국민 여러분이 본인에게 압도적인 성원을 보내주신 것은 본인에게 있어 무한한 영광일 뿐 아니라 본인의 책임을 더욱 무겁게 하는 채찍질이 되고 있습니다. …
우리 국민 모두는 스스로 겪은 체험과 역사적 교훈을 통해서 다음과 같은 세 가지 고통으로부터 해방될 것을 줄기차게 갈망하였습니다. 그것은
첫째, 전쟁의 위협으로부터의 해방이요
둘째, 빈곤으로부터의 해방이며
셋째는 정치적 탄압과 권력남용으로부터의 해방입니다. …
본인은 본인이 공약한 새 시대를 기필코 열어놓을 것이며, 본인이 발의하고 공시한 헌법을 준수할 것입니다. 그리고 정직을 생활의 신조로 삼아온 하나의 자연인으로서 자신의 신조에 충실하고자 합니다.
— 전두환, 〈제12대 대통령 취임사〉

대한민국

1. 6. 서울시, 청계피복 노조 해산 명령. 신군부와 전두환 정권은 노동계 정화조치와 노동관계법 개정을 통해 노동운동을 크게 약화시켰다. 1월 청계피복 노조 해산, 3월 반도상사 노조 해산, 이듬해 10월 원풍노조 해산 등이 그 대표적 사례였다.

1. 15. 민주정의당 창당. 약칭 민정당으로 불린 이 정당은 신군부가 보안사 등 특수기관을 동원해 만든 후 현직 대통령인 전두환이 초대 총재를 맡은 사실상의 관제 정당이었다. 이어서 제1야당으로 민주한국당(민한당)과 제2야당으로 한국국민당(국민당)이 같은 방식으로 만들어졌다. 소위 1대대, 2중대, 3소대가 만들어지는 코미디 같은 일이 벌어진 것이다. 심지어 구색맞추기로 민주사회당(민사당)을 만들기까지 했다. 전두환의 주도로 창당된 민정당은 이날 서울 잠실실내체육관에서 열린 창당식에서 그를 총재 및 대통령 후보로 추대했다.

1. 24. 전두환 대통령, 계엄령 해제. 10·26 이후 계속되었던 계엄이 456일 만에 해제됐다.

1. 28~2. 2. 전두환 대통령, 미국 방문. 광주 학살로 세계 여론의 지탄을 받던 그가 로널드 레이건 대통령 취임 후 미국의 초청을 받은 국가원수가 된 것은 김대중 때문이었다. 당시 사형선고를 받은 김대중은 23일 오전 대법원에서 사형 확정 판결을 받았지만, 정부는 오후에 임시국무회의를 열어 무기로 감형한다고 결정했다. 미국의 초청을 받기 위한 일종의 선물이었던 것이다. 전두환의 방미 중 이뤄진 정상회담에서는 주한미군 철수 계획 백지화 등 14개 항의 공동성명이 발표됐다.

2. 25. 제12대 대통령 선거. 대통령 선거인단이 전두환을 대통령으로 선출했다. 대통령 선거 사상 마지막 간접선거였다.

3. 3. 전두환, 제12대 대통령에 취임. 이와 함께 제5공화국이 출범했다.

3. 13. 국무회의, 정부조직법 개정안 의결. 이에 따라 노동청이 노동부로 승격되고 무임소장관이 정무장관으로 명칭이 바뀌었다.

3. 25. 제11대 국회의원 선거. 제5공화국 첫 국회를 구성하기 위해 중선거구제로 치러진 이 선거에서 민주정의당이 151석, 민주한국당이 81석, 한국국민당이 25석을 얻었다. 민주정의당은 지역구 의석수에서 1위를 차지한 정당이 전국구 의석의 2/3를 가져간다는 조항 덕분에 61석을 자동으로 확보했다. 게다가 민주한국당과 한국국민당은 전두환 정권의 묵인과 통제 속에 만들어진 일종의 '관제야당'이었다.

3. 31. 국가보위입법회의 폐회. 신군부가 1980년 10월 설치한 임시 입법기구인 국가보위입법회의가 발족 164일 만에 해체됐다.

5. 7. 평화통일자문회의 발족.

5. 14. 경산 열차추돌 사고. 경상북도 경산군 경부선 철로에서 부산발 서울행 열차가 추돌해 승객 52명이 사망했다.

12. 19. 수출 200억 달러 돌파.

세계

1. 6. [리비아/차드] 국가통합 구상 발표. 무아마르 카다피 리비아 국가지도자와 구쿠니 웨데이 차드 대통령이 리비아 트리폴리에서 '두 나라 간의 완전한 통합을 이루기 위해 노력하기로' 결정했다는 내용의 공동성명을 발표했다. 이 구상은 프랑스와 미국의 반발을 불러왔고, 11월 16일 리비아는 차드에서 군병력을 완전히 철수시켰다.

1. 20. [미국] 로널드 레이건, 제40대 대통령에 취임. 취임식이 진행되는 동안 이란에 억류돼 있던 미국인 52명이 풀려났다.

4. 26. [프랑스] 대통령 선거. 5월 10일 결선투표까지 가는 접전 끝에 사회당의 프랑수아 미테랑이 현직 발레리 지스카르 데스탱을 누르고 당선됐다. 이로써 23년 간의 긴 우파 집권이 끝나고 좌파정권이 들어섰다.

5. 13. [바티칸] 교황 요한 바오로 2세 피격. 그는 성 베드로 광장에 들어가던 중 튀르키예의 메호메트 알리 아자가 쏜 총탄에 맞아 중상을 입었지만, 회복됐다. 암살 시도의 동기는 확실히 밝혀지지 않았다.

6. 5. [미국] 질병통제예방센터(CDC), 첫 **에이즈 환자** 사례 보고.

10. 6. [이집트] 안와르 사다트 대통령, 암살됨. 국군의 날 기념식에 참석한 그는 열병식 도중 암살단의 총격을 받고 사망했다. 암살단을 이끈 할리드 이슬람불리는 사열대를 향해 "나는 파라오를 죽였다"고 외쳤고, 이는 종교보다 인간의 법을 앞세운 세속적인 통치자인 사다트를 비난한 것이었다. 4일 후 거행된 국장에는 아랍 국가의 대표들은 거의 참석하지 않았다. 14일, 부통령 호스니 무바라크가 사다트의 뒤를 이어 대통령이 됐다.

12. 13. [폴란드] 보이치에흐 야루젤스키 통일노동자당 제1서기, 계엄령 선포. 이날 그는 자유노조 '연대'에 대한 탄압도 시작했다. 계엄령은 1983년 7월까지 지속된다.

문화 / 과학·환경 / 스포츠

문화

2. 10. 〈가요톱10〉 첫 방송. KBS에서 제작한 대표적인 한국 대중가요 순위 프로그램으로 1998년까지 전파를 탔다. 첫 1위 곡은 조용필의 〈촛불〉이었다.

5. 25. 〈뽀뽀뽀〉 첫 방송. MBC에서 제작한 이 프로그램은 "아빠가 출근할 때 뽀뽀뽀, 엄마가 안아줘도 뽀뽀뽀"로 시작하는 주제곡과 '뽀미 언니'로 1980~90년대 어린이들을 아침마다 텔레비전 앞으로 불러모았다. 제1대 뽀미 언니는 왕영은이었다.

5. 28. **국풍'81** 개막. 신군부가 광주민주화운동 진압에 성공하고 딱 1년 후인 이날, 전국 대학생 민속·국학 큰잔치를 내건 국풍'81이 서울 여의도 광장에서 6월 1일까지 5일간 열렸다. 대통령실 공보비서관인 허문도가 주도하고 KBS가 주관한 이 관제행사는 거대한 민중의 축제를 표방했지만, 실제로는 전두환 군부 세력이 3S(스포츠, 스크린, 섹스) 정책의 일환으로 벌인 '유사 아래 가장 거대한 놀자판 행사' 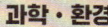 였다.

과학·환경

1. 5. 경기도 양평군 기온, 섭씨 영하 32.6도 기록. 한국 기상청 공식 관측 사상 최저기온이었다. 이날의 추위는 '구멍가게 상인들은 쩔쩔매고 밤새 얼어터지는 음료수 병들의 깨지는 비명소리에 밤잠을 설쳐야 했고 닭의 해에 암탉들은 추위에 볶여 알을 낳지 못했다'는 신문기사가 실릴 정도였다.

4. 12. [미국] 미국항공우주국(NASA), 컬럼비아 우주왕복선 발사. 재사용 가능한 첫 우주선이었다. 존 영과 로버트 크리펜이 탑승한 이 우주왕복선은 14일 지구로 돌아왔다. 이후 2003년까지 총 28회 임무에 투입된다.

스포츠

3. 29. [영국] 첫 런던 마라톤 대회 열림. 월드 마라톤 메이저스에 포함되는 대회 중 하나이며 통상 10월에 열린다.

9. 30. IOC, 서울을 1988년 하계 올림픽 개최지로 결정. 서독 바덴바덴에서 열린 제84차 국제올림픽위원회 총회 개최지 선정 투표에서 서울은 52표를 얻어 유력 후보였던 일본 나고야의 27표를 제치고 1988년 올림픽 개최지로 선정됐다.

← 6월 5일 미국 질병통제예방센터(CDC)가 첫 에이즈 환자 사례를 보고했다. 로스앤젤레스에 거주하는 동성애 남성 5명이 일반적으로 면역체계가 약화된 환자에서만 발병하는 희귀한 형태의 폐렴에 걸렸다고 보고됐다. 이 질병은 후천성면역결핍증후군(AIDS)으로 정의되었으며, 성관계나 수혈 등의 경로로 인간면역결핍바이러스(HIV)에 감염되면 발병한다. 발견 초기에는 '20세기의 흑사병' 등으로 불리며 큰 공포의 대상이 되었고, 동성애자들에 대한 극심한 혐오와 차별로 나타나기도 한다. 현재까지 치료제나 백신은 개발되지 않았지만 꾸준한 관리와 치료를 받으면 생활이 가능한 만성질환으로 취급받고 있다.

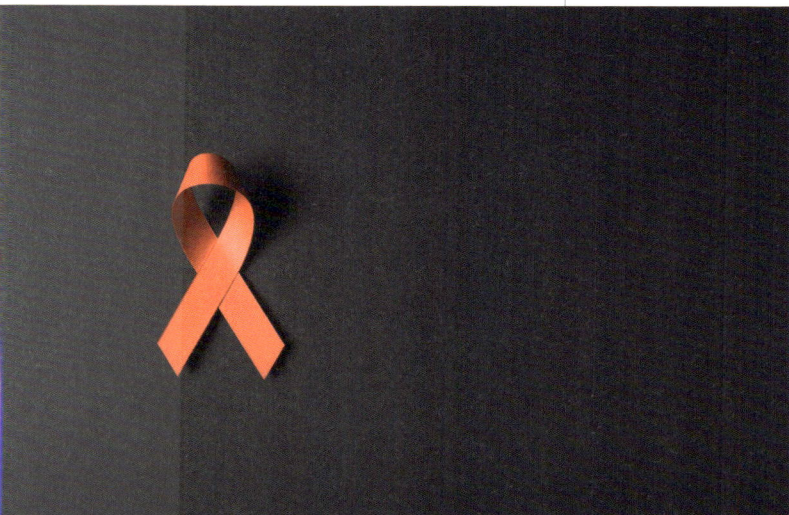

1981년 풍경

요즘 유행하는 랩도 저렇게 무의미한 언사는 아닐 것이다. 밤 9시 정각. 띠띠띠땡, 시보가 울리는 것과 동시에 밤 뉴스가 시작되면 어제와 똑같은 앵커가 어제와 똑같은 목소리로 어제와 똑같은 멘트를 배달하였다. "전두환 대통령은 오늘…" 방송의 첫 소식은 신문의 1면 톱뉴스처럼 비중이 클 수밖에 없기 마련이다. 그런데 하나마나 한 저 소리를 마르고 닳도록 되뇌었던 것. 보는 시청자보다 본인이 더 민망하지 않았을까. 하지만 그런 염치를 기대할 위인이 아니었다. 뉴스 밸류를 따져 편집권을 행사했던 이들도 쥐구멍을 찾아야 하리라. 지금 저 화면을 본다면 자신의 입을 꿰매야 마땅하다. 앵무새의 나라에도 저런 '땡전뉴스'는 없을 테니깐. 땡전되듯 이제 그는 역사에서 치욕적으로 꺼졌지만 방송의 흑역사를 거론할 때마다 그의 이름은 끊임없이 소환될 것이다. "전두환은 오늘…"

최고기온과 최저기온

| 강원도 홍천군 2018. 8. 1 | 41.0℃ | 경기도 양평군 1981. 1. 5. | −32.6℃ |
| 미국 캘리포니아주 데스밸리 1913. 7. 10. | 56.7℃ | 남극의 소련 보스토크 기지(남극) 1983. 7. 21. | −89.2℃ |

이 해에는

책
- **9. 5.** 《인간시장》, 김홍신 (1985. 10권으로 완간)
- **9. 20.** 《이 시대의 사랑》, 최승자
- **9. 30.** 《김수영 전집》, 김수영
- ○ [일본] 《창가의 토토》, 구로야나기 테츠코
- ○ [미국] 《한국전쟁의 기원》, 브루스 커밍스
- ○ [미국] 《인간에 대한 오해》, 스티븐 제이 굴드
- ○ [영국] 《한밤의 아이들》, 살만 루슈디
- ○ [독일] 《의사소통 행위 이론》, 위르겐 하버마스

영화
- **5. 14.** 〈장마〉, 유현목
- **5. 27.** [프랑스/서독] 〈포제션〉, 안제이 주와프스키
- **6. 12.** [미국] 〈레이더스〉, 스티븐 스필버그
- **6. 13.** 〈피막〉, 이두용
- **9. 12.** 〈만다라〉, 임권택
- **10. 17.** 〈난장이가 쏘아올린 작은공〉, 이원세
- **12. 17.** [스웨덴] 〈화니와 알렉산더〉, 잉마르 베리만

궂긴 소식
- **2. 3.** 류영모(사상가)
- **5. 11.** 밥 말리(자메이카의 가수)
- **9. 8.** 유카와 히데키(일본의 물리학자)
- **9. 9.** 자크 라캉(프랑스의 정신분석학자)
- **10. 6.** 안와르 사다트(이집트의 대통령)

독립한 나라
- **9. 21.** 벨리즈 (← 영국)
- **11. 1.** 앤티가 바부다 (← 영국/ 프랑스)

1982년

야간통행금지 해제

"국민들이 받은
커다란 선물이었다."
—《경향신문》, 1982. 1. 4.

야간통행금지 조치를 철폐하고 남녀 중·고교생의 두발과 교복을 자유화토록한 전두환 대통령의 지시와 개각은 임술년 새해초부터 국민에게 활력과 희망을 준 커다란 촉진제가 될 뿐 아니라 개방시대의 본격적인 도래를 실감케하는 큰 선물이라고 할 수 있다.
… 더우기 82년은 86년 아시안 게임과 88년 제24회 올림픽 경기의 서울 개최를 위한 본격 준비의 첫해라는 점에서 통금철폐와 학생조발 및 교복자율화는 중요한 의미를 지닌다. 2개의 국제적 체육제전은 한국과 한민족의 전체적인 역량을 세계에 과시할 수 있는 역사적 대역사인 동시에 일등 문화국민으로 선진대열에 진입할 수 있는 계기가 되고 있다.
… 사실 전 대통령의 용단은 제5공화국 출범 이후 1년간 국정운영 결과 사회안정과 경제발전에 대한 자신감에서부터 연유한 것으로 보인다.
… 또한 이번 통금해제와 같이 민의를 의정의 차원에서 수렴하여 행정적 차원에서 이를 수용, 실행하는 정치운영 방식은 민주정치 발전에 활력소를 제공한 민의정치와 대화 정치의 일보전진이 아닐 수 없다.
— 《경향신문》, 1982. 1. 4.

↑ 야간통행금지의 해제와 여러 자율화 조치는 국민이 '자율'을 익혀나가기 위한 과제로서 주어졌다. 신군부 정권은 정권의 정당성을 확보하기 위해 강제 대신 '내부적인 개발'을 통해 국민을 동원하고자 했고, 자율은 대한민국 국민이 '올림픽 시민'으로서 새롭게 익혀야 할 사회규율이 됐다. 사진은 통금해제 1주년을 기념해 국립영화제작소가 제작한 문화영화의 도입부 화면이다.

↓ 1982년 한국 프로야구가 전두환 군부 정권의 의도 아래 출범했다. 정치적 불안정과 사회적 갈등 속에서 국민의 관심을 스포츠로 돌리기 위한 전략이었다. 정권이 윽박지르면 기업은 죽는시늉이라도 해야 하던 시절, OB, 삼성, 롯데, 해태 등 6개 구단이 빠른 시간 안에 창단되어 한국 스포츠 중 최초의 프로 리그가 출범할 수 있었던 것은 정권을 향한 기업들의 '충성 경쟁' 덕분이었다. 그러나 그 무엇보다도 한국 프로야구의 출범은 단순한 스포츠 리그의 시작을 넘어, 군사정권이 국민의 정치적 무관심을 유도하고자 했던 3S 정책의 일환이었다.

대한민국

1. 5. **야간 통행금지 전면 해제**. 1945년 9월 미군정의 포고령으로 금지된 야간통행이 이날 밤 12시를 기해 전방 접경 지역과 해안 등 취약지구를 제외한 전국에서 해제됐다. 초기에는 규제가 사라짐에 따라 여유시간과 자유시간이 증가할 것으로 전망됐다. 하지만 기대와는 달리 밤 시간은 '휴식의 시간'이나 '침묵의 시간'이 아닌 '노동의 시간'이 됐다. 해제 이전보다 야근, 야간자율학습 등이 일상화된 것이다.

3. 18. **부산 미국문화원 방화 사건**. 고신대학교 문부식, 김은숙 등이 반미 유인물을 뿌리고 부산 미국문화원에 불을 질렀다. 이들은 광주학살과 독재정권 비호에 대한 미국의 책임을 물었다. 이에 정권은 방화 사건의 주동자들과 천주교 원주교구를 묶어 정의구현사제단에 대한 대대적 공격의 빌미로 삼았고, 《조선일보》는 이 사건을 민족적 수치로 규정하고 여론몰이에 나섰다. 그러나 이들을 기소한 공소장에도 그리고 언론 기사 어디에도 '광주'라는 단어는 찾아볼 수 없었다. 이 사건은 반미투쟁에 불을 질렀다. 4월 22일에는 강원대학 학생들이 성조기를 불태우며 반미시위를 벌였고, 이듬해에는 대구에서 미국문화원 폭발 사건 등이 발생한다.

5. 7. 대검중앙수사부, **이철희·장영자 부부 구속**. 장영자는 자금압박에 시달리는 건설업체들을 찾아다니며 중앙정보부 차장을 지낸 남편의 과거경력을 이용해 자금을 빌려주고 그 금액의 2~9배에 달하는 약속어음을 받은 다음 다시 그 어음을 할인해 다른 회사에 빌려주거나 주식에 투자하는 식으로 사기행각을 벌였다. 사기로 받아낸 어음의 규모가 7000억 원을 넘을 정도로 엄청난 이 단군 이래 최대의 사기사건은 권력비호설이 돌며 정권에 부담을 주었다.

6. 12. 한국은행, 500원 동전 발행. 기존 500원권 지폐를 대체할 목적이었다.

7. 3. 정부, 금융실명거래제 발표. 10월 민주정의당이 실시 연기를 발표하면서 실제로 시행되지는 못했다.

7. 27. 정부, **일본** 정부에 **역사교과서 왜곡** 기술 관련 진상 규명 요구. 일본 문부성이 검정을 마치고 공개한 1983학년도용 역사교과서에 한국과 중국에 대한 일제의 침략을 '진출'로 묘사되는 등 일제의 가해 사실을 부정하는 내용이 실리는 것이 알려지면서 한국과 중국에 파장이 일었다. 한중 양국의 항의에 직면한 일본은 11월 문제된 부분을 수정하는 내용의 교과서 검정기준을 개정하면서 한발 물러섰다.

8. 16-31. 전두환 대통령, 케냐·나이지리아·가봉·세네갈과 캐나다 순방. 한국의 국가원수로는 최초의 아프리카 방문이었다.

8. 28. 독립기념관 건립 추진위원회 발족. 이와 함께 국민성금 모금이 시작됐다.

12. 15. 한국전기통신공사, 무선호출 서비스 실시. 서울지역에서 초도공급 250대로 우선 실시했다. 설비비 15만 원, 가입비 1500원에 월사용로 1만 2천 원이라는 만만치 않은 비용을 들여야 했음에도 청약 경쟁률이 8대 1에 달했다. →

12. 23. 김대중, 형집행정지로 풀려나 미국으로 추방됨. 국가보안법 위반 등으로 사형 선고를 받았다 20년형으로 감형돼 복역중 서울대학병원에 이감되어 치료를 받던 그는 곧바로 부인 이희호와 함께 미국으로 출발했다.

세계

2. 2. [시리아] 하마 대학살 시작. 하페즈 알 아사드 대통령이 무슬림 형제단의 봉기를 진압하기 위해 하마시에 대한 잔혹한 군사적 탄압을 명령했다. 이 공격으로 수천 명이 사망했고, 정권이 반대 세력에 대해 가혹한 전술을 사용했다는 사실이 드러났다.

4. 2. 포클랜드 전쟁 발발. 아르헨티나 군대가 영국과 영유권을 놓고 갈등을 벌이고 있던 포클랜드 제도를 침공해 점령했지만, 영국은 대규모 반격으로 맞섰다. 아르헨티나가 항복한 6월 14일까지 계속된 이 전쟁으로 아르헨티나 군 649명, 영국군 255명이 전사했다. 양국은 1990년까지 외교관계를 단절했다. 포클랜드 제도는 현재 영국이 해외 영토로서 실효적 지배를 하고 있다.

4. 17. [캐나다] 캐나다 권리 자유 헌장. 피에르 트뤼도 캐나다 총리와 엘리자베스 2세 영국 여왕이 헌장에 서명하면서 영국으로부터 완전한 정치적 독립을 달성했다.

4. 25. [이스라엘/ 이집트] 이스라엘, 시나이반도 철수 완료. 1979년 체결된 이집트-이스라엘 평화조약에 따른 이스라엘군의 철수가 이날 완료됐다.

6. 6. [이스라엘] 레바논 침공. 이스라엘군은 팔레스타인해방기구(PLO)를 몰아내기 위한 작전으로 레바논 남부를 침공했다. 이 군사 행동은 지역적 긴장을 고조시켰고 갈등을 해결하기 위한 상당한 국제적·외교적 노력으로 이어졌다.

8. 12. [멕시코] 외채 지불유예 선언. 고도 성장을 지속하던 멕시코가 채무불이행 직전까지 가는 경기 침체에 빠졌다. 1970년대 엄청난 원유가 매장되어 있다는 사실이 알려지면서 외국은행들의 투자금이 멕시코로 몰려들었지만, 국제 유가가 출렁이며 석유수출 수익이 예상에 못 미치자 자본 유출이 급격히 늘어났다. 이후 멕시코의 경제 성장은 1980년대 내내 정체된다. →

10. 27. [중국] **인구 10억 명 돌파**. 2024년 현재 인구가 가장 많은 국가는 인도이다.

↓ 마이클 잭슨의 스튜디오 앨범인 《스릴러》는 현재까지 최소 7000만 장이 넘게 팔려 세계에서 가장 많은 판매량을 기록한 앨범이다. 모두 9곡이 실렸고, 그중 〈스릴러〉, 〈비트 잇〉, 〈빌리 진〉 등 7곡이 빌보드 차트 톱 10에 올랐고, 그래미상 8개 부문을 수상하며 음악 산업의 지형을 완전히 바꿔놓았다. 14분에 달하는 〈스릴러〉의 혁신적인 뮤직비디오는 그 자체로 뮤직비디오의 역사를 새롭게 썼을뿐만 아니라, 흑인 아티스트의 앨범으로는 처음으로 MTV에 방영되며 음악 산업의 인종 장벽을 허물었다.

문화 / 과학·환경 / 스포츠

문화

2. 6. 〈애마부인〉 개봉. 정인엽 감독의 이 에로방화는 6월 1일까지 약 넉 달 간 상영되며, 31만 명의 관객을 불러 모았다. 주연 배우 안소영도 일약 스타가 되었고, 시리즈는 1996년 〈애마부인 13〉까지 이어진다. 그러나 심야상영 〈애마부인〉과 함께 80년대 전성기를 구가한 에로 장르의 제작은 1990년대 이후 한국 영화의 르네상스와 함께 쇠퇴한다.•

4. 1. [북한] 인민대학습당 개관. 김일성 주석의 70회 생일을 기념해 평양 중심부에 지어진 이 도서관은 남북한을 통틀어 규모가 가장 큰 도서관이다. 주체건축론에 입각해 민족주의 양식으로 지어진 건물•은 한때 1990년대 5원권 지폐에 등장할 정도로 북한의 자랑거리이기도 하다. 약 3000만 권의 장서를 보유하고 있다고 알려져 있지만 개가식이 아닌 폐가식으로 운영되고 있다.

11. 29. [미국] 마이클 잭슨의 앨범 《스릴러》 출시.

과학·환경

5. 15. 국내 첫 인터넷 개통. 서울대학교 컴퓨터공학과의 컴퓨터와 전자기술연구소(현 한국전자통신연구원)의 중형컴퓨터가 전용선으로 연결됐다. 당시 통신 속도는 1200bps였다.

10. 1. [일본] 소니, CDP-101 출시. 세계 최초의 시판용 **콤팩트디스크** 플레이어였다. 소니는 50장의 콤팩트디스크(CD) 앨범도 함께 내놓았다. 직경이 12cm인 CD 한 장에는 74분 분량의 음악이 들어갈 수 있었다. 필립스와 함께 개발한 이 작고 반짝이는 디스크는 음악을 LP나 카세트보다 더 깨끗한 음질로 담을 수 있었다. →

스포츠

3. 27. 한국프로야구 출범.

3. 28. 제1회 서울국제마라톤대회 열림.

6. 13. [에스파냐] 제12회 FIFA 월드컵 개막. 이탈리아가 서독을 3-1로 이겼다. 1934년, 1938년에 이어 세 번째 우승이었다. 남북한 모두 본선 진출에 실패했다.

7. 15. 서울종합운동장야구장(잠실야구장) 개장.

9. 14. 제27회 **세계야구선수권대회 우승**. 어우홍 감독이 이끈 한국팀이 김재박의 개구리 번트와 한대화의 역전결승 3점포로 일본에 5-2로 이기고 종합 8승 1패로 우승을 차지했다.

11. 18. 김득구 사망. 13일 미국 라스베이거스에서 열린 레이 맨시니와의 WBA 라이트급 챔피언전 경기 14라운드가 시작되고 불과 19초 만에 턱을 맞아 의식을 잃고 쓰러져 병원으로 긴급 후송되었지만, 뇌사상태에 빠져 이날 사망했다. 이 불행한 사건 이후 WBC, WBA, IBF 모두 챔피언전 경기를 기존 15라운드에서 12라운드로 변경한다.

11. 19. [인도] 뉴델리에서 제9회 아시안 게임 개막. 중국이 1974년 첫 참가 이래 처음으로 종합 1위를 달성함으로써 일본의 9회 연속 종합 1위 달성이 좌절됐다. 북한의 서길산 선수는 사격 부문에서 일곱 개의 금메달을 목에 걸며 단일 대회 최다 금메달 획득 기록을 세웠다.

1982년 풍경

초등학교, 중학교, 고등학교는 대개 집 근처를 우선적으로 고려하여 배정한다. 이제 이 동네가 감당하기에 마음도 몸도 커지면 대처로 나가야 한다. 이럴 때 마련된 마지막 관문이 대학교이다. 대학입시는 그 관문을 통과하기 위한 마지막 의례였다. 특히 고등학교에서는 이 시절은 없는 셈 치고 공부만 하라고 했다. 어느 대학교를 가느냐에 따라 배우자의 미모가 달라진다는 지독한 말씀도 서슴지 않았다. 그러나 내일의 행복을 위해 희생되어야 하는 오늘이란 없다. 눈치 싸움에 일희(一喜)하고, 경쟁률에 일비(一悲)하던 대학 입시. 당시는 원서를 작성하는 것도, 원서를 접수하는 것도 모두 수작업으로 했다. 그렇게 어렵게 간 대학에서 초반에는 조금 놀아도 결국에는 크고 어려운 공부를 하면서 저마다 자신의 분야를 찾아 일생을 개척해 나갔다.

프로야구 원년 6개팀

이 해에는

책

10. 20. 《노동법해설》, 장명국
○ [튀르키예] 《제브데트 씨와 아들들》, 오르한 파묵

노래

1. 15. 〈어쩌다 마주친 그대〉, 송골매
○ 〈아파트〉, 윤수일
○ 〈독도는 우리땅〉, 정광태

영화

2. 6. 〈애마부인〉, 정인엽
6. 11. [미국] 〈E.T.〉, 스티븐 스필버그
6. 25. [미국/홍콩] 〈블레이드 러너〉, 리들리 스콧
7. 17. 〈꼬방동네 사람들〉, 배창호
10. 22. [미국] 〈람보〉, 테드 코체프

궂긴 소식

3. 2. 필립 K. 딕(미국의 소설가)
8. 29. 잉리드 베리만(스웨덴의 영화배우)
9. 14. 그레이스 켈리(미국의 영화배우)
9. 18. 이은상(시인)
11. 3. 에드워드 핼릿 카(영국의 역사학자)
11. 10. 레오니트 브레즈네프(소련의 서기장)
11. 18. 김득구(복싱 선수)

한국 프로야구의 역사

1999. 10.
한화 이글스, 한국시리즈 우승. 창단 14년만의 첫 우승이었다.

1983. 10.
해태 타이거즈 첫 한국시리즈 우승. 왕조의 서막

1986. 9.
선동열, 0.99
그는 이해 262.2이닝을 던져 24승 6패, 0.99의 평균자책점을 기록했다.

1998. 4.
외국인 선수 제도 도입

2001. 8.
KIA, 해태 타이거즈 인수

1982. 10.
원년 우승. OB 베어스

1986. 10.
해태 타이거즈 버스 방화 사건

1994
경기장을 지배한 이종범.
타격 5관왕과 MVP를 차지하며 최고의 시즌을 보냈다.

2000. 3.
SK 와이번스 창단

1982. 9.
박철순 22연승

1985. 5.
삼미 슈퍼스타즈 매각. 이날 경기를 마지막으로 삼미 슈퍼스타즈는 청보 핀토스로 이름이 바뀐다.

1994. 4.
박찬호 MLB 등판

2000. 4.
임수혁, 경기 중 부상 의식 상실

1982. 3.
KBO 리그 출범

1984. 10.
롯데 자이언츠의 첫 우승과 최동원의 역투. 이 해 한국 시리즈에서 5경기 모두 등판해 '나홀로 4승' 1패를 거두며 신화를 썼다.

1990. 4.
프로야구 2군 리그 시작

2000. 1.
한국프로야구선수협의회 결성. 2003년 한국프로야구선수협회로 명칭이 바뀐다

| 1982 OB ★ | 1983 해태 ★ | 1984 롯데 ★ | 1985 삼성 ★ | 1986 해태 ★ | 1987 해태 ★ | 1988 해태 ★ | 1989 해태 ★ | 1990 LG ★ | 1991 해태 ★ | 1992 롯데 ★ | 1993 해태 ★ | 1994 LG ★ | 1995 OB ★ | 1996 해태 ★ | 1997 해태 ★ | 1998 현대 ★ | 1999 한화 ★ | 2000 현대 ★ | 2001 두산 ★ | 2002 삼성 ★ |

1983년

KBS 이산 가족찾기 TV 생방송 시작

↑ 6월 30일, KBS는 이산가족 찾기 생방송을 시작했다. 이 프로그램은 138일 동안 총 453시간 45분이 방송됐다. 신청 건수는 10만 952건이었고 1만 189명의 이산가족이 상봉하는 성과를 거두었다. 이산가족 찾기 생방송은 단순한 프로그램을 넘어, 한국 사회에서 분단의 아픔을 공유하고 인권 문제를 부각시키는 중요한 계기가 됐다.

"누가 이 사람을 모르시나요?"

이름이 뭐예요?
- 오순호입니다.
  그럼 어머님 성함이 뭐예요?
- 강학기요.
  아래 동생 이름이 뭐예요?
- 순만이요.
  여동생 이름이 뭐야?
- 이쁜이라고 부르기도 하고 순이라고 부르기도 하고.
  이쁜이 여기 나와 있어. 네가 우리 아들이구나!

(사회자) 어머님, 언제 어떻게 아들을 놓쳤습니까?
- 피란 나오면서요. 강원도 철원이요. 그때 미군이 들어가면서 차로 있는 대로 사람들을 실었어요. 비행기 무서워서 방공호를 파고 거기에 있었는데……

순호야, 그동안 어떻게 지냈냐?
- 저야 사는 게 그냥… 어머님은 어떻게 살아계십니까…… 난 어머님 밥을 떠놓고 살았습니다….제삿날을 몰라서요.

↓ 1983년 10월 9일, 미얀마의 아웅산 묘소에서 발생한 폭발 사건은 북한 공작원에 의해 전두환 대통령을 암살하려는 시도로 일어난 테러였다. 이 사건으로 서석준 부총리, 이범석 외무부 장관 등 17명이 사망하고 여러 명이 부상을 입었으며, 이는 한국 외교 역사에서 큰 충격으로 남았다. 아웅산 폭발 사건은 남북한 관계를 더욱 긴장 상태로 몰아넣었다. 미얀마 정부는 북한과의 외교관계를 단절하는 조치를 취했다.

대한민국

1. 10. 경기과학고등학교 개교. 한국 첫 과학고등학교였다.

1. 11. 나카소네 야스히로 일본 총리 방한. 그는 전두환 대통령과 두 차례 정상회담을 가졌다. 해방 이후 최초의 공식 한일 정상회담이었다.

2. 25. 전두환 대통령, 정치활동 피규제자 금지조치 해제. 규제 대상자 555명 중 250명이 해금됐다. 정권의 이런 유화 조치는 광복절 특사(부산 미문화원 방화사건, 김대중 내란 음모사건 등 관련자 659명), 8월 해직교수 단계적 복직 허용, 12월 학생사범과 공안사범 특별사면 및 형집행정지 등으로 이어졌다.

2. 25. 국방부, 이웅평 북한군 대위 귀순 발표.

4. 14. 조세형, 구치감에서 탈출. 고위공직자나 기업체 사장 등 부유층 집만을 골라 금품을 털어서 대도로 이름을 날린 전과 11범 조세형이 서울의 법원 구치감에서 환풍기를 뜯고 도주해 세상을 떠들썩하게 했다. 19일 탈주 119시간 만에 붙잡혔다. 그는 가난한 사람의 집은 털지 않고 흉기도 사용하지 않는다는 나름의 원칙이 있었다고 알려져 한때 의적 소리까지 듣기도 했다. 당시 부총리였던 김준성의 집에서 훔친 것들이 5억여 원이나 된다고 해서 국회에서까지 문제가 되기도 했다.

5. 18. 김영삼, 단식 시작. 3년 동안 연금상태에 있던 전 신민당 총재 김영삼이 구속인사 전원 석방과 전면 해금, 해직교수 복직 등을 요구하며 무기한 단식을 시작했다. 30일 그에 대한 연금이 해제됐다. 이 단식투쟁은 민주인사들을 하나로 묶는 계기가 됐다.

6. 30. KBS, 〈이산가족을 찾습니다〉 방송 시작.

8. 15. 김대중·김영삼, 공동성명 발표. '민주화투쟁은 민족의 독립과 해방을 위한 투쟁'이란 제하의 성명이 워싱턴과 서울에서 동시에 발표됐다.

9. 1. 대한항공 여객기 피격. 뉴욕을 출발해 앵커리지를 거쳐 서울로 향하던 대한항공 007편이 경로를 이탈해 소련 영공을 침범해 소련군 전투기의 미사일 공격을 받고 사할린 서쪽에 추락했다. 이 사고로 승무원과 승객 합쳐 16개국 269명 전원이 사망했다.

9. 30. 민주화운동청년연합(**민청련**) 결성. 자신들의 모임이 '80년 5월의 피맺힌 민중항쟁에서 솟아오르는 운동역량의 결단'*이라고 밝히며 선명한 정치투쟁의 기치를 들고 결성된 민청련은 학생운동 및 민중운동과 연대하면서 여러 민주화운동 단체를 통합하기 위한 운동을 전개했다.** 초대 의장에는 김근태가 선출됐다.

10. 9. 버마 **아웅산 묘소 폭발사건** 발생.

12. 22. 문교부, 학원자율화 조치 발표. 권이혁 문교부장관은 전날 학원사태와 관련된 제적학생들의 전면 복교 허용 방침을 밝힌데 이어 이날 '앞으로는 학내 문제가 발생해도 대학 스스로 해결토록 맡기겠으며… 대학 총학장의 요청이 있을 경우에 한해 경찰을 학내에 투입하도록 추진하겠다'*고 밝혔다.

세계

3. 23. [미국] 로널드 레이건 대통령, 전략방위구상(SDI) 발표. 스타워즈 계획이라고도 불리는 이 구상은 소련이 전략핵무기를 발사하면 우주 공간에 배치된 첨단 미사일로 요격해 미국 본토의 피해를 최소화한다는 것이다. 이후 10년 간 300억 달러의 예산이 쓰였지만, 구소련의 붕괴로 냉전이 종식되면서 1993년 공식적으로 종료됐다.

7. 22. [폴란드] 계엄령 해제. 1981년 말 선포되어 한 해 12월 31일 정지되었던 계엄령이 발령 19개월여 만에 공식적으로 해제됐다.

10. 23. [레바논] 베이루트 폭탄 테러. 레바논 베이루트에 있는 미국 해병대 막사에 대한 트럭 폭탄 공격으로 241명의 미국 군인이 사망했다. 이 비극으로 레바논에 주둔하는 미군에 대한 의문이 제기되었고 미래의 평화 유지 활동에 영향을 미쳤다.

10. 25. [미국] 그레나다 침공. 미국이 긴급 분노 작전을 개시하여 쿠데타로 집권한 군사 정부를 전복하기 위해 그레나다를 침공했다. 베트남 전쟁 이후 가장 큰 규모의 군사 작전이었다. 자국 학생들을 보호하고 카리브해에서 소련과 쿠바의 영향력에 맞선다는 명분으로 정당화됐다.

11. 2. [남아프리카 공화국] 헌법 개정. 유색인종과 아시아인에게 제한된 정치적 권리를 부여하는 새로운 헌법을 승인했다. 이 개혁은 아파르트헤이트 체제에 대한 일련의 변화의 일부였지만, 여전히 흑인 남아프리카인을 정치 참여에서 배제했다.

11. 7. 에이블 아처 훈련. 소련이 이 NATO 훈련을 선제 핵공격으로 오해하여 냉전의 마지막 핵 공포를 초래했다. 이 사건은 냉전 중 핵전쟁에 가장 가까웠던 사건 중 하나로 여겨진다.

11. 11. [미국] 로널드 레이건 대통령, 일본 국회 연설. 그는 일본 국회에서 연설한 최초의 미국 대통령이 됐다. 이 역사적인 사건은 세계적 긴장 속에서 미일 관계를 강화하는 것을 상징했다.

↓ 1983년 독일 녹색당의 연방의회 진출은 주요 민주주의 체제 내에서 환경주의와 대중적 활동주의를 제도화하면서 전후 유럽 정치에 중요한 전환점을 가져왔다. 의회 대표권을 획득한 이전 세계 최초의 녹색당은 20세기 후반 생태, 평화, 페미니즘 운동의 영향력이 커졌음을 상징했다. 녹색당의 성공은 세계 정치에서 더 광범위한 '녹색 물결'의 길을 열었다.

문화 / 과학·환경 / 스포츠

문화

4. 2. KBS, 〈유머어 1번지〉 첫 방영. 1992년까지 방송된 KBS의 간판 코미디 프로그램이었다. 김형곤의 '회장님 회장님 우리 회장님', 김한국의 '동작 그만' 코너 등으로 1980년대 개그의 전성기를 일군 프로그램이기도 하다.

4. 22. 김수정 《아기공룡 둘리》 연재 시작. 월간 만화잡지 《보물섬》에 1993년까지 10년 동안 연재된 이 만화는 2003년 경기도 부천시에서 '둘리 주민등록증'을 발급할 정도로 꾸준한 인기를 모았다.

8. 26. '개정 표준 자판' 공포. →

9. 20. 이현세의 《공포의 외인구단》 출간. 주류 질서에 대해 소외받고 고통받는 반항적 인물인 '까치 오혜성'을 주인공으로 내세워 총 3부 30권으로 이어간 이 작품은 장편 극화만화 붐을 일으키며 만화방에 어린이나 청소년뿐만 아니라 성인들까지 불러모았다. • →

과학·환경

3. 6. [독일] 연방의회 선거. 녹색당이 5.6%의 득표율로 처음으로 연방의회에 진출했다.

4. 2. 건설부, 북한산 국립공원 지정. 15번째 국립공원이었다.

7. 21. [남극] 보스토크 기지에서 세계 최저 기온 기록. 남극에 있는 보스토크 기지에서 기온 섭씨 −89.2°C가 관측됐다. 세계기상기구(WMO)가 공인한 지구에서 가장 추웠던 날이다.

8. 3. 삼성반도체, 64kb DRAM 개발. • 상용화에 성공한 반도체로는 세계 세 번째이자 국내 최초였다. 일본과 10년 이상 차이가 나는 것으로 평가되던 반도체 제조 분야 기술 격차를 4년 이내로 줄여버린 일대 사건이었다. ••

10. 21. 국제도량형국(BIPM), 미터(m)를 빛의 속도로 재정의. 프랑스 파리에서 열린 제17차 도량형총회에서 1m를 진공에서 빛이 1/299792458초 동안 이동하는 거리로 정의했다.

스포츠

4. 14. 제1회 천하장사씨름대회 개막. 프로씨름의 출범을 알리며 17일까지 장충체육관에서 열린 이 대회 천하장사에 오른 선수는 최중량급 백두급이 아니라 한 체급 아래인 한라급의 선수 이만기였다. 우승상금은 1500만 원이었다. •

5. 8. 수퍼리그 개막. 이날 서울 동대문운동장에서 할렐루야와 유공의 한국 프로축구 원년 개막전이 열렸다. 경기는 1-1 무승부로 끝났다. 이해 5개 팀이 참가한 슈퍼리그는 경기당 2만 명이 넘는 평균관중수를 기록하며 큰 인기를 끌었다. 현재 사용되고 있는 K리그라는 리그명이 공식적으로 사용된 것은 1998년(당시는 K-리그)부터였다. K리그는 AFC 챔피언스리그에서 가장 많은 우승(12회, 아시안 클럽 챔피언십 포함)을 차지한 리그이며 현재 1부 리그는 12팀으로 운영되고 있다.

6. 11. 세계청소년축구선수권대회(현 FIFA U-20 월드컵) 4강 진출. 멕시코 몬테레이에서 열린 이날 경기에서 '붉은' 유니폼을 입고 뛴 대한민국 청소년 대표팀이 연장전 끝에 우루과이를 2-1로 꺾고 사상 처음으로 4강에 진출했다. 감독은 박종환이었다.

1983년 풍경

그런 시절이 있었다. 외국물을 먹었다 하면 선망과 동경의 대상으로 삼던 시절. 일본과의 관계도 묘했다. 자주적인 독립을 했지만 이웃으로서 영향을 주고받지 않을 수 없었다. 못된 이웃이라고 지구 저편으로 추방할 수도 없는 노릇. 그랬다. 그때만 해도 우리가 일본보다 10년은 뒤처졌다는 이야기를 공공연하게 하기도 했다. 일본의 유행을 10년 후 한국이 따라 한다는 패턴을 믿고 일본으로 출장 가는 이들도 많았다. 그랬다. '일제'라면 조금 좋아 보이던 시절, 상공부와 업계 관계자들이 모여 회의를 한다. 사람들이 너나없이 일제 밥통을 선호하는 이유를 알아내려고 모인 것이다. 권토중래? 지금 보면 조금 처량한 감도 없지 않지만 저런 '밥통'회의를 거치면서 일본을 따라잡고 세계로 나아갈 수 있었다.

대한민국의 합계출산율

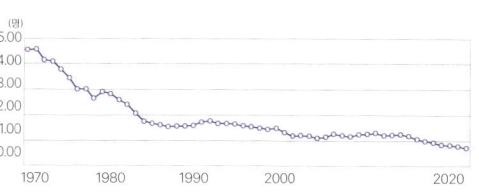

이 해에는

책
- 4. 15. 《혼불》, 최명희 (1996년 10권으로 완간)
- 5. 15. 《철학에세이》, 조성오
- 6. 15. 《내 땅이 죽어간다: 공해문제의 인식》, 한국공해문제연구소
- 6. 20. 《어느 청년 노동자의 삶과 죽음》, 전태일기념관건립위원회 엮음 (1990년 《전태일 평전》으로 제목을 바꾼 개정판이 나오며 지은이를 조영래로 밝힘)
- ○ [일본] 《헨젤과 그레텔의 섬》, 미즈노 루리코

노래
- ○ 〈아! 대한민국〉, 정수라
- 2. 14. [미국] 〈비트 잇〉, 마이클 잭슨
- 3. [영국] 〈레츠 댄스〉, 데이비드 보위
- 11. 1. 〈사랑은 연필로 쓰세요〉, 전영록

영화
- 2. 4. [캐나다] 〈비디오드롬〉, 데이비드 크로넌버그
- 2. 22. 〈안개마을〉, 임권택
- 3. 2. [프랑스] 〈태양 없이〉, 크리스 마르케르
- 5. 18. [프랑스] 〈돈〉, 로베르 브레송
- 10. 23. 〈짝코〉, 임권택

궂긴 소식
- 2. 10. 이종찬(군인, 정치인)
- 3. 18. 움베르토 2세(이탈리아의 마지막 국왕)
- 5. 21. 에릭 호퍼(미국의 사회철학자)
- 7. 29. 루이스 부뉴엘(에스파냐의 영화감독)
- 10. 9. 김재익(경제관료)
- 12. 25. 호안 미로(에스파냐의 미술가)

독립한 나라
- 9. 19. 세인트키츠 네비스 (← 영국)

1984년

민정당사 점거농성

↑ 11월 14일, 전국민주화투쟁학생연합 소속 대학생 264명이 민정당 중앙당사를 점거하고 농성을 벌였다.

"작금의 반민주적·반민중적 책임을 독재정당 민정당에 묻고자 한다."

민정당은 작금의 학생운동이 이 땅의 참된 민주주의의 실현을 위해 사회의 아픔을 대변하려는 대다수 학생의 지난한 몸부림임에도 불구하고, '소수', '극렬'로 매도하면서 독재정당의 구축의 정치적 흥정물로 악용하고 있다. 그것은 그들이 국민적 지지 없이 물리적으로 등장한 독재정당으로 다가오는 총선을 앞두고 또 한번 이 땅에 암울한 민주주의의 죽음을 자기화하려는 음모의 일환이다.

지난 11월 3일 우리 민주화투쟁 학생연합(이하 민투학련)은 이 땅의 암울한 현실이 전두환 독재정권과 독재정당인 민정당에 의해 자행되는 민주·민족의 탄압에 근거하고 있음을 직시하고 학생들이 민주화투쟁의 결집체로 민투학련의 창립을 선언한 바 있다.

이제 우리는 한걸음 더 나아가 이 땅의 참된 민주주의를 짓밟고 있는 민정당에 그 모든 책임을 묻고자 한다.
1. 노조탄압 중지하고 노동악법 개정하라.
2. 파쇼 악법 폐지하고 전면해금 실시하라.
3. 학원탄압 중지하고 폭력경찰 물러가라.
— 〈우리는 왜 민정당을 찾아왔는가〉

대한민국

1. 10. [북한] 중앙인민위원회·최고인민위원회 상설회의, 남북한과 미국 3자회의 제안. 이어 11일에는 한국정부가 남북대화 재개를 제안했다.

2. 25. 정치활동 피규제자 202명 추가 해제(2차 해금).

3. 24. 해직언론인협의회 결성.

4. 1. 함평 농민회 결성. 한국전쟁 이후 결성된 첫 농민 대중조직이었다.

5. 5. [북한] 김일성 주석, 후야오방 중국공산당 총서기와 회담. 북한을 공식 친선방문한 후야오방은 도널드 레이건 미국 대통령의 방중 결과를 설명했다. 북한은 이해 중국 및 소련과 관계조정에 나섰다. 중국이 적극적으로 소련 및 동유럽 국가들과의 협력 증진에 나설 것을 권했다고 전해진다. 김일성은 5월 16일부터 7월 1일까지 소련 및 동유럽 7개국 순방에 나섰다.

5. 18. 민주화추진협의회 결성. 신군부 세력에 의해 강제로 정치권에서 배제되었던 야권 정치인들이 민주화운동추진협의회(민추협)을 결성해 반독재 투쟁에 나섰다. 김영삼과 김대중(미국에 있던 그를 대신해 김상현이 권한대행으로 활동했다)이 공동 의장을 맡았다.

8. 31. 폭우. 중부지방을 시작으로 영호남까지 확대되며 9월 4일까지 이어진 폭우로 전국적으로 190여 명이 사망했다.

9. 6~8. 전두환 대통령 방일. 한국 대통령으로서는 최초의 일본 공식 방문이었다.

9. 8. [북한] 최고인민회의, 〈조선민주주의인민공화국 합작회사 경영법〉 결정. 줄여서 합영법이라 불리는 이 법령을 시작으로 북한은 조심스럽게 서방국가와 물자교역을 넘어 합작경영을 비롯한 외국인 투자유치 정책을 시도했다.

9. 14. [북한] 적십자회. 남측에 수해 구호물자 제공 제의. 남한 정부가 이를 수용함으로써 남북관계에 일시적인 해빙의 기운이 돌았다. 이듬해에는 한 해 동안 남북회담이 무려 13차례나 성사된다.

11. 14. 민주정의당 당사 점거 농성.

11. 20. 남북경제회담. 남북한 물자교역과 경제협력의 길을 모색키 위한 첫 남북한 경제회담이 판문점 중립국감독위원회에서 열렸다. 회담은 이듬해 11월에 5차 회담까지 이어지지만, 이후 북한 측의 회담지연과 일방적인 불참 통보로 중단된다.

11. 20. 전국학생총연맹 결성.

11. 30. 정치활동 피규제자 84명 추가 해제 (3차 해금).

12. 19. 보안사령부, 심사과 해체. 대학생들을 강제징집해 일명 녹화사업에 동원한 부서인 심사과(5과)가 이날 부로 해체됐다.

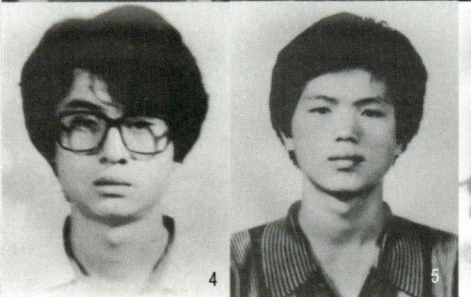

← 전두환 정권의 대학생 '강제징집·녹화사업'은 1980년 9월부터 1984년 11월까지 진행된 강제 징집과 의식 전환 프로그램으로, 학생운동 관련자들을 군대에 보내 사상 정화를 강요하고 정보원으로 활용하려는 목적을 가지고 있었다. 이 과정에서 시위에 참여한 학생들은 당사자의 의사와 무관하게 군에 강제로 조기징집당했다. 그들은 보안부대에서 가혹한 심문과 자술서 작성을 강요받으며 정신적·육체적 고통을 겪어야 했고, 일부는 각자의 출신 대학으로 보내져 학원정보 및 서클 동향을 수집해 오도록 '활용'하는 이른바 '프락치 활동'을 강요받았다. 왼쪽은 이 과정에서 의문사한 피해자들이다. 1 한영현, 2 김두황, 3. 정성희, 4. 이윤성, 5 한희철, 6 최온순.

세계

2. 13. [소련] 콘스탄틴 체르넨코, 공산당 서기장으로 선출됨. 9일 사망한 유리 안드로포프 서기장의 뒤를 이은 그는 불과 13개월 동안 국가를 이끌다 이듬해 사망한다.

9. 20. [레바논] 헤즈볼라, 미국 대사관에 폭탄 테러 감행. 시아파 이슬람 무장단체 헤즈볼라가 이란의 지원을 받아 내란 중인 동베이루트 주재 미국 대사관 별관을 표적으로 자살 폭탄 테러를 벌여 24명이 사망했다.

10. 20. [중국] 〈경제체제 개혁에 관한 결정〉 채택. 베이징에서 열린 공산당 제12기 중앙위원회 제3차 전체회의에서 자본주의 원리를 도입한 경제개혁안이 채택됐다. 이 결정은 계획경제가 사회주의를 발전시키는 유일한 방법이 아니라는 것을 인정함으로써 시장경제의 작동원리와 관련한 중국 정책입안자들의 사고방식에 큰 전환을 가져온다.

10. 31. [인도] 인디라 간디 인도 총리, 암살됨. →

11. 4. [니카라과] 대통령 선거. 니카라과에서 사실상 처음 치러진 자유선거에서 산디니스타민족해방전선의 다니엘 오르테가가 당선됐다. 그는 이후 1990년 대선을 시작으로 연속 세 차례 고배를 마신 후 2006년 다시 당선되어 권력을 잡는다. 소모사 독재정권에 맞서 싸운 혁명가였던 그는 현재까지 장기집권을 하며 독재체제를 구축하고 있다.

11. 6. [미국] 대통령 선거. 로널드 레이건 대통령이 민주당의 월터 먼데일 후보에 낙승을 거두고 재선에 성공했다.

12. 19. [중국/영국] 홍콩 반환협정 체결. 마거릿 대처 영국 총리와 자오쯔양 중국 총리가 베이징에서 서명한 이 협정은 홍콩의 주권은 1997년 7월 1일에 중국으로 반환되지만, 그날로부터 50년 동안 전(前) 식민지는 '1국 2체제'의 원칙 아래 자본주의 경제를 유지하는 '특별행정구'가 될 것임을 명시했다.

○ [에티오피아] 대기근 강타. 한 해 전부터 시작해 이듬해까지 이어진 극심한 가뭄으로 인한 식량 부족으로 100만 명 넘게 목숨을 잃은 것으로 추정된다. 에티오피아를 덮친 이 끔찍한 기근의 가장 큰 원인은 가뭄이었지만, 1974년부터 지속된 내전도 피해를 늘리는 데 한몫했다.

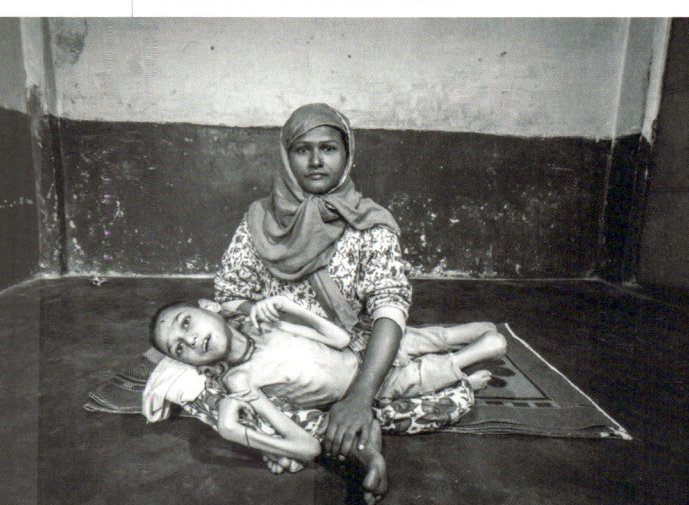

↓ 12월 2일 밤, 인도 중부 마디아프라데시주의 도시 보팔이 치명적인 연기에 휩싸였다. 살충제 공장에서 독가스가 누출된 것이다. 불과 며칠 만에 수천 명이 사망하고 50여 만 명이 중독됐다. 비극은 지금까지도 계속되고 있다. 16세인 사미르 하산은 암과 돌연변이를 일으키는 물질에 오염된 식수에 노출된 부모 밑에서 태어났다. 살충제를 만들던 회사는 미국의 다국적 기업 다우 케미칼이 1999년에 인수한 회사였다. 사진은 보팔에서 2015년에 촬영됐다.

문화 / 과학·환경 / 스포츠

문화

6. 6. [소련] 테트리스 첫 출시. 알렉세이 파지트노프가 개발한 이 퍼즐 게임은 소련 내에서 쓰이던 컴퓨터인 엘렉트로니카용으로 제작됐다. 이후 IBM 버전 등으로 확장되면서 비디오 게임의 고전으로 자리 잡으며 큰 인기를 얻는다.

6. 16. [캐나다] 태양의 서커스 설립. 퀘벡주에서 두 거리 예술가의 열정으로 시작된 이 서커스단은 동물 없이 인간의 놀라운 능력과 아름다운 예술성을 표현하는 현대 서커스를 선보이며 전 세계 관객들의 마음을 사로잡았다. 매년 천만 명이 넘는 사람들이 이 세계 최대 규모의 현대 서커스 공연을 즐기고 있다.

9. 25. 박노해의 《노동의 새벽》 출간. 지식인의 영향을 완전히 벗어나는 노동계급의 성장을 상징하는 이 시집은 엘리트 문학인에게 충격과 콤플렉스를 주며 당시의 문학 및 지적 풍토 전반을 뒤흔들었을 뿐만 아니라 대중적으로도 널리 읽혔다.

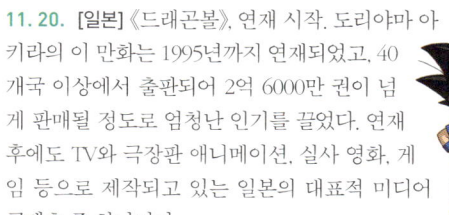

11. 20. [일본] 《드래곤볼》, 연재 시작. 도리야마 아키라의 이 만화는 1995년까지 연재되었고, 40개국 이상에서 출판되어 2억 6000만 권이 넘게 판매될 정도로 엄청난 인기를 끌었다. 연재 후에도 TV와 극장판 애니메이션, 실사 영화, 게임 등으로 제작되고 있는 일본의 대표적 미디어 콘텐츠 중 하나이다.

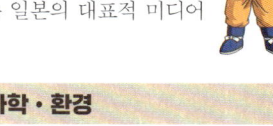

과학·환경

1. 24. [미국] 애플, 매킨토시 128K 출시. 명령줄 인터페이스(CLI) 대신 그래픽 사용자 인터페이스(GUI)를 무장한 개인용 컴퓨터였다. 매킨토시 자체는 기대만큼의 상업적 성공은 거두지 못했지만, 세상은 이 새로운 인터페이스에 열광했고 이후 마이크로소프트 윈도의 탄생에 큰 영향을 미친다.

12. 2. [인도] 보팔 가스 누출 사고. 마디아프라데시주 보팔에 있는 미국 다국적기업 유니언 카바이드사의 공장에서 이날 밤부터 유독가스(아이소사이안화메틸 가스)가 누출되어 8000명 이상 (최대 추정 1만 6000명)이 사망했다. 역사상 최악의 산업재해로 간주된다.

스포츠

2. 8. [유고슬라비아] 사라예보에서 제14회 동계 올림픽 개막. 세네갈의 라민 게예가 아프리카 흑인 선수로는 최초로 스키 종목에 참가했다.

3. 18. 이홍열, 한국 남자 마라톤 신기록 수립. 제55회 동아마라톤에서 2시간 14분 59초로 우승하며 74년 문흥주가 세운 최고기록을 10년만에 갱신하며 15분 벽을 깼다.

7. 28. [미국] 로스앤젤레스에서 제23회 하계 올림픽 개막. 미국 주도로 이뤄진 1980년 모스크바 올림픽 불참에 대응해 소련과 동독을 포함한 14개 동구권 국가들이 보이콧했다. 미국의 육상 선수 칼 루이스가 100m, 200m, 400m 이어달리기, 멀리뛰기에서 우승했다. 한 대회 금메달 4개 획득은 1936년 제시 오언스 이후 육상 종목에서는 처음이었다.

9. 29. 잠실올림픽주경기장 개장.

1984년 풍경

지난날들 돌이켜 보면 참 무지막지했던 일 많다. 시내버스에서 담배를 뻑뻑 피워댔고, 거리마다 씹다 버린 껌이 덕지덕지 흉하게 붙어 있었다. 시냇물에 독극물을 풀어 물고기를 잡아 매운탕을 끓이기도 했다. 어리숙한 우리 사회, 한때 마술이 인기 몰이를 한 적도 있었다. 이스라엘 퇴역 군인 출신의 유리 겔러. 초능력자로 세계적으로 인기를 끌던 그가 한국을 찾아왔다. 단순한 마술을 넘어, 과학보다 더 나은 단계의 초능력이라 부풀려지면서 공중파에까지 그를 모시기에 바빴다. 마술사가 숟가락을 구부리는 건 형상기억합금기술로 눈속임한 것. 그땐 무엇에 홀려 그런 비상식을 초능력이라고 여기며 흥분했을까. 이 소동 이후 자연을 거스르며 일어나지 않아야 할 일이 일어나는 그런 기적 말고, 여기에 오늘 살아 있음이 진정한 기적이라는 아포리즘을 간혹 화장실에서 만나기도 하였다.

휴대전화

3월 13일 세계 최초의 휴대전화인 모토롤라 DynaTAC 8000X가 처음으로 시장에 선보였다. 가격이 무려 3,995달러(현재 물가로 1만 달러 이상)나 나가는 고가였지만, 첫 구매자가 누구인지는 알려지지 않았다. 그럴만도 했다. 무게가 900g에 가까웠고, 길이도 20cm가 넘어 말 그대로 "벽돌"이나 마찬가지여서, 당시만 해도 "사기꾼이나 쓸법한 물건"으로 보였기 때문이다.

이 해에는

책
- 2. 20. 《소설 손자병법》, 정비석
- 9. 25. 《노동의 새벽》, 박노해
- ○ 《샘이깊은물》
- ○ [프랑스] 《연인》, 마르그리트 뒤라스
- ○ [체코슬로바키아] 《참을 수 없는 존재의 가벼움》 밀란 쿤데라

노래
- 3. 27. [미국] 〈타임 애프터 타임〉, 신디 로퍼
- 11. 6. [미국] 〈라이크 어 버진〉, 마돈나
- 10. 1. 〈못다 핀 꽃송이〉, 김수철
- ○ 〈남자는 배 여자는 항구〉, 심수봉
- ○ 〈아! 대한민국〉, 정수라
- ○ 〈J에게〉, 이선희

영화
- 2. 25. 〈여인잔혹사 물레야 물레야〉, 이두용
- 3. 1. 〈바보선언〉, 이장호
- 3. 31. 〈고래사냥〉, 배창호
- 10. 1. [미국/서독] 〈천국보다 낯선〉, 짐 자무시

굵긴 소식
- 2. 9. 유리 안드로포프(소련의 서기장)
- 6. 25. 미셸 푸코(프랑스의 철학자)
- 10. 20. 폴 디랙(영국의 물리학자)
- 10. 21. 프랑수아 트뤼포(프랑스의 영화 감독)
- 10. 31. 인디라 간디(인도의 총리)

독립한 나라
- 1. 1. 브루나이 (← 영국)

1985년

이산가족 상봉

↑ 서울에서 열린 첫 이산가족 상봉 때 북측의 아들이 남측의 어머니에게 '오마니'라고 부르며 오열하고 있다.

> "누님, 이게 꿈입니까?
> 살아계셨군요."
> —북한에 있던 누님을 만난 김성엽 씨

서울에 사는 팔순 노모는 벌써 말이 들리지 않고 정신이 흐려 북에서 온 맏아들을 처음에는 잘 알아보지도 못했다. 노모는 상면 첫 순간 우는 것조차 잊었는지 돌부처럼 멍하니 앉아있었고 맏아들은 흐느껴 울었다.

북의 서형석씨(54· 사리원 거주, 교수)는 너무나 늙어버린 어머니 유묘술씨(83· 서울 성북구)를 만나자 어머니의 귀 가까이에 입을 대고 "어머니, 맏아들 형석이가 왔어요." 하며 큰소리로 외친 후 선 채로 90도로 허리를 구부려 절을 했다.

서울에 사는 둘째 아들 서장석씨(52)와 함께 나온 어머니 유씨는 북의 아들이 부르는 소리를 듣지도 알아보지도 못하는 듯했다.

아들 형석씨는 다시 어머니를 향해 왼쪽 가장자리의 흉터를 보여주며 "어머니, 어려서 돌장난을 하다가 다친 흉터가 이것이지요. 이 상처를 고치느라 어머니가 무척 고생하셨지요."

그러자 침묵하던 어머니는 마침내 두 눈에 조용한 눈물을 글썽거리기 시작했다.

—《동아일보》, 1985. 9. 21.

↓ 6월 22일 구로공단에 있는 업체 중 하나인 대우어패럴 노조위원장 구속이 발단이 되어 24일부터 29일까지 6일간 인근 지역의 공장 노동자 2500여 명이 연대파업을 벌였다. 한국전쟁 이후 최초로 전개된 이 동맹파업은 노동운동이 기업별 한계를 넘어 연대를 모색하고 노동악법 철폐 같은 사회정치적 문제를 제기할 수 있다는 것을 보여주었다. 정부는 경찰과 구사대를 동원해 파업을 강제진압했다.

대한민국

1. 18. 구정을 공휴일로 추가. 정부가 국무회의를 열고 구정을 공휴일로 하는 관공서 공휴일에 관한 규정개정안을 의결하고 명칭을 '민속의 날'로 정했다.

2. 8. 김대중 귀국. 그는 신군부로부터 사형 선고를 받은 뒤 무기징역으로 감형받고 추방되어 미국에서 망명 중이었다. 그는 이날 곧바로 가택연금됐다.

2. 12. 제12대 국회의원 선거. 총 276석 중 민주정의당이 151석, 신한민주당(신민당)이 67석, 민주한국당이 35석을 얻었다. '선명 야당' 신민당이 창당 20여일 만에 관제야당 민한당을 제치고 제1야당으로 부상한 것은 '그동안 철저한 강압 속에서 감추어져왔지만 정권에 대한 불만이 얼마나 심각했는지를 보여준 것으로 전두환 정권기 한국 정치 및 민주화 운동에서 중요한 전환점이 됐다.'

2. 21. 국제그룹 해체 방침 발표. 국내 6위 재벌 기업인 국제그룹의 해체는 부실기업 정리라는 명분을 내세웠지만 실상은 성금이라는 이름의 정치자금을 내지 않은 데 대한 정치보복의 성격이 강했다.

3. 29. 민주통일민중운동연합(민통련) 결성. 민중민주운동협의회(민민협)와 민주통일국민회의가 통합해 결성된 이 재야단체는 이해 하반기부터 대통령 직선제를 위해 본격적인 개헌투쟁에 나선다.

5. 23. 서울미국문화원 점거농성. 삼민투쟁위원회(삼민투) 서울지역 5개 대학교 학생 73명이 서울 미국문화원을 점거하고 26일까지 농성을 벌이며 미국의 광주학살 개입 문제를 제기했다.

5. 30. 63빌딩 준공. 지하 60층, 지하 3층인 이 빌딩은 준공 당시 아시아에서 가장 높은 건물이었다.

6. 24. 구로동맹파업. 재벌그룹 계열기업인 대우어패럴의 노조위원장이 구속된 것에 대한 노동자들의 항의파업으로 시작됐다. 효성물산, 가리봉전자 등 다른 공장 노동자들이 연대해 맞섰으나, 깡패와 사복경찰을 동원한 정권의 폭력적인 강제진압을 이겨내지는 못했다. 한국전쟁 이후 최초의 동맹파업이었던 이 6일간의 동맹파업은 '기업별 노동운동의 한계를 절감하고 노동조합의 연대를 위해 노력하는 계기가 됐다.'

7. 19. 부산 지하철 1호선 1단계 개통. 범어사역~범내골역 간 16.1km 구간이 개통됨으로써 부산은 서울에 이어 국내 두 번째, 세계 65번째 지하철 보유 도시가 됐다.

9. 20. **남북한 고향방문** 및 예술공연단 서울, 평양 교환 방문. 이튿날 총 65가족 157명이 분단 후 처음으로 상봉했다. 21일과 22일에는 예술공연단이 남측은 평양 대극장에서 북측은 국립중앙극장(서울)에서 이틀에 걸쳐 두 차례 공연했다.

10. 29. 서울지검 공안부, 민추위 조직 26명 구속 발표. 공안 당국은 5월 서울 미국문화원 점거농성 사건의 배후에 '좌경용공학생들의 지하운동단체인 민주화추진위원회(민추위)라는 조직이 있다'고 조작했다. 문용식, 김근태, 이을호 등 26명을 구속했다. →

12. 12. [북한] **핵확산금지조약(NPT) 가입**. 북한은 핵프로그램 검증을 둘러싸고 미국과의 갈등이 정점으로 치닫던 1993년 3월12일이 조약의 탈퇴를 선언하고는 현재까지 복귀하지 않고 있다.

세계

1. 10. [니카라과] 다니엘 오르테가, 대통령에 취임. 40년 넘게 악명을 떨치던 소모사 독재정권을 무너뜨리고 대통령 자리에 올랐다. 그러나 출발부터 순조롭지 않았다. 미국 레이건 정부의 지원을 받는 반군 세력인 콘트라가 반격에 나서며 내전이 벌어진 것이다. 그는 1990년 내전 중 실시된 선거에서 패배한다. 2006년, 선거에서 이겨 다시 대통령이 된 그는 더 이상 독재에 대항하는 혁명가가 아니었다. 현재까지 그는 20년 넘게 독재정치를 이어가고 있다.

1. 21. [미국] 제40대 대통령 로널드 레이건, 두 번째 임기 시작.

3. 11. [소련] 미하일 고르바초프, 공산당 서기장으로 선출됨. 전임자 콘스탄틴 체르넨코가 사망한 바로 다음 날, 공산당 중앙정치위원회는 그의 후계자로 고르바초프를 선출했다. 그의 등장과 함께 소련 사회에는 커다란 변화가 시작된다.

7. 20. [남아프리카 공화국] 피터르 빌럼 보타 대통령, 비상사태 선포. 전국적으로 확산되는 반 아파르트헤이트 시위와 폭력적인 불안에 대응하여 비상사태를 선포했다. 정부는 반대 세력에 대한 단속을 강화했고 인권 침해에 대한 국제적 비난이 쏟아졌다.

8. [소련] 아프가니스탄에서 철수 시작. 고르바초프 서기장이 소련군의 아프가니스탄 단계적 철수 계획을 발표하여 소련의 외교정책에 변화를 가져왔다. 이 결정은 사상자 증가와 장기 갈등에 대한 국내 불만이 커지면서 영향을 받았다.

9. 22. 플라자 합의. 미국, 일본, 서독, 영국, 프랑스 등 5개국이 미국 뉴욕 플라자 호텔에 모여 당시 쌍둥이 적자에 시달리던 미국의 달러화 약세를 유도하기 위해 외환시장에 개입하는 데 합의했다. 이 합의(사실상 미국의 일방적인 통보)는 특히 일본에 큰 타격을 준다. 일본 정부는 급격한 엔화 상승에 따른 경기 침체를 막기 위해 저금리 정책을 펴지만, 이로 인해 자산 가격 거품이 형성된다. 결국 1990년대 초, 거품이 붕괴하면서 일본은 장기 불황에 빠진다.

11. 19. 제네바 정상회담. 로널드 레이건 미국 대통령과 미하일 고르바초프 소련 서기장이 핵무기 감축을 목표로 한 역사적인 정상회담을 위해 제네바에서 만났다. 이 회담은 미소 관계의 새로운 국면의 시작을 알리는 것이었으며, 두 지도자 모두 대화와 협력을 개선하고자 하는 열망을 표명했다.

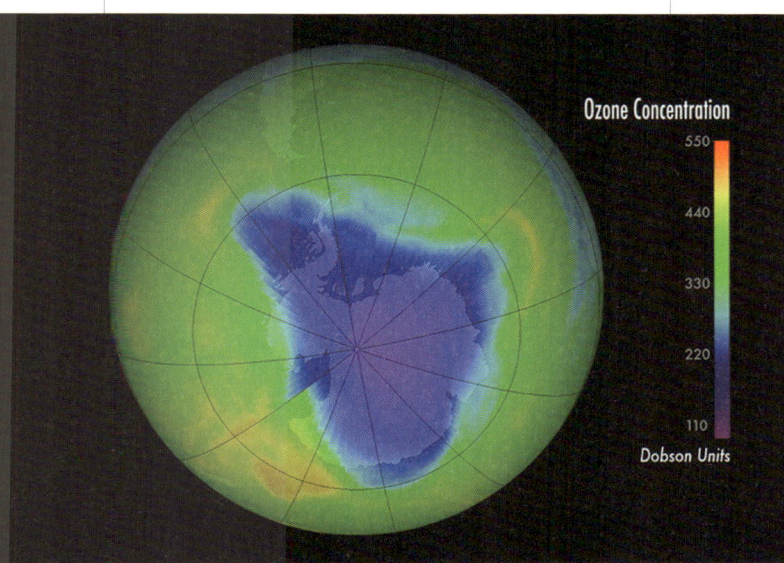

문화 / 과학·환경 / 스포츠

문화

6. 15. 《말》 창간. 민주언론운동협의회가 '민주 민족 민중언론의 디딤돌'을 표방하며 창간해 2009년 3월까지 발간된 대표적인 진보 시사 월간지였다.

7. 13. 라이브 에이드 콘서트. 영국 런던과 미국 필라델피아에서 동시에 콘서트가 열렸고, 밥 겔도프와 미지 유어가 조직하여 에티오피아의 기근 구호 기금을 모금했다. 이 행사로 1억 2500만 달러 이상이 모금되었고, 음악을 통해 인도주의적 위기에 대한 세계적 인식을 강조했다.

과학·환경

5. 1. [영국] 조지프 파먼 등, 남극의 오존 구멍 발견에 관해 보고. 파먼과 그의 동료 조너선 섕클린, 브라이언 가드너가 남극 대륙의 오존 수치가 1975년에서 1984년 사이에 약 40% 감소했다는 논문을 《네이처》에 발표했다.

10. 12. 한국 최초 시험관 아기 탄생. 서울대학교병원 의료진의 제왕절개 수술로 쌍둥이 남매가 태어났다.

스포츠

5. 1. 프로야구 팀 삼미 슈퍼스타즈, 청보식품에 매각. 슈퍼스타즈는 6월 21일 경기를 마지막으로 청보 핀토스로 이름이 바뀌었다.

5. 29. [벨기에] 에젤 참사. 이날 유럽 축구 역사상 가장 비극적인 일로 기억되는 사건이 일어났다. 브뤼셀 에젤 경기장에서 유러피언컵 결승전 경기가 시작되기 전, 리버풀 팬들이 유벤투스 팬들을 공격했고 이를 피해 팬들이 몰린 곳에서 벽이 무너져 39명이 목숨을 잃고 수백 명이 부상을 입는 참사가 발생한 것이다. 그럼에도 유럽축구연맹(UEFA)은 경기를 진행시켰고 유벤투스가 1-0으로 이겼다.

6. 22. 서울신문, 《스포츠서울》 창간.

7. 7. [독일] 보리스 베커, 윔블던 선수권대회 우승. 17세 277일의 나이로 그랜드슬램 테니스 대회에서 우승한 역대 최연소 남자 선수가 됐다. 이 기록은 1989년 마이클 창이 프랑스 오픈에서 우승하면서 깨진다.

10. 1. 서울에서 제33회 **세계양궁선수권대회** 개막. 5일까지 열린 이 대회에서 한국 남자팀은 남자 단체전에서 26년 동안 우승을 독차지해 온 미국팀을 꺾고 **금메달**을 획득했다.

11. 3. FIFA **월드컵 본선 진출** 확정. 서울에서 열린 아시아 최종예선에서 일본을 1-0으로 꺾고 32년 만에 본선에 진출했다.

← 이 해, 영국의 과학자 조지프 파먼과 그의 동료들이 남극의 오존 수치가 급속히 감소하고 있다는 논문을 발표하자, 오존층의 파괴는 더 이상 이론적 가능성이 아니라 실제적 위기로 다가왔다. 이에 자외선을 흡수해 지구의 생명체를 보호하는 중요한 기능을 하는 오존층 파괴를 막기 위한 국제적인 노력이 발빠르게 시작됐다. 2년 후 몬트리올 의정서가 채택된다. 1989년 1월 발효된 이 협약에 따라 냉장고의 냉매제로 쓰이는 염화플루오린탄소 등 오존층을 파괴하는 화합물의 생산과 사용이 단계적으로 금지된다.

1985년 풍경

사람의 일생에서 이 일도 칼로 물베기와 비슷하다고도 하겠지만, 그날 그때에는 사정이 그렇지만은 않다. 합격과 불합격. 차이가 많은 것 같았다. 토끼와 거북이의 달리기 시합이 어디 눈에 들어오겠는가. 여기서 한 인생이 끝나는 줄 알았다면, 저기서 어떤 인생은 등룡(登龍)하는 것 같았다. 그래서 합격자 발표날, 학교 운동장은 수험생뿐만 아니라 가족들로 빼곡하게 들어찼다. 운명의 주사위를 굴린다는 말처럼, 게시판에 합격자의 방(榜)이 붙으면 일제히 쏠리던 눈길. 이날 게시판 앞의 인파는 쉽사리 줄어들지 않았다. 이는 불합격에 쉬이 발길을 돌리기 보다는 합격된 이름을 오래 확인하려는 심사였을까. 모든 일은 다 지나간다. 그게 좌절이거나 상처였다면, 혹은 기쁨이나 다행이었다면, 이 또한 칼 지난 물처럼 소소한 기억만 남기고 아무런 흔적도 없이 아물고야 말았다.

한국 국가대표 양궁팀 주요 대회 성적

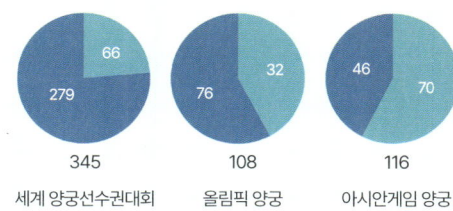

(한국 팀 금메달 수/전체 금메달 수)

세계 양궁선수권대회	올림픽 양궁	아시안게임 양궁
66/345 (279)	32/108 (76)	46/116 (70)

이 해에는

책
- **1. 15.** 《동양학 어떻게 할 것인가》, 김용옥
- **5. 20.** 《죽음을 넘어 시대의 어둠을 넘어》, 황석영
- ○ 《민중불교 입문》, 여익구
- ○ [독일] 《향수》, 파트리크 쥐스킨트
- ○ [미국] 《아내를 모자로 착각한 남자》, 올리버 색스

노래
- **3. 7.** 〈위 아 더 월드〉, 유에스에이 포 아프리카
- **3. 11.** 〈비내리는 영동교〉, 주현미
- **9. 10.** 〈행진〉, 들국화
- ○ 〈그것만이 내 세상〉, 들국화
- ○ [프랑스] 〈미스트랄 가냥〉, 르노

영화
- **3. 1.** 〈깊고 푸른 밤〉, 배창호
- **6. 22.** 〈장남〉, 이두용
- **7. 3.** [미국] 〈백 투 더 퓨처〉, 로버트 저메키스
- **12. 4.** [프랑스] 〈방랑자〉, 아녜스 바르다

궂긴 소식
- **3. 10.** 콘스탄틴 체르넨코(소련의 서기장)
- **3. 28.** 마르크 샤갈(프랑스의 화가)
- **4. 7.** 카를 슈미트(독일의 법학자)
- **10. 10.** 오슨 웰스(미국의 영화감독)
- **10. 10.** 율 브리너(미국의 영화배우)
- **10. 13.** 백철(문학평론가)
- **12. 26.** 다이앤 포시(미국의 고릴라 보호운동가)
- **12. 29.** 추송웅(배우)

1986년

평화의 댐 건설 발표

↑ 11월 26일, 전두환 정부는 북한의 금강산댐 건설에 대응하기 위해 **평화의 댐** 건설 계획을 발표했다. 이 댐은 북한의 수공 위협을 막기 위한 조치로 홍보되었지만, 실제로는 정치적 목적과 국민의 관심을 돌리기 위한 수단으로 활용됐다. 평화의 댐 건설은 이후 감사에서 대국민 사기극으로 드러났으며, 이는 전두환 정권의 부정과 조작이 만연했던 시기를 상징하는 사건으로 남았다.

> "너무나 적은 돈이지만 북괴의 금강산댐 건설로 서울이 물바다가 되는 것을 보고만 있을 수는 없었습니다."

우리 정부는 최근 북한측이 금강산 발전소를 위한 대규모 댐 건설을 통해 가공할 대남 수공무력을 확보하려는 데 대해 그들의 군사적 저의를 명백히 지적하고 민족공동 번영의 차원에서 동 건설공사를 즉각 중단할 것을 수차례에 걸쳐 강력히 촉구한 바 있습니다. …

정부는 북한측이 강행하고 있는 금강산댐 축조의 가공할 위협으로부터 우리 스스로를 지켜내는 정당한 국가보위적 자위조치로서 휴전선 이남 북한강 상류에 그들의 수공을 예방할 수 있는 대응댐을 건설하기로 결정했습니다. 이러한 조치에는 방대한 투자가 필수적인 만큼 정부는 이에 따른 대응댐 건설의 기술적 검토, 소요예산의 확보 등 그 준비에 착수했습니다.

정부는 이 같은 대응조치가 국민 모두의 한결같은 굳건한 안보의지에서 시발되고 있다는 데 대해 크나큰 의미를 가진다고 생각하며 북한측의 수공에 의한 또 하나의 적화야욕을 무실화시키는 "평화의 댐" 건설에 온 국민의 성원을 기대하는 바입니다.

— 〈북한 금강산 댐 건설 관련 관계장관 합동 담화문〉

↓ 11월 16일, 《조선일보》는 이날 '김일성 총맞아 피살'이라는 제목을 달고 호외를 발행했다. 이튿날인 17일에는 자신들이 '세계 최초로 특종보도'했다는 기사를 싣기도 했다. 그러나 이는 명백한 오보로 밝혀졌고, 김일성은 그로부터 8년이 지난 1994년에야 사망한다. 《조선일보》는 2020년이 되어서야 오보를 정정하고 사과한다. 정정 기사에는 '조선일보 100년 / 진실의 수호자들'이라는 문구가 달린다.

대한민국

1. 20. 현대자동차, 미국 수출용 **포니 엑셀** 선적. 미국으로 수출될 포니 엑셀 1천 대가 울산항에서 선적됐다. 국산 상용차로는 첫 미국 수출이었다. 한국의 대미 자동차 수출 대수는 2015년 100만 대를 돌파한다.

2. 12. 신한민주당(신민당), 대통령 직선제 개헌 1천만 서명운동 돌입.

3. 13. 최은희·신상옥, 북한에서 탈출. 1978년 납북됐던 그들은 영화 홍보를 위해 간 오스트리아 빈에서 북한 감시자들의 눈을 피해 미국 대사관으로 탈출하는 데 성공했다.

3. 28. 고려대 교수 28명, 시국 선언문 발표. 〈현 시국에 대한 우리의 견해〉라는 제목의 이 선언문에서 이문영, 이호재, 최장집 등은 '개헌은 국민 모두의 요구'이니 '당국자와 정치인들은 조속한 시일 내에 개헌의 합의에 도달해야 한다'고 요구했다.

5. 3. 개헌 추진 시위. 재야인사 및 학생 5천여 명이 현정권과 보수 야당을 비판하며 개헌 서명을 위한 신민당 인천 경기 지역에서 시위를 벌였다.

7. 3. 권인숙, 부천경찰서 경장 문귀동 고소. 6월 4일 노동현장 위장취업을 위한 주민등록증 위조 혐의로 연행된 서울대 학생 권인숙이 6일과 7일 두 차례에 걸쳐 담당 형사 문귀동에게 성 고문을 당했다. 이날 그는 문귀동을 강제추행 혐의로 고소했고, 5공 정권은 '성폭행 사건' 대신 '부천 사건'으로 표현하라는 보도지침을 내리고 '혁명을 위해 성까지 도구화했다'며 반격에 나섰다. 권인숙은 1년 6개월 실형을 판결 받았고, 문귀동은 기소유예다. 87년 6월 항쟁 이후 재수사가 추진되어 1989년 문귀동에게 징역 5년 실형이 선고된다.

7. 30. 국회, 헌법개정특별위원회 가동.

8. 4. 독립기념관 화재 발생. 15일 광복절 기념식 겸 개관식이 거행될 예정이었지만 이 화재로 개관은 한 해 뒤로 미뤄진다. 서울 아시안 게임 이전에 완공하느라 공사기간을 무리하게 1년이나 앞당긴 것이 화근이었다.

9. 《말》, 보도지침 폭로. 민주언론협의회(민언협)의 기관지인 《말》이 85년 10월부터 86년 8월까지 문공부가 각 언론사에 시달한 보도지침 584개를 9월호에 실어, 정권의 노골적인 언론 통제 실상을 폭로했다.

10. 28. **건국대학교 점거 농성** 사건. '전국반외세·반독재애국학생투쟁연합'을 결성하기 위해 20여 개 대학 학생 2천여 명이 모인 건국대학에 경찰이 진입하자 학생들은 건물 안으로 들어가 농성을 계속했다. 31일 경찰이 헬기에서 최루탄을 쏘며 진압 작전을 펼쳐 1525명을 연행해 1288명을 구속했다. 단일 사건의 구속자로는 역대 최다 인원이었다.

11. 16. 《조선일보》, 김일성 피살 관련 오보.

12. 31. 〈최저임금법〉 제정. 2년 후인 1988년부터 시행된다. 〈최저임금법〉을 최초로 제정한 국가는 1894년 뉴질랜드였다.

12. 31. 연 단위 첫 무역수지 흑자. 이 해 한국은 수출 347억 달러, 수입 315.8억 달러를 기록해 건국 이래 최초로 31억 달러 무역수지 흑자를 달성했다. 이해부터 시작된 '3저(저금리, 저유가, 저달러) 호황'은 '단군 이래 최대 호황'이란 말까지 오르내리며 1988년까지 3년간 이어진다.

세계

2. 7. [필리핀] 피플 파워 혁명. 페르디난드 마르코스 대통령이 앞서 발표한 대통령 선거가 논란 속에 실시되었고, 이어 일련의 시위로 이어져 피플 파워 혁명으로 이어졌다. 시위는 마르코스의 축출과 코라손 아키노의 대통령 취임으로 절정에 달했다. 이 평화로운 혁명은 필리핀 민주주의의 중요한 승리를 의미했다.

9. 20. 우루과이 라운드 돌입. 우루과이 푼타델에스타에서 GATT의 제8차 다자간무역협상이 개시됐다. 협상은 1994년에 타결된다.

10. 11. 레이캬비크 정상회담. 로널드 레이건 미국 대통령과 미하일 고르바초프 소련 지도자가 아이슬란드에서 핵무장 해제에 관해 회담했다. 합의에 이르지 못했지만, 이 정상회담은 미래의 군축 조약을 위한 길을 열었다.

10. 27. [영국] 금융시장 규제 완화. 영국 정부는 "빅뱅"으로 알려진 사건에서 금융시장 규제를 완화했다. 이 움직임은 소득 불평등을 증가시키는 동시에 금융 수도로서의 런던의 지위를 크게 향상시켰다.

11. 25. 이란-콘트라 사건이 밝혀져 미국과 이란 간의 비밀 무기 거래가 폭로됐다. 이 스캔들은 레이건 행정부를 뒤흔들었고 여러 가지 중요한 조사와 재판으로 이어졌다.

12. 15. [베트남] 공산당 제6차 전국대표대회 개막. 18일까지 열린 이 대회에서 국가주도의 계획경제에서 사회주의 중심의 시장경제로 전환하는 일련의 경제개혁 정책이 채택됐다. 베트남어로 '새롭게 바꾼다'는 뜻인 **도이머이**로 불리는 이 개혁에는 외국인 투자 개방, 민간 부문 개발 장려, 국가 보조금 축소, 무역 자유화가 포함됐다. 이 해 600달러에 못 미치던 1인당 GDP가 2022년에는 4000달러를 넘을 정도로 눈부신 경제성장을 이뤄낸다.

↓ 2월 28일, 올로프 팔메가 암살당했다. 그는 1969년부터 1976년까지, 그리고 다시 1982년부터 스웨덴 총리를 지내며 사회민주주의와 복지국가 확장에 헌신한 인물이다. 그의 임기 동안 보편적 의료 제도 도입, 노동 권리 강화, 진보적 가족 정책 등 상당한 개혁이 이루어졌고, 이는 스웨덴이 사회적 형평성과 경제적 안정의 모델이라는 평판을 강화하는 데 일조했다. 팔메의 암살은 국가에 충격을 주었고 지속적인 유산을 남겼다. 이는 스웨덴 사회민주주의의 한 시대가 끝났음을 의미했을 뿐만 아니라 급변하는 세상에서 정치적 폭력과 민주주의적 이상을 보호하는 것에 대한 지속적인 논쟁을 불러일으켰다.

문화 / 과학·환경 / 스포츠

문화

1. 1. 《과학동아》창간.

과학·환경

1. 28. [미국] 우주 왕복선 챌린저호 참사. 우주 왕복선 챌린저호가 이륙 후 73초 만에 공중폭발하여 승무원 일곱 명이 전원 사망했다. 이 참사는 전 세계에 충격을 주었고 미국의 우주 프로그램에 상당 기간 중단을 초래했다.

2. 19. [소련] 미르 우주정거장 발사.

4. 26. [소련] **체르노빌 원자력발전소 폭발**. 소련의 체르노빌 원자력발전소의 네 번째 원자로가 폭발해 유럽 전역에 방사성 물질이 누출됐다. 이는 역사상 최악의 원자력 사고로 남아 있으며, 장기적인 환경 및 건강 피해를 입혔다.

12. 3. 포항공과대학교 개교. 포항공대는 '세계 과학기술을 선도할 수 있는 대학이 우리에게도 필요하다'는 비전 아래 설립된 연구 중심 대학이다.●

스포츠

3. 1. [일본] 삿포로에서 제1회 동계 아시안 게임 개막. 7개국이 참가했고, 일본이 전체 35개 금메달 중 29개를 휩쓸며 압도적인 1위를 했다.

3. 8. 빙그레 이글스 창단. OB 베어스가 연고지를 서울로 옮긴 후 비어 있던 대전을 연고지로 한화그룹이 창단해 프로야구 7구단 체제를 연 팀이다. 1993년 팀 이름을 한화 이글스로 변경했다. 1999년 한국 시리즈 우승 후 20년 넘게 우승을 하지 못하고 있지만, 여전히 변함없이 열띤 응원을 보내는 골수 '보살팬'을 많이 보유하고 있다.

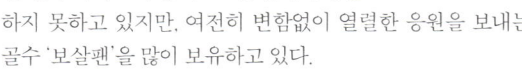

5. 31. [멕시코] 제13회 FIFA 월드컵 개막. 결승전에서 아르헨티나가 서독을 3-2로 이겼다. 1978년에 이은 두 번째 우승이었다. 아르헨티나의 디에고 **마라도나**는 22일 잉글랜드와의 8강전에서 핸들링 반칙으로 넣은 '**신의 손**' 골과 수비수 다섯 명을 제치고 드리블 끝에 넣은 '세기의 골'을 잇달아 기록하며 팀의 승리에 결정적인 기여를 했다. 그는 대회 최우수 선수로도 선정됐다. 한국은 1무2패로 조별리그에서 탈락했고, 북한은 지역 예선에서 탈락해 본선에 참가하지 못했다.

9. 20. 서울에서 제10회 **아시안 게임** 개막. 북한은 참가하지 않았다. 1988년 서울 올림픽의 사전 점검 무대의 의미가 컸던 이 대회에서 대한민국은 중국에 이어 종합순위 2위에 올랐고 일본은 대회 사상 처음으로 3위로 내려앉았다.

1986년 풍경

저녁마다 〈땡전 뉴스〉가 흘러나오고 정수라의 〈아, 대한민국〉이 경쾌하게 들렸다. 연속극은 차질없이 방송되었고 태평성대를 구가하는 것 같았다. 하지만 그 어딘가에서는 저항의 물결이 일렁이고 있었다. 대학생 형들로부터 시위 소식, 최루 가스의 공포를 어쩌다 듣긴 했어도 그건 캠퍼스 안의 일이었다. 그랬던 어느 날은 가두로 진출한 시위가 있어, 난생처럼 최루가스와 실제 맞닥뜨리는 날도 있었다. 유원지에서 달콤한 솜사탕이나 보다가 이런 돌발상황을 짐작이나 했겠는가. 그렇지만 아이들도 저절로 알게 되는 세상 물정이 있다. 아저씨들이 정책을 쓴다면 우리는 대책이 있지요. 자신의 얼굴을 비닐로 감싸고 최루탄 가스 사이로 유유히 걸어가는 아이들.

헌법재판의 종류●

형식		내용
위헌제청		위헌법률 가리기
헌법소원	위헌심사형	
	권리구제형	부당한 공권력 통제
탄핵심판		공무원 탄핵 결정
정당해산		정당 해체 결정
권한쟁의		기관 간 권한 구분

이 해에는

책
- **2. 28.** 《사회구성체론과 사회과학 방법론》, 이진경
- **6. 15.** 《이광수와 그의 시대》, 김윤식
- **10. 5.** 《태백산맥》, 조정래 (1993년 10권으로 완간)
- **10. 15.** 《한국민중사》1,2, 한국민중사연구회
- **11. 20.** 《찢겨진 산하》, 정경모

영화
- **2. 8.** 〈뽕〉, 이두용
- **4. 5.** 〈길소뜸〉, 임권택
- **8. 2.** [홍콩] 〈영웅본색〉, 오우삼
- **8. 29.** [프랑스] 〈녹색광선〉, 에릭 로메르
- **8. 23.** 〈티켓〉, 임권택

궂긴 소식
- **2. 28.** 올로프 팔메(스웨덴의 총리)
- **4. 22.** 미르체아 엘리아데(루마니아의 비교종교학자)
- **5. 9.** 텐징 노르가이(네팔의 산악인)
- **6. 14.** 호르헤 루이스 보르헤스(아르헨티나의 작가)
- **6. 14.** 김수근(건축가)
- **7. 5.** 오윤(화가)
- **7. 10.** 박태원(소설가)
- **11. 1.** 서영춘(희극인)
- **12. 29.** 안드레이 타르콥스키(소련의 영화감독)

독립한 나라
- **11. 3.** 미크로네시아 연방 (← 미국)

1987년

87년 민주화 운동

"우리 종철이를 살려내라"

↑ 1월 14일 서울대 3학년 학생 박종철이 남영동 치안본부 대공분실로 연행되어 조사받던 중 물고문을 받다 사망했다. 이 일은 이튿날 석간 《중앙일보》에 '경찰에서 조사받던 대학생 쇼크사'라는 제목으로 보도됐다. 파문은 커져갔고, 경찰은 17일 그의 사망 사실을 시인했지만, "책상을 탁 치니, 억하고 죽었다"는 강민창 치안본부장의 해명은 더욱 큰 분노를 유발했다, 결국 19일 물고문을 공식 시인할 수밖에 없었다. 분노한 시민들은 행동에 나섰고, 6월 항쟁으로 이어진다.

↓ 6월 항쟁에 굴복한 전두환 정권이 6월 29일 민정당 대통령 후보 노태우로 하여금 발표하게 한 이 시국수습 선언은 여야 합의에 의한 개헌 후 직선제로 대통령 선거를 실시, 김대중을 포함한 시국사범 대폭 사면·복권 등 8개항으로 되어 있었다. 6월 민주항쟁이 이뤄낸 6·29 선언은 대통령 직선제 개헌을 성취한 것은 성공이었지만, '4·19 혁명으로 이승만 대통령을 하야시켰듯이 전두환 대통령을 직접 물러나게 하지 못했다는 점에서는 실패였다. 이제 모든 것은 이해 연말의 제13대 대통령 선거에서 판가름나게 됐다.

경찰에서 조사받던 대학생 쇼크사.

14일 연행되어 치안본부에서 조사를 받아오던 공안사건 관련 피의자 박종철 군(21, 서울대 언어학과 3년)이 이날 하오 경찰조사를 받던 중 숨졌다. 경찰은 박군의 사인을 쇼크사라고 검찰에 보고했다.

그러나 검찰은 박군이 수사기관의 가혹행위로 인해 숨졌을 가능성에 대해 수사중이다. 학교측은 박군이 3~4일 전 학과 연구실에 잠시 들렀다가 나간 후 소식이 끊겼다고 밝혔다. 한편 부산시 청학동 341의 31 박군 집에는 박군의 사망소식을 14일 부산 시경으로부터 통고받은 아버지 박정기씨(57, 청학양수장 고용원) 등 가족들이 모두 상경하고 비어 있었다.

박군의 누나 박은숙 씨(24)는 지난해 여름방학 때부터 박군이 운동권에 가담하고 있다는 사실을 어렴풋이 알고 있었을 뿐 최근 무슨 사건으로 언제 경찰에 연행됐는지는 모른다고 말했다.

— 《중앙일보》, 1987. 1. 15

대한민국

- **1. 14.** **박종철, 경찰 고문으로 사망**.
- **1. 19.** 경찰, 고문치사 사건의 범인 조한경 경위와 강진규 경사 구속.
- **4. 3.** 전두환 대통령, 특별 담화 발표. 자신은 '임기중 개헌이 불가능하다고 판단하고 현행헌법에 따라 본인의 임기만료와 더불어 후임자에게 정부를 이양할 것을 천명'한다고 밝혔다. '4·13 호헌조치'라고 불린 이 담화는 국민들의 강력한 반발에 부딪혔다. 직선제 개헌을 요구하는 시위가 전국으로 확산됐다.
- **5. 1.** 통일민주당 창당. 총재에는 김영삼 전 신민당 상임고문이 선출되었고, 부총재로는 김영삼계(상도동계) 3명, 김대중계(동교동계) 3명이 지명됐다.
- **5. 10.** 일광절약시간제(서머타임) 시행. 26년만의 재시행이었다.
- **6. 9.** **이한열, 최루탄 피격**. 박종철 고문치사 사건과 4·13호헌 조치에 분노한 학생들의 시위가 격화된 가운데 연세대 학생 이한열이 경찰이 직사로 쏜 최루탄 파편에 맞고 쓰러져 의식불명 상태가 됐다. 이 사건으로 4·13 조치는 더 큰 저항에 직면해 동력을 잃었다. 이한열은 의식을 찾지 못하고 7월 5일 결국 숨을 거뒀다.
- **6. 29.** 노태우 민주정의당 대표위원, **대통령 직선제 수용** 선언.
- **7. 5.** 현대엔진 노동조합 결성. 이를 시작으로 7~9월에 걸쳐 임금인상과 민주노조 건설을 요구하는 노동자들의 투쟁이 전국으로 확산된다. 이 기간 폭발적으로 터져나온 노동자들의 투쟁은 **1987년 노동자대투쟁**이라 불린다.
- **7. 15.** 태풍 셀마, 상륙. 7월에 한반도를 덮친 태풍 중에서 가장 강력했던 이 태풍으로 300명이 넘는 사람이 목숨을 잃고, 10만여 명의 이재민이 발생했다.
- **8. 29.** 경기도 용인에서 집단자살한 시신이 발견됨. 사이비 종교 교주이자 오대양 주식회사의 사장인 박순자가 100억의 빚에 쪼들리자 저지른 일로 밝혀졌다. 그를 추종한 사람 32명이 집단으로 자살한 것이다.
- **9. 27.** 민주교육추진전국교사협의회 창립. 1년 전인 1986년 5월 10일 '교육민주화선언'을 이끌었던 교사들이 '민족·민주·인간화 교육'을 가치로 내걸고 본격적인 활동에 들어갔다. 이 단체는 이후 1989년 전국교직원노조로 이어진다.
- **10. 27.** 대통령 직선제 헌법개정안 국민투표 통과.
- **11. 12.** 평화민주당 창당. 통일민주당에 참여했던 김대중계가 탈당해 신당을 창당했다. 이로써 김영삼과 김대중의 후보 단일화는 무산됐다.
- **12. 4.** 육아휴직 제도 도입. →
- **12. 16.** 13대 대통령 선거. 1971년 이후 16년만에 직선제로 치러진 선거 결과 민주정의당의 노태우가 총투표의 36.6%를 얻어 김영삼(28%, 통일민주당), 김대중(27%, 평화민주당), 김종필(8%, 신민주공화당)을 누르고 당선됐다. 민주화 항쟁이 몇 개월 되지 않아 치러진 선거에서 군부독재의 계승자인 여당 후보가 압도적인 표 차이로 승리하는 예상치 못한 결과가 나왔지만, 민주화운동 진영의 패인은 명백했다. 집권 세력의 지역주의 선동, 금권·관권 선거, 편파 보도 등을 원인으로 들 수도 있겠지만, 가장 큰 원인은 김영삼·김대중 양김의 분열이었다.

세계

1.27~28 [소련] 공산당 중앙위원회 전체회의. 폐막일인 28일 〈당의 페레스트로이카와 인사 정책에 관한 결의안〉이 채택됐다. 이로써 1985년 서기장으로 선출된 미하일 고르바초프의 개혁 즉 페레스트로이카가 소련 사회의 모든 영역에서 전면적으로 시작됐다. 6월 〈국영기업법〉으로 임금과 물가에 대한 국가의 통제가 완화됐고, 이듬해 협동조합이 합법화됐다.

2.20. [브라질] 조제 사르네이 대통령, 외채 이자 지급유예 선언. 브라질의 총외채 1080억 달러로 개발도상국 최대 채무국이었다. 한 해 전 2월에 도입된 물가 통제를 주요 내용으로 하는 '크루자두 계획'으로 일시적으로 정권의 인기가 상승했으나, 곧 물가가 다시 급등하고 경제위기가 심화된 가운데 이루어진 조치였다. 이자 상환은 1987년 말~1988년 초 점진적으로 재개되었으나, 이후에도 재정적자와 경제 불안정은 지속된다. 브라질 경제는 1994년 헤알 계획이 시행된 후에야 본격적으로 회복세를 보인다.

7.11. [유고슬라비아] **세계 인구 50억 명** 도달. 유엔 인구 기금이 크로아티아 공화국(당시 유고슬라비아) 자그레브에서 50억 번째 아기가 태어났다고 선포했다. 아기 이름은 마테이 가스파르였고, 그가 50억 번째 아기로 선택된 것은 당시 자그레브에서 하계 유니버시아드 대회가 열리고 있었기 때문이다.● 유엔은 이날을 세계 인구의 날로 정해 기념한다.

7.15. [대만] 장징궈 총통, 계엄령 해제. 이로써 1948년부터 38년 넘게 세계에서 가장 오래 지속된 국민당의 '계엄 시대'가 끝났다. 중국과 가까운 진먼, 마쭈는 1992년이 되어서야 해제된다. 대만의 계엄 통치는 사실상 43년간 이어진 셈이다.

9.7. [동독] 에리히 호네커 국가평의회 의장, 서독 방문. 사회주의통일당의 서기장이자 독일민주공화국 국가평의회 의장이라는 공식 자격으로 이루어진 이 방문은 동독 공산당 최고지도자로서는 분단 이후 처음이자 유일한 서독 방문이었다. 그는 4박 5일 동안 서독을 방문하는 동안 헬무트 콜 서독 총리와 만났다.

10.19. 전 세계 주가, 대폭락. 검은 월요일이라고 불린 이날 전 세계의 주가가 대폭락했다. 다우존스 지수가 22.6% 하락하는 등 이날 하루에만 전 세계 주식시장의 손실액이 1조 7000억 달러가 넘는 것으로 추산됐다. 폭락의 주된 원인은 미국 정부의 높은 무역 및 재정적자였다.

12.8. [팔레스타인] 제1차 인티파다. 이스라엘 점령지의 팔레스타인인들이 이스라엘 통치에 저항하는 봉기를 개시했다.

12.8. [미국/소련] 중거리 핵전력 조약 체결. 로널드 레이건 미국 대통령과 미하일 고르바초프가 사거리 500~5500km의 지상 발사 탄도 및 순항 미사일을 폐기하는 데 합의했다. 핵탄두 개수의 실질적인 감축을 내용으로 한 최초의 조약이었다.●

← 12월 8일 가자 지구에서 이스라엘의 군용 트럭이 팔레스타인인들이 탄 차량과 충돌하면서 네 명이 사망하고 일곱 명이 다치는 사고가 발생했다. 이 사고가 고의적이었다는 소문이 퍼져나가는 가운데 다음 날 거행된 장례식 이후 대규모 시위가 잇따랐다. 이스라엘군이 실탄을 사용해 시위를 해산시키면서 사망자가 발생했고 시위는 가자 전역과 서안 지구로 확산됐다. 1993년 9월까지 제1차 인티파다 기간 중 1000명이 넘는 팔레스타인인이 이스라엘군에 의해 목숨을 잃었다. 인티파다는 아랍어로 '봉기'를 뜻한다.

문화 / 과학·환경 / 스포츠

문화

4.19. [미국] 폭스, 〈심슨 가족〉 첫 방송. 〈트레이시 울먼 쇼〉의 일부로 처음 등장해 1989년에 정규 편성됐다. 스프링필드 마을에 사는 심슨 가족을 주인공으로 하는 이 애니메이션 시트콤에는 날카로운 풍자 속에 시청자의 가슴을 따뜻하게 하는 순간들이 섞여 있다. 현재 36번째 시즌을 이어가고 있는 세계 최장수 애니메이션 시리즈이다.

5.23. 〈영웅본색〉 국내 개봉. 홍콩 오우삼 감독의 이 작품은 이소룡과 성룡으로부터 완전히 단절한 진짜 '현대' 중국 영화였다. 수많은 학생이 저우룬파(주윤발)를 따라 괜히 성냥개비를 씹어물고 다녔다. 홍콩 누아르는 그렇게 1990년대 중반까지 10여 년간 한국 극장가를 지배하는 전설로 자리 잡는다.●

8.21. 낙성대연구실 개소. →

9.9. 강수연, 임권택 감독의 〈씨받이〉로 제44회 베네치아 국제영화제 여우주연상 수상.

12.31. 〈영화법〉 제6차 개정. 1985년 시작된 한미 영화 협상으로 전면적인 시장 개방은 이미 예고된 상태였다. 이듬해 7월부터 실시된 이 법령에 따라 할리우드 메이저 영화사를 포함 외국 영화사들도 국내에 영화를 직접 배급할 수 있게 된다.

과학·환경

1.1. 현생 인류의 아프리카 기원설. 뉴질랜드 출신 유전학자 앨런 윌슨이 이끄는 미국의 연구팀이 《네이처》에 〈미토콘드리아 DNA와 인간의 진화〉라는 논문을 발표했다. 세계 여러 지역에 사는 여성들의 미토콘드리아 DNA를 추적 분석한 결과 인종에 상관없이 이들 여성들 모두가 한 공통조상에서 유래했으며, 모든 현생 인류는 약 20만 년 전 아프리카에 살았던 것으로 추정되는 한 여성에서 진화했다는 내용이었다. 이 연구 결과로 전 세계로 퍼진 호모 에렉투스가 여러 지역에서 각기 현생 인류로 진화했다는 다지역 기원설은 큰 타격을 입는다.

스포츠

2.14. 배기태, 세계 올라운드 스피드스케이팅 선수권대회 남자 500m 우승. 네덜란드 헤이렌베인에서 열린 이날 경기에서 그는 37초 04로 1위를 차지했다. 한국 스케이팅 역사상 첫 세계 선수권 금메달이었다.

5.16. **최동원·선동열, 마지막 맞대결.** 부산 사직구장에서 열린 롯데와 해태의 경기에서 둘은 선발로 나서 연장 15회까지 역투했지만 2-2로 승부를 가리지 못했다. 이 경기에서 최동원은 209개, 선동열은 232개의 공을 던졌다. 한국 프로야구의 한 시절을 화려하게 장식한 이 두 선수가 맞대결을 벌인 것은 이날을 포함해 모두 세 차례이고 성적은 1승 1무 1패였다.

1987년 풍경

광복과 함께 1948년 남한만의 총선거를 통해 국회가 구성됐다. 국회의원들의 투표로 이승만이 초대 대통령으로 선출됐다. 이후 국민이 직접투표에 의해 우리 대통령을 뽑는 관례가 만들어졌다. 1972년 유신헌법에 의해 간접선거로 바뀌었다. 직접선거로는 당선될 가능성이 희박해진 박정희가 일으킨 쿠데타였다. 선거는 대의원들에 의해 후보자에 대한 사실상의 찬반투표로 진행됐다. 대통령이 된 전두환은 임기가 끝나기 직전 6·29선언으로 성난 민심에 항복해야 했다. 그날 명동의 가화다방은 저 기쁨을 "차값 무료"로 표현했다. 국민들은 다시 대통령 직선제를 쟁취했다. 그날 이후 모든 선거에서 공식 투표가 끝난 오후 6시 또 다른 관례가 만들어졌다. 주권자들의 귀와 눈이 출구조사 발표로 쏠리는 것이다. 30, 29…3, 2, 1의 카운트다운이 끝나고 짠, 등장하는 우리의 새 대통령. 아, 투표는 탄환보다 강하다!

세계 인구 추이(1700~2000년) ●

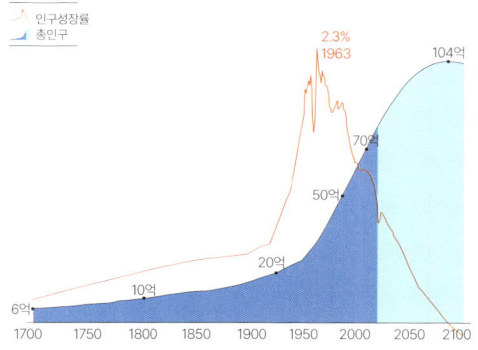

이 해에는

책
- 3.25. 《홀로서기》, 서정윤
- 8.10. 《먼나라 이웃나라》, 이원복
- 9.1. (한국어 번역본) 《자본》, 카를 마르크스
- 9. [미국] 《빌러비드》, 토니 모리슨
- 9.4. [일본] 《노르웨이의 숲》, 무라카미 하루키
- 11.11. 《백석 시전집》, 백석
- 11.14. 《원미동 사람들》, 양귀자

노래
- 〈남행열차〉, 김수희
- 〈사랑이 지나가면〉, 이문세

영화
- 3.21. 〈씨받이〉, 임권택
- 10.29. [서독/프랑스] 〈베를린 천사의 시〉, 빔 벤더스

궂긴 소식
- 1.14. 박종철(민주화운동가)
- 2.21. 앤디 워홀(미국의 미술가)
- 4.1. 이기동(희극인)
- 4.11. 프리모 레비(이탈리아 작가)
- 7.5. 이한열(민주화운동가)
- 11.1. 유재하(가수)
- 11.19. 이병철(기업인)

1988년

서울 올림픽 개최

↑ 9월 17일 서울에서 제24회 하계 올림픽이 개막됐다. 동서 냉전이 여전히 지속되던 시기였지만, '화합과 전진'이라는 슬로건을 걸고 열린 이 대회에는 1972년 뮌헨 올림픽 이후 12년 만에 큰 보이콧 논란 없이 가장 많은 IOC 회원국(160개국)이 참가했다.

"서울올림픽 대회를 개최하는 것을 선언합니다."

이제, 우리는 가장 성대한 올림픽을 개최하는 나라가 되었습니다.
우리가 이처럼 세계 속에 우뚝 서게 된 것은 그동안 피땀어린 노력과 헌신으로 오늘의 발전을 이룩한 우리 국민의 위대함 때문입니다. …
가난과 전쟁의 폐허 위에 세계가 놀란 '경제의 기적'을 이루었고 국가의 위기를 '민주정치의 기적'으로 극복한 우리 국민은 한강변에 또 하나의 기적, 선진국이 치른 어떤 올림픽보다 훌륭한 올림픽을 치르는 '교화 국민의 기적'을 이룩할 것입니다.
그것은 우리 민족사의 소망인 선진국으로 들어서는 관문이 될 것이며, 세계 모든 나라와 남북관계를 개선하여 통일의 문을 여는 전기가 될 것입니다.
오늘을 사는 모든 국민이 이 대회를 일생의 보람으로 간직할 최대, 최고, 최선의 빛나는 대회로 만듭시다.
그리하여 온 인류와 함께 손잡고 평화와 번영이 가득한 희망의 세계를 창조해 갑시다.
— 노태우 대통령

↓ 11월 3일 일해재단 비리 관련 청문회가 시작됐다. 헌정사상 최초의 청문회였다. 청문회는 TV로 생중계되며 수많은 화제를 불러일으키지만, 이듬해 12월 31일 별다른 성과 없이 막을 내린다.

대한민국

1. 1. **최저임금제 시행**. 1986년 제정된 《최저임금법》에 따라 이날부터 상시근로자 10인 이상의 제조업사업장에 적용되기 시작했다. 최저임금은 업종에 따라 월 11만 1천 원(시급 462.5원)과 11만 7천원(487.5원)이었다. 2023년 최저임금은 시급 9620원, 월급으로 환산하면 201만 580원이다. 국민연금제도도 이날부터 처음 시행됐다.

2. 25. 노태우, 제13대 대통령에 취임. 이와 함께 제6공화국이 출범했다.

4. 26. 제13대 국회의원 선거. 민주정의당, 통일민주당, 평화민주당, 신민주공화당이 연고지역에 따라 4강 대결구도로 치러진 이날 선거 결과 여당인 민주정의당이 125석을 차지해 제1당이 되었지만, 과반수 의석에 미달했다. 의정사상 최초로 '여소야대' 정국이 형성됐다.

5. 15. 《한겨레신문》 창간. 《동아일보》와 《조선일보》의 해직 언론 기자들이 주도해 국민주 방식으로 기금을 모아 창간됐다. 한국 언론 사상 최초로 평기자들의 직접 투표로 편집위원장을 선출했다. 한글전용과 가로쓰기도 중앙일간지 중 최초로 전면 도입했다. 1996년 《한겨레》로 제호가 바뀐다.

5. 25. 서준식, 출소. 재일동포인 그는 1970년 형 서승과 함께 보름 동안 방북했다 이듬해 보안사령부에 체포되어 고문을 받고 7년형을 선고받았다. 주거제한을 조건으로 이날 청주보안감호소에서 풀려났다. 갇힌 지 17년만이었다. 애초 7년형을 받고도 이렇게 긴 시간 감옥에서 보낸 것은 만기 출소한 비전향 장기수들을 재수감시킬 수 있는 '사회안전법' 때문이었다. 형식적으로는 2년마다 심사를 해서 출소시킬 수 있다고는 했으나 사실상 전향서를 쓰지 않으면 죽을 때까지 감옥에 갇혀 살아야 했던 것이다. 비전향 장기수가 살아서 감옥을 나온 것은 정부 수립 이래 그가 최초였다.

7. 1. 한국이동통신, 휴대전화 서비스 시작. →

7. 7. 노태우 대통령, 〈민족자존과 통일번영을 위한 특별선언〉 발표. 그는 7·7 선언이라고 불리게 될 이 선언을 통해 '남과 북은 분단의 벽을 헐고 모든 부문에 걸쳐 교류를 실현해 나가야' 한다고 제안했다. 대북정책 및 대사회주의권 정책의 지침을 담은 이 선언 이후 노태우 정권의 북방정책은 남북관계 개선과 사회주의권 국가들과의 수교라는 두 방향으로 추진됐다. 9월 헝가리와 상주대표부 설치를 합의했다.

9. 1. 헌법재판소 설립. 《헌법재판소법》이 이날 시행됐다. 그리고 19일 노태우 대통령이 조규광 소장 등 재판관 9인에게 임명장을 주면서 헌법재판소의 구성이 완료됐다.

9. 17. 제24회 하계 **서울 올림픽** 개막.

10. 8. 영등포교도소 미결수 탈출사건 발생. 무기수 1명이 포함된 미결수 12명이 이감 중 교도관들을 위협해 권총과 실탄을 빼앗아 달아났다. 이 중 4명이 서대문구의 가정집에 침입해 일반인을 인질로 잡고 경찰과 대치했다. 교정 사상 최대의 탈주극은 일당인 지강헌이 경찰의 총을 맞아 죽고, 두 명이 권총으로 자살하며 막을 내렸다.

11. 3. 국회 **5공비리조사특별위원회 청문회** 시작.

11. 23. 전두환·이순자 부부, 사과문 발표 후 설악산 백담사 은둔.

11. 26. 전국언론노동조합연맹 창립. 초대 위원장은 권영길이었다. 2000년 기업별 노조라는 조직체계를 극복하기 위해 산업별 노조로 전환하며 명칭도 전국언론노동조합으로 바뀐다.

세계

5. 15. [소련] 아프가니스탄에서 병력 철수 시작. 4월 소련, 아프가니스탄, 미국, 파키스탄이 제네바에서 평화협정을 체결함에 따라 이루어진 조치였다. 단계적인 철수를 시작한 소련군은 이듬해 2월 철수를 완료한다. 1979년 12월 소련군이 아프가니스탄을 침공한 지 8년 5개월여 만이었다. 이 기간 50만에서 100만 명의 아프가니스탄인과 소련군 1만 4000~2만 6000명이 목숨을 잃은 것으로 추정된다.

8. 8. [버마] **8888 민주항쟁**. 군부 독재, 약탈적 화폐개혁, 경제 실정에 항의하는 학생들이 주도한 이 민주화 운동은 국민들의 지지를 얻으며 전국적인 시위로 퍼져나갔다. 군부는 시위대를 향한 무차별 유혈진압으로 맞섰고, 9월 21일 항쟁은 실패로 끝나고 말았다. 수천 명이 목숨을 잃은 이 민주항쟁의 교훈은 현재 시민들 가슴 속에 면면히 이어졌고, 항쟁은 지금도 멈추지 않고 진행중이다.

11. 8. [미국] 대통령 선거. 부통령이자 공화당 후보인 조지 에이치 더블유 부시가 민주당의 마이클 두카키스를 큰 차로 누르고 제41대 대통령에 당선됐다.

11. 15. [팔레스타인] 야세르 아라파트 팔레스타인해방기구(PLO) 의장, 팔레스타인 독립 선포. 그는 알제리 알제에서 팔레스타인 독립 선언문을 낭독했다. 가자 지구와 서안 지구에 동예루살렘을 수도로 하는 팔레스타인 독립 국가를 선포했다. 그리고 이스라엘의 생존권을 인정하고 평화 공존을 약속했다. 곧 국제적인 승인이 이어졌다. 중국과 소련을 포함해 총 84개국이 신생국 팔레스타인을 정식으로 승인했다. 이스라엘 정부는 승인을 거부했지만, 이듬해 1월 팔레스타인은 UN 안전보장이사회에서 연설할 수 있는 권리를 획득한다.

11. 16. [파키스탄] 총선. 8월 독재자 무함마드 지아 울하크 대통령이 헬기 사고로 사망했다. 정세가 불안해진 가운데 치러진 선거에서 파키스탄 인민당이 승리하면서 베네자르 부토가 이슬람 국가 최초의 여성 총리가 됐다.

12. 7. [소련] 아르메니아에 지진 발생. 규모 6.8의 강진으로 2만 명 이상이 목숨을 잃었다.

↓ 8월 8일 버마에서 8888 항쟁이 일어났다. 이미 3월부터 시작된 학생들의 민주화 운동에 노동자들이 총파업으로 힘을 보탰고 일반 시민들이 합류하면서 독재정권 퇴진과 민주화를 촉구하는 시위가 대규모로 확산되기 시작했다. 이에 정부는 군대를 동원해 유혈진압에 나섰고 시민들은 평화 시위로 맞섰다. 이 과정에서 민간인 수천 명이 목숨을 잃고 대통령이 세 번이나 바뀌는 혼란이 발생했고, 이를 틈 타 소 마웅이 이끄는 신군부가 9월 18일 쿠데타로 정권을 강탈한다. 신군부는 민주적 총선거를 통해 권력을 이양하겠다고 약속하지만 약속은 지켜지지 않는다.

문화 / 과학·환경 / 스포츠

문화

2. 15. 예술의전당 1단계 준공. 서울 서초구에 음악당과 서울서예박물관이 1차로 개관했다. 우면산 기슭에 들어선 복합문화예술공간인 예술의전당은 현재 공연장 일곱 개, 미술관과 박물관 세 개가 운영되고 있다.

9. 24. 첫 **직접 배급 영화** 개봉. 서울 명동 코리아극장, 신영극장 등에서 첫 직배 영화 〈위험한 정사〉가 개봉됐다. 일주일 뒤인 9월 30일 코리아극장 객석에서 뱀 네 마리가 발견되는 소동이 벌어진다. 미국의 거대 영화사들이 만든 UIP가 국내에 영화를 직접 배급하기 시작하자 생존이 어렵다는 위기감에 빠진 영화인들이 뱀을 푸는 극단적 대응까지 들고나온 것이다. 그러나 일단 문을 열고 들어온 할리우드 영화의 영향력은 점차 커지고 한국 영화의 시장 점유율은 1993년에는 15.9%까지 떨어진다.

11. 1. 《르네상스》 창간. 한국 최초의 여성 만화 전문 잡지였다. '밝고 명랑한 순정, 로맨틱하며 우아한 순정'을 내세운 이 잡지를 통해 기존의 김혜린, 신일숙, 강경옥, 황미나 외에 이강주, 문계주, 이빈 등이 여성 팬들의 커다란 지지를 받는다. 이 잡지의 창간 이후, 《하이센스》, 《윙크》, 《댕기》 등의 창간이 이어지며 이때부터 약 10년 간 한국 순정만화의 황금기가 펼쳐진다.

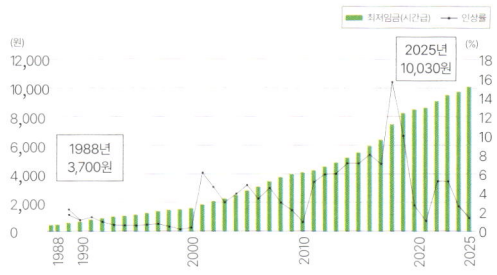

12. 23. 한국민족예술단체총연합(민예총) 창립. 조성국, 고은, 김윤수를 공동위원장, 신경림을 사무총장으로 내세운 이 단체는 분단 이후 최초로 결성된 진보적 예술인 대중조직이었다.

과학·환경

2. 17. 남극세종과학기지 준공. 남극 사우스셰틀랜드 제도 킹조지섬에 세워진 이 기지는 대한민국 최초이자 세계 16번째 남극 상설 과학기지이다.

스포츠

2. 13. [캐나다] 캘거리에서 제15회 동계 올림픽 개막. 눈이 내리지 않는 카리브해의 열대 섬나라인 자메이카 선수들이 봅슬레이에 출전해 세계인의 관심을 끌었다. 이들의 이야기는 1993년 〈쿨러닝〉이란 영화로 제작되기도 했다.

8. 14. 문성길. 세계복싱협회(WBA) 밴텀급 챔피언 타이틀 획득. 타이의 카오코 갤럭시를 3-0 판정승으로 이긴 이날 경기는 프로 데뷔 후 일곱 번째 경기였다. 1986년 아시안 게임 금메달리스트로 돌주먹이라고도 불린 그는 1990년 세계복싱평의회(WBC) 슈퍼플라이급 정상에 오른 후 9차 방어까지 성공한다.

9. 17. 서울에서 제24회 하계 올림픽 개막. 벤 존슨(캐나다)이 남자 100m 달리기에서 9초 79를 기록하며 세계 신기록으로 우승을 차지했지만, 도핑 검사에서 아나볼릭 스테로이드를 남용한 것으로 밝혀져 메달을 박탈당했다. 대회는 10월 2일에 폐막했다.

11. 22. 최동원, 삼성으로 트레이드. 롯데와 삼성은 팀의 간판 투수인 최동원과 김시진이 포함된 4-3 대형 트레이드를 발표했다. 최동원이 선수협의회 결성을 시도한 데 대한 보복성 트레이드였다.

1988년 풍경

난세는 말을 남긴다. 인질범의 범행 현장이 생생하게 중계방송되기도 했던 초유의 사태. 영화보다 더 영화 같은 엄연한 현실이었다. 이 세상에 그냥 하늘에서 뚝 떨어지는 일이란 없다. 그만한 일이 있었기에 이만한 일이 있었노라고 코너에 몰린 이는 최후의 말을 뱉는다. 생사가 갈리는 순간, 참혹한 범죄의 현장에서, 인질로 잡혔던 그 여성은 울면서 이렇게 말했다. "여기 사람이 죽어가요. 사람이 죽어간다고요…" 이날 인질범 지강헌은 유리창을 깨고 권총을 겨누며 이런 말을 남겼다. 사회면의 헤드라인을 장식했던 그 말은 나중 정치면으로 자주 소환되기도 했다. 우리 시대의 씁쓸한 세태를 반영하는 그 말, '유전무죄, 무전유죄.'

연도별 최저임금

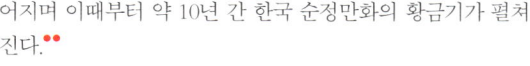

이 해에는

책
- **4. 1.** [영국] 《시간의 역사》, 스티븐 호킹
- **7. 30.** 《거꾸로 읽는 세계사》, 유시민
- **9. 26.** [영국] 《악마의 시》, 살만 루슈디
- **11. 15.** 《마당 깊은 집》, 김원일
- ○ 《조국은 하나다》, 김남주
- ○ [영국] 《나니아 연대기》, C.S. 루이스
- ○ [브라질] 《연금술사》, 파울로 코엘류

노래
- ○ 〈그대에게〉, 신해철
- ○ 〈담다디〉, 이상은
- ○ 〈신사동 그 사람〉, 주현미

영화
- **4. 16.** [일본] 〈이웃집 토토로〉, 미야자키 하야오
- **6. 11.** 〈나그네는 길에서도 쉬지 않는다〉, 이장호
- **6. 24.** 〈개그맨〉, 이명세
- **11. 17.** [이탈리아/프랑스] 〈시네마 천국〉, 주세페 토르나토레
- **11. 26.** 〈칠수와 만수〉, 박광수
- **12. 21.** [유고슬라비아/이탈리아] 〈집시의 시간〉, 에미르 쿠스트리차

굵긴 소식
- **4. 19.** 권기옥(독립운동가, 비행사)
- **5. 11.** 김중업(건축가)
- **8. 12.** 장미셸 바스키아(미국의 그래피티 화가)
- **8. 25.** 정영일(영화 평론가)

독립한 나라
- **11. 3.** 팔레스타인 (← 영국)

1989년

전교조 창립

"누가 우리더러
스승이라 부르는가?"

↑ 5월 28일, 전국교직원노동조합(전교조)은 교육의 민주화와 교사의 권리를 보호하기 위해 창립되었으며, 이는 한국 사회에서 교육 문제를 정치적, 사회적 이슈로 부각시키는 중요한 계기가 됐다. 전교조는 참교육이라는 이념 아래 모든 학생들이 인간다운 삶을 누릴 수 있도록 교육의 질을 높이고자 하였으며, 이는 단순한 교사들의 권리 신장을 넘어 교육의 본질을 재정립하려는 노력으로 이어졌다. 사진은 건국대에서 열린 전국교직원노동조합(전교조) 결성보고대회 모습이다.

우리 교직원은 교육의 자주성과 정치적 중립성을 유린한 독재정권의 폭압적인 강요로 인하여 집권세력의 선전대로 전락하여 국민의 올바른 교육적 요구에 부응하지 못하고 결과적으로 진실된 교육을 받고자 하는 학생들의 학습권을 침해하는 잘못을 저질러 왔다.

독재권력이 강요한 사이비 교육은 교원의 권위를 땅에 떨어뜨렸고 교단의 존경받는 스승은 더이상 발붙일 수 없이 지식판매원, 입시기술자로 내몰렸다.

누가 우리더러 스승이라 부르는가?
…

우리가 두려워 하는 것은 저들의 협박과 탄압이 아니라 우리를 따르는 학생들의 해맑은 웃음과 초롱초롱한 눈빛 바로 그것이기 때문이다.

↓ 4월 9일, 이날 오후 6시, 동독 정부 대변인 귄터 샤보프스키가 기자회견 도중 동독 시민의 외국 여행이 '지금 즉시' 허용된다고 밝혔다. 그리고 검문소들의 차단기가 갑자기 올라갔다. 수만 명의 군중이 서베를린으로 쏟아져 들어갔다. 28년 동안 베를린을 동서로 갈라놓았던 장벽이 그 누구도 예상치 못한 방식으로 무너진 것이다. 여행 자유화 조치는 원래 다음날 발표될 예정이었다.

대한민국

1. 1. 해외여행 전면자유화 시행.

1. 10. 아시아나 항공, 국내선 첫 취항. 대한항공에 이어 국내 두 번째 정기 운항 항공사였다. 국제선은 12월 23일부터 취항했다.

1. 21. 전국민족민주운동연합(전민련) 발족.

2. 1. 헝가리와 수교. 동구권 국가와는 첫 수교였다.

2. 2. 문교부, 대학생 과외 전면 허용. 1980년 7·3 과외 금지 조치가 실시된 지 8년 6개월 만이었다. 이와 함께 중고교 학생들의 방학 중 학원 수강도 허용됐다.

2. 6. 음력 설 부활. 일제에 의해 강제로 폐지되었던 음력 설이 이해부터 다시 국가공휴일로 지정됐다. 명칭은 '설날'로 정해졌고, 3일 연휴였다.

2. 13. 부당수세 폐지 및 고추 전량수매 쟁취 전국농민대회. 전국수세폐지대책위원회 등이 서울 여의도광장에서 연 이 농민대회는 한국전쟁 이후 최대의 농민투쟁이었다.

3. 25. 문익환, 방북. 이어 29일 황석영, 6월 30일 임수경이 잇달아 북한을 방문했다.

5. 3. 부산 동의대 사건 발생. 3월 21일 동의대학교 총학생회 간부들이 학내 입시부정에 항의하며 총장실을 점거하고 농성에 들어갔다. 5월 1일 가두시위를 벌이던 중 경찰이 공포탄 24발을 발사했고 이에 학생들이 사복경찰 5명을 도서관 7층으로 끌고가 감금했다. 3일 경찰은 병력 700명을 동원해 강경진압에 나섰고 이 과정에서 출동한 경찰 7명이 원인 모를 불길에 휩싸여 사망했다.

5. 28. 전국교직원노동조합 창립.

7. 27. 대한항공기 추락. 김포국제공항을 출발해 리비아 트리폴리로 향하던 대한항공 803편이 악천후 상태에서 착륙을 시도하다 총 79명이 사망했다.

11. 3. 서울지검, 삼양식품 임원 등 구속. 일부 식품회사가 공업용 우지(쇠기름)로 라면 등을 만들었다는 익명의 투서를 받은 검찰이 삼양식품 등 5개 업체의 관계자 10명을 구속했으나, 보건사회부가 해당 우지가 무해하다고 발표하면서 논란이 일었다. 라면 '우지 파동'으로 불린 이 사건은 대법원의 무죄 판결로 마무리되었지만, 라면 업계에 큰 타격을 주었고 특히 삼양식품은 심각한 경영난을 겪었다.

12. 18. 토지공개념 관련 법안, 국회 통과. 〈택지소유상한에관한법률〉, 〈개발이익환수에관한법률〉, 〈토지초과이득세법〉 등 이른바 토지공개념 3법이 제정됐다. 대한민국 헌법에는 토지공개념을 뒷받침하는 조항이 담겨있다. '국가는 국민 모두의 생산 및 생활의 기반이 되는 국토의 효율적이고 균형있는 이용·개발과 보전을 위하여 법률이 정하는 바에 의하여 그에 관한 필요한 제한과 의무를 과할 수 있다' (제122조)

12. 19. 〈가족법〉 개정안 국회 통과. 비록 호주제가 존치되기는 했지만, 호주상속제도가 실질적으로 약화되고 재산상속과 분배에서 남녀 차별 또한 약화됐다. 개정안은 이듬해 1월 13일에 공포되고 1991년 1월 1일부터 시행된다. 호주제의 완전한 폐지까지는 이후 15년의 시간이 더 필요했다.

12. 31. 전두환 전 대통령, 5공 청문회 증인 출석.

세계

1. 7. [일본] 히로히토 천황 사망.
2. 6. [폴란드] 원탁회의 시작. 정부, 연대노조, 가톨릭 교회 대표가 한자리에 모여 회의를 시작했다. 바르샤바에서 4월 5일까지 계속된 이 회의에서 대통령제 도입과 자유선거 실시 등의 합의가 이루어졌다.
4. 15. [중국] 후야오방 전 중국공산당중앙위원회 총서기 사망. 심근경색으로 쓰러진 그의 죽음은 톈안먼 사건으로 이어진다.
4. 17. [폴란드] 독립자치노동조합 '연대', 합법화됨. 레흐 바웬사가 이끈 이 노조는 6월에 실시된 자유로운 총선에 참여해 승리하고 이로써 폴란드의 공산주의 통치가 종식되는 길이 열린다.
5. 2. [헝가리] **국경 개방**. 정부가 헝가리와 오스트리아 국경을 따라 설치됐던 240km 길이의 국경 철책을 철거하기 시작했다. 2차대전 이후 40년 넘게 유럽을 갈라놓았던 '철의 장막'에 처음으로 생긴 이 작은 균열이 일으킨 연쇄작용은 결국 베를린 장벽 붕괴라는 역사적 사건을 만들어낸다.
6. 4. [중국] 계엄군, **톈안먼 민주화 시위** 무력 진압. 당국은 시위를 막기 위해 5월 20일 계엄령을 선포하고 군을 투입했음에도 사태가 진정되지 않자, 6월 3일 밤 10시 무렵부터 톈안먼의 시위대를 향해 발포를 시작했다. →
9. 4. [동독] 월요 시위 시작. 라이프치히, 드레스덴, 할레 등 동독 주요 도시에서 정기적인 대규모 시위가 열리기 시작했다. →
10. 18. [동독] 에리히 호네커 공산당 서기장, 사임.
10. 23. [헝가리] 쉬뢰시 마차시 대통령 권한대행, 헝가리 공화국 공식 선포. 새로운 헌법의 시행으로 일당 독재체제가 무너지고 다당제 민주주의가 도입되면서 헝가리 인민공화국이 해체됐다.
11. 9. [동독] **베를린 장벽 붕괴**.
11. 17. [체코슬로바키아] 벨벳 혁명. →
11. 28. [체코슬로바키아] 연방의회, 공산당의 정권 독점 포기 공포. 이틀 후, 연방의회는 공산당의 주도적 역할을 언급하는 헌법 조항을 삭제해 공산주의 통치를 공식적으로 종식시킨다.
12. 20. [미국] 파나마 침공. 파나마의 실권자인 마누엘 노리에가 정권을 전복시키기 위한 '의로운 명분' 작전이 시작됐다.
12. 22. [루마니아] 니콜라에 차우셰스쿠 대통령 실각. →
12. 29. [체코슬로바키아] 연방의회, 바츨라프 하벨을 대통령으로 선출. 벨벳 혁명을 이끈 그는 체코슬로바키아 공화국의 마지막 대통령이다.

문화 / 과학·환경 / 스포츠

문화

2. 14. [이란] 최고지도자 루홀라 호메이니, 《악마의 시》 관련 파트와 선고. 그는 이슬람에 대한 신성모독 행위로 여겨져 무슬림의 거센 비난을 받은 《악마의 시》 작가 살만 루슈디와 출판자에게 사형 선고를 내렸다. 이란 정부는 루슈디의 목에 300만 달러의 현상금을 걸었고, 3월 7일에는 영국과 단교했다.
7. 18. 강수연, 임권택 감독의 영화 〈아제아제 바라아제〉로 제16회 모스크바 국제 영화제 최우수 여우주연상 수상.
8. 13. 배용균 감독의 〈달마가 동쪽으로 간 까닭은?〉, 제42회 로카르노 영화제 최우수작품상 수상.

과학·환경

3. 12. **월드 와이드 웹** 탄생. 유럽입자물리연구소(CERN)의 팀 버너스리가 분사된 정보 시스템을 효율적으로 관리하기 위한 방안으로 '정보 관리: 제안'이란 제목의 보고서를 제출했다. 이 보고서에서 그는 하이퍼텍스트를 기반으로 한 새로운 정보 시스템을 제안했다. 1년 후 그는 이 시스템에 '월드 와이드 웹(WWW)이라는 이름을 붙였다. WWW는 단지 마우스 '클릭'만으로 전 세계의 수많은 문서들을 연결해 필요한 정보를 손쉽게 찾을 수 있도록 설계된 시스템이다.
3. 24. [미국] 엑슨발데즈 원유 유출 사고 발생. 유조선 액슨발데즈호가 알래스카주 프린스윌리엄 해협에서 좌초되면서 원유 24만 배럴이 유출되어 2100km의 해안이 오염됐다.
5. 15. [코스타리카] 황금두꺼비, 마지막 목격됨. 황금두꺼비는 1964년에 첫 발견된 후 보호구역까지 지정해 보존에 나섰지만 이날 수컷 한 마리를 마지막으로 이후 한 마리도 볼 수 없었다. 2008년 세계자연보전연맹(IUCN)은 이 종이 멸종된 것으로 선언했다.
12. 6. 한국과학기술원(KAIST), 크레이 2S 가동식 거행. 국내에 첫 도입된 슈퍼컴퓨터였다. 성능은 2기가플롭스로 지금의 스마트폰보다 못했지만, 자동차 산업과 기상예보의 발전에 큰 기여를 한다.

스포츠

4. 9. 유남규-현정화, 제40회 세계탁구선수권대회 혼합복식 우승.
4. 15. [영국] 리버풀과 노팅엄 포리스트의 FA컵 준결승전이 열린 영국 셰필드의 힐즈버러 경기장에서 97명이 사망하고 700명이 넘게 부상하는 사고가 발생했다. →
5. 1. [북한] 룽라도 5월 1일 경기장 개장. 평양 룽라도에 세워진 이 경기장은 준공 당시 관중석이 15만 명으로 최대 수용인원 기준으로는 세계에서 가장 큰 경기장이다. 명칭은 준공일이 5월 1일 즉 노동절이라는 데서 유래했다. 한편 남한에서 가장 큰 경기장은 서울올림픽주경기장이며 최대 수용인원은 10만 명이다.

← 5월 20일, 중국 당국은 시위를 막기 위해 계엄령을 선포하고 군을 투입했음에도 사태가 진정되지 않자, 6월 3일 밤 10시 무렵부터 톈안먼의 시위대를 향해 발포를 시작했다. 군의 진압 작전은 결국 다음 날 '피의 일요일'이라 불리는 대학살로 이어졌다. 6월 당국은 사망자가 241명, 부상자는 약 7000명이라고 발표하지만 톈안먼 사건의 희생자는 그보다 훨씬 많았으리라는 것이 일반적인 추정이다. 6월 9일, 덩샤오핑 중앙군사위원회 주석은 톈안먼 시위를 '당을 전복시키려는' '반혁명 폭동'으로 규정하고 군 투입을 통한 진압이 정당했음을 재확인했다.

1989년 풍경

아프리카에서 일어나 여섯 대륙으로 흩어져 오늘의 문명을 일군 인간의 역사에서 몇 가지 단어를 빼놓을 수 없다. 벼를 논에 가둔 작물화, 사나운 짐승을 우리에 가둔 가축화, 사람을 밀집 공간에 가둔 도시화. 이로써 먹고 사는 문제를 해결하기도 했지만 그 부작용 또한 만만찮았다. 이 중에는 일견 사소해 보여도 개인에게는 엄청난 영향을 미치는 것도 있다. 집을 빌딩에 가둔 아파트가 새로 생기면서 골목이 사라졌다. 영원한 호기심의 창고, 대처로 나가기 위해 스프링 같은 탄력을 키우는 곳, 그런 구불구불 골목길이 없어진 것이다. 골목이 사라지자 골목에서 뛰놀던 아이들의 재잘거리는 소리도 사라지고 말았다. 서울 아현동 언덕빼기에도 아파트가 들어섰다. 아직 골목길의 추억과 정이 아쉬웠던가. 돗자리를 깔고 책읽기에 빠진 아이들이 골목 대신 길바닥에 누웠다. 이제부터 넘어야 할 고비처럼 긴 아스팔트 고갯길이 가파르게 펼쳐졌구나.

이 해에는

책
1. 20. 《나는 야한 여자가 좋다》, 마광수
5. 30. 《입 속의 검은 잎》, 기형도
5. [영국] 《남아 있는 나날》, 가즈오 이시구로
8. 10. 《세계는 넓고 할 일은 많다》, 김우중
10. 28. 《우리글 바로쓰기》, 이오덕
12.10. [독일] 《누가 내 머리에 똥 쌌어?》, 베르너 홀츠바르트

노래
5. 20. 〈알미운 사람〉, 김지애
10. 25. 〈희망사항〉, 변진섭
○ 〈호랑나비〉, 김흥국

영화
3. 3. 〈아제아제 바라아제〉, 임권택
9. 23. 〈달마가 동쪽으로 간 까닭은?〉, 배용균
7. 21. [미국] 〈똑바로 살아라〉, 스파이크 리
10. 21. [대만] 〈비정성시〉, 허우샤오셴

궂긴 소식
1. 7. 히로히토(일본의 천황)
1. 23. 살바도르 달리(에스파냐의 미술가)
2. 4. 함석헌(사상가)
2. 9. 데즈카 오사무(일본의 만화가)
3. 7. 기형도(시인)
9. 28. 페르디난드 마르코스(필리핀의 대통령)
12. 25. 니콜라에 차우셰스쿠(루마니아의 대통령)

1990년

3당합당, 민주자유당의 탄생

↑ 2월 9일 저녁, 3당 합당의 주역들이 한국종합전시장에서 열린 민주자유당 창당 축하연에서 건배를 하고 있다. 1988년 4·26 총선 이후 2년 가까이 유지돼온 여소야대의 4당 체제가 무너지고 개헌선을 넘는 216석의 거대 여당이 출현했다. (왼쪽부터 박태준, 김영삼 통일민주당 총재, 노태우 대통령, 김종필 신민주공화당 총재)

"민주정의당과 통일민주당 그리고 신민주공화당은… 아무 조건없이 정당법의 규정에 따라 새로운 정당으로 합당한다."

↓ 5월 11일 재벌 비위와 감사원의 은폐 보도. 대기업의 비업무용 부동산 취득실태에 대한 감사가 업계의 로비를 받은 상부의 지시로 중단됐다는 내용의 기사가 《한겨레신문》에 실렸다. 다음날에도 추가 보도가 이어졌고, 15일 대검 중앙수사부가 감사원 감사관 이문옥을 공무상 비밀누설 혐의로 구속했다. '이문옥 양심선언'이라고 불리는 이 사건은 1996년이 되어서야 대법원에서 최종적으로 무죄 판결이 났다. 관료사회의 고위직 인사가 조직의 비리와 정경유착의 실태를 폭로한 최초의 내부고발 사건이었다.

국민의 선택에 따라 출범한 이 공화국의 국정 책임을 지고 있는 민주정의당 총재 노태우와 오랜 세월 민주주의를 위해 몸바쳐온 통일민주당 총재 김영삼 그리고 국태민안의 신념을 꿋꿋이 실천해 온 신민주공화당 총재 김종필, 우리 세 사람은 민주·번영·통일을 이룰 새로운 역사의 장을 열기 위해 오늘 국민 여러분 앞에 함께 섰습니다.
… 우리 역사상 처음으로 이제 여야 정당이 합당하여 새로운 국민정당이 탄생됩니다.
우리 정치사에 새로운기원이 열리는 것입니다.
새 국민정당의 출범은 정치의 안정, 정치의 선진화를 이룩하여 위대한 역사를 창조하는 새로운 출발이 될 것입니다.
— 〈3당 합당 선언문〉

대한민국

민주자유당

1. 22. 노태우 대통령, **3당 합당** 성명 발표. 이날 노태우 대통령(민주정의당 총재)과 김영삼 민주당 총재, 김종필 공화당 총재는 청와대에서 긴급 회동을 갖고 3당을 중심으로 신당 창당에 합의했다고 발표했다.

2. 9. 민주자유당 창당. 이날 창당으로 민주정의당, 통일민주당, 공화당의 거대 연합 보수 정당(약칭, 민자당)이 탄생했다.

4. 12. 경찰, KBS에 진입해 사원 117명 연행. 정부가 첫 민선 사장인 서영훈을 퇴진시키고 서울신문 사장 출신의 서기원을 일방적으로 임명했다며 사장 출근 저지 투쟁을 벌이던 KBS 노조는 이에 항의해 이튿날부터 제작 거부에 들어갔다.

4. 13. 박철언, 정무제1장관 사퇴.

5. 11. 《한겨레신문》, 재벌 비위와 감사원의 은폐 보도.

5. 15. 대검중수부, 감사원 **감사관 이문옥 구속**. 재벌이 소유한 비업무용 부동산 보유 현황에 대한 감사가 재벌의 로비로 중단되었으며, 이들 기업이 소유한 부동산 중 비업무용이 공식발표수치인 1.2%를 훨씬 초과해 무려 43.3%로 추정된다는 것을 언론에 제보한 것에 공무상 비밀누설혐의를 적용해 전격 구속한 것이다. 하지만 이문옥은 1996년 최종적으로 무죄판결을 받았고, 그후 복직도 이루어졌다.

9. 12. 한강 제방 붕괴. 9월 9일부터 사흘 동안 중부지방에 쏟아진 300~500mm의 기습폭우로 이날 새벽 행주대교 남쪽 1km 지점의 둑이 무너져 경기도 고양읍의 65퍼센트 지역이 침수되어 143여 명의 사망자와 약 17만 명의 이재민이 발생했다. 한강둑이 무너진 것은 1925년 을축년 대홍수 이래 65년 만의 일이었다.

9. 30. 소련과 수교. 양국 외무장관이 뉴욕 유엔본부에서 한소 외무장관 회담을 열고 수교에 합의하는 공동성명에 서명했다. 이로써 1905년 대한제국과 러시아 사이의 외교관계가 단절된 후 85년 만에 국교가 정상화됐다.

10. 4. 윤석양, 보안사 **민간인 불법사찰 폭로**. 국군보안사령부의 이병이었던 그는 탈영 때 갖고 나온 사찰 기록을 기자회견을 통해 공개했고, 이 폭로로 국방장관과 보안사령관이 해임되고 보안사는 국군기무사령부로 개편됐다. 이 일로 그는 군사법원에서 2년형을 선고받고 만기출소했다.

10. 13. 노태우 대통령, 범죄와의 전쟁 선포. 그는 TV와 라디오로 생중계된 새질서 새생활실천모임에서 특별선언을 통해 '우리 공동체를 파괴하는 범죄와 폭력에 대해 전쟁을 선포하고 헌법이 부여한 대통령의 모든 권한을 동원, 이를 전면 소탕해 나갈 것'이라고 밝혔다.

10. 31. 민영방송설립추진위원회, 새 민영방송국의 지배주주로 태영건설 선정. 신설 방송국은 SBS란 사명으로 이해 11월 14일 창립되어 이듬해부터 라디오와 텔레비전 방송을 시작했다.

세계

2. 2. [남아프리카 공화국] 프레데리크 빌렘 데클레르크 대통령, 아프리카민족회의 활동 금지 해제 및 아프리카민족회의 만델라 석방 발표.

2. 11. [남아프리카 공화국] 프레데리크 빌렘 데클레르크 대통령, 넬슨 만델라 석방.

3. 18. [동독] 총선거. 1932년 이후 동독에서 처음이자 유일하게 치러진 자유선거였다. 기독교민주연합이 주도한 정당연합 독일을 위한 동맹이 절반 가까이 되는 표를 가져갔다. 옛 집권당인 독일사회주의통일당의 후신인 민주사회당의 득표율은 16.4%에 그쳤고, 이는 동서의 두 국가를 합쳐 새로운 독일을 만드는 것이 아니라 동독이 서독의 기존 체제에 합류하는 방식의 통일을 수행하라는 분명한 명령이었다.

6. 8. [체코슬로바키아] 총선 개시. 이틀에 걸쳐 실시된 이 선거는 1946년 이후 체코슬로바키아 최초의 의회 선거였다. 바츨라프 하벨 대통령이 이끄는 시민포럼이 1당에 올랐다. 공산당이 예상보다 높은 득표율로 2위를 차지했지만, 다음 달 하벨 대통령의 재선과 함께 이 선거로 체코슬로바키아는 자유민주주의로 이행하는 데 성공했음이 확실해졌다.

7. 22. [몽골] 국가대후랄 선거. 자유선거와 시장경제 도입, 사유재산과 종교의 자유 보장을 요구하는 시위가 확산되면서 정치국 인사 전원이 사퇴한 가운데 실시된 몽골 역사상 최초의 다당제 선거였다. 29일 2차 투표를 통해 소후랄 의원도 뽑았다. 선거 결과 공산주의 정당인 몽골인민당이 압승하기는 했지만, 비공산주의 정당들도 14%의 의석을 차지했다.

10. 3. [독일] 재통일. 베를린 장벽이 무너지고 1년여 만인 이 날 동독(독일민주공화국)의 주들이 개별적으로 서독(독일연방공화국)에 합류하는 방식으로 재통일되면서 45년 동안의 분단이 종식됐다. 통일 독일의 초대 총리로는 12월 2일 총선에서 승리한 헬무트 콜이 선출됐다.

10. 13. [레바논] 시리아군, 레바논 대통령궁 공격. 레바논군 사령관이자 과도정부 총리로서 기독교계 정부의 군대를 이끌던 미셸 아운 장군은 프랑스 대사관으로 도피했고 레바논 내전은 공식적으로 종식됐다. 1975년부터 15년 동안 10만 명이 넘는 사람이 목숨을 잃었고, 수십만 명이 나라를 떠나 피난길에 올랐다.

↓ 2월 11일. 프레데리크 빌렘 데클레르크 남아프리카 공화국 대통령이 넬슨 만델라를 석방했다. 흑인 인권운동가인 그는 국가전복 혐의로 종신형을 선고받고 27년간의 수감 생활 끝에 전격 석방됐다.

문화 / 과학·환경 / 스포츠

문화

3. 19. MBC, 〈배철수의 음악캠프〉 첫 방송. 2025년 현재 무려 35년째 배철수가 진행을 맡고 있다. 그 사이 단 한 번의 교체도 없었고, 이는 한국 라디오 방송 역사에 남을 전무후무한 기록이다.

3. 28. 〈파업전야〉 개봉. 장산곶매의 두 번째 영화로 제작된 이 독립영화는 한국 최초의 노동자 영화로 평가받고 있다.

과학·환경

1. 3. 환경처 발족. 1980년 발족된 환경청이 10년 만에 환경처로 확대 개편됐다. 4년 후 현재의 환경부로 개편된다.

4. 25. [미국] 허블 우주망원경 궤도 안착. 전날인 24일 NASA의 우주왕복선 디스커버리호에 실려 지구 저궤도로 발사된 이 망원경은 제임스 웹 망원경 이전까지 해상도도 가장 높고, 가장 유명한 우주망원경

이었다. 우주가 팽창하고 있음을 확인한 천문학자 에드윈 허블의 이름을 따서 명명된 것에 걸맞게 우주에 대한 우리의 시각을 확장하는 데 엄청난 기여를 해왔고 아직도 임무를 수행하고 있다.

스포츠

3. 9. [일본] 삿포로에서 제2회 동계 아시안 게임 개막. 인도가 개최권을 반납하는 바람에 1986년에 이어 일본에서 2회 연속 열리게 됐다.

3. 31. 프로야구팀 쌍방울 레이더스 창단. 연고지는 전라북도였으며 이듬해부터 1군 리그에 참가했다. 김성근 감독이 재임하던 1996년과 97년에 포스트시즌에 진출하기도 했지만, 모기업 쌍방울의 재정난과 함께 2000년 1월 7일에 해체되었다.

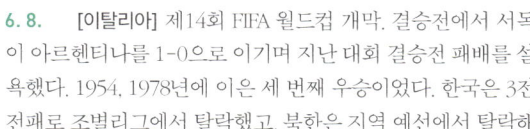

6. 8. [이탈리아] 제14회 FIFA 월드컵 개막. 결승전에서 서독이 아르헨티나를 1-0으로 이기며 지난 대회 결승전 패배를 설욕했다. 1954, 1978년에 이은 세 번째 우승이었다. 한국은 3전 전패로 조별리그에서 탈락했고, 북한은 지역 예선에서 탈락해 본선에 참가하지 못했다.

9. 22. [중국] 베이징에서 제11회 아시안 게임 개막.

11. 10. 포항축구전용구장 개장. 1988년 11월에 착공해 110억 원을 들여 완성된 이 경기장은 대한민국 최초의 축구 전용 구장이다. 포항스틸야드로 이름이 바뀐 이 경기장은 현재 K리그 포항 스틸러스의 홈구장으로 사용되고 있다.

1990년 풍경

삼국지보다 더 긴박하게 정치 9단들의 야합이 요동치던 시절. 87년 민주화 세력들의 분열로 민정당의 노태우가 대통령이 되고 김영삼, 김대중, 김종필이 차기를 노리며 경쟁하고 있었다. 노태우의 은밀한 공작으로 전격적으로 민자당이 출범했다. 오로지 김영삼이 다음 대통령 자리를 노리며 야당에서 여당으로 변신하는 자리. "해체에 이의 있습니까?" 총재의 물음에 모두들 대세를 따르며, 훈훈하게 박수로 마무리하려고 할 때, 국회의원 노무현이 벌떡 일어났다. "이의 있습니다. 반대 토론을 해야 합니다!" 이날 이후 바보 노무현이 어떤 길을 가고, 어떤 길을 내고, 어떤 길에서 멈춰었는지를 역사는 다 안다. 다만 이날의 서글픈 풍경에서 이것만은 확실했다. 무릇 오른팔이란 저럴 때 저렇게 들라고 몸에 붙어 있는 것!

국민의힘 당명 변천사

연도	당명
1963	민주공화당 (공화당)
1981	민주정의당 (민정당)
1990	민주자유당 (민자당)
1995	신한국당
1997	한나라당
2012	새누리당
2017	자유한국당 (한국당)
2020	미래통합당
2020	국민의힘

이 해에는

책
- **2. 25.** 《소설 동의보감》, 이은성
- ○ 《젠더 트러블》, 주디스 버틀러

노래
- **4. 1.** 〈그녀를 만나는 곳 100m 전〉, 이상우
- **7. 30.** 〈삐에로는 우릴 보고 웃지〉, 김완선
- **11. 30.** 〈한 걸음 더〉, 윤상

영화
- **2. 1.** [이란] 〈클로즈업〉, 아바스 키아로스타미
- **3. 28.** 〈파업전야〉, 이은기/이재구/장동홍/장윤현
- **3. 31.** 〈우묵배미의 사랑〉, 장선우
- **6. 2.** 〈남부군〉, 정지영
- **7. 13.** [미국] 〈사랑과 영혼〉, 제리 주커
- **9. 19.** [미국] 〈좋은 친구들〉, 마틴 스코세이지
- **11. 10.** 〈그들도 우리처럼〉, 박광수
- **12. 15.** [홍콩] 〈아비정전〉, 왕자웨이

궂긴 소식
- **6. 27.** 김현(문학평론가)
- **7. 18.** 윤보선(대한민국 제4대 대통령)
- **8. 15.** 빅토르 최(러시아의 한국계 가수)
- **11. 1.** 김현식(가수)
- **12. 12.** 조영래(인권 변호사)

독립한 나라
- **3. 11.** 리투아니아 (← 소련)
- **3. 21.** 나미비아 (← 남아프리카 공화국)

1991년

일본군 위안부 문제 공론화

"절대 이것은 알아야 합니다."

일본군대 위안부로 강제로 끌려갔던 김학순입니다. 신문에 나고 뉴스에 나오는 걸 보고 내가 결심을 단단하게 했어요. 아니다. 이거는, 이거는 바로 잡아야 한다 말이야. 도대체 거짓말을 하는데 왜 거짓말을 하는지 모르겠단 말이오. 그래서 결국은 나오게 되었소, 누가 나오라고 말한 것도 아니고 내 스스로. 아, 이제 내가 나이가 70이 다 되었소.

내 팔을 끌고 이리 따라오라고. 그런데 따라간다고 하겠어요? 무서우니까 안 갈려고 반항을 하니까 발길로 차면서… 지금도 그 생각을 하면 기가 막혀. 발길로 차면서 내 말을 잘 들으면 너는 편할 것이고 내 말에 반항하고 안 들으면 너는 여기서 죽는 거야. 그때 결국은 그 사람한테… 참 계집애가 이 꽉 물고 강간을 당하는… 그 참혹한… 말이 나오지 않는 것 같아요. 사람들이… 못다 하겠어. 절대 이것은 알아야 합니다. 서로 알아야 하고. 과거에 이런 일이 있었으니까.

— 김학순, 일본군 위안부 피해자 기자회견 (1991년 8월 14일)

↑ 8월 14일 **김학순**의 1991년 증언은 반세기 동안 은폐되었던 **일본군 위안부 문제**를 한일 양국 사회에 **공론화**하는 계기가 됐다. 그의 용기 있는 행동은 다른 피해자들이 침묵을 깨고 목소리를 낼 수 있게 해, 국내외 피해자 238명이 추가로 증언하는 결과를 가져왔다. 그의 증언은 단순히 개인의 경험을 넘어 일본의 전쟁범죄에 대한 강력한 증거가 되었으며, 이는 국제사회의 관심을 불러일으켜 유엔의 결의와 권고, 세계 각국 의회의 결의 채택 등 광범위한 변화를 이끌어내는 촉매제 역할을 했다.

↓ 9월 17일, 남북한이 국제연합(UN)에 동시 가입했다. 한국은 1949년 이후 여러 차례 UN 가입을 시도했지만, 소련의 거부권 행사로 번번이 가로막혔다. UN 총회 개막 첫날, 북한이 160번째, 남한이 161번째 유엔 회원국이 됐다.

대한민국

3. 26. 구·시·군의회의원선거 실시. 30년 만에 부활된 지방의회의원 선거였다. 이어 6월 20일 시·도의회의원 선거가 실시됨으로써 본격적인 지방자치 시대가 열렸다.

3. 26. 성서국민학교 학생 5명 실종. 대구시 달서구의 국민학생 5명이 도룡뇽 알을 주우러 간다며 집을 나선 후 실종됐다. 11년 후인 2002년 와룡산 중턱에서 아이들의 유골이 발견되나, 사망 원인이 규명되지 못한 채 2006년 공소시효가 만료되어 대표적인 미제 사건으로 남는다.

4. 19. 미하일 고르바초프 소련 대통령, 방한.

4. 26. 강경대, 시위 중 사망. 명지대학교 1학년생인 그는 이날 학교 앞에서 시위 도중 백골단 소속 사복경찰에게 쇠파이프로 구타당해 사망했다. 이 사건으로 민주화운동 세력은 대대적인 투쟁에 나선다. 이 과정에서 보다 획기적인 민주화 조치를 촉구하는 분신 및 투신 자살이 속출했다.* 6월 후반까지 이어진 격렬한 투쟁과 희생에도 불구하고 이 5월 투쟁은 성과가 없는 것은 아니었지만, 단기적으로는 정치적 실패로 끝났다.**

5. 8. 검찰, 김기설 분신 배후로 강기훈 지목. 4월 29일 전남대 박승희를 시작으로 학생들의 분신이 연이어 이어지는 가운데 8일 서강대에서 김기설 전민련 사회부장이 분신 후 사망했다. 이에 노태우 정권은 이러한 분신 정국을 '정치적 음모'에 가까운 일련의 사건들로 조작했다. 서강대 총장 박홍과 시인 김지하가 분신배후설을 제기한 가운데 검찰은 전민련 총무부장 강기훈에게 유서 대필과 자살 방조 혐의를 뒤집어 씌웠다. 결국 대중들은 '믿고 싶은 거짓말'에 동요하기 시작했다.*

6. 3. 정원식 계란 투척 사건. 국무총리 취임을 앞두고 외국어대학교에서 마지막 강의를 마치고 나오는 총리 후보로 지명된 정원식에게 학생들이 밀가루와 날계란을 투척했다. 그는 과거 문교부장관 재직시 전교조를 탄압했었다. 이 장면은 언론에 생생하게 보도되었고, 정부와 언론은 이를 '인륜의 파탄'이라며 공세를 퍼부었다. 이 사건으로 인해 재야 운동권의 도덕성은 큰 타격을 입는다.

9. 17. 김학순, 일본군 위안부 피해 경험 최초로 증언. 한국인 피해자로는 최초의 실명 증언이었다.

9. 17. [남북관계] **남북한, 동시 유엔 가입**.

12. 9. 국제노동기구(ILO) 가입. 외무부 장관 명의의 ILO 헌장 수락서한을 제출함으로써 152번째 회원국이 됐다. 그러나 정부는 공익사업의 고용조건 결정절차와 단결권 보호에 관한 조약 등의 비준은 유보했다.

12. 13. [남북관계] 남북기본합의서 합의. 서울에서 열린 제5차 남북고위급 회담에서 〈남북 사이의 화해와 불가침 및 교류협력에 관한 합의서〉가 채택됐다. 합의서의 골자는 남북이 서로 상대방의 체제를 인정하고 존중하며 내부문제에 관여하지 아니하며 상대방을 무력으로 침략하지 아니한다는 것이었다. 분단 이후 남북 당국이 대한민국과 조선민주주의인민공화국이라는 국호를 사용한 최초의 공식합의서였다. 합의서는 이듬해 2월 19일 발효된다.

세계

1. 17. 걸프 전쟁 연합군, 사막의 폭풍 작전 개시. 작전은 이라크 바그다드 시간으로 이날 오전 2시 38분 미군 헬기들이 이라크-사우디아라비아 국경 인근의 이라크 레이더 기지를 공습하면서 시작됐다. 공습은 2월 23일까지 이어졌고, 미국 주도의 연합군은 매일 1000회 이상 출격하며 총 8만 8500톤의 폭탄을 쏟아부었다. 이라크는 사우디아라비아에 소련제 스커드 미사일을 발사하고 쿠웨이트의 유전에 불을 지르는 식으로 대응에 나섰지만, 전세를 뒤집지는 못했다. CNN이 전황을 24시간 실시간 중계하면서, 걸프 전쟁은 전 세계가 생중계로 지켜본 첫 전쟁이 됐다.

2. 27. 걸프 전쟁 종료. 조지 에이치 더블유 부시 미국 대통령이 이라크에 대한 승리를 선언했다. 3월 10일 미군이 페르시아만에서 철수하기 시작했다. →

3. 15. [소련] 미하일 고르바초프, 초대 대통령으로 선출됨.

6. 25. [크로아티아/슬로베니아] 독립 선언. 이들의 독립 선언으로 유고슬라비아는 본격적으로 내전에 돌입해 연방 해체로 가는 길을 걷게 된다.

7. 31. [소련/미국] 전략무기감축조약(START) 체결. 미하일 고르바초프 소련 대통령과 조지 에이치 더블유 부시 미국 대통령이 모스크바에서 대륙간탄도미사일 등 장거리 핵무기를 감축하기로 하는 양자조약에 서명했다. 조약은 1994년 12월 발효되었고, 이에 따라 10여 년을 끌어온 양대 강국의 핵무기 감축이 본격적으로 시작되어 2001년 말까지 모든 전략 핵무기의 약 80%가 폐기된다.

8. 24. [우크라이나] 독립 선언. 최고회의가 우크라이나가 더 이상 소련의 법을 따르지 않겠다고 결의하고 거의 만장일치로 독립선언을 채택했다.* 유럽에서 러시아에 이어 면적이 두 번째로 큰 나라가 탄생하는 순간이었다. 위가 하늘을 뜻하는 파란색, 아래가 대지(보리밭)을 뜻하는 노란색으로 구성된 예전의 기가 다시 국기로 채택된다.

11. 5. [중국/베트남] 외교관계 복원. 캄보디아 문제에 대한 갈등으로 1979년 2월 중국과 베트남 사이에 전쟁이 발발한 후 양국의 외교관계는 사실상 단절상태였다.

12. 8. [소련] 벨라베자 조약 체결.

↓ 12월 8일 벨라베자 조약이 체결됐다. 러시아, 우크라이나, 벨라루스의 지도자들이 벨라루스 벨라베자 숲에 있는 별장에 모여 소련의 해체와 독립국가연합(CIS) 수립에 합의하는 협정에 서명했다. 21일에는 구소련의 15개국 중 11개 공화국 정상이 카자흐스탄 알마티에 모여 독립국가연합 가입에 합의했다. 이어 25일 미하일 고르바초프가 소련 대통령직에서 사임했고, 이튿날인 26일 최고회의가 이를 인준함으로써 소비에트 사회주의 공화국 연방이 공식적으로 해체됐다.

문화 / 과학·환경 / 스포츠

문화

10. 7. MBC, 〈여명의 눈동자〉 방송. MBC 창사 30주년 기념극인 이 드라마는 이듬해 2월 6일까지 36부작으로 방송됐다. 한국 TV 드라마 사상 최초로 정신대*와 제주 4·3 항쟁을 정면으로 다루며 매회 시청률 50%를 상회하는 인기를 얻었다.**

11. 3. MBC, 〈사랑이 뭐길래〉 방송. 작가 김수현의 체취를 물씬 풍기는* 이 주말 드라마는 남존여비, 성차별, 언어차별 등을 노골적이고 빈번하게 드러내며 저질 논란**을 부르기도 했지만, 이 역대 최고인 평균시청률 59.6%를 기록하며 〈여명의 눈동자〉와 함께 MBC 드라마의 전성기를 일궈냈다. 한국 드라마 역사상 최초로 중국에 수출되었고, 덕분에 중화권 한류 드라마의 원조라는 평가를 받기도 한다.

과학·환경

9. 19. [이탈리아] 냉동인간 발견. 오스트리아와 이탈리아 국경 지역에 있는 외츠탈알프스의 이탈리아 쪽 산줄기에서 독일인 관광객들이 얼어붙은 시체를 우연히 발견했다. 조사 결과 옷, 활, 화살촉, 망태 등과 함께 발견된 이 시체는 기원전 3300년쯤의 인류로 추정됐다. 화살에 맞아 죽은 청동기 시대 초기의 남자로서 40대 중후반에 키는 160cm 정도였다. 냉동 상태로 잘 보존된 덕분에 우리는 그가 죽기 직전 사슴 고기 등을 먹었다는 것까지 알 수 있었다. 이 남자에게는 아이스맨, 외치라는 이름이 붙었다.

스포츠

4. 29. 제41회 세계탁구선수권대회 여자 단체전 우승. 일본 지바에서 열린 대회에서 리분희, 유순복, 현정화, 홍차옥으로 구성된 남북한 단일팀이 결승에서 중국을 3-2로 꺾고 우승을 차지했다. 1973년 사라예보 대회 이후 18년 만의 우승이었다. 단일팀의 명칭은 코리아였고 태극기와 인공기 대신 한반도 지도가 그려진 '한반도기'가 사용됐다.

11. 16. 제1회 FIFA 여자 월드컵 개막. 1930년 남자 월드컵이 처음 개최된 지 61년만에 FIFA가 주관하는 여자 월드컵 대회가 30일까지 중국에서 열렸다. 12개국이 참가한 이 첫 대회에서 미국이 노르웨이를 꺾고 우승컵을 들어올렸다. 경기 시간은 남자와 달리 전후반 합쳐 80분이었지만, 이후 대회부터는 남자와 동일하게 90분으로 늘어났다.

1991년 풍경

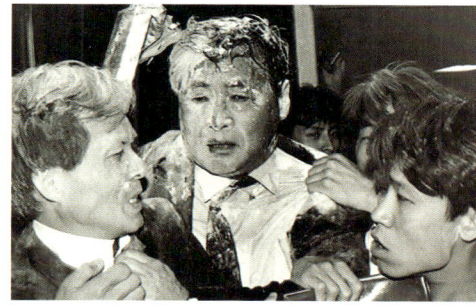

찰리 채플린도 저런 분장과 역할에 감탄했을 것이다. 그야말로 각본 없는 즉흥 소극이었다. 인생의 무대에서 저런 배우가 탄생하기란 몹시 어렵다. 대학 교수님 중에는 시선이 학생들의 눈망울이 아니라 칠판 너머 저 멀리 청와대로 가는 이들이 더러 있었다. 그곳에서 전화가 오기를 은근히 기다린다는 소문이 떠돌기도 했다. 시국 타개책으로 국무총리 서리에 강단의 모범적인 교수님이 또 임명되자, 고구마 먹은 듯 체한 학생들이 들고 일어났다. 그는 마지막 강의를 하러 갔다가 "일부 운동권 학생들이 구호를 외치며 던진 계란과 밀가루를 맞았다." 맞아도 너무 정통으로 맞는 장면이 생중계되다시피 하면서 "스승을 공격하는 패륜 학생들"에게 비난이 퍼부어졌다. 예정에 없던 배우는 본의 아니게 시국 타개의 역할을 완벽하게 소화하면서 강단을 떠나 소용돌이 정국으로 성큼 걸어 들어갔다.

나라별 군사비 지출(2024년)*

	나라	금액
1	미국	9680$
2	중국	2350$
3	러시아	1459$
4	독일	860$
5	영국	811$
6	인도	744$
7	사우디아라비아	717$
8	프랑스	640$
9	일본	530$
10	대한민국	439$

(단위/억 달러)

이 해에는

책
- 《아홉살 인생》, 위기철
- 《우리는 결코 근대인이었던 적이 없다》, 브뤼노 라투르

영화
- **2. 14.** [미국] 〈양들의 침묵〉, 조너선 데미
- **5. 15.** [프랑스/폴란드/노르웨이] 〈베로니카의 이중생활〉, 크쥐시토프 키에슬로프스키
- **7. 27.** [대만] 〈고령가 소년 살인 사건〉, 에드워드 양
- **12. 21.** 〈경마장 가는 길〉, 장선우

궂긴 소식
- **9. 28.** 마일스 데이비스(미국의 재즈 음악가)
- **10. 19.** 정비석(소설가)
- **11. 9.** 이브 몽탕(프랑스의 배우, 가수)
- **11. 24.** 프레디 머큐리(영국의 가수)

독립한 나라
- **5. 24.** 에리트레아 (← 에티오피아)
- 소련의 해체 과정에서 독립
  그루지야(현 조지아), 라트비아, 몰도바, 벨라루스, 아르메니아, 아제르바이잔, 에스토니아, 우즈베키스탄, 우크라이나, 카자흐스탄, 키르기스스탄, 타지키스탄, 투르크메니스탄
- 유고슬라비아의 해체 과정에서 독립
  마케도니아(현 북마케도니아), 슬로베니아, 크로아티아

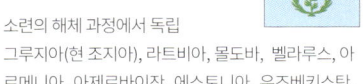

1992년

한중 수교

↑ 한국과 중국의 국교 수립은 냉전 종식과 양국의 전략적 이해관계가 맞아떨어진 결과로, 한반도의 평화와 안정, 그리고 동북아 지역의 새로운 국제질서 형성에 중요한 전환점이 됐다. 이는 경제, 문화, 사회 등 다양한 분야에서 양국 간 교류와 협력을 급속도로 확대시켜 "외교사적 기적"이라 불릴 만큼 비약적인 발전을 이루는 계기가 됐다. 그러나 한미동맹과 북한 문제 등으로 인해 정치적 신뢰 구축에는 한계가 있었으며, 이는 현재까지도 양국 관계의 불안정성과 복잡성을 증대시키는 요인으로 작용하고 있다.

"대한민국 정부와 중화인민공화국 정부는… 항구적인 선린 우호 협력 관계를 발전시켜 나갈 것에 합의한다."

1. 대한민국 정부와 중화인민공화국 정부는 양국 국민의 이익과 염원에 부응하여 1992년 8월 24일자로 상호 승인하고 대사급 외교관계를 수립하기로 결정하였다.
2. 대한민국 정부와 중화인민공화국 정부는 유엔 헌장의 원칙들과 주권 및 영토 보전의 상호 존중, 상호 불가침, 상호 내정 불간섭, 평등과 호혜, 그리고 평화 공존의 원칙에 입각하여 항구적인 선린 우호 협력 관계를 발전시켜 나갈 것에 합의한다.
3. 대한민국 정부는 중화인민공화국 정부를 중국의 유일 합법정부로 승인하며, 오직 하나의 중국만이 있고 대만은 중국의 일부분이라는 중국의 입장을 존중한다.
4. 대한민국 정부와 중화인민공화국 정부는 양국 간의 수교가 한반도 정세의 완화와 안정, 그리고 아시아의 평화와 안정에 기여할 것으로 확신한다.
5. 중화인민공화국 정부는 한반도가 조기에 평화적으로 통일되는 것이 한민족의 염원임을 존중하고, 한반도가 한민족에 의해 평화적으로 통일되는 것을 지지한다.

— 대한민국과 중화인민공화국 간의 외교관계 수립에 관한 공동성명

대한민국

2. 8. 통일국민당 창당. 재벌총수인 현대그룹 명예회장인 정주영이 대표최고위원으로 선출됐다. 총선을 앞둔 27일 "현재의 아파트값을 반값으로 낮추어 대량공급하겠습니다"라는 정책광고를 전 일간지에 실어 '아파트 반값'을 사실상의 선거공약으로 내세웠다.

3. 24. 제14대 국회의원 선거. 대통령 선거를 9개월 앞두고 실시된 이 선거는 국군기무사의 군부대 부재자 투표 개입 등 부정으로 얼룩졌다. 현대 재벌총수 정주영이 주도해 창당한 통일국민당이 참여함으로써 3당 구도로 치러진 선거 결과는 민자당 149석, 민주당 97석, 통일국민당 31석이었다. 총선 전에 비해 69석을 잃고, 과반에도 1석이 부족한 민자당의 참패이자, 창당 첫 해부터 국회교섭단체 구성에 성공한 통일국민당의 선전으로 요약될 수 있다.

4. 9. [북한] 〈사회주의 헌법〉 개정. 최고인민회의 제9기 제3차 회의에서 새로운 헌법이 채택됐다. 1972년에 제정된 구헌법을 개정한 이 신헌법은 전문에서 마르크스-레닌주의 조항이 완전히 삭제되고 그 자리를 주체사상이 차지하는 등 개정의 폭이 매우 컸다. 또한 국방위원회를 '국가주권의 최고군사지도기관'으로 규정해 위상을 파격적으로 강화했는데, 이는 김정일 후계 체제를 물리적으로 공고하게 담보하기 위해서였다.

8. 24. 중화인민공화국과 외교관계 수립. 베이징에서 양국 외무장관이 **한-중 수교** 공동성명에 서명함으로써 양국간 국교가 수립됐다.

10. 5. 노태우 대통령, 민주자유당 탈당. 이와 함께 '중립 내각'을 구성해 대선에 중립을 지키겠다고 했지만 말뿐인 선언이었다.

10. 28. 윤금이 피살 사건. 경기도 동두천에서 미군 클럽 종업원 윤금이가 몸 곳곳에 우산대, 콜라 병 등이 꽂힌 참혹한 시신으로 발견됐다. 이 엽기적인 범행의 가해자는 주한미군인 케니스 마클 이병으로 밝혀졌다. 이 사건을 계기로 주한미군지위협정(SOFA) 개정에 대한 목소리가 높아졌다. →

12. 18. 제14대 대통령 선거. 여당인 민주자유당 **김영삼** 후보가 총 유효표의 41.1%를 얻어 2위인 민주당의 김대중 후보를 8% 차이로 누르고 **당선**되었다. 당락을 결정지은 것이 영남과 호남의 인구차이라는 분석*이 나올 정도로 지역 감정이 가장 결정적인 요인으로 작용한 선거였다.

12. 22. 베트남사회주의공화국과 외교관계 수립. 1956년 베트남공화국(남베트남)과 수교했으나, 1975년 북베트남이 베트남을 통일하면서 국교가 단절됐다. 수교 당시 약 5억 달러였던 양국간 교역액은 2023년 794억 달러로 약 160배 증가했다.

← 3월 14일, MBC TV 〈토요일! 토요일은 즐거워〉에서 〈난 알아요〉를 부르며 데뷔 무대를 가진 서태지, 이주노, 양현석 3인조 그룹은 일주일 뒤인 23일 발매된 〈서태지와 아이들 1집〉 앨범이 180만 장 넘게 팔리는 대성공을 거두며 가요계 지형의 중심을 발라드와 트로트에서 댄스 음악으로 한순간에 바꿔놓았다. 특히 작사, 작곡, 편곡까지 홀로 해낸 리더 서태지는 '문화 대통령'이라 불리며 10대들의 우상으로 군림한다.

세계

1. 16. [엘살바도르] 내전 종식. 멕시코시티 차풀테펙성에서 엘살바도르 정부와 좌익반군 파라분도 마르티 민족해방전선이 평화협정에 서명했다. 전투는 2월 1일부터 공식적으로 중단됐다. 1979년 10월에 시작되어 최소 7만 명의 목숨을 앗아간 내전이 종식되는 순간이었다.

2. 7. 마스트리흐트 조약 체결. 네덜란드 마스트리흐트에서 열린 유럽공동체(EC) 외무장관회의에서 체결된 이 조약은 현재 유럽연합(EU)의 기초가 되는 조약이다.

2. 12. [몽골] 몽골인민공화국, 몽골국으로 국명 개칭. 민주주의와 시장경제를 도입한 새로운 헌법이 이날 발효됐다. 이 헌법에 따라 국명에서 인민공화국이란 용어가 삭제됐다.

4. 6. [보스니아 헤르체고비나] 보스니아 전쟁 발발.

4. 29. [미국] 로스앤젤레스 폭동 발생. 한 해 전 3월, 음주 상태로 과속운전을 한 흑인 로드니 킹을 체포하는 과정에서 그를 심하게 구타한 경찰 네 명에 대해 이날 법원이 무죄판결을 내린 것에 분노한 흑인들이 로스앤젤레스 지역에서 폭동을 일으켰다. 폭력과 방화, 절도가 벌어지는 무정부 상태가 이어지며 5월 4일까지 이어진 이 폭동으로 총 58명이 사망하고 10억 달러가 넘는 재산 피해가 발생했다.

6. 15. [일본] 〈국제연합평화유지활동 등에 대한 협력에 관한 법률〉, 의회 통과. 이른바 유엔평화유지활동 협력법((PKO법)이 이날 중의원을 통과해 확정됨에 따라 자위대의 본격적인 해외 파병이 가능해졌다. 같은 날 평화유지군의 캄보디아에 파견도 결정됐다. 그리고 9월 육상자위대 시설대 대원들을 캄보디아로 보냈다. 패전 48년 만에 처음으로 무장한 육상자위대 군인들이 해외로 파병된 것이다.

11. 3. [미국] 대통령 선거. 민주당의 빌 클린턴이 현직인 조지 에이치 더블유 부시를 누르고 제42대 대통령에 당선됐다. 이 해 선거의 최대 쟁점은 경제였고, 클린턴은 "바보야, 문제는 경제야!"를 슬로건으로 내세웠다. 그는 지미 카터 이후 12년만에 민주당이 백악관의 주인이 됐다.

12. 17. [캐나다/미국/멕시코] 북미자유무역협정(NAFTA)에 서명. 세 나라 정상이 각각 자국의 수도에서 서명한 이 협정은 의회의 비준을 거쳐 1994년 1월 1일에 발효된다.

↓ 유고슬라비아 연방으로부터 분리 독립에 관한 국민투표가 2월 29일부터 3월 1일까지 실시됐다. 보스니아계와 크로아티아계는 독립에 찬성했지만, 잔류를 원한 세르비아계는 투표에 불참했다. 투표 결과는 독립 찬성으로 나왔고, 이에 맞선 세르비아군이 이날 사라예보에 포격을 가하기 시작했다. 이듬해 12월까지 이어진 이 전쟁 중에 '세 종족 집단은 서로에 대해' 성폭행과 학살 등 '인종청소'를 자행했고, 10만 명이 넘는 사망자가 발생했다. 이 참혹한 '인종학살'이 진행되는 동안 유엔과 미국을 포함한 외부 세계는 거의 아무런 개입도 없이 내내 방관했다.

문화 / 과학·환경 / 스포츠

문화

2. 17. 뉴 키즈 온 더 블록 내한 공연 도중 압사 사고 발생. 서울 올림픽체조경기장에서 열린 공연 도중 압사 사고가 발생해 10대 팬 한 명이 사망하고 60여 명이 다쳤다. 정원을 훨씬 초과시켜 관객을 입장시킨 안전불감증이 부른 사고였다.

3. 14. 서태지와 아이들 데뷔.

6. 11. MBC, 〈질투〉 방영. 7월 21일까지 방송된 이 16부작 미니시리즈는 한국 최초의 트렌디 드라마였다. →

6. 28. 홍콩 ATV, 〈사랑이 뭐길래〉 방송. 문화방송이 1991년 11월부터 방영한 이 55부작 주말 연속극이 이날부터 〈愛情是什么〉란 제목으로 홍콩 ATV의 방송을 탔다. 방송 3사를 통틀어 최초로 수출된 드라마였다.

10. 29. 검찰, 마광수 구속. 소설 《즐거운 사라》가 음란 시비에 휘말리면서, 연세대에서 강의 중이던 그를 형사가 손목에 수갑을 채워 긴급 체포했다. 작가 이문열은 그의 작품을 '함량 미달에 정성까지 부족한 불량식품'이라고 규정했다. 12월, 마광수는 징역 8월에 집행유예 2년을 선고받았다. 야한 소설 썼다고 구속기소, 집행유예, 항소기각, 상고기각까지 벌어지는 어처구니 없던 시절을 견딘 그는 2017년 자택에서 홀로 숨진 채 발견된다.

과학·환경

6. 3. 환경과 개발에 관한 유엔회의 개막. 전 세계 114개국 정상과 186개국 대표가 참여해 14일까지 브라질 리우데자네이루에서 열렸다. 지구정상회라고도 불리는 이 회의에서는 '지속가능한 발전'이라는 개념을 담은 '환경과 개발에 관한 리우선언'이 발표됐다. 또한 기후변화를 막기 위한 〈유엔기후변화협약〉과 멸종 위기 생물들을 보호하기 위한 〈생물다양성협약〉도 채택됐다.

8. 10. 우리별 1호 발사. 남미 프랑스령 기아나의 쿠루에서 아리안 4호에 실려 발사됐다. 영국 서리 대학교와의 협력으로 개발된 이 인공위성이 궤도에 안착하면서 한국은 위성을 운영하는 22번째 국가가 됐다.

11. 11. 심장이식 수술 성공. 이식을 받은 환자는 확장성심근증을 앓고 있던 48세 여성이었고, 기증자는 뇌사자인 31세 남성이었다. 서울중앙병원 송명근 교수팀의 수술은 성공했고, 환자는 수술 한 달 후인 12월 10일 퇴원했다.

스포츠

2. 8. [프랑스] 알베르빌에서 제16회 동계 올림픽 개막. 이 대회는 하계 올림픽과 개최 연도가 같은 마지막 동계 올림픽이었다.

7. 25. [에스파냐] 바르셀로나에서 제25회 하계 올림픽 개막. 1991년 소련이 해체되면서 오늘날의 러시아를 포함해 과거 소련에 속했던 아르메니아 등이 함께 구성한 연합 선수단이 미국을 제치고 메달 순위 1위를 차지했다. 농구에서는 프로 선수들의 참가가 허용되면서 NBA 선수들이 주축을 이룬 미국의 '드림 팀'이 금메달을 가져갔다.

8. 9. 황영조, 올림픽 마라톤 우승. 1936년 베를린 올림픽 때 일장기를 달고 뛰어 금메달을 땄던 손기정 이후 한국인으로서는 56년만의, 그리고 대한민국 선수로는 첫 올림픽 마라톤 금메달이었다.

1992년 풍경

인간의 불안은 어디에서 연유하는 것일까. 자신이 어디에서 오고, 또 자신이 어디로 갈 줄 모르는 데서 오는 근원적인 무지 때문일까. 보고도 믿지 못하는 것, 알고도 확신하지 못하는 것, 그래서 방황하는 사람들. 그들의 그 불안과 무지를 정확하게 파고드는 게 있으니 이른바 사이비 종교들이다. 이들은 세상의 끝이 다가온다는 시대착오적인 종말론을 내세우며 혹세무민하였다. 하늘에 계신 예수가 공중에서 재림하였으니 이번에는 땅에 있는 신실한 이들이 공중으로 들려 올라간다는 휴거(携擧)를 주장하였다. 이들이 노린 것은 신자들의 돈. 가벼운 사람일수록 쉽게 붕 뜬다면서 재산을 모두 교회에 버리라 하였다. 물론 그들이 제시한 1992년 10월 28일 밤 24시에 휴거는 일어나지 않았다. 이 사기극을 벌인 목사님 며칠 전, 안전한 감방으로 자신을 휴거해 옮겨놓았을 뿐. 그리고 이 소동 후 며칠 만에 교회는 다시 예배를 시작했다고 한다.

대중국 무역수지 추이

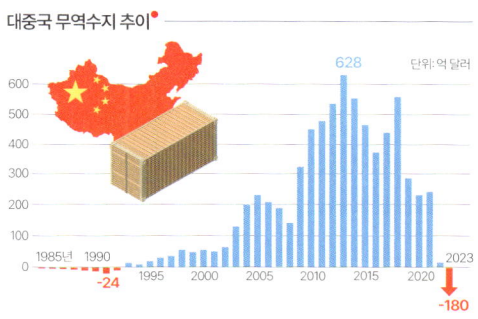

이 해에는

책

- **4.** [미국]《화성에서 온 남자 금성에서 온 여자》, 존 그레이
- **10. 15.** 《그 많던 싱아는 누가 다 먹었을까》, 박완서
- ○ [일본]《로마인 이야기》, 시오노 나나미
- **5. 8.** 《혼자 가는 먼 집》, 허수경
- ○ [미국]《역사의 종언》, 프랜시스 후쿠야마

노래

- **3. 23.** 〈난 알아요〉, 서태지와 아이들
- ○ 〈흐린 기억 속의 그대〉, 현진영

영화

- **7. 4.** 〈하얀전쟁〉, 정지영
- **7. 4.** 〈결혼이야기〉, 김의석
- **8. 7.** [미국]〈용서받지 못한 자〉, 클린트 이스트우드
- **8. 15.** 〈우리들의 일그러진 영웅〉, 박종원
- **10. 9.** [미국]〈저수지의 개들〉, 쿠엔틴 타란티노

궂긴 소식

- **3. 23.** 프리드리히 하이에크(오스트리아의 경제학자)
- **4. 3.** 이병주(소설가)
- **4. 6.** 아이작 아시모프(미국의 작가)
- **8. 12.** 존 케이지(미국의 작곡가)
- **10. 1.** 페트라 켈리(독일의 정치인, 환경운동가)
- **10. 8.** 빌리 브란트(독일의 총리)

독립한 나라

- **3. 3.** 보스니아 헤르체고비나 (← 유고슬라비아)

1993년

금융실명제 실시

금융실명제 전격 실시

김대통령 긴급명령 "오늘부터 모든거래 실명으로"

기존 비실명 2개월안 실명으로 전환해야
주식양도차익 재임기간중에 과세 않기로

"이 시간 이후 모든 금융거래는 실명으로만 이루어집니다."

친애하는 국민 여러분.

드디어 우리는 금융실명제를 실시합니다. 이 시간 이후 모든 금융거래는 실명으로만 이루어집니다.

금융실명제가 실시되지 않고는 이 땅의 부정부패를 원천적으로 봉쇄할 수가 없습니다. 정치와 경제의 검은 유착을 근원적으로 단절할 수가 없습니다. 금융실명 거래의 정착이 없이는 이 땅에 진정한 분배정의를 구현할 수가 없습니다. 우리 사회의 도덕성을 확립할 수가 없습니다. 금융실명제 없이는 건강한 민주주의도, 활력이 넘치는 자본주의도 꽃피울 수가 없습니다. 정치와 경제의 선진화를 이룩할 수가 없습니다.

금융실명제는 '신한국'의 건설을 위해서, 그 어느 것보다도 중요한 제도개혁입니다. 금융실명제는 개혁 중의 개혁이요, 우리 시대 개혁의 중추이자 핵심입니다.

↑ 8월 12일, 김영삼 대통령은 긴급재정경제명령을 통해 금융실명제를 전격 실시했는데, 이는 모든 금융거래를 실명으로만 이루어지도록 강제하는 제도였다. 이 제도의 주요 목적은 금융거래의 투명성을 높여 부정부패와 정경유착을 근절하고, 조세 형평성을 개선하며, 지하경제를 양성화하는 것이었다. 금융실명제 실시 이후 가명계좌의 97.4%가 실명으로 전환되었고, 정치자금의 투명화와 공직자 재산 공개가 가능해지는 등 경제 정의와 투명성 확보에 크게 기여했다는 평가를 받았다.

↓ 2월 25일, 김영삼은 대한민국 제14대 대통령으로 취임하며 '문민정부'라는 새로운 시대를 열었다. 김영삼 대통령은 취임 직후 "헌법을 준수하고 국가를 보위하며 조국의 평화적 통일과 국민의 자유와 복리의 증진 및 민족문화의 창달에 노력하여 대통령으로서의 직책을 성실히 수행할 것"을 국민 앞에 엄숙히 선서했다. 문민정부의 출범은 군사정권 종식을 의미했다.

대한민국

1. 7. 우암상가아파트 붕괴 사고. 청주시 우암동의 상가아파트가 화재로 LPG 가스가 폭발하며 붕괴하는 사고가 발생해 28명이 사망했다. 대형참사는 연이어 발생했다. 3월 28일 구포역 인근에서 무궁화호 열차가 전복해 78명, 4월 19일 아시아나 항공기가 추락해 68명, 10월 10일 전라북도 부안군 위도 인근에서 서해훼리호 여객선이 침몰해 292명이 목숨을 잃었다.

2. 25. 김영삼, 제14대 대통령에 취임. 이와 함께 문민정부가 공식출범했다.

3. 8. 김영삼 대통령, 김진영 육군참모총장·서완수 기무사령관 전격 경질. 전광석화처럼 이루어진 군 개혁의 신호탄이자 하나회 척결의 시작이었다. 김영삼 대통령은 곧바로 대대적인 숙군사업을 벌여 박정희의 후원 아래 세력을 확대하고 12·12 쿠데타 이후 신군부의 실권과 요직을 차지한 군 내 사조직인 **하나회** 회원들을 예편시키거나 승진을 누락시키는 방식으로 군에서 제거했다.* 이렇게 하나회의 적폐는 이 해의 짧은 봄이 지나가기 전에 끝장이 났고,** 군은 민간 정부 통제하에 들어갔다.

3. 12. [북한] 핵확산방지조약(NPT) 탈퇴 계획 발표. 한미연합군사훈련 재개에 반발한 북한이 NPT 탈퇴 서한을 UN 안전보장이사회에 제출했다. 이와 함께 1993~94년 제1차 북한 핵 위기가 시작됐다. 위기는 이듬해 10월 북한과 미국의 제네바 합의로 종결된다.

4. 25. 한국대학총학생회연합(한총련) 출범. 전국 180여 개 대학 총학생회장과 대의원들이 전북에 모여 전국대학생대표자협의회(전대협)의 발전적 해체를 선언하고 창립했다.

6. 11. 〈공직자윤리법〉 개정 공포. 취임 3일째인 2월 27일 김영삼 대통령이 자신의 재산 총액이 17억 7800만 원임을 공개한 후, 경제부총리 이경식 등 고위공직자들의 재산 공개가 잇달았다. 이어 〈공직자윤리법〉이 개정되고 9월 7일, 공직자 1167명의 재산 내역이 사상 처음 관보에 게재됐다. '윗물맑기 운동'의 형식으로 시작된 고위공직자 재산 공개는 공직 사회의 반감과 거부감에도 불구하고 국민의 절대적 지지를 바탕으로 안착에 성공한다.

8. 7. 대전 엑스포 개막. '새로운 도약에의 길'이란 슬로건을 걸고 11월 7일까지 대전직할시 유성구 대덕연구단지 일대에서 11월 7일까지 열렸다. 93일간 1400만 5808명의 관람객을 모았다.

8. 12. 김영삼 대통령, **금융실명제** 실시.

8. 20. 첫 대학수학능력시험(수능) 실시. 대학입학학력고사가 폐지되고 새로이 실시된 이 해의 수능은 이 날과 11월 16일 두 차례에 걸쳐 시행됐지만, 난이도 조절 실패로 이듬해부터는 1차례 실시로 바뀐다.

11. 12. 신세계백화점, 이마트 개점. 서울 창동에 개점한 이 매장은 국내 최초의 대형 할인매장이었다. →

12. 15. **우루과이 라운드 협상 타결.** 8년을 이어져 온 협상이 타결됨으로써 농산물 시장이 개방됐다. 쌀은 관세화 도입이 10년 동안 유예되기는 했지만 최소 물량은 의무적으로 수입해야만 했다. 협상 기간 내내 농민들은 최소한 '쌀은 한 톨도 들여올 수 없다'며 격렬히 반대했지만, 농산물 수입 개방이라는 큰 파도를 막아내지 못했다.

세계

1. 1. **[슬로바키아]** 체코슬로바키아로부터 분리 독립. 체코슬로바키아의 해체는 유고슬라비아의 경우와 마찬가지로 제2민족인 슬로바키아 민족이 제1민족인 체코 민족에게서 느끼는 차별에 대한 불만에서 촉발된 것이었다.

1. 13. **화학무기금지협약**(CWC) 체결. 화학무기의 개발, 생산, 획득, 비축, 보유, 인도 및 사용을 금지하고 완전히 폐기하는 것을 목적으로 하는 다자간 군축조약이다. 2024년 현재 이집트, 북한, 남수단은 가입하지 않았고, 이스라엘은 조약에 서명을 했지만 비준은 하지 않고 있다.

1. 20. **[미국]** 빌 클린턴, 제42대 대통령에 취임.

3. 12. **[헝가리/ 폴란드/ 체코]** 북대서양조약기구(NATO) 가입. 과거 바르샤바조약기구 가입국인 이들 국가의 가입으로 NATO는 동유럽으로 세력을 확장하게 됐다.

7. 18. **[일본]** 제40회 중의원 의원 총선거. '신당 붐' 속에서 치러진 선거 결과 자민당이 과반을 얻는 데 실패했고, 사회당은 의석이 거의 절반으로 줄었다. 이로써 여당인 자민당과 야당인 사회당 양당 체제를 근간으로 한 '55년 체제'가 막을 내렸다.

9. 13. **[이스라엘/팔레스타인]** 오슬로 협정 체결. 이츠하크 라빈 이스라엘 총리와 야셰르 아라파트 팔레스타인해방기구(PLO) 의장이 미국 워싱턴에서 평화협정에 서명했다. 이 협정은 이스라엘 군정이 철수하고 5년의 과도기 동안 팔레스타인 민정이 이를 대체하도록 명시했다. 협정의 정식 명칭은 '임시자치협약에 관한 원칙 선언'이지만 노르웨이 오슬로에서 사전 비밀 협상이 이뤄졌기 때문에 '오슬로 협정'으로 통칭되며 2년 후 제2차 오슬로 협정으로 이어진다.

10. 3. **[소말리아]** 모가디슈 전투. 미군이 모가디슈에서 군벌 모하메드 파라 아이디드를 체포하기 위한 작전을 펼쳤다. 이틀날까지 이어진 이 전투 과정에서 1000명이 넘는 소말리아 시민이 사망하고, 미군은 블랙호크 두 대가 격추당하고 병사 18명이 사망하는 참담한 결과가 초래됐다. 베트남 전쟁 이후 최악의 사상자가 발생한 이 전투는 미국에 큰 충격을 주었고, 결국 2년 후 미국은 소말리아에서 완전히 철수하게 된다.

11. 1. 유럽연합(EU) 출범.

문화 / 과학 · 환경 / 스포츠

문화

4. 10. 임권택 감독의 〈서편제〉 개봉. 이날 단성사에서 개봉된 이 영화는 한국 최초로 관객 100만 명을 넘긴 영화였다.

12. 12. 백제금동대향로 발굴. 충청남도 부여군 능산리 고분의 주차장을 만드는 과정에서 근처 물웅덩이에서 발견됐다. 삼국시대 금동제 향로가 발견된 것은 최초였다. 앞발을 치켜든 용 한 마리가 연꽃 봉오리를 물고 있는 모습을 형상화하고 있는 이 향로는 1996년 국보로 지정된다. 현재 국립부여박물관에 소장되어 있다.

과학 · 환경

6. 21. **[영국]** 앤드루 와일스, **페르마의 마지막 정리 증명** 발표. 이날 발표된 그의 증명에는 일부 결함이 있었다. 그러나 1995년 5월, 그는 수정을 거쳐 완벽한 증명을 내놓는다. '$x^n + y^n = z^n$을 만족하는 양의 정수 x, y, z는 존재하지 않는다'는 내용을 담은 피에르 드 페르마의 이 정리는 350년 넘게 수학자들을 괴롭혀 온 난제였다.

12. 27. 두창(천연두), 제1종 전염병에서 제외됨. 1980년 세계보건기구(WHO)가 이미 1980년에 천연두 박멸을 선언했고, 국내에서도 1979년부터 예방접종을 중단했지만, 이날 전염병예방법 개정으로 천연두는 이제 '법적 사망'을 맞게 됐다.

스포츠

5. 22. **현정화**, 제42회 세계탁구선수권대회 여자단식 우승. 그는 서울 올림픽 우승자인 대만의 첸징을 3-0으로 제압하고 한국 최초로 세계선수권 단식 우승자가 됐다.

10. 28. FIFA 월드컵 본선 진출 확정. 1994년 미국 월드컵 아시아 지역 최종 예선은 최종 경기만 남은 상황에서 여섯 개 팀 중 북한만 탈락이 확정되고 나머지 다섯 개 어느 팀도 진출 여부를 확정짓지 못한 상태의 혼전이었다. 이날 한국은 북한을 3-0으로 이겼다. 같은 시간 일본은 이라크에 2-1로 앞선 채 추가 시간 경기를 하고 있었다. 한국의 진출 가능성은 거의 없었다. 그러나 경기 종료 10초 전 내준 코너킥이 빌미가 되어 무승부로 경기를 마쳤다. 결국 골득실 차로 앞선 한국이 2위로 본선에 진출했다. 도하에서 열린 이날의 경기를 한국에서는 '**도하의 기적**', 일본에서는 '도하의 비극'으로 불리고 있다.

← 11월 11일 마스트리히트 조약이 발효되면서 유럽연합(EU)이 공식 출범했다. 이 해 15개국이던 회원국은 현재 27개국으로 늘었다.

1993년 풍경

우주(宇宙)란 만물을 가능케 하는 시공간의 총체를 가리키는 말이다. 집 우(宇)는 공간, 집 주(宙)는 시간을 의미한다. 인간의 감각으로 우(宇)는 깊이, 주(宙)는 넓이라고 해도 되겠다. 이런 시공간의 영역에서 활개치는 인간을 사회적 동물이라 명명한 이래, 실제로 무리지어 영역을 지키며 살아가고 있다. 물속의 물고기가 비슷한 것들끼리 떼지어 몰려다니듯 인간도 일정한 특징을 갖는 일군의 세대를 하나의 말로 통칭할 수 있다. 세(世)는 약 30년의 세월, 대(代)는 그 세월이 교대한다는 의미이다. 힘차게 온 파도가 해안 절벽에 부딪쳐 산산이 부서지듯, 세대도 결국 생성과 소멸을 되풀이한다. 그래도 그것은 나름의 그것으로 한 세대를 풍미하며 그들만의 향취를 세상에 남겼으니, 그것으로 그 세대는 만족하리라. 이전의 침묵 세대와 베이비붐 세대를 지나 1990년 X세대가 왔다. 인류의 난해한 방정식을 풀듯 여러 세대가 차례로 등장하더니 최근에는 MZ세대까지 이어지고 있다.

이 해에는

책

- 5. 20. 《나의 문화유산답사기》, 유홍준
- 8. 1. 《무궁화 꽃이 피었습니다》, 김진명
- 12. 15. 《꼬리에 꼬리를 무는 영어》, 한호림
- ○ **[폴란드]** 《끝과 시작》, 비스와바 심보르스카
- ○ **[미국]** 《신의 역사》, 캐런 암스트롱

노래

- 4. 23. 〈나를 돌아봐〉, 듀스

영화

- 1. 22. 〈첫사랑〉, 이명세
- 4. 10. 〈서편제〉, 임권택
- 5. 18. **[뉴질랜드/오스트레일리아/프랑스]** 〈피아노〉, 제인 캠피언
- 6. 11. **[미국]** 〈쥬라기 공원〉, 스티븐 스필버그
- 12. 18. 〈투캅스〉, 강우석
- 12. 25. 〈그 섬에 가고싶다〉, 박광수

궂긴 소식

- 1. 20. 오드리 헵번(영국의 배우)
- 3. 12. 지학순(가톨릭 주교, 민주화 운동가)
- 5. 18. 김희갑(희극 배우)
- 10. 31. 페데리코 펠리니(이탈리아의 영화감독)
- 11. 4. 성철(승려, 조계종 종정)
- 11. 14. 김원룡(미술사학자)
- 11. 23. 김광균(시인)

독립한 나라

- 1. 1. 슬로바키아 (← 체코슬로바키아에서 분리 독립)

1994년

김일성 사망과 남북정상회담 무산

↑ 7월 8일, 북한의 최고지도자 김일성이 갑작스럽게 사망하면서 그해 7월 25일부터 27일까지 평양에서 개최하기로 합의했던 남북정상회담이 무산됐다. 김일성 사망 이후 남한에서는 조문 여부를 둘러싸고 '조문파동'이라는 격렬한 논쟁이 벌어졌는데, 한편에서는 남북관계 개선을 위해 조문이 필요하다고 주장했고 다른 한편에서는 한국전쟁 발발의 책임자에 대한 조문은 부적절하다고 반대했다. 결국 조문은 이루어지지 않았고, 이로 인해 남북관계는 다시 경색되어 남북정상회담 재개를 위한 기회를 놓치게 됐다.

"위대한 수령 김일성 동지께서 …급병으로 서거하셨다는 것을 가장 비통한 심정으로 온 나라 전체 인민들에게 알린다."

인민대중의 자주위업을 위하여 한평생을 바쳐 오시었으며 생의 마지막 순간까지 조국의 륭성 번영과 인민의 행복을 위하여, 나라의 통일과 세계의 자주화를 위하여 쉼 없이 정력적으로 활동하시던 우리의 경애하는 어버이 수령님께서 너무도 애석하게 우리 곁을 떠나시었다.
— 7월 8일《조선중앙통신》보도

김일성은 민족분단의 고착과 동족상잔의 전쟁을 비롯한 불행한 사건들의 책임자라는 역사적 평가가 이미 내려져 있다.
— 7월 18일 국무회의 중 이영덕 국무총리 발언

↓ 붕괴된 성수대교의 모습.

대한민국

1. 5. 〈성폭력범죄의 처벌 및 피해자보호 등에 관한 법률〉 제정. 1991년 김부남 사건, 1992년 김보은 사건, 1993년 서울대 우 조교 사건 등을 계기로 성폭행이 사회문제로 공론화되면서 제정됐다. '성폭력 특별법'이라고도 불린 이 법은 '성폭력범죄를 예방하고 그 피해자를 보호하며, 성폭력범죄의 처벌 및 그 절차에 관한 특례를 규정'하는 것을 목적으로 하기는 했지만, 한계도 여전히 존재했다.

1. 15. [북한] 국제원자력기구(IAEA) 핵사찰 수용.

3. 2. 전국교직원노동조합 해직 교사 복직. 전교조 창립 과정에서 해직된 교사 1527명 중 1135명이 복직돼 이날 4년 만에 학교로 돌아왔다.

3. 3. [북한] IAEA, 북한 핵 사찰 실시. IAEA는 14일까지 북한 영변에서 2주에 걸쳐 핵 의심 시설 7곳에 대한 사찰을 실시했지만, 시료채취 거부로 핵물질 전용 여부를 확인하지는 못했다.

6. 13. [북한] 'IAEA 탈퇴' 공식 선언. 북한은 외교부성명을 통해 IAEA에서 즉시 탈퇴하며 사찰을 더 이상 받을 수 없고 이에 대한 '제재는 곧 선전포고로 간주한다'고 발표했다. 이로써 한반도의 전쟁 위기가 고조된다.

6. 15. 지미 카터 전 미국 대통령, 북한 방문. 13일 내한해 이튿날 김영삼 대통령을 만난 후 이날 판문점을 통해 북한으로 가 김일성 주석을 만나 핵 관련 문제를 논의했다. 그는 일련의 방문을 통해 남북정상회담도 주선해 양쪽 정상의 합의를 이끌어냈다.

7. 8. [북한] 김일성 주석 사망. 그의 유고 소식은 34시간 동안 비밀에 부쳐지다 9일 12시가 되어서야 북한중앙방송을 통해 전해졌다. 남한에서는 이른바 조문논쟁이 벌어지며 '냉전 반공주의의 광기'가 폭발했다. 김영삼 정부와 여당인 민주자유당은 원래 같은 달 25일 평양에서 열기로 합의한 남북정상회담의 상대였던 그의 죽음에 어떠한 조의도 표현하지 않고 신공안 정국을 조성했고 남북관계는 다시 얼어붙었다.

9. 21. [북한] 제네바 합의. 북한과 미국이 지루한 협의 끝에 북한의 핵개발 동결과 미국의 경수로 원자로 건설 지원, 중유 제공 그리고 양국 간 관계 정상화 추진 등을 골자로 하는 제네바 기본합의서를 채택했다. 그러나 경수로 건설 지연과 북미관계 악화 등으로 북한의 핵개발 문제가 다시 수면 위로 부상했고, 2002년 미국의 중유공급 중단과 이듬해 북한의 핵확산방지조약(NPT) 탈퇴 선언으로 파기된다. 이로써 제2차 북한 핵 위기가 시작된다.

10. 21. 성수대교 붕괴. 이날 아침 한강을 가로질러 서울 성수동과 압구정동을 잇는 성수대교 중간 상판 약 50미터가 무너져 내렸다. 32명이 사망하고 17명이 부상당한 이 사고는 시공사인 동아건설의 부실시공과 관리책임자인 서울시의 허술한 안전점검이 불러온 인재였다.

세계

1. 1. **북미자유무역협정**(NAFTA) 발효. 1988년 미국과 캐나다가 맺었던 자유무역협정에 멕시코가 합류하면서 북미 3개국 무역 블록이 형성됐다. 2020년 7월 1일 NAFTA의 핵심 조항 중 많은 부분을 유지하면서, 자동차 원산지 규정 등 몇몇 부분적인 수정이 가해진 미국-멕시코-캐나다 협정(USMCA)로 대체되어 발효된다. 명목 GDP 기준으로 전 세계 경제의 약 30%를 차지하는 경제 블록이다.

3. 27. [이탈리아] 총선. 27, 28일 이틀에 걸쳐 치러진 국회의원 총선 결과 거의 50년 동안 이탈리아 정부를 이끌어온 기독교민주당이 대패했다. 북부동맹, 이탈리아사회운동과 함께 우파 연정을 구성한 포르자 이탈리아의 대표 실비오 베를루스코니가 총리가 됐다.

4. 6. [르완다] 쥐베날 하브자리마나 르완다 대통령 사망. 후투족 출신인 하브자리마나 대통령이 여객기 추락으로 사망했다. 사건의 배후가 투치족이라고 단정한 후투족 과격파가 다음날 투치족을 조직적으로 학살하기 시작했다. 그리고 7월 17일까지 약 100일간 이어진 집단학살로 르완다에 거주하는 투치족 80만 명 이상이 잔혹하게 살해됐다. 이 비극의 뿌리는 제국주의 국가들의 아프리카 지배 역사에서 찾을 수 있다. 과거 르완다를 식민지배한 독일과 벨기에가 동원한 종족차별 정책으로 심화된 종족 갈등이 독립 후에도 치유되지 않고 그대로 유산으로 남은 것이다.

4. 15. **우루과이 라운드 협정 비준.** 1986년 우루과이 푼타델에스타에서 시작된 GATT의 제8차 다자간무역협상(일명 우루과이 라운드)이 이날 모로코 마라케시에서 최종 타결됐다. 협상 결과 관세율 인하, 지적재산권 보호, 농산물의 자유무역 범위 내 편입, 세계무역기구(WTO) 창설 등이 결정됐다. 한국이 가장 큰 영향을 받게 된 분야는 일부 품목을 제외하고는 비관세 장벽을 유지할 수 없게 된 농업이었다.

12. 11. [러시아] 1차 체첸 전쟁 발발. 1991년 독립을 선언하고 연방에서 탈퇴하려는 체첸 지역에 이날 러시아군이 지상 공격을 시작했다. 러시아군은 체첸 공화국의 수도 그로즈니 함락에는 성공했지만, 게릴라군의 격렬한 저항에 부딪혀 나머지 저지대나 산악 지역에 대한 통제권을 확립하는 데는 어려움을 겪었다. 내전은 1996년 8월 31일 양측 군대의 철수를 약속한 평화협정에 따른 일시 정전으로 일단락됐다. 1년 8개월 넘게 이어진 전투로 체첸의 민간인 10만 명 이상이 목숨을 잃었다.

← 넬슨 만델라가 남아프리카 공화국 최초의 흑인 대통령으로 선출됐다. 그의 당선은 아파르트헤이트의 종식과 다인종 민주주의의 탄생을 상징하는 국가 역사의 기념비적인 전환점이었다. 아프리카민족회의가 국가 최초의 완전한 민주적 선거에서 62.7%의 다수를 차지하여 확보한 그의 승리는 수십 년 동안 제도화된 인종 분리에서 포용성과 화해의 새로운 시대로의 평화로운 전환을 의미했다. 국가적 통합, 용서, 경제적 변혁을 강조한 만델라의 대통령 임기는 "무지개 국가"의 토대를 마련했으며, 남아프리카 공화국을 역사적 상처를 치유하고 아파르트헤이트 정권이 남긴 사회경제적 불평등을 해소하는 길로 인도했다.

문화 / 과학·환경 / 스포츠

문화

2. 5. 국립현대미술관, 〈민중미술 15년: 1980~1994〉전 개최. 절대로 제도권 안으로 진입하지 않을 것 같던 민중미술이 제도권 미술을 상징하는 대표적 기관인 국립현대미술관에 대규모로 전시된 것이다. →

5. 14. 뮤지컬 〈지하철 1호선〉 초연. 독일 그립스 극단의 〈리니 1〉을 김민기가 각색하고 연출한 〈지하철 1호선〉이 서울 대학로 학전소극장에서 초연됐다. 이후 2023년 12월 31일까지 4,257회 공연되며 한국 뮤지컬의 전설로 남는다.

5. 17. 과학기술자문회의, 첨단영상산업 진흥방안 보고. →

6. 10. 전쟁기념관 개관. →

8. 15. **박경리**, 《토지》 탈고. 1969년 《현대문학》에서 시작해 25년 동안 일곱 개 지면을 옮겨가며 연재된 대하소설 《토지》가 이날 새벽 2시에 원고지 26만 장 분량으로 마무리됐다. 동학농민혁명기로부터 일제강점기와 8·15에 이르기까지, 50여 년에 걸친 우리 민족의 삶을 총체적으로 그린 이 소설은 5부 16권으로 8월 솔출판사에서 완간됐다.

과학·환경

5. 18. [미국] 식품의약국(FDA), 유전자변형 토마토 승인. FDA는 무르지 않도록 유전자 변형을 가한 이 토마토가 일반 토마토와 비교할 때 '실제로 동등하다'고 평가했다. 바로 이해부터 시중에 판매되지만, 실제로는 맛도 떨어지는 바람에 출시 3년도 채 못 되어 생산이 중단된다.

12. 7. 포항방사광가속기 준공. 전자를 높은 에너지로 가속시켜 방사광 즉, 빛을 만들어내는 장치인 이 가속기가 포항공대에 설치됨으로써 한국도 본격적인 '거대과학'의 시대에 접어들었다.

12. 23. 환경처, 환경부로 승격.

스포츠

2. 12. [노르웨이] 릴레함메르에서 제17회 동계 올림픽 개막. 동계 올림픽을 하계 올림픽과 2년 주기로 교차 개최하기로 한 IOC의 결정에 따라 알베르빌 대회 이후 2년만에 열린 대회였다.

2. 18. 김윤만, 올림픽 남자 스피드스케이팅 1000m 은메달. 한국 선수가 처음으로 태극 마크를 달고 참가한 1948년 장크트모리츠 대회 이래 동계 올림픽에서 딴 첫 메달이었다. 한편 20일에는 김기훈이 쇼트트랙 남자 1000m에서 우승하면서 대한민국 최초의 금메달을 목에 걸었다. →

6. 17. [미국] 제15회 FIFA 월드컵 개막. 브라질이 승부차기 끝에 이탈리아를 이겼다. 대회 통산 네 번째 우승이었다. 한국은 2무 1패로 조별리그에서 탈락했고, 북한은 지역 예선에서 탈락해 본선에 참가하지 못했다.

10. 2. [일본] 히로시마에서 제12회 아시안 게임 개막.

1994년 풍경

스님이라고 싸우지 말란 법은 없다. 스님이야말로 피와 살이 도는 육체와 가장 치열하게 싸우는 분들이 아닌가. 화두 들고 정진에 드는 동안 졸음과 싸우느라 허벅지를 꼬집고, 너무 꽉 깨물어 성한 이가 없을 정도라고 한다. 이런 자신과 겨루는 싸움이야 얼마든지 좋겠다. 절에도 잿밥이 있어 세력들 간에 다툼이 벌어지기도 한다. 어느 땐 이판사판 다 때려치울 듯 심각한 사태로 돌입한다. 조계종 총무원 스님들 싸움에 경찰까지 출동했다. 아이쿠, 스님들. 소는 우리가 키울 테니 대웅전 앞 쓰러지는 저 석등이나 바로잡아 주십시오!

대입제도 변천사

1945~1953년	대학별 단독시험제 (대학별 입학시험)
1954년	대학입학 국가연합고사(자격고사) + 대학별고사(본고사)
1955~1961년	대학별 단독시험제 부활 + 내신제(권장) 병행
1962년	대학입학자격국가고사
1963년	대학입학자격고사 + 대학별본고사
1964~1968년	대학별 단독시험제 회귀
1969~1980년	대입예비고사 + 대학별고사
1981년	대입예비고사 + 내신, 선시험 후지원
1982~1985년	대입학력고사 + 내신
1986~1987년	대입학력고사 + 내신 + 논술
1988~1993년	대입학력고사 + 내신 + 면접, 선시험 후지원
1994~1996년	대학수학능력시험(수능) + 내신 + 대학별고사
1997~2001년	대학수학능력시험(수능) + 학생부 + 논술
2002년~	수시와 정시, 대학수학능력시험(수능) + 학생부 + 논술/면접 등

이 해에는

책
1. 《퇴마록》, 이우혁
6. 15. 《무량수전 배흘림기둥에 기대서서》, 최순우

노래
8. 8. 〈교실 이데아〉, 서태지와 아이들
9. 9. 〈여름 안에서〉, 듀스
○ 〈핑계〉, 김건모

영화
4. 28. [헝가리] 〈사탄탱고〉, 터르 벨러
7. 14. [홍콩] 〈중경삼림〉, 왕자웨이
9. 10. [미국] 〈펄프 픽션〉, 쿠엔틴 타란티노

궂긴 소식
1. 18. 문익환(목사, 사회운동가)
2. 13. 김남주(시인)
4. 5. 커트 코베인(미국의 록 가수)
4. 22. 리처드 닉슨(미국의 정치인, 37대 대통령)
5. 22. 장일순(교육자, 사회운동가)
5. 29. 에리히 호네커(동독의 정치인)
7. 8. 김일성(조선민주주의인민공화국 주석)

독립한 나라
10. 1. 팔라우 (← 미국)

1995년

삼풍백화점 붕괴

↑ 6월 29일, 서울 서초구에 있는 삼풍백화점이 붕괴되어 502명이 사망하고 937명이 부상을 입는 대형 참사가 발생했다. 이 사고는 부실시공, 안전불감증, 공무원의 비리 등이 복합적으로 작용한 결과로, 준공 6년 만에 건물이 무너지면서 국내 단일 사건 최대 인명 피해로 기록됐다.

"무너진다는 것은, 다시 말해서 손님들에게 피해도 가지만, 우리 회사의 재산도 망가지는 거에요."
— 이준 삼풍회장.

29일 오후 5시 55분께 서울 서초구 서초동 삼풍백화점 건물 2개 동 가운데 백화점 매장이 들어선 A동이 완전히 붕괴했다. 사고 당시 백화점 안에는 상주직원 9백여 명과 고객 5백여 명 등 모두 1천4백여 명 이상이 있었을 것으로 추정된다.…

이날 붕괴장면을 목격한 삼풍아파트경비원 권기홍(56) 씨는 "쿵하는 소리가 난 뒤 백화점 건물 2개 동 가운데 A동 건물이 5층부터 주저앉듯 무너져내렸다"며 "붕괴와 함께 먼지가 반경 2백m 지역 내에 가득했다"고 말했다.…

사고 조사에 나선 통상산업부 안전점검대책반은 "기초공사 부실로 인한 자연 붕괴로 보인다"고 밝혔다. 서울시 관계자는 "백화점 쪽이 지난해 10월 지하 1층 식품매장 양쪽 벽을 허물고 매장을 증축했다"며 이것이 붕괴와 관련이 있을 가능성이 크다고 말했다. 이와 관련해 직원들은 "오전 8시부터 5층 식당가에서 벽면·천장·바닥에 금이 가는 등 붕괴 조짐이 잇따랐으나 영업을 강행했다"고 말했다.

↓ 8월 15일, 광복 50주년을 맞아 일제 강점기의 상징이었던 조선총독부 건물 철거가 시작되었으며, 이는 김영삼 대통령의 '역사 바로 세우기 운동'의 일환이었다. 이 철거 작업은 일제의 잔재를 청산하고 민족의 자존심과 정기를 회복하려는 목적으로 진행되었으며, 당시 5만여 명의 시민들이 지켜보는 가운데 중앙 돔 상부 첨탑부터 철거되기 시작했다. 조선총독부 건물 철거는 단순한 건물 제거를 넘어 우리 민족의 역사를 바로잡고 경복궁을 온전히 복원하는 계기가 되었으며, 이를 통해 광화문과 경복궁, 북한산의 전경이 드러나면서 현재의 모습을 갖추게 됐다.

대한민국

1. 1. 김영삼 대통령, 신년사 발표. 그는 신년사를 통해 올해를 '세계화의 원년이자 지방시대가 활짝 열리는 해'로 만들자고 말했다.

1. 1. 쓰레기 종량제 실시. 종량제는 규격 봉투를 구입해 그 안에 쓰레기를 담은 후 지정된 장소에 버리는 제도이다. 종량제 봉투는 10, 20, 50, 100리터 등 4가지 종류가 있었으며, 가격은 자치단체마다 차이가 있으나 보통 20리터 기본형이 2~3백원 가량이었다.

3. 1. 케이블 TV 본방송 시작. 12개 분야 20개 채널이 개국해 방송을 시작하면서 본격적인 '다채널 시대'가 열렸다.

3. 1. 서울특별시, 강북구, 광진구, 금천구 신설. 이와 함께 고양시와 광명시의 일부 지역이 서울시에 편입됐다. 다른 자치체의 지역이 서울로 편입된 것은 이때가 마지막이었다.

4. 28. **대구지하철 공사장 가스 폭발 사고** 발생. 대구 달서구 상인네거리 지하철 1·2공구에서 도시가스관이 폭발해 등굣길 학생과 출근길 시민 등 101명이 사망하는 참사가 발생했다. 서해훼리호 침몰, 무궁화호 전복, 아시아나 항공기 추락, 성수대교 붕괴 사고가 일어난 것이 바로 한 해 전이었다.

6. 27. 제1회 **전국 동시 지방 선거**. 시·도지사 및 구·시·군의장 선거와 시·도의회의원 및 구·시·군의회의원 선거 등 4대 지방선거가 헌정사상 처음으로 동시에 실시됐다. 지방자치단체장 직선은 1961년 중단된 이래 34년 만의 일이었다. 선거가 '민자당의 참패, 민주당과 자민련의 승리, 무소속의 약진'으로 귀결되면서 '신 여소야대' 정국이 출현했고, 정당별 확연한 지역구도도 재현됐다.

6. 29. **삼풍백화점 붕괴**. 서울 서초구에 있는 삼풍백화점이 붕괴해 502명이 목숨을 잃고 6명이 실종됐다.

7. 18. 검찰, 전두환·노태우 전 대통령 불기소 발표. 한 해 전 5월 고소·고발된 전두환, 노태우 등 5·18 당시 군 지휘관 35명에 대해 '성공한 쿠데타는 재판의 대상이 될 수 없다'는 논리로 사법적 판단을 스스로 포기하고 모두 불기소 처분했다.

8. 15. **조선총독부** 건물 중앙돔 상부첨탑 **철거**.

9. 5. 새정치국민회의 창당. 정계에 복귀한 김대중을 중심으로 민주당 소속 의원들이 탈당해 창당했다. 약칭은 국민회의였다. 창당과 동시에 총재로 추대된 김대중은 1997년 대선에 승리하며 수평적 정권교체를 이룬다. 2000년 새천년민주당이 창당되면서 해산된다.

9. 30. 자유민주연합(자민련) 창당. 총재는 김종필, 충청도가 지지 기반이었다.

11. 24. 김영삼 대통령, 5·18특별법 제정 의지 천명. 이에 따라 앞선 11월 16일 특정범죄가중처벌법(뇌물죄) 위반혐의로 구속된 노태우에 이어, 12월 13일 전두환이 전격 구속됐다.

12. 6. 민주자유당, 신한국당으로 당명 변경.

12. 19. 국회, 〈5·18민주화운동등에관한특별법〉 의결.

세계

1. 1. 세계무역기구(WTO) 출범.  1947년 시작된 GATT 체제를 대체한 이 국제기구의 주된 목표는 국가 간 무역 분쟁과 마찰 등을 조정해 자유무역을 촉진하는 것이다.

3. 20. [일본] 도쿄 지하철 사린 테러 사건 발생.

7. 11. [베트남/미국] 빌 클린턴 미국 대통령, 베트남과 국교 정상화 선언. 베트남 전쟁이 종료된 지 20년 만이었다.

9. 19. [미국] 《워싱턴 포스트》·《뉴욕 타임스》, 유나바머 선언문 게재. 1978년부터 사제 폭탄을 소포로 보내는 테러를 시작해 세 명의 목숨을 앗아가고 20여 명을 다치게 한 유나바머라는 익명의 테러리스트가 테러 중단을 조건으로 게재를 요구한 3만 5000자 분량의 이 선언문은 '질주하는' 현대 과학문명에 대한 비판과 정치인·경영자·기술자·관료들이 지배하는 세상에 대한 혐오가 담겨 있었다. 하버드 대학 출신 수학박사 시어도어 카진스키로 정체가 드러난 그는 이듬해 4월 동생의 신고로 체포된 후 무기징역을 선고받고, 수감 중 2023년 자살로 생을 마감한다.

11. 4. [이스라엘] 이츠하크 라빈 총리, 피살. 텔아비브에서 열린 평화집회에서 연설을 마치고 독실한 유대인으로서 평화와 영토의 맞교환을 저지해야 할 의무가 있다고 여긴 법대생 이갈 아미르가 쏜 총탄에 맞아 사망했다. 팔레스타인과 이스라엘 간의 수많은 폭력사태를 견뎌냈던 오슬로 협정이 이스라엘인들 사이에서 발생한 단 한 차례의 폭력행위로 순식간에 무너졌다.

12. 14. 보스니아 전쟁 종료. 11월 21일 미국 데이턴에서 서명되고 이날 프랑스 파리에서 공식 비준된 데이턴 협정에 따라 전쟁이 종료됐다. 3년 8개월 간 이어지며 10만 명이 넘는 사망자를 낳은 전쟁은 끝났지만, 깊은 상처를 남겼다. 20세기 이전 동유럽의 마지막 전통 중 하나로 중세까지 거슬러 올라가는 상호 관용이라는 전통은 불과 몇 년 만에 민족주의라는 이름에 의해 살해된 것이다.

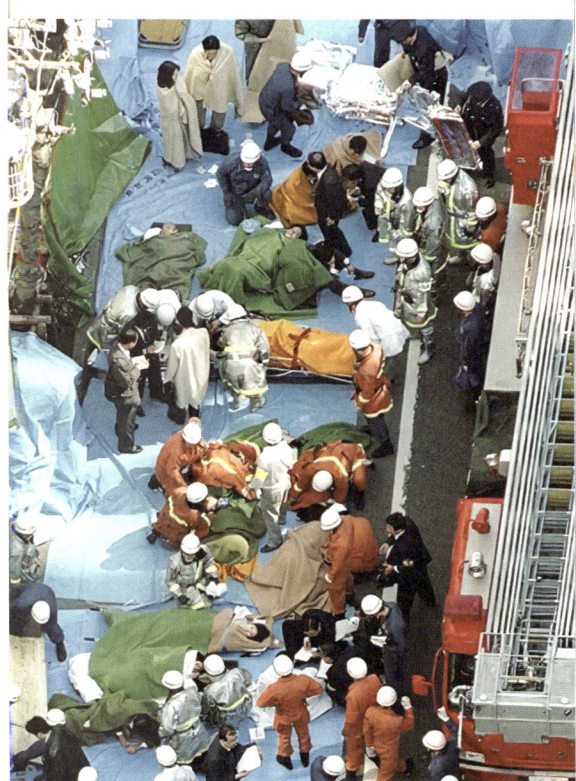

문화 / 과학·환경 / 스포츠

문화

1. 9. SBS 드라마 〈모래시계〉 첫 방송. 세 명의 주인공을 중심으로 1970년대부터 1990년대까지 현대사를 다룬 이 드라마를 보기 위해 직장인들이 일찍 귀가하면서, '모래시계=귀가시계'나 '모래시계 불황'이라는 말이 등장할 정도로 엄청난 인기를 모았다.

5. 2. 《씨네21》 창간호 발행. 한겨레신문사가 창간한 한국 최초의 영화 전문 주간지이다. 창간 1호 특집은 '누가 한국 영화계를 움직이는가'였다.

9. 20. 제1회 광주비엔날레 개막. 아시아 최초의 비엔날레였다. 11월 20일까지 62일 동안 열린 비엔날레의 주제는 '경계를 넘어'였다.

과학·환경

7. 22. 서울시, 오존주의보 발령. 1일 오존경보제가 실시된 후 이날 처음으로 서울 북서부와 북동부에 오존주의보가 발령됐다.

7. 23. 씨프린스호, 좌초. 호남정유(현 GS 칼텍스)의 14만 7천 톤급 유조선 씨 프린스호가 전남 여수 앞바다에서 좌초했다. 이 사고로 기름 약 5천 톤이 유출되어 해상 204km, 해안 72km에 이르는 지역이 오염됐다. 사고 후 유출된 기름을 제거하기 위해 독성이 강한 유처리제가 다량으로 쓰이는 바람에 2차 피해도 속출했다.

8. 24. [미국] 마이크로소프트, 윈도우 95 출시.  이 운영체제(OS)는 당시로서는 혁신적인 'GUI'를 도입해 컴퓨터 사용법을 획기적으로 단순화했다. 특히 '플러그 앤 플레이' 기능은 하드웨어를 매우 편리하게 설치할 수 있게 해줬다. 윈도우 95는 출시 당일에만 약 7억 2천만 달러의 매출을 기록할 정도로 소프트웨어 역사상 유례없는 성공을 거두며 마이크로소프트가 세계 최대 소프트웨어 기업으로 도약하는 데 결정적인 기여를 했다.

스포츠

9. 6. [미국] 칼 립켄 주니어(볼티모어 오리올스), 2131경기 연속 출장. 그는 루 게릭(뉴욕 양키스)이 가지고 있던 메이저리그 연속경기 출장 기록을 바꿨다. 그의 기록은 1999년까지 2632경기로 이어진다.

9. 26. 박용성, 국제유도연맹(IJF) 회장으로 선출됨.

9. 29. 전기영, 세계 유도 세계선수권대회 남자 -86kg급 우승. 한국 유도사상 최초의 세계선수권 두 체급 우승이었다. 그는 1997년 대회에서도 우승한다.

12. 17. 세계여자핸드볼선수권대회 우승. 오스트리아 비너노이슈타트에서 열린 결승전에서 헝가리를 25-20으로 꺾고 우승했다. 여자 대표팀은 1988년, 1996년 올림픽에서 2연패를 한 바 있지만, 세계선수권 우승은 처음이었다.

← 도쿄도를 운행 중인 지하철 차량 안에서 종교단체인 옴 진리교 신도 다섯 명이 신경가스 사린을 살포했다. 14명이 사망하고 약 6300명이 부상당했다. 교주 아사하라 쇼코는 이 사건과 관련해 2006년 사형을 선고받고, 형은 2018년에 집행됐다.

1995년 풍경

골목은 호기심의 창고이고, 조무래기들의 놀이터이고, 드넓은 세상으로 나가는 발판이다. 무덤덤하게 뻥 뚫린 것처럼 보여도 동네 문명이 출발하는 공간이자 발전의 씨앗을 배태하는 장소다. 어깨를 맞대는 처마들도 이 골목 하나 만들기 위하여 줄을이 서 있는 게 아닐까? 지구에는 골목이 많고 길다. 봄이 되어 제비가 작년의 제집을 찾아올 때, 교대하듯 청년들은 골목의 탄력을 딛고 대처로 나갔다. 무사히 겨울 지나 봄이 오면 뜻밖의 조등이 내 걸리는 곳도 골목이었다. 숱한 발걸음이 통과하고 많은 일을 치루어 낸 웅숭깊은 골목. 연탄재 함부로 차지 말아야 하듯 골목을 만만하게 보지 말라. 이 골목의 터줏대감은 뭐니뭐니해도 쓰레기통일 것이다. 모든 것을 묵묵히 지켜보는 쓰레기통. 어느 날 묵묵한 쓰레기통은 그렇고 그런 자들이 자신도 속이는 저렇고 저런 말도 아닌 막걸리, 이른바 골목성명을 제 옆에서 실컷 떠벌이도록 잠깐 내버려두기도 하였다.

서울의 확장

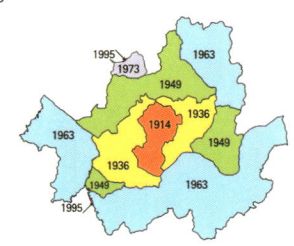

이 해에는

책
- [프랑스] 《체 게바라 평전》, 장 코르미에(한국 번역 2000.03.25.)
- [스위스] 《파저란트》, 크리스티안 크라흐트

노래
- **2. 1.** 〈잘못된 만남〉, 김건모
- **10. 5.** 〈Come Back Home〉, 서태지와 아이들
- 〈이브의 경고〉, 박미경
- 〈검은 고양이 네로〉, 터보
- 〈이 밤의 끝을 잡고〉, 솔리드
- 〈차우차우〉, 델리스파이스

영화
- **2. 1.** [이란] 〈올리브 나무 사이로〉, 아바스 키아로스타미
- **3. 25.** [일본] 〈러브 레터〉, 이와이 슌지
- **4. 21.** 〈삼공일 삼공이(301, 302)〉, 박철수
- **4. 29.** 〈낮은 목소리 - 아시아에서 여성으로 산다는 것〉, 변영주
- **9. 8.** 〈개같은 날의 오후〉, 이민용
- **11. 13.** 〈아름다운 청년 전태일〉, 박광수
- **12. 15.** [미국] 〈히트〉, 마이클 맨

굿긴 소식
- **3. 7.** 공병우(안과 의사, 타자기 연구가)
- **8. 17.** 박현채(경제학자)
- **11. 3.** 윤이상(한국계 독일인 작곡가)
- **11. 4.** 이츠하크 라빈(이스라엘의 정치인, 총리)
- **12. 25.** 에마뉘엘 레비나스(프랑스의 철학자)
- **12. 25.** 장기려(의사)

1996년

재판정에 선 전두환 노태우

"성공한 쿠데타도 처벌할 수 있다."

↑ 8월 26일, 서울지방법원은 12·12 군사반란과 5·18 광주 민주화운동 진압 등의 혐의로 기소된 전두환과 노태우 전 대통령에 대한 1심 선고를 내렸다. 재판부는 전두환에게 사형과 2259억 5천만 원의 추징금을, 노태우에게는 징역 22년 6월과 2838억 9600만 원의 추징금을 선고했다. 이 판결은 '성공한 쿠데타는 처벌할 수 없다'는 기존의 논리를 뒤집고 군사독재 시대의 불법행위에 대한 사법적 심판을 내렸다는 점에서 한국 현대사에 중요한 의미를 지닌다.

피고인 전두환을 사형에, 피고인 노태우를 징역 22년 6월에, 피고인 황영시, 같은 허화평, 같은 이학봉, 같은 정호용을 각 징역 10년에, 피고인 유학성, 같은 최세창, 같은 허삼수, 같은 이희성을 각 징역 8년에, 피고인 차규헌, 같은 장세동, 같은 주영복을 각 징역 7년에, 피고인 박종규, 같은 신윤희를 징역 4년에 각 처한다.
이 판결 선고전 구금일수 중 2백80일을 피고인 노태우에 대한 위 형에, 각 1백80일을 피고인 유학성, 같은 황영시, 같은 이학봉에 대한 위 각 형에, 각 1백75일을 피고인 최세창, 같은 장세동에 대한 위 각 형에, 각 2백5일을 피고인 허화평, 같은 허삼수, 같은 정호용에 대한 위 각 형에 각 산입한다.
피고인 전두환으로부터 금 2천2백5십9억5천만 원을, 피고인 노태우로부터 금 2천8백3십8억9천6백만 원을 각 추징한다.
— 전두환·노태우 등 서울지법 제1심 판결문

↓ 1933년 일제가 시행한 《축음기레코드취체규칙》 이후 60년 넘게 이어져 온 사전검열이 음악인들의 오랜 저항 끝에, 1996년 6월 7일 사실상 수명을 끝냈다. 한 해 전 10월 발매된 서태지와 아이들의 4집 앨범에는 가사가 없는 연주곡 한 곡이 실렸다. 곡명은 〈시대유감〉. 원래는 가사가 있었다. '정직한 사람들의 시대는 갔고' 그래서 '모두를 뒤집어 새로운 세상이 오길 바란다'는 내용의 가사였다. 그러나 이 가사는 공연윤리위원회의 음반사전심의를 통과하지 못했고, 서태지와 아이들은 항의 표시로 보컬 없이 앨범에 담은 것이다. 이보다 앞서 정태춘이 있었다. 그는 1991년 자신의 여섯 번째 음반 〈아, 대한민국〉을 공륜의 심의를 받지 않고 배포했다. 이어 1993년에는 음반 〈92 장마 종로에서〉를 내면서 '사전심의는 사실상 검열'이라며 음반법에 구애받지 않겠다고 발표한 후, 공륜의 심의를 받지 않고 배포했다. 이듬해 1월, 검찰은 이를 문제 삼아 그를 불구속기소했다.

대한민국

1. 20. 서울시, 버스전용차로제 도입.

1. 25. 대법원, 법제처에 '법령용어 순화정비 검토의견서' 제출. 대법원은 이 의견서에서 '도과(徒過)', '압날(押捺)'처럼 뜻을 알기 어려운 한자어 법률용어를 알기쉬운 용어로 고쳐써야 한다고 밝혔다. 그러나 2024년 6월에 개정된 〈민법〉에 조차 '몽리자의 특별승계인은 그 용수에 관한 전소유자나 몽리자의 권리의무를 승계한다.'(제233조)처럼 아리송한 용어로 가득한 법조문들이 사라지지 않고 여전히 위세를 떨치고 있다.

3. 1. '국민학교'를 초등학교로 개칭. 한 해 전 12월 29일 개정된 교육법이 이날부터 시행됨에 따라 일제의 '제4차 조선교육령'이 공포된 1941년부터 사용되어온 국민학교라는 명칭이 역사 속으로 사라졌다.

4. 11. 제15대 국회의원 선거. 1992년 대선 낙선 후 정계에서 은퇴했던 김대중 전 평화민주당 총재가 복귀를 선언한 후 새정치국민회의를 창당한 가운데 실시됐다. 선거 결과 신한국당이 139석, 새정치국민회의가 79석, 자유민주연합이 50석을 얻어 신한국당은 과반수를 얻는 데 실패했고, 국회는 여소야대로 꾸려졌다.

7. 1. 실업급여 지급 개시.

7. 3. 국가안전기획부, 무하마드 깐수 검거. 중국 출신인 그는 국적 세탁을 통해 외국인으로 위장해 1984년 국내에 들어와 남파간첩으로 활동했다. 본명은 정수일이다. 검거 전인 1990년 단국대학교 교수로 임용됐던 그는 중동학, 특히 동서문명 교류사의 권위자이다. 2000년 광복절 특사로 출소한 후 이븐 바투타의 여행기를 프랑스에 이어 세계 두 번째로 완역하는 등 연구 활동에 전념한다.

8. 17. 경찰, 범민족대회 진압에 헬기 동원. 경찰이 제7차 8·15 범민족대회 및 범청학련 통일대축전 남측 행사를 위해 연세대학에 모인 한국대학생총연합(한총련) 소속 대학생들을 헬기를 동원해 최루탄을 발사하며 강제해산시키고 5800여 명을 연행하고 465명을 구속했다. 경찰이 시위진압에 헬기를 동원한 것은 1986년 건국대 사태와 1994년 범민족대회 이후 세 번째였다.

8. 26. 서울지법, 전두환과 노태우 두 전직 대통령에게 각각 사형과 무기징역 선고.

9. 18. 강릉 앞바다에서 좌초된 북한 잠수정 발견됨. 군은 대대적인 소탕 작전을 벌였고 이 과정에서 북측 24명, 남측 18명이 사망했다. 북한 인민무력부 소속 부대원 26명이 잠수정을 타고 침투하다 좌초한 것으로 밝혀진다. 침투한 북한군 중 한 명은 생포되었고, 한 명은 생사가 확인되지 않았다.

12. 12. 경제협력개발기구(OECD) 가입. 29번째 정회원국이 됐다. 이 해 1인당 국민소득도 1만 달러를 넘었다. 그러나 밖으로 드러난 화려한 모습과는 달리 한국경제는 속병이 깊어가고 있었다. 1만 3077달러였던 1인당 국민소득도 바로 이듬해에 환율 폭등(원화 약세) 속에 7989달러로 추락한다.

12. 26. 노동법과 안기부법 개정안 기습 통과. 이날 새벽 신한국당은 국회 본회의를 소집해 법안들을 날치기 통과시켰다. 안기부법 개정안은 북한에 대한 고무찬양죄와 불고지죄를 안기부가 수사할 수 있게 하는 것이었고, 노동법 개정안은 복수노조 허용, 정리해고제 도입, 파업 기간 중 무노동 무임금 원칙 적용 등을 내용으로 하는 것이었다. 날치기 직후, 노동계와 언론계는 대규모 총파업에 돌입했다. 노동계의 총파업 투쟁은 2월 말까지 이어지며 전국을 뒤흔들었다.

세계

1. 11. [일본] 하시모토 류타로, 제82대 내각총리대신 취임. 제1차 하시모토 내각 발족.

3. 27. 유럽연합. 영국산 쇠고기와 관련 제품에 대한 금수 조치 단행. 한 해 전 영국 농부들이 소해면상뇌병증(**광우병**)에 감염되었고, 이어 인간간 전파 가능성이 보도되면서 이루어진 조치였다.

5. 30. [이스라엘] 총선. 선거 결과 베냐민 네타냐후가 이끄는 리쿠드당이 노동당에 근소한 차이로 승리했다. 이후 네타냐후는 현재까지 17년 이상 총리를 지내며 이스라엘 역사상 가장 극우적인 정책을 펼치고 있다.

7. 3. [러시아] 대통령 2차 선거. 6월 16일 1차 투표에서 과반 득표자가 나오지 않아 이날 치러진 결선 투표에서 무소속으로 출마한 현직 대통령 보리스 옐친이 러시아 연방공산당의 겐나디 주가노프에 큰 표 차이로 승리해 재선에 성공했다.

7. 17. [미국] 트랜스월드 항공 800편 추락 사고. 미국 뉴욕을 출발해 경유지 파리(최종 도착지는 로마)로 향하던 TWA 800편이 이륙 직후 롱아일랜드 인근 대서양에 추락해 탑승자 230명 전원이 사망했다. 미국 연방 교통안전위원회(NTSB)는 4년 간의 조사 끝에, 2000년 8월 중앙날개 연료탱크 내 가연성 연료증기 폭발이 사고 원인이라고 결론짓는다.

10. 7. [미국] 폭스 뉴스 채널 개국. 미디어 거물인 루퍼트 머독이 만든 이 방송은 1990년대 후반에서 2000년도에 걸쳐 비약적으로 성장해 CNN에 필적하는 뉴스 네트워크가 된다. 우익 편향의 자극적이고 선동적인 보도 행태로 많은 비판을 받고 있다.

11. 5. [미국] 대통령 선거. 민주당의 빌 클린턴 현직 대통령이 공화당 후보 밥 돌을 누르고 재선에 성공했다.

↓ 7월 5일, 성체 체세포에서 복제된 최초의 포유류인 돌리가 태어났다. 이 새끼 양은 세포 생물학에 대한 우리의 이해에 혁명을 일으켰고 분화된 성체 세포가 전능성 상태로 재프로그래밍될 수 있음을 증명했다. 이 획기적인 업적은 줄기세포 연구에 새로운 가능성을 열어 유도 다능성 줄기세포의 개발과 같은 중요한 진전을 가져왔다. 돌리의 탄생은 처음에는 의학적 돌파구에 대한 희망과 인간 복제에 대한 두려움을 모두 불러일으켰지만, 재생의학과 생명공학 분야에서 혁신적인 접근 방식을 위한 길을 열었다.

문화 / 과학·환경 / 스포츠

문화

1. 6. 가객 김광석, 세상 떠남. 이날 새벽 자택에서 전깃줄에 목이 매인 채 발견됐다. 그의 노래들은 "듣는 사람의 슬픔과 아픔으로부터 노래의 생명을 빌리고 그것으로 다시 그들을 위무하는 친절함을 힘으로 삼는다." 그는 정호승의 시를 빌려 이렇게 노래했다. "그대 눈물 이제 곧 강물 되리니 / 그대 사랑 이제 곧 노래 되리니… 뒤돌아보지 말고 그대 잘 가라."

2. 27. [일본] 닌텐도, 포켓몬스터(약칭 포켓몬) 발매. '포켓몬스터 레드·그린'이란 이름으로 출시된 이 롤플레잉 비디오 게임이다. 가상의 동물 포켓몬들이 등장한다. 처음 두 종류의 포켓몬으로 시작된 포켓몬은 현재 1000종이 넘게 늘어났고, 애니메이션과 영화, 캐릭터 상품을 넘나들며 세계에서 가장 높은 수익을 올리는 미디어 프렌차이즈로 성장했다.

6. 7. 개정 〈음반및비디오물에관한법률〉, 시행됨. 이로써 음반사전검열제가 폐지됐다.

9. 7. H.O.T. 정식 데뷔. →

9. 13. 제1회 부산국제영화제 개막. 아시아 국가의 신작 영화와 신인 감독을 소개하는 것을 목적으로 시작된 이 한국 최초의 국제영화제는 현재 홍콩 국제영화제, 도쿄 국제영화제와 함께 아시아 3대 영화제로 꼽히고 있다.

10. 4. 헌법재판소. 영화 사전심의에 대해 위헌 판결. 헌재는 영화법에 규정된 공연윤리위원회의 영화 사전심의제도가 사실상 사전검열으로 헌법위반이라고 판결했다. →

과학·환경

4. 10. 환경부, 남한 호랑이 멸종 공식 선언. 이날 환경부는 스위스 제네바 CITES(멸종위기에 처한 야생동식물의 국제거래에 관한 협약) 사무국에 '금세기 초까지는 한반도 전역에 호랑이가 살았으나 일본 식민지 시절 남획과 산림황폐화로 지난 43년 이후 완전히 사라졌다'고 보고했다.

7. 5. [영국] 복제양 돌리, 태어남.

스포츠

1. 8. 선동열. 주니치 드래건스 입단. '무등산 폭격기' 선동열은 한국 프로야구 선수 중 일본 프로야구에 진출한 최초의 선수였다. 4시즌을 주니치에서 뛰며 통산 10승 4패, 98세이브를 기록했고, 1999년 팀을 리그 우승으로 이끈 후 은퇴했다.

2. 4. [중국] 하얼빈에서 제3회 동계 아시안 게임 개막. 원래는 북한 삼지연에서 개최될 예정이었지만 1992년에 환경 보호를 명목으로 개최를 철회했다.

4. 6. [미국] 메이저 리그 축구(MLS), 첫 시즌 시작. ESPN을 통해 중계된 첫 경기에서는 새너제이 클래시(현재 팀명 어스퀘이크스)가 D.C. 유나이티드를 1-0으로 이겼다. 처음 10개 팀으로 시작된 소속 팀은 현재 28팀(캐나다 3팀 포함)으로 늘었다.

7. 19. [미국] 애틀랜타에서 제26회 하계 올림픽 개막. 캐나다의 도너번 베일리가 남자 육상 100m에서 9.84초의 세계 신기록을 세우며 우승했다. 이봉주가 남자 마라톤에서 남아프리카 공화국의 조시아 투과니에 불과 3초 늦은 기록으로 은메달을 땄다.

1996년 풍경

인간이 태어나 배우고 학습하는 건 천부의 권리다. 사회는 사회로 들어온 구성원에게 합당한 대우를 해주어야 한다. 그리하여 일정 나이가 되면 시설을 갖추고 가르쳐야 한다. 그 공식적인 배움의 첫 장소인 초등학교는 역사가 오래되었다. 근대 이전에는 서당에서 배우다가 그 이후 교육기관의 꼴을 갖추면서 소학교, 보통학교, 심상소학교, 국민학교로 불렸다. 국민학교는 일제가 황국신민을 기른다는 뜻으로 명명한 이름이다. 이에 일제의 잔재를 극복하는 의미로 초등학교로 바꾼 것이다. 한편 한 사회가 가장 어린 구성원인 어린이에게 공식적으로 건네는 첫 단어는 매우 중요하다. 현재 우리 대한국민은 초등학교 제1학년 국어 교과서에서 이런 문장으로 우리의 아이들을 호명하며 영접한다. '나, 너, 우리'.

아이돌 세대 구분

구분	시기	대표가수	특징 및 타깃 지역
1세대	1996~2004년	H.O.T. 젝스키스, S.E.S., 핑클, 보아 등	K팝 아이돌 원형 마련
2세대	2004~2011년	동방신기, 슈퍼주니어, 샤이니, 카라, 원더걸스, 소녀시대, 2PM, 빅뱅, 2NE1 등	아시아 중심 한류 견인
3세대	2012~2018년	BTS, 엑소, 세븐틴, NCT, 몬스타엑스, 블랙핑크, 레드벨벳, 트와이스, 마마무 등	북미, 유럽 등 서구 지역으로까지 확대
4세대	2019년~	스트레이 키즈, 에이티즈, 투모로우바이투게더, 엔하이픈, ITZY, 에스파, IVE, 케플러, 뉴진스 등	데뷔부터 글로벌 팬덤

이 해에는

책

3. 15. 《한 권으로 읽는 조선왕조실록》, 박영규
○ [미국] 《문명의 충돌》, 새뮤얼 P. 헌팅턴

노래

5. 1. 〈꿍따리샤바라〉, 클론
5. 13. 〈아시아의 순진〉, 퍼피
9. 7. 〈전사의 후예〉, H.O.T.
9. 7. 〈캔디〉, H.O.T.

영화

3. 8. [영국/미국] 〈파고〉, 코언 형제
4. 5. 〈꽃잎〉, 장선우
5. 4. 〈돼지가 우물에 빠진 날〉, 홍상수

궂긴 소식

1. 6. 김광석(가수)
1. 7. 백석(시인)
1. 8. 프랑수아 미테랑(정치인, 프랑스의 대통령)
2. 9. 윤치영(독립운동가, 친일반민족행위자)
2. 12. 시바 료타로(일본의 소설가)
6. 30. 박시춘(대중음악 작곡가)
9. 20. 에르되시 팔(헝가리의 수학자)
12. 20. 칼 세이건(미국의 천문학자)

1997년

IMF 구제금융 신청

↑ 12월 3일 정부와 IMF가 양해각서에 조인했다. 〈대기성차관 협약을 위한 양해각서〉 조인. 이날 캉드쉬 IMF 총재는 대한민국 대통령 선거 유력 후보자 셋의 각서까지 요구했다. 언론은 이날을 '우리 역사에 영원히 기록될 제2의 국치일'이라고 썼다. 그러나 '경제 신탁통치'의 피해는 모두에게 공평하게 돌아가지 않았다. 총 550억 달러의 지원자금이 확정되었지만, 양극화는 심화되었고, 개인들은 무한경쟁의 수렁으로 빠져들었다.

"국제통화기금에
유동성 조절자금을
지원해 줄 것을
요청하기로 하였습니다."

↓ 제15대 대통령에 새정치국민회의 김대중이 당선됐다.

8. 정부의 경제정책은 ①긴축통화정책과 재정긴축을 통해 경상수지의 적절한 조정과 함께 물가상승 압력을 막기 위한 강력한 거시경제틀을 만들 수 있도록 하고 ②금융산업의 구조조정과 자본확충, 그리고 좀 더 투명하고 시장중심적이며 더 잘 감독되고 정치적인 간섭에서 자유로운 경제의사결정이 가능한 포괄적인 전략을 세워야하며 ③기업지배구조를 개선할 수 있는 조치를 마련하고 ④자본시장의 자유화를 가속화하며 ⑤무역자유화를 더욱 추진하고 ⑥투명하고 시의적절하게 경제통계가 공개될 수 있도록 이뤄져야 한다.

11. …통화와 환율정책은 IMF스태프와 긴밀한 자문을 통해서 실행된다.

31. …외국 금융기관에 국내 금융 기관들이 우호적 M&A(인수 합병)를 내국인과 동등하게 허용한다.

38. 노동 시장 유연성 확대를 위한 추가 조치와 함께 인력 재배치를 용이하게 하기 위해 새로운 고용보험 제도의 범위를 확대한다.

대한민국

1. 20. 신창원, 부산교도소에서 탈옥. 강도치사죄로 복역 중이던 무기수였다. 환풍구 쇠창살을 절단하고 탈출해 2년 6개월 간 도피 행각을 벌이다 1999년 7월에야 검거된다.

1. 23. **한보철강 최종 부도.** 22개 계열사를 거느린 재계 14위 한보그룹의 주력 기업 중 하나인 한보철강의 이날 부도 이후, 3월 삼미그룹, 4월 진로그룹이 부도를 냈다. 10월 재계 7위인 기아자동차마저 손을 들고 법정관리에 들어가자 사태는 걷잡을 수 없는 혼란으로 빠져들었다.

2. 12. 황장엽, 망명. 북한 노동당 국제담당비서로 서열 24위인 그가 이날 베이징 주재 한국총영사관에 찾아와 남한으로의 망명의사를 밝혔다.

5. 17. 김현철 구속. 한보 특혜 대출의 '몸통'으로 지목받던 그는 6개 기업으로부터 65억을 받은 혐의로 특정범죄가중처벌법상의 알선수재죄와 조세포탈죄가 적용됐다. 현직 대통령의 아들이 구속된 것은 사상 최초의 일이었다.

7. 16. 헌법재판소, 동성동본간 결혼 금지 위헌 결정. 현재 민법은 '8촌 이내의 혈족 사이에서는 혼인하지 못한다'고 규정하고 있다.

9. 7. 건설국민승리21 준비위원회 발족. 민주노총 등 노동계와 재야 시민단체들이 발족식을 갖고 권영길 민주노총 위원장을 대통령 후보로 공식 추대했다.

10. 8. [북한] **김정일, 조선로동당 총비서직 승계.** 이날 북한 중앙방송 등 언론들은 특별보도를 통해 그가 노동당 총비서로 추대되었다고 밝혔다. 이로써 김일성 주석 사망 이후 3년 3개월간 지속된 '유훈 통치'가 막을 내렸다.

11. 21. 한나라당 창당. 신한국당과 민주당이 통합해 창당됐다. 신한국당 총재 이회창이 대통령 후보로 추대되고, 민주당 조순 총재가 통합당의 총재로 선출됐다. 2012년 새누리당으로 당명이 변경된다.

11. 21. 정부, 국제통화기금(IMF) 구제금융 신청 발표. 이날 밤 10시 50분에 전격적으로 발표되었지만, 실제로는 16일 비밀리에 입국한 미셸 캉드쉬 IMF 총재에게 IMF행을 이미 약속한 상태였다. 불과 한 달 전까지만 해도 "한국 경제는 펀더멘털이 튼튼하기 때문에 문제없다"며 '위기론'을 부정하기에 바빴던 정부가 뒤늦게 그것도 한밤중에 국민에게 공개한 것이다. 이해 한국은행의 외환보유액은 적정수준대비 60억대가 부족한 300억 달러 밑으로 떨어지기까지 했다.

12. 3. 정부와 **IMF**, 〈대기성차관 협약을 위한 양해각서〉 조인.

12. 18. **15대 대통령 선거.** 새정치국민회의 **김대중**이 한나라당의 이회창, 국민신당의 이인제를 누르고 **당선**됐다. 헌정 사상 최초로 여야 간 수평적 정권교체가 이루어진 선거였다.

12. 22. 전두환·노태우 특별사면. 12·12, 5·18, 비자금 사건 등으로 수감 중이던 두 전직 대통령이 이날 교도소에서 걸어나왔다.

12. 30. 법무부, 사형수 23명 사형집행. 이날 이후 더 이상 사형집행은 행해지지 않았다. 사형제도 자체가 없어진 건 아니지만, 대한민국은 현재 '실질적 사형 폐지국'으로 분류되고 있다.

세계

1. 20. [미국] 제42대 대통령 빌 클린턴, 두 번째 임기 시작.

1. 23. [미국] 매들린 올브라이트, 제64대 국무장관 취임. 미국 역사상 최초의 여성 국무장관이자 정부 내 최고 고위직에 오른 여성이 됐다.

3. 2. [알바니아] 살리 베리샤 대통령, 비상사태 선포. 피라미드 사기 사건에 분노한 시민들이 1월부터 벌이기 시작한 내전으로까지 이어졌고 4월에는 다국적 평화유지군이 개입하는 상황까지 치달았다. 평화유지군이 철수한 8월 11일까지 6개월 넘게 이어진 이 내전으로 정부는 전복되고 2000명 이상이 사망했다.

5. 1. [영국] 총선 실시. 하원의원을 뽑는 이 선거에서 토니 블레어가 이끄는 노동당은 418석을 얻어 165석에 그친 존 메이저의 집권 보수당을 압도했다. 18년만의 정권교체였다. 총리가 된 블레어는 '제3의 길'을 걸으며 2001년과 2005년 총선까지 '신노동당'의 3연속 총선 승리를 이끈다.

5. 16. [자이르] 모부투 세세 세코 정권 몰락. 1965년 쿠데타로 정권을 잡은 후 20년 넘게 자이르를 통치하던 모부투 대통령이 이날 모로코로 망명하면서 제1차 콩고 전쟁이 끝났다. 반군을 이끈 로랑데지레 카빌라는 5월 21일 국명을 콩고민주공화국으로 되돌린다.

7. 1. [영국] 홍콩 반환. 이날 자정, 홍콩이 영국에서 중화인민공화국으로 반환됐다. 1842년 1차 아편전쟁이 끝난 후 난징 조약을 통해 청으로부터 홍콩이 영국에 할양된 지 155년 만의 일이었다. 반환 전인 1984년 12월 영국과 중국은 앞으로 설립될 '홍콩특별행정구는 중화인민공화국 중앙정부에서 직할'하지만 '외교 및 국방 사무가 중앙정부의 관할에 속하는 외에는, 홍콩특별행정구는 고도의 자치권을 향유한다'는 내용의 협정을 맺었다.

7. 2. [타이] 중앙은행, 밧 변동환율제로 이행. 헤지펀드의 공격을 방어하느라 외환보유액이 엄청나게 감소한 타이 정부가 월가에 손을 든 것이었다. 이날 하루 동안 미국 달러 대비 밧은 19.6%나 폭락했다. 위기감은 인도네시아, 필리핀, 한국, 싱가포르, 말레이시아 등 다른 국가들에도 퍼져나가 급격한 외환 유출을 일으키며 아시아 금융위기를 촉발시켰다.

8. 4. [프랑스] 잔 칼망, 사망. 태어난 날이 공식적으로 확인된 사람 중 가장 오래 산 사람인 그녀는 1875년에 태어나 122년 5개월 14일을 살았다. 85세부터 펜싱을 배우기 시작했고 110세까지 자전거를 탔다고 한다.

↓ 홍콩 반환 25주년을 앞둔 2022년 6월, 홍콩의 주택들에 중국 국기와 홍콩기가 걸려있다.

문화 / 과학·환경 / 스포츠

문화

1. 6. 검찰, 장정일 구속영장 청구. 서울지검은 소설 《내게 거짓말을 해봐》의 작가 장정일에 대해 음란문서 제조 및 배포 혐의로 구속영장을 청구했다. 법원은 구속영장청구는 기각했지만, 불구속 기소된 그에게 5월 30일 징역 10월을 선고하고 법정구속했다. 이 소설로 촉발된 문화 공안의 태풍은 뒤이어 터진 일명 '빨간 마후라 사건'으로 더 큰 위력을 발휘하며 문화계 전체를 강타한다.

6. 26. [영국] 조앤 롤링의 《해리 포터와 마법사의 돌》 출간. 무명 작가가 쓴 이 판타지 소설은 전 세계적으로 엄청난 인기를 끌며 7권까지 시리즈로 이어지며 약 80개 언어로 번역된다. 소설의 인기에 힘입어 2001년부터 10년에 걸쳐 8편이 제작된 영화 역시 큰 성공을 거둔다.

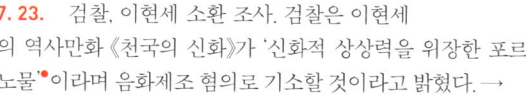

7. 23. 검찰, 이현세 소환 조사. 검찰은 이현세의 역사만화 《천국의 신화》가 '신화적 상상력을 위장한 포르노물'이라며 음화제조 혐의로 기소할 것이라고 밝혔다. →

10. 10. 〈난타〉 초연. 송승환의 손길로 탄생한 넌버벌 뮤지컬 '퍼포먼스'가 서울 호암아트홀에서 처음 선보였다. 이 작품은 요리사 세 명과 좌충우돌 신참 요리사가 피로연 음식을 준비하는 과정을 재미있게 그려내며, 사물놀이를 현대적으로 새롭게 계승했다는 평가를 받았다. 이 퍼포먼스는 2009년 국내 최초로 전용 극장을 세울 정도로 큰 인기를 얻으며 현재까지도 공연되고 있다.

과학·환경

7. 4. [미국] 마스 패스파인더, 화성 표면 착륙. 1976년 바이킹 2호 이후 23년 만에 화성에 착륙한 탐사기였다. 이동식 로버 소저너가 패스파인더에서 분리돼 화성 표면을 약 100m를 이동하며 화성의 지질을 탐사하고 화상을 지구로 전송했다. 화성 표면에서 최초로 물의 흔적을 발견했다.

12. 11 교토 의정서 채택. 일본 교토에서 열린 기후변화협약 제3차 당사국 총회에서 채택된 이 의정서에는 온실가스의 배출량을 감축하며, 지키지 않는 국가에 대해서는 비관세 장벽을 적용한다는 규정이 담겼다.

스포츠

2. 1. 첫 한국프로농구 시즌 개막. 서울 올림픽 공원 제2체육관에서 열린 첫 경기에서는 안양 SBS 스타즈가 108-107로 인천 대우증권 제우스를 이겼다. 여덟 개 팀이 참가한 첫 시즌의 우승은 부산 기아 엔터프라이즈가 차지했다.

4. 13. 타이거 우즈, 마스터스 토너먼트 우승. 21세였던 그는 메이저 골프 대회인 마스터스 대회 역대 최연소 우승자였다. 다음날 《뉴욕 타임스》는 그가 '마치 새로운 행성에서 온 것처럼 그린 재킷을 입고' 도착했다고 썼다.•

9. 28. 도쿄 대첩. 일본 도쿄에서 열린 1998 프랑스 월드컵 아시아지역 최종예선에서 한국 대표팀이 일본 대표팀을 2-1로 꺾었다. 한국은 0-1로 뒤지던 후반 38분 서정원의 슛, 41분에는 이민성의 슛이 골망을 흔들며 막판 '7분의 기적'을 만들어냈다. 역대 한-일전 최고 명승부로 꼽히는 이 경기는 '도쿄 대첩'으로 불리게 된다.

1997년 풍경

밥상은 많은 말을 한다. 둥근 접시에 둥근 밥상. 그릇에서 입까지의 직선 운동과 젓가락 두 짝만 빼곤 모두 파란만장한 곡선이다. 사는 일의 고단함을 저 곡선들은 잘 말해준다. 대부분 나물반찬과 비빔밥이라 얼핏 보아 제삿밥인가 했는데, 중국으로 탈출한 뒤 함께 모인 탈북자들의 식사 자리라고 한다. 이렇게 둥글게 둘러앉아 서로를 확인하며 밥 먹는 것도 얼마만인가. 이들은 이 밥상을 물리며 '이렇게 음식을 풍족히 먹어본 적이 없다'고 말했다 한다.

한국 프로농구 출범 당시 팀

이 해에는

책

- **3. 15.** [영국] 《작은 것들의 신》, 아룬다티 로이
- **6. 26.** [영국] 《해리 포터와 마법사의 돌》, 조앤 롤링 (한국어 번역, 1999년)
- **7.** 《짱뚱이》, 오진희 글·신영식 그림
- ○ [독일] 《수학 귀신》, 한스 마그누스 엔첸스베르거
- ○ [미국] 《부자 아빠 가난한 아빠》, 로버트 기요사키·샤론 렉터

노래

- **3. 1.** 〈말해줘〉, 지누션
- **10. 28.** 〈할 수 있어〉, NRG
- **11. 1.** 〈(Cause)I'm Your Girl〉, S.E.S.
- ○ 〈나의 외로움이 널 부를 때〉, 장필순

영화

- **2. 7.** 〈초록 물고기〉, 이창동
- **5. 3.** 〈비트〉, 김성수
- **7. 12.** [일본] 〈원령공주〉, 미야자키 하야오
- **8. 2.** 〈넘버 3〉, 송능한
- **9. 13.** 〈접속〉, 장윤현
- **12. 19.** [미국] 〈타이타닉〉, 제임스 캐머런

궂긴 소식

- **2. 3.** 한창기(출판인, 《뿌리깊은 나무》 발행인)
- **2. 19.** 덩샤오핑(중화인민공화국의 정치인)
- **6. 10.** 김기수(권투선수)
- **8. 4.** 잔 칼망(프랑스 출신 공식 세계 최장수 인물, 122세)
- **8. 31.** 다이애나 스펜서(영국의 왕세자비)
- **9. 5.** 테레사 수녀(마케도니아계 인도인 수녀)
- **10. 12.** 존 덴버(미국의 가수)
- **12. 16.** 김학순(여성운동가, 일본군 위안부 피해자)

1998년

김대중 대통령 취임

↑ 김대중이 헌정사상 최초로 수평적 정권 교체를 이뤘다. 그러나 그의 앞에는 IMF 경제위기라는 국가적 난제가 버티고 있었다. 게다가 국회는 여소야대 상황이었다. 그는 취임사를 통해 '국회의 다수당인 야당 여러분에게 간절히 부탁드립니다. 오늘의 난국은 여러분의 협력 없이는 결코 극복할 수 없습니다. 저도 모든 것을 여러분과 같이 상의하겠습니다. 나라가 벼랑 끝에 서 있는 금년 1년만이라도 저를 도와주셔야 하겠습니다'라고 호소했다.

> "양심대로 행동해야 한다. 그러지 않고 반대는 물론이고 방관하는 것도 말하자면 악의 편이다."

존경하고 사랑하는 국민 여러분!

올 한 해 동안 물가는 오르고, 실업은 늘어날 것입니다. 소득은 떨어지고, 기업의 도산은 속출할 것입니다. 우리 모두는 지금 땀과 눈물을 요구받고 있습니다. …

잘못은 지도층들이 저질러놓고 고통은 죄없는 국민이 당하는 것을 생각할 때 한없는 아픔과 울분을 금할 수 없습니다. 이러한 파탄의 책임은 국민 앞에 마땅히 밝혀져야 할 것입니다. …

지금 우리는 전진과 후퇴의 기로에 서 있습니다. 우리를 가로막고 있는 고난을 딛고 힘차게 전진합시다. 국난극복과 재도약의 새로운 시대를 열어갑시다. …

우리 국민은 해낼 수 있습니다. 6.25의 폐허에서 일어선 역사가 그것을 증명합니다. 제가 여러분의 선두에 서겠습니다. 우리 다같이 손잡고 힘차게 나아갑시다. 국난을 극복합시다. 재도약을 이룩합시다.

그리하여, 대한민국의 영광을 다시 한번 드높입시다.

— 김대중, 제15대 대통령 취임사

대한민국

1. 10. KBS, 특별 생방송 나라를 살립시다 〈금을 모읍시다〉 방송 시작. 금모으기 운동이 처음 어떻게 시작되었는에 대해서는 여러 설이 있지만, 이날 방송을 시작으로 금모으기 운동은 전국적인 국민 운동으로 확산됐다. 나라 사랑과 외채상환을 앞세우며 여러 단체가 합류해 4월 말까지 진행된 금모으기 운동에는 350만 명이 시민이 동참해 결혼반지, 돌반지 등 227톤의 금을 모았다.

1. 15. 노사정위원회 발족. 대통령 자문기구로 설치된 제1기 노사정위원회는 2월 6일 재벌 개혁과 실업 대책, 노동기본권 신장, 노동시장 유연성 제고 등 '경제위기 극복을 위한 사회 협약' 90개항을 체결했다.

2. 20. 〈근로기준법〉 일부 개정. 이 개정으로 기업의 정리해고제가 시행됐다. '긴박한 경영상의 필요'에 따른 해고 즉 정리해고는 1997년 3월 〈근로기준법〉 제정시 처음으로 도입되었지만, 2년의 경과규정이 있었는데 이날의 개정으로 즉시 시행된 것이다.

2. 25. 김대중, 제15대 대통령 취임.

6. 16. 정주영 현대그룹 명예회장 1차 소떼 방북.

6. 29. 금융감독위원회, 동화은행 등 다섯 개 은행 퇴출 발표.

7. 31. 게릴라성 집중호우. 이날 밤 지리산 일대에 내린 기습 폭우를 시작으로 8월 18일까지 나라 안 곳곳을 옮겨다니며 시간당 최고 100mm의 장대비를 퍼부어 사망·실종자가 336명이 생기는 등 엄청난 피해가 발생했다.

8. 12. 이해찬 교육부장관, 중고교 보충수업·자율학습 폐지 발표.

8. 31. [북한] 대포동 1호(북한 이름 '백두산 1호') 발사. 첫 다단계 추진체였다. 1단계 로켓으로 노동1호를 사용했고, 1, 2단계 분리까지는 성공했으나 궤도 진입에는 실패한 채 1600km 가량을 날아 태평양에 떨어졌다. 당시 '대륙간 탄도미사일'이라고 표현한 한국 정부와 달리, 미 국무부는 대변인 브리핑을 통해 "북한이 아주 작은 위성(광명성 1호)을 지구 궤도에 올리려고 했으나 실패한 것으로 결론지었다"고 밝혔다.

9. 5. 북한, 조선민주주의인민공화국 사회주의헌법 개정. 최고인민회의에서 채택된 이 개정 헌법을 통해 북한은 "수령 김일성동지를 공화국의 영원한 주석으로 높이" 모신다고 규정함으로써 북한은 국가주석직을 폐지하고 국가 수반에 해당하는 국방위원장에 김정일 총비서를 재추대했다. 이로써 '김정일 체제'가 공식 출범됐다.

10. 22. 대통령 자문 정책기획위원장 최장집, 《월간조선》을 상대로 손해배상 청구소송과 배포금지 가처분신청 제기. 이 잡지 11월호가 그의 한국전쟁 관련 논문을 문제삼음으로써 촉발된 이른바 '최장집 논란'에 대한 대응이었다.

11. 18. 금강산 관광 시작. 1989년 정주영 현대그룹 명예회장이 방북해 금강산관광 개발 및 시베리아 공동 진출에 관한 의정서를 체결하고 돌아온 지 9년 뒤인 이날 1365명을 태운 유람선 금강호가 동해항을 출항했다. 분단 이후 처음으로 남북 간 해로를 연 이 사업은 북한 측의 경제난 타개와 맞물려 이루어졌지만, 굳게 닫혀 있던 한민족의 분단 장벽을 허무는 사실상의 출발점이 됐다.

← 7월 6일, 박세리가 이날 제니 추아시리폰과 20홀 연장까지 가는 대접전 끝에 승리했다. 특히 연장 18번 홀에서 나온 '맨발 연못 샷'은 당시 IMF 구제금융 사태로 응어리진 사람들의 가슴을 다소나마 털어내 주었고 아직까지도 많은 사람들의 기억 속에 강렬하게 남아 있다. 이해 루키인 그가 보여준 놀라운 활약은 이후 수많은 박세리 키드를 낳았다.

세계

1. 17. [미국] 드러지 리포트, 빌 클린턴 미국 대통령 성추문 보도. 빌 클린턴 대통령이 백악관 인턴으로 일하던 모니카 르윈스키와 부적절한 성관계를 가졌다고 보도했다. 이 보도로 불거진 이른바 '클린턴-르윈스키 스캔들'은 12월 대통령에 대한 하원의 탄핵으로 이어진다.

2. 28. [세르비아 몬테네그로] **코소보 전쟁** 발발.

4. 10. [영국] 벨파스트 협정 체결. 영국-아일랜드 협정과 북아일랜드 주요 정당들 간의 협정을 두 축으로 하는 이 평화협정은 5월 22일 북아일랜드와 아일랜드에서 실시된 국민투표를 통해 승인됐다. 이로써 400년 동안 이어진 신·구교도 간 갈등을 딛고 북아일랜드 지역의 평화를 정착시키는 돌파구가 마련된다.

5. 21. [인도네시아] 수하르토 대통령 사임. 1967년 대통령이 된 후 30년 넘게 철권통치를 해온 그는 아시아 금융위기로 촉발된 경제 위기에 분노한 국민들의 반정부 시위 물결에 굴복해 권좌에서 물러났다.

5. 26. [오스트레일리아] 첫 '국가 사과의 날' 행사. →

5. 28. [파키스탄] **핵 실험**. 5월 11일과 13일 파키스탄 국경 인근에서 인도가 24년 만에 핵 실험을 재개하자, 파키스탄도 이날과 30일 연이은 핵 실험으로 대응했다. 두 나라 모두 포괄적 핵 실험 금지조약(CTBT) 비준을 거부하고 있다.

8. 7. 탄자니아와 케냐 주재 미국 대사관 폭탄 테러 발생. 오사마 빈라덴이 배후로 지목된 이 폭탄테러로 224명이 사망했다.

8. 17. [러시아] 루블화 평가절하. 국내 채무 불이행 및 외채 상환 유예(모라토리엄) 선언. 위기는 주변의 많은 국가 경제에 심각한 영향을 미쳤다. 한 달 뒤인 9월 우크라이나도 모라토리엄을 선언했다.

9. 27. [독일] 연방의회 선거. 사민당의 약진으로 16년 간의 '헬무트 콜 시대'가 끝났다. 한달 후 사민당의 게르하르트 슈뢰더가 사민당과 녹색당 연합의 총리가 됐다. 최초의 '적록 동맹'이었다.

10. 17. 아우구스토 피노체트 전 대통령, 체포됨. →

12. 16. [미국] 빌 클린턴 대통령, 이라크 공습 명령. 유엔 안전보장이사회 사찰단의 무기시설 조사를 방해한 이라크에 대한 대응으로 미국과 영국이 실시한 이 대규모 폭격(암호명 사막여우 작전)은 19일까지 4일간 이어졌다.

12. 19. [미국] 하원, 빌 클린턴 대통령 탄핵안 가결. 이른바 '클린턴-르윈스키 스캔들'로 불거진 이 탄핵으로 그는 1868년 앤드루 존슨 이후 130년만에 하원에서 탄핵되는 불명예를 안았다.

문화 / 과학·환경 / 스포츠

문화

3. 31. [미국] 블리자드 엔터테인먼트, 〈스타크래프트〉 출시. 전 세계에서 많이 판매된 실시간 전략 비디오 게임이다. 특히 초고속 인터넷망이 잘 갖추어진 한국에서는 2003년 프로리그가 만들어지고 임요환, 김택용 등의 스타 탄생할 정도로 큰 인기를 끈다.

7. 27. 스크린쿼터 사수 범영화인 비상대책위원회 결성. 6월 한미정상회담에서 한미투자협정을 체결하기로 합의한 후, 미국은 스크린쿼터제 폐지를 요구했다. 이어 통상교섭본부장은 스크린쿼터제의 폐지가 바람직하다는 의견을 표명했다. 이에 위기감을 느낀 영화인들은 스크린쿼터 폐지를 '한국 영화 죽이기'로 규정한 후 비상대책위원회를 구성하고 스크린쿼터 사수를 결의했다. 이들은 30일 광화문 집회를 시작으로 행동에 나섰다.

12. 5. 일본 영화 〈하나비〉 개봉. 김대중 정부의 일본 문화 1차 개방 조치에 따라 기타노 다케시 감독의 〈하나비〉가 이날 개봉했다. 이 영화는 서울 관객 6만 명 선에 그쳤고, 이어진 구로사와 아키라의 〈카게무샤〉도 10만 명을 채 모으지 못하는 등 일본 영화 개방의 파고는 우려한 만큼 높지 않았다.

과학·환경

3. 27. [미국] 식품의약국, 비아그라를 발기부전 치료제로 승인.

9. 4. [미국] **구글 설립**. 캘리포니아주 스탠퍼드 대학에서 박사과정을 밟던 래리 페이지와 세르게이 브린이 설립했다. 친구인 수전 워치츠키의 차고에서 시작한 이 검색 엔진 회사는 2001년 구글 어스, 2002년 구글 뉴스, 2004년 G메일, 2005년 구글 맵스, 2008년 구글 크롬을 출시하며 세계 5대 빅테크 기업으로 성장했다. 2015년 8월 물적분할을 통해 알파벳의 자회사가 됐다.

스포츠

2. 7. [일본] 나가노에서 제18회 동계 올림픽 개막. 이 대회에서 컬링, 스노보드, 여자 아이스하키가 정식 종목으로 처음 등장했다.

6. 10. [프랑스] FIFA 월드컵 개막. 프랑스가 결승전에서 브라질을 3-0으로 꺾고 월드컵에서 처음 우승했다. 북한은 불참했고 대한민국은 1무 2패로 16강 진출에 실패했다.

7. 6. **박세리, US 여자 오픈 챔피언십 우승**.

7. 28. 라피도컵 98 한국여자농구 여름리그 개막. →

9. 8. [미국] 마크 맥과이어, 메이저리그 단일 시즌 홈런 기록 경신. →

12. 6. [타이] 방콕에서 제13회 아시안 게임 개막.

← 2월 28일, 코소보 전쟁이 시작됐다. 전쟁은 이날 시작되었지만, 코소보 지역의 다수 민족인 알바니아계와 세르비아계는 이미 오랜 갈등 관계에 있었다. 코소보는 세르비아 내 자치주였으나, 슬로보단 밀로셰비치가 자치를 철회하면서 알바니아계 주민들의 저항은 더욱 거세졌다. 무장 게릴라인 코소보 해방군이 조직되었고, 세르비아군과 이들은 폭력에 폭력으로 대응하며 전쟁의 양상은 '민족 청소' 수준으로 잔혹해져 갔다. 3월 24일 미국이 주도하는 NATO군이 유고슬라비아를 겨냥한 대규모 공습을 시작했다. 전쟁은 이듬해 6월 유고슬라비아 연방군과 세르비아군이 코소보에서 철수하고, 코소보는 나토 평화유지군의 보호를 받는 유고슬라비아 내의 보호국이 된다. ● 2008년 코소보는 독립을 선언한다.

1998년 풍경

이렇다 할 현금이 없는 시골. 외양간의 소 한 마리, 우리 속의 돼지는 든든한 저금통 같은 것이었다. 집안의 대소사 때 그것은 빳빳한 현찰과 같았다. 그래서 시골의 경제학에서 〈소 판 돈〉은 '소를 팔아서 마련한 몫돈' 이상의 깊숙한 함의를 지녔다. 〈소 판 돈〉은 자식의 대학 등록금으로 서울로 오는 게 대부분이었지만, 또 어느 자식은 그 〈소 판 돈〉에 손을 대서 몰래 도시로 향하는 밑천으로 삼기도 했다. 소년 정주영이 〈소 판 돈〉 70원을 가지고 고향을 떠난 건 열여덟 살 때였다. 그는 타고난 신체와 사업에 대한 감각으로 알아주는 경제인이 됐다. 이에 만족하지 않고 정치에 뛰어들어 대통령 후보로 나섰다가 그에 따른 상당한 대가를 지불하고 말년에는 대북사업에만 전념하였다. 그리고 마침내 결실을 보았으니 소 1001마리를 데리고 고향 방문에 나선 것이다. 소풍길에 나선 어린애처럼 설렘을 숨기지 않는 노인 정주영 옆에 꽃다발을 목에 건 소가 있다. 어쩌면 소년에서 노인까지, 정주영의 일생을 저 소가 기획한 일일지도 모르겠구나. 평안도 정주 출신의 시인 백석은 이렇게 노래했다. "병이 들면 풀밭으로 가서 풀을 뜯는 소는 人間보다 靈해서 열 걸음 안에 제 병을 낫게 할 藥이 있는 줄을 안다고."(절간의 소 이야기)

이 해에는

책
- 4. 3. 《지금 알고 있는 걸 그때도 알았더라면》, 류시화
- 11. 30. 《봉순이 언니》, 공지영
- ○ 《드래곤 라자》, 이영도
- ○ [미국] 〈누가 내 치즈를 옮겼을까?〉, 스펜서 존슨

노래
- 5. 26. 〈내 남자친구에게〉, 핑클
- 8. 〈초대〉, 엄정화
- 10. 3. 〈커플〉, 젝스키스
- 11. 23. 〈Dreams Come True〉, S.E.S.
- ○ 〈포이즌〉, 엄정화
- ○ 〈말 달리자〉, 크라잉넛

영화
- 1. 24. 〈8월의 크리스마스〉, 허진호
- 4. 4. 〈강원도의 힘〉, 홍상수
- 5. 30. 〈여고괴담〉, 박기형
- 9. 4. [프랑스] 〈아름다운 직업〉, 클레르 드니
- 10. 28. [그리스] 〈영원과 하루〉, 테오 앙겔로풀로스
- 11. 21. 〈아름다운 시절〉, 이광모

궂긴 소식
- 2. 5. 김기영(영화감독)
- 4. 15. 폴 포트(캄보디아의 독재자)
- 8. 6. 앙드레 베유(프랑스의 수학자)
- 9. 6. 구로사와 아키라(일본의 영화감독)
- 9. 21. 플로렌스 그리피스조이너(미국의 육상 선수)
- 9. 25. 김정구(가수)
- 12. 11. 최명희(소설가)
- 12. 17. 이태영(변호사, 사회운동가)

1999년

네이버 정식 서비스 실시

NAVER

"네이버에 물어봐."

↑ 6월 2일, 네이버가 정식 서비스를 시작하면서 한국 인터넷 검색 시장에 새로운 바람을 일으켰다. 네이버의 등장은 국내 인터넷 산업의 성장을 촉진했다. 네이버는 이후 2000년 통합검색 서비스 도입, 2002년 지식검색 서비스 시작 등 혁신적인 서비스를 통해 한국의 대표적인 포털 사이트로 자리잡았다.

검색엔진 네이버의 정보검색사 양지현(梁智賢, 24)씨는 매일 12시간동안 인터넷 정보 사냥을 한다. 경제·사회·문화·스포츠 등 모든 분야의 국내외 홈페이지를 검색해(Surfing), 콘텐츠(정보 내용)가 우수한 사이트를 네이버(www.naver.com)에 등록하는 것이 그녀의 임무다. 그녀는 하루에도 100여 개가 넘는 홈페이지를 발굴하는 마법의 손을 지닌 정보검색사이다.

"정보검색의 핵심은 검색엔진 서비스를 능숙하게 다루고, 정확한 검색어(키워드)를 찾아내는 것입니다. 검색어만 정확하면 인터넷에서 10분 이내에 원하는 정보를 찾을 수 있죠."…

그녀의 정보검색 비결은 끊임없는 실전에서 우러나온다. 웬만한 정보검색 기법은 한 시간만 짬을 내 배우면 배울 수 있다는 것이 그녀의 주장. 이후 정보검색 속도를 빠르게 하려면 끊임없이 실습을 반복하고, 각 분야에 대한 상식을 쌓는 것이 중요하다는 주장이다.

— 《조선일보》, 1999. 5. 17.

↓ 외환위기 이후 한국 경제의 회복에 대한 기대감으로 국내외 투자자들이 한국 주식시장에 대규모로 투자하면서 '바이 코리아'라 불리는 열풍이 생겨났다. 금융시장의 전형적인 쏠림 현상으로, 주식투자기관과 개인들의 집단적인 투자 행태로 인해 주가가 급등하는 결과를 낳았다. 이러한 열풍은 결국 IT 버블의 붕괴와 함께 막을 내렸으며, 특히 개인 투자자들이 큰 손실을 입게 되는 결과를 초래했다.

대한민국

2. 8. 〈남녀차별금지및구제에관한법률〉 제정. 성차별 개선 업무가 국가인권위원회로 이관되면서 폐지된다.

5. 6. 《한겨레21》, 베트남 전쟁 당시 한국군의 민간인 학살 보도. 구수정 통신원의 〈아, 몸서리쳐지는 한국군〉이라는 기사를 실어 베트남 전쟁 참전과 관련된 일종의 '금기의 영역'을 폭로한 《한겨레21》은 9월 2일 관련 보도에 이어 10월 28일부터 46주간 관련 특집기획을 이어갔다. 참전용사들을 매도한다는 비판에 직면하기도 했지만, 2001년 김대중 대통령이 '불행한 전쟁에 참여해 본의 아니게 베트남인들에게 고통을 준데 대해 미안하게 생각한다'며 사과한다. 이어 2023년 2월 대한민국 법원은 베트남 전쟁 당시 민간인 학살 피해 생존자가 정부를 상대로 낸 손해배상 소송 1심에서 사건 발생 55년 만에 처음으로 '가해국 한국'이 피해 베트남인에게 법적 책임을 져야 한다는 판결을 내린다.**

6. 2. 네이버컴, 검색엔진 **네이버** 정식 서비스 시작.

6. 15. 남북한 해군, 교전. 인천시 옹진군 연평도 근해에서 북한 경비정이 북방한계선(NLL)을 침범하면서 대한민국 해군과 조선인민군 해군 간의 교전이 발생했다. 이 전투에서 대한민국 해군이 북한 측에 경비정 1척 침몰, 전사자 20명 등의 피해를 입혔다. 2002년 같은 지역에서 또다시 발생한 남북 간 교전과 구별해 **제1연평해전**이라 불린다.

6. 30. 씨랜드 청소년수련원 화재 사고. 경기도 화성군에 있는 이 청소년수련원에서 발생한 화재로 유치원생 19명 등 모두 23명이 목숨을 잃었다.

7. 27. 스타벅스, 한국 1호점 개점. 달콤하고 부드러운 인스턴트커피 맛에 길들여진 한국인들의 입맛을 원두커피로 사로잡을 수 있겠느냐는 우려와 달리, 스타벅스는 서울의 이화여자대학교 앞 1호점 개점과 함께 곧바로 성공신화를 쓰기 시작했다.* 스타벅스의 한국 내 매장수는 2023년 말 현재 1893개로 세계에서 4번째로 많다.

8. 23. '고급 옷 로비 의혹사건' 진상조사를 위한 국회 법사위 청문회.

9. 30. AP, 노근리 사건 첫 보도. 1950년 7월 한국전쟁 당시 미군이 비무장한 피난민을 무차별 학살한 일명 '노근리 사건'에 대한 미군의 공식문서를 확인 보도했다. 2001년 빌 클린턴 미국 대통령은 이 사건과 관련해 '깊은 유감'을 표명한다. → 1950년

10. 28. 이근안, 자수. 고문기술자 이근안 전 경감이 수원지검 성남지청에 자진 출두해 자수했다. 종적을 감춘 지 12년 만이었다. 그는 이듬해 9월 대법원에서 징역 7년형을 선고받고 2006년 11월 형기를 마친 후 출소했다. 군부독재 시기 수많은 사람에게 전기고문과 물고문 등 악질적인 고문을 한 그는 2011년 《일요신문》과의 인터뷰에서 '심문도 하나의 예술'이라며 자신은 그때로 돌아가도 똑같은 일을 하겠다고 밝혔다.

11. 1. **김우중 대우그룹 회장 퇴진**. 막대한 부채를 끌어들여 무리하게 해외사업을 확장하다 외환위기라는 직격탄을 맞고 재계 2위 대우그룹의 경영일선에서 물러났다. 이후 대우는 공중분해되고, 그는 분식회계와 재산 해외도피 등의 혐의로 2006년 징역 8년 6월을 선고받고 복역하다 2008년 특별사면된다.

세계

1. 1. 유로화, 공식 도입. 독일, 프랑스, 이탈리아, 에스파냐 등 11개국이 오전 0시를 기점으로 유로화를 자국화폐와 함께 사용하기 시작했다. 현재 유럽연합(EU) 27개 회원국 중 20개국이 유로를 공식 통화로 사용하고 있다. 통화기호는 €이고, 코드는 EUR이다.

2. 12. [미국] 상원, 빌 클린턴 탄핵 소추안 기각. 모니카 르윈스키와의 성추문 의혹을 받고 있는 클린턴 대통령에 대한 탄핵안을 상원이 기각했다. 위증과 사법방해 두 가지 탄핵 사유가 모두 부결됨으로써 클린턴은 2001년 1월까지 남은 임기를 보장받게 됐다.

3. 24. NATO, 유고슬라비아 공습. 세르비아군이 알바니아계 주민을 공격하던 코소보에서 폭력이 고조되자 유고슬라비아에 대한 공습을 시작했다. 이 작전은 인권 침해를 중단시키기 위한 것이었다. 6월 10일까지 지속됐다.

4. 20. [미국] 콜롬바인 고등학교 총격 사건. 콜로라도의 콜롬바인 고등학교에서 두 학생이 총격을 가해 학생 12명과 교사 1명을 살해한 후 자살했다. 이 비극적인 사건은 학교 폭력에 대한 전국적인 인식을 높이고 총기 규제와 정신 건강에 대한 논쟁을 불러일으켰다.

4. 30. [캄보디아] 동남아시아국가연합(ASEAN) 가입. 이로써 ASEAN의 회원국은 10개국이 됐다.

5. 27. [유고슬라비아] 국제형사재판소, 슬로보단 밀로셰비치 기소. 그는 1990년대 발칸 분쟁 당시 저지른 전쟁 범죄 혐의로 기소됐다.

8. 30. [동티모르] 독립 투표. 약 78%의 유권자가 인도네시아로부터의 독립을 선택했다. 투표 후 폭력 사태가 벌어져 국제적 개입이 발생했고 결국 독립은 2002년 5월에야 이루어졌다.

10. 12. 세계 인구, 60억 명 돌파.

10. 20. [인도네시아] 대통령 선거. 이슬람 세력을 대표하는 국민계몽당의 압두라만 와힛이 제4대 대통령에 선출됐다. 인도네시아 역사상 최초로 민주주의적이고 평화로운 정권 교체가 이루어진 것이다. 더불어 34년간 이어진 동안 독재자 수하르토의 철권 통치도 공식적으로 막을 내렸다.

12. 20. [포르투갈] 마카오 반환. 포르투갈이 442년 동안 통치한 마카오가 중화인민공화국으로 반환됐다.

12. 31. [러시아] 보리스 옐친 대통령 사임. 예상치 못한 그의 사임으로 블라디미르 푸틴이 대통령 권한대행이 됐다. 푸틴이 나중에 대통령으로 선출되면서 러시아 정치에 중요한 전환점이 됐다.

문화 / 과학·환경 / 스포츠

문화

5. 15. 제1회 안티 미스코리아 대회 열림. 당시 국내 유일의 페미니스트 잡지였던 《이프》가 기존의 규격화된 미스코리아 대회를 비판하며 열었다. 이 대회는 2009년까지 매해 축제 형식으로 열린다. 1972년부터 생중계됐던 미스코리아 대회는 이러한 문제의식에 공감하는 목소리가 높아지면서 방송국들의 중계 거부로 2002년부터 지상파에서 사라진다.

12. 14. [미국] 찰스 슐츠, 은퇴 발표. 건강 문제로 인한 그의 은퇴 선언은 일간 신문 연재 만화의 한 시대가 저물었음을 뜻했다. 1950년 10월 2일에 일곱 개 신문에 〈피너츠〉를 연재하기 시작한 이후, 그  는 무려 50년 가까이 단 한 번의 도움도 받지 않고 홀로 작업을 이어왔다. 그가 사망한 다음날인 2000년 2월 13일 〈피너츠〉의 최종회가 지면에 실린다. 은퇴하기 전 그가 직접 그린 원고였다. 스누피가 여느 때처럼 자기 집 지붕 위에 앉아 타자기를 두드리고 있다. 그리고 그 아래쪽으로 사실상 작가가 보내는 마지막 안부가 실린다. "찰리 브라운, 스누피, 라이너스, 루시… 제가 어찌 이들을 잊을 수 있을까요."

과학·환경

7. 23. [미국] NASA, 찬드라 엑스선 관측위성 발사. 고에너지 영역에서 나오는 엑스선을 연구하기 위해 발사된 이 관측위성은 블랙홀, 초신성 및 기타 우주 현상에 대한 귀중한 통찰력을 제공했다.

스포츠

1. 30. 강원도에서 제4회 동계 아시안 게임 개막. 북한은 불참했다.

9. 11. 세리나 윌리엄스, US 오픈 테니스 여자 단식 우승. 결승에서 마르티나 힝기스에게 내리 2세트를 따내며 승리해 알시아 깁슨에 이어 US 오픈에서 우승한 두 번째 아프리카계 여성 선수가 됐다. 당시 17세였던 그는 이후 23개의 그랜드슬램 단식 타이틀을 획득할 뿐만 아니라, 단식과 복식 모두에서 그랜드슬램을 달성한 유일한 선수가 되는 위업을 달성한다.

10. 29. 한화 이글스, 한국시리즈 우승. 이날 한화는 롯데 자이언츠를 4-3으로 이기며 전체 4승 1패로 창단 14년만에 첫 우승을 차지했다. 시리즈 MVP는 구대성이었다.

11. 10. IOC, 세계반도핑기구(WADA) 설립.

← 11월, 세계무역기구(WTO) 각료회의가 열리는 미국 시애틀에 5만여 명의 모여 시위를 벌였다. 노동조합, 환경 운동가, 학생 단체, 다양한 배경을 가진 활동가로 구성된 이들은 노동자의 권리, 환경 보호, 민주적 과정을 희생시켜 기업 주도의 세계화를 촉진하는 WTO에 항의했다. 결국 WTO 회의는 중단되었고, 이들의 시위는 전 세계의 주목을 받았다.

1999년 풍경

마이클 조지프 잭슨. 1958년 미국으로 착륙하였다가 2009년 지구를 떠남. 싱어송라이터, 작곡가, 음악 프로듀서, 무용가, 배우. 이 세상을 경이로운 노래방으로 변화시킨 팝의 황제, 20세기 대중문화의 상징적인 음악가. 빛이 많으면 그림자도 긴 법일까. 그에 대한 세상의 포펌은 차고 넘친다. '타인의 시선이야말로 지옥이다'라는 말에 마이클처럼 깊숙이 찔린 이도 없을 것이다. 사람들은 자신의 입맛대로 마이클 잭슨에 대한 세상의 팩트를 마음대로 편집했다. 자신의 영향력을 선하게 행사하려고 노력했던 마이클. 그는 우리나라에도 와서 자선 공연을 펼쳤다. 잠실올림픽주경기장에서 〈세계 전쟁 희생자〉를 위한 공연이었다. 이날도 마이클 잭슨은 한반도의 포근한 달빛 아래 달 표면을 거닐 듯 '문워크'로 팬들을 열광시켰다.

그랜드슬램 테니스 대회

	대회	창설	개최지	(시기)
AO	오스트레일리아 오픈	1905	멜버른	(1월 중순)
	프랑스 오픈	1891	파리	(5월 말)
	윔블던	1877	런던	(6월 말)
us open	US 오픈	1881	뉴욕	(8월 말)

이 해에는

책
- **7.** 《로빈슨 크루소 따라잡기》, 박경수·박상준 글, 이우일 그림
- **9.** [일본] 《냉정과 열정 사이: Rosso》, 에쿠니 가오리

노래
- **3. 27.** [미국] 〈리빈 라 비다 로카〉, 리키 마틴
- **4. 15.** 〈T.O.P〉, 신화
- **5. 13.** 〈영원한 사랑〉, 핑클
- **7. 21.** 〈Get Up〉, 베이비복스
- **10. 9.** 〈와〉, 이정현
- **10. 19.** [미국] 〈빌리브〉, 셰어
- ○ 〈어머님께〉, god

영화
- **2. 13.** 〈쉬리〉, 강제규
- **3. 31.** [미국/오스트레일리아] 〈매트릭스〉, 라나 워쇼스키/릴리 워쇼스키
- **7. 31.** 〈인정사정 볼것없다〉, 이명세
- **12. 24.** 〈여고괴담 두번째 이야기〉, 김태용·민규동

궂긴 소식
- **2. 9.** 제정구(인권운동가)
- **3. 7.** 스탠리 큐브릭(미국의 영화 감독)
- **3. 8.** 조 디마지오(미국의 야구 선수)
- **3. 14.** 계훈제(사회운동가)
- **10. 2.** 김현준(농구 선수)
- **10. 12.** 윌트 체임벌린(미국의 농구선수)

2000년

남북정상회담

"분단 역사상 처음으로 열린 이번 상봉과 회담이… 평화통일을 실현하는 데 중대한 의의를 가진다고 평가하고"

…남과 북은 나라의 통일문제를 그 주인인 우리 민족끼리 서로 힘을 합쳐 자주적으로 해결해 나가기로 하였다.

남과 북은 나라의 통일을 위한 남측의 연합 제안과 북측의 낮은 단계의 연방제안이 서로 공통성이 있다고 인정하고 앞으로 이 방향에서 통일을 지향시켜 나가기로 하였다.

남과 북은 올해 8.15에 즈음하여 흩어진 가족, 친척 방문단을 교환하며 비전향 장기수 문제를 해결하는 등 인도적 문제를 조속히 풀어나가기로 하였다.

남과 북은 경제협력을 통하여 민족경제를 균형적으로 발전시키고 사회, 문화, 체육, 보건, 환경 등 제반 분야의 협력과 교류를 활성화하여 서로의 신뢰를 다져 나가기로 하였다…
— 6·15 남북공동선언

↑ '햇볕정책'으로 통칭되는 대북 화해·협력 정책을 지속적으로 추진하던 김대중 대통령이 6월 13일 평양을 방문해 15일까지 김정일 북한 국방위원장과 만났다. 분단 이후 이뤄진 첫 정상회담에서 두 정상은 통일문제의 자주적 해결, 남측의 연합 제안과 북측의 낮은 연방제안의 공통성 인정, 경제 및 제반분야의 교류 활성화, 당국간 대화 개최 등 5개항이 담긴 '남북공동선언'을 발표함으로써 남북 간 화해 및 평화적 통일을 위한 초석을 놓았다.

← 4월 총선을 앞두고 시민단체들이 부패하거나 무능한 정치인들의 당선을 막기 위해 낙선 운동을 주도했다. 조직적으로 전개된 시민운동이었다. 참여연대, 환경운동연합 등 400여 개의 시민단체가 연대하여 '총선시민연대'를 결성하고, 부적격 후보 86명의 명단을 발표하며 이들의 낙선을 위해 적극적인 캠페인을 펼쳤다. 이 운동의 결과, 낙선대상자 86명 중 59명이 실제로 낙선됐다.

대한민국

1. 4. [북한] 이탈리아와 국교 수립. 이탈리아는 북한과 외교관계를 수립한 최초의 G7 국가였다. 이를 계기로 북한은 EU 국가들과의 관계 개선에 적극적으로 나서, 12월 영국, 네덜란드, 벨기에와 이듬해 에스파냐, 독일 등과 수교를 맺었다. 현재 북한은 약 160개국과 외교관계를 유지하고 있다.

1. 20. 새천년민주당 창당. 1995년 창당된 새정치국민회의를 바탕으로 확대 개편해 창당됐다. 김대중 대통령이 총재로 선출됐다. 2005년 민주당으로 당명이 변경된 후, 2007년 대통합민주신당에 흡수합당되는 형식으로 해산된다.

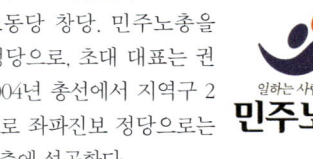

1. 30. 민주노동당 창당. 민주노총을 기반으로 한 정당으로, 초대 대표는 권영길이었다. 2004년 총선에서 지역구 2석, 비례 8석으로 좌파진보 정당으로는 최초로 원내 진출에 성공한다.

4. 13. 제16대 국회의원 선거. 한나라당이 133석, 새천년민주당 115석으로 지난 국회와 마찬가지로 여소야대 상태가 이어졌다. 깨끗한 정치를 실현하겠다는 목표로 결성된 총선시민연대의 낙천·낙선 운동이 큰 논란을 낳으며 선거 결과에도 영향을 미쳤다.

6. 6. 노무현을 사랑하는 사람들의 모임(약칭 노사모) 창립. 이날 대전 한남대 앞 한 PC방에서 창립된 이 모임은 한국 최초의 정치인 팬클럽이었다.

6. 13. 남북정상회담.

7. 1. 보건복지부, 의약분업 실시. →

7. 13. 녹색연합·주한미군범죄근절운동본부, 미군 독극물 방류사건 발표 공동기자회견. 이날 발표에 따르면 2월 9일 미8군 영안실에서 상급자의 명령을 받은 한 군무원이 포름알데히드가 섞인 시체방부제 처리 용액 480병을 한강으로 연결된 싱크대에 부어버렸다. 미국은 이 일을 단순 사건으로 처리했지만, 한국인 작업자들의 제보로 세상에 알려졌다. 이 독극물 방류 사건은 2월 미군 병사의 한국인 살해, 5월 매향리 사격장 오폭 사건과 겹쳐지면서 주한미군지위협정(SOFA) 개정 여론에 불을 붙였다.

8. 7. 조선일보 기고와 인터뷰를 거부하는 지식인 1차 선언. '조선일보 기고와 인터뷰를 거부하는 지식인 일동'이란 명의로 각계 인사 153명이 서명했다. 이에 대해 조선일보 측은 8월 10일, '자기와 생각이 다르다는 이유로 <조선일보>의 존재를 부인하며 이를 집단적인 행동을 통해 표출하는 것은 반지성적이고 전체주의적인 발상'이라고 공식입장을 밝혔다. 그러나 9월 20일, '반개혁·반통일 신문 조선일보를 거부하겠다'는 조선일보 반대 시민연대가 발족했다.

9. 2. 비전향장기수 북한 송환. 북한행을 희망하는 비전향 장기수 63명이 북측에 송환됐다. 미처 신청하지 못했거나, 강제로 전향서를 작성했던 장기수들은 이날 송환 명단에 빠졌다.

11. 24. 전국언론노동조합 창립. 1988년 창립된 전국언론노동조합연맹(언론노련)을 계승해 산업별 노조로 재출범했다. 초대 위원장은 최문순이었다. 현재 민노총 소속이다.

12. 10. 김대중 대통령, 노벨 평화상 수상.

세계

1. 1. Y2K 전환. 세계가 새로운 천년에 접어들면서, 우려가 많았던 Y2K 컴퓨터 버그가 큰 사고 없이 지나갔다.

1. 1. [프랑스] 주 35시간 노동제 실시. 이날부터 고용인 20인 이상 사업체에서 일하는 노동자의 법정 노동시간이 기존 주 39시간에서 35시간으로 감축됐다. 20인 미만 사업체에 대해서는 이듬해부터 적용됐다. 현재 한국의 법정노동시간은 주 40시간이다.

3. 10. [미국] 닷컴 버블 붕괴. 나스닥이 정점을 찍고 폭락하면서 닷컴 버블이 붕괴됐다. 이 사건은 상당한 경제적 여파를 가져왔고 기술산업의 지형을 재편했다.

3. 12. [바티칸] 교황 요한 바오로 2세, 가톨릭교회의 과오에 대해 공식 사과. 그는 대희년을 맞아 중세 종교재판, 십자군 원정, 유대인 박해, 신대륙 원주민 학살 방조 등 지난 2000년 간 가톨릭교회가 저지른 잘못에 대해 공식적으로 사과했다.

3. 26. [러시아] 블라디미르 푸틴, 대통령에 당선.

9. 28. [팔레스타인] 제2차 인티파다 시작. 우익 리쿠르당의 지도자로 부상한 아리엘 샤론이 이슬람의 성지인 성전산을 방문했다. 그의 방문 직후 분노한 팔레스타인인들이 시위를 벌였다. 이 시위는 시민불복종과 비폭력을 표방했던 제1차 인티파다와 달리 폭력적으로 변하며 민중 봉기로 발전했다. 2005년 2월까지 이어진 봉기 동안 약 3000명의 팔레스타인인과 1000명의 이스라엘인이 목숨을 잃었다.

11. 7. [미국] 대통령 선거. 공화당의 조지 더블유 부시가 전 부통령인 앨 고어를 근소한 차이로 누르고 당선됐다. 플로리다주 선거 결과를 둘러싼 법정 싸움이 한 달 넘게 이어진 가운데 12월 12일 연방대법원이 재개표 중단을 선언해 부시의 당선이 확정됐다. →

12. 21. [네덜란드] 베아트릭스 여왕, 동성결혼 법안 서명. 이 법이 이듬해 4월 1일 발효됨에 따라 네덜란드는 세계 최초로 동성결혼을 합법화한 나라가 됐다. 2024년 기준 총 37개국에서 동성결혼을 합법화했다.

↓ 블라디미르 푸틴이 러시아 대통령에 당선됐다. 한 해 전 12월 31일 보리스 옐친 대통령이 전격 사임함에 따라 권한대행이 된 그는 이날 치러진 선거에서 53%의 득표를 얻어 1차 투표로 당선됐다. 그의 당선은 소련 붕괴 이후 러시아의 궤적에 중대한 전환점을 가져온다. 고르바초프 치하에서 몰락을, 옐친의 불 안한 통치에서 민족적 허약함을 경험한 대다수 러시아인은 그가 추진하는 강력한 국가 권위의 부활을 지지한다. 그는 2004, 2012, 2018, 2024 대선에서도 승리하며 장기 집권을 이어간다.

문화 / 과학·환경 / 스포츠

문화

4. 27. SM엔터테인먼트, 코스닥 등록. 엔터테인먼트 기업으로는 최초였다. YG(2011), JYP엔터(2013), 큐브(2015), 하이브(2020) 등이 뒤를 이어 주식시장에 상장한다.

5. 11. [영국] 테이트 모던 개관. 런던에 세워진 이 미술관은 개장과 동시에 엄청난 관람객을 끌어모으며 세계적인 미술관으로 자리잡았다.

9. 8. 퀴어문화축제-무지개2000. 이틀날까지 서울 대학로 일대 거리에서 진행된 이 축제는 한국 최초의 LGBT 축제였다. 2015년 이후 서울시청 앞 광장에서 열려왔지만, 서울시의 광장 사용 금지초치로 을지로 지역에서 열리고 있다. 축제는 2009년 대구를 시작으로 2017년 부산, 제주 등으로 확대되고, 이에 따라 서울에서 열리는 축제의 명칭은 '서울퀴어문화축제'로 바뀐다. 한편 세계 최초의 퀴어축제(퍼레이드)는 1970년 6월 28일 미국 뉴욕에서 열렸다.

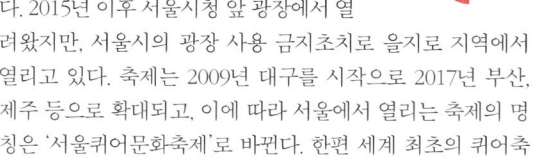

과학·환경

6. 26. 인간유전체 지도 초안 완성 발표. 이날 빌 클린턴 미국 대통령이 백악관에서 토니 블레어 영국 총리(런던에서 화상 연결)와 함께 '인류가 제작한 지도 중 가장 중요하고 경이로운 지도'가 완성되었다고 발표했다. 두 정상은 인간 유전체 프로젝트의 연구결과를 전 세계의 과학자들이 자유롭게 이용할 수 있도록 공개하겠다고도 밝혔다.

11. 1. [미국/러시아] 국제우주정거장(ISS) 첫 장기체류 시작. 이해 11월 2일 러시아 우주선 소유즈 TM-31을 탄 승무원 세 명이 이날 ISS에 도킹했다. 이들은 이듬해 3월 중순까지 136일 동안 정거장에 체류하며 임무를 수행했다. ISS에 가장 오래 체류한 우주비행사는 2024년 6월 현재 1000일 넘게 머무르고 있는 러시아의 올레크 코노넨코이다.

스포츠

4. 18. 임수혁, 경기 중에 쓰러짐. 프로야구 롯데 자이언츠의 선수였던 그는 잠실 LG 트윈스와의 경기에서 2회초 2루에서 갑자기 쓰러졌다. 그는 병원으로 옮겨졌지만 의식을 찾지 못했다. 경기 중 쓰러진 원인은 부정맥으로 인한 심장마비였는데, 당시 적절한 응급조치도 없이 들 것에 실려 나갔고, 병원에 도착하기까지 걸린 시간도 길었다. 경기 중 선수 안전 대책에 대한 질타가 쏟아졌고 이후 경기장 내 의료진과 구급차 배치 의무화 등의 개선이 있었다. 임수혁은 영영 의식을 찾지 못한 채 2010년 세상을 뜬다.

9. 15. [오스트레일리아] 시드니에서 제27회 하계 올림픽 개막. 분단 이후 최초로 개막식에서 남북이 한반도기를 들고 공동 입장했다.

12. 7. 대한축구협회, 거스 히딩크를 국가대표 감독으로 영입. 1988년 PSV 에인트호번의 유러피언컵 우승과 1998년 네덜란드 대표팀의 FIFA 월드컵 4강을 이끌어낸 감독이었다.

2000년 풍경

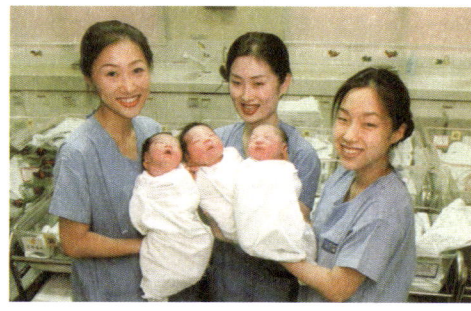

1초, 1분(=60초), 1시간(=60분), 1일(=24시간), 1주일(=7일), 1달(=30일), 1년(=365일), 1세기(=100년), 밀레니엄(=1000년). 드디어 서기 2000년이 밝았다. 연도를 표시하는 네 자리의 첫 자리가 1에서 2로 바뀐 것이다. 정확하게 본인의 나이만큼 살아가야 하는 인간으로서는 100살을 채우기도 힘든데, 밀레니엄이라니! 체험하기 힘든 감각 앞에서 기대도 있지만 해프닝도 있었다. 밀레니엄 버그. 컴퓨터가 2000년 이후의 연도를 제대로 인식하지 못하는 결함이 일어나 일상에 일대 혼란을 일으키게 된다는 기우였다. 물론 그런 일은 일어나지 않았다. 다만 컴퓨터가 아니라 보다 근본적인 몸에서 그 결핍이 일어났으니 그것은 출생률의 변화였다. 우리가 살아가는 터전인 국가의 세 요소는 국민, 영토, 주권이다. 이중에도 국민이야말로 제1의 요체이다. 주권이야 국민이 있고 나서의 개념일 테고, 아무리 기름지고 넉넉한 영토 또한 그 위에 국민이 없다면 텅 빈 허공과 무엇이 다를까. 그때 밀레니엄 베이비라 하여 잠깐 증가한 이래, 신생아 수는 지속적으로 급감했다. 이제 인구감소가 아니라 인구절벽, 국가소멸을 걱정하는 시대다. 아기 울음 소리가 농촌에서만 끊어진 게 아니라는 불길한 징조다.

이 해에는

책
- 1.10. 《가시고기》, 조창인
- 6. 2. 《이윤기의 그리스 로마 신화》, 이윤기
- 7.15. 《괭이부리말 아이들》, 김중미
- 8. 5. 《연탄길》, 이철환
- 11. 1 《상도》, 최인호
- ○ 《마당을 나온 암탉》, 황선미

노래
- 7. 26. 〈성인식〉, 박지윤
- 11. 3. 〈거짓말〉, god

영화
- 1. 1. 〈박하사탕〉, 이창동
- 2. 4. 〈반칙왕〉, 김지운
- 5. 3. [프랑스] 〈아름다운 직업〉, 클레어 드니
- 7. 15. 〈죽거나 혹은 나쁘거나〉, 류승완
- 9. 8. 〈공동경비구역 JSA〉, 박찬욱
- 9. 20. [대만/일본] 〈하나 그리고 둘〉, 에드워드 양
- 9. 29. [홍콩] 〈화양연화〉, 왕자웨이

궂긴 소식
- 2. 12. 찰스 먼로 슐츠(미국의 만화가)
- 5. 7. 민두기(중국사학자)
- 9. 14. 황순원(소설가)
- 11. 22. 에밀 자토페크(체코슬로바키아의 육상 선수)
- 12. 24. 서정주(시인)
- 12. 25. 윌라드 반 오만 콰인(미국의 철학자)

2001년

국가인권위원회 출범

↑ 11월 25일, 국가인권위원회가 출범했다. 이는 민주화와 인권 개선을 위한 국민들의 오랜 열망, 수년간에 걸친 인권시민단체의 노력, 정부의 의지, 그리고 국제사회의 국가인권기구 설립에 대한 관심이 함께 어우러진 결과였다.

↓ 4월 3일, 일본의 후쇼사판 역사교과서가 검정을 통과했다. 1982년과 1986년에 이은 전후 일본의 제3차 교과서 공격이었다. 이에 한국과 중국 정부는 일본 정부에 격렬하게 항의하며 재수정을 요구했지만 받아들여지지 않았다. 이 역사교과서를 채택한 중학교는 전체의 0.039%에 불과했다.

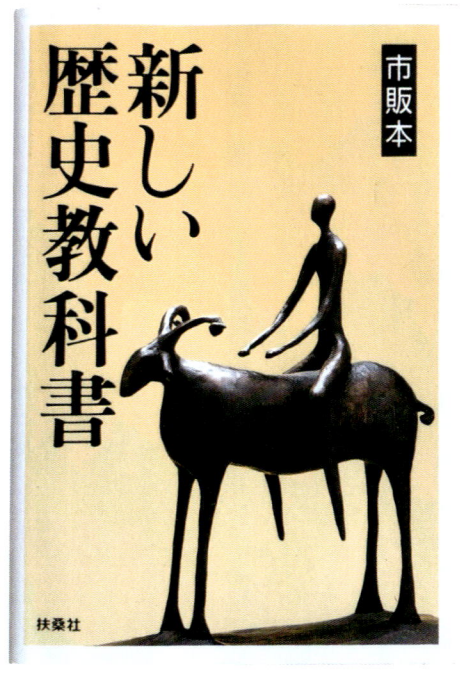

"모든 사람은 태어날 때부터 자유롭고, 존엄하며, 평등하다."

제1조(목적) 이 법은 국가인권위원회를 설립하여 모든 개인이 가지는 불가침의 기본적 인권을 보호하고 그 수준을 향상시킴으로써 인간으로서의 존엄과 가치를 실현하고 민주적 기본질서의 확립에 이바지함을 목적으로 한다.

제2조(정의)

1. "인권"이란 「대한민국헌법」 및 법률에서 보장하거나 대한민국이 가입·비준한 국제인권조약 및 국제관습법에서 인정하는 인간으로서의 존엄과 가치 및 자유와 권리를 말한다.

3. "평등권 침해의 차별행위"란 합리적인 이유 없이 성별, 종교, 장애, 나이, 사회적 신분, 출신 지역(출생지, 등록기준지, 성년이 되기 전의 주된 거주지 등을 말한다), 출신 국가, 출신 민족, 용모 등 신체 조건, 기혼·미혼·별거·이혼·사별·재혼·사실혼 등 혼인 여부, 임신 또는 출산, 가족 형태 또는 가족 상황, 인종, 피부색, 사상 또는 정치적 의견, 형의 효력이 실효된 전과(前科), 성적(性的) 지향, 학력, 병력(病歷) 등을 이유로 한 다음 각 목의 어느 하나에 해당하는 행위를 말한다.

대한민국

1. 29. 여성부 신설. 여성정책의 총괄·조정, 남녀차별의 금지·규제 등 여성의 지위 향상을 위해 여성부가 처음으로 독립 부처로 출범했다. 초대 장관은 여성운동가 출신 한명숙이 임명됐다. 현재는 여성가족부로 명칭이 변경돼 있다.

2. 8. 국세청, 언론사에 대한 세무조사 착수. 조사 대상은 조선일보·중앙일보·동아일보·KBS·MBC·SBS 등 23개 중앙언론사였다. 한겨레·경향신문·내일신문 등 진보 성향 언론사도 모두 포함됐다. 6월 국세청은 조선일보 864억 원, 중앙일보 850억 원, 동아일보 827억 원 등 23개 모든 언론사에게서 총 5056억 원의 세금을 추징하겠다고 밝혔다. 9월 방상훈 조선일보 사장, 김병관 동아일보 전 명예회장, 조희준 국민일보 전 회장 등 3명이 특정범죄가중처벌법상 조세포탈 등 혐의로 구속 수감됐다. 보수언론은 '비판언론 목줄 죄기'라고 맹비난했지만, 사상 초유의 중앙언론사 세무조사는 3개 언론사 사주의 구속으로 이어지며 언론 특권을 무너뜨리는 계기가 됐다.

3. 29. 인천국제공항 개항. 인천광역시 영종도와 용유도 사이의 갯벌을 메워 건설한 한국 최대 규모의 공항이다. 영국의 글로벌 항공서비스 전문 조사·컨설팅 기관 스카이트랙스가 선정하는 '세계 최고의 공항'(2024년)에서 도하 하마드 공항, 싱가포르 창이공항에 이어 3위에 올라 있다.

4. 3. 일본, 후쇼사판 역사교과서, 교과서 검정 통과. 우익 성향의 '새로운 역사교과서를 만드는 모임'에서 만든 중학교 역사교과서는 일본의 침략 전쟁과 지배의 역사를 정당화하는 내용을 담고 있었다.

6. 17. MBC, 〈시사매거진 2580〉 연예인 노예계약 논란 보도.

8. 23. **IMF 구제금융** 195억 달러 **조기 상환**. 이로써 예정보다 3년 일찍 IMF 체제에서 벗어나게 됐다. 1997년 11월 IMF에 구제금융을 신청한 지 3년 9개월 만이었다. 그러나 이 기간 동안 세계 자본주의에 그대로 노출되어 공기업 민영화와 혹독한 구조조정에 나선 한국은 중산층 몰락, 비정규직 노동자 증가, 빈부 격차 확대 등의 고통을 겪었다.

9. 3. 국회, 임동원 통일부장관 해임안 의결. 한나라당이 제출한 해임건의안에 자유민주연합 의원들이 찬성표를 던졌다. 이로써 3년 넘게 지속되어 온 김대중-김종필(일명 DJP) 공조가 깨지고 새천년민주당-자유민주연합 연립정권이 와해됐다.

11. 14. [남북관계] 북한 제6차 남북장관급회담 대표단장, 회담 종료 성명 발표. 이산가족 생사 확인 및 서신 교환, 개성공단 개발, 철도 및 도로 연결 등의 문제를 논의하기 위해 9일부터 12일까지 금강산에서 열린 6차 회담이 아무런 성과를 내지 못하고 결렬됐다. 한 해 전 6·15 남북정상회담 이후 장관급회담이 합의 없이 결렬된 것은 처음이었고, 이후 남북관계는 경색 국면에 들어갔다. 7차 회담은 이듬해 8월에야 열린다.

11. 25. 국가인권위원회 출범.

12. 17. 오태양, 병역 거부 선언. 그는 양심적 병역 거부자의 인권을 보장해달라는 진정서를 국가인권위원회에 제출했다. 그의 병역 거부는 양심적 병역 거부를 민주주의와 인권의 문제로 떠오르게 했다. 여기에는 병역 거부가 '특정 종교인'의 병역 기피로 치부되던 상황에서 그가 여호와의 증인 신자가 아니라는 점도 크게 작용했다. 2018년 헌법재판소는 대체복무제를 규정하지 않은 〈병역법〉 제5조 1항이 헌법에 불합치한다는 판결을 내린다.

세계

1. 20. [미국] 조지 더블유 부시, 제43대 대통령에 취임.

4. 1. [네덜란드] **동성결혼 합법화**. 동성결혼과 동성 부부의 자녀 입양을 허용하는 법률이 2000년 9월과 12월 각각 하원과 상원을 통과된 후 이날 시행됨으로써 네덜란드는 동성결혼을 합법화한 세계 최초의 국가가 됐다. 이어 2003년 벨기에, 2005년 에스파냐와 캐나다가 뒤를 이었고, 현재 총 34개국에서 동성결혼이 합법화되어 있다. 가장 최근에 합법화한 나라는 안도라(2023년)이고, 아시아에서는 대만(2019년)이 유일하다.

4. 1. [세르비아] 슬로보단 밀로셰비치, 세르비아 경찰에 투항. 세르비아 몬테네그로의 전 대통령인 그는 1999년 코소보 사태 당시 극단적인 세르비아 민족주의 노선을 추구하며 알바니아계 주민들을 학살한 혐의로 유엔 국제형사재판소에 기소되어 있었다. 체포된 후 헤이그로 송환되었으나, 재판이 채 끝나기 전인 2006년 감방에서 사망했다.

4. 26. [일본] 고이즈미 준이치로(자민당), 일본 제87대 내각총리대신에 취임.

9. 11. [미국] **9·11 테러 발생**. 이슬람 과격 조직 알카에다가 민간 여객기 네 대를 납치해 미국에 자살 공격을 감행했다. 두 대의 여객기는 뉴욕 세계무역센터 쌍둥이 건물로, 한 대는 펜타곤으로 돌진했다. 나머지 한 대는 승객과 승무원들의 저항으로 펜실베이니아주 들판에 추락했다. 이 공격으로 쌍둥이 건물 두 동이 무너지고, 펜타곤 건물 일부가 파괴되면서 3000여 명이 희생됐다. 미국 본토가 공격을 받은 것은 이때가 처음이었다.

10. 26. [미국] 조지 더블유 부시 대통령, 애국자법 서명. 9·11 이후 테러에 대처하기 위해 연방수사국(FBI) 같은 법 집행기관의 권한을 대폭 확대하는 법이다. 이 법에 따라 테러 용의자에 대해 법원의 승인 없이도 통신 감청과 무기한 구금이 가능해졌다. 시민의 권리를 제한하는 독소 조항에 대한 여러 법적 문제가 제기되면서 수정과 연장이 이어지다 2015년 미국 자유법으로 대체됐다.

12. 11. [중국] 세계무역기구(WTO) 가입. 143번째 회원국이었다. 이로써 중국 경제의 세계 경제 통합이 가속화되기 시작했다.

12. 13. [미국] 조지 더블유 부시 대통령, 탄도탄요격미사일제한(AMB)조약 탈퇴 발표. 공식 탈퇴는 6개월 후인 이듬해 6월 12일에 이루어진다. 1972년 미국과 소련 사이에 맺어진 이 조약의 폐기는 새로운 군비 경쟁을 부채질했다.

12. 21. [아르헨티나] 페르난도 데라루아 대통령 사임. 그는 최악의 경제위기로 인해 발생한 소요사태의 여파로 임기를 2년 남기고 사퇴했다.

문화 / 과학·환경 / 스포츠

문화

1. 15. [미국] **위키피디아** 서비스 시작. 지미 웨일스와 래리 생어가 만든 이 인터넷 백과사전은 상업 광고 없이 기부금으로 운영된다. 현재 한국어를 포함해 329개 언어로 기사가 제공되는 세계 최대의 백과사전이다. 누구나 자유롭게 기사 작성과 편집에 참여할 수 있고 1억 명이 넘는 사용자가 작성한 6000만 개 이상의 항목이 게재된 이 사이트는 집단 지성의 대표적인 사례로 평가받고 있다.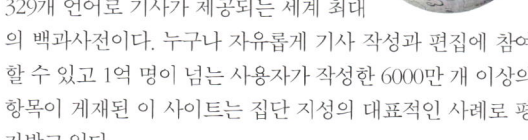

3. 2. [아프가니스탄] 탈레반 정권, 바미얀 석불 파괴 개시. 이슬람 원리주의 세력인 탈레반이 불상이 '우상 숭배'를 조장한다며 6세기에 세워진 석불을 로켓포를 동원해 파괴했다. 전쟁으로 인한 유물의 수난은 여기서 멈추지 않았다. 2003년 이라크 바그다드를 장악하고 사담 후세인 정부를 무너뜨린 미군은 바그다드 국립박물관이 마구잡이로 약탈되는 모습을 보고도 방치한다. 미군은 국제사회의 비난이 쏟아지자 이틀 뒤에야 박물관 앞에 나타나 출입 통제를 시작한다. 이미 국보급 유물 1만 5000여 점이 사라진 후였다.

11. 2. 유네스코, 유네스코 문화다양성 선언 채택.

과학·환경

2. 12. 인간게놈프로젝트 컨소시엄, 인간 게놈 염기서열 분석 초안 발표. 미국과 영국 등 6개국 공동연구팀이 《네이처》에 발표한 이 초안은 인간 게놈에 존재하는 대략 30억 개의 염기쌍 서열 중 약 90퍼센트를 해독한 지도였다.

스포츠

4. 16. 이봉주, 보스턴 마라톤 우승. 105회 대회였고, 한국 선수로는 1947년 서윤복, 1950년 함기용 이후 반세기 만의 우승이었다. 기록은 2시간 9분 43초였다.

7. 16. 후안 안토니오 사마란치 국제올림픽위원회(IOC) 위원장 퇴임. 1980년 IOC 위원장에 선출된 그는 21년간 재임했는데, 이는 IOC의 창시자인 피에르 드 쿠베르탱의 29년에 이어 두 번째로 긴 임기였다. 후임으로는 자크 로게가 선출됐다.

8. 1. 기아자동차, 해태 타이거즈 인수. 프로야구 원년 멤버로 19시즌 동안 한국시리즈를 9회 우승하며 왕조를 구가했던 해태 타이거즈는 모기업인 해태제과의 재정 악화로 팀이 매각되면서 이날부터 KIA 타이거즈로 팀명이 변경됐다.

← 대부분의 미국인은 테러는 먼 나라에서나 일어나는 일이라고 여겼지만, 2001년 9월 11일 진짜 현실을 경험한 이후, 그들의 삶은 전면적으로 바뀌었다. 유일한 초강대국이라는 자부심에는 상처가 났고, 언제 또 있을지 모를 새로운 테러리스트의 공격에 대한 불안감 속에서 살아야 했다. 아랍인들 역시 근대 이후 역사상 가장 어려운 시기와 마주치게 됐다. 서구의 많은 사람이 '우리는 모두 미국인이다!'*라는 구호에 지지를 보내며 아랍을 악의 근원으로 치부했다. 테러 직후, 수전 손택은 "모두 함께 슬퍼합시다. 하지만 모두 함께 바보가 되지는 맙시다."**라고 썼다.

2001년 풍경

아무리 밝은 태양도 그림자는 어쩔 수 없다. 이를 없애려면 햇빛을 이리저리 구부려야 하는데, 직진하는 성질만 있는지라 그럴 수가 없는 것이다. 아무리 인터넷이 발달하여 골방에서 모두 가능한 세상이어도 광장은 필요하다. 홀로 살아서 어쩔 수 없이 밀실을 나와 햇빛을 쬐고 광장을 가로질러야 한다. 그게 사는 것이다. 인간은 손으로 많은 일을 처리하지만 발의 역할은 엄연히 따로 있다. 속도는 다르지만 그 깊이는 천지 차이다. 병영은 어쩌면 거대하게 밀폐된 공간이다. 모처럼 휴가 나온 서울역 광장의 군인들, 휴대전화 소지가 불가해서 공중전화기부터 먼저 찾았다. 그리고 잠시 밀쳐 놓았던 팔을 꺼내며 손으로 번호를 또박또박 눌러 그리웠던 부모님, 반가운 애인에게 길고 긴 발신음을 보냈던 것이다.

여성가족부의 변천

1895	사회부 부녀국
1906	부녀아동국
1938	정무장관(제2장)실
1941	보건복지부 부녀아동국
1996	대통령직속 여성특별위원회
2001	여성부
2005	여성가족부
2008	여성부
2010	여성가족부

이 해에는

책
- 5. 11. 《칼의 노래》, 김훈
- 7. 7. 《과학콘서트》, 정재승
- 11. 5. 《한강》, 조정래

노래
- 11. 15. 〈길〉, god
- ○ 〈넘버 원〉, 보아

영화
- 3. 31. 〈친구〉, 곽경택
- 7. 20. [일본] 〈센과 치히로의 행방불명〉, 미야자키 하야오
- 9. 12. [미국/프랑스] 〈멀홀랜드 드라이브〉, 데이비드 린치
- 10. 12. 〈고양이를 부탁해〉, 정재은
- 10. 12. 〈봄날은 간다〉, 허진호
- 10. 26. 〈와이키키 브라더스〉, 임순례
- 11. 16. [영국/미국] 〈해리 포터와 마법사의 돌〉, 크리스 콜럼버스

궂긴 소식
- 2. 20. 남승룡(마라톤 선수)
- 3. 21. 정주영(기업인)
- 5. 11. 더글러스 애덤스(영국의 작가)
- 6. 3. 앤서니 퀸(미국의 영화배우)
- 6. 27. 토베 얀손(핀란드의 소설가, 화가)
- 11. 29. 조지 해리슨(영국의 가수)
- 12. 21. 송건호(언론인)

2002년

월드컵 4강

↑ 한국 축구 대표팀의 4강 진출이라는 놀라운 성과는 국민들에게 큰 자신감과 자부심을 안겨주었다. '붉은 악마'로 대표되는 열정적인 응원 문화와 길거리 응원은 전 세계의 주목을 받았으며, 이는 한국의 문화적 영향력을 보여주는 계기가 됐다.

↓ 11월 부산 MBC 대통령후보 초청토론회가 시작되기 전, 부인 권양숙이 출연한 KBS〈아침마당〉방송을 시청하며 파안대소하는 노무현 민주당 대통령 후보의 모습이다.

"오, 필승 코리아!"

한국이 '무적함대' 스페인을 승부차기에서 5-3으로 꺾고 월드컵 4강에 진출했다…

4천7백만 온 국민의 열기가 한곳에 모인 빛고을 광주. 전국 방방곡곡에 5백만 명의 거리응원단이 한목소리로 외친 "대~한민국" "오, 필승 코리아"의 함성이 한국 축구의 월드컵 신화를 만들었다.

사력을 다한 23명의 태극전사, 한국 축구사에 길이 남을 거스 히딩크 감독. 이들이 엮은 감동적인 그라운드 드라마였지만 주인공은 승리를 기원하며 목청껏 응원한 온 국민이었다.

무적함대 스페인을 맞아 태극전사들의 사력을 다한 투혼이 만든 감동이었다.

이탈리아와의 16강전에서 117분간 혼신을 다해 체력이 고갈됐고 회복시간도 짧은 데다 30도를 웃도는 무더운 날씨에 태극전사들은 힘든 경기를 해야 했다.

전반 중반 이후에는 스페인의 공세에 몰리며 여러 차례 실점위기를 맞았으나 골키퍼 이운재의 선방으로 넘겼다. 전반을 어렵게 마친 한국은 후반 들어 특유의 정신력이 살아나며 대등한 승부를 펼쳤다. 그러나 공방 끝에 서로가 골문을 열지는 못했다.

120분간의 혈전 끝에 0-0 무승부. 남은 것은 승부차기뿐. 그러나 한국의 키커들은 자신감이 있었고 골키퍼 이운재가 스페인의 4번째 키커 호아킨의 슛을 막아내고 한국의 마지막 키커 홍명보가 스페인의 골네트를 갈라 짜릿한 승리를 거뒀다.

대한민국

3. 23. 전국공무원노동조합 출범.

4. 27. 새천년민주당, 노무현을 제16대 대통령 선거 후보로 확정.

5. 18. 검찰, 김홍걸 구속. 서울지방검찰청이 김대중 대통령의 삼남 김홍걸을 특정범죄 가중 처벌법상 알선수재 혐의로 구속수감했다. 이어 11월 차남인 김홍업도 각종 이권개입 청탁 대가로 22억여 원을 받은 혐의로 구속됐다.

6. 13. **신효순·심미선, 미군 장갑차에 치여 사망.** 경기도 양주군 효촌리 지방도에서 중학교 2학년 여학생 두 명이 훈련 중이던 미2사단 공병대 소속 장갑차에 치여 숨졌다. 미군 군사법원은 피의자인 장갑차 운전병과 관제병 모두에게 무죄를 선고했고 이들은 미국으로 돌아갔다. 11월 이에 분노한 시민들이 주한미군지위협정(SOFA) 개정과 한국정부의 대미 저자세 등을 규탄하는 촛불집회를 서울 종로에서 열었다. 시위는 전국으로 퍼져나갔다.

6. 29. 남북 간 해상 교전 발생. 북한 해군 경비정이 서해 북방한계선(NLL)을 침범해 기습 공격해 남한 해군 고속정 1척을 침몰시켰다. 이 충돌로 남한군 6명, 북한군 13명이 전사했다. 1999년 남북한 해상 충돌에 이어 벌어진 이 교전은 '제2연평해전'으로 불린다.

7. 1. [북한] 경제관리 개선조치 시행. 북한은 1990년대 중반부터 본격화된 식량난, 에너지 부족 등으로 인한 경제적 위기를 극복하기 위해 물가와 임금 인상, 공장과 기업소의 자율성 확대, 노동자에 대한 인센티브 강화 등을 골자로 하는 조치를 시행했다. 이어 9월 신의주특별행정구, 10월 금강산관광지구, 11월 개성공업지구를 잇달아 지정하고 관련 법령들을 공포했다. 이런 일련의 조치들은 기존의 계획경제 틀을 유지한 채 시장경제적 요소를 부분적으로 도입한 제한적인 경제정책에 머물렀다.

8. 31. 태풍 루사 상륙. 이날 전라남도 고흥에 상륙한 이 태풍은 9월 1일까지 이틀 동안 엄청난 비를 뿌리며 전국을 강타해 200명이 넘는 인명 피해와 5조 원이 넘는 재산피해를 내며 역대 최악의 태풍으로 기록됐다.

9. 17. [북한] 고이즈미 준이치로 일본 총리, 북한 방문. 일본 총리로는 사상 첫 방북이었다. 정상회담에서 김정일 국방위원장은 일본의 식민 통치에 대한 사과와 보상을 요구했고, 고이즈미 총리는 북한의 일본인 납치 사실을 처음으로 인정받았다. 두 정상은 2년 후 다시 만난다.

9. 30. 새천년민주당 대선 후보 노무현, 청와대·중앙부처 충청권 이전을 대선 공약으로 제시. 이와 함께 행정수도 이전이 대선 쟁점으로 떠오르기 시작했다.

10. 25. 한국·칠레 자유무역협정(FTA) 타결. 한국이 체결한 첫 FTA였다. 2004년 발효되면서 한국도 FTA 체결국가에 합류하게 된다.

9. 26. 여성 전투기 조종사 탄생. 한정원 중위 등 5명이 공군 고등비행교육 수료식을 마치고 공군 최초의 여성 전투기 조종사가 됐다.

12. 19. **제16대 대통령 선거.** 여당인 새천년민주당 후보 **노무현**이 대선에 재도전한 이회창 한나라당 후보를 득표율 2.3% 차이로 누르고 당선됐다. 3위는 민주노동당 후보 권영길이었다. 인터넷으로 대표되는 정보통신혁명과 결합된 새로운 참여민주주의의 가능성을 연 선거였다.

세계

1. 1. 유로, 공식통화로 출범. 처음에는 12개국만 유로화에 동참했지만, 현재 유로존 가입국은 19개국으로 늘어났다. 유로는 미국 달러에 이은 세계 2위의 국제통화이다.

1. 11. [미국] 관타나모만 수용소 설치. 쿠바 관타나모만 미군기지에 설치된 이 수용소에는 9·11 테러 이후 아프가니스탄 분쟁과 이라크 전쟁 등의 과정에서 체포된 테러용의자들이 수감되었다. 이들은 변호인 면담도, 공식적 기소도 없이 강도 높은 심문과 고문을 받았다. 버락 오바마 대통령은 백악관에 들어온 첫 달, 이 감옥을 폐쇄하겠다고 약속했다. 그러나 약속은 지켜지지 못했다.

1. 29. [미국] 조지 더블유 부시 대통령, 이란·이라크·북한을 악의 축으로 지목. 그는 연두교서에서 이 국가들을 나열하며 이렇게 말했다. '이러한 국가들과 그들의 테러동맹세력들은 세계평화를 위협하는 악의 축을 형성하고 있습니다… 이들은 테러 세력에게 대량살상무기를 제공할 수 있습니다.'

4. 1. [네덜란드] '안락사법' 시행. 2000년 11월 하원, 2001년 10월 상원을 통과한 이 법이 이날 발효됨으로써 네덜란드는 안락사를 법적으로 허용한 최초의 국가가 됐다. 법의 정식 명칭은 〈요청에 의한 생명종결 및 조력자살(심의절차)법〉이다.

5. 20. [동티모르] 독립 회복. 1975년 11월 포르투갈로부터 독립을 선언했다가 곧바로 12월 인도네시아의 침공을 받고 점령된 지 26년 만이었다. 그 기간 동안 10만~30만 명의 동티모르인이 살해되거나 굶어죽었다.

7. 9. 아프리카연합 결성. 1963년 설립된 아프리카단결기구(OAU)를 승계해 설립됐다. 아프리카 국가들의 통합과 연대를 목표로 하는 이 단체의 가입국 수는 55개국이다.

10. 27. [브라질] 대통령 선거 결선 투표. 노동자당의 루이스 이나시우 룰라 다시우바가 당선되어 브라질 최초의 노동자 출신 대통령이 탄생했다. 가난한 농부의 아들로 태어난 그는 초등학교도 못 마치고 금속공장 노동자로 직업전선에 뛰어들어 선반공으로 일하다 새끼손가락이 절단되는 사고를 당하기도 했다.

↓ 5월 20일, 수도 딜리의 타시톨루 광장에서 초대 대통령 샤나나 구스망이 동티모르민주공화국의 독립을 선언했다. 21세기 첫 독립국의 탄생이었다. 포르투갈의 식민지배를 받기 시작한 지 300년, 인도네시아에 점령되어 27번째 주로 편입된 지 27년 만이었다. 사진은 2016년 독립 14주년을 축하하는 동티모르 어린이들의 모습이다.

문화 / 과학·환경 / 스포츠

문화

5. 26. 임권택, 〈취화선〉으로 제55회 칸 영화제 최우수 감독상 수상. 한국 최초의 칸 영화제 수상이었다. 〈펀치 드렁크 러브〉의 감독 폴 토머스 앤더슨(미국)과 공동수상이었다.

8. 1. 국가인권위원회, 살색 크레파스 이름 변경 권고. 위원회는 '크레파스와 수채물감의 특정색을 '살색'으로 이름 붙인 것은 헌법 제11조의 평등권을 침해할 소지가 있으므로 기술표준원에 한국산업규격(KS)을 개정하도록 권고'했다. 이에 따라 살색 대신 연주황이 사용되다 2005년 살구색으로 바뀌었다. 2004년 '대한민국 어린이들'이 '연주황은 지나치게 어려운 한자어'라 '어린이에 대한 또 다른 차별이자 인권침해'라며 위원회에 또다시 진정한 덕분이었다.

모두 살색입니다

10. 11. 한국어 위키백과 서비스 시작. 다음날 등재된 '지미 카터'로 시작된 문서의 수는 2022년 8월 60만 개를 넘어섰다.

과학·환경

4. 24. [스웨덴] 국립식품청, 튀김 음식 속 아크릴아마이드 발암 유발 경고. 연구진은 감자처럼 전분이 많은 튀김 음식에서 다량의 아크릴아마이드가 발견됐다고 발표했다. 튀기거나 구운 음식보다 삶거나 찐 음식이 건강에 좋다는 것은 익히 알려져 있던 사실이었지만, 기자 회견 후 며칠 동안 감자칩 판매가 30~50% 줄고, 튀김 식품 기업들의 주가가 떨어지는 등 즉각적인 반응이 나타났다.

11. 28. 한국항공우주연구원, 액체연료 추진 로켓 발사 성공. 충남 태안 안흥종합시험장에서 시험 발사에 성공한 KSR-Ⅲ는 한국이 최초로 개발한 액체연료 추진로켓이었다.

스포츠

2. 8. [미국] 솔트레이크시티에서 제19회 동계 올림픽 개막. 이 대회에서 오스트레일리아의 스티븐 브래드버리가 쇼트트랙에서 금메달을 따면서, 남반구 국가 최초의 올림픽 금메달리스트가 됐다.

5. 5. 최경주, 컴팩 클래식 오브 뉴올리언스 우승. 한국인으로는 PGA(미국프로골프협회) 투어 대회 첫 우승이었다.

5. 31. 제17회 FIFA 월드컵 개막. 월드컵 사상 최초로 공동 개최된 이 대회 결승전에서는 브라질이 독일을 2-0으로 이겼다. 대회 통산 다섯 번째 우승이었다. 공동 개최국 일본은 16강, 대한민국은 4강에 사상 최초로 진출했다. 북한은 불참했다.

9. 29. 부산에서 제14회 아시안 게임 개막. 북한 선수단이 응원단과 함께 참가했다. 대한민국에서 개최된 국제대회로는 최초였다. 1986년 서울에 이어 대한민국에서 열린 두 번째 아시안 게임이었다.

10. 9. 대구 FC 창단. K리그 최초로 시민구단 형태로 창단됐다. 초대 감독은 박종환이었다.

2002년 풍경

누구나 다 이런 신분을 꿈꾸기 때문일까. 부자는 만나기도 어렵지만 되기는 더 힘들다. 〈부자 되세요〉. 이 말은 '복권 사세요'와 거의 같은 수준의 말이 아닐까. 근대의 성립은 개인의 등장과 함께라고 한다. 이제껏 백성, 문중, 가족 등 복수로 존재했던 인간은 홀홀단신으로 태어났던 순간처럼 단독자임을 절실하게 느끼며 단수의 운명을 받아들였다. 느닷없이 들이닥친 IMF 사태 이후, 우리는 각자도생의 사태로 내몰렸다. 〈부자 되세요〉. 저 말은 우리 사회의 은근한 욕망을 가렸던 가림판을 걷어치우는 문구였다. 이런 사태에 가장 책임 있는 정부는 사실상 모든 고통을 비정규직 노동자로 대표되는 개인에게 떠넘겼다고 해도 과언이 아니다. 〈부자 되세요〉라는 말 앞에는 '여러분'이 생략되어 있다. 이때의 여러분은 여러 개인일 것이다. 이제 사람들은 모든 것을 개인이 개인적으로 책임져야 하는 신자유주의 사회에 살게 됐다. 교실에서도, 일상에서도 서로 무한 경쟁하는 시대로 내몰리게 된 것이다. 그러니 〈부자 되세요〉라는 저 달콤한 말의 뒤에는 '너나 되세요'라는 자조가 컴컴하게 도사리고 앉아 있는 것이다.

대동강 맥주

세계 최고급의 맥주를 만들라는 김정일의 지시로 2002년에 4월 첫 출시됐다. 영국의 폐업한 양조장 설비를 통째로 인수해 러시아, 독일 등의 기술로 만든 이 맥주는 북한을 대표하는 맥주로 알려져 있다. 평양 근교에 세워진 대동강맥주공장에서 대동강의 물을 이용해 만들어지는 이 맥주에는 원료의 혼합비율과 도수에 따라 1~7까지의 번호가 붙어 있다. 그중 보리길금 70%와 흰쌀로 만든 알코올 도수 5.5%의 2번 라거 맥주가 쌀과 꿀 향이 풍부하게 어우러지며 부드럽고 조화로운 맛으로 외국인들로부터 좋은 평가를 받고 있다. 흔히 봉학맥주, 금강맥주, 룡성맥주, 경흥맥주와 함께 북한의 5대 맥주로 꼽히지만, 그 맨 앞은 대동강맥주이다.

이 해에는

책
- 2. 15. 《만화로 보는 그리스 로마 신화》, 이광진 엮음
- 2. 15. 《한강》, 조정래
- ○ [이스라엘] 《사랑과 어둠의 이야기》, 아모스 오즈

노래
- 4. 12. 〈No. 1〉, 보아
- ○ 〈낭만고양이〉, 체리필터

영화
- 3. 15. [에스파냐] 〈그녀에게〉, 페드로 알모도바르
- 3. 29. 〈복수는 나의 것〉, 박찬욱
- 4. 5. 〈집으로〉, 이정향
- 8. 15. 〈오아시스〉, 이창동
- ○ 〈경계도시〉, 홍형숙

궂긴 소식
- 1. 23. 피에르 부르디외(프랑스의 사회학자)
- 1. 28. 아스트리드 린드그렌(스웨덴의 작가)
- 3. 13. 한스게오르크 가다머(독일의 철학자)
- 5. 20. 스티븐 제이 굴드(미국의 고생물학자)
- 5. 30. 이우정(여성운동가)
- 8. 27. 이주일(코미디언)
- 11. 15. 손기정(마라톤 선수)
- 11. 24. 존 롤스(미국의 철학자)

축구의 역사

"공은 둥글다"
— 요제프 헤르베르거

축구의 기원은 기원전 6세기 이전으로 거슬러 올라갈 만큼 그 역사가 오래되었으나 현대 축구의 규칙은 19세기에 이르러서야 잉글랜드에서 확립됐다. 구기종목 가운데 규칙과 장비가 가장 간단하다는 특징은 축구의 대중화에 크게 기여하였고, 일찌감치 세계에서 가장 인기 있는 스포츠로 자리잡았다. FIFA에 따르면 UN 가입국보다 많은 211개의 축구협회가 축구 국가대표팀을 운영하고 있으며, 2022년 월드컵 결승전 시청자 수는 전 세계적으로 약 15억 명에 달했다.

1883	영국 군함 선원들에 의해 축구 전파
1935	경성축구단, 일본축구선수권대회 우승
1946	제1회 전국축구선수권대회 개최
1948	런던 올림픽 참가
1949	여자 중학 3팀 참가한 최초 여자축구대회 개최
1954	첫 월드컵 본선 진출
1956	제1회 AFC아시안컵 우승
1975	박수덕, 변호영, 강기욱, 홍콩 세미프로리그 입단
1978	첫 남북축구 A매치 대결
1979	차범근, 서독 분데스리가 진출
1983	국내 최초 프로리그 슈퍼리그(현 K리그) 출범
1983	세계청소년축구대회(U-20) 4강 진출
1990	여자 축구 국가대표팀 출범
1995	일화, 국내 프로축구팀 최초 K리그 3연패
1997	'붉은악마' 탄생
2002	한일 월드컵 본선 4강 진출
2003	여자 국가대표팀, 첫 월드컵 출전
2010	여자 U-17 대표팀, 한국 축구 사상 FIFA 주최 대회 첫 우승
2012	런던 올림픽 동메달 획득
2015	여자 월드컵 본선 16강 진출
2019	이강인, U-20 월드컵 최우수선수상 수상
2022	손흥민, 아시아 선수 최초로 프리미어 리그 득점왕 등극

월드컵	1930	1934	1938	1950	1954	1958	1962	1966	1970	1974	1978
우승국	우루과이	이탈리아	이탈리아 2	우루과이 2	서독	브라질	브라질 2	잉글랜드	브라질 3	서독 2	아르헨티나
개최국	우루과이	이탈리아	프랑스	브라질	스위스	스웨덴	칠레	잉글랜드	멕시코	서독	아르헨티나

한국 역대 월드컵 본선 진출 및 성적

KOREA	1954 스위스	1986 멕시코	1990 이탈리아	1994 미국	1998 프랑스	2002 한/일	2006 독일	2010 남아공	2014 브라질	2018 러시아	2022 카타르
	2패	1무2패	3패	2무1패	1무2패	3승2무2패 (4위)	1승1무1패	1승1무2패 (16강 진출)	1무2패	1승2패	1승1무2패 (16강 진출)

- B.C. 7-6 그리스에서 축구의 기원이 된 에피스키로스 시작
- B.C. 3-2 중국에서 축국 시작

- 1848년 케임브리지 룰 제정
- 1857년 셰필드 풋볼 클럽 설립
- 1863년 첫 오프사이드 규정 도입
  잉글랜드 축구협회 설립
- 1872년 잉글랜드-스코틀랜드 간 세계 최초 국제경기 개최

- 1888년 잉글리시 풋볼 리그(EFL) 출범
- 1891년 페널티킥 규정 도입
- 1904년 국제축구연맹 (FIFA) 설립

- 1908년 올림픽 정식 종목으로 채택
- 1928년 아스널과 셰필드 경기서 최초로 백넘버 도입
- 1930년 우루과이에서 제1회 월드컵 개최

- 1966년 북한 월드컵 8강 진출
- 1970년 펠레, 최초로 월드컵 3회 우승 견인
  승부차기 도입
- 1971년 잉글랜드, 50년 만에 여자 축구 금지령 해제

- 1985년 에젤 참사

- 1991년 중국에서 제1회 여자 월드컵 개최
- 1992년 백패스 금지 규정 도입
- 1994년 월드컵에서 자책골 허용한 콜롬비아 국가대표 피살

- 2002년 브라질, 최초로 월드컵 5회 우승 달성

- 2012년 리오넬 메시, 한해 최다 득점 신기록(91골) 수립

- 2022년 사상 최초로 남자 월드컵 경기에 여성 주심 기용

우승	이탈리아 3	아르헨티나	서독	브라질 4	프랑스	브라질 5	이탈리아 4	에스파냐	독일 4	프랑스 2	아르헨티나
연도	1982	1986	1990	1994	1998	2002	2006	2010	2014	2018	2022
개최국	에스파냐	멕시코	이탈리아	미국	프랑스	한국/일본	독일	남아공	브라질	러시아	카타르

2003년

'주 5일 근무제' 국회 통과

"삶의 질 높이려다
삶의 터전 잃습니다."

↑ 8월 29일, 주5일 근무제를 도입하는 근로기준법 개정안이 국회 본회의에서 찬성 141표, 반대 57표, 기권 32표로 통과됐다. 이듬해 7월부터 공공, 금융, 보험업종과 1000명 이상 사업장을 시작으로 단계적으로 시행되어 2011년 모든 사업장으로 확대 적용됨에 따라 법정 근로시간이 주당 44시간에서 40시간으로 단축됐다.

세계 최대 휴일수로는 경쟁할 수 없습니다.
무노동 무임금 원칙은 반드시 지켜져야 합니다.
중소기업을 살리는 근로제도 개선이 필요합니다.
삶의 터전을 지키는 주 5일 근무제가 되어야 합니다.

— 대한상공회의소/전국경제인연합회 등의 합동 광고(2002. 10)

전경련의 주장은 임금 노동조건 저하없는 주40시간제 노동자 삶의질 향상을 위한 주40시간제라는 노동시간 단축의 정신에 정면으로 배치될 뿐만 아니라, 노동시간 단축을 위한 노사정위 협상분위기에 찬물을 끼얹고 판을 깨는 무책임한 처사로서 주 5일 근무하는 금융기관과 거래 중단 운운한데서 알수 있듯, 노동시간 단축에 반대하는 재계의 속내를 솔직히 드러낸 것이라고 볼 수 있다. 전경련은 차라리 노동시간 단축에 반대한다고 입장을 밝히는 것이 어떨까?

— 한국노동조합총연맹(2002. 7)

↓ 2월 18일 오전 9시 55분경, 대구 도시철도 1호선 중앙로역에서 한 승객의 방화로 인해 대형 화재가 발생했다. 이 사고로 192명이 사망하고 151명이 부상을 입었다. 사고 당시 지하철 내 방화 대비 시스템과 긴급 대피 체계가 제대로 작동하지 않아 피해가 더욱 커진 것이다. 화재에 취약한 가연성 소재 사용, 낙후된 소방 기술, 사고 관리 시스템의 부재 등이 참사의 주요 원인으로 지목됐다.

대한민국

1. 9. 배달호, 분신자살. 두산중공업 노동자 배달호가 이 날 새벽 아무도 없는 공장 한켠에서 분신했다. 노사분규로 인해 생긴 회사 측의 손해를 배상하라는 가압류를 받은 상태였다. 다음 날 그의 통장에 입금된 월급은 2만 5천 원이었다. 10월 17일에는 김주익이, 30일에는 곽재규가 스스로 목숨을 끊었다. 두 사람 모두 한진중공업의 노동자였고, 손해배상가압류를 하겠다는 회사측의 위협을 받고 있었다. 2015년 일명 노란봉투법이 국회에 상정된다. '사용자의 불법행위에 대해 노조·노동자의 이익을 방어하기 위하여 부득이 사용자에게 손해를 가한 노조·노동자는 배상할 책임이 없다.' 대한민국 국회는 법전에 이 문장 하나 추가시키는 일을 무려 9년이나 끌었고, 2024년 대통령 윤석열은 여러 이유를 들며 거부한다.

1. 10. [북한] 핵확산금지조약(NPT) 탈퇴 선언. 탈퇴는 4월 10일 효력이 발생했고 북한은 이 조약에서 탈퇴한 최초의 국가가 됐다. 핵개발 재개로 북미관계는 급속하게 악화됐다.

1. 21. 이종욱, 세계보건기구(WHO) 사무총장에 당선됨. 한국인 최초의 국제기구 사무총장이었다.

2. 18. 대구 지하철 참사 발생.

2. 25. 노무현, 제16대 대통령 취임.

3. 9. 노무현 대통령, 전국 검사들과의 대화.

3. 15. 노무현 대통령, 〈대북송금 특검법〉 공포.

3. 16. 국립보건원, 전국에 사스(SARS, 중증급성호흡기증후군) 경보 발령. 12월 26일 해제됐다.

4. 2. 국회, 이라크 파병동의안 의결.

4. 30. 서희·제마부대 1진 이라크 현지 출발.

6. 30. [북한] 개성공단 착공식 거행.

7. 31. 〈외국인 근로자의 고용 등에 관한 법률〉, 국회 통과. 외국인도 산재보험, 최저임금 보장은 물론 노동3권 등 국내 근로자와 똑같은 노동권을 가지게 됐다. 2022년 현재 국내 합법 체류 외국인 노동자는 84만 3천여 명이고, 불법 체류 외국인은 41만여 명이다.

8. 27. [남북관계] 6자회담. 남북한, 미국, 중국, 일본, 러시아 대표들이 29일까지 중국 베이징에 모여 북핵 문제 해결 방안을 모색했다. 일련의 이 다자간 회담을 통해 2005년 '한반도의 검증가능한 비핵화를 평화적인 방법으로 달성하는 것임을 만장일치로 재확인' 하는 9·19 공동성명을 도출하는 등 한반도의 긴장 완화에 어느 정도 역할을 했지만, 2008년 6차 6자회담을 끝으로 회담은 더 이상 열리지 않는다.

8. 29. 〈근로기준법〉 개정안, 국회 통과. 이로써 법정근로시간이 주 40시간으로 단축되어 **주 5일 근무** 시대가 열렸다. 주 5일 근무제는 이듬해 7월부터 단계적으로 실시된다.

9. 4. 리처드 롤리스 미 국방부 부차관보, '미래 한미동맹 정책구상' 4차 회의에서 이라크 추가 파병 요청.

9. 29. 노무현 대통령, 새천년민주당 탈당.

11. 11. 열린우리당 창당. 새천년민주당 탈당파를 중심으로 한나라당 탈당파, 개혁국민정당 등이 결합해 창당했다. 42석의 소수 여당으로 시작했지만, 이듬해 총선에서 152석을 차지하며 다수 여당이 된다. 2007년 8월 대통합민주신당과 합당하며 해산된다.

세계

1. 1. [브라질] 루이스 이나시우 룰라 다 시우바 대통령 취임. 이어 15일, 에콰도르의 루시오 구티에레스 대통령, 5월 25일 아르헨티나의 네스토르 키르치네르 대통령이 취임하면서 남미에 좌파정권 바람이 이어졌다.

2. 15. 국제 반전 행동의 날 시위. 세계 600여 개 도시에서 15~16일 이틀 동안 각국의 수백만 명이 미국의 이라크 침공을 반대하는 시위를 벌였다.

3. 12. 세계보건기구(WHO), 신종 중증호흡기질환 경계령 발령. WHO는 이날 원인불명의 호흡기 질환이 홍콩과 베트남 병원 종사자들 사이에서 빠르게 퍼지고 있다고 경고했다. 15일 미국 질병통제예방센터(CDC)가 중증급성호흡기증후군(SARS), 사스로 명명한 이 전염병은 국제 항공여행객들을 통해 급속히 전파되며 전 세계를 '밀레니엄 페스트 공포'로 몰아넣었다. 2004년 5월까지 30여 국가에서 약 8000명 이상의 감염자와 900명이 넘는 사망자가 발생했다.

3. 12. [세르비아] 조란 딘지치 총리 암살됨. 그의 죽음은 세르비아의 민주주의 개혁에 대한 좌절이었고, 더 넓은 발칸 지역에 영향을 미쳤다.

3. 20. [미국] 이라크 침공. 4월 9일 수도 바그다드를 함락해 사담 후세인 정권을 무너뜨렸다. 그러나 이라크 전쟁은 2011년 12월 15일에야 공식적으로 끝난다. 개전의 명분은 이라크에 대량살상무기가 비축되어 있다는 것이었지만, 증거는 끝내 발견되지 않았다. 이 전쟁으로 최소 10만 명이 넘는 민간인이 목숨을 잃는다.

5. 1. [미국] 조지 더블유 부시 대통령, 이라크전 종전 선언.

7. 18. [콩고 민주공화국] 제2차 콩고 전쟁 종식. 아프리카 대전쟁으로도 알려진 제2차 콩고 전쟁은 과도 정부의 수립으로 공식적으로 종식됐다. 1998년에 시작된 이 갈등은 수백만 명의 사망자를 냈고 중앙아프리카 정치가 재편됐다.

12. 13. [이라크] 사담 후세인 전 대통령, 체포됨. 한 농가의 지하토굴에 은신해 있다 미군에 체포된 그는 이라크 임시 정부하에서 학살 혐의로 기소돼 사형선고를 받고 2006년 12월 30일 처형당한다.

12. 26. [이란] 남동부 케르만주 밤에 지진 발생. 진도 6.6의 이 지진으로 약 3만 4000여 명이 목숨을 잃었다.

↓ 3월 20일 미국이 이라크를 침공했다. 선전포고는 없었다. 부시 행정부는 사담 후세인 정부가 생화학 물질 및 핵무기 물질이 포함된 대량의 살상 무기를 비축하고 있다고 주장하며 테러와의 전쟁이라는 측면에서 이라크와의 전쟁을 정당화했다. 그러나 이라크 침공은 국제 사회와 아랍 세계 전역에서 대대적인 비난을 야기했다. 이라크는 완강히 저항했지만, 개전 3주일 만인 4월 9일 미국은 바그다드를 손에 넣었고, 후세인 정부는 몰락했다.

문화 / 과학·환경 / 스포츠

문화

9. 15. MBC, 〈대장금〉 첫 방송. 주인공 장금이가 수라간 궁녀에서 조선 최초의 어의녀가 되는 과정을 다룬 이 54부작 월화 드라마는 평균 시청률 평균 46.2%로 당시 역대 한국 드라마 시청률 5위를 기록했다. 세계 120개국에 수출되어 중화권 및 일본, 동남아시아를 넘어 중동, 유럽 등지로 한류 드라마의 수출 지역을 넓힐 수 있음을 보여주었다. 특히 이란에서는 80%가 넘는 시청률이, 스리랑카에서는 99%라는 믿어지지 않을 정도의 시청률이 나왔다는 전설 같은 이야기도 전해진다.

11. 27. EBS, 〈뽀롱뽀롱 뽀로로〉 첫 방송. '노는 게 제일 좋아'를 외치는 꼬마 펭귄을 주인공으로 하는 이 애니메이션은 아이들을 TV 앞으로 불러 모으며 '뽀통령'이라고 불릴 정도로 큰 성공을 거두며 20년 넘게 장기집권을 하고 있다. 프랑스를 시작으로 전 세계 거의 모든 국가에 수출됐다.

과학·환경

2. 1. [미국] 컬럼비아 우주왕복선, 공중 폭파. 16일 간의 임무를 마치고 지구로 귀환하던 컬럼비아 호가 대기권에 진입하자마자 폭발해 탑승한 우주인 일곱 명이 모두 사망했다. 이 참사로 우주왕복선 프로그램은 2년 이상 중단된다.

8. 1. [포르투갈] 아마렐레하에서 최고기온 47.4°C 기록. 이해 여름 유럽을 덮친 역대 최악의 폭염으로 7만 명이 넘는 사람이 목숨을 잃었다.

8. 29. 스카이프 출시. 스웨덴의 니콜라스 젠스트룀과 덴마크의 야누스 프리스가 개발한 이 소프트웨어로 P2P를 이용한 무료 음성통화가 가능해졌다.

11. 24. 콩코드, 마지막 비행. 1976년 첫 상업운행을 시작한 지 27년만이었다. 콩코드는 뉴욕과 런던을 세 시간 이내로 주파할 정도로 빠른 속도를 과시한 항공기였지만, 수시로 불거진 안전 문제와 비행 중 운행하는 엄청난 소음 등의 이유로 결국 운행이 중단된 것이다.

스포츠

2. 1. [일본] 아오모리현에서 제5회 동계 아시안 게임 개막.

7. 6. [스위스] 로저 페더러, 윔블던 챔피언십 우승. 스물세 살, 이 첫 그랜드슬램 대회에서 우승 이후 그는 2022년 은퇴할 때까지 그랜드 슬램 대회 20회 우승했다. 노바크 조코비치, 라파엘 나달과 함께 빅 3로 불리며 20여 년 동안 남자 테니스 단식을 지배한다.

9. 27. 이인영. 국제여자복싱협회(IFBA) 플라이급 챔피언 등극. 서울에서 동급 3위 미국의 칼라 윌콕스를 맞아 9회 1분 40초만에 KO승을 거두고 한국 복싱 최초로 여자 복싱 세계 챔피언의 자리에 올랐다.

2003년 풍경

사람의 두 눈 중 하나를 외진 골목길 가로등처럼 뒤통수로 옮긴다면? 앞만 보느라 맹목에 빠지기도 하던 눈이 뒤까지 보게 되니 좋은 일일까. 하지만 이는 밤에도 자지 못하는 꼴인데 머리가 과연 감당할 수 있을까. 수불석권(手不釋卷)이란 손에서 잠시도 책이 떠나지 않는다는 뜻이다. 이젠 휴대폰이 책의 자리를 차지했다. 현미경이나 망원경의 기능을 장착한 휴대폰은 육안 다음으로 몸 바깥에 달려 있는 세 번째의 눈이 아닌가. 이젠 그만 보아야지 하면서도 만지작거리는 휴대폰. 쓸데없는 것들에 낚이는 줄을 뻔히 알면서도 눈에 불을 켜고 또 집어드는 이 희한한 눈알. 사람의 두뇌는 끊임없이 진화하는 이 신제품에 중독된 지 이미 오래다. 한 사람마다 한 핸드폰. 생각 없는 이는 있어도 핸드폰 없는 이는 없다. 잃어버리는 것도 많아 분실센터에 핸드폰이 납골당처럼 쌓여 있네.

역대 대통령 취임 당시 나이

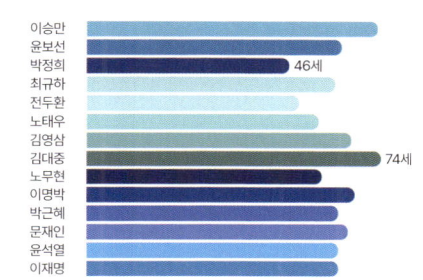

이승만
윤보선
박정희 46세
최규하
전두환
노태우
김영삼
김대중 74세
노무현
이명박
박근혜
문재인
윤석열
이재명

이 해에는

책
- 3. 《그 놈은 멋있었다》, 귀여니
- 3. 18. [미국] 《다빈치 코드》, 댄 브라운
- 11. 15. 《마법천자문》, 시리얼

노래
- 5. 30. 〈아틀란티스 소녀〉, 보아
- 8. 13. 〈10 Minutes〉, 이효리
- 10. 16. 〈태양을 피하는 방법〉, 비
- ○ 〈Hot 뜨거〉, 1TYM

영화
- 4. 4. 〈지구를 지켜라〉, 장준환
- 4. 25. 〈살인의 추억〉, 봉준호
- 8. 14. 〈바람난 가족〉, 임상수
- 11. 21. 〈올드보이〉, 박찬욱

궂긴 소식
- 2. 25. 이문구(소설가)
- 2. 14. 돌리(세계 최초의 복제 양)
- 4. 1. 장국영(장궈룽)(홍콩의 영화배우)
- 5. 28. 일리야 프리고진(러시아 태생 벨기에의 화학자)
- 8. 16. 이디 아민(우간다의 독재자)
- 8. 25. 이오덕(아동문학가)
- 9. 8. 레니 리펜슈탈(독일의 영화감독)
- 12. 9. 윤석중(아동문학가)

2004년

'노무현 대통령 탄핵' 국회가결

↑ 노무현 대통령의 발언들을 선거법 위반으로 규정한 한나라당과 새천년민주당은 앞서 국회에 제출한 노무현 대통령 탄핵소추안을 3월 12일 오전 11시 56분 질서유지권이 발동한 가운데 통과시켰다. 대한민국 헌정사상 초유의 일이었다. 노무현 대통령은 직무가 정지되고, 고건 총리가 대통령 직무를 대행했다.

"대통령 노무현 탄핵소추안은 (가결됐음을) 선포합니다."

이에 유용태·홍사덕 의원 외 157명의 국회의원은 헌법과 국법 질서를 수호하려는 초당적 의지를 모아 대통령의 위법·위헌 행위를 차단하고 침해된 법치주의를 회복하여 대한민국의 미래와 국민의 행복을 보장하며 특히 제17대 총선을 정상적으로 치르려는 최후의 방도로서 국민의 뜻을 받들어 대통령 노무현에 대한 탄핵소추를 발의한다.
— 대통령(노무현) 탄핵소추의결서

파면 결정을 통하여 헌법을 수호하고 손상된 헌법질서를 다시 회복하는 것이 요청될 정도로, 대통령의 법위반 행위가 헌법 수호의 관점에서 중대한 의미를 가진다고 볼 수 없고, 또한 대통령에게 부여한 국민의 신임을 임기 중 다시 박탈해야 할 정도로 국민의 신임을 저버린 경우에 해당한다고도 볼 수 없으므로, 대통령에 대한 파면 결정을 정당화하는 사유가 존재하지 않는다.
— 헌법재판소 판결서

↓ 7월, 한국 정부가 이라크에 자이툰 부대를 파견했다. 이미 한 해 전 4월 비전투 부대를 파병했다. 자이툰 부대는 공식적으로는 평화유지와 재건 임무를 부여받았지만, 무장을 했고 병력 면에서도 미국, 영국에 이어 세 번째로 큰 해외 파병 부대였다. 한미 FTA 추진과 함께 이라크 파병은 노무현 정부의 핵심 지지층인 진보 진영의 반발을 샀고, 그 여파로 남은 임기 동안 국정 동력은 크게 약화된다.

대한민국

2. 13. [이라크 파병] 이라크 추가 파병 동의안 국회 통과.

2. 23. [이라크 파병] 자이툰 부대(대한민국 이라크 평화·재건 사단) 창설. 이라크 파병 동의안이 국회를 통과함에 따라, 경기도 광주 특전교육단에서 자이툰 부대의 창설식이 열렸다. 이미 이라크에 파견되어 있는 서희(공병) 부대와 제마(의무) 부대원에 특전사와 특공부대원들을 포함해 3600여 명으로 구성됐다. 자이툰은 아랍어로 올리브를 뜻한다.

3. 12. 국회, 노무현 대통령 탄핵소추안 가결.

3. 12. 탄핵 반대 촛불집회 시작. 노무현 대통령의 탄핵안이 국회를 통과하자 노사모 회원들을 비롯한 시민 1만 2000여 명이 '탄핵 무효'를 외치며 국회의사당 정문 앞에 모여 촛불시위를 벌였다. 이후 촛불집회는 서울 광화문을 비롯해 전국을 뒤덮었다.

4. 1. 한국·칠레 자유무역협정(FTA) 발효. 한국의 첫 FTA였다. 2004년 현재 한국은 59개국, 21건의 FTA를 체결하고 있다.

4. 1. KTX 경부고속선 1차 구간 개통. 고속철도 서울-대구 구간이 개통됐다. 이 구간은 고속선로를, 대구-부산 구간은 기존 철로 위로 프랑스 알스톰사의 TGV가 달렸다. 서울-부산간 무정차의 경우 2시간 34분이 걸렸다.

4. 15. 제17대 국회의원 선거. 노무현 대통령 탄핵 사건과 대선 자금 수사가 지배한 선거였다. 열린우리당이 152석을 차지하며 16년 만에 여대야소 정국이 만들어졌다. 제1야당인 한나라당은 121석, 새천년민주당은 9석을 차지하는 데 그쳤다. 민주노동당은 10석을 차지하며 진보정당으로는 대한민국 국회 역사상 최초로 원내에 진출하는 '쾌거'를 이뤄냈다. 지역후보자 이외에 정당에도 별도로 투표하는 정당명부식 비례대표제가 처음 도입된 선거이기도 했다.

4. 22. [북한] 룡천역 열차 폭발 사고. 평안북도 룡천역에서 열차에 실린 인화성 물질이 폭발해 최소 54명이 죽고 1249명(북한 정부 공식발표)이 부상당했다.

5. 14. 헌법재판소, 대통령 탄핵심판 기각 결정 선고. 헌재는 노무현 대통령이 '선거에서의 공무원의 중립의무를 위반하고 대통령의 헌법 수호의 의무를 위반했지만, 그것이 파면 결정을 할 정도로 중대한 의미를 가진다고 볼 수 없다'고 판시했다. 이에 노무현 대통령은 직무 정지 상태에서 벗어나 대통령 권한을 회복했다.

7. 1. 주5일 근무제 실시. 한 해 전 개정된 〈근로기준법〉에 따라 이날부터 주5일 근무제가 공무원 등 공공부문과 금융·보험업, 1000명 이상 대기업을 대상으로 시행됐다.

9. 3. [이라크 파병] 자이툰 부대, 이라크 아르빌에서 임무 시작.

10. 21. 헌법재판소, 신행정수도건설특별법 위헌 결정. 헌재는 '서울이 우리나라의 수도인 것은 조선시대 이래 600여 년 간 우리나라의 국가생활에 관한 당연한 규범적 사실이 되어' 왔다며 '관습헌법'을 들어 재판관 8대 1의 의견으로 위헌 결정을 내렸다. 이로써 참여정부의 핵심 공약으로 추진됐던 수도 이전 사업은 백지화됐다.

세계

2. 4. [이라크] 연합군임시행정처, 이라크 임시정부에 주권 이양.

2. 4. [미국] 페이스북 출시.

3. 11. [에스파냐] 마드리드 열차 폭탄 테러. 마드리드 통근 열차에 대한 일련의 조직적인 테러 공격으로 191명이 사망하고 1800명 이상이 부상당했다. 알카에다의 영향을 받은 테러리스트에 의한 것으로 추정된다.

3. 29. [불가리아/ 에스토니아/ 라트비아/ 리투아니아/ 루마니아/ 슬로바키아/ 슬로베니아] 북대서양조약기구(NATO) 가입. 이들 국가의 가입으로 NATO는 구소련 국가들도 회원국으로 가지게 됐다.

9. 1. [러시아] 체첸 분리주의 무장단체, 북오세티야 공화국 베슬란 중학교 점거. 무장세력은 1000명이 넘는 어린이, 교사, 학부모를 인질로 잡고 러시아군의 체첸 철수를 요구했다. 이 인질 사건으로 민간인 334명이 목숨을 잃었다.

9. 19. [중국] 장쩌민, 중앙군사위원회 주석직을 후진타오에게 이양. 2002년 당 총서기직, 2003년 국가주석직을 물려받은 후진타오는 이로써 당·군·국가 권력을 모두 행사하게 됐다. 그는 중국의 부상이 아시아와 세계의 안정을 해칠 것이라는 우려를 불식시키기 위해 중국의 이익은 평화적 수단으로만 추구할 수 있다는 점을 강조한 '화평굴기(和平崛起)'라는 외교정책을 시행했다.

11. 2. [미국] 대통령 선거. 조지 더블유 부시가 민주당 도전자 존 케리를 누르고 재선에 성공했다.

11. 7. [미국/이라크] 2차 팔루자 전투 개시. 미국과 이라크 임시정부군이 이라크 반군으로부터 팔루자를 탈환하기 위한 대규모 공세를 시작했다. 4월 1차 전투에 뒤이은 이 전투는 이라크 전쟁에서 가장 피비린내 나는 전투 중 하나였다.

11. 22. [우크라이나] 오렌지 혁명. 이날 새벽 중앙선거관리위원회가 전날 치러진 대선 결선투표 결과 현직 총리 빅토르 야누코비치가 빅토르 유셴코를 누르고 대통령에 당선됐다고 발표했다. 부정선거 의혹이 제기되었고, 시민들은 재투표를 요구하며 대규모 평화시위를 벌였다. 결국 12월 26일 재투표가 실시됐다. 선거 결과 유셴코가 승리했고 이듬해 1월 23일 대통령에 취임한다.

12. 16. 인도양 대형 쓰나미 발생.

12. 31. [대만] 타이베이 101 완공. 완공 당시 세계에서 가장 높은 건물이었다. 높이 509.2m인 이 건물은 대만의 경제 성장과 기술 발전을 상징했다.

↓ 12월 16일, 인도네시아 수마트라 해안에서 쓰나미를 동반한 규모 9.1의 대지진이 발생해 남아시아와 동아프리카의 14개국에서 20만 명이 넘는 사망자가 발생하는 등 엄청난 피해가 있었다.

문화 / 과학·환경 / 스포츠

문화

2. 14 김기덕, 제54회 베를린 국제영화제 감독상 수상. 그는 이날 〈사마리아〉로 감독상을 받은 데 이어, 9월 11일에도 〈빈집〉으로 제61회 베네치아 영화제 감독상을 받았다.

2. 19. 〈실미도〉, 1000만 관객 돌파. 한 해 전 12월 24일 개봉된 강우석 감독의 이 영화가 상영 58일 만에 관객 수 1000만을 넘어서면서 한국 영화의 흥행사가 새로 쓰였다. 현재까지 누적 관객 수 1000만 이상을 기록한 영화는 모두 33편(외국 영화 9편 포함)이다.

4. 3. 일본 NHK, 〈겨울연가〉 지상파 재방송. 배우 배용준이 욘사마 신드롬의 주인공이 되는 등 일본에서 한류의 기폭제가 되었다는 평가를 받고 있다. →

5. 4. 영화진흥위원회, 주말 박스오피스 첫 발표. 영화 입장권 통합전산망과 연동된 집계 자료에 따르면 4월 30일부터 2일까지 주말 3일간 18만 6488명의 관객이 든 류승완 감독의 도시 무협영화 〈아라한 장풍대작전〉이 박스 오피스 정상을 차지했다.

5. 22. 〈올드보이〉, 제56회 칸 영화제 그랑프리(심사위원대상) 수상. 〈복수는 나의 것〉(2002)으로 시작되어 〈친절한 금자씨〉(2005)까지 이어지는 복수 3부작의 두 번째 작품인 이 영화는 '환상적인 누아르 영화'라는 평을 받으며 감독 박찬욱을 거장의 반열로 올려놓았다.

과학·환경

2. 13. 황우석 교수 연구진, 인간배아 복제 및 줄기세포 배양 세계 최초 성공 발표. 이 발표로 그는 세계적인 주목을 받으며 관련 분야에서 독보적인 위상을 구축했지만, 《사이언스》에 게재된 논문이 조작된 것으로 밝혀지며 서울대 교수직에서 파면당하는 등 급격히 추락한다.

6. 21. 스케일드 컴포지트, 유인우주비행 성공. 스페이스십원이 모하비 사막에서 모선인 화이트나이트에 실려 발사되어 지상 3.8km에서 분리된 스페이스십원이 고도 111.6km까지 상승해 몇 분 동안 우주 공간에 머문 후 무사히 귀환했다. 민간이 개발한 유인우주선이 대기권 밖을 비행한 것은 이 우주선이 최초였다.

스포츠

8. 13. [그리스] 아테네에서 제28회 하계 올림픽 개막. 1896년 첫 대회 이후 108년 만에 아테네에서 다시 열린 올림픽이다. 미국의 수영 선수 마이클 펠프스가 여덟 개의 메달(금 6, 동 2)을 목에 걸었다.

8. 29. 여자 핸드볼, 하계 올림픽 은메달. 덴마크를 상대로 19번의 동점을 기록하며 2차 연장까지 가는 접전을 벌이고 승부던지기 끝에 패한 이날 경기는 2008년 영화 〈우리 생애 최고의 순간〉으로도 만들어진다.

10. 24. 미하엘 슈마허, 포뮬러 원 월드 챔피언십 일곱 번째 우승. 이 대회에서 일곱 번 우승한 선수는 그와 영국의 루이스 해밀턴(2020) 둘뿐이다.

12. 26. 하승진, 포틀랜드 트레일블레이저스 입단 계약. 한국인으로는 최초이자 유일하게 NBA 무대를 직접 밟은 선수인 그는 키 221cm로 한국에서 가장 큰 사람이기도 하다.

2004년 풍경

신용불량자 315만명

사각의 모니터는 유리 창문보다 대단해서 못 보여주는 풍경이 없다. 텔레비전, 컴퓨터 등 얼굴보다 엄청 큰 화면이더니 이젠 핸드폰처럼 손바닥에 들어오는 것으로 진화했다. 이 사각의 좁은 문으로 익사할 정도의 너무 많은 정보가 밀려오고 있다. 아, 이제 우리는 모르는 게 없을 정도로 너무 똑똑해진 걸까. 여기 모니터보다 작은 사각의 카드가 있다. 이 카드로 못 긁는 게 없다. 너무 쉽게 발급해 주는 카드, 이로 인한 과잉 소비. 이로 인한 신용불량자의 양산. 은행과 기업의 탐욕이 사람들의 욕망을 은근히 부추겨 빚어낸 일종의 약탈적 대출 사건이었다. "신용이 사라지면, 당신도 사라집니다." 그때의 저 공익광고 카피의 경고는 오늘까지도 길고 짙게 이어져 온다.

1000만 관객 돌파 한국영화

연도	작품
2003	실미도
2004	태극기 휘날리며
2005	왕의 남자
2006	괴물
2009	해운대
2012	도둑들 / 광해, 왕이 된 남자
2013	7번방의 선물 / 변호인
2014	명량 / 국제시장
2015	암살 / 베테랑
2016	부산행
2017	택시운전사 / 신과함께-죄와 벌
2018	신과함께-인과 연
2019	극한직업 / 기생충
2022	범죄도시2
2023	범죄도시3 / 서울의 봄
2024	파묘 / 범죄도시4

이 해에는

책
1. 《해커스 토익》, 데이빗 조
10. 20. 《구름빵》, 백희나
12. 24. 《고래》, 천명관

노래
1. 14. 〈Hug〉, 동방신기
10. 8. 〈It's Raining〉, 비

영화
3. 19. 〈송환〉, 김동원
3. 19. [미국] 〈이터널 선샤인〉, 미셸 공드리
6. 24. [타이] 〈열대병〉, 아핏차퐁 위라세타쿤
10. 15. 〈빈집〉, 김기덕

궂긴 소식
2. 11. 이득수(중세문헌학자)
6. 5. 로널드 레이건(미국의 대통령)
8. 3. 앙리 카르티에 브레송(프랑스의 사진작가)
10. 9. 자크 데리다(프랑스의 철학자)
11. 11. 야세르 아라파트(팔레스타인 자치정부 수반)
12. 28. 수전 손택(미국의 작가)

2005년

황우석 논문 조작 사건

> "사이언스에는 국경이
> 있을 수 없습니다.
> 하지만 사이언티스트에게는
> 조국이 필요합니다."
> ─ 황우석

↑ 황우석 전 서울대 교수가 《사이언스》에 발표한 인간 배아복제 줄기세포 연구 논문이 조작된 것으로 밝혀져 한국 사회에 큰 충격을 주었다. 당시 국민적 영웅으로 떠오른 황우석 교수 연구팀이 11개의 맞춤형 줄기세포를 만들었다고 주장했으나, 실제로는 이 줄기세포들이 처음부터 존재하지 않았던 것으로 드러났다. 이 사건은 과학계의 윤리 문제와 한국 사회의 맹목적 영웅 숭배를 돌아보게 만들었다.

난자 185개로부터 11개의 환자맞춤형 체세포 복제 줄기세포주를 확립하였다고 보고한 2005년 Science 논문의 진위에 대해… 논문에는 7개의 세포주에 대하여 테라토마가 형성된 것으로 보고하고, 추후 이것을 다시 3개로 정정하였으나, 사실은 2, 3번 2개의 세포주에 대해서만 테라토마 형성이 확인됐다.

이상의 사실들로 미루어 볼 때, 2005년 Science 논문의 데이터들은 단순한 실수에 의한 오류로 볼 수 없고, 2개의 세포주에서 얻어진 결과를 11개로 불려서 만들어낸 고의적인 조작으로 볼 수밖에 없다. 연구데이터의 진실성이 과학을 떠받치는 기반임을 상기할 때, 이와 같은 잘못은 과학의 기반을 훼손하는 중대한 행위로 판단된다.
─ 서울대 조사위원회 중간조사결과 발표(12월 13일)

대한민국

1. 9. 통일부, 한국거주 탈북자의 명칭을 새터민으로 바꾼다고 발표.

1. 14. 일본 시마네현 의회, 다케시마 조례안 가결. 1905년 2월 22일 독도를 일본 시마네현으로 편입 고시한 것을 기념해 매년 2월 22일을 다케시마의 날로 정한다는 내용이었다. 한편 한국에서는 2000년 민간단체인 독도수호대가 1900년 10월 25일 대한제국 황제 고종이 독도를 울릉도의 부속 섬으로 제정한 날을 기념해 독도의 날을 제정하기는 했지만, 아직 정부의 공식 기념일로는 지정되지 않았다.

2. 3. 헌법재판소, **호주제 헌법 불합치** 결정. 헌재는 '호주제는 혼인과 가족생활 당사자의 복리나 선택권을 무시한 채 가족의 유지와 계승이라는 관념에 뿌리박은 특정한 가족관계의 형태를 법으로써 일방적으로 규정하고 강요하는 것'이라며 위헌 판결을 내렸다. 여성이고 야당인사의 아내라는 이유로 판사 임용이 거부된 대한민국 최초의 여성변호사 이태영이 1953년 가족법 개정운동을 벌이기 시작한 지 반 세기가 넘게 지난 후에야 내려진 판결이었다. 호주제는 2007년 가족관계등록제가 실시되면서 완전히 폐지되었고, 자녀가 아버지의 성 대신 어머니의 성을 따를 수도 있게 됐다.

2. 10. [북한] 핵무기 보유 및 6자회담 불참 발표.

3. 2. 행정도시 특별법 국회 통과. 재정경제부·교육부·기획예산처 등 49개 기관을 연기·공주 지역으로 이전한다는 내용의 신행정수도 후속대책을 위한 연기·공주지역 행정중심 복합도시 건설을 위한 특별법안이 야당의원들의 극심한 반대 속에 표결로 통과됐다.

6. 23. 여성부, 여성가족부로 개편됨.

7. 21. MBC, 안기부 불법 도청 보도. 이 보도로 일명 '안기부 X파일' 사건이 시작됐다.

8. 12. 매향리 사격장 폐쇄. 일명 쿠니사격장이 이날 낮 12시부터 미 공군 전투기 폭격 및 사격훈련이 전면 중단됐다.

8. 31. 정부, 부동산 종합대책 발표. 부동산 시장의 투기적 수요를 억제하고, 서민 주거 안정을 도모하기 위해 보유세, 양도세, 거래세 등의 세제를 강화하고, 공공택지 및 중대형 아파트 공급을 확대, 송파신도시 개발 등을 골자로 하는 부동산 시장 안정화 대책이었다.

10. 1. 서울시, 청계천 복원사업 완공. 이명박 서울시장의 지휘하에 2002년 7월 착공한 청계천 복원사업이 완공돼 이날 처음으로 시민들에게 공식 개방됐다. 1958년 청계천이 콘크리트로 덮인 이후 47년 만의 복원이었다.

10. 19. 평화의 댐 2단계 공사 완공. 착공한 지 18년 만이었다.

11. 18. 부산 아시아·태평양경제협력체(APEC) 정상회의 개막.

11. 23. 쌀 관세화 유예협상 비준동의안, 국회 통과. 쌀 시장 완전개방을 10년 더 미루는 대신 2005년부터 의무적으로 수입해야 할 외국쌀의 양을 늘리는 내용의 동의안이었다.

← 7월 21일 MBC 이상호 기자가 1997년 제15대 대선을 앞두고 삼성그룹이 검사들에게 떡값 명목으로 삼성그룹 회장 비서실장 이학수와 홍석현 중앙일보 사장이 금품로비를 논의하는 내용이 담긴 녹음 테이프를 입수해 보도했다. 국가안전기획부가 불법도청을 한 테이프였다. 뇌물을 받은 일명 떡값 검사들의 실명은 공개되지 않았다. 8월 18일 민주노동당 의원 노회찬이 '안기부 X파일' 관련 보도자료를 통해 검사 7명의 실명을 공개했다.

세계

1. 20. [미국] 제43대 대통령 조지 더블유 부시, 두 번째 임기 시작.

3. 14. [중국] 〈반국가분열법〉* 제정. 이날 전국인민대표대회에서 통과된 후 후진타오 주석이 서명하면서 즉시 시행한 이 법은 "'타이완 독립' 분열세력이 국가를 분열시키려는 것을 반대, 저지"하기 위해 제정됐다. "지구상에는 단 하나의 중국만이 있을 뿐"이라며 하나의 중국 원칙을 재확인했다. 그리고 이를 위해서 "국가는 비평화적 방식 및 기타 필요한 조치를" 취할 수 있다고 명시했다. 이 법의 통과는 양안 관계 악화와 타이완 내 반발을 초래했고, 중국 경제에도 영향을 미쳤다.

4. 19. [바티칸] 교황으로 요제프 라칭거 선출. 2일 교황 요한 바오르 2세가 선종했다. 18일 후임을 선출하기 위한 콘클라베가 열렸고, 다음날인 19일 독일 출신의 신앙교리성상 장관인 라칭거가 새 교황으로 선출됐다. 라칭거는 베네딕토 16세를 자신의 교황명으로 선택했다.

4. 23. [미국] 유튜브에 첫 동영상이 업로드됨.

8. 29. [미국] 허리케인 카트리나, 남동부 해안 지대 강타. 멕시코만 연안에 상륙한 이 허리케인은 루이지애나주를 중심으로 1000명 이상의 사망자와 1000억 달러 이상의 재산 피해를 입히는 등 미국 역사상 가장 파괴적인 허리케인 중 하나로 기록됐다.

11. 8. [프랑스] 자크 시라크 대통령, 수도권에 비상사태 선포. 10월 27일, 파리 외곽 방리유 지역*에서 경찰의 검문에 쫓기던 북아프리카계 청소년 둘이 변전소로 피했다가 감전 사했다. 이 소식에 분노한 청년들이 차량을 불태우고 상점을 공격하면서 경찰과 충돌했다. 소요사태는 11월 초 프랑스 전역으로 확산됐다. 결국 정부는 비상사태를 선포하고 대규모 경찰력을 동원했다. 17일, 소요가 진정되기까지 3주 동안 세 명이 사망하고 2921명이 체포됐다. 실업과 빈곤에 시달리는 프랑스 내 이민자들이 직면한 계급문제와 인종문제가 중첩돼 발생한 사태였다.

11. 22. [독일] 앙겔라 메르켈, 총리로 선출됨. 독일 최초의 여성 총리이자 동독 출신 총리였다.

12. 14. 동아시아정상회의(EAS) 출범. ASEAN(인도네시아 등 10개국), ASEAN+3(한국, 중국, 일본)과 오스트레일리아, 뉴질랜드, 인도 정상이 말레이시아 쿠알라룸푸르에서 첫 정상회의를 열고 동아시아 공동체 창설을 위해 노력할 것을 약속했다.

문화 / 과학·환경 / 스포츠

문화

2. 20. 겨레말큰사전 공동편찬 위원회 결성. 1989년 평양을 방문한 문익환 목사가 김일성 주석과 통일국어사전을 편찬하기로 한 합의에서 출발한《겨레말큰사전》편찬 사업은 이날 남과 북의 편찬위원들이 금강산에 모여 공동편찬 위원회 결성식을 가짐으로써 본격적으로 시작됐다.

10. 28. 국립중앙박물관, 신축 이전 개관. 1993년, 기존에 박물관으로 이용 중이던 중앙청(옛 조선총독부 청사) 철거가 결정된 것을 계기로 서울 용산에 신축된 국립중앙박물관은 소장 유물 150만여 점에 상설 전시 유물만 1만여 점을 넘는 한국 최대 박물관으로 자리잡았다.

과학·환경

1. 1. 유럽연합 배출권거래제(ETS) 시작. EU ETS는 세계 최대의 탄소배출권 거래제도이다. 배출권거래제는 한국에서는 2015년에 처음 도입된다.

1. 14. 우주탐사선 하위헌스, 타이탄 착륙. 카시니-하위헌스 임무의 일환으로 1997년 10월 발사된 이 탐사선은 약 7년의 비행 끝에 카시니 궤도선에서 분리되어 토성의 위성인 타이탄에 착륙했다. 타이탄에 착륙한 최초의 우주선이자 지구에서 가장 먼 곳에 착륙한 우주선이 됐다.

스포츠

6. 24. 박지성, 맨체스터 유나이티드로 이적. PSV 에인트호번에서 맨유로 이적한 박지성은 잉글리시 프리미어 리그에 진출한 최초의 한국 선수였다. 그는 맨유에서 7시즌 동안 205경기에 출전해 27골을 기록하고, 프리미어 리그 4회, UEFA 챔피언스 리그 1회 우승을 차지하며 팀의 전성기를 함께한다.

7. 24. 랜스 암스트롱, 투르 드 프랑스 7년 연속 우승. 난치병인 고환암을 극복하고 이룬 대기록이었다. 이는 많은 사람들에게 감동과 희망을 주며 '인간 승리'의 대명사로 칭송받았다. 그러나 2012년 도핑 위반을 사유로 1998년 이후의 모든 기록이 삭제되고, 사이클계에서도 영구 제명되는 치욕을 겪는다.

11. 8. [러시아] 옐레나 이신바예바, 여자 장대높이뛰기 5m 장벽 돌파. 그는 핀란드 헬싱키에서 열린 제10회 세계육상선수권대회에서 그는 5.01m를 기록했다. 2위와의 격차가 무려 41cm였다. 그는 2003년 첫 세계기록을 세운 후 2009년(5m 06, 현재 세계기록)까지 무려 17개의 세계기록을 세웠다.

◀ 4월 23일 '동물원에서 나를'라는 제목의 동영상이 유튜브에 업로드됐다. 유튜브의 공동 창업자인 자베드 카림이 샌디에이고 동물원의 코끼리 옆에 서 있는 모습이 담긴 19초 분량의 이 짧은 동영상은 온라인 콘텐츠 공유와 디지털 마케팅에 혁명을 일으킬 플랫폼으로 자리잡는 시작점이 됐다. 베타 서비스 개시 당시 일 방문자 수가 3만 명에 불과했지만, 빠르게 성장해 출범 6개월 만에 일 방문자 수 200만 명 이상을 기록하는 웹사이트로 발전했다. 이듬해 10월 구글은 유튜브를 16억 5천만 달러에 인수하기로 합의했다. 현재 유튜브에서 가장 많은 조회수를 기록한 동영상은 한국의 더핑크퐁컴퍼니가 올린 〈아기상어 체조〉로 조회수가 무려 150억 회(2024년 11월 기준)를 넘는다.

2005년 풍경

독도는 지금도 거친 파도를 이기며 바다 위로 돌올하게 드러나 있다. 해발이 무려 '동도 98.6m / 서도 168.5m'에 이르는 위대한 높이다. 수많은 철새들의 낙원은 물론 다양한 식물들과 곤충들이 어울려 살고 있지만, 대나무는 한 그루도 없다. 두 개의 본섬과 89개의 부속 도서는 지금도 대한민국이 확실하게 실효적으로 지배하고 있다. 이는 돌이킬 수 없는 불가역적이고도 역사적인 사실이다. 독도를 한반도에서 떼내려면 대한민국 국민들의 가슴가슴에서 도려내어 가져가야 할 것이다. 그러기 전에는 어림 반푼어치도 없다는 게 한국인들의 확고한 마음이다. 이 자리에서 독도를 호명하는 건 까닭이 있다. 이 해에 일본 시마네현이 다케시마(라고 쓰지도 말아야겠지만 어쩔 수 없이 여기에만 한번 표기하기로 하자)의 날을 제정했기 때문이다. 그랬거나 말았거나 그건 그들의 일, 콧방귀도 아깝다. 우리의 독도는 오늘도 지금도 동해에서 안녕하게 잘 있다.

독도(獨島)

동도, 서도 등 91개 섬으로 이루어짐

위치	북위 37도 14, / 동경 131도 52
행정구역	대한민국 경상북도 울릉군 울릉읍
관할 경찰	경상북도 경찰청 독도경비대
우편번호	40240
총면적 울릉도에서 거리	187544m² 87.4km
최초 거주자	최종덕(1965년 3월)

이 해에는

책
- 2. 28. 《미실》, 김별아
- 3. 15. 《사랑하라 한번도 상처받지 않은 것처럼》, 류시화
- 4. 18. 《우리들의 행복한 시간》, 공지영
- 6. 30. 《유림》, 최인호
- 9. 8. 《지도 밖으로 행군하라》, 한비야
- 11. 7. 《페미니즘의 도전》, 정희진

노래
- 10. 4. 〈Fly〉, 에픽하이

영화
- 7. 17. [미국] 〈미 앤 유 앤 에브리원〉, 미란다 줄라이
- 12. 29. 〈왕의 남자〉, 이준익

궂긴 소식
- 1. 17. 자오쯔양(중화인민공화국의 총서기)
- 4. 2. 교황 요한 바오로 2세
- 4. 13. 장명부(야구 선수)
- 4. 25. 고우영(만화가)
- 9. 24. 정운영(경제학자)
- 10. 22. 연형묵(북한의 정치인)
- 10. 24. 로자 파크스(미국의 민권운동가)

2006년

북한 핵 실험 강행

"우리는 온갖 도전과 난관을 과감하게 뚫고 우리 식대로 조선반도 비핵화를 반드시 실현하기 위해 노력할 것이다."
—〈북한 외무성 핵실험 발표 성명〉, 10월 3일.

↑ 10월 9일, 북한이 함경북도 길주군에서 첫 번째 핵 실험을 전격 단행했다. 이는 국제사회에 큰 충격을 주었으며, 북한은 이를 통해 사실상 9번째 핵보유국이 되었다고 주장했다. 비록 폭발력이 1킬로톤 정도로 다른 국가들의 첫 핵 실험에 비해 작았지만, 이 사건은 한반도와 동북아 지역의 안보 구도를 크게 변화시키는 계기가 됐다.

↓ 2월 3일, 노무현 정부는 미국과의 FTA 협상 개시를 선언하며 한국 경제의 새로운 도약을 꿈꿨다. 이를 위해 정부는 '의약품 가격 인하조치 중단', '자동차 배기가스 기준 완화', '쇠고기 수입재개', '스크린쿼터 축소'라는 미국의 4대 선결조건을 사전에 수용하는 파격적인 행보를 보였다. 그러나 이 결정은 "정치적 손해를 무릅쓰고 내린 결단"이라고 노무현 대통령 스스로 평가할 만큼 국내에서 큰 논란을 불러일으켰으며, 한미 FTA를 둘러싼 찬반 논쟁은 한국 사회 전반에 걸쳐 뜨겁게 펼쳐졌다.

온 나라 전체 인민이 사회주의 강성대국 건설에서 일대 비약을 창조해 나가는 벅찬 시기에 우리 과학연구부문에서는 주체95(2006)년 10월 9일 지하핵시험을 안전하게 성공적으로 진행하였다. 과학적 타산과 면밀한 계산에 의하여 진행된 이번 핵시험은 방사능 유출과 같은 위험이 전혀 없었다는 것이 확인됐다. 핵시험은 100% 우리 지혜와 기술에 의거하여 진행된 것으로서 강력한 자위적 국방력을 갈망해온 우리 군대와 인민에게 커다란 고무와 기쁨을 안겨준 역사적 사변이다. 핵시험은 조선반도와 주변 지역의 평화와 안정을 수호하는 데 이바지하게 될 것이다.
— '핵시험 성공적 진행', 조선중앙통신 보도 전문, 10월 9일

대한민국

1. 18. 노무현 대통령, 신년연설. '우리 경제의 미래를 위해서 미국과도 자유무역협정을 맺어야 한다'고 밝혔다. 자신을 지지하는 세력의 반대가 뻔한 정책을 그처럼 단호하게 결심할 줄은 아무도 몰랐다.* 그의 한미 FTA 협상 추진 발표에 지지세력들은 일제히 반발했다.

2. 3. 한미 자유무역협정(FTA) 협상 공식화. 이해 6월 공식 본협상을 시작한다.

3. 24. 정진석, 가톨릭 추기경에 서임됨.

4. 3. 노무현 대통령, 제주 4·3사건 위령제 참석. 국가원수로는 처음이었다.

4. 15. 한미 FTA 저지 범국민운동본부, 제1차 한미 FTA 저지 범국민 대회 개최.

4. 21. 서해 새만금 방조제 완공. 1991년 착공되어 갯벌 훼손 등 환경 관련 논란과 소송으로 중단과 재개를 반복하며 15년 만에 완공된 이 방조제는 전북 군산시에서 부안군까지 이어지며 길이 33km로 세계에서 가장 긴 방조제이다.

5. 4. 경찰, 평택 미군기지 이전 반대 시위대 강제 해산. 경찰과 국방부는 미군기지 확장이전 지역 안에 있는 경기도 평택시 팽성읍 대추리 대추분교에 대한 강제퇴거(행정대집행)와 철조망 설치 작업에 착수했다. 이에 삶의 터전을 내어줄 수 없다며 저항하는 주민, 평화운동활동가 등과 경찰 간의 물리적 충돌이 발생했다. 국방부는 이날 하룻만에 팽성읍 일대 285만 평 전체를 에워싸는 총길이 29km의 철조망을 설치했다. 시위 진압에 군인까지 동원된 이날 충돌로 총 137명의 부상자가 생겼다. 이듬해 2월 대추리 주민들은 정부의 이주 대책에 합의한다.

5. 31. 제4회 전국동시지방선거 실시. 한나라당이 광역 단체장 16명 중 12명을 차지하는 압승을 거뒀다. 반면 여당인 열린우리당은 전라북도 단 한 곳만을 건지는데 그치는 처참한 패배를 맛봤다. 가장 큰 관심을 모은 서울시장에는 한나라당의 오세훈이 열린우리당의 강금실을 누르고 당선됐다.

7. 1. 제주특별자치도 출범. 북제주군과 남제주군이 제주시와 서귀포시에 각각 통합되어 2개 시 체제가 됐다.

8. 18. 친일반민족재산조사위원회 출범.

10. 9. **북한, 핵 실험 성공 발표.** 오전 10시 35분 북한은 함경북도 길주군 풍계리에 있는 핵 실험장에서 1차 핵 실험을 한 후, 조선중앙통신, 평양방송, 조선중앙텔레비죤 등을 통해 "지하 핵시험을 안전하게 성공적으로 진행"했다고 발표했다.

10. 13. 반기문, 제8대 유엔 사무총장에 선출됨. 반미 성향이 강한 전임 코피 아난 사무총장(가나)과 갈등을 빚던 미국의 부시 행정부가 찾던 관료라는 평가를 받기도 했다. 2011년 연임에 성공한 그는 2016년 퇴임 후, UN 사무총장 경력을 바탕으로 대선 도전을 시도하다 중도 포기한다.

10. 20. 한미안보협의회(SCM), 전작권 전환 시기 합의. 이날 미국 워싱턴에서 열린 제38차 회의에서 한미 양국은 2009년 10월 15일에서 2012년 3월 15일 사이에 전시 작전통제권을 대한민국으로 전환한다는 데 합의했다.

10. 31. 북한, 6자 회담 복귀 선언. 북한, 미국, 중국 3개국은 이날 베이징에서 수석대표 비공식 회동을 갖고 1년 가까이 중단된 6자회담을 빠른 시일 내에 다시 열기로 합의했다. 회담은 12월 18일에 재개된다.

세계

1. 1. [러시아/우크라이나] 러시아, 우크라이나에 천연가스 공급 중단. 유럽연합으로 수출되는 러시아 가스의 약 80%가 우크라이나 영토를 가로지르는 가스관을 통과하는 상태에서 러시아의 이런 조치는 국제 유가를 상승시키는 요인으로 작용하며 러시아의 천연자원 무기화에 대한 우려를 낳았다. 당시 공급 중단의 이유는 표면적으로는 가격 분쟁이었지만, 우크라이나의 친서방 노선에 대한 경고의 의미가 강했다. 러시아의 가스 공급 중단은 이후로도 여러 차례 반복된다.

1. 22. [볼리비아] 에보 모랄레스, 대통령 취임. 볼리비아 최초의 원주민 대통령이 된 그는 석유와 가스 자원을 국유화하는 등 일련의 사회주의적 정책을 펼친다.

1. 25. [팔레스타인] 총선. 이스마일 하니야가 이끄는 하마스가 132석 중 74석을 차지하며 파타당을 누르고 다수당이 됐다. 팔레스타인 영토는 서안 지구와 가자 지구로 나뉘었고 파타 행정부와 하마스 의회로 분열된 정부하에 놓이게 됐다. →

3. 21. [미국] 잭 도시, 첫 트윗 메시지 올림. 트위터 창업자인 그가 올린 첫 메시지는 '방금 내 트위터를 설정함'이었다. 이 소셜 네트워크 서비스(SNS)는 2017년 280자로 늘어나긴 했지만 초창기에 글자수를 140자로 제한했고 덕분에 사용자들은 전하고 싶은 메시지를 큰 부담감 없이 짧게 자주 보낼 수 있었다. 덕분에 사용자수는 폭발적으로 늘어난다. 2022년 일론 머스크가 인수하고, 이듬해 7월 서비스 명칭을 X로 바꾼다.

7. 12. [레바논/이스라엘] 이날 오전 헤즈볼라가 이스라엘 병사 두 명을 납치하자, 이스라엘이 이에 대한 대응으로 레바논 내 공항 등을 공습했다. 전쟁은 한 달 넘게 이어지며 이스라엘에서 100명, 레바논에서 1000명이 넘는 사망자가 발생했다.

9. 19. [타이] 군부 쿠데타 발생. 손티 분야랏끌린 육군참모총장이 주도한 군부 쿠데타로 탁신 친나왓 정권이 전복됐다. 쿠데타 당시 탁신 총리는 유엔 총회 참석차 미국을 방문 중이었고, 쿠데타는 당시 정권의 부정부패 의혹에 분노한 반탁신파 시민들의 지지를 받았다

10. 9. [미국] 구글, 유튜브 인수. 인수가는 16억 5천만 달러였다.

↓ 국제천문학연맹(IAU)이 명왕성의 작은 크기와 궤도에 다른 유사한 천체 발견으로 인해 명왕성을 행성에서 "왜소 행성"으로 재분류했다.

문화 / 과학·환경 / 스포츠

문화

5. 6. MBC, 〈무한도전〉 독립 프로그램으로 편성. 한 해 전 예능 프로그램인 〈토요일〉의 한 코너인 '무모한 도전'으로 출발해 독립한 이 프로그램은 13년간 방영되며 '국민 예능'이란 수식어까지 붙으며 하나의 브랜드로까지 자리한다. MC인 유재석은 '유느님'이란 별명까지 얻으며 예능 1인자로 자리를 굳힌다.

과학·환경

6. 8. [미국] 식품의약국(FDA), 인간 유두종 바이러스(HPV) 백신 승인. 자궁경부암을 예방하도록 설계된 최초의 백신인 가다실을 승인했다. 이는 예방의학에서 큰 진전을 이루었으며 전 세계적으로 많은 사망자를 낸 암의 발생률을 크게 줄일 수 있는 수단을 제공했다.

8. 24. 명왕성을 왜소 행성으로 재분류. 국제천문학연맹(IAU)이 행성의 구성 요소를 공식적으로 재정의했다. 이로써 명왕성은 '왜소 행성'으로 재분류되어 태양계의 공식 행성 수가 여덟 개로 줄었다.

스포츠

2. 10. [이탈리아] 토리노에서 제20회 동계 올림픽 개막.

3. 3. 첫 월드 베이스볼 클래식 개막. 일본 도쿄 돔에서 첫 경기가 열린 이 대회에는 16개국이 참가했고, 미국 샌디에이고 펫코 파크에서 열린 결승전에서는 일본이 쿠바를 꺾고 우승을 차지했다. 대한민국은 3위를 했다.

6. 9. [독일] 제18회 FIFA 월드컵 개막. 이탈리아가 프랑스를 1-1 무승부 후 승부차기 끝에 이겼다. 대회 통산 네 번째 우승이었다. 한국은 1승 1무 1패로 조별리그에서 탈락했고, 북한은 지역 예선에서 탈락했다.

12. 1. [카타르] 도하에서 제15회 아시안 게임 개막. 아시아올림픽평의회(OCA)의 모든 회원국이 참가한 첫 대회였다. 한국의 박태환이 수영 3관왕에 올랐다.

12. 16. 김연아, 피겨스케이팅 그랑프리 파이널 우승. 그랑프리 1~6차 대회 합산 성적 상위 여섯 명만 참가할 수 있는 이 대회에서 그는 '일본의 아사다 마오를 5.98점 차로 누르고 우승을 차지했다. 한국인 선수로는 최초의 우승이었다. 대회는 러시아 상트페테르부르크에서 열렸다.

2006년 풍경

휴전선이 북한의 가장 따뜻한 쪽과 남한의 가장 추운 쪽이 맞닿은 곳이라면 판문점은 남과 북의 울퉁불퉁한 힘들이 접촉하며 일합을 겨루는 묘한 공간이다. 노자가 말한 '소국과민(小國寡民, 작은 나라에 적은 백성)'에 '계구지성상문(鷄狗之聲相聞, 닭과 개 짖는 소리 서로 들림)'에 어울리는 작고 평화로운 마을, 판문점이 한국전쟁의 휴전 협상을 거치면서 세계적으로 그 이름을 널리 알렸다. 이곳은 겉으로 기이한 평화를 유지하고 있으나 언제 터질지 모르는 팽팽한 긴장이 미루나무 가지 끝마다 잠복하며 대치한다. 아무도 함부로 가지 못할 금단의 장소, 무시무시한 마을로 여겨지기도 했으나 이젠 영화나 소설 등의 무대로 소개되어 많이 친근해지기도 했다. 태풍의 눈이 정작 잠잠하듯, 이념과 체제가 맞부딪히는 고요한 판문점. 인간의 키를 훌쩍 뛰어넘는 기압골을 따라 부드러운 바람은 불고 그보다 더 높은 곳에서 따뜻한 햇살은 내리쬔다. 이 순간 안녕한가. 판문점의 북한 경비병이 망원경으로 남쪽을 오늘도 살피고 있다. 아마 남한 경비병도 북쪽을 살피고 있을 것이다.

태양계의 행성들

수성	태양에서 가장 가까운 행성이다.
금성	가장 뜨겁고 밝은 행성이다. 대기의 평균 온도가 464°C이다.
지구	생명이 사는 유일한 행성이다. 표면의 71%가 물로 덮여 있다.
화성	붉은색 행성이다. 극지방에 얼음 형태의 물이 존재한다.
목성	가장 큰 행성이다.
토성	행성 주위에 고리가 있다. 지구에서 비교적 선명하게 볼 수 있는 가장 먼 행성이다.
천왕성	가장 차가운 행성이다. 대기의 평균 온도가 -224°C이다.
해왕성	공전 주기가 지구 기준 무려 약 165년이다.
명왕성	가장 작은 행성이었다. 2006년 태양계의 공식 행성에서 제외됐다.

이 해에는

책
- [미국] 《부의 미래》, 앨빈 토플러·하이디 토플러
- **3. 6.** 《아내가 결혼했다》, 박현욱
- **6. 28.** 《시골의사의 부자경제학》, 박경철

영화
- **5. 18.** 〈가족의 탄생〉, 김태용
- **7. 27.** 〈괴물〉, 봉준호
- **10. 11.** [에스파냐·멕시코] 〈판의 미로〉, 기예르모 델 토로

궂긴 소식
- **1. 29.** 백남준(한국계 미국의 미술가)
- **3. 11.** 김형곤(코미디언)
- **4. 11.** 신상옥(영화 배우, 감독)
- **10. 22.** 최규하(대한민국의 대통령)
- **10. 26.** 김일(레슬링 선수)
- **11. 16.** 밀턴 프리드먼(미국의 경제학자)
- **12. 10.** 아우구스토 피노체트(칠레의 대통령)
- **12. 30.** 사담 후세인(이라크의 대통령)

2007년

이명박, 대통령 당선

↑ 12월 19일 실시된 제17대 대통령 선거에서 한나라당의 이명박 후보가 48.67%의 득표율로 당선됐다. 그는 호남권을 제외한 전 지역에서 높은 득표율을 기록하며 압도적인 승리를 거두었다. 10년 만에 보수정당이 정권을 되찾은 것이었다. 이명박 후보의 당선은 노무현 정부에 대한 심판 성격이 강했으며, 경제 회복에 대한 국민들의 기대가 반영된 결과로 볼 수 있다.

> "대한민국 747을 향한 도전을 시작합시다"
> — 이명박

일류국가의 비전은 '대한민국747'을 통해 달성됩니다. 연 7% 경제성장으로 300만 개의 일자리를 창출하고, 10년 내 4만 달러 소득을 달성하여, 10년 내 세계 7대 강국으로 올라서겠습니다. 이를 위해 세금은 줄이고, 규제는 풀고, 법질서를 세우겠습니다.

다음 정부는 실천하는 '실용정부'여야 합니다. 국민을 위해 더 많은 서비스를 하는 도우미 정부, 예산을 절감하는 효율적인 실용정부를 만들겠습니다. 정부조직을 시대에 맞게 전면적으로 혁신하겠습니다. 규제를 혁파하겠습니다. 공기업을 효율화하고 민영화할 수 있는 것은 민영화하겠습니다. 기금을 개혁하겠습니다.

경쟁이 보장되는 자율적인 시장을 만들어야 합니다. 신성장동력을 창출하여 기업경쟁력을 강화하고, 투자 활성화를 통해 일자리를 창출하겠습니다. 대기업만이 아니라 중소기업과 자영업이 강한 나라, 지역 경제가 활기찬 나라를 만들겠습니다.

— 17대 대통령선거 한나라당 정책공약집

대한민국

4. 2. 한미 자유무역협정(한미 FTA) 타결. 한 해 전 2월 협상을 개시한 지 14개월 만이었다. 그러나 수차례의 추가 협상과 양국 정부 비준을 거쳐 5년 후인 2012년 3월에야 발효된다.

5. 11. 검찰, 김승연 한화그룹 회장 구속. 그는 자기 아들이 클럽에서 폭행당한 것에 대한 보복으로 경호원들을 동원해 가해자로 지목된 클럽 종업원들을 청계산으로 끌고 가 쇠파이프 등으로 폭행했다. 조직폭력배와 경찰들을 동원해 사건을 무마하려 시도했음이 밝혀졌음에도 2심에서 징역 1년 6월에 집행유예 2년, 200시간의 사회봉사 명령을 받고 풀려났다.

5. 25. 〈장애인 등에 대한 특수교육법〉 제정. '장애를 이유로 입학의 지원을 거부하거나 입학전형 합격자의 입학을 거부하는 등 교육기회에 있어서 차별을 하여서는 아니 된다'는 원칙이 명시됐다. 이로써 최소한 입학시험에서 만큼은 장애인의 지원을 제한하지 못하게 됐다.

7. 11. 동국대학교, 신정아 교수 박사학위 위조 사실 발표. 광주비엔날레 예술감독이자 동국대 교양교육원 조교수인 그의 예일대 미술사학과 박사학위가 허위임이 드러났다. 이 파문은 우리 사회에 학력 검증 열풍을 몰고 오고, 한 달 여 뒤 청와대 정책실장이 연루된 권력형 비호 스캔들로도 번진다.

7. 19. 샘물교회 교인들, 아프가니스탄 탈레반에 납치됨. 선교활동을 위해 아프가니스탄을 방문한 분당 샘물교회 교인 23명이 탈레반에 납치됐다. 당시 아프가니스탄은 정부에 의해 여행제한 국가로 지정되어 있었다. 42일간의 납치 기간 동안 배형규 목사와 심성민 씨가 살해되었고, 나머지 21명은 단계적으로 석방되어 8월 31일까지 모두 풀려났다. 무분별한 해외 선교활동이 빚은 비극이었다.

7. 25. 코스피 지수, 종가기준 2000포인트 돌파.

10. 4. 〈남북관계 발전과 평화번영을 위한 선언〉 발표. 2일 걸어서 군사분계선을 통과해 북한을 방문한 노무현 대통령은 이튿날 김정일 국방위원장과 남북정상회담을 한 후 이날 남북 양측은 6·15 남북 공동선언에 기초해 남북의 '평화와 번영'을 목표로 하는 선언문을 채택했다. 6·15 남북 공동선언에 기초한 이 선언에는 서해평화협력지대 설치 등 평화를 정착시키고 각 분야의 교류협력을 발전시키는데 필요한 조치들을 담고 있다. 10·4 선언이라고도 불린다.

10. 29. 김용철, 삼성그룹 비자금 운용 폭로. 전직 삼성그룹 법무팀장인 그는 삼성이 비자금 조성을 위해 사용한 임직원 명의의 차명계좌가 1000여 개에 이르며 자신이 그중 50여억 원을 관리해 왔다고 양심선언을 했다. 이를 계기로 이듬해 1월 삼성비자금의혹관련특별검사팀이 꾸려져 수사에 들어간다.

12. 19. 제17대 대통령 선거. 서울시장 출신 한나라당 이명박 후보가 대통합민주신당의 정동영 후보를 큰 차이로 누르고 당선됐다. 무소속으로 재도전한 이회창은 3위를 했다. 보수정당이 10년 만에 정권교체를 이뤘다.

12. 29. 국회, 파병연장 동의안 가결(2008년 말 철군 조건부 파병 연장).

← 12월 7일 충청남도 태안 앞바다에서 원유 유출 사고가 발생했다. 홍콩 선적 유조선 허베이 스피리트호와 삼성중공업의 해상 크레인이 충돌해 원유 1만 2543㎘가 유출되어 태안반도 일대는 물론 철새 도래지인 천수만을 위협할 정도로 확산됐다. 국내에서 발생한 최대 규모의 해양오염 사고였다.

세계

1. 1. [불가리아/루마니아] 유럽연합(EU) 가입. 이로써 유럽연합 회원국은 25개국에서 27개국으로 늘어났다.

1. 10. [미국] 조지 더블유 부시 대통령, 이라크 미군 증파 발표. 이 결정은 이라크 전쟁에서 미국의 전략에 큰 변화를 가져오며 갈등에 지속적인 영향을 미친다.

4. 2. [미국] 뉴센추리 파이낸셜, 파산 신청. 대표적인 '비우량 주택담보대출(서브프라임 모기지)' 업체인 뉴센추리 파이낸셜의 파산 신청은 서브프라임 모기지 사태의 시작을 알리는 신호탄이었다. 위기는 상호 연결된 여러 요인의 결과였지만, 가장 큰 원인은 정부의 금융규제 완화에 따라 한 해 전 정점을 찍은 미국 주택시장의 붕괴였다. 붕괴는 베어스턴스, 리먼 브라더스 등의 몰락으로 이어지며 2012년까지 전 세계를 강타한 경제불황을 촉발한다.

6. 14. [팔레스타인] 하마스, 가자 지구 장악. 하마스 무장 세력이 라이벌 파타흐 세력으로부터 가자 지구를 장악했다. 팔레스타인의 정치적 분열이 심화됐다.

6. 27. [영국] 고든 브라운, 총리 취임. 토니 블레어의 10년이 끝나고 영국 정치의 새로운 시대가 열렸다.

6. 29. [미국] 애플, 아이폰 출시. 74일 만에 100만 대가 팔릴 정도로 돌풍을 일으켰다.

7. 19. 인도 대통령 선거. 이 선거로 라자스탄 주지사이자 집권 연정인 통일진보동맹(UPA) 후보인 프라티바 파틸이 당선됐다. 인도 최초의 여성 대통령이었다.

8. 15. [미얀마] 반정부 시위 발생. 정부의 연료보조금 폐지 등에 항의해 시민들이 거리로 나와 시위를 벌였다. 이에 군사정권은 병력을 동원해 이들을 구타하고 체포하기 시작했다. 이후 시위는 승려들의 참여로 크게 확산됐고, 9월 26일 군인과 경찰이 시민들을 향해 발포해 시위를 진압했다. 시위를 주도한 승려들의 옷 색깔 때문에 사프란 혁명이라고도 불리는 이 항쟁기간 동안 군경의 무자비한 진압으로 수백 명이 목숨을 잃은 것으로 추정된다.

12. 13. 리스본 조약 조인. 유럽연합 지도자들이 EU를 개혁하기 위해 포르투갈 리스본에 모여 조약에 서명했다. 회원국의 비준을 받아 2009년 12월 1일 조약이 발효됨에 따라 6개월에 한번씩 교체되는 비상임 순번제 의장 대신 임기 2년 6개월의 상임의장직이 신설되는 등 여러 개혁 조치가 시행된다.

12. 27. [파키스탄] 베나지르 부토 전 총리, 피살됨. 10년 동안의 망명을 끝내고 이해 10월 파키스탄으로 돌아온 그는 총선을 앞두고 정치적 재기를 꿈꾸며 유세를 하던 중 한 괴한이 쏜 총에 맞아 사망했다. 여성으로서는 이슬람권 국가 최초의 국가 수반이었던 그는 1988년과 1993년 두 차례 총리로 선출됐다. 그러나 두 차례 모두 임기를 채우지 못한 채 해임됐고, 그 이유는 모두 부패 혐의였다.

문화 / 과학·환경 / 스포츠

문화

3. 19. 몽골 울란바토르대학교 세종학당 개원. 세계에서 가장 먼저 설립된 세종학당이었다. 2023년 기준 세계 85개국 248개의 세종학당에서 12만 7894명이 한국어를 배우고 있다.

6. 27. 유네스코 세계유산위원회, 제주 화산섬과 용암동굴을 세계자연유산으로 등재. 국내 최초 등재였다. 앞선 5월, 자문기구인 세계자연보전연맹(IUCN)은 세계유산위원회에 보낸 보고서에서 한라산과 거문오름 용암동굴계에서 화산활동의 특징과 중요한 역사가 뚜렷이 나타나며, 성산일출봉 응회환은 수중분출 화산의 이해를 돕는 세계적으로 중요한 곳이라고 평가했다.

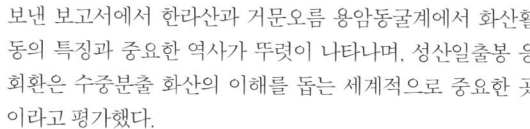

8. 5. 소녀시대 데뷔. 이날 〈SBS 인기가요〉를 통해 공식 데뷔한 이 9인조 그룹은 이보다 6개월 정도 앞서 데뷔한 JYP의 원더걸스와 함께 아이돌 걸그룹 전성시대를 열었다. 이후 일본과 미국 진출뿐만 아니라 글로벌 한류의 확산에도 큰 영향을 미친다. →

11. 15. [미국] 미국작가조합 소속 방송 및 시나리오 작가, 파업 돌입.

과학·환경

1. 9. [미국] 애플, 아이폰 공식 발표. 애플의 CEO 스티브 잡스가 샌프란시스코에서 열린 맥월드 기조연설에서 아이폰을 처음 공개했다.

9. 14. 국가핵융합연구소, KSTAR 가동 시작. 1995년부터 순수 자체 기술로 개발된 초전도핵융합장치이다. 이로써 한국은 미국, 유럽연합, 일본, 중국, 러시아 등에 이어 세계 여섯 번째 핵융합로 개발 국가가 됐다.

12. 7. 충청남도 태안 앞바다서 원유 유출 사고 발생.

스포츠

1. 28. [중국] 창춘에서 제6회 동계 아시안 게임 개막.

2. 18. [일본] 첫 도쿄 마라톤 대회 열림. 월드 마라톤 메이저스에 포함되는 대회 중 가장 먼저인 매년 2월에 열린다.

3. 15. 박태환, 세계수영선수권대회 남자 자유형 400m 우승. 결승에서 4분 44초로 아시아 신기록을 세웠다. 한국 선수로는 1991년 6회 대회에 처음 출전한 이래 첫 금메달이었다. 대회는 오스트레일리아 멜버른에서 열렸다.

8. 7. [미국] 배리 본즈, 756호 홈런 기록. 행크 애런의 755개를 넘어 메이저리그 통산 최다홈런 기록 보유자가 됐다. 그러나 그를 따라다닌 약물복용 꼬리표 때문에 명예의 전당에는 끝내 이름을 올리지 못했다.

10. 29. SK 와이번스, 한국시리즈 우승. 이날 SK는 두산 베어스를 5-2로 이기며 전체 4승 2패로 창단 5년 만에 첫 우승을 차지했다. 시리즈 MVP는 김재현이었다.

← 6월 29일, 미국에서 애플의 스마트폰인 아이폰 판매가 시작됐다. 아이폰을 시연하는 스티브 잡스.

2007년 풍경

인류에게 질병의 역사가 있다면 개인에게는 거짓말의 역사가 있다. 거짓말도 질병이다. 그것은 겨울의 눈, 여름의 매미처럼 사람에게 끈질기게 들러붙는다. 늘 사람들하고 동행하는 거짓말. 그 후과를 생각하지 않는다면 거짓말은 너무나 달콤해서 사람의 혀를 홀리게 마련이다. 정치는 언어로 하는 예술이라고 한다. 그러나 현실, 특히 선거철이면 대부분 말의 기술에 그치고 만다. 아직도 어느 대통령 후보가 당내 경선에서 장내가 떠나도록 쩌렁쩌렁하게 했던 말을 기억한다. "여러분, 이거 다 거짓말인 거 아시죠?" 하지만 그 후보는 아무런 검증 없이 선거에 이기고 대통령이 되었으나, 나중 재판에 회부되어 저 말이 거짓말이라는 게 넉넉한 증거로 드러나 결국 구속되었다. 이런 세태를 반영했을까, 이 해에 그룹 빅뱅은 〈거짓말〉을 불러 대히트했고, 교수신문이 해마다 선정하는 올해의 사자성어도 〈자기기인(自欺欺人)〉이었다. 자기도 속고 남도 속인다는 뜻.

우리나라 국세의 종류

이 해에는

책
- 10. 30. 《채식주의자》, 한강
- ○ 《네가 누구든 얼마나 외롭든》, 김연수

노래
- 8. 3. 〈다시 만난 세계〉, 소녀시대
- 8. 16. 〈거짓말〉, 빅뱅
- 9. 12. 〈Tell Me〉, 원더걸스
- ○ 〈Love Love Love〉, 에픽하이

영화
- 5. 24. 〈밀양〉, 이창동
- 9. 14. [루마니아] 〈4개월, 3주... 그리고 2일〉, 크리스티안 문지우
- 12. 26. [미국] 〈데어 윌 비 블러드〉, 폴 토머스 앤더슨

궂긴 소식
- 1. 2. 백남순(북한의 외무상)
- 4. 11. 커트 보니것(미국의 작가)
- 4. 23. 보리스 옐친(러시아의 대통령)
- 5. 17. 권정생(아동문학가)
- 7. 30. 잉마르 베리만(스웨덴의 영화감독)
- 9. 6. 루치아노 파바로티(이탈리아의 성악가)
- 12. 27. 베나지르 부토(파키스탄의 총리)

주요 정당 변천사

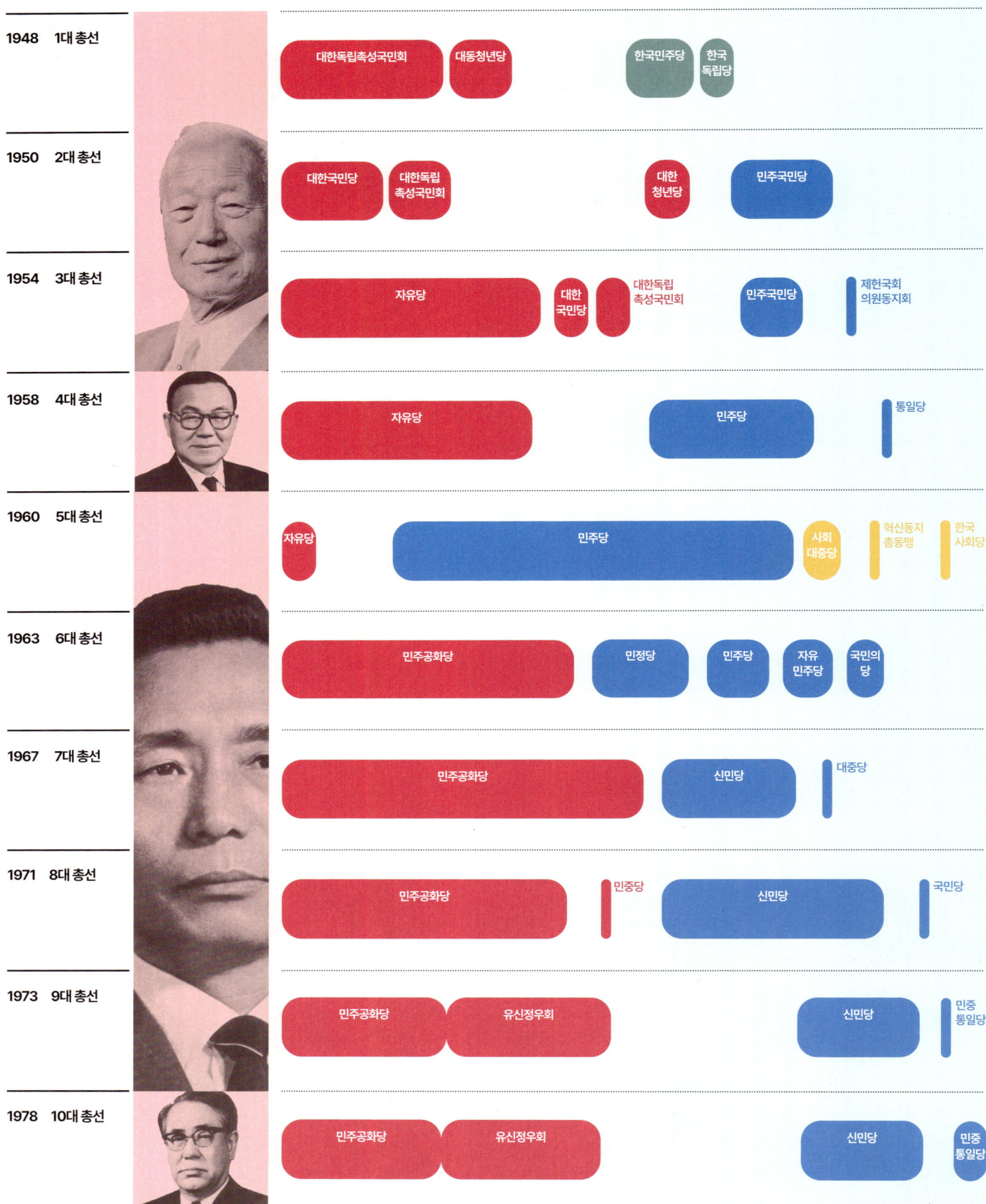

1948	1대 총선
1950	2대 총선
1954	3대 총선
1958	4대 총선
1960	5대 총선
1963	6대 총선
1967	7대 총선
1971	8대 총선
1973	9대 총선
1978	10대 총선

1948 1대 총선: 대한독립촉성국민회, 대동청년당, 한국민주당, 한국독립당

1950 2대 총선: 대한국민당, 대한독립촉성국민회, 대한청년당, 민주국민당

1954 3대 총선: 자유당, 대한국민당, 대한독립촉성국민회, 민주국민당, 제헌국회의원동지회

1958 4대 총선: 자유당, 민주당, 통일당

1960 5대 총선: 자유당, 민주당, 사회대중당, 혁신동지총동맹, 한국사회당

1963 6대 총선: 민주공화당, 민정당, 민주당, 자유민주당, 국민의당

1967 7대 총선: 민주공화당, 신민당, 대중당

1971 8대 총선: 민주공화당, 민중당, 신민당, 국민당

1973 9대 총선: 민주공화당, 유신정우회, 신민당, 민중통일당

1978 10대 총선: 민주공화당, 유신정우회, 신민당, 민중통일당

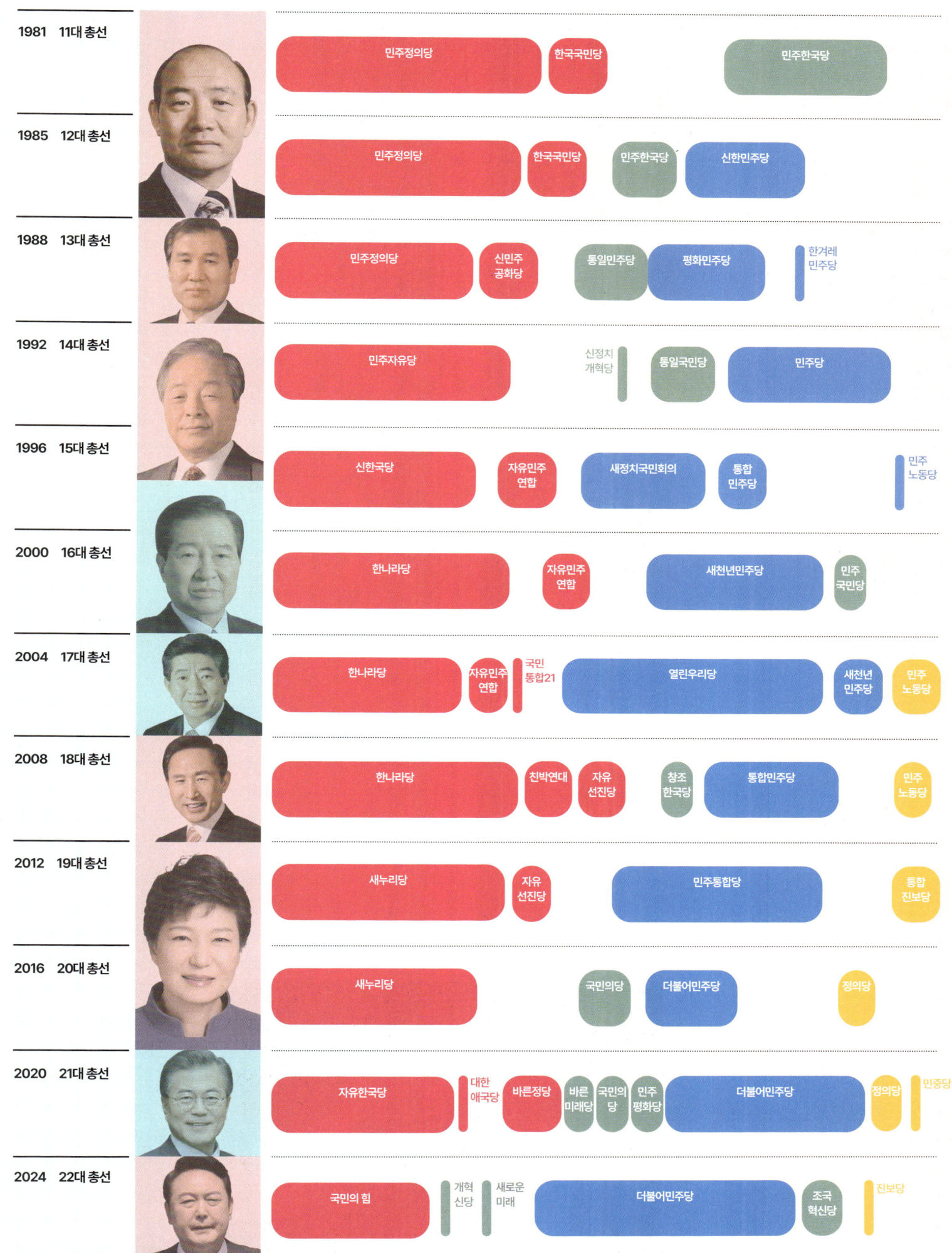

2008년

광우병 사태

↑ 이해의 촛불집회는 이전 시위와는 양상이 달랐다. '촛불소녀'로 상징되는 10대 청소년들과 누리꾼들에 의해 촉발된 이 시위는 인터넷과 핸드폰을 타고 확산됐다. 이명박 탄핵서명 첫 제안자는 안단테라는 아이디를 쓰는 고등학교 2학년 학생이었고, 인터넷의 주부 카페 회원, 요리 커뮤니티 사이트 가입자들도 유모차를 끌고 나와 '쇠고기 수입반대' 등의 구호를 외쳤다. 주최 측 추산 전국적으로 100만 명 이상이 참여한 6월 10일을 정점으로 두 달 넘게 지속된 쇠고기 수입 반대 촛불집회는 한국 사회운동의 지형을 뿌리째 뒤흔들었다.

"강제로 공급받는 것이 아니고 마음에 안 들면 적게 사면 되는 것이다."
— 이명박 대통령, 4월 21일

존경하는 국민 여러분, 지난 6월 10일 광화문 일대가 촛불로 밝혀졌던 그 밤에 저는 청와대 뒷산에 올라가 끝없이 이어진 촛불을 바라보았습니다.

시위대의 함성과 함께 제가 오래전부터 즐겨 부르던 〈아침이슬〉 노래 소리도 들었습니다. 캄캄한 산 중턱에 홀로 앉아 시가지를 가득 메운 촛불의 행렬을 보면서, 국민들을 편안하게 모시지 못한 제 자신을 자책했습니다.

식탁 안전에 대한 국민의 요구를 꼼꼼히 헤아리지 못했습니다. 자신보다도 자녀의 건강을 더 걱정하는 어머니의 마음을 세심히 살피지 못했습니다. … 저와 정부는 이 점에 대해 뼈저린 반성을 하고 있습니다. …

국민들이 원하지 않는 한 30개월령 이상의 미국산 쇠고기가 우리 식탁에 오르는 일이 결코 없도록 할 것입니다. 미국 정부의 확고한 보장을 받아내겠습니다. … 정부는 이번 일을 계기로 모든 식품의 안전성을 담보하기 위해 철저한 조치를 취하도록 하겠습니다. … 대선 공약이었던 대운하 사업도 국민이 반대한다면 추진하지 않겠습니다.
— 이명박 대통령, 〈특별 기자회견〉, 6월 19일

↓ 2월 10일 70대 남성이 국보 1호인 숭례문에 불을 질렀다. 정부가 자신의 불만을 들어주지 않는다는 이유였다. 5년에 걸친 복구 작업 끝에 2013년 복원이 완료되었지만, 이 과정에서 부실 작업, 국보 1호 폐지 논란 등이 있었다.

대한민국

2. 1. 자유선진당 창당. 이회창 전 한나라당 총재 주도로 창당했다.

2. 15. 이명박 제17대 대통령 취임. 취임식 슬로건은 '함께 가요, 국민성공시대'였다.

2. 17. 통합민주당 창당. 4월 총선을 앞두고 대통합민주신당과 민주당이 통합해 통합민주당을 창당했다. 총선 후인 7월 6일, 약칭이었던 민주당을 정식 당명으로 변경했다.

3. 16. 진보신당 창당. 민주노동당의 당내 정파 갈등이 증폭되면서 노회찬, 심상정 등이 PD 계열 당원들이 탈당해 창당했다.

4. 9. 제18대 국회의원 선거 실시. 여당인 한나라당이 153석으로 과반을 넘겼고, 통합민주당이 81석, 자유선진당이 18석을 차지했다. 투표율은 46.1%로 역대 총선 중 가장 낮았다.

4. 18. [촛불집회] 한미 쇠고기 협상 타결.

5. 2. [촛불집회] MBC 〈PD수첩〉, '긴급취재-미국산 쇠고기, 과연 광우병에서 안전한가' 편 방송. 미국산 쇠고기에 대한 광우병 의혹을 제기한 이날 방송은 이 해를 뒤흔든 쇠고기 수입 반대 촛불집회의 도화선이 됐다.

5. 2. [촛불집회] 미국산 쇠고기 수입반대 첫 촛불집회. 안티 이명박 카페가 제안한 촛불문화제가 이날 1만여 명의 누리꾼이 모인 가운데 서울 세종로 청계광장에서 열렸다. 이튿날에도 미친소닷넷의 제안으로 촛불 문화제가 같은 장소에서 열렸다.

6. 10. [촛불집회] '100만 촛불 대행진'. 주최 측 추산 전국적으로 100만 넘는 시민이 참여했다. 정부는 이날 새벽부터 서울 광화문 네거리에 컨테이너로 장벽을 세웠다. 비록 다음 날 아침에 철거되기는 했지만, 명박산성, 쥐박산성, 용접명박 등의 신조어를 낳으며 조롱의 대상이 됐다.

6. 19. [촛불집회] 이명박 대통령 특별 기자회견. 그는 이날 취임 후 두 번째 대국민 사과를 통해 '30개월 이상 된 쇠고기가 우리 식탁에 오르는 일이 결코 없도록 할 것'이고, '대선 공약이었던 대운하 사업도 국민이 반대하면 추진하지 않겠다'고 밝혔다.

6. 21. [촛불집회] 한미 쇠고기 추가 협상 결과 발표. 골자는 30개월 이상 쇠고기에 대해 품질 시스템 평가를 적용해 실효적 수입 금지를 하고 30개월 미만인 쇠고기도 뇌, 눈, 척수 등 특정위험 부위를 제거한 경우에만 수입을 허용한다는 것이었다.

6. 23. [촛불집회] 검찰, MBC 〈PD수첩〉의 미국산 쇠고기 및 광우병 보도관련 수사 착수.

7. 12. 금강산 관광 중단. 11일 금강산을 방문한 한국인 관광객이 일반인 출입이 금지된 해변을 산책하다 북한군이 쏜 총에 맞아 사망했다. 이에 정부는 다음 날 관광중단 조치를 내렸다. 남북교류의 상징이었던 금강산 관광은 이후 단 한 차례도 재개되지 못한다.

8. 29. 교육과학기술부, 25개 대학에 법학전문대학원 최종 설치 인가.

12. 19. 자이툰 부대 완전 철수. 이라크 아르빌에 파견됐던 자이툰 부대가 이날 성남 서울공항에서 귀국 행사를 끝으로 모든 파병활동을 종결하고 해체됐다. 4년 6개월 만의 완전 철수였다.

세계

1. 2. 원유 가격, 배럴당 100달러 돌파. 서부 텍사스 중질유 기준 배럴당 100달러를 넘은 것은 20세기 들어 이때가 처음이었다. 같은 해 7월 145달러까지 치솟은 유가는 리먼 사태의 여파로 5개월 뒤인 12월 말 30달러대로 폭락했다.

2. 13. [오스트레일리아] 정부, 원주민에 첫 공식 사과. 이날 케빈 러드 총리가 과거 원주민(애버리지니) 어린이 분리 양육에 대해 의회와 정부를 대표해 공식 사과했다.

2. 17. [코소보] 독립선언. 세르비아로부터 일방적으로 독립을 선언했다. 1990년 9월 7일에 이은 두 번째 독립선언이었다. 이번에도 세르비아는 코소보를 주권 국가로 인정하지 않았다. 코소보는 아직 유엔에는 가입하지 못했지만, 유엔 회원국 104개국으로부터 주권 국가로 인정받고 있다.

3. 2. [러시아] 대통령 선거. 통합러시아당의 후보 드미트리 메드베데프가 3대 대통령으로 선출됐다. 5월 3일 취임했고, 총리는 블라디미르 푸틴이 됐다.

5. 2. [미얀마] 사이클론 나르기스, 미얀마 상륙. 벵골만에서 생성된 열대성 저기압이 최대 풍속 165km 강도로 미얀마 에야워디 삼각주 지역을 강타했다. 재난 초기, 미얀마 군사정부는 국제 지원을 거부하면서 피해를 키웠다. 미얀마 최악의 이 자연재해로 약 13만 8000명이 목숨을 잃고 240만 명이 넘는 이재민이 발생했다.

5. 12. [중국] 쓰촨성에 대지진 발생. 진도 7.9의 강진이 중국 쓰촨성을 덮쳐 약 8만 7000명이 목숨을 잃었다. 20만 명이 넘는 목숨을 앗아간 1976년 탕산 대지진 이후 중국에서 발생한 가장 참혹한 지진이었다.

8. 7~8. 러시아-조지아 전쟁 발발. 조지아가 남오세티야를 공격하자 러시아의 군사적 대응이 이어졌다. 21세기에 유럽에서 벌어진 최초의 전쟁인 이 분쟁은 소련 붕괴 이후의 분리주의와 복잡한 지정학적 문제가 얽혀 있었다. 러시아는 남오세티야와 압하지야 분리주의자들을 지원하면서 조지아의 NATO 가입에는 반대해왔다. 전쟁을 승리로 이끈 러시아는 28일 조지아로부터 남오세티야와 압하지야의 독립을 인정했다. 그러나 이 지역들은 독립 국가라기보다는 사실상 러시아의 점령 지역이나 마찬가지이다.

9. 15. [미국] 리먼 브라더스 파산 신청. 뉴욕에 본사를 둔 국제금융회사인 리먼 브라더스가 6130억 달러에 달하는 은행 부채를 안고 파산보호 신청을 했고, 다우 지수는 4.42%나 급락했다. 미국 역사상 가장 규모가 큰 이 파산 신청은 2007~2008년 세계 금융위기를 더욱 악화시켰다.

11. 4. [미국] 대통령 선거. 버락 오바마 민주당 상원의원이 존 매케인 공화당 후보를 큰 표 차이로 누르고 제44대 대통령에 당선됐다.

← 1월 6일, 미국 대통령선거 민주당 예비후보인 일리노이주 상원의원 버락 오바마가 뉴햄프셔주 맨체스터에서 선거 유세를 하고 있다. 그는 '희망과 변화'를 캠페인 구호로 내걸고 아프리카계 미국인 최초로 대통령이 됐다. 이 선거는 미국 정치사에 커다란 전환점이 됐다.

문화 / 과학·환경 / 스포츠

문화

2. 10. 숭례문 방화 사건 발생.

5. 2. [미국] 〈아이언맨〉 미국 개봉. 이 영화는 마블 시네마틱 유니버스(MCU)라는 거대한 세계관의 시작을 알리며 슈퍼히어로 영화의 지형을 완전히 바꿔놓았다. 이후 아이언맨, 캡틴 아메리카, 토르 등 수많은 마블 코믹스 영웅들이 하나의 세계관 속에서 상호 연결되며 이야기를 펼치는 이 시리즈는 2023년 기준 33편의 영화가 제작되었으며, 누적 박스오피스 수익 298억 달러를 넘기며 역사상 가장 성공적인 프랜차이즈 중 하나가 된다.

과학·환경

4. 8. 이소연, 한국인 최초 우주비행 참가자 됨. 한국 우주인 배출사업을 통해 2006년 고산과 함께 최종 후보로 선정된 그는 이날 러시아의 소유즈 TMA-12호를 타고 국제우주정거장으로 가 11일간의 우주비행을 마치고 19일 지구로 귀환했다. 그는 우주비행사가 아니라 '우주비행 참가자'로 지칭된다. 그가 정식 우주 임무에 참여한 것은 아니기 때문이다.

9. 10. 유럽원자핵연구기구, 대형 강입자 충돌기(LHC) 가동 시작. 세계에서 가장 강력한 입자가속기이자 가장 큰 과학실험장치인 이 가속기는 2012년 유럽 입자물리연구소가 '신의 입자'로 알려진 힉스 보손을 발견하는 데 큰 역할을 했다. 이 장치는 스위스 제네바 북서쪽 스위스-프랑스 국경 밑 둘레 약 27m, 깊이 175m의 터널 안에 있다.

스포츠

3. 24. 프로야구팀 우리 히어로즈 창단. 해체된 현대 유니콘스의 선수단을 센테니얼 인베스트먼트가 인수해 서울 목동야구장을 홈구장으로 창단한 이 팀의 이름은 현재 키움 히어로즈이다.

5. 14. 동대문운동장 철거. '굿바이 동대문운동장' 행사와 함께 철거 공사가 시작됐다. 1926년 경성운동장이라는 이름으로 일제가 건설한 이 운동장은 3월 14일 철거된 동대문야구장과 함께 한국 스포츠의 산실이었다. 이 자리에는 동대문역사문화공원과 동대문디자인플라자(DDP)가 들어선다.

5. 31. 우사인 볼트, 남자 100m 달리기 세계 신기록. 자메이카의 육상 선수인 그가 뉴욕에서 열린 리복 그랑프리 대회에서 이날 작성한 기록은 9초 72였다. 그는 현재 100m 9초 58, 200m 19초 19의 세계 기록을 보유 중인 지구에서 가장 빠른 사람이다.

8. 8. [중국] 베이징에서 제29회 하계 올림픽 개막. 개최국 중국이 가장 많은 금메달(48개)을 획득했다.

2008년 풍경

원래 산성은 산에 있어야 하는 것이다. 외부의 적으로부터 자국민을 보호하기 위해 쌓는 것이다. 산성의 이름은 북한산성, 행주산성, 남한산성 등처럼 통상 지명을 따른다. 여기 사람의 이름, 그것도 무려 대통령의 이름이 붙은 산성이 있다. 그때 광화문은 광우병 쇠고기 반대 시위로 들끓었다. 광우병도 광우병이지만 정부가 국민들에게 정보를 주지 않은 채 미국의 축산업계에 달콤한 약속을 해버린 것이었다. 뒤늦게 이 사실이 들통나고, 국민들이 분노해 촛불시위로까지 번졌다. 원래 먹거리는 민감한 문제이다. 그때 미친 소고기는 누가 먹었어?라고 하는 이가 지금도 간혹 있지만, 저런 저항이 있었기에 수입 쇠고기의 월령을 낮추었으며, 보다 강화된 검역을 요구할 수 있었다. 그날 성난 민심에 놀란 경찰은 컨테이너 박스를 용접해 청와대로 가는 길목을 막았다. 하룻밤에 건설된 이 신박한 구조물을 보고 시민들은 '명박산성'이라 명명했다.

이 해에는

책
- 2. 7. [프랑스] 《세월》, 아니 에르노

노래
- 5. 22. 〈누난 너무 예뻐〉, 샤이니
- 5. 28. [일본] 〈기적〉, GReeeeN
- 7. 14. 〈U-Go-Girl〉, 이효리
- 9. 19. 〈주문-MIROTIC〉, 동방신기
- 9. 22. 〈Nobody〉, 원더걸스
- ○ 〈주문〉, 동방신기
- ○ 〈하루하루〉, 빅뱅

영화
- 2. 14. 〈추격자〉, 나홍진
- 1. 10. 〈우리 생애 최고의 순간〉, 임순례
- 6. 28. [일본] 〈걸어도 걸어도〉, 고레에다 히로카즈

궂긴 소식
- 1. 11. 에드먼드 힐러리(뉴질랜드의 산악인)
- 1. 27. 수하르토(인도네시아의 대통령)
- 5. 5. 박경리(소설가)
- 6. 1. 이브 생로랑(프랑스의 패션 디자이너)
- 7. 31. 이청준(소설가)
- 8. 3. 알렉산드르 솔제니친(소련의 소설가)
- 10. 2. 최진실(배우)

독립한 나라
- 2. 17. 코소보 (← 세르비아)

2009년

노무현, 김대중 전 대통령 서거

↑ 5월 23일 대한민국 제16대 대통령이었지만 우리 사회의 비주류였던 노무현 전 대통령이 자신의 고향 마을 뒷산의 부엉이 바위에서 뛰어내려 생을 마감했다. 박연차 정관계 로비 사건과 관련해 흠집내기에 나선 정권과 언론의 십자포에 시달리다 '정치적 자살'을 택한 것이다. 그는 "미안해하지 마라, 누구도 원망하지 마라, 운명이다."란 유서를 남겼다. 이젠 아무도 노무현을 이길 수 없게 되었다.

"행동하는 양심이 됩시다.
행동하지 않는 양심은
악의 편입니다."
— 김대중

"민주주의 최후의 보루는
깨어있는 시민의 조직된
힘입니다."
— 노무현

노무현의 유산은 무엇이고 그의 죽음이 우리 사회에 남긴 과제는 무엇인가. 나는 노무현이 대통령 되기 이전부터, 되고 나서, 그리고 퇴임 이후에도 시종일관 그의 삶과 행적을 이끈 커다란 질문을 하나 갖고 있었다고 생각한다. "우리는 어떤 사회를 만들고자 하는가?"라는 질문이 그것이다. 이것은 한 사회가 나아가야 할 방향과 추구해야 할 목표에 관한 질문이며 정신과 비전, 꿈과 가치에 관한 질문이다. 그 질문을 망각한 사회는 제아무리 잘살아도 길 잃은 사회, 제아무리 휘황해도 어두운 사회, 제아무리 똑똑해도 눈먼 맹목의 사회이다. 그런데 우리는 그 질문을 오랫동안 잊고 살지 않았던가? 우리가 망각한 그 질문의 환기, 그의 죽음이 벼락 치듯 우리에게 일깨운 그 화두야말로 노무현이 남긴 가장 값진 유산이다. 그의 죽음 이후의 과제들을 생각해본다는 것은 우리 자신을 그 질문의 거울 앞에 세우는 일에서부터 시작되어야 한다.
— 도정일

↓ 1월 20일 새벽, 서울 용산 재개발 구역에서 강제 철거에 항의해 농성 중이던 사람 다섯 명과 경찰 한 명이 목숨을 잃었다. 이명박 정부는 이 참사가 시위대가 던진 화염병 때문에 발생한 일이라며 모든 책임을 철거민에게 돌렸다. 그러나 '폭력조직, 재벌 계열 건설사, 지방자치단체, 지역 토건세력이 한데 뒤엉켜 저지른 불법과 탈법'*, 그리고 경찰의 무리한 강제진압은 철저히 외면했다. 당시 철거민 진압 책임자인 서울지방경찰청장 김석기는 2월 대국민 사과를 하고 경찰복을 벗었지만, 곧바로 한국자유총연맹 부총재, 일본 오사카 총영사를 거쳐 2016년 새누리당 후보로 국회의원이 된다. 2024년 12월, 3선 의원인 그는 국회 윤석열 탄핵안 표결에 불참한다.

대한민국

1. 20. 용산 철거민 참사. 경찰이 서울 용산 4구역에 있는 4층 건물을 점거하고 농성 중이던 철거민들을 무리하게 강경진압하는 과정에서 망루에 불이 붙었다. 이 화재로 철거민 5명과 경찰특공대 대원 1명이 사망했다.

2. 16. 김수환 추기경 선종.

4. 30. 노무현 대통령, 대검찰청 출두.

5. 21. 쌍용자동차 노조, 총파업. 2004년 상하이자동차에 인수된 쌍용차가 1월 법정관리를 신청하고 이어 4월 구조조정안을 발표했다. 이에 반대하는 노조가 총파업에 들어간 가운데 6월 8일 사측은 980명을 정리해고했다. 파업 77일째인 8월 5일 정부는 경찰특공대와 기동대를 투입해 파업을 진압했다. 이튿날인 6일 '강제' 노사합의로 총 2642명이 하루아침에 길거리로 내몰렸고, 이후 해고노동자와 가족 33명이 목숨을 잃거나 스스로 목숨을 끊었다. →

5. 23. 노무현 전 대통령 서거.

5. 25. [북한] 2차 핵 실험 실시. 북한이 함경북도 길주군 풍계리 인근에서 2006년 10월에 이어 두 번째 핵 실험을 강행했다.

6. 23. 한국은행, 5만원권 지폐 발행. 1973년 1만원권 지폐가 발행된 후 36년만이었다.

8. 18. 김대중 전 대통령 서거. 노무현 전 대통령이 서거했다는 소식을 듣고 '내 몸의 반이 무너진 것 같다'고 말한 지 석 달여 만이었다. 노무현 전 대통령의 영결식에서 하려다 가로막힌 추도사가 파란만장한 85년의 삶을 살다간 '인동초' 김대중의 못다 한 유언이 됐다. "나는 비록 몸은 건강하지 못하지만 그대로 마지막 날까지, 민주화를 위해 목숨 바친 사람들이 허무하게 생각하지 않도록, 민주주의를 지키기 위해 내가 할 일을 다하겠습니다. 여러분들은 연부역강(年富力强)하니 하루도 쉬지 말고 뒷일을 잘해주시길 바랍니다."

9. 6. [북한] 황강댐 무단 방류. 북한이 아무런 통보 없이 임진강 상류의 황강댐 물을 대규모로 방류해 강 하류인 경기도 연천군 일대에서 야영객 6명이 사망했다.

10. 19. 인천대교 개통. 인천 영종도와 육지를 잇는 이 사장교는 교량 총길이 18.38km로 대한민국에서 가장 긴 다리이다.

11. 8. 민족문제연구소, 《친일인명사전》 발간식. 이 사전에는 '일본제국주의가 국권을 심대하게 또는 완전히 침탈한 기간 동안 일본제국주의의 국권침탈 식민통치 침략전쟁에 적극 협력함으로써 우리 민족 또는 타민족에게 신체적 물리적 정신적으로 직간접적 피해를 끼친 자'* 4,776명이 실렸다. 민족문제연구소가 사전을 내겠다는 계획을 세운 지 15년 만이었다.** →

11. 30. [북한] 화폐 개혁 단행. 건국 이래 다섯 번째이자 1992년 이후 17년만이었다.

11. 28. 아이폰, 한국 출시. 이동통신사 케이티가 아이폰 3Gs와 아이폰 3G 등 세 가지 모델을 공식 출시했다. 2007년 처음 발표된 애플의 아이폰이 이날 국내 출시로 '이동통신 업계의 무선망 쇄국 정책'이 무너지며 본격적인 스마트폰 시대가 열렸다.

세계

1. 20. [미국] 버락 오바마, 제44대 대통령에 취임. 미국의 국가수반이 된 최초의 아프리카계 미국인이었다.
2. 2. [짐바브웨] 통화단위 절하(리디노미네이션) 단행. 이날 짐바브웨 중앙은행은 짐바브웨 달러(Z$) 화폐에서 0을 12개나 없앴다. 1조 짐바브웨 달러가 1짐바브웨 달러로 변경된 것이다. 1980년에 도입된 짐바브웨 달러는 세 차례의 절하를 거치며 처음 가치의 10^{25}분의 1로 감소했다. 1980년 짐바브웨가 건국된 이후 계속 독재를 이어간 로버트 무가베 대통령이 경제위기 속에서 마구 돈을 찍어내는 바람에 발생한 엄청난 초인플레이션이 원인이었다. 버스 요금이 하루에도 여러 번 바뀔 정도였다. 현재 짐바브웨에서는 미국 달러나 중국 위안 등의 외국 화폐가 주로 통용되고 있다.
2. 19. [쿠바] 피델 카스트로, 사임. 그는 50년간의 집권을 끝내고, 동생 라울에게 정권을 넘겼다.
5. 18. [스리랑카] 내전 종식. 스리랑카 군이 타밀 호랑이에 대한 승리를 선언하면서 26년간의 내전이 종식됐다.
6. 11. 세계보건기구(WHO), 인플루엔자 범유행을 선언. '돼지 독감'으로도 불린 이 신종 인플루엔자는 H1N1이라는 인플루엔자 바이러스에 의한 전염병으로, 4월 13일 멕시코에서 첫 환자가 발생한 이후 급속도로 확산했다. WHO가 종식을 선언한 2010년 8월까지 28만 명이 넘는 사람이 이 전염병으로 목숨을 잃은 것으로 추정된다. 한국에서는 약 76만 명이 감염됐고, 이 중 최소 270명이 사망했다.
6. 16. 브릭스(BRICS) 출범. 러시아 예카테린부르크에서 브라질, 러시아, 인도, 중국의 정상인 루이스 이나시우 룰라 다 시우바, 드미트리 메드베데프, 만모한 싱, 후진타오가 참석해 제1차 브릭 정상회의를 열었다. 경제가 눈부시게 발전하는 4개국의 영문 앞 자를 따서 만든 브릭스(BRICS)'가 공식적으로 인정받는 순간이었다. 이듬해 남아프리카 공화국이 2024년 이집트, 에티오피아, 이란, 아랍에미리트가 합류해 9개국 체제가 된다. 브릭스 국가들이 세계 총생산에서 차지하는 비중은 37.4%(2023년 기준)에 달한다.
8. 7. 러시아-조지아 전쟁 발발. 조지아가 남오세티야의 분리주의 지역을 탈환하려 하자 러시아가 조지아를 침공했다.
12. 1. 리스본 조약 발효. 2007년 12월 조인된 조약이 발효됨에 따라 벨기에의 헤르만 반롬푀이가 초대 유럽연합 정상회의 상임의장에 취임했다.
○ 세계 금융위기 지속. 한해 전 리먼 브라더스의 파산으로 시작된 세계 경제위기가 이 해에도 계속 이어졌다.

문화 / 과학·환경 / 스포츠

문화

7. 4. 동방신기, 도쿄돔 공연. K팝 보이밴드로는 최초였다.
12. 18. [미국] 〈아바타〉 개봉. 제임스 캐머런 감독의 이 영화는 영화계에 3D 기술 혁명을 일으켜 시각 효과에 대한 새로운 기준을 제시하며 역대 최고 수익을 올린 영화가 된다.

과학·환경

1. 3. 비트코인 출시. 암호화폐 비트코인이 출시되어 새로운 형태의 디지털 통화가 모습을 드러냈다.
6. 11. 나로우주센터 완공. 전라남도 고흥군 외나로도에 한국의 첫 우주발사장이 세워졌다. 2013년 한국 최초 우주발사체 나로호가 세 번의 시도 끝에 이곳에서 발사되어 궤도 진입에 성공한다.
11. 22. 4대강 사업 기공식. 정부가 영산강과 금강에서 4대강 사업 기공식을 열고 본격적으로 4대강 공사에 돌입했다. 이날 '4대강 살리기 희망선포식'에 참석한 이명박 대통령은 4대강 사업을 '국민 행복을 위한 미래 사업'이라고 칭했다. 그러나 20조가 넘는 국고가 투입된 사업의 결과는 '행복'이나 '미래'와는 거리가 멀었다.
12. 7. 코펜하겐 기후변화 회의 개막. 18일까지 이어진 이 회의는 지구 온난화에 대한 기대에 부응하지 못하는 구속력 없는 합의로 끝났다.

스포츠

3. 23. 한국, 제2회 월드 베이스볼 클래식 준우승. 이 대회에서 한국과 일본은 네 차례 만나 2승 2패를 기록했다. 이날 미국 로스앤젤레스 다저 스타디움에서 열린 결승에서 한국은 9회말 이범호의 적시타로 극적인 3-3 동점을 만들었지만, 연장 10회초 이치로에게 2타점 결승타를 내주며 3-5로 패했다. 일본은 2006년 대회에 이에 2회 연속 우승했다. 한국은 이후 이 대회에서 한 차례도 4강에 오르지 못한다.
8. 16. [자메이카] 우사인 볼트, 남자 100m 달리기 세계 신기록 작성. 그는 이날 열린 결승에서 9초 58로 이전 자신이 가지고 있던 세계 기록을 0.11초 앞당기며 우승했다. 그는 4일 후 열린, 200m 결승에서도 19초 19로 연이어 세계 기록을 작성했다.

← 이해에 사토시 나카모토라는 익명의 제작자가 출시한 비트코인은 은행과 같은 중앙 기관 없이 작동하는 암호화폐라는 디지털 화폐의 한 형태이다. 이 암호화폐는 블록체인이라는 기술을 사용하는데, 이는 거래가 안전하고 투명하게 기록되는 공개 원장으로, 사람들이 인터넷을 통해 직접 돈을 보내고 받을 수 있게 해준다. 비트코인은 사람들에게 돈에 대한 통제력을 높이고 특히 2008년 금융위기 이후 전통적인 금융 시스템에 대한 의존도를 줄이기 위해 설계됐다.

2009년 풍경

사람은 태어나서 살다가 죽는다. 피할 수 없는 자명한 사실이다. 대개의 우리는 철든 이후 정신없이 바쁘게 생활하다가 정신을 조금 차릴라치면 그때 정말 정신을 잃어버린다. 그때부터 본인의 삶은 본인의 통제 밖에 놓이게 된다. 가족들도 마찬가지의 상황에 놓일 수밖에 없다. 의료 시스템에 한번 몸을 얹게 되면 의사도, 배우자도, 자식도 어떻게 선택조차 해볼 수 없게 된다. 그저 기계가 시키는 대로, 장치의 결정에 따를 수밖에 없게 된다. 이처럼 단지 목숨만을 연장하는 것이 비인간적인 상황에 내몰리는 것을 차단하는 사회적 지혜는 없는 것일까. 이런 점에서 '존엄사'를 인정하는 대법원의 첫 판단이 나왔다. 그리고 이 해 김수환 추기경께서 기계에 의존한 생명연장 치료를 거부한 뒤 자기 호흡을 유지하면서 일생을 마무리하였다. '군자왈종, 소인왈사'라는 말이 있다. 군자의 죽음은 잘 마쳤다는 의미로 '종(終)'이라고 하고, 소인의 죽음은 단순히 죽었다는 의미로 '사(死)'라고 하는 것. 세상으로 태어나는 건 마음대로 못했지만 세상을 떠나는 건 본인이 결정하겠다는 이 존엄.

건물과 구조물의 높이

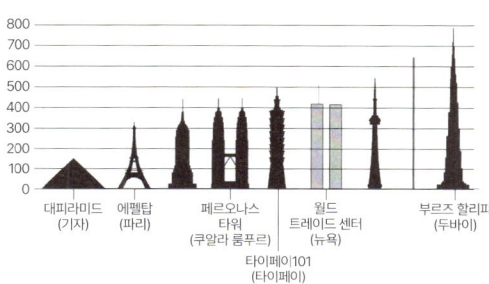

이 해에는

책
5. 29. [일본] 《1Q84》, 무라카미 하루키
○ [미국] 《정의란 무엇인가》, 마이클 샌델

노래
1. 5. 〈Gee〉, 소녀시대
3. 12. 〈쏘리 쏘리〉, 슈퍼주니어
7. 21. 〈Abracadabra〉, 브라운아이드걸스
7. 30. 〈미스터〉, 카라
10. 14. 〈Ring Ding Dong〉, 샤이니

영화
1. 15. 〈워낭소리〉, 이충렬
4. 16. 〈똥파리〉, 양익준
5. 28. 〈마더〉, 봉준호
12. 18. [미국/영국] 〈아바타〉, 제임스 캐머런

궂긴 소식
2. 16. 김수환(가톨릭 추기경)
3. 31. 이애리수(가수)
5. 23. 노무현(대통령)
6. 25. 마이클 잭슨(미국의 가수)
6. 28. 유현목(영화감독)
8. 18. 김대중(대통령)
10. 31. 클로드 레비스트로스(프랑스의 인류학자)
12. 13. 폴 새뮤얼슨(미국의 경제학자)

2010년

김연아, 올림픽 피겨스케이팅 금메달

2010년 밴쿠버 동계올림픽에서 김연아가 금메달을 차지했다. 그의 연기는 우아함과 정확성이 어우러진 걸작이었다. 그는 228.56점이라는 기록적인 점수를 획득했다. 제임스 본드와 거슈윈의 F장조 협주곡에 맞춰 펼쳐진 그의 연기는 기술적 완벽함과 예술적 탁월함을 결합하여 관객과 심사위원을 감동시켰다. 이 역사적인 금메달로 피겨스케이팅 역사상 가장 위대한 선수 중 한 명이 됐다. 그는 한국의 피겨스케이팅 첫 올림픽 금메달리스트였다.

"무슨 생각을 해…
그냥 하는 거지."

4분 7초간 혼신의 연기를 마친 뒤 팔을 높이 쳐들었다. 스탠드를 가득 메운 1만 6000여 관객이 일제히 일어나 환호성과 박수를 보냈다. 눈물이 흘렀다. 어떤 상황에서도 움츠러들지 않는 대담한 성격으로 '강심장' '대인배' 등으로 불리던 그였다. 할 수 있는 모든 걸 후회 없이 쏟아부은 뒤 '해냈다'는 감동의 눈물이었다. '피겨 퀸'은 이제 '피겨의 전설'이 됐다.

김연아(20·고려대)가 26일 캐나다 밴쿠버 퍼시픽 콜로세움에서 열린 2010 동계올림픽 피겨 여자 싱글 프리스케이팅에서 150.06점을 받아 쇼트프로그램 점수(78.50)를 더한 합계 228.56점으로 금메달을 목에 걸었다. 지난해 10월 프랑스 그랑프리 1차 대회에서 자신이 받았던 역대 최고점(210.03)을 18.53점이나 뛰어넘는 최고 점수다…

짙은 남색 드레스 차림으로 빙판 위에 선 김연아는 조지 거슈윈의 '피아노 협주곡 F장조'가 흘러나오자 이내 연기에 몰입해 명성에 걸맞은 환상적인 연기를 펼쳤다. 점프와 스핀, 스텝, 스파이럴 등 어느 것 하나 흠잡을 데 없는 '클린 연기'였다.

3월 26일 백령도 서남방 해상에서 경계 근무를 수행하던 초계함 천안함이 북한 해군 잠수정의 어뢰에 공격당해 격침됐다. 당시 함정에 타고 있던 승조원 104명 중 46명이 전사했다. 이 사건으로 남북한의 긴장이 크게 고조되었고, 남한에서는 침몰 원인을 둘러싼 견해차로 갈등을 빚었다.

대한민국

3. 18. **카카오톡** 출시. 이날 iOS용 앱, 같은 해 8월 안드로이드용 앱이 출시된 이 인스턴트 메신저는 월간 활성 사용자 수가 4100만 명(2023년 5월 기준)이 넘는 '국민 메신저'로 자리잡으며 우리의 일상을 크게 바꾸어놓는다.

3. 26. 천안함 피격 사건 발생.

6. 2. 제5회 전국동시지방선거. 예상과 달리 여당인 한나라당의 참패로 끝났다.

6. 29. 국회, 세종시 수정안 부결. '신행정수도 후속대책을 위한 연기·공주 지역 행정중심복합도시 건설을 위한 특별법 개정안'(행정도시특별법)이 국회 본회의에서 부결됐다. 이로써 이명박 대통령의 주도로 10개월여 진행됐던 세종시의 행정중심도시 성격 변경 논란이 마침표를 찍었다. 8월 정운찬 국무총리가 수정 실패의 책임을 지고 사임한다.

7. 28. 국회의원 재보궐선거. 한나라당이 전체 8곳 중에서 5곳에서 당선되면서 승리했다.

7. 1. 보행자 우측통행 실시. 한국에서는 원래 1905년부터 차량과 사람 모두 우측통행이 원칙이었으나, 일제강점기인 1921년 조선총독부가 좌측통행으로 변경했다. 이 방식은 해방이 된 후 우측통행으로 바뀌었지만, 차량에만 해당되었다가 이날부터 보행자의 경우에도 우측통행으로 바뀐 것이다. 현재 남아시아, 남아프리카 지역과 영국, 일본 등의 일부 국가를 제외한 거의 모든 지역에서 우측통행이 시행되고 있다.

9. 28. [북한] 김정은, 중앙군사위원회 부위원장에 추대됨. 김정일의 3남인 그는 이날 열린 조선로동당 당대표자대회에서 이 직책을 부여받음으로써 북한의 공식적인 후계자로 등장했다. 김일성, 김정일, 김정은으로 이어지는 북한 정권의 **3대 세습이 공식화**된 것이다.

11. 11. 제5차 G20 정상회의 개막. 서울 코엑스에서 12일까지 열린 이 G20 정상회의는 처음으로 G8이 아닌 국가가 주최한 회의였다

11. 23. [북한] **연평도 포격**. 북한군이 사전 선전포고 없이 인천광역시 옹진군 연평도를 향해 170여 발의 해안포를 발사해 군인과 민간인 4명이 사망하고 다수의 부상자가 발생했다. 남한은 K-9 자주포로 대응사격했다. 1953년 정전협정이 체결된 이래 민간인 거주지역에 대한 최초의 공격이었다. 북한의 도발은 천안함 피격 사건과 함께 남북관계의 긴장과 갈등을 더욱 고조시켰다.

11. 25. 하나금융지주, 론스타와 외환은행 인수 계약 체결. 최종 인수 금액은 3조 9157억 원이었다. 이듬해 3월 대법원이 미국계 사모펀드인 론스타의 외환카드 주가조작 혐의를 유죄로 최종 인정해 론스타가 '금융범죄자'라는 것이 공식 확인되었음에도 2012년 1월 금융위원회는 하나금융에 대한 외환은행 매각을 승인한다. 론스타는 9년 동안 2조 9027억 원의 배당금을 포함해 약 4조 원의 이익을 챙기고 한국에서 철수한다.

12. 3. 한미 자유무역협정(FTA) 추가 협상 타결. 2007년 4월 협상 타결 후 양국의 문제 제기로 이뤄진 추가 협상이 타결됐다.

세계

1. 12. [아이티] 규모 7.0 지진 발생. 수도 포르토프랭스에서 약 25km 떨어진 곳에서 처음 발생한 지진은 24일까지 규모 4.5 이상의 여진이 최소 52회 넘게 계속되며 대통령궁까지 붕괴시키며 최소 10만 명이 넘는 인명을 앗아갔다. 2월 27일에는 칠레에서도 대규모 지진이 발생했다. 아이티 보다 심한 규모 8.8의 지진이었음에도 사망자수는 525명에 그쳤다.

5. 2. [그리스] 유럽연합·국제통화기금, 그리스에 1100억 유로 구제금융 지원 합의. 2008년 세계 금융위기에 휩쓸려 허우적대던 그리스 정부는 구제금융을 받는 조건으로 엄격한 긴축조치와 구조개혁, 정부 자산 민영화를 받아들였다. 위기는 그리스를 넘어 아일랜드, 포르투갈, 에스파냐, 이탈리아 등 이른바 'PIGS' 국가로 퍼져나가며 유로존 전체를 위기로 몰아넣는다. 그리스는 8년이 지난 2018년 3월에야 구제금융 체제에서 벗어난다.

11. 28. [미국] 위키리크스, 미국 국무부 외교전문 공개. 2006년 줄리언 어산지가 설립한 위키리크스는 2010년 4월, 미군 헬리콥터기가 이라크에서  민간인을 공격하는 모습을 담은 동영상 '부수적 살인'을, 7월에는 아프가니스탄 전쟁에 관한 기밀문서 9만 건을 공개했다. 폭로는 이날 미국 외교정책의 비리가 담긴 국무부 외교전문 25만 건을 공개하면서 정점에 이르렀다. 이 일련의 공개는 전 세계적인 파문을 일으켰다. 이미 여러 건의 법적인 문제에 얽혀 2019년부터 영국의 교도소에 수감 중이던 어산지는 2018년 미국에 의해 기소된다. 2024년 6월 법무부와 유죄인정 후 석방이라는 조건에 합의한 후 런던 교도소에서 풀려난다.

12. 17. [튀니지] 무함마드 부아지지, 분신 시도. 과일노점으로 생계를 꾸려가던 그는 단속 경찰관에게 과일과 저울 등을 빼앗긴 후 항의했다가 오히려 뒷돈을 요구받고 폭행까지 당했다. 이에 분노한 그는 시청 앞에서 분신을 시도했다. 이 사건으로 촉발된 시위는 이후 튀니지의 재스민 혁명, 더 크게는 아랍의 봄으로 이어진다. 부아지지는 이듬해 1월 사망했다.

○ [중국] 명목 국내총생산(GDP) 기준 세계 2위. 이 해 말 중국이 GDP 6조 700억 달러로 일본을 제치고 세계 2위의 경제대국이 됐다. 여전히 1위는 미국이었지만, 중국이 40년 이상 세계 2위를 유지해온 일본을 앞지르면서 세계 경제 지형은 큰 변화를 가져온다.

문화 / 과학·환경 / 스포츠

문화

7. 31. 안동 하회마을과 경주 양동마을, 유네스코 세계유산 등재.

8. 15. 광화문, 복원 개방. 경복궁의 남측 정문이자 수도 서울의 상징인 광화문이 3년 8개월의 복원 공사를 마치고 일반인에게 공개됐다. 박정희 대통령이 쓴 한글 현판도 조선시대에 사용된 한자를 바탕으로 새로 제작됐다. 8·15 경축식과 G20 정상회의에 맞춰 무리하게 공정을 앞당긴 것 아니냐는 지적과 함께 부실 공사 논란이 이어진 가운데 얼마 안 있어 현판에 균열이 생기기 시작해 다시 제작하는 일이 벌어진다.

과학·환경

4. 20. [미국] 딥 워터 호라이즌 석유시추시설 폭발. 영국의 다국적 석유회사인 BP의 석유시출시설이 폭발하면서 이후 5개월 동안 약 490만 배럴(7억 8000만 리터)의 원유가 미국 멕시코만에 유출됐다. 미국 역사상 최악의 이 원유유출 사고로 바다와 해안선의 생태계에 엄청난 피해가 발생했다.

5. 20. [미국] 제이 크레이그 벤터 연구소, 마이코플라스마 마이코이데스 JCVI-syn1.0 합성 성공 발표. 연구팀은 마이 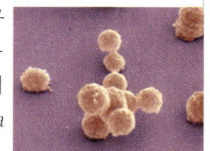 코플라스마 미코이데스(*Mycoplasma mycoides*)의 전체 유전체를 해독한 후, 이 박테리아의 유전체를 실험실에서 인공적으로 합성하고 이를 기존 세포에 이식해 증식하는 데 성공했다. 인류 최초로 '완전한 합성 유전체에 의해 제어되는 자가 복제 세포'를 만드는 데 성공한 것이다. 연구팀은 윤리적인 논란을 의식해 인공 생명체가 아니라 '인공 세포'를 합성했다고 발표했다. 이 연구는 생명의 정의와 경계에 대한 새로운 논의의 출발점이 됐다.

스포츠

2. 12. [캐나다] 밴쿠버에서 제21회 동계 올림픽 개막. 개막식이 직전 조지아의 루지 선수 노다르 쿠마리타슈빌리가 훈련 도중 썰매에서 튕겨나가는 사고로 사망했다. 검은 9월단의 테러가 있었던 1972년 뮌헨 올림픽 이후 38년만에 올림픽기가 조기로 게양됐다.

2. 25. 김연아, 올림픽 피겨스케이팅 여자 싱글 금메달. 쇼트 프로그램, 프리 스케이팅, 총점(228.56점)에서 모두 역대 최고 기록을 세우며 올림픽 시상대 맨 위에 올랐다.

6. 11. [남아프리카 공화국] 제19회 FIFA 월드컵 개막. 아프리카에서 열린 첫 대회였다. 에스파냐가 네덜란드를 1-0으로 꺾고 처음으로 우승컵을 들어올렸다. 한국은 1승 1무 1패로 조별 리그를 통과했지만, 16강전에서 우루과이에 2-1로 패했다. 북한은 3전 전패로 조별 리그에서 탈락했다.

11. 12. [중국] 광저우에서 제16회 아시안 게임 개막.

12. 14. 프로축구단 광주 FC, 창단. 광주광역시를 연고지로 하는 이 시민구단이 창단되면서, 기존 상무 축구단은 연고지를 경상북도 상주시로 옮겼다.

← 1월 15일, 아이티 포르토프랭스의 무너진 학교 앞을 사람들이 지나가고 있다. 사흘 전 아이티에 강력한 지진이 발생했다.

2010년 풍경

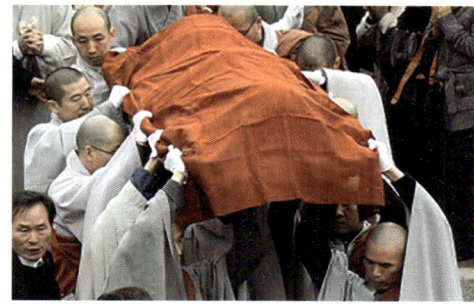

아무래도 덧셈보다는 뺄셈이 어려운 게 인지상정이다. 물건도 구입하기에 골몰했지 소임을 다한 그 물건의 행방은 까맣게 잊기가 일쑤다. 빨랫줄을 거닐던 외투는 다 어디로 갔는가? 호주머니는 괜히 있는 게 아니다. 손을 보관하기보다는 소유를 쌓아두는 곳이다. 그 유명한 에리히 프롬의 《소유냐 존재냐》, 소유가 더하기라면 존재는 빼기에 가까울 것이다. '무소유'로 널리 알려진 법정 스님이 입적했다. 세수 78살, 법랍 55세. 지구에는 골목이 많다. 구부러지지 않으면 골목이 아니다. 어느 날 긴 골목을 통과하면서 좀 다른 사람이 되기도 한다. 뺄셈이 오히려 쉬워지고, 존재에 주목하게 된다. 스님은 베스트셀러 작가였다. "그동안 풀어놓은 말빚을 다음 생으로 가져가지 않겠다. 내 이름으로 된 모든 출판물을 절판시켜 달라"고 유언하였다. 말은 엎질러진 물인 줄로만 알았는데, 스님은 그 말까지 버리고 비우고 가셨다. '텅 빈 충만'으로 입적한 몸. 깨끗해졌다.

미국과 중국의 경제 규모(2023년, 단위 1조 달러)

미국 27.7

중국 17.7

26.8

이 해에는

노래
- 3. 25. 〈뱅(Bang)!〉, 애프터스쿨
- 5. 4. 〈Nu 예삐오〉, f(x)
- 7. 1. 〈Bad Girl Good Girl〉, 미쓰에이
- 7. 19. 〈루시퍼〉, 샤이니
- 12. 9. 〈좋은 날〉, 아이유

영화
- 3. 18. 〈경계도시 2〉, 홍형숙
- 5. 13. 〈시〉, 이창동

궂긴 소식
- 1. 14. 이태석(가톨릭 신부, 의사)
- 1. 27. 하워드 진(미국의 역사학자)
- 1. 27. 제롬 데이비드 샐린저(미국의 소설가)
- 1. 30. 길창덕(만화가)
- 2. 23. 배삼룡(코미디언)
- 3. 11. 법정(승려)
- 6. 18. 주제 사라마구(포르투갈의 소설가)
- 8. 12. 앙드레 김(패션 디자이너)

2011년

김정일 사망

↑ 12월 17일, 김정일 북한 주석이 희천발전소 현지 지도 방문 도중 과로로 열차 안에서 심장마비로 사망했다. 이 소식은 극비로 부쳐지다 2일 후인 19일 정오 북한 조선중앙통신사를 통해 전해졌다. 김대중평화센터 이사장 이희호 등이 포함된 조문단이 꾸려졌고, 현대그룹 현정은 회장을 중심으로 한 조문단이 동행했다.

"한반도 정세가 대격랑에 들어갔다."
— 《한겨레》, 2011. 12. 20.

…김정일 동지께서 2011년 12월 17일 8시 30분에 현지 지도의 길에서 급병으로 서거하시였다는 것을 가장 비통한 심정으로 알린다…너무도 갑자기, 너무도 애석하게 우리 곁을 떠나시었다.
— '조선중앙TV' 보도(12월 19일)

정부는 김정일 위원장의 사망과 관련해 북한 주민들에게 위로의 뜻을 전합니다. 북한이 조속히 안정을 되찾아 남북이 한반도 평화와 번영을 위해 협력할 수 있게 되기를 기대합니다. …정부는 따로 조문단을 보내지 않기로 하였습니다. 다만 故 김대중 전 대통령과 故 정몽헌 현대그룹 회장의 유족에 대하여 북측의 조문에 대한 답례로 방북 조문을 허용할 방침입니다.
— '외교안보장관회의 발표문' 및 '조문단 관련 통일부 방침'(12월 20일)

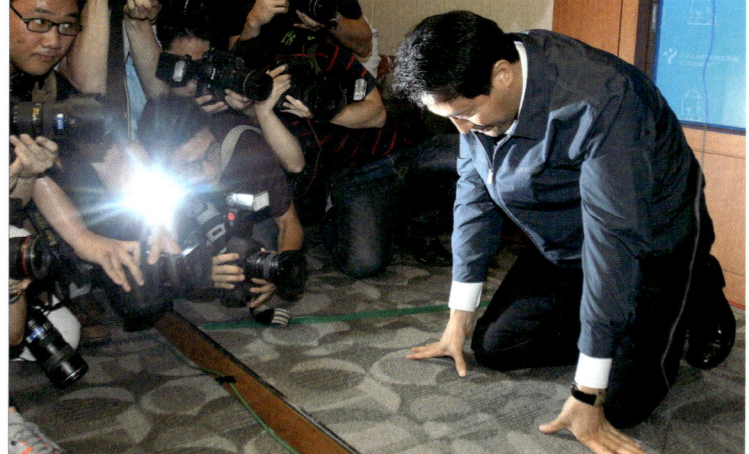

↓ 무상급식 주민투표를 사흘 앞둔 8월 21일, 오세훈 서울시장이 기자회견 도중 무릎을 꿇고 시민들에게 투표 참여를 호소하고 있다. 그는 이날 투표율이 33.3%에 미달해 개표를 못하게 되거나 개표 후 찬성률이 낮아 무상급식이 무산될 경우 사퇴하겠다고 공언했다. 그는 이날 이렇게 말했다. "존경하는 시민여러분, 8월 24일 치러지는 이번 주민투표 결과에 제 시장 직을 걸어서 그 책임을 다하겠습니다. 오늘의 제 결정이 이 나라의 지속가능한 복지가 뿌리내리는데 한 알의 씨앗이 될 수 있다면 저 오세훈, 역사의 뒤안길로 사라진다고 해도 더 이상 후회는 없습니다."

대한민국

1. 삼호주얼리호, 소말리아 해적에 피랍. 삼호해운 소속 선박 삼호주얼리호가 소말리아 인근 아덴만에서 소말리아 해적에 피랍됐다. 해군 청해부대가 아덴만 여명 작전을 펼쳐 인질 21명 모두를 구출하는 데 성공했다.

1. 14. 금융위원회, 삼화저축은행 영업정지. 이날 삼화저축은행의 부실금융기관 지정을 시작으로 저축은행 15곳이 부실기관으로 추가 지정되어 영업정지를 당했다. 무리한 부동산 PF 대출로 인한 서민금융기관인 저축은행의 부실화는 해를 넘겨서도 계속됐다. 역사상 최대 금융비리 수사로 이어지는 저축은행 사태의 시작이었다. 약 10만 명의 피해자가 발생한 이 사태의 해결을 위해 예금보험공사는 2015년까지 무려 27조 원의 공적자금을 투입한다.

4. 26. 한국-베트남 관계 격상. 양국의 외교관계가 '전략적 협력 동반자' 관계로 격상되며 경제, 외교 협력의 새로운 장이 열렸다.

7. 1. 한-EU 자유무역협정 잠정 적용. 협정 서명국인 27개 EU 회원국의 국내 비준이 모두 끝난 2015년 12월 13일 전체 발효로 확대된다.

8. 24. 서울시, 무상급식 지원범위에 관한 주민투표 실시. 1월 6일 민주당이 다수인 서울시의회가 무상급식 조례를 통과시키자, 한 해 전 지방선거 과정에서 선별 급식을 주장했던 오세훈 시장은 무효소송과 주민투표 실시 제안으로 반발했다. 투표 결과 투표율 미달로 주민투표는 무효가 됐고, 오 시장은 사퇴했다. 이에 따라 10월 26일 보궐선거가 실시됐고, 박원순이 시장으로 당선됐다. 주민투표에 182억, 이어진 재보궐 선거에 300억 원의 비용이 들었다.

9. 6. 안철수, 서울시장 보궐선거 불출마 선언. 그는 불출마와 함께 박원순에 대한 지지 의사를 밝혔다. 야권 단일화를 이룬 박원순은 10월 26일 실시된 선거에 무소속으로 출마해 한나라당의 나경원을 누르고 서울시장에 당선됐다.

9. 15. 전국에 대규모 정전사태 발생.

11. 22. 한미 자유무역협정(FTA) 비준안, 국회 본회의 통과. 한나라당이 단독으로 강행한 본회의 개의 선언부터 표결과 통과까지 채 4분도 걸리지 않았다. 협정은 이듬해 3월 15일에 발효된다.

12. 1. 종합편성채널(종편) 출범. 국가로부터 주파수를 할당받아 이용하는 지상파와 달리 케이블망이나 위성망, 인터넷TV(IPTV)망을 이용하는 종합편성채널 4개가 이날 첫 방송을 내보냈다. 2009년 7월 9일 한나라당의 날치기로 통과된 미디어법 개정안들에 따라 JTBC(중앙일보), TV조선(조선일보), 채널A(동아일보), MBN(매일경제신문)이 출발한 이날 한겨레·경향신문·국제신문 등은 항의의 뜻으로 1면에 백지 광고를 실었다.

12. 5. 무역액 1조 달러 달성. 세계에서 9번째로 달성한 것이었다. 정부는 수출 1억 달러를 달성한 1964년 11월 30일을 기념해 지정됐던 '수출의 날'의 명칭을 '무역의 날'로 변경하고 날짜도 12월 5일로 변경했다.

12. 15. 통합진보당 창당. 민주노동당, 국민참여당, 새진보통합연대가 통합해 출범했다. 약칭은 통진당이었다.

12. 17. [북한] 김정일 주석, 사망.

세계

3. 11. [일본] 동일본 대지진 발생. 산리쿠 앞바다에서 발생한 9.0~9.1의 이 지진으로 40m가 넘는 쓰나미가 발생했다. 이로 인해 도호쿠 및 간토 지역의 많은 건물이 파괴되고 도로와 철도 같은 기반시설에 큰 피해가 발생했으며, 약 2만 명이 사망했다. 후쿠시마 원자력발전소 사고도 함께 초래한 이 지진은 일본 역사상 가장 많은 피해를 일으킨 자연재해로 기록되고 있다.

5. 2. 미국 해군 특수부대, 오사마 빈라덴 사살. 이슬람 무장단체인 알카에다의 창립자이자 지도자인 그를 9·11 테러의 주모자로 지목했다. 그리고 대규모 수색작전을 벌인 지 10여 년 만에 파키스탄 아보타바드에 은신해 있던 그를 사살했다.

7. 22. [노르웨이] 연쇄 테러 사건 발생. 아네르스 베링 브레이비크가 오슬로의 정부종합청사 앞에서 폭약을 가득 실은 화물차를 터뜨린 후, 노동당이 주관하는 청소년 캠프가 열리고 있던 우퇴이아섬으로 이동해 총기를 난사했다. 이 테러로 모두 77명이 목숨을 잃었다. 극우성향의 기독교 근본주의자인 그가 이민자에 대해 포용적인 집권 노동당의 다문화주의 정책에 반발해 벌인 이 테러 직후, 옌스 스톨텐베르그 총리는 이틀 후 이러한 폭력에 대한 답은 '더 많은 민주주의와 더 많은 개방성'이라고 말했다.

9. 17. [미국] 월스트리트 점령 시위 시작. 약 1000명의 시위대가 뉴욕 금융지구 인근 주코티 공원을 점거하고 시위를 시작했다. "월스트리트를 점령하라"나 "우리가 99%다" 등의 시위 구호 속에 잘 드러나듯, 이들은 부유한 1%가 나머지 대다수를 희생시키며 이익을 누리고 있다는 데 동의했다. 이들의 함성은 미국을 넘어 세계 주요 도시로 퍼져나가며 거리를 점령했다. 그러나 처음부터 지도부나 조직 없이 시작된 시위의 열기는 11월 15일 시위대가 주코티 공원에서 강제 해산되면서 급속히 식었다.

10. 5. [미국] 스티브 잡스 사망. 애플의 공동창업자인 그는 '스스로를 예술가라고 생각했고 실제로 예술가였다'. 그에게 최고의 동기부여는 '이윤이 아니라 제품'이었다.

10. 20. [리비아] 국가지도자 무아마르 카다피, 사망. 과도국가평의회군에 잡혀 피살된 그는 무려 42년 동안이나 철권 통치를 휘두른 독재자였다.

문화 / 과학·환경 / 스포츠

문화

3. 6. MBC, 〈나는 가수다〉 방송. 이 해 다음이 선정한 최고 인기 검색어에 '나는 가수다'가 선정될 정도로 한 해 내내 돌풍을 일으켰다. 잊혀진 명곡의 재발견이라는 순기능도 있었지만, '채점식' '서바이벌' '경쟁'이 예술인에 대한 모독이라는 논란도 있었다.

11. 17. 〈예술인 복지법〉 제정. 1980년대 들어서면서 예술인에게도 사회안전망이 필요하다는 주장이 제기된 지 30여 년 만에 이룬 성과였다.

과학·환경

3. 12. [일본] 후쿠시마 제1원자력발전소 폭발 사고 발생.

스포츠

1. 30. [카자흐스탄] 아스타나에서 제7회 동계 아시안 게임 개막.

3. 31. NC 다이노스 창단. 프로야구 아홉 번째 구단으로 연고지는 창원시이다.

5. 27. 검찰, 프로축구 승부조작 연루 선수 구속. 국가대표 선수로 뛴 적도 있던 상무의 김동현이 K리그 승부 조작 사건에 깊이 관여되었다는 소식이 전해지면서, 파장은 일파만파로 커져갔고 대한축구협회는 50명이 넘는 선수에게 영구제명이라는 중징계를 내렸다. 한편 2023년에는 월드컵 10회 연속 진출과 카타르 월드컵 16강 진출을 자축한다는 명분으로 이들 중 일부를 포함 징계중인 축구인 100명에 대해 사면 조치를 취했다가 부정적인 여론에 밀려 철회하는 일이 벌어지기도 한다.

8. 27. 제13회 세계육상선수권대회 개막. 9월 4일까지 대구에서 열린 이 대회에서는 자메이카가 남자 4×100m 이어달리기 경기에서 37.04초로 세계 기록을 세웠다. 우사인 볼트는 이 종목과 200m에서 우승했지만 100m에서는 부정출발로 실격당했다.

10. 16. 한국 여자 골프, LPGA 통산 100승 달성. 1988년 구옥희가 LPGA 스탠더드 레지스터에서 우승한 것을 시작으로 이날 최나연이 사임 다비 LPGA 말레이시아에서 우승을 차지함으로써 한국 및 한국계 선수 통산 LPGA 100승을 달성했다. 이 기간 박세리는 혼자 25승으로 가장 큰 기여를 했다.

10. 23. SK올림픽핸드볼경기장 개장. 서울 올림픽 공원 내의 펜싱 경기장을 리모델링해 건립된 한국 최초의 핸드볼 전용 경기장이다.

← 3월 11일 동일본 대지진이 발생했다. 다음 날 오후 도쿄 전력의 후쿠시마 제1원자력발전소 1호기가 폭발했다. 이어 전체 6기 중 2기가 더 폭발했다. 이 과정에서 방사성 물질이 공기, 토양, 바다로 누출되었고 인근 주민 21만 명에 대해 대피령이 내려졌다.

2011년 풍경

구제역(口蹄疫)은 발굽이 두 개인 소·돼지 등 우제류 동물의 입과 발굽 주변에 물집이 생기는 병이다. 전염성이 높아 일단 발병하면 반경 수km 이내의 동물은 살처분한다. 살처분, 殺處分, stamping out. 쉽게 말해서 일괄 죽여서 처분하는 방식이다. 이 말은 어쩐지 살처분, 즉 살아 있는 채로 구덩이에 매몰하는 방식으로 들린다. 우리나라 가축전염병예방법은 가축을 산 채로 매장하는 것을 금지한다. 그런데도 이 해에는 무려 331만 8천 마리의 돼지가 살처분되었다. 이 와중에 저처럼 안락사도 없이 처리하는 것처럼 구덩이에 쏟아붓는 참극이 벌어졌다. 마하트마 간디는 짐승을 대하는 태도가 그 사회의 수준을 결정한다고 했다는데.

국내 원자력발전소 현황

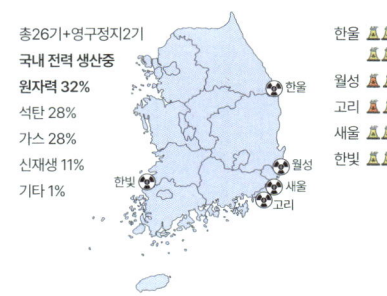

이 해에는

책
- 10. 24. [미국] 《스티브 잡스》, 월터 아이작슨
- 10. [미국] 《생각에 관한 생각》, 대니얼 카너먼
- ○ [이스라엘] 《사피엔스》, 유발 노아 하라리

노래
- 6. 24. 〈내가 제일 잘 나가〉, 2NE1
- 6. 29. 〈롤리폴리〉, 티아라
- 7. 21. 〈내꺼하자〉, 인피니티
- 12. 1. 〈Trouble Maker〉, 트러블메이커

영화
- 4. 14. 〈무산일기〉, 박정범
- 5. 26. [덴마크] 〈멜랑콜리아〉, 라스 폰 트리에
- 5. 27. [미국] 〈트리 오브 라이프〉, 테런스 맬릭

궂긴 소식
- 1. 22. 박완서(소설가)
- 5. 2. 오사마 빈라덴(알 카에다의 지도자)
- 6. 7. 김준엽(독립운동가)
- 9. 3. 이소선(노동운동가)
- 9. 14. 최동원(야구 선수)
- 10. 5. 스티브 잡스(미국의 기업인)
- 10. 20. 무아마르 알 카다피(리비아의 최고지도자)
- 12. 17. 김정일(북한의 국방위원장)

독립한 나라
- 7. 9. 남수단 (← 수단)

2012년

박근혜, 대통령 당선

↑ 12월 19일 제18대 대통령 선거가 실시됐다. 국가정보원의 선거 개입 논란 속에서 치러진 선거 결과 새누리당의 박근혜가 득표율 51.55%로 민주통합당의 문재인을 누르고 당선됐다. 박정희 대통령의 차녀인 그는 헌정사상 최초의 여성 대통령이었다. 그의 당선에는 박정희 전 대통령에 대한 향수와 성장 신화에 대한 기억이 많은 기여를 했다.

"다시 한번 '잘 살아보세'의 신화를 이루겠습니다."

국민행복 10대 공약

- 약속 1. 가계부담 덜기
- 약속 2. 확실한 국가책임 보육
- 약속 3. 교육비 걱정 덜기
- 약속 4. 생애주기별 맞춤형 복지정책 확실하게 추진
- 약속 5. 창조경제를 통해 새로운 시장과 새로운 일자리 늘리기
- 약속 6. 근로자의 일자리 지키기
- 약속 7. 근로자의 삶의 질 올리기
- 약속 8. 국민안심프로젝트 추진
- 약속 9. 대기업과 중소기업 상생의 경제민주화
- 약속 10. 지역균형발전과 대탕평 인사

—《제28대 대통령 선거 새누리당 정책공약》

← 싸이의 〈강남스타일〉이 단 51일 만에 1억 뷰를 돌파했다. 이는 디지털 시대에 바이럴 콘텐츠의 엄청난 힘을 보여준 획기적인 사건이었다. 〈강남스타일〉은 K팝의 글로벌 확장을 위한 길을 열었을 뿐만 아니라 비영어권 음악이 전 세계 청중을 사로잡을 수 있음을 증명했다.

대한민국

2. 13. 한나라당, 새누리당으로 당명 개정.

4. 11. [북한] 김정은, 조선로동당 제1비서로 추대됨. 제4차 조선로동당대표자회에서 김정은 로동당 중앙군사위원회 부위원장이 제1비서로 추대됐다. 이어 13일에는 국방위원회 제1위원장으로 추대됐다. 이로써 김정은은 김정일이 지녔던 당과 정부의 최고지위를 모두 물려받았고, 7월에는 조선민주주의인민공화국 공화국 '원수' 칭호를 부여받았다.

4. 11. 제19대 국회의원 선거 실시. 박근혜 비상대책위원장 주도로 당명, 강령, 당의 색깔까지 모두 바꾼 새누리당이 예상을 깨고 과반이 넘는 153석을 차지해 여소야대 국회가 됐다. 민주통합당이 127석, 통합진보당이 13석을 얻었다. 통진당이 얻은 13석은 진보정당이 얻은 역대 최다 의석수였다.

6. 23. 인구 5000만 명 돌파. 22일 통계청은 "2012년 6월 23일 오후 6시 36분 대한민국 인구가 5000만 명을 넘어설 것으로 추정된다"고 밝혔다. 1983년 인구 4000만 명을 넘어선 지 29년만이었다. 통계청은 한국의 총인구가 2030년 정점을 찍을 것이라는 예상도 함께 내놓았지만, 실제로는 이보다 10년 앞선 2020년에 5184만 명으로 정점에 달한다.

9. 14. 정부 중앙부처, 세종시 이전 시작. 이날 국무총리실 산하 6개 부서가 서울 세종로 정부중앙청사에서 세종시로 이전을 시작했다. 2002년 노무현 당시 새천년민주당 대선후보가 지역균형 발전을 위해 신행정수도 공약을 발표한 지 10년 만이었다.

9. 19. 안철수, 대선출마 선언. 박근혜 대세론까지 위협하며 유력 대선 후보로 떠올랐지만, 무소속 후보라는 한계를 절감했다. 문재인 후보와 여권 단일화를 시도했으나 벽을 넘지 못하고 11월 23일 자진사퇴했다.

10. 21. 진보정의당 창당. 4월 불거진 통합진보당의 비례후보 부정경선 의혹의 파장이 커지며 당내 갈등이 증폭되는 가운데 탈당파를 중심으로 창당됐다. 노회찬과 조준호가 공동대표를 맡았다.

10. 30. 금융위원회·금융연구원, 가계부채에 관한 분석 결과 발표. 이에 따르면 주택담보대출의 원리금상환비율이 소득의 60%를 넘어 사실상의 '하우스푸어'에 해당하는 '잠재적 위험가구'가 56만 9000가구였다.

12. 12. [북한] 광명성 3호 2호기 발사 성공. 북한은 1998년부터 세 차례에 걸쳐 인공위성 발사를 시도했지만 모두 실패했다. 한국의 대통령 선거를 일주일 앞둔 이날 평안북도 철산군 동창리 로켓 발사장에서 발사된 광명성 3호 2기가 궤도에 안착하면서, 북한은 자체 발사체를 사용해 위성을 궤도에 올릴 수 있는 10번째 국가가 됐다. 이에 대해 한국, 미국, 일본 등은 탄도미사일 시험을 금지하는 안보리 결의를 위반한 것으로 보고 제재를 가했다.

12. 19. 제18대 대통령 선거. 새누리당 박근혜 후보가 민주통합당 문재인 후보를 누르고 대통령에 당선됐다. 헌정사상 첫 여성 대통령이었다.

세계

3. 4. [러시아] 대통령 선거. 2000년부터 2008년까지 러시아를 이끌었던 블라디미르 푸틴이 부정선거 논란에도 불구하고 63.6%의 압도적인 득표율로 다른 네 후보를 누르고 대통령에 당선됐다. 그는 2008년 연임 규정에 따라 대선에 출마하지 못하고 총리직을 맡았었다.

6. 9. [에스파냐] 유로존에 구제금융 신청. 이로써 2009년 유로존 재정위기가 시작된 이후 구제금융을 받게 된 국가는 그리스, 아일랜드, 포르투갈에 이어 4개국으로 늘어났다.

6. 30. [이집트] 중앙선거관리위원회, 대통령 선거 결과 발표. 16-17일에 치러진 대선 결선투표 결과 무슬림 형제단의 무함마드 모르시 후보가 군부의 지지를 받은 아흐메드 샤피크 후보를 누르고 제5대 대통령으로 당선됐다. 이로써 60년간의 군사통치가 종식됐다. 그러나 이집트 역사상 처음이자 마지막 민주적 선거로 수립된 민간정부는 이듬해 7월 벌어진 군사 쿠데타로 붕괴되고 만다.

9. 10. [일본] 센카쿠 열도 국유화 결정. 다음날 일본 정부는 세 개 섬을 20억 5천만 엔에 매입해 일본 정부로 소유권 이전 등기를 완료했다. 일본에서는 센카쿠 제도, 중국에서는 다오위섬 및 부속도서로 부르는 이 동중국해의 열도는 다섯 개의 섬과 3개의 암초로 구성된 무인도들이다. 청일전쟁 당시인 1895년 일본이 오키나와현으로 편입한 이래 중국과 일본간 영토 분쟁 중인 이 열도에 일본 측의 국유화 조치로 양국의 순시선들이 출동하는 등 일촉즉발의 대치 상태가 벌어지기도 했다. 특히 16일부터는 중국 전역에서 반일시위가 벌어지고, 일본계 상점이나 공장에 대한 파괴와 약탈 등도 발생했다.

11. 6. [미국] 대통령 선거. 버락 오바마가 공화당의 미트 롬니를 꺾고 재선에 성공했다.

11. 14. [이스라엘] 방어의 기둥 작전 개시. 이스라엘이 가자지구를 공격해 하마스 군사지도자 아메드 자바리를 죽였다. 21일까지 이어진 전쟁에서 140명의 팔레스타인인이 사망했다. 공격은 21일까지 이어졌다.

11. 15. [중국] 공산당 제18기 중앙위원회 제1차 전체회의. 시진핑을 중앙위원회 총서기 및 중앙군사위원회 주석으로 선출.

12. 10. [중앙아프리카 공화국] 반정부 민병대인 셀레카가 정부를 무너뜨리면서 내전이 시작됐다.

12. 14. [미국] 샌디훅 초등학교 총기 난사 사건. 코네티컷주 뉴타운의 샌디훅 초등학교에서 대량 총격 사건이 발생해 20명의 어린이를 포함한 26명이 목숨을 잃었다. 이 비극적인 사건은 미국에서 총기 규제에 대한 논쟁을 다시 불러일으켰다.

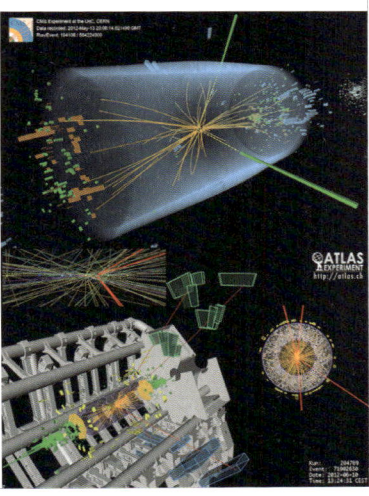

문화 / 과학·환경 / 스포츠

문화

3. 13. [미국] 《브리태니커 백과사전》 인쇄판 발행 중단 발표. 이로써 1768년 영국에서 발행되기 시작한 이 백과사전의 종이책이 출판 244년 만에 역사 속으로 사라졌다. 브리태니커사는 백과사전은 온라인 사전 형태로만 제공될 것이라고 밝혔다. 한 지리학과 교수는 '책장에 놓으면 정말 아름다운데…'라며 아쉬움을 표했다.

4. 27. 레이디 가가, 한국 공연. 월드 투어 '본 디스 웨이 볼 투어'의 첫 공연이 서울 잠실종합운동장에서 열렸다. 공연을 앞두고 개신교 단체들이 항의 시위를 벌이기도 했다. 그의 곡 〈본 디스 웨이〉가 동성애를 조장한다는 등의 이유였다. 관람 연령 제한이 12세에서 18세로 변경되었음에도 공연은 5만 명이 넘는 관객을 끌어모으며 큰 성공을 거뒀다.

9. 8. 김기덕 감독의 〈피에타〉, 제69회 베네치아 영화제 황금사자상 수상. 한국 영화로 세계 3대 영화제에서 최고상을 받은 것은 이 영화가 최초였다.

12. 21. 〈강남스타일〉, 유튜브 조회수 10억 돌파. 가수 싸이의 이 뮤직비디오는 유튜브에 게시된 지 161일 만에 사상 최초로 조회수 10억을 찍었다.

과학·환경

6. 24. 핀타섬땅거북 멸종. '외로운 조지'라고 불리던 핀타섬 땅거북 수컷이 에콰도르의 갈라파고스 국립공원에서 죽었다. 이로써 갈라파고스땅거북의 아종인 핀타섬땅거북은 멸종됐다.

1971년 핀타섬에서 발견된 이 거북은 약 100년 이상 산 것으로 추정된다.

7. 4. 힉스 보손 발견. CERN이 대형 강입자 충돌기에서 실험으로 힉스 보손과 일치하는 특성을 가진 새로운 입자를 발견했다고 발표했다.

스포츠

7. 27. [영국] 런던에서 제30회 하계 올림픽 개막. 런던은 근대 올림픽 사상 최초로 세 번이나 치른 도시가 됐다. 204개 참가국 모두가 한 명 이상의 여성 선수를 파견했고, 여자 복싱의 정식 종목 채택으로 모든 종목에 여성이 참가할 수 있게 됐다.

8. 6. 양학선. 런던 하계 올림픽 남자체조 도마 금메달. 한국 체조 사상 첫 금메달이었다.

12. 9. 류현진, LA 다저스 입단. 한화 이글스의 투수였던 그는 메이저리그에서 뛴 13번째 한국 선수이자, KBO 리그에서 메이저리그로 직행한 첫 선수이다.

← 유럽입자물리연구소(CERN)의 과학자들이 우주의 모든 것이 질량을 갖는 이유를 설명하는 데 도움이 되는 입자인 힉스 보손을 발견했다. 그들은 대형 강입자 충돌기라는 거대한 기계를 사용하여 작은 입자를 함께 부수고 데이터에서 히그스 보손의 증거를 발견했다. 이 발견은 우주의 가장 작은 조각이 어떻게 작동하는지 설명하는 표준 모형이라는 이론의 중요한 부분을 확인한 것이었다.

2012년 풍경

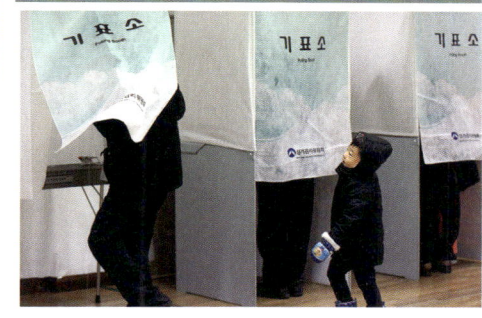

선거는 選擧라 표기한다. 뽑을 選, 들 擧. 무리 가운데 뽑아서 들어올려 대표를 삼는다는 뜻이다. 사람은 많고 그럴수록 첨예하게 부딪히는 욕망. 이럴 때 정통성 확보를 위한 필수불가결한 요소가 선거다. 우리나라 헌법에 정한 선거의 4대 원칙은 보통, 평등, 직접, 비밀 선거이다. '보통'은 만18세 이상의 국민 누구에게나 투표권을 보장하는 것이다. '평등'은 1인 1표의 원칙이다. '직접'은 그야말로 대리가 아니라 직접 투표하는 것이다. 그리고 누구에게 투표했는지 그 '비밀'을 보장해야 한다. 임명, 시험, 세습과는 비교할 수 없는 선거에는 치명적인 약점도 있다. 보는 눈이 판단하는 마음을 속이는 것처럼 선거가 반드시 최선의 인물을 뽑는다는 보장이 없다. 최근에는 가짜뉴스의 엄호 아래 부정선거 음모론이 발호하기도 한다. 임시 공휴일로 지정된 투표일. 몸을 일으켜 투표소로 간다. 휘장을 걷고 직접 기표소 안으로 들어가 비밀선거를 치른다. 투표지 앞에서 심호흡하고, 붓뚜껑 들어 한 표를 행사한다. 아빠를 따라온 아이. '민주주의 꽃은 선거입니다'란 문구가 적힌 기표소 휘장 밖을 내다보고 있다. 사람은 꽃보다 아름답다고 했다. 꽃 중의 꽃이 아이 아닌가. 꽃이 꽃을 보는 풍경이라 하겠다. 저 아이들의 미래를 위해서라도 선거, 잘 뽑아야 한다.

우리나라 FTA 체결현황

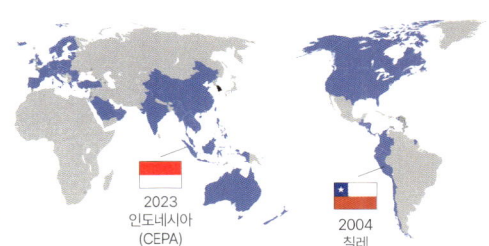

2023 인도네시아 (CEPA)   2004 칠레

이 해에는

노래

- 2. 29. 〈FANTASTIC BABY〉, 빅뱅
- 3. 19. 〈Sherlock·셜록〉, 샤이니
- 3. 29. 〈벚꽃 엔딩〉, 버스커 버스커
- 4. 12. 〈나혼자〉, 씨스타
- 7. 3. 〈Aqua Man〉, 빈지노
- 7. 15. 〈강남스타일〉, 싸이
- 10. 15. 〈피어나〉, 가인

영화

- 7. 4. [프랑스/독일] 〈홀리 모터스〉, 레오스 카락스
- 9. 6. 〈피에타〉, 김기덕

굿긴 소식

- 2. 11. 휘트니 휴스턴(미국의 가수)
- 3. 26. 반야월(작사가, 가수)
- 7. 9. 공옥진(판소리 명창, 무용가)
- 8. 25. 닐 암스트롱(마국의 우주비행사)
- 9. 3. 문선명(통일교 창시자)
- 10. 1. 에릭 홉스봄(영국의 역사학자)

2013년

남양유업 사태

"죽기 싫으면 (제품) 받아요
죽기 싫으면 받으라고요."

공식 사과문

남양유업 주식회사 대표이사입니다.

현재 인터넷에 회자되고 있는 당사 영업사원 통화녹취록과 관련해 회사의 대표로서 참담한 심정을 감출 수가 없습니다. 실망을 안겨드린 모든 분들께 진심으로 고개 숙여 사과드립니다.

해당 영업사원은 사직서를 제출하였으며 당사는 사태의 엄중함을 감안, 이를 즉각 수리하였습니다. 아울러 이번 통화 녹취록은 3년 전 내용으로 확인되었으며, 철저한 진상 조사를 통해 관리자를 문책하겠습니다.

또한 다시 한번 회사 차원에서 해당 대리점주님께 진심어린 용서를 구하도록 하겠습니다. 이와 함께 임직원들의 인성교육 시스템을 재편하고 대리점과 관련한 영업 환경 전반에 대해 면밀히 조사해 이번과 같은 사례가 결코 재발하지 않도록 엄중한 조치를 취하겠습니다.

다시 한 번 심려를 끼쳐드린 것에 대해 깊이 사과드립니다.

남양유업 대표 배상

↑ 남양유업 사건은 회사 관리자가 유통업체에 언어적 학대와 위협을 가해 필요 이상으로 많은 제품을 구매하도록 강요한 스캔들이었다. 유출된 녹음 파일에는 관리자가 거친 언어를 사용하고 권력을 이용하여 대중의 분노를 불러 일으킨 모습이 드러났다. 이 사건은 일부 대기업이 중소기업에 대해 권력을 남용하는 방식의 상징이 되었고, 기업 괴롭힘과 중소기업과 근로자를 보호하기 위한 법률의 필요성에 대한 국가적 논의를 불러일으켰다.

↓ 국가정보원 대선 개입 사건은 2012년 대선 기간 중 국가정보원 심리정보국이 사이버 여론 조작을 통해 정치적 개입을 했다는 의혹이 제기되며 시작되었다. 국정원 직원들은 인터넷 댓글 작성을 통해 박근혜 후보에 유리한 여론을 조성하고, 야당 후보를 비방하는 활동을 벌였으며, 이는 (공직선거법)을 위반한 것이었다. 사건의 진상 규명 과정에서 경찰과 검찰의 부당한 수사 및 은폐 시도가 드러나면서, 국가기관의 불법 개입에 대한 심각한 논란을 일으켰다.

다단계 형식
국정원 댓글부대

원세훈 — 전 국정원장
민병주 — 전 국정원 심리전단장
모집책
팀장 팀장 팀장 팀장 팀장

대한민국

1. 29. 이명박 대통령, 특별사면 단행. 이날 사면을 받은 55명 중에는 최시중, 천신일, 박희태 등 이명박의 측근이 다수 포함되어 있었다. 같은 날 그는 측근들에게 훈장도 남발했다. 임기 종료를 불과 한 달여 앞둔 시점이었다.

2. 12. [북한] 3차 핵 실험 강행.

2. 25. 박근혜, 제18대 대통령 취임.

3. 31. [북한] 조선로동당 중앙위원회 전원회의, 경제·핵무력 병진노선 채택. 재래식 무기 대신 핵무력이라는 비교적 적은 비용으로 전쟁억제력을 결정적으로 높임으로써 경제 건설을 가속화해 '강성국가'에 도달하자는 것이었다.

5. 9. 남양유업, 대국민 사과 기자회견. 남양유업 본사 영업사원이 대리점주들에게 폭언을 하고 상품을 강매한 녹취파일이 공개되면서 소위 갑질 논란이 일어난 가운데 이루어진 대응이었다.

6. 14. 서울중앙지검, 원세훈 기소. 국가정보원의 대선 여론 조작 및 정치개입 의혹 사건을 수사한 서울중앙지검 특별수사팀(팀장 윤석열)이 (공직선거법) 및 국가정보원법 위반 혐의로 원세훈 전 국가정보원장을 불구속기소했다.

7. 17. 국민행복연금위원회, 기초연금 합의안 발표. 이로써 65세 이상 모든 노인에게 20만 원의 기초연금을 지급하겠다던 박근혜 대통령의 대선공약은 무책임한 공약으로 판명났다.

7. 21. 진보정의당, '정의당'으로 당명 개정.

9. 4. 국회, 이석기 의원 체포동의안 가결. 찬성 258표, 반대 14표, 기권 11표, 무효 6표였다. 다음날 국가정보원은 통합진보당 의원인 그를 내란음모·선동 및 국가보안법상 반국가단체 찬양 등 혐의로 구속했다.

9. 4. 노태우 미납추징금 완납됨. 동생 노재우가 150억 4300만원을 계좌이체 방식으로 납부함으로써 노태우 전 대통령의 비자금 관련 추징금이 완납됐다. 1997년 대법원에서 징역 17년에 추징금 2628억 9600만원을 선고받은 지 16년 만이었다. 한편 2205억 원을 추징받은 전두환은 1325억 원을 미납한 채 2021년 사망한다.

12. 9. 전국철도노동조합, 파업 시작. 정부가 수서발 케이티엑스(KTX) 주식회사 설립을 통해 철도 민영화 정책을 추진하려는 데에 대한 반대였다. 22일 경찰이 파업을 진압하기 위해 민주노총 건물에 진입하는 등, 정부는 27일 수서고속철도주식회사 설립을 강행했다. SR(현 SR)과 분리되면서 알짜인 수서 노선을 떼어준 코레일은 SRT 개통 직후인 2017년부터 코레일의 영업이익은 적자를 기록하고 있다.

12. 12. [북한] 장성택 사형 집행. 김정은의 고모부이자 북한 권력의 2인자로 알려진 장성택 국방위원회 전 부위원장이 국가전복음모죄에 걸려 숙청·처형됐다. 이는 김정은 체제 정립 초기에 일정한 난관이 있음을 확인시켜준 사건이었다.

세계

1. 21. [미국] 제44대 대통령 버락 오바마, 두 번째 임기 시작.
3. 13. [바티칸 시국] 호르헤 마리오 베르고글리오, 교황으로 선출됨. 아르헨티나 출신인 그는 예수회 출신 첫 교황이었다. 아시시의 프란치스코 성인을 따라 교황명을 프란치스코로 정했다.
3. 14. [중국] 시진핑 총서기, 국가주석으로 선출됨. 그는 이로써 당, 군, 정을 모두 장악하게 됐다.
4. 24. [방글라데시] 라나 플라자 붕괴 사고.
6. 5. [미국] 에드워드 스노든, 미국 정부의 통화정보 수집·감시 폭로. 이날 《가디언》의 첫 독점보도가 나간 후, 다음날 국가안보국(NSA)이 구글, 페이스북, 애플 등 주요 IT 기업의 데이터에 '직접 접근'할 수 있는 프리즘이라는 프로그램을 운영해왔다는 사실이 《가디언》과 《워싱턴 포스트》를 통해 추가로 폭로된다. 미국 정부는 부정했지만, 이후 NSA가 외국 정상들의 통화까지도 도청해왔다는 사실이 보도되면서 전 세계적인 파장을 불러일으킨다. 폭로의 주인공인 그는 전직 CIA의 직원이자 NSA 계약 업체의 직원이었다.
7. 1. [크로아티아] 유럽연합 가입. 28번째 가입국이었다.
10. 1. [미국] 연방정부 일시업무정지(셧다운). 버락 오바마 대통령의 《환자 보호 및 적정부담 보험법》(일명 오바마케어) 예산을 놓고 대치하던 민주당과 공화당은 2014 회계연도 예산안을 통과시키지 못했다. 결국 이날 0시를 기해 연방정부가 폐쇄됐다. 셧다운은 17일까지 이어졌다.
11. 7. [필리핀] 태풍 하이옌, 강타. 최대 순간 풍속이 시속 379km에 달하는 이 초대형 태풍으로 필리핀에서만 6000명 넘게 사망했다.
11. 13. [중국] 동중국해 방공식별구역 선포. 한국 관할인 이어도, 일본과 영유권 분쟁이 계속되는 센카쿠열도(중국명 댜오위다오)를 포함한 동중국해 상공에 방공식별구역을 선포했다. 남중국해 영유권 문제로 베트남, 필리핀과 갈등을 빚고 있는 가운데 중국이 관련된 지정학적 갈등이 격화됐다.
12. 26. [일본] 아베 신조 총리, 야스쿠니 신사 참배 강행. 현직 총리의 야스쿠니 참배는 2006년 고이즈미 준이치로 이후 7년 만이었다.

문화 / 과학·환경 / 스포츠

문화

4. 16. 조용필, 〈Bounce〉 선 공개. 이어 23일 그의 열아홉 번째 정규 음반 《Hello》가 발매됐다. 10년 만의 앨범 발표와 함께 대중음악계에 복귀한 그는 지상파 가요 순위 프로그램 1위를 차지하는 등 '가왕'의 면모를 다시 대중에게 각인시켰다.
6. 13. 방탄소년단 데뷔. 7인조 보이그룹 방탄소년단(BTS)이 앨범 《2 COOL 4 SKOOL》을 발매하며 데뷔했다.

과학·환경

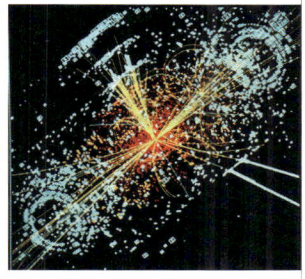

3. 14. 유럽입자물리연구소(CERN), 힉스보손 발견 공식 선언. 2012년 7월 4일 '힉스 입자로 추정되는 입자를 99.999994% 확률로 발견했다'는 소식을 전했던 CERN이 이날 힉스보손 발견을 공식화했다. 1964년 이론적으로만 제안된 이래 '신의 입자'라고도 불린 힉스 입자가 발견됨으로써 표준 모형을 구성하는 17개 중 마지막 조각이 채워지면서 퍼즐이 완성된 것이다.
12. 14. [중국] 창어 3호, 달 표면 착륙 성공. 1965년 소련, 1966년 미국에 이어 세 번째로 달 착륙에 성공한 국가가 됐다.

스포츠

1. 20. 이상화, 여자 스피드스케이팅 500m 세계 기록 수립. 캐나다 캘거리에서 열린 국제빙상경기연맹(ISU) 스피드스케이팅 월드컵 6차 대회 여자 500m 디비전A 2차 레이스에서 36초 80의 세계 신기록을 작성했다. 그는 이 해에만 세 차례 더 최고기록을 세우며 기록을 36초 36까지 단축했다.
5. 8. [영국] 알렉스 퍼거슨 감독, 시즌 종료 후 은퇴 발표. 1986년 11월 맨체스터 유나이트의 감독으로 선임된 그는 27년 동안 프리미어 리그 13회, UEFA 챔피언스 리그 2회를 포함해 총 38개의 트로피를 들어올렸다.

3. 16. K리그 챌린지 개막. 1위 팀이 승강 플레이오프를 거쳐 1부 K리그 클래식에 진출할 수 있는 승강제가 최초로 도입됐다. 도입 첫 해인 이해 K리그 클래식으로 승격한 팀은 상주 상무였다.

← 4월24일, 방글라데시 다카 인근 사바르에 있는 9층 건물 라나플라자가 붕괴해, 1134명이 사망했다. 하루 전 이미 균열이 발견되어 붕괴 징후가 있었음에도 의류 공장주들은 노동자들을 출근시켰고 결국 오전 9시 건물이 무너져 노동자 수천 명이 안에 갇혔다. 부실시공, 뒷돈거래, 안전 불감증이 부른 인재였지만, 세계에서 가장 저렴한 노동력으로 옷을 생산하는 노동자들의 노동환경과 인권에 무관심한 채 헐값으로 공급받는 월마트, 갭, H&M 등 선진국 다국적 기업들의 책임이 사실상 더 컸다.

2013년 풍경

일개 장군 전두환은 쿠데타로 정권을 잡고 일국의 대통령 자리까지 올랐다. 거기까지였다. 이후 전개된 직선제 대통령 선거를 거치면서 민주화는 착착 진행되었다. 이제 '대한민국 주권은 국민에게 있고, 모든 권력은 국민으로부터 나온다'는 주권재민의 원칙은 확립되었다. 정의를 참칭하며 불의하게 꼭대기에 올랐던 그는 그 높이만큼 아래로 추락하여, 세상에 처박혔다가, 벌금도 다 안내고 비루하게 살다 죽었다. 어느 국회 국정 감사장에서 "저는 사람에게 충성하지 않습니다." 한마디로 세상의 이목을 끌고 이를 뒷배 삼아 일국의 대통령 지위를 꿰차는 일개 검사가 있다. 그는 어느 땐 주어를 바꾸었고, 또 어느 땐 목적어를 바꾸기도 했으며, 급기야 말꼬리를 뒤집기도 했다. 도무지 종잡을 수 없는 말들을 그는 태연히 뱉어냈다. 자신도 깜짝 놀랄 꼭대기까지 올랐다가 그 높이만큼 추락하는 한 사람의 일생이 자못 어지럽다. 당선-계엄-탄핵-구속-파면-재판까지, 검사-검찰총장-대통령-내란 수괴까지.

진보 계열 정당의 변천사

1960	사회대중당
1961	통일사회당
1985	사회민주당
1990	민중당
1997	건설국민승리 21
1998	청년진보당
2000	민주노동당(민노당)
2001	사회당
2008	진보신당
2011	통합진보당
2012	진보정의당
2013	정의당 / 노동당

이 해에는

책
8. [프랑스] 《21세기 자본》, 토마 피케티
10. 1. [미국] 《부모와 다른 아이들: 열두 가지 사랑》, 앤드루 솔로몬

노래
1. 1. 〈I GOT A BOY〉, 소녀시대
8. 5. 〈으르렁〉, 엑소
9. 5. 〈삐딱하게〉, 지드래곤

영화
3. 21. 〈지슬 - 끝나지않은 세월2〉, 오멸
10. 9. [프랑스/벨기에/에스파냐] 〈가장 따뜻한 색, 블루〉, 압델라티프 케시시

궂긴 소식
2. 12. 최민식(사진작가)
3. 5. 우고 차베스(베네수엘라의 대통령)
4. 8. 마거릿 대처(영국의 총리)
9. 25. 최인호(소설가)
12. 5. 넬슨 만델라(남아프리카 공화국의 대통령)

2014년

세월호 침몰

↑ 4월 16일 세월호가 침몰해 304명이 목숨을 잃는 참사가 일어났다. 승객 대부분은 수학여행을 가던 고등학생이었다. 이 참사는 과적, 불법적인 선박 개조, 승무원의 안전 프로토콜 준수 실패가 합쳐져서 발생했다.

"구명조끼를 학생들은 입었다고 하는데 그렇게 발견하기가 힘듭니까?"
—박근혜 대통령

9시 29분경
"현재 위치에서 안전하게 기다려주시기 바랍니다. 현재 해경 헬기가 본선 접근 중입니다. 기다려주시기 바랍니다."

9시 42분
"현재 위치에서 이동하지 마시고 안전하게 대기하시기 바랍니다."

9시 45분
"현재 위치에서 안전하게 기다리시고, 더 이상 밖으로 나오지 마시기 바랍니다. 현재 위치에서 안전하게 기다리시고, 더 이상 밖으로 나오지 마시기 바랍니다."

↓ 헌법재판소의 통합진보당 해산 결정은 한국 민주주의에 대한 심각한 후퇴였다. 헌재의 결정은 민주주의 사회에서 정당의 다양성은 필수적인 요소이며, 통합진보당 해산 결정은 정치적 반대 세력에 대한 과도한 탄압이라는 비판을 받았다. 이 결정은 표현의 자유와 정치적 다원성을 억압하고, 특정 이념에 대한 편향된 시각을 드러냈다. 더 나아가 정치적 반대 세력을 제거하고 보수적인 정치 질서를 강화하려는 시도로 해석될 수 있으며, 장기적으로 한국 사회의 정치적 양극화를 심화시키는 결과를 초래했다.

대한민국

1. 1. 도로명주소 사업 전면 시행.

1. 6. 박근혜 대통령, 신년 내외신 기자회견. 청와대에서 열린 이 회견에서 그는 '한마디로 통일은 대박'이라며 '통일이 되면 우리 경제가 도약할 수 있다'고 했다. 이른바 통일 대박론이었다.

1. 12. 교황청, 염수정 추기경 임명. 김수환, 정진석에 이어 세 번째 한국인 추기경이다.

2. 26. 세 모녀 숨진 채 발견됨. 서울 송파구의 반지하 집에서 60대 어머니와 30대 두 딸이 숨진 채 발견됐다. 빈곤층임에도 기초생활보장 등 복지 혜택을 받지 못한 채 생활고를 겪다 극단적 선택을 한 이 사건을 계기로 12월 이른바 '송파 세 모녀법'으로 불리는 법안들이 국회를 통과했지만, 복지 사각지대에 놓인 채 고통받는 빈곤층은 크게 줄지 않았다.

3. 24. 쿠팡, 로켓배송 시작. 오전이나 이른 오후에 상품을 주문하면 당일에, 저녁에 주문하면 이튿날 오전까지 상품을 배송받을 수 있게 하는 이 배송정책으로 쿠팡은 온라인 쇼핑몰의 주도권을 잡게 된다. 다른 업체들도 따라 하게 되면서 당일 배송은 온라인 쇼핑몰의 대세로 굳어진다. 소비자들은 편리를 얻었지만, 당일배송을 둘러싼 경쟁은 노동자들의 건강과 목숨을 위협하고 있다.

3. 28. 박근혜 대통령, 드레스덴 선언. 독일을 국빈방문 중 드레스덴 공대에서 명예박사학위를 받고 이면 '한반도 평화통일을 위한 구상'이라는 제목의 기조연설을 했다. 이 연설에서 그는 '남북 주민의 인도적 문제 해결', '공동번영을 위한 민생 인프라 구축', '남북 주민간 동질성 회복' 등을 북한에 제의했다. 그러나 북한은 '남조선 주도의 흡수 통일을 하려는 대결 선언'이라며 사실상 거부했다.

4. 16. **세월호 참사**. 인천-제주 항로를 운행하는 연안여객선인 세월호가 오전 8시 58분 해경에 조난신고를 했다. 수학여행을 가던 안산시 단원고등학교 학생과 교사 339명을 포함해 승객 476명이 타고 있었다. 여객선은 전복해 침몰했고 이 참사로 모두 304명이 목숨을 잃었다.

8. 14. 프란치스코 교황, 방한. 교황의 한국 방문은 1989년 교황 요한 바오로 2세 이후 25년 만이었다.

12. 3. 담뱃값, 2000원에서 4500원으로 인상.

12. 5. 대한항공기 회항 사건. 뉴욕 존 F. 케네디 국제공항에서 인천국제공항으로 가던 대한항공 여객기가 한진그룹 회장의 장녀인 조현아 대한항공 부사장이 객실승무원이 견과류를 자신에게 봉지째 제공했다며 행패를 부리며 항공기를 후진시켜 사무장을 내리도록 지시했다. 이른바 '땅콩 회항'이라고 불리는 이 사건으로 재벌 오너 일가의 갑질이 사회적 도마 위에 올랐다.

12. 19. **헌법재판소, 통합진보당 해산 결정**. 진보당 이석기 의원이 내란음모 등 혐의로 기소된 사건을 계기로 정부가 청구한 진보당 정당해산 심판에서 헌재가 재판관 8대 1의 의견으로 해산을 결정했다.

세계

3. 16. [우크라이나] 크림반도 주민투표 실시. 우크라이나에서 독립해 러시아 연방에 편입할 것인지 잔류할 것인지를 묻는 주민투표가 크림 자치공화국과 세바스토폴 특별시에서 실시됐다. 투표 결과, 양 지역 모두 90%가 넘는 찬성표가 나왔고, 21일 블라디미르 푸틴 러시아 대통령은 공식적으로 이 지역을 러시아에 합병했다.

4. 14. [나이지리아] 치복 납치사건. 이슬람 극단주의 단체인 보코하람이 보르노주 치복에 있는 공립중학교에서 여학생 276명을 납치했다. 보코하람은 이들을 대원들과 강제로 결혼시키고, 기독교도인 학생들에게는 개종을 강요했다. 57명은 사건 직후 탈출했고, 일부는 이후 정부가 몸값을 지급해 풀려났지만, 현재까지 100명이 넘는 여학생이 실종상태이다. 보코하람은 사건 이후로도 계속 납치행각을 벌여 소녀들을 포함 2000명이 넘는 여성을 납치해 그중 많은 수를 성노예로 삼았다.

5. 13. 유럽사법재판소, 잊힐 권리 인정. 글로벌 검색엔진 사업자인 구글의 검색결과로 나타난 링크에 대해 정보 주체는 자신에 관한 정보를 삭제 요청할 수 있으며 일정한 요건에 부합하는 경우 이를 삭제해야 한다고 판결했다. 개인이 과거에 한 말과 글이 온라인상에서 영구적으로 떠도는 것을 막기 위한 '잊힐 권리'가 인정된 것이다.

5. 26. [인도] 나렌드라 모디, 제14대 총리에 취임.

6. 29. 칼리파국 선언. 이라크와 시리아에 걸쳐 있는 지하디스트 집단인 이라크・샴 이슬람국가(ISIS)가 조직명칭을 이슬람국가(IS)로 바꾸고 제정일치의 칼리파국 수립을 선언했다. 아부 바크르 알바그다디를 칼리파, 즉 무함마드의 후계자로 선포했다. 이후 IS는 이라크 북부 지역에서 집단학살과 유적지 파괴를 자행하고 민간인 참수 영상을 공개하고 2015년 프랑스 파리 등 여러 곳에서 테러를 저질렀다. 서방 연합군의 공격으로 서아시아에서의 영토는 대부분 상실했지만, 현재 잔존 세력이 아프리카, 중동 등에서 활동하고 있다.

7. 1. [일본] 아베 내각, 〈각의결정〉 강행. '전쟁의 포기'를 내용으로 하는 헌법 제2장 제9조의 해석을 변경하는 결정이었다. 헌법 9조 하에서는 집단적 자위권을 행사할 수 없다는 정부의 기존 해석이 변경됐다.

7. 17. 말레이시아 항공 17편 격추 사건. 암스테르담에서 출발해 쿠알라룸푸르로 향하던 여객기가 우크라이나 동부를 지나다 추락해 승객 283명과 승무원 15명이 전원 사망했다. 추락의 원인은 우크라이나의 친러시아 분리주의자들이 발사한 지대공 미사일로 밝혀졌다. 이보다 넉 달 앞선 3월 8일에도 말레이시아 여객기가 레이더에서 사라지는 사건이 발생해 승객 227명과 승무원 12명이 전원 사망한 것으로 추정된다.

8. 10. [튀르키예] 대통령 선거. 선거 결과 정의개발당의 레제프 타이이프 에르도안이 1차 투표만으로 제12대 대통령으로 당선됐다. 튀르키예 최초의 대통령 직선제 선거였다. 에르도안은 2003년 처음 총리직에 오른 이후 총리와 대통령으로 20년 넘게 권력을 유지해 "21세기 술탄"이라고도 불리게 된다.

문화 / 과학・환경 / 스포츠

문화

8. 19. 〈명량〉, 관객 1500만 돌파. 임진왜란 명량해전을 다룬 김한민 감독의 이 영화는 개봉 21일만에 누적관객수 1500만이라는 대한민국 영화 흥행의 새역사를 썼다. 최종 총관객수 1761만 6141명이었다.

11. 21. 문화관광부, 개정 도서정가제 시행. 신간의 발행 후 18개월이 경과하지 않은 도서의 직간접 할인율을 15%(가격할인은 10% 이내)로 제한했다.

과학・환경

2. 12. 남극장보고과학기지 준공. 남극에 건설된 한국의 두 번째 과학기지이다. 세종과학기지가 세워진 곳이 남극 본토가 아닌 킹조지섬인 것을 감안하면, 남극 대륙에 세워진 기지로는 최초이다.

8. 13. 제27회 세계수학자대회 개막. 13일까지 서울 코엑스에서 열린 이 대회에서는 이란의 마리암 미르자하니가 여성 최초로 필즈상을 받았다.

스포츠

2. 7. [러시아] 소치에서 제22회 동계 올림픽 개막. 여자 피겨스케이팅에서 디펜딩 챔피언 김연아가 개최국 러시아의 아델리나 소트니코바에 이어 은메달에 머문 일로 판정 논란이 벌어지기도 했다.

5. 24. [에스파냐] 레알 마드리드, UEFA 챔피언스리그 10회 우승. 포르투갈 리스본에서 열린 결승전에서 레알 마드리드는 아틀레티코 마드리드를 4-1로 꺾고 우승해 '라 데시마(에스파냐어로 10번째라는 뜻)'를 달성했다.

6. 12. [브라질] 제20회 FIFA 월드컵 개막. 독일이 연장전 끝에 아르헨티나에 1-0으로 이겼다. 대회 통산 네 번째 우승이었다. 한국은 1무 2패로 조별리그에서 탈락했고, 북한은 지역 예선에서 탈락했다.

9. 19. 인천광역시에서 제17회 아시안 게임 개막. 대한민국에서는 1986년 서울, 2002년 부산에 이어 세 번째로 열린 대회였다.

↓ 5월 26일 나렌드라 모디가 인도 제14대 총리로 취임했다. 우파 힌두 민족주의 정당인 인도인민당 소속인 그는 2001년부터 구자라트주 총리를 지냈다. 스스로 힌두 민족주의자임을 감추지 않는 그는 경제 정책 역시 집권 초기부터 '메이크 인 인디아(인도에서 만들어라)'란 슬로건 아래 친시장적 우파 경제 정책을 펼친다. 이 정책은 일정 정도 성공을 거두고, 그는 2019년 총선에서 승리해 재집권한다.

2014년 풍경

구규(九竅)는 아홉 개의 구멍인 눈, 코, 입, 귀와 그 아래 두 구멍을 일컫는 말이다. 사람이란 구멍가게의 주인으로 고달픈 삶을 살아가야 하는 게 이미 몸의 구조에서부터 정해진 운명인가 보다. 인체는 이 구규를 통해서 세상을 보고, 듣고, 먹고, 맡고, 쏟으면서 제 몸을 간수한다. 신비의 의학서인 《동의보감》의 첫 구절은 이렇게 시작한다. "둥근 머리는 하늘을 닮고 네모난 발은 땅을 닮았다. 하늘에 사시가 있듯 사람에게는 사지가 있고, 하늘에 오행이 있듯이 사람에게는 오장이 있다." 즉 인간의 몸과 우주는 그 운행의 이치가 닮았다는 것이 동의보감의 이론적 근본이다. 사람의 얼굴은 예사롭지 않다. 해와 달처럼 두 눈이 있고 우주의 기관들을 그대로 옮겨놓은 듯, 별들이 휘황하고 은하수가 흐르고, 태양과 달처럼 두 눈이 반짝인다. 가히 자연계와 우주가 모두 연결되며 집합한 듯! 먹방은 '먹는 방송'의 준말이다. 입을 오물오물 벌리고 닫으며 먹는 행위, 가히 우주적이다, 라고 해도 되지 않을까.

성인 (30~49세 남/여)의 권장섭취량

구분	영양소(단위)	남자	여자
	단백질 (g)	65	50
지용성 비타민	비타민 A (㎍ RAE)	800	650
	비타민 C (mg)	100	100
	티아민 (mg)	1.2	1.1
	리보플라빈 (mg)	1.5	1.2
수용성 비타민	나이아신 (mg NE(니코틴산 당량))	16	14
	비타민 B6 (mg)	1.5	1.4
	엽산 (㎍ DFE(식이엽산 당량))	400	400
	비타민 B12 (㎍)	2.4	2.4
	칼슘 (mg)	800	700
다량 무기질	인 (mg)	700	700
	마그네슘 (mg)	370	280
	철 (mg)	10	14
	아연 (mg)	10	8
미량 무기질	구리 (㎍)	850	650
	요오드 (㎍)	150	150
	셀레늄 (㎍)	60	60
	몰리브덴 (㎍)	30	25

이 해에는

책
- 5. 19. 《소년이 온다》, 한강

노래
- 3. 12. 〈카탈레나〉, 오렌지카라멜
- 6. 3. 〈눈, 코, 입〉, 태양
- 8. 27. 〈위아래〉, EXID

영화
- 6. 5. [미국] 〈보이후드〉, 리처드 링클레이터
- 7. 3. 〈명량〉, 김한민
- 12. 17. 〈국제시장〉, 윤제균

궂긴 소식
- 1. 5. 에우제비우(포르투갈의 축구 선수)
- 4. 17. 가브리엘 가르시아 마르케스(콜롬비아의 소설가)
- 8. 11. 로빈 윌리엄스(미국의 영화배우)
- 10. 27. 신해철(가수)
- 11. 30. 오청원(중국 출신 일본의 바둑기사)

2015년

한국사 교과서 국정화 논란

↑ 10월 12일, 황우여 사회부총리 겸 교육부 장관이 2017년부터 중·고등학교 한국사 교과서를 국정 체제로 바꾸겠다고 발표했다. 박정희 정권은 유신정신 반영을 목적으로 중·고교 국사(한국사) 교과서를 국정으로 발행했다. 그리고 2011년 한국사 교과서가 검정으로 발행되기까지 이 비정상을 정상화하는 데 무려 37년이 걸렸는데, 박근혜 정부가 5년 만에 이를 다시 되돌리려 시도한 것이다. 찬반으로 갈린 집회가 이어지는 가운데 한국사 교과서 국정화를 '비정상의 정상화'로 규정하고 밀어붙인 정부는 10월 12일 국정화를 기습적으로 확정했다. 그러나 이듬해 12월 박근혜 대통령이 탄핵으로 직무가 정지되면서 국정화 작업은 동력을 잃고 2017년 문재인 정부가 들어서면서 공식적으로 폐기된다.

> "바르게 역사를 배우지 못하면 혼이 비정상이 될 수밖에 없습니다."

역사교과서 문제는 정쟁이 되어서도 안 되고 정쟁의 대상이 될 수도 없는 것입니다. …역사교과서는 우리 대한민국에 대한 자긍심을 심어주고 어떤 방향으로 나아가야 나라 발전을 이룰 수 있는지를 제시해 줄 수 있어야 하는데, 이렇게 잘못되고 균형 잃은 역사교과서로 배운 학생들은 대한민국은 태어나서는 안 되는 부끄러운 나라로 인식하게 되어, 나라에 대한 자부심을 잃을 수밖에 없습니다.

자기 나라 역사를 모르면 혼이 없는 인간이 되는 것이고 바르게 역사를 배우지 못하면 혼이 비정상이 될 수밖에 없습니다. 이것은 생각하면 참으로 무서운 일입니다. 국정교과서를 반대하는 측은 다양성을 얘기하지만, 현재 7종 교과서에 가장 문제가 있는 근현대사 분야 집필진 대부분이 전교조를 비롯해서 특정 이념에 경도되어 있습니다. …교육부를 비롯한 관계부처는 다양한 분야에서 최고 전문가들이 집필에 동참할 수 있도록 각별히 노력해 주기를 바랍니다.
— 박근혜, '대통령 주재 국무회의' 중(2015년 11월 10일)

↓ 11월 14일, 전남 보성의 농민 백남기가 서울광장에서 열린 민중총궐기대회에서 경찰 살수차가 직사한 물대포에 맞고 쓰러졌다. 그는 두개골 골절로 317일간 혼수상태로 병원에 입원해 있다 이듬해 9월 25일 사망한다. 사건 발생 8년 만인 2023년 대법원은 벌금 1천만 원의 원심을 확정한다. (오마이뉴스)

대한민국

2. 26. 헌법재판소, 간통죄에 대해 위헌 결정. 1953년 형법 제정 후 62년 동안 존속됐던 간통죄가 즉시 폐지됐다. 재판부는 '개인의 성적 자기결정권과 사생활을 침해한다'는 이유를 들었다.

5. 20. 국내 첫 중동호흡기증후군(메르스, MERS) 환자 확진. 메르스는 메르스 코로나바이러스에 의한 급성호흡기감염증이다. 이날 첫 확진 환자가 발생했을 때만 해도 사람들은 이를 대수롭지 않게 여겼다. 하지만 이후, 메르스는 정부가 공식 종식 선언을 한 12월까지 186명의 확진환자와 38명의 사망자(치명률 20.4%)를 발생시키며 한국 사회를 혼란에 빠뜨렸다. →

8. 5. [북한] 최고인민회의, 표준시 변경. 기존보다 30분 늦춘 UTC+8 1/2로 변경했다. 일본 표준시에 따른 표준시 기준인 동경 135도를 광복 70주년을 맞아 8월 15일부터 동경 127.5도로 바꾼다는 것이었다. 이로써 북한과 남한에는 30분의 시차가 생겼다.

9. 3. 박근혜 대통령, 중국 전승절 열병식 참관.

10. 12. **교육부, 국정 한국사교과서 발행 계획 공식 발표.** '중·고등학교 교과용 도서 국·검·인정 구분안'을 행정예고했다.

10. 27. 박근혜 대통령, 국회 예산안 시정연설. 이 자리에서 그는 '역사 왜곡이나 미화'를 '절대로 좌시하지 않을 것'이라고 언급했다.

10. 29. 전국 교수, 연구자 1,972명, 국정화 반대 전국교수선언문 발표.

11. 5. '중·고등학교 교과용 도서 국·검·인정 구분안' 관보 고시. 이로써 중·고등학교 역사교과서 국정화가 확정됐다.

11. 14. 민중총궐기 집회 물대포 사건.

11. 22. 김영삼 전 대통령 서거. 그는 군사독재에 항거해 민주화운동을 벌였다. 그의 문민정부 출범과 함께 30년 넘게 이어진 군정이 막을 내렸다.

11. 23. 국사편찬위원회, 역사교과서 집필진 확정. 중학교 역사 교과서와 고교 한국사교과서 집필진으로 47명을 최종 결정했다고 밝혔으나, 대표 집필진으로 선정된 신형식 이화여대 명예교수를 빼고는 명단을 공개하지 않았다.

12. 18. 새정치민주연합, 더불어민주당으로 당명 변경.

12. 28. 한·일, 일본군 위안부 문제 합의 발표. 양국 외교장관들이 서울에서 외교장관 회담을 연 뒤 이날 오후 합의사항을 발표했다. 위안부 문제가 '최종적 및 불가역적으로 해결될 것임을 확인'한다는 내용이었다. 그러나 위안부 문제에 대한 일본의 공식적인 인정과 법적 배상과 관련된 문구는 합의문 어디에도 없었다. 합의에 따라 이듬해 '화해·치유재단'이 설립되고 일본 정부가 10억 엔을 송금했지만, 재단은 2018년 11월 공식 해산된다.

세계

1. 7. [프랑스] 알카에다에 의한 총기난사 사건 발생. 프랑스 주간지 〈샤를리 에브도〉 사무실에 이슬람원리주의자 두 명이 난입해 총을 난사했다. 주간지 편집장·만화가 등 언론인 10명과 경찰관 2명이 살해됐다. 이 잡지는 이슬람이 금기시하는 무함마드 풍자만화 등을 실어 무슬림의 반발을 사왔다. 서구와 이슬람 사이의 오랜 갈등이 내재된 이 사건을 둘러싸고 표현의 자유, 관용, 종교적 극단주의, 소외된 이민자 문제 등을 둘러싼 열띤 논쟁이 벌어졌다.

3. 26. [예멘] 아랍국가연합, 예멘에 군사 개입. 사우디아라비아가 주도하는 아랍 연합군이 2014년 9월 내전 중 후티 반군에 의해 축출된 압드라보 만수르 하디 대통령 정권을 복원시키고, 이란이 지원하는 후티 반군의 진격을 저지하기 위해 공습과 해상봉쇄를 시작했다.

7. 14. 이란 핵협상 타결. 오스트리아 빈에서 이란과 P5+1(유엔 안전보장이사회 상임이사국인 중국, 프랑스, 러시아, 영국, 미국 및 독일), 유럽연합이 포괄적 공동행동계획에 합의했다. 경제제재 해제를 대가로 이란이 핵개발 프로그램을 포기한다는 내용이었다. 2002년 핵개발 의혹이 제기된 지 13년 만이었다.

7. 20. [미국/쿠바] 워싱턴 주재 쿠바 대사관 개설. 이로써 1961년 단절된 쿠바와 미국 간의 외교관계가 54년 만에 정상화됐다.

9. 19. [일본] 안보법안, 참의원 통과.

10. 29. [중국] 한 자녀 정책 폐지 결정. 중국공산당이 35년 동안 유지해온 계획생육정책(한 자녀 정책)을 성비 불균형과 고령화 등의 문제로 인해 폐지하기로 결정했다. 이 결정은 이듬해 1월 1일부터 적용됐다. 2016년 1.7명이던 중국의 합계출산율은 2023년 1.0명으로 줄었고, 총 인구는 약 14억이다.

11. 8. [미얀마] 총선. 25년 만에 실시된 첫 자유선거에서 아웅 산 수 치 국가고문이 이끄는 민족민주동맹이 상하원의 과반수를 넘는 의석을 차지해 첫 번째 민주 정부가 구성됐다.

↓ 9월 19일 새벽 2시 18분, 일본 평화헌법의 기반이 뿌리째 뽑힐 수 있는 법안 두 개('평화안전법 제정이 법안'과 '국제평화지원법안')가 참의원 본회의를 통과했다. 아베 신조 총리 주도로 추진된 이 법안의 통과로 일본 우익은 헌법 제2장 9조(일본 국민은…국제분쟁을 해결하는 수단으로써 국권이 발동되는 전쟁과 무력에 의한 위협 또는 무력의 행사는 영구히 포기한다.)를 무력화시키고 개별적 자위권뿐만 아니라 집단적 자위권을 행사해 '전쟁이 가능한 보통 국가'로 가려는 꿈에 한 걸음 더 가까워졌다.

문화 / 과학·환경 / 스포츠

문화

5. 9. 임흥순, 56회 베네치아 비엔날레 은사자상 수상. 한국, 동남아 등 아시아 각 지역 여성들의 노동 소외 문제를 다룬 95분짜리 다큐영화 〈위로공단〉이었다.

6. 2. 옹알스, 예술의전당 공연. 한국 코미디언이 예술의전당 무대에 선 것은 말없이 몸짓으로 웃기는 이 논버벌 코미디 그룹이 최초였다.

10. 21. 조성진, 제17회 쇼팽 국제 피아노 콩쿠르 우승. 그동안 세계 3대 콩쿠르(쇼팽·차이콥스키·퀸 엘리자베스) 우승은 한국 피아니스트에게는 미답의 영역이었다. 이에 앞서 5월에는 임지영이 퀸 엘리자베스 콩쿠르 바이올린 부문에서 우승했고, 9월에는 문지영이 부소니 국제 피아노 콩쿠르에서 1위를 차지했다. 이 20대 세 연주자들은 모두 해외 유학 경험이 없는 국내파였다.

10. 23. [영국] 아델의 〈헬로〉, 발매. 싱어송라이터인 그의 세 번째 스튜디오 앨범인 《25》의 리드 싱글로 발매된 이 곡은 발매 즉시 평론가들의 격찬을 받으며 1주일 만에 100만 장 이상의 디지털 카피가 판매되는 등 음악 산업의 온갖 기록을 갈아치웠다.

과학·환경

12. 12. 유엔 기후변화 회의, 파리협정 채택. 이 협정에는 지구의 평균기업 상승폭을 1.5℃로 제한하기 위해 노력한다는 장기 목표 아래 모든 국가가 온실가스 감축 목표를 5년 단위로 제출하고 이행점검한다는 내용이 담겨 있다. 미국은 2020년 이 협정을 공식 탈퇴한다.

스포츠

5. 13. 플로이드 메이웨더 주니어 대 매니 파퀴아오 경기. 미국 라스베이거스에서 열린 이 경기는 티켓 가격만 1500달러 많게는 10만 달러를 훌쩍 넘길 정도로 엄청난 기대를 모은 프로 복싱 경기였다. 그러나 무패의 다섯 체급 세계 챔피언 메이웨더 주니어(미국)와 여덟 체급 세계 챔피언 파퀴아오(필리핀)의 이 12라운드 경기는 명불허전이 아니라 '소문난 잔치에 먹을 것 없다'는 속담이 떠오를 정도로 실망스러운 경기였다. 경기는 메이웨더 주니어가 판정으로 이겼다.

8. 2. 박인비, 커리어 그랜드슬램 달성. 이날 여자 브리티시 오픈에서 우승하며 LPGA 투어 통산 16번째 우승을 차지하며 커리어 그랜드슬램을 달성했다. 여자 골프 역사상 일곱 번째이자, 아시아 선수로는 첫 번째였다.

11. 21. 프리미어 12 우승. 김인식 감독이 이끈 야구대표팀이 일본 도쿄돔에서 열린 결승전에서 미국을 8-0으로 꺾고 우승했다.

2015년 풍경

은행 같은 데 가서 무슨 불만 끝에 창구직원한테 지점장 나오라고 소리치는 치졸한 고객님들이 있다. 동사무소 가서 만만한 말단 공무원이나 갈구는 악성 민원인도 있다. 백화점 가서 마음이 좀 구겨졌다고 책임자 나오라고 소리치는 손님도 있다. 이런 자일수록 높은 사람 앞에서는 꼼짝 못 하고 만만한 사람에게 큰소리치는 게 특기이다. 이런 일이 있었다. 만취 상태로 택시를 탔다가 도착지에서 자신을 깨웠다고 기사를 폭행한 사람. 현장에서 체포된 그는 파출소로 연행되어서도 소리를 질렀다고 한다. 예의, "내가 누군지 아느냐" 고래고래 목청을 높이던 그는 청와대 행정관이라는 신분이 드러났다. 이른바 호가호위(狐假虎威, 여우가 호랑이의 위세를 빌림)의 전형적인 사례였다. 이 소식을 전하며 손석희(JTBC 뉴스룸)에서는 이렇게 되받아쳤다. 한심한 여우들아, "당신이 대체 누구시길래?"

더불어민주당 당명 변천사

1963	신민당	
1981	민주한국당(민한당)	
1985		신한민주당(신민당)
1987	통일민주당(민주당)	평화민주당(평민당)
1990	(꼬마)민주당	
1991	민주당	
1995	새정치국민회의(국민회의)	
2000	새천년민주당(민주당)	
2003		열린우리당
2005	민주당	
2014	새정치민주연합	
2015	더불어민주당(민주당)	

더불어 민주당

이 해에는

책
- 《보건교사 안은영》, 정세랑
- 《사람, 장소, 환대》, 김현경

노래
- **6. 19.** 〈음오아예〉, 마마무
- **7. 23.** 〈오늘부터 우리는〉, 여자친구
- **10. 1.** 〈A-Choo〉, 러블리즈
- **10. 17.** 〈I〉, 태연
- **10. 23.** 〈스물셋〉, 아이유

영화
- **8. 5.** 〈베테랑〉, 류승완
- **8. 27.** [대만/중국/홍콩] 〈자객 섭은낭〉, 허우샤오셴

궂긴 소식
- **1. 1.** 울리히 베크(독일의 사회학자)
- **4. 13.** 귄터 그라스(독일의 작가)
- **5. 14.** B. B. 킹(미국의 블루스 음악가)
- **7. 31.** 김수행(경제학자)
- **8. 6.** 천경자(화가)
- **11. 10.** 헬무트 슈미트(독일의 총리)
- **11. 22.** 김영삼(대통령)

2016년

박근혜 탄핵 시위

↑ 자격 없는 민간인의 국정 개입이 낱낱이 드러나기 시작한 '박근혜 게이트'에 분노한 민심이 10월 29일 3만 명이 모인 서울광화문광장의 촛불집회로 폭발하기 시작했다. 한편 이 무렵 보수단체의 태극기가 보수우파의 상징으로 자리잡았다.

"모이자! 분노하자!
내려와라 박근혜 시민 촛불"

…지금부터는 이른바 청와대 비선실세로 지목된 최순실 씨 관련 소식을 집중 보도하겠습니다. 지난주 JTBC는 최순실 씨의 최측근인 고영태 씨를 취재한 내용을 단독으로 보도해드렸습니다. '최순실 씨가 유일하게 잘하는 것이 대통령 연설문을 수정하는 것이다'라는 내용이었는데요. 이 내용을 보도하자, 청와대 이원종 비서실장은 '정상적인 사람이면 믿을 수 있겠느냐, 봉건 시대에도 있을 수 없는 얘기다'라고 얘기한 바 있습니다.
JTBC가 고 씨의 말을 보도한 배경에는 사실 또 다른 믿기 어려운 정황이 있기 때문이었습니다. JTBC 취재팀은 최순실 씨의 컴퓨터 파일을 입수해서 분석했습니다. 최 씨가 대통령 연설문을 받아보았다는 사실을 확인할 수 있었습니다. 그런데 최 씨가 연설문 44개를 파일 형태로 받은 시점은 모두 대통령이 연설을 하기 이전이었습니다.…
— JTBC, '태블릿 PC 국정농단' 첫 보도(2016. 10. 24.)

↓ 이세돌 9단이 구글 딥마인드가 개발한 컴퓨터 바둑 프로그램인 알파고와 서울에서 다섯 번 대국을 벌였다. 결과는 겨우 1승, 이 9단의 완패였다. 패배 후, 그는 '이세돌이 패한 것일 뿐 인간이 패배한 것이 아니다'라는 소감을 밝혔다. 체스와 달리 바둑만큼은 기계가 인간을 이길 수 없으리란 예상이 우세한 가운데 인간과 컴퓨터 프로그램 간의 대결에서 인간이 패한 것에 사람들은 큰 충격을 받았다.

대한민국

1. 6. [북한] 4차 핵 실험 실시.

2. 10. **개성공업지구 가동 전면 중단** 결정. 1월 6일 북한이 핵실험에 이어 2월 7일 장거리 로켓 발사를 감행하자 정부는 이날 '더 이상 개성공단 자금이 북한의 핵과 미사일 개발에 이용되는 것'을 막기 위해 '개성공단을 전면 중단하기로 결정'했다고 밝혔다. →

4. 13. 제20대 국회의원 선거. 처음으로 사전투표가 도입된 이 선거에서 더불어민주당 123석, 새누리당 122석, 국민의당 38석, 정의당 6석 등의 결과가 나와 16년 만에 여소야대 국회가 재연됐다.

5. 31. 제4회 전국동시지방선거 실시. 한나라당이 광역 단체장 16명 중 12명을 차지하는 압승을 거뒀다. →

7. 8. 한미 양국, 종말 고고도 지역방어체계 공식 발표.

7. 17. 진경준 검사장 구속. 공짜 주식을 받아 38억여 원의 시세차익 '대박'을 거둔 혐의로 구속됐다. 검사가 현직 검사장 신분으로 구속된 것은 검찰 68년 역사상 처음이었다.

9. 9. [북한] 5차 핵 실험 실시.

9. 12. 경주에서 지진 발생. 리히터 규모 5.8의 이 지진은 국내에서 지진관측이 시작된 1978년 이후 가장 큰 규모의 지진이었다. 23명이 다치고 110억 원의 재산 피해가 발생했다.

9. 28. 청탁금지법 시행. 한 해 전 3월 국회를 통과한 이 법이 헌법소원 신청 등 온갖 저항을 딛고 이날 시행됨에 따라 공무원이나 공공기관 임직원 등이 '3·5·10 기준(식사대접 3만 원, 선물 5만 원, 경조사비 10만 원)'을 초과하는 금품을 받으면 직무 관련성과 무관하게 처벌받게 됐다. 정식 명칭은 《부정청탁 및 금품등 수수의 금지에 관한 법률》이지만 일명 **김영란법**으로 더 잘 알려져 있다.

10. 24. JTBC, '**최순실 태블릿 PC**' 특종 보도. 이날 JTBC는 박근혜 대통령의 지인에 불과한 최순실이 대통령의 연설문을 미리 받아보고 첨삭했다고 단독 보도했다. 최순실 국정농단 프레임을 무력화시키기 위해 이날 오전 국회 시정연설에서 뜬금없이 개헌을 하겠다고 발표했지만 저녁 JTBC의 보도로 흐름은 완전히 뒤바뀌었다.

10. 29. **박근혜 대통령 탄핵 첫 촛불집회.**

12. 9. 국회, 박근혜 대통령 탄핵소추안 의결. 국회가 대통령 탄핵을 의결한 것은 2004년 3월 노무현 대통령에 이어 두 번째였다.

세계

1. 16. [대만] 총선. 민주진보당의 차이잉원이 56%의 득표율로 제14대 총통으로 선출됐다. 대만 역사상 첫 여성 총통이었다. 함께 치러진 입법위원 선거에도 민주진보당이 역사상 최초로 과반수를 확보했다.

1. 30. 튀르키예 에게해 연안에서 난민선 침몰사고 발생. 그리스 레스보스섬으로 향하던 미얀마, 아프가니스탄, 시리아 난민 33명이 목숨을 잃었다. 지중해를 건너 유럽으로 향하다 익사하는 이런 비극은 한 해 내내 이어졌다. 유럽 내에 반이민자 정서가 여전한 가운데 이 해 최소 7000명이 이주 과정에서 사망하거나 실종됐다.

2. 1. 세계보건기구(WHO), 지카바이러스의 확산에 대해 '국제 공중보건 비상사태'(PHEIC)선포.

5. 9. [필리핀] 대통령 선거. 로드리고 두테르테가 39%의 득표율로 제16대 대통령에 당선됐다. 그는 선거운동 때부터 취임 6개월 이내에 범죄자 10만 명을 죽이겠다고 말했고, 실제로 시행했고, 취임하자마자 범죄와의 전쟁을 선포했다. 그 후 100일 동안 1300명이 넘는 마약 용의자가 경찰에 사살됐다.

6. 23. [영국] 유럽연합(EU) 탈퇴에 대한 국민투표 실시. 예상과 달리 유권자의 51.9%가 탈퇴 찬성에 표를 던졌다. 가결 직후 영국은 파운드화의 가치가 급격하게 하락하는 등 세계 금융 시장이 요동치며 국제사회의 싸늘한 시선에 직면했다. 데이비드 캐머런 총리가 물러났고 테리사 메이가 26년 만의 여성 총리로 취임했다. EU 탈퇴(브렉시트)는 1973년 유럽경제공동체(EEC)에 가입한 지 47년 만인 2020년에 시행된다.

8. 24. [콜롬비아] 평화협정 체결. 1964년 시작된 무력충돌을 종식시키기 위해 콜롬비아 정부와 콜롬비아무장혁명군(FARC)이 쿠바 아바나에서 최종 합의를 이끌어냈다. 10월 국민투표를 통한 비준에는 실패했지만, 개정된 협정안이 11월 의회를 통과하면서 비준됐다.

8. 31. [브라질] 상원, 지우마 호세프 대통령 탄핵안 의결. 재정 적자를 숨기고 재선을 위해 2014년에 장부를 조작했다는 이유였다. 1992년 페르난두 콜로르 지멜루에 이어 브라질 역사상 두 번째 대통령 탄핵이었다. 이로써 2002년 노동자당의 룰라 전 대통령이 대선에 당선되면서 13년간 이어진 브라질 좌파 정권도 막을 내렸다.

10. 13. [타이] 푸미폰 아둔야뎃 국왕. 사망. 1946년 6월 왕위에 올라 70년 동안 재위했다. 프랑스 국왕 루이 14세(72년), 영국 여왕 엘리자베스 2세(70년)에 이어 세 번째로 오래 재위한 군주였다.

11. 8. [미국] 대통령 선거. 공화당 후보로 나선 사업가 도널드 트럼프가 전 국무장관 힐러리 클린턴을 누르고 제45대 대통령에 당선됐다.

11. 25. [쿠바] 피델 카스트로 전 국가평의회 의장 사망. 공산주의 혁명가인 그는 1959년 이후 공산당 제1서기, 국가평의회 의장을 연이어 맡으며 2008년까지 거의 반세기 동안 쿠바의 최고 지도자로 군림했다.

→ 11월 8일 억만장자 부동산 개발업자인 도널드 트럼프가 전 국무장관 힐러리 클린턴 민주당 후보를 꺾고 대통령으로 당선됐다. 그는 '미국을 다시 위대하게!'를 선거 구호로 내세웠다. 그의 승리는 미국 역사상 손꼽히는 정치적 이변 중 하나로 여겨졌다. 선거를 앞두고 클린턴의 승리를 점쳤던 여론조사기관과 언론들의 예상은 트럼프의 숨겨진 표심 앞에서 보기 좋게 빗나갔다.● 삶의 위기에 봉착한 보수적 백인층인 '앵그리 화이트'가 대대적으로 결집한●● 것이다.

문화 / 과학·환경 / 스포츠

문화

5. 16. 한강, 《채식주의자》로 맨부커 인터내셔널상 수상. 자신을 나무로 변화시킬 수 있다고 믿으며 굶기 시작한 여자에 관한 이 초현실적인 소설에 대해 맨부커상의 심사위원장은 "이 간결하고 절묘하며 불안한 책은 독자의 마음과 꿈에 오랫동안 남을 것"이라고 평했다. 2007년 처음 출간된 이 책은 2011년 베트남어 번역을 시작으로 현재까지 23개 언어로 번역됐다. 2024년 그는 한국인으로는 최초로 노벨 문학상을 수상한다.

10. 13. [미국] 밥 딜런, 노벨 문학상 수상.

과학·환경

3. 12. 이세돌, 알파고에 패배.

7. 26. [스위스] 솔라 임펄스 2, 세계 일주 비행 성공. 솔라 임펄스는 스위스에서 제작한 장거리 태양광 항공기이다. 2015년 조종사인 베르트랑 피카르가 아랍에미리트 수도 아부다비에서 출발해 이날 다시 아부다비로 돌아옴으로써 태양 에너지만을 이용한 세계 일주 비행에 성공했다. 피카르는 화석 연료를 사용하지 않고 503일 동안 17개 구간으로 나눠 총 42,428km를 비행했으며 평균 속도 76.0km/h로 공중에서 558시간 7분을 보냈다.

스포츠

5. 1. [영국] 레스터시티, 2015~16 프리미어리그(EPL) 우승 확정. 2위 토트넘이 첼시와 2-2로 비기면서 우승을 확정지었다. 창단 132년 만에 거둔 잉글랜드 최상위 리그 첫 우승이었다.

8. 5. [브라질] 리우데자네이루에서 제31회 하계 올림픽 개막. 남수단, 시리아, 에티오피아, 케냐, 콩고 민주공화국 출신 난민 선수 10명이 처음으로 난민선수단을 이뤄 국기 대신 올림픽기를 들고 참가했다. 이 대회는 남아메리카에서 열린 첫 대회였고, 이로써 올림픽이 열리지 않은 대륙은 아프리카만 남았다.

11. 26. 전북 현대 모터스, 제14회 AFC 챔피언스리그 우승. 전북은 결승에서 아랍에미리트의 알아인 FC를 1·2차전 합계 1승 1무로 누르고 우승을 차지했다. 지난 시즌 간신히 강등을 면한 팀이 우승하는 동화 같은 일이 일어난 것이다. 2006년 대회 이후 10년 만의 우승이었다.

2016년 풍경

일해재단 비리를 단죄하는 청문회장. 국회의원 노무현은 어느 재벌 회장에게 이렇게 묻는다. "당신의 회사에서 제품을 만들려면 누군가 기계 앞에 서야 하고, 그만큼 위험한 작업 공간에 놓이게 되고, 그래서 사고가 나기도 합니다. 그런 노동자한테 보상금 주는데 그렇게 인색하더니, 저 구린내 나는 재단에는 수십 억을 낼름낼름 갖다바치는 게 양심에 찔리지도 않습니까!" 지하철이 서서히 경고음을 울리며 역으로 들어오면 한때 이런 안내방송이 흘러나왔다. "지금 전동차가 들어오고 있습니다. 승객 여러분은 안전선 밖으로 한 걸음 물러나 주십시오." 안전선 바깥은 위험한 곳이 아닌가? 승객의 입장이 아니라 철저히 서울메트로의 입장에서 날리는 멘트였다. 저 안전선 바깥에 스크린 도어는 있고, 그것은 고장이 날 수 있고, 그 고장은 누군가 고쳐야 한다. 서울 지하철 2호선 구의역 승강장에서 스크린 도어를 혼자 수리하던 외주업체 직원(간접고용 비정규직)이 전동차에 치이는 사고를 당했다. 차례차례 아래로 내려온 위험을 떠맡을 수밖에 없었던 그가 안전선 바깥에서 홀로. 한편 2025년 영화 〈미키 17〉을 연출한 봉준호 감독은 이런 개봉 소감을 남겼다. "미키가 화력발전소 컨베이어벨트에서 목숨을 잃은 청년이나 구의역 스크린 도어를 수리하다 사고를 당한 청년과 다른 존재라고 생각하지 않아요. 불행한 산재 사고가 나도 현실에서 같은 일은 유지되고 인간이 계속 교체될 뿐이죠."

이 해에는

책
- 10. 14. 《82년생 김지영》, 조남주
- ○ [미국]《미국의 성장은 끝났는가》, 로버트 제이 고든.

노래
- 1. 25. 〈시간을 달려서〉, 여자친구
- 4. 9. 〈일곱 번째 감각〉, NCT U
- 4. 25. 〈CHEER UP〉, 트와이스
- 7. 4. 〈아주 NICE〉, 세븐틴
- 10. 10. 〈피 땀 눈물〉, 방탄소년단
- 10. 24. 〈TT〉, 트와이스

영화
- 5. 11. 〈곡성〉, 나홍진
- 6. 1. 〈아가씨〉, 박찬욱
- 7. 20. 〈부산행〉, 연상호
- 7. 14. [독일]〈토니 에르트만〉, 마렌 아데
- 10. 21. [미국/프랑스]〈나, 다니엘 블레이크〉, 켄 로치

궂긴 소식
- 1. 15. 신영복(비전향 장기수, 학자)
- 2. 19. 움베르토 에코(이탈리아의 기호학자, 소설가)
- 2. 20. 김성집(역도 선수)
- 3. 24. 요한 크라위프(네덜란드의 축구 선수, 감독)
- 3. 31. 자하 하디드(이라크 출신 영국의 건축가)
- 4. 21. 프린스(미국의 가수)
- 6. 3. 무하마드 알리(미국의 복싱 선수)
- 8. 27. 구봉서(코미디언)
- 11. 25. 피델 카스트로(쿠바의 국가평의회의장)

2017년

박근혜 대통령 탄핵

"피청구인 대통령 박근혜를 파면한다."

↑ 3월 10일 대통령에 대한 국회의 탄핵심판청구 사건 선고에서 헌법재판소가 재판관 전원일치 의견으로 박근혜 대통령 파면을 결정했다. 대한민국 헌정사상 최초의 일이었다.

↓ 5월 9일 제19대 대통령 선거가 실시됐다. 박근혜 대통령의 탄핵으로 조기에 실시된 이날 선거 결과 더불어민주당 후보 문재인이 자유한국당 홍준표, 국민의당 안철수를 누르고 당선돼 여야 정권교체를 이뤄냈다. 그의 선거 슬로건은 '나라를 나라답게'였다.

지금부터 2016헌나1 대통령 박근혜 탄핵사건에 대한 선고를 시작하겠습니다.… 대한민국 국민 모두 아시다시피, 헌법은 대통령을 포함한 모든 국가기관의 존립근거이고, 국민은 그러한 헌법을 만들어 내는 힘의 원천입니다.…
결국 피청구인의 위헌·위법 행위는 국민의 신임을 배반한 것으로 헌법 수호의 관점에서 용납될 수 없는 중대한 법 위배 행위라고 보아야 합니다. 피청구인의 법 위배 행위가 헌법 질서에 미치는 부정적 영향과 파급효과가 중대함으로, 피청구인을 파면함으로써 얻는 헌법 수호의 이익이 압도적으로 크다고 할 것입니다.
이에 재판관 전원의 일치된 의견으로 주문을 선고합니다.

피청구인 대통령 박근혜를 파면한다.

대한민국

2. 13. [북한] 김정남, 암살됨. 김정은 노동당 위원장의 이복형인 그는 말레이시아 쿠알라룸푸르 국제공항에서 맹독성 신경작용제에 의해 독살됐다. 말레이시아 경찰은 북한 측의 소행이라고 결론냈지만, 북한은 전면 부인했다.

2. 17. 법원, 이재용 삼성전자 부회장 구속영장 발부. 그는 박근혜 대통령과 비선 실세인 최순실에게 거액의 뇌물을 건넨 혐의로 특별검사 팀이 청구한 구속영장이 발부됨에 따라 구속됐다. 그동안 무소불위였던 삼성 총수로는 첫 구속이었다. 8월 1심에서 징역 5년을 선고받고 법정구속되었지만, 이 듬해 5월 항소심에서 서울고법이 징역 6개월의 집행유예를 선고함에 따라 석방된다. 그러나 2021년 1월 파기환송심에서 징역 2년 6개월을 선고받고 서울구치소에 재수감되어 복역하다 8월 가석방된다.

3. 10. 헌법재판소, **박근혜 대통령 탄핵** 소추안 인용.

4. 26. 주한미군, 성주에 종말 고고도 지역방어 체계(사드) 배치. 이날 새벽 주한미군이 경상북도 상주에 사드 장비를 기습 배치했다. 한국과 미국 정부는 북한 핵·미사일 위협에 대비하기 위한 것이라고 주장했지만, 중국은 사드 배치가 미국의 중국 포위 전략에 한국이 합류한 것으로 간주하고 경제보복으로 맞받았다. 이 해 중국인 관광객 입국이 절반으로 감소하는 등 한국 경제는 큰 타격을 입었다.

5. 9. 제19대 대통령 선거. 더불어민주당 후보 문재인이 당선됐다.

5. 10. 문재인, 제19대 대통령 취임. 대통령 궐위 상황에서 당선 즉시 취임했기 때문에 취임식은 역대 대통령 중 가장 간소하게 국회 중앙홀에서 치러졌다.

6. 19. 기획재정부, '주택시장의 안정적 관리를 위한 선별적·맞춤형 대응방안' 발표. 청약조정지역을 확대하는 내용 등을 골자로 한 이 대책은 문재인 정부 출범 이후 정부가 내놓은 첫 부동산 정책이었다. 이를 시작으로 정부는 8월 2일, 9월 5일 등 1년 동안 총 6차례의 부동산 대책을 발표했다.

7. 4. [북한] 화성-14형 대륙간탄도미사일(ICBM) 발사. 북한은 이날 화성-14형 ICBM 시험 발사에 이어 11월 29일에는 화성-15형 ICBM을 발사한 후 이 미사일이 "목표로 한 로케트 무기체계 개발의 완결 단계에 도달한 가장 위력한 대륙간탄도 로케트"라는 공화국정부 성명을 발표했다. 9월 3일에는 함경북도 길주군 풍계리 핵실험장에서 역대 최대 규모의 6차 핵 실험을 감행했다. 북한의 이런 일련의 도발로 유엔 안전보장이사회가 잇달아 대북제재 결의를 채택하는 등 한반도를 둘러싼 위기는 한 해 내내 이어졌다.

7. 15. 최저임금위원회, 최저임금 16.4% 인상. 2018년 시간당 최저임금이 7530원으로 결정됐다. 전년도에 비해 1060원이 올랐고, 인상률 16.4%는 1988년 최저임금제 도입 이후 가장 높은 인상률이었다. 문재인 정부가 들어서면서 펼쳐진 친노동·친복지 정책이 반영된 결과였다.

11. 15. 포항에 강진 발생. 한 해 전인 2016년 9월 경주 지진에 이어 역대 두 번째로 큰 규모 진도 5.4의 지진이었다. 이 지진으로 사상 최초로 수능 시험이 일주일 연기됐다.

12. 31. **사법시험**, 폐지됨.

세계

1. 23. [미국] 도널드 트럼프 미국 대통령, 환태평양경제동반자협정(TPP) 탈퇴 행정명령 서명. 북미자유무역협정(NAFTA) 재협상을 밝힌 지 하루 만이었다. '미국 우선주의 정책'의 신호탄이었다.

5. 14. [프랑스] 에마뉘엘 마크롱, 제25대 대통령 취임. 신생 정당 레퓌블리크 앙 마르슈(전진하는 공화국)를 이끌고 대선 2차 투표에서 국민전선의 마린 르펜을 꺾고 당선된 그는 프랑스 역사상 최연소 대통령이자 나폴레옹 이후 최연소 국가원수가 됐다. '프렉시트'를 내세운 극우 성향의 르펜의 패배로 영국에 이어 줄줄이 회원국 탈퇴 위기에 직면했던 유럽연합도 한숨을 돌렸다. 유럽연합 집행위원회 장클로드 융커 위원장은 마크롱 당선을 두고 "프랑스가 유럽의 미래를 선택해 행복하다"고 밝혔다. 한편 앙마르슈와 국민전선의 약진으로 중도우파 공화당과 중도좌파 사회당으로 대변되는 프랑스의 양당체제도 와해됐다.

7. 남아시아 홍수. 7월부터 9월까지 아프가니스탄, 방글라데시, 인도 등 남아시아 국가에서 홍수가 발생해 1200명이 사망하고 4500만 명 이상이 피해를 입었다. 이 해 초 아프리카에서는 극심한 가뭄으로 수백만 명이 굶주림에 허덕였고, 유럽은 폭설과 강추위로 고생했다. 여름에는 허리케인이 미국과 중남미를 강타했고, 유럽에서는 40도가 넘는 폭염이 지속되고 대형 산불이 발생하는 등 온난화와 기후변화에 따른 재난이 지구촌 전역을 덮쳤다.

8. 25. [미얀마] 아라칸 로힝야 구원군(ARSA), 경찰 초소 습격.

9. 24. [독일] 연방의회 선거. 극우성향의 정당 '독일을 위한 대안'(AfD)이 94석을 확보하며 약진했다. 10월 치러진 오스트리아 총선에서도 극우성향의 자유당이 3위를 차지하는 등 유럽에 포퓰리즘 강풍이 몰아치며 중도 정당들의 입지가 좁아졌다.

9. 26. [사우디아라비아] 살만 국왕, 여성 운전 허용 지시. 여성의 운전을 금지하는 법률은 없지만 정부가 여성에게 운전면허증을 발급하지 않아 세계에서 유일하게 여성의 운전이 금지된 국가인 사우디아라비아는 이 지시로 이듬해 6월 여성에게 처음으로 운전면허증을 발급한다.

10. 12. [미국] 유네스코 탈퇴 선언.

10. 15. [미국] 《뉴욕 타임스》, 하비 와인스틴 성추문 보도. 할리우드의 거물 영화제작자인 그가 수십 년에 걸쳐 12명 이상의 여성을 성희롱 또는 강간했다는 내용이었다. 이후 많은 여성들이 자신도 비슷한 경험을 했다는 고백이 이어졌고, 해시태그 **#MeToo**(미투) 운동이 미국뿐 아니라 전 세계로 퍼져나가며 권력을 가진 많은 남성들이 성추행이 폭로되어 줄줄이 물러났다.

12. 6. [미국] 예루살렘을 이스라엘 수도로 공식 인정. 도널드 트럼프 대통령이 이스라엘 주재 미국 대사관을 텔아비브에서 예루살렘으로 이전할 것도 지시했다.

→ 8월 25일 미얀마 이슬람계 소수민족인 로힝야족으로 구성된 ARSA가 핍박받는 동족을 보호하기 위해 경찰 초소 30여 곳과 군기지를 공격했다. 이에 미얀마 군부는 소탕 작전에 돌입해 로힝야족의 집을 불태우고 저항하는 이들을 무차별적으로 살해했다. 이 '인종청소' 수준의 대학살로 최소 9000명이 사망했고, 70만 명이 넘는 난민이 방글라데시로 피신했다. 9월 아웅 산 수 치 국가고문은 책임자 처벌을 약속했지만, 책임규명과 재발방지 조치는 제대로 이뤄지지 않고 있다.

문화 / 과학·환경 / 스포츠

문화

2. 9. [영국] 데이비드 호크니 회고전 개막. 그의 80세 생일 기념으로 영국 런던 테이트 미술관에서 5월 29일까지 열린 이 전시회에는 무려 48만 명의 관람객이 몰렸다. 이 회고전은 프랑스 퐁피두 센터, 미국 메트로폴리탄 미술관을 순회한 후 2019년 서울시립미술관에서도 열린다.

5. 26. [미국] 패티 젱킨스의 《원더우먼》 공개. 2013년 《겨울왕국》의 기록을 깨며 여성 감독이 연출한 영화 중 최고 흥행 실적을 기록했다.

과학·환경

6. 18. **고리1호기, 영구 정지.** 1978년 4월 상업운전을 시작한 국내 최초 원자력발전소인 고리1호기가 영구 정지됐다. 원래 설계 수명이 30년이라 2007년 수명을 10년 더 연장했지만, 후쿠시마 원자력발전소 사고로 이날부터 운전을 중단했다. 현재 해체 작업이 진행되고 있다.

11. 2. 타파눌리오랑우탄 발견 보고. 오랑우탄이 기존의 보르네오오랑우탄과 수마트라오랑우탄 두 종이 아니라 세 종이라는 연구결과가 학술지 《커런트 바이올로지》에 게재됐다. 고릴라, 침팬지, 사람, 오랑우탄 등이 속한 사람과 대형 유인원류의 종수가 일곱 종에서 여덟 종으로 늘어난 것이다. 타파눌리오랑우탄은 멸종위기종으로 등재되어 있으며 인도네시아 수마트라섬에 800마리가 살고 있다.

스포츠

2. 19. [일본] 홋카이도에서 제8회 동계 아시안 게임 개막.

6. 27. 김국영, 남자 100m 달리기 한국 신기록 작성. KBS배 전국육상경기대회에서 이틀 전 10초 13으로 신기록을 작성했던 그는 이날 결승에서도 10초 07로 신기록을 작성했다. 이 기록은 현재까지 깨지지 않고 있다.

9. 27. 진천선수촌 개촌. 이로서 올림픽 금메달 116개를 낳은 51년 간의 태릉선수촌 시대가 저물고 진천선수촌 시대가 공식적으로 시작됐다.

2017년 풍경

사흘 가는 장마 없다고 했지만 잊을 만하면 찾아오는 게 지진이다. 장마는 하늘에서 오고 지진은 지하에서 온다. 지진이란 지구 내부의 한 곳에서 급격한 움직임이 일어나 그곳에서 시작된 지진파가 지표까지 전해지는 현상이다. 지구 내부의 한 지점인 진앙에서 시작되지만 지진은 광범위하게 퍼진다. 경주에서 일어난 지진의 흔들림이 서울에서 느껴지는 것이다. 이웃 일본이 방파제처럼 있어 우리나라는 상대적으로 지진의 안전지대로 여기기도 하였다. 그러나 이제 지구의 내부도 지구의 바깥만큼이나 누적된 상황이 녹록잖은 모양이다. 해변 지역은 물론 내륙에까지 지진이 일어난다. 더 이상 한반도도 지진의 안전지대가 아닌 셈이다. 지진 관측 이래 가장 규모가 컸다는 경주 지진이 일어나고 일 년 만에 포항에서 큰 지진이 발생했다. 그 이후로도 지진 소식은 끊이지 않는다. 지진의 습격은 꽃잎 같은 두 장의 발바닥에 의지하여 살아가는 지상의 인간에게 끊임없는 불안과 공포를 불어 넣는다.

사람과(Hominidae)

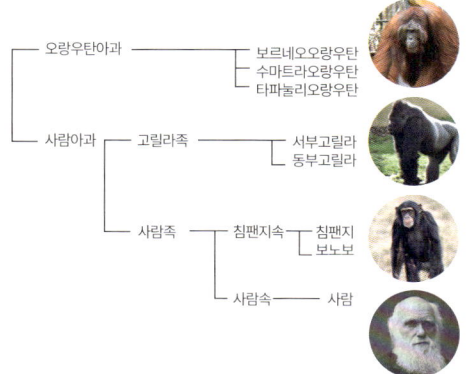

이 해에는

책
- **2. 7.** [미국] 《파친코》, 이민진
- **9. 13.** 《아픔이 길이 되려면》, 김승섭
- ○ 《아몬드》, 손원평

노래
- **2. 13.** 〈봄날〉, BTS
- **3. 24.** 〈밤편지〉, 아이유
- **7. 19.** 〈빨간 맛〉, 레드벨벳
- **8. 7.** 〈에너제틱〉, 워너원
- **9. 18.** 〈DNA〉, 방탄소년단

영화
- **8. 2.** 〈택시운전사〉, 장훈
- **10. 27.** [이탈리아/미국/프랑스/브라질] 〈콜 미 바이 유어 네임〉, 루카 과다니노

궂긴 소식
- **1. 9.** 지그문트 바우만(폴란드의 사회학자)
- **1. 22.** 박맹호(출판인)
- **2. 13.** 김정남(북한의 정치인)
- **5. 29.** 마누엘 노리에가(파나마의 군인, 정치인)
- **6. 16.** 헬무트 콜(통일 독일의 총리)
- **6. 27.** 서윤복(마라톤 선수)
- **9. 5.** 마광수(국문학자, 작가)
- **9. 27.** 휴 헤프너(기업인)

대한민국의 대통령

> "비가 오지 않아도, 비가 너무 많이 내려도"

진부하지만 그렇다. 아니, 마땅히 그래야 한다. 큰 권한에는 큰 책임이 따르니까. 강요한 사람은 아무도 없다. 대통령이 된 이는 이렇게 선서한다. "나는 헌법을 준수하고 국가를 보위하며 조국의 평화적 통일과 국민의 자유와 복리의 증진 및 민족문화의 창달에 노력하여 대통령으로서의 직책을 성실히 수행할 것을 국민 앞에 엄숙히 선서합니다."

이들은 선서를 지키기 위해 최선을 다했을까? 전쟁이 일어나자 한강철교를 폭파하고 거짓 방송까지 하면서 수도 서울을 버리고 도망을 간 이도 있고, 퇴임 후 감옥에 간 이도 여럿이다. 불행한 일이지만 그랬다.

● 보수주의 정당   ● 민주당계 정당   ● 무소속

당선연도 / 당선자

1948 이승만 — 제1, 2, 3대
- 1948년 대한독립촉성국민회 91.8%
- 1952년 자유당 74.6%
- 1956년 자유당 70.0%
- 1875. 황해도 평산에서 태어남
- 1885. 배재학당 졸업
- 1910. 미국 프린스턴 대학교 박사
- 1896. 협성회보 주필
- 1898. 독립협회 사건으로 7년간 옥고
- 1904. 석방, 미국으로 건너감
- 1917. 미국 호놀룰루에 한인기독학원 설립
- 1919. 상해임시정부 대통령 취임
- 1925. 상해임시정부 대통령 사임, 미국 서 독립운동
- 1945. 귀국, 독립촉성중앙협의회 총재 김구와 함께 신탁통치 반대운동 주도
- 1948. 제헌국회의장
- 1948. 제1,2,3대 대통령 반민족행위처벌법이 제정(국가보안법) 제정
- 1949. 농지개혁법 제정, 반민특위 활동 방해 반민특위 실패
- 1950. 6.25 전쟁 발발
- 1951. 자유당 창당
- 1952. 대통령 직선제 도입
- 1953. 한미상호방위조약 체결
- 1954. 평화선 선포, 독도 사수
- 1954. 대통령 연임제한 폐지 사사오입 개헌
- 1960. 4·19 혁명으로 하야. 하와이 망명
- 1965. 하와이에서 세상을 뜸. 국립서울현충원에 안장

1960 윤보선 — 제4대
- 1960년 민주당 79.1% (국회 간선)
- 1897. 충남 아산에서 태어남
- 1922. 대한민국임시정부 의정원 의원
- 1930. 영국 에든버러 대학 고고학과 졸업
- 1948. 이승만 국회의장 비서실장 제헌 국회의원 낙선
- 1948 ~ 1949. 서울시 시장
- 1949 ~ 1950. 상공부 장관
- 1954 ~ 1960. 제3, 4, 5대 민의원 (민국당/민주당)
- 1959. 민주당 최고위원
- 1960. 대통령 당선
- 1961. 5.16 군사 정변 추인
- 1962. 대통령직에서 하야
- 1963. 민정당 창당, 대통령 선거 낙선
- 1963. 제6대 국회의원(민정당,전국구)
- 1965. 민중당 창당
- 1966. 신한당 창당, 총재
- 1967. 대통령 선거 낙선(신민당)
- 1971. 국민당 총재
- 1974. 민청학련 사건 배후 조종 혐의로 제소됨
- 1990. 노환으로 세상을 뜸

1963 박정희 — 제5, 6, 7, 8, 9대
- 1963년 민주공화당 46.6%
- 1967년 민주공화당 51.4%
- 1971년 민주공화당 53.2%
- 1972년 민주공화당 99.9% (대의원 간선)
- 1978년 민주공화당 99.8% (대의원 간선)
- 1917. 경북 구미에서 태어남
- 1937. 국립대구사범학교 졸업
- 1940. 다카키 마사오로 창씨개명
- 1942. 중국만주군관학교 수료
- 1944. 일본 육군사관학교 졸업. 일제관 동군 장교로 근무
- 1945. 한국광복군에 편입 남조선로동당에 입당
- 1946. 육군 대위 임관
- 1953. 육군 준장 진급
- 1958. 육군 소장
- 1961 ~ 1963. 국가재건최고회의 의장
- 1962 ~ 1963. 대통령 직무대행
- 1963. 육군 대장 예편
- 1963 ~ 1979. 민주공화당 총재
- 1963 ~ 1979. 제5,6,7,8,9대 대통령
- 1965. 한일기본조약 체결
- 1969. 삼선 개헌
- 1970. 경부고속도로 개통 새마을 운동 시작
- 1972. 유신헌법 제정
- 1974. 부인 육영수 피격당해 세상을 뜸
- 1979. 부마 민주 항쟁
- 1979. 김재규 중앙정보부장에 피격, 세상을 뜸

1979 최규하 — 제10대
- 1979년 무소속 96.3% (대의원 간선)
- 1919. 강원도 원주에서 태어남
- 1941. 일본 도쿄고등사범학교 졸업(영문학)
- 1943. 중국 다퉁학원 졸업(정치행정학)
- 1945 ~ 1946. 서울대 사대 교수
- 1946. 중앙식량행정처 기획과장
- 1951 ~ 1952. 외무부 통상국장
- 1958. 제4차 한일회담 대표
- 1959 ~ 1959. 주 일본대표부 공사
- 1959 ~ 1960. 외무부장관 직무대행
- 1963 ~ 1963. 대통령 권한대행 국가재건최고회의 의장 외교담당고문
- 1967. 말레이시아 대사
- 1967 ~ 1971. 외무부 장관
- 1968. 제19차 콜롬보계획자문위원회 각료 회의 의장
- 1971 ~ 1975. 대통령 외교담당 특별보좌관
- 1972 ~ 1976. 남북조절위원회 서울측 위원
- 1972. 남북조절위원회 대표로 평양방문
- 1975 ~ 1976. 국무총리 서리
- 1976 ~ 1979. 국무총리
- 1979. 대통령 직무대행
- 1979 ~ 1980. 제10대 대통령
- 1980. 국가보위입법회의 의장
- 1980. 대통령직 사임
- 1981 ~ 1988. 국정자문회의 의장
- 2006. 세상을 뜸

1980 전두환 — 제11, 12대
- 1980년 무소속 99.4% (대의원 간선)
- 1981년 민주정의당 90.1% (선거인단 간선)
- 1931. 경남 합천에서 태어남
- 1955. 육군사관학교 졸업, 소위 임관
- 1961. 군대내 사조직 하나회 결성 주도
- 1963. 중앙정보부 인사과장
- 1966. 제공수특전단 부단장
- 1971. 제9공수특전단 단장
- 1973. 육군 준장 진급
- 1976. 청와대경호실 작전차장보
- 1978. 제1사단장
- 1979 ~ 1980. 제8대 수도경비 사령관
- 1980 ~ 1981. 국군 보안사령관 국가보위입법위원회 비상대책위원
- 1981. 육군 대장 예편
- 1981 ~ 1982. 정무제2장관
- 1980. 제12대 체육부 장관
- 1981. 내무부 장관
- 1983 ~ 1986. 서울올림픽 조직위원장
- 1985 ~ 1987. 민주정의당 대표위원
- 1985 ~ 1987. 제12대 국회의원(민정당, 전국구)
- 1987 ~ 1987. 민정당 총재 직무대행
- 1987 ~ 1990. 민정당 총재
- 1988 ~ 1993. 제13대 대통령
- 1989. 헝가리를 시작으로 공산주의 국가들과 외교관계 수립, 전교조 불법화
- 1991. 남북한 동시 유엔연합 가입 비핵화 공식 선언, 지방자치제도 부활
- 1992. 대만과 단교, 중국과 국교 수립
- 1995. 뇌물수수 혐의로 무기징역 선고 받음
- 1997. 특별 사면, 복권
- 2021. 지병으로 세상을 뜸

1988 노태우 — 제13대
- 1988년 민주정의당 36.6%
- 1932. 경북 달성(현 대구)에서 태어남
- 1955. 육군사관학교 졸업, 소위 임관
- 1961. 군대내 사조직 하나회 결성 주도
- 1961. 방첩부대 정보장교
- 1968. 수도사단 대대장
- 1974. 공수특전 여단장
- 1978. 대통령경호실 작전차장보
- 1979. 제9사단장
- 1979 ~ 1980. 제9공수 수도경비사령관
- 1980 ~ 1981. 국군 보안사령관
- 1980. 12·12 군사 반란을 일으켜 군부 장악
- 1980. 중앙정보부 부장서리 겸직, 5·17 비상 계엄 전국확대 조치 발동, 5·18 광주 민주화 운동의 진압 주도
- 1980. 국가보위입법회의 상임위원장
- 1980. 8월, 삼청교육대 창설
- 1980 ~ 1988. 제11, 12대 대통령
- 1981 ~ 1987. 초대 민정당 총재
- 1987. 6·29 민주화 선언 발표
- 1995. 내란최 및 반란최 수괴 혐의로 구속 기소됨(1심 사형, 항소심 무기징역 선고)
- 1997. 사면, 복권
- 2021. 지병으로 세상을 뜸

1993 김영삼 — 제14대
- 1993년 민주정의당 42.0%
- 1927. 경상남도 거제에서 태어남
- 1951. 장택상 국무총리 비서관
- 1952. 서울대학교 철학과 졸업
- 1954 ~ 1958. 제3대 민의원(자유당, 거제군)
- 1960 ~ 1961. 제5대 민의원(민주당)
- 1963 ~ 1971. 제6, 7, 8, 9, 10대 국회의원(민정당)
- 1967 ~ 1971. 제7대 국회의원(신민당)
- 1969. 초선브리. 40대기수론 제창 신민당 대통령 후보 지명전 출마
- 1972. 유신선포에 미국서 귀국. 반유신투쟁 전개
- 1974 ~ 1976. 신민당 최연소(만45세) 야당총재
- 1979. YH 농성, '뉴욕타임즈'와 회견, 의원직 제명
- 1980 ~ 1981. 정치활동 규제, 1차 가택연금
- 1981. 민주산악회 결성, 고문
- 1982 ~ 1983. 2차 가택연금, 단식투쟁(23일간)
- 1987. 통일민주당 창당, 총재
- 1987. 제13대 대통령 선거 낙선
- 1987. 1996. 제13, 14대 국회의원
- 1990. 3당 합당, 민주자유당 대표최고위원
- 1993 ~ 1998. 제14대 대통령
- 1993. 금융실명제 전격 실시, 하나회 해체
- 1997. IMF 구제금융 요청
- 2015. 세상을 뜸

제1공화국 | 제2공화국 | 제3공화국 | 제4공화국 | 제5공화국

> 다 내 책임인 것 같았다 …… 대통령은 그런 자리였다."
> ─ 대한민국 제16대 대통령 노무현

하지만 이들 대부분은 우리 손으로 직접 선택한 사람들이다. 대한민국은 민주공화국이고 그래서 대통령을 선택할 권리도 우리에게 있으니까. 그 선택에 따른 책임도 나와 당신에게 있다. 당신과 나. 그렇다 우리의 선택과 함께 우리의 삶과 역사도 함께 흘러간다.

우리의 할아버지와 할머니가 살았던, 당신과 내가 사는, 우리의 아이들이 살아갈 대한민국은 민주공화국이다. 수많은 이들의 피와 땀과 희생의 결과물인 헌법 제1조에 나오는 그대로.

1998 김대중

제15대
1998년 새정치국민회의 40.3%
1923. 전남 신안에서 태어남
1943. 목포상업고등학교 졸업
1957. 민주당 중앙상임위원
1961. 제5대 민의원(민주당, 인제)
1963. 제6대 국회의원(민주당)
1967~1972. 제7, 8대 국회의원(신민당)
1971. 제7대 대통령선거 낙선
1972. 미국 망명, 유신 체제 비판
1973. 중앙정보부에 의해 일본에서 납치됨, 귀국 후 가택연금
1976~1978.3.1 민주구국선언사건 주도로 구속
1980. 내란음모 조작사건으로 군사재판에서 사형을 선고
1982. 형집행정지 처분으로 풀려남. 미국 망명
1987. 통일민주당 상임고문, 민주화추진협의회 구성
1987~1991. 평화민주당 총재
1987. 제13대 대통령선거 낙선
1988~1992. 제13대 국회의원(평민당, 전국)
1991. 신민주연합(꼬마민주당)과의 통합으로 신민당 창당 총재 당선
1991~1992. 민주당과 합당하여 통합야당 민주당 창당 / 대표최고위원
1992. 제14대 국회의원(민주당, 전국)
1992. 제14대 대통령선거 낙선
1995~2001. 국민회의, 새천년민주당 총재
1998~2003. 제15대 대통령
2000. 남북정상회담, 6.15 남북공동선언 노벨평화상 수상
2001. IMF 구제금융 조기 상환, IMF 관리체제 졸업
2009. 세상을 뜸

2003 노무현

제16대
2003년 새천년민주당 48.9%
1946. 경남 김해에서 태어남
1966. 부산상업고등학교 졸업
1975. 사법시험 합격
1978. 변호사 개업(부산)
1981. 부림사건 변론 이후 인권변호사로 활약
1988. 제13대 국회의원(통일민주당, 부산 동구)
1990. 3당 합당 거부. 민주당 창당 주도
1991. 신민·민주 야권통합 주도
1992. 제14대 국회의원 선거 낙선(부산 동구)
1995. 부산시장 선거 낙선
1996. 제15대 국회의원 선거 낙선(통합민주당, 서울 종로)
1998. 제15대 국회의원(새정치국민회의, 서울 종로 보궐선거)
2000. 제16대 국회의원 선거 낙선
2000~2001. 해양수산부 장관
2002. 제16대 대통령 당선
2003~2008. 제16대 대한민국 대통령
2003. 새천년민주당 탈당
2004. 이라크 파병, 중립으로 허 헌법위반을 사유로 야당이 국회로부터 탄핵소추를 당해 대통령 직무 정지되었다가 헌법재판소 판결로 대통령 직무에 복귀
2004. 열린우리당 입당, 신행정수도 건설을 위한 특별조치법 위헌 판정 받음
2007. 남북정상회담, 미국과 FTA 추진
2008. 호주제 폐지. 국민참여재판제도 도입
2009. 뇌물 수수 개입 의혹으로 검찰 출두
2009. 투신으로 생을 마감함. 봉하마을에 묻힘

2008 이명박

제17대
2008년 한나라당 48.7%
1941. 일본 오사카부에서 태어남
1965. 고려대학교 경영학과 졸업 3학년 때 상대 학생회장에 당선 한일협정을 반대하는 6.3 시위를 주도했다. 경찰에 체포돼 대법원에서 징역 3년, 집행유예 5년을 선고받고 6개월간 복역
1977. 현대건설 사장
1982. 대한상공회의소 부회장
1992. 민주자유당 입당
1992~1998. 제14, 15대 국회의원(민주자유당/신한국당)
1995. 대한예수교 장로회 소망교회 장로
1996. 제15대 국회의원(신한국당, 서울 종로구)
2002~2006. 서울특별시 시장(민선 3기) 청계천 복원 사업 실시. 서울시 대중교통 환승체계 구축
2007. 한나라당 제17대 대통령 후보 선출
2008~2013. 제17대 대한민국 대통령
2008. 한미 쇠고기 협상 타결, 광우병사태 발생, 4대강 정비 사업 시작
2018. 뇌물수수, 횡령, 배임, 조세포탈 등 혐의로 구속
2020. 징역 17년 확정

2013 박근혜

제18대
2013년 새누리당 51.6%
1952. 대구에서 태어남 (박정희 대통령의 차녀)
1974. 서강대학교 전자공학과 졸업
1974. 대학에서 제적당함. 육군에 강제 입대
1980. 경희대학교 법학과 졸업
1994. 대구지검 검사
1995~2005. 정수장학회 이사장
1998~2012. 제15, 16, 17, 18, 19대 국회 의원
1998~2002. 한나라당 부총재
2004~2006. 한나라당 대표최고위원
2004. 새누리당 대통령 후보 경선 낙선
2011~2012. 새누리당 비상대책위원회 위원장. 19대 총선 승리로 이끎
2013. '창조 경제'를 경제 정책 아젠다로 설정 개성공단 철수 결정
2013~2017. 제18대 대한민국 대통령
2014. 세월호 참사 사건 발생. 부적절한 대응으로 훗날 탄핵의 계기가 됨
2015. 일본과 위안부 이면합의
2016. 국회 탄핵 소추안 가결. 대통령 직무 정지
2017. 헌법재판소 탄핵 소추안 인용 대통령직에서 파면됨. 한나라당에서 출당 제명 조치 당함
2018. 뇌물수수를 포함한 13가지 혐의로 구속 수감. (이후 재판을 통해 총 22년형확정)
2021. 사면, 복권

2017 문재인

제19대
2017년 더불어민주당 41.1%
1953. 경남 거제에서 태어남
1975. 박정희 유신 독재에 항거하다 투옥, 대학에서 제적당함. 육군에 강제 입대
1980. 사법시험 합격
1983. 노무현·문재인 합동법률사무소 운영, 인권변호사로 활동
1987~2002. 부산민주항쟁기념사업회 이사, 부이사장
1994. 노동자를 위한 연대 노동상담소장
2003~2006. 대통령비서실 수석 비서관(민정/시민사회)
2007~2008. 대통령비서실 실장
2007. 제2차 남북정상회담 추진위원회 위원장
2009~2012. 고 노무현 전 대통령 국민장의원회 운영위원장
2009~2012. 사람사는세상 노무현재단 상임이사/이사장
2012~2016. 제18대 국회의원
2012. 제18대 대통령 선거 낙선(민주통합당)
2015~2016. 새정치민주연합 당대표
2015~2016. 더불어민주당 당대표
2017~2022. 제19대 대통령
2017. 소득주도성장·공정경제·혁신성장을 3대 경제정책 기조로 설정
2018. 남북정상회담. 판문점 선언 발표
2019. 최저임금 공약 파기. 코로나 대유행 방역 조치 시행

2022 윤석열

제20대
2022년 국민의힘 48.5%
1960. 서울에서 태어남
1988. 서울대학교 대학원 법학과 졸업 (법학 석사)
1991. 사법시험 합격
2010. 서울중앙지검 부장검사 대검 중앙수사2과장(겸임)
2012. 서울중앙지검 특별수사제1부 부장검사
2019~2021. 검찰총장
2021.7. 국민의힘 입당
2022. 제20대 대한민국 대통령
2022. 대통령집무실을 청와대에서 용산 국방부 청사로 이전
2024.12. 비상계엄 선포
탄핵소추안 국회 본회의서 가결
2025.1. 내란 우두머리 혐의로 구속 기소됨
4. 헌법재판소 탄핵소추안 인용 대통령직에서 파면됨

2025 이재명

제21대
2025년 더불어민주당 49.4%
1964. 경북 안동에서 태어남
1976. 안동 삼계초등학교 졸업, 성남으로 이사
1978. 고입 검정고시 합격
1980. 대입 검정고시 합격
1986. 중앙대학교 법과대학 졸업 사법시험 합격
1989. 변호사 사무소 개업, 민주사회를 위한 변호사 모임 국제연대위원
2003. 공공의료기관 설립 운동
2006. 성남시장 선거 낙선
2008. 제18대 국회의원(성남 분당갑) 낙선
2010. 성남시장 당선
2014. 성남시장 당선
2017. 더불어민주당 대선후보 낙선
2022. 제20대 대통령 선거 낙선 제21대 국회의원(인천 계양을) 당선 더불어민주당 대표
2024. 부산 가덕도에서 흉기 피습 제22대 국회의원(인천 계양을) 당선
2025. 대한민국 제21대 대통령 당선

제6공화국

2018년

남북정상회담

↑ 4월 27일 문재인 대통령과 김정은 북한 국무위원장이 판문점 공동경비구역 남측 구역 내에 있는 평화의 집에서 정상회담을 했다. 양 정상은 '한반도의 평화와 번영, 통일을 위한 판문점 선언'에 합의했다. 이어 양 정상은 1차 회담 29일 만인 5월 26일 전격적으로 두 번째 정상회담을 했다. 공동경비구역 북측 구역 내 통일각에서 열린 이 회담의 목적은 좌초 위기에 빠진 북미 간의 정상회담을 살리는 것이었다.

"김 위원장은 남측으로 오시는데, 나는 언제쯤 넘어갈 수 있을까요?"
"그럼 지금 넘어가 볼까요?"

1. 남과 북은 남북관계의 전면적이며 획기적인 개선과 발전을 이룩함으로써 끊어진 민족의 혈맥을 잇고 공동번영과 자주통일의 미래를 앞당겨 나갈 것이다. 남북관계를 개선하고 발전시키는 것은 온 겨레의 한결같은 소망이며 더 이상 미룰 수 없는 시대의 절박한 요구이다.

2. 남과 북은 한반도에서 첨예한 군사적 긴장상태를 완화하고 전쟁위험을 실질적으로 해소하기 위하여 공동으로 노력해 나갈 것이다. 한반도의 군사적 긴장상태를 완화하고 전쟁위험을 해소하는 것은 민족의 운명과 관련되는 매우 중대한 문제이며 우리 겨레의 평화롭고 안정된 삶을 보장하기 위한 관건적인 문제이다.

3. 남과 북은 한반도의 항구적이며 공고한 평화체제 구축을 위하여 적극 협력해 나갈 것이다. 한반도에서 비정상적인 현재의 정전상태를 종식시키고 확고한 평화체제를 수립하는 것은 더 이상 미룰 수 없는 역사적 과제이다…

— '한반도 평화·번영·통일을 위한 판문점 선언문' 중
(2018년 4월 27일)

↓ 3월 5일 안희정 충남지사의 정무비서인 김지은이 〈JTBC 뉴스룸〉에 나와 안 지사에게 성폭행과 성추행을 당했다고 밝혔다. 폭로 직후 안 지사는 성폭력을 인정하고 도지사직을 사퇴했다. 1심은 무죄판결을 받았으나 이듬해 2월 항소심에서 징역 3년 6월 실형을 선고받고 법정구속된다. 이해 1월 서지현 검사의 폭로로 시작된 '#미투 열풍'으로 차기 대권주자로 꼽히던 안희정 지사에 이어 시인 고은, 연극 연출가 이윤택, 배우 오달수와 조재현, 영화감독 김기덕 등이 잇따라 호명됐다.

대한민국

2. 13. 대법원, 사법행정권 남용 의혹 관련 특별조사단 발족.

3. 5. 김지은, **미투** 폭로.

3. 22. 이명박 전 대통령 구속. 이명박 전 대통령이 110억 원대 뇌물 수수와 350억 원대 횡령 혐의로 구속됐다. 2020년 10월 대법원이 징역 17년형을 확정한다.

3. 25. [북한] 김정은 국무위원장, 베이징 방문. 시진핑 중국 국가주석의 초청으로 28일까지 중국을 방문한 그는 열차로 베이징에 도착해 시진핑 주석과 첫 정상회담을 갖고 한반도 비핵화 등을 논의했다. 그는 5월과 6월에도 연이어 중국을 방문했다.

4. 27. 문재인 대통령·김정은 국무위원장, **제1차 남북정상회담**.

5. 26. 문재인 대통령·김정은 국무위원장, **제2차 남북정상회담**.

6. 12. [북한] **북-미 정상회담**. 김정은 북한 국무위원장과 도널드 트럼프 미국 대통령이 싱가포르에서 만나 회담했다. 북한과 미국 정상 간에 이루어진 사상 첫 회담에서 양국 정상은 '북-미의 새로운 관계 수립' '항구적인 한반도 평화체제 구축' '한반도의 완전한 비핵화' '미군 유해 송환', '고위 관계자 간 후속 협상'에 합의했다.

6. 13. 제7회 전국동시지방선거. 여당인 더불어민주당이 광역단체장 17곳 중 14곳을 차지하는 등 자유한국당에 압승했다. 함께 치른 국회의원 재·보궐선거 역시 민주당의 승리로 끝났다.

6. 29. 주한미군사령부, 평택 이전. 1957년 7월 주한미군(USFK)이 창설되어 서울 용산에 자리 잡은지 61년 만이었다.

7. 1. 300인 이상 사업장, 주 52시간 근무제 시행.

8. 24. 특검, 김경수 경남 지사 기소. 특검이 그를 포털 댓글 추천수 조작을 공모한 혐의, 일명 '드루킹 댓글 조작 공모' 혐의로 불구속 기소했다.

9. 14. 남북공동연락사무소 설치. 청사는 개성공단 내 과거 남북교류협력협의사무소 건물을 보수해 사용했다.

9. 18. 문재인 대통령·김정은 국무위원장, **제3차 남북정상회담**. 문재인 대통령이 20일까지 평양을 방문해 회담했다. 앞선 두 차례 회담과 마찬가지로 '한반도의 완전한 비핵화'와 '북-미 관계 정상화'를 맞바꾸려는 '남·북·미 3각 정상 공조'에 힘을 쏟았다.

10. 1. 국방부, 병 복무기간 단축, 이날 전역자부터 단계적으로 시행된 이 조치로 복무기간이 육군과 해병대는 21개월에서 18개월로, 해군은 23개월에서 20개월로, 공군은 24개월에서 22개월로 줄어들었다.

10. 30. 대법원 전원합의체, '신일본제철이 **일제 강제징용 피해자들에게 배상하라**'고 판결. 대법원은 한일협정으로 개인청구권이 소멸한 것은 아니라며 피해자에게 1억씩 배상하라고 판결했다. 1심에서 원고패소 판결이 내려진 지 10년 만이었다. 이어 11월에는 미쓰비시중공업에 대해서도 강제노동 피해자들에게 배상하라는 판결을 내렸다.

○ 합계출산율, 0점대 돌입. 합계출산율이 0.98명으로 1970년 출생통계를 작성하기 시작한 이후 최저치를 기록했다.

세계

3. 11. [중국] 전국인민대표대회, 헌법 개정 승인. 2958표, 반대 2표, 기권 3표로 통과된 이 개정안에는 주석과 부주석의 임기 제한을 삭제하고, '시진핑 신시대 중국특색의 사회주의 사상'을 적시하는 내용이 포함됐다. 중국 당국이 '임기제 폐지가 종신제의 부활을 의미하는 것은 아니다'라고 강조하기는 했지만* 시진핑 주석의 '종신 집권' 가능성이 열린 것은 분명했다.

3. 18. [러시아] 대통령 선거. 블라디미르 푸틴이 4선에 성공했다.

3. 22. [미국] 도널드 트럼프 대통령, 중국산 제품에 관세를 부과하는 행정명령에 서명. →

5. 8. [미국] 도널드 트럼프 대통령, 이란 핵협정 파기 발표. 2015년 P5+1(유엔 안전보장이사회 상임이사국 + 독일) 사이에 체결된 협정 파기를 선언한 그는 8월과 11월 두 차례에 걸쳐 이란에 대한 제재를 전면 복원시켰다.

6. 1. [이탈리아] 주세페 콘테 총리 취임. 그는 '서유럽 최초의 현대적 포퓰리즘 정치' 내각을 이끌며, 난민 구조선 입항 거부 등 반이민과 우익 포퓰리즘 정책을 펼쳤다. 한 해 내내 유럽에서는 난민 거부 정책을 편 폴란드·헝가리 등의 우익 정부와 이에 반해 비교적 온건한 정책을 편 프랑스·독일 등이 갈등을 빚었다. 이 와중에 독일과 프랑스의 극우정당의 지지율이 반난민 정서 등에 업고 가파르게 상승하는 일까지 벌어졌다. →

6. 24. [튀르키예] 대통령 선거. 레제프 타이이프 에르도안 대통령이 재선에 성공했다.

9. 20. [일본] 자민당 총재 선거, 아베 신조 당선. 이로써 그는 총리 3연임을 확정지었다.

9. 28. [인도네시아] 술라웨시섬에 지진 발생. 강진이 섬을 강타하며 쓰나미가 발생해 4300명이 넘는 사망자가 발생했다.

11. 17. [프랑스] 노란 조끼 시위 시작. 1968년 시위 이후 가장 폭력적인 대규모 폭동으로 발전했다. 해를 넘겨 3월까지 이어진 이 시위로 11명이 사망하고, 1만 명 이상이 체포되었으며 차량 수백 대가 불탔다. 들불처럼 프랑스 전역으로 번진 시위는 표면적으로는 유류세 인상에 따른 서민층의 불만으로 촉발된 것이지만, 사실상 에마뉘엘 마크롱 정부의 친시장주의적 개혁에 따른 중산층과 빈곤층의 상대적 박탈감이 폭발한 것이었다.

↓ 3월 11일 국가주석 임기 제한을 철폐하는 개헌안이 중국 전국인민대표대회에서 99.8%의 찬성으로 통과되면서, 시진핑이 '스트롱 맨'의 장기 집권 대열에 합류했다. 아래는 현재 집권 중인 대표적인 스트롱 맨들이다. 블라디미르 푸틴 러시아 대통령, 시진핑 국가주석, 나렌드라 모디 인도 총리, 레제프 에르도안 튀르키예 대통령이다. (왼쪽에서 오른쪽 순)

1999~ 2013~ 2014~ 2014~

문화 / 과학·환경 / 스포츠

문화

1. 29. [미국] 〈블랙 팬서〉 첫 공개. 로스앤젤레스 돌비 극장에서 세계 최초로 공개된 라이언 쿠글러가 감독하고 주로 흑인 배우들이 출연한 이 영화는 북미 박스 오피스에서 역대 세 번째로 높은 수익을 올리며 '아프리카계 미국인 서사가 모든 청중으로부터 수익을 창출할 수 있는 힘이 있다는 것을 할리우드에 증명'한 영화가 됐다.

8. 25. 방탄소년단(BTS), 월드투어 '러브 유어셀프' 시작. 이날 서울올림픽주경기장에서 시작된 방탄의 월드 투어는 이듬해 10월 29일까지 14개국에서 62차례 콘서트로 이어졌다. 영어가 아닌 언어로 공연된 콘서트 투어 중 가장 높은 수익을 거두며 전 세계를 K팝의 열기로 뜨겁게 달궜다. 9월 BTS는 한국 가수로는 최초로 유엔 총회에서 연설하며 전 세계 젊은이를 향해 "나 자신을 사랑하자, 남이 아닌 나의 이야기를 하자"고 호소했다.

과학·환경

3. 19. [케냐] 마지막 수컷 북부흰코뿔소 죽음. 이날 고령에 따른 합병증으로 고통받던 수단이라는 이름의 이 수컷이 안락사됨으로써 북부흰코뿔소는 암컷인 '나진'과 '파투' 단 두 마리만 남았다. 사실상 기능상 멸종 상태가 된 것이다.

8. 1. 강원도 홍천군, 섭씨 41.0도 기록. 1907년 기상관측을 시작한 이래 가장 높은 기온이었다.

스포츠

1. 24. 정현, 오스트레일리아 오픈 4강 진출. 미국의 테니스 샌드그렌을 3-0으로 꺾고 남자단식 4강에 진출했다. 한국 선수가 그랜드슬램 테니스 대회 4강에 오른 것은 사상 최초였다. 4강전에서 로저 페더러와 만난 그는 발바닥 물집 부상으로 기권패했다.

2. 9. 평창에서 제23회 동계 올림픽 개막. 남북한이 한반도기를 들고 개막식에 함께 입장했다. 여자 아이스하키는 남북이 단일팀을 구성하여 참가했다.

2. 16. 윤성빈, 올림픽 남자 스켈레톤 금메달. 아시아 최초의 썰매 종목 올림픽 금메달이었다.

6. 14. [러시아] 제21회 FIFA 월드컵 개막. 프랑스가 결승전에서 크로아티아에 4-2로 이겼다. 대회 통산 두 번째 우승이었다. 한국은 1승 2패로 조별리그에서 탈락했지만, 6월 27일 독일에 2-0으로 이기며 월드컵에서 독일에 승리한 최초의 아시아 국가가 됐다. 이 패배로 독일은 80년 만에 월드컵 조별리그에서 탈락했다. 한편 북한은 지역 예선에서 탈락했다.

8. 18. [인도네시아] 자카르타에서 제18회 하계 아시안 게임 개막. 대회 역사상 최초로 두 도시에서 공동 개최됐다. 수도 자카르타와 수마트라슬라탄주의 주도인 팔렘방이었다.

2018년 풍경

시계를 초침으로 분류하면 3종류가 있다. 육상선수가 뜀박질하듯 그냥 주욱 가는 것, 나그네처럼 터벅터벅 걸어가는 것, 아예 초침이 없는 것. 이 세상에서 부피를 가진 사물들은 시간의 퇴적물이 아닌 게 없다. 한해살이풀, 여러해살이 나무, 오래 침묵하는 바위. 현명한 자들에게 이 무정물은 한결같이 시곗바늘 하나 없는 시계로 간주되어 깊은 통찰을 제공한다. 사람의 얼굴들도 모두 시계다. 바깥으로 드러난 표정은 겪어낸 시절과 남아 있는 나날을 가감 없이 표시한다. 몸의 맨 밑바닥을 담당하는 신발은 각별히 은유하는 바가 있다. 2018년 9월 세종시 연기면 산울리 야산에서 아파트 단지를 조성하다가 한국전쟁 당시 군경에 의해 학살된 유해들이 발굴됐다. 현장에는 유해 7구, 고무신 81점 등도 함께 발견됐다. 주인 잃은 신발들을 나란히 배열하고 보니 몸시계에서 떨어져 나온 시곗바늘 같구나. 목숨이 지나가는 손목에서 뜨거운 혈류로 동력을 삼던 시계가 정지했구나. 돛단배처럼 나란히 놓인 고무신들이 가리키는 적막한 11시. 두 발로 걷던 생전, 점심 무렵의 배고팠던 11시를 떠올리게 하는 서늘한 풍경이 아닐 수 없다.

대한민국 군복무 기간 추이

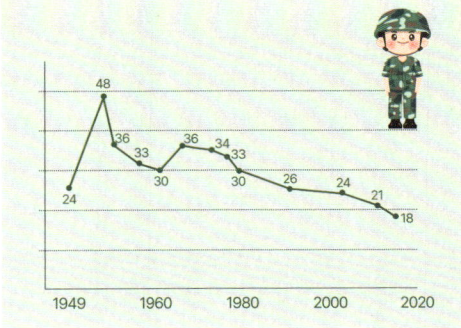

이 해에는

노래
- 1. 9. 〈비밀정원〉, 오마이걸
- 1. 25. 〈사랑을 했다〉, 아이콘
- 6. 15. 〈뚜루뚜루〉, 블랙핑크

영화
- 1. 8. 〈신과함께: 죄와 벌〉, 김용화
- 1. 15. 〈1987〉, 장준환
- 4. 5. [독일] 〈트랜짓〉, 크리스티안 페촐트

궂긴 소식
- 3. 14. 스티븐 호킹(영국의 물리학자)
- 4. 16. 최은희(영화 배우)
- 6. 23. 김종필(정치인)
- 7. 23. 노회찬(정치인)
- 7. 23. 최인훈(소설가)
- 10. 25. 김윤식(국문학자)
- 11. 26. 베르나르도 베르톨루치(이탈리아의 영화감독)
- 11. 30. 조지 에이치 더블유 부시(미국의 대통령)

2019년

검찰개혁 vs 조국 사태

대한민국

1. 24. 검찰, 양승태 전 대법원장 구속. 전직 대법원장이 구속된 것은 헌정사상 처음이었다.

2. 27-28. 북미정상회담. 김정은 북한 국무위원장과 도널드 트럼프 대통령이 베트남 **하노이**에서 **2차 정상회담**을 했다. 회담은 긍정적인 관측 속에서 시작되었지만, 양국 정상은 합의에 이르지 못했다. 비핵화와 관련해 단계적 합의와 이행을 원하는 북한과 일괄타결을 선호하는 미국 사이의 이견을 좁히지 못한 것이다. 10월 북-미 실무협상마저 **결렬**되면서 북미, 남북 관계 모두 경색국면에 접어들었다.

4. 11. 헌법재판소, **낙태죄**에 대해 **헌법불일치** 결정.

4. 29. 국회 사법개혁특별위원회, 공수처 설치 법안과 검경 수사권 조정을 위한 검찰청법 개정안을 패스트트랙(신속처리안건)으로 지정. 다음 날에는 정치개혁특별위원회가 선거제 개편안을 패스트트랙으로 지정했다. 자유한국당의 집단 반발 속에 속전속결로 진행됐다.

6. 30. 남북미 정상회담. 문재인 대통령, 도널드 트럼프 대통령, 김정은 북한 국무위원장이 판문점에서 만났다. 이어 북미 정상 간 일대일 회담이 있었지만 별다른 성과는 없었다.

7. 1. 일본, 반도체 관련 핵심 소재 한국 수출 규제 조치 발표. 한국 대법원의 징용 배상 판결로 한일간 외교 갈등을 겪고 있는 가운데 시행된 이 조치로 한일관계는 더욱 악화됐다. 같은 달 한국에서는 일본 제품 불매운동이 시작되어 크게 번졌다. 8월 일본은 화이트리스트(수출절차 우대국)에서 한국을 배제했고, 한국은 한일 군사정보보호협정(GSOMIA·지소미아) 종료를 통보했다.

8. 9. 문재인 대통령, 법무부장관에 조국 전 청와대 민정수석 내정.

9. 6. 검찰, 정경심 기소. 조국 법무부 장관 후보자 인사청문회 당일인 이날 검찰은 조 후보자의 부인 정경심 동양대 교수를 딸 조민의 표창장을 위조한 혐의로 기소했다.

10. 1. 이춘재, 화성 연쇄 살인사건 범행 자백. 이로써 1986년부터 1991년까지 경기도 화성시 일대를 중심으로 발생한 연쇄 사건의 범인이 30여 년 만에 확인됐다. 그는 다른 살해 사건 건으로 부산교도소에서 무기수로 복역하고 있었고, 공소시효도 추가로 자백한 사건까지 포함 살인 총 14건 모두 이미 만료되어 '공소권 없음'으로 처분됐다.

12. 27. '공직선거법' 개정안 국회 통과. 한국 정치 사상 처음으로 **선거권 연령**이 만 19세에서 **만 18세**로 하향 조정됐고, 정당 득표율과 함께 지역구 당선인 수를 동시에 고려해 의석수를 정하는 준연동형 비례대표제가 도입됐다.

12. 30. '고위공직자범죄수사처 설치 및 운영에 관한 법률(공수처법)' 국회 통과. 이로써 1954년 〈형사소송법〉 제정 뒤 견고하게 유지돼온 검찰의 기소독점 체제가 65년 만에 깨졌다.

"우리가 조국이다!"
"내로남불! 표리부동!"

↑ 8월 9일 문재인 대통령이 법무부 장관에 조국 전 청와대 민정수석을 내정했다. 이후 인사 검증 과정에서 여러 논란이 제기되었고, 지명 18일 만에 검찰이 수사에 돌입했다. 그러나 문 대통령은 9월 9일 조 후보자를 법무부 장관에 임명했다. 이후 '검찰 개혁'과 '조국 사퇴'로 나뉜 진영 사이에 첨예한 대립이 일어났다. 조국은 임명 35일 만인 10월 14일 사퇴했지만, 이른바 '**조국 사태**'라 불린 갈등과 대립은 해소되지 않고 이어졌다.

자신을 고려대 졸업생이라고 밝힌 이 모(26) 씨는 "지난 서초동 집회 때 조국 지지자들이 머릿수로 밀어붙이면서 국민의 뜻 운운하는 걸 보고 화가 나서 왔다"며 "이토록 많은 거짓과 모순에도 그를 법무부 장관으로 앉히는 게 과연 상식적인가"라고 주장했다. 한 부산대 남학생은 "'빽'도 없고 아르바이트 뛰고 엉덩이 땀띠 나게 공부했는데 조 장관에게는 개천에서 물장구치는 붕어, 미꾸라지로 보였을 것"이라며 "기득권 세력 모두 전수 조사해야 한다"고 말했다.
— 《조선일보》, 2019. 10. 4.

오후 2시 집회가 열리기 4시간 전이지만 사람들은 팻말과 조국 사진을 들고 하나둘씩 중앙지검 앞 도로에 앉기 시작했다. 지방에서 일찍 올라와 배낭을 메고 일찍 자리를 잡은 행렬도 눈에 띄었다. 이들은 '정치검찰 물러나라', '자한당을 수사하라', '검찰 개혁 이뤄내자', '공수처를 설치하라' 등이 적힌 팻말을 들고 구호를 외쳤다. 집회 참가자들 사이 곳곳에서는 '우리가 조국이다'라는 깃발이 펄럭였다.
— 《한겨레》, 2019. 10. 10.

↓ 4월 11일 헌법재판소가 낙태하는 여성과 의료진을 처벌하도록 규정한 〈형법〉의 낙태죄 조항에 대해 헌법불합치 결정을 선고했다. 헌재는 "임신한 여성이 임신을 유지 또는 종결할 것인지를 결정하는 것은 스스로 선택한 인생관·사회관을 바탕으로 깊은 고민을 한 결과를 반영하는 전인적 결정"이라며 "사회경제적 이유로 인해 낙태 갈등 상황을 겪고 있는 경우까지도 예외 없이 임신한 여성에게 임신의 유지 및 출산을 강제하고, 이를 위반한 경우 형사처벌한다는 점에서 위헌이다"라고 지적했다. 이러한 판결과 함께 한국은 이듬해 1월 1일 0시를 기점으로 낙태죄로 처벌받는 시대가 끝난다.

세계

1. 28. [미국] 법무부, 화웨이 기소. 중국의 불공정 무역 관행을 비난하며 관세 인상 조치를 이어가던 도널드 트럼프 정부가 중국 통신장비업체 화웨이와 멍완저우 부회장 등을 전격 기소함으로써 미중 무역 갈등이 절정으로 치달았다. →

2. 12. [마케도니아] 국가명 북마케도니아 공화국으로 공식 변경. 앞서 1월 그리스 의회는 마케도니아 국호 변경 합의안을 표결에 부쳐 통과시켰다. 이로써 수십 년 동안 그리스와 빚어온 분쟁이 공식적으로 종식되었고, NATO와 EU에 통합될 수 있는 길이 열렸다.

3. 29. [중국] 홍콩 입법회, '**범죄인 인도 조례**' 입법 예고. 일명 송환법이라 불리는 개정안은 홍콩 내의 범죄 용의자를 대만, 마카오, 중국 본토에도 인도할 수 있게 하는 것이었다.

5. 1. [일본] 나루히토 천황 즉위. 아키히토 천황이 퇴임하고 장남인 그가 즉위함에 따라 연호는 레이와(令和)로 바뀐다. 일왕의 생전 퇴위는 1817년 고카쿠 천황 이후 202년 만의 일이었다.

5. 17. [대만] 입법원, 동성결혼 허용 법안 가결. 이로써 대만은 아시아에서 최초로 동성결혼을 합법화한 나라가 됐다.

8. 2. [미국] 중거리핵전력(INF) 조약 공식 탈퇴 발표. 1987년 로널드 레이건 미국 대통령과 미하일 고르바초프 소련 공산당 서기장이 서명한 이 조약은 탈냉전의 신호탄으로 여겨지던 조약이었다.

10. 13. [미국] 도널드 트럼프 대통령, **시리아** 북부에서 미군 **철군** 명령. 2014년부터 미국을 도와 이슬람 테러 단체 IS와 싸운 쿠르드족에 대한 배신이었다. 튀르키예는 미군 철수 직후 쿠르드족을 대상으로 군사작전을 개시했다.

10. 18. [칠레] 세바스티안 피녜라 대통령, 수도 산티아고에 비상사태 발령. 1월에 이어 지하철 운임이 또다시 인상되는데 대한 항의가 약탈과 방화로 이어지면서 사망자가 발생할 정도로 격화되자 비상사태 발생과 함께 다음날 통금령도 선포됐다. 시위는 이듬해 10월까지 이어진다. →

12. 12. [영국] 총선, 보수당 압승. 7월 테리사 메이의 뒤를 이어 총리가 된 보리스 존슨이 이끄는 보수당이 총선에서 압승해 다수당이 됐다. 보수당은 '브렉시트 완수'라는 슬로건을 내걸었고, 예정대로 이듬해 1월 말 유럽연합을 탈퇴한다.

↓ 범죄인 인도 조례는 홍콩의 자치권과 시민의 자유를 침해할 수 있다는 우려를 낳았다. 3월 15일 시작된 조례 반대 시위는 6월 9일 주최 측 추산 100만 명이 넘게 참여하며 1997년 홍콩 반환 이후 최대 규모의 반중 시위로 발전했다. 결국 9월 4일 캐리 람 행정장관이 송환법 철회를 발표했지만 시위는 잦아들지 않았다. 중국 정부는 이듬해 6월 30일 '홍콩 국가안보법'을 시행해 강경하게 대응한다.

문화 / 과학·환경 / 스포츠

문화

3. 30. 월트디즈니컴퍼니, 21세기 폭스 인수. 인수 금액이 713억 달러(80조 8849억 원)에 달하는 메가톤급 기업 합병이었다. 월트디즈니는 새로 인수한 자산을 활용해 이해 11월 구독형 OTT 서비스인 디즈니+를 출시했다.

5. 25. 봉준호 감독의 〈기생충〉, 제72회 칸 영화제 황금종려상 수상. 한국 영화로는 최초였다.

과학·환경

1. 3. [중국] 창어 4호, 달 뒷면에 착륙. 세계 최초였다. 달 뒷면은 지구와 통신이 불가능하기 때문에 중국은 별도의 통신위성을 띄워 이 무인 탐사선과의 통신을 중계해야 했다.

4. 10. 사상 수평선망원경(이벤트 호라이즌 망원경 EHT) 팀, **블랙홀**의 모습을 직접 **촬영**한 사진 공개.

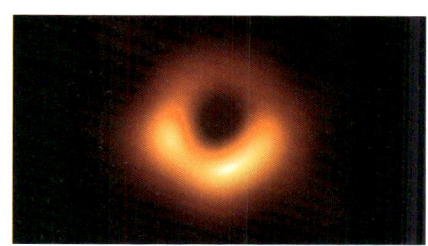

7. 1. [일본] 포경(고래잡이) 재개. 국제포경위원회(IWC) 회원국은 1986년부터 상업적으로 고래를 잡을 수 없게 되어 있지만, 일본은 국제적인 비난을 무릅쓰고 2019년 6월 IWC를 탈퇴하고 1988년부터 '공식적으로는' 중단했던 상업 목적의 포경을 재개했다.

스포츠

1. 8. 심석희, 성폭력 피해 폭로. 쇼트트랙 국가대표인 그가 지목한 가해자는 자신을 가르친 전 대표팀 코치 조재범이었다. 이어 유도, 양궁, 여자 축구 등 체육계의 과거 성추문이 폭로되면서 세상에 드러났다.

6. 15. 한국축구, U-20 축구 국가대표팀, **FIFA U-20 월드컵 준우승**. 폴란드 우치에서 열린 결승전에서 한국이 우크라이나에 3-1로 져 준우승을 차지했다. 이 대회 준우승은 FIFA가 주관하는 대회에서 한국 남자 축구팀이 거둔 최고 성적이었다.

10. 15. 월드컵 아시아지역 2차 예선, 평양 무관중 경기. 1990년 이후 29년 만에 평양에서 치른 평양 원정 경기에서 한국과 북한은 0-0 무승부를 기록했다. 김일성 경기장에서 이날 열린 경기는 무관중에 양국 국가 연주 없이 진행됐고, 생중계도 무산됐다.

12. 9. 세계반도핑기구(WADA), 러시아에 주요 국제 대회 참가 금지 처분. 국가 차원에서 선수들의 도핑을 주도하거나 방조했다는 이유였다. 이 처분으로 4년 동안 모든 국제 스포츠 대회에 대한 참가가 금지됐지만, 러시아는 항소했고 스포츠 중재 재판소(CAS)는 이듬해 제재를 2년으로 경감한다.

○ **류현진, MLB 시즌 평균자책점 부문 1위** 기록. 로스앤젤레스 다저스 소속으로 뛴 그는 이 해 정규 시즌을 14승 5패의 성적으로 마쳤고, 평균자책점 2.32를 기록해 아시아 선수로는 최초로 MLB 평균자책점 1위 선수가 됐다.

2019년 풍경

맛있는 짜장면의 중국집 하나 근처에 있어도 소소한 행복이라고 했는데, 일본은 좀 고약하기 짝이 없는 이웃이다. 집단 기억상실증에라도 걸린 듯, 과거 자신이 저지른 일을 되돌아 볼 줄 모르는 기이한 나라. 그런 돼먹지 못한 일본과 대한민국은 동해를 사이에 두고 지낸다. 우리나라 대법원이 일본의 강제징용에 대한 배상 판결을 내리자, 일본은 느닷없이 무역보복 조치를 감행했다. 총성 없는 경제 전쟁이 시작된 것이다. 우리는 소부장(소재, 부품, 장비)의 국산화를 그만큼 앞당겼고, 산업체질을 강화하는 전략으로 나아갔다. 물론 아직 우리 내부에는 고질병처럼 친일을 미화하고, 식민시대에 근대의 씨앗을 뿌렸다는 자가당착적인 소리도 있다. 일본 대사관의 일왕 생일 파티에 슬그머니 참석하는 인사들도 있다. 집안의 뿌리가 대대로 그러한 자들이다. 당시 전국을 들끓게 한 '노 재팬, 노 아베'의 외침은 "이제 우리는 지지 않는다" 함성의 또 다른 표현이었다.

각국 검찰의 수사·기소 권한 비교

○ 권한 있음 △ 일부 권한 있음 × 권한 없음

		🇰🇷	🇯🇵	🇩🇪	🇺🇸	🇬🇧
검사의 수사권	수사권	○	○	○	×	×
	경찰에 대한 수사지휘권	○	△	○	×	×
	자체 수사 인력	○	△	×	△	×
	검경 조서 증거능력 차이	○	×	×	×	×
검사의 기소권	수사종결권	○	△	○	×	×
	기소독점주의	○	○	○	×	×
	기소편의주의	○	○	×	○	○
	공소취소권	○	○	×	○	○

이 해에는

책
- ○ 《우리가 빛의 속도로 갈 수 없다면》, 김초엽
- ○ 《날개 환상통》, 김혜순

노래
- 2. 19. 〈Butterfly〉, 이달의 소녀
- 4. 12. 〈작은 것들을 위한 시〉, 방탄소년단
- 10. 25. 〈LION〉, (여자)아이들
- 12. 23. 〈Psycho〉, 레드벨벳

영화
- 1. 23. 〈극한직업〉, 이병헌
- 5. 30. 〈기생충〉, 봉준호
- 7. 31. 〈엑시트〉, 이상근
- 9. 18. [프랑스] 〈타오르는 여인의 초상〉, 셀린 시아마

궂긴 소식
- 1. 4. 존 버닝햄(영국의 아동문학가)
- 2. 23. 김금화(만신 무용가)
- 6. 10. 이희호(사회운동가)
- 8. 5. 토니 모리슨(미국의 소설가)
- 8. 30. 박태순(소설가)
- 8. 31. 이매뉴얼 월러스틴(미국의 사회학자)
- 9. 8. 김성환(만화가)
- 9. 26. 자크 시라크(프랑스의 대통령)
- 11. 29. 나카소네 야스히로(일본의 총리)
- 12. 9. 김우중(기업인)

한국영화 100년, 〈의리적 구토〉에서 〈기생충〉까지

"영화는 계속 만들어져야 한다."
— 김 감독(송강호)

1910~1920년대

김도산	의리적 구토(1919)
윤백남	월하의 맹서(1923)
박정현	장화홍련전(1924)
나운규	아리랑(1926)

1930~1940년대

안종화	청춘의 십자로(1934)
이명우	춘향전(1935)
양주남	미몽(1936)
최인규	자유만세(1946)

1950년대

이강천	피아골(1955)
박남옥	미망인(1955)
한형모	자유부인(1956)
이병일	시집가는 날(1957)
신상옥	지옥화(1958)

1960년대

김기영	하녀(1960)
유현목	오발탄(1961)
강대진	마부(1961)
신상옥	사랑방 손님과 어머니(1961)
이만희	돌아오지 않는 해병(1963)
유현목	김약국의 딸들(1963)
김기덕	맨발의 청춘(1964)
김수용	갯마을(1965)
김수용	안개(1967)
이성구	장군의 수염(1968)
정소영	미워도 다시한번(1968)
이만희	휴일(1968)

1970년대

김기영	화녀(1971)
이장호	별들의 고향(1974)
하길종	바보들의 행진(1975)
이만희	삼포 가는 길(1975)
김호선	영자의 전성시대(1975)
김청기	로보트 태권V(1976)
김호선	겨울여자(1977)
김기영	이어도(1977)

1980년대

이장호	바람 불어 좋은 날(1980)
이두용	최후의 증인(1980)
임권택	만다라(1981)
이원세	난장이가 쏘아올린 작은 공(1981)
이두용	피막(1981)
배창호	꼬방동네 사람들(1982)
임권택	짝코(1983)
이장호	바보선언(1984)
배창호	고래사냥(1984)
이두용	여인잔혹사 물레야 물레야(1984)
배창호	깊고 푸른 밤(1985)
임권택	길소뜸(1986)
임권택	씨받이(1987)
이명세	개그맨(1988)
박광수	칠수와 만수(1988)
김동원	상계동 올림픽(1988)
이장호	나그네는 길에서도 쉬지 않는다(1988)
배용균	달마가 동쪽으로 간 까닭은?(1989)

1990년대

장선우	우묵배미의 사랑 (1990)
박광수	그들도 우리처럼 (1990)
정지영	남부군(1990)
이은 외	파업전야(1990)
장선우	경마장 가는 길(1991)
정지영	하얀 전쟁(1992)
김의석	결혼이야기(1992)
임권택	서편제(1993)
강우석	투캅스(1993)
변영주	낮은 목소리-아시아에서 여성으로 산다는 것(1995)
박광수	아름다운 청년 전태일(1995)
박철수	301 302(1995)
홍상수	돼지가 우물에 빠진 날(1996)
장선우	꽃잎(1996)
송능한	넘버 3(1997)
이창동	초록물고기(1997)
장윤현	접속(1997)
김성수	비트(1997)

허진호	8월의 크리스마스(1998)
홍상수	강원도의 힘(1998)
이광모	아름다운 시절(1998)
이명세	인정사정 볼것 없다(1999)
강제규	쉬리(1999)
김태용	여고괴담 두 번째 이야기(1999)

2000년대

박찬욱	공동경비구역 JSA(2000)
이창동	박하사탕(2000)
류승완	죽거나 혹은 나쁘거나(2000)
김지운	반칙왕(2000)
정재은	고양이를 부탁해(2001)
임순례	와이키키 브라더스(2001)
허진호	봄날은 간다(2001)
곽경택	친구(2001)
박찬욱	복수는 나의 것(2002)
이정향	집으로(2002)
이창동	오아시스(2002)
홍형숙	경계도시 1, 2(2002)
봉준호	살인의 추억(2003)
박찬욱	올드보이(2003)
장준환	지구를 지켜라(2003)
임상수	바람난 가족(2003)
김동원	송환(2004)
이준익	왕의 남자(2005)
봉준호	괴물(2006)
김태용	가족의 탄생(2006)
이창동	밀양(2007)
나홍진	추격자(2008)
임순례	우리 생애 최고의 순간(2008)
양익준	똥파리(2009)
봉준호	마더(2009)
이충렬	워낭소리(2009)

2010년대

이창동	시(2010)
박정범	무산일기(2011)
오멸	지슬-끝나지 않은 세월2(2013)
연상호	부산행(2016)
박찬욱	아가씨(2016)
나홍진	곡성(2016)
장훈	택시운전사(2017)
이창동	버닝(2018)
봉준호	기생충(2019)

2020년대

박찬욱	헤어질 결심(2022)
한재림	비상선언(2022)

1919. 10. 한국 최초의 영화, 연쇄극 〈의리적 구토〉 상영

1926. 10. 나운규의 〈아리랑〉 개봉

1935. 10. 최초의 발성영화 〈춘향전〉 개봉

1962. 1. 〈영화법〉 제정

1963 스크린쿼터제 실시

1980 한국영화아카데미 개원

1989 독립영화, 〈오! 꿈의 나라〉

1996 부산국제영화제

1999 최초의 멀티플렉스 CGV 개관

1999 스크린쿼터 사수

2013 마지막 필름 영화, 봉준호의 〈설국열차〉

2004. 2. 1000만 관객 시대, 강우석의 〈실미도〉

2019 황금 종려상 수상, 봉준호의 〈기생충〉

© 이현정, 장석봉

2020년

코로나 팬데믹

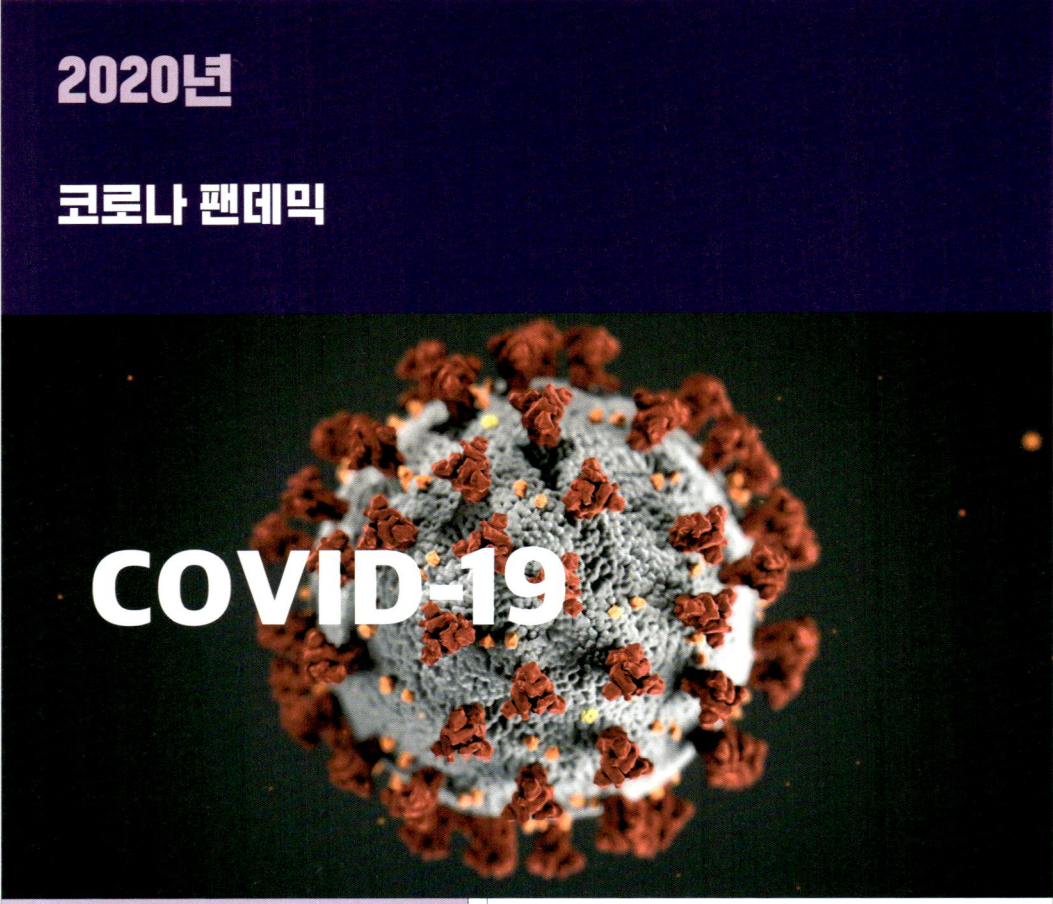

"마스크를 쓰시오!"

↑ 국경을 넘어 전 세계 사람들에게 영향을 미치는 전염병을 팬데믹이라고 부른다. 14세기 유럽 인구의 절반을 죽음으로 몰고 간 흑사병, 20세기 초의 에스파냐 독감, 그리고 20세기 말의 후천성면역결핍증후군(AIDS)가 대표적이다. 그런 전염병이 또 발생하리라는 우려나 경고는 끊임없이 제기되어 왔다. 그리고 2019년 그런 일이 현실화됐다. 1월 30일 세계보건기구(WHO)가 공중보건 비상사태를 선포했다. 2019년 말 중국 우한에서 신종 바이러스가 유행하고 9일 첫 사망자가 보고된 지 21일 만이었다. WHO는 이 신종 코로나바이러스 감염증의 명칭을 COVID-19(코로나19)로 명명했다. 코로나 19는 전 세계로 빠른 속도로 퍼져나갔고 이 해에만 50만 명이 넘는 인명을 앗아갔다.

인천공항검역소는 '20년 1월 19일 중국 우한시 입국자 검역하는 과정에서 발열 등 증상이 있는 환자를 검역조사하여 '조사대상 유증상자'로 분류하고, 국가지정입원치료병상(인천의료원)으로 이송하였으며, 질병관리본부는 신종 코로나바이러스 감염증 검사를 시행하여 오늘 오전 확진환자로 확정하였다.

질병관리본부는 신종코로나바이러스 감염증 조기발견 및 확산차단을 위해서는 국민과 의료계의 협조가 무엇보다도 중요하다고 강조하며,

〈국민 감염 예방 행동 수칙〉

○ 기침 등 호흡기 증상이 있을 경우 마스크 착용!
- 외출, 의료기관 방문 시 반드시 착용
○ 흐르는 물에 30초 이상 손 씻기!
○ 해외 여행력을 의료진에게 알리기!
- 발열, 기침 등 호흡기증상 발생 14일 이내 중국 우한시 방문력이 있는 국민(경유 포함, (예) 우한 출발 후 홍콩 체류 후 입국)

↓ 3월 16일 경찰이 조주빈을 검거했다. 그는 2019년 5월부터 아동·청소년 수십 명을 협박해 성 착취물을 제작하고 텔레그램 박사방을 통해 유포해 역대 수익을 챙겼다. 5월 초에는 2017년부터 텔레그램 n번방을 만들어 미성년자 성 착취 영상을 공유해온 일명 '갓갓' 문형욱이 검거됐다. 경찰이 범인들을 검거하는 데는 20대 여성 두 명으로 이뤄진 추적단 불꽃의 노력이 결정적이었다. 이들은 2019년 7월 n번방을 처음 발견한 이후 2020년 3월 공론화되기까지 약 9개월의 시간 동안 누구도 알아주지 않아 홀로 싸웠다. 2021년 대법원에서 조주빈은 징역 42년, 문형욱은 징역 34년을 각각 선고받는다.

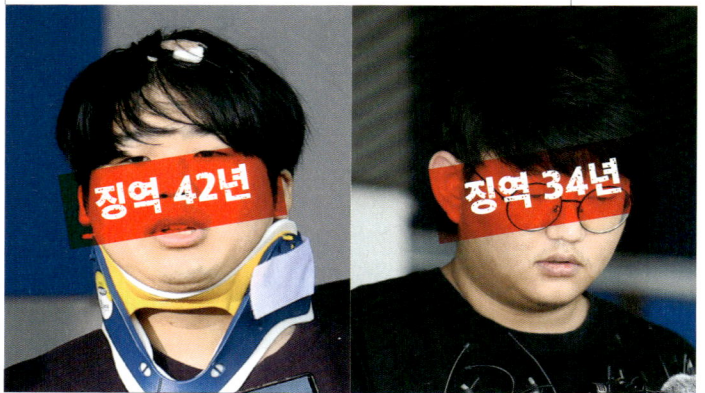

대한민국

1. 3. 추미애 법무부장관 취임. 그는 취임 후 열흘 만에 대검 지휘부를 대대적으로 교체하며 윤석열 검찰총장과 갈등을 빚었다. 이 갈등은 11월 검찰총장 징계 청구와 직무 배제 명령으로까지 이어지며 더욱 격화되었고, 이듬해 장관직에서 물러날 때까지 정국을 요동시키는 뇌관으로 작용했다.

1. 10. [북한] 김정은, 조선로동당 총비서로 추대됨. 조선로동당이 제8차 대회에서 그를 '로동당 총비서로 높이 추대'한다는 내용의 결정서를 만장일치로 채택했다.

1. 20. [코로나19] 국내 첫 코로나19 감염 확진자 발생.

2. 17. 미래통합당 창당. 자유한국당, 새로운보수당, 미래를향한전진4.0이 통합하여 미래통합당이라는 당명으로 창당됐다.

2. 18. [코로나19] 신천지 대구교회 집단 감염 사태 시작.

2. 23. [코로나19] 코로나바이러스감염증-19에 대한 경보를 경계에서 심각으로 격상.

3. 15. [코로나19] 대구광역시와 경상북도 일부 지역을 특별재난지역으로 선포.

3. 16. 경찰, 조주빈 검거.

3. 30. 정부, 긴급재난지원금 도입 확정. 이에 따라 소득 하위 70% 가구에 40~100만 원의 지원금이 5월부터 지자체별로 지급되기 시작했다.

4. 15. 제21대 국회의원 선거. 선거권의 연령이 만 18세까지 확대되고 준연동형 비례대표가 도입된 후 치러진 첫 선거에서 더불어민주당과 미래통합당은 각각 더불어시민당과 미래한국당이라는 위성정당을 만들어 출마했다. 선거 결과 더불어민주당(+더불어시민당)이 180석, 미래통합당(+미래한국당)이 103석, 정의당이 6석을 차지했다. 헌정사상 단일 정당 최다 의석을 기록한 여당의 압승이었다.

5. 28. 미래통합당, 미래한국당 합당.

6. 16. [북한] 개성 남북공동연락사무소 폭파. 2018년 4월 판문점 선언에 따라 그해 9월 개성공단에 설립된 남북공동연락사무소가 21개월 만에 사라졌다.

7. 9. 박원순 서울시장 자살. 전날인 8일 그의 전 비서가 성추행 혐의로 고소장을 제출했고, 10일 새벽 그는 북악산에서 숨진 채 발견됐다. 인권운동가이자 현직 광역시장이 임기 중 성추행 사건과 연관돼 자살했다는 점에서 큰 사회적 파장을 일으켰다. 그의 지지자 중 많은 수가 침묵하거나 피해자를 향한 2차 가해에 동참했다.

7. 15. 고위공직자범죄수사처 설립. 초대 공수처장으로는 김진욱이 임명된다.

7. 31. 임대차 3법 개정안 국무회의 통과. 이에 따라 3법 중 먼저 계약갱신청구권제(2+2년), 전월세 상한제가 이날부터, 전월세 신고제가 이듬해 6월부터 시행된다.

9. 2. 미래통합당, 국민의힘으로 당명 변경.

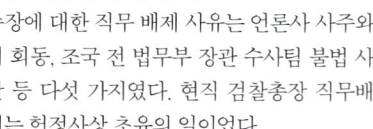

11. 24. 추미애 법무부장관, 윤석열 총장에 징계 청구·직무정지 명령. 윤 총장에 대한 직무 배제 사유는 언론사 사주와의 회동, 조국 전 법무부 장관 수사팀 불법 사찰 등 다섯 가지였다. 현직 검찰총장 직무배제는 헌정사상 초유의 일이었다.

12. 13. [코로나19] 국내 신규 감염자 수 1030명으로 최고치 경신.

세계

1. 9. [코로나19] 첫 사망자 보고. 중국 우한 수산시장의 단골손님이던 61세 남성이었다.

1. 30. [코로나19] 세계보건기구(WHO), 공중보건 비상사태 선언.

1. 31. [영국] 유럽연합(EU) 탈퇴.

3. 11. [코로나19] WHO, 코로나19에 대해 팬데믹 선언.

5. 25. [미국] 조지 플로이드 사망. 46세의 흑인 남성인 그는 미니애폴리스에서 백인 경찰의 폭력으로 질식사했다. 경찰은 위조 지폐 사용 혐의로 체포한 후 9분 넘게 목을 무릎으로 누르고 있었다. 이 사건은 인종차별과 경찰의 잔혹 행위에 대한 항의 시위를 촉발했다. '흑인 목숨도 소중하다'를 구호로 내세운 시위는 처음에는 평화적이었지만 시간이 흐르면서 일부 폭력적인 양상을 띠며 미국 전역으로 퍼져나갔다.

6. 30. [중국] 〈홍콩 국가보안법〉* 제정. 제13기 전국인민대표대회 상무위원회 제20차 전체회의에서 통과된 이 법은 국가 분열과 정권 전복, 테러 활동, 외국 세력과의 결탁 등 국가의 안보를 위협하는 행위를 최대 무기징역에 처할 수 있게 했다. 당국은 국가안보 수호라는 명분을 내세웠지만, 중국 본토에 대한 비판을 억압하고 홍콩을 본격적으로 통제하기 위한 법령이다.

8. 13. [이스라엘/아랍에미리트] 국교정상화 합의. 이란에 비우호적인 이슬람 국가들과의 관계 개선을 타진해오던 이스라엘은 이어 9월 바레인, 10월 수단, 12월 모로코와도 국교 정상화에 합의했다.

9. 16. [일본] 아베 신조 총리, 퇴임. 코로나19 대응 실패와 각종 정치 스캔들로 지지율이 바닥을 친 가운데 대장염 악화를 이유로 사임했다. 그는 2012년 12월부터 7년 9개월간 집권하며 일본 헌정사상 최장수 총리로 재임했다. 후임으로는 스가 요시히데가 선출됐다.

9. 27. [코로나19] 코로나19 사망자 100만 명 돌파.

11. 3. [미국] 대통령 선거. 민주당의 조 바이든 전 부통령이 공화당의 도널드 트럼프를 누르고 제46대 대통령에 당선됐다. 부통령 당선자는 카멀라 해리스였다. 바이든은 8100만 표 이상을 얻었고 이는 역대 미국 대선 후보가 얻은 최다 득표였다. 트럼프는 선거 사기가 있었다며 소송을 제기했지만 받아들여지지 않았다.

12. 2. [코로나19] 영국 의약품·보건의료제품규제청(MHRA), 화이자-바이온텍 코로나19 백신 임시 승인. 영국은 코로나 백신 사용을 승인한 첫 국가였다. 8일부터 접종이 시작됐다. 바이러스가 보고된 지 343일 만이었다.

문화 / 과학·환경 / 스포츠

문화

2. 9. 봉준호 감독의 〈기생충〉, 제92회 아카데미상 4개 부문 수상. 작품상, 국제영화상, 감독상, 각본상을 받았다. 비영어 영화로는 아카데미 역사상 최초로 작품상을 받은 영화였다. 〈기생충〉은 앞서 칸 영화제(2019년)에서 황금종려상과 골든 글러브(2020년 1월) 외국어 영화상을 수상했다.

3. 31. 백희나, 린드그렌상 수상자로 선정됨. 스웨덴의 동화작가 아스트리드 린드그렌을 기려 제정된 상으로 아동문학계의 노벨상으로 불린다.

8. 31. 방탄소년단의 〈다이너마이트〉, 빌보드 핫 100차트 1위 기록. 한국 가수로는 최초였다.

과학·환경

9. 10. 세계자연기금(WWF), 1970년부터 2016년까지 관찰된 척추동물 종들의 개체군의 규모가 평균 68% 감소했다고 발표.

10. [네덜란드] 바우터르 포철, 제4의 침샘 발견. 그가 이끄는 네덜란드 암연구소 팀이 기존까지 알려져 있던 침샘(턱밑샘, 혀밑샘, 귀밑샘)에 이어 네 번째 침샘(유스타키오관침샘) 관이 있다는 사실을 발견했다.

12. 24. 원자력안전위원회, 월성 1호기 영구 정지 결정.

스포츠

5. 5. KBO 리그 무관중 개막. 원래 3월에 개막전을 치를 예정이었으나 코로나19 확산으로 연기됐다. 미국도 메이저리그 일정이 연기되어 팀당 60경기만 치르며 파행 운영된 바람에 ESPN을 통해 KBO 리그 경기가 중계되어 인기를 끌기도 했다.

8. 30. 김연경, 국내 리그 복귀. 2009년 일본에 진출한 이후 중국과 튀르키예 배구 리그에서 활약한 그가 11년 만에 친정팀 흥국생명으로 돌아왔다. 현대건설과의 경기를 시작으로 국내 코트로 복귀한 그는 주장으로 뛰며 팀을 2020~2021 V-리그 준우승으로 이끈다.

3. 24. [일본] 도쿄 올림픽 연기. 국제올림픽위원회(IOC)와 일본이 전 세계적인 코로나19 확산으로 2020년 하계올림픽을 2021년 7월로 연기했다.

11. 24. NC 다이노스, KBO 한국시리즈 우승. 창단 8년만의 첫 우승이자 통합우승이었다.

11. 25. [아르헨티나] 디에고 마라도나 사망. 펠레와 함께 20세기 최고의 선수로 꼽힌다. 등번호는 10번이었다.

12. 19. 울산 현대, AFC 챔피언스리그 우승. 카타르 도하에서 열린 결승전에서 이란의 페르세폴리스 FC를 2-1로 꺾고 우승했다. 팀의 두 번째 우승이었다.

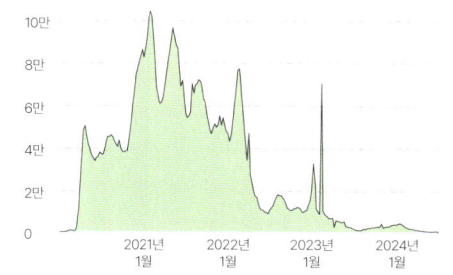

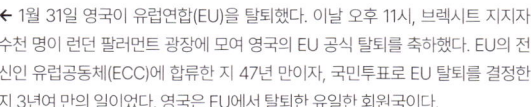
← 1월 31일 영국이 유럽연합(EU)을 탈퇴했다. 이날 오후 11시, 브렉시트 지지자 수천 명이 런던 팔러먼트 광장에 모여 영국의 EU 공식 탈퇴를 축하했다. EU의 전신인 유럽공동체(ECC)에 합류한 지 47년 만이자, 국민투표로 EU 탈퇴를 결정한 지 3년여 만의 일이었다. 영국은 EU에서 탈퇴한 유일한 회원국이다.

2020년 풍경

노래는 울렁거리는 말이다. 춤은 출렁거리는 몸이다. 가수는 노래와 춤을 동시에 퍼포먼스한다. 멀미가 바다에서만 나랴. 노 젓듯 팔 흔들며 걷는 사람들, 뭍에서도 현기증이 난다. 가수는 물 위를 걸어가듯 삶에 들린 사람이다. 한국의 보이그룹 방탄소년단(BTS)은 그 파도에서 가장 높다는 마루를 마음대로 뛰어다니는 가수다. 이제 비틀스를 잇는 세계적인 그룹이 되었다. 한때 한국은 그늘이 많은 나라였다. 전쟁과 독재와 빈곤이 세대를 두고 돌림병처럼 덮쳤다. 이제 그런 날들은 지났다. 미국 시사잡지에 한국 관련 쪼가리 기사가 실려도 모처에서 그 기사를 가위로 오려낸 채 독자에게 배달하던 무작한 시절도 있었다. 이젠 그 잡지의 표지모델로 한국인이 등장하는 시대다. 한때 스스로를 위안하고자 우리를 한(恨)이 많은 민족으로 묘사하기도 했다. 그러나 이제는 이 또한 구문에 불과하다. 우리는 흥(興)도 많다. BTS가 그걸 보기좋게 증명해 내었다. BTS는 들린 가수가 되어 우리 시대의 '청소년들이 살아가면서 겪는 힘든 일, 편견과 억압을 막아내'는 일에도 그 뿌리를 두었다고 한다. BTS, 그가 그간 이룩한 성과와 기록은 앞으로 펼칠 활약에 비하면 아무것도 아닐 것이란 예감에 세계는 지금 놀랄 준비를 잔뜩 하고 있다.

코로나 19 사망자수(단위:1주일)

이 해에는

노래
- 1. 13. 〈아무노래〉, 지코
- 2. 17. 〈FIESTA〉, 아이즈원
- 3. 9. 〈Wannabe〉, ITZY
- 8. 24. 〈Dynamite〉, 방탄소년단

영화
- 1. 22. 〈남산의 부장들〉, 우민호
- 7. 31. 〈남매의 여름밤〉, 윤단비

굵긴 소식
- 1. 21. 남보원(코미디언)
- 2. 25. 호스니 무바라크(이집트의 전 대통령)
- 3. 18. 이이화(역사학자)
- 6. 2. 천규덕(프로레슬링 선수)
- 6. 14. 박종만(출판인)
- 7. 9. 박원순(사회운동가, 서울시장)
- 9. 18. 루스 베이더 긴즈버그(미국의 연방 대법관)
- 10. 4. 이효재(여성학자)
- 10. 25. 이건희(기업인)
- 11. 25. 디에고 마라도나(아르헨티나의 축구 선수)
- 12. 11. 김기덕(영화 감독)

2021년

지구촌 달군 K-컬처

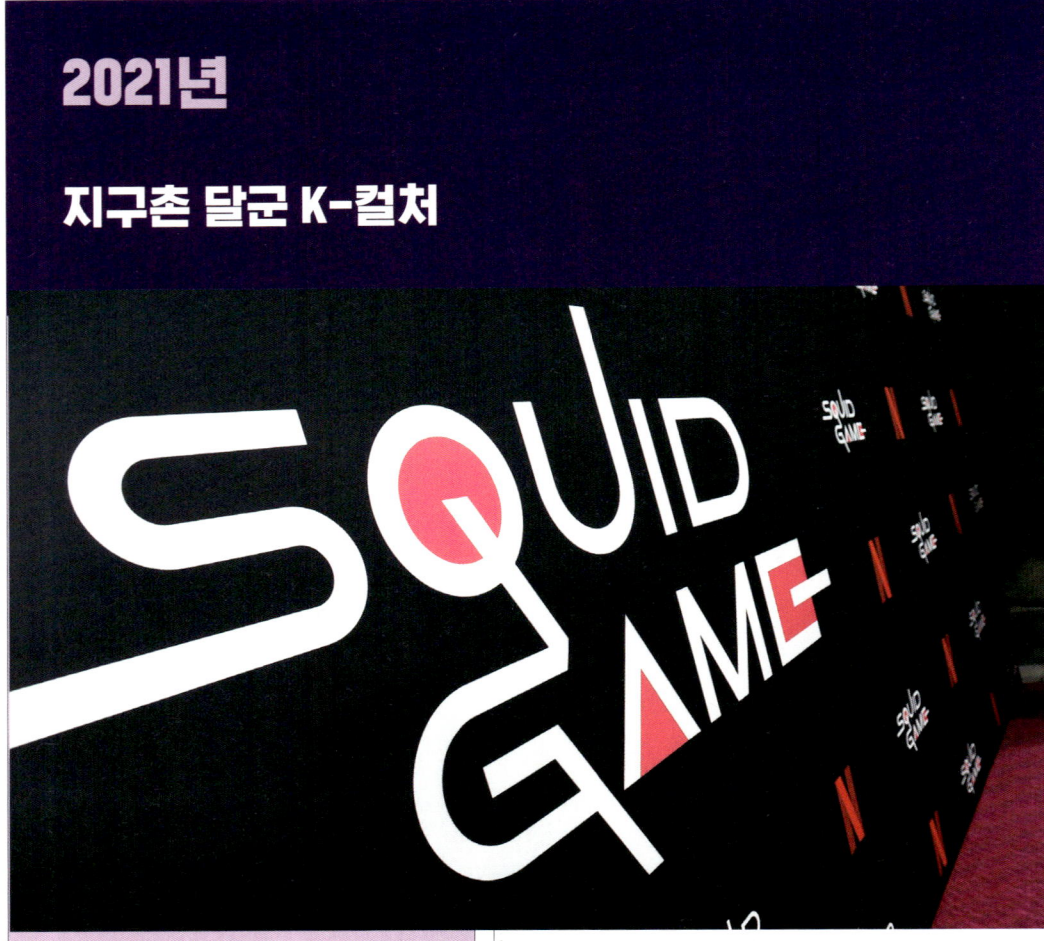

"Daebak!
The OED gets a K-update."
—옥스퍼드 영어사전 누리집

〈오징어 게임〉 열풍이 쉽게 식지 않고 있다. 해외 유수 언론에서는 〈오징어 게임〉을 넘어서 거듭 세계의 주목을 받고 있는 한국의 문화콘텐츠 전반에 대한 분석에 나섰다. 그룹 방탄소년단(BTS), 영화 〈기생충〉 등 연이은 한국 문화콘텐츠의 성공이 이제는 우연이 아니라 필연으로 받아들여지는 것이다. 불발탄처럼 어쩌다 터진 게 아니라 잘 매설해 두었던 불꽃이 터진 것이다. 우선, 해외 언론의 반응은 당황으로 요약할 수 있을 듯싶다. 칸 영화제, 아카데미 시상식 등을 통해 일종의 할로제처럼 내어 주던 한 자리가 아니라 단숨에 중심과 주류로 등극해 버렸으니 말이다.…

하지만 〈오징어 게임〉의 성공은 좀 다르다. 우선 〈오징어 게임〉은 유서 깊은 기득권의 인증작용이 아니라 자본에 의해 선택되고 대중에게 인정받았다. 인증의 경로가 바뀐 것이다. 만약 대중적으로 이렇게 선호되지 않았다면 서구의 신망 높은 저널리즘이 이렇게 폭발적인 관심을 보일 리가 없다. 지금 소위 기득권을 누렸던 과거의 문화제국들은 새로운 강국으로 나타난 한국 문화에 대해 분석하느라 정신이 없다. 이거, 아무래도 꽤나 지속적인 흐름으로서 무시할 수 없는 힘을 갖게 된 게 분명하니 말이다.
— 강유정, 《경향신문》 2021.10. 23.

↑9월 17일, 넷플릭스가 〈오징어 게임〉을 공개했다. 현대 자본주의사회에 대한 우화이자 극단적인 경쟁을 묘사한 황동혁 감독의 이 드라마는 방영 15일 만인 10월 2일 넷플릭스가 서비스되는 모든 국가에서 인기 작품 순위 1위를 기록했고, 이후 4주 동안 전 세계 1억 4200만 가구가 시청하는 대성공을 거뒀다. 〈오징어 게임〉은 K-팝에 이어 한국 문화에 대한 전 세계적인 K-컬처 붐을 일으키며 글로벌 엔터테인먼트 산업의 주요 참여자로서 한국의 입지를 더욱 공고하게 만들었다.

↓ 2021년 한해 570111명의 코로나19 확진자가 발생하고 그 중 4663명이 사망했다. 전 세계에서 350만 명이 넘는 사망자가 나온 것에 비하면 한국의 코로나19 대응은 엄격한 봉쇄 조치 없이도 매우 효과적이었다는 평가를 받았다. 그러나 경제적 손실은 피해갈 수 없었다. 특히 자영업자들의 피해가 심각했다.

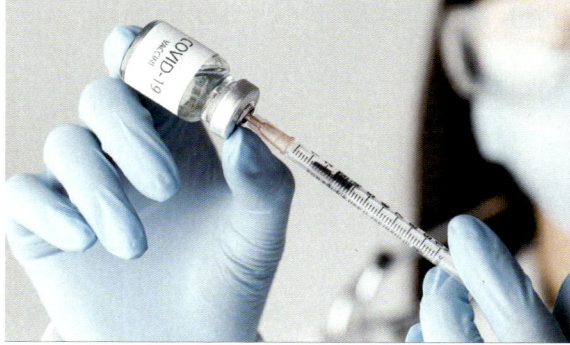

대한민국

1. 1. **낙태죄 폐지**. 2019년 헌법재판소가 헌법불합치 결정을 내린 낙태죄 조항에 대한 대체입법이 이뤄지지 않아 이날 0시를 기점으로 낙태죄가 사라졌다.

1. 5. [코로나19] 국내 코로나19 사망자 누적 1000명 돌파.

1. 7. 코스피 지수, 종가 기준 첫 3000선 돌파. 1956년 국내 주식시장이 문을 연 이후 65년 만이었다. 일명 '동학개미'라고 불린 개인 투자자들의 힘이 컸지만 '빚투' 등의 문제도 드러냈다.

2. 26. [코로나19] 코로나 19 백신 접종 시작. 국내에서 첫 코로나19 확진자가 나온 지 1년 37일 만이었다.

2. 27. 육군 부사관 변희수, 자살. 육군 하사인 그는 성전환 수술을 받았다는 이유로 강제 전역 판정을 받았다. 국방부는 뒤늦게 2024년 변 하사의 사망을 순직으로 결정한다.

4. 7. 재보궐 선거. 서울시장에 오세훈, 부산시장에 박형준이 당선되는 등 2017년 대선 이후 5년간 전국 단위 선거에서 네 번 연속 패배했던 국민의힘이 더불어민주당에 압승했다.

4. 13. 일본, 후쿠시마 원전 오염수 방류 결정. → 과학·환경

6. 4. 고위공직자범죄수사처, 한명숙 전 총리 모해위증교사 수사방해 의혹과 관련 윤석열 전 검찰총장을 정식 입건했다. →

6. 11. 이준석, 국민의힘 당대표 당선. 30대로는 역대 최초의 주요 정당 당수였다.

8. 31. 《경기경제신문》, 이재명 대표 관련 대장동 개발 특혜 의혹 제기. 검찰은 전담수사팀을 꾸리고 수사에 나서 유동규 전 성남도시개발공사 기획본부장, 화천대유 대주주 김만배 등을 재판에 넘겼지만, 이후 별다른 진전이 없었다. 이 의혹은 2022년 대선에서 핵폭탄급 뇌관으로 작용한다. →

10. 10. 더불어민주당, 이재명을 제20대 대통령 후보로 선출.

10. 15. 요소수 대란 사태 발생. 중국이 화학비료 원료 29개에 대해 실질적인 수출 통제를 시작했다. 품목 가운데 요소가 있었고, 이에 따라 수입량의 97%를 중국에 의존하던 한국은 요소수 부족으로 인해 차량 운행 중단, 물류가 마비됐다. →

10. 26. 노태우 사망. 광주민주화운동 강제진압, 비자금 등과 관련해 퇴임 후 징역 17년을 선고받고 복역 중 특별사면으로 석방됐다. 전두환과 마찬가지로 광주민주화운동에 대한 직접적인 사과는 하지 않았다. 다만 추징금 2628억 원은 생전에 완납했다.

11. 1. [코로나19] 단계적 일상회복으로 방역 체계 전환. 고위험 다중이용시설 이용시 방역패스 사용이 의무화됐다.

11. 5. 국민의힘, 윤석열을 제20대 대통령 후보로 선출.

11. 23. 전두환 사망. 91세였다. 광주민주화운동과 관련된 사과는 없었고, 추징금도 전재산이 29만 원뿐이라며 모두 납부하지 않았다. 1997년 그에 대한 전직 대통령 예우가 박탈되어 장례는 국가장이 아닌 가족장으로 치러졌다.

12. 1. [코로나19] 오미크론 감염 국내 첫 발생.

12. 18. 단계적 일상회복 중단. 코로나19 확진자와 중증자 수가 급증하자 정부의 방역 체제가 고강도 사회적 거리두기로 회귀했다.

12. 31. 박근혜, 특별사면됨. 국정 농단과 뇌물 수수 혐의 등으로 구속된 지 4년 9개월 만에 사면 복권됐다. 이에 따라 잔여 형기 15년 3개월과 미납 벌금 150억 원도 면제받았다.

세계

1. 6. [미국] 도널드 트럼프 전 대통령 지지자들, 국회의사당 습격. 2020년 대선 패배를 인정하지 않고 선거가 조작됐다고 지지자 수천 명이 대통령 선거 결과의 상하원 합동 인증을 막기 위해 의사당에 난입해 폭동을 일으켰다. 이 과정에서 경찰관 등 다섯 명이 목숨을 잃고 수백 명이 부상당했다. '미국 민주주의의 최대 위기'였다.

1. 20. [미국] 조 바이든, 제46대 대통령에 취임. 이날 함께 취임한 카멀라 해리스는 미국 최초의 여성 부통령이었다.

1. 26. [코로나19] 전 세계 코로나19 확진자, 1억 명 돌파.

2. 1. [미얀마] **군부 쿠데타** 발생. 두 달 전 총선에서 아웅 산 수 치가 이끄는 민족민주동맹이 압승한 의회의 개원일인 이 날 군부가 쿠데타를 일으켰다.

3. 23. 수에즈 운하 마비 사고 발생. 컨테이너선 에버 기븐이 수에즈 운하에 들어선 뒤 좌초되어 6일 동안 통행이 전면 마비됐다.

4. 14. [아프가니스탄 전쟁] 조 바이든 미국 대통령, 아프가니스탄 철수 계획 발표. 9월 11일까지 미군과 NATO군이 아프가니스탄에서 완전히 철수할 것이라고 밝혔다.

4. 24. [코로나19] 전 세계 코로나19 백신 접종자 10억 명 돌파. 미국, 중국, 인도의 접종자가 절반을 넘게 차지했다.

8. 15. [아프가니스탄 전쟁] 탈레반, 카불 점령. 미군의 철수가 진행 중인 와중에 탈레반은 정부군의 별다른 저항을 받지 않고 카불에 입성했다. 아프간 정부는 순순히 항복했고, 아슈라프 가니 대통령은 국외로 피신했다. 이로써 아프가니스탄 이슬람 공화국은 17년 만에 역사 속으로 사라졌다.

8. 30. [아프가니스탄 전쟁] 미군, 아프카니스탄에서 완전 철수. 이날 미공군 C-17기가 카불 공항에서 이륙하면서 미국의 아프가니스탄 작전이 종료됐다. 미국이 수행한 가장 긴 전쟁이었다.

9. 7. [엘살바도르] 비트코인을 법정화폐로 채택.

10. 25. [수단] 군부 쿠데타 발생.

11. 1. [코로나19] 코로나로 인한 사망자 500만 명 돌파.

11. 11. [중국] 중국공산당 제19기 중앙위원회 6차 전체회의, 역사 결의 채택. 중국공산당 역사상 세 번째인 이 역사 결의를 통해 시진핑 국가주석은 마오쩌둥·덩샤오핑과 어깨를 나란히 하는 '제3세대 영도자'의 입지를 굳혔다.

11. 26. [코로나19] WHO, 코로나19 변이 B.1.1.529를 우려변이로 지정. WHO는 이 변이를 '오미크론'으로 명명하고 '다른 변이와 비교했을 때 재감염 위험이 커진 것으로 보인다'고 밝혔다.

12. 8. [독일] 앙겔라 메르켈 총리 퇴임. 2005년 총리에 취임한 지 16년 만이었다. 독일 최장수 총리였던 그는 이른바 '무티(독일어로 엄마)' 리더십을 발휘하며 사실상의 유럽연합 리더이자, 세계에서 가장 영향력 있는 여성으로 여겨졌다. 기독교민주연합 소속이었던 그의 후임 총리로는 사회민주당의 올라프 숄츠가 새 연립정부를 이끌 수장으로 취임했다. 숄츠는 '신호등 연정(사민당-빨강, 자유민주당-노랑, 녹색당-초록)'을 꾸렸다.

→ 2월 1일, 미얀마 군이 아웅 산 수 치 국가고문과 윈 민 대통령 등 정치지도자들을 구금하고 비상사태를 선포한 후, 민 아웅 흘라잉 총사령관에게 권력이 이양됐다고 선언했다. 2015년 문민정부가 들어서고 민주화가 이루어진지 불과 5년 만에 다시 군부 정권이 들어선 것이다. 이에 전국적으로 시위가 발생하고 내전으로 치닫는다.

문화 / 과학·환경 / 스포츠

문화

4. 25. 윤여정, 영화 〈미나리〉로 제93회 아카데미상 여우조연상 수상. 아카데미 시상식에서 연기상을 받은 한국 최초의 배우이다.

5. 23. 방탄소년단의 〈Butter〉, 24시간 만에 유튜브 조회수 1억 820만 뷰 기록.

9. 17. 넷플릭스 드라마 〈오징어 게임〉 방영 시작.

과학·환경

4. 13. [일본] **후쿠시마 원전 오염수 방류** 결정. 일본 정부는 관계각료회의에서 후쿠시마 제1원전 부지 탱크에 보관 중인 방사성 물질 오염수를 30년에 걸쳐 바다에 방류하기로 결정했다. 스가 요시히데 내각은 오염수를 방류하기 전 음용수 기준에 맞게 희석할 것이라고 밝혔다. 그러나 한국과 중국뿐만 아니라 유엔에서도 반대 목소리를 냈다. 일본 여론 역시 반대 입장이 압도적으로 높았다.

5. 15. [중국] 톈원 1호, 화성 착륙 성공. 2020년 7월 23일 하이난성 원창 위성발사센터에서 발사됐다. 이로써 중국은 구소련과 미국에 이어 세계에서 세 번째로 화성에 탐사선을 착륙시킨 국가가 됐다.

7. 31. 갯벌, 유네스코 세계유산으로 등재됨. →

스포츠

6. 2. [일본] 나오미 오사카, 프랑스 오픈 기권. 전날 프랑스 오픈 여자 단식 1라운드 승리 후 인터뷰를 하지 않아 징계를 받은 그는 '다른 선수들이나 나의 정신 건강을 위해 기권이 최선인 것 같다'며 2018년 US 오픈 우승 이후 우울증 증세로 고생했다는 사실도 고백했다. 이 일은 성적에 대한 극심한 압박감이 야기하는 엘리트 선수들의 정신건강 문제에 대한 경각심을 불러일으켰다.

7. 23. [일본] 도쿄에서 제32회 하계 올림픽 개막. 원래 2020년 7월 24일부터 8월 9일까지 개최될 예정이었지만 전 세계적인 코로나 19 유행으로 일정이 1년 미뤄졌고 경기도 무관중으로 진행됐다. →

11. 18. kt wiz, 한국시리즈 우승. 창단 8년 만의 첫 우승이었다.

12. 5. 전북현대모터스, K리그1 5년 연속 우승. 이날 시즌 최종전에서 제주를 2-0으로 꺾으면서 통산 9번째 우승이자 K리그 첫 5년 연속 우승이라는 역사를 썼다.

2021년 풍경

지구 표면의 3/4를 차지하는 물, 그래서 지구를 물의 행성이라고도 한다. 태초부터 생긴 물의 기원에 대해 많은 학설이 있다. 직관적으로 본다면 우리가 일용할 양식으로서의 물은 대부분 하늘에서 오는 것. 이 세상 에너지의 근원이 햇빛이듯, 지구의 천하 만물을 먹여 살리는 물은 모두 비에서 비롯된 것들이 아닌가. 산중의 나무들이 광합성 하는데 선수이긴 해도 물을 따로 만들지는 않는다. 바위들 또한 침묵을 만들지언정 물을 생산할 능력은 없다. 하늘의 비를 품고 있다가 지상의 물로 깨끗이 정화해 주면, 그 물을 먹으며 우리는 생명을 유지한다. 비가 내린다. 비를 보면 빗속에 방울방울 빗방울. 그러니 비는 바퀴 같은 물방울을 타고 세로로 달리는 기차 같다. 아무리 무성한 비 내려도 마지막은 한 방울이다. 숲에서 가문비나무 잎사귀를 딛고 한 방울로 마무리하고, 추녀 끝에서 마지막 한 방울 내린 뒤 비는 그친다. 놀라운 비 공중에서 내려도 아무도 놀라지 않는다는 사실이 무척 놀랍다. 비가 하늘에서 지상으로 내릴 때, 겨냥하는 것 따로 없지만 비는 낮은 곳으로, 가장 낮은 곳까지 내린다. 내려서 바닥을 꽃자리처럼 환히 드러내게 한다. 역사가 일어나고, 기록되고, 기억되는 곳도 바로 저기 저 자리!

이 해에 옥스퍼드 영어사전에 등재된 한국어 단어들

애교(aegyo) 반찬(banchan) 불고기(bulgogi)
치맥(chimaek) 대박(daebak) 동치미(dongchimi)
파이팅(fighting) 갈비(galbi) 한류(hallyu)
한복(hanbok) 잡채(japchae) 케이(K-)
케이 드라마(K-drama) 김밥(kimbap)
콩글리시(Konglish) 한류(Korean wave)
만화(manhwa) 먹방(mukbang) 누나(noona)
오빠(oppa) 피시방(PC bang) 삼겹살(samgyeopsal)
스킨십(skinship) 당수도(tang soo do) 트로트(trot)
언니(unni)

이 해에는

책
○ 《불편한 편의점》, 김호연

노래
○ 〈Butter〉, 방탄소년단
○ 〈Next Level〉, Aespa

영화
8. 13. [미국/프랑스] 〈코다〉, 션 헤이더

궂긴 소식
1. 22. 행크 에런(미국의 야구 선수)
2. 15. 백기완(통일운동가)
2. 16. 정경모(통일운동가)
3. 3. 변희수(군인, 성소수자)
6. 7. 유상철(축구 선수)
7. 23. 스티븐 와인버그(미국의 물리학자)
10. 26. 노태우(대통령, 군사 반란자)
11. 23. 전두환(대통령, 군사 반란자)
12. 26. 에드워드 오즈번 윌슨(미국의 생물학자)

주(註)

일러두기　사진/그림 뒤에 붙인 영문 대문자는 각각 A: 짝수쪽 상단, B: 짝수쪽 하단, C: 홀수쪽 하단의 큰 사진/그림 속 주(註)를 뜻한다.

본문

1901년

사진 A	앵거스 해밀튼, 《러일 전쟁 당시 조선에 대한 보고서: 1899~1905년 사이의 격동과 성장》, 이형식 옮김, (파주: 살림, 2010), 291~292쪽.
그림 C	김용옥, 《우린 너무 몰랐다 –해방, 제주4·3과 여순민중항쟁》, 증보개정판, (서울: 통나무, 2023), 193쪽.
2. 12.	정태헌, 《문답으로 읽는 20세기 한국경제사》, (서울: 역사비평사, 2010), 70쪽.
5. 14.	Enerdata, 'Crude oil production', World Energy & Climate Statistics – Yearbook 2004. https://yearbook.enerdata.net/crude-oil/world-production-statistics.html
8. 25.	● 김기성, 〈대한제국기 흉년과 미곡 수급〉, 《사학연구》, 제128호, (서울: 한국사학회, 2017), 361쪽. ●● 같은 글 388쪽.
10. 9.	《고종실록》 41권, 고종 38년(1901), 10월 9일.
10. 20.	한국역사연구회, 《시민의 한국사 2》, (파주: 돌베개, 2022), 106쪽.
11. 27.	김기란, 《극장국가 대한제국》, (서울: 현실문화연구, 2020), 84~85쪽.
한국인의 혈액형 비율	대한적십자사, 〈혈액정보통계〉, 2024, 국가통계포털

1902년

3. 20.	'電話權設', 《황성신문》, 1902. 3. 22.
5. 20.	나애자, 〈李容翊의 貨幣改革論과 日本第一銀行券〉, 《한국사연구》, 45권, (서울: 한국사연구회, 1984), 79쪽.
7. 2.	● 오하시 도시히로(大橋敏博), 〈韓国における文化財保護システムの成立と展開: 関野貞調査(1902年)から韓国文化財保護法制定(1962年)まで〉, 《総合政策論叢 8》, (島根県立大学, 2004), 174쪽. ●● 류시현, 〈1900~1910년대 세키노 타다시(關野貞)의 조선 문화 연구〉, 《인문사회과학연구》 제19권 2호(부산: 부경대학교 인문사회과학연구소, 2018), 40쪽.
10. 10.	《고종실록》 42권, 고종 39년 7월 19일 양력 2번째 기사. 이하 《조선왕조실록》과 관련된 내용은 모두 국사편찬위원회 누리집에 실린 《조선왕조실록》의 국문번역을 인용한다.
10. 18.	김기란, 《극장국가 대한제국》, (서울: 현실문화연구, 2020), 138~140쪽.
11. 17.	지석영, "楊梅瘡論", 《황성신문》, 1902. 11. 17.
책	한 해 전 1901년 8월부터 1902년 4월까지 《스트랜드 매거진》에 연재됐다.

1903년

그림 A	● 아사히신문 취재반 지음, 《동아시아를 만든 열 가지 사건》, 백영서, 김항 옮김, (파주: 창비, 2008), 77쪽. ●● 한중일3국공동역사편찬위원회, 《한중일이 함께 쓴 동아시아 근현대사 1》, (서울: 휴머니스트, 2012), 254쪽.
사진 B	Crouch, Tom D. & Jakab, Peter L. Wright Brothers and the Invention of the Aerial Age, (National Geographic, 2003) p.130.
4. 28.	B. P. Babkin, 'Origin of the Theory of Conditioned Revlexes', Arch Neurol Psychiatry. 1948 ;60(5):520~535 Origin of the theory of conditioned reflexes; Sechenov; Hughlings Jackson; Pavlov Today in the History of Psychology 4월 28일자 http://todayinpsychologyhistory.pbworks.com/w/page/127236560/April%2028
6.	'東門內 電氣會社器械廠에셔 施術ᄒᆞᄂᆞᆫ 活動寫眞을', 《황성신문》, 1903. 6. 23.
8. 4.	호르스트 푸어만, 《교황의 역사》, 차용구 옮김(서울: 길, 2013), 243쪽.
9. 17.	● '商店評判記 : 朝鮮料理店의 始祖 明月館', 《매일신보》, 1912. 12. 18. ●● 주영하, 〈조선요리옥의 탄생 : 안순환과 명월관〉, 《東洋學》 제50호, 2011년 8월, (서울: 단국대학교 동양학연구소, 2011), 145쪽.
9. 30.	"電車事件", 《황성신문》, 1903. 10. 2.

1904년

사진 A	성숙경, 〈대한제국 식민지화를 위한 침략의 발판을 마련하다〉, 최덕수 외, 《조약으로 본 한국 근대사》, (서울: 파주, 2010), 568쪽.
그림 B	앤드루 고든, 《현대일본의 역사 1》, (개정판), 문현숙·김우영 옮김(서울: 이산, 2015), 263쪽.
4. 30.	주강현, 《세계박람회: 1851~2012》, (서울: 블루&노트, 2012), 113쪽.
8. 11.	존 아일리프, 《아프리카의 역사》, 강인황 옮김(서울: 가지않은길, 2002), 370쪽.
8. 22.	성숙경, 〈대한제국의 재정과 외교를 장악하라〉, 최덕수 외, 《조약으로 본 한국 근대사》, (서울: 파주, 2010), 596쪽.
11. 16.	첫 출원은 미국(특허번호, No. 803,684)에 했고 이틀 후인 18일 영국(GB190424850)에 신청했다. 두 특허 모두 이듬해인 1905년에 발급됐다.
11. 20.	廣告, 《황성신문》, 1904. 11. 22.

1905년

1. 5.	'日代警權', 《황성신문》, 1905. 1. 6.
1. 13.	강혜영, 〈韓末 日本 第一銀行의 金融侵略과 抵抗에 대한 硏究〉, 숙명여자대학 교석사논문 (서울: 숙명여자대학교, 1992), 23쪽
1. 18.	박현채, 〈한국자본주의와 민족자본〉. 김태영 외, 《한길역사강좌 5: 한국의 사회경제사》, (서울: 한길사, 1987), 137~138쪽. 일제는 구화를 환수하는 동시에 일본에서 신화폐를 들여와 보급했는데, 이때 구화인 백동화를 교환할 때 제값을 보상받지 못해 파산하는 사람이 많았다. 이로 인해 7월 무렵 금융공황이 일어났다. (유한철, 〈일제의 국권침탈과 의열투쟁〉, 한국근현대사학회 엮음, 《한국근대사강의》, (서울: 한울, 1997), 239쪽.)
7. 29.	김소영, 〈미국과 일본, 한국을 '거래'하다〉, 최덕수 외, 《조약으로 본 한국 근대사》, (파주: 열린책들, 2010). 504~505쪽.
8. 5.	김정화, 《담배 이야기》, (서울: 지호, 2000) 123쪽.
8. 20.	한중일3국공동역사편찬위원회, 《한중일이 함께 쓴 동아시아 근현대사 1》, (서울: 휴머니스트, 2012), 135쪽.
10. 27.	기창덕, 〈朝鮮時代末 開明期의 醫療 (2)〉, 《醫史學》 제6권 제1호 (통권 제10호), (서울: 대한의사학회, 1997), 21쪽.
11. 17.	성숙경, 〈일본의 보호국으로 전락하다〉, 최덕수 외, 《조약으로 본 한국 근대사》, (서울: 열린책들, 2010), 635쪽.
○	● 박찬호, 《한국 가요사 1》, 안동림 옮김, (서울: 미지북스, 2009), 96쪽. (문화 / 확인요) ●● 김수현, 〈항일·독립운동가로 부른 학도가류 연구〉, 《국악원논문집》 제44집(서울: 국립국악원, 2021), 118쪽. ●●● 박찬호, 같은 책, 149쪽.

1906년

2. 3.	"타구성회(打球盛會)", 《황성신문》, 1906. 2. 17. 皇城基督教靑年會員과 德語學校學徒가 馬東山에셔 一大打球會를 設行ᄒᆞ얏ᄂᆞᆫ듸 德語學徒가 三次를 勝ᄒᆞ고 又同土曜日에도 二次를 勝ᄒᆞ얏다더라
3. 11.	"論競球俱樂部設立", 《황성신문》, 1906. 3. 10.
4. 4.	대한자강회 월보 / 대한자강회 규칙
5. 6.	디트리히 가이어, 《러시아 혁명》, 이인호 옮김(서울: 민음사, 1990), 50~51쪽.

1907년

사진 B	'국채일천삼백만원보상취지', 《대한매일신보》, 1907. 2. 21.
2. 23.	정현백, 〈국채보상운동 속 여성들을 보라〉, 《경향신문》, 2007. 2. 26.
3.	● [문화] 배연형, 《한국 유성기음반 문화사》, (서울: 지성사, 2019), 93쪽. ●● [문화] 야마구치 가메노스케(山口龜之助), 《レコード文化發達史》, (日本 大阪: 錄

주(註)

音文獻協會, 1936. 4.) 104쪽, - 위의 책 95쪽에서 재인용.
10. '國民體育會趣旨', 《황성신문》, 1907. 10. 15.

1908년

사진 A 프레데릭 아서 매켄지, 《대한제국의 비극》, 이형식 옮김, (서울: 집문당, 1999),
4. 1. 이은상, 〈식민지 시기 조선 청진화교의 위상〉, 《東洋學》, 제78집, (서울: 단국대학교 동양학연구원, 2020).
7. 16. 정부로부터 면허를 받은 자만이 인삼을 경작할 수 있고, 경작한 인삼은 모두 정부에 납품해야 하며, 홍삼 제조는 정부가 전담하고 판매와 수출은 정부 또는 정부가 지정한 상인만이 할 수 있다는 이 법령은 대한제국 황실의 재정 기반을 파괴하기 위해 제정됐다. 전우용, 《잡동산이 현대사 - 1 일상·생활》, (서울: 돌베개, 2023), 73쪽.
10. 도도로키 히로시(轟博志), 〈舊韓末 '新作路'의 건설과정과 도로교통체계〉, 《대한지리학회지》, 제39권 제4호, (서울: 대한지리학회, 2004), 595쪽.
11. 5. ● 당시에는 간호사를 간호부라 불렀다. ('看護婦卒業式', 《황성신문》, 1908. 11. 7.)
●● 이방원, 〈보구여관간호원양성소 간호원들의 근대 경험과 역량 증진〉, 《이화사학연구》, Vol.- No.62(서울: 이화여자대학교 이화사학연구소, 2021), 173~174쪽.

1909년

사진 B 할 포스터 외, 《1900년 이후의 미술사: 모더니즘, 반모더니즘, 포스트모더니즘》, 3판, 배수희 외 옮김, (서울: 세미콜론, 2016), 102쪽.
4. 27. 이희철, 《오스만 제국 600년사》, (서울: 푸른역사, 2022), 322쪽.
5. 18. 도널드 서순, 《유럽 문화사 Ⅵ》, 오숙은 외 옮김(서울: 뿌리와이파리, 2012), 251쪽.
7. 12. 성숙경, 〈사법권을 빼앗기다〉, 최덕수 외, 《조약으로 본 한국 근대사》, (파주: 열린책들, 2010), 709쪽.
9. 4. 김현철, 〈일본의 간교한 간도 외교술〉, 정진석 외, 《제국의 황혼》, (파주: 21세기북스, 2011) 94쪽.
10. 30. '韓國銀行創立會', 《慶南日報》, 1909. 11. 6.
11. 1. ● '御苑縱覽ノ始', 《대한매일신보》, 1909. 11. 2.
●● 김기란, 《극장국가 대한제국》, (서울: 현실문화연구, 2020), 92쪽.
12. 4. 《순종실록》 3권, 순종 2년 12월 4일 양력 1번째 기사, 1909년 대한 융희(隆熙) 3년.
12. 29. ● 박은경, 〈한국최초의 민간음악교육기관 조선정악전습소 연구〉, 《음악과 현실》, 제21호, (부산: 민족음악학회, 2001), 165~166쪽.
●● 같은 글, 174쪽.
아지노모토 최지혜, 《경성 백화점 상품 박물지》, (서울: 혜화1117, 2023), 62쪽.

1910년

8. 22. 성숙경, 〈마침내 나라를 빼앗기다〉, 최덕수 외, 《조약으로 본 한국 근대사》, (파주: 열린책들, 2010), 732~741쪽.
10. 1. 〈조선총독부임시토지조사국관제〉 제1조.
10. 7. 이용창, 〈일제강점기 '조선귀족' 수작 경위와 수작자 행태〉, 《한국독립운동사연구》, 제43집, (독립기념관 한국독립운동사연구소, 2012), 331~371쪽.
12. 2. '婦人來港', 《신한국보》, 1910. 12. 6.
12. 29. ● 강만길, 《고쳐 쓴 한국현대사》, (파주: 창비, 2006), 185~186쪽
●● 이준식, 《일제강점기 사회와 문화》, (서울: 역사비평사, 2014), 74쪽.
○ 그러나 실제로 이 작품을 소장한 프랑스 파리의 국립근대미술관은 그림의 창작연도를 1913년으로 표기하고 있다. 이러한 논란에도 불구하고 이 그림이 추상미술의 역사에서 매우 중요한 작품이며 20세기 추상미술의 시작점이라는 평가에는 변함이 없다.

1911년

사진 B 진실과 미래, 국치100년사업공동추진위원회 엮음, 《100년 전의 한국사》, (서울: 휴머니스트, 2010), 267~268쪽.
4. 김정인, 이준식, 이송순, 《한국 근대사 2》, (서울: 푸른역사, 2016), 85쪽.
6. 15. 친일반민족행위진상규명위원회, 《친일반민족행위관계사료집Ⅰ》, (서울: 친일반민족행위진상규명위원회, 2007), 311쪽.
11. 1. '鴨綠江鐵橋通行規則', 《매일신보》, 1911. 10. 24.
11. 28. 카를로스 푸엔테스, 《라틴 아메리카의 역사》, (서울: 까치, 1997), 369쪽.
12. ● 박찬승, 《한국독립운동사》, (서울: 역사비평사, 2014), 73쪽.
●● 김정인, 〈식민지 근대로의 편입〉, 김정인, 이준식, 이송순, 《한국 근대사 2》, (서울: 푸른역사, 2016), 88쪽.
○ 남영, 《휘어진 시대》1권, (파주: 궁리, 2023), 204쪽.

1912년

사진 A 최원규, 《한말 일제초기 국유지 조사와 토지조사사업》, (서울: 혜안, 2019), 33~34쪽.
사진 B 민족문제연구소 편, 《강제병합 100년 특별전: 거대한 감옥, 식민지에 살다》, (서울: 민연, 2010), 90쪽.
3. 18. ● 〈조선민사령〉 제2조.
●● 이영훈, 《대한민국 이야기: '해방전후사의 재인식' 강의》, (서울: 기파랑, 2007), 84쪽. 강준만, 《한국 근대사 산책 6》, (서울: 인물과사상사, 2008), 32~33쪽에서 재인용.
●●● 〈조선태형령〉 제13조
9. 이성우, 〈1910년대 독립의군부의 조직과 활동〉, 《역사학보》 224집, (서울: 역사학회, 2014), 166쪽.
10. 도널드 서순, 《유럽 문화사 Ⅳ》, 오숙은 외 옮김(서울: 뿌리와이파리, 2012), 213쪽.
10. 7. '柔角拳俱樂部', 《매일신보》, 1912. 10. 9.
11. 2. '동경전보: 朝鮮野球團着京', 《매일신보》, 1912. 11. 3.

1913년

사진 A 이영미, 《한국대중예술사, 신파성으로 읽다》, (서울: 푸른역사, 2016), 43쪽. 저자 이영미는 이 책에서 신파성의 특징적 요소 일곱 가지를 들고 있는데, 그 중 다음 세 가지를 신파성만이 지닌 독특함이라고 말한다. 1)저항하지 못하고 스스로 굴복한다. 2) 자학과 자기연민을 하고, 죄의식과 피해의식을 갖는다. 3) 슬픔을 과잉되게 표현하다. (같은 책, 42~76쪽.)
사진 B '신라 舊都의 고적', 《매일신보》, 1915. 9. 22.
그림 C ● 김명진, 《세상을 바꾼 기술, 기술을 만든 사회》, 김명진 옮김, (파주: 궁리, 2019), 221~223쪽.
●● 같은 책, 229쪽.
2. 대한광복단기념사업회는 1913년 음력 정월 초하루에 해당하는 2월 6일을 대한광복단 창단일로 기념하고 있다. ('2월 6일을 대한광복단 창단기념일로 선포합니다' 《영남일보》 2023. 2. 9.)
2. 3. 한국미국사학회 엮음, 《사료로 읽는 미국사》, (서울: 궁리, 2006), 573쪽.
5. 21. 허수열, 〈湖南銀行帝鮮人 金融業〉, 《지방사와 지방문화》, 제8권 제1호, (광주: 역사문화학회, 2005), 107쪽.
10. 30. ● 민족문제연구소, 《일제식민통치기구사전》, (서울: 민족문제연구소, 2017), 456쪽.
●● 최원규, 〈일제초기 고등토지조사위원회의 재결 통계와 사례 분석〉, 《한국민족문화》 제65집(부산: 부산대학교 한국민족문화연구소, 2017), 289쪽.
재외 동포 현황 재외동포청 재외동포정책과, 《2023 재외동포현황》, (서울: 재외동포청 재외동포정책과, 2023), 14쪽.

1914년

1. 7. 이은화 외, 〈이화여자대학교 사범대학 부속 이화유치원 교육과정의 역사적 철학적 기초〉, 《교육과학연구》 제26집(서울: 이화여자대학교 교육과학연구소, 1997), 7쪽.
1. 11. '湖南線의 全通, 今月 11日부터', 《每日申報》, 1914. 1. 13.
7. 1. 김정화, 《담배 이야기》, (서울: 지호, 2000), 128~129쪽.
8. 16. ● '全通된 경원선에 第一發의 汽笛聲 경원선 전통의 첫날', 《매일신보》, 1914. 8. 18.

주(註)

●●	'정무총감의 臨場, 경원선 개통식에', 《매일신보》, 1911. 9. 12.	
10. 13.	'圍碁死活妙方', 《매일신보》, 1914. 10. 13.	
11. 10.	● 1904년 한국 최초로 창단한 황성YMCA 야구단은 이 경기가 있기 한 해 전인 1913년에 해체됐다.	
	●● 김은숙, 《삶의 여백 혹은 심장, 야구》, (서울: 한겨레출판, 2013), 25~26쪽.	
12. 10.	● '新年文藝募集', 《매일신보》, 1914. 12. 10.	
	●● 최재봉, '신춘문예 100년과 《한겨레》', 《한겨레신문》, 2015. 1. 2.	
객관식 문제	이경숙, 《시험국민의 탄생》, (서울: 푸른역사, 2017), 290쪽.	

1915년

사진 A	● 홍순권, 〈의병학살의 참상과 '남한대토벌'〉, 《역사비평》 통권45호, (서울: 역사비평사, 1998), 36쪽.
	●● 박은식, 《한국독립운동지혈사》, 김도형 옮김, (서울 : 소명출판, 2008), 86쪽.
그림 B	● 강혜정, 〈始政五年紀念朝鮮物産共進會(1915)가 모才 唱詞에 미친 영향〉, 《한국시가연구》 제53권, (부산: 한국시가학회, 2021), 72쪽.
	●● 최병택, 《욕망의 전시장 –식민지 조선의 공진회와 박람회》, (파주: 서해문집, 2020), 104쪽.
그림 C	모드리스 엑스타인스, 《봄의 제전》, 최파일 옮김, (파주: 글항아리, 2022), 275쪽.
2. 28.	● 한국역사연구회, 《시민의 한국사 2》, (파주: 돌베개, 2022), 205쪽.
	●● 김정인, 〈식민지 근대로의 편입〉, 김정인, 이준식, 이송순, 《한국 근대사 2》, (서울: 푸른역사, 2016), 80쪽.
6.	● 강만길, 《고쳐 쓴 한국현대사》, (파주: 창비, 2006), 239쪽.
	●● 같은 책, 235쪽.
6. 13.	'朝鮮野球大會', 《매일신보》, 1915. 6. 13.
7. 22.	전우용, 《우리 역사는 깊다 2》, (서울: 푸른역사, 2015), 33~34쪽.
8. 25	● 음력으로 7월 15일이다.
	●● 김희주, 〈日帝下 大韓光復團의 組織變遷과 그 특질〉, 《한국학》, 제27권 제2호, (성남: 한국학중앙연구원, 2004), 147쪽.
11. 7.	'全鮮醫會解散', 《매일신보》, 1916. 4. 2.
11. 25.	남영, 《휘어진 시대》 1권, (파주: 궁리, 2023), 350쪽.

1916년

그림 B	김영나, 《한국의 미술들: 개항에서 해방까지》, (서울: 워크룸 프레스,2024), 66쪽.
1.	남영, 《휘어진 시대》 1권, (파주: 궁리, 2023), 385~386쪽.
1. 4.	● 김광규, 《日帝强占期 朝鮮人 初等敎員 施策 硏究》, 서울대학교 대학원사회교육과 교육학 박사학위 논문(서울: 서울대학교, 2013), 137쪽.
	●● 같은 논문, 138쪽.
4. 1.	Lewis, Gilbert N. (1916-04-01). "The atom and the molecule". *Journal of the American Chemical Society*. 38 (4): 762~785.
5. 22.	● '神社創立許可', 《朝鮮総督府官報》, 第1141号 (大正5年5月25日) 364쪽.
	●● 이준식, 《일제강점기 사회와 문화》, (서울: 역사비평사, 2014), 108~109쪽.

1917년

그림 A	● 이준식, 《일제강점기 사회와 문화》, (서울: 역사비평사, 2014), 146~147쪽.
	●● 한국역사연구회, 《시민의 한국사 2》, (파주: 돌베개, 2022), 208쪽.
2. 21.	친일인명사전편찬위원회, 《일제협력단체사전》, (서울: 민족문제연구소, 2004), 556쪽.
3. 8.	헬무트 알트리히터, 《소련 소사: 1917~1991》, (서울: 창작과비평사, 1997), 최대희 옮김, 23쪽.
3. 30.	대한민국배구협회, 《한국배구 100년: 1916~2016》, (서울: 대한민국배구협회, 2016), 88쪽.
7.	이준식, 《일제강점기 사회와 문화》, (서울: 역사비평사, 2014), 146~147쪽.
10. 7.	'한강보교는 금월준공, 규모와 설비가 경기남편의 장관', 《매일신보》, 1917. 8. 14.
11. 2.	정기종, 〈이스라엘의 건국과정으로 본 외교의 역할〉, 《외교》, 142호, (서울: 한국외교협회, 2022), 185쪽.
11. 7.	필립 뷔통, 《유예된 유토피아, 공산주의》, 류한수 옮김, (서울: 부키, 2005), 12쪽.
11. 20.	일정한 한계를 보이기도 했지만, 참호전에서 보여준 놀라운 성과 덕분에 이후 탱크는 전쟁의 주력 무기로 떠오른다.
12.	뒤바보(계봉우), '俄領實記(十)', 《독립신문》, 1920. 4. 1.
12. 20.	스티브 스미스, 《러시아 혁명》, (서울: 박종철출판사, 1997), 최대희 옮김, 83쪽.
대한민국 멸종위기 야생생물	야생생물 보호 및 관리에 관한 법률 시행규칙 [별표 1] 〈개정 2022. 12. 9.〉 멸종위기 야생생물(제2조 관련)

1918년

사진 C	이상건, 〈스페인 독감 이야기〉, 《에필리아: 뇌전증과 사회》 n 2021;3(1), (대구: 대한임상뇌전증영구학회, 2021). 27쪽.
6. 1.	'군사령부 개칭', 《매일신보》, 1918. 5. 31.
7. 10.	필립 뷔통, 《유예된 유토피아, 공산주의》, (서울: 부키, 2005), 소민영 옮김, 31쪽.
8. 2.	박용옥, 〈미주 한인여성단체의 광복운동 지원 연구 – 대한여자애국단을 중심으로〉, 《진단학보》, 78권, (서울: 진단학회, 1994), 281쪽.
11. 2.	'總督式辭', 《매일신보》, 1918. 11. 3.
11. 28.	정병준, 〈중국 관내 신한청년당과 3·1운동〉, 《한국독립운동사연구》, 65집. (천안: 독립기념관 한국독립운동사연구소, 2019), 8쪽.
○	Asimov, Isaac, *Asimov's Chronology of Science & Discovery*, HaperCollins Publishers, 1994, p.536.

1919년

1. 16.	마이클 하워드, 로저 루이스, 《20세기의 역사》, 차하순 외 옮김(서울: 가지않은길, 2000), 217쪽.
2. 1.	이상준, 《'창조'의 동인지적 특성 연구》, 《현대문학의 연구》, 30호, (서울: 한국문학연구학회, 2006), 403쪽.
3. 17.	● 반병률, 〈대한국민의회의 성립과 조직〉, 《한국학보》 13권 1호(서울: 일지사, 1987), 146쪽.
	●● 같은 글, 147쪽.
5. 29.	"Revolution in science, NEW THEORY OF THE UNIVERSE: NEWTONIAN IDEAS OVERTHROWN". *The Times*, November 7, 1919
8.13.	한국역사연구회, 《시민의 한국사 2》, (파주: 돌베개, 2022), 188쪽.
10. 5.	이준식, 《일제강점기 사회와 문화》, (서울: 역사비평사, 2014), 75쪽.

1920년

1. 6.	민족진영, 친일단체, 신일본주의를 표방하는 국민협회에 각각 하나씩 허가한 데에는 2대 1의 비율로 친일파의 신문으로 하여금 민족진영의 신문을 견제하고 억압하려는 총독부의 의도가 담겨 있었다. (김을한, 《韓國新聞史話: 내가 만난 先驅者들》, (서울: 탐구당, 1975), 65쪽, 강준만, 《한국 근대사 산책 6》, (서울: 인물과사상사, 2008), 71쪽에서 재인용.)
4. 1.	강준만, 《한국 근대사 산책 6》, (서울: 인물과사상사, 2008), 223쪽.
5. 1.	'許英肅女史 醫院 開始', 《매일신보》, 1920. 5. 2.
7. 1.	대구 호텔 주임 요네무라 다마지로(米村玉次郞)가 일본에서 4대를 들여와 시작한 한국 첫 버스 운행은 '대구역을 기초점으로 시작해 시내 각 방면은 물론이오 북편으로는 팔달교 외지, 동편으로는 동촌교 외지를 횡단'했다. ('大邱市內에 自働車運轉', 《동아일보》, 1920. 6. 17.)
9. 5.	이정호, 〈인도국민회의의 지도자가 된 마하트마 간디〉, 《국제지역연구》, 7권 2호, (서울: 한국외국어대학교 국제지역연구센터, 2003), 221쪽.
10. 2.	한국역사연구회, 《시민의 한국사 2》, (파주: 돌베개, 2022), 215~216쪽.
10. 17.	이 공은 이듬해부터 공식구로 채택된다. 1910년 시즌 경기당 3.83이던 득점 평균은 4.51로, 홈런은 0.14개에서 0.21개로 50% 가까이 늘어난다. 현재 사용되는 공은 중심에 코르크가 있고 주위를 두 겹의 고무가 감싸고 구조이다.
11. 27.	윤익선, 윤양구, 김장환 등이 주도해 세운 이 도서관은 3·1운동 이후 조선인들에 의

주(註)

해 설립된 최초의 사립공공도서관이다. 해방 후에는 '서울시립종로도서관', '서울특별시교육청 종로도서관'으로 이름이 바뀌어 계승돼왔다. (송승섭, 〈日帝 强占期 京城圖書館의 變遷 過程에 관한 考察〉, 《한국도서관정보학회지》, (서울: 한국도서관정보학회, 2020), 51권 1호, 81쪽.)

1921년

- **3. 19.** '洋畵家羅蕙錫女史, 個人展覽會를 開催', 《동아일보》, 1921. 3. 18.
- **3. 21.** ● 헬무트 알트리히터, 《소련 소사》, (서울: 창작과비평사, 2010), 47쪽.
  ●● 미셸 헬러 · 알렉산드르 네크리치, 《권력의 유토피아 Ⅰ: 소비에트 러시아사 1917~1940》, 김영식 · 남현욱 옮김(서울: 청계연구소, 1988), 119쪽.
  ●●● 헬무트 알트리히터, 50쪽.
- **4. 24.** 박찬승, 《한국독립운동사》, (서울: 역사비평사, 2014), 149쪽.
- **5. 13.** 김희곤, 〈태평양회의와 신규식〉, 《동양학》, 제19권 2호(용인: 단국대학교 동양학연구원, 2022), 58쪽.
- **11. 12.** ● 앤드루 고든, 《현대일본의 역사 1》, (개정판), 문현숙 · 김우영 옮김(서울: 이산, 2015), 371쪽.
  ●● 한중일3국공동역사편찬위원회, 《한중일이 함께 쓴 동아시아 근현대사 1》, (서울: 휴머니스트, 2012), 168쪽.
- **12. 4.** 한겨레신문 문화부 편, 《20세기 사람들 (상)》, (서울: 한겨레신문사, 1995), 131쪽.
- **샤넬 넘버 5** 카를 슐뢰겔, 《제국의 향기: 샤넬 No.5와 레드 모스크바》, 편영수 옮김(서울: 마르코폴로, 2023), 22~23쪽.

1922년

- **1. 19.** ● 박철하, 〈1920년대 전반기 '중립당'과 무산자동맹회에 관한 연구〉, 《숭실사학》, 13집, (서울: 숭실사학회, 1999), 101.
  ●● 일명 '중립당'이라고 불린 이 당은1925년 화요파가 주도해 조직한 조선공산당과는 다른 단체이다.
- **2. 6.** 이준식, 〈지배하는 제국, 저항하는 민족〉, 김정인, 이준식, 이송순, 《한국 근대사 2》, (서울: 푸른역사, 2016), 181~182쪽.
- **5. 1.** ● '街路로 趣旨宣傳', 《동아일보》, 1922. 5. 2.
  ●● "모임", 《동아일보》, 1922. 4. 29.
- **6. 1.** 정호진, 〈조선미술전람회 제도에 관한 연구〉, 상허학회, 《미술사학 연구》 205호, (서울: 한국미술사학회, 1995), 35쪽.
- **10. 21.** '조선의 중류가정으로서 문화생활에 적합한 개선주택 설계도안'을 모집한 현상공모의 수상작(21점 모두 일본인이 수상)을 모아 경성과 인천에서 순차적으로 열린 이 전람회(이경아, 〈일제강점기 문화주택 개념의 수용과 전개〉, 서울대학교 건축학과 박사학위 논문, (서울:서울대학교, 2006), 61~64쪽.)는 1929년 열린 조선박람회의 문화주택 전시와 함께 '서양식 외관에 위생설비를 잘 갖춘 이상적인 주택'이라는 문화주택의 이미지를 형성하는 데 큰 구실을 한다. 이런 문화주택에 대한 선망과 유행은 해방 후까지 잔존한다. (같은 글. 59쪽.)
- **12. 10.** ● '半島의 天空에 最初의 歡喜, 酷寒을 征服한 同胞의 熱熟執誠', 《동아일보》, 1922. 12. 11.
  ●● 길윤형, 《안창남, 서른 해의 불꽃 같은 삶》, (파주: 서해문집, 2019), 7쪽.

1923년

- **그림 B** 〈衡平社主旨〉, '晋州에 衡平社 發起', 《조선일보》, 1923. 4. 30.
- **1.** 한국역사연구회, 《시민의 한국사 2》, (파주: 돌베개, 2022), 169쪽.
- **1. 3.** ● 조철행. 〈국민대표회 개최과정과 참가대표〉, 《한국민족운동사연구》, 61, (서울: 한국민족운동사학회, 2009), 52쪽.
  ●● 이준식, 〈지배하는 제국, 저항하는 민족〉, 김정인, 이준식, 이송순, 《한국 근대사 2》, (서울: 푸른역사, 2016), 218쪽.
- **3. 24.** 이현주. 〈전조선청년당대회 연구〉, 《한국근현대사연구》, 제9집, (서울: 한국민족운동사학회, 1998), 175쪽.
- **6. 16.** 필립 뷔통, 《유예된 유토피아, 공산주의》, 소민영 옮김, (서울: 부키, 2005), 36쪽.
- **6. 30.** '觀衆無慮二萬', 《동아일보》, 1923. 7. 2.
- **7. 7.** ● '學友會講演團', 《동아일보》, 1923. 7. 16.
  ●● 민태기, 《조선이 만난 아인슈타인》, (서울: 위즈덤하우스, 2023), 108쪽.
- **12. 4.** '巖泰小作人會, 地主對抗策決議', 《동아일보》, 1923. 12. 11.

1924년

- **사진 C** 올랜도 파이지스, 《혁명의 러시아 1891~1991》, 조준래 옮김, (서울:휴머니스트, 2017), 197~198쪽.
- **3. 18.** ● "鮮大豫科入學試驗始まる", 《조선신문》, 1924. 3. 30.
  ●● 김진섭, 《일제강점기 입학시험 풍경》, (서울: 지성사, 2021), 22쪽.
- **5. 23.** '女性同友 發會式은', 《동아일보》, 1924. 5. 22.
- **6. 12.** ● '京大開校式', 《조선일보》, 1924. 6. 13.
  ●● '京城帝國大學, 작일부터 개학', 《동아일보》, 1924. 5. 13.
- **7. 11.** 문관규, 〈조선키네마 주식회사의 설립 배경과 몇 가지 논쟁점에 대한 고찰〉, 《영화연구》, 58호, (서울: 한국영화학회, 2013), 161쪽.
- **11. 19.** 최백순, 《조선공산당 평전》, (파주: 서해문집, 2017), 22쪽.

1925년

- **그림 A** 이진, '[동아플래시100]독립운동가 싹 잡아들일 일제의 새 그물, 치안유지법', https://www.donga.com/news/Culture/article/all/20210709/107872781/1
- **3. 12.** ● 클라우스 뮐한, 《현대 중국의 탄생》, 윤형진 옮김, (서울: 너머북스, 2023), 339~340쪽.
  ●● 김용옥, 《도올, 시진핑을 말한다》, (서울: 통나무, 2016), 259쪽.
- **3. 18.** 〈대한민국임시정부공보 제42호〉, 국사편찬위원회, 《대한민국임시정부자료집. 1, 헌법 · 공보》, (과천: 국사편찬위원회, 2005), 159~159쪽.
- **4. 22.** 한중일3국공동역사편찬위원회, 《미래를 여는 역사》, 3판, (서울: 한겨레출판, 2008), 119쪽.
- **4. 28.** 1차대전 전후 금이 지속적으로 유출되자 영국은 금본위제를 포기했다. 이로 인해 파운드화의 기축통화 지위가 상실되자, 처칠은 금본위제 복귀를 선언하고 관리통화제도를 택했다. 그러나 이 결정은 대공황, 실업, 총파업을 초래하고 결국 영국은 1931년 금본위제를 공식적으로 포기한다.
- **5. 12.** 〈치안유지법〉 제1조.
- **6. 8.** 한국역사연구회, 《시민의 한국사 2》, (파주: 돌베개, 2022), 190~191쪽.
- **10. 2.** 이날 그는 자신의 연구실에서 회색조의 움직이는 화상을 전송하는 데 성공했다. 실험실의 조명이 너무 뜨거웠기 때문에 최초의 피사체는 실제 사람 대신 '스투키 빌'이라는 이름을 가진 인형의 머리 부분이었다. 주사선 25선, 초당 화상수 5장에 불과했지만, 인형의 얼굴은 알아볼 수 있었다.
- **10. 15.** "全朝鮮罪囚 一日間休息", 《동아일보》, 1925. 10. 10.
- **12. 26.** 매문사에서 발행한 초판은 현재 세 가지 이본이 존재하는데 그 중 어느 판본이 실제 초판본인지와 관련해서는 아직까지도 이견이 있다. (윤길수, 《운명, 책을 탐하다》, (파주: 궁리, 2021), 73~110쪽.)
- **풍경** '百歲長壽者 千氏의 생활', 《동아일보》, 1925. 1. 21.

1926년

- **사진 A** ● 강헌, 《강헌의 한국대중문화사 1》, (파주: 돌베개, 2016), 283쪽.
  ●● 같은 책, 280쪽.
- **사진 C** 이창위, 《우리의 눈으로 본 일본제국 흥망사》, (서울: 궁리, 2005), 317~318쪽.
- **2. 10.** 이경민, 〈사진관으로 본 한국근대사진사 12 ─ 조선인 사진관과 경성사진사협회 결성〉, 《사진예술》, 2016년 5월 325호, 94쪽.
- **5. 3.** 워킹클래스히스토리, 《노동계급 세계사》, 유강은 옮김, (파주: 오월의봄, 2023), 140~141쪽.
- **7. 8.** ● '대혁명당을 조직하자 임시정부를 유지─ 안도산의 연설', 《신한민보》, 1926. 10. 14.
  ●● 박찬승, 《한국독립운동사》, (서울: 역사비평사, 2014), 150쪽.
- **7. 9.** 클라우스 뮐한, 《현대 중국의 탄생》, 윤형진 옮김, (서울: 너머북스, 2023),

주(註)

322~323쪽.
11. 4. 「'한글'의 새로운 빗 오늘이 『가갸날』」, 《동아일보》, 1926. 11. 4.

1927년

사진 도널드 서순, 《유럽 문화사》, 오숙은 외 옮김, (서울: 뿌리와이파리, 2012), 214~215쪽.
2. 8. 한글학회, 《한글학회 100년사》, (서울: 한글학회, 2009), 1064쪽.
4. 11. 박찬승, 《한국독립운동사》, (서울: 역사비평사, 2014), 148쪽.
7. 22. 그러나 그가 《사이언스》에 게재한 이 논문의 제목은 인간 유전자 조작의 가능성을 시사하는 것으로 받아들여졌고, 바람직하지 않은 형질을 제거함으로써 인류를 개선할 수 있다는 식의 우생학적 담론이 확산되는 데 기여하기도 했다. (허먼과 우생학에 대해서는 김우재의 《플라이룸》, (파주: 김영사, 2018), 232~256쪽을 참조하라.)
12. 2. 이 차는 1932년 3월 단종될 때까지 총 485만 8644대가 제작됐다.
12. 20. '씨름大會終幕 優勝牛는 纛島로', 《동아일보》, 1927. 12. 24.

1928년

사진 B '시운전한 부영『뻐스』와 승차권', 《조선일보》, 1928. 4. 22.
사진 C ● 미셸 헬러·알렉산드르 네크리치, 《권력의 유토피아 I: 소비에트 러시아사 1917~1940》, 김영식·남현욱 옮김, (서울: 청계연구소, 1988), 247쪽.
●● 같은 책, 251쪽.
2. 20. ● '제1회 보통선거'로도 불리지만 완전한 보통선거는 아니었다. 납세액에 따른 제한이 철폐되기는 했지만, 투표권은 여성은 배제되고 25세 이상의 성인 남자들에게만 적용됐다. 여성은 1946년이 되어서야 총선에서 투표권을 처음으로 행사하게 된다.
●● '3·15 사건'으로도 불리는 이 사건을 계기로 일은 공산주의, 사회주의, 노동운동에 대한 본격적인 탄압에 나선다.
3. 16. '本社創立八週年紀念 文盲打破의 烽火', 《동아일보》, 2028. 3. 16.
3. 22. 러시아, 이집트, 사우디아라비아, 바레인 등은 극단주의적 성향을 드러내기도 하는 이 단체를 테러 조직으로 지정한다.
4. 13. 조윤영, 〈왜 식민지조선 음악가들은 관현악단을 만들고자 했는가: 경성방송(JODK) 관현악단의 출현과 그 의의〉, 《이화음악논집》, 제21집 2호, (서울: 이화여자대학교 음악연구소, 2017), 99쪽.
4. 20. 박주석, 《한국사진사》, (파주: 문학동네, 2021), 202쪽.
4. 22. ● '府營『뻐스』反對', 《조선일보》, 1928. 3. 12.
●● '藍色의 府營뻐스 廿二日부터 開業', 《조선일보》, 1928. 4. 19.
6. 4. 앤드루 고든, 《현대일본의 역사 2》, 개정판, 문현숙·김우영 옮김, (서울: 이산, 2015), 421쪽.
8. '朝鮮人姓調査', 《동아일보》, 1928. 8. 23.
10. 1. ● 미셸 헬러·알렉산드르 네크리치, 《권력의 유토피아 I: 소비에트 러시아사 1917~1940》, 김영식·남현욱 옮김, (서울: 청계연구소, 1988), 250쪽.
●● 같은 책, 260쪽.
○ ● 이동순, '민족가요 '황성 옛터' 이렇게 태어났다', 《영남일보》, 2007. 6. 14. 19면.
●● 노형석 "'황성옛터' 이애리수씨 '전설적 생존'", 《한겨레신문》, 2008. 10. 29.

대한민국의 성씨 분포 KOSIS 국가통계포털 https://kosis.kr
성씨·본관별 인구(2015년 기준, 5인 이상)

1929년

그림 B ● 강만길, 《고쳐 쓴 한국현대사》, (파주: 창비, 2006), 90쪽.
●● 박찬승, 《한국독립운동사》, (서울: 역사비평사, 2014), 234쪽.
2. 11. 호르스트 푸어만, 《교황의 역사》, 차용구 옮김, (서울: 길, 2013), 244쪽.
10. 8. ● '本社主催 京平蹴球對抗戰 經過, 稀有의 大接戰', 1929. 10. 10.
●● '四對三의 記錄으로 全平壤軍이 優勢', 1929. 10. 11.
10. 31. '社會各界有志網羅 朝鮮語辭典編纂會', 《동아일보》, 1929. 11. 2.
11. 존 아일리프, 《아프리카의 역사》, 강인황 옮김, (서울: 가지않은길, 2002), 359쪽.
12. 20. ● 박찬승, 《한국독립운동사》, (서울: 역사비평사, 2014), 288쪽.

●● 강만길, 《고쳐 쓴 한국현대사》, (파주: 창비, 2006), 108쪽.

1930년

1. 25. ● 박찬승, 《한국독립운동사》, (서울: 역사비평사, 2014), 285쪽.
●● 이준식, 《지배하는 제국, 저항하는 민족》, 김정인, 이준식, 이송순, 《한국 근대사 2》, (서울: 푸른역사, 2016), 223쪽.
2. 3. '응우옌아이꾸옥' 즉 완애국(阮愛國)은 호찌민이 젊은 시절 썼던 가명이다.
8. 7. 남화숙, 《제공녀 연대기, 1931~2011》, (서울: 후마니타스, 2024), 49쪽.
●● 같은 책, 53쪽.
9. 18. ● 정인섭 '試驗撤廢後 英語成績考査의 私案 (三)', 《조선일보》, 1930. 12. 11.
●● 이경숙, 〈1930년 조선총독부의 "시험폐지" 규정과 교육담론〉, 《정신문화연구》, 제29권 제3호, (성남: 한국학중앙연구원, 2006), 227쪽.
●●● 이경숙, 같은 글, 251쪽.
12. 13. ● '한글統一案의 完成을 듣고', 《동아일보》, 1933. 10. 22.
●● 한글학회, 《한글학회 100년사》, (서울: 한글학회, 2009), 364쪽.

1931년

사진 A ● 이준식, 《일제강점기 사회와 문화》, (서울: 역사비평사, 2014), 274쪽.
●● 김희교, 《짱깨주의의 탄생》, (파주: 보리, 2022), 95쪽.
사진 B 〈乙密臺上의 滯空女, 女流鬪士 姜周龍 會見記〉, 《동광》, 제23호, 1931년 7월, 최규진, 《근대를 보는 창 20》, (서울: 서해문집, 2007), 33쪽에서 재인용.
3. 21. ● '마라손一着은 金恩培君', 《조선일보》, 1931. 3. 22.
●● '京永十五喱一着은 養正의 金恩培君', 《동아일보》, 1931. 3. 22.
4. 한시준, 〈대한민국 임시정부와 삼균주의〉, 《사학지》, 49집, (용인: 단국사학회, 2014), 308쪽.
5. 15. 한국역사연구회, 《시민의 한국사 2》, (파주: 돌베개, 2022), 230쪽.
5. 21. 민족문제연구소, 《일제식민통치기구사전: 통감부·조선총독부 편》, (서울: 민연주식회사, 2017), 460쪽.
7. 16. ● '第一回 學生 夏期 브나로드 運動', 《동아일보》, 1931. 7. 16.
●● 이준식, 《일제강점기 사회와 문화》, (서울: 역사비평사, 2014), 212쪽.
9. 18. 일본은 당시 국제법 위반 혐의를 피하기 위해 전쟁이 아니라 '사변'이라는 말을 택했다. 중국에서는 9·18사변'이라고 한다. (유용태·박진우·박태균, 《함께 읽는 동아시아 근현대사》, 개정판, (파주: 창비, 2016), 160쪽.)

1932년

사진 C 유진 로건, 《아랍: 오스만 제국에서 아랍 혁명까지》, 개정판, 이은정 옮김, (서울: 까치, 2022), 257쪽.
그림 D '時代相: 黃金狂時代 (1)', 《조선일보》, 1932. 11. 29.
2. 15. 친일인명사전편찬위원회, 《친일인명사전 2》, (서울: 민족문제연구소, 2009), 21~22쪽.
3. 31. 이영학, 〈일제의 역사기록 수집·정리와 조선사 편찬〉, 《역사문화연구》, 제71집, (용인: 한국외국어대학교 역사문화연구소, 2019), 256쪽.
4. 10. 메리 풀브룩, 《분열과 통일의 독일사》, 김학이 옮김, (서울: 개마고원), 258쪽.
5. 15 ● 앤드루 고든, 《현대일본의 역사 2》, (개정판), 문현숙·김우영 옮김, (서울: 이산, 2015), 326쪽.
●● 도야마 시게키 외, 《일본현대사》, 박영주옮김, (서울: 한울, 1988), 89쪽.
6. 24. 소병국, 《동남아시아사: 창의적인 수용과 융합의 2천년사》, (서울: 책과함께, 2020), 352~353쪽.
9. 14. '流新키네마 二回作 임자업는 나루배', 《동아일보》, 1932. 9. 14.
9. 30. ● 민족문제연구소, 《일제식민통치기구사전》, (서울: 민족문제연구소, 2017), 595쪽.
●● 이송순, 《침략 전쟁과 식민지 전시 동원 체제》, 김정인, 이준식, 이송순, 《한국 근대사 2》, (서울: 푸른역사, 2016), 290쪽.
10. 〈한국대일전선통일동맹 규약〉 제2조 1항, 2항, 국사편찬위원회 편, 《한국독립운동사, 자료3 임정편》, (서울: 국사편찬위원회, 1973), 474쪽.

주(註)

1933년

2. 27. ● 강윤정, 〈여성독립운동가 南慈賢의 항일투쟁〉, 《한국독립운동사연구》, 제64집, (천안: 독립기념관 한국독립운동사연구소, 2018), 268쪽.
●● 조선희, 〈시대가 여성의 삶을 바꿔 놓다 - 남자현〉, 한겨레신문사 문화부, 《발굴 한국현대사 인물 I》, (서울: 한겨레신문사, 1991), 51쪽.

4. 14. '朝鮮最初의 朝鮮말 運動實況을 現場中繼放送', 《동아일보》, 1933. 4. 14.

5. 22. 문옥배, 〈일제의 식민지배체계로서의 가요 통제〉, 이하나 외, 《일제의 대중문화 통제: 연극·영화·가요》, (서울: 동북아역사재단, 2023), 296~298쪽. '치안을 해치거나 또는 풍속을 어지럽힐 우려가 있다고 인정되는 (《축음기레코드취체규칙》 제4조. 같은 책 496쪽에서 재인용)' 경우 음반의 제조 판매 또는 연주를 제한하거나 금지할 수 있게 한 이 법의 골자는 1967년 제정된 〈음반에관한법률〉에서도 그대로 유지된다.

6. 10. 민태기, 《조선이 만난 아인슈타인》, (서울: 위즈덤하우스, 2023), 78쪽.

우리말 문장 부호 국립국어원 어문연구과 기획, 《문장 부호 해설》, (서울: 국립국어원, 2014) 1933년 당시 조선어학회는 〈한글 맞춤법 통일안〉 부록에 13개의 문장 부호와 3개의 문장 부호의 설명을 수록했다. 국립국어원이 2014년에 규정해 현재까지 사용되고 있는 문장 부호는 모두 24종이다. (국립국어원 어문연구과 기획, 《문장 부호 해설》, (서울: 국립국어원, 2014), 〈머리말〉)

1934년

사진 A 김일수, 〈이병도와 김석형-실증사학과 주체사학의 분립〉, 《역사비평》, 28. (서울: 역사비평사, 2008), 108쪽.

사진 B 류승렬, 《뿌리 깊은 한국사 샘이 깊은 이야기: 7 현대》, (서울: 가람기획, 2016), 108쪽.

그림 C ● 조너선 D. 스펜스, 《현대중국을 찾아서》 1, 김희교 옮김, (서울: 이산, 1998), 470쪽?
●● 클라우스 뮐한, 《현대 중국의 탄생》, 윤형진 옮김, (서울: 너머북스, 2023), 384쪽.

4. 11. 이준식, 〈지배하는 제국, 저항하는 민족〉, 김정인, 이준식, 이송순, 《한국 근대사 2》, (서울: 푸른역사, 2016), 137쪽.

4. 19. ● '『科學데이』의 意義', 《조선일보》, 1934. 4. 19.
●● 백욱인, 《번안 사회-제국과 식민지의 번안이 만든 근대의 제도, 일상, 문화》, (서울: 휴머니스트, 2018), 83쪽.

5. 7. 손진태가 1939년 "문장"에 실은 '진단학보 10책의 발간과 이병도형' '벌써 15~16년 전의 일인가보다.… 당시로 말하면 한국 지식층이며 학생간에 사회주의니 민족주의니 하는 논쟁이 일세를 풍미하여 우리들처럼 순수학구적 방면으로 향하는 자는 사람의 수에 들어 볼 생각도 못하였다.… 그래도 우리들은 학문은 현실정치를 초월할 것이란 신념을 버리지 아니하였다.'

6. 30. '국가 방위를 명목으로' 이 대규모 숙청을 배후조종한 히틀러의 지위는 이제 그 누구도 도전하지 못할 정도로 강해졌다.(이언 커쇼, 《유럽 1914~1949: 죽다 겨우 살아나다》, 류한수 옮김, (서울: 이데아, 2020) 375쪽.) 나치당은 이 사건을 '긴 칼의 밤'이라고 불렀다.

9. 10. '모던 電氣交通整理機 南大門에 設置', 《조선일보》, 1934. 9. 8.

11. 10. 김혜영, 〈조선총독부 제정 「의례준칙」의 보급과 시행실태〉, 《민속학연구》, 제39호 (서울: 국립민속박물관, 2016), 165쪽.

1935년

3. 28. 하지만 비록 무죄 선고를 받기는 했지만 전범으로 기소되기까지 한다. 그는 훗날 이 영화가 "다큐멘터리 영화일 뿐 정치와 관련이 없다"고 했다.

8. 1. '各地方高普에도 將校를 配置', 《동아일보》, 1935. 8. 4.

9. 15. ● 일명 뉘른베르크법은 〈독일인의 피와 명예를 지키기 위한 법률〉과 〈국가시민법〉을 함께 지칭한다. 두 법 모두 뉘른베르크에서 열린 나치 당대회 중 제정되었기 때문이다.
●● 디트릭 올로, 《독일 현대사》, 문수현 옮김, (서울: 미지북스, 2019), 375쪽.

9. 21. '朝鮮最初의 二元放送, 釜山新放送局의 初放送에 際して', 《조선신문》, 1935. 9. 19.

11. 박찬승, 《한국독립운동사》, (서울: 역사비평사, 2014), 292쪽.

11. 1. '朝鮮 人口 二千五百萬', 《조선일보》, 1935. 11. 22.

11. 21. 오오타니 마사키(大谷真樹), 〈日本統治期の朝鮮における水力開発事業の展開大谷真樹〉, 《空間·社会·地理思想》, 23호, (오사카: 오사카공립대학 대학원 문학연구과, 2020), 69쪽.

1936년

사진 B ● 이호령, 《신채호 다시 읽기》, (파주: 돌베개, 2013), 13쪽
●● 같은 책, 84쪽.

1. 8. '全延專軍堂堂優勝 强敵京都帝大를 42-22로 擊破 伯林大會出場曙光', 《조선중앙일보》, 1936. 1. 9.

1. 21. '教育者思想取締次 學務當局內에 思想係', 《동아일보》, 1936. 1. 26.

5. 1. '택시메타制 (五月一日부터 實施)', 《동아일보》, 1936. 4. 22.
실시에 즈음해 경성부 보안과장은 '같은 구간이라도 직선으로 아무 장해물 없이 달릴 때와 장해물을 피하여 달릴 때와 요금이 달라질, 즉 갈 때는 50전이던 곳이 올 때에는 60전이 될 수도 있을 것'이나 이 정책이 '요금 합리화'를 위한 것이니 '승객도 잘 양해하기를 바란다'고 당부하기도 했다. ('택씨 메터制 實施', 《조선일보》, 1936. 4. 22.)

10. 13. ● '空中 택씨 半時間卅圓!', 《조선일보》, 1936. 9. 16.
●● '京城··裡里間 初航祝賀會盛況 十三日裡里飛行場서', 《매일신보》, 1936. 10. 16.
●●● '京城裡里間定期航空開始記念 裡里定期航空 記念日附印', 《매일신보》, 1936. 10. 11.

11. 15. ● '平壤放送局 開局祝賀盛況', 《조선일보》, 1936. 11. 24.
●● '三等도 浴室設備', 《조선일보》, 1936. 11. 11.
입욕료는 일등이 1원, 이등이 50전, 삼등이 10전이었다.

12. 1. '時速七十"키로"로 巨驅를 一路釜山에', 《조선일보》, 1936. 11. 21.

12. 12. ● '朝鮮思想犯保護觀察令發布', 《조선일보》, 1936. 12. 13.
●● 박찬승, 《한국독립운동사》, (서울: 역사비평사, 2014), 321쪽.
●●● '廿日부터 朝鮮서 實施될 思想犯保護觀察令解說', 《조선일보》, 1936. 12. 10.

서울-부산 구간 소요 시간 김지환, 《모던 철도》, (서울: 책과 함께, 2022), 61쪽.

1937년

사진 B 이준식, 《일제강점기 사회와 문화》, (서울: 역사비평사, 2014), 262쪽.

1. ● '서울에 딴스홀을 許하라', 《삼천리》, 제9권 1호, (경성: 삼천리사), 163쪽.
●● 김진송, 《서울에 딴스홀을 허하라》, (서울: 현실문화연구, 1999)
●●● '서울에 딴스홀을 許하라', 166쪽.

2. 16. ● "兇暴의 極·慘虐의 絕", 조선일보》, 1937. 4. 13.
●● 같은 기사

5. 6. 비행선에 대한 대중의 신뢰는 산산조각났고 비행선의 시대는 갑작스럽게 종말을 고했다.

7. 7. 이렇게 시작된 중화민국과 일본 제국 사이의 중일전쟁은 1945년까지 지속될 장기전으로 지속된다.

8. 24. 도야마 시게키, 후지와라 아키라, 《일본 현대사》, 박영주 옮김, (서울: 한울, 1988). 국민의 전쟁 협력 체제 구축을 도모한 이 운동은 국민 개개인의 사생활까지 서로 감시하게 하는 풍조를 만들어내는 식으로 국민통제에 큰 역할을 수행했다.

10. 8. ● '制定發表된 皇國民의 體操', 《조선일보》, 1937. 10. 13.
●● '皇國臣民體操', 《동아일보》, 1937. 10. 13.

1938년

사진 B ● 한국역사연구회, 《시민의 한국사 2》, (파주: 돌베개, 2022), 248쪽.
●● 박찬승, 《한국독립운동사》, (서울: 역사비평사, 2014), 352쪽.

2. 22. ● 김정인, 이준식, 이송순, 《한국 근대사 2》, (서울: 푸른역사, 2016), 242~243쪽.
●● 표영수, 〈일제강점기 육군특별지원병제도와 조선인 강제동원〉, 《한국민족운동사연구》, 제79호, (서울: 한국민족운동사학회, 2014), 101쪽.

주(註)

3.3.	● 김정인, 이준식, 이송순, 《한국 근대사 2》, (서울: 푸른역사, 2016), 232쪽.
	●● 같은 책, 233쪽.
4.18.	2024년 《액션 코믹스》 1호가 경매에 나와 600만 달러에 낙찰됐다. 1938년에 20만 부가 발행된 이 잡지의 창간호는 현재 100여 부 정도 남아 있는 것으로 추정된다.
5.3.	정서율, 《조선총독부의 문화재 지정제도 시행과 운영 실태》, 한양대학교 석사학위 논문, (서울: 한양대학교 대학원 사학과, 2023), 76쪽.
7.4.	홍순빈 편저, 《한국야구사 연표: 1896~1979》, (서울: KBO, 2013), 82쪽.
7.10.	박용규, 〈문세영 『조선어사전』의 편찬 과정과 국어사전사적 의미〉, 《동방학지》, Vol.154, (서울: 연세대학교 국학연구원, 2011), 260, 274쪽.
9.30.	에릭 홉스봄, 《극단의 시대: 20세기 역사》, 상, (서울: 까치, 1997), 209쪽.
10.30.	'JBDK 卅日부터 放送', 《조선일보》, 1938. 10. 25.

1939년

사진 A	이준식, 《일제강점기 사회와 문화》, (서울: 역사비평사, 2014), 134쪽
5.	● 앤드루 고든, 《현대일본의 역사 2》, 개정판, 문현숙·김우영 옮김, (서울: 이산, 2015), 457쪽.
	●● 한중일3국공동역사편찬위원회, 《한중일이 함께 쓴 동아시아 근현대사 1》, (서울: 휴머니스트, 2012), 201쪽.
8.30.	'校舍增築은 當分中止, 二部制를 全面實施', 《동아일보》, 1939. 8. 30.
12.15.	'바람과 함께 사라지다', 《경향신문》, 1957. 4. 4.

1940년

사진 A	● '指導的 諸氏의 選氏苦心談', 《매일신보》, 1940. 1. 5
	●● 미즈노 나오키, 《창씨개명: 일본의 조선지배와 이름의 정치학》, 정선태 옮김, (서울: 산처럼, 2008), 167~169쪽.
	●●● 유용태·박진우·박태균, 《동아시아 근현대사》, (개정판), (파주: 창비, 2016), 421쪽
	●●●● 한국역사연구회, 《시민의 한국사 2》, (파주: 돌베개, 2022), 244쪽
2.10.	단순한 줄거리에도 불구하고 극장용 단편이 161편이나 제작될 정도로 큰 인기를 모았고 1965년부터는 TV로까지 무대를 넓힌다. 한국에서는 1972년 MBC에서 첫 방영(처음 시리즈명은 '이겨라 깐돌이')되어 2000년대 초반까지 재방송을 거듭하며 어린이들의 큰 사랑을 받는다.
4.27.	다음 달 20일, 아우슈비츠(오늘날 폴란드 오시비엥침)에 세워진 이 수용소에 작센하우젠 수용소에서 첫 수감자들이 압송되었고, 이후 자체 가스실과 화장용 소각시설까지 갖추게 된 이곳에 강제 수용됐다. 정확한 희생자의 수는 알 수 없지만, 대략 110만 에서 150만 사이로 추정된다. 이들은 굶주림, 탈진, 질병, 구타, 개별적인 처형으로 목숨을 잃기도 했지만, 대부분은 단체로 가스실에 보내져 학살됐다. 희생자의 90퍼센트는 유대인이었고, 전쟁이 끝난 후 아우슈비츠는 홀로코스트의 상징이 됐다.
6.11.	● 문만용, 〈석주명의 나비 연구와 '조선적 생물학'〉, 김영식, 김근배 엮음, 《근현대 한국사회의 과학》, (서울: 창작과 비평사, 1998), 220쪽.
	●● 같은 책, 227쪽.
8.11.	〈社告〉, 《동아일보》, 1940. 8. 11. / 〈廢刊에 際하여〉, 《조선일보》, 1940. 8. 11.
10.16.	한중일3국공동역사편찬위원회, 《한중일이 함께 쓴 동아시아 근현대사 1》, (서울: 휴머니스트, 2012), 202쪽.

1941년

사진 B	김인호, 〈태평양전쟁 시기 조선에서 금속회수운동의 전개와 실적〉, 한국민족운동사학회, 《민족운동사연구》, 제62권, (서울: 한국민족운동사학회, 2010), 366쪽.
3.2.	윤범모, 〈신미술가협회 연구〉, 《한국근대미술사학》, 제5집, (서울: 한국근현대미술사학회, 1997), 76~77쪽.
4.5.	'漫畵報國에 總立ち, きのふ朝鮮漫畵人協會生る', 《경성일보》, 1941. 4. 6.
5.19.	유용태·박진우·박태균, 《함께 읽는 동아시아 근현대사》, (개정판), (파주: 창비, 2016), 417쪽.
	베트민이 결성된 후 인도차이나 공산당의 모든 정치활동은 베트민의 이름으로 전개되고 공산당의 배후에서 조종만 하고 전면에 나서지 않았다. (유인선, 《베트남의 역사》, (서울: 이산, 2018), 338쪽.)
7.1.	이명학, 〈총동원체제기(1938~45년) 조선총독부 공영주택정책의 운영 실태와 조선인의 주변화 – 부영주택(府營住宅)을 중심으로〉, 《역사와 경계》, 제120호, (부산: 부산경남사학회, 2021), 88쪽.
7.2.	David Waldstein, 'They Tried to Beat DiMaggio. Like Everyone Else, They Failed.', *The New York Times*, Aug. 15, 2021.
10.1.	'今一日 朝鮮에도 金屬回收令實施―全的協力을 切望', 《매일신보》, 1941. 10. 1.
11.13.	유용태·박진우·박태균, 《함께 읽는 동아시아 근현대사》, (개정판), (파주: 창비, 2016), 421쪽.
11.28.	박찬승, 《한국독립운동사》, (서울: 역사비평사, 2014), 366쪽.

1942년

5.29.	'一視同仁은 統治根幹 半島使命達成에 注力 – 小磯新總督의 第一聲', 《매일신보》, 1942. 5. 30.
6.4.	게르하이트 L. 와인버그, 《제2차세계대전》, 박수민 옮김, (파주: 교유서가, 2018), 125쪽.
6.29.	〈국기양식통일안〉, 《대한민국임시정부공보》, 제75호, 대한민국 24년 8월 20일.
7.10.	● 강만길, 《고쳐 쓴 한국현대사》, (파주: 창비, 2006) 125쪽.
	●● 박찬승, 《한국독립운동사》, (서울: 역사비평사, 2014) 355~357쪽.
7.20.	"놋그릇 代身 陶磁器 積極的으로 使用獎勵 鍮器는 自進供出 하기를 企待", 《매일신보》, 1942. 7. 22.
10.20.	홍성찬, 〈최호진의 경제사 연구와 저술의 사회사: 1940~60년대〉, 《동방학지》, 154권, (서울: 연세대학교 국학연구원, 2011), 308쪽.
12.10.	친일인명사전편찬위원회, 《친일인명사전 1》, (서울: 민족문제연구소, 2009), 748~749쪽.
1942년도 대구공립중학교 입학시험	이경숙, 《시험국민의 탄생》, (서울: 푸른역사, 2017) 135~136쪽.

1943년

3.1.	● 최유리, 〈일제 말기 징병제 도입의 배경과 그 성격〉, 《외대학보》, 제12집, (서울: 한국외국어대학교 역사문화연구소, 2000), 401쪽.
	●● 강만길, 《고쳐 쓴 한국현대사》, (파주: 창비, 2006) 44~45쪽.
	●●● '出版物에 戰時體制―新聞과 같이 書籍과 雜誌도 統制―出版事業令施行規則을 公布', 《매일신보》, 1943. 5. 30.
4.6.	미국에서 영어와 프랑스어로 동시에 출간됐다.
4.17.	친일인명사전편찬위원회, 《일제협력단체사전》, (서울: 민족문제연구소, 2004), 746쪽.
6.10.	'大京城實現へ, 七區制十日から', 《경성일보》, 1943. 6. 8.
10.20.	● 고려대학교 한국사연구소, 《일제의 조선인 학도지원병 제도 및 동원부대 실태조사 보고서》, (서울: 행정안전부 과거사관련업무지원단, 2017), 6쪽.
	●● 강만길, 《고쳐 쓴 한국현대사》, (파주: 창비, 2006) 45쪽.

1944년

2.	Isaac Asimov, *Asimov' Chronology of Science and Disvovery*, (New York: HarperCollins publishers, 1994), pp. 623~624.
4.1.	'徵兵解說, 徵兵檢査로부터 大營까지', 《매일신보》, 1944. 4. 2.
4.17.	● '文部省에 審議室―學徒動員本部를 設置', 《매일신보》, 1944. 4. 17.
	●● '文部省非常體制', 《매일신보》, 1944. 4. 17.
10.23.	강준만, 《미국사 산책 7》, (서울: 인물과사상사, 1997), 44~45쪽.
10.28.	"軍需會社法 朝鮮에 施行", 《매일신보》, 1944. 10. 25.
12.6.	'一等七八, 九六― 福票의當籤者는누구?', 《매일신보》, 1945. 1. 16.

주(註)

1945년

2.19. 3월 17일까지 이어진 37일간의 전투는 6000명이 넘는 미군과 약 2만 명의 일본군 전사자를 남긴 채 미국의 승리로 끝났다.

4.1. 6월 23일 일본군이 공격을 포기할 때까지 3개월간 이어진 끝에 미국의 승리로 끝났다. 미군은 54만 명의 대병력으로 공격을 했고, 방어하는 일본은 11만 명에 불과했다. 작은 섬에서 그것도 압도적으로 열세인 병력임에도 일본 '본토 결전'을 위해 지구전을 펼쳤고 그 결과 약 60만이던 오키나와 현민 중 4분의 1이 목숨을 잃어야 했다. 이들 중에는 군대의 '군민공사(軍民共死)' 사상에 따라 '집단자결'로 내몰려진 사망자들도 포함되어 있었다. (한중일3국공동역사편찬위원회,《미래를 여는 역사》, (서울: 한겨레출판, 2005), 178~179쪽.)
1995년 오키나와 평화공원에 세워진 '평화의 주춧돌'에는 2019년 6월 23일 현재 오키나와에 강제 연행된 노동자나 일본군 위안부로 끌려 온 여성 등 한국인 382명, 북한인 82명의 이름도 새겨져 있다. (이시하라 마사이에(石原昌家),〈오키나와 전투의 전(全) 전쟁사망자각명비·평화의 주춧돌의 의의〉,《2019년도 하반기 국제학술대회 자료집 – 전쟁 희생자 추념시설의 국제 비교》, 일제강제동원피해자지원재단, 52쪽).

4.28. 연인 클라라 페타치와 함께 즉결처형됐다. 다음날 시신이 밀라노의 주유소 지붕에 거꾸로 매달려졌다.

4.30. 소련군이 베를린을 포위해 들어오자 이날 오후 지하 벙커에서 오랜 연인 에바 브라운과 동반 자살했다.

7.24. 친일파의 거두 박춘금이 주도하고 중국,만주, 일본의 대표들과 국내 친일파 다수가 참가한 어용행사인 아세아민족분격대회가 열린 경성 부민관에서 폭탄이 터졌다. 폭탄을 터뜨린 것은 조문기 등 애국청년당 단원들이었다. 폭탄이 계획보다 빨리 터지는 바람에 친일파 처단에는 실패했지만, 대회는 무산시켰다. 해방 전 국내에서 이뤄진 마지막 항일 의거였다.

7.26. 회의가 진행 중이던 26일, 처칠 영국 총리, 트루먼 미국 대통령, 장제스 중화민국 국민정부 주석이 일본군의 무조건 항복을 요구하는 선언문에 서명했다. 스탈린 소련 서기장은 나중에 합류하여 서명했다.

8.15. 일본의 패전이 확실해지는 가운데 조선에 있는 일본인들의 안전을 확보하기 위한 협상 상대를 모색하던 총독부는 이날 아침 여운형을 만나 협상을 타결했다. 치안유지권을 인수한 여운형은 자신을 위원장, 안재홍을 부위원장으로 하는 건국준비위원회를 발족시키고, 우선 일제가 감금 중이던 정치·경제범을 석방하고 치안활동을 개시했다.

8.15. 그는 그저 '전국(戰局)이 확실히 호전되지도 않고, 세계의 대세 또한 우리에게 이롭지 않다'는 것만 전했다. 그리고 '견디기 어려운 것을 견디고 참기 어려운 것을 참으며', '세계의 진운(進運)'에 뒤처지는 일이 없도록 총력을 다해 노력하는 명령으로 조서를 마무리지었다. (앤드루 고든,《현대일본의 역사 2》, 개정판, 문현숙·김우영 옮김, (서울: 이산, 2015), 498~499쪽.)

9.5. 김미경·손환,〈해방공간에서 조선체육회의 재건 및 활동에 관한 연구〉,《Asian Journal of Physical Education of Sport Science, Vol.7 No.3》(서울: 중앙대학교 학교체육연구소, 2019), 97쪽.

9.19. 원산항에 도착한 그의 직책은 소련의 평양 주둔 경무사령부 부사령관이었다.

10.15. 백창민,《이토록 역사적인 도서관》, (서울: 한겨레출판, 2025), 340쪽.

10.16. 한국역사연구회,《시민의 한국사 2》, (파주: 돌베개, 2022), 344쪽.

10.20. 김성보,《북한의 역사 1》, (서울: 역사비평사, 2011), 38쪽.

11.5. 남화숙,《체공녀 연대기, 1931~2011》, (서울: 후마니타스, 2024), 188쪽.

11.23. 한국역사연구회,《시민의 한국사 2》, (파주: 돌베개, 2022), 344쪽.

12.16. 김지수,《혁명과 일상: 해방 후 북조선, 1945~50년》, 윤철기·안종철 옮김, (서울: 휴머니스트, 2012), 194쪽.

12.16. 한반도와 관련해서 미국과 소련은 연합국이 한반도에 대한 신탁통치를 실시해 공동으로 최대 5년간 관리하다 한반도에 하나의 통일된 국가를 건설하는 방안을 제시했다. (한중일3국공동역사편찬위원회,《한중일이 함께 쓴 동아시아 근현대사 1》, (서울: 휴머니스트, 2012), 349쪽.)

12.27. 유엔 산하에 설치된 이 국제금융기관은 회원국의 국제 통화 협력 촉진, 금융 안정 보장, 국제무역 촉진, 고용 및 경제 안정에 기여하는 것을 목표로 한다. 회원국에 경제 위기가 생겼을 때 자금을 대출해주는 글로벌 대출기관의 기능을 하지만, 이 과정에서 구제금융을 신청한 국가의 경제정책에 과도하게 개입해 비판받기도 한다. 한편 국제부흥개발은행(IBRD)도 이날 함께 설립됐다.

1946년

사진 B ● 김성보,《북한의 역사 1》, (서울: 역사비평사, 2011), 82쪽.
●● 찰스 암스트롱,《북조선 탄생》, 김연철·이정우 옮김, (서울: 서해문집, 2004), 128쪽.
토지개혁은 농촌위원회가 주도했다. 토지소유에 관한 기록들이 조사되었고, 마음집회가 열렸으며 지주들은 공개재판을 통해 비판받았다. 이런 상황이 되면서 지주들 대부분은 도시로 떠나거나 남한행을 선택해야 했다. (같은 책 130쪽)

2.8. '國民運動에 推進力 大韓獨立促成國民會 새 發足',《조선일보》, 1946. 2. 21.

2.14. Kennedy, T. R. Jr., 'Electronic Computer Flashes Answers'. *New York Times*. February 15, 1946, page 1.

3.5. 박주석,《한국사진사》, (파주: 문학동네, 2021), 306~308쪽.

5.3. 한중일3국공동역사편찬위원회,《한중일이 함께 쓴 동아시아 근현대사 1》, (서울: 휴머니스트, 2012), 338쪽.

5.15. 《한국 현대사 산책: 1940년대편 1권》, (서울: 인물과사상사, 2004), 244쪽.
2005년 진실·화해를 위한 과거사 정리 위원회가 출범하자, 이 사건으로 무기징역을 선고받고 수감중 불법처형을 당한 이관술의 후손 손옥희가 진상조사를 신청했지만, 현재까지 조사되지 않고 있다.

8.10. 서울역사편찬원,《서울시헌장》, (서울: 서울역사편찬원, 2021), 19~28쪽.
특히 서울시를 '특별시'라고 칭하여 수도로서의 지위를 확인했다. 관할구역은 관할구역은 현 중구, 종로구, 동대문구, 성동구, 서대문구, 마포구, 룡산구, 영등포구였다. 한편 서울은 국내에서 유일한 '순한글'* 이름의 도시이다.

9.24. 정진아,〈미군정기의 경제와 사회〉, 정병준 외,《한국현대사 1》, (서울: 푸른역사, 2018), 172쪽.

10.1. 대구는 미군정기 당시 '조선의 모스크바'라고 불릴 정도로 사회주의 운동이 왕성하게 전개된 곳이었다. (정진아,〈미군정기의 경제와 사회〉, 정병준 외,《한국현대사 1》, (서울: 푸른역사, 2018), 171쪽.)

11.3. ● 앤드루 고든,《현대일본의 역사 2》, 개정판, 문현숙·김우영 옮김, (서울: 이산, 2015), 507쪽.
●●《일본국헌법》의 인용은 보훈처 산하 세계법제정보센터의 번역에 따랐다.

11.20. 홍선표,《한국 근대미술사》, (서울: 시공사, 2009), 276쪽.

11.25. 한성훈,〈전쟁의 공포와 반미 애국주의〉, 김학재 외,《한국현대 생활문화사: 1950년대》, (파주: 창비, 2016), 200~201쪽.

1947년

사진 C ● 폴 토머스 체임벌린,《아시아 1945~1990》, 김남섭 옮김, (서울: 이데아, 2023), 405쪽.
●● 같은 책 405~406쪽.

2.22. 김성보,《북한의 역사 1》, (서울: 역사비평사, 2011), 110~112쪽.

2.28. 한중일3국공동역사편찬위원회,《한중일이 함께 쓴 동아시아 근현대사 1》, (서울: 휴머니스트, 2012), 241쪽.
2·28 사건, 2·28 사변, 2·28 학살 등으로도 불린다.

3.1. ● 노영기,〈남북연석회의와 4·3사건〉, 정병준 외,《한국현대사 1》, (서울: 푸른역사, 2018)
●● 허호준,《4·3 19470301-19540921: 기나긴 침묵 밖으로》, (서울: 혜화1117, 2023), 63쪽.
●●●《제주4·3사건 진상규명 및 희생자 명예회복에 관한 특별법》제1조, (2022. 1. 11. 일부개정).

3.12. ● 한국미국사학회 엮음,《사료로 읽는 미국사》, (서울: 궁리, 2006), 356쪽.
●● 같은 책, 352쪽.

6.5. 르몽드 디플로마티크 기획,《하나일 수 없는 역사–르몽드 '역사 교과서' 비평》, (서울: 휴머니스트, 2017), 고광식 외 옮김, 94~95쪽.

6.17. 오진석,《한국 근현대 전력산업사》, (서울: 푸른역사, 2021), 291쪽.

주(註)

9. 17.	김보영, 〈단정노선과 통일노선의 갈등〉, 정병준 외, 《한국현대사 1》, (서울: 푸른역사, 2018), 191쪽.
12. 6.	김성보, 《북한의 역사 1》, (서울: 역사비평사, 2011), 135~137쪽.
12. 15.	김용옥, 《우린 너무 몰랐다-해방, 제주 4·3과 여순민중항쟁》, 증보개정판, (서울: 통나무, 2023), 163쪽.

1948년

그림 B	● 강요배 그림, 김종민 증언 정리, 《동백꽃 지다》, (파주: 보리, 2008), 164쪽.
	●● 〈제주 4·3 항쟁의 역사적 의미〉, 위의 책 강요배 그림, 김종민 증언 정리, 《동백꽃 지다》, 강인황 옮김, (파주: 보리, 2008), 148~155쪽.
4. 18.	선거 전 조지 마셜 미국 국무장관은 공산당이 승리하면 이탈리아 원조는 즉각 중단될 것이라고 경고했고, 교황 비오 '그리스도적 양심에 따른 엄숙한 시간이 다가왔다'고 말했다. (폴 긴스버그, 《이탈리아 현대사》, 안준범 옮김, (서울: 후마니타스, 2018), 170~172쪽.) 사회당과 공산당의 선거연합인 인민민주전선은 1946년 총선에 못 미치는 표를 얻었다.
5. 10.	한국역사연구회, 《시민의 한국사 2》, (파주: 돌베개, 2022), 349쪽.
5. 14.	북한 이날 정오 전력대금 미지불을 이유로 일방적으로 송전을 중단했다. 이에 따라 공장 휴업에 따라 실업자가 속출했고, 수돗물 공급에도 지장을 초래했다. (오진석, 《한국 근현대 전력산업사》, (서울: 푸른역사, 2021), 296~297쪽.) 이른바 이 '5·14 단전' 사태를 계기로 남한의 전력정책은 전반적으로 재검토되게 된다.
5. 26.	존 아일리프, 《아프리카의 역사》, 강인황 옮김, (서울: 가지않은길, 2002), 494쪽.
10. 9.	대한민국 법률 제6호로 제정된 이 법은 2005년 〈국어기본법〉으로 이전 보완되면서 폐지됐다. 교과서의 국한문 혼용은 1963년에 부활해 1971년이 되어서야 한글전용으로 바뀐다.

1949년

1. 13.	1. '任永信氏 當選抱負를 披瀝', 《경향신문》, 1949. 1. 16.
2. 19.	'世界氷上選手權大會逐終幕', 《조선일보》, 1949. 3. 10.
6. 5.	김학재, '자유진영의 최전선에 선 국민', 김학재 외, 《한국현대 생활문화사: 1950년대》, (파주: 창비, 2016), 43쪽.
7.	''우리의 盟誓', 文敎部서 制定', 《동아일보》, 1949. 7. 29.
8. 29.	르몽드 디플로마티크 기획, 《하나일 수 없는 역사 – 르몽드 '역사 교과서' 비평》, (서울: 휴머니스트, 2017), 고광식 외 옮김, 96~97쪽.
10. 7.	카트야 호이어, 《장벽 너머: 사라진 나라, 동독 1949~1990》, (파주: 서해문집, 2024), 송예슬 옮김, 121~122쪽.

1950년

1. 6.	이날부터 행정과 필기시험이 서울 경복중학교에서 실시되었고, 사법과는 24일부터 시작됐다. 고급관료를 시험으로 선발하는 이 제도는 1894년부터 일본제국에서 시행한 고등문관시험이었다.
1. 12.	한국역사연구회, 《시민의 한국사 2》, (파주: 돌베개, 2022), 361쪽.
2. 14.	클라우스 뮐한, 《현대 중국의 탄생》, 윤형진 옮김, (서울: 너머북스, 2023), 482쪽.
5. 30.	강준만, 《한국 현대사 산책: 1950년대편 1권》, (서울: 인물과사상사, 2004), 39쪽. 선거는 의원정수 210명에 출마 후보 2209명으로 평균 경쟁률이 10.5 대 1에 달할 정도로 치열했다.
7. 3.	전날인 2일 미군으로부터 전투폭격기 F-51 머스탱 10대를 이양받은 바로 다음날인 이날 공군은 대구에서 3개 편대가 서울로 출격했다. 공군은 이날을 '조종사의 날'로 지정해 기념하고 있다.
7. 5.	정환빈, 《팔레스타인, 100년 분쟁의 원인》, (서울: 인세50, 2023), 107쪽.
7. 22.	백원권과 천원권으로 발행된 이 최초의 대한민국 한국은행권은 일본 대장성 조폐청에서 제작되어 7월 13일과 14일에 걸쳐 미군용기편으로 김해공항에 도착해 이날 대구에서 최초로 발행되어 유통되기 시작했다. 전쟁 중 북한에 의한 조선은행권 불법 유통을 차단하는 동시에 물가를 안정시키기 위해(한국은행, 《한국은행법 제정사》, (서울: 한국은행, 2020), 146쪽.) 발행됐다.
9. 6.	부산의 제2훈련소 예속으로 창설된 이 교육대에는 제1기 500명의 여성이 입소했고, 9월 6일 그 중 9명을 제외한 491명이 장교, 부사관, 병 등으로 복무했다.
9. 28.	우여곡절 끝에 이날 중앙청에 태극기와 유엔기를 올렸으나 서울과 중부지역의 북한군은 이미 후퇴한 뒤였다. 인천상륙작전이 시작된 지 13일의 시간 동안 철수하지 못한 북한군은 산으로 올라가 빨치산 활동을 시작했다. 정규군 출신인 이들은 '남부군'이라는 빨치산 측수부대로 재편됐다. (박태균, 《한국전쟁》, (서울: 책과함께, 2005), 214쪽.)
10. 1.	● Alan M. Turing, "Computing Machinery and Intelligence." *Mind*, vol. 59, no. 236, 1950, p. 433.
	●● 존 에이거, 《20세기, 그 너머의 과학사》, 김명진 옮김, (서울: 뿌리와이파리, 2023), 516쪽.
10. 9.	고양경찰서의 지휘를 받는 경찰과 우익단체 회원들이 10월 9일부터 25일까지 200여 명(신기철, 《황금무덤 금정굴 거짓에 맞서다》, (고양: 금정굴인권평화재단 인권평화연구소, 2018), 434쪽.)의 경기도 고양 지역 주민을 금정굴, 방공호, 공동묘지, 뒷산 계곡 등에서 학살한 후 매장했다. 부역혐의자 본인이거나 그 가족이라는 이유였다. (같은 책, 830쪽)
9. 15.	KBS 다큐 인사이트 〈미중전쟁〉 제작팀, 《1950 미중전쟁》, (서울: 책과함께, 2021), 95쪽.
10. 19.	KBS 다큐 인사이트 〈미중전쟁〉 제작팀, 《1950 미중전쟁》, (서울: 책과함께, 2021), 115쪽.

1951년

3. 10.	김성수, 〈6.25전쟁기 북한 문예운동사 연구–통합 '조선문학예술총동맹'의 결성(1951.3)에서 해체(1953.9)까지〉, 《한국학연구》, 제73집. (인천: 인하대학교 한국학연구소, 2024), 531쪽.
4. 11.	KBS 다큐 인사이트 〈미중전쟁〉 제작팀, 《1950 미중전쟁》, (서울: 책과함께, 2021), 214쪽.
5. 4.	강준만, 《한국 현대사 산책: 1950년대편 1권》, (서울: 인물과사상사, 2004), 266쪽.
7. 10.	양영조, 〈한국전쟁의 전개 과정과 영향〉, 정병준 외, 《한국현대사 1》, (서울:푸른역사, 2018), 282쪽.
9. 8.	● 앤드루 고든, 《현대일본의 역사 2》, (개정판), 문현숙·김우영 옮김, (서울: 이산, 2015), 529쪽.
	●● 유용태·박진우·박태균, 《함께 읽는 동아시아 근현대사》, (개정판), (파주: 창비, 2016), 537쪽.
10. 23.	서중석, 《이승만과 제1공화국》, (서울:역사비평사,2007), 213쪽.
12. 23.	홍석률, 〈이승만 정권과 4월혁명〉, 홍석률 외 지음, 《한국현대사 2》, (서울: 푸른역사, 2018), 22쪽.

1952년

사진 C	에두아르도 갈레아노, 《오늘의 역사 역사의 오늘: 알려지지 않은 세계사의 365장면》, 남진희 옮김, (버터북스, 2024) 226쪽.
1. 18.	홍석률, 〈이승만 정권과 4월 혁명〉, 홍석률 외, 《한국현대사 2》, (서울:푸른역사, 2018), 23쪽.
4. 26.	'理學三 文學二 醫學一, 韓國最初의 博士學位', 《동아일보》, 1952. 4. 25.
11. 1.	'순천고 김승옥, 춘천고 전상국, 보성고 조해일, 마산고 이제하, 경복고 황석영, 서울중 황동규, 서울중 마종기 등이 이 잡지의 문단에 글을 선보였고 학원문학상을 수상했다. (박숙자, 《살아남지 못한 자들의 책 읽기》, (서울: 푸른역사, 2017), 84~87쪽).
11. 26.	찰스 패너티, 《문화와 유행상품의 역사 2》, 이용웅 옮김, (서울: 자작나무, 1997), 261쪽.
12. 5.	존 맥닐, 〈인류세, 인간과 그들의 행성〉, 《하버드-C.H. 베크 세계사: 1945년 이후》, 이리에 아키라 엮음, 이동기 외 옮김, (서울: 민음사, 2018), 405쪽.

주(註)

1953년

사진 B	한국역사연구회, 《시민의 한국사 2》, (파주: 돌베개, 2022), 366쪽.
1. 5.	〈고도를 기다리며〉는 부조리극의 선구적인 작품으로 널리 알려진 이 작품은 1961년 한국 무대에 처음 올려진다.
3. 5.	헬무트 알트리히터, 《소련 소사》, (서울: 창작과비평사, 2010), 135쪽.
4. 13.	프레데리크 루빌루아, 《베스트셀러의 역사》, 이상해 옮김, (서울: 까치 2014), 202쪽.
7. 3.	● '姦通罪에는 兩刑制, 國會通過 男女平等에 劃期的新立法', 《경향신문》, 1953. 7. 5.
	●● 한국역사연구회, 《시민의 한국사 2》, (파주: 돌베개, 2022), 491쪽.
8. 5.	● 김성보, 《북한의 역사 1》, (서울: 역사비평사, 2011), 187쪽
	●● 같은 책, 189쪽.
8. 19.	유흥태, 《이란의 역사》, (서울: 파주, 2008), 82쪽.
8. 20.	존 아일리프, 《아프리카의 역사》, 강인황 옮김, (서울: 가지않은길, 2002), 409쪽.
10. 1.	한국역사연구회, 《시민의 한국사 2》, (파주: 돌베개, 2022), 403쪽.
12. 1.	도널드 서순, 《유럽 문화사 V》, (서울: 뿌리와이파리, 2012), 오숙은 외 옮김, 285~286쪽.

1954년

사진 B	대한민국역사박물관, 《베스트셀러로 읽는 시대의 자화상》, (서울: 대한민국역사박물관 2021), 13쪽.
3. 7.	'勝利할 自信있다', 《경향신문》, 1954. 2. 23.
4. 1.	산업은행은 국민경제의 안정과 산업부흥의 발전을 촉지하기 위한 중요산업자금을 융자관리함을 목적으로 출자금 4억 환을 정부가 전액 출자해('産業銀行이란?', 《경향신문》, 1954. 3. 1.) 설립한 국책은행이다.
5. 17.	앨런 브링클리, 《있는 그대로의 미국사 3》, 황혜성 외 옮김, (서울: 휴머니스트, 2011), 362쪽.
	대법원장 얼 워런은 "공립학교에서 '분리하되 평등한' 원리는 더 이상 받아들여지지 않는다"며 "분리된 학교시설은 본질적으로 불평등하다"고 판결했다.(한국미국사학회 엮음, 《사료로 읽는 미국사》, (서울: 궁리, 2006), 399쪽.) 민권운동의 중요한 전환점으로 평가받는 이 판결은 흑인의 법적 지위에 실질적인 혁명을 가져다준다.
5. 20.	한국역사연구회, 《시민의 한국사 2》, (파주: 돌베개, 2022), 373쪽.
7. 3.	● '현철자법은 빨리 버려라', 《조선일보》, 1954. 3. 29.
	●● '國民의 願하는대로', 《조선일보》, 1955. 9. 20.
7. 21.	마이클 하워드, 로저 루이스, 《20세기의 역사》, 차하순 외 옮김, (서울: 가지않은길, 2000), 357쪽.
7. 25.	강준만, 《한국 현대사 산책: 1950년대편 2권》, (서울: 인물과사상사, 2004), 199쪽.
8. 23.	독도의용수비대의 정확한 발대와 해산 일자, 대원수와 관련해서는 아직까지 논란이 있다. (김선식, "독도의용수비대, 활동 기간 · 대원 수 날조됐다", 《한겨레21》, 1180호, 2017. 9. 25.)
스타치약	1955. 7. 8. 《동아일보》에 실린 광고.

1955년

그림 A	● "朴仁秀에 無罪言渡", 《동아일보》, 1955. 7. 23.
	●● 이하나, 〈전쟁미망인 그리고 자유부인〉, 김학재 외, 《한국현대 생활문화사: 1950년대》, (파주 2016) 중 73쪽.
사진 B	"시-발自動車④", 《동아일보》 1955. 10. 7.
4. 18.	르몽드 디플로마티크 기획, 《하나일 수 없는 역사: 르몽드 '역사 교과서' 비평》, 고광식 외 옮김, (서울: 휴머니스트, 2017), 139쪽.
5. 25.	● 김성보, 《북한의 역사 1》, (서울: 역사비평사, 2011), 224쪽.
	●● 한중일3국공동역사편찬위원회, 《한중일이 함께 쓴 동아시아 근현대사 1》, (서울: 휴머니스트, 2012), 175쪽.
6. 2.	이언 커쇼, 《유럽 1950~2017: 롤러코스터를 타다》, 김남섭 옮김, (서울: 이데아, 2020), 329~330쪽.
7. 8.	● '國民服着用 國會政府에 建議', 《동아일보》, 1955. 7. 9.
	●● 전우용, 《우리 역사는 깊다 1》, (서울: 푸른역사, 2015), 295쪽.
8. 1.	'三八線以南領土收復을 決意, 政府서 重大聲明發表', 《동아일보》, 1955. 8. 3.
8. 17.	● '對日協商斷念 · 交易禁止', 《조선일보》, 1955. 8. 19.
	●● 이영덕, 《한일 과거사 처리의 원점》, (서울: 서울대학교 출판부, 1996), 86~87쪽.
8. 23.	'「피아골」檢閱通過!', 《조선일보》, 1955. 8. 24.
9. 14.	강준만, 《한국 현대사 산책: 1950년대편 2권》, (서울: 인물과사상사, 2004), 272쪽.
9. 18.	한국역사연구회, 《시민의 한국사 2》, (파주: 돌베개, 2022), 375쪽.
10. 7.	대한민국역사박물관 편, 《한국인의 일상을 바꾼 나날들》, (서울: 대한민국역사박물관, 2022), 60쪽.
10. 26.	마이클 하워드, 로저 루이스, 《20세기의 역사》, 차하순 외 옮김, (서울: 가지않은길, 2000), 357쪽.
12. 1.	워킹클래스히스토리, 《노동계급 세계사》, 유강은 옮김, (파주: 오월의봄, 2023), 140~141쪽.
	이에 앞서 3월 2일 같은 몽고메리에서 15세 아프리카계 미국인 클로뎃 콜빈이 똑같은 일을 당했다. 이 사건 역시 민권운동을 위해 의제화하려는 시도가 있었지만, 그의 피부색과 노동빈민 출신이라는 점이 문제가 돼서 포기됐다. 부르주아 흑인들이 노동계급 흑인들을 깔본 경우였다. (같은 책, 84쪽.)

1956년

사진 C	독일 · 프랑스 공동역사교과서편찬위원회 기획, 《독일 프랑스 공동 역사교과서》, 김승렬 외 옮김, (서울: 휴머니스트, 2008), 118쪽.
1. 30.	친일인명사전편찬위원회, 《친일인명사전 1》, (서울: 민족문제연구소, 2009), 637쪽.
2. 25.	● 흐루쇼프의 연설문은 동유럽 국가들에 빠르게 유포되었고, 6월부터는 《뉴욕 타임스》와 《르 몽드》 등 서방 언론이 보도하기 시작했다. (필립 뷔통, 《유예된 유토피아, 공산주의》, 류한수 옮김, (서울: 부키, 2005), 102쪽), 스탈린에 대한 비판이 세상에 알려지자 개혁의 요구는 더욱 뚜렷해진다. 이 해 여름 폴란드에서는 탄압으로 인해 약 70명의 사망자가 발생하는 사건이 일어났고, (필립 뷔통, 같은 책, 102쪽), 10월에는 헝가리에서 혁명이 일어났다.
	●● 올랜도 파이지스, 《혁명의 러시아 1891~1991》, 조준래 옮김, (서울: 휴머니스트, 2017), 102쪽.
	●●● 헬무트 알트리히터, 《소련 소사: 1917~1991》, 최대희 옮김, (서울: 창작과비평사, 1997), 140쪽.
5. 6.	김호기, 〈전후 문학 세대 논쟁〉, 김호기 · 박태균, 《한국 현대사 산책: 1970년대편》, (서울: 메디치, 2019), 85쪽
8. 30.	● 정병준 외, 《한국현대사 2》, (서울: 푸른역사, 2018), 356쪽.
	●● 정창현, 〈전후 북한 사회의 변화와 김정은체제의 등장〉, 홍석률, 박태균, 정창현, 《한국 현대사 2》, (서울: 푸른역사, 2018), 355~356쪽.
	●●● 김재웅, 《예고된 쿠데타, 8월 종파사건》, (서울: 푸른역사, 2024), 536쪽.
9. 28.	민주당 전당대회 참석 도중 김상붕이 쏜 총에 맞아 왼손에 부상을 당했다.
11. 10.	● 홍석률, 〈이승만 정권과 4월 혁명〉, 홍석률 외, 《한국현대사 2》, (서울:푸른역사, 2018), 33~37쪽.
	●● 서중석, 《이승만과 제1공화국》, (서울: 역사비평사, 2007), 180쪽.

1957년

1. 1.	● 조수룡, 〈악순환의 기원-1950년대 후반 북한의 재정위기와 제1차 5개년계획(1957~61)〉, 《한국민족운동사연구》 112권, (서울: 한국민족운동사학회, 2022), 174쪽.
	●● 같은 글, 212쪽.
1. 28.	김성민, 《일본을 禁하다-금제와 욕망의 한국 대중문화사 1945~2004》, (서울: 글항아리, 2017), 163쪽.
3. 25.	독일 · 프랑스 공동역사교과서편찬위원회 기획, 《독일 프랑스 공동 역사 교과서》, 김승렬 외 옮김, (서울: 휴머니스트, 2008), 133쪽.

주(註)

4.3.	박주석, 《한국사진사》, (파주: 문학동네, 2021), 386쪽.
5.11.	● '壇上壇下 與黨을 爲해 鐘은 울었다', 《동아일보》, 1957. 5. 17. ●● '粉乳給食施設, 調査結果殆無', 《조선일보》, 1957. 5. 19.

1958년

사진 A	서중석, 《이승만과 제1공화국》, (서울: 역사비평사, 2007), 187쪽.
사진 C	● 클라우스 뮐한, 《현대 중국의 탄생》, 윤형진 옮김, (서울: 너머북스, 2023), 563쪽. ●● 조너선 D. 스펜스, 《현대중국을 찾아서》, 2권, 김희교 옮김, (서울: 이산, 1998), 170쪽.
1.11.	'進步黨間諜浸透事件擴大', 《경향신문》, 1958. 1. 14.
1.21.	'明年까지 文盲完全退治', 《동아일보》, 1958. 1. 22.
2.14.	유진 로건, 《아랍: 오스만 제국에서 아랍 혁명까지》, (개정판), 이은정 옮김, (서울: 까치, 2022), 440쪽.
2.22.	유진 로건, 같은 책, 438쪽. 통일아랍공화국은 1961년 시리아가 탈퇴에도 불구하고 1971년까지 명목상으로는 유지된다.
7.13.	강헌, 《전복과 반전의 순간 1》, (파주: 돌베개, 2015), 72쪽.
7.14.	유진 로건, 《아랍: 오스만 제국에서 아랍 혁명까지》, (개정판), 이은정 옮김, (서울: 까치, 2022), 449쪽.
8.8.	'保安法에 걸린 雜誌論文', 《경향신문》, 1958. 8. 9.
8.29.	조너선 D. 스펜스, 《현대중국을 찾아서》, 2권, 김희교 옮김, (서울: 이산, 1998), 164쪽.
10.4.	독일·프랑스 공동역사교과서편찬위원회 기획, 《독일 프랑스 공동 역사교과서》, 김승렬 외 옮김, (서울: 휴머니스트, 2008), 250쪽.
10.25.	● '世界文學 全集, 正音社에서 刊行', 《경향신문》, 1958. 10. 29. ●● 박종화, '正音社刊行, 『世界文學 全集』', 《조선일보》, 1958. 11. 22. 하지만 이문구는 《월곡후야》에서 개칠 수준의 번역이라고 일갈한 뒤 신종직업으로 세계문학 개칠사를 소개했다. 하지만 그래도 우리에게 세계 문학이 있었고 함부로 소장할 수 있었다. (박숙자, 《살아남지 못한 자들의 책 읽기》, (서울: 푸른역사, 2017), 100쪽.)
10.29.	최효안, 《노라노》, (서울: 마음산책, 2017), 116쪽.
12.24.	서중석, 《이승만과 제1공화국》, (서울: 역사비평사, 2007), 192쪽.

1959년

사진 C.	송기도, 《콜럼버스에서 룰라까지》, (서울: 개마고원, 2003), 147쪽.
1.22.	'反共靑年團 發足', 《경향신문》, 1959. 1. 22.
3.10.	'처음맞는 우리 勞動節 三月十日', 《동아일보》, 1959. 2. 3.
3.19.	'宣言文', 《경향신문》, 1959. 3. 19. 결성 선언문에서 '3·1 정신의 숭고한 정신을 계승, 귀감삼는다'는 거창한 명분을 내세웠지만, 사실은 정치깡패 임화수를 단장으로 하는 어용문화단체에 불과했다. 그는 자유당의 비호를 받으며 연예계의 대통령으로 군림하며 이승만 정권의 선전대 역할을 했다. 덕분에 문교부 장관 하마평에 오르기도 했지만, 5·16 쿠데타 후, 군부가 벌인 연예계 정화 사업 과정에서 체포되어 사형당한다.
3.20.	강준만, 《한국 현대사 산책: 1950년대편 3권》, (서울: 인물과사상사, 2004), 301~302쪽.
5.9.	'年間成長率은 5%', 《동아일보》, 1959. 5. 10.
6.15.	'政府通商中斷을 宣言', 《조선일보》, 1959. 6. 16.
7.17.	'죽음의 밤이 된 市民慰安의 밤', 《조선일보》, 1959. 7. 18.
9.28.	'一着에 李選手', 《조선일보》, 1959. 9. 28.
11.26.	서중석, 《이승만과 제1공화국》, (서울: 역사비평사, 2007), 213쪽.
○	정소연, 〈우리나라 백과사전 출판의 역사와 현황〉, 《출판저널》, (서울: 대한출판문화협회, 1992), vol. 101, 10쪽.
바비 인형	찰스 패너티, 《문화와 유행상품의 역사 2》, 이용웅 옮김, (서울: 자작나무, 1997), 271쪽.

1960년

1.19.	● 앤드루 고든, 《현대 일본의 역사 2》, (개정판), 문현숙·김우영 옮김, (서울: 이산, 2015), 589쪽. ●● 유용태·박진우·박태균, 《동아시아 근현대사》, (개정판), (파주: 창비, 2016), 538쪽.
2.28.	학생들이 대구에서 열린 민주당 유세에 참여하지 못하도록 이날이 일요일이었음에도 강제 등교시킨 것이다. 이를 계기로 공명선거를 촉구하는 고등학생들의 시위가 전국에서 일어났다.
3.15.	한국역사연구회, 《시민의 한국사 2》, (파주: 돌베개, 2022), 377쪽.
4.11.	한홍구, 《민주주의 역사 공부 1 - 4·19혁명》, (파주: 창비, 2020), 53쪽.
5.9.	그럼에도 전 세계에서 매년 2만 9천여 명의 성인여성과 소녀들이 원치 않는 임신 그리고 안전하지 않은 임신 중절로 사망하고 있다.
6.30.	● 이어 8월 15일, 프랑스령 콩고도 콩고 공화국이란 같은 이름으로 독립했다. 이에 벨기에령 콩고는 프랑스에서 독립한 콩고 공화국과 구별하기 위해 1964년, 콩고 민주공화국, 1971년 자이르, 1992년 다시 콩고 민주공화국으로 국명을 바꾼다. ●● 존 아일리프, 《아프리카의 역사》, 강인황 옮김, (서울: 가지않은길, 2002), 454쪽.
7.29.	야당인 민주당이 민의원(하원) 233석 중 175석, 참의원(상원) 58석 중 31석을 차지했다.
12.30.	이날 그는 자신이 '경무대라면 구정권의 실정으로 미루어 국민들의 원부(怨府)가 되어 있는 것을 생각'한 끝에 '지금 건물이 푸른 기와로 되어' 있으니 '새해부터 청와대로 국민들이 불러주기를 바란다'는 내용의 담화를 발표했다. ('靑瓦臺로 고친다 景武臺 새이름', 《조선일보》, 1960. 12. 30.)

1961년

사진 C	요미우리 신문사, 《20세기의 드라마 II》, 이종주 옮김, (서울: 새로운사람들, 1996), 388~389쪽.
1.18.	강준만, 《한국 현대사 산책: 1960년대편 2권》, (서울: 인물과사상사, 2004), 96~97쪽.
4.	● '週刊『演藝 스포츠』四月初旬부터 創刊)', 《경향신문》, 1961. 4. 6. ●● 김학균·남정석·배성민, 《기억을 공유하라! 스포츠 한국사》, (파주: 이콘, 2000), 65쪽.
4.17.	송기도, 《콜럼버스에서 룰라까지》, (서울: 개마고원, 2003), 151쪽.
5.28.	● Peter Benenson, 'The Forgotten Prisoners', *The Observer*. 28 May 1961. ●● 국제앰네스티 홈페이지 https://www.amnesty.org/en/about-us/
6.10.	서중석, 《사진과 그림으로 보는 한국 현대사》, (개정증보판), (서울: 웅진씽크빅, 2013), 288쪽.
7.1.	18일 윤보선 대통령, 박정희 국가재건최고회의 의장 등이 참석한 가운데 성대한 창립식이 거행됐다. 1982년 한국전력공사로 바뀐 후 현재 산업통상자원부 산하 시장형 공기업인 이 회사는 한성전기회사가 설립된 1898년 1월 26일을 창립기념일로 기념하고 있다.
9.19.	5·16 군사쿠데타가 일어나자 문교부는 유사단체 통합에 나섰다. 이에 따라 여러 무도 단체가 논란 끝에 '태수도'란 명칭으로 통합됐다. 태권도의 '태'와 공수도의 '수'를 합친 이름이었다. 이 어정쩡한 단체명은 1965년 '대한태권도협회'로 개칭된다.
12.5.	'복개도로 開通', 《조선일보》, 1961. 12. 5.
12.6.	양재모, 〈우리나라 인구정책의 종합분석〉, 《한국인구학회지》, 9(1) (서울: 한국인구학회: 1981), 2쪽.

1962년

사진 A	● '經濟開發五個年計劃 發表', 《동아일보》, 1962. 1. 14. ●● 박태균, 《박정희 정부와 유신체제》, 《한국 현대사 2》, (서울: 푸른역사, 2018), 92쪽.
사진 C	레이첼 카슨, 《침묵의 봄》, (개정증보판), 김은령 옮김, (서울: 에코리브르, 2024), 60~61쪽.
1.20.	● '영화「내시」입건', 《경향신문》, 1969. 7. 16.

주(註)

	●● 황지우, 〈새들도 세상을 뜨는구나〉,《새들도 세상을 뜨는구나》, (서울:문학과지성, 1983), 37쪽.
3. 16.	● '最高會議 政治活動 淨化法案을 通過',《조선일보》, 1962. 3. 16.
	●● '정치활동정화법'(1962. 3. 16. 제정/1962. 3. 16. 시행) 제1조. 본법은 국가재건비상조치법 제22조 제3항의 규정에 의하여 정치활동을 정화하고 참신한 정치도의를 확립함을 목적으로 한다.
6. 1.	조희연,《박정희와 개발독재시대》, (서울: 역사비평사, 2007), 54쪽.
6. 10.	이장규,《대한민국 대통령들의 한국경제 이야기 1》, (파주: 살림, 2014), 57쪽.
7. 9.	마크 애론슨,《도발: 아방가르드의 문화사, 몽마르트에서 사이버 컬쳐까지》, 장석봉 옮김, (서울: 이후, 2002), 211쪽.
9. 27.	유진 로건,《아랍: 오스만 제국에서 아랍 혁명까지》, (개정판), 이은정 옮김, (서울: 까치, 2022), 471쪽.
10. 20.	클라우스 뮐한,《현대 중국의 탄생》, 윤형진 옮김, (서울: 너머북스, 2023), 585쪽.
10. 22.	마이클 하워드, 로저 루이스,《20세기의 역사》, 차하순 외 옮김, (서울: 가지않은길, 2000), 258쪽.
10. 23.	다카시마 고,《스포츠로 보는 동아시아》, 장원철·이화진 옮김, (서울: 에이케이커뮤니케이션즈, 2023), 167쪽.
12. 1.	● 박해천,《콘크리트 유토피아》, (서울: 자음과모음, 2011), 209쪽.
	●● 「샤워」에「스팀」까지,《경향신문》, 1962. 11. 15.
12. 10.	● 김태환,〈북한의 4대군사노선 채택의 파장〉,《북한》, 제164호, (서울: 북한연구소, 1985), 100쪽.
	●● 이종석,《북한의 역사 2》, (서울: 역사비평사, 2011), 53쪽.

1963년

사진 B	박태균,〈박정희 정부 수립과 유신체제〉, 홍석률 외,《한국현대사2》, (서울: 푸른역사, 2018), 94~96쪽.
사진 C	한국미국사학회 엮음,《사료로 읽는 미국사》, (서울: 궁리, 2006), 444쪽.
2. 1.	'豪華版圓形競技場',《조선일보》, 1963. 2. 2.
2. 26.	그러나 쿠데타 세력의 민정 참여 시도에 대한 반발이 야권뿐만 아니라 군사정권 내부, 심지어는 미국 정부에서까지 나오자 창당도 되기 전인 18일 박정희는 민정 불참을 선언했고, 김종필 전 중앙정보부장은 하루 전인 25일 외국으로 떠났다. 공화당은 이 해 10월 박정희의 대통령 당선과 함께 1980년까지 17년간 집권여당의 자리를 꿰찬다.
5. 25.	존 아일리프,《아프리카의 역사》, 강인황 옮김, (서울: 가지않은길, 2002), 460쪽.
8. 28.	한국미국사학회 엮음,《사료로 읽는 미국사》, (서울: 궁리, 2006), 444쪽.
8. 31.	'朴正熙 大將 豫編',《경향신문》, 1963. 8. 30.

1964년

그림 C	강헌,《전복과 반전의 순간》 1, (파주: 돌베개, 2015), 81쪽.
6. 3.	조희연,《박정희와 개발독재시대》, (서울: 역사비평사, 2007), 64~66쪽.
7. 2.	한국미국사학회 엮음,《사료로 읽는 미국사》, (서울: 궁리, 2006), 456쪽.
8. 7.	한국미국사학회 엮음, 앞의 책 573쪽.
10.	김태호,《한글과 타자기》, (서울: 역사비평사, 2023), 164쪽.
10. 14.	마이클 하워드, 로저 루이스,《20세기의 역사》, 차하순 외 옮김, (서울: 가지않은길, 2000), 287쪽.
11. 10.	한창균,〈석장리 구석기유적 발굴의 학사적 의의〉,《한국구석기학보》, 제31호, (고양: 한국구석기학회, 2015), 4쪽.
11. 30.	● '1億2千萬弗 輸出目標 達成',《조선일보》, 1964. 12. 2.
	●● 이장규,《대한민국 대통령들의 한국경제 이야기 1》, (파주: 살림, 2014), 74쪽.
12. 7.	최창봉·강현두,《우리 방송 100년》, (서울: 현암사, 2001), 175쪽.
○	● 최규성, '최규성의 LP 이야기 – 찜통더위 속 '만식 녹음'이 대박 났다',《한겨레》, 2019. 5. 24.
	●● 장유정,《트로트가 무어냐고 물으신다면》, (서울: 도서출판 따비, 2021), 37쪽.
	●●● 이영훈,《그 노래는 왜 금지곡이 되었을까》, (고양: 휴엔스토리, 2021), 18~19쪽.

1965년

2. 21.	요미우리 신문사,《20세기의 드라마 III》, 이종주 옮김, (서울: 새로운사람들, 1996), 333쪽.
6. 30.	김학균, 남정석, 배성민,《기억을 공유하라! 스포츠 한국사》, (파주: 이콘, 2000), 24~26쪽.

1966년

사진 B	정희준,《스포츠 코리아 판타지》, (서울: 개마고원, 2009), 85쪽.
3. 7.	유용태·박진우·박태균,《함께 읽는 동아시아 근현대사》, (개정판), (파주: 창비, 2016), 526쪽.
3. 20.	'增派案 國會通過',《동아일보》, 1966. 3. 21.
3. 31.	조희연,《박정희와 개발독재시대》, (서울: 역사비평사, 2007), 79쪽.
6. 14.	니콜로 마키아벨리, 갈릴레오 갈릴레이, 코페르니쿠스, 르네 데카르트, 존 밀턴 등의 저서가 금서 목록에 올랐지만, 일반적인 기대와는 달리 찰스 다윈의 책은 목록에 오른 적이 없다.
7. 9.	한홍구,《대한민국史》, 1, (서울: 한겨레신문사, 2003), 233쪽.
7. 11.	한편 지역예선에서 북한에 질지도 모른다고 우려한 박정희 정권은 거금 5000달러를 벌금으로 물고 대표팀 불참을 결정했다.
7. 29.	김우재,《과학의 자리》, (파주: 김영사, 2021), 364쪽
8. 1.	'현금대신 乘車券制',《동아일보》, 1966. 6. 29.
8. 27.	'國威誇示의 決戰場',《경향신문》, 1966. 8. 27.
9. 22.	국회사무처,〈제58회 국회회의록 제14호〉, (1966년 9월 22일), 27쪽.
12. 27.	김형석,〈스크린쿼터 사수에 나서다〉, 한국영화100년기념사업추진위원회 엮음,《한국영화 100년 100경》, (파주: 돌베개, 2019), 217쪽 .

1967년

사진 B	● '洪吉童',《동아일보》, 1967. 1. 14.
	●● '홍길동 광고',《동아일보》, 1967. 1. 24.
2. 9.	고유경,〈주한미군 범죄 현황과 문제점〉, 참여연대,《아름다운 사람들이 만드는 참여사회》 2006. 9. (서울: 참여연대, 2006), 58쪽.
3. 29.	'陽地축구팀 發足',《경향신문》, 1967. 3. 29.
6. 8.	서중석,《대한민국 선거이야기》, (서울: 역사비평사, 2008), 150쪽.
8. 8.	2022년 기준 역내 GDP가 10조 2천억 달러로 전 세계 GDP의 약 6.5%를 차지하고 있다. 한국은 1997년 탄생한 ASEAN+3에 중국, 일본과 함께 참여해왔다.
10. 9.	● 필립 뷔통,《유예된 유토피아, 공산주의》, (서울: 부키, 2005), 소민영 옮김, 170쪽.
	●● Bill Ayers and Michael Steven Smith, as quoted in "It Has Been 50 Years Since Che Guevara Was Murdered", *The Nation* (October 9, 2017)

1968년

사진 B	'朴大統領도 주민등록증',《조선일보》, 1968. 11. 22.
1. 5.	중부 유럽에서 유토피아적 이데올로기의 틀에 속한 공산주의를 소생시키려는 마지막 시도였다. (자크 루프닉,《오늘의 동유럽: 자유와 평등의 갈림길에서》, 윤덕희 옮김, (서울: 문학과지성사, 1990) 206쪽.)
1. 30.	● '뗏'은 음력설에 해당하는 베트남의 명절이다. 전에는 뗏을 전후해 2주일가량 휴전하는 것이 관례처럼 되어 있었다. '뗏 공세'는 이런 허를 찌른 것이었다. (유인선,《베트남의 역사》, (서울: 이산, 2018), 409~410쪽.)
	●● 같은 책, 412쪽.
4. 21.	● '오늘 第1回「科學의 날」科學行政 1年',《조선일보》, 1968. 4. 21.
	●● 백욱인,《번안 사회–제국과 식민지의 번안이 만든 근대의 제도, 일상, 문화》, (서울: 휴머니스트, 2018), 86쪽.
5. 13.	류호준,〈부산청십자의료보험조합의 설립과 운영의 의의〉,《장신논단》, 53권 3호, (서울: 장로회신학대학교 출판부, 2021), 16~17쪽.

주(註)

7. 15.	'中學入試 제도 廢止', 《동아일보》, 1968. 7. 15.
11. 29.	● "'電車안녕 목메인 종점입니다" 마지막 走者 303호', 《동아일보》, 1968. 11. 30.
	●● 정명섭, 《근대 사물 탐구 사전》, (서울: 초록비책공방, 2022), 55쪽.
12. 19.	● 전우용, 《잡동산이 현대사-2 사회·문화》, (서울: 돌베개, 2023), 113쪽.
	●● '豫想보다 나쁜 成績 3百60점 滿點에 커트라인 百52점', 《조선일보》, 1968. 12. 31.

1969년

1. 1.	'朴大統領 新年辭 (요지) 싸우며 건설하는해', 《동아일보》, 1969. 1. 1.
3. 2.	클라우스 뮐한, 《현대 중국의 탄생》, 윤형진 옮김, (서울: 너머북스, 2023), 609쪽.
3. 22.	'3.1高架도로 개통', 《경향신문》, 1969. 3. 22.
3. 25.	'우리나라 처음 腎臟 이식 성공', 《경향신문》, 1969. 3. 26.
7. 25.	강만길, 《고쳐 쓴 한국현대사》, (파주: 창비, 2006), 305쪽.
9. 19.	● 강헌, 《강헌의 한국대중문화사 2》, (파주: 돌베개, 2016), 279~280쪽.
	●● 신성원, 《우리가 정말 알아야 할 우리 대중가요》, (서울: 현암사, 2008), 164쪽
9. 26.	김경호·하웅용, 〈국내 첫 스포츠신문의 창간과 일간스포츠의 변천〉, 《한국체육사학회지》, 제22권, 2호, (진주: 한국체육사학회, 2017), 2쪽.
딱풀	제임스 워드, 《문구의 모험》, 김병화 옮김, (서울: 어크로스, 2015), 265~266쪽.

1970년

3. 5.	5대 핵보유국(P5) 중 소련, 영국, 미국은 NPT에 서명했지만, 프랑스와 중국은 서명하지 않았다. 이 두 국가는 1992년이 되어서야 조약에 가입한다.
4. 22.	● 황병주, 〈새마을운동과 농촌탈출〉, 김경일 외, 《한국현대 생활문화사: 1970년대》, (파주: 창비, 2016), 96~97쪽.
	●● 박태균, 〈박정희 정부 수립과 유신체제〉, 홍석률 외, 《한국현대사 2》, (서울: 푸른역사, 2018), 261쪽.
5. 1.	리처드 닉슨 대통령이 캄보디아 진군을 명령했다. 북베트남군 은신처를 공격하는 것이지 캄보디아를 침공하는 것은 아니라고 했다. 국경을 넘은 확전은 국제 사회의 반발에 직면했고 결국 두 달 후인 6월 29일 미군은 캄보디아에서 철수한다.
7. 1.	대한민국역사박물관 편, 《한국인의 일상을 바꾼 나날들》, (서울: 대한민국역사박물관, 2022), 153쪽.
7. 7.	'서울人口 내일로 5百萬 돌파', 《매일경제신문》, 1970. 7. 7.
8.	김치수, 〈《문학과지성》의 창간〉, 권오룡 등 엮음, 《문학과지성사 30년 1975~2005》, (서울: 문학과지성사, 2005), 43쪽.
8. 15.	박정희 〈25주년 광복절 경축사〉
9. 6.	이 중 세 대는 요르단 사막 지역에 있는 도슨 기지에 강제 착륙했고 승객들은 인질로 잡혔다. 사태는 요르단의 개입으로 30일 팔레스타인 게릴라 네 명을 석방하는 대가로 인질을 모두 석방하는 합의가 이뤄지면서 종료됐다.
11. 2.	김성보·기광서·이신철, 《사진과 그림으로 보는 북한 현대사》, (개정증보판), (서울: 웅진씽크빅, 2014), 260~270쪽.
○	● 이영미, 《한국대중가요사》, (서울: 민속원, 2006), 261쪽.
	●● 강헌, 《전복과 반전의 순간 1》, (파주: 돌베개, 2015), 138쪽.

1971년

2. 12.	강준만, 《한국 현대사 산책: 1970년대편 1권》, (서울: 인물과사상사, 2002), 244쪽.
2. 23.	'閣議의결 大學生教鍊 필수 確定', 《동아일보》, 1971. 2. 24.
3. 1.	'愛國歌 영화 劇場서 上映', 《경향신문》, 1971. 3. 4.
3. 6.	● '「수사반장」 다시 放映 MBC TV 2일부터', 《경향신문》, 1985. 5. 1.
	●● 황진미, '원작은 범죄 통해 사회 성찰…웃음기는 빼고 더 진중해지길', 《한겨레》, 2024. 5. 4.
3. 27.	'잘가시오「血盟의벗」師團歌-「아리랑」속에 아쉬운 離別', 《매일경제신문》, 1971. 3. 27.
4. 19.	그러나 이들은 지구로 재진입하는 도중 밸브 고장으로 모두 질식사했다. 샬류트 1호는 이듬해 10월 11일 재진입하다 태평양 상공에서 불에 타 소실됐다.
5. 2.	● '純金으로 제작비 1백70만원 朴대통령컵 축구대회 우승컵', 《경향신문》, 1971. 4. 16.
	●● '盜難 보험에 加入-蹴協(축협)', 新東亞火災', 《매일경제신문》, 1971. 5. 3.
	●●● 김학균·남정석·배성민, 《기억을 공유하라! 스포츠 한국사》, (파주: 이콘, 2000), 60쪽.
7. 7.	강혜란, '굵은 유물은 상자, 자잘한 건 포대에… 거의 도굴 수준', 《중앙일보》, 2021. 2. 25.
8. 12.	〈崔總裁 성명서 全文〉, 《경향신문》, 1971. 8. 12.
9. 13.	몽골 상공에서 비행기 추락으로 사망했다. 마오쩌둥을 암살하려는 계획을 세웠다 실패해 가족과 함께 망명을 시도하던 중이었다는 설도 있고, 숙청을 피하기 위한 단순 도주라는 설도 있지만,(김용옥, 《도올, 시진핑을 말한다》, (서울: 통나무, 2016), 358쪽.) 망명과 죽음의 세부적인 사항들은 수수께끼로 남아 있다. (클라우스 뮐한, 《현대 중국의 탄생》, 윤형진 옮김, (서울: 너머북스, 2023), 612쪽.)
9. 15.	그린피스 홈페이지 소개글(https://www.greenpeace.org/international/about/founders/).
10. 15.	조희연, 《박정희와 개발독재시대》, (서울: 역사비평사, 2007), 129쪽.
12. 6.	박태균, 〈박정희 정부 수립과 유신체제〉, 홍석률 외 지음, 《한국현대사 2》, (서울: 푸른역사, 2018), 161쪽.
새우깡	1. " 商人들 새우깡 농간', 《경향신문》, 1972. 4. 1.
	2. " 어린이가 쓰는 俗語", 《동아일보》, 1972. 12. 29.
	3. "「스낵」식품 경쟁가열", 《매일경제신문》, 1972. 10. 28.
	4. "롯데 새우깡은 현금 판매합니다", 광고, 《동아일보》, 1972. 2. 26.

1972년

5. 7.	● '첫 女子 勞組지부장 탄생' 《경향신문》, 1972. 5. 8.
	●● '두 女性勞組支部長 탄생 朱吉子양 李順子씨', 《동아일보》, 1972. 5. 16.
5. 26.	이 조약이 의도한 바는 핵무기의 위협 자체를 제거하는 것이 아니라 양국 간의 핵균형을 유지하는 것이었다. 핵전쟁에서는 어느 쪽도 승자가 될 수 없었다. (베른트 슈퇴버, 《냉전이란 무엇인가: 극단의 시대 1945~1991》, 최승완 옮김, (서울: 역사비평사, 2008), 184쪽.)
5. 29.	박병선은 파리 국립도서관 특별연구원으로 일하던 이 책을 서가에서 발견했다. 구텐베르크 성서보다 78년 앞선 1377년 고려 우왕 때 간행되어 세계 최초의 금속활자본인 이 책은 원래 상하 두 권이지만 하권만 발견되었고 지금도 여전히 파리 국립도서관에 소장되어 있다. 줄여서 《직지심경》 혹은 《직지》라고도 불린다.
6. 14.	E. W. Kenworthy. 'DDT BANNED IN U.S. ALMOST TOTALLY, EFFECTIVE DEC. 31', New York Times. June 15, 1972, page 1, 28.
	DDT는 1940년대 중반부터 농업용과 방역용으로 널리 사용됐다.
8. 3.	● 이장규, 《대한민국 대통령들의 한국경제 이야기 1》, (파주: 살림, 2014), 93쪽.
	●● 조희연, 《박정희와 개발독재시대》, (서울: 역사비평사, 2007), 130쪽.
9. 7.	"文學思想' 再版, 創刊 1週日 만에", 《매일경제신문》, 1972. 9. 15.
9. 20.	60년대 후반부터 벌어지던 숙명의 라이벌 대결에서 나훈아가 1승을 거둔 것이다. 〈울긴 왜 울어〉, 〈잡초〉, 〈무시로〉 등 수많은 자작곡을 히트시키며 트로트 황제로도 불린 그를 '아티스트라고 부르는 것을 꺼린다면, 이는 그 사람의 취향 때문이지 다른 이유는 아닐 것이다.' (신현준·최지선, 《한국 팝의 고고학 1980-욕망의 장소》, (서울: 을유문화사, 2022), 111쪽.)
10. 31.	'9개 石油化學工場 오늘 竣工', 《조선일보》, 1972. 10. 31
11. 21.	조희연, 《박정희와 개발독재시대》, (서울: 역사비평사, 2007), 144쪽.
12. 3.	"기운센 천하장사, 무쇠로 만든 사람"으로 시작되는 주제가는 한일전 축구 경기에서 우리 팀 응원가로 불리는 해프닝이 벌어질 정도였다. 이런 일이 벌어진 것은 일본 만화의 국적을 가리는 과정에서 일어난 일이었다. 《마징가 Z》도 1975년 MBC에서 첫 방송될 때 아메리컨 픽쳐사가 제작한 만화로 소개됐고('마징가 Z 방영', 《중앙일보》, 1975. 8. 7.). 오리지널판 주인공의 이름 가부토 고지는 '쇠돌이'라는 한국어 이름으로 소개됐다. (김성민, 《일본을 禁하다-금제와 욕망의 한국 대중문화사 1945~2004》, 김성민 옮김, (서울: 글항아리, 2017), 117쪽.) 김청기 감독의 《로버트 태권 V》도 이 작품의 영향을 받았다.

주(註)

1973년

사진 A   박정희, 〈포항 제철공장 준공식 치사〉, 1973. 7. 3.
사진 B   국정원과거사건진실규명을통한발전위원회, 《과거와 미래의 성찰-국정원「진실위」 보고서·총론(Ⅰ)》, (서울: 국가정보원, 2007), 240쪽.
1. 12.   조희연, 《박정희와 개발독재시대》, (서울: 역사비평사, 2007), 151쪽.
1. 27.   유인선, 《베트남의 역사》, (서울: 이산, 2018), 422쪽.
2. 27.   한국역사연구회, 《시민의 한국사 2》, (파주: 돌베개, 2022), 387쪽.
3. 10.   〈경범죄 처벌법〉, [법률 제2504호, 1973. 2. 8., 일부개정]
4. 6.   국립경주문화유산연구소, 《천마총, 그날의 이야기: 발굴 50주년 기념 특별 좌담회 구술집》, (경주: 국립경주문화유산연구소, 2024), 91쪽
4. 9.   김학균·남정석·배성민, 《기억을 공유하라! 스포츠 한국사》, (파주: 이콘, 2000), 87쪽.
6. 23.   이신철, 〈한일 역사교과서 논쟁을 해부한다〉, 박태균 외, 《쟁점 한국사: 현대편》, (파주: 창비, 2017), 259쪽.
12. 4.   "油類 등 9대 품목값 대폭 引上", 《동아일보》, 1973. 12. 5.

1974년

사진 A   강준만, 《한국 현대사 산책: 1970년대편 2권》, (서울: 인물과사상사, 2002), 123쪽.
1. 15.   조희연, 《박정희와 개발독재시대》, (서울: 역사비평사, 2007), 157쪽.
2. 13.   정창현, 〈전후 북한 사회의 변화와 김정은체제의 등장〉, 홍석률 외, 《한국현대사 2》, (서울: 푸른역사, 2018), 392쪽.
2. 14.   '後期高 추첨, 오늘 女子·내일 男子', 《경향신문》, 1974. 2. 14.
6. 5.   한겨레신문사 문화부, 《책이야기》, (서울: 한겨레신문사, 1993), 102쪽.
11. 15.   한모니까, 《DMZ의 역사》, (파주: 돌베개, 2023), 223~224쪽.
서울 지하철 기본요금 변화   서울역사박물관, 《서울의 지하철》, (서울: 서울역사박물관, 2024), 313쪽.

1975년

사진 A   '朴대통령, 特別談話 발표', 《경향신문》, 1975. 7. 13.
2.   ● 박숙자, 《살아남지 못한 자들의 책 읽기》, (서울: 푸른역사, 2017), 205~206쪽. 장정일
     ●● '週間市況', 《매일경제신문》, 1975. 4. 14., 5면.
     ●●● 장정일, 〈삼중당 문고〉, 《길 안에서의 택시잡기》, (서울: 민음사, 1988), 11쪽.
3.   1위인 포켓몬의 가치는 1050억 달러이고, 3위 미키마우스는 803억달러이다. ("Hello Kitty Is Getting a New Lease on Life Thanks to the Metaverse." Forbes India, 7 Feb. 2022, https://www.forbesindia.com/article/lifes/hello-kitty-is-getting-a-new-lease-on-lifes-thanks-to-the-metaverse/73461/1. Accessed 13 May 2025.)
3. 8.   강준만, 《한국 현대사 산책: 1970년대편 2권》, (서울: 인물과사상사, 2002), 219쪽.
4. 13.   유진 로건, 《아랍: 오스만 제국에서 아랍 혁명까지》 개정판, 이은정 옮김, (서울: 까치, 2022), 546쪽.
6. 5.   유진 로건, 같은 책, 551쪽.
6. 20.   부산 구덕경기장에서 남녀고교 61개 연대 9만 8천 명이 참석해 학도호국단 발단식이 거행됐다. 전국에서 처음 열린 이 발대식의 구호는 '뭉쳤다, 부산학도, 배우면서 싸우자'였다. ('徒護國團 첫 發隊式', 《조선일보》, 1975. 6. 21.) 4·19 혁명 이후 폐지되었던 학도호국단이 이름 하나 바뀌지 않고 15년 만에 부활한 것이다.
7. 16.   ● 조영래, '처분대상'일 수 없는 '인간', 《한겨레신문》, 1988. 05. 26.
     ●● 정부는 '국토방위를 위하여 국방력을 증강하는 데 필요한 재원을 확보'(《방위세법》 제1조)한다는 명분으로 '방위세법'을 제정해 부가세 형식으로 10~50퍼센트를 추가로 징세했다. 예를 들어 월 6만 원을 받는 직장인은 종합소득세 외에 40원, 출고가 66원짜리 환타 1병을 사는 경우 2원의 방위세가 추가됐다. ('防衛稅 얼마나 내야 하나', 《매일경제신문》, 1975. 7. 11.)
8. 17.   조희연, 《박정희와 개발독재시대》, (서울: 역사비평사, 2007), 194쪽.
12. 2.   베른트 슈퇴버, 《냉전이란 무엇인가: 극단의 시대 1945~1991》, 최승완 옮김, (서울: 역사비평사, 2008), 143쪽.

1976년

1. 15.   ● '迎日서 良質의 石油 발견', 《경향신문》, 1976. 1. 15.
     ●● '選擧法改正할 必要없다', 《동아일보》, 1976. 8. 5.
1. 9.   '漁夫 그물에 걸린 10萬 달러 元 청자', 《동아일보》, 1976. 2. 24.
3.   ● '國民學校에 幼稚園竝設 文敎部推進', 《동아일보》, 1976. 11. 11.
     ●● '私立國校 수업료-유치원 보육료' 40% 引上 결정', 《조선일보》, 1976. 2. 22.
3. 1.   서중석, 《한국 현대사 60년》, (서울: 역사비평사, 2007), 140쪽.
3. 24.   그는 1981년 대통령직에서 해임되지만 아르헨티나의 군사정권은 1983년까지 지속된다. 아르헨티나인들은 쿠데타가 발생한 3월 24일을 "진실과 정의를 기억하는 날"로 정해 군사정권 시절 희생된 이들을 기리고 있다.
4. 5.   7일 덩샤오핑의 이 사건에 개입했다고 본 마오쩌둥과 중앙위원회는 당원 신분을 제외한 모든 직위에서 해임했다. 1989년 일어난 톈안먼 사건과 구별하기 위해 제1차 톈안먼 사건이라고도 불린다.
5. 31.   반상회는 전에도 있었지만, 같은 날에 전국적으로 동시에 열린 것은 이때가 처음이었다. 일제 시대의 애국반, 이승만 정권하의 국민반을 거쳐 반상회란 이름으로 부활한 이 모임은 국민을 동원하고 통제하는 수단이었다.
9. 2.   '賞品 없는 國民校運動會, 「어린이의 꿈」을 外面', 《동아일보》, 1976. 9. 10. 당국이 예산 뒷받침을 못해 학부모들의 금품협찬에 의해 개최해 왔으나 이것이 부조리로 여겨져 한해전부터 중단됐던 운동회가 다시 시작된 것이다.
9. 15.   고명섭, '[이희호 평전] 어서 돌아오오. 민주회복 어서 오오~', 《한겨레》
10. 24.   조희연, 《박정희와 개발독재시대》, (서울: 역사비평사, 2007), 206~207쪽.

1977년

사진 B   황병주, 〈정부재정 한 푼도 안 쓰고 시작한 '의료보험'〉, 권보드래 외, 《1970, 박정희 모더니즘: 유신에서 선데이 서울까지》, (서울: 천년의상상) 227쪽.
사진 C   스티븐 제이 슈나이더·이언 헤이든 스미스 책임편집, 《죽기 전에 꼭 봐야 할 영화 1001》, 6판, 정지인 옮김, (서울: 마로니에북스, 2016), 612쪽.
2. 4.   '文敎部巡視서 朴大統領 지시', 《동아일보》, 1977. 2. 5.
3. 7.   문교부, 〈국민체조 지정 보급 계획 국무회의 보고〉, 1978. 2. 25.
그러나 "국민체조 시작 하나, 둘, 셋, 넷, 다섯, 여섯, 일곱 다리운동…"라는 구령으로 시작해 4분 25초 동안 12개 동작을 하는 국민체조처럼 온 국민에게 각인되어 전설이 된 체조는 없었다.
9. 12.   신현준·최지선, 《한국 팝의 고고학 1970-절정과 분화》, (서울: 을유문화사, 2022), 354쪽.
12. 15.   ● 같은 책, 356쪽.
     ●● 같은 책, 365쪽.

1978년

사진 A   '아파아트 特惠分讓 모두 6百명', 《동아일보》, 1978. 7. 4.
     ●● 강준만, 《한국 현대사 산책: 1970년대편 3권》, (서울: 인물과사상사, 2002), 182쪽.
사진 B   박태균, 〈박정희 정부 수립과 유신체제〉, 《한국현대사 2》, (서울: 푸른역사, 2018), 191쪽.
사진 C   난자와 정자의 수정은 정확히는 시험관이 아니라 뚜껑이 달린 넙적한 유리 그릇 형태의 실험기구인 '페트리 접시'에서 이루어진다.
10. 1.   '國旗강하식 全國的으로 전개', 《동아일보》, 1978. 9. 29.
12. 12.   박태균, 〈박정희 정부 수립과 유신체제〉, 홍석률 외, 《한국현대사 2》, (서울: 푸른역사, 2018), 198쪽.
12. 30.   '한국의 위대한 스포츠맨 100', 《SPORS 2.0》, 2006. 5. 29.
커피자판기   ● 이길상, 《커피 세계사 + 한국 가배사》, (서울: 푸른역사, 2021), 322쪽.
     ●● '自動販賣機의 냉 코피값 暴炎 틈타 50%기습 인상', 《경향신문》, 1978. 7. 28.

주(註)

1979년

사진 A 정성일, 〈하지만 그런 시대를 살았고, 나는 거기에 있었다: 1980년대, 그때 여기, 영화〉, 한국영상자료원 엮음, 《1980년대 한국영화》, (서울: 앨피, 1923), 17쪽.

사진 C 베른트 슈퇴버, 《냉전이란 무엇인가: 극단의 시대 1945~1991》, 최승완 옮김, (서울: 역사비평사, 2008), 193쪽.

3. 26. 유진 로건, 《아랍: 오스만 제국에서 아랍 혁명까지》 개정판, 이은정 옮김, (서울: 까치, 2022), 559쪽.

4. 29. '세계女子농구선수권 韓國팀 姜賢淑주장의 出師表', 《경향신문》, 1979. 4. 28.

7. 17. 베른트 슈퇴버, 《냉전이란 무엇인가: 극단의 시대 1945~1991》, 최승완 옮김, (서울: 역사비평사, 2008), 156~157쪽.

10. 18. '釜山에 非常戒嚴', 《동아일보》, 1979. 10. 18.

12. 8. 홍석률·박태균·정창현, 《한국현대사 2》, (서울: 푸른역사, 2018), 205쪽.

1980년

1. 13. 전 세계 녹색정당 중 가장 규모가 크고 성공한 정당으로 평가받고 있다. 이념적으로 중도좌파 성향이며 녹색정치, 사회자유주의, 친유럽주의를 표방한다.

4. 18. 앞선 2월에 실시된 총선에서 승리한 짐바브웨아프리카민족연맹의 로버트 무가베가 초대 총리가 됐다. 그는 1987년 의원내각제를 폐지하고 대통령이 되어 2017년까지 장기 집권했다.

4. 20. '남녀種別 배구 첫날 無敵 미도파 7년牙城 붕괴', 《경향신문》, 1980. 4. 21.

4. 21. 열악한 작업환경, 부당한 임금책정, 어용노조 등에 항의하며 집회를 열던 탄광 노동자와 가족 등이 이날 사북읍을 점거했다. 나흘 동안 계속된 저항 과정에서 유혈 사태가 벌어졌다. 24일 노동자, 회사, 정부가 합의를 했지만, 사태가 수습되자 계엄사는 합수부를 설치한 후 관련자들을 체포해 고문·폭행하고 모두 81명을 군법회의에 송치했다.

5. 4. 마이클 하워드, 로저 루이스, 《20세기의 역사》, 차하순 외 옮김, (서울: 가지않은길, 2000), 303쪽.

5. 31. 한국역사연구회, 《시민의 한국사 2》, (파주: 돌베개, 2022), 396쪽.

11. 4. 한 해 전 마거릿 대처(영국), 1982년 헬무트 콜(독일), 1984년 브라이언 멀로니(캐나다), 1986년 자크 시라크(1986년 프랑스 동거정부의 총리)의 등장은 레이건과 함께 1980년대 내내 서구 사회를 신자유주의로 물들인다.

1981년

1. 6. 정해구, 《전두환과 80년대 민주화운동》, (서울: 역사비평사, 2011), 100쪽.

1. 15. 서중석, 《대한민국 선거이야기》, (서울: 역사비평사, 2008), 207쪽.

5. 28. 강준만, 《한국 현대사 산책: 1980년대편, 2권》, (서울: 인물과사상사, 2003)

10. 6. 유진 로건, 《아랍: 오스만 제국에서 아랍 혁명까지》, (개정판), 이은정 옮김, (서울: 까치, 2022), 565쪽.

1982년

사진 A 김학선, 《24시간 시대의 탄생: 1980년대의 시간정치》, (파주: 창비, 2002), 58~59쪽.

사진 B 이종성, 《야구의 나라》, (고양: 틈새책방, 2024), 267쪽.

1. 5. 김학선, 《24시간 시대의 탄생: 1980년대의 시간정치》, (파주: 창비, 2002), 62쪽.

2. 6. 이윤종, 〈진보와 퇴행 사이-역진하는 영화, '에로방화'〉, 《민중의 시대》, 박선영 엮음, (서울: 빨간소금, 2023), 293쪽.

4. 1. 백창민, 《이토록 역사적인 도서관》, (서울: 한겨레출판, 2025), 379쪽.

8. 12. 이러한 경제 위기는 멕시코뿐만 아니라 브라질, 아르헨티나 등 다른 라틴아메리카 국가도 겪었고, 이 시기는 '잃어버린 10년'으로도 불린다.

10. 1. 처음 나왔을 때만 해도 CD 한 장의 가격은 3500엔, 플레이어의 가격은 무려 16만 8천 엔이었다. 그러나 이후 가격이 내려지면서 CD에 쓰인 레이저 기술은 LP의 바늘을 대체하며 음악을 감상하는 방식을 아날로그에서 디지털로 바꾸어 놓는다.

12. 15. '무선호출 서비스 15일부터', 《동아일보》, 1982. 12. 9.

삐삐라고도 불린 이 서비스는 1997년 가입자가 1500만 명을 넘을 정도로 인기를 끌었다. 하지만 인기는 1990년대 휴대폰이 대중화되면서 급속히 사그라들었다.

1983년

4. 14. '천하장사씨름 開幕', 《경향신문》, 1983. 4. 14., 8면.

8. 3. ● '三로반도체 64K드램 組立생산', 《경향신문》, 1983. 8. 4., 5면.
●● 권석준, 《반도체 삼국지》, (서울: 뿌리와 이파리, 2022), 230쪽.

8. 26. 타자기 '자판 자체로서의 미덕보다도 전산기기와의 통일성을 중시해'(김태호, 《한글과 타자기》, (서울: 역사비평사, 2023), 164쪽) 두벌식 자판이 표준으로 채택되면서, 세벌식 자판과 1969년부터 표준 타자기 자판으로 쓰이던 네벌식 자판까지 설 자리를 잃게 된다.

9. 20. 박인하·김낙호, 《한국현대만화사 1945~2009》, (서울: 두보북스, 2010), 139쪽. 1986년 《이장호의 외인구단》으로 영화화되었고, 까치의 대사 "난 네가 기뻐하는 일이라면 뭐든지 해"가 삽입곡인 정수라의 〈난 너에게〉의 가사로 등장해 전국적으로 유행했다.

9. 30. ● 민주화운동청년연합 창립선언, 〈민주·민중·민족통일을 우리에게〉, (1983. 9. 30)
●● 홍석률, 〈전두환·노태우 정부와 6월 민주항쟁〉, 홍석률·박태균·정창현, 《한국현대사 2》, (서울: 푸른역사, 2018), 242쪽

12. 22. 「대학문제」대학에 맡겨', 《조선일보》, 1983. 12. 23.

1984년

사진 B 국방부 과거사진상규명위원회, 《8개 사건 조사결과 보고서(상)》, (서울: 국방부 과거사진상규명위원회, 2007), 67쪽.

1. 24. 정지훈, 《거의 모든 IT의 역사》, (서울: 메디치, 2020), 100쪽.

5. 5. 와다 하루키, 《와다 하루끼의 북한 현대사》, 남기정 옮김, (파주, 창비, 2014), 205쪽.

9. 8. 김성보·기광서·이신철, 《사진과 그림으로 보는 북한 현대사》, (개정증보판), (서울: 웅진씽크빅, 2014), 299쪽.

9. 25. 천정환, 〈그 많던 '외치는 돌멩이'들은 어디로 갔을까〉, 《민중의 시대》, 박선영 엮음, (서울: 빨간소금, 2023), 179~181쪽.

10. 31. 뉴델리에서 두 명의 시크교도 경호원에게 총격을 받고 병원으로 이송 도중 사망했다. 시크교도들이 분리 독립을 요구하며 벌인 시위를 벌이자 6월, 그들의 성지인 황금사원에 군대를 보내 5000명이 넘는 사망자가 발생한 사건에 대한 보복이었다. 간디가 암살된 후 4일 동안 벌어진 보복 폭력으로 8000여 명의 시크교도가 목숨을 잃었다.

12. 19. 조너선 D. 스펜스, 《현대중국을 찾아서》, 2권, 김희교 옮김, (서울: 이산, 1998), 308쪽.

휴대전화 @IEEEorg 트윗 https://twitter.com/ieeeorg/status/961624898849341442 (이해에는)

책 프랑스어 번역본이 먼저 발간되었고 체코어판은 1985년에 발간됐다.

1985년

2. 12. 홍석률, 〈전두환·노태우정부와 6월민주항쟁〉, 홍석률, 박태균, 정창현, 《한국현대사 2》, (서울: 푸른역사, 2018), 239쪽.

6. 24. 한국역사연구회, 《시민의 한국사 2》, (파주: 돌베개, 2022), 399쪽.

7. 19. '釜山도 地下鐵 시대로 1號線 첫 구간 16.1km 오늘 개통', 《경향신문》, 1985. 7. 19.

10. 29. '檢察, 서울大「民推委」組織 26명 拘束', 《동아일보》, 1985. 10. 29.
깃발 사건이라고도 불린 이 사건으로 구속된 이들은 남영동 대공분실에서 김수현, 이근안 등으로부터 물고문과 전기고문을 받았다. 후에 김근태는 법정에서 "처음에는 약하게 짧게, 점차 강하고 길게 강약을 번갈아 하면서 전기고문이 진행되는 동안 죽음의 그림자가 코앞에" 다가왔다고 말했다.

1986년

사진 B '朝鮮日報 세계적 特種', 《조선일보》, 1986. 11. 17.

주(註)

12. 3. 김근배·이은경·선유정 편저, 《대한민국 과학자의 탄생》, (서울: 세로북스, 2024), 653쪽.

1987년

사진 B ● 서중석, 《한국 현대사 60년》, (서울: 역사비평사, 2007), 198쪽.
●● 김정한, 〈민주화 운동의 시대〉, 이혜령 외, 《한국현대 생활문화사: 1980년대》, (파주: 2016), 49쪽.

5. 23. 주성철, 《〈영웅본색〉과 홍콩 누아르》, 한국영화100년기념사업추진위원회 엮음, 《한국영화 100년 100경》, (파주: 돌베개, 2019), 181쪽.

7. 11. 'And Baby Makes Five Billion: U.N. Hails a Yugoslav Infant', *New York Times*, July 12, 1987.

8. 21 경제사학자인 안병직 서울대 교수를 주축으로 설립됐다. 1994년 낙성대 경제연구소로 명칭을 바꾼 이 연구소의 연구원들이 계량적 자료에 중점을 두고 한국 경제사 분야에서 쌓아온 업적 중에는 높이 평가할 것도 많다.(김기협, 《뉴라이트 비판》 개정판, (서울: 푸른역사, 2024), 44쪽.) 1990년대 초 옛 소련 해체 뒤 급격하게 우경화의 길을 걷기 시작하며, 식민지근대화론과 신자유주의 시각을 대표하는 '뉴라이트'의 주요 사상적, 이론적 진지 구실'(장예지,권혁철, "'일본 식민통치 옹호' 낙성대경제연구소장이 독립기념관 이사", 《한겨레》, 2024. 2. 21.)을 해왔다. 특히 2008년 이명박 대통령 시기 뉴라이트 역사 교과서 논란에 회원 다수가 참여하는 등 학술 연구를 넘어 정치적 영향력도 행사해왔다. 연구실의 명칭은 1994년 낙성대 경제연구소로 개칭된 후 현재까지 그대로 유지되고 있다.

12. 4. 이날 제정되어 이듬해 4월 1일부터 〈남녀고용평등법〉에 따라 생후 1년 미만의 영아를 가진 근로여성은 양육을 위한 산후 유급휴가기간을 포함하여 1년 이내 휴직을 신청할 수 있고 사업주는 이를 허용해야 하게 됐다. 당시 육아휴직은 원칙적으로는 무급이었다. 현재는 대상이 만 8세 이하 또는 초등학교 2학년 이하의 자녀를 둔 근로여성으로 확대되어 있다. 세계 최초로 육아휴직 제도를 도입한 스웨덴의 경우 여성과 남성을 합쳐 휴직 기간은 최대 480일이다.

12. 8. 피에르 제르베, 《최초의 세계 제국, 미국》, 소민영 옮김, (서울: 부키, 2007), 102쪽.

세계 인구 추이 Max Roser and Hannah Ritchie (2023) – "How has world population growth changed over time?" Published online at OurWorldinData.org. Retrieved from: 'https://ourworldindata.org/population-growth-over-time' [Online Resource]

1988년

5. 25. 박래군, '17년 투옥·전향공작 견딘 서준식, 인권운동 새 장 열다', 《한겨레》, 2024. 10. 1.

7. 1. 이해 784회선에 불과했던 가입 회선 수는 2021년 기준 7000만이 넘어 인구 100명당 140.6회선에 달하고 있다.

7. 7. 정해구, 《전두환과 80년대 민주화운동》, (서울: 역사비평사, 2011), 213쪽.

9. 24. ● 김윤지, 《한류 외전》, (서울: 어크로스, 2023), 19쪽.
●● 김소민, '직배사 새틀 짜고 한국영화 반격', 《한겨레》, 2007. 1. 12.
●●● 김윤지, 같은 책, 28쪽.

11. 1. ● 한창완·박인하, 《우리 시대 만화가 열전》, (김포: 행성비, 2024), 217쪽.
●● 이화자, 〈《아홉 번째의 신화》의 의의-한국 순정만화의 발전과 변화를 모색했던 동인지〉, 한국만화영상진흥원 발행, 《만화포럼 칸 2015》, (부천: 한국만화영상진흥원, 2015), 37쪽.

11. 15. 유진 로건, 《아랍: 오스만 제국에서 아랍 혁명까지》, 개정판, 이은정 옮김, (서울: 까치, 2022), 621쪽.

12. 23. 김영집, '한국민족예술인총연합 닻올려-12개 분야 8백38명 참여 내일 발기인대회', 《한겨레》, 1988. 11. 25.

1989년

4. 15. 영국 스포츠 역사상 최악의 비극으로 꼽히는 이 참사를 경찰은 '술 취한 폭력적 축구 팬들에 의한 사고사'로 규정하며 원인을 피해자 과실로 몰고갔다. 하지만 유가족들은 정부에 줄기차게 재조사를 요구했다. 마침내 참사 34년 만인 2023년 1월 경찰은 "경찰의 실패가 비극의 주요 요인"이라며 유가족들에게 공식 사과했다.

11. 17. 이날 국제학생의 날을 맞아 프라하에서 시위를 벌이던 학생들과 경찰이 충돌했고, 이 과정에서 학생 한 명이 사망했던 소문이 돌았다. 이 사건은 이후 10일 시위 참가자가 50만 명에 달할 정도로 확산되며 12월 말까지 이어졌다. 일련의 이 반정부 평화 시위는 41년간의 체코슬로바키아의 일당 통치 종식, 체코와 슬로바키아의 분리라는 결과를 낳는다.

12. 22. 그는 16일 티미쇼아라에서 시작된 소규모 시위가 반정부 시위로 변하며 걷잡을 수 없을 정도의 폭력적인 양상을 띠며 격화되자 이날 헬기를 타고 수도를 탈출했다. 하지만 다음날 혁명군경에 잡히고 25일 즉석 재판에 회부되어 사형을 선고받고 총살된다. 이로써 24년간의 철권 독재정치도 막을 내린다. 루마니아는 1989년 동유럽을 휩쓴 혁명의 물결 속에서 유일하게 폭력으로 공산정권이 붕괴된 나라이다.

1990년

3. 18. 카트야 호이어, 《장벽 너머: 사라진 나라, 동독 1949~1990》, 송예슬 옮김, (파주: 서해문집, 2024), 580쪽.
옛 집권당인 독일사회주의통일당의 후신인 민주사회당의 득표율은 16.4%에 그쳤고, 이는 동서의 두 국가를 합쳐 새로운 독일을 만드는 것이 아니라 동독이 서독의 기존 체제에 합류하는 방식의 통일을 수행하라는 분명한 명령이었다. 같은 책, 581쪽.

6. 8. 이언 커쇼, 《유럽 1950~2017: 롤러코스터를 타다》, 김남섭 옮김, (서울: 이데아, 2020), 708쪽.

11. 10. '축구전용구장 국내 첫선 – 포철,1백10억 들여 완공', 《한겨레신문》, 1990. 11. 9.

1991년

2. 27. 한 해 전 8월, 이라크가 쿠웨이트를 침공하면서 시작된 이 전쟁의 승리로 미국은 냉전이 종식되었다고 할지라도 세계체제를 감시하는 자국의 역할이 사라지지 않았다는 것을 증명했다. 전 세계 석유 매장량의 3분의 2을 차지하는 이 전략적으로 중요한 지역에서 입지를 다시 강화할 수 있게 됐다. 르몽드 디플로마티크 기획, 《르몽드 세계사: 1 우리가 해결해야 할 전지구적 이슈와 쟁점들》, 권지현 옮김, (서울: 휴머니스트, 2008), 63쪽.

4. 26. ● 홍석률, 박태균, 정창현, 《한국현대사 2》, (서울: 푸른역사, 2018), 261쪽.
●● 김정한, 《비혁명의 시대》, (서울: 빨간소금, 2020), 47쪽.

5. 8. 김정한, 《비혁명의 시대》, (서울: 빨간소금, 2020), 35~36쪽.

8. 24. 구로카와 유지, 《유럽 최후의 대국, 우크라이나의 역사》, 안선주 옮김, (파주: 글항아리, 2022), 275쪽.

10. 7. ● 실제로는 일본군 위안부 문제이다. 당시만 해도 일제강점기 정신대와 위안부를 구별하지 않고 사용했다.
●● '黎明의 눈동자 숱한 화제 속 大단원', 《경향신문》, 1992. 2. 8.
이 작품으로 드라마의 개념을 바꿨다는 평가를 받은 연출자 김종학은 3년 후인 1995년 《모래시계》라는 또다른 메가히트작을 만들어낸다.

11. 3. ● 강준만, 《한국 현대사 산책: 1990년대편》1권, (서울: 인물과사상사, 2006), 124쪽.
●● "TV드라마 「사랑이 뭐길래」低質 시비", 《매일경제신문》, 1992. 2. 11.

나라별 군사비 지출 The Military Balance 2025: Defence Spending and Procurement Trends". IISS. 12 February 2025.

1992년

6. 11. '사랑과 우정'의 갈등이 지겨울 정도로 계속된 이 드라마의 스토리는 진부했지만, 감각은 소비주의의 첨단을 달렸다. 최수종, 최진실, 이응경 등 당시의 청춘 스타들이 출연한 이 본격적인 '영상 드라마'에 시청자들은 푹 빠져들었다. 이후 감각적이고 경쾌하며 영상 감각이 돋보이는 이와 비슷한 스타일의 〈연인〉과 〈파일럿〉(1993년), 〈마지막 승부〉와 〈사랑을 그대 품안에〉(1994년)가 잇달아 성공한다. (강준만, 《한류의 역사》, (서울: 인물과사상사, 2020), 104~108쪽.)

6. 28. ● "드라마 「사랑이뭐길래」 28일부터 홍콩서 放映", 《경향신문》, 1992. 6. 26.
●● 김윤지, 《한류 외전》, (서울: 어크로스, 2023), 65쪽.

주(註)

8.10.	정확한 발사시간은 협정 세계시(UTC) 기준 8월 10일 23:08:07초였다. 현지 프랑스령 기아나 시간으로는 23:08:07분, 한국시간으로는 11일 08:08:07초였다.
10. 28.	마클은 15년 형을 선고받고 실형을 살다 2006년 가석방돼 미 8군 헌병으로 인계된 후 미국으로 출국했다.
10. 29.	이문열, "문학을 뭘로 아는가", 《중앙일보》, 1992. 11. 2.
12. 18.	"인간과 나라를 파괴하는 지역감정", 《한겨레신문》, 1993. 1. 7.
책	1989년에 논문으로 먼저 발표됐다.

1993년

1. 1.	오승은, 《동유럽 근현대사: 제국 지배에서 민족국가로》, 264쪽.
11. 12.	다양한 상품 구성과 상시 저가 정책으로 소비자들에게 새로운 쇼핑 경험을 제공하며 한국 유통 산업의 혁명이었다. 그러나 재래시장 등 동네 상권의 위축을 불러오기도 했다.

1994년

2. 5.	과거의 유산으로 박제화된 이 전시를 누군가는 '민중미술의 장례식'이라고 표현했다. 그러나 임옥상은 '국립현대미술관은 우리가 밀고 들어간 것이지 그들이 그들이 문을 열어 준 게 아니다'라며 이 전시를 민중미술의 승리로 보았다. (김현화, 《민중미술》, (파주: 한길사, 2013), 287~289쪽.)
2. 18.	이전까지 대한민국팀이 동계 올림픽에서 거둔 최고 성적은 1988년 캘거리 올림픽 배기태 선수가 남자 스피드스케이팅 500m에서 5위를 차지한 것이었다.
3. 2.	박중언, "4년만에 다시 선 교단", 《한겨레》, 1994. 3. 3.
5. 17.	김영삼 대통령에게 보고된 비디오 영상에 '흥행의 귀로로 불리우는 스티븐 스필버그 감독이 6500만$의 제작비를 투입하여 만든 "쥬라기 공원"은 1년만에 8억 5천만$의 흥행수입을 올린 바 있습니다. 이는 자동차 150만대를 수출해서 얻는 수익과 같은 액수입니다.'(과학기술자문회의, 〈첨단영상산업 진흥방안〉)라는 멘트가 있었다. 이 말은 엄청난 유명세를 탔고, 이후 문화산업의 중요성과 문화산업정책 수립의 필요성을 논할 때마다 계속 소환됐고, 덕분에 이 문구가 우리나라 문화산업정책의 씨앗이 되었다는 평가를 받기도 했다. (김윤지, 《한류 외전》, (서울: 어크로스, 2023), 37쪽.)
6. 10.	서울 용산 옛 육군본부 자리에 들어선 이 기념관의 기본 전시 방향은 '군과 민이 둘이 아닌 하나임을 자각케'하고 '확고한 국가관 정립과 애국심을 함양할 수 있도록' 하는 것이다. (실라 미요시 야기, 《애국의 계보학》, (파주: 나무연필, 2023), 208쪽, 전쟁기념사업회, 《전쟁기념관 전시연출계획》, (서울: 전쟁기념관, 1990)에서 재인용.)
6. 13.	"北韓(북한) IAEA 탈퇴", 《동아일보》, 1994년 6일 14자.
7. 8.	김연철, "김일성 조문 논쟁의 과거·현재·미래", 《한겨레21》 833호, 2010. 10. 28.
8. 15.	김민아, "朴景利씨 25년만에 「토지」 탈고", 《경향신문》, 1994. 8. 18.
9. 21.	이창위, 《북핵 앞에 선 우리의 선택》, (파주: 궁리, 2019), 91쪽.

1995년

1. 1.	"세계화 元年 만들자", 《동아일보》, 개정판, 1995. 1. 1.
1. 9.	공종식, "숱한 화제 기록 남기고…모래시계 내일 대단원", 《동아일보》, 1995. 1. 9.
7. 22.	당시 발령 기준은 오존농도수치가 시간당 0.12ppm 초과시 주의보, 0.3ppm 초과시 경보, 0.5ppm 초과시 중대경보였다. (김민아, "오존주의보 첫 발령", 《경향신문》, 1995. 7. 23.)
11. 4.	유진 로건, 《아랍: 오스만 제국에서 아랍 혁명까지》, 개정판, 이은정 옮김, (서울: 까치, 2022), 677~678쪽.
12. 14.	제이콥 미카노프스키, 《굿바이 동유럽》, (서울: 책과함께, 2024), 421~422쪽

1996년

사진 B	정인식, "공륜심의 거부, 정태춘씨 불구속기소 의미", 《한겨레신문》, 1994. 1. 27.
1. 6.	김형민, 《그들이 살았던 오늘》, (서울: 웅진지식하우스, 2012), 25쪽.
4. 10.	"南韓 호랑이 멸종 공식확인", 《동아일보》, 1996. 4. 11.
9. 7.	이날 《토요일 토요일은 즐거워》에 출연해 〈전사의 후예〉로 데뷔한 이 5인조 보이 그룹은 기획사 SM엔터테인먼트가 탄생시킨 최초의 아이돌 그룹이었다. 기획사의 철저한 계획과 트레이닝을 통해 10대 '연습생'을 '아이돌 스타'로 변모시키는 이러한 시스템은 곧 젝스키스, S.E.S., 핑클 같은 1세대 아이돌 그룹의 성공을 이끌어내며, K팝을 중화권과 일본 등지로 확산시키는 데 큰 몫을 한다.
10. 4.	이 판결은 1993년 10월 장산곶매의 대표였던 강헌이 〈닫힌 교문을 열며〉가 사전심의를 받지 않았다는 이유로 구속되자 낸 위헌심판 제정신청에 대해 3년 만에 내려진 결정이었다. 이 판결로 공연윤리위원회가 해체되지만, 이름이 바뀐 한국공연예술진흥협의회와 함께 검열은 등급심의라는 이름으로 살아남는다.
12. 12.	이장규, 《대한민국 대통령들의 한국경제 이야기 2》, (파주: 살림, 2014), 48쪽.
아이돌 세대 구분	김윤지, 《한류외전》, (서울: 어크로스, 2023), 204쪽.

1997년

사진 A	박대호, 박종인, '달라는 대로 다 줬다', 《경향신문》, 1997. 12. 4.
1. 23.	이장규, 《대한민국 대통령들의 한국경제 이야기 2》, (파주: 살림, 2014), 54쪽.
4. 13.	Dave Anderson, 'Tiger Woods, in a Blaze, Rewrites Masters' History', *New York Times*, April 14, 1997.
5. 17.	박재현, '검찰 「한보의혹」 鄭哲(현철)씨 조사「젊은 실세」 베일 벗겨질까', 《경향신문》, 1997. 2. 17.
7. 23.	이항수, 방성수, '이현세씨 불구속기소', 《조선일보》, 1997. 7. 24. 다음해 2월 검찰은 이 만화의 청소년판을 청소년 보호법 위반 혐의로 벌금 3백 만원에 약식기소한다. 그러나 이현세는 1989년 정식재판을 청구하고, 2003년 상고심에서 최종적으로 무죄 판결을 받는다.
11. 21.	강준만, 《한국 현대사 산책: 1990년대편 3권》, (서울: 인물과사상사, 2006), 283~86쪽.

1998년

사진 C	이언 커쇼, 《유럽 1950~2017: 롤러코스터를 타다》, 김남섭 옮김, (서울: 이데아, 2020), 793쪽.
1. 15.	한국역사연구회, 《시민의 한국사 2》, (파주: 돌베개, 2022), 482쪽.
2. 20.	조규식, 〈경영상해고제도의 단계별 운용방안〉, 《서강법률논총》, (서울: 서강대학교 법학연구소, 2014), Vol.3 No.2, 79쪽.
5. 26.	1997년 5월 26일 오스트레일리아 인권및기회균등위원회가 작성한 〈그들을 집으로 보내라〉라는 제목의 보고서 발표 1주년을 기념해 열린 이후 지금까지 열리고 있는 연례행사이다. 이 보고서는 과거 정부가 원주민 보호정책이란 명분하에 시행한 '원주민아동강제이주' 정책과 그로 인해 가족과 떨어져 백인사회에 강제이주 당해서 살아온 소위 '도둑맞은 세대'에 관한 보고서였다. (심성보, 〈호주 다문화주의의 역사적 변화와 다문화교육 정책〉, 《초등도덕교육》, No. 45 (광주: 한국초등도덕교육학회), 193쪽.)
7. 28.	국내 참가한 5개 팀 중 삼성생명, 현대산업, 신세계 3개 팀만이 프로팀으로 전환하고, 국민은행과 산업은행은 아마 잔류를 고수한 가운데 개막한 이 리그는 세미프로리그로 출발했다. 한국여자농구연맹(WKBL)은 이 리그를 한국여자프로농구의 출발로 삼고 있다. 첫 우승팀은 삼성생명 페라이온이었다.
8. 31.	김외현, "1990년 '노동1호'가 처음… 1998년 '대포동1호' 1600km 비행", 《한겨레》, 2012. 12. 13.
9. 5.	〈조선민주주의인민공화국 사회주의헌법〉 제9호 서문.
9. 8.	세인트루이스 카디널스의 1루수인 그는 시카고 컵스와의 이날 경기에서 62번째 홈런을 터뜨려 1961년 로저 매리스가 기록한 61개 기록을 깼다. 그는 70개의 홈런으로 시즌을 마감했다. 이 기록은 3시즌 후인 2001년 배리 본즈에 의해 깨진다.
10. 17.	영국에서 망명 중이던 그는 대량학살, 고문 및 테러 혐의로 에스파냐가 발급한 범죄인 소환 영장에 따라 체포되어 기소됐다. 그러나 2000년 3월 영국 정부는 건강악화를 이유로 에스파냐로 송환시키지 않고 석방한다.
10. 22.	"한겨레 선정 98 나라의 10대뉴스", 《한겨레》, 1998. 12. 25.
11. 18.	● 선우정, 신동훈 '금강산觀光(관광) 첫배 출항', 《조선일보》, 1998. 11. 19.
	●● 김성보, 기광서, 이신철, 《사진과 그림으로 보는 북한 현대사》, (개정증보판), (서

305

주(註)

울: 웅진씽크빅, 2014), 356쪽.

1999년

5. 6. ● 최민영, '베트남전 민간인 학살' 한국책임 첫 인정', 《한겨레》, 2023. 2. 8.
●● 윤충로,,한국의 베트남전쟁 기억의 변화와 재구성〉, 《사회와 역사》, No.105, (서울: 한국사회사학회, 2015), 베트남전 민간인 학살' 한국책임 첫 인정', 30쪽.
7. 27. 이길상, 《커피 세계사+한국 가배사》, (서울: 푸른역사, 2021), 340쪽.
10. 28. '고문기술자 이근안, 그건 일종의 예술이었다', 《한겨레》, 2011. 12. 13.에서 재인용.

2000년

사진 C 이언 커쇼, 《유럽 1950~2017: 롤러코스터를 타다》, 김남섭 옮김, (서울: 이데아, 2020), 914쪽.
6. 26. 이날 발표 전체 영상은 아래 유튜브 영상에서 볼 수 있다.
https://www.youtube.com/watch?v=slRyGLmt3qc "Draft of the Human Genome Sequence Announcement at the White House (2000)"
7. 1. 정책 실시를 앞두고 의사들이 3차례의 파업을 벌이는 등 의료대란이 발생하기도 했다. 정부는 '진료는 의사에게, 약은 약사에게'란 슬로건 아래 7월 한 달을 계도기간으로 설정해 의약분업을 시행하고, 이어 8월 전국적으로 확대 실시했다.
9. 28. 유진 로건, 《아랍: 오스만 제국에서 아랍 혁명까지》, 개정판, 이은정 옮김, (서울: 까치, 2022), 682쪽.
11. 7. 부시는 약 600만 표 중 537표(0.009%) 차이로 플로리다주에서 승리했고, 전체 선거인단 중 271표를 확보했다. 고어가 유권자 득표수에서는 앞섰지만 선거인단 득표수에서는 밀려 패한 것이다.

2001년

그림 C ● Jean-Marie Colombani, "Nous sommes tous Américains", *Le Monde*, 13, Septembre 2001.
●● Susan Sontag, "Comment: Tuesday, and After." *New Yorker* 24 Sept. 2001: 32

2002년

1. 11. ●● 앨런 브링클리, 《있는 그대로의 미국사 3》, 황혜성 외 옮김, (서울: 휴머니스트, 2011), 601~602쪽.
1. 29. ● 한국미국사학회 엮음, 《사료로 읽는 미국사》, (서울: 궁리, 2006), 541쪽.
7. 1. 김성보, 기광서, 이신철, 《사진과 그림으로 보는 북한 현대사》, (서울: 웅진 지식하우스, 2014), 382쪽.
10. 27. 송기도, 《콜럼버스에서 룰라까지》, (서울: 개마고원, 2003), 191쪽.

2003년

사진 C 유진 로건, 《아랍: 오스만 제국에서 아랍 혁명까지》, 개정판, 이은정 옮김, (서울: 까치, 2022), 695~697쪽.
3. 12. World Health Organization, *The World health report: 2003: shaping the future*, (Geneva: World Health Organization 2003), p73.
9. 15. ● [문화] 김윤지, 《한류 외전》, (서울: 어크로스, 2023), 81쪽.
●● [문화] 박세영, '시청률 99%… 스리랑카 '대장금' 열풍', 《문화일보》, 2014. 3. 10.

2004년

4. 3. 한국방송(KBS)이 방영한 20회짜리 미니 시리즈로 다소 평범한 편에 속했던 이 드라마는 원래 NHK의 위성방송인 BS2에서 1년 전 4월 3일부터 방영됐다. 하지만 상당히 높은 시청률을 기록하며 입소문이 퍼져 지상파로 옮겨 방송되었고, 최종회 시청률 20.6%를 기록하며 당시 일본 드라마 부분 시청률 1위를 거머쥐었다. (김윤지, 《한류 외전》, (서울: 어크로스, 2023), 7쪽.)
'주말 박스오피스', 《한국일보》, 2004. 5. 7.
9. 19. ● 클라우스 뮐한, 《현대 중국의 탄생》, 윤형진 옮김, (서울: 너머북스, 2023), 697~698쪽.
●● 화평굴기는 후에 화평발전으로 명칭이 바뀐다.
11. 22. 야당 후보 빅토르 유센코가 선거 운동 색으로 오렌지색을 택했다. 이후 부정선거 의혹이 제기되자 대규모 시위가 발생했다. 시민들은 오렌지색 옷을 입고 오렌지 색 깃발을 흔들며 시위에 참여했다. 오렌지색은 평화 시위의 상징이자 혁명의 대명사가 됐다.

2005년

10. 19. 최유식, '평화의 댐 18년만에 완공', 《조선일보》, 2005. 10. 20.
11. 8. 방리유는 아랍계나 북아프리카계 이민자들이 집중적으로 거주하는 파리 외곽의 소외 지역이다.

2006년

1. 18. 이장규, 《대한민국 대통령들의 한국경제 이야기 2》, (파주: 살림, 2014), 110쪽.
1. 25. 미국과 유럽연합은 하마스가 자신들의 표현대로 '테러를 포기할' 때까지 팔레스타인 자치정부를 지원하지 않기로 결정했다. (유진 로건, 《아랍: 오스만 제국에서 아랍 혁명까지》, 개정판, 이은정 옮김, (서울: 까치, 2022), 701쪽.)

2007년

3. 19. 최기호, 〈몽골에서 한국어 교육의 어제와 오늘 (3)〉, 《한글 새소식》, 제512호, (서울: 한글학회, 2015) 15쪽.
7. 11. '이정훈 광주비엔날레 감독, 신정아씨 예일대 박사학위는 가짜', 《한겨레》, 2007. 7. 12.
8. 5. 소녀시대의 데뷔곡인 〈다시 만난 세계〉는 2024년 윤석열 대통령 탄핵 과정에서 집회 현장에서 불리며 새로이 주목받는다. 아이돌 그룹의 급증기이기도 했던 2007년에는 10개의 보이그룹과 11개의 걸그룹이 데뷔했다.
9. 14. 김현, 〈한국과총 '2007년 10대 과학기술 뉴스' 선정·발표〉, 《과학과 기술》, 2008년 1월호, (서울: 한국과학기술단체총연합회, 2008), 22쪽.

2008년

9. 10. 유럽입자물리연구소가 입자를 발견했다는 발표한 것은 2012년 7월 4일이었지만, 힉스 보손이 실재한다고 공식적으로 발표한 것은 이듬해 3월 14일이었다.

2009년

사진 B 임주환·진종휘, 〈용산의 사각 동맹〉, 《한겨레 21》, 제748호(2009. 2. 20.)
5. 21. 2012년 덕수궁 대한문 앞 쌍용차 농성장을 방문한 당시 통합진보당 19대 총선 당선자 노회찬은 방명록에 "살인해고는 더 이상 용납될 수 없습니다. 해고 없는 세상에서 편히 눈감으십시오."라고 적었다.
11. 8. ● 조세열, 《'친일인명사전』 편찬의 쟁점과 의의〉, 《역사비평》, No.91(서울: 역사비평사, 2010), 280~281쪽.
●● 이준식, 〈친일청산을 하지 못한 대가〉, 이기훈 외, 《쟁점 한국사: 근대편》, (파주: 창비, 2017), 205쪽.
친일비호세력의 조직적 압박을 뚫고 시민들의 지원만으로 세상에 나온 이 사전은 '심각하게 뒤틀려 있는 우리의 식민지시기 역사를 바로잡기 위한 교정지' 역할을 할 것이다. (조세열, 같은 책 290쪽.)

주(註)

2010년

- 3. 18. 정인선, '치솟는 유튜브·구글 점유율 카톡·네이버 아성 흔들린다', 《한겨레》, 2023. 6. 6.
- 9. 28. 김성보, 기광서, 이신철, 《사진과 그림으로 보는 북한 현대사》, (서울: 웅진 지식하우스, 2014), 387쪽.
- 11. 25. 이종태, '론스타는 어떻게 떼돈을 벌었나', 《시사인》 782호, 2022. 9. 13.

2011년

- 1. 14. 이태호, 《시장의 기억》, (서울: 어바웃어북, 2020), 345쪽
- 7. 22. '노르웨이 참사'라는 정치 투쟁', 《문화일보》, 2014. 3. 10.
- 9. 11. 딘 베이커, 《딘 베이커가 쓴 가장 최근의 미국사: 1980~2011》, (서울: 시대의창, 2012), 최성근 옮김, 414~415쪽.
- 10. 5. ● 월터 아이작슨, 《스티브 잡스》, 안진환 옮김, (서울: 민음사, 2011), 873쪽.
  ●● 같은 책, 881쪽.

2012년

- 4. 11. 김성보, 기광서, 이신철, 《사진과 그림으로 보는 북한 현대사》, (서울: 웅진 지식하우스, 2014), 389쪽.

2013년

- 3. 31. 김성보, 기광서, 이신철, 《사진과 그림으로 보는 북한 현대사》, (서울: 웅진 지식하우스, 2014), 390쪽.

2015년

- 5. 20. 보건복지부·한국보건사회연구원 백서연구팀, 《2015 메르스 백서》, (세종: 보건복지부, 2016), 13쪽. 국내 발생 기간 동안 유커를 비롯한 외국인 관광객 15만 명이 한국 방문을 포기했고, 2분기 국내총생산도 전분기 대비 0.3% 성장에 그쳤다.

2016년

- 사진 C ● 황금비, "여론조사는 '숨은 트럼프표'를 놓쳤다", 《한겨레》, 2016. 11. 9.
  ●● 권태호·정의길, '기득권층 체제에 분노한 백인 중하위층 반란표 결집', 《한겨레》, 2016. 11. 9.
- 2. 10. 개성대한민국 통일부, 〈개성공단 전면중단 관련 정부 성명〉, 2016. 2. 10.
  2004년 개성공단에서 생산 활동이 시작된 이래 2013년에 이어 두번째 '전면 중단'이지만, 남쪽이 '전면 중단' 결정을 먼저 내린 건 처음이다. (김진철, '개성공단 사실상 폐쇄…정부 '마지막 안전판'마저 없앴다', 《한겨레》, 2016. 2. 11.) 개성공단은 이후 아직까지 재가동되지 못하고 있다.
- 5. 31. 반면 여당인 열린우리당은 전라북도 단 한 곳만을 건지는데 그치는 처참한 패배를 맛봤다. 가장 큰 관심을 모은 서울시장에는 한나라당의 오세훈이 열린우리당의 강금실을 누르고 당선됐다.

2018년

- 3. 11. 김외현, '시진핑 종신 집권' 길 닦아놓고…종신제 부활 아니라는 중 당국', 《한겨레》, 2018. 3. 13.
- 3. 22. 그는 무역대표부(USTR)에 총 600억 달러 상당의 중국산 수입품체 대해 관세를 부과하도록 지시했다. 항공기 부품, 배터리, 평면 TV, 의료 기기, 위성, 다양한 무기를 포함하여 1300개 이상의 중국 수입품 범주가 관세 대상에 포함됐다. 관세 폭탄을 무기로 중국과의 무역전쟁에 나선 것이다. 대중국 무역적자를 더 이상 방치하지 않겠다는 의지의 표현이었다. 이에 중국도 보복 관세로 맞대응에 나섰고, 세계 1, 2위 경제대국 간의 패권전쟁은 전 세계를 긴장시켰다.

- 6. 1. 한 해 내내 유럽에서는 난민 거부 정책을 편 폴란드·헝가리 등의 우익 정부와 이에 반대해 비교적 온건한 정책을 편 프랑스·독일 등이 갈등을 빚었다. 이 와중에 독일과 프랑스의 극우정당의 지지율이 반난민 정서를 등에 업고 가파르게 상승하는 일까지 벌어졌다.

2019년

- 1. 28. 5월에는 2000억 달러 규모의 중국산 제품에 대한 관세율을 10%에서 25%로 인상했다. 갈등은 12월 양국이 무역협상 1단계 협상에 합의하면서 소강 상태에 접어들었다.
- 10. 18. 빈부격차와 생활고에 따른 반정부 시위는 벌어진 것은 칠레만이 아니었다. 같은 달 에콰도르에서는 연료 보조금 취소를 포함한 긴축 조치에 대한 반발로, 레바논에서는 왓츠앱 등 메신저 프로그램에 대한 정부의 세금 부과 계획에 대한 반발로 반정부 시위가 벌어졌다.

2020년

- 사진 A CO는 코로나, VI는 바이러스, D는 질환, 19는 2019년을 뜻한다.
- 6. 30. 법령의 정식 명칭은 〈중화인민공화국 홍콩특별행정구 유지·보호 국가안전법(中华人民共和国香港特别行政区维护国家安全法)〉이다.

2021년

- 6. 4. 9월에는 고발 사주 의혹, 10월에는 판사 사찰 문건 작성 의혹으로도 수사 대상에 오른다. 이로써 대선 유력주자 두 명이 모두 사법 리스크를 안게 됐다.
- 7. 23. 그러나 공식명칭 '2020 도쿄 올림픽'은 변경하지 않고 그대로 사용했다. 북한은 이 대회에 참가하지 않은 유일한 국가였고 이로 인해 2022년 동계 올림픽 참가가 불허됐다. 후에 선수 개인자격 참가는 가능하다고 완화되었지만 북한은 한 명의 선수도 참여하지 않았다.
- 7. 31. 유네스코 세계유산위원회는 "동아시아와 오세아니아 지역의 철새를 포함한 지구상의 생물 다양성 보존을 위한 중요한 서식지로서 탁월한 보편적 가치를 인정받았다"고 등재 사유를 밝혔다. 충남 서천갯벌, 전북 고창갯벌, 전남의 신안갯벌과 보성·순천갯벌 등 네 개 지역이 선정됐다.
- 8. 31. 이날 이 신문은 '이재명 후보님, (주)화천대유자산관리는 누구 것입니까?'란 제목의 기사를 통해 성남 대장동 사업에 화천대유자산관리회사가 참여하게 된 배경에 당시 성남시장이었던 더불어민주당 대권 후보 이재명 경기도지사의 비호가 있었다는 익명의 제보를 받았다고 보도했다. 대장동 특혜의혹은 해를 넘기며 2022년 대선 본선에서 핵폭탄급 뇌관으로 작용한다. 2024년 이낙연 전 국무총리의 최측근인 남평오 전 국무총리 민정실장이 특혜의혹을 언론에 제보한 사람이 자신이라고 밝힌다.
- 10. 15. 이 사태는 중국에 대한 공급망 의존도가 높은 품목에 대한 취약성을 여실히 보여주었으며, 글로벌 공급망 위기에 대한 우려를 증폭시켰다.
- 11. 11. 정인환, "중국 공산당 3번째 '역사 결의'…시진핑 3연임 굳히다", 《한겨레》, 2021. 11. 12.

도입부 인용문 출처

1901년

A. 앵거스 해밀턴,《러일 전쟁 당시 조선에 대한 보고서: 1899~1905년 사이의 격동과 성장》, 이형식 옮김, (파주: 살림출판사, 2010), 292쪽.
B. 같은 책, 291~292쪽.

1902년

A. 〈하와이 이민 모집 홍보물〉(1903년 8월 6일자)
B. 라철삼,《아메리카의 한인들》, (서울: 코리안 라이프, 2011), (국사편찬위원회, https://contents.history.go.kr/mobile/hm/view.do?levelId=hm_135_0030에서 재인용).

1903년

A. B. '佈告全國民人',《황성신문》, 1903. 6. 8.

1904년

A. 〈한일의정서〉, 성숙경, (〈대한제국 식민지화를 위한 침략의 발판을 마련하다〉, 최덕수 외,《조약으로 본 한국 근대사》, (서울: 파주, 2010), 572쪽에서 재인용).
B. 〈한일의정서〉, 같은 책. 572쪽.

1905년

A. 장지연, '是日也放聲大哭',《황성신문》, 1905. 11. 20.
B. 〈을사늑약〉, 성숙경, (〈일본의 보호국으로 전락하다: 을사조약〉,' 최덕수 외,《조약으로 본 한국 근대사》, (서울: 파주, 2010), 639~640쪽에서 재인용).

1906년

A. '告同胞諸君',《대한매일신보》, 1905. 12. 24.
B. 〈통감부 및 이사청 관제〉, (김영숙, 〈政軍關係로 본 조선총독부의 위상〉,《이화사학연구》, 제33집, (서울, 이화사학연구소, 2006), 326쪽에서 재인용).

1907년

A. 이위종이《만국평화회의보》와 한 인터뷰, William T. Sterad, 'Le quelette de la fête', Courrier de la Conférence de la Paix, No. 18. Vendredi 5 Juillet 1907.
B. 1907년 7월 9일, 이위종이 취재기자들 앞에서 한 연설. 'A Plea for Korea', Independent, Aug 22, 1907.

1908년

A. F. A. 매켄지,《대한제국의 비극》, 이형식 옮김, (서울: 집문당, 1999), 190쪽.
B. 같은 책, 186~187쪽.

1909년

A. 안중근이 남긴 유언.
B. "이등공 살해한 이유",《대한매일신보》. 1909. 11. 21.

1910년

A. 황현, 〈절명시(絕命詩)〉.
B. 〈병합조약〉, (성숙경, 〈마침내 나라를 빼앗기다〉, 최덕수 외,《조약으로 본 한국 근대사》, (서울: 열린책들, 2010), 735~736쪽에서 재인용).

1911년

A. 일본 제국교육회 조선교육조사회 조사안, ('雜報: 조선교육방침',《매일신보》, 1910. 10. 13.).
B. 〈조선교육령〉.

1912년

A. 〈토지조사령〉 제4조.
B. 조정래,《태백산맥》, 4권, (서울: 해냄출판사, 1994), 50~51쪽.

1913년

A. 《장한몽》이 신파극〈이수일과 심순애〉로 각색되어 전파되면서 대중에게 널리 유행한 대사.
B. 조중환,《장한몽: 조중환 번안 소설》, (서울: 현실문화연구, 2007), 100쪽.

1914년

A. 박용만.《국민개병설》, (최영호, 〈박용만: 문무를 겸비한 비운의 민족주의자〉,《한국사 시민강좌》, 제47집. (서울: 일조각, 2010), 100쪽에서 재인용).
B. '국민회 략사',《신한민보》, 1944. 9. 28.

1915년

A. 박은식,《한국독립운동지혈사》, 김도형 옮김, (서울: 소명출판, 2008), 71쪽(앞) / 72쪽(뒤).
B. '絞首臺上의 蔡應彥',《매일신보》, 1915. 11. 6.

1916년

A. 우사미 가쓰오(宇佐美勝夫) 내무장관 담화, '教員心得에 대하여',《매일신보》, 1916. 1. 1.
B. 〈교원심득〉.

1917년

A. B. 〈대동단결선언〉.

1918년

A. 〈한인사회당 강령〉. 천경화·김방, 〈이동휘의 한인사회당 창당과 활동상황〉,《부천대학 논문집》, 제21호, (부천:부천대학, 2000), 18쪽에서 재인용.
B. 김알렉산드라가 백위군에게 끌려가 총살되기 전에 한 말. (이인섭, 〈김알렉산드라 뻬뜨로브나에 대한 회상기〉,《이인섭과 독립운동자료집 III》, (천안: 독립기념관 한국독립운동사연구소, 2011).

1919년

A. B. 〈대한민국 임시헌장〉.

1920년

A. 도종환, 〈다시 부르는 기전사가〉,《접시꽃 당신》, (서울: 실천문학사, 2011), 101쪽.
B. 작사·작곡, 이범석, 〈기전사가〉.

도입부 인용문 출처

1922년

A. B. '街路로 趣旨宣傳', 《동아일보》, 1922. 5. 2.

1923년

A. 東大震災時に虐殺された朝鮮人の遺骨を発掘し追悼する会 発行,《関東大震災時 朝鮮人虐殺事件 東京フィールドワーク資料(下町以外編)》2012年1月, 19~20쪽.
(安田敏朗,〈流言というメディア - 関東大震災時朝鮮人虐殺と「15円50銭」をめぐって〉《JunCture 超域的日本文化研究》, 巻6号6, (名古屋: 名古屋大学大学院文学研究科附属日本近現代文化研究センタ, 2015) 62쪽에서 재인용.).

B. "강도 능욕 방화를 기도, 불량조선인의 폭동은 여사", 《매일신보》, 1923. 9. 10.

1924년

A. "京城帝國大學 豫科의 開校式을 보고서", 《개벽》제49호, 1924. 7.
B. 1938년 3월 25일, 경성제국대학 졸업식에서 조선총독 미나미 지로가 한 축사. 조선총독 미나미 지로, 〈제14회 경성제국대학 졸업식 고사(告辭)〉, 정근식 외, 《식민권력과 근대지식: 경성제국대학 연구》, (서울: 서울대학교출판문화원), 83~84쪽.

1925년

A. 〈치안유지법〉, 1925년.
B. 〈국가보안법〉, 1948년.

1926년

A. B. 윤심덕 작사, 〈사의 찬미〉.

1927년

A. B. 〈신간회 강령〉, '민족주의로 발기된 신간회강령 발표', 《동아일보》. 1927. 1. 20.

1928년

A. B. "林巨正傳 (1)", 《조선일보》, 1928. 11. 21.

1929년

A. B. 〈원산대쟁의 제십삼일, 우리도 가튼 노동자다!〉, 《조선일보》, 1929. 2. 4.

1930년

A. B. 〈한국독립당 당의〉.

1931년

A. "二천만 동포에게 고합니다", 《동아일보》, 1931. 7. 7.
B. "三姓堡同胞受難益甚 二百餘名又復被襲", 《조선일보》, 1931. 7. 3.

1932년

A. 매헌윤봉길전집편찬위원회, 《매헌윤봉길전집》, 제2권 상해의거와 순국, (서울: 매헌윤봉길의사기념사업회, 2012), 30쪽.
B. 같은 책, 〈강보에 싸인 두 병정에게〉, 33쪽.

1933년

A. "사람 잇는 집을 허는 法 잇소?", 《동아일보》, 1933. 8. 31.
B. 같은 글.

1934년

A. B. 〈진단학회 창립〉, 《진단학보》, 제1권, (서울: 진단학회, 1934), 223쪽.

1935년

A. 《조선일보》광고, 1935. 10. 4.
B. "조선최초의 발성영화 춘향전을 보고 (상)", 《동아일보》, 1935. 10. 11.

1936년

A. 손기정이 베를린 올림픽 직후 양정고등보통학교에서 같이 공부했던 이순채에게 보낸 엽서.
B. 손기정, 《나의 조국, 나의 마라톤》, (서울: 휴머니스트, 2022), 14-15쪽.

1937년

A. 〈인민위원회의와 전소연방 공산당 중앙위원회 명령〉, No.1428-32ss 1937년 8월 21일.
B. 송희연, 《레닌기치》, 이상근, 〈고려인 중앙아시아 강제 이주과정 및 정착과정〉, 《國史館論叢》, 제103집. (서울: 국사편찬위원회, 2003), 28-29쪽에서 재인용.

1938년

A. 〈국민정신총동원조선연맹 선언〉, (1938년 7월 1일).
B. '국민정신총동원 조선연맹취지'. 《조선일보》, 1938. 6. 23.

1939년

A. 박경식, 《조선인 강제연행의 기록》, 박경옥 옮김, (서울: 고즈윈, 2008), 192쪽.
B. 미야 고이치(宮孝一), 《朝鮮徵用問答(附 國民徵用令關係法令)》, (경성: 매일신보사출판국, 1944) 1쪽

1940년

A. 〈조선민사령〉 부칙(조선총독부제령 제19호, 1939. 11. 10.).
〈조선민사령〉은 1940년 2월 11일부터 시행된다.
B. 이광수, '창씨와 나'. 《매일신보》, 1940. 3. 20.

1941년

A. B. 대한민국 임시정부, 〈대일선전성명서〉.

1942년

A. 조선어학회 사건으로 체포된 정인승에게 일본 형사가 취조 중 물은 말.
한국어문교육연구회, 〈朝鮮語學會事件 回顧 懇談會 - 一石・健齋〉 두 분을 모시고〉, 《어문연구》, Vol.11 No.4~5, (서울: 한국어문교육연구회, 1983), 472쪽.
B. 〈조선어학회 사건 예심종결 결정문〉.

1943년

A. 가야마 미쓰로(이광수), "朝鮮의 學徒여", 《매일신보》, 1943. 11. 5.

도입부 인용문 출처

B. 김활란(天城活蘭), 〈뒷일은 우리가〉, 《조광》, 1943년 1월호, 56쪽.

1944년

A. ?
B. "거룩한 皇國女性의 손, 鑛工局長과 一問一答", 《매일신보》, 1944. 8. 26.

1945년

A. B. 함석헌, 《성서적 입장에서 본 조선역사》, (서울: 성광문화사, 1950), 277~278쪽.

1946년

A. "蘇聯은 信託統治 主張", 《동아일보》, 1945. 12. 27.
B-1. "空前의 大示威運動, 萬歲喊聲, 天地를 震憾", 《중앙신문》, 1946. 1. 1.
B-2. "反託보다 먼저 戰線 統一, 朝鮮共産黨中央委員會 態度 表明", 《중앙신문》, 1946. 1. 3.

1947년

A. 여운형, 조선인민당 창당 연설, 1945년 11월.
B. "呂運亨氏 被彈絶命", 《경향신문》, 1947. 7. 20.

1948년

A. B. 〈대한민국헌법〉, 1948년.

1949년

A. B. 〈반민족행위처벌법〉, 1948년.

1950년

A. 박두진 작사, 김동진 작곡, 〈6·25의 노래〉
B-1. 〈북한군 공격에 관한 국방부 정훈국장의 담화〉, '傀儡軍 突然南侵을 企圖', 《동아일보》, 1950. 6. 26.
B-2. 김일성, 〈모든 힘을 전쟁의 승리를 위하여〉 1950년 6월 26일 방송연설, 《김일성 저작집 6권》, (평양: 조선로동당출판사, 1980), 9~16쪽.

1951년

A. B. 노민영·강희정 기록, 《거창양민학살: 그 잊혀진 피울음》, (서울: 온누리, 1988), 111쪽.

1952년

A. 〈제38회 국무회의록: (대통령 유시) 정부제출 개헌안 원칙에 관한 건〉, 1952. 5. 13.
B. 대한민국 헌법〉(제2호).

1953년

A. 〈국제연합군사령관을 일방으로 하고 조선인민군 최고사령관 및 중국인민지원군사령원을 다른 일방으로 하는 한국 군사정전에 관한 협정〉, 제1조 제6항.
B. 같은 협정, 제1조 제1항, 제2조 제36항, 제5조 부칙 제63항.

1954년

A. B. "自由黨 院內總務 李在鶴議員 談話", 《경향신문》, 1954. 11. 3.

1955년

A. 박인수 사건 담당 권순영 판사가 한 말, "朴仁秀에 無罪言渡", 《동아일보》, 1955. 7. 23.
B. '무너지는 性道德', 《동아일보》, 1955. 6. 22.

1956년

A. "우리나라의「테레비」現況", 《경향신문》, 1956. 5. 17.
B. "各種 푸로에 人氣,「테레비죤」放送 開始", 《경향신문》, 1956. 6. 18.

1957년

A. B. 《우리말 큰사전》, 머리말.

1958년

A. 〈서울고등법원 판결문, 1958년 10월 25일〉. 전현수 편저, 《진보당 형사사건기록 2》, (서울: 선인, 2023), 327쪽.
B-1. 《민정》, 1948년 9월호, 정태영 외 엮음, 《죽산 조봉암 전집 1: 죽산 조봉암선생 개인문집》, (서울: 세명서관, 1999) 51~52쪽.
B-2. 〈서울고등법원 판결문, 1958년 10월 25일〉. 전현수 편저, 《진보당 형사사건기록 2》, (서울: 선인, 2023), 343쪽.

1959년

A. B. 미국공보원, 〈리버티 뉴우스〉, 태풍특보, 1959년.

1960년

A. 4·19 당시 시위 구호.
B. 고려대학교 학생, 〈선언문〉, 1969. 4. 18.

1961년

A. B. 5·16 군사정변 〈혁명공약〉.

1962년

A. 박정희 지음, 신범식 엮음, 〈자립 정신과 자조의 노력-국민에게 보내는 연두사-〉, 《박정희 대통령선집 3》, (서울: 지문각, 1970), 192쪽.
B. 같은 책, 192쪽.

1963년

A. "西獨鑛夫志願 大學卒도 115名", 《동아일보》, 1963. 9. 2.
B. 국사편찬위원회, 《파독광부 생애사》, (과천: 국사편찬위원회, 2022), 25~27쪽.

1964년

A. 베트남 파병 당시 구호. (윤충로, 〈베트남전쟁 참전의 안과 밖〉, 이혜령 외, 《한국현대 생활문화사: 1960년대》, (파주: 2016), 171쪽.)
B. 박정희, 〈대전유세 연설〉, 대통령비서실 편, 《박정희대통령연설문집》제4집, (서울: 대통령비서실, 1968), 191~93쪽.

도입부 인용문 출처

1965년

A. 한일수교 반대 시위대가 내건 구호.
B. 〈한일기본조약〉.

1966년

A. 1966년 9월 22일, 이병철 삼성재벌 대표가 한국비료 사카린 밀수 사건과 관련해 사과 성명을 발표하며 한 말.
B. "또 財閥密輸", 《경향신문》, 1916. 9. 15.

1967년

A. B. 국정원과거사건진실규명을통한발전위원회, 《과거와 대화, 미래의 성찰-학원·간첩편(VII)》, (서울: 국가정보원, 2007), 619~620쪽.

1968년

A. "敎育憲章審議에 時限 안 두고 衆論 충분反映", 《경향신문》, 1968. 7. 27.
B. 〈국민교육헌장〉.

1969년

A. 〈제72회 국회회의록 제6호〉, 대한민국국회사무처, 1969년 9월 14일.
B. 박정희, 〈7·25 특별 담화문〉, 1969년 7월 25일.

1970년

A. 1970년 11월 13일 전태일이 자신의 몸을 불태우며 했던 말.
B. 전태일이 박정희 대통령에게 보낸 편지.

1971년

A. 광주대단지 사건 당시 강제 이주민들이 내건 구호.
B. 윤흥길, 《아홉 켤레의 구두로 남은 사내》, (서울: 문학과지성사, 2019), 148~156쪽.

1972년

A. B. 박정희, 〈10·17 대통령특별선언〉.

1973년

A. 포항제철 종공을 기념해 이은상이 지은 축시.
B. 박정희, 〈1973년 연두 기자회견〉.

1974년

A. "朴대통령 談話(全文)", 《경향신문》, 1974. 1. 9.
B. 〈대통령긴급조치 제1호〉.

1975년

A. "朴大統領 特別談話", 《동아일보》, 1975. 5. 13.
B. 〈국가안전과공공질서의수호를위한대통령긴급조치〉.

1976년

A. 《경향신문》, 1976. 8. 3. 5면에 실린 광고.
B. "그토록 渴望했던 「金(김)메달」을 땄구나", 《동아일보》, 1976. 8. 2.

1977년

A. 〈수출 행진곡〉, 한국무역협회 제작 보급, 작사/오경웅, 작곡/박시춘, 1970년.
B. 박정희, 〈100억불 수출의 날 치사〉.

1978년

A. '아파트 特惠의 현장 프리미엄 2천만 원~3천만 원', 《경향신문》, 1978. 07. 10.
B. 같은 기사.

1979년

A. 〈오월의 노래〉 가사.
B. 김재규, 법정 최후 진술.

1980년

A. 〈5월의 노래〉 가사.
B. 광주민주화운동 당시 가두방송.

1981년

A. 제12대 대통령 선거인 선거 표어.
B. 전두환, 〈제12대 대통령 취임사〉, 1981. 3. 3.

1982년

A. "새해의 朗報…큰 膳物받았다", 《경향신문》, 1982. 1. 4.
B. "自由市民時代 (1) 開放社會의 意味", 《경향신문》, 1982. 1. 4.

1983년

A. 작곡 박춘석, 작사 한운사, 노래 곽순옥, 〈누가 이 사람을 모르시나요〉.
B. KBS, 〈연속특별생방송 - 이산가족을 찾습니다〉. 1983. 7. 20. 방송.

1984년

A. 〈우리는 왜 민정당을 찾아왔는가〉, 김상웅 편저, 《사료로 보는 20세기 한국사》, (서울: 가람기획, 1997), 380쪽.
B. 같은 책, 377~380쪽.

1985년

A. "어머니…목멘 血肉상봉", 《경향신문》, 1985. 9. 21.
B. "서울·平壤서 南北혈육 40년 만에 만나다", 《동아일보》, 1985. 9. 21.

1986년

A. "「平和의 댐」성금 二題", 《동아일보》, 1986. 12. 8.
B. 〈북한 금강산 댐 건설 관련 관계장관 합동 담화문〉, 1986. 11. 26.

도입부 인용문 출처

1987년

A. 1987년 6월 민주항쟁 당시 박종철 고문치사 사건 이후 널리 사용된 구호.
B. "警察에서 조사받던 大學生, 쇼크死",《중앙일보》, 1987. 1. 15.

1988년

A. 제24회 하계 올림픽 개막 선언, 노태우 대통령, (1988년 9월 17일).
B. 노태우,〈서울올림픽 개막에 즈음한 특별담화〉,《노태우대통령연설문집 제1권》, (서울: 대통령비서실, 1992), 221~223쪽.

1989년

A. B. 〈전국교직원노동조합 창립 선언문〉, 1989. 5. 28.

1990년

A. B. 〈노태우 대통령 3당합당선언〉, 1990. 1. 19.

1991년

A. B. 김학순, 일본군 위안부 피해자 기자회견, 1991. 8. 4.
https://www.archive814.or.kr/record/recordDetailView.do?recordId=2666

1992년

A. B. 〈대한민국과 중화인민공화국 간의 외교관계 수립에 관한 공동성명〉

1993년

A. 김영삼,〈금융실명제실시 관련 담화문(금융실명제는 개혁 중의 개혁)〉, (연설일1993. 8. 12).
B. 같은 담화문.

1994년

A. 조선중앙텔레비죤 긴급 보도, 1994. 7. 9.
B-1. 《조선중앙통신》, 1994. 7. 8.
B-2. 국무회의 중 이영덕 국무총리 발언, 1994. 7. 18.

1995년

A. 삼풍백화점 붕괴 후 삼풍백화점 대표 이준이 서초경찰서에서 기자에게 한 말. MBC〈뉴스데스크〉, 1995년 7월 4일 방송.
B. "삼풍백화점 붕괴대참사",《한겨레신문》, 1995. 6. 30.

1996년

A. 5·18 고소사건과 관련해 1996년 전두환, 노태우 등에 대한 유죄판결이 나오자 한 해 전 검찰이 사건을 불기소 처분하며 내세운 '성공한 쿠데타는 처벌할 수 없다'는 논리에 대한 반박으로 널리 회자된 말.
B. 전두환·노태우 등 서울지법 제1심 판결문. (서울지법, 1996. 8. 26. 95고합1228판결)

1997년

A. 재정경제원〈보도자료: 한국의 대국제통화기금 유동성조절자금 지원 요청 주요내용〉, 1997. 11. 21.

B. 〈한국-IMF 구제금융 양해각서〉, 1997. 12. 3.

1998년

A. 재정경제원〈보도자료: 한국의 대국제통화기금 유동성조절자금 지원 요청 주요내용〉, 1997. 11. 21.
B. 김대중,〈제15대 대통령 취임사〉.

1999년

A. 네이버가 국민 검색엔진으로 자리잡은 후 널리 유행한 말.
B. 황순현, "and와 or만 잘 다뤄도 정보 대부분 찾아",《조선일보》1999. 5. 17.

2000년

A. B. 〈6.15 남북공동선언〉, (2000. 6. 15.

2001년

A. 〈세계인권선언〉제1조.
B. 〈국가인권위원회법〉.

2002년

A. 〈오 필승 코리아〉, 윤도현 밴드.
B. "4강 여신, 한국을 품다",《경향신문》2002. 6. 23.

2003년

A. 대한상공회의소/전국경제인연합회 등의 합동광고, 2002. 10.
B. 같은 광고.
한국노동조합총연맹,〈전경련의 위험하고 무모한 발상〉, 2002. 7. 16.

2004년

A. 박관용 국회의장의 산회 선포 발언, 2004. 3. 12.
B. 〈대통령(노무현)탄핵소추의결서〉.
헌법재판소 대통령(노무현)탄핵 판결서.

2005년

A. 황우석, 2005년 6월 7일, 황우석 서울대 석좌교수 초청 관훈토론회에서.
B. 서울대조사위원회, 중간조사결과 발표문.

2006년

A. 〈북한 외무성 핵실험 발표 성명〉, 2006. 10. 3.
B. "핵시험 성공적 진행", 조선중앙통신, 2006. 10. 9.

2007년

A. 이명박, 2007년 3월 13일 경기도 고양시 킨텍스에서 열린 출판기념회에서 한 말. '747 신화창조 도전, 이명박 출판기념회 2만여명 몰려',《동아일보》, 2007. 3. 14.
B. 한나라당,《일류국가, 희망공동체 대한민국》, (서울: 북마크, 2007), 18~19쪽.

도입부 인용문 출처

2008년

A. 쇠고기 협상 타결과 관련해 이명박 대통령이 언급한 말 (2008. 4. 21.).
B. 이명박 대통령, 특별 기자회견문 (2008. 6. 19.).

2009년

A-1. 김대중 대통령, 6.15 선언 9주년 특별 강연.
B. 도정일, "'노무현의 질문' 기억하기", 《한겨레》, 2009. 6. 4.

2010년

A. 2009년 5월 17일 방송된 MBC의 〈김연아 특집: 퀸연아! 나는 대한민국이다〉 촬영 도중 '스트레칭 하는 동안 무슨 생각을 하느냐'는 질문에 대한 김연아의 대답.
B. 김은진, "연아, 다 이루었다…피겨 역대 최고점 금메달", 《경향신문》, 2010. 2. 27.

2011년

A. 정의길, "김정일 위원장 사망…한반도 정세 '대격랑'", 《한겨레》, 2011. 12. 20.
B. 김정일 서거 관련 조선중앙TV 보도, 2011. 12. 19.
〈외교안보장관회의 발표문〉 및 〈조문단 관련 통일부 방침〉, 2011. 12. 20.

2012년

A. 대통령 선거를 하루 앞둔 2012년 12월 18일, 박근혜 새누리당 대선 후보가 기자회견을 중 한 말.
B. 〈제28대 대통령선거 새누리당 정책공약〉.

2013년

A. 남양유업 갑질사건 녹취록.
B. 남양유업 갑질사건 관련 공식 사과문. (2013년 5월 4일).

2014년

A. 박근혜 대통령이 중앙재난안전대책본부를 방문해 한 말(2014년 4월 16일 오후 5시 15분).
B. 진실의 힘 세월호 기록팀, 《세월호, 그날의 기록》, (진실의힘, 2016).

2015년

A. B. 제48회 국무회의(2015. 11. 10.), 박근혜 대통령 모두 발언.

2016년

A. 2016~2017년 박근혜 대통령 하야 / 탄핵 요구 집회의 집회명.
B. JTBC, '태플릿 PC 국정논단' 첫 보도.

2017년

A. B. 헌법재판소 박근혜 대통령 탄핵 심판 선거 요지.

2018년

A. 제1차 남북정상회담이 시작되기 전 문재인 대통령과 김정은 북한국무위원장이 군사분계선을 사이에 놓고 나눈 말.
B. 〈한반도의 평화와 번영, 통일을 위한 판문점 선언〉, 2018. 4. 27.

2019년

A. 2019년 검찰개혁/ 조국사태 찬반 시위에 사용된 구호들.
B. 최원국·안상현·서유근, "광화문·대학로 몰려나온 청년들", 《조선일보》, 2019. 10. 4.
권지담, ""검찰개혁" "조국 수호" 서초동 촛불집회", 《한겨레》, 2019. 10. 10.

2020년

A. 코로나 팬데믹 기간 동안 사용되던 말.
B. 보건복지부 질병관리본부, 보도참고자료, 2020. 1. 20.

2021년

A. Danica Salazar, 'Daebak! The OED gets a K-update', (2021년 10월 6일 옥스퍼드 영어사전 누리집 게시글 제목), https://www.oed.com/discover/daebak-a-k-update/
B. 강유정, "오징어 게임 열풍에 대한 직관적 분석 1", 《경향신문》, 2021. 10. 22.

사진 및 그림 출처

14쪽 아래	ⓒ연합뉴스	77쪽 위	ⓒ석영 안석주	134쪽 위	ⓒUN Photo
15쪽 아래	ⓒ강요배, 박소연, 양천우	78쪽 위	ⓒ독립기념관	134쪽 아래	ⓒNARA
16쪽 위	ⓒ하와이대 한국학연구소	78쪽 아래	ⓒ나주학생독립운동기념관	135쪽 위	ⓒMichael Rougier
17쪽 위	ⓒ서울역사박물관	79쪽 위	ⓒ서울역사박물관	135쪽 아래	ⓒShutterstock.com
18쪽 위	ⓒGeorges Ferdinand Bigot	80쪽	ⓒ임시정부기념사업회	137쪽 위	ⓒNARA
18쪽 아래	ⓒJohn T. Daniels	82쪽 아래	ⓒ국사편찬위원회	138쪽 위	ⓒ경향신문
23쪽 위	ⓒWillard Dickerman Straight	83쪽 위	ⓒGala-Salvador Dali Foundation	139쪽 위	ⓒ국가기록원
25쪽 아래	ⓒWojciech Kossak	83쪽 위	ⓒ부평역사박물관	143쪽 위	ⓒ서울역사박물관
28쪽 위	《Courrier de la Conférence de la Paix》 1907년 7월 5일자	83쪽 아래	ⓒDaniel Schwen	143쪽 가운데	ⓒ구와바라 시세이
		84쪽 위	윤봉길 사진 ⓒ독립기념관	143쪽 아래	ⓒGettyimages
29쪽 아래	ⓒ 2024-Succession Pablo Picasso-SACK (Korea)	84쪽 아래	ⓒ동아일보	144쪽 위	ⓒ문화재청
		85쪽 위	ⓒ조선일보	145쪽 위	ⓒ국가기록원
30쪽 위	ⓒFrederick Arthur McKenzie	88쪽 아래	ⓒ모종혁	146쪽 아래	ⓒ국가기록원
33쪽 아래	ⓒFortunato Depero	89쪽 위	ⓒ부경근대사료연구소	147쪽 위	ⓒ동아일보
39쪽 가운데	ⓒWassily Kandinsky	90쪽 아래	ⓒ한국국학진흥원	148쪽 아래	ⓒ적십자국제위원회아카이브
40쪽 위	ⓒ국사편찬위원회	91쪽 위	ⓒ국립민속박물관	149쪽 아래	ⓒGettyimages
41쪽 위	ⓒFrank George Carpenter	91쪽 아래	ⓒMario Roberto Durán Ortiz	150쪽 위	ⓒ정범태
42쪽 아래	ⓒ김정환	96쪽 아래	ⓒ민족문제연구소	150쪽 아래	ⓒ국가기록원
43쪽 아래	ⓒ한국저작권위원회	97쪽 아래	ⓒ2024-Succession Pablo Picasso-SACK (Korea)	151쪽 위	ⓒ국가기록원
45쪽 아래	ⓒDiego Rivera			152쪽 아래	ⓒ경향신문
46쪽 위	ⓒ독립기념관	99쪽 위	ⓒ조선일보	156쪽 위	ⓒ연합뉴스
46쪽 아래	ⓒ이화여자대학교	99쪽 아래	ⓒLi Zijian	156쪽 아래	ⓒ행안부대통령기록관
49쪽 위	ⓒ충남역사문화연구원	101쪽 위	ⓒ천안문화재단	157쪽 아래	ⓒGettyimages
49쪽 아래	ⓒJohn Singer Sargent	102쪽 위	ⓒ매일신보	158쪽 아래	ⓒ4·9 평화통일재단
50쪽 아래	ⓒ김관호	104쪽 위	ⓒ연합뉴스	160쪽 위	ⓒ동아일보
51쪽 아래	ⓒMarcel Gromaire	105쪽 아래	ⓒGettyimages	160쪽 아래	ⓒ구와바라 시세이
56쪽 위	ⓒ독립기념관	106쪽 위	ⓒ국사편찬위원회	162쪽 위	ⓒ경향신문
56쪽 아래	ⓒ문학진, 〈삼일운동〉	110쪽 아래	ⓒ몽양 여운형 아카이브	164쪽 위	ⓒ경향신문
57쪽 위	ⓒ국립중앙도서관 대한민국 신문아카이브	115쪽 위	ⓒ한국국학진흥원	165쪽 위	ⓒ동아일보
57쪽 아래	ⓒLiang Yulong	117쪽 위	ⓒ부경근대사료연구소	167쪽 위	ⓒ김완기
60쪽 위	ⓒ독립기념관	118쪽 아래	ⓒNARA(미국국립기록관리청)	170쪽 아래	ⓒ국가기록원
60쪽 아래	ⓒ대한민국 공군	122쪽 위	ⓒ국가기록원	171쪽 아래	ⓒNASA
61쪽 위	ⓒ국가기록원	122쪽 아래	ⓒ강요배	172쪽 아래	ⓒ서울특별시 소방재난본부
62쪽 아래	ⓒ국가보훈부	124쪽 아래	ⓒCarl Mydans	173쪽 위	ⓒ김천길
63쪽 아래	ⓒ위키미디어	126쪽 위	ⓒDavid Douglas Duncan	173쪽 아래	ⓒ연합뉴스
66쪽 위	ⓒ백영욱	126쪽 아래	ⓒ연합뉴스	176쪽 아래	ⓒ소방청 국가화재정보시스템 제공
66쪽 아래	ⓒ형평운동기념사업회	127쪽 아래	ⓒGettyimages	177쪽 아래	ⓒGettyimages
68쪽 아래	ⓒ국가보훈처	130쪽 위	ⓒ거창군	178쪽 아래	ⓒ통일부
69쪽 아래	ⓒ연합뉴스	130쪽 아래	ⓒ진실·화해를위한과거사정리위원회	179쪽 위	ⓒ김완기
70쪽 아래	ⓒ서울역사박물관	131쪽 위	ⓒNARA	180쪽 위	ⓒ연합뉴스
71쪽 아래	ⓒ2025-Successió Miró	132쪽 위	ⓒWerner Bischof	180쪽 아래	ⓒ연합뉴스
73쪽 아래	ⓒ한국영상자료원 한국영화데이터베이스	133쪽 위	ⓒWerner Bischof	182쪽 위	ⓒ경향신문
75쪽 위	ⓒ잡지 《별건곤》 삽화	133쪽 아래	ⓒGettyimages	185쪽 위	ⓒ이주춘

사진 및 그림 출처

185쪽 아래	ⓒ연합뉴스	225쪽 위	ⓒ한국일보	262쪽 아래	ⓒ연합뉴스
186쪽 위	ⓒ대한체육회	225쪽 아래	ⓒ연합뉴스	263쪽 아래	ⓒGettyimages
187쪽 위	ⓒ동아일보	226쪽 위	ⓒ연합뉴스	264쪽 위	ⓒ연합뉴스
187쪽 아래	ⓒGettyimages	228쪽 위	ⓒ경향신문	264쪽 아래	ⓒ연합뉴스
188쪽 위	ⓒ경향신문	230쪽 위	ⓒ연합뉴스	265쪽 아래	ⓒ연합뉴스
189쪽 아래	ⓒGettyimages	230쪽 아래	ⓒGettyimages	266쪽 위	ⓒ연합뉴스
190쪽 위	ⓒ한국역사박물관	231쪽 아래	ⓒGettyimages	267쪽 가운데	ⓒ연합뉴스
190쪽 아래	ⓒ박용수(민주화운동기념사업회 제공)	232쪽 위	ⓒ연합뉴스	267쪽 위	ⓒ연합뉴스
191쪽 위	ⓒ경향신문	233쪽 아래	ⓒGettyimages	267쪽 아래	ⓒGettyimages
191쪽 아래	ⓒGettyimages	236쪽 위	ⓒ연합뉴스	268쪽 위	ⓒ해양경찰청
192쪽 위	ⓒ연합뉴스	236쪽 아래	ⓒ연합뉴스	268쪽 아래	ⓒ연합뉴스
193쪽 아래	ⓒGettyimages	237쪽 아래	ⓒGettyimages	270쪽 위	ⓒ연합뉴스
195쪽 위	ⓒ연합뉴스,	240쪽 위	ⓒ연합뉴스	270쪽 아래	ⓒ연합뉴스
196쪽 위	ⓒ조선일보	240쪽 아래	ⓒ사람사는세상노무현재단	271쪽 아래	ⓒ연합뉴스
196쪽 아래	ⓒ연합뉴스	241쪽 아래	ⓒGettyimages	272쪽 위	ⓒ연합뉴스
197쪽 아래	ⓒGettyimages	244쪽 아래	ⓒ연합뉴스	273쪽 아래	ⓒGettyimages
198쪽 아래	ⓒ연합뉴스	245쪽 위	ⓒ김성룡	274쪽 위	ⓒ연합뉴스
202쪽 위	ⓒ연합뉴스	245쪽 아래	ⓒGettyimages	274쪽 아래	ⓒ연합뉴스
203쪽 아래	ⓒDas Bundesarchiv	246쪽 위	ⓒ연합뉴스	275쪽 아래	ⓒGettyimages
205쪽 아래	ⓒGettyimages	247쪽 아래	ⓒGettyimages	278쪽 위	ⓒ연합뉴스
206쪽 아래	ⓒ연합뉴스	248쪽 위	ⓒBuddha Elemental 3D on Unsplash	278쪽 아래	ⓒ연합뉴스
207쪽 아래	ⓒNASA	248쪽 아래	ⓒ연합뉴스	280쪽 위	ⓒ연합뉴스
208쪽 위	ⓒ국가기록원	249쪽 위	ⓒ울릉군	280쪽 아래	ⓒ연합뉴스
208쪽 아래	ⓒ조선일보	249쪽 가운데	ⓒNASA	281쪽 위	ⓒ연합뉴스
209쪽 위	ⓒ경향신문	249쪽 아래	ⓒUnsplash	284쪽 위	ⓒUnsplash의 CDC
209쪽 아래	ⓒGettyimages	250쪽 위	ⓒ연합뉴스	284쪽 아래	ⓒ연합뉴스
210쪽 위	ⓒ고명진	250쪽 아래	ⓒ연합뉴스	285쪽	ⓒ연합뉴스
211쪽 위	ⓒ경향신문	251쪽 아래	ⓒGettyimages	285쪽 아래	ⓒGettyimages
212쪽 위	ⓒ연합뉴스	252쪽 위	ⓒ연합뉴스	286쪽 위	ⓒ연합뉴스
213쪽 위	ⓒ연합뉴스	252쪽 아래	ⓒ연합뉴스	286쪽 아래	ⓒfreepik
214쪽 위	ⓒ박용수(민주화운동기념사업회 제공)	253쪽 위	ⓒ연합뉴스	287쪽 위	ⓒ연합뉴스
214쪽 아래	ⓒ연합뉴스	253쪽 가운데	ⓒ연합뉴스	287쪽 아래	ⓒ연합뉴스
215쪽 위	ⓒ김기찬	253쪽 아래	ⓒ연합뉴스		
216쪽 아래	ⓒ이총각(민주화운동기념사업회 제공)	256쪽 위	ⓒ연합뉴스		
217쪽 위	ⓒ경향신문	256쪽 아래	ⓒ연합뉴스		
217쪽 아래	ⓒ연합뉴스	257쪽 가운데	ⓒCERN		
218쪽 위	ⓒ이병하	257쪽 아래	ⓒGettyimages		
218쪽 아래	ⓒGettyimages	258쪽 위	ⓒ연합뉴스		
219쪽 아래	ⓒGettyimages	258쪽 아래	ⓒ연합뉴스		
220쪽 위	ⓒ연합뉴스	259쪽 위	ⓒ연합뉴스		
221쪽 아래	ⓒGettyimages	259쪽 아래	ⓒGettyimages		
222쪽 아래	ⓒ연합뉴스	260쪽 아래	ⓒ연합뉴스		
224쪽 아래	ⓒ연합뉴스	261쪽 아래	ⓒGettyimages		

참고자료

연표

- 강만길 외,《한국사 26: 연표-2》, (서울: 한길사, 1994)
- 근대문학 100년 연구총서 편찬위원회,《연표로 읽는 문학사》, (서울: 소명출판, 2008)
- 김태기·정혜경,《재외동포사 연표: 일본》, (과천: 국사편찬위원회, 2011)
- 남궁원, 강석규,《연표와 사진으로 보는 세계사》, (서울: 일빛, 2003)
- 내셔널지오그래픽 엮음,《한눈으로 보는 과학과 발명의 세계사》, (서울: 지식갤러리, 2013)
- 대한체육회 편, 〈스포츠 연표〉,《대한민국 체육 100년》VI 부록, (서울: 대한체육회, 2020)
- 민주화운동기념사업회 연구소 편,《한국민주화운동사 연표》, (서울: 민주화운동기념사업회, 2006)
- 백태남,《한국사 연표》, (서울: 다할미디어, 2016)
- 염인호·이진영,《재외동포사 연표: 중국》, (과천: 국사편찬위원회, 2012)
- 이덕희,《재외동포사 연표: 미국》, (과천: 국사편찬위원회, 2010)
- 이만열,《한국사 연표》, (서울: 역민사, 1996)
- ─────,《한국독립운동의 연표》, (천안: 독립기념관 한국독립운동사연구소, 2009)
- 이수연,《한국영화사 연표》, 한국영상자료원,《한국영화 100선》, (서울: 한국영상자료원, 2024)
- 피오나 카우드,《히스토리》, (서울: 한국물가정보, 2013)
- 통일연구원,《남북관계연표: 1948년~2013년》, (서울: 통일연구원, 2013)
- 한국만화가협회,《한국 만화사 연표 연구: 1909~2013》, (부천: 한국만화영상진흥원, 2014)
- 한글학회,《간추린 한글학회 발자취》,《한글학회 100년사》, (서울: 한글학회, 2009)
- 홍순빈 편저,《한국야구사 연표: 1896~1979》, (서울: KBO, 2013)
- 황영삼,《재외동포사 연표: 러시아·중앙아시아》, (과천: 국사편찬위원회, 2009)
- 松岡正剛 (監修), 編集工學研究所 (著, 編集),《情報の歴史21: 象形文字から仮想現実まで》, (도쿄: 2021)
- 矢代梓,《年表で読む二十世紀思想史》, (講談社, 1999)

- Asimov, Isaac, *Asimov's Chronology of Science & Discovery*, HaperCollins Publishers, 1994
- Hellemans, Alexander & Bunch, Bryan, *The Timetables of Science: A Chronology of the Most Important People and Events in the History of Science*, Touchstone Books, 1991
- Glennon, Lorraine eds, *The 20th Century: An Illustrated History Of Our Lives And Times* (Dighton: JG Press, 2000)
- Grolier, *Timelines of Science and Technology*, Grolier 2006
- National Geographic, *NG Concise History of World Religions: An Illustrated Time Line*, National Geographic, 2011
- Smithsonian Institution, *Timelines of Everything*, DK, 2018

신문 및 잡지류

- 《경향신문》
- 《대한매일신보》
- 《동아일보》
- 《매일경제신문》
- 《매일신보》
- 《사진예술》
- 《영남일보》
- 《제국신문》
- 《조선일보》
- 《조선중앙일보》
- 《한겨레》
- 《한겨레21》
- 《황성신문》
- New York Times.
- The Nation
- SPORS 2.0
- The Times

한국어 문헌

- 디트리히 가이어(Dietrich Geyer),《러시아 혁명》, 이인호 옮김, (서울: 민음사, 1990)
- 에두아르도 갈레아노(Eduardo H. Galeano),《오늘의 역사 역사의 오늘: 알려지지 않은 세계사의 365장면》남진희 옮김, (버터북스, 2024)
- 강만길,《고쳐 쓴 한국근대사》, (파주: 창비, 2006)
- ─────,《고쳐 쓴 한국현대사》, (파주: 창비, 2006)
- 강요배 그림, 김종민 증언 정리,《동백꽃 지다》, (파주: 보리, 2008)
- 강윤정, 〈여성독립운동가 南慈賢의 항일투쟁〉,《한국독립운동사연구》, 제64집, (천안: 독립기념관 한국독립운동사연구소, 2018)
- 강준만,《미국사 산책 7》, (서울: 인물과사상사, 1997)
- ─────,《한국 현대사 산책: 1970년대편》1~3, (서울: 인물과사상사, 2002)
- ─────,《한국 현대사 산책: 1940년대편》1~2, (서울: 인물과사상사, 2004)
- ─────,《한국 현대사 산책: 1950년대편》1~3, (서울: 인물과사상사, 2004)
- ─────,《한국 현대사 산책: 1960년대편》1~3, (서울: 인물과사상사, 2004)
- ─────,《한국 현대사 산책: 1980년대편》1~4, (서울: 인물과사상사, 2003)
- ─────,《한국 현대사 산책: 1990년대편》1~3, (서울: 인물과사상사, 2006)
- ─────,《한국 근대사 산책》, 1~10, (서울: 인물과사상사, 2007~2008)
- ─────,《한국 현대사 산책: 2000년대편》1~5, (서울: 인물과사상사, 2011)
- ─────,《한국 현대사 산책: 2010년대편》1~5, (서울: 인물과사상사, 2024)
- ─────,《한류의 역사》, (서울: 인물과사상사, 2020)
- 강유정, '오징어 게임' 열풍에 대한 직관적 분석 1',《경향신문》, 2021. 10. 22.
- 강헌,《전복과 반전의 순간》1~2, (파주: 돌베개, 2015)
- ─────,《강헌의 한국대중문화사》1~2, (파주: 돌베개, 2016)
- 강혜란, '굵은 유물은 상자, 자잘한 건 포대에…거의 도굴 수준',《중앙일보》, 2021. 6. 23.
- 강혜영,〈韓末 日本 第一銀行의 金融侵略 과 抵抗에 대한 硏究〉, 숙명여자대학 교석사 논문 (서울: 숙명여자대학교, 1992)
- 강혜정,〈始政五年紀念朝鮮物産共進會(1915)가 呈才 唱詞에 미친 영향〉,《한국 시가연구》제53권(부산: 한국시가학회, 2021)
- 앤드루 고든(Andrew Gorden),《현대일본의 역사》개정판 1~2권, 문현숙·김우영 옮김, (서울: 이산, 2015)
- 고려대학교 한국사연구소,《일제의 조선인 학도지원병 제도 및 동원부대 실태조사 보고서》, (서울: 행정안전부 과거사관련업무지원단, 2017)
- 고명섭, '[이희호 평전] 어서 돌아오오. 민주회복 어서 오오~',《한겨레》
- 고유경,〈주한미군 범죄 현황과 문제점〉, 참여연대,《아름다운 사람들이 만드는 참여사회》, 2006.9.(서울: 참여연대, 2006)
- 구로카와 유지(黑川祐次),《유럽 최후의 대국, 우크라이나의 역사》, 안선주 옮김, (파주: 글항아리, 2022)
- 국립경주문화유산연구소,《천마총, 그날의 이야기: 발굴 50주년 기념 특별 좌담회 구술집》, (경주:

참고자료

- 국립경주문화유산연구소, 2024)
- 국립국어원 어문연구과 기획,《문장 부호 해설》, (서울: 국립국어원, 2014)
- 국방부 과거사진상규명위원회,《8개 사건 조사결과 보고서(상)》, (서울: 국방부 과거사진상규명위원회, 2007), 67쪽.
- 국사편찬위원회,《한국독립운동사, 자료3 임정편》, (서울: 국사편찬위원회, 1973)
- ───,《대한민국임시정부자료집. 1, 헌법·공보》, (과천: 국사편찬위원회, 2005)
- 국정원과거사건진실규명을통한발전위원회,《과거와 미래의 성찰-국정원「진실위」보고서·총론 (Ⅰ)》, (서울: 국가정보원, 2007)
- 국정원과거사건진실규명을통한발전위원회,《과거와 대화, 미래의 성찰-학원·간첩편 (Ⅵ)》, (서울: 국가정보원, 2007)
- 권보드래 외,《1970, 박정희 모더니즘: 유신에서 선데이 서울까지》, (서울: 천년의상상)·권오룡 등 엮음,《문학과지성사 30년 1975~2005》, (서울: 문학과지성사, 2005)
- 권석준,《반도체 삼국지》, (서울: 뿌리와이파리, 2022)
- 기창덕,〈朝鮮時代末 開明期의 醫療 (2)〉,《醫史學》제6권 제1호 (통권 제10호), (서울: 대한의사학회, 1997)
- 폴 긴스버그, (Paul Ginsborg),《이탈리아 현대사》, 안준범 옮김, (서울: 후마니타스, 2018)
- 길윤형,《안창남, 서른 해의 불꽃 같은 삶》, (파주: 서해문집, 2019)
- 김경호·하웅용,〈국내 첫 스포츠신문의 창간과 일간스포츠의 변천〉,《한국체육사학회지》, 제22권, 2호, (진주: 한국체육사학회, 2017)
- 김광규,《日帝强占期 朝鮮人 初等敎員 施策 研究》, 서울대학교 대학원사회교육과 교육학 박사학위 논문(서울: 서울대학교, 2013)
- 김근배·이은경·선유정 편저,《대한민국 과학자의 탄생》, (서울: 세로북스, 2024)
- 김기란,《극장국가 대한제국》, (서울, 현실문화연구, 2020)
- 김기성,〈대한제국기 흉년과 미곡 수급〉,《사학연구》, 제128호, (서울: 한국사학회, 2017)
- 김기협,《뉴라이트 비판》개정판, (서울: 푸른역사, 2024)
- 김명진,《세상을 바꾼 기술, 기술을 만든 사회》, (파주: 궁리,2019)
- 김미경·손환,〈해방공간에서 조선체육회의 재건 및 활동에 관한 연구〉, *Asian Journal of Physical Education of Sport Science*, Vol.7 No.3 (서울: 중앙대학교 학교체육연구소, 2019)
- 김보영,〈단정노선과 통일노선의 갈등〉, 정병준 외,《한국현대사 1》, (서울: 푸른역사, 2018)
- 김선식, "독도의용수비대, 활동 기간·대원 수 날조됐다",《한겨레21》, 1180호, 2017. 9. 25.
- 김성민,《일본을 禁하다 – 금제와 욕망의 한국 대중문화사 1945~2004》, 김성민 옮김, (서울: 글항아리, 2017)
- 김성보,《북한의 역사 1》, (서울: 역사비평사, 2011)
- 김성보·기광서·이신철,《사진과 그림으로 보는 북한 현대사》, (서울: 웅진 지식하우스, 2014)
- 김상웅 편저,《사료로 보는 20세기 한국사》, (서울: 가람기획, 1997)
- 김성수,〈6·25전쟁기 북한 문예운동사 연구-통합 '조선문학예술총동맹'의 결성(1951.3)에서 해체(1953.9)까지〉,《한국학연구》, 제73집, (인천: 인하대학교 한국학연구소, 2024)
- 김소민, "직배사 새틀 짜고 한국 영화 반격",《한겨레》, 2007. 1. 12.
- 김소영,〈미국과 일본, 한국을《거래》하다〉, 최덕수 외,《조약으로 본 한국 근대사》, (파주: 열린책들, 2010)
- 김수현,〈항일·독립운동가로 부른 학도가류 연구〉,《국악원논문집》제44집(서울: 국립국악원, 2021)
- 김연철, "김일성 조문 논쟁의 과거·현재·미래",《한겨레21》833호, 2010. 10. 28.
- 김영나,《한국의 미술들: 개항에서 해방까지》, (서울: 워크룸 프레스, 2024)
- 김영숙,〈政軍關係로 본 조선총독부의 위상〉,《이화사학연구》, 제33집, (서울, 이화사학연구 소, 2006)
- 김영식·김근배 엮음,《근현대 한국사회의 과학》, (서울: 창작과 비평사, 1998)
- 김영철, "한국민족예술인총연합 닻올려-12개 분야 8백38명 참여 내일 발기인대회",《한겨레》, 1988. 11. 25.

- 김용옥,《도올, 시진핑을 말한다》, (서울: 통나무, 2016)
- ───,《우린 너무 몰랐다 –해방, 제주4·3과 여순민중항쟁》, 증보개정판, (서울: 통나무, 2023)
- 김우재,《플라이룸》, (파주: 김영사, 2018)
- ───,《과학의 자리》, (파주: 김영사, 2021)
- 김윤지,《한류외전》, (서울: 어크로스, 2023)
- 김은식,《삶의 여백 혹은 심장, 야구》, (서울: 한겨레출판, 2013)
- 김을한,《韓國新聞史話: 내가 만난 先驅者들》, (서울: 탐구당, 1975)
- 김인호,〈태평양전쟁 시기 조선에서 금속회수운동의 전개와 실적〉, 한국민족운동사학회,《민족운동사연구》, 제62권, (서울: 한국민족운동사학회, 2010)
- 김일성,〈모든 힘을 전쟁의 승리를 위하여〉,《김일성 저작집 6권》, (평양: 조선로동당출판사, 1980)
- 김일수,〈이병도와 김석형 – 실증사학과 주체사학의 분립〉,《역사비평》, 28. (서울: 역사비평사, 2008)
- 김재웅,《예고된 쿠데타, 8월 종파사건》, (서울: 푸른역사, 2024)
- 김정인,〈식민지 근대로의 편입〉, 김정인, 이준식, 이송순,《한국 근대사 2》, (서울: 푸른역사, 2016)
- 김정한,〈민주화 운동의 시대〉, 이혜령 외,《한국현대 생활문화사: 1980년대》, (파주: 2016)
- 김정화,《담배 이야기》, (서울: 지호, 2000)
- 김지수,〈혁명과 일상: 해방 후 북조선, 1945~50년, 윤철기·안종철 옮김, (서울: 휴머니스트, 2012)
- 김지환,《모던 철도》, (서울: 책과 함께, 2022)
- 김진섭,《일제강점기 입학시험 풍경》, (서울: 지성사, 2021)
- 김진송,《서울에 딴스홀을 허하라》, (서울: 현실문화연구, 1999)
- 김치수,〈『문학과지성』의 창간〉, 권오룡 등 엮음,《문학과지성사 30년 1975~2005》, (서울: 문학과지성사, 2005)
- 김태영 외,《한길역사강좌 5: 한국의 사회경제사》, (서울: 한길사, 1987)
- 김태호,《한글과 타자기》, (서울: 역사비평사, 2023)
- 김태환,〈북한의 4대군사노선 채택의 파장〉,《북한》제164호, (서울: 북한연구소, 1985)
- 김학균·남정석, 배성민,《기억을 공유하라! 스포츠 한국사》, (파주: 이콘, 2000)
- 김학선,《24시간 시대의 탄생: 1980년대의 시간정치》, (파주: 창비, 2002)
- 김학재,〈자유진영의 최전선에 선 국민〉, 김학재 외,《한국현대 생활문화사: 1950년대》, (파주: 창비, 2016)
- 김현,〈한국과총 '2007년 10대 과학기술 뉴스' 선정·발표〉,《과학과 기술》, 2008년 1월호, (서울: 한국과학기술단체총연합회, 2008)
- 김현철,〈일본의 간교한 간도 외교술〉. 정진석 외,《제국의 황혼》, (파주: 21세기북스, 2011)
- 김형민,《그들이 살았던 오늘》, (서울: 웅진지식하우스, 2012)
- 김형석,〈스크린쿼터 사수에 나서다〉, 한국영화100년기념사업추진위원회 엮음,《한국영화 100년 100경》, (파주: 돌베개, 2019)
- 김혜영,〈조선총독부 제정「의례준칙」의 보급과 시행실태〉,《민속학연구》, 제39호 (서울: 국립민속 박물관, 2016)
- 김호기,〈전후 문학 세대 논쟁〉, 김호기·박태균,《논쟁으로 읽는 한국 현대사》, (서울: 메디치, 2019)
- 김희교,《짱깨주의의 탄생》, (파주: 보리, 2022)
- 김희주,〈日帝下 大韓光復團의 組織變遷과 그 특질〉,《한국학》, 제27권 제2호, (성남: 한국학중앙연구원, 2004)
- 나애자,〈李容翊의 貨幣改革論과 日本第一銀行券〉,《한국사연구》, 45권, (서울: 한국 사연구회, 1984)
- 남궁원·강석규,《연표와 사진으로 보는 세계사》, (서울: 일빛, 2003)
- 남영,《휘어진 시대》, 1~3, (파주: 궁리, 2023)

참고자료

- 남화숙, 《체공녀 연대기, 1931~2011》, (서울: 후마니타스, 2024)
- 내셔널지오그래픽 엮음, 《한눈으로 보는 과학과 발명의 세계사》, (서울: 지식갤러리, 2013) · 노민영 · 강희정 기록, 《거창양민학살: 그 잊혀진 피울음》, (서울: 온누리, 1988)
- 노영기, 〈남북연석회의와 4·3사건〉, 정병준 외, 《한국현대사 1》, (서울: 푸른역사, 2018)
- 노태우, 《노태우대통령연설문집 제1권》, (서울: 대통령비서실, 1992)
- 노태우, 〈서울올림픽 개막에 즈음한 특별담화〉, 《노태우대통령연설문집 제1권》, (서울: 대통령비서실, 1992)
- 노형석 "'황성옛터' 이애리수씨 '전설적 생존'", 《한겨레신문》, 2008. 10. 29.
- 다카시마 고(高嶋航), 《스포츠로 보는 동아시아사》, 장원철 · 이화진 옮김, (서울: 에이케이커뮤니케이션 즈, 2023)
- 대통령비서실 편, 《박정희대통령연설문집》 제4집, (서울: 대통령비서실, 1968)
- 대한민국배구협회, 《한국배구 100년: 1916~2016》, (서울: 대한민국배구협회, 2016)
- 대한민국역사박물관, 《베스트셀러로 읽는 시대의 자화상》, (서울: 대한민국역사박물관 2021)
- ─── 편, 《한국인의 일상을 바꾼 나날들》, (서울: 대한민국역사박물관, 2022)
- 도도로키 히로시(轟博志), 〈舊韓末 '新作路'의 건설과정과 도로교통체계〉, 《대한지리 학회지》, 제39권 제4호, (서울: 대한지리학회, 2004)
- 도야마 시게키(遠山茂樹) 외, 《일본현대사》, 박영주옮김, (서울: 한울,1988)
- 도종환, 〈다시 부르는 기전사가〉, 《접시꽃 당신》, (서울: 실천문학사, 2011)
- 독립기념관 한국독립운동사연구소, 《大韓民國臨時政府公報》, (천안: 독립기념관 한국독립운동사연구소, 2004)
- 독일 · 프랑스 공동역사교과서편찬위원회 기획, 《독일 프랑스 공동 역사교과서》, 김승렬 외 옮김, (서울: 휴머니스트, 2008)
- 뒤바보(계봉우), "俄領實記(十)", 《독립신문》, 1920. 4. 1.
- 유진 로건(Eugene Rogan), 《아랍:오스만제국에서아랍혁명까지》 (개정판), 이은정 옮김, (서울: 까치,2022)
- 프레데리크 루빌루아(Frédéric Rouvillois), 《베스트셀러의 역사》, 이상해 옮김, (서울: 까치 2014), 202쪽.
- 자크 루프닉(Jacques Lupnik), 《오늘의 동유럽: 자유와 평등의 갈림길에서》, 윤덕희 옮김, (서울: 문학과지성사, 1990)
- 류승렬, 《뿌리 깊은 한국사 샘이 깊은 이야기: 7 현대》, (서울: 가람기획, 2016)
- 류시현, 〈1900~1910년대 세키노 타다시(關野貞)의 조선 문화 연구〉, 《인문사회과학연구》 제19권 2호(부산: 부경대학교 인문사회과학연구소, 2018)
- 류호준, 〈부산청십자의료보험조합의 설립과 운영의 의의〉, 《장신논단》, 53권 3호, (서울 : 장로회신학대학교 출판부, 2021)
- 르몽드 디플로마티크(Le Monde diplomatique) 기획, 《하나일 수 없는 역사: 르몽드 '역사 교과서' 비평》, 고광식 외 옮김 , (서울:휴머니스트,2017)
- F. A. 매켄지, 《대한제국의 비극》, 이형식 옮김, (서울: 집문당, 1999)
- 매헌윤봉길전집편찬위원회, 《매헌윤봉길전집》, 제2권 상해의거와 순국, (서울: 매헌윤봉길의사기념사업회, 2012)
- 존 맥닐(John McNeill), 〈인류세, 인간과 그들의 행성〉, 《하버드-C.H. 베크 세계사: 1945년 이후》, 이리에 아키라 엮음, 이동기 외 옮김, (서울: 민음사, 2018)
- 문관규, 〈조선키네마 주식회사의 설립 배경과 몇 가지 논쟁점에 대한 고찰〉, 《영화연 구》, 58호, (서울: 한국영화학회, 2013)
- 문만용. 〈석주명의 나비 연구와 '조선적 생물학'〉, 김영식, 김근배 엮음, 《근현대 한국사회의 과학》, (서울: 창작과 비평사, 1998)
- 문옥배, 〈일제의 식민지배체계로서의 가요 통제〉, 이하나 외, 《일제의 대중문화 통제: 연극 · 영화 · 가요》, (서울: 동북아역사재단, 2023)
- 클라우스 뮐한(Klaus Mühlhahn), 《현대 중국의 탄생》, 운형진 옮김, (서울: 너머북스, 2023)
- 제이콥 미카노프스키(Jacob Mikanowski), 《굿바이 동유럽》, 허슬철 옮김, (서울: 책과함께, 2024)
- 민족문제연구소, 《강제병합 100년 특별전: 거대한 감옥, 식민지에 살다》, (서울: 민연, 2010)
- ───, 《일제식민통치기구사전》, (서울: 민족문제연구소, 2017)
- 민족음악학회, 《음악과 민족》 제21호, (서울: 2001)
- 민태기, 《조선이 만난 아인슈타인》, (서울: 위즈덤하우스, 2023)
- 박경식, 《조선인 강제연행의 기록》, 박경옥 옮김, (서울: 고즈윈, 2008)
- 박래군, "17년 투옥 · 전향공작 견딘 서준식, 인권운동 새 장 열다", 《한겨레》,2024. 10. 1.
- 박숙자, 《살아남지 못한 자들의 책 읽기》, (서울: 푸른역사, 2017)
- 박용규, 〈문세영『조선어사전』의 편찬 과정과 국어사전사적 의미〉, 《동방학지》, Vol.154, (서울: 연세대학교 국학연구원, 2011)
- 박용옥, 〈미주 한인여성단체의 광복운동 지원 연구 – 대한여자애국 단을 중심으로〉, 《진단학보》, 78집, (서울: 진단학회, 1994)
- 박은경, 〈한국최초의 민간음악교육기관 조선정악전습소 연구〉, 《음악과 현실》,Vol.21, (부산: 민족음악학회, 2001)
- 박은식, 《한국독립운동지혈사》, 김도형 옮김, (서울: 소명출판, 2008)
- 박인하 · 김낙호, 《한국현대만화사 1945~2009》, (서울: 두보북스, 2010)
- 박정희, 〈대전유세 연설〉, 대통령비서실 편, 《박정희대통령연설문집》 제4집, (서울: 대통령비서실, 1968)
- ───, 〈자립 정신과 자조의 노력−국민에게 보내는 연두사−〉, 《박정희대통령선집 3》, (서울: 지문각, 1970)
- ─── 지음, 신범식 엮음, 〈자립 정신과 자조의 노력−국민에게 보내는 연두사−〉, 《박정희대통령선집 3》, (서울: 지문각, 1970)
- 박종화, "正音社刊行, 『世界文學全集』", 《조선일보》, 1958.11.22.
- 박주석, 《한국사진사》, (파주: 문학동네, 2021)
- 박중언, "4년만에 다시선 교단", 《한겨레》, 1994. 3. 3.
- 박찬승, 《한국독립운동사》, (서울: 역사비평사, 2014)
- 박찬호, 《한국 가요사 1》, 안동림 옮김, (서울: 미지북스, 2009)
- 박철하, 〈1920년대 전반기 '중립당'과 무산자동맹회에 관한 연구〉, 《숭실 사학》, 13집, (서울: 숭실사학회, 1999)
- 박태균, 〈박정희 정부 수립과 유신체제〉, 홍석률 외, 《한국현대사 2》, (서울: 푸른역사, 2018)
- 박해천, 《콘크리트 유토피아》, (서울: 자음과모음, 2011)
- 박현수, 〈1920년대 초기 문학의 재인식〉, 상허학회, 《상허학보 2. 1920년대 동인지 문학과 근대성 연구》, (서울: 깊은샘, 2000)
- 박현채, 〈한국자본주의와 민족자본〉. 김태영 외, 《한길역사강좌 5: 한국의 사회경제 사》, (서울: 한길사, 1987)
- 반병률, 〈대한국민의회의 성립과 조직〉, 《한국학보》 13권 1호(서울: 일지사, 1987)
- 배연형, 《한국 유성기음반 문화사》, (서울: 지성사, 2019)
- 백욱인, 《번안 사회 – 제국과 식민지의 번안이 만든 근대의 제도, 일상, 문화》, (서울: 휴머니스트, 2018)
- 백창민, 《이토록 역사적인 도서관》, (서울: 한겨레출판, 2025)
- 백태남, 《한국사 연표》, (서울: 다할미디어, 2016)
- 보건복지부 · 한국보건사회연구원 백서 연구팀, 《2015 메르스 백서》, (세종: 보건복지부, 2016)
- 필립 뷔통(Philippe Buton), 《유에된 유토피아, 공산주의》, (서울: 부키, 2005)
- 앨런 브링클리(Alan Brinkley), 《있는 그대로의 미국사》 2~3, 황혜성 외 옮김, (서울: 휴머니스트, 2011)
- 서경석, 〈제주 4·3 항쟁의 역사적 의미〉, 강요배 그림, 김종민 증언 정리, 《동백꽃 지다》, (파주: 보리, 2008)
- 도널드 서순(Donald Sassoon), 《유럽 문화사》 I-V, 오숙은 외 옮김, (서울: 뿌리와이파리, 2012)
- 서울역사박물관, 《서울의 지하철》, (서울: 서울역사박물관, 2024)

참고자료

- 서울역사편찬원, 《서울시헌장》, (서울: 서울역사편찬원, 2021)
- 서울특별시사사편찬위원회, 《서울인구사》, (서울: 2005)
- 서중석, 《이승만과 제1공화국》, (서울: 역사비평사, 2007)
- ———, 《한국현대사 60년》, (서울: 역사비평사, 2007)
- ———, 《대한민국 선거이야기》, (서울: 역사비평사, 2008)
- ———, 《사진과 그림으로 보는 한국 현대사》, (개정증보판), (서울: 웅진씽크빅, 2013)
- 성숙경, 《대한제국 식민지화를 위한 침략의 발판을 마련하다》, 최덕수 외, 《조약으로 본 한국 근대사》, (파주: 열린책들, 2010)
- ———, 〈일본의 보호국으로 전락하다: 을사조약〉, 같은 책.
- ———, 〈마침내 나라를 빼앗기다〉, 같은 책.
- 소병국, 《동남아시아사: 창의적인 수용과 융합의 2천년사》, (서울: 책과함께, 2020)
- 손기정, 《나의 조국, 나의 마라톤》, (서울: 휴머니스트, 2022)
- 송기도, 《콜럼버스에서 룰라까지》, (서울: 개마고원, 2003)
- 송승섭, 〈日帝 强占期 京城 圖書館의 變遷 過程에 관한 考察〉, 《한국도서관정보학회지》, 51권 1호, (서울: 한국도서관정보 학회, 2020)
- 스티븐 제이 슈나이더(Steven Jay Schneider)·이언 헤이든 스미스(Ian Haydn Smith) 책임편집, 《죽기 전에 꼭 봐야 할 영화 1001》, 6판, 정지인 옮김, (서울: 마로니에북스, 2016)
- 베른트 슈퇴버(Bernd Stöver), 《냉전이란 무엇인가: 극단의 시대 1945~1991》, 최승완 옮김, (서울: 역사비평사, 2008)
- 카를 슐뢰겔(Karl Schlögel), 《제국의 향기: 샤넬 No.5와 레드 모스크바》, 편영수 옮김, (서울: 마르코폴로, 2023)
- 스티브 스미스, 《러시아 혁명》, 최대희 옮김, (서울: 박종철출판사, 1997)
- 조너선 D. 스펜스(Jonathan D. Spence), 《현대중국을찾아서》 1~2. 김희교 옮김, (서울: 이산,1998)
- 신기철, 《황금무덤 금정굴 거짓에 맞서다》, (고양: 금정굴인권평화재단 인권평화연구소, 2018)
- 신성원, 《우리가 정말 알아야 할 우리 대중가요》, (서울: 현암사, 2008)
- 신현준·최지선, 《한국 팝의 고고학 1980-욕망의 장소》, (서울: 을유문화사, 2022)
- 심성보, 〈호주 다문화주의의 역사적 변화와 다문화교육 정책〉, 《초등도덕교육》, No.45 (광주: 한국초등도덕교육학회)
- 아사히신문 취재반 지음, 《동아시아를 만든 열 가지 사건》, 백영서, 김항 옮김, (파주: 창비, 2008)
- 존 아일리프(John Iliffe), 《아프리카의 역사》, 강인황 옮김, (서울: 가지않은길, 2002)
- 헬무트 알트리히터(Helmut Altrichter), 《소련 소사》, 최대희 옮김, (서울: 창작과비평사, 1997)
- 찰스 암스트롱, 《북조선 탄생》, 김연철·이정우 옮김, (서울: 서해문집, 2006)
- 마크 애론슨, 《도발: 아방가르드의 문화사, 몽마르트에서 사이버 컬쳐까지》, 장석봉 옮김, (서울: 이후, 2002)
- 양영조, 〈한국전쟁의 전개 과정과 영향〉, 정병준 외, 《한국현대사1》, (서울: 푸른역사, 2018)
- 양재모, 〈우리나라 인구정책의 종합분석〉, 《한국인구학회지》, 9(1), (서울:한국인구학회: 1981)
- 존 에이거(Jon Agar), 《20세기, 그 너머의 과학사》, 김명진 옮김, (서울: 뿌리와이파리, 2023)
- 모드리스 엑스타인스(Modris Eksteins), 《봄의 제전》, 최파일 옮김(파주: 글항아리, 2022)
- 오승은, 《동유럽 근현대사: 제국 지배에서 민족국가로》, (서울: 책과함께, 2018)
- 와다 하루끼(和田春樹), 《와다 하루끼의 북한 현대사》, 남기정 옮김, (파주, 창비, 2014)
- 게르하르트 L. 와인버그(Gehard L. Weinberg), 《제2차세계대전》 2판, 박수민 옮김, (파주: 교유당, 2024)
- 요미우리 신문사, 이종주 옮김, 《20세기의 드라마》 I-III, (서울: 새로운사람들, 1996)
- 제임스 워드(James Ward), 《문구의 모험》, 김병화 옮김, (서울: 어크로스, 2015)
- 워킹클래스히스토리(Working Class History), 《노동계급 세계사》, 유강은 옮김, (파주: 오월의봄, 2023)
- 유용태·박진우·박태균, 《함께 읽는 동아시아 근현대사》, (개정판), (파주: 창비, 2016)
- 유인선, 《베트남의 역사》, (서울: 이산, 2018)
- 유흥태, 《이란의 역사》, (서울: 파주, 2008)
- 유한철, 〈일제의 국권침탈과 의열투쟁〉, 한국근현대사학회 엮음, 《한국근대사강의》, (서울: 한울, 1997)
- 윤길수, 《운명, 책을 탐하다》, (파주: 궁리, 2021)
- 윤범모, 〈신미술가협회 연구〉, 《한국근대미술사학》 제5집 (서울: 한국근현대미술사학회, 1997)
- 윤충로, 〈베트남전쟁 참전의 안과 밖〉, 이혜령 외, 《한국현대 생활문화사: 1960년대》, (파주: 2016)
- 이경민, 〈사진관으로 본 한국근대사진사 12 – 조선인 사진관과 경성사진사협회 결성〉, 《사진예술》, 2016년 5월 325호.
- 이경숙, 〈1930년 조선총독부의"시험폐지"규정과 교육담론〉, 《정신문화연구》, 제29권 제3호, (성남: 한국학중앙연구원, 2006)
- ———, 《시험국민의 탄생》, (서울: 푸른역사, 2017)
- 이경아, 〈일제강점기 문화주택 개념의 수용과 전개〉, 서울대학교 건축학과 박사학위 논문, (서울: 서울대학교, 2006)
- 이광수, "창씨와 나", 《매일신보》, 1940. 2. 20.
- ———, "朝鮮의 學徒여", 《매일신보》, 1943. 11. 5.
- 이기훈 외, 《쟁점 한국사: 근대편》, (파주: 창비, 2017)
- 이길상, 《커피 세계사 + 한국 가배사》, (서울: 푸른역사, 2021)
- 이동순, "민족가요 '황성 옛터'이렇게 태어났다", 《영남일보》, 2007. 6. 14.
- 이명학, 〈총동원체제기(1938~45년) 조선총독부 공영주택정책의 운영 실태와 조선인의 주변화−부영주택(府營住宅)을 중심으로〉, 《역사와경계》, 제120호, (부산: 부산경남사학회, 2021)
- 이방원, 〈보구여관간호원양성소 간호원들의 근대 경험과 역량 증진〉, 《이화사학연구》, Vol.-No.62(서울: 이화여자대학교 이화사학연구소, 2021)
- 이상건, 〈스페인 독감 이야기〉, 《에필리아: 뇌전증과 사회》 2021;3(1), (대구: 대한임상뇌전증 영구학회, 2021)
- 이상근, 〈고려인 중앙아시아 강제 이주과정 및 정착과정〉, 《國史館論叢》, 제103집. (서울: 국사편찬위원회, 2003)
- 이상준, 〈『창조』의 동인지적 특성 연구〉, 《현대문학의 연구》, 30호, (서울: 한국문학연구학회, 2006)
- 이성우, 〈1910년대 독립의군부의 조직과 활동〉, 《역사학보》, 224집, (서울: 역사학회, 2014)
- 이송순, 〈침략 전쟁과 식민지 전시 동원 체제〉, 김정인 외, 《한국 근대사 2》, (서울: 푸른역사, 2016)
- 이시하라 마사이에(石原昌家), 〈오키나와 전투의 전(全) 전쟁사망자각명비·평화의 주춧돌의 의의〉, 《2019년도 하반기 국제학술대회 자료집 – 전쟁 희생자 추념시설의 국제 비교》, 일제강제동원피해자지원재단.
- 이신철, 〈한일 역사교과서 논쟁을 해부한다〉, 박태균 외, 《쟁점 한국사: 현대편》, (파주:창비, 2017)
- 이영덕, 《한일 과거사 처리의 원점》, (서울: 서울대학교 출판부, 1996)
- 이영미, 《한국대중가요사》, (서울: 민속원, 2006)
- ———, 《한국대중예술사, 신파성으로 읽다》, (서울: 푸른역사, 2016)
- 이영학, 〈일제의 역사기록 수집·정리와 조선사 편찬〉, 《역사문화연구》, 제71집, (용인: 한국외국어 대학교 역사문화연구소, 2019)
- 이영훈, 《그 노래는 왜 금지곡이 되었을까》, (고양: 휴엔스토리, 2021)
- 이용창, 〈일제강점기 '조선귀족'수작 경위와 수작자 행태〉, 《한국독립운동사연구》, 제43집, (독립기념관 한국독립운동사연구소, 2012)
- 이윤종, 〈진보와 퇴행 사이 – 역진하는 영화, '에로방화'〉, 《민중의 시대》, 박선영 엮음, (서울: 빨간소금, 2023)
- 이은상, 〈식민지 시기 조선 청진화교의 위상〉, 《東洋學》, 제78집(서울: 단국대학교 동양학연구원, 2020)

참고자료

- 이은화 외, 〈이화여자대학교 사범대학 부속 이화유치원 교육과정의 역사적 철학적 기초〉, 《교육과학연구》, 제26집, (서울: 이화여자대학교 교육과학연구소, 1997)
- 이인섭, 〈김알렉산드라 뻬뜨로브나에 대한 회상기〉, 《이인섭과 독립운동자료집 III》, (천안: 독립기념관 한국독립운동사연구소, 2011)
- 이장규, 《대한민국 대통령들의 한국경제 이야기》 1~2, (파주: 살림, 2014)
- 이정호, 〈인도국민회의의 지도자가 된 마하트마 간디〉, 《국제지역연구》 7권 2호, (서울: 한국외국어대학교 국제지역연구센터, 2003)
- 이종석, 《북한의 역사 2》, (서울: 역사비평사, 2011)
- 이종성, 《야구의 나라》, (고양: 틈새책방, 2024)
- 이준식, 《일제강점기 사회와 문화》, (서울: 역사비평사, 2014)
- ———, 〈지배하는 제국, 저항하는 민족〉, 김정인·이준식·이송순, 《한국 근대사 2》, (서울: 푸른역사, 2016)
- ———, 〈친일청산을 하지 못한 대가〉, 이기훈 외, 《쟁점 한국사: 근대편》, (파주: 창비, 2017)
- 이창위, 《북핵 앞에 선 우리의 선택》, (파주: 궁리, 2019)
- 이태호, 《시장의 기억》, (서울: 어바웃어북, 2020)
- 이하나, 〈전쟁미망인 그리고 자유부인〉, 김학재 외, 《한국현대 생활문화사: 1950년대》, (파주: 2016)
- ———, 《일제의 대중문화 통제: 연극·영화·가요》, (서울: 동북아역사재단, 2023)
- 이현주, 〈전조선청년당대회 연구〉, 《한국근현대사연구》, 제9집, (서울: 한국민족운동사학회, 1998)
- 이호령, 《신채호 다시 읽기》, (파주: 돌베개, 2013)
- 이화자, 〈아홉 번째의 신화〉의 의의-한국 순정만화의 발전과 변화를 모색했던 동인지, 한국만화영상진흥원 발행, 《만화포럼 칸 2015》, (부천: 한국만화영상진흥원, 2015)
- 이희철, 《오스만 제국 600년사》, (서울: 푸른역사, 2022)
- 임경석, 〈코민테른의 1928년 12월 결정 초안과 조선 대표단〉, 《역사학보》, 253집, (서울: 역사 학회, 2022)
- 임주환·진종휘, 〈용산의 사각 동맹〉, 《한겨레 21》, 제748호(2009. 2. 20.)
- 장예지·권혁철, "'일본 식민통치 옹호' 낙성대경제연구소장이 독립기념관 이사", 《한겨레》, 2024. 2. 21.
- 장유정, 《트로트가 무어냐고 물으신다면》, (서울: 도서출판따비, 2021)
- 장정일, 《삼중당 문고》, 《길 안에서의 택시잡기》, (서울: 민음사, 1988),
- 재외동포청 재외동포정책과, 《2023 재외동포현황》, (서울: 재외동포청 재외동포정책과, 2023)
- 전우용, 《우리 역사는 깊다》, 1~2. (서울: 푸른역사, 2015)
- ———, 《잡동산이 현대사 – 1 일상·생활》, (서울: 돌베개, 2023)
- ———, 《잡동산이 현대사 – 2 사회·문화》, (서울: 돌베개, 2023)
- 전현수 편저, 《진보당 형사사건기록 2》, (서울: 선인, 2023)
- 정근식 외, 《식민권력과 근대지식: 경성제국대학 연구》, (서울: 서울대학교출판문화원)
- 정기종, 〈이스라엘의 건국과정으로 본 외교의 역할〉, 《외교》 Vol.142(서울: 한국외교협회, 2022
- 정명섭, 《근대 사물 탐구 사전》, (서울: 초록비책공방, 2022)
- 정병준, 〈중국 관내 신한청년당과 3·1운동〉, 《한국독립운동사연구》, 65집. (천안: 독립기념관 한국독립운동사연구소, 2019)
- 정서율, 《조선총독부의 문화재 지정제도 시행과 운영 실태》, 한양대학교 석사학위 논문, (서울: 한양대학교 대학원 사학과, 2023)
- 정성일, 《하지만 그런 시대를 살았고, 나는 거기에 있었다: 1980년대, 그때 여기, 영화》, 한국영상자료원 엮음, 《1980년대 한국영화》, (서울: 앨피, 1923)
- 정소연, 〈우리나라 백과사전 출판의 역사와 현황〉, 《출판저널》, (서울: 대한출판문화협회, 1992), 101호.
- 정인선, "치솟는 유튜브·구글 점유율 카톡·네이버 아성 흔들린다", 《한겨레》, 2023. 6. 6.
- 정인식, "공륜심의 거부, 정태춘씨 불구속기소 의미", 《한겨레신문》, 1994. 1. 27.
- 정인섭, '試驗撤廢後 英語成績考査의 私案 (三)', 《조선일보》, 1930. 12. 11.
- 정지훈, 《거의 모든 IT의역 사》, (서울: 메디치, 2020)
- 정진아, 〈미군정기의 경제와 사회〉, 정병준 외, 《한국현대사 1》, (서울: 푸른역사, 2018)
- 정창형, 〈전후 북한 사회의 변화와 김정은체제의 등장〉, 홍석률 외, 《한국현대사 2》, (서울: 푸른역사, 2018)
- 정태영 외 엮음, 《죽산 조봉암 전집 1: 죽산 조봉암선생 개인문집》, (서울: 세명서관, 1999)
- 정태헌, 《문답으로 읽는 20세기 한국경제사》, (서울: 역사비평사, 2010)
- 정해구, 《전두환과 80년대 민주화운동》, (서울: 역사비평사, 2011)
- 정현백, 〈국채보상운동 여성들을 보라〉, 《경향신문》, 2007. 2. 26.
- 정호진, 〈조선미술전람회 제도에 관한 연구〉, 상허학회, 《미술사학 연구》, 205호, (서울: 한국미술사학회, 1995)
- 정환빈, 《팔레스타인, 100년 분쟁의 원인》, (서울: 인세50, 2023)
- 정희준, 《스포츠 코리아 판타지》, (서울: 개마고원, 2009)
- 피에르 제르베(Pierre Gervais), 《최초의 세계 제국, 미국》, 소민영 옮김, (서울: 부키, 2007)
- 조규식, 〈경영상해고제도의 단계별 운용방안〉, 《서강법률논총》, (서울: 서강대학교 법학연구소, 2014), Vol.3 No.2
- 조선희, 〈시대가 여성의 삶을 바꿔 놓다 – 남자현〉, 한겨레신문사 문화부, 《발굴 한국현대사 인물 I》, (서울: 한겨레신문사, 1991)
- 조세열, 《『친일인명사전』 편찬의 쟁점과 의의》, 《역사비평》, No.91(서울: 역사비 평사, 2010)
- 조세희, 〈난장이가 쏘아올린 작은 공〉, 〈작가의 말〉, (서울: 이성과 힘, 2000)
- 조수룡, 〈악순환의 기원 – 1950년대 후반 북한의 재정위기와 제1차 5개년계획 (1957~61)〉, 《한국민족운동사연구》, 112권 (서울: 한국민족운동사학회, 2022)
- 조영래, '처분대상'일 수 없는 '인간', 《한겨레신문》, 1988. 05. 26.
- 조윤영, 〈왜 식민지조선 음악가들은 관현악단을 만들고자 했는가: 경성방송 (JODK) 관현악단의 출현과 그 의의〉, 《이화음악논집》, 제21집 2호, (서울: 이화여자대학교 음악연구소, 2017)
- 조철행, 〈국민대표회 개최과정과 참가대표〉, 《한국민족운동사연구》, 61, (서울: 한국민족운동사 학회, 2009)
- 조희연, 《박정희와 개발독재시대》, (서울: 역사비평사, 2007)
- 주강현, 《세계박람회: 1851~2012》, (서울: 블루&노트, 2012)
- 주성철, 〈영웅본색〉과 홍콩 누아르, 한국영화100년기념사업추진위원회 엮음, 《한국영화 100년 100경》, (파주: 돌베개, 2019)
- 주영하, 〈조선요리옥의 탄생: 안순환과 명월관〉, 《東洋學》, 제50호, 2011년 8월, (서울: 단국대학교 동양학연구소, 2011)
- 지석영, "楊梅瘡論", 《황성신문》, 1902. 11. 17.
- 진실과 미래, 국치100년사업공동추진위원회 엮음, 《100년 전의 한국사》, (서울: 휴머니스트, 2010)
- 천경화·김방, 〈이동휘의 한인사회당 창당과 활동상황〉, 《부천대학 논문집》, 제21호, (부천: 부천대학, 2000)
- 천정환, 〈그 많던 '외치는 돌멩이'들은 어디로 갔을까〉, 《민중의 시대》, 박선영 엮음, (서울: 빨간소금, 2023)
- 폴 토머스 체임벌린(Paul Thomas Chamberlin), 《아시아 1945~1990》, 김남섭 옮김, (서울: 이데아, 2023)
- 최규성, "최규성의 LP 이야기–찜통더위 속 '만삭 녹음'이 대박 났다", 《한겨레》, 2019. 5. 24.
- 최규진, 《근대를 보는 창 20》, (서울: 서해문집, 2007)
- 최기호, 〈몽골에서 한국어 교육의 어제와 오늘 (3)〉, 《한글 새소식》, 제512호, (서울: 한글학회, 2015)
- 최덕수 외, 《조약으로 본 한국 근대사》, (파주: 열린책들, 2010)
- 최백순, 《조선공산당 평전》, (파주: 서해문집, 2017)
- 최병택, 《욕망의 전시장–식민지 조선의 공진회와 박람회》, (파주: 서해문집, 2020)

참고자료

- 최원규, 〈일제초기 고등토지조사위원회의 재결 통계와 사례 분석〉, 《한국민족문화》 제65집, (부산: 부산대학교 한국민족문화연구소, 2017)
- 최유리, 〈일제 말기 징병제 도입의 배경과 그 성격〉, 《외대학보》, 제12집, (서울: 한국외국어대학교 역사문화연구소, 2000)
- 최우식, "평화의 댐 18년만에 완공", 《조선일보》, 2005. 10. 20.
- 최재봉, '신춘문예 100년과 〈한겨레〉', 《한겨레신문》, 2015. 1. 2.
- 최지혜, 《경성 백화점 상품 박물지》, (서울: 혜화1117, 2023)
- 최창봉 · 강현두, 《우리 방송 100년》, (서울: 현암사, 2001)
- 최효안, 《노라노》, (서울: 마음산책, 2017)
- 친일반민족행위진상규명위원회, 《친일반민족행위관계사료집Ⅰ》, (서울: 친일반민족행위진상규명 위원회, 2007)
- 친일인명사전편찬위원회, 《일제협력단체사전》, (서울: 민족문제연구소, 2004)
- ───, 《친일인명사전 1》, (서울: 민족문제연구소, 2009)
- 레이첼 카슨(Rachel Carson), 《침묵의 봄》, (개정증보판), 김은령 옮김, (서울: 에코리브르, 2024)
- 피오나 카워드(Fiona Coward), 《히스토리》, (서울: 한국물가정보, 2013)
- KBS 다큐 인사이트 〈미중전쟁〉 제작팀, 《1850 미중전쟁》, (서울: 책과함께, 2021)
- 이언 커쇼(Ian Kershaw), 《유럽 1914~1949: 죽다 겨우 살아나다》, 류한수 옮김, (서울: 이데아, 2020)
- 올랜도 파이지스(Orlando Figes), 《혁명의 러시아 1891~1991》, 조준래 옮김, (서울: 휴머니스트, 2017)
- 찰스 패너티(Charles Panati), 《문화와 유행상품의 역사 2》, 이용웅 옮김, (서울: 자작나무, 1997)
- 호르스트 푸어만(Horst Fuhrmann), 《교황의 역사》, 차용구 옮김, (서울: 길, 2013) · 할 포스터(Hal Foster) 외, 《1900년 이후의 미술사: 모더니즘, 반모더니즘, 포스트모더니즘》, 3판, 배수희 외 옮김, (서울: 세미콜론, 2016)
- ───, 《유럽 1950~2017: 롤러코스터를 타다》, 김남섭 옮김, (서울: 이데아, 2020)
- 표영수, 〈일제강점기 육군특별지원병제도와 조선인 강제동원〉, 《한국민족운동 사연구》, 제79호, (서울: 한국민족운동사학회, 2014)
- 카를로스 푸엔테스(Carlos Fuentes), 《라틴 아메리카의 역사》, 서성철 옮김, (서울: 까치, 1997)
- 메리 풀브룩(Mary Fulbrook), 《분열과 통일의 독일사》, 김학이 옮김, (서울: 개마고원)
- 마이클 하워드(Howard Michael), 로저 루이스(Roger Louis), 《20세기의 역사》, 차하순 외 옮김, (서울: 가지않은길, 2000)
- 한겨레신문사 문화부 편, 《20세기 사람들》, 1~2권, (서울: 한겨레신문사, 1995)
- 한국근현대사학회 엮음, 《한국근대사강의》, (서울: 한울, 1997)
- 한국미국사학회 엮음, 《사료로 읽는 미국사》, (서울: 궁리, 2006)
- 한국어문교육연구회, 〈朝鮮語學會事件 回顧 懇談會──石 · 健齋 두 분을 모시고〉, 《어문연구》, Vol.11 No.4~5, (서울: 한국어문교육연구회, 1983)
- 한국역사연구회, 《시민의 한국사 2》, (파주: 돌베개, 2022)
- 한국영상자료원 엮음, 《1980년대 한국영화》, (서울: 앨피, 1923)
- 한국영화100년기념사업추진위원회 엮음, 《한국영화 100년 100경》, (파주: 돌베개, 2019)
- 한국은행, 《한국은행법 제정사》, (서울: 한국은행, 2020)
- 한글학회, 《한글학회 100년사》, (서울: 한글학회, 2009)
- 한나라당, 《일류국가, 희망공동체 대한민국》, (서울: 북마크, 2007)
- 한모니까, 《DMZ의 역사》, (파주: 돌베개, 2023)
- 한성훈, 〈전쟁의 공포와 반미 애국주의〉, 김학재 외, 《한국현대 생활문화사: 1950년대》, (파주: 창비, 2016)
- 한시준, 〈대한민국 임시정부와 삼균주의〉, 《사학지》, 49집. (용인: 단국사학회, 2014)
- 한중일3국공동역사편찬위원회, 《미래를 여는 역사》, (서울: 한겨레출판, 2005)
- ───, 《한중일이 함께 쓴 동아시아 근현대사 1》, (서울: 휴머니스트, 2012)
- 한창균, 〈석장리 구석기유적 발굴의 학사적 의의〉, 《한국구석기학보》, 제31호, (고양: 한국구석기학회, 2015)
- 한창완 · 박인하, 《우리 시대 만화가 열전》, (김포: 행성비, 2024)
- 한홍구, 《대한민국사》, 1~4, (서울: 한겨레신문사, 2003~2006)
- 함석헌, 《성서적 입장에서 본 조선역사》, (서울: 성광문화사, 1950)
- 앵거스 해밀튼, 《러일 전쟁 당시 조선에 대한 보고서: 1899~1905년 사이의 격동과 성장》, 이형식 옮김, (파주: 살림, 2010)
- 허수열, 〈湖西銀行帝鮮人 金融業〉, 《지방사와 지방문화》, 제8권 제1호, (광주: 역사문화학회, 2005)
- 허호준, 《4·3 19470301-19540921: 기나긴 침묵 밖으로》, (서울: 혜화1117, 2023)
- 미셸 헬러(Michel Heller) · 알렉산드르 네크리치(Aleksandr Nekrich), 《권력의 유토피아 Ⅰ: 소비에트 러시아사 1917~1940》, 김영식 · 남현욱 옮김, (서울: 청계연구소, 1988)
- 카트야 호이어(Katja Hoyer), 《장벽너머: 사라진 나라, 동독 1949~1990》, 송예슬 옮김, (파주: 서해문집, 2024)
- 홍석률, 〈전두환 · 노태우 정부와 6월 민주항쟁〉, 홍석률 · 박태균 · 정창현, 《한국현대사 2》, (서울: 푸른역사, 2018).
- 홍선표, 《한국 근대미술사》, (서울: 시공사, 2009).
- 홍순권, 〈의병학살의 참상과 '남한대토벌'〉, 《역사비평》 통권45호, (서울: 역사비평사, 1998)
- 황병주, 〈새마을운동과 농촌 탈출〉, 김경일 외, 《한국현대 생활문화사: 1970년대》, (파주: 창비, 2016)
- 황순현, "and와 or만 잘 다뤄도 정보 대부분 찾아", 《조선일보》, 1999. 5. 17.
- 황진미, "원작은 범죄 통해 사회성찰 … 웃음기는 빼고 더 진중해지길", 《한겨레》, 2024. 5. 4.

일본어 문헌

- 大橋敏博, 〈韓国における文化財保護システムの成立と展開: 関野貞調査(1902年)から韓国文化財保護法制定(1962年)まで〉, 《総合政策論叢 8》, (島根県立大学, 2004)
- 松岡正剛(監修), 編集工学研究所(著, 編集), 《情報の歴史21: 象形文字から仮想現実まで》, (도쿄: 2021)
- 宮孝一, 《朝鮮徴用問答(附 國民徴用令關係法令)》, (경성: 매일신보사출판국, 1944)
- 安田敏朗, 〈流言というメディア－関東大震災時朝鮮人虐殺と「15円50銭」をめぐって〉《JunCture 超域的日本文化研究》, 巻6号, (名古屋: 名古屋大学大学院文学研究科附属日本近現代文化研究センタ, 2015) 62쪽에서 재인용.
- 山口龜之助, 《レコード文化發達史》, (日本 大阪: 錄音文獻協會, 1936. 4.)
- 矢代梓, 《年表で読む二十世紀思想史》, (講談社, 1999)

영어 문헌

- Anderson, Dave, 'Tiger Woods, in a Blaze, Rewrites Masters' History', *New York Times*, April 14, 1997.
- Ayers Bill and Smith Michael Steven, as quoted in "It Has Been 50 Years Since Che Guevara Was Murdered", *The Nation*(October9, 2017)
- Benenson Peter, 'The Forgotten Prisoners', *The Observer*. 28 May 1961.
- Hellemans Alexander & Bunch Bryan, *The Timetables of Science: A Chronology of the Most Important People and Events in the History of Science*, Touchstone Books, 1991
- Colombani, Jean-Marie "Nous sommes tous Américains", Le Monde, 13, Septembre 2001.
- Crouch, Tom D. & Jakab, Peter L. *Wright Brothers and the Invention of the Aerial Age*,

참고자료

(National Geographic, 2003)
- Kennedy, T. R. Jr., 'Electronic Computer Flashes Answers'. *New York Times*. February 15, 1946, page 1.
- Kenworthy, E.W., 'DDT BANNED IN U.S. ALMOSTT OTALLY, EFFECTIVE DEC. 31', *NewYorkTimes*. June 15, 1972, page1,28.
- Lewis, Gilbert N. (1916-04-01). "The atom and the molecule". *Journal of the American Chemical Society*. 38 (4): 762-785.
- Sontag, Susan. "Comment: Tuesday, and After." *New Yorker* 24 Sept. 2001: 32
- B. P. Babkin, *Origin of the Theory of Conditioned Revlexes*, Arch NeurPsych. 1948 ;60(5)
- Demhardt, Imre Josef, "Alfred Wegener's Hypothesis on Continental Drift and Its Discussion in Petermanns Geographische Mitteilungen (1912~1942)
- Kennedy, T. R. Jr., 'Electronic Computer Flashes Answers'. *New York Times*. February 15, 1946, page 1.
- Sorkhabi, Rasoul, The Centenary of the First Oil Well in the Middle East https://www.geoexpro.com/articles/2008/05/the-centenary-of-the-first-oil-well-in-the-middle-east
- Waldstein David, 'They Tried to Beat DiMaggio. Like Everyone Else, They Failed.', *The New York Times*, Aug. 15, 2021.
- World Health Organization, *The World health report: 2003: shaping the future*, (Geneva: World Health Organization 2003)

찾아보기

ㄱ

가가린(Yury Gagarin) 153, 167
가갸날 73, 79
〈가거라 삼팔선〉 123
〈가고파〉 87
가구야히메(かぐや姫) 181
가나(Ghana) 145, 163, 250
가다머(Hans-Georg Gadamer) 241
《가디언(The Guardian)》 267
가르미슈파르텐키르헨 동계 올림픽(Garmisch-Partenkirchen -) 95, 103
가리(Romain Gary) 195
가리봉전자 206
가뭄 14, 16, 104, 205, 275
가미카제(神風) 111
가봉(Gabon) 151, 198
가스파르(Matej Gašpar) 211
《가시고기》 237
가쓰라 다로(桂太郎) 25, 45
가쓰라-태프트 밀약 24, 25
가와바타 데이지(河端貞次) 84
가와바타 야스나리(川端康成) 179
가요(歌謠) 75
〈가요톱10〉 197
가우디(Antoni Gaudí) 73
〈가을 편지〉 177
가이거(Hans Geiger) 41
가이아나(Guyana) 163, 191
가자 지구(Gaza Strip) 143, 165, 211, 213, 251, 253, 265
〈가장 따뜻한 색 블루(La Vie d'Adèle : Chapitres 1 et 2)〉 267
가정의례준칙 170
〈가정의례준칙에관한법률〉 170
가족관계등록제 248
〈가족법〉 214
 - 개정운동 248
〈가족의 탄생〉 251, 283
가즈오 이시구로(Kazuo Ishiguro) 215
가톨릭(Catholic Church) 14, 123, 155, 179, 191, 215, 237, 250
각기병(脚氣病) 61
각황사(覺皇寺) 64
간다가와(神田川)〉 181
간도(間島) 32, 33, 52, 60, 84
 북- 26, 60, 108
 서- 40, 60, 68
간도참변(間島慘變) 60
간도협약(間島協約) 32, 33
간디(Indira Gandhi) 163, 205
간디(Mahatma Gandhi) 57, 61, 81, 123, 263
간송미술관(澗松美術館) 99
간토(関東) 263
간토 대지진(関東大地震) 67

간토 대학살(関東大虐殺) 66
간통죄(姦通罪) 134, 270
간호원 31
간호사 61
 - 면허 17
갈라타사라이 SK(Galatasaray SK) 25
갈라파고스 국립공원(Parque nacional Galápagos) 265
갈라파고스땅거북(Chelonoidis niger) 265
갈리폴리 반도(Gelibolu Yarımadası) 49
갈리폴리 전투(Battle of Gallipoli) 49
갈릴레이(Galileo Galilei) 300
갈매기의 꿈(Jonathan Livingston Seagull)》 173
갈홍기 138
〈감격시대〉 101
감비아(The Gambia) 161
감사원(監査院) 216
감자 241
갑산(甲山) 16
갑오개혁(甲午改革) 66
갑오경장(甲午更張) → 갑오개혁
강경대 218
강경애 111
강경옥 213
강금실 250, 307
강기욱 242
강기훈 218
〈강남스타일〉 264, 265
강달영 70
강대진 131, 151, 153, 282
강릉(江陵) 228
강릉 선교장 소장 태극기(江陵船橋莊所藏太極旗) 106
강만길 191
강민창 210
강상호 66
강성병 144
강수연 85, 211, 215
강순필 52
〈강아지똥〉 183
강요배 122, 193
강우규 56, 61
강우백 14
강우석 223, 247, 282, 283
강원대학교 198
강원도 25, 48, 126, 148, 161, 193, 202, 233, 235, 276, 279, 283
〈강원도의 힘〉 233, 247, 283
강제규 235, 283
강제 불임수술 87
강제수용소 103, 109, 115
강제징용 100, 278
강주룡 82
강춘호 133

강진규 210
《강철 군화(The Iron Heel)》 31, 85
강철조약(Pact of Steel) 101
강헌 305
강현숙 193
강화도(江華島) 139
 - 조약 15
개 99, 131
〈개같은 날의 오후〉 227
〈개그맨〉 213, 282
개기일식(皆旣日蝕) 57, 69
〈개발이익환수에관한법률〉 214
《개벽(開闢)》 61, 63, 65, 68, 73, 75
개성(開城) 29, 78, 80, 129, 138, 284
 - 공업지구/- 공단 238, 240, 244, 272, 277, 278, 284
개항(開港) 18, 22, 30
개헌(改憲) → 헌법 개정
개헌특위 → 헌법개정특별위원회
개혁국민정당 244
《객지(客地)》 183
갤브레이스(John Kenneth Galbraith) 147
갭(Gap Inc.) 267
〈갯마을〉 161, 282
갯벌 238, 250, 287
《거꾸로 읽는 세계사》 213
《거대한 뿌리》 183
《거대한 전환(The Great Transformation)》 111
거문오름용암굴계(拒文-熔岩洞窟系) 253
거슈윈(George Gershwin) 69, 97, 260
《거장과 마르가리타(Master i Margarita)》 165
거제도(巨濟島) 132
거제포로수용소(巨濟捕虜收容所) 129, 132
〈거짓말〉 237
〈거짓말이야〉 177
거창 민간인 학살 사건 (居昌 -) 129, 130
건국대학교 208, 214
 - 점거 농성 사건 208, 228
건국동맹 → 조선건국동맹
건국사상총동원운동 116
건국준비위원회 → 조선건국준비위원회
건군절(建軍節) 122
건설국민승리21 230
건설부(建設部) 165, 203
건준 → 조선건국준비위원회
〈걸어도 걸어도(歩いても 歩いても)〉 257
걸프 전쟁(Gulf War) 219
검열(檢閱) 28, 65, 139, 165, 228, 229
검은 9월단 179, 261
〈검은 고양이 네로〉 227
검은 금요일 39
〈검은 머리〉 159
검은 목요일(Black Thursday) 79, 81
검은 셔츠단(camicie nere) 65

검은 월요일 79, 211
《검은 피부, 하얀 가면(Peau noire, masques blancs)》 133
〈검은 행복〉 253
검은 화요일 79
검찰 기소독점 체제 280
게뢰 에르뇌(Gerő Ernő) 143
게르니카 97
〈게르니카(Guernica)〉 97
게릭(Lou Gehrig) 101, 105, 227
게바라(Che Guevara) 165
게브르셀라시에(Haile Gebrselassie) 169
게슈타포(Gestapo) 87
게예(Lamine Guèye) 205
《게임의 규칙(La Règle du jeu)》 101
《게임 이론과 경제 행동(Theory of Games and Economic Behavior)》 111
게하이메 슈타츠폴리치(Geheime Staatspolizei) → 게슈타포
겐카이마루(玄海丸) 16
겔만(Murray Gell-Mann) 159
《겨레말큰사전》 249
겨울 궁전(Zimniy dvorets) 25
〈겨울여자〉 189, 282
〈겨울연가〉 247
결식아동 144
결정론(決定論) 109
〈결혼이야기〉 221, 282
〈경계도시〉 241, 283
〈경계도시 2〉 261, 283
경교장(京橋莊) 124
경구피임약 151
《경기경제신문》 286
경기과학고등학교 202
경기여자고등학교 30
경남은행 42
《경남일보》 162
〈경마장 가는 길〉 219, 283
《경멸(Il disprezzo)》 137
경무대(景武臺) 139, 147, 148, 150, 299
경박호 전투(鏡泊湖戰鬪) 86
〈경범죄처벌법〉 180
경복고(景福高) 298
경복궁(景福宮) 26, 48, 49, 50, 54, 81, 125, 226, 261
경복궁 미술관 125
경부고속도로 172, 276
경부선(京釜線. 철도) 14, 24, 46, 136, 196
〈경부철도가〉 31
경부철도주식회사 22
《경부털도노래》 31
경산군(慶山郡) 196
경성(京城) 24, 26, 42, 44~46, 56, 64, 66, 68, 70, 72, 73, 74, 76~80, 82, 88~91, 94, 96, 100, 102, 104, 108, 114, 116

찾아보기

경성방송국 74, 77, 87, 90
경성방직주식회사 56
경성신사(京城神社) 50
경성공회당(京城公會堂) 87
경성감옥 30, 42
경성고등연예관(京城高等演藝館) 39
경성공업전문학교 69
경성군(鏡城郡) 46
경성대학 68
경성도서관 61
경성방송국 74, 77, 87, 90
경성비행장 78
경성사진사협회 73
경성신사(京城神社) 50
경성역(京城驛) 70
경성우편국 48
경성우유동업조합 96
경성운동장(京城運動場) 71, 257
경성의전(京城醫專) 166
경성의학전문학교(京城醫學專門學校) → 경성의전
경성인쇄직공친목회 64
경성재판소 35
경성전기(京城電氣) 80, 152
경성제국대학(京城帝國大學) 65, 68
경성제이 고등보통학교(京城第二高等普通學校) 90
경성제일 고등보통학교(京城第一高等普通學校) 90
경성중앙방송국 90
경성축구단 91, 242
경성콤그룹 100
경성트로이카 88
경수로 건설 224
경술국치(庚戌國恥) 38
경신참변(庚申慘變) 60
경신학교(儆新學校) 47, 48
경운궁(慶運宮) 14, 22, 34, 35
경원선(京元線) 46
경의선(京義線) 16, 22, 26
경인철도 51, 70
경인철도회사 14
경제개발 3개년 계획 (대한민국) 148
경제개발 5개년 계획 (대한민국) 154, 160, 186, 188
경제기획원 152, 186
경제상호원조회의(COMECON) 125
〈경제의 안정과 성장에 관한 긴급 명령〉 178
《경제학원론》 183
경제협력개발기구(OECD) 83, 153, 155, 228
경주(慶州) 46, 63, 144
 - 양동마을 261
 - 지진 272, 274, 275
 - 황남동 155호분 181
경주 학도병 서명문 태극기 106

경찰권 38
〈경찰범처벌규칙(警察犯處罰規則)〉 42
경춘선(京春線) 100
경평전(京平戰) 79, 117
경평축구 → 경평전
경학사(耕學社) 40
경학원(經學院) 40
《경향신문》(1906) 26
《경향신문》(1946) 26, 118, 142, 148, 162, 198, 238, 262
경희궁(慶熙宮) 34, 81
계몽운동(啓蒙運動) 18, 26, 44, 48, 69, 73, 82, 89,
〈계산 기계와 지능(Computing Machinery and Intelligence)〉 127
계엄(戒嚴)
 대만 211
 대한민국 116, 122, 128, 132, 150, 158, 178, 192, 194, 196, 276, 277
 아르헨티나 187
 이탈리아 65
 일본 66, 85
 중국 215
 폴란드 203
계용묵 153
계획도시 151
계획경제 118, 205, 209, 240
계획생육정책(計劃生育政策) 271
계훈제 235
고가도로 170
고갱(Paul Gauguin) 19, 79
고건 246
고고학(考古學) 31, 119, 159, 177, 276
고공농성(高空籠城) 82
〈고교 3년생(高校三年生)〉 157
〈고교얄개〉 187
고급 옷 로비 의혹사건 234
고노에 성명(近衛声明) 99
고노에 후미마로(近衛文麿) 99
고더드(Robert H. Goddard) 73, 115
《고도를 기다리며(En attendant Godot)》 133
〈고드름〉 69
고드세(Nathuram Godse) 123
고든(Robert J. Gordon) 273
고등보통학교(高等普通學校) 40, 90
고등여학교(高等女學校) 30
고등고시(高等考試) 126, 139
고등보통학교 88, 90
고디머(Nadine Gordimer) 269
《고래》 247
〈고래사냥〉(노래) 185
〈고래사냥〉(영화) 205, 282
고레에다 히로카즈(是枝裕和) 257
고려(高麗) 99, 187
고려공산당 62

 - 상하이파 62
 - 이르쿠츠파 54, 62
고려공산청년회((高麗共産靑年會) 80
고려대학교(高麗大學校) 150, 160, 208, 260, 277, 280
 - 도서관 55
 - 민족문화연구소 159
 - 시국 선언 208
고려육상경기회 83
고려인 강제이주(高麗人强制移住) 96
〈고려장(高麗葬)〉 157
〈고령가 소년 살인 사건(牯嶺街少年殺人事件)〉 219
고르바초프(Mikhail Gorbachyov) 69, 207, 209, 211, 218, 219, 237, 281
고리 1호기 185, 189, 275
고리키(Maksim Gorkii) 95
고릴라(Gorilla) 275
고먼(Michiko Gorman) 169
고문(拷問) 40, 42, 73, 86, 96, 106, 122, 150, 152, 158, 171, 186, 188, 208, 210, 212, 234, 241
고문용빙에 관한 협정 → 제1차 한일협약
고바우 영감 127, 147
고복수 89, 97
고산 257
고상돈 188, 193
고속철도 159, 246, 266
고신대학교(高神大學校) 198
고양(高陽) 216, 226
고양이 53, 103, 185
〈고양이, 쫓겨나다(Puss Gets the Boot)〉 103
〈고양이를 부탁해〉 239, 283
〈고엽(Les Feuilles mortes)〉 125
고영남 193
《고용, 이자 및 화폐의 일반 이론(The General Theory of Employment, Interest and Money)》 95
고우영 171, 249
고원훈 61
고위공직자범죄수사처 284, 286
〈고위공직자범죄수사처 설치 및 운영에 관한 법률〉 280
고유섭 89
고은 213, 278
고이소 구니아키(小磯國昭) 106
고이즈미 준이치로(小泉純一郎) 239, 240, 267
고이허 78
고적조사위원회 17
고종(高宗) 14, 15, 22, 28, 32, 33, 34, 35, 42, 56, 57, 248
 -50회 탄신 축하연 15
 -황제 어극 40주년 기념 우표 15
 -황제 강제 퇴위 28
〈고지라(ゴジラ)〉 137

〈고추잠자리(赤とんぼ)〉 63
고카쿠 천황(光格天皇) 281
고토 분지로(小藤文次郎) 31
고토쿠 슈스이(幸徳秋水) 29
〈고향의 봄〉 79
고흐(Vincent van Gogh) 15, 79
 - 회고전 15
고흥(高興) 240, 259
고희동 117
〈곡성〉 273, 283
곤고마루(金剛丸) 94
《곤지키야샤(金色夜叉)》 45
골드러시(gold rush) 85
골드워터(Barry Goldwater) 159
골든 글러브상(Golden Globe Awards) 285
골딩(William Golding) 137
골란고원(Golan Heights) 165
골턴(Francis Galton) 41
골프 89, 231, 232, 241, 263, 271
곰 73
《곰돌이 푸(Winnie-the-Pooh)》 73
007 제임스 본드 시리즈 → 본드
공군(대한민국) 124, 126, 134
〈공동경비구역 JSA〉 237, 283
공드리(Michel Gondry) 247
공병우 159, 227
공비(共匪) 130, 166
공산당(독일) → 독일공산당
공산당(베트남) → 베트남 공산당
공산당(소련) → 소련공산당
공산당(이탈리아) → 이탈리아 공산당
공산당(인도네시아) → 인도네시아 공산당
공산당(일본) → 일본공산당
공산당(일제강점기) → 고려공산당
공산당(중국) → 중국공산당
공산당(체코슬로바키아) → 체코슬로바키아 공산당
공수도 창무관(空手道彰武館) 153
공수처 → 고위공직자범죄수사처 284, 286
공수처법 → 〈고위공직자범죄수사처 설치 및 운영에 관한 법률〉 280
공연윤리위원회 228, 229
공옥진 265
공원(公園) 29, 34, 38, 56, 84, 144, 165, 203, 231, 257, 263, 265
공주(公州) 84, 159, 177, 248, 260
공주 석장리 유적(公州石莊里遺蹟) 159
공중전화 16, 239
공지영 233, 249
〈공직선거법〉 266, 280
〈공직자윤리법〉 222
공진회(共進會) → 조선물산공진회
공진회협찬회 48
공초문학상(空超文學賞) 125
《공포의 외인구단》 203

찾아보기

공해병(公害病) 143
공화당(대한민국, 1963) → 민주공화당
공화당(대한민국, 1987) → 신민주공화당
공화당(미국) 23, 31, 43, 51, 61, 69, 77, 85, 95, 125, 133, 143, 159, 167, 179, 195, 213, 229, 237, 257, 265, 267, 273, 285
공화당(프랑스) 275
공화민정회(共和民政會) 130
공화인민당(Cumhuriyet Halk Partisi) 67
공화주의(共和主義) 52
〈과거로부터(Out of the Past)〉 119
《과거와 대화, 미래의 성찰》 164
과거제도(科擧制度) 25
과다니노(Luca Guadagnino) 275
과달카나 전투(Battle of Guadalcanal) 109
과학고등학교 202
《과학과 가설(La Science et l'Hypothèse)》 17
과학데이 69, 89
과학기술자문회의 225
과학기술처 167
《과학동아》 209
과학소설(SF) 107
과학의 날 167
《과학조선》 69, 87
《과학콘서트》 239
《과학혁명의 구조(The Structure of Scientific Revolutions)》 155
곽경택 239, 283
곽재규 244
곽한일 42
관덕정(觀德亭) 118
관동군(関東軍) 77, 83, 101, 276
관부연락선(関釜連絡船) 24, 94, 108
관세와 무역에 관한 일반협정(GATT) 119, 209, 225, 227
관타나모만(Bahía de Guantánamo) 19
 - 수용소 241
 - 해군기지 19, 153
관훈클럽(寬勳club) 144
괌(Guam) 111, 161, 171
《광기의 역사(Histoire de la folie à l'âge classique)》 153
광명기 1호(光明星3號) 232
광명기 3호(光明星3號) 264
광무황제(光武皇帝) → 고종
광복군 → 한국광복군
광복회(光復會) 160
광서제(光緒帝) 31
광우병(狂牛病) 229, 256, 257, 277
《광장》 153
광저우(廣州) 63, 98, 261
 - 정부 63
광주(光州, 전라남도) 78, 130, 190, 194, 195, 196, 197, 198, 206, 227, 240, 261
광주(廣州, 경기도) 176, 246

광주대단지 사건(廣州大團地事件) 176
광주 FC 261
광주비엔날레(光州 Biennale) 227, 252
광주 진압작전 194
광주고보(光州高普) 78, 90
광주농업학교 78
광주대단지 사건(廣州大團地事件) 176
광주도청광장 194
광주민주화운동 194, 196, 197, 228, 276, 286
광주사범학교 78
광주역 광장 194
광주학생항일운동 78, 80
광진교(廣津橋) 160
광학서포(廣學書鋪) 27
광학현미경 83
광화문(光化門) 195, 226, 233, 246, 256, 257, 272
 - 복원 개방 261
《괭이부리말 아이들》 237
《괴도신사 아르센 뤼팽(Arsène Lupin, gentleman-cambrioleur)》 29
괴링(Hermann Göring, 측량사) 41
괴링(Hermann Göring, 군인, 정치인) 87, 117
괴델(Kurt Gödel) 191
〈괴물〉 247, 251, 283
괴벨스(Joseph Goebbels) 115
교련(敎鍊) 90, 160, 176
교보문고(敎保文庫) 195
〈교실 이데아〉 225
〈교원직득(敎員心得)〉 50
교육과학기술부 256
교육민주화선언 210
교육부 29, 248, 270,
교육에 관한 칙어(敎育ニ関スル勅語)》 40, 50, 104
〈교육칙어〉 →〈교육에 관한 칙어〉
교토(京都) 231
교토 의정서 231
교토 제국대(京都帝国大学) 68, 95
교통부(交通部) 136
교통정리기 88
교황(敎皇) 19, 47, 65, 101, 147, 155, 157, 191, 197, 237, 249, 267, 268
교황령 79
교황청 79, 106, 163, 268
 - 령(-領) 79
 - 청(-廳) 79, 106, 163, 268
구글(Google) 177, 233, 249, 251, 267, 269
 - 어스(Google Earth) 233
 - 뉴스(Google News) 233
 - 지도(Google Maps) 233
 - 크롬(Google Chrome) 233
 - 딥마인드(Google DeepMind) 272
구대성 235
구락부(俱樂部) 27, 33, 43, 47, 49, 87, 88, 96, 242

구로공단(九老工團) → 구로동수출산업단지
구로동맹파업 206
구로동수출산업단지 164, 206
구로사와 아키라(黒澤明) 117, 127, 131, 137, 233
구로야나기 테츠코(黒柳徹子) 197
《구름빵》 247
구본웅 179
구봉서 273
9·30 운동(Gerakan 30 September) 161
구석기 유적 159
구세군(救世軍) 30, 34
 - 역사박물관 34
 - 중앙회관 34
구세군역사박물관 34
구세군중앙회관 34
구수정 234
《구약전서》 41
구옥희 263
구월산(九月山) 48, 76
구월산 단군사당(九月山檀君祠堂) 76
구인회 118
9·19 공동성명 244
9·11 테러(September 11 attacks) 181, 239, 241, 263
구정(舊正) 106, 140, 167, 206
구제(區制) 108
구조언어학 51
구텐베르크(Johannes Gutenberg) 125
 - 성서 301
구티에레스(Gustavo Gutiérrez) 177
구티에레스(Lucio Gutiérrez) 245
구포역(龜浦驛) 222
구포은행(龜浦銀行) 42
구포저축(龜浦貯蓄) 42
국가 파시스타당 63
국가기본법(러시아) 27
〈국가보안법〉 70, 146, 184, 266, 276
국가보위비상대책위원회(國家保衛非常對策委員會) 194, 196
〈국가보위에관한특별조치법〉 176
국가보위입법회의 196, 276
국가비상사태 176
국가사과의 날(National Sorry Day) 233
국가사회주의 독일노동자당(Nationalsozialistische Deutsche Arbeiterpartei) → 나치당 87, 89
국가안보국(NSA) → 267
〈국가안전과공공질서의수호를위한대통령긴급조치〉 → 긴급조치 9호
국가안전기획부 228, 248
《국가와 혁명과 나》 157
〈국가의 탄생(The Birth of a Nation)〉 49
국가인권위원회 234, 238, 241

국가재건최고회의 140, 152, 154, 156, 194
〈국가재건최고회의법〉 152
국가정보원 264, 266
〈국가총동원법(國家總動員法)〉 98, 99, 104
국가항공자문위원회(NACA) 147
국군기무사령부(國軍機務司令部) 216, 220, 222
국군의 날 126
국기원(國技院) 181
국립국어원 87
국립서울과학관 166
국립공원 165
 -(대한민국) 165, 203
 -(미국) 29, 165
 -(에콰도르) 265
국립공원(에콰도르) 265
국립도서관 → 국립중앙도서관
국립보건원 244
국립부여박물관 223
국립식품청(스웨덴) 241
국립영화제작소 198
국립전파천문대(미국) 151
국립중앙극장 206
국립중앙도서관 115
국립중앙박물관 249
국립현대미술관 225
국무령(國務領) 70, 72, 74
국문연구소(國文研究所) 25, 29
국민승리21 → 건설국민승리21
국민학교 40, 104, 110, 115, 118, 130, 144, 161, 166, 180, 186, 228
국민경제발전 5개년 계획(소련) 64, 77
국민계몽당(Partai Kebangkitan Bangsa) 235
〈국민교육헌장〉 166
국민당(남아프리카연방) 123
국민당(1935, 대한민국임시정부) → 한국국민당
국민당(1948, 대한민국) → 대한국민당
국민당(1992, 대한민국) → 통일국민당
국민당(1981, 대한민국) → 한국국민당
국민당(베트남) → 베트남 국민당
국민당(인도네시아) → 인도네시아 국민당
국민당(1912, 중화민국) 45
국민당(1914, 중화민국) → 중국국민당
국민대표회 66
국민동원총진회(國民動員總進會) 110
국민방위군 사건(國民防衛軍事件) 130
〈국민방위군설치법〉 126, 129, 130
국민보도연맹(國民保導聯盟) 124, 146
〈국민복지연금법〉 180
국민부(國民府) 78
국민신당 230
《국민신보(國民新報)》 26, 38
국민연금법(스웨덴) 45
국민연금제도 180, 212
국민은행(농구팀) 233

찾아보기

국민의당(1963-) 254
국민의당(2016-) 255, 272, 274
국민의당(2020-) 255
국민의료보험제도 188
국민의힘 277, 284, 286
  - 당명 변천사 217
《국민일보》 238
국민전선(Front national) 275
국민정신총동원(國民精神總動員) 97, 98, 106
국민정신총동원중앙연맹 97, 98
국민정신총동원조선연맹 97, 102
국민정신총동원회 100
국민주권옹호투쟁위원회 144
〈국민징용령(國民徵用令)〉 65, 98, 100
국민참여당 262
국민총력선전부 105
국민총력조선연맹 98, 102
국민총생산 154
국민투표 69, 89, 91, 117, 139, 147, 156, 170, 178, 184, 210, 221, 233, 273, 285
국민학교 40, 104, 105, 110, 115, 144, 161, 166, 186, 228, 229
〈국민학교규정〉 104
국민해방전선(FLN) 137
국민행복연금위원회 266
국민혁명군(國民革命軍) 68, 73
국민혁명당(멕시코) 79
국민협의회(Majelis Permusyawaratan Rakyat Republik Indonesia) 167
국민회의(대한민국) → 새정치국민회의
국민회의(인도) 27
국경경비대 → 남조선국방경비대 116, 126
국방부(國防部) 26, 116, 126, 202, 250, 278, 286
  - 청사 26, 277
국방부(미국) 244
국보(國寶) 177, 223, 256
국보위 → 국가보위비상대책위원회
국사원(國士院) 119
국사편찬위원회(國史編纂委員會) 156, 270
국세조사(國勢調査) 45, 90
국세청(國稅廳) 238
  - 별관 34
  - 여자배구단 167, 195
《국어문법》 39
국어연구학회 31
〈국영텔레비전방송사업운영에관한임시조치법〉 156
국전(國展) → 대한민국미술대전
국정원과거사건진실규명을통한발전위원회 164, 180
국제공산당 사건 132
국제그룹 206
국제극장(國際劇場) 101
국제기능올림픽대회(WorldSkills Competition) 188
국제노동기구(ILO) 218
국제농구연맹(FIBA) 85, 193
국제도량형국(BIPM) 203
국제 반전 행동의 날 245
국제복싱연맹(IBF) 199
국제부흥개발은행(IBRD) 111, 138
국제빙상경기연맹(ISU) 스피드스케이팅 월드컵 267
〈국제시장〉 247, 269
국제아마추어농구연맹 85
국제앰네스티(Amnesty International) 153
국제여자복싱협회(IFBA) 245
국제연맹(LN) 56, 57, 61, 73, 85, 87
국제연합(UN) 111, 113, 214, 238, 259
국제연합 상임이사국 177
〈국제연합평화유지활동 등에 대한 협력에 관한 법률〉 221
국제올림픽위원회(IOC) 69, 119, 139, 167, 197, 212, 225, 235, 239, 285
국제우주정거장(ISS) 237, 257
국제원자력기구(IAEA) 145, 182, 224, 239
국제유도연맹(IJF) 227
국제의학회의 19
국제전기통신연합(ITU) 118
국제천문연맹(IAU) 79, 81, 251, 291
국제축구연맹(FIFA) 23, 81
국제통화기금(IMF) 111, 115, 138, 230, 261
국제포경위원회(IWC) 281
국제항공연맹 39
국제형사재판소(ICC) 235, 239
국채보상운동(國債報償運動) 28
국체명징성명(國體明徵聲明) 91
국한문 혼용(國漢文混用) 22, 53
《국화와 칼(The Chrysanthemum and the Sword)》 117
국회의원 선거(대한민국) 122, 126, 128, 136, 146, 150, 156, 164, 176, 180, 190, 196, 206, 212, 220, 228, 236, 246, 254~255, 256, 264, 272, 284
국회의원 재보궐선거 260, 262, 286
군사경계수역 188
군사분계선 132
군사통일주비회(軍事統一籌備會) 62
군사특파단(軍事特派團) 102
〈군사 혁명위원회포고 제4호〉 156
군산(群山) 30, 44, 78, 250
군산복합체(軍産複合體) 125
군산상업고등학교 179
〈군수회사법〉 110
군악대 15
〈굳세어라 금순아〉 135
굴드(Stephen Jay Gould) 197, 241
궁내부(宮內府) 16, 17, 38
궁녀(宮女) 245
권기옥 21, 68, 213
권순영 138
권업모범장(勸業模範場) 26
권업회(勸業會) 40
권영길 212, 230, 236, 240
권오병 170
권이혁 202
권인숙 208
권정생 183, 253
권중현 52
권태하 85
권투 → 복싱
궐련(卷煙) 24
〈귀로〉 165
귀어니 245
〈귀환법〉 127
《그 놈은 멋있었다》 245
《그 많던 싱아는 누가 다 먹었을까》 221
〈그 섬에 가고 싶다〉 223
〈그것만이 내 세상〉 207
〈그녀에게(Hable con ella)〉 241
〈그녀를 만나는 곳 100m 전〉 217
〈그대에게〉 213
〈그들도 우리처럼〉 217, 282
〈그때 그 사람〉 193
그라모폰사(Deutsche Grammophon) 17
그라스(Günter Grass) 149, 271
그라크(Julien Gracq) 131
그람시(Antonio Gramsci) 97
그랑팔레(Grand Palais) 27
그래미상(Grammy Awards) 199
그래픽 사용자 인터페이스(GUI) 205, 227
그랜드슬램(Grand Slam, 테니스) 117, 207, 235, 245, 279
그랜드캐니언 국립공원(Grand Canyon National Park) 29
그레나다(Grenada) 183, 203
그레미우(Grêmio) 19
그레이(John Gray) 221
그레이그(Dale Greig) 169
그레이엄(Kenneth Grahame) 31
그로즈니(Grozny) 225
그로턴(Groton) 137
그로피우스(Walter Gropius) 57, 171
그루지야(Gruziya) 95 → [참조] 조지아
그르노블 동계 올림픽(Grenoble -) 167
《그리고 아무말도 하지 않았다》 163
그리스(Elláda / Greece) 27, 43, 49, 51, 53, 61, 67, 69, 83, 105, 153, 165, 183, 189, 233, 237, 241, 243, 247, 261, 265, 273, 281
그리피스(Arthur Griffith) 27
그리피스(D. W. Griffith) 49, 51, 57, 123
그린(Harry Green) 169
그린(Maurice Greene) 168
그린 재킷(green jacket) 89, 231
그린뱅크(Green Bank) 151
그린피스(Greenpeace) 177
그림자 군단(L'Armée des ombres)》 171
그립스 극단(Grips-Theater) 225
극동국제군사재판(International Military Tribunal for the Far East) 117
극동선수권대회(Far Eastern Championship Games) 89
극동인민대표대회(極東人民代表大會) 64
〈극한직업〉 247, 281,
《근대조선경제사》 107
〈근로기준법〉 134, 172, 175, 232, 244, 246
근우회(槿友會) 74
근위축성 측삭경화증 101
근정전(勤政殿) 54
글라이더(glider) 20, 109
글루타민(glutamine) 33
글 장님 없애기 운동 76
금강(錦江) 259
금강산(金剛山) 238, 240
  - 관광 232, 240, 256
  - 댐 208
금강산 관광 232, 256
금강호(金剛號, 비행기) 64
금강호(金剛號, 유람선) 232
금모으기 운동 232
금본위제(金本位制) 14, 71, 83, 111, 177
금서목록(Index Librorum Prohibitorum) 163, 300
금성(金星) 251
금성사(金星社) 92, 149
〈금속류회수령(金屬類回收令)〉 104
금융위기 45, 83, 231, 233, 257, 259, 261
금융감독위원회 232
금융실명거래제 198
금융실명제 222, 276
금융위원회 260, 262, 264, 276
〈금을 모읍시다〉 232
금정굴 학살 사건(金井窟虐殺事件) 126
〈금주법(禁酒法)〉 61
금태환 제도(金兌換制度) 177
기(Alice Guy) 43
《기네스북(he Guinness Book of Records)》 139
기네스 양조회사(Guinness Breweries) 139
기네하라 긴조(金原金藏) 39
기니(Guinée) 147
기니비사우(Guiné-Bissau) 181
기독교민주당 225
기독교민주당(Democrazia Cristiana, 이탈리아) 123
기독교민주연합(CDU) → 독일 기독교민주연합
기독교청년회관 74
기독교회관 186

찾아보기

〈기러기 아빠〉 159
기무사(機務司) → 국군기무사령부
기미독립선언서(己未獨立宣言書) → 3·1 독립선언서
기민련(CDU) → 독일 기독교민주연합
기보(棋譜) 47
기생충 164, 181
〈기생충〉 79, 117, 247, 281, 282, 283, 285
기아나 → 프랑스령 기아나
기아자동차 200, 230, 239
KIA 타이거즈 201, 239
〈기억의 지속(La persistencia de la memoria)〉 79, 83
기온(氣溫) 45, 133, 197, 203, 245, 279
 - 최저 - 과 최고 -, 197
기요사키(Robert Kiyosaki) 231
기유각서(己酉覺書) 23, 32
〈기적〉 257
기초연금 266
기타노 다케시(北野武) 233
《기탄잘리(Gitanjali)》 39
기형도 215
기획예산처 248
기획재정부 274
기후변화 55, 95, 221, 223, 259, 275
 -협약 221, 231
긴 칼의 밤(Nacht der langen Messer) 89
긴급조치 178, 182, 186, 190
 - 1호, 176, 178, 180, 182, 184, 186, 190, 192
 - 9호 184, 192
긴급재난지원금 284
긴자선(銀座線) 75
긴즈버그(Ruth Bader Ginsburg) 285
〈길〉 239
길러민(John Guillermin) 183
길림(吉林) → 지린
길림구국군(吉林區國軍) 86
길버트 제도(Gilbert Islands) 107
〈길소뜸〉 209, 282 107
《길 위에서(On the Road)》 145
길주군(吉州郡) 250, 258, 274
길창덕 261
김가진 125
김갑 74
김강윤 149
김건모 225
김경수 278
김관호 50, 51
김광균 223
김광석 229
김광섭 189
김구 40, 56, 62, 72, 74, 80, 88, 90, 100, 102, 104, 106, 110, 114, 116, 118, 119, 122, 124, 125, 276

김구구락부(金九俱樂部) 88
김구 서명문 태극기 106
김국영 193, 275
김규식 54, 64, 110, 122, 127
김규진 29
김근태 202, 206
김금화 281
김기덕 85, 159, 247, 265, 278, 282, 285
김기설 218
김기수 157, 162, 163, 231
김기영 139, 151, 157, 173, 189, 233, 282
김기전 64
김기정 27
김기진 125
김기훈 225
김남주 213, 225
김내성 145
김달호 146
김대두 184
김대중 141, 172, 176, 180, 186, 190, 192, 194, 196, 198, 202, 204, 206, 210, 217, 220, 226, 228, 230, 232, 233, 236, 238, 240, 245, 258, 259, 262, 277
 - 내란음모사건 202
 - 전 대통령 서거 258
 - 평화센터 262
김대중 김종필 공조(DJP 공조) 238
김대현 87
김도산 57, 282
김도연(독립운동가) 150, 152
김도연(육상선수) 75, 169
김동률 189
김동리 143, 191
김동원 247, 282, 283
김동인 57, 125, 131
김동일 132
김동조 160
김동진 87, 126
김동현 263
김동환 109
김두봉 106, 142
김두한 162
김득구 199
김립 52
김마르다 31
김마리아 58, 111
김만배 286
김민기 173, 225
김별아 249
김병관 238
김병로 80, 122, 156, 159
김병익 173
김병조 56
김보은 224
김부남 224

김봉준 62, 80, 100
김산 58, 99, 105
김삼룡 86, 100
김상봉 142
김상순 177
김상옥 66
김상현 204
김서정 75
김석기 258
김석진 38
김성근 217
김성도 89
김성수(정치인·언론인) 56, 60, 61, 114, 130, 132, 139
김성수(영화감독) 231, 282
김성집 123, 133, 273
김성환 127, 147, 281
김소동 147
김소월 71, 89
김수근 209
김수영 149, 167, 183, 197
《김수영 전집》 197
김수용 157, 161, 165, 282
김수정 203
김수철 205
김수행 271
김수현(작가) 219
김수환 170, 258, 259, 268
김수희 211
김순옥 181
김승연 252
김승옥 159
김시스터즈 153
김시진 213
김신 119
김신조 166
김알렉산드라 54
김애식 46
〈김약국의 딸들〉(영화) 157, 282
김약수 70
김억 61
김연경 285
김연수 253
김연아 251, 260, 261, 269
김영란법 → 〈청탁금지법〉
김영삼 136, 172, 186, 192, 194, 202, 204, 210, 216, 217, 220, 222, 224, 226, 245, 270, 271, 277
김영춘 101
김완선 217
김용관 69, 87
김용구 125
김용범 114
김용옥 207
김용철(임시정부 각료) 62

김용철(변호사) 252
김용화 279
김용환 117, 233
김우중 215, 234, 281
김우진 72
김운용 181
김원룡 223
김원만 186
김원경 56
김원봉 56, 66, 90, 98, 100, 106, 147
김원일 213
김유영 75
김유정 95, 97, 99
김유환 102
김윤경 106
김윤만 225
김윤수 213
김윤식 181, 209, 279
김윤환 173
김은배 83, 85
김은숙 198
김의석 221, 282
김익달 133
김익상 62, 64
김인식(작곡가) 25
김인식(야구감독) 271
김일 161, 183, 251
김일성 96, 114, 118, 126, 134, 142, 154, 166, 177, 178, 182, 195, 199, 204, 208, 224, 225, 230, 232, 249, 260
김일성 경기장 281
김일성종합대학 166
김장률 193
김재규 186, 192, 195, 276
김재박 199
김재봉 70
김재익 203
김재현 253
김정구 99, 233
김정남 274, 275
김정미 181
김정숙 102
김정은 260, 264, 266, 274, 278, 280, 284
김정일 182, 220, 230, 232, 236, 240, 252, 260, 262, 263, 264
김종린 60
김종삼 193
김종필 152, 154, 194, 210, 216, 217, 226, 238, 279
김좌진 60, 80, 81
김주연 173
김주열 150, 151
김주익 244
김준성 202
김준엽 165, 263

찾아보기

김준환 179
김중미 237
김중업 213
김지미 44, 153
김지운 237, 283
김지은 278
김지하 135, 190, 218
김진명 223
김진영 222
김진욱 284
김진호 193
김찬 70
김창룡 142
김창숙 155
김창순 165
김창완 189
김창익 189
김창훈 189
김책 118
김천(金泉) 78
김철 56, 62, 74
김철수 72
김철훈 54
김청기 187, 282
김초엽 281
김추자 171, 177
김치수 173
김태용 251, 253, 283
김택용 233
김팔봉 109
김포(金浦) 126
김포국제공항(金浦國際空港) 79, 156, 214
김학순 218, 231
김한국 203
김한민 269
김현 173, 181, 217
김현경 271
김현식 217
김현옥 162
김현준 235
김현철 230
김형곤 203, 251
김형수 165
김형준 63
김혜린 213
김혜순 281
김호선 185, 189, 282
김호연 287
김호정 177
김홍기 64
김홍신 197
김환기 183
김활란 102, 108
김훈 239
김흥국 215
김희갑 223

김희조 155
깁슨(Althea Gibson) 235
〈깊고 푸른 밤〉 207, 282
〈까마귀 기르기(Cria cuervos)〉 187
깐수 → 정수일
《꼬리에 꼬리를 무는 영어》 223
〈꼬방동네 사람들〉 199, 282
〈꼴망태 목동〉 99
〈꽃잎〉 229, 282
〈꽃파는 처녀〉 177
〈꿈따라 샤바라〉 229
《끝과 시작(Koniec i początek)》 223

ㄴ

나가노(長野) 233
나가사키(長崎) 16, 23, 115, 125
나가이 고(永井豪) 179
나경원 262
나고야(名古屋) 74, 110, 177, 197
〈나그네 설움〉 103
〈나그네는 길에서도 쉬지 않는다〉 213, 282
나그푸르(Nagpur) 61
나남유치원(羅南幼稚園) 46
〈나는 가수다〉 263
〈나는 남자가 되고 싶지 않아(Ich möchte kein Mann sein)〉 55
〈나는 로봇이야(I, Robot)〉 107
《나는 야한 여자가 좋다》 215
〈나는 열일곱 살〉 99
《나니아 연대기(The Chronicles of Narnia)》 213
〈나, 다니엘 블레이크(I, Daniel Blake)〉 273
나도향 65, 73
나로우주센터 253
나로호 259
나루히토(徳仁) 281
〈나를 돌아봐〉 223
나미비아(Namibia) 21, 77
나보코프(Vladimir Nabokov) 139
나비 103
〈나비 부인(Madama Butterfly)〉 23
나석주 72, 73
나세르(Gamal Abdel Nasser) 77, 133, 143, 147, 173
　－주의 155
나스닥(NASDAQ) 177, 237
나쓰메 소세키(夏目漱石) 51
〈나 어떡해〉 189
나우루(Nauru) 167
나운규 73, 85, 97, 282, 283
《나의 라임 오렌지나무(Meu Pé de Laranja Lima)》 167
《나의 문화유산답사기》 223
〈나의 소원〉 119

〈나의 외로움이 널 부를 때〉 231
《나의 조국, 나의 마라톤》 94
《나의 투쟁(Mein Kampf)》 67, 71
나이지리아(Nigeria) 79, 151, 161, 163, 165, 173, 198, 269
나이팅게일(Florence Nightingale) 39
나일강(Nile River) 17
나일론(nylon) 91
《나자(Nadja)》 77
나주역(羅州驛) 78
나진(羅津) 114
나철 33, 50, 51
나치(Nazi) 57, 71, 73, 87, 91, 95, 97, 99, 101, 103, 109, 111
나치당(Nazi-Partei) → 85, 87, 89, 91
나카소네 야스히로(中曽根康弘) 202, 281
나크바의 날(Dhikra an-Nakba) 123
나토(NATO) → 북대서양조약기구
나폴리(Napoli, 도시) 65
나폴리(Napoli, 축구 클럽) 73
나혜석 62, 63, 89
나홍진 257, 273, 283
나훈아 179
낙군사(樂群社) 98
낙동강(洛東江) 128
낙성대 경제연구소 304
낙성대연구실(落星臺研究室) 211
〈낙엽(Les Feuilles chéant)〉 43
낙태죄(落胎罪) 280, 286
낙하산(落下傘) 131
〈낙화유수(落花流水)〉 75
〈난 알아요〉 220, 221
난민 127, 153, 273, 275, 279
　－ 선수단 → 올림픽
난민선 침몰사고 273
난센(Fridtjof Nansen) 81
《난장이가 쏘아올린 작은 공》(소설) 191
〈난장이가 쏘아올린 작은공〉(영화) 197, 282
난지도 결전(蘭芝島決戰) 30
난징(南京) 43, 75, 77, 88, 90, 99
　－ 대학살 97, 99
　－ 정부 75, 77, 99
　－ 조약 231
〈난징 대학살〉 99
〈난타〉 231
난파음악상(蘭坡音樂賞) 125
〈날 떠나지 말아요(Ne Me Quitte Pas)〉 149
〈날개〉 95
《날개 환상통》 281
남궁벽 61
남극 149, 197, 203, 207, 213, 269
남극세종과학기지 213, 269
남극점 41
남극조약(Antarctic Treaty) 149
남극장보고과학기지 269
남극점(南極點) 41

〈남녀고용평등법〉 210
〈남녀차별금지및구제에관한법률〉 234
남대문(南大門) 28, 88
남대문역 70
남대문정거장 56, 70
남로당(南朝鮮勞動黨)
남만주(南滿洲) → 만주
남만주철도주식회사(南滿洲鐵道株式會社) 27, 46, 70
남미(南美) → 남아메리카
남미축구선수권대회 51
남베트남 민족해방전선(베트콩) 140, 141, 143, 151, 157, 161, 167, 181, 185, 220
남보원 285
남부군(南部軍) 297
〈남부군〉 217, 282
남북 관계 172
〈남북 사이의 화해와 불가침 및 교류협력에 관한 합의서〉 218
남북 총선거를 통한 정부수립 118
남북경제회담 204
남북고위급 회담 218
남북공동선언 236, 252, 277
남북공동성명 178
남북공동성명서 178
남북공동연락사무소 278, 284
〈남북관계 발전과 평화번영을 위한 선언〉 252
남북교류협력협의사무소 278
남북기본합의서 218
남북 단일팀 219, 279
남북대화 171, 178, 204
남북미 정상회담 280
남북예술공연단 206
남북적십자회담 176, 178
남북정상회담 224, 236, 238, 252, 277, 278
〈남북정상회담관련대북비밀송금의혹사건등의 진상규명을위한특별검사임명등에관한법률〉 244
남북한 고향방문 206
남북회담 178, 204
남산(南山) 26, 38, 81, 91, 103, 152, 171
남산공원 38
남산대신궁(南山大神宮) 50
남산 어린이회관 115
남산한옥마을 26
남상락 자수 태극기(南相洛刺繡太極旗) 106
남선전기(南鮮電機) 152
남수단(South Sudan) 223, 263, 273
남승룡 95, 239
남아시아(South Asia) 45, 247, 260, 275
남아시아 홍수 275
《남아 있는 나날(The Remains of the Day)》 215
남아메리카 47, 245, 270
남아프리카(Southern Africa) 260
남아프리카 공화국(Republic of South Africa)

찾아보기

165, 183, 187, 203, 207, 217, 225, 229, 259, 261
남아프리카 연방(Union of South Africa) 39, 43, 83, 145, 165
남아프리카원주민민족회의 43
남양((南陽) 110
　-수비대(南陽守備隊) 60
남양유업 264
남영동 대공분실(南營洞對共分室) 210
남영호 172
남예멘(South Yemen) 165
　- 내전 209
남이섬(南怡-) 193
남인수 77, 99, 101, 123, 137
남일동 패물폐지부인회 28
〈남자는 배 여자는 항구〉 205
남자현 86, 87
남조선 국방경비대(南朝鮮國防警備隊) 116, 128
남진 179
남침선제타격계획 128
남한대토벌작전(南韓大討伐作戰) 32, 33, 48
〈남부열차〉 211
남화한인청년연맹(南華韓人靑年聯盟) 86
〈낭만고양이〉 241
낭만주의 15, 65
〈낮은 목소리-아시아에서 여성으로 산다는 것〉 227, 282
〈내가 제일 잘 나가〉 263
내각책임제 70, 150
《내게 거짓말을 해봐》 231
〈내 남자친구에게〉 233
《내땅이 죽어간다: 공해문제의 인식》 203
《내 영혼이 따뜻했던 날들(The Education of Little Tree)》 187
《내 이름은 삐삐 롱스타킹(Pippi Långstrump)》 115
내무국(內務局) 76
내무부(內務部, 대한민국) 172, 190, 274
내무부(內務部, 조선총독부) 39,
내선일체(內鮮一體) 68, 98, 101, 102, 106, 111
《내시》 155
《내일신문》 238
내전 17, 53, 63, 65, 67, 75, 95, 97, 101, 140, 155, 165, 173, 183, 185, 205, 207, 217, 219, 221, 225, 231, 259, 265, 271, 287
내탕금(內帑金) 17
《냉정과 열정 사이(冷静と情熱のあいだ)》 235
너지 임레(Nagy Imre) 143, 147
〈넘버 3〉 231, 282
〈넘버 원〉 239
《네가 누구든 얼마나 외롭든》 253
네 윈(Ne Win) 155
네덜란드(Nederland) 41, 53, 55, 75, 87, 109,
115, 145, 157, 167, 181, 221, 237, 239, 241, 285
2차대전과 - 103
-와 한국 28, 104, 188, 211, 236, 237
-의 스포츠 45, 77, 183, 191, 211, 237, 261
네덜란드령 동인도(Nederlands-Indië) 107
네루(Jawaharlal Nehru) 159, 163
네루다(Pablo Neruda) 69, 181
네이버 93, 234
네이버컴 93, 234
네이스미스, 제임스(James Naismith) 101
《네이처(Nature)》 85, 183, 207, 211, 239
네이팜탄(napalm) 129, 141
네자드헤자즈 왕국(Kingdom of Hejaz and Nejd) 85
네타냐후(Benjamin Netanyahu) 257
네팔(Nepal) 135
넷플릭스(Netflix) 286, 287
넬슨(Gaylord Nelson) 173
노구치 시타가우(野口遒) 74
노근리 양민학살 사건 126
노기남 106
노동농민당(労働農民党) 77
노동당(대한민국) 267
노동당(북한) → 로동당
노동당(영국) 27, 69, 193, 231
노동당(이스라엘) → 이스라엘 노동당
노동당(일제강점기) → 조선노동당(1924)
노동대표위원회(Labour Representation Committee) 27
〈노동법해설〉 199
노동부(勞動部) 196
〈노동의 새벽〉 205
노동 1호(蘆洞一號) 232
노동자당(브라질) 241, 273
노동자당 (핀란드) → 핀란드 노동자당
〈노동쟁의조정법〉 194
노동절(勞動節) 133, 148, 215
노동조합 64, 157, 190, 195, 206, 210, 235
〈노동조합법〉 194
노동조합회의(TUC) 73
노동청(勞動廳) 188, 196
노라노 147
노란 조끼 시위 279
노란봉투법 244
〈노래가락〉 95
노량진 52
노령보험 91
노르가이(Tenzing Norgay) 135, 209
노르망디 상륙(Normandy landings) 111
노르웨이(Norge / Norway) 15, 25, 41, 103, 125, 133, 167, 219, 223, 225, 263
《노르웨이의 숲(ノルウェイの森)》 211
노리에가(Manuel Noriega) 215, 275
노만 157
노명자 → 노라노
노몬한 사건(Nomonhan Incident) 101
노무현 217, 236, 240, 244, 245, 246, 250, 252, 258, 259, 264, 272, 273, 277
　- 대통령 탄핵 246, 272
　- 을 사랑하는 사람들의 모임 236
노백린 29, 60, 68
　-군단 60
노벨(Alfred Nobel) 15
노벨상(Nobel Prize) 15, 19, 53, 69, 145, 147, 285
　- 경제학상 15, 167
　- 문학상 195, 273
　- 물리학상 19, 53, 83
　- 생리학 · 의학상 53, 75
　- 평화상 15, 171, 236, 277
　- 화학상 19, 61
노사모 246
노사정위원회 232
〈노사협의회법〉 194
노산문학상(鷺山文學賞)
노수현 69
〈노스페라투(Nosferatu)〉 65
《노예의 길(The Road to Serfdom)》 111
〈노오란 샤쓰의 사나이〉 153
노요리 료지(野依良治) 53
노이만(John von Neumann) 111, 145
《노인과 바다(The Old Man and the Sea)》 133
노태우 210, 212, 216, 218, 226, 228, 230, 245, 266, 276, 286, 287
노틸러스호(USS Nautilus) 137
노팅엄 포리스트(Nottingham Forest F.C.) 215
노회찬 248, 256, 264, 279
〈녹색광선(Le Rayon vert)〉 209
녹색당(독일) 195, 203, 233, 287
녹색연합 236
녹스(William Knox) 31
《논리 연구 2: 현상학과 인식론 연구(Logische Untersuchungen. Zweiter Teil: Untersuchungen zur Phänomenologie und Theorie der Erkenntnis)》 15
《논리철학 논고(Tractatus logico-philosophicus)》 63
농공은행(農工銀行) 54
농구 39, 51, 85, 95, 131, 165, 193, 221, 231, 233, 247
《농담(Žert)》 165
농림국(農林局) 84
〈농무(農舞)》 181
농민조합운동 84
농상공부(農商工部) 24, 39
농업집단화 87, 134, 147
농지개혁(쿠바) 149,
농지개혁(한국) 124, 126
〈농지개혁법〉 124, 126, 276
농촌진흥운동 84
농촌진흥위원회 84
높이뛰기 167
뇌터(Emmy Noethe) 91
《누가 내 머리에 똥 쌌어?(Vom kleinen Maulwurf, der wissen wollte, wer ihm auf den Kopf gemacht hat)》 223
《누가 내 치즈를 옮겼을까?(Who Moved My Cheese?)》 233
《누구를 위하여 종은 울리나(For Whom the Bell Tolls)》 103
〈눈물 젖은 두만강〉 99
뉘른베르크 국제군사재판 115
뉘른베르크법(Nürnberger Gesetze) 91
뉘른베르크 전당대회(Reichsparteitag in Nürnberg) 91
뉴 키즈 온 더 블록(New Kids on the Block) 221
뉴델리(New Delhi) 83, 123, 131, 199, 233
뉴딜 정책(New Deal) 87, 91
뉴마이어(Fred C. Newmeyer) 67
뉴센추리 파이낸셜(New Century Financial) 253
뉴욕(New York City) 17, 19, 23, 43, 49, 51, 53, 55, 69, 75, 79, 81, 83, 109, 137, 141, 149, 153, 159, 161, 171, 173, 181, 183, 189, 202, 207, 216, 229, 235, 237, 239, 245, 257, 259, 263, 268
뉴욕 마라톤(New York City Marathon) 173, 183
뉴욕 세계무역센터(World Trade Center) 181, 239
뉴욕 양키스(New York Yankees) 19, 63, 65, 79, 101, 105, 227
뉴욕 자이언츠(New York Giants) 65
《뉴욕 타임스(The New York Times)》 61, 69, 117, 141, 227, 231, 275, 276
뉴욕 현대미술관(Museum of Modern Art) 79, 83, 145
뉴욕상업거래소 251
뉴욕시(New York City) 153, 159, 181, 189
뉴욕증권거래소 79, 177
뉴진스 229
뉴질랜드(New Zealand) 17, 29, 41, 55, 61, 83, 101, 135, 137, 155, 167, 187, 208, 211, 249
뉴턴(Huey P. Newton) 163
뉴펀들랜드(Newfoundland) 15, 83, 85
능산리 고분(陵山里古墳) 223
〈능수버들〉 95
니가타(新潟) 148, 158
니무라 다다오(新村忠雄) 39
니슬렐후레(Niislel Khüree) 57
니야지(Ahmet Niyazi Bey) 31

찾아보기

니제르(Niger) 151
니진스키(Vaslav Nijinsky) 33, 45, 127
니카라과(Nicaragua) 33, 75, 149, 193, 205, 207
니컬스(Mike Nichols) 165
니콜라 1세(Nikola I) 39
니콜라이 2세(Nikolai II) 25, 27, 53, 55
니콜스크우수리스키(Nikolsk-Ussuriysky) 56
닉슨(Richard Nixon) 151, 167, 171, 177, 179, 181, 183, 225
닉슨 독트린(Nixon Doctrine) 141, 171, 176
닌텐도(任天堂) 229
《닐스의 신기한 여행(Nils Holgerssons underbara resa genom Sverige)》 27
《님의 침묵》 73

ㄷ

다빈치(Leonardo da Vinci) 41
《다빈치 코드(The Da Vinci Code)》 245
다나카 가쿠에이(田中角栄) 179
다나카 기이치(田中義一) 62, 64, 77
다니카와 슌타로(谷川俊太郎) 133
다나트 은행(Danat-Bank) 83
다낭(Đà Nẵng) 141, 161
다뉴브강(Danube) 45
〈다다 선언문(Le Manifeste DaDa)〉 51
다다이즘(Dada) 51
다롄(大連) 78
다름슈타트 98(SV Darmstadt 98) 191
《다리》 필화사건 176
다발(Denise Darvall) 165
다빈치, 레오나르도(Leonardo da Vinci) 41
〈다시 만난 세계〉 253
〈다운타운(Downtown)〉 159
다윈(Darwin, 도시) 107
다윈(Charles Darwin) 300
다이너마이트 15, 188
〈다이너마이트〉 285
다이쇼 천황(大正天皇) 43, 73
다이클로로다이페닐트라이클로로에테인(Dichlorodiphenyltrichloroethane) 101
다자간무역협상 209, 225
다자이 오사무(太宰治) 123
다저 스타디움(Dodger Stadium) 259
다카(Dhaka) 27, 133, 177, 267
다카스기 신이치(高杉晋一) 160
다카하시 나오코(高橋尚子) 169
다케시마(竹島) 24, 248, 249 → 독도 참조
 - 의 날 248
다코(David Dacko) 163
다키 렌타로(瀧廉太郎) 15
〈닥터 지바고(Doctor Zhivago)〉 161
단국대학교 228
단군사당(檀君祠堂) 76

단군조선(檀君朝鮮) 31
단기(檀紀) 154
단둥(丹東) 40
단디(Dandi) 81
단량체(單量體) 61
〈단발머리〉 195
단백질(蛋白質) 61, 97, 111, 125
단성사(團成社) 29, 43, 57, 73, 75, 77, 91 223
단성사 영화역사관 29
단원고등학교 268
단일변동환율제도 158
〈단장의 미아리고개〉 143
단치히(Danzig) 101
〈닫힌 교문을 열며〉 229
달 20, 163, 267, 281
 - 뒷면 149, 281
 - 사진 149
 - 착륙 153, 281
《달과 6펜스(The Moon and Sixpence)》 57
《달나라의 장난》 149
달라이 라마(Dalai Lama) 149, 155
달리(Salvador Dalí) 79, 83, 215
〈달마가 동쪽으로 간 까닭은?〉 215, 282
달서구 218, 226
달성(達城) 48
〈달세계 여행(Le Voyage dans la Lune)〉 17
〈담다디〉 213
담배 24, 28, 53, 166, 205, 268
당뇨병(糖尿病) 65, 165
《당신들의 천국》 187
당인리발전소(唐人里發電所) 80
당진(唐津) 30
대검중앙수사부 198, 216
대공황 79, 81, 83, 87, 91, 95
대구(大邱) 27, 28, 40, 44, 48, 50, 60, 67, 76, 79, 90, 107, 116, 128, 133, 138, 144, 146, 152, 198, 218, 237, 246, 276, 278, 284
 - 의 스포츠 241, 263
 - 지하철 공사장 가스 폭발 사고 226
 - 지하철 참사 244
 - 학생의거 150
대구 FC 241
대구고보((大邱高普) 90
대구군민대회 28
대구매일신문사 테러 사건 138
대구 미국문화원 폭탄 사건 198
대구시 218
대구시청 116
대구신사 50
대구여사(大丘女史) 27
대구역(大邱驛) 152
대구지방경찰청 144
대구형무소 60
대기성차관 협약을 위한 양해각서 230
대농(大農)
 - 여자배구단 167

대덕연구단지(大德硏究團地) 222
대동강(大同江) 51, 241
대동강 문화회관 178
대동강맥주 241
대동광문회(大東廣文會) 28
대동단결선언(大同團結宣言) 50
대동아전쟁 109
대동편역국(大同編譯局) 49
대량살상무기 241, 245
대량생산형 자동차 31
대륙간탄도미사일(ICBM) 145, 219, 232, 274
대륙과 해양의 기원(Die Entstehung der Kontinente und Ozeane)》, 49
대륙이동설(大陸 移動說) 43
대마도(對馬島) 42
대만(台灣) 107, 110, 119, 127, 151, 179, 185, 211, 220, 223, 239, 247, 273, 276, 281
《대머리 여가수(La Cantatrice chauve)》 127
〈대부(The Godfather)〉 47, 179
〈대북송금 특검법〉 → 〈남북정상회담관련대북비밀송금의혹사건등의진상규명을위한특별검사임명등에관한법률〉
대서양(大西洋) 15, 21, 47, 75, 85, 155, 185, 229
 - 횡단 비행 21, 75, 85
대서양 횡단 무선 신호 15
대안문(大安門) 35
대역사건(大逆事件) 39
〈대열차 강도(The Great Train Robbery)〉 19
대영제국(British Empire) 17, 83, 119
대우그룹 234
대우어패럴 206
대운하 사업 256
대일굴욕외교반대 범국민투쟁위원회 160
대일무역 및 여행 금지 140
대일저자세외교반대 범국민투쟁위원회 158
대일배상청구권(對日賠償請求權, 중국) 179
대일청구권(對日請求權, 대한민국) 130
〈대장금(大長今)〉 245
대장동 개발 특혜 의혹 286
대장정(大長征) 89
대전(大田) 84, 126, 128, 130, 172, 209, 222, 236
 - 엑스포 222
 - 현충원 142
대전자령 전투(大甸子嶺戰鬪) 86
대전저축은행 256
대전협정 162, 164
대정실업친목회(大正實業親睦會) 60
대조선국민군단(大朝鮮國民軍團) 46
 - 사관학교 46
대종교(大倧敎) 31, 48
대종상(大鐘賞) 155
대중당(1967) 162, 254
대처(Margaret Thatcher) 193, 195, 205, 267

대체복무제 238
대추분교(大秋分校) 250
대통령 선거
 대한민국 21, 28, 33, 42, 44, 56, 58, 60, 83, 99, 114~116, 122~286
 러시아 - 237, 257, 265
 미국 - 23, 31, 43, 51, 61, 69, 77, 85, 95, 103, 111, 123, 133, 143, 151, 159, 167, 179, 187, 205, 213, 221, 229, 237, 247, 257, 265, 273, 285
 아르헨티나 - 173
 우크라이나 - 247
 이집트 265
 인도 - 253
 인도네시아 - 235
 튀르키예 - 269, 279
 프랑스 - 197
 필리핀 - 209, 273
대통령 직선제 123, 132, 178, 206, 210, 211, 267, 276
대통령 직선제(튀르키예) 269
대통령 취임사 196, 232
대통령 탄핵(대한민국) 246, 253, 272, 274, 277
대통령 탄핵(대한민국 임시정부) 70
대통령 탄핵(브라질) 273
대통령 탄핵(미국) 61, 233,, 235
대통령배 국제축구대회 177
대통령 직선제(대한민국) 123, 132, 206, 208, 210, 211, 276
대통령 직선제(튀르키예) 269
대통령 탄신축하식 144
대통합민주신당 236, 244, 252, 256
대포동 1호(大浦洞1號) 232
대하소설 76, 77, 225
〈대학교육에 관한 전시특별조치령〉 130
대학로(大學路) 225, 237
대학수학능력시험 47, 166, 222, 274
대학입학학력고사 166, 222, 225
대학살(大虐殺) 66, 99, 191, 199, 215, 275
대학입학예비고사 166, 225
대한가족계획협회 152
《대한강역고(大韓疆域考)》 19
대한광복단(大韓光復團) 44, 48, 52
대한광복회(大韓光復會) 44, 48
대한국민당 122, 124, 126
대한국민체육회 29
대한국민항공(KNA) 21, 122, 170
대한국민회 52, 56
《대한국어문법》 27
대한극장(大韓劇場) 187
대한노총 → 대한독립촉성노동총동맹
대한독립군 60
대한독립군단(大韓獨立軍團) 70
대한독립단(大韓獨立團) 54, 90
대한독립만세 태극기 106

찾아보기

대한독립촉성국민회(大韓獨立促成國民會) 116, 122, 126
대한독립촉성노동총동맹 116
《대한매일신보(大韓每日申報)》 22, 26, 27, 28, 31, 32
대한문(大漢門) 35, 307
대한미술협회 117
대한민국 54, 68, 100, 111, 118, 122, 126, 131, 145
〈대한민국 건국강령〉 104
대한민국 공군 60, 124
대한민국과 일본국간의 기본관계에 관한 조약 → 〈한일기본조약〉
대한민국미술대전 125
〈대한민국과 미합중국간의 상호방위조약〉 → 〈한미상호방위조약〉
〈대한민국과 통일사령부간의 경제조정에 관한 협정〉 134
대한민국 국군 33, 116
대한민국 이라크 평화 · 재건 사단 242
〈대한민국임시약헌(大韓民國臨時約憲)〉 74, 102, 110
대한민국 임시의정원 → 임시의정원
대한민국 임시의정원 태극기 106
대한민국 임시정부 54, 56, 57, 62, 68, 90, 96, 104, 106, 114, 122, 123, 276
대한민국 임시정부 육군주만참의부(大韓民國臨時政府陸軍駐滿參議府) → 참의부
대한민국 정부 수립 122
대한민국 해군 114, 234
대한민국 해병대 124
〈대한민국임시정부선언〉 82
〈대한민국임시헌법〉 56
〈대한민국임시헌장(大韓民國臨時憲章)〉 56, 110, 122
《대한민보(大韓民報)》 33
대한반공청년단 148, 150
대한북로독군부(大韓北路督軍府) 60
대한성공회(大韓聖公會) 34
대한성서공회(大韓聖書公會) 41
대한수도회사(大韓水道會社) 30
대한수박도회(大韓手搏道會) 153
대한애국청년당((大韓愛國青年黨) 114
대한여자애국단(大韓女子愛國團) 54
대한의군(大韓義軍) 32
대한인비행가양성소(大韓人飛行家養成所) 21, 60
대한자강회(大韓自强會) 26
〈대한적십자규칙〉 24
대한적십자사 24, 32, 176
대한제국 14, 16, 17, 22, 24, 28, 30, 32, 34, 35, 38, 56, 70, 72
〈대한제국 애국가〉 16
《대한제국의 비극(The tragedy of Korea)》 30
대한증권거래소 142
대한청년단 124

대한체육구락부(大韓體育俱樂部) 27, 35, 242
대한체육회 123, 139, 141, 189
대한축구협회 87, 237, 263
대한태권도회 153
대한통의부(大韓統義府) 68
대한항공 21, 170, 190, 202, 210
대한항공 007편 격추 사건 202
대한항공 902편 격추 사건 190
대한항공공사(KAL) 170
대한항공기 추락 214
대한항공기 회항 사건 268
대한해협(大韓海峽) 23
대혁명당(大革命黨) 72
대형 강입자 충돌기(LHC) 257, 265
대형 할인매장 222
댄스홀 97, 138,
댈러스(Dallas) 157
댐(dam) 95
《댕기》 213
다길레프(Sergei Dyagilev) 33, 77
〈더 기네스 북 오브 레코즈〉 139
더둘리(J. Searle Dawley) 39
〈더 레터(The Letter)〉 165
더반(Durban) 183
더불어민주당 255, 270, 271, 272, 274, 277, 276, 278, 284, 286
더불어시민당 284
더블린(Dublin) 51
《더블린 사람들(Dubliners)》 47
덕수궁(德壽宮) 14, 15, 34, 35, 81, 116
덕수궁 화재 35
덕어학교(德語學校) 27
덕대상회(尙德泰商會) 48
덜레스(John Foster Dulles) 128
덩샤오핑(鄧小平) 191, 215, 231, 287, 302
덩컨(Isadora Duncan) 75
데 키리코(Giorgio de Chirico) 71
데니 태극기(Denny -) 106
데라루아(Fernando de la Rúa) 239
데라사와 도루(寺沢徹) 169
데라우치 마사타케(寺内正毅) 38, 40, 44, 45, 50
데르그(Derg) 183
데르비처 글라이더(Derwitzer glider) 20
데리(Derry) 85
데 리구오로(Giuseppe De Liguoro) 41
데리다(Jacques Derrida) 247
데모규제법 152
데미(Jonathan Demme) 219
《데미안(Demian)》 57
데 보노(Emilio De Bono) 91
데스탱(Valéry Giscard d'Estaing) 197
데시가하라 히로시(勅使可原宏) 159
데시카, 비토리오(Vittorio De Sica) 123
〈데어 윌 비 블러드(There Will Be Blood)〉 253
데이(Doris Day) 143

데이비스(Miles Davis) 219
데이브 클라크 파이브(The Dave Clark Five) 159
데이턴 협정(Dayton Agreement) 227
《데일리 메일(Daily Mail)》 30
《데일리 크로니클(Daily Chronicle)》 22
데즈카 오사무(手塚治虫) 157, 215
데지크(Dezik) 131
데카르트(René Descartes) 300
데카스텔라(Robert de Castella) 169
데클레르크(Frederik Willem de Klerk) 217
데터(Auguste Deter) 15
덴마크(Danmark) 15, 16, 23, 41, 45, 55, 69, 103, 111, 245, 247
델리(Delhi) 41, 57, 83 → 뉴델리도 참조할 것
델리 스파이스 227
뎀스터(Arthur Jeffrey Dempster) 91
도넌(Stanley Donen) 133
〈도량형 규칙(度量衡規則)〉 17
〈도량형법(度量衡法)〉 17, 25
도로명주소 268
도리야마 아키라(鳥山明) 205
도모나가 신이치로(朝永振一郎) 53, 193
도미니카(Dominica) 191
도서관(圖書館) 35, 55, 61, 115, 199, 214
도서정가제 269
도스(Charles G. Dawes) 69
 ㅡ안(ㅡ Report) 67, 69
도슨(Charles Dawson) 135
도시(Jack Dorsey) 251
도시바(東芝) 229
도시빈민 86, 176, 191
도예종 184
도요 대학(東洋大學) 99
도일(Arthur Conan Doyle) 17, 81
도조 히데키(東條英機) 111, 117, 123,
도쿄(東京) 24, 25, 30, 32, 47, 53, 57, 59, 66, 67, 74, 78, 84, 91, 103, 105, 106, 117, 130, 133, 137, 154, 158, 160, 164, 180, 227, 231, 251
 ㅡ아시안 게임 147
 ㅡ하계 올림픽 103, 158, 159, 285, 287
도쿄 국제영화제(東京国際映画祭) 229
도쿄 대첩 231
도쿄 대학 17,
도쿄 돔(東京ドーム) 251, 259, 251, 271
도쿄 마라톤 253
도쿄역 80, 81
도쿄 조선회관 158
도쿄 지하철 사린 테러 227
도쿄문리과대학 91
도쿄역 81
도쿄재판 117
도쿄 표준시 25
도쿠가와 요시노부(德川慶喜) 45
도킨스(Richard Dawkins) 187

도하(Doha) 223, 238, 251
도하의 기적/비극 223
도하 하마드 국제공항(Doha Hamad International Airport) 238
도허티(Ellen Dougherty) 17
도호쿠 지방(東北地方) 263
독가스 49
독도(獨島) 24, 132, 136, 248, 249, 276
 ㅡ등대 136
 ㅡ의 날 248
〈독도는 우리땅〉 199
독도수호대 248
독도의용수비대 136, 298
독립국가연합(CIS) 219
독립기념관 124, 198, 208
독립미술가협회(Society of Independent Artists) 53
〈독립선언서〉(기미독립선언서)) → 3·1 독립선언서
〈독립선언서〉(대한국민회) 56
《독립신문(獨立新聞)》(1896) 60
《독립신문(獨立新聞)》(1919) 60, 144
독립 알바니아(Shqipëria e Pavarur / Independent Albania) 43
독립운동촉진회(獨立運動促進會) 72
독립의군부(獨立義軍府) 42
독립자금 68
독립청원서 54
독립촉성국민회(獨立促成國民會) 116
독립촉성중앙협의회(獨立促成中央協議會) 114
《독사신론(讀史新論)》 31
독일 15~ 이후
독일 기독교민주연합(Christlich Demokratische Union Deutschlands) 217, 287
독일제국 17, 23, 51, 55, 105
독일 통일 195
독일 항복 115
독일공산당 57
독일령 남서아프리카(Deutsch-Südwestafrika) 23
독일민주공화국 → 동독
독일사회주의통일당 211, 217
독일연방공화국 125, 179, 217
독일 영사관 46
독일을 위한 대안(AfD) 275
독일투쟁동맹(Deutscher Kampfbund) 67
〈독짓는 늙은이〉 171
〈돈(L'Argent)〉 203
돈바스 전쟁(Donbas war) 185
〈돈트 비 크루얼(Don't Be Cruel)〉 147
돌(Bob Dole) 229
돌격대(SA) 67, 89
돌리(Dolly) 229, 245
돌비 극장 279
〈돌아가는 삼각지〉 165

찾아보기

〈돌아오지 않는 해병〉 157, 282
〈돌아와요 부산항에〉 187, 195
돌연변이(突然變異) 73, 75,
동경 이야기(東京物語)〉 135
동경성 전투(東京城戰鬪) 86
동경이 99
동계 올림픽 → 올림픽
동교동 180, 210
동국대학교 48, 252
동국사략(東國史略)〉 27
동궁전하 어성혼 기념 경성운동장(東宮殿下御成
　婚記念 京城運動場) 71
동남아시아국가연합(ASEAN) 165, 235, 249
동남아시아연합(ASA) 165
동남아시아조약기구(SEATO) 139
동대문(東大門) 19, 162, 166
동대문야구장 257
동대문운동장 71, 203, 257
동대문 훈련원 27, 28
동대문디자인플라자(DDP) 257
동대문역사문화공원 257
동대문활동사진소 19
동덕여자의숙 태극기 (同德女子義塾太極旗) 106
동독(東獨) 125, 139, 153, 173, 179, 183,
　195, 205, 211, 214, 215, 217, 249
동두천시(東豆川) 126, 220
동랑연극상(東朗演劇賞) 125
동래(東萊) 46, 102
동래고보(東萊高普) 90
동력 비행기 19, 27
동맹 90/녹색당(Bündnis 90/Die Grünen) 195
《동물 농장(Animal Farm)》 115
동물원(動物園) 29, 32, 47, 64, 81, 95, 249,
〈동물의 실험심리학 및 정신병리학〉 19
동방신기(東方神起) 229, 257, 259
동방 정책(Ostpolitik) 171, 173, 183
동방홍 1호(東方紅一號) 173
《동백꽃》 95, 99
동백림 사건(東伯林事件) 164
〈동백아가씨〉 159
동베를린(Ost-Berlin) → 베를린
동부전선 105
동북항일연군(東北抗日聯軍) 96
동서독 기본조약 179
동성결혼 237, 239, 281
동성동본간 결혼 금지 230
동아건설(東亞建設) 224
동아마라톤 83, 205
동아방송 156, 182
동아시아정상회의(EAS) 249
《동아일보》 47, 60, 64, 67, 70, 76, 82, 83, 86,
　90, 91, 94, 96, 100, 102, 116, 127, 138,
　148, 156, 182, 184, 186, 206, 212, 238,
　262
동양방송→TBC
동양척식주식회사(東洋拓殖株式會社) 30, 42,

44, 54, 72
《동양학 어떻게 할 것인가》 207
동우구락부(同友俱樂部) 96
동원탄좌 194
동원위소 85, 91
동의대학교(東義大學校) 214
동일방직(東一紡織) 178
　- 사건 190
동인문학상(東仁文學賞) 125
동일본 대지진(東日本大震災) 263
동제사(同濟社) 42
동창리 로켓 발사장 264
동청철도(東淸鐵道) 79
동트라키아(Doğu Trakya) 67
동티모르(Timor-Leste) 185, 235, 241
동학(東學) 24, 151, 225
　-농민운동 33
동학개미 286
동해(東海) 30, 166, 180, 188, 249, 281
동해항(東海港) 232
동화백화점(東和百貨店) 80
동화은행(同和銀行) 232
〈돼지가 우물에 빠진 날〉 229, 282
돼지 독감(swine flu) 259
됭케르크 전투(Battle of Dunkirk) 103
《두 형사》 177
두만강(豆滿江) 30, 32, 60
두몽(Santos Dumont) 27
〈두 문화(The Two Cultures)〉 149
두산 베어스 200, 201, 253
두산중공업 244
《두이노의 비가(Duineser Elegien)》 67
두창(痘瘡) → 천연두
두테르테(Rodrigo Duterte) 273
둡체크(Alexander Dubček) 167
뒤낭(Jean-Henri Dunant) 15, 39
뒤라스(Marguerite Duras) 205
뒤르켐(Émile Durkheim) 53
뒤샹(Marcel Duchamp) 53, 167
〈뒷일은 우리가〉 108
〈뒹구는 돌은 언제 잠 깨는가〉 195
듀스 223, 225
듀이(John Dewey) 133
듀이(Thomas E. Dewey) 123
듀폰(DuPont) 91
드가(Edgar Degas) 53
드골(Charles de Gaulle) 111, 147, 159, 173
드니(Claire Denis) 237
드라마(drama) 139, 147, 177, 195, 219, 221,
　227, 245, 287
드라마센터 171
《드래곤 라자》 233
드래곤볼(ドラゴンボール) 205
드랭(André Derain) 27

드러지 리포트(Drudge Report) 233
드레스덴(Dresden) 262
드레스덴 선언 269
드레위에르(Carl Theodor Dreyer) 77
드레이크(Frank Drake) 151
드레퓌스(Alfred Dreyfus) 27, 91
드루킹 댓글 조작 공모 278
드망주(Florian Demange) → 안세화
드뷔시(Claude Debussy) 25, 55
들국화 207
들라로슈(Raymonde de Laroche) 20, 39
들쇠고래 55
등대(燈臺) 18, 136,
디랙(Paul Dirac) 205
디리히스, 볼프강 169
디마지오(Joe DiMaggio) 105, 235
디스커버리 우주왕복선(Space Shuttle
　Discovery) 217
디아스(Porfirio Díaz) 39
디에고 아르만도 마라도나 경기장(Stadio Diego
　Armando Maradona) 73
디엔비엔푸 전투(Battle of Điện Biên Phủ)
　137
디오르(Christian Dior) 119
디젤(Rudolf Diesel) 45
디즈니(Walt Disney) 77. 97, 163
디즈니+(Disney+) 281
디지털산업단지 164
디트로이트(Detroit) 101
디트로이트 타이거스(Detroit Tigers) 31, 63
디포리스트(Lee de Forest) 27
디프테리아(diphtheria) 48
딕(Philip K. Dick) 199
딘(James Dean) 139
딘사모(Belayneh Dinsamo) 169
딜런(Bob Dylan) 273
딥마인드(DeepMind) 272
딥워터 호라이즌 가름 유출사고(Deepwater
　Horizon oil spill) 261
딧코(Steve Ditko) 155
땅굴 182
땅콩 회항 268
뗀석기 159
〈또순이〉 157
〈똘이장군〉 187
〈똥파리〉 259, 283
〈뚜루뚜루〉 279
《뜻으로 본 한국역사》 127

ㄹ

라 리가(La Liga) 17
〈라 보엠(La bohème)〉 161
라겔뢰프(Selma Lagerlöf) 27
라나 플라자 붕괴 사고(Rana Plaza collapse)

267
라듐(radium) 17, 19
라디오 23, 27, 139, 142, 143, 149, 157, 186
　- 방송 61, 65, 71, 73, 74, 75, 87, 115, 125,
　131, 136, 152, 183, 216, 217
　- 드라마 139
라마누잔(Srinivasa Ramanujan) 61
라바트(Rabat) 183
라벨(Maurice Ravel) 77, 97
라비다(Marcel Ravidat) 103
라빈(Yitzhak Rabin) 223, 227
〈리빈 라 비다 로카(Livin' la Vida Loca)〉 235
〈라쇼몽(羅生門)〉 127, 131
라스베이거스(Las Vegas) 199, 271
라스코 동굴(Grotte de Lascaux) 103
라오서(老舍) 163
라오스(Lao) 141, 185
라우리(Malcolm Lowry) 119
라이너스(Linus Van Pelt) 235
라이징 선 석유주식회사 78
라이카(Laika) 145
〈라이크 어 버진(Like a Virgin)〉 205
라이트 플라이어(Wright Flyer) 18, 19, 20
라이트 형제(Wright brothers) 18, 19, 20, 31,
　43, 123
《라이프(Life)》 95, 124
라이프치히(Leipzig) 49, 215
　- 도서전 125
라인강의 기적 125
라인란트(Rheinland) 95
라인스,(Mary Lines) 168
라자스탄(Rajasthan) 253
라철삼 16
라칭거(Joseph Alois Ratzinger) → 베네딕토
　16세
라캉(Jacques Lacan) 163, 197
〈라탈랑트(L'Atalante)〉 89
라테라노 조약(Patti Lateranensi) 79
라투르(Bruno Latour) 219
라트비아(Latvija) 55, 63, 83, 219, 247
라틴아메리카 111, 123, 149
라피도컵98 한국여자농구 233
라흐마니노프(Sergei Rachmaninoff) 15
락희화학공업사(樂憙化學工業社) 118
란트슈타이너(Karl Landsteiner) 15
〈람보(First Blood)〉 199
랑(Fritz Lang) 75
랑글라세(Chantal Langlacé) 169
랑부예성(Château de Rambouillet) 185
래드클리프(Paula Radcliffe) 169
랜던(Alf Landon) 95
〈랩소디 인 블루(Rhapsody in Blue)〉 69
랴오닝성(遼寧省) 86
량치차오(梁啓超) 79
러더퍼드(Ernest Rutherford) 41, 97
러드(Kevin Rudd) 257

찾아보기

러불동맹(Franco-Russian Alliance) 29
⟨Love Love Love⟩ 253
⟨러브 레터(Love Letter)⟩ 227
⟨러브 미 텐더(Love me tender)⟩ 147
⟨러브 스토리(Love Story)⟩ 173
러블리즈 271
러셀(Bertrand Russell) 19, 39, 135, 173
러시아(Russia) 15쪽 이후
러시아 소비에트 연방 사회주의 공화국 53, 55, 63
러시아 제국 17, 23, 25, 27, 29, 49, 55, 69
러시아 혁명 25, 65
러시아 공사관 34
러시아 사회민주노동당 19
러시아연방공산당 43, 229
러시아제국함대 23
러일전쟁(露日戰爭) 14, 17, 18, 22, 23, 24, 25, 85, 107
《러일전쟁 당시 조선에 대한 보고서(Korea)》 14
⟨러청만주철병조약⟩ 17
러카레이(John le Carré) 157
럭비(rugby football) 115, 187
럭키크림 118
런던(London) 17, 21, 23, 25, 43, 65, 71, 103, 111, 115, 117, 133, 173, 207, 209, 233, 235, 237, 245, 265, 275, 285
런던(Jack London) 19, 31, 33, 51, 85
 - 교도소 261
 - 마라톤(- Marathon) 183, 197
 - 올림픽 31, 123, 133, 179, 186, 187, 242, 265
 - 자연사박물관(Natural History Museum, London) 135
 - 증권거래소(London Stock Exchange) 79
런던 조약(Treaty of London) 49
《런던왕립학회지(Proceedings of the Royal Society)》 85
레네(Alain Resnais) 153
레논(John Lennon) 195
레닌(Vladimir Lenin) 17, 53, 54, 62, 69
 - 파 19
레닌그라드(Leningrad) 69
 - 포위전 105, 111
레드벨벳 229, 275, 281
레디메이드(readymades) 53
레마르크(Erich Maria Remarque) 79
레바논(Lebanon) 83, 109, 185, 199, 203, 205, 217, 251
 - 내전 185, 217
레비(Primo Levi) 119, 211
레비나스(Emmanuel Levinas) 227
레비스트로스(Claude Lévi-Strauss) 139, 259
레소토(Lesotho) 163
레스보스섬(Lesvos) 273
레스터시티(Leicester City F.C.) 273
레슬링(wrestling) 91, 161, 163, 186, 211

레알 마드리드(Real Madrid) 17, 269
레오 13세(Leo XIII) 19
레오노프(Aleksei Leonov) 161
레오폴 2세(Léopold II) 32
레이(Man Ray) 71
레이(Nicholas Ray) 139
레이(Satyajit Ray) 139
레이, 제임스 얼 167
레이거노믹스(Reaganomics) 195
레이건(Ronald Reagan) 195, 196, 197, 203, 204, 207, 209, 211, 247, 281
⟨레이더스(Raiders of the Lost Ark)⟩ 47, 197, 217
레이디 가가(Lady Gaga) 265
레이와(令和) 281
레이크플래시드 동계 올림픽(Lake Placid) 85, 195
레이크허스트 해군항공기지(Lakehurst Maxfield Field) 97
레이테만 해전(Battle of Leyte Gulf) 111
레인(Allen Lane) 91
레인스(Albert Raines) 169
레자 칸 → 레자 샤 팔레비
레자 샤 팔레비(Rizā Shāh Pahlevi) 63, 71, 135
레제, 페르낭 139
⟨레츠 댄스(Let's Dance)⟩ 203
레퍼(Merry Lepper) 169
레퍼블리크 앙 마르슈(La République en marche) 275
렉터((Sharon Lechter) 231
렌텐마르크(Rentenmark) 67
⟨렛 잇 비(Let It Be)⟩ 173
로(Allison Roe) 169
로게(Jacques Rogge) 239
뢰그(Nicolas Roeg) 181
로댕(Auguste Rodin) 23, 53
 - 미술관(Musée Rodin) 23
로동당 134, 142, 146, 158, 172, 182, 230, 260, 264, 266, 276, 284,
 -중앙위원회 146, 154
로드 공항(Lod Airport) 179
로디지아(Rhodesia) 181, 195
로런스(D. H. Lawrence) 45, 77
로런스(Ernest Lawrence) 83, 147
로로우페(Tegla Loroupe) 169
로마(Roma) 77, 141, 147, 195
로마 교황청(Curia Romana) 163
로마 조약(Treaty of Rome) 145
《로마인 이야기(ローマ人の物語)》 221
⟨로맨스빠빠⟩ 151
로메르(Éric Rohmer) 209
로버트슨(Walter S. Robertson) 129
로베르우댕 극장(Théâtre Robert-Houdin) 17
⟨로보트 태권V⟩ 187, 282

로봇(robot) 157, 179
 -공학 107
⟨로봇공학 안내서 56판 서기 2058년⟩ 107
《로빈슨 크루소 따라잡기》 235
로빈슨, 재키 179
로셀리니(Roberto Rossellini) 115
로스앤젤레스(Los Angeles) 47, 155, 197, 259, 279
 -하계 올림픽 69, 85, 205
 -폭동 221
로스앤젤레스 다저스(Los Angeles Dodgers) 183, 265, 281
로스차일드(Walter Rothschild) 53
로웰(Percival Lowell) 51
로이(Arundhati Roy) 231
로웰 천문대(Lowell Observatory) 81
로잔 조약(Treaty of Lausanne) 61, 67
로젠(Roman Romanovich Rozen) 18
로젠버그(Ethel Rosenberg) 131
로젠버그(Julius Rosenberg) 131
로치(Ken Loach) 273
로카르노 영화제(Locarno Film Festival) 215
로카르노 조약(Locarno Treaties) 71, 95
로켓 73, 131, 232, 241, 272
로켓배송 268
로퍼(Cyndi Lauper) 205
로페스(Carlos Lopes) 169
로힝야족(Rohingya people) 275
록(rock) 159
⟨록키(Rocky)⟩ 187
록펠러 재단(Rockefeller Foundation) 145
록히드 베가(Lockheed Vega) 85
론스타(Lone Star) 260
롤런드(F. Sherwood Rowland) 183
롤리스(Richard Lawless) 244
《롤리타(Lolita)》 139
롤리타 콤플렉스(Lolita complex) 139
롤링 선더 작전(Operation Rolling Thunder) 161
롤링(Joanne Rowling) 231
롤링 스톤스(The Rolling Stones) 159
《롤링 스톤(Rolling Stone)》 1990
롤스(John Rawls) 177, 241
롤스로이스(Rolls-Royce) 23
롤플레잉 게임(role-playing game) 229
롬멜(Erwin Rommel) 107
롯데 198, 200, 211, 213
롯데산업 191
롯데 자이언츠 198, 200, 211, 213, 235, 237
롯데 오리온스(ロッテオリオンズ) 195
롯데호텔 147
롱아일랜드(Long Island) 229
뢴트겐(Wilhelm Röntgen) 15, 67
룀(Ernst Röhm) 89
룡천역 열차 폭발(龍川驛 -) 246
루 게릭병(Lou Gehrig's disease) 101

루거우차오 사건(盧溝橋事件) 97
루나 9호(Luna 9) 163
루돌프(Wilma Rudolph) 151, 168
루르마랭(Lourmarin) 151
루마니아(România) 125, 187, 189, 215, 247, 253
루베(Marinus van der Lubbe) 87
루브르 박물관(Musée du Louvre) 41
루비(Jack Ruby) 157
루비치(Ernst Lubitsch) 55
루비크 에르뇌(Rubik Ernő) 189
루빅스 큐브(Rubik's Cube) 189
루소(Henri Rousseau) 39
루쉰(魯迅) 63, 67, 95
루슈디(Salman Rushdie) 197, 213
루스(Babe Ruth) 63, 123, 183
루스(Henry Luce) 95
루스벨트(Franklin D. Roosevelt) 85, 87, 91, 95, 103, 104, 105, 109, 111, 114, 115
루스벨트(Theodore Roosevelt) 15, 23, 25, 57
루스카(Ernst Ruska) 83
루시(Lucy Van Pelt) 235
루시타니아호(RMS Lusitania) 49
⟨루시퍼⟩ 261
루이 14세 273
루이스(C. S. Lewis) 215
루이스(Carl Lewis) 168, 205
루이지애나(Louisiana) 23, 249
루이지애나 매입 박람회(Louisiana Purchase Exposition) 23
루체른역(Bahnhof Luzern) 70
루카치(Lukács György) 67
루커스(George Lucas) 189
룩셈부르크(Lëtzebuerg) 47, 103, 145
룩셈부르크(Rosa Luxemburg) 57
룰라(Luiz Inácio Lula da Silva) 241, 245, 259, 273
룰렛법 57
룽징(龍井) 84
뤄양(洛陽) 88
뤼미에르, 루이 장 123
뤼미에르(Auguste Lumière) 137
뤼미에르(Louis Lumière) 123
뤼순(旅順) 23, 38
뤼순 감옥 38, 94
뤼트비츠(Walther von Lüttwitz) 61
류샤오치(劉少奇) 149
류승완 237, 247, 271, 283
류시화 233, 249
류영모 197
류저우(柳州) 98, 100
류현진 201, 265, 281
《르네상스》 213
르노(Renaud) 207
르누아르(Jean Renoir) 97, 101, 193

찾아보기

르루(Gaston Leroux) 39
르망 24시(24 Heures du Mans) 41
르메트르(Georges Lemaître) 79
《르 몽드(Le Monde)》 111, 298
르블랑(Maurice Leblanc) 29
르완다(Rwanda) 155, 225
르윈스키(Monica Lewinsky) 233, 235
르코르뷔지에(Le Corbusier) 67
《르 피가로(Le Figaro)》 33
르펜(Marine Le Pen) 275
릉라도 5월1일 경기장(綾羅島5月1日競技場) 215
리(Vivien Leigh) 165
리, 새미 273
리(Harper Lee) 151
리(Stan Lee) 155
리(Spike Lee) 215
리가 조약(Treaty of Riga) 63
리 군(Ree group) 151
〈리니 1(Linie 1)〉 225
리드(Carol Reed) 125
리드(John Reed) 57
리먼 브라더스(Lehman Brothers) 253, 257, 259
리메(Jules Rimet) 143
리버티 뉴스 148
리림학 167
리버풀(Liverpool) 47, 159
리버풀(Liverpool F.C.) 207, 215
리베라(Diego Rivera) 45, 145
리벤트로프(Joachim von Ribbentrop) 101
리복 그랑프리 대회(Reebok Grand Prix) 257
리분희 219
리비(Willard Libby) 119
《리비도의 변화와 상징(Wandlungen und Symbole der Libido)》 43
리비아(Libya) 41, 107, 131, 133, 171, 197, 214, 263
리스본(Lisboa /Lisbon) 39, 165, 253, 269
 ─ 조약(Treaty of Lisbon) 253, 259
리영희 183
리우데자네이루(Rio de Janeiro) 151, 221, 273
리지웨이(Matthew Ridgway) 127, 131
리쯔지안(李自健) 99
리켄(理研) → 이화학연구소
리투아니아(Lietuva / Lithuania) 55, 217, 247
리틀 보이(Little Boy) 115
리틀 블랙 드레스(little black dress) 73
리펜슈탈(Leni Riefenstahl) 91
리프킨(Jeremy Rifkin) 195
리핀콧(Donald Lippincott) 168
리필규 142
리훙장(李鴻章) 15
릭스(Bobby Riggs) 181
릭터(Charles Richter) 91

 ─ 규모 91
린(David Lean) 161
린드그렌(Astrid Lindgren) 115, 241, 285
린드그렌상 → 아스트리드 린드그렌 기념문학상
린드버그(Charles Lindbergh) 21, 75
린뱌오(林彪) 177
린저(Luise Rinser) 241
린치(David Lynch) 239
릴레함메르 동계 올림픽(Lillehammer -) 225
릴리엔탈(Otto Lilienthal) 20
릴케(Rainer Maria Rilke) 39, 67, 73
립켄(Cal Ripken Jr.) 227
〈Ring Ding Dong〉 259
링컨(Abraham Lincoln) 33
링클레이터(Richard Linklater) 269

ㅁ

마광수 215, 221, 275
마그리트(René Magritte) 165
마나과(Managua) 193
마누엘 2세(Manuel II) 31, 39, 85
마니산(摩尼山) 139
마닐라 87, 107, 137, 145
마다가스카르(Madagascar) 151
《마당 깊은 집》 213
마당을 나온 암탉》 237
〈마더〉 259, 283
마데로(Francisco I. Madero) 39, 41, 45
마돈나(Madonna) 205
마드리드(Madrid) 19, 83, 188, 247
마드리드 CF(Madrid C. F.) 17
마드리스(José Madriz Rodriguez) 33
마라도나(Diego Maradona) 73, 209, 285
마라손경주대회 83
마라케시(Marrakech) 225
마라톤(marathon) 31, 75, 83, 91, 94, 95, 119, 127, 133, 147, 151, 173, 183, 189, 197, 199, 205, 221, 229, 239, 253
 ─ 세계 기록 추이 169
마론파(Maronites) 185
마르케(Albert Marquet) 27
마르케르(Chris Marker) 203
마르케스(Gabriel García Márquez) 165, 269
마르코니(Guglielmo Marconi) 15, 97
마르코스(Ferdinand Marcos) 209, 215
마르쿠제(Herbert Marcuse) 159
마르크스(Karl Marx) 43, 68, 107, 211
마르크스─레닌주의 221
《마르크스를 위하여(Pour Marx)》, 161
마르크스주의 183
마른 전투(Battle of the Marne) 47
마리네티(Filippo Tommaso Marinetti) 33
마마무 229, 271
마법의 탄환 29

《마법천자문》 245
마봉옥 75
마부 145,
《마부》 131, 153, 282
《마블(Marvel)》 155
마블 시네마틱 유니버스(MCU) 257
마블 코믹스(Marvel Comics) 257
마산 150, 192
 ─의거 150
마셜(Alfred Marshall) 69
마셜(George C. Marshall) 119, 297
마셜(John T, Marshall) 116
마셜 제도(Marshall Islands) 133, 193
마셜 플랜(Marshall Plan) 119, 125
마술적 사실주의 145
마스 패스파인더(Mars Pathfinder) 231
마스던(Ernest Marsden) 41
마스제드솔레이만(Masjed Soleyman) 31
마스터스 토너먼트(Masters Tournament) 89, 231
마스트리흐트 조약(Maastricht Treaty) 221
마쓰모토 레이지(松本零士) 191
마오쩌둥(毛澤東) 63, 69, 83, 89, 125, 127, 128, 147, 149, 163 // 179, 181, 187, 191, 287
마우마우 봉기(Mau Mau uprising) 133
〈마음의 고향〉 125
〈마의 계단〉 159
《마의 산(Der Zauberberg)》 69
마이댄스(Mydans) 124
마이애미(Miami) 193
마이어 협정(Meyer Agreement) 132
마이컬슨(Albert Michelsen) 169
마이컬슨(Albert A. Michelson) 83
마이크로소프트(Microsoft Corporation) 227
 ─ 윈도우 95(Microsoft Windows 95) 227
마이크로프로세서(microprocessor) 177
마이트너(Lise Meitner) 99
《마인드(Mind)》 127
마인츠(Mainz) 125
마일스톤(Lewis Milestone) 81
마잉주(馬英九) 265
마종기 298
마지막으로 우리 대한제국 이천만 동포에게 고함(訣告我大 韓帝國二千萬同胞) 24
〈마징가Z〉 179, 302
마추픽추(Machu Picchu) 41
마카오 235, 281
마카오(Macau) 235, 281
마카우(Patrick Makau) 169
마케도니아(Macedonia) 219, 231, 281
마크롱(Emmanuel Macron) 275, 279
마클(Kenneth Markle) 220
마키아벨리(Niccolò Machiavelli) 300
마타 하리(Mata Hari) 53
마텔(Mattel, Inc.) 149

마티스(Henri Matisse) 15, 27, 135
마틴(Ricky Martin) 235
《마틴 에덴(Martin Eden)》 33
마포 아파트 154
마해송 117, 163
막걸리 반공법 184
막사이사이, 라몬(Ramón Magsaysay) 145
막사이사이상 145
만(Thomas Mann) 69, 139
만국공원(萬國公園) 144
만국평화회의(萬國平和會議) 28, 29
〈만다라〉 197, 282
만델라(Nelson Mandela) 217, 225, 267
만보산 사건(萬寶山事件) 82
만세보(萬歲報) 27
〈만세전(萬歲前)〉 67
만주(滿洲) 17, 18, 23, 27, 30, 33, 56, 60, 62, 68, 70, 72, 76, 77, 78, 83, 84, 85, 86, 89, 98, 107, 131, 177
 남─ 32, 49, 80
 북─ 70, 80
만주족(滿洲族) 17
만주국(滿洲國) 83, 85, 86, 89, 94, 101, 104, 105
만주사변(滿洲事變) 83, 84, 87, 90
만철(滿鐵) → 남만주철도주식회사
만철운동장(滿鐵運動場) 65
만철회사(滿鐵會社) 27, 46
만한불통혼(滿漢不通婚) 17
만화(漫畫) 33, 69, 105, 117, 127, 147, 155, 157, 164, 191, 203, 205, 213, 241, 287
 ─방 203
〈만화로 보는 그리스 로마 신화〉 241
《말》(잡지) 208
《말(Paroles)》 117
《말과 사물(Les Mots et les Choses)》 163
〈말 달리자〉 233
말라리아(malaria) 47, 101, 155
말라야(Melayu) 33
말라야 연방(Persekutuan Tanah Melayu) 145, 157
말라위(Malawi) 159
말란(Daniel François Malan) 123
말러(Gustav Mahler) 41
말레비치(Kazimir Malevich) 91
말레이시아(Malaysia) 23, 145, 157, 161, 163, 165, 231, 245, 274, 276
말레이시아 전투 107
말레이시아 항공 265
말로(André Malraux) 87
말리(Mali) 151
말리(Bob Marley) 197
《말테의 수기(Die Aufzeichnungen des Malte Laurids Brigge)》 39
〈말해줘〉 231
망원경 69, 123, 167, 217, 245, 251, 281

찾아보기

맞춤법통일안 25, 81
매덕스함(USS Maddox) 159
매독(梅毒) 17, 29, 49, 53
매리스(Roger Maris) 306
《매일신보(每日申報)》 45, 47, 48, 50, 55, 60, 66, 102, 110
매카시(Joseph McCarthy) 127, 145
매카시즘(McCarthyism) 127
매카트니(Paul McCartney) 173
매케인(John McCain) 257
매켄지(Frederick Arthur MacKenzie) 30
매킨리, 윌리엄(William McKinley) 15
매킨토시 205
〈매트릭스(The Matrix)〉 235
매표 담배 24
매향리 사격장 236, 248
맥거번(George McGovern) 179
맥과이어(Mark McGwire) 233
맥대니얼(Hattie McDaniel) 103
맥도널드(Ramsay MacDonald) 69
맥아더(Douglas MacArthur) 126, 128, 129, 130, 131, 144, 159
 - 장군 동상 144
맨(Michael Mann) 227
〈맨발의 청춘〉 159, 282
맨부커 인터내셔널상(Man Booker International Prize) 273
맨시니(Ray Mancini) 199
맨체스터(Manchester, 영국) 19
맨체스터(Manchester, 미국) 257
맨체스터 대학교(University of Manchester) 41, 131
맨체스터 유나이티드(Manchester United F.C.) 249, 267
맨틀(mantle) 33
맨해튼(Manhattan) 181
맨해튼 계획(Manhattan Project) 111
맨해튼 트러스트은행 빌딩(Bank of Manhattan Trust Building) 83
맬릭(Terrence Malick) 191
맬컴 엑스(Malcolm X) 135, 161
맹호부대 160
《머나먼 쏭바강》 191
머독(Rupert Murdoch) 229
머리(James Murray) 49
머스크(Elon Musk) 251
머큐리(Freddie Mercury) 219
머큐리-레드스톤 3호(Mercury-Redstone 3) 153
〈먼나라 이웃나라〉 211
먼데일(Walter Mondale) 205
먼로(Marilyn Monroe) 63, 135, 137, 155
멀로니(Brian Mulroney) 195
《멀고 먼 길》 171
멀러(Hermann Joseph Muller) 73
〈멀홀랜드 드라이브(Mulholland Drive)〉 239

《멋진 신세계》 85
멍완저우(孟晚舟) 281
〈멍텅구리〉 69
〈멍텅구리 헛물켜기〉 69
메가타 다네타로(目賀田種太郎) 22
메도스(Donella Meadows) 179
메드베데프(Dmitri Medvedev) 257, 259
메르스 → 중동호흡기증후군
메르카토르 도법(Mercator projection) 151
메르켈(Angela Merkel) 249, 287
《메리 포핀스(Mary Poppins)》 89
〈메밀꽃 필 무렵〉 95
메시(Lionel Messi) 243
메이(Theresa May) 273, 281
메이데이(Mayday) 64, 76, 133
메이웨더(Floyd Mayweather Jr.) 271
메이저(John Major) 231
메이저리그 베이스볼(MLB) 23, 59, 61, 63, 65, 79, 101, 105, 183, 227, 233, 253, 265, 285
메이저리그 월드시리즈 57
메이저리그 축구(MLS) 229
메이즐리코바(Marie Mejzlíková) 168
메이지 유신(明治維新) 107
메이지 천황(明治天皇) 43
메이지신궁 외원 경기장(明治神宮外苑競技場) 91
메이지신궁체육대회(明治神宮体育大会) 91
메이크 인 인디아(Make in India) 269
메콩강 삼각주(Đồng bằng Sông Cửu Long) 151
〈메트로폴리스(Metropolis)〉 75
메흐메드 5세(V. Mehmed) 33
메흐메드 6세(VI. Mehmed) 65
멕시코(México) 15, 39, 41, 47, 79, 79, 83, 89, 99, 149, 155, 199, 221, 225, 259
 -의 스포츠 123, 167, 173, 193, 203, 209
 - 올림픽 167
 - 월드컵 171, 173, 209
 - 혁명(Revolución mexicana) 39, 41, 43, 89, 149
멕시코만(Gulf of Mexico) 249, 261
멕시코시티(Ciudad de México) 167, 221
멕시코혁명당 79
멘델레예프(Dmitriy Mendeleev) 29, 97
멘셰비키(Mensheviki) 19
멜랑콜리아(Melancholia) 263
멜리에스(Georges Méliès) 17, 23, 33, 99
멜버른(Melbourne) 235, 253
 - 하계 올림픽
멜빌(Jean-Pierre Melville) 171
멩기스투 하일레 마리암(Mengistu Haile Mariam) 183
멤피스(Memphis) 167
면도기(面刀器) 19
면제(面制) 52

멸공(滅共) 134, 150
멸종 47, 95, 215, 221, 229, 265, 279
〈멸종위기에 처한 야생동·식물의 국제거래에 관한 협약〉 229
멸종위기종 95, 165, 275
멸종위기종의 날 95
명국환 137, 149
명동성당(明洞聖堂) 182, 186, 188
〈명량〉 247, 269
명량해전(鳴梁大捷) 269
명신여학교 태극기(明新女學校太極旗) 106
명예의 전당(Baseball Hall of Fame) 253
명왕성(冥王星) 81, 251
명월관(明月館) → 명월루
명월루(明月樓) 18
명지대학교 218
모가디슈(Muqdisho / Mogadishu) 223
모건(J. P. Morgan) 45
모건(Thomas Hunt Morgan) 39
모건스턴(Oskar Morgenstern) 111
모기 47, 155
〈모나리자(Monna Lisa)〉 41
모나코 그랑프리(Monaco Grand Prix) 41
모네(Claude Monet) 73
모노(Jacques Monod) 173
모더니즘(modernism) 65
〈모던 타임스(Modern Times)〉 95
모델T(Model T) → 포드 모델T
모든 힘을 전쟁의 승리를 위하여 126
모디(Narendra Modi) 269, 279
모딜리아니(Amedeo Modigliani) 61
모라비아(Alberto Moravia) 137
모라토리엄(moratorium) 233
모랄레스(Evo Morales) 251
〈모래시계〉 227
〈모래의 여자(砂の女)〉 159
모렐로스주의 41
모로코(Morocco) 23, 25, 27, 41, 43, 95, 135, 143, 183, 225, 231, 285
모로코 위기(Moroccan Crisis) → 제1차 - / 제2차 -
모루아(André Maurois) 91
모리아크(François Mauriac) 75
모리셔스(Mauritius) 167
모리슨(Toni Morrison) 211, 281
모리타니(Mūrītāniyā) 151
《모모(Momo)》 181
모사데그(Mohammad Mosaddegh) 131, 135
모스 부호(Morse code) 15, 33
모스크바(Moskva) 64, 71, 101, 114, 115, 116, 118, 127, 157, 179, 195, 205, 219
모스크바 3국 외상회의 114, 115, 116, 118
모스크바 3상회의 → 모스크바 3국 외상회의
모스크바 국제영화제(Moskovsky mezhdunarodny kinofestival) 215

모스크바 조약 173
모스크바-워싱턴 핫라인(Moscow-Washington hotline) 157
모어(Albert D. Mohr) 159
모잠비크(Moçambique) 185
모클리(John Mauchly) 117
모토로라(Motorola, Inc.) 181
모토로라 DynaTAC 8000X 205
모부투(Joseph-Désiré Mobutu/Mobutu Sese Seko) 151, 231
모하비 사막(Mojave Desert) 119, 247
모호로비치치(Andrija Mohorovičić) 33
 - 경계면 33
목동야구장(木洞野球場,) 257
목성 AM-18 로켓 149
목일신 87
〈목포의 눈물〉 91
몬델리(Domenico Mondelli) 20
몬드리안(Piet Mondriaan) 111
몬스타엑스 229
몬테네그로(Montenegro) 31, 39, 43, 51
몬테레이(Monterrey) 203
몬테벨로 제도(Montebello Islands) 133
몬테소리(Maria Montessori) 133
몬트리올 올림픽(Montreal Olympics) 179, 187
몬트리올 은행(Banque de Montréal) 89
몬트리올 의정서(Montreal Protocol) 183
몰덴섬 145
몰도바(Moldova) 19, 219
몰디브 161
몰로토프, 뱌체슬라프 101, 209
몰리나(Mario Molina) 183
몰타(Malta) 159
몸(W. Somerset Maugham) 49, 57, 161
〈못다 핀 꽃한송이〉 205
몽고메리(Montgomery) 139
몽고메리(Bernard Montgomery) 107
몽골(Mongol) 38, 57, 67, 101, 123, 213, 217
몽골인민공화국 69, 221
몽골국 221
몽골인민당 69, 217
몽골피에 열기구(Montgolfier hot air balloon) 20
몽탕(Yves Montand) 125, 219
몽테냐크(Montignac) 103
무가베, 로버트 197, 259
《무궁화 꽃이 피었습니다》 223
무궁화호 95
 - 열차 전복 사고 222, 226
《무기여 잘 있거라(A Farewell to Arms)》 79
무라카미 하루키(村上春樹) 211, 259
《무량수전 배흘림기둥에 기대서서》 225
무령왕(武寧王) 177
무령왕릉(武寧王陵) 177
무르나우(Friedrich Wilhelm Murnau) 65

찾아보기

무르만스크(Murmansk) 190
무바라크(Hosni Mubarak) 197, 285
〈무방비 도시(Roma città aperta)〉 115
〈무산일기〉 263, 283
무산자동맹회(無産者同盟會) 64, 72
무산자동지회(無産者同志會) 64
무산정당(無産政党) 77
무산청년동맹(無産青年同盟) 77
무상급식 262
무선호출 198
〈무세트(Mouchette)〉 165
《무소유》 187
무솔리니(Benito Mussolini) 63, 65, 89, 115
무스쿠리(Nana Nana Mouskouri) 153
무스타파 케말 파샤 → 아타튀르크
무슬림 형제단(Muslim Brotherhood) 77, 199, 265
무안군(務安郡) 64
무어(G. E. Moore) 147
《무엇을 할 것인가(Chto Delat?)》 17
무의식의 심리학(Psychology of the Unconscious)》 43
《무정(無情)》 55
〈무제: 추상수채화〉 39
무주(茂朱) 124
〈무진기행(霧津紀行)〉 159
무토 노부요시(武藤信義) 86
무하(Alfons Mucha) 101
무한궤도 189
〈무한도전〉 251
무함마드 5세 137
문경주 213
문고본(文庫本) 185
문교부 → 문화공보부
문교부(文敎部) 115, 124, 125, 130, 137, 144, 149, 153, 155, 164, 166, 170, 180, 186, 188, 202, 214, 218
문귀동 208
문동성 125
〈문 리버(Moon River)〉 153
문맹퇴치운동 146
문명 속의 불만(Das Unbehagen in der Kultur)》 81
《문명의 충돌(The Clash of Civilizations and the Remaking of World Order)》 229
문민정부 222, 270
문부성(文部省) 110, 198
문부식 198
문선명 265
문성길 213
문세광 182
문세영 99
문용식 206
문우사(文友社) 163
문익환 190, 214, 225, 249

문일평 89, 101
문자 개혁 77
문장강화(文章講話)》 103
문재인 245, 264, 270, 274, 277, 278, 280
문지영 271
문지우(Cristian Mungiu) 253
문창범 52
문체부 → 문화체육부
문평유조소 78
《문학과지성》 163, 173
《문학사상》 179
문학사상사 179
문학수 105
문형욱 284
문화공보부 176
문화관광부 269
문화대혁명(文化大革命) 163
문화방송 → MBC
《문화일보》 127
문화재관리국 187
문화체육관 189
문화체육부 115
문화통치 38, 64
문흥주 205
물고문 171, 210, 234
물대포 270
〈물레방아〉 163
《물리학회지(Zeitschrift für Physik)》 71
〈물 좀 주소〉 171
뭉크(Edvard Munch) 111
뮌헨(München) 67, 99, 179
— 폭동(— Putsch) 67
뮌헨 올림픽 179, 212, 261
뮌헨 협정(Munich Agreement) 99
뮐러(Paul Hermann Müller) 101
뮤어(John Muir) 47
뮤지컬(musicals) 23, 161, 225, 231
뮤직비디오(music video) 199, 265
〈미곡자치관리법〉 94
미곡증산장려 운동 94
미국(美國) 15~287
미국 대사관 34, 167, 205, 208, 233, 275
미국 산아 제한 연맹(ABCL) 51
《미국수학학회지(Bulletin of the American Mathematical Society)》 151
미국 전략정보국 104
미국 공사관 35
미국국가안보국(NSA) 267
미국국립과학원회보(PNAS) 181
미국-멕시코-캐나다 협정(USMCA) 225
미국문화원 198, 206
미국성서공회 41
미국식품의약국(FDA) 151. 225, 233, 251
미국 육상선수권대회 167
《미국의 성장은 끝났는가(The Rise and Fall of American Growth)》 273
미국항공우주국(NASA) 147, 155, 167, 181, 189, 197, 217, 235
미군기지 107, 153, 179, 241, 251, 250
— 이전 반대 시위 250
〈미나리〉 287
미나마타병(水俣病) 143
미나미 지로(南次郎) 68, 94, 105
미니애폴리스(Minneapolis) 285
미도파 여자배구단 167, 195
미돌법(米突法) 17
미드웨이섬(Midway Islands) 107
미드웨이 해전(Battle of Midway) 107
미란다(Ernesto Miranda) 163
미란다 원칙(Miranda rule) 163
미래를향한전진4.0 284
미래주의(futurism) 33
미래주의 창립선언(Manifeste du futurisme)》 33
미래통합당 217, 284
미래한국당 284
미로(Joan Miró) 71, 203
미르(Mir) 27
미르 우주정거장(Mir) 209
미르자하니(Maryam Mirzakhani) 269
〈미망인〉 139, 282
미몽(迷夢)〉 95, 282
〈미세스 로빈슨(Mrs. Robinson)〉 167
미소공동위원회 116, 118
미소라 히바리(美空ひばり) 215
미스 유니버스(Miss Universe) 145
미스코리아 대회 235
〈미스터〉 259
〈미스트랄 가냥(Mistral gagnant)〉 207
《미실》 249
미쓰비시중공업(三菱重工業) 110, 262, 278
미쓰코시 백화점(三越百貨店) 80
미쓰하시(三橋) 97
〈미 앤 유 앤 에브리원(Me and You and Everyone We Know)〉 249
미야시타 다키치(宮下太吉) 39
미야자키 하야오(宮崎駿) 213, 231, 239
미얀마(Myanmar) 123, 202, 253, 257, 271, 273, 275, 287 → 버마도 참조하시오.,
〈미워도 다시한번〉 153, 167, 282
미원(味元) 33
〈미인〉 183
〈미인도(美人圖)〉 99
미일 상호협력 및 안전보장조약 151
미일안전보장조약 131
미제스(Ludwig von Mises) 125
미주기구(OSA) 123
미즈노 루리코(水野るり子) 203
미첼(Margaret Mitchell) 95, 101, 125
미친소닷넷 256

미크로네시아 연방(Federated States of Micronesia) 209
미키 로후(三木露風) 63
미키 마우스(Mickey Mouse) 77, 302
미터(m) 203
미터법(metric system) 15
미테랑(François Mitterrand) 197, 229
미토콘드리아(mitochondria) 211
〈미토콘드리아 DNA와 인간의 진화(Mitochondrial DNA and human evolution)〉 211
미투 운동(Me Too movement) 275, 278
미풍(味豊) 33
미 해병대원 버스비어 기증 태극기(美海兵隊員—寄贈太極旗) 106
민간인 불법사찰 216
민국당 124, 276
민권법(The Civil Rights Act of 1964) 157, 159
민규식 110
민국당 → 민주국민당
민노당 → 민주노동당(대한민국)
민두기 237
민주노총 → 전국민주노동조합총연맹
민민협 → 민중민주운동협의회
민방위기본법 184
〈민법〉 228
민사당 → 민주사회당
민생단(民生團) 84
민속의 날 206
민 아웅 흘라잉(Min Aung Hlaing) 287
민언협 → 민주언론협의회
민영방송설립추진위원회 216
민영환 24, 25, 27
민예총 → 한국민족예술단체총연합
민의원 선거 146
민자당 → 민주자유당
민자통 → 민족자주통일중앙협의회
민적법 32
민정당(民政黨, 1963) 156
민정당(民正黨, 1981) → 민주정의당
〈민족개조론〉 65
민족대표 58
민족말살정책 88
민족문제연구소 258
민족민주동맹 271, 287
민족유일당 운동 72, 74, 76
민족유일당조직동맹 78
《민족일보》 152
민족자결주의(民族自決主義) 55, 58
〈민족자존과 통일번영을 위한 특별 선언〉 212
민족자주통일중앙협의회 152
민족주의 45, 47, 52, 55, 56, 60, 64, 72, 74, 76, 82, 94, 96, 106, 123, 137, 143, 147, 163, 179, 195, 199, 227, 239, 269

찾아보기

민족혁명당 90, 110
민주공화당 156, 160, 164, 170, 176, 180, 190, 192
민주교육추진전국교사협의회 210
민주구국선언 186
민주국민당 124, 126, 138, 254
민주노동당(대한민국) 142, 236, 240, 246, 248, 255, 256, 262, 266, 267
민주노총 → 전국민주노동조합총연맹
민주당(대한민국, 1955) 124, 138, 142, 146, 148, 150, 152
민주당(대한민국, 1963) 156, 160
민주당(대한민국, 1967) 192
민주당(대한민국, 1985) → 신한민주당
민주당(대한민국, 1987) → 통일민주당
민주당(대한민국, 1995) 230
민주당(대한민국, 1991) 220, 226
민주당(대한민국, 2000) → 새천년민주당
민주당(대한민국, 2005) 236, 256
민주당(대한민국, 2008) 256
민주당(미국) 23, 43, 51, 61, 77, 95, 111, 123, 133, 151, 159, 167, 179, 183, 187, 205, 213, 229, 247, 257, 273, 285
민주사회당(대한민국 1966) → 대중당
민주사회당(대한민국 1981) 196
민주사회당(독일) 217
민주언론협의회 208
민주자유당 216, 217, 220, 224, 226, 255, 277
민주정의당 156, 196, 198, 204, 206, 210, 212, 216, 217, 255, 276
민주정의당사 점거 농성 204
민주주의국민연합 190
민주진보당(民主進步黨) 273
민주 캄푸치아(Kâmpŭchéa Prâcheathippadey) 191
민주통일국민회의 206
민주통합당 255, 264, 277
민주화운동청년연합 202
민중당 160, 162, 164, 254, 255, 267, 276
민중미술 193, 225
〈민중미술 15년: 1980-1994〉 225
민중민주운동협의회 206
《민중불교 입문》 207
민중총궐기 집회 물대포 사건 270
민진당(民進黨) → 민주진보당
민찬호 38
민청련 → 민주화운동청년연합
민청학련 사건 182, 190, 276
민추위 → 민주화추진위원회
민주화추진위원회 206
민추협 → 민주화추진협의회
민주화추진협의회 204, 277
민통련 → 민주통일민중운동연합
민주통일민중운동연합 206
민주한국당 196, 206, 255, 271

민한당 → 민주한국당
밀라노(Milano) 17, 23, 31, 65
말라파르테(Curzio Malaparte) 125
밀러(Arthur Miller) 125
밀로셰비치(Slobodan Milošević) 233, 239, 251
밀른(A. A. Milne) 73
밀릿(Kate Millett) 173
밀스(C. Wright Mills) 143
〈밀양〉 253, 283
밀타운(Miltown) 139
밀턴(John Milton) 300

ㅂ

바그너야우레크(Julius Wagner-Jauregg) 53
바그다드(Baghdad) 151, 219, 239, 245
바그다드 국립박물관 239
바누아투(Vanuatu) 195
〈바다(La mer)〉 25
《바다의 침묵(Le Silence de la mer)》 107
바데(Walter Baade) 89
바덴바덴(Baden-Baden) 197
바둑 47, 272
바딘 광장(Quảng trường Ba Đình) 115
《바람과 함께 사라지다(Gone with the Wind)》(책) 95, 101
《바람과 함께 사라지다(Gone with the Wind)》(영화) 95, 101, 103, 161
〈바람난 가족〉 245, 283
〈바람불어 좋은 날〉 195, 282
바레인(Bahrain) 77, 177, 2
바르가스(Getúlio Vargas) 81
바르다(Agnès Varda) 207
바르바로사 작전(Operation Barbarossa) 105
바르샤바(Warszawa) 101, 139, 215
바르샤바 게토 109
바르샤바 게토 봉기 109, 173
바르샤바 전투 61
바르샤바 조약 139, 143
바르샤바 조약군 167
바르샤바조약기구(WTO) 139, 223
바르셀로나 하계 올림픽(Barcelona -) 221
바르트(Roland Barthes) 145
바리엔토스(René Barrientos Ortuño) 165
바미얀 석불(Buddhas of Bamiyan) 239
바베이도스(Barbados) 163
〈바보들의 행진〉 185, 282
〈바보선언〉 205, 280
바비 인형(Barbie) 149
바스칸스키(Louis Washkansky) 165
《바스커빌 가문의 개(The Hound of the Baskervilles)》 17
바스콘셀루스(José Mauro de Vasconcelos) 167

바스키아(Jean-Michel Basquiat) 213
바오다이(Bảo Đại) 115, 139
바오로 6세(Paulus VI) 155, 191
바우만(Zygmunt Bauman) 275
바우하우스(Bauhaus) 57
바웬사(Lech Wałęsa) 195, 215
바이든(Joe Biden) 285, 287
바이마르(Weimar) 57
바이마르 공화국(Weimarer Republik) 69, 87
바이마르 헌법(Weimarer Verfassung) 57
《바이센 블레터(Die weißen Blätter)》 49
바이어 04 레버쿠젠(Bayer 04 Leverkusen) 191
바이츠(Grete Waitz) 169
바이코누르 우주 기지(Baikonur Cosmodrome) 145, 149
바이킹 1호(Viking 1) 187
바이킹 2호(Viking 2) 231
바크(Richard Bach) 173
바터베르흐 전투(Battle of Waterberg) 23
바투타(Ibn Battuta) 228
바티스타, 풀헨시오(Fulgencio Batista) 87, 133, 135, 149
바티칸(Vaticana) 19, 61, 155, 170, 191, 197, 237, 249, 267
바티칸공의회(Concilium Vaticanum) 155, 163
바티칸 시국(Civitas Vaticana) 79
바하마(Bahamas) 181
바하우 계곡(Wachau) 31
바흐만(Ingeborg Bachmann) 153
박경리 225, 257
박경수 235
박경원 74, 87
박경철 251
박광수 213, 217, 223, 227, 282
박근혜 245, 264, 266, 268, 270, 272, 274, 277, 286
박근혜 대통령 탄핵 272, 274, 277
박기출 146
박기형 233, 235
박남옥 139, 282
박노해 205
박단마 99
박대통령컵 쟁탈 아시아축구대회 177
박동선 186, 188
박두익 163
박두진 126, 233
박람회(博覽會) 15, 23, 48, 97, 173
박맹호 275
박목월 191
박물관 32, 49, 249
박미경 225
박미라 181
박병선 179
박상실 80

박상준 235
박상진 48
박상호 157, 161
〈박서방〉 151
박석윤 84
박성철 178
박세리 232, 233, 263
박수근 161
박수덕 242
《박수칠 때 떠나라》 195
박순천 156, 160
박스 탑스(The Box Tops) 165
박스컵(Park's Cup) → 박대통령컵 쟁탈 아시아 축구대회
박승빈 87
박승필 43
박승희 218
박시춘 99, 101, 119, 135, 137, 139, 229
박신자 165
박연차 정관계 로비 사건 256
박열 183
박영규 229
박영한 191
박영효 38, 56, 60, 101
박영희 65, 101, 109
박완서 221, 263
박용만 46, 52, 62
박용성 227
박용하 52
박원순 262, 284, 285
박은식 22, 42, 48, 49, 52, 61, 68, 70, 71, 85
박이규 64
박인비 271
박인수 140
박인수 사건 140
박인호 199
박인환 143
박재혁 60, 63
박재홍 123
박정범 263, 283
박정현 69, 282
박정희 88, 102, 123, 140, 141, 152, 154, 156, 157, 158, 160, 162, 163, 164, 165, 166, 170, 171, 172, 176, 178, 180, 182, 183, 184, 186, 188, 190, 192, 193, 211, 222, 245, 261, 264, 270, 276, 277
박제순 24
박종만 285
박종원 221
박종철 210, 211
박종홍 187
박종화 65, 125, 147, 197
박종환 203, 241
박준채 78
박중빈 50
박지성 45, 249

찾아보기

박지윤 237
박찬숙 193
박찬욱 237, 241, 245, 247, 273, 283
박찬호 200
박창옥 142
박철수 227, 282
박철언 216
박춘석 142
박충근 87
박태순 281
박태원(朴泰元, 음악가) 57
박태원(朴泰遠, 소설가) 99, 209
박태준(작곡가) 81
박태준(기업인) 216
박태환 249, 251
박테리아 77, 111
〈박하사탕〉 237, 283
박향림 99, 117
박현영 62, 70, 100, 139
박현옥 145
박현철 251
박현채 227
박형준 286
박홍 218
박흥식 110
박희태 266
반감기(半減期) 119
반 독일 전선 27
〈반공법〉 176
반공청년단 → 대한반공청년단
반공특별법 152
반공포로 석방 130, 134
반기문 250
반나(Hassan al-Banna) 77
반다라나이케(Sirimavo Bandaranaike) 151
〈반달〉 69
반도무훈현창회(半島武勳顯彰會) 110
반도상사 노조 해산 196
반도호텔 147
반둥 회의(Bandung Conference) 139
반롬푀이(Herman Van Rompuy) 259
〈반민족행위처벌법〉 122, 124, 130, 276
반민족행위특별조사위원회 122, 124
반민주악법반대성토대회 152
〈반민특별검 사부의 특별재판부 및 부속기관폐지에 관한 법률안〉 126
반민특위 특경대 124
반상회(班常會) 186, 302
반야월 266
반영 운동 25, 27
반유대주의 95
《반지의 제왕(The Lord of the Rings)》 137
〈반칙왕〉 237, 283
반탁(反託) 114, 251
반하트(Byron P. Barnhart) 51
발기부전제 233

발라시에비치(Stanisława Walasiewicz) 168
발레(ballet) 33, 39, 45
발명학회 69, 87
발성영화(發聲映畫) 90, 91, 283
발전소(發電所) 78, 80, 90, 132, 189, 193, 208, 209, 262, 263, 273, 275
발진티푸스(typhus fever) 48
발췌개헌(拔萃改憲) 132, 136
발칸 동맹(Balkan League) 43
발칸반도(Balkan Peninsula) 45, 105
발칸 전쟁(Balkan Wars) 20, 43, 45, 67
발트해(Baltic Sea) 117
〈밤편지〉 275
방(Nina Bang) 69
방곡령(防穀令) 14
방글라데시(Bangladesh) 119, 133, 173, 177, 183, 267, 275
《방드르디 태평양의 끝(Vendredi ou les Limbes du Pacifique)》 165
〈방랑자(Sans toit ni loi)〉 207
방리유(banlieue) 249
방림방적(邦林紡績) 188
방사성탄소 연대측정법 119
방상훈 238
방송심의위원회 211
방송윤리위원회 155
방송의 날 118
방위세 184
방응모 84, 85
방정환 57, 67, 83, 151
방콕(Bangkok) 85, 165, 173, 191, 233
방탄소년단(BTS) 229, 267, 279, 285, 286, 287
배구(排球) 51, 53, 157, 167, 187, 285
배기태 211, 305
배달호 244
배럿(Henry Barrett) 169
배리(J. M. Barrie) 23
배면뛰기 167
배민수 52
배삼룡 261
배설(裵說) → 베델
배용균 215, 282
배용준 247
배재고등보통학교(培材高等普通學校) 58
배재고등학교 → 배재고등보통학교 / 배재학당
배재학당(培材學堂) 34, 35, 65, 120, 276
배재학당 동관 34, 35
배재학당 역사박물관 34, 35
배창호 199, 205, 207, 282
배철수 217
《배철수의 음악캠프》 217
배호 165
《백 투 더 퓨처(Back to the Future)》 207
백골단(白骨團) 218
백기완 182, 184, 287

백낙준 144
백남순 253
백남준 201, 251
백년설 103
《백년의 고독(Cien años de soledad)》 165
백담사(百潭寺) 212
백동화白銅貨) 22, 24
백두산 1호 232
백남운 87
백령도(白翎島) 260
백마고지역(白馬高地驛) 46
백마고지 전투 129
백마부대((白馬部隊) 162
〈백마야 우지마라〉 137
100만 촛불 대행진 256
100m 달리기 95, 151, 167, 193, 205, 213, 229, 257, 259, 263, 275
백백교(白白敎) 96
《백범일지(白凡逸志)》 119
백산상회(白山商會) 46, 48
백석 95, 211, 229
《백석 시전집》 211
백선엽 127
〈백설 공주와 일곱 난쟁이(Snow White and the Seven Dwarfs)〉 97
백설희 135
백성국민학교(白城國民學校) 144
백세빈 52
백신(vaccine) 137, 197, 251, 285, 286, 287
백악관(White House) 133, 157, 193, 221, 233, 237, 241
105인 사건 40, 44
《백운화상초록불조직지심체요절(白雲和尙 抄錄 佛祖直指心體要節)》 179
백의사(白衣社) 118
백인천 185
백정(白丁) 66, 76, 86
백정기 86
백제(百濟) 177
백제금동대향로 223
《백조(白潮)》 65
백조파(白潮派) 65
백철 207
백화점(百貨店) 80, 222, 226, 271
백희나 247, 285
밴쿠버(Vancouver) 177, 260, 261
밴팅(Frederick Banting) 65
밸푸어(Arthur Balfour) 53
밸푸어 선언(Balfour Declaration) 53
뱅센(Vincennes) 53
뱅크런(bank run) 83
버그(Paul Berg) 181
버나드(Christiaan Barnard) 165
버너스리(Tim Berners-Lee) 215
버넷(Frances Hodgson Burnett) 41
〈버닝〉 283

버닝햄(John Burningham) 281
《버드나무에 부는 바람(The Wind in the Willows)》 31
버렐(Leroy Burrell) 168
버로스(Edgar Rice Burroughs) 43, 47
버마(Burma) 107, 123, 155, 177, 202, 213
버스(bus) 60, 76, 92, 139, 162, 183, 188, 200, 205, 228, 259
버스전용차로제 228
버크화이트(Margaret Bourke-White) 95
버틀러(Judith Butler) 217
버틀러법(Butler Act) 71
번스타인(Leonard Bernstein) 217
번역 147
〈번지 없는 주막〉 103
범미주회의 123
범민족대회 228
범아랍주의 147
범죄와의 전쟁 216, 273
범청학련 통일대축전 228
법정(승려) 187, 261
법정 전염병 48
법학전문대학원 256
베게너(Alfred Wegener) 43, 49, 81
베긴(Menaḥem Begin) 189, 191, 193
베냉(Bénin) 151
베냐민(Walter Benjamin) 103
베네딕토 15세(Benedictus XV) 65
베네딕토 16세(Benedictus XVI) 249
베네딕트(Ruth Benedict) 117
베네수엘라(Venezuela) 151
베네치아(Venezia) 89
베네치아 국제영화제(Mostra Internazionale d'Arte Cinematografica della Biennale di Venezia) 85, 117, 131, 211, 247, 265
베네치아 비엔날레(Biennale di Venezia) 271
베넨슨(Peter Benenson) 153
베델(Ernest Bethell) 22, 32, 33
베라(Yogi Berra) 271
베라크루스(Veracruz) 47
〈베로니카의 이중생활(La Double Vie de Véronique)〉 219
베르고글리오(Jorge Mario Bergoglio) → 프란치스코
베르그송(Henri Bergson) 29, 105
베르나노스(Georges Bernanos) 73
베르넴-죈 갤러리(Galerie Bernheim-Jeune) 15
베르됭 전투(Bataille de Verdun) 51
베르디(Giuseppe Verdi) 15
베르사유 조약 87, 91, 95, 99
베르사유 체제 57
베르사유 평화 조약 57
베르코르(Vercors) 107
베르토프(Dziga Vertov) 79
베르톨루치(Bernardo Bertolucci) 173, 279

찾아보기

베르톨리니(Francesco Bertolini) 41
베른(Jules Verne) 25, 107
베른슈타인(Eduard Bernstein) 85
베른의 기적(Das Wunder von Bern) 137
베를루스코니(Silvio Berlusconi) 225
베를린(Berlin) 17, 51, 57, 61, 94, 103, 107, 115, 123, 125, 153, 193, 215
　동-(Ost-Berlin) → 149, 160
　라디오 전시회 157
　서-(West-Berlin) → 123, 153, 214
　- 장벽(Berliner Mauer) 153
　- 장벽 붕괴(Der Fall der Berliner Mauer) 153, 216, 217
　- 하계 올림픽 95
베를린 국제영화제(Internationale Filmfestspiele Berlin) 117, 131, 247
베를린 마라톤(Berlin-Marathon) 183
베를린 봉쇄 123, 125
베를린 올림픽 91, 94, 221
베를린 왕립기술대학(Königlich Technische Hochschule zu Berlin) 83
베를린 조약(Treaty of Berlin) 31
〈베를린 천사의 시(Der Himmel über Berlin)〉 211
베리만(Ingrid Bergman) 199
베리만(Ingmar Bergman) 145, 197, 253
베리샤(Sali Berisha) 231
베버(Max Weber) 23, 61
베블런, 소스타인 79
〈베사메 무초(Bésame mucho)〉 103
베순(Norman Bethune) 101
베스트(Charles Best) 65
베아트릭스 여왕(Koningin Beatrix) 237
베어드(John Logie Baird) 71
베어스턴스(Bear Stearns) 253
베오그라드 선언(Belgrade declaration) 141
베유(André Weil) 233
베유(Simone Weil) 109
베유, 앙드레 233
베이루트(Beirut) 203, 205
〈베이비 길들이기(Bringing Up Baby)〉 99
베이징(北京) 15, 41, 57, 62, 63, 97, 125, 179, 187, 205, 217, 220, 230, 244, 250, 257, 278,
베이징 의정서(北京議定書) 15
베이클랜드(Leo Baekeland) 29
베일리(Donovan Bailey) 168, 229
베저위붕 작전(Unternehmen Weserübung) 103
베커(Boris Becker) 207
베컴(David Beckham) 17
베케트(Samuel Beckett) 133
베크(Ulrich Beck) 271
베크렐(Henri Becquerel) 19, 31
〈베테랑〉 247, 271
베트남(Việt Nam) 75, 81, 103, 105, 115, 117, 125, 137, 139, 151, 157, 185, 191, 193, 209, 219, 227, 245, 267
　-과 한국 14, 140, 141, 143, 158, 159, 161, 167, 220, 234, 262, 273, 280
　전쟁 140~141, 158, 159, 161, 167, 171, 173, 181, 185, 203, 223, 227, 234
　-의 스포츠 143
베트남 공산당 81, 115, 209
베트남 공화국 139, 140, 141, 220
베트남 국민당(Việt Nam Quốc dân Đảng) 75
베트남 독립동맹회(Việt Nam Độc Lập Đồng Minh Hội) 105
베트남 민주공화국 115, 117, 140, 167
베트남 전쟁(Vietnam War) 138, 139, 159, 161, 167, 173, 181, 185, 203, 223, 227, 234
베트남 파병(대한민국) 140, 141, 158, 160, 162
베트남 민주공화국(Việt Nam Dân chủ Cộng hòa) → 북베트남
베트남사회주의공화국 141, 220
베트민(Việt Minh) 105, 115, 117, 137,
베트콩(Việt Cộng) → 남베트남 민족해방전선
벤구리온(David Ben-Gurion) 123
벤구리온 공항(Ben Gurion Airport) 179
벤깟(Bến Cát) 161
벤더스(Wim Wenders) 211
벤베누티(Nino Benvenuti) 162
버누잇(Joan Benoit) 169
벤츠(Carl Benz) 79
벨기에(België) 14, 15, 19, 31, 33, 34, 47, 49, 61, 71, 83, 103, 145, 151, 207, 225, 236, 239, 259
벨기에령 콩고 31
벨라루스(Belarus) 65, 219
벨라베자 조약(Belovezha Accords) 219
벨라스케스(Consuelo Velázquez) 103
벨리즈(Belize) 197
벨벳 혁명(Sametová revoluce) 189, 215
벨 전화연구소(Bell Telephone Laboratories) 181
벨파스트 협정(Belfast Agreement) 233
벵가지(Benghazi) 41
벵골 분할(Partition of Bengal) 25, 27
벵골어 119, 133
《변경(La Modification)》 145
《변신(Die Verwandlung)》 49
변영주 227, 282
변진섭 215
변호영 242
변희수 286, 287
〈별들의 고향〉(영화) 179, 183
《별들의 고향》(책) 181
〈별이 빛나는 밤(De sterrennacht)〉 79
별표사이다 25, 51
병역 거부 238

〈병역법〉(대한민국) 238
〈병역법〉(일본) 108
보(Ernest Beaux) 63
《보건교사 안은영》 271
보건복지부 236
보건사회부 164
보고타(Bogotá) 123
보구여관(普救女館) 31
《보그(Vogue)》 73
보너(Elizabeth Bonner) 169
보노, 에밀리오 데 91
보니것(Kurt Vonnegut) 253
보도연맹 → 국민보도연맹
보도지침 208
보루시아 도르트문트(Borussia Dortmund) 33
보르네오오랑우탄(Pongo pygmaeus) 275
보르헤스(Jorge Luis Borges) 111, 209
보른(Max Born) 71
《보물섬》 203
보부아르(Simone de Beauvoir) 125
보성전문학교 28
보수당(영국) 193, 231, 281
보수당(콜롬비아) 17
보스니아 전쟁(Bosnian War) 221, 227, 223
보스니아 헤르체고비나(Bosna i Hercegovina) 31, 221
보스턴 레드삭스(Boston Red Sox) 19, 23, 105
보스턴 마라톤(Boston Marathon) 119, 127, 183, 239
보스턴 셀틱스(Boston Celtics) 193
보스턴 아메리칸스(Boston Americans) 19, 23
보스토크 1호(Vostok 1) 153
보스토크 6호(Vostok 6) 157
보아 229, 239, 241, 245
보안사 → 보안사령부
보안감호소 212
보안사령부 196, 204, 212, 216, 276
보어(Niels Bohr) 41, 45, 155
　- 모형(Bohr model) 45
보어 전쟁(Boer Wars) 17
보위(David Bowie) 203
보이어(Herbert Boyer) 181
보이저 2호(Voyager 2) 189
《보이후드(Boyhood)》 269
보잉 727(Boeing 727) 213
보잉 747(Boeing 747) 21, 173, 189
보전주재소(堡田駐在所) 96
보천(普天) 96
보천보 전투(普天堡 戰鬪) 96
보츠와나(Botswana) 163
보카사(Jean-Bedel Bokassa) 163
보코하람(Boko Haram) 269
보통선거(普通選擧) 71, 77, 141
〈보통선거법〉(일본) 71, 77
보통학교(普通學校) 26, 40, 48, 50, 64, 98,

105, 229
〈보통학교(普通學校令)〉 26
보팔 가스 누출 사고(Bhopal disaster) 205
보호관찰 94, 184
〈보호관찰법〉 184
보화각(葆華閣) 99
복권(福券) 110, 241
　주택- 93
복벽운동(復辟運動) 42
복셀(Louis Vauxcelles) 27
〈복수는 나의 것〉 241, 247, 283
복싱 23, 39, 43, 87, 123, 133, 143, 245, 133, 157, 163, 165, 199, 213, 245, 265, 271
복표(福票) 110
복표규칙(福票規則)〉 110
본드(James Bond) 135
〈본 디스 웨이 볼 투어(The Born This Way Ball) 265
본즈(Barry Bonds) 253, 306
볼라 사이클론(Bhola cyclone) 173
볼라르 화랑 15
〈볼레로(Boléro)〉 77
볼리비아(Bolivia) 165, 251
볼셰비키(Bolsheviki) 19, 53, 54, 55
〈볼셰비키(Bolsheviki)〉 52
볼셰비키 쿠데타(Bolshevistskii perevorot) 53
볼쇼이 극장(Bolshoi teatr) 71
볼츠만(Ludwig Boltzmann) 27
볼턴 원더러스(Bolton Wanderers F.C.) 67
볼트(Usain Bolt) 75, 168, 257, 259, 263
볼트우드, 버트럼 27
볼티모어 오리올스(Baltimore Orioles) 19, 227
〈봄 처녀〉 87
〈봄날〉 275
〈봄날은 간다〉(노래) 135
〈봄날은 간다〉(영화) 239, 283
〈봄의 제전(Le Sacre du printemps)〉 33, 45
봅슬레이(bobsleigh) 213
〈봉선화〉 61
《봉순이 언니》 233
봉오동 전투(鳳梧洞戰鬪) 60, 61, 86
봉준호 79, 117, 245, 251, 259, 273, 281, 283, 285
봉화 144
봉화역 180
뵐(Heinrich Böll) 183
부ㆍ면협의회원 선거 60
부가가치세제 188
부관연락선(釜関駐在所) → 관부연락선
부군면 통폐합 46
부뉴엘(Luis Buñuel) 79, 203
부다페스트(Budapest) 135, 143,
부동산 대책 274
부라보콘 93
부룬디(Burundi) 155, 163
부르디외(Pierre Bourdieu) 241

찾아보기

부르키나파소(Burkina Faso) 151
부마항쟁 160, 192
《부모와 다른 아이들: 열두 가지 사랑(Far from the Tree)》 267
부(府) 80
부령군(富寧郡) 30
부민관(府民館) 114
《부분과 전체(Der Teil und das Ganze)》
부산(釜山) 14, 17, 24, 26, 42, 46, 60, 62, 67, 69, 80, 89, 94, 95, 108, 116, 118, 122, 126, 128, 130, 133, 135, 136, 146, 150, 156, 162, 164, 172, 182, 186, 192, 196, 198, 206, 210, 211, 214, 230, 237, 246, 248, 277, 280, 286
 - 공설운동장 압사 사고 148
 - 열차 사고 138
 -의 스포츠 231, 241, 269
부산 기아 엔터프라이즈 231
부산 동의대 사건 214
부산 미국문화원 방화사건 198, 202
부산 정치파동 132, 146
부산경찰서 폭파 60
부산고등학교 179
부산공설운동장 압사 사건 148
부산교도소 230, 280
부산국제영화제 131, 229, 281
부산대 192, 280
부산문화방송 152
부산방송국 90
부산시민위안의 밤 148
부산역 133, 138
부산진 136
부산철도국 116
부산청십자의료보험조합 166
부산피복보세가공지부 노조 178
〈부산행〉 247, 273, 283
부소니 국제 피아노 콩쿠르(Concorso pianistico internazionale Ferruccio Busoni) 271
부수적 살인(Collateral Murder) 261
부스(Hubert Cecil Booth) 15
부스(William Booth) 43
부시(Bullet Joe Bush) 65
부시(George W. Bush) 237, 239, 241, 245, 247, 249, 250, 253
부시(George H. W. Bush) 213, 219, 221, 279
부아지지(Muhammad al-Buazizi) 261
부안군(扶安郡) 222, 250
부에노스아이레스 51
부여(扶餘) 223
부영버스 76
부음(父音) 53
《부의 미래(Revolutionary Wealth)》 251
《부자 아빠 가난한 아빠(Rich Dad Poor Dad)》 231

부전강 수력발전소((赴戰江發電所) 78
〈부정청탁 및 금품등 수수의 금지에 관한 법률〉→〈청탁금지법〉
부제(府制) 44
부차티(Dino Buzzati) 103
부천경찰서 성고문 사건 208
부천시 202
부코스키(Charles Bukowski) 189
부탄(Bhutan) 29
부하린(Nikolai Bukharin) 99
부활호(復活號) 21, 134
북간도(北間島) → 간도
북극 33
북극점 33
북대서양조약기구(NATO) 125, 139, 223, 247, 281
북동성당(北洞聖堂) 190
북로군정서(北路軍政署) 60, 70
북마케도니아(North Macedonia) 219, 281
북만주(北滿洲) → 만주
북-미 실무협상 280
북미자유무역협정(NAFTA) 221, 225, 275
북미정상회담 278, 280
북방정책 212
북방한계선(NLL) 234, 240
북벌(北伐) 68, 73, 185
북베트남(Bắc Việt) 115, 117, 140, 125, 140, 141, 151, 159, 161, 167, 181, 185, 220
북부동맹 225
북부흰코뿔소 279
북성회(北星會) 68
북아일랜드(Northern Ireland) 63, 85, 179, 233,
북아프리카 105, 107, 249
북아프리카 상륙작전 → 횃불 작전
북오세티야(Severnaya Osetiya) 247
북조선예술총동맹 131
〈북조선의 남녀평등권에 대한 법령〉 116
북조선인민위원회 118
북조선인민회의 118
북조선임시인민위원회 114, 116, 118
북조선중앙은행 118
〈북조선 토지개혁에 대한 법령〉 116
북청진위대(北靑鎭衛隊) 28
《북 치는 소년》 193
북캅카스(Severnyi Kavkaz) 87
북풍회(北風會) 68, 70, 72
북한 112, 114, 118, 122, 123, 125, 126, 130, 132, 134, 136, 138, 140, 141, 142, 144, 150, 151, 154, 159, 161, 162, 168, 172, 174, 175, 176, 178, 184, 187, 195, 200, 202, 204, 205, 210, 216, 218, 219, 220, 224, 225, 226, 228, 230, 232, 236, 237, 239, 240, 242, 246, 250, 252, 254, 256, 258, 260, 262, 264, 266, 268, 270, 272, 276, 278

- 적십자사 148, 176
북한 핵실험 250
북한군 126, 128, 132, 134, 166, 186, 202, 228, 240, 256, 260
북한산(北漢山) 29, 81, 203
북한산 국립공원 203
북한중앙방송 224, 230
북후정(北堠亭) 28
《분노의 포도(The Grapes of Wrath)》 101
《분단시대의 역사인식》 191
분데스리가(Bundesliga) 191, 242
분석심리학 43
분자유전학(分子遺傳學) 125
분트(Wilhelm Wundt) 61
〈불가능한 항해(Le Voyage à travers l'impossible)〉 23
불가리아(Bulgaria) 20, 31, 43, 45, 55, 125, 247, 253
불가리아왕국 31, 43
불가침 조약 101
불가코프(Mikhail Bulgakov) 165
불교옹호회(佛敎擁護會) 52
〈불새(Zhar-ptitsa)〉 39
〈불안은 영혼을 잠식한다(Angst essen Seele auf)〉 183
불원복 태극기(不遠復太極旗) 106
〈불이야(Fire!)〉 15
《불편한 편의점》 287
불확정성 원리 75
〈불효자는 웁니다〉 103
붉은 광장 69
붉은 군대(Krasnaya armiya) 61, 105
〈붉은 유령(Le Spectre rouge)〉 29
《붉은 저고리》 45
붉은별역 180
뷔노바리야(Philippe Bunau-Varilla) 19
뷔토르(Michel Butor) 145
브나로드 운동 82, 91
브라운(Charlie Brown) 235
브라운(Dan Brown) 245
브라운(Eva Braun) 111, 296
브라운(Winthrop G. Brown) 162
브라운 각서(Brown Memorandum) 162
브라운 대 토피카 교육위원회(Brown v. Board of Education of Topeka) 137
브라운리(Charlotte Brownlee) 46
브라운 아이드 걸스 259
브라자빌(Brazzaville) 161
브라질(Brasil) 27, 47, 81, 151, 211, 221, 233, 241, 259, 273
 -의 대통령 선거 81, 241
 -의 축구, 19, 43, 47, 127, 147, 155, 173, 225, 241
브라질리아(Brasilia) 151
브라크(Georges Braque) 157
브란트(Willy Brandt) 171, 173, 183, 221

브랑쿠시, 콘스탄틴(Constantin Brâncuși) 145
브래드버리(Ray Bradbury) 127
브래드버리(Steven Bradbury) 241
브레송(Robert Bresson) 131, 165, 203
브레스트-리토프스크 조약(Treaty of Brest-Litovsk) 55
브레시아(Brescia) 23
브레이비크(Anders Behring Breivik) 263
브레즈네프(Leonid Brezhnev) 69, 159, 199
브레턴우즈 체제(Bretton Woods system) 111, 177
브레히트, 베르톨트(Bertolt Brecht) 143
브렉시트(Brexit) 273, 282, 285
브렐(Jacques Brel) 149
브루나이(Brunei) 79, 205
브루클린(Brooklyn) 17, 51
브루클린 다저스(Brooklyn Dodgers) 105
브뤼셀(Bruxelles) 19, 207
브르통(André Breton) 77
브리그스 스타디움(Briggs Stadium) 101
브리너(Yul Brynner) 207
브리지스(Cheryl Bridges) 169
《브리태니커 백과사전(Encyclopædia Britannica)》 265
브리티시오픈((British Open) 271
브릭스(BRICS) 259
브릭 정상회의(BRIC summit) 259
브린(Sergey Brin) 233
《브와나 데블(Bwana Devil)》 133
V-리그 285
VS-300 21
블라디보스토크(Vladivostok) 38, 40, 56, 57
블라맹크(Maurice de Vlaminck) 15
블리자드 엔터테인먼트(Blizzard Entertainment) 233
블랑커스쿤(Fanny Blankers-Koen) 168
〈블랙 팬서(Black Panther)〉 279
블랙 협곡(Black Canyon) 95
블랙삭스 스캔들(Black Sox Scandal) 57
블랙핑크 229, 279
블랙홀(black hole) 235, 281
블레어(Tony Blair) 231, 237, 253
〈블레이드 러너(Blade Runner)〉 199
블로흐(Ernst Bloch) 137
붉은악마 240
비(가수) 245
〈비 나리는 호남선〉 142, 143
〈비내리는 영동교〉 207
비고(Jean Vigo) 89
비너노이슈타트(Wiener Neustadt) 227
비네(Alfred Binet) 25, 41
비네(Robert Wiene) 61
비네-시몽 지능 검사(Binet-Simon Intelligence Test) 25
비델라(Jorge Rafael Videla) 187
〈비디오드롬(Videodrome)〉 203

찾아보기

비료(肥料) 74, 78, 90, 180, 286
〈비무장지대〉 161
《비밀의 화원(The Secret Garden)》 41
비버(Hugh Beaver) 139
비상계엄령 150, 158, 178, 192, 276
비상군법회의 182
비상사태수습을 위한 임시조치법 156
《비상선언》 283
비아그라(Viagra) 233
비아프라(Biafra) 165, 173
비앙(Boris Vian) 119
비엔날레(Biennale) 227, 271
비엔티안(Vientiane) 185
비오 10세(Pius X) 19, 47
비오 11세(Pius XI) 101
비오 12세(Pius XII) 147
B-52 161
비우량 주택담보대출 → 서브프라임 모기지 사태
비전향 장기수 212, 236
〈비정성시(悲情城市)〉 215
비지스(Bee Gees) 159
비키니(bikini) 117
비키니섬(Bikini Island) 117
비킬라(Abebe Bikila) 151, 169, 181
비타민 61
〈비트〉 231, 282
〈비트 잇(Beat It)〉 199
비트겐슈타인(Ludwig Wittgenstein) 63, 131
비트만(Gundel Wittmann) 168
비트코인(bitcoin) 85, 259, 287
비틀스(The Beatles) 157, 159, 161, 165, 167, 173, 285
비폭력 불복종 57, 81
비행기 20, 21, 27, 31, 43, 60, 64, 68, 87, 94, 109, 110, 111, 134, 145, 171, 202
비행면허 39
비행선(飛行船) 20, 21, 49, 97
비협력 운동(non-cooperation movement) 61
빅 마마 손턴 → 손턴
빅뱅(Big Bang) 79, 125
빅뱅(음악 그룹) 229, 253, 257, 265
《빅 슬립(The Big Sleep)》 101
빅토르 최(Viktor Tsoi) 217
빅토리아 여왕(Queen Victoria) 15
빈(Wien) 145, 208, 271
빈라덴(Osama bin Laden) 233, 263
빈지노 265
〈빈집〉 247
빈터(Liane Winter) 169
《빌러비드(Beloved)》 211
〈빌렌도르프의 비너스(Venus von Willendorf)〉 31
〈빌리브(Believe)〉 235
〈빌리 진(Billie Jean)〉 199
빌보드 차트(Billboard charts) 147, 199, 285

빌블레뱅(Villeblevin) 151
빌헬름 2세(Wilhelm II) 25, 55, 105
빙그레 이글스 209
빙엄(Hiram Bingham) 41
빠찡고 사건 154
〈빨간 맛〉 275
빨갱이 사냥 142
빨치산 139
〈빼앗긴 들에도 봄은 오는가〉 73
〈뽀롱뽀롱 뽀로로〉 245
〈뽀뽀뽀〉 197
〈뽕〉 209
《뿌리깊은 나무》 231
쁠랙 피분송크람(Plaek Phibunsongkhram) 101
〈삐딱하게〉 267
〈삐에로는 우릴 보고 웃지〉 217

ㅅ

사강(Françoise Sagan) 137, 247
〈4개월, 3주… 그리고 2일(4 luni, 3 săptămâni și 2 zile)〉 253
사격(射擊) 191, 199,
사고야 도메오(佐郷屋留雄) 81
사관 학생대 60
사관양성소 60
사다트(Anwar Sadat) 189, 191, 193, 197
4대강 사업 259, 277
4대 경제 의혹 사건 154
4대 군사노선 182
사드(THAAD) 272, 274
사라마구(José Saramago) 261
사라예보(Sarajevo) 47, 181, 205, 219, 221
사라예보 사건 31, 47
사라왁(Sarawak) 145, 157
사람과(Hominidae) 275
《사람의 아들》 193
《사람, 장소, 환대》 271
〈사랑과 맹세〉 111
《사랑과 어둠의 이야기(Sipur al ahava ve choshech)》 241
〈사랑과 영혼(Ghost)〉 217
사랑과 평화 191
〈사랑방 손님과 어머니〉(소설) 89,
〈사랑방 손님과 어머니〉(영화) 153, 182
〈사랑을 그대 품안에〉 305
〈사랑은 비를 타고(Singin' in the Rain)〉 133
《사랑은 지옥에서 온 개(Love Is a Dog from Hell)》 1889
〈사랑이 뭐길래〉 219, 221
〈사랑이 지나가면〉 211
〈사랑하라 한번도 상처받지 않은 것처럼〉 249
사로트(Nathalie Sarraute) 101
사르네이(José Sarney) 211

사르코지(Nicolas Sarkozy) 151
사르토 추기경(Cardinale Sarto) → 비오 10세
사르트르(Jean-Paul Sartre) 109, 135
〈사립학교규칙〉 48
사마란치(Juan Antonio Samaranch) 239
《사마리아》 247
사모아(Samoa) 155
사물놀이 231
사민당(독일) → 독일 사회민주당
사바르 267
사바르마티 아슈람(Sabarmati Ashram) 81
400m 달리기 155, 189, 219
400m 이어달리기 95, 151, 205
사법개혁특별위원회 280
사법권 23, 32, 186, 188
사법부(司法部, 조선총독부) 39
사법시험 274
《사병만화》 127
사북읍(舍北邑) 194
사사오입 개헌(四捨五入改憲) 123, 136, 138, 146, 276
《사상계(思想界)》 94
《사상계(思想界)》 135, 146, 159
사상범(思想犯) 94, 108
사상수평선망원경(EHT) 281
서서(司書) 115
사스(SARS) 244, 245
《사슴》 95
사왕 와타나(Savang Vatthana) 185
사우디아라비아(Saudi Arabia) 61, 85, 99, 145, 151, 155, 185, 219, 271, 275
사우라(Carlos Saura) 187
사우스 사이드 파크(South Side Park) 15
사우스세틀랜드 제도(South Shetland Islands) 213
〈사운드 오브 뮤직(The Sound of Music)〉 161
〈사의 찬미〉 72, 73
사이공(Sài Gòn) 115, 141, 157, 167, 185
사이다 25, 51, 149
  별표- 25, 51
  칠성- 92
사이드(Edward Said) 191
사이먼 앤 가펑클(Simon & Garfunkel) 167
《사이버네틱스(Cybernetics)》 123
사이언스(science) 69
사이언스(Science) 73, 119, 125, 247, 248
사이클로트론(cyclotron) 83
사이클론(cyclone) 173, 257
사이토 마코토(齋藤實) 56, 68, 78, 82
4·19 혁명 147, 150, 188, 210
사이판(Saipan) 111
사임 다비 LPGA 말레이시아(Sime Darby LPGA Malaysia) 263
사장교(斜張橋) 258
사전검열(事前檢閱) 155, 229
4전5기(四顛五起) 189

사전트(John Singer Sargent) 49
사직야구장(社稷野球場) 211
사진 73
  -과(寫眞科) 39
  -관 29, 73
  -전시회 145
사진 신부(寫眞新婦) 38, 45
《사진학강의》 77
〈사찰령(寺刹令)〉 40
사천공군기지(泗川空軍基地) 134
사카르트벨로(Sakartvelo) 55
사카모토 규(坂本九) 153
《사탄의 태양 아래(Sous le soleil de Satan)》 73
〈사탄탱고(Sátántangó)〉 225
사탕수수 농장 16, 45
사티(Erik Satie) 71
사파타(Emiliano Zapata) 41
4·8 항명사건 170
사프란 혁명(Shwaywarraung Tawlhaanrayy) 253
사피엔스(Sapiens: A Brief History of Humankind) 263
사하로프(Andrei Sakharov) 215
사할린(Sakhalin) 23, 62, 115, 202
사할린 의용대 62
사형(死刑) 131, 158, 164, 182, 184, 196, 198, 206, 215, 227, 228, 230, 245, 266, 276, 277
〈사활묘방(死活妙方)〉 47
《사회구성체론과 사회과학 방법론》 209
사회당(대한민국) 267
사회당(이탈리아) → 이탈리아 사회당
사회당(일본) 223
사회당(프랑스) 197, 275
사회민주노동당 → 러시아 사회민주노동당
사회민주당(대한민국) 267
사회민주당(덴마크) 69
사회민주당(독일) 55, 171, 233, 287
사회민주당(일본) 15
사회민주당(핀란드) 19
사회민주주의 104, 209
〈사회보장법(Social Security)〉 91
〈사회안전법〉 184
사회적 거리두기 286
〈사회주의 헌법〉 220, 232
사회주의통일당 → 독일사회주의통일당
〈사회참여를 위한 학생운동〉 176
산파울로 경기장(Stadio San Paolo) 73
산동반도(山東半島) 49
산동성(山東省) 57
산디니스타민족해방전선(Frente Sandinista de Liberación Nacional) 193, 205
산디니스타 혁명 169
산리쿠(三陸) 263
산리오(サンリオ) 185

찾아보기

산미증식계획(産米增殖計劃) 65, 86, 88, 94
〈산불〉 165
산시(山市) 80
산시성(陝西省) 89, 95
산시성(山西省) 106
산아제한 운동 51, 163
산업은행(농구팀) 233
산업재해 158, 174, 175, 205
산업재해로 쓰러져 간 사람들 174-175
〈산업재해보상보험법〉 158
산요기선상사(山陽汽船商社) 24
산울림 189
산코도(三光堂) 29
〈산토끼〉 99
산투스(Santos) 43
산티아고(Santiago) 135, 281
살구색 241
살롱 도톤(Salon d'Automne) 23, 27
살류트 1호(Saljut 1) 177
살만(Salman) 275
살바르산(Salvarsan) 29
살색 241
〈살인의 추억〉 245, 283
살충제 101, 155, 205
삼공일 삼공이(301 302)〉 227
삼국동맹(Tripartite Pact) 103
삼국협상(Triple Entente) 29, 49
삼균주의(三均主義) 80, 82, 104
3극 진공관 27
3당 합당 216, 277
《삼대(三代)》 83, 119
3대 혁명역량 강화 노선 158
〈삼림령〉 40, 54
〈삼림법〉 54
삼면홍기(三面紅旗) 143
삼미그룹 230
삼미 슈퍼스타즈 200, 207
삼민주의(三民主義) 25
삼민투쟁위원회(삼민투) 206
삼부통합회의((三府統合會議) 76
삼북방호림(三北防護林) 191
삼선개헌 170, 276
삼성(三星) 80, 91, 158, 160, 162, 248, 252, 274
— 라이온즈 198, 200, 201, 213
—반도체 203
—생명 페라이온 306
—전자 93, 274
—중공업 252
—비자금의혹관련특별검사팀 252
삼성출판사(三省出版社) 179
《삼십세(Das dreißigste Jahr)》 153
38도선 114, 116, 119, 126, 128, 129, 132, 138
삼양식품 214
삼원포(三源浦) 40

3·1 고가도로 170
3·1 독립선언서 56, 58
삼일빌딩 170
3·15 부정선거 123, 146, 150
3·15 사건(三·一五事件) 293
3·1 운동 42, 48, 50, 54, 55, 56, 58, 60, 72, 73, 122, 123, 149
삼중당문고(三中堂文庫) 185
삼지연(三池淵) 229
삼천리(三千里) 89, 97
3000안타 195
〈삼포가는 길〉 185, 282
삼풍백화점 붕괴 226
삼호주얼리호 피랍 사건 262
삽살개 99
삿포로(札幌)
— 동계 올림픽 103, 179,
— 아시안 게임 209, 217
〈상계동 올림픽〉 282
상대성이론 25, 49, 57, 67, 69
《상도(商道)》 237
상록수(常綠樹) 91
상무 축구단(尙武蹴球團) 261
상무충정작전 194
《상실의 시대》→〈노르웨이의 숲〉
상업용 제트 여객기 21, 133
상주(尙州) 261
— 상무 261, 267
상투메 프린시페(São Tomé e Príncipe) 185
상트페테르부르크(Sankt Peterburg) 25, 29, 53, 55, 105, 247, 251
상파울루 47
상하이(上海) 42, 45, 48, 49, 56, 62, 64, 66, 72, 75, 80, 84, 85, 86, 97
상하이 사변(上海事變) 84, 97
상하이 임시정부 48, 56, 80
상하이 특별정부 75
상하이자동차 258
《상호부조론(Mutual Aid: A Factor of Evolution)》 17
상해파(上海派) 70
새나라 자동차 사건 154
새너제이 어스퀘이크스(San Jose Earthquakes) 229
새너제이 클래시(San Jose Clash) 229
새누리당 217, 230, 255, 258, 264, 272, 275
《새로운 건축을 향하여(Vers une architecture)》 67
새로운보수당 284
새로운 역사교과서를 만드는 모임 238.
새마을 운동 172, 189, 276
새만금 방조제(-萬金 防潮堤) 250
새뮤얼슨(Paul Samuelson) 259
《새소년》 159
새정치국민회의 226, 228, 230, 236, 255, 271, 277

새정치민주연합 270, 271, 277
새진보통합연대 262
새천년민주당 226, 236, 238, 240, 244, 246, 255, 264, 271, 275
새크라멘토(Sacramento) 167
새타민 248
색동회(色-會) 67
색스(Oliver Sacks) 207
샌델(Michael J. Sandel) 259
샌드 페블스 189
샌드그렌(Tennys Sandgren) 279
샌디에이고(San Diego) 251
샌프란시스코(San Francisco) 27, 30. 44, 55, 114, 131, 160, 170, 253
샌프란시스코(노래) 135
샌프란시스코 강화조약(Treaty of San Francisco) 129, 160, 179
샌프란시스코 지진(San Francisco earthquake) 27
샐린저(J. D. Salinger) 131, 261
〈샘(Fountain)〉 53
샘슨(Mildred Sampson) 169
《샘이깊은물》 205
생각에 관한 생각(Thinking, Fast and Slow)》 263
〈생각하는 백성이라야 산다: 6·25 싸움이 주는 역사적 교훈〉 146
〈생각하는 사람(Le Penseur)〉 23
생로랑(Yves Saint Laurent) 257
생명이란 무엇인가(What Is Life?)》 111
생물다양성 153
《생물다양성협약》 221
생물무기 금지협약(BWC) 179
생상스(Camille Saint-Saëns) 63
생어(Larry Sanger) 239
생어(Margaret Sanger) 51, 163
생텍쥐페리(Antoine de Saint-Exupéry) 107, 109, 111
샤갈(Marc Chagall) 207
샤넬(Coco Chanel) 63, 73, 177
샤넬 넘버 5(Chanel No 5) 63
샤론(Ariel Sharon) 195(?), 237
샤를리 에브도(Charlie Hebdo)》 271
샤모니 동계 올림픽(Chamonix -) 69
샤보프스키(Günter Schabowski) 214
샤이니 229, 257, 259, 261, 265
〈샤이닝(The Shining)〉 195
샹젤리제(Champs-Élysées) 45
섀클턴(Ernest Shackleton) 65
섀플리(Harlow Shapley) 55
서간도(西間島)→간도
서강대 218, 277
서광제 75
서기원 216
서당(書堂) 19, 54, 189, 229
〈서당규칙〉 54

서대문 30, 34, 108
서대문감옥 30, 42
서대문 경찰서 88
서대문형무소 30, 56, 146
서대문구 29, 108, 212
서도원 184
서독 123, 129, 135, 137, 141, 143, 149, 152, 159, 167, 169, 175, 177, 179, 181, 187, 191, 193, 195, 199, 201, 203, 205, 207, 213, 238
서라벌레코드 189
서리 대학교(University of Surrey) 221
서말구 193
서문당(瑞文堂) 149, 185
서문문고(瑞文文庫) 185
서문소학교 25
서민호 162
서베를린(West-Berlin) → 베를린
서벵골 173
서부전선(Western Front, 1차대전) 49, 51
서부전선(Western Front, 2차대전) 103, 109
《서부전선 이상 없다(Im Westen nichts Neues)》(소설) 79
〈서부전선 이상 없다(All Quiet on the Western Front)〉(영화) 81
서북군 68
서북철도국(西北鐵道局) 16
〈4분 33초(4′33″)〉 133
서브프라임 모기지 사태(subprime mortgage crisis) 253
서상일 48
서스펜스(Suspense)〉 23
서승 212
〈서시〉 108
서안지역 165
서안판사처(西安辦事處) 102
서영 241
서영춘 209
서영훈 216
서완수 222
서울 16 이후
—시립미술관 35
—시장 보궐선거 262
서울 수복 126
서울 시민회관 167, 191
서울 아시안게임 208, 209
서울 올림픽 173, 179, 191, 193, 197, 198, 209, 212, 213, 223, 276
서울올림픽주경기장 205, 215, 235, 279
서울공항 256
서울국제마라톤대회 83, 199
서울대 206, 231, 243, 244, 245, 247
서울대 우조교 사건 224
서울대학교 68, 132, 189, 199, 276, 277
서울대학교병원 207
서울도시건축박물관 34

찾아보기

서울 마라톤→서울국제마라톤대회
서울미국문화원 점거농성사건 206
서울성모병원 171
서울시 166, 168, 192, 223, 256
서울시립미술관 35
서울시의회 260
〈서울시헌장〉 116
《서울신문》 125, 136, 207, 216
서울역 70, 182, 191, 239, 287
서울역 회군 194
서울우유협동조합 96
서울운동장 71, 115, 139,
　- 야구장 179
서울의대 부속병원 126
서울종합운동장야구장 199
서울중앙병원 221
서울증권시장 154
서울지방법원 138, 228
서울지하철 1호선 182
서울 진관사 태극기(- 津寬寺太極旗) 106
서울청년회 66, 68
서울퀴어문화축제 237
서윤복 119, 169, 239, 275
서인석 193
서재필 131
서전서숙(瑞甸書塾) 26
서정원 231
서정윤 211
서정주 105, 115, 237
서준식 212
서지현 278
서초구 115, 213, 226
서커스(circus) 205
서태지 220
서태지와 아이들 220, 221, 225, 227, 228
서태후(西太后) 31
서파키스탄 119, 173
〈서편제〉 223, 282
서해훼리호 침몰 사고 222, 226
서휘 142
서희부대(徐熙部隊) 244
석굴암(石窟庵) 44, 45
석래명 187
석유(石油 / 원유) 15, 30, 31, 49, 78, 79, 85,
　89, 99, 102, 151, 178, 186, 188, 199, 215,
　251, 252, 253, 257, 261
　-산업 국유화 99, 131
　-의 분별증류 151
　-파동 180, 181
　세계 주요 원유 생산국 85
〈석유배급통제규칙〉 102
석유 금수조치 181
석유배급통제규칙 102
석유수출국기구(OPEC) 14, 151
석유파동 180, 181
석장리 유적→공주 석장리 유적

석조전 35
석주명 103, 127
선겸합섬 195
선교회 106
선동열 200, 211, 229,
선우일선 95
선원전터 34
선통(宣統) 31
선통제(宣統帝)→푸이
설날 153, 214
〈설날〉 69
설악산 187, 212
설탕 16, 30, 180
섭씨 온도 41
〈섬마을 선생님〉 159
성 베드로 광장 197
《성경 전서》 41
성공회 서울성당 34
성균관(成均館) 40
성남(城南) 176, 234, 256
성남도시개발공사 286
성노예 110, 269
성동구 108, 170
성모병원 171
성북역(城北驛) 100
성산일출봉 응회환(城山日出峰凝灰環) 253
《성서의 가난한 사람들》 193
《성서적 입장에서 본 조선역사》 127
성서초등학교 218
성수대교 붕괴 사고 224, 226
성수동 224
성씨(姓氏) 76, 77
성완경 193
《성의 정치학(Sexual Politics)》 173
〈성인식〉 237
《성장의 한계》 179
성조기(星條旗) 114, 149, 198
〈성조기여 영원하라(The Stars and Stripes
　Forever)〉 15
성주(星州) 274
성차별 219, 234
성철 223
〈성춘향〉 153
성폭력 특별법 224
〈성폭력범죄의 처벌 및 피해자보호 등에 관한 법
　률〉 224
성홍열(猩紅熱) 48
성화(聖火) 77, 139
〈세 시 봉(C'est si bon)〉 123
세계공황 88
세계금융위기 257, 259, 261
세계기상기구(WMO) 45, 203
《세계는 넓고 할 일은 많다》 215
세계레슬링선수권대회 163
《세계를 뒤흔든 10일(Ten Days That Shook
　the World)》 57

세계 모국어의 날 133
세계무역기구(WTO) 119, 225, 227, 235, 239
세계무역센터 181, 239
세계문학전집 147
세계반도핑기구(WADA) 235, 281
세계보건기구(WHO) 123, 155, 195, 223,
　244, 245, 259, 273, 284, 285, 287
세계보건의날 123
세계복싱평의회(WBC) 199, 213
세계복싱협회(WBA) 162, 163, 165, 183, 189,
　199, 213
세계사격선수권대회 191
세계산업노동자연맹(IWW) 25
세계수영선수권대회 253
세계수학자대회 269
세계스피드스케이팅선수권대회 125
세계야구선수권대회 199
세계야생동물기금 153
세계양궁선수권대회 193, 207
세계여성의날 211
세계여자농구선수권대회 165, 19
세계여자핸드볼선수권대회 227
세계 올라운드 스피드스케이팅 선수권대회 211
세계유산(World Heritage Site) 151, 261, 287
세계유산위원회(World Heritage Committee)
　253, 307
세계육상선수권대회 249, 263
세계육상연맹(IAAF) 189
세계 인구의 날 211
세계자연기금(WWF) 153, 285
세계자연보전연맹(IUCN) 215, 253
세계자연유산(World Heritage Site) 253
세계청소년축구대회→FIFA U-20 월드컵
세계탁구선수권대회 177, 181, 215, 219, 223
세계태권도선수권대회 181
세계태권도연맹 181
세계평화협의회(World Peace Council) 127
세계화(世界化) 226, 235
세그레(Emilio Segrè) 97
세기극장(世紀劇場) 187
세네갈(Sénégal) 151, 198, 205
세대 논쟁 143
세르딘사바틴(Afanasii Seredin-Sabatin) 35
세르비아(Srbija) 31, 43, 45, 47, 53, 221, 233,
　235, 239, 245, 257
세르비아 몬테네그로 233, 239
세르비아인·크로아티아인·슬로베니아인 왕국
　39
CERN→유럽입자물리연구소
세리에 A(Serie A) 75
세바스토폴(Sevastopol) 269
세벌식 타자기 159
세부섬(Cebu Island) 145
세브란스의과대학 144
세브르 조약(Treaty of Sèvres) 61
세븐틴 229, 273

《세속의 철학자들(The Worldly Philosophers)》
　135
《세월(Les Années)》 257
《세월의 거품(L'Écume des jours)》 119
세월호 참사(歲月號慘事) 268, 275
세이건(Carl Sagan) 195, 229
세이셸 187
세인트루시아(Saint Lucia) 193
세인트루이스(St. Louis) 23
　- 하계 올림픽 23
세인트루이스 정신(Spirit of St. Louis) 75
세인트루이스 카디널스(St. Louis Cardinals)
　306
세인트빈센트 그레나딘 193
세인트존스 15
세인트키츠 네비스(Saint Kitts and Nevis) 203
《세일즈맨의 죽음(Death of a Salesman)》 125
〈세잔, 고갱, 반 고흐, 쇠라(Cezanne, Gauguin,
　Seurat, van Gogh - Exhibitions)〉 79
세잔(Paul Cézanne) 27, 79
세종과학기지→남극세종과학기지
세종문화회관 191
세종시(世宗市) 260, 264, 279
세키노 다다시(関野貞) 17
〈센과 치히로의 행방불명(千と千尋の神隠し)〉
　239
센슈대학(専修大学) 권투부 87
센카쿠열도 265, 267
센테니얼 인베스트먼트 257
하일레 셀라시에(Haile Selassie) 81, 83, 91,
　183, 185
셀라야(José Santos Zelaya) 33
셀틱(Celtic F.C.) 165
셧다운(shutdown) 267
셰빈스카(Irena Szewińska) 168
셰어(Cher) 235
셰퍼드(Alan Shepard) 153
셰필드(Sheffield F.C.) 243
소 마웅(Saw Maung) 213
소금 81
소금 행진(Salt March) 81
〈소나기〉 193
소난지도 전투(小蘭芝島戦闘) 30
소네 아라스케(曾禰荒助) 32
소녀시대 229, 253, 259, 267
《소년(少年)》 31
〈소년법〉 142
《소년이 온다》 269
《소년조선일보》 164
《소년중앙》 159
소니(ソニー) 101, 195, 193, 199
소련(蘇聯) 43 이후
소련 붕괴 237
소련 내무인민위원회(NKVD) 103
소련공산당 43, 143, 281
소련파(蘇聯派) 142

찾아보기

소록도갱생원(小鹿島更生院) 50
소말리아(Soomaaliya) 131, 151, 189, 195, 223, 262
소모사(Anastasio Somoza Debayle) 193, 205, 207
소비에트 러시아 헌법 55
소비에트 사회주의 공화국 연방 65, 219
소비에트 연방 53, 55, 63, 65, 95
소비에트 연방 헌법 95
소비에트연방공산당중앙위원회 65
《소설 동의보감》 217
《소설 손자병법》 205
《소설가 구보씨의 일일》 99
소셜 네트워크 서비스(SNS) 251
소쉬르(Ferdinand de Saussure) 45, 51
소아마비 백신 137
〈소양강 처녀〉 173
《소외론 연구》 191
소월미도 등대(小月尾島燈臺) 18
소웨토 항쟁 187
소유즈 10호(Soyuz-10) 177
소유즈 11호(Soyuz-11) 177
소잉카(Wole Soyinka) 161
소작(小作) 42, 44, 52, 54, 66, 84, 86, 88, 116
소천비평문학상(宵泉批評文學賞) 125
소치 동계 올림픽 269
소크(Jonas Salk) 137
소트니코바(Adelina Sotnikova) 269
소학교(小學校) 25, 26, 40, 100, 104, 105, 229
소해면상뇌병증(-海綿狀腦病症) → 광우병
손기정 91, 94, 95, 139, 169, 221, 241
손목인 89
손병희 26, 57, 65
손석희 271
손영목 110
손원평 275
손인호 139
손진태 67
손탁(孫澤, Antoniette Sontag) 16
손탁빈관(-賓館) 16
손탁호텔(Sontag Hotel) 16, 34
손택(Susan Sontag) 239, 247
손턴(Big Mama Thornton) 147
손티 분야랏끌린(Sonthi Boonyaratglin) 251
손흥민 242
솔라 임펄스(Solar Impulse) 21, 273
솔로몬(Andrew Solomon) 267
솔로몬 왕조(Solomonic dynasty) 183
솔로몬 제도(Solomon Islands) 109, 191
솔리드 227
솔제니친(Aleksandr Solzhenitsyn) 181, 257
솔출판사 225
솔트레이크시티 241
솜강(fleuve Somme) 51
솜버티 요제프(Szombathy József) 31

솜 전투(Bataille de la Somme) 51
송건호 193, 239
송골매 189, 199
송길윤 127
송능한 231, 282
송도고보 103
송만갑 101
송명근 221
송병준 22, 38
송산리고분군(宋山里古墳群) 177
송순천 143
송승환 231
송유관 136
송정리 46
송진우 114, 115
송진헌 237
송창식 185
송파 세 모녀법 268
〈송환〉 247, 283
쇠고기 수입 반대 촛불집회 256
쇠라(Georges Seurat) 79
쇤베르크(Arnold Schönberg) 131
쇼(George Bernard Shaw) 127
쇼드색(Ernest B. Schoedsack) 87
쇼스타코비치(Dmitrii Shostakovich) 185
쇼와 천황(昭和天皇) → 히로히토
쇼트트랙 225, 241, 281
쇼팽 국제 피아노 콩쿠르(Międzynarodowy Konkurs Pianistyczny im. Fryderyka Chopina) 271
숄츠(Olaf Scholz) 287
수(隋) 25
수능(修能) → 대학수학능력시험
수니파(ahl as-sunna) 77
수단(Sudan) 143, 145, 285, 287
수데티(Sudety) → 주데텐란트
수도극장(首都劇場) 101
수도 환도식 128
수도경비사령부 194, 276
수력발전소 74, 78
수리남 185
수리조합(水利組合) 52
수마트라오랑우탄(Pongo abelii) 275
수사(BOI) 31
《수사반장》 177
《수사반장 1958》 177
〈수색자(The Searchers)〉 143
수서고속철도주식회사 266
수소폭탄 133, 145
수양동맹회 96
수양동우회 96
수에즈 운하(Suez Canal) 107, 143, 185, 287
수영(水泳) 247, 251, 253
수영복 117
수옥헌(漱玉軒) 14
《수용소 군도(GULAG)》 181

수원(水原) 26, 40, 56, 78, 80
수은(水銀) 41, 143
수자(John Philip Sousa) 15
《수정 조선문법》 53
수정 헌법 제16조 45
수정 헌법 제18조 57
수정 헌법 제19조 61
수출의 날 158, 188, 262
〈수출 행진곡〉 188
수카르노(Sukarno) 75, 149, 161, 163, 173
수퍼리그 203
수풍댐 104
수풍발전소 132
수하르토(Soeharto) 161, 163, 167, 233, 235, 257
수학(數學) 26, 51, 117, 136, 151, 189, 223, 227, 269
《수학 귀신(Der Zahlenteufel)》 231
수학원(修學院) 34
수학 원리(Principia Mathematica)》 39
《수학의 원리(The Principles of Mathematics)》 19
《수학의 정석》 163
수혈 197
순무대장(巡撫大將) 42
순안비행장 146
〈순응자〉 173
순정만화 213
순종(純宗) 28, 35, 72, 73
술라웨시섬 279
숭례문 방화 사건 257
숭실중학교 98
숭실학교(崇實學校) 52
숭의여학교 98
쉬르만(Tollien Schuurman) 168
쉬뢰시 마차시(Szűrös Mátyás) 215
〈쉬리〉 235, 283
쉬수정(徐樹錚) 57
슈뢰더(Gerhard Schröder) 233
슈뢰딩거(Erwin Schrödinger) 41, 153
슈마허(Michael Schumacher) 247
슈마허(E. F. Schumacher) 181
슈미트(Carl Schmitt) 207
슈미트(Helmut Schmidt) 183, 271
슈스터(Joe Shuster) 99
슈체친(Szczecin) 117
슈타우딩거(Hermann Staudinger) 61
슈테허(Renate Stecher) 168
슈토프(Willi Stoph) 173
슈트라스만(Fritz Straßmann) 99
슈트로하임(Erich von Stroheim) 69
슈트라우스(Richard Strauss) 125
《슈틸러(Stiller)》 127
슈퍼리그 203, 242
슈퍼맨(Superman) 99
슈퍼주니어 229, 259

슈퍼히어로(superhero) 99, 155, 257
슐라이허(Kurt von Schleicher) 89
슐리펜 계획(Schlieffen-Plan) 47
슐츠(Charles M. Schulz) 235, 237
슘페터(Joseph Schumpeter) 125
스가 요시히데(菅義偉) 285, 287
스노(C. P. Snow) 149
스노(Edgar Snow) 97
스노든(Edward Snowden) 267
스누피(Snoopy) 235
3D 영화 → 입체 영화
스리랑카(Sri Lanka) 123, 245,
 - 내전 259
스리마일섬(Three Mile Island) 193
스마트폰 215, 253
스모그(smog) 133
스몰리(Phillips Smalley) 23
《스무 편의 사랑의 시와 한 편의 절망의 노래 (Veinte poemas de amor y una canción desesperada)》 69
〈스물셋〉 271
스미스(Al Smith) 77
스미스(Calvin Smith) 168
스미스(Horton Smith) 89
스미스(Tommie Smith) 167
스보보드니(Svobodny) → 자유시
스와라지 운동(Swaraj Movement) 25
스와질랜드(Swaziland) 167
〈스완네 집 쪽으로(Du côté de chez Swann)〉 45
스웨덴(Sverige / Sweden) 15, 43, 45, 83, 123, 125, 147, 167, 179, 209, 241, 242, 245, 285
스웨덴-노르웨이 왕국 25
스위스(Swiss) 12, 19, 38, 41, 49, 51, 65, 67, 68, 69, 75, 97, 99, 115, 119, 135, 155, 205, 225, 267 // 43, 70, 101
 -의 스포츠 103
스위스 월드컵 137
스즈키 우메타로(鈴木梅太郎) 39
스즈키 이치로(鈴木 一朗) → 이치로
스즈키 후사시게(鈴木房重) 169
스카이트랙스(Skytrax) 238
스카이프(Skype) 245
〈스카페이스(Scarface)〉 85
스칸디나비아(Scandinavia) 103
스칼라 극장(Teatro alla Scala) 23
스케일드 컴포지츠(Scaled Composites) 247
스코빌(Wilbur Scoville) 43
스코빌 척도(Scoville scale) 43
스코세이지(Martin Scorsese) 217
스코틀랜드(Scotland) 243
스코프스(John T. Scopes) 71
스콧(Ridley Scott) 193, 199
스콧(Robert Falcon Scott) 41, 43
스쿠버(scuba) 109

찾아보기

스쿼밸리 151
스크랜턴(Mary Scranton) 34, 35
스크린쿼터 163, 233, 250, 283
스타벅스(Starbucks) 234
스타우닝, 토르발 69
《스타워즈(Star Wars)》189
스타워즈 계획(Star Wars program) 203
스타인벡(John Steinbeck) 101, 147
《스타일즈 저택의 괴사건(The Mysterious Affair at Styles)》61
스타크래프트(StarCraft)》 233
스탈린(Iosif Stalin) 65, 69, 75, 77, 79, 87, 96, 103, 109, 114, 115, 127, 128, 129, 130, 139, 135, 143, 161
  -주의 115, 153
스탈린 헌법 95
스탈린그라드 전투(Battle of Stalingrad) 109
스탈린주의 115, 143, 153
스탠더드 레지스터(Standard Register PING) 263
스탠퍼드 대학교(Stanford University) 233
스탠퍼드 대학 233
스탬퍼드 브리지 25
스톡홀름(Stockholm) 15, 43, 127, 167, 179
스톡홀름 호소(Stockholm Appeal) 127
스톡홀름 선언(Stockholm Declaration) 179
스톨리핀(Petr Stolypin) 27
스톨텐베르그(Jens Stoltenberg) 263
스트라빈스키(Igor Stravinsky) 39, 45, 177
스트레이 키즈 229
스트로에스네르(Alfredo Stroessner) 137
스트리클런드(Shirley Strickland) 168
《스티브 잡스(Steve Jobs)》263
스티븐스(Durham Stevens) 22, 30
스티븐스(Helen Stephens) 168
스티븐슨(Adlai Stevenson) 133
스파이더맨(Spider-Man) 155
스페이스십원(SpaceShipOne) 247
스페인 → 에스파냐
스펜서(Diana Frances Spencer) 231
스펜서(Herbert Spencer) 19
스포츠 중계방송 87
스포츠 중재 재판소(CAS) 281
《스포츠서울》207
스푸너 법 17
스푸트니크 1호(Sputnik-1) 141, 145, 147
스푸트니크 2호(Sputnik-2) 141
스피드스케이팅 69, 123, 125, 211, 225, 267
스필버그(Steven Spielberg) 185, 197, 199, 223
슬라보니아호(Slavonia) 33
슬로바키아(Slovenská) 97, 209, 219, 243, 249
슬로베니아(Slovenija) 51, 215, 243, 249, 219
《슬픈 열대(Tristes Tropiques)》139

《슬픔이여 안녕(Bonjour tristesse)》137
승용차의 유형 139
승합자동차업 76
〈시〉261, 283
《시간의 역사(A Brief History of Time)》213
시걸(Jerry Siegel) 99
시게마쓰 모리오(重松森雄) 169
〈시계태엽 오렌지(A Clockwork Orange)〉177
《시골의사의 부자경제학》251
시국선언문 150, 208
시나이반도(Sinai Peninsula) 143, 165, 185, 193, 199
시나트라(Frank Sinatra) 233
시내버스 승차회수권제 162
시내버스 토큰제 188
시네마스코프(CinemaScope) 153
〈시네마 천국(Nuovo Cinema Paradiso)〉213
시드니 하계 올림픽 181, 237
시라카와 요시노리(白川義則) 84
시라크(Jacques Chirac) 195, 249, 281
시르트의 바닷가(Le Rivage des Syrtes)》131
시리아(uriy / Syria) 117, 147, 165, 181, 199, 217, 249, 269, 273, 281
시리얼 245
시마네현 24, 248, 249
시모노세키(下関) 24, 94, 108
시모어(David Seymour) 95
시몽(Théodore Simon) 25
시미즈 유코(清水侑子) 185
〈시민 케인(Citizen Kane)〉105
시민광장 34
시민수습대책위원회 194
시민포럼(체코) 217
시바 료타로(司馬遼太郎) 229
시벨리우스(Johan Sibelius) 145
CBS(Columbia Broadcasting System) 73, 75, 109, 159
CBS기독교방송 136, 156
시사만화 33, 127
시사매거진 2580〉 238
시사일보》60
시아누크(Norodom Sihanouk) 265
시아마(Céline Sciamma) 281
시안(西安) 95, 102
시안 사건(西安事件) 95
시암(Siam) 33, 101
시애틀(Seattle) 235
시에라리온(Sierra Leone) 153
시엔푸에고스(Camilo Cienfuegos) 149
시오노 나나미(塩野七生) 221
시오타 세이코(塩田正洪) 110
10월 5일 혁명(Revolução de 5 de Outubro de 1910) 39
10월 유신(十月維新) 172, 178, 180, 182, 184, 186, 188, 190, 192, 194, 211, 270,

276
10월 인민항쟁 116
10월 혁명(Oktyabrskya revolyutsiya) 53, 67
〈시인의 마을〉191
시일야방성대곡(是日也放聲大哭) 24
시정개선협의회(施政改善協議會) 26
시진핑(習近平) 191, 265, 267, 278, 279, 287
시집가는 날〉145, 282
시청료(視聽料) 156
시청률 159, 219, 245
시칠리아섬 109
시카고 136, 189
시카고 마라톤 189
시카고 컵스(Chicago Cubs) 31, 61
시카고 화이트삭스 57
시코르스키(Igor Sikorsky) 21, 105
시코르시키 VS-300 105
시트로산 회로(citric acid cycle) 97
시티 라이트(City Lights)》83
시험관 아기 191, 207
식물원 32
식민지근대화론 304
식민지 수탈 30
식산은행 72
식품의약국 → 미국식품의약국
신간회(新幹會) 72, 73, 74, 76, 80, 82
신격호 285
신경림 181, 213
신경안정제 139
신경제정책(NEP) 63, 87
〈신과함께-인과 연〉247
〈신과함께-죄와 벌〉247, 279
신국가보안법 146
신규식 48, 52, 62, 65
신금단 155, 158
신낙호 77
신돌석 26
신동엽 171
신동우 164
신동헌 164
신득윤 75
〈신라의 달밤〉119
신마실라 46
신마숙 → 신마실라
신만청년회 70
신문관(新文館) 31, 45, 55
〈신문사업령(新聞事業令)〉108
〈신문윤리강령〉144
신문의 날 144
신문준 158
신민당(1961) 152
신민당(新民黨, 1967-1980) 164, 170, 172, 176, 180, 186, 190, 192, 202, 254, 276
신민당(1985) → 신한민주당
신민주공화당(1987-1990) 212, 216, 255
신민부(新民府) 70, 76

신민회(新民會) 28, 52
  - 사건 40, 44
신보(晨報) 63
신보부간(晨報副刊) 63
신봉조 102
신봉휴 27
신불출 187
신사는 금발을 좋아해(Gentlemen Prefer Blondes)》135
〈신사동 그 사람〉213
신사상연구회(新思想研究會) 68
신사(神社) 50,
신사참배(神社參拜) 90, 98, 114,
신상옥 147, 151, 153, 155, 171, 190, 208, 251, 282
신생활복 138
신생활복 착용에 관한 결의안 및 건의안 138
신성모독 213
신성일 159, 279
신세계(농구팀) 233
신세계 백화점 80, 222
신세영 133
신숙 80
신시내티 동물원(Cincinnati Zoo) 47
신시내티 레즈 57
신안 해저유물(新安海底遺物) 187
신안툰(新安屯) 76
신앙교리성(Congregatio pro Doctrina Fidei) 163
《신약전서》41
신영극장 213
신영복 273
신영식 231
신용산 186
신용욱 94
신용인 78
신원면(神院面) 130
신윤복 99
《신의 역사(A History of God)》223
신의 입자(God particle) 257, 267
신의주(新義州) 16, 40, 70
  - 사건 72
  - 특별행정구 240
신익희 62, 142, 143
신인동맹회(新人同盟會) 64
신일본제철 278
신일선 77
신일숙 213
신자유주의 195, 304
신작로(新作路) 30
신장 위구르(新疆維吾爾) 14
신장(腎臟) 109
  -이식 171
〈신정국문〉25
신정아 252
신종 코로나바이러스 감염증 284

찾아보기

신중현 179,
　-과 엽전들 183
신창원 230
신채호 22, 31, 42, 52, 62, 66, 94, 95, 123
신천 186
신천지 대구교회 집단 감염 사태 284
《신청년》 57
신체시(新體詩) 31
신축민란(辛丑民亂) → 신축의거
신축의거(辛丑義擧) 14, 15
신축조약(辛丑條約) 15
신춘문예 47
신칸센(新幹線) 159
신탁통치 110, 111, 112, 118 116
신탁통치반대국민총동원위원회 116
신파(新派) 44
신페인(Sinn Féin) 27
신한국당 217, 226, 228, 230, 255, 277
신한당 164
신한독립당(新韓獨立黨) 88, 90
신한민주당 206, 208, 255, 271
신한청년당 54
신한촌(新韓村) 40, 96
신한혁명당(新韓革命黨) 48
신해철 213, 269
신해혁명(辛亥革命) 25, 41
신행정수도 248, 264, 277
〈신행정수도건설특별법〉 246, 248
신현기 188
신혜수 66
신형식 270
《《신화(Mythologies)》》 145
신효순 240
신흥강습소(新興講習所) 40
신흥무관학교(新興武官學校) 40, 56
실(Bobby Seale) 163
실러(Friedrich Schiller) 61
실레(Egon Schiele) 55
실론(Ceylon) 123, 151
〈실미도〉 247, 283
실시간 전략 비디오 게임(real-time strategy
　video game) 233
실업급여 228
실업보험 91
실존주의 109
심미선 240
심보르스카(Wisława Szymborska) 223
심상소학교(尋常小學校) 104, 229
심상정 256
심석희 281
심수봉 189, 193, 205
심순기념관 34
심장이식 165, 221
〈심청전〉 71
심훈 91, 95
14개조 평화 원칙(Fourteen Points) 55

12·12 쿠데타 192, 222
12월 테제 → 〈조선농민 및 노동자의 임무에 관한 테제〉
십삼도의군(十三道義軍) 30
12월당 76
17조 협정 131, 149
싱(Manmohan Singh) 259
싱가포르(Singapore) 107, 145, 157, 161, 165, 278
싱가포르 창이 공항(Singapore Changi
　Airport) 238
싱클레어(Upton Sinclair) 27 , 163
싸이 264, 265
싸이월드 93
쌀 14, 26, 30, 46, 61, 87, 88, 94, 104, 116, 149, 222, 248, 258
쌍방울 레이더스 217
쌍용자동차 258
〈쏘리 쏘리〉 259
쑨원(孫文) 25, 41, 43, 47, 63, 69, 71
쑹자오런(宋教仁) 45
쓰나미(津波) 263
쓰레기 종량제 226
쓰시마 해전(対馬沖海戦) 23
쓰시마섬 감옥 28
《씨네21》 227
씨랜드 청소년수련원 화재 사고 234
씨름 43, 75, 203
〈씨받이〉 85, 211, 282
씨프린스호 사고 227

ㅇ

〈아! 대한민국〉 203
〈아, 몸서리쳐지는 한국군〉 234
아가디르(Agadir) 41
〈아가씨〉 273, 283
아관파천(俄館播遷) 34
《아기공룡 둘리》 203
아기날도(Emilio Aguinaldo) 15, 159
아나키스트 운동 86
아난(Kofi Annan) 250
《아내가 결혼했다》 251
《아내를 모자로 착각한 남자(The Man Who
　Mistook His Wife)》 207
〈아니 벌써〉 189
아다나주 33
아데(Maren Ade) 273
아데나워(Konrad Adenauer) 125, 139, 165
아덴만(Gulf of Aden) 262
아델(Adele) 271
아도르노(Theodor W. Adorno) 171
아드리아해(Adriatic Sea) 117
《아들과 연인(Sons and Lovers)》 45
아들러(Alfred Adler) 97

아라공(Louis Aragon) 111
아라비아반도(Arabian Peninsula) 85, 99
아라칸 로힝야 구원군(ARSA) 275
아라파트(Yasser Arafat) 135, 171, 183, 213, 223, 247
《아라한 장풍대작전》 247
아랍 민족 회의 45
아랍에미리트(United Arab Emirates) 21, 177, 259, 273, 285
아랍연맹(League of Arab States) 183
아랍연방(Arab Federation) 147
아랍 전쟁 155
아랍정상회의(Arab League summit) 183
아랍석유수출국기구(OAPEC) 181
아랍에미리트(UAE) 21, 177, 259, 273, 285
아랍의 봄(Arab Spring) 261
아랍-이스라엘 전쟁 181
아렌트(Hannah Arendt) 131, 157, 185
아르메니아(Hajastan / Armenia) 33, 49, 55, 95, 213, 219, 221
아르빌(Arbil) 246, 256
《아르투로 우이의 출세(Der aufhaltsame
　Aufstieg des Arturo Ui)》 149
아르헨티나(Argentina) 51, 81, 111, 165, 173, 187, 199, 239
　-의 축구 51, 73, 81, 191, 209, 217
아를레키노의 카니발(El Carnaval de
　Arlequín) 71
〈아름다운 강산〉 179
〈아름다운 시절〉 233, 283
〈아름다운 직업(Beau Travail)〉 237
〈아름다운 청년 전태일〉 227, 282
〈아리랑〉(영화) 73, 282, 283
《아리랑(The Song of Ariran)》(님 웨일스) 58, 105
《아리랑》(조정래) 42
아리랑 2호 247
아리안 4호(Ariane 4) 221
《아리엘(Ariel)》 91
아리요시 아키라(有吉明) 86
〈아리조나 카우보이〉 149
아마존닷컴(Amazon.com, Inc.) 177
아마테라스 오미카미(天照大神) 50
아메리카 합중국 군대의 지위에 관한 협정 164
《아메리카의 한인들》 16
아메리칸 리그(American League) 15, 19
《아몬드》 275
아문센(Roald Amundsen) 41, 77
아마드 샤(Ahmad Shah) 63
아미르(Yigal Amir) 227
아민(Idi Amin) 177, 245
아바나(La Habana) 149, 273
〈아바타(Avatar)〉 259
아베 노부유키(阿部信行) 110
아베리산(aberic acid) 61
아방가르드(avant-garde) 33

아베 신조(安倍晋三) 267, 269, 271, 279, 281, 285
아보타바드(Abbottabad) 263
아부다비(Abu Dhabi) 21, 273
아부다비 그랑프리(Abu Dhabi Grand Prix) 261
〈Abracadabra〉 259
〈아비뇽의 아가씨들(Les Demoiselles
　d'Avignon)〉 29, 79
아비양카 항공 213
아비정전(阿飛正傳)〉 217
아사다 마오(浅田真央) 251
아산(牙山) 52
아서원(雅敍園) 70
아세파(Tigst Assefa) 169
아소르스 제도(Açores) 33
아슈라프 가니(Ashraf Ghani) 287
아스널(Arsenal F.C.) 243
아스완 댐(Aswan Dam) 15, 139
아스트리드 린드그렌 기념문학상(Astrid
　Lindgren Memorial Award) 285
아사쿠사역(淺草驛) 75
아스클레피오스(Asklepios) 123
아스타나(Astana) 263
아시모프(Isaac Asimov) 107, 221
아시아-아프리카 회의 → 반둥 회의
아시아올림픽평의회(OCA) 251
아시아축구연맹(AFC) 137
아시아나 항공 214
　-기 추락 사고 222, 226
아시아의 순진(アジアの純真) 229
아시아태평양전쟁 99
아시안 게임(Asian Games) 131, 137, 147, 155, 163, 173, 183, 191, 198, 199, 207, 208, 209, 213, 225, 233, 241, 251, 261, 269, 279
　동계 - 209, 217, 229, 235, 245, 253, 263, 275
아시안컵 대회 →AFC 아시안컵
아얄라 강령(Plan de Ayala) 41
아옌데(Salvador Allende) 173, 181
아오모리(青森) 245
아우슈비츠(Auschwitz) 103, 115
아운(Michel Aoun) 217
《아웃사이더(The Outsider)》 143
아 웅산 묘소 폭발사건(Aung San -) 202
아웅 산 수치(Aung San Suu Kyi) 271, 275, 287
〈I〉 271
아이디드(Mohamed Farrah Aidid) 223
아이스하키 233, 279
아이슬란드(Ísland) 55, 111, 209
〈아이언맨(Iron Man)〉 257
아이유 261, 271, 275
아이작슨(Walter Isaacson) 263
아이젠하위(Dwight Eisenhower) 109, 111,

찾아보기

127, 133, 135, 140, 143, 149, 153, 171
아이티(Haïti) 49, 89
 - 지진 261
아이폰(iPhone) 253, 258
아인슈타인(Albert Einstein) 25, 49, 51, 57, 67, 69, 139
아인트라흐트 프랑크푸르트(Eintracht Frankfurt) 191
아인트호번(Eindhoven) 241
아일랜드(Éire / Ireland) 51, 63, 65, 83, 135, 179, 233, 261, 265
아일랜드 공화국군(IRA) 179
아일랜드 부활절 봉기 51
아일랜드 자유국(Irish Free State) 83
아자(Mehmet Ali Ağca) 197
〈아제 아제 바라아제〉 215
아제르바이잔(Azerbaijan) 55, 95, 219
아주화친회 29
아즈나부르(Charles Aznavour) 161
아지노모토(味の素) 33
〈A-Choo〉 271
〈아침이슬〉 173, 177, 256
아카데미상(Academy Awards) 79, 103, 131, 161, 285, 286, 287
아카쓰키(あかつき) 94
아케르만(Chantal Akerman) 185
아큐정전(阿Q正傳) 63
아크릴아마이드(acrylamide) 241
코라손 아키노(Corazon Aquino) 209
아키히토(明仁) 281
아타튀르크(Mustafa Kemal Atatürk) 49, 61, 67, 77, 79, 99
아테네(Athina) 29, 165, 247
아테네의 흰 장미(Weiße Rosen aus Athen)〉 153
〈아톰〉 157
〈아틀란티스 소녀〉 245
아틀레티코 마드리드(Atlético de Madrid) 19, 269
아파르트헤이트(Apartheid) 123, 187, 203, 207, 225
아파트 92, 154, 162, 172, 190, 215, 220, 222, 226, 248, 279
〈아파트〉(노래) 199
아펜젤러(Henry Appenzeller) 17, 35, 65
아편설라(亞篇薛羅) 65
아편전쟁(阿片戰爭) 231
아폴로 계획(Apollo program) 153, 185
아폴로 11호(Apollo 11) 171, 173
아폴리네르(Guillaume Apollinaire) 55, 57
〈아푸 제1부 - 길의 노래(Pather Panchali)〉 139
아프가니스탄(Afghanistan) 29, 57, 191, 239, 241, 252, 273, 275, 287
아프가니스탄 전쟁 195, 207, 213, 261, 287
아프가니스탄 분쟁 241

아프가니스탄 이슬람 공화국 287
아프가니스탄 철수 287
아프가니스탄 토후국 57
아프리카(Africa) 145, 151
  현생 인류 - 기원설 211
아프리카단결기구(OAU) 157, 241
아프리카민족회의(ANC) 43, 217, 225
아프리카연합 241
아프리카축구연맹(CAF) 145
아프리카의 해 151
아프리칸 게임(Jeux africains) 161
아프리칸스어(Afrikaans) 187
《아홉 켤레의 구두로 남은 사내》 176
《아홉살 인생》 219
〈악랄한 세입자(Le Locataire diabolique)〉 33
《악마의 시(The Satanic Verses)》 213, 215
〈안개〉(노래) 165
〈안개〉(영화) 165, 282
〈안개마을〉 203
안기부(安企部) → 국가안전기획부
안남공산당(An Nam cộng sản Đảng) 81
안남미(安南米) 14
〈안네의 일기(Het Achterhuis)〉 115, 119
〈안달루시아의 개(Un chien andalou)〉 79
안도 모모후쿠(安藤百福) 147
안도라(Andorra) 239
안동(安東) 59, 124, 144
 - 하회마을 261
안두희 124
안드로포프(Yurii Andropov) 205
안락사(安樂死) 145, 263, 279
안락사법 241
안병욱 146
안병원 119
안병직 304
안산(安山) 268
안석주 85
안성(安城) 144
안세화 26
안소영 199
안순환 18
안악 사건(安岳事件) → 105인 사건
안양 SBS 스타즈 231
안익태 161
안전보장이사회 → 유엔안전보장이사회
〈안전불감증(Safety Last!)〉 67
안종화 75, 89, 282
안중근 32, 38, 39
안창남 21, 45, 64, 81
안창호 28, 44, 56, 62, 72, 80, 96, 92, 99
안철수 262, 264, 274
안철영 99
안토니오니(Michelangelo Antonioni) 155, 253
안트베르펜(Antwerpen) 61
안티 미스코리아 대회 235

안티이명박카페 256
안확 51, 65
안흥종합시험장(安興綜合試驗場) 241
안희정 278
안희제 46
알그렌(Alexis Ahlgren) 169
〈알뜰한 당신〉 25, 97
알래스카(Alaska) 85, 149, 177, 215
알렉산다르 1세(Aleksandar I) 79
알렉산드리아(Alexandria) 143
알류산 열도(Aleutian Islands) 127
알리(Muhammad Ali) 165, 273
알마티(Almaty) 79, 219
알모도바르(Pedro Almodóvar) 241
알바그다디(Abu Bakr al-Baghdadi) 269
알바니아(Shqipëria / Albania) 43, 117, 153, 231, 233, 235, 239
 독립 - 43
알바니아 고원 31
알바트로스 F-2(Albatros F-2) 20
알베르빌(Jeux Olympiques d'hiver d'Albertville) 221, 225
RCA(Radio Corporation of America) 73
알아인 FC(Al Ain FC) 273
RSD-1 125
알제리(Algérie) 151, 253
알제리 독립전쟁(Algerian War of Independence) 137
알츠하이머(Alois Alzheimer) 15
 -병 15
알카에다(alQaeda) 239, 247, 263, 271
〈알코올(Alcools)〉 45
알튀세르(Louis Althusser) 161
알파고(AlphaGo) 272, 273
알파벳(Alphabet Inc.) 177, 233
알폰소 13세(Alfonso XIII) 17, 83
알헤시라스 회의(Algeciras Conference) 23, 27
알힐랄 SFC(Al Hilal SFC) 145
암스테르담 77, 269
암스트롱(Karen Armstrong) 223
암스트롱(Lance Armstrong) 249
암스트롱(Louis Armstrong) 65, 165, 177
암스트롱(Neil Armstrong) 20, 171, 265
암태소작인회(巖泰島小作人會) 64
압구정동(狎鷗亭洞) 224
 - 현대아파트 특혜 분양 사건 190
압뒬하미드 2세(II. Abdülhamid) 31, 33
압록강(鴨綠江) 18, 60, 90, 96, 126
압록강수력발전주식회사 104
압록강철교 40
앙겔로풀로스(Theodhoros Angelopoulos) 233
앙골라(Angola) 185
앙드레 김 261
앙리조르주 클루조(Henri-Georges Clouzot)

85
앙카라(Ankara) 67
애국 계몽 운동 26, 44
애국청년당 → 대한애국청년당
애니멀스(The Animals) 159
애니메이션(animation) 23, 73, 77, 103, 157, 164, 179, 187, 191, 205, 211, 245
애덤스(Douglas Adams) 193, 239
〈애마부인(愛麻夫人)〉 199
애빌슨(John G. Avildsen) 187
〈애수의 소야곡〉 99
애시퍼드(Evelyn Ashford) 168
애치슨(Dean Acheson) 127
 - 선언 127, 128
애퀄렁(aqualung) 109
《애크로이드 살인 사건(The Murder of Roger Ackroyd)》 73
애틀랜타(Atlanta) 101, 229
애틀랜타 브레이브스(Atlanta Braves) 183
애플(Apple Inc.) 177, 187, 205, 253, 258, 263, 267
액션 코믹스(Action Comics)》 99
액체연료 로켓 73
앤더슨(Paul Thomas Anderson) 241, 253
앤티가 바부다(Antigua and Barbuda) 197
앨런(Horace Newton Allen) 16
앨봄(Mitch Albom) 231
앰칫카섬(Amchitka) 177
앱(app) 260
《앵무새 죽이기(To Kill a Mockingbird)》 151
앵커리지(Anchorage) 202
야간통행금지 해제 198
야구 23, 27, 39, 43, 47, 49, 57, 61, 65, 105, 123, 179, 185, 195, 198, 199, 200, 201, 207, 209, 211, 217, 229, 237, 239, 251, 257, 263, 271
 -공 61
야누코비치(Viktor Yanukovych) 247
야마구치 모모에(山口百恵) 189, 191
야마구치 세이(山口精) 61
《얄개전》 139
양(Edward Yang) 237
양구군(楊口郡) 161
양성자(陽性子) 41, 83, 85
양원제(兩院制) 123, 132
야마나시 한조(山梨半造) 74
야마다 고사쿠(山田耕祚) 63
야마모토 이소로쿠(山本五十六) 107
《야생초 편지》 241
《야성이 부르는 소리(The Call of the Wild)》 19
야수파(野獸派) 15, 27
야스쿠니 신사(靖国神社) 267
야스퍼스(Karl Jaspers) 171
야오원위안(姚文元) 187

찾아보기

야쿠트 반란(Yakut revolt) 67
약물 복용 249, 253
얀손(Tove Jansson) 239
얄타 회담(Yalta Conference) 114, 115
양(Edward Yang, 楊德昌) 219, 237
양계초→량치차오
양궁(洋弓) 91, 193, 207, 281
《양귀비와 기억(Mohn und Gedächtnis)》 133
양귀자 211
양기탁 22, 28, 40, 44, 99
〈양들의 침묵(The Silence of the Lambs)〉 219
양매창론(楊梅瘡論) 17
〈양산도〉 139
양세봉 89
양성태 280
양심적 병역거부 238
양이재(養怡齋) 34
양익준 259, 283
양자역학(量子力學) 45, 71
〈양자역학에 관하여(Zur Quantenmechanik)〉 71
양전백 89
양정고등학교(養正高等學校) 83, 94, 193
양정모 186, 187
양주(楊州) 76, 240
양주남 95, 147, 282
양지축구단(陽地蹴球團) 165
《양철북(Die Blechtrommel)》 149
양키 스타디움(Yankee Stadium) 105
양평군(楊平郡) 197
양학선 265
양현석 220
양화대교(楊花大橋) 160
양화진외국인묘지(楊花津外國人墓地) 32
양희은 173, 177
《어깨동무》 159
〈어느 시골 사제의 일기(Journal d'un curé de campagne)〉 131
《어느 청년 노동자의 삶과 죽음》 203
《어둠의 심연(Heart of Darkness)》 17
어린 왕자(Le Petit Prince) 107, 109
〈어린 음악대〉 89
어린이
  - 잡지 159
어린이 문화운동 67
어린이날 64, 76, 144
〈어린이헌장〉 144
《어머님께》 235
《어메이징 판타지(Amazing Fantasy)》 155
어문각(語文閣) 159
어산지(Julian Assange) 261
어우홍 199
〈어화(漁火)〉 99
〈어쩌다 마주친 그대〉 199
언더우드(Horace Grant Underwood) 18, 48
언론노련→전국언론노동조합연맹

언론사 세무조사 238
언한문혼용법(諺漢文混用法) 53
엄복동 45
엄앵란 159
엄정화 233
엄항섭 56
《업저버(The Observer)》 153
에게해(Aegean Sea) 67, 273
실레(Egon Schiele) 55
에네웨타크 133
에노비드 151
에덜런(Leonard Edelen) 169
에드워드 7세(Edward VII) 13, 31, 37
에드워즈(Blake Edwards) 153
에디슨(Thomas Edison) 83, 84
에딩턴(Arthur Eddington) 57,
에런(Hank Aaron) 183, 253, 287
에르노(Annie Ernaux) 257
에르도시 팔(Erdős Pál) 229
에르도안(Recep Tayyip Erdoğan) 269, 279
에드 설리번 쇼(The Ed Sullivan Show)》 159
에르제(Hergé) 95
에르푸르트(Erfurt) 173
에른스트(Max Ernst) 71
에를리히(Paul Ehrlich) 29, 49
에리트레아(Eritrea) 219
에마누엘레 3세 65
에바노 유전(Campo Ébano) 15
에버 기븐 287
에베레스트산(Mount Everest) 135, 188
에베르트(Friedrich Ebert) 55, 57, 71
에셔(Maurits Cornelis Escher) 179
SBS 216, 227, 238
  - 스타즈→안양 SBS 스타즈 231
〈SBS 인기가요〉 253
SM엔터테인먼트 237
SSC 나폴리(SSC Napoli) 73
SSG 랜더스 199
SF 영화 17
SOS 33
에스와티니(Eswatini) 167
S.E.S. 229, 231, 233
SK 와이번스 198, 199, 253
SK올림픽핸드볼경기장 263
에스토니아 219, 247,
에스토니아 공화국 55
에스트라다 팔마(Tomás Estrada Palma) 17
에스파 229
에스파냐(España) 15, 19, 25, 27, 41, 43, 95, 97, 101, 117, 143, 155, 165, 167, 185, 188, 189, 233, 235, 236, 239
  -의 스포츠 17, 19, 81, 163, 199, 221
  - 제2공화국 83
에스파냐 내전(guerra civil española) 95, 97
에스파냐 독감 55
에스페란토(Esperanto) 71

에어버스 A380(Airbus A380) 21
에어컨 17, 183
에어하트(Amelia Earhart) 21, 85
에우제비우(Eusébio) 163, 269
에이리언(Alien) 193
에이버리(Oswald Avery) 111
ABC(American Broadcasting Company) 73, 75, 109
AC 나폴리→SSC 나폴리
AFC 아시안컵(AFC Asian Cup) 143, 151, 242
AFC 챔피언스리그(AFC Champions League) 203, 273, 285
에이즈(AIDS)→후천성면역 결핍증후군
H&M 267
에이컨(Howard H. Aiken) 111
에이티즈 229
에인트호번(Eindhoven) 47
  PSV - 237, 249
에젤 경기장 207
에젤 참사(Heysel-tragédia) 207, 243
에커트(J. Presper Eckert) 117
에케르트(Franz Eckert) 15, 16, 51
에코(Umberto Eco) 195, 273
에콰도르(Ecuador) 245, 265
에쿠니 가오리(江國香織) 235
《에크리(Écrits)》 163
에티오피아(Ethiopia) 81, 83, 89, 91, 95, 145, 151, 183, 205, 207, 219, 259, 273
에펠(Gustave Eiffel) 67
FA컵(Football Association Cup) 67, 215
에피스키로스(episkyros) 243
에픽하이 249, 253
엑소 229, 267
X 251
엑스(Malcolm X) 135, 161
엑스선(X-ray) 15, 73, 75
엑슨발데즈 원유 유출 사고(Exxon Valdez oil spill) 215
〈엑시트〉 281
엔데(Michael Ende) 181
NC 다이노스 263, 285
〈NHK 홍백가합전(NHK紅白歌合戦)〉 131
엔첸스베르거(Hans Magnus Enzensberger) 231
엔터프라이즈함(USS Enterprise) 166
《엔트로피(Entropy: A New World View)》 195
엔하이폰 229
엘 알라메인 전투(Battle of El Alamein) 107
엘리아데(Mircea Eliade) 209
엘리아스 카예스(Plutarco Elías Calles) 79
엘리엇(T. S. Eliot) 65, 161
엘리자베스 2세(Elizabeth II) 133, 199, 273
엘살바도르(El Salvador) 171, 221, 287
엘살바도르 내전(Guerra civil de El Salvador) 221

LG그룹 118
LG생활건강 137
LG 트윈스 199, 200, 201, 237
MBC 152, 156, 177, 179, 181, 185, 189, 193, 195, 197, 217, 219, 220, 221, 238, 240, 245, 248, 251, 256, 263
  - 강변가요제 193
  - FM 강변축제 193
  - 대학가요제 189
  - 청룡 185
엠파이어스테이트 빌딩(Empire State Building) 81, 83, 87
〈여고괴담〉 233
〈여고괴담 두번째 이야기〉 235, 283
여군의 날 126
〈여름 안에서〉 225
〈여명의 눈동자〉 219
여명 작전(黎明作戰) 262
여성 국회의원 29, 124
여성참정권 19, 39
여성가족부 238, 248
여성법률상담소 142
여성부(女性部) 238, 248
여성사회정치연맹(WSPU) 19
《여성의 신비(The Feminine Mystique)》 157
〈여성일기〉 125
여수(麗水) 164, 227
여순 사건(麗順事件) 122, 128, 156
여운형 42, 43, 54, 62, 64, 110, 114, 118, 119
여의도(汝矣島) 64, 78, 94
  - 공항 146
  - 광장 197, 214
여익구 207
〈여인잔혹사 물레야 물레야〉 205, 282
여자 월드컵 219, 242, 243
여자의용군교육대(女子義勇軍敎育隊) 126
《여자정신근로령(女子挺身勤勞令)》 110
여자청년당 100
여자축구대회 242
여자친구 271
여정남 184
여행비둘기(ctopistes migratorius) 47
여호와의 증인 238
역도(力道) 123, 133
역도산 157, 161
역둔토(驛屯土) 44
《역둔토특별처분령(驛屯土特別處分令)》 44
역사교과서 국정화 180, 270
역사교과서 왜곡 198, 238
《역사란 무엇인가(What Is History?)》 153
《역사와 계급의식(Geschichte und Klassenbewußtsein)》 67
《역사의 연구(A Study of History)》 89
《역사의 종언(The End of History and the Last Man)》 221
연극(演劇) 23, 45, 57, 125, 142, 177, 278

찾아보기

《연금술사(O Alquimista)》 223
연기(燕岐) 248
연길 26
〈연락선은 떠난다〉 97
연방수사국(FBI) 31, 152, 239,
연방정부 일시업무정지 267
연방준비제도(Federal Reserve) 45
　- 이사회(Board of Governors of the -) 45
〈연산군〉 155
연상호 273, 283
연세대학교(延世大學校) 48, 144, 194, 210, 221, 228
연속경기 안타 105
연속경기 출장 101, 227
연안파(延安派) 142
〈연인〉(드라마) 305
《연인(L'Amant)》 205
연재만화 69, 235
연주황(軟黃黃) 241
연천군(漣川郡) 182, 258
연초세령(煙草稅令) 46, 50
《연탄길》 237
연평도(延坪島) 234, 260
연평도 포격전 260
연평해전 234, 240
연합진보위원회(İttihat ve Terakki Cemiyeti) 31
연해주(沿海州) 33, 40, 52
연형묵 249
연호(年號) 21, 154, 281
〈연호에관한법률〉 154
연희대학교(延禧大學校) 144
연희전문학교(延禧專門學校) 48, 52, 95, 108
열기구 20
〈열대병〉 247
《열린 사회와 그 적들(The Open Society and Its Enemies)》 115
열린우리당 244, 246, 250, 255, 271, 277
열차 사고 124
염상섭 63, 67, 83, 119, 143
염색체(染色體) 39
염소(鹽素) 49
염수정 268
염화불화탄소 183
엽전(葉錢) 24, 54
영(Cy Young) 23, 139
영(John Young) 197
영광(靈光) 50
영국 15, 17, 19, 21, 23, 25, 27, 29, 31, 33, 39, 41, 43, 51, 53, 57, 61, 65, 67, 69, 71, 73, 77, 78, 81, 83, 85, 91, 95, 97, 99
　-과 아일랜드 51, 63, 65
　-과 1차 대전 47, 49, 51, 53, 63
　-과 한국 22, 30, 32, 78
　-의 스포츠 25, 31, 67, 95
영국 의약품·보건의료제품규제청(MHRA) 285

영국 대사관 34
영국령 버마 107
영국령 인도 107
영국령 인도제국 41
영국방송협회(BBC) 63
영국방송회사(BBC) 63
영국-아일랜드 조약(Anglo-Irish Treaty) 63, 65
영국-아일랜드 협정(British-Irish Agreement) 233
영국연방 → 영연방
영국조계지 48
영국 침공(British Invasion) 159
영국해외항공(BOAC) 21, 133
영동군(永同郡) 126
영등포 14, 56, 78, 108, 126
　-교도소 212
　- 정차장 14
영러협상(Anglo-Russian Convention) 29
영불협상 23
영불협약 29
영산강(榮山江) 259
영연방(Commonwealth of Nations) 49, 83, 107, 123
〈영웅본색(英雄本色)〉 209
〈영원과 하루(Mia aioniotita kai mia mera)〉 233
영일동맹(英日同盟) 17, 23, 25
영일만(迎日灣) 186, 188
〈영자의 전성시대〉 185, 282
영종도(永宗島) 238, 258
영해(寧海) 26
영해(領海) 166, 188
〈영해법(領海法)〉 188
영화 사전심의 229
영화 예술 과학 아카데미 79
〈영화법〉 155, 163, 211, 229, 283
〈영화법시행령〉 163
영화진흥위원회 247
예거(Chuck Yeager) 21, 119
예니세이스크현(Eniseisk -) 31
예루살렘(Jerusalem) 159, 275
　-동예루살렘 165, 213
《예루살렘의 아이히만(Eichmann in Jerusalem)》 157
예멘(Yemen) 155, 165, 271
예멘 아랍공화국 159
예멘 아랍공화국 155
예비고사 → 대학입학예비고사 166
예술의전당 213, 271
〈예술인 복지법〉 263
〈예스터데이(Yesterday)〉 161
예이젠시테인(Sergei Eisenstein) 71, 123
예이츠(W. B. Yeats) 97
예일대 252
예카테린부르크(Ekaterinburg) 55, 259

옌안(延安) 89
옐로스톤 국립공원(Yellowstone National Park) 165
옐친(Boris Yeltsin) 225, 231, 233, 237, 249
〈오, 프리티 우먼(Oh, Pretty Woman)〉 159
오감도(烏瞰圖)》 89
오거스타 내셔널 초청대회(Augusta National Invitation Tournament) 89
5공 청문회 212, 214
오광심 102
오너스(Heike Kamerlingh Onnes) 41
〈오늘부터 우리는〉 271
오달수 278
오대현 14
오랑우탄(orangutan) 135, 275
오렌지 혁명(Pomarancheva revoliutsiia) 247
《오렐리앵(Aurélien)》 111
오륜기 → 올림픽기
오리엔탈리즘(Orientalism)》 191
오마이뉴스 270
오마하케 사막(Omaheke Desert) 23
오멸 267, 283
오미크론 286, 287
오바마(Barack Obama) 241, 257, 259, 265, 267,
　-케어(Obamacare) 267
〈오발탄〉 153, 282
오번(Auburn) 73
오보테(Milton Obote) 177
OB 193, 196
OB 베어스 205
오비슨(Roy Orbison) 159
〈오빠 생각〉 81
〈오빠는 풍각쟁이〉 99
오 사다하루(王貞治) 201
오사카(大阪) 29, 74, 147, 277
오사카 나오미(大坂 なおみ) 287
오사카 만국박람회 173
오사카 아사히 신문사 49
오산(烏山) 136
오산학교(五山學校) 28
오상순 61, 157
오성구락부(五星俱樂部) 47, 49
오성륜 64
오세아니아축구연맹(OFC) 137
오세훈 250, 262, 286
오스만 제국(Osmanlı İmparatorluğu) 20, 31, 33, 39, 41, 43, 45, 47, 49, 61, 65
오스만튀르크 31
오스미(おおすみ) 173
오스카상(Oscars) → 아카데미상
오스트레일리아(Australia) 15, 17, 31, 83, 95, 101, 104, 105, 107, 111, 118, 122, 133, 155, 167, 185, 233, 241, 249, 257
　-의 스포츠 117, 137, 143, 181, 235, 237, 253, 279

오스트레일리아 오픈(Australian Open) 117, 235, 279
오스트리아(Österreich / Austria) 15, 31, 53, 83, 99, 101, 145, 159, 161, 187, 208, 215, 219, 227, 271, 275
오스트리아 자유당 275
오스트리아-헝가리(Austria-Hungary) 15, 29, 31, 41, 47, 49, 55
오슬로(Oslo) 15, 125, 133, 223, 263
오슬로 협정(Oslo Accords) 223, 227
오시비엥침(Oświęcim) 295
〈오아시스〉 241, 283
오언스(Jesse Owens) 95, 168, 195, 205
오영선 74
5월 증권파동 154
오우삼(吳宇森) 209
〈5월의 노래〉 194
오웰(George Orwell) 99, 115, 125, 127
오윤 193, 209
오익경 130
5·16 군사정변 152, 153, 180, 192, 274
5·16 군사혁명 → 5·16 군사정변
5·16 사건(五·一五事件) 85
5·16 통지(五一六通知)》 163
5·16 혁명 → 5·16 군사정변
5·18 민주화운동등에관한특별법 226
5·18 특별법 → 〈5·18민주화운동등에관한특별법〉
오임하 60
오자키 고요(尾崎紅葉) 45
오적(五賊) 135
오정묵 195
오존주의보 227
오존층(ozone layer) 183, 207
오주쿠(Chukwuemeka Odumegwu Ojukwu) 165
오즈(Amos Oz) 241
오즈 야스지로(小津安二郎) 135
오즈마 프로젝트(Project Ozma) 151
오즈월드(Lee Harvey Oswald) 157
오진희 231
〈오징어 게임〉 286, 287
오청원(吳淸源) 269
오키나와(沖繩) 115, 127, 151, 179, 265
오키나와 전투(Battle of Okinawa) 115
오태양 238
오트볼타(Haute-Volta) 151
오페라 23
《오페라의 유령(Le Fantôme de l'Opéra)》 39
오펜하이머(J. Robert Oppenheimer) 165
오하묵 54
오히라 마사요시(大平正芳) 154
온난화(溫暖化) 259, 275
온도(溫度) 17, 41
온두라스(Honduras) 171
온실가스(greenhouse gas) 271

찾아보기

올 아프리칸 게임(All-Africa Games) 161
〈올드보이〉 245, 247, 283
올랭피아 출판사(Olympia Press) 139
올랭피크 리옹(Olympique lyonnais) 127
올리브 나무 사이로(Zīr-e Derakhtān-e Zeytūn)〉 227
올림픽 23, 27, 31, 43, 51, 61, 85, 91, 94, 99, 158, 167, 173, 181, 186, 189, 191, 193, 197, 198, 209, 212, 223, 227, 242, 243, 260, 265, 273, 275, 285
 -기 61, 261, 273
 - 난민 선수단 273
 - 마스코트 179
 - 선서 61
 - 성화 77
 - 표어 69
 동계 - 69, 77, 85, 95, 103, 111, 123, 133, 143, 151, 159, 167, 179, 187, 195, 205, 213, 221, 225, 233, 241, 251, 260, 261, 269, 279
 중간 - 27,
 하계 - 69, 77, 85, 95, 103, 111, 123, 133, 143, 151, 159, 167, 179, 187, 195, 205, 213, 221, 225, 229, 237, 247, 257, 265, 273, 285, 287
올림픽 공원 제2체육관 231
올림픽체조경기장 221
올림픽 클럽(Olympic Club) 145
올브라이트(Madeleine Albright) 231
《올스토리》 43
옹알스 271
옹진군(甕津郡) 234, 260
옹진반도(甕津半島) 138
〈와〉 235
와우아파트 붕괴사고 162, 172
YH 무역 192
YH 사건 192
와이즈(Robert Wise) 153, 161
〈와이키키 브라더스〉 239, 283
와인버그(Steven Weinberg) 189, 287
와인스틴(Harvey Weinstein) 275
와일더(Billy Wilder) 111
와일스(Andrew Wiles) 223
와힛(Abdurrahman Wahid) 235
완바오산(萬寶山) → 만보산 사건
왓슨(James Watson) 135, 167
〈왓 어 원더풀 월드(What a Wonderful World)〉 165
왕립아시아학회 103
〈왕서방 연서〉 99
왕영 197
〈왕의 남자〉 247, 249, 283
YG 237
왕자웨이(王家衛) 217, 225, 237
왕징웨이(汪精衛) 71
왕훙원(王洪文) 187

왜성대(倭城臺) 26
외계 지적 생명체 탐사(SETI) 151
외교역사공원 34
외국어대학교 218
〈외국인 근로자의 고용 등에 관한 법률〉 244
외국통상항 30
외나로도(外羅老島) 259
외래어 표기법 통일안 103
외로운 조지(Lonesome George) 265
외몽골(外蒙古) 101
외부(外部) 14, 26
〈외부은하 성운들 간의 거리와 시선속도 사이의 관계〉 79
외사국(外事局) 26
외환위기 234
외환은행 93, 164, 260
외환카드 260
월스너(Marlies Oelsner) 168
요네무라 다마지로(米村玉次郎) 291
요르단(Jordan) 117, 147, 165
요르단(Pascual Jordan) 71
요리점(料理店) 18
요소수 대란 286
요시히토(嘉仁) →다이쇼 천황
요요기운동장 84
요하네스버그(Johannesburg) 21, 133
요한 23세(Ioannes XXIII) 155, 157
요한 바오로 2세(Ioannes Paulus II) 191, 197, 237, 249, 268
요한손(Thure Johansson) 169
욤 하츠마우트(Yom Ha'atzmaut) 123
용문산(龍門山) 96
용산(龍山) 26, 30, 45, 65, 108, 135, 170, 249, 277, 278
 -역 46, 52
 - 철거민 참사 258
용산철도국 47
용산철도 그라운드 49
용서받지 못한 자(Unforgiven)〉 221
용암포 사건(龍巖浦事件) 18, 22
용유도(龍遊島) 238
용정촌(龍井村) 26
용평(龍坪) 96
우 누(U Nu) 155
우가키 가즈시게(宇垣一成) 82, 84
우간다(Uganda) 155, 163, 177
우겐 왕축(Ugyen Wangchuck) 29, 73
우드스톡 페스티벌(Woodstock Festival) 133
우드워드(Arthur Smith Woodward) 135
우라늄(Uranium) 99
우라늄-235(Uranium-235) 91
우루과이(Uruguay) 51, 81, 89, 127, 203, 209, 222, 225
 - 월드컵 81
우루과이 라운드 209, 222, 225
우르두어(Urdu) 119, 133

《우리가 빛의 속도로 갈 수 없다면》 281
《우리글 바로쓰기》 215
《우리는 결코 근대인이었던 적이 없다(Nous n'avons jamais été modernes)》 219
《우리들의 일그러진 영웅》 221
《우리들의 행복한 시간》 249
《우리말 큰사전》 144, 145
우리별 1호 221
〈우리 생애 최고의 순간〉 247, 257, 283
우리은하 55, 69
〈우리의 맹서〉 124
〈우리의 소원〉 119
〈우리 청춘 후회 없다(わが青春に悔なし)〉 115
우리카드 우리WON 157
우리 히어로즈 257
〈우묵배미의 사랑〉 217, 282
〈우상의 파괴 - 문학적 혁명기를 위하여〉, 143
우생학(優生學) 43
우수국산영화상 155
우수리강(烏蘇里江) 171
우암상가아파트 붕괴 사고 222
우에노역(上野駅) 75
우에르타(Victoriano Huerta) 45, 47
《우연과 필연(Le Hasard et la Nécessité)》 173
우장춘 149
우주망원경 167, 217
우주비행사 153, 157, 177, 185, 237, 257, 265
우주왕복선(Space Shuttle) 197, 209, 217, 245
우주정거장 177, 181, 209, 237, 257
우즈(Tiger Woods) 231
우즈베키스탄 96, 219
우지 파동 214
우창 봉기(武昌起義) 41
우측통행 62, 260
우치다 겐지로 86
우치무라 간조(内村鑑三) 81
우크라이나(Ukraina) 55, 63, 87, 118, 185, 219, 233, 247, 251, 269, 281
 - 대통령 선거 247
우퇴위아섬(Utøya) 263
우표 16, 90, 136
우한(武漢) 284, 285
운교(雲橋) 35
운동회(運動會) 25, 27, 186
〈운명의 손〉 137
〈운수 좋은 날〉 69
〈운영전(雲英傳)〉 69
운영체제(OS) 111, 227
〈울고 넘는 박달재〉 123
울란바토르(Ulaanbaatar) 57
울릉도(鬱陵島) 136, 248, 249
울산(蔚山) 158, 162, 178, 208

울산현대 285
울프(Virginia Woolf) 79, 105
움베르토 2세(Umberto II) 203
〈움직이는 물체의 전기역학에 대하여(Zur Elektrodynamik bewegter Körper)〉 25
웅기(雄基) 114
〈워낭소리〉 259, 283
〈Wannabe(워너비)〉 285
워쇼스키(Lana Wachowski) 235
워쇼스키(Lilly Wachowski) 235
워싱턴 D.C.(Washington, D.C.) 63, 134, 139, 155, 157, 183, 202, 223, 250, 271
워싱턴 세네터스(Washington Senators) 19, 105
《워싱턴 포스트(The Washington Post)》 186, 227, 267
워싱턴 해군회의 63
워싱턴 회의 62, 64
워치츠키(Susan Wojcicki) 233
워커(Caroline Walker) 169
워커힐 사건 154
워터게이트 빌딩(Watergate buildin) 183
워터게이트 사건(Watergate scandal) 183
워홀(Andy Warhol) 155, 211
원(화폐 단위) 154
원각사(圓覺社) 17, 31
원난육군항공학교(雲南陸軍航空學校) 68
원내 자유당 130
원더걸스 229, 253, 257
원더우먼(Wonder Woman) 181
원동석 193
〈원령공주(もののけ姫)〉 231
원미동 사람들》 211
원불교(圓佛敎) 50
원산(元山) 59, 78, 126, 166
 - 역 46
원산노동연합회 78
원산 총파업 78, 80
원산 철수 작전 128
원세훈(독립운동가) 62
원세훈(정치인) 266
원숭이 101, 117
원숭이 재판 71
원심창 86
원외 자유당 130
원유(原油) → 석유
원자(原子) 41, 45, 85
 - 모형 41, 45
원자력발전소 193, 209, 263, 275, 285
원자력 잠수함 137
원자력안전위원회 285
〈원자와 분자의 구성에 관하여(On the Constitutions of Atoms and Molecules)〉 45
원자폭탄 91, 115, 125, 133
원자폭탄 투하 115
원자핵(原子核) 41, 45, 85

찾아보기

원풍노조 해산 196
원효로 24
《월간조선》 232
〈월남공화국 지원을 위한 국군부대 해외파견에 관한 동의안〉 158
〈월남에서 돌아온 김상사〉 171
월남파병 동의안 160
월드 마라톤 메이저스(World Marathon Majors) 197
월드 베이스볼 클래식(WBC) 201, 251, 259, 275
월드 와이드 웹(WWW) 111, 215
월드 챔피언십 시리즈 61
월드 시리즈(World Series) 19, 31, 57, 65
월드컵(World Cup) / FIFA 월드컵 / FIFA U-20 월드컵
월러스틴(Immanuel Wallerstein) 281
월마트(Walmart) 267
월성 1호기 263, 285
월스트리트 69, 81
월스트리트 대폭락 79
  - 점령 시위 263
월북(越北) 114, 117, 131
월요 시위(Montagsdemonstrationen) 215
월콕스(Carla Wilcox) 245
월탄문학상(月灘文學賞) 125
월트디즈니컴퍼니(The Walt Disney Company) 73, 281
〈월하의 맹서〉 67, 282
웨버(Lois Weber) 23
〈웨스트 사이드 스토리(West Side Story)〉 153
웨스트민스터 대학(Westminster College) 117
웨스트민스터 헌장(Statute of Westminster 1931) 83
웨스트햄 유나이티드(West Ham United F.C.) 67
웨스틴조선호텔 35
웨인 193
웨일(James Whale) 91
웨일스 32
웨일스(Jimmy Wales) 239
웨일스(Nym Wales) 58, 105
웰스(Orson Welles) 105, 135, 207
웰스(H. G. Wells) 117
웸블리 경기장(Wembley Stadium) 47, 135
웹스터(Jean Webster) 43
위구르족(Uyghur people) 14
위기철 219
위너(Norbert Wiener) 123
《위대한 개츠비(The Great Gatsby)》 71
〈위대한 환상(La Grande Illusion)〉 97
위도(蝟島) 222
위라세타쿤, 아핏차퐁 247
〈위로공단〉 271
〈위를 향해 걷자(上を向いて歩こう)〉 153
위수령 160, 176, 192

〈위 아 더 월드(We Are the World〉 207
위안부(慰安婦) → 일본군 위안부
위안스카이(袁世凱) 43, 49, 51
위키리크스(WikiLeaks) 261
위키피디아 239
위트레흐트(Utrecht) 188
《위폐범들(Les Faux-monnayeurs)》 71
위헌(違憲) 229, 230, 246, 248, 270, 274, 277, 280.
〈위험한 정사(Fatal Attraction)〉 213
윈도우 95 → 마이크로소프트 윈도우 95
윈 민(Win Myint) 287
윈스럽 브라운 162
〈윙크〉 213
윌로스 비행학교(Willows Korean Aviation School) 46, 60
윌리엄슨(James Williamson) 15, 269
윌리엄스(Percy Williams) 168
윌리엄스(Serena Williams) 235
윌리엄스(Willie Williams) 168
윌슨(Allan Wilson) 211
윌슨(E. O. Wilson) 287
윌슨(Woodrow Wilson) 43, 45, 47, 49. 51, 54, 55, 57, 69
윌슨(Colin Wilson) 143
윌턴(Maureen Wilton) 169
윔블던 선수권대회(Wimbledon Championships) 111, 117, 207, 235, 245
유각권구락부(柔角拳俱樂部) 43
유고슬라비아(Jugoslavija) 39, 53, 79, 105, 135, 139, 165, 181, 195, 205, 211, 213, 219, 221, 233, 235
유공 203
유관순 34, 59, 61
유교(儒敎) 40, 50
유길준 38, 47
〈유나바머 선언문(Unabomber manifesto)〉 227
유나이티드 인터내셔널 픽쳐스(UIP) 213
유남규 215
유네스코(UNESCO) 133, 253, 261, 275, 287
  - 문화다양성 선언 239
유네스코 세계유산 → 세계유산
유니버설 픽쳐스(Universal Pictures) 47
유니버시아드 대회(Universiade) 193, 211
유니세프(UNICEF) 144
유니언 카바이드사(Union Carbide) 205
유대열 96
유도(柔道) 43, 146, 227, 281
유동규 286
유동열 40, 48, 80
〈유디트와 홀로페르네스〉 15
유러피언컵(European Cup) 165, 207, 237
유럽(Europe) 151
유럽공동체(EC) 221
유럽공동체(ECC) 285

유럽 부흥 계획 125
유럽 입자물리연구소(CERN) 215, 257, 265, 267
유럽경제공동체(EEC) 131, 145, 273
유럽경제협력기구(OEEC) 125, 153
유럽사법재판소 269
유럽석탄철강공동체(ECSC) 131, 145
유럽연합(EU) 131, 221, 223, 229, 235, 236, 249, 251, 253, 259, 261, 262, 267, 271, 273, 275, 281, 285, 287
유럽원자력공동체(EURATOM) 145
유럽입자물리연구소(Laboratoire européen pour la physique des particules) 215, 265
유럽원자핵연구기구(CERN) 267
유럽축구연맹(UEFA) 207
유령마차〉 63
유로 241, 261, 265
유로화 235, 241
《유림(儒林)》 249
〈유모어 1번지〉 203
유벤투스 207
유보트(U-boot) 27 49
〈유산가(遊山歌)〉 29
유상규 56
유상철 287
유성영화(有聲映畫) 75
유셴코(Viktor Yushchenko) 247
유순복 219
유술(柔術) 43
유시민 213
유신(維新) → 10월 유신
유신정우회(維新政友會) 180, 252
유신헌법 178, 182, 184, 188, 211, 276
유신회(維新會) 22
유신정우회(維新政友會) → 유정회
유아교육 186
유에스에이 포 아프리카(USA for Africa) 207
유엔(UN) 114, 118, 119, 125, 126, 141, 173, 177, 185, 186, 205, 207, 217, 279
  - 사무총장 250
  - 총회(UN General Assembly) 118, 119, 167, 251, 279
유엔군 126, 128, 129, 130, 134, 135,
유엔 국제형사재판소 → 국제형사재판소
유엔 기후 변화 회의(United Nations Climate Change Conference) 271
유엔군 124, 126, 128, 129, 130, 134, 144, 186, 190
유엔군 전면 철수 126, 128
유엔기후변화협약 221
유엔본부 216
유엔군사령부 144
유엔사령부(United Nations Command) 132
유엔 안전보장이사회(UN Security Council) 127, 128, 181, 213, 222, 233, 264, 271, 274, 279

유엔인간환경회의(UN Conference on the Human Environment) 179
유엔 인구기금(UN Population Fund) 211
유엔통합군사령부 128
유엔평화유지활동 협력법 → 〈국제연합평화유지활동 등에 대한 협력에 관한 법률〉
유엔 한국임시위원단 118, 122
6월 항쟁 208, 210
유인석 38
유인우주선 187, 247
유인원(類人猿) 135, 275
《유인원 타잔(Tarzan of the Apes)》 43, 47
유인호 191
유일단(唯一團) 45
유일당촉성회의(唯一黨促成會議) 76
유일서관(唯一書館) 53
유일한 72, 177
유재석 251
유재하 211
유전 15, 79, 99, 219
유전무죄 무전유죄 213
유전물질 111, 181
유전병 87, 125
유전병 자손 예방법〉 87
유전자 39, 75, 181, 187, 225
  - 돌연변이 73, 75
유전자 검사 211
유전자 재조합 DNA 기술 181
유전학(遺傳學) 111, 125, 135, 161
유정회(維政會) 190, 192
유지광 144
유지영 69
유진오 101
유치원(幼稚園) 19, 46, 186,
유치진 109, 125
유치환 165
유카와 히데키(湯川秀樹) 53, 197
유튜브(YouTube) 249, 251, 265, 287
유한양행(柳韓洋行) 72
유현목 153, 157, 161, 197, 259, 282
유홍준 223
육군사관학교 116, 127, 274
〈육군특별지원병임시채용규칙〉 108
육당시조문학상(六堂時調文學賞) 125
63빌딩 206
6·3 사태 158
육삼정 의열투쟁(六三亭義烈鬪爭) 86
육상(陸上) 83, 95, 115, 137, 151, 155, 158, 167, 189, 205, 229, 249, 257, 263, 275, 279
육상자위대(陸上自衛隊) 221
6·10 만세운동 72
육아휴직 210
육영수 182, 183, 276
6·29 선언 210, 211
6·25 → 한국전쟁
〈6·25의 노래〉 26

찾아보기

6·15 남북공동선언 236, 252, 277
6자회담 244, 248, 250
〈육체의 고백〉 159
윤공흠 142
윤극영 67, 69
윤금이 피살 사건 220
윤덕병 64
윤동주 71, 115, 123
윤백남 67, 282
윤보선 156, 164, 190, 192, 217, 245, 276
윤봉길 84, 85
윤상 217
윤상양 216
윤석열 26, 186, 244, 245, 253, 266, 277, 284, 286.
윤석열 대통령 탄핵 253
윤석중 20, 75, 79, 245
윤성빈 279
윤수일 199
윤시병 22
윤심덕 72, 73
윤여정 287
윤용규 125
윤이상 164, 227
윤제균 269
윤치호 229
윤치호 26, 40, 44, 110
윤해 62
윤현진 56
윤형두 176
윤흥길 176
《율리시스(Ulysses)》 65
융(Carl Gustav Jung) 43, 153
융커(Jean-Claude Juncker) 275
〈으르렁〉 267
은데레바(Catherine Ndereba) 169
은본위제 14
《은하수를 여행하는 히치하이커를 위한 안내서 (Hitchhiker's Guide to the Galaxy)》 193
《은하철도 999(銀河鐵道999)》 191
〈을사늑약(乙巳勒約)〉 23, 24, 27, 28, 34, 35
을사늑약 체결 24
을사보호조약 24
〈을사조약(乙巳條約)〉→〈을사늑약〉
을유문고(乙酉文庫) 185
을유문화사(乙酉文化社) 119
을지로(乙支路) 30, 39, 88, 237
을축년 대홍수(乙丑年大洪水) 216
《을화》 191
음반(音盤) 17, 29, 72, 75, 87, 123, 143, 157, 159, 171, 173, 184, 195, 228, 229, 267,
〈음반에관한법률〉 294
음속 돌파 21, 119
〈음오아예〉 271
읍면제 80
응오딘지엠 139, 157

응우옌 왕조 115
의녀(醫女) 245
〈의례준칙(儀禮準則)〉 88
의료보험 166, 172, 188
〈의료보험법〉 156, 172, 188
의리적 구토(義理的仇討) 29, 57, 282, 283
의병(義兵) 24, 26, 28, 30, 32, 33, 38, 42, 44, 48, 49
의약분업(醫藥分業) 236
의열단(義烈團) 56, 60, 62, 64, 66, 72, 84 , 90
의정부(議政府, 행정기관) 26
의사소통 행위 이론(Theorie des kommunikativen Handelns)》 197
의지의 승리(Triumph des Willens)》 91
의혹의 그림자(Shadow of a Doubt)》 109
의화단의 난(義和團-) 15
〈이 밤의 끝을 잡고〉 227
《이 시대의 사랑》 197
이각경 60
이갑성 160
이강년 31
이강석 144
이강인 242
이강주 213
이강천 139, 282
이강훈 86
이건희 285
《이것이 인간인가(Se questo è un uomo)》 119
이경손 71, 75
이경식 222
이관술 100, 296
이광모 233, 283
이광수 55, 65, 96, 101, 102, 109, 127
《이광수와 그의 시대》 209
이광진 241
이구용 75
이규서 56
이규채 88
이규환 85
이그레이스 31
이그보족 79
2극 진공관 23, 27
이근안 234, 304
이근택 24
이글표 담배 24
이기동 211
이기백 165
이기붕 137, 138, 144, 146, 147, 139, 142, 148
이기영 71
《이기적 유전자(The Selfish Gene)》 187
이난영 91, 161
이내수 38
이누카이 쓰요시(犬養毅) 85
이도영 33

이동녕 40, 62, 68, 74, 80, 103
이동원 160, 162
이동휘 54, 56, 62, 91
이두용 195, 197, 205, 207, 209, 282
이드리스(Idris) 133, 171
이득수 247
이라크(Iraq) 85, 99, 147, 151, 219, 223, 233, 239, 241, 244, 245, 246, 247, 253, 256, 261, 269, 277
이라크 공습 233
이라크 전쟁(Iraq War) 241, 245, 247, 253
이라크 추가 파병 동의안 246
이라크 파병 244(완), 246
이라크 파병동의안 244
이란(Iran) 29, 31, 63, 71, 99, 109, 131, 135, 151, 183, 191, 193, 197, 205, 209, 215, 241, 259, 269, 271, 285
 -에 대한 제재 279
 카자르 - 31,
 핵협정 279
이란 핵협상 271
이란 핵협정 탈퇴 279
이란-콘트라 사건 209
이르쿠츠크(Irkutsk) 54, 96
 - 공산당 한인지부 54
이리(裡里) 94, 115, 188
이리고옌(Hipólito Yrigoyen) 81
이리역 폭발 사고 188
이마이다 기요노리(今井田清德) 88
이마트 222
이만기 203
이만희 155, 157, 159, 163, 165, 167, 185, 282
이명박 245, 248, 252, 256, 259, 260, 266, 277, 278
이명상 42
이명세 213, 223, 235, 283
이명우 90, 91, 282
이무영 109
이문구 245
이문세 211
이문열 193, 221
이문영 208
이문옥 216
이미자 159
이민성 231
이민용 227
《이민자(The Immigrant)》 53
이민진 275
이민 할당제 63
《이방인(L'Étranger)》 107
200m 달리기 95, 151, 167, 205, 257, 259, 263
200해리 경제수역 188
이범석(李範奭, 1900) 122, 179
이범석(李範錫, 1925) 202

이범호 259
〈이별〉 181
〈이별의 부산정거장〉 137
이병도 88, 89, 132
이병일 145, 282
이병주 221
이병철 158, 160, 211
이병헌 281
이봉주 75, 169, 229, 239
이봉창 84, 85
〈이브의 경고〉 225
EBS 181, 245
이빈 213
24 국가보안법 파동 146
이산가족(離散家族) 158, 176, 178, 202, 206, 238
〈이산가족을 찾습니다〉 202
이산가족 찾기 TV 생방송 202
이상 89, 95, 97, 125, 179
이상근 281
《이상 선집》 125
이상룡 40, 70
이상백 115, 163
이상설 26, 28, 38, 48
이상우 217
이상은 193, 213
이상재 74, 75
이상화(시인) 73, 109
이상화(스피드스케이팅 선수) 267
이서구 109
이석기 266, 268
이석용 44
이선희 193, 205
이성기 167, 282
이성근 110
이성복 195
이성환 110
이세돌 272, 273
이소룡 181, 211
이소선 257
이소연 257
이순금 100
이순자(노동운동가) 178
이순자(전두환의 배우자) 212
이스라엘(Israel) 119, 123, 127, 145, 155, 181, 185, 189, 191, 193, 199, 205, 223, 227, 229, 251
 -과 팔레스타인 53, 119, 127, 143, 159, 165, 179, 199, 211, 213, 223, 227, 237
이스라엘 노동당 229
이스라엘 독립선언서 123
이스라엘-팔레스타인 갈등 53
이스탄불(Istanbul) 43, 67
이스트우드(Clint Eastwood) 221
이슬람국가(IS) 269
이슬람불리, 할리드 197

찾아보기

이슬람주의 운동 77
이승만 46, 56, 57, 62, 66, 68, 70, 114 ,116, 122, 123, 124, 126, 129, 130, 132, 134, 135, 136, 137, 138, 139, 142, 144, 146, 148, 150, 160, 161, 192, 210, 211, 245, 276
이승만 대통령 탄핵 70
이승복 167
이승엽 201
이승훈 28, 40, 44, 81
이시영 62, 68, 80, 122, 130, 132, 135
이식 42
이신바예바(Yelena Isinbayeva) 249
《20억 광년의 고독(二十億光年の孤独)》133
《21세기 자본(Le Capital au XXIe siècle)》267
21세기 폭스(21st Century Fox) 281
이애리수 77
이어도(離於島) 267
〈이어도〉189, 280
이어령 143, 179
이에리사 181
이여성 67
이영덕 224
이영도 233
이영민 123, 137
이영표 45
이오네스코(Eugène Ionesco) 127
이오덕 215, 245
이오지마 전투(硫黄島の戦い / Battle of Iwo Jima) 115
이와이 슌지(岩井俊二) 227
이완용 24, 28, 32, 38, 52, 54, 73
이왕직(李王職) 38
이용각 171,
이용악 131
이용구 22, 32, 38
이용근 60
이용선 60
이용익 14
이우 75
이우일 235
이우정 241
이우혁 225
〈이웃집 토토로(となりのトトロ)〉213
이웅평 202
이원복 211
이원세 197, 282
이원수 79
이원익 56
2월당 76
2월 혁명(Febralskaya Revolyusiya) 51
이위종 28
〈이유 없는 반항(Rebel Without a Cause)〉 139
이육사 111
이윤기 237

《이윤기의 그리스 로마 신화》237
이윤재 106
이윤택 278
이은 217, 282
이은상 87, 125, 199
이은성 217
이을호 206
2·28 민중항쟁 119
이이화 285
이인영 28, 33, 245
이인제 230
이인직 27
이일래 99
이장호 183, 195, 213, 282
이재구 217
이재명(독립운동가) 32
이재명(정치인) 245, 277, 286
이재수 14
 -의 난 → 신축의거
이재용 274
이재유 86, 88, 111
이재학 136
이정숙 73
이정재 144
이정향 241, 283
이정현 235
이제하 298
이종범 200
이종암 64
이종욱 244
이종찬 129, 203
이종호 40
이주노 220
이주일 241
이주홍아동문학상 125
이준 28, 29
이준석 286
이준익 249,, 283
《이중나선(The Double Helix)》167
〈이중 배상(Double Indemnity)〉111
이중섭 105, 143
이즈미르(Izmir) 67
이지용 22, 24, 38
이진경 209
이집트(Maṣr / Egypt)) 23, 65, 77, 105, 133, 135, 143, 147, 155, 165, 171, 181, 185, 189, 191, 193, 197, 199, 223, 259
 고대 - 119
 대통령 선거 265
 영국보호령 - 17, 55
 -와 2차대전 105, 107, 109
 -의 스포츠 145
이집트-이스라엘 평화조약(Egypt－Israel peace treaty) 191
이집트 혁명 133
이창동 231, 237, 241, 253, 261, 282, 283

이창훈 147, 149
이철승 172, 186
이철환 237
이철희(군인) 106
이철희(정치인) 198
이철희 '사변폭발' 태극기(李鐵熙事變爆發太極旗) 106
이청준 187, 257
이청천 → 지청천
이초 60
이춘숙 56
이춘재 280
이충렬 259, 283
이치로(イチロー) 259
이케나카 야스오(池中康雄) 169
이케다 기쿠에(池田菊苗) 33
이쾌대 105, 117
이키마루(壱岐丸) 24
이타이이타이병(イタイイタイ病) 143
이탈리아(Italia) 29, 33, 41, 49, 61, 63, 65, 71, 79, 83, 85, 91, 95, 97, 99, 101, 103, 105, 107, 109, 111, 115, 117, 123, 131, 143, 145, 151, 155, 167, 173, 185, 191, 219, 225, 235
 -와 1차대전 49
 -와 한국 15, 17, 236
 -의 음악 15, 17, 23
 -의 스포츠 31, 47, 75, 89, 99, 163, 173, 199, 217, 225, 240
이탈리아사회운동(Movimento Sociale Italiano) 225
이태석 261
이태영 142, 233, 248
이태준 103
〈이터널 선샤인(Eternal Sunshine)〉247
이토 히로부미(伊藤博文) 24, 26, 28, 32, 33
〈E.T.〉199
2·8 독립선언 56
〈이프〉235
이프르 전투(Battle of Ypres) 49
이학찬 66
이한열 210, 211
이해연 143
이해조 75
이해찬 232
이헌구 125
이현상 86, 100, 135
이현세 203, 231
이형표 153
이호재 208
〈이혼 고백장〉89
이홍열 205
이화숙 46, 56
이화여자고등학교 34, 35
 - 100주년기념관 34
이화여자대학교 234, 270

 - 사범대학 부속 이화유치원 46
이화자 95, 99
이화학당(梨花學堂) 34, 35, 46, 59
이화학연구소(理化学研究所) 53
이회영 40, 62, 85
이회창 230, 240, 252, 256
이효리 245, 257
이효석 95, 107
이효재 285
이후락 178
이휘소 189
이희호 198, 262, 281
이희성 194
이희승 106
이희호 198, 262, 281
익산(益山) 58, 115
익스플로러 1호(Explorer 1) 147
인간게놈프로젝트 239
〈인간가족 전시회〉145
인간면역결핍바이러스(HIV) 197
《인간시장》197
《인간에 대한 오해(The Mismeasure of Man)》 197
인간유전체 지도 237
《인간의 굴레(Of Human Bondage)》49
인간의 얼굴을 한 사회주의 167
《인간의 조건(La Condition humaine)》87
인공신장투석기 109
인공위성 145, 147, 173, 221, 264
인공지능(AI) 127
인간배아 복제 247
《인간행동(Human Action: A Treatise on Economics)》125
인구(人口) 45, 64, 71, 74, 82, 104, 107, 118, 151, 154, 167, 172, 176, 199, 211, 235, 237, 264, 271, 284
인구조사 23, 90
인권위 → 국가인권위원회
인도(印度) 25, 27, 41, 55, 57, 61, 63, 81, 83, 91, 101, 107, 117, 119, 123, 145, 149, 151, 155, 163, 173, 177, 195, 199, 205, 219, 233, 249, 253, 259, 269, 275, 287
 - 대통령 선거 253
 - 분할 119
 -의 스포츠 131, 143, 199
 -와 한국 152
 - 자치령 119
인도 연합 119
인도국민회의(Indian National Congress) 61, 195
인도네시아(Indonesia) 75, 115, 139, 149, 161, 163, 165, 167, 231, 233, 246, 249, 265, 275
 대통령 선거 235
 -의 스포츠 155, 279
 -와 동티모르 185, 235, 241

찾아보기

인도네시아 공산당(PKI) 161
인도네시아 국민당(Partai Nasional Indonesia) 75
인도네시아 민족주의자연합 75
인도인민당(Bharatiya Janata Party) 195, 269
인도정부법 91
인도차이나 공산당 81, 105, 115
인도차이나 전쟁(Indochina wars) 117, 137, 139, 141
인동차(人動車) 100
인디애나폴리스 500마일 레이스(Indianapolis 500-Mile Race) 41
인디 500(Indy 500) → 인디애나폴리스 500마일 레이스
인력거(人力車) 76
인민공사(人民公社) 147
인민당(Khana Ratsadon, 타이) 85
인민당(튀르키예) 67
인민대학습당(人民大學習堂) 199
인민민주전선(Fronte Democratico Popolare) 296
인민연합(아르헨티나) 173
《인민일보(人民日報)》 14
인민해방군 → 중국인민해방군
인민혁명당 재건위원회 사건 162, 188
인민혁명당 사건 159
인사동 152
인삼(人蔘) 290
《인생 사용법(La Vie mode d'emploi)》 191
인술린 65
인스브루크 159, 187
《인연》 241
인접 해양에 대한 주권에 관한 선언 132
《인정사정 볼 것 없다》 235, 283
인종 분리 137, 225
인종주의 49, 82, 183
인종청소 275
인종폭동 39
인천(仁川) 14, 16, 18, 22, 25, 44, 45, 51, 78, 82, 83, 85, 114, 126, 144, 149, 208, 231, 234, 238, 258, 260, 268, 269, 277
인천 대우증권 제우스 231
인천국제공항 238, 268
인천대교(仁川大橋) 258
인천상륙작전 126, 128, 144
인천탄산수제조소 25
인터넷 177, 193, 199, 233, 234, 239, 256, 259, 266
인터넷 댓글 266
인테르 → FC 인테르나치오날레 밀라노
인테르나치오날레 밀라노(FC Internazionale Milano) 31, 165
인텔(Intel) 177
인텔 4004(Intel 4004) 177
〈인톨러런스(Intolerance)〉 51
〈인페르노(L'Inferno)〉 41

인플레이션(inflation) 101, 134, 259 초- 67
인플루엔자 49, 259
인혁당 사건 236
인혁당 재건위 사건 180, 248
인화문(仁化門) 35
《일간경제신문》 157
《일간스포츠》 171
일광절약시간제 210
1958 알파 1호(1958 Alpha 1) 147
《1984》 125
일반상대성이론 49, 51, 57
《일반언어학 강의(Cours de linguistique générale)》 51
일본(日本) 14~287
일본공산당(日本共産党) 77
일본노농당(日本労農党) 77
일본 영사관 60, 84
일본 육군성 98
일본 제일은행 16, 24, 32
일본 형법 134
일본광업진남포제련소 90
〈일본국헌법〉 117, 119
일본군 위안부(日本軍慰安婦) 110, 218, 270, 277
일본미술전람회 50, 51
일본어(日本語) 40, 43, 48, 54, 61, 64, 74, 78, 106, 107, 110
《일본은 없다》 225
일본제국 13, 15, 17, 21, 22, 23, 24, 25, 29, 59, 66, 67, 81
일본질소비료주식회사 74
일본축구선수권대회 91, 242
일본 프로야구 185
1·4 후퇴 129 130
일소중립조약 105
《일요신문》 234
1·21 사태 166
일자리와 자유를 위한 워싱턴 행진 157
일장기(日章旗) 85, 94, 114, 221
일장기 말소 사건 94
일제 강제징용 피해자 배상 278
《일제하 민족언론사론》 191
일진회(一進會) 22, 26, 32, 38
1차대전 → 세계 제1차대전
《일차원적 인간(One-Dimensional Man)》 159
《1Q84》 259
일한합방성명서 32
일해재단 212, 273
일화(一和) 242
《잃어버린 시간을 찾아서(À la recherche du temps perdu)》 45
임권택 85, 197, 203, 209, 211, 215, 217, 223, 241, 282
《임꺽정》 76, 77
임대차 3법 284

임동권 265
임동원 238
임방울 153
임무영 153
임병찬 42
임상수 245, 283
임성재 89
임수경 214
임수혁 200, 237
임순례 239, 257, 283
임시군사행정평의회 → 데르그
임시의정원(臨時議政院) 56, 62, 66, 68, 70, 72, 74, 100, 106
임시정부 19, 58, 64, 66, 68, 70, 72, 78, 80, 82, 94, 96, 98, 100, 102, 106, 110
임시토지조사국(臨時土地調査局) 38, 39, 42, 54
임시헌법 70
임시헌법개정안 70
임실 44
임야조사사업 50, 54
임영신 124
임옥상 193, 305
임요환 233
〈임을 위한 행진곡〉 195
〈임자없는 나룻배〉 85
임중빈 176
임지영 271
임진강(臨津江) 258
임진강 전투 129
임진왜란(壬辰倭亂) 26, 269
임화 71, 75, 131, 135
임흥순 271
임희춘 285
《입 속의 검은 잎》 215
입센, 헨리크 27
입체 영화(3D) 133, 259
ITZY(있지) ITZY 229, 281, 285
잉글랜드 25, 135, 163, 185, 209, 242, 243
잉글랜드 월드컵 163
잉글랜드 축구협회 243
잉글리시 풋볼 리그(EFL) 243
잉글리시 프리미어 리그 249
잉카 제국 41
입헌정우회(立憲政友会) → 정우회(일본)
잊혀진 죄수들(The Forgotten Prisoners) 153

ㅈ

자강회 → 대한자강회
〈자객 섭은낭(刺客聶隱娘)〉 271
자그레브(Zagreb) 33, 211
《자기만의 방(A Room of One's Own)》 79
자동차 경주 대회 41
자동차 취체규칙 48
자리, 알프레드 29

자메이카(Jamaica) 155, 213, 257, 259, 263
자멘호프, 루도비코 라자로 53
자무시(Jim Jarmusch) 205
자민당 156
자민당(일본) 223, 239, 279
자민련 → 자유민주연합
《자본(Das Kapital)》 211
《자본주의, 사회주의, 민주주의(Capitalism, Socialism and Democracy)》 107
《자본주의와 자유(Capitalism and Freedom)》 155
《자아와 이드(Das Ich und das Es)》 67
자연방사선 19
〈자연보호헌장〉 191
자연주의 57, 65
자오쯔양(趙紫陽) 205, 249
자와 해전(Battle of the Java Sea) 107
자위대(自衛隊) 137, 221
자유공원(自由公園) 144
자유당(대한민국) 130, 132, 134, 136, 138, 142, 144, 146, 148, 150, 254, 276
자유당(오스트리아) → 오스트리아 자유당
자유당(콜롬비아) 17
《자유로부터의 도피(Escape from Freedom)》 105
〈자유만세〉 117, 282
자유무역협정(FTA) 221, 225, 240, 246, 250, 252, 260, 262, 265, 275, 277
자유민주당 156
자유민주연합 226, 228, 238, 255
〈자유부인〉 (영화) 143
《자유부인》 (책) 136, 137,
자유선진당 256
자유시(自由市) 62
자유시 사변(自由市慘變) 62
자유신문사 117
자유언론실천선언 182
자유장로교단 133, 147
자유채권(liberty bond) 55
자유한국당 217, 255, 274, 278, 280, 284
자유해방축 종합경기대회 115
자이르(Zaire) 231
자이툰 부대 246, 256
자작농지설정사업 84, 86
〈자전거〉 87
자전거 경주대회 27
〈자전거 도둑(Ladri di biciclette)〉 123
자카르타(Jakarta) 155, 279
자캅카스 65
자캅카스사회주의연방 소비에트공화국 95
자코메티(Alberto Giacometti) 163
자토페크, 에밀 237
자헤디, 모하마드 레자 135
자혜의원(慈惠醫院) 50
《작가를 찾는 6인의 등장인물(Sei personaggi in cerca d'autore)》 63

찾아보기

《작은 것들의 신(The God of Small Things)》 231
《작은 것이 아름답다》 181
〈작은 사랑의 노래〉 239
작전통제권 130, 134, 190, 250
〈잔 딜망(Jeanne Dielman, 23 quai du Commerce, 1080 Bruxelles)〉 18
〈잔다르크의 수난(La Passion de Jeanne d'Arc)〉 77
〈잘살아보세〉 155
잠비아(Zambia) 155
잠수함(潛水艦) 27, 49, 53, 108, 137
잠실실내체육관 196
잠실올림픽주경장 → 서울올림픽주경기장
잠실야구장 199
잡스(Steve Jobs) 135, 187, 253, 263
잡지의 날 31
장구평 101
장국영 245
〈장군의 수염〉 167, 282
〈장군의 아들〉 217
장금 245
장기려 166, 227
장기영 136
장기이식(臟器移植) 171
《장길산》 76, 187
〈장남〉 207
장대높이뛰기 249
장덕수 61
장동홍 217
〈장마〉 197
장면 123, 130, 142, 148, 150, 152
장명국 199
장명부 249
〈장밋빛 인생(La Vie en rose)〉 119
《장미의 이름(Il nome della rosa)》 195
《장미촌(薔薇村)》 63
장병훈 60
장보고과학기지 → 남극장보고과학기지
장빙린(章炳麟) 29
장산곶매 217, 229
장선우 217, 219, 229, 282
장성택 266, 267
장세정 97, 135
장소팔 241
장쉐량(張學良) 79, 95
장승원 52
장시성 89
장영자 198
장영희 257
장욱진 217
장윤현 217, 231, 282
장인환 30
장일순 225
장일환 52

장재근 207
장재현 203
장정(長征) → 대장정
장정일 231
장제스(蔣介石) 71, 73, 75, 77, 89, 95, 109, 185
장준하 135, 146, 182, 184, 185
장준환 245, 283
장지연 19, 24
장진강발전소(長津江發電所) 90
장진호 전투(長津湖戰鬪) 128
장쩌민(江澤民) 247
장쭤린(張作霖) 77
장창선 163
장춘차오(張春橋) 187
장충단공원(獎忠壇公園) 144
장충시립체육관 → 장충체육관
장충체육관 157, 161, 162, 178, 183, 190, 192, 194, 203, 211
장칭(江青) 187
장크트모리츠 동계 올림픽(St. Moritz -) 77, 103, 123, 225
장택 171
장티푸스(typhoid) 48, 101
장필순 231
〈장학퀴즈〉 181
장한몽(長恨歌) 44, 45
장헌식 110
장화 18
〈장화홍련전〉 69, 282
장훈(야구 선수) 195
장훈(영화 감독) 275, 283
《재능 있는 리플리(The Talented Mr. Ripley)》 139
재무부(財務部) 134, 158, 162
재스민 혁명(Jasmine Revolution) 261
재앙의 날 → 나크바의 날
재일교포(在日僑胞) 68, 182
재일동포 → 재일교포
재일교포 북송 148
재일교포 북송 규탄 시위 148
재일동포 북송 귀환선 148
재일본조선인총련합회(조총련) 138, 184
재일조선통일민주전선(민전) 138
재일한국인 → 재일교포
재정경제부 248
〈재즈 싱어(The Jazz Singer)〉 75
재향군인회 → 제국재향군인회
잭슨(Marjorie Jackson) 168
잭슨(Michael Jackson) 199, 203, 235, 259
〈저수지의 개들(Reservoir Dogs)〉 221
저메키스(Robert Zemeckis) 207
저우언라이(周恩來) 177, 179, 187
〈저작권법〉 145
〈저 하늘에도 슬픔이〉 161

《적기(赤旗)》 88
적도 기니 167
〈적벽가(赤壁歌)〉 29
적십자(赤十字) 24
전교조 → 전국교직원노동조합
전국공무원노동조합 240
전국교직원노동조합 210, 214, 218, 224, 270, 276
전국동시지방선거 222
전국과학기술자대회 167
전국구 비례대표제 156
전국남녀실업배구연맹전 195
〈전국노래자랑〉 181
전국농민대회 214
전국대표대회(중국) 63, 69, 147
전국대학생대표자협의회 222
전국동시지방선거 226, 250, 260, 272, 278
전국민족민주운동연합 214
전국민주화투쟁학생연합 204
전국수세폐지대책위원회 214
전국언론노동조합 212, 236,
전국언론노동조합연맹 214, 236
전국연합진선협회(全國聯合陣線協會) 100
전국인민대표대회(全國人民代表大會) 149, 249, 279, 285,
전국철도노동조합 266
전국체육대회 61, 115, 131, 139
전국축구선수권대회 242
전국학생총연맹 204
전군도로(全群道路) 30
전기고문 234, 304
전기신호기 47
전기신호등 45
전기영 223
전남 64, 168, 183, 223, 241, 253
전남대학교 194, 218
전대협 → 전국대학생대표자협의회
전국대학생대표자협의회(전대협) 218
전두환 157, 192, 194, 195, 196, 197, 198, 202, 204, 206, 208, 210, 211, 212, 214, 226, 228, 230, 245, 266, 267, 276, 277, 286, 287
전등(電燈) 14, 35
전라남도 42, 50, 131, 190, 240, 259
전라도 32, 44, 109
전라북도 30, 188, 217, 222, 250
전략 미사일 방어체계(SDI) 203
전략무기감축조약 219
전략무기제한협상(SALT 1) 179
전략방위구상(SDI) 199
전략사무국(OSS) 115
전러시아 소비에트 대회 51
전로고려공산당(全露高麗共産黨) 62
전로국내조선인회의(全露國內朝鮮人會議) 56
전로한족회중앙총회(全露韓族中央總會) 52, 56

《전망 좋은 방(A Room with a View)》 31
전명운 30
전미농구협회 → NBA
전미야구팀(Herb Hunter All-Americans) 65
전미유색인지위향상협회(NAACP) 31
전민련 214
전민련 → 전국민족민주운동연합
전국민족민주운동연합 210
전북 205, 218, 24x, 246, 267
전북현대모터스 273, 287
〈전사의 후예〉 229
전상옥 298
전상운 163
〈전선야곡〉 133
전선의회 47
〈전설의 고향〉 185
전수린 77
전시연합대학 128
전시작전지휘권 130, 250
전시총동원 95
전여옥 221
전염병 14
전염병예방령 48
전영택 57
전용해 96
《전원일기》 177, 195
전인대(全人代) → 전국인민대표대회
전인도 무슬림연맹(All-India Muslim League) 27, 117
전일본남자종합농구선수권대회 95
전일본무산청년동맹(全日本無產青年同盟) → 무산청년동맹
전일본축구선수권대회 91
전자공학 21
전자계시(電子計時) 167, 189
전자기술연구소 199
전자현미경 83
전작권 → 전시작전지휘권
전재순 56
전쟁기념관 225
전조선 자전차경기대회 45
전조선야구단 65
전조선야구대회 61
전조선여자정구대회 65
전조선청년당대회(全朝鮮青年黨大會) 66
전족(纏足) 17
전주(全州) 30, 42, 78, 130, 172
전차(電車) 18, 19, 44, 67, 166
《전체주의의 기원(The Origins of Totalitarianism)》 131
전태일 172, 173
전태일기념관건립위원회 203
《전태일 평전》 203
전투기(戰鬪機) 20, 21, 97, 111, 190, 202, 240, 248

찾아보기

전투부대 월남파병 동의안 156
전평(全評) → 조선노동조합전국평의회
전평양 대 전경성 축구대항전 77
전하(電荷) 85, 159
《전함 포템킨(Potyomkin)》 71
전형필 99, 155
전혜린 163
전화 16
전환국(典圜局) 14, 20
《전환시대의 논리》 183
전후헌법 → 평화헌법
《절규(吶喊)》 67
절대 영도 133
《젊은 예술가의 초상(A Portrait of the Artist as a Young Man)》 51
점보 제트기 173
〈접속〉 231, 282
정경모 209, 287
정경심 280
정관헌(靜觀軒) 35
정광태 199
《정글(The Jungle)》 27
〈정당법〉 156, 216
정동공원(貞洞公園) 34
정동교회 → 정동제일교회
정동영 252
정동제일교회(貞洞第一教會) 35, 46
정명훈 183
정문길 191
정미의병(丁未義兵) 30
정미칠조약(丁未七條約) 28
《정부 마농(Manon)》 85
정비석 136, 137, 205, 219
정상우주론(定常宇宙論) 125
정세랑 271
정소영 167, 282
정수라 203
정수일 228
정순철 79
정승화 192
정영일 213
정우회(政友會, 일본) 77, 85
정우회(正友會, 1926) 72
정우회(政友會, 1973) → 유신정우회
정우회 선언 72, 73
정운영 249
정운찬 260
정원식 218
정음사(正音社) 147
정음청(正音廳) 29
정읍(井邑) 26, 46
정의구현사제단 182, 188, 198
정의당 255, 266, 267, 272, 284
《정의란 무엇인가(What's the Right Thing to Do?)》 259
《정의론(A Theory of Justice)》 177

정의부(正義府) 68, 70, 76
정인엽 199
정일권 162
정재승 239
정재은 239, 283
정전협정(한국전쟁) 129, 132, 134, 135, 251, 260
정전협정서 134
정전회담 130
정주(定州) 28
정주영 220, 232, 233, 239
정지영 217, 221, 282
정지용 91, 127
《정지용 시집》 91
정진석 250, 268
정진우 163
정치개혁특별위원회 280
정치깡패 142, 144, 146
정치활동 금지 조치 156
〈정치활동정화법〉 150, 152
정태진 106
정태춘 191, 228
정토종포교자원 46
정판사 위조지폐사건 116
정현 279
정현숙 181
정호승 229
정훈희 165
정희진 249
제국재향군인회(帝國在鄉軍人會) 78
제네바 군축회의(The Geneva Disarmament Conference of 1932) 85
《제브데트 씨와 아들들(Cevdet Bey ve Oğulları)》 199
《제2의 성(Le Deuxième Sexe)》 125
JYP엔터 237, 253
〈J에게〉 205
제2차 모로코 위기(Second Moroccan Crisis) 23, 41
제2차 발칸 전쟁 → 발칸 전쟁
제2차 발칸 전쟁 41, 43
제2차 세계대전 97
제2차 영일동맹 23
제2차 영일동맹 → 영일동맹
제2차 조선공산당 72
제2차 쿠바 점령 25
제2차 한일협약 22
제2한강교 160
제1공화국(포르투갈) 39
제1차 모로코 위기(First Moroccan Crisis) 25, 27
제1차 발칸 전쟁 → 발칸 전쟁
제1차 세계대전 → 1차대전
제2차 세계대전 → 2차대전
제1차 5개년 계획(북한) 140
제1차 5개년 계획(중국) 133

제1차 경제개발 5개년 계획 150
제1차 국공내전 73
제1차 국공합작 67, 73
제1차 대전 47
제1차 석유파동 177
제1차 세계대전 45, 49, 51, 55
제1차 콩고 전쟁(Congo War) 231
제1차 톈안먼 사건 183
제1차 한일협약 22, 23
제1차 조선공산당 사건 70
제1회 보통선거(第1回普通選挙) 292
국회의원 선거(대한민국) 122, 126, 128, 136, 146, 150, 156, 164, 176, 180, 190, 196, 206, 212, 220, 228, 236, 246, 256, 264, 272
제3세계(Third World) 139
〈제3의 사나이〉 123
제3한강교 166
제4차 경제개발 5개년 계획 182
제5공화국 192, 194
제5공화국(프랑스) 143
제6공화국 208
〈제7의 봉인(Det sjunde inseglet)〉 141
《제국주의론(Imperialism: a Study)》 17
제나위, 멜레스 247
제너럴 슬로컴호 17, 21
제네바 115, 203, 225
제네바 군축협상 80
제네바 군축회의 163
제네바 의정서 69
제네바 합의 209, 218, 220
제네바 협약(Geneva Conventions) 24, 83
제네바 협정 177
제네바 회담 135
제도혁명당 79
제로니모(Geronimo) 33
제마부대(濟馬部隊) 244
제물포 20
제물포 해전 20
제물포항 14, 20
제암리 학살(堤岩里虐殺) 56
제이만, 피터르 105
〈JTBC 뉴스룸〉 271, 278
제일고등여학교 65
제일은행(第一銀行, 일본) 16, 24, 32
제일은행권(第一銀行券) 18
제1차 러시아 혁명 25
제임스 웹 망원경 213
제정구 235
제주(濟州, 시) 237
제주도(濟州島) 14, 118, 122
제주경찰감찰청 122
제주북초등학교(濟州北國民學校) 118
제주비상경비사령부 122
제주 4·3 사건 118, 122, 146, 250
제주 3·1절 발포 사건 118

제주신축교난(濟州辛丑敎難) → 신축의거
제주특별자치도 250
제7보병사단(미국) 176
제카(Ferdinand Zecca) 29
제프리스(James J. Jeffries) 39
제헌헌법 122, 123
젝스키스 229, 232
젠더 트러블(Gender Trouble)》 217
젠스트룀(Niklas Zennström) 245
젤러(Margaretha Geertruida Zelle) → 마타 하리
조건반사 19
조경환 177
조경희 75
《조광(朝光)》 77, 95
조국 280, 284
《조국은 하나다》 213
조긍하 159
조남주 273
조덕진 66
조동호 62
조레스(Jean Jaurès) 47
조명하 77
조미료(調味料) 33
조민 280
조병옥 114, 144, 148, 150, 151
조봉암 132, 142, 148
 - 사건 146
《조서(Le Procès-verbal)》 157
〈조선 총독부 임야조사위원회 관제〉 54
조선건국동맹 110
조선건국준비위원회 114
조선사회경제사 87
조선공론사 49
조선공산당 64, 68, 70, 72, 73, 76, 86, 100, 114, 116
 - 북조선 분국 114
조선공산당 사건 70
조선공산당 창당 68, 70
〈조선과 쏘련 사이의 경제적 및 문화적 협조에 관한 협정〉 124
《조선과학사》 111
〈조선광업령(朝鮮鑛業令)〉 48
〈조선교육령〉 40, 64, 65, 98, 108
조선교육협회 79
조선국권회복단(朝鮮國權回復團) 48
조선국민회(朝鮮國民會) 52
조선군(朝鮮軍) 54, 98
조선권투구락부(朝鮮拳鬪俱樂部) 87
〈조선귀족령〉 38
조선노농총동맹 64, 68, 74
조선노동공제회((朝鮮勞動共濟會) 60, 64
조선노동당(1924) 72
조선노동당(북한) → 로동당
조선노동연맹회 64
조선노동조합전국평의회 114, 116

찾아보기

조선노동총동맹 74
조선농민 및 노동자의 임무에 관한 테제〉 76
조선농민총동맹 74
조선농지령 88
조선대학교 194
조선독립동맹 106
조선동포호 94
조선로동당 → 로동당
조선말 큰사전 119
《조선문법》 53
조선문인보국회(朝鮮文人報國會) 109
조선문인협회 101
《조선문학사》 65
조선문학예술총동맹 131
조선물산공진회(朝鮮物産共進會) 48
조선미곡배급조정령 104
조선미술가협회 105, 117
조선미술건설본부 117
조선미술동맹 117
조선미술전람회(조선미전) 65, 105, 125
조선민사령 42, 100
조선민족전선연맹 98
조선민족혁명당 88, 90
조선민주당 122
조선민주주의인민공화국 128, 134, 204, 218, 225, 264
조선민주주의인민공화국 사회주의헌법 232
〈조선민주주의인민공화국 합작회사 경영법〉 204
조선방송협회 90, 94, 96, 98
조선방직 132
〈조선보물고적명승천연기념물보존령〉 99
《조선불교유신론(朝鮮佛敎維新論)》 45
조선비행기공업주식회사 110
조선비행학교 78
《조선사》 71, 85, 88
〈조선사상범보호관찰령〉 65, 94, 184
조선사진예술연구회 117
조선사편수회 49, 71, 85, 88
조선사편찬위원회 71, 85
《조선산 접류 총목록》 103
《조선상고사(朝鮮上古史)》 123
조선생물학 103
〈조선소작조정령〉 86, 88
〈조선수리조합령(朝鮮水利組合令〉 52
조선수전주식회사 78
조선식산은행(朝鮮殖産銀行) 54, 110, 136
조선신궁경기대회(朝鮮神宮競技大會) 75
조선씨름대회 75
〈조선 아기 행진곡〉 79
조선야구대회 49, 51
《조선어사전》(문세영) 99
《조선어사전》(총독부) 61
조선어사전편찬회 79, 119
조선어연구회 63, 73, 75, 79, 81
조선어철자 통일 위원회 81
조선어학회 63, 75, 81, 87, 103, 106, 107, 119
조선어학회 사건 106, 107
조선여자청년연성소 110
〈조선염 전매령〉 104
〈조선영화령〉 103
조선영화배급사 111
조선영화사 111
조선영화예술협회 75
조선영화제작주식회사 111
조선예수교장로회 98
조선예술사진공모전 117
조선올림픽위원회(KOC) 119
조선유학생학우회 67
조선은행 32, 40, 46, 126
조선은행법 40
조선의용대 98, 106
조선인만화인협회 105
조선인민공화국 114
조선인민군 122, 128, 134, 234
조선인의 씨명에 관한 건 100
조선인학도육군특별지원병제도 108
《조선일보》 47, 60, 69, 77, 78, 82, 83, 84, 85, 99, 102, 125, 127, 184, 198, 208, 212, 234, 238, 262, 280
〈조선임야조사령〉 50, 54
조선전업(朝鮮電業) 152
조선정악전습소((朝鮮正樂傳習所) 33
조선제국대학 68
조선주차군(朝鮮駐箚軍) 54
조선주택영단(朝鮮住宅營團) 104
조선중앙TV 262
《조선중앙일보》 89, 94
조선중앙통신사 262
조선중앙텔레비죤 250
조선중앙통신 224, 250
조선증미계획(朝鮮增米計畫) 88
조선질소비료주식회사 74
조선청년전위동맹 98
조선청년총동맹 68
조선체육동지회 115
조선체육진흥회 107
조선체육협회 57, 99
조선체육회 61, 83, 99, 115, 119, 123
조선총독(朝鮮總督) 40, 42, 50, 56, 68, 74, 78, 82, 84, 94, 100, 104, 106, 108, 110
  - 임시대리 82
조선총독부(朝鮮總督府) 38
조선총독부도서관 115
  - 청사 26, 50, 62, 114, 249
〈조선총독부임시토지조사국관제〉 54
조선총독부 중앙시험소 관제〉 42
조선총독부임시토지조사국 38
조선축구협회 87
조선키네마 주식회사 69
〈조선태형령(朝鮮笞刑令)〉 42, 65
조선프롤레타리아예술가동맹(KAPF) 71, 91

조선항공사업사 94
조선혁명군 78, 80
조선혁명당 78, 80, 84, 90, 102
〈조선혁명선언〉 66, 94
〈조선형사령(朝鮮刑事令)〉 134
〈조선호적령(朝鮮戶籍令)〉 64
조선호텔 35, 46, 97
조성국 213
조성오 203
조성진 271
조세형 202
조세희 191
조소군사비밀협정 124
조소앙 42, 52, 90, 102, 104, 147
조순 183, 230
조순옥 102
조 앨리스 46
조양구락부(調陽俱樂部) 33
조연현 143
 - 문학상 125
조영래 203, 217
조영수호통상조약(朝英通商條約) 17, 34
조오련 173
조용필 187, 195, 197, 267
조이너(Florence Griffith Joyner) 75, 168, 233
조이스(James Joyce) 47, 51, 65, 101, 105, 137
조인구 146
조재범 281
조재현 278
조정구 38
조정래 42, 76, 209, 239
조정래 42, 76, 209, 239
조정수호통상조약 16
조주빈 284
조준호 264
조중훈 44, 45
조지 5세 39, 41
조지 6세(George VI) 103, 133
조지아 55, 219, 257, 259, 261
조지타운-IBM 실험(Georgetown-IBM experiment) 137
조지훈 167
조진태 60
조창인 237
조천면 102
조총련 → 재일본조선인총련합회
조한경 210
조해일 298
조현아 268
조흥파 139, 195
조흥은행(朝興銀行) 142
조희준 238
존 F. 케네디 국제공항 268
존스(Jim Jones) 191
존스(Steve Jones) 169
존스타운 대학살(Jonestown massacre) 191

존슨(Andrew Johnson) 233
존슨(Ben Johnson) 213
존슨(Boris Johnson) 281
존슨(Jack Johnson) 39
존슨(Lyndon B. Johnson) 157, 159, 160, 161, 162, 167
존슨(Spencer Johnson) 233
《존재와 무(L'Être et le Néant)》 109
졸라, 에밀 17
졸슨(Al Jolson) 75
〈졸업(The Graduate)〉 165
《좁은 문(La Porte étroite)》 33
〈종각(또 하나의 새벽을 그리며)〉 147
종로경찰서 66, 166
종로구 61, 108, 166, 191, 277
종로청년회관 75
종말 고고도 지역방어 체계(THAAD) → 사드
종암아파트 92
종파주의(宗派主義) 146
〈좋은 날〉 261
〈좋은 날 떠나는 여행(いい日旅立ち)〉 191
〈좋은 친구들(Goodfellas)〉 217
좌천동 136
좌측통행 62, 260
《죠스(Jaws)》 185
주5일 근무제 244, 246, 249
주가노프, 겐나디 229
주가조작 154, 260
《주간 연예스포츠》 153
《주군의 여인(Belle du Seigneur)》 167
주기율표 97
주길자 178
주네브(Genève) → 제네바
주니치 드래건스 229
주데텐란트(Sudetenland) 99
주먹도끼 159
〈주문〉 257
주민등록증 166, 203, 208
〈주세령(酒稅令)〉 50
주시경 27, 31, 39, 47
주와프스키(Andrzej Żuławski) 197
주요섭 89, 179
주요한 57, 96, 109
〈주유가(周瑜歌)〉 29
주일미군 151, 179
주체건축론(主體建築論) 199
주체사상(主體思想) 182, 220
주커(Jerry Zucker) 217
주코티 공원(Zuccotti Park) 263
주트로(Charles Jewtraw) 69
주한 미국공보원 145
주한미군 114, 124, 126, 162, 164, 220, 236, 240, 274, 278
  - 감축 158, 170, 176
  - 사령부 278
  - 지위협정(SOFA) 162, 164, 220, 236, 240

찾아보기

- 철수 124, 126, 170, 188, 189, 192, 196
주현미 193, 207, 213
〈죽거나 혹은 나쁘거나〉 237, 283
죽령터널 열차 사고(竹嶺-列車事故) 124
《죽음을 넘어 시대의 어둠을 넘어》 207
준연동형 비례대표제 280, 284,
줄기세포 229, 247, 248
쥴라이(Miranda July) 249
중거리 핵 미사일 155
중거리핵전력(INF) 211, 281
〈중경삼림〉 225
중구 26, 30, 108, 115
중국(中國) 14 이후
중국공산당(中國共産黨) 63, 69, 73, 75, 83, 84, 89, 96, 106, 147, 163, 191, 204, 205, 215, 265, 267, 271, 287
중국국민당(中國國民黨) 69, 71, 73, 75, 89, 95, 98, 102, 104, 119, 211
중국인민해방군(中國人民解放軍) 127, 155
중국군사위원회 102, 104, 106
중국동맹회(中國同盟會) 25
《중국의 붉은 별(Red Star Over China)》 97
중국의용군 86
중국인민지원군(中國人民志願軍) 128, 130, 134
〈중국인 배척법(Chinese Exclusion Act)〉 17
중국중앙육군군관학교 88
중동전쟁 143, 165, 181
중동호흡기증후군 270
〈중등학교 학교규칙〉 80
〈중력장 방정식〉 49
중립 12
중립국감시위원단 138
중립국감시위원회 176
중립당(中立黨) 292
중명전(重明殿) 14, 35
중성자(中性子) 41, 85, 99
중성자별 89
〈중성자의 존재 가능성(Possible Existence of a Neutron)〉 85
《중세의 가을(Herfsttij der Middeleeuwen)》 57
중소우호동맹상호원조조약 127
중앙 제1방송국 152
중앙YMCA 53
중앙기독교청년회팀 53
중앙방송국 90
중앙선 124
중앙시험소(中央試驗所) 42
중앙아시아(Central Asia) 96
중앙아프리카 공화국(République centrafricaine) 151, 163, 265
- 제국(Empire centrafricain) 163
중앙은행 18, 24, 32, 45, 89, 177, 231, 259
중앙은행조례 18
《중앙일보》 160, 179, 210, 238, 248, 262

중앙정보국(CIA) → 119, 152, 153, 165, 193, 267
중앙정보부 152, 154, 158, 164, 165, 178, 180, 182, 186, 190, 192, 194, 198, 276, 277
중앙청(中央廳) 128, 149, 162, 249, 264
중앙청년회관 82
중앙학림 48
중의원의원선거법(일본) 71
중일전쟁(中日戰爭) 96, 97, 98, 99, 100, 103, 108
중증급성호흡기증후군 → 사스
중지도 52
중추원(中樞院) 102
중학교 입시 제도 폐지 166
중한연합토일군(中韓聯軍討日軍) 86
중합체(重合體) 61, 91
중화문(中和門) 35
중화민국(中華民國) 38, 41, 47, 57 61, 98, 105, 110, 173, 181, 259
- 국민정부(- 國民政府) 75, 77, 99
중화민국 유신정부 99
중화소비에트공화국 83
중화인민공화국 125, 128, 159, 177, 179, 191, 220, 231, 235, 249
중화인민공화국 건국 125
〈중화인민공화국 홍콩특별행정구 유지·보호 국가안전법(中华人民共和国香港特别行政区维护国家安全法)〉 → 〈홍콩 국가보안법〉
중화전(中和殿) 35
중화학공업화 180
중화혁명당 47
쥐 17, 40, 47, 77, 103
쥐스킨트(Patrick Süskind) 207
쥘 리메 트로피(Jules Rimet Trophy) 173
〈쥬라기 공원(Jurassic Park)〉 223, 221
즈엉반민 185
《즐거운 사라》 221
〈증기선 윌리(Steamboat Willie)〉 77
〈Gee〉 259
지강헌 212, 213
지계아문(地契衙門) 14
〈지계아문직원급처우규정(地契衙門職員及處務規程)〉 14
〈지구를 지켜라!〉 245, 283
지구의 날 173
《지금 알고 있는 걸 그때도 알았더라면》 233
〈지난 해 마리앵바드에서(L'Année dernière à Marienbad)〉 153
지노비예프(Zinovyev, Grigorii) 69
지누선 231
지능(智能) 25, 127
지능검사 25
지능지수 25
지단(Zinédine Zidane) 17
《지도 밖으로 행군하라》 249

지드(André Gide) 33, 71
지드래곤 267
지리산(智異山) 165, 187, 232
지리산 국립공원 165
지린(吉林) 76, 78
지린성(吉林省) 40, 56, 60, 76, 78, 80, 82
G메일(Gmail) 233
지멜(Georg Simmel) 55
지명근 29
지바(千葉) 219
〈지방자치법〉 146
지방금융조합 28
지방금융조합규칙 28
지방의회의원선거 218
지방자치 218
지방자치제 82
〈지방자치법〉 146
지복영 102
지부티(Djibouti) 189
《지붕 위의 기병(Le Hussard sur le toit)》 131
지석영 17, 25, 49
〈지슬 - 끝나지않은 세월2〉 267, 283
지아울하크(Zia-ul-Haq) 189
GS칼텍스 227
- KIXX 157
지오노(Jean Giono) 131
god(지오디) 237, 239
〈지옥의 묵시록〉 193
〈지옥의 문(La Porte de l'Enfer)〉 23
〈지옥화(地獄花)〉 147, 282
GUI(graphical user interface) → 그래픽 사용자 인터페이스
지진(地震) 27, 33, 66, 67, 91, 187, 189, 213, 245, 246, 247, 257, 261, 263, 272, 274, 275, 279
지진계(地震計) 91
지질학회 43
지청천 16, 80, 86, 88, 90, 102
지카바이러스 49, 273
지파르(Henri Giffard) 20
지파르 비행선(Aérostat Giffard) 20
지하디스트(Jihadist) 263
지하철 17, 29, 75, 93, 180, 182, 183, 206, 226, 227, 244, 273, 281,
지하철 1호선 182
〈지하철 1호선〉 225
지학순 182, 223
직배 영화 213
진(Howard Zinn) 261
진경준 272
진관사 태극기 → 서울 진관사 태극기
진나(Muhammad Ali Jinnah) 117
진단학회(震檀學會) 88, 89
《진달래꽃》 71
진돗개 99
진로그룹 230

진방남 103
진보당(1956) 142, 146
진보당(2017) 255
진보당 조봉암 사건 146
진보신당 256, 267
진보정의당 264, 266, 267
진보회(進步會) 22
진사강(金沙江) 127
진주(晉州) 66
진주만 공습(Pearl Harbor Air Raid) 23, 104, 105, 106
진천선수촌 163, 275
진해 186
진화론(進化論) 71
질레트(King C. Gillette) 19
질레트(Phillip L. Gillette) 18
질로티(Aleksandr Ziloti) 15
질병통제예방센터(CDC) 197, 245
질소비료공장 78, 90
〈질투〉 221
짐바브웨(Zimbabwe) 195, 259
짐바브웨아프리카민족연맹 197
집단농장 147, 149
집단주택 104
집단학살 23, 49, 225, 269
〈집시의 시간(Dom za vešanje)〉 213
〈집없는 천사〉 105
〈집으로〉 241, 283
〈집회및시위에 관한법률〉 156
징병검사 110
징병제 91, 106, 107, 108, 111
징용 110
〈짝사랑〉 97
〈짝자꿍〉 79
〈짝코〉 203, 282
《짱뚱이》 231
찍개 159
《찢겨진 산하》 209

ㅊ

차드(Tchad) 151, 197
차범근 191, 242
차베스(Federico Chaves) 137
차베스(Hugo Chávez) 267
차상균 56
차우셰스쿠(Nicolae Ceaușescu) 215
〈차우차우〉 227
차이들러(Othmar Zeidler) 101
차이룽(柴世榮) 86
차이잉원(蔡英文) 273
차이콥스키 국제 콩쿠르 183
차지철 192
차페크(Karel Čapek) 99
〈찰리 브라운(Charlie Brown)〉 153

찾아보기

참도(Qamdo) 127
참여정부 246
《참을 수 없는 존재의 가벼움(Nesnesitelná lehkost bytí)》167, 205
참의부(參議府) 68, 70, 76
창(Michael Chang) 207
《창가의 토토(窓ぎわのトットちゃん)》197
창경궁(昌慶宮) 32, 81
창경원(昌慶苑) 81
창덕궁(昌德宮) 34
창덕여자중학교(昌德女子中學校) 34
창두(昌都) 127
〈창밖의 여자〉195
창씨개명(創氏改名) 65, 94, 100, 102, 107
〈창씨와 나〉102
창어 3호(嫦娥三號) 267
창어 4호(嫦娥四號) 281
창원(昌原) 192, 263
창의대진소 28
창이 공항 → 싱가포르 창이 공항
《창작과비평》163, 173
《창조(創造)》57, 75
  -파(創造派) 65
《창조적 진화(L'Évolution créatrice)》29
창춘 82, 253
채기중 46, 52
채드윅(James Chadwick) 85
채만식 101, 127
《채식주의자》253, 273
채응언 48, 49
《채털리 부인의 연인(Lady Chatterley's Lover)》77
채첨 제도 55
채플린(Charlie Chaplin) 53, 55, 63, 75, 83, 95, 97, 189
책고(冊庫) 14
챈들러(Raymond Chandler) 101
책임내각제 개헌안 132
처칠(Winston Churchill) 71, 103, 104, 107, 109, 115, 117, 131, 161
천경자 271
〈천국보다 낯선(Stranger Than Paradise)〉205
〈천국의 나날들(Days of Heaven)〉191
《천국의 신화》231
천궁 256
천규덕 285
〈천년호〉171
천도교 24, 61, 72
  - 소년회 64
천두슈 107
천리마선 180
천마총 181
천명관 247
천문대(天文臺) 63, 81, 123
천석구 66
천신일 266

천안문(天安門) → 톈안먼
천안함 260
천안함 피격 사건 260
천연기념물 99
천연당사진관(天然堂寫眞館) 29
천연두(天然痘) 48, 195, 223
185, 189
천이(陳儀) 119
천일전쟁(Guerra de los Mil Días) 17
천장절(天長節) 84
천주교 14, 26, 71, 106, 198
천주교정의구현전국사제단 → 정의구현사제단
천하장사씨름대회 203
천황(天皇) 26, 32, 39, 43, 68, 73, 84, 91, 95, 96, 100, 102, 103, 111, 115, 117, 215, 281
철도국 16, 39, 47, 116
철도부설권 16, 32
철도호텔 35
철산군(鐵山郡) 264
《철완 아톰(鉄腕アトム)》157
철원(鐵原) 46, 202
철의 장막(Iron Curtain) 117, 215
《철학 에세이》203
첨성단(塹星壇) 139
〈첫사랑〉223
청(淸) 13, 14, 15, 23, 29, 30, 31, 38, 41, 227
청계광장(淸溪廣場) 256
청계도로 170
청계천(淸溪川) 152, 176, 248, 277
청계피복 노조 해산 196
청구권 100, 154, 179, 278, 284
청나라 15, 17, 31, 32, 165
청년(靑年) 18
청년 튀르크당(Jön Türkler) 33, 54
청년 튀르크 혁명(Jön Türk Devrimi) 31
〈청년의 맹서〉124
청년훈련소 78
〈청년훈련소규정〉78
청량리(淸凉里) 68, 166
청량리역 182
청룡부대 141, 160
청문회 212, 214, 234
청보식품 207
청보 핀토스 200, 207
청산리 전투(靑山里戰鬪) 60, 86
청와대(靑瓦臺) 26, 150, 158, 166, 180, 216, 219, 240, 252, 256, 257, 268, 271, 272, 277
청일전쟁(淸日戰爭) 18, 23, 107
청자(靑磁) 99, 187,
청자상감운학문매병(靑磁象嵌雲鶴文梅瓶) 99
청주(淸州) 78, 222
  -보안감호소 212
청진(淸津) 30, 114,
청진방송국 96

청천강 전투(淸川江戰鬪) 128
〈청춘쌍곡선〉143
〈청춘의 십자로〉89, 282
〈청탁금지법〉272
청평유원지(淸平遊園地) 193
청해부대(淸海部隊) 262
《체 게바라 평전(Che Guevara)》227
체르넨코(Konstantin Chernenko) 205, 207
체르노빌 원자력 발전소 사고(Chernobyl nuclear power plant accident) 209
체리필터 241
체스(chess) 272
체신국(遞信局) 74, 78, 94
체외수정 191
체임벌린(Neville Chamberlain) 97, 103
체임벌린(Wilt Chamberlain) 235
체조 46, 97, 187, 249, 265
체첸(Chechen) 225, 247
체첸 전쟁 225
체카(Cheka) 53
체코(Česko) 243, 249
체코슬로바키아(Československo) 55, 71, 89, 99, 101, 125, 133, 155, 165, 167, 189, 215, 217, 223
체코슬로바키아 공산당 167, 215, 217
체펠린(Ferdinand von Zeppelin) 20, 53
체펠린(Zeppelin, 비행선) 20, 49
체호프(Anton Chekhov) 23
첸징(陳靜) 223
첼란(Paul Celan) 133
첼시(Chelsea F.C.) 23, 273
〈쳐다보지 마라(Don't Look Now)〉181
초고속 인터넷 233
초고층 건물 81, 181
〈초대〉233
초등학교 199, 228, 229, 241, 265
  - 명칭 변경 105
초량(草梁) 14, 42
〈초록물고기〉231, 282
초몬(Segundo de Chomón) 29
〈초우〉163
초음속 여객기 21, 171
초인플레이션(hyperinflation) 67
초전도핵융합장치 259
초전도 현상 41
초현실주의 71, 83
초현실주의 회화전(La Peinture Surrealiste) 71
촘스키(Noam Chomsky) 145
〈촛불〉197
촛불집회 240, 246, 256, 272
총독부 → 조선총독부
총독부 박물관 49
총독부 폭탄 투척 사건 62
총무부(總務部, 조선총독부) 39
총선시민연대 236

총인구조사 124
최고인민회의 176, 204, 220, 232, 270
최경주 241
최구현 30
최규식 166
최규하 192, 194, 245, 251, 276
최나연 263
최남선 31, 45, 125
최다 안타 195
최동오 78, 80
최동원 200, 211, 213, 263
최명희 76, 203
최문순 236
최민 193
최민식 267
최불암 177, 195
최사라 38
최서해 71 I
최성곤 123
최순실 272, 274
최순실 태블릿 PC 272
최순애 81
최순우 225
최승자 197
최승희 167, 171
최시중 266
최양숙 177
최옥자 191
최윤식 67
최윤칠 127, 137
최은희 153, 190, 208, 279
최익현 26, 28, 29, 42
최인규(정치인) 148
최인규(영화감독) 105, 117, 282
최인호 171, 181, 237, 249, 267
최인훈 153, 279
최장집 208
  - 논란 232
최재서 101, 109
최재형 40
최저기본급 188
최저임금 212, 213, 244, 274, 277
〈최저임금법〉208, 212
최저임금위원회 274
최저통상임금 188
최종덕 249
최준 46
최진동 60
최진실 257
최창식 56
최창석 98
《최초의 3분(The First Three Minutes)》189
최창익 142
최하원 171
최헌 265
최현배 106, 144, 173

찾아보기

최형섭 163
최호진 107
최홍매 29
〈최후의 증인〉 195
최희준 163
〈추격자〉 257, 283
추기경(樞機卿) 19, 170, 191, 250, 258, 259, 268
추미애 284
추송웅 207
추아시리폰(Jenny Chuasiriporn) 232
《추운 나라에서 온 스파이(The Spy Who Came in from the Cold)》 157
추축국(樞軸國) 47, 103, 105, 107, 109,
축구 17, 19, 23, 25, 27, 31, 33, 39, 41, 43, 45, 47, 51, 67, 73, 75, 79, 87, 91, 115, 117, 123, 127, 135, 137, 143, 145, 147, 151, 165, 171, 177, 191, 195, 203, 207, 217, 229, 237, 240, 261, 263, 285
 여자- 242, 243, 281
 -의 역사 242-243
 -전쟁 171
축국(蹴鞠) 243
축음기(蓄音機) 87
〈축음기레코드취체규칙(蓄音機レコード取締規則)〉 87, 228,
〈춘몽(春夢)〉 161
춘조사(春潮社) 149
춘천(春川) 100, 189, 193
 -역(-驛) 100
〈춘향전〉(이명우) 90, 91, 282, 283
〈춘향전〉(홍성기) 153
출산율 → 합계출산율
〈출판사업령(出版事業令)〉 108
충남도청 84
충남함(忠南艦) 164
충주(忠州) 78
충추원(中樞院) 39
충칭(重慶) 100, 102
충효사상(忠孝思想) 188
취리히 51
취운정 61
취조국 39
〈취화선〉 241
츠바이크, 슈테판 107
츠비키, 프리츠 89
치간(Tsygan) 131
치매(癡呆) 15
치복 269
치복 납치사건 269
〈치안유지법(治安維持法)〉 45, 70, 71, 76, 96
치올콥스키, 콘스탄틴 91
치와와주(Chihuahua) 39
〈친구〉 239, 283
친일반민족재산조사위원회 250
《친일인명사전》 252, 286, 290, 296

〈친절한 금자씨〉 247
칠곡(漆谷) 52
칠레(Chile) 83, 155, 181, 240, 242, 246, 261, 265, 281
7·4 남북공동성명 178
칠성사이다 92
〈칠수와 만수〉 213, 282
〈7인의 사무라이(七人の侍)〉 137
《7인의 여포로》 155
77 선언(1977) 188
7·7 선언(1988) 212
〈77 헌장(Charta 77)〉 189
〈침묵의 봄(Silent Spring)〉 155
침샘 285
침팬지(chimpanzee) 275
칭화대학(清華大學) 41
칭화원(清華園) 41
칭화학당(清華學堂) 41

ㅋ

카(E. H. Carr) 153, 199
〈카게무샤(影武者)〉 233
카나리아 제도(Islas Canarias) 95, 189
카너먼(Daniel Kahneman) 263
카네기(Andrew Carnegie) 57
카네기(Dale Carnegie) 95
《카네기 인간관계론(How to Win Friends and Influence People)》 95
카네이션 혁명(evolução dos Cravos) 73, 183
카다피(Muammar al-Qaddafi) 171, 197, 263
카라 229, 259
카라스키야(Héctor Carrasquilla) 189
카라아치역(Karaağaç Tren İstasyonu) 20
카락스(Leos Carax) 265
카루소(Enrico Caruso) 63
카르데나스(Lázaro Cárdenas) 89, 99
카르티에브레송(Henri Cartier-Bresson) 95, 247
카를로스 1세(Carlos I) 31
카를스루에(Karlsruhe) 195
카리브해(Caribbean Sea) 203, 213
〈카메라를 든 사나이(Chelovek S Kino-apparatom)〉 79
카메룬(Cameroun) 151
카뮈(Albert Camus) 107, 119, 151
카보베르데(Cabo Verde) 185
카불(Kabul) 287
〈카비리아(Cabiria)〉 47
카빌라(Laurent-Désiré Kabila) 231
〈카사블랑카(Casablanca)〉 107
카세트테이프 157, 199
카스트로(Fidel Castro) 135, 149, 153, 155, 259, 273
카스트로(Raúl Castro) 259

카슨(Rachel Carson) 155, 159
카심(Abd al-Karim Qasim) 147
카오코 갤럭시(Khaokor Galaxy) 213
카우츠키(Karl Kautsky) 99
카이로(Cairo) 107, 171
카이로 선언(Cairo Declaration) 108, 114, 116
카이로 회담(Cairo Conference) 108, 109
카이텔(Wilhelm Keitel) 115
카자르 왕조(Qajar dynasty) 63
카자흐스탄(Qazaqstan / Kazakhstan) 96, 125, 219, 263
카잘스(Pablo Casals) 181
〈카지노 로열(Casino Royale)〉 135
카진스키(Theodore Kaczynski) 227
카카오톡 93, 260
카타르(Qatar) 177, 243, 251, 263, 285
〈카타리나 블룸의 잃어버린 명예(Die verlorene Ehre der Katharina Blum)》 183
카타르 월드컵 263
〈카탈루냐 찬가(Homage to Catalonia)〉 99
카터(Jimmy Carter) 187, 188, 189, 191, 192, 195, 221, 224, 241
카터(Forrest Carter) 187
카터(Howard Carter) 65
카파(Robert Capa) 95, 137
카프(KAPF) → 조선프롤레타리아예술가동맹
카프(Wolfgang Kapp) 61
카프영화운동 75
카프카(Franz Kafka) 49, 69
카프 폭동(Kapp-Putsch) 61
칸 국제영화제(Festival international du film) 117, 131, 241, 247, 281, 285, 286
칸, 레자 63, 71
칸딘스키(Vassily Kandinsky) 39, 111
칸토어(Georg Cantor) 55
칼라스(Maria Callas) 189
칼로스(John Carlos) 167
〈칼리가리 박사의 밀실(Das Cabinet des Dr. Caligari)〉 61
칼리닌(Kalinin Mikhail) 117
칼리드 빈 압둘아지즈 185
칼리파국(caliphate) 269
칼망(Jeanne Calment) 231
《칼의 노래》 239
캄보디아(Cambodia) 133, 141, 173, 185, 191, 193, 219, 221, 235
캄푸치아(Kâmpŭchéa Prâcheathippadey) → 민주 캄푸치아
캄푸치아 인민혁명군(Kampuchean People's Revolutionary Armed Forces) 191
포트카멘나야 31
캉드쉬(Michel Camdessus) 230
캉브레 전투(Bataille de Cambrai) 53
캉유웨이(康有爲) 75
캐나다(Canada) 15, 65, 83, 85, 89, 111, 125, 143, 153, 155, 177, 185, 195, 199,

205
 -와 한국 34, 45, 104, 118, 122, 198, 221, 225, 239
 -의 스포츠 187, 213, 229, 261, 267
캐나다은행(Bank of Canada) 89
캐러더스(Wallace Carothers) 91
캐리어(Willis Carrier) 17
캐머런(David Cameron) 273
캐머런(James Cameron) 231, 259
〈캔디〉 229
캔자스시티 로열스(Kansas City Royals) 23
캘거리(Calgary) 267
 - 동계 올림픽 213
캘리포니아 공대 89
캘리포니아 스탠더드 오일 사(SOCAL) 99
캘리포니아주 45, 55, 60, 67, 119, 123, 167, 187, 233
캘커타(Calcutta) → 콜카타
캠프 데이비드 협정(Camp David Accords) 191
캠피언(Jane Campion) 223
캡틴 아메리카(Captain America) 257
《커런트 바이올로지(Current Biology)》 275
커밍스(Bruce Cumings) 197
〈커튼: 푸아로의 마지막 사건(Curtain: Poirot's Last Case)》 61
커티즈(Michael Curtiz) 107
컬러 영화 125
컬럼비아 우주왕복선(Space Shuttle Columbia) 197, 245
컬럼비아 레코드(Columbia Records) 123
컴팩 클래식 오브 뉴올리언스(Compaq Classic of New Orleans) 241
컴퓨터 111, 117, 131, 137, 159, 187, 199, 205, 227, 247, 272
 슈퍼- 215
 - 관련 약어 111
 - 버그 119, 237
케냐(Kenya) 133, 157, 198, 233, 273, 279
케네디(John F. Kennedy) 149, 151, 153, 155, 157, 159, 171
케렌스키 임시정부 53
케루악(Jack Kerouac) 145
케르키라 53
〈케 세라, 세라(Que Sera, Sera)〉 143
케손(Manuel L. Quezon) 91
케시시(Abdellatif Kechiche) 267
K리그 195, 203, 217, 241, 242, 263, 267, 287
 - 챌린지 267
 - 클래식 267
케이블 TV 226
KBS 139, 152, 197, 202, 203, 216, 232, 238, 240
KEB하나은행 164
케이지(John Cage) 133, 221

찾아보기

케이타니(Mary Jepkosgei Keitany) 169
케이티(KT) 258
케이티엑스(KTX) 266
kt 위즈 201
케이프 커내버럴 145
케인스(John Maynard Keynes) 95, 117
케인스주의(Keynesianism) 195
케임브리지 룰 243
케플러(음악 그룹) 229
켄트 주립대학 총격 사건 173
켈러(Helen Keller) 167
켈로그 콘플레이크 25
켈리(Grace Kelly) 199
켈리(George Kelly) 65
켈리(Gene Kelly) 133
켈리(Petra Kelly) 199 221
켈리(Frederick J. Kelly) 47
〈켈리 갱 이야기(The Story of the Kelly Gang)〉 27
켈빈 온도(Kelvin temperature) 41
코너(Roger Connor) 63
코노넨코(Oleg Kononenko) 237
코다(CODA) 287
코닥 259
코레일(KORAIL) 266
코로나19(COVID-19) 270, 284, 285, 286, 287
코로나19 백신 285, 286, 287
코르뉘(Paul Cornu) 29
코르미에(Jean Cormier) 227
코르티나담페초(Cortina d'Ampezzo) 111, 143
코르푸 선언(Corfu Declaration) 53
코리아 94, 219, 234, 240
코리아 게이트 186
코리아극장 213
코리아컵 국제축구대회 177
코마네치(Nadia Comăneci) 187
코모로(Comores) 185
코민테른(Komintern) 64, 70, 76, 81, 83, 95
코민포름(Kominform) 143
코베인(Kurt Cobain) 225
코뿔소 279
코소보 233, 235, 239, 257
코소보 사태 239
코소보 전쟁 233
코스게이(Brigid Kosgei) 169
코스닥 237
코스마, 조제프 125
《코스모스Cosmos》 195
〈코스모스(秋桜)〉 189
코스타(Lúcio Costa) 151
코스타리카(Costa Rica) 83, 215
코스피 지수 252, 286
코시긴(Aleksei Kosygin) 159
코언(Stanley Cohen) 181

코엔(Albert Cohen) 167
코언 형제(Coen brothers) 22
코엑스(COEX) 260, 269
코체프(Ted Kotcheff) 199
코카콜라(Coca-Cola) 77
코트디부아르(Côte d'Ivoire) 151
코파 아메리카(Copa América) 51
코페르니쿠스(Nicolaus Copernicus) 55
코폴라(Francis Ford Coppola) 179, 193
콕스(James M. Cox) 61
콘래드(Joseph Conrad) 17
콘테(Giuseppe Conte) 279
콘트라 반군(Contras) 193
〈콜 미 바이 유어 네임(Chiamami col tuo nome)〉 275
콜(Émile Cohl) 31
콜(Nat King Cole) 161
콜(Helmut Kohl) 195, 211, 217, 233, 275
콜라(cola) 77, 149, 185, 221
콜럼바인 고등학교 235
콜럼버스(Chris Columbus) 239
콜럼비아사 29
콜레라(cholera) 16, 48
콜레흐마이넨(Hannes Kolehmainen) 169
콜로르(Fernando Collor de Mello) 273
콜롬비아(Colombia) 17, 19, 33, 83, 123, 165, 243, 273
콜롬비아무장혁명군(FARC) 273
콜립(James Collip) 65
콜비츠(Käthe Kollwitz) 115
콜카타(Kolkata) 41, 61, 83, 117
콜트레인(John Coltrane) 165
콜프(Willem Kolff) 109
콤팩트디스크(CD) 199
콤팩트디스크 플레이어 199
콩고(Congo) 31, 41, 151
콩고 공화국(République du Congo) 151
콩고 독립국(État indépendant du Congo) 31
콩고 민주공화국(République démocratique du Congo) 151, 161, 231, 245, 273
콩고 위기(crise congolaise) 151
콩고독립국 31
콩코드(Concorde) 21, 171, 245
콩피에뉴 55
콰인(Willard Van Orman Quine) 237
쾨펜(Wladimir Köppen) 103
쿠글러, 라이언 279
쿠니사격장 248
쿠데타 45, 53, 61, 63, 73, 75, 81, 85, 87, 95, 133, 135, 137, 147, 151-156, 161, 163, 165, 171, 180, 181, 183, 187, 191, 192, 203, 211, 213, 222, 226, 228, 231, 251, 265, 267, 276, 287
쿠루(Kourou) 221
쿠르드족 281
쿠르스크(Kursk) 109

쿠르트 볼프 출판사(Kurt Wolff Verlag) 49
쿠릴열도 115
쿠마리타슈빌리(Nodar Kumaritashvili) 261
쿠바(Cuba) 17, 87, 133, 135, 149, 155, 165, 259, 273
 -와 미국 17, 19, 27, 53, 149, 153, 155, 203, 241, 271
 - 미사일 위기((Cuban Missile Crisis) 155, 157
 -의 야구 251
 - 혁명 135, 149
쿠베르탱(Pierre de Coubertin) 97, 239
쿠스토(Jacques Cousteau) 109
쿠스트리차(Emir Kusturica) 213
쿠알라룸푸르(Kuala Lumpur) 249, 259, 269, 274
쿠알라룸푸르 국제공항 274
쿠웨이트(Kuwait) 151, 153, 219
쿠웨이트 항공 209
쿠팡 268
쿠퍼(Martin Cooper) 181
쿠퍼(Merian C. Cooper) 87
쿡(Frederick Cook) 33
쿡(Myrtle Cook) 168
쿤(Thomas Kuhn) 155
쿤데라(Milan Kundera) 165, 167, 205
〈쿨러닝(Cool Runnings)〉 213
쿨리지(Calvin Coolidge) 67, 69, 71, 87
쿼크 모형(Quark model) 159
퀘벡주(Québec) 205
퀴리(Marie Curie) 17, 19, 89
퀴리(Pierre Curie) 17, 19
퀴어문화축제 237
퀸 177, 181
퀸 엘리자베스 콩쿠르(Queen Elisabeth Competition) 271
퀸(Anthony Quinn) 239
큐브 237
큐브릭(Stanley Kubrick) 177, 195, 235
큐비즘(Cubism) 29
크놀(Max Knoll) 83
크라스노야르스크 지방(Krasnoyarsk -) 31
크라위프(Johan Cruijff) 273
크라이슬러 빌딩(Chrysler Building) 81, 83
크라이시 평원(Chryse Planitia) 187
크라잉넛 233
크라흐트(Christian Kracht) 227
크레디탄슈탈트(Creditanstalt) 83
크레셴도(crescendo) 77
크렙스(Hans Krebs) 97
크루자두 계획(Plano Cruzado) 211
크로넌버그(David Cronenberg) 203
크로슬랜드(Alan Crosland) 75
크로아티아(Croatia) 33, 39, 41, 53, 83, 211, 219, 267, 279
크로체(Benedetto Croce) 133

크로폿킨(Pyotr Kropotkin) 17
크리스마스실 23
크리스티(Agatha Christie) 61, 73, 91, 187
크리스티안센(Ingrid Kristiansen) 169
크리펜(Robert Crippen) 197
크릭(Francis Crick) 135
크림 자치공화국 269
크림반도(Krym) 115, 269
크립턴 99
크메르 루주(Khmer Rouge) 185, 193
클라크(James Clark) 169
클라크(Mark W. Clark) 134
클라크(Petula Clark) 159
클레(Paul Klee) 71, 103
〈클레멘타인〉 57
클레이턴(Derek Clayton) 169
클레지오(J. M. G. Le Clézio) 157
클로델(Camille Claudel) 109
〈클로즈업(Klozáp)〉 217
클론 229
클리블랜드(Cleveland) 15, 47
클리블랜드(Grover Cleveland) 31
클리블랜드 인디언스(Cleveland Indians) 79
클린턴(Bill Clinton) 221, 223, 227, 229, 233, 234, 235, 237
클린턴(Hillary Clinton) 273
클린턴-르윈스키 스캔들(Clinton-Lewinsky scandal) 233
클린턴 대통령 탄핵 233, 235
클림트(Gustav Klimt) 15, 55
키다리 아저씨(Daddy-Long-Legs) 43
키드(The Kid) 63
키르기스스탄(Kyrgyzstan) 219
키르치네르(Néstor Kirchner) 245
키리바시(Kiribati) 193
키메토(Dennis Kimetto) 169
키시너우(Chișinău) 19
키시뇨프 대학살(Kisinyov pogrom) 19
키아로스타미(Kiarostami, Abbas) 217, 227
키에슬로프스키(Krzysztof Kieślowski) 219
키쿠유족(Kikuyu people) 133
키티호크(Kitty Hawk) 18, 19
키프로스(Kypros/Kıbrıs) 67, 151, 183
킬러(Willie Keeler) 105
킵상(Wilson Kipsang) 169
키움 히어로즈 257
킵초게(Eliud Kipchoge) 169
킵툼(Kelvin Kiptum) 169
킹(B. B. King) 271
킹(Billie Jean King) 181
킹(Martin Luther King Jr.) 157, 161, 167
킹(Rodney King) 221
킹조지섬(King George Island) 213, 269
〈킹콩(King Kong)〉 87

찾아보기

ㅌ

타고르(Rabindranath Tagore) 39, 105
타란티노(Quentin Tarantino) 221, 225
터르 벨러(Tarr Béla) 225
타르콥스키(Andrei Tarkovsky) 209
〈타오르는 여인의 초상(Portrait de la jeune fille en feu)〉 281
〈타워링(The Towering Inferno)〉 183
타이(Thai) 33, 85, 101, 137, 163, 165, 173, 191, 213, 231, 233, 251, 273
타이어스,(Wyomia Tyus) 168
타이완 → 대만
〈타이타닉(Titanic)〉 47, 231
〈타임 애프터 타임(Time After Time)〉 205
《타임(Time)》 95
《타임스(The Times)》 57
타잔(Tarzan) 43
타지키스탄(Tojikiston / Tajikistan) 219
타클라마칸 사막(塔克拉瑪干沙漠) 159
《타타르인의 사막(Il deserto dei Tartari)》 103
타파눌리오랑우탄(Pongo tapanuliensis) 275
〈타향살이〉 89
탁구(卓球) 177, 181, 215, 219, 223
《탁류(濁流)》 101
탁신 친나왓(Thaksin Chinnawat) 251
탁지부(度支部) 14, 24, 35, 39
탄도미사일 232, 265
탄도탄요격미사일제한(AMB) 179
탄도탄요격미사일제한(AMB)조약 239
탄소-14 119
탄자니아(Tanzania) 153, 233
탄핵 → 대통령 탄핵
탄핵 반대 촛불집회 246
탈레반 239, 252, 287
탈북자 231, 248
〈탐욕〉 69
〈탑건(Top Gun)〉 47
탑골공원(塔-公園) 56
탕가니카(Tanganyika) 153
탕헤르(Tánger) 25
태궁상점(太弓商店) 48
태권도(跆拳道) 153, 158, 181
태권도자 마루치 아라치 187
태극기(太極旗) 28, 72, 106, 115, 123, 134, 139, 219, 272
　- 목판 106
　- 역사 속의 - 106
태릉선수촌 163,275
《태백산맥》 209
태안 26, 241, 253
태안 앞바다 원유 유출 사고 252
태안반도 252
태양계(太陽系) 55
　- 행성 81, 251
태양광 항공기 21, 273

〈태양 없이(Sans soleil)〉 203
〈태양은 외로워(L'eclisse)〉 155
〈태양을 피하는 방법〉 245
태양의 서커스(Cirque du Soleil) 205
〈태양의 아이들〉 111
《태양일보》 136
태연 271
태영건설 216
태조(太祖) 35
태즈메이니아주머니늑대 95
태평양(太平洋) 16, 43, 47, 99, 105, 107, 109, 117, 127, 145, 232
태평양 전선 109
태평양전쟁 73, 99, 104, 105, 109, 110
태평양 회의 62
태평양방위선 128
태풍 루사 240
태풍 사라 148
태풍 하이옌 267
태프트(William Howard Taft) 24, 25, 31, 33, 43
태형(笞刑) 42, 43
태화관(泰和館) 56
태환금권조례 18
택시 76, 100
택시 미터제 94
〈택시운전사〉 247, 275, 283
〈택지소유상한에 관한 법률〉 214
탱크 53, 143, 165, 194
터갓(Paul Tergat) 169
터보 227
터브먼, 해리엇 45
터키 지진 231
터키청년당 52
텅스텐 필라멘트 전구 25
테네리페 공항 참사(desastre aéreo de Tenerife) 189
테니스 109, 111, 117, 181, 207, 235, 245, 279
테디 베어 15
테레사 수녀 231
테레시코바, 발렌티나 157
《테레즈 데케이루(Thérèse Desqueyroux)》 75
테슬라(Nikola Tesla) 109
테일러(Arnold Taylor) 183
테이트(Charles Tait) 27
테일러(Sam Taylor) 67
테크네튬(technetium) 97
테트리스 205
테헤란(Tehran) 63, 109, 183
테헤란 회담(Tehran Conference) 109
텍사스 257
〈10 Minutes〉 245
텔레비전 27, 71, 92, 95, 99, 133, 135, 142, 144, 155, 158, 177, 183, 194, 195, 197, 216, 247

　-방송 시청료 156
텔아비브(Tel Aviv) 179, 227, 275
톈안먼(天安門) 125, 187
　- 광장(天安門廣場) 57
　- 사건(天安門事件, 제1차) 187
　- 민주화 시위 215
톈원 1호(天問1號) 287
토고(Togo) 151, 163
〈토니 에르트만(Toni Erdmann)〉 273
토끼 31, 53, 117, 207
《토끼와 원숭이》 117
토로(Guillermo del Toro) 251
토르(Thor) 257
토르나토레(Giuseppe Tornatore) 213
토리노 동계 올림픽(Torino -) 251
토마시 디 람페두사(Tomasi di Lampedusa) 147
토막촌 철거 86
토인비(Arnold J. Toynbee) 89
토지개혁 39, 41, 89, 116
토지조사사업 42, 54, 65
《토지》 225
토지공개념 214
토지법 42
토지소유권 14, 42, 116
〈토지조사령(土地調査令)〉 42
〈토지초과이득세법〉 214
《토템과 터부(Totem und Tabu)》 45
토트넘(Tottenham Hotspur F.C.) 273
토플러(Alvin Toffler) 251
토플러(Heidi Toffler) 251
톨스토이(Lev Tolstoy) 39
톨킨(J. R. R. Tolkien) 137, 181
톰과 제리 시리즈(Tom and Jerry) 103
톰보(Clyde Tombaugh) 81
톰슨(J. J. Thomson) 41, 103
톰슨(Leonard Thompson) 65
톰슨(William Thomson) 29
통가(Tonga) 173
통감부(統監府) 16, 23, 26, 30, 32, 38, 54
통감부 및 이사청관제(統監府及理事廳官制) 26
통계청 264
《통사구조(Syntactic Structures)》 145
통상임금 188
통신원(通信院) 16
통위부(統衛部) 116
통의부(統義府) → 대한통의부
통일각(統一閣) 278
통일국민당 220
통일노동자당(폴란드) 197
통일당 68, 123
통일당(남아프리카연방) 119
통일민주당 210, 212, 216, 255, 271, 276, 277
통일부(統一部) 238, 248, 262
통일사회당 152

통일아랍공화국(United Arab Republic) 147
통일주체국민회의 178, 180, 190, 192, 194
통일진보동맹(UPA) 253
통일주체국민회의 178, 180, 190, 192, 194
통일호(統一號) 136
통진당 → 통합진보당
통킹만 결의(Gulf of Tonkin Resolution) 159
통킹만 사건(Gulf of Tonkin incident) 140, 159
통합 임시정부 56
통합러시아당 257
통합민주당 255, 256, 277
통합민주당(2008) 256
통합진보당 255, 262, 264, 266, 267, 268
통화에관한특별조치령 134
《퇴마록》 225
퇴폐주의 61, 65
투과니, 조시아 229
투르 드 프랑스 19, 117, 249
투르뇌르(Jacques Tourneur) 119
투르니에(Michel Tournier) 165
투르크메니스탄 219
투모로우바이투게더 229
투발루 191
투브루크(Tubruq) 105
2NE1 229, 259, 263
투치족(Tutsi) 225
〈투캅스〉 223, 282
투탕카멘 무덤 발굴 65
투표권 19, 39, 61, 122, 265
2PM 229
툴루즈 로트레크(Henri de Toulouse-Lautrec) 15
퉁구스카 대폭발 사건(Tunguska -) 31
튀김 음식 241
튀니지(Tunisie) 143, 261
튀르키예(Türkiye) 20, 25, 49, 61, 67, 77, 79, 89, 137, 155, 183, 197, 269, 273, 279, 281,285
튀르키예청년당 54
튜더(David Tudor) 133
튜링(Alan Turing) 127, 137
　- 테스트(Turing test) 127
트랜스월드 항공 800편(Trans World Airlines Flight 800) 추락 사고 229
〈트랜짓(Transit)〉 279
트럼프(Donald Trump) 273, 275, 278, 279, 280, 281, 285
트렌디 드라마 221
트로츠키(Lev Trotskii) 65, 75, 77, 103
트롤로프(Mark Trollope) 34
트루먼(Harry S. Truman) 115, 119, 123, 125, 127, 131, 179
트루먼 독트린(Truman Doctrine) 119
트뤼포(François Truffaut) 205
트리니다드 토바고(Trinidad and Tobago) 155
트리니티 115

찾아보기

트리니티 실험 115
트리에(Lars von Trier) 263
트리에스테(Trieste) 117
〈트리 오브 라이프(The Tree of Life)〉 263
트리폴리(Tripoli) 41, 197, 214
트와이스 229, 273
트웨인(Mark Twain) 39
트위터(Twitter) 251
특급열차 94, 136
특별사면 190, 202, 230, 234, 266, 276, 286
특별은공상 131
특별재난지역 284
특수상대성이론(pecial theory of relativity) 25
티베트(Tibet) 23, 29, 127, 131, 149
티베트 봉기 149
〈티켓〉 209
티토(Josip Broz Tito) 135, 139, 195
타파눌리오랑우탄(Pongo tapanuliensis) 275
티미쇼아라(Timișoara) 304
〈티파니에서 아침을(Breakfast at Tiffany's)〉 153

ㅍ

〈파고(Fargo)〉 229
파나마(Panamá) 19, 33, 47, 215
 - 운하(Panama Canal) 17, 19, 33, 47
 미국의 - 침공 215
파나마시(Ciudad de Panamá) 189
파농(Frantz Fanon) 133, 153
파도반(Adolfo Padovan) 41
파독광부(派獨鑛夫) 156
《파독광부 생애사》 156
파드 무하마드(Wallace Fard Muhammad) 161
파라과이(Paraguay) 137
파라마운트 픽쳐스 47
파라분도 마르티 민족해방전선(FMLN) 221
파레토(Vilfredo Pareto) 67
파루크 133
파리(Paris) 15, 17, 19
《파리 대왕(Lord of the Flies)》 137
파리 르부르제 공항(Aéroport de Paris-Le Bourget) 75
파리 만국박람회 97
파리 오페라 극장(Opéra de Paris) 39
파리 조약(Treaties of Paris, 1919~1920) 57
파리 조약(Treaty of Paris, 1951) 131
파리 평화협정 141, 181
파리강화회의 54, 57
파리협정(Paris Agreement) 271
파무크(Orhan Pamuk) 199
파바로티(Luciano Pavarotti) 253
파병 동의안 160, 244, 246
파브르(Jean-Henri Fabre) 49

파블로프(Aleksandr Pavlov) 22
파블로프(Ivan Pavlov) 19, 95
파스빈더(Rainer Werner Fassbinder) 183
파스트로네(Giovanni Pastrone) 47
파시(Frédéric Passy) 15
파시즘(fascism) 33, 63, 89, 95, 99
〈파업전야〉 217, 282
파우메이라스(Palmeiras) 47
VfL 보훔(VfL Bochum) 191
파운드(Ezra Pound) 179
파울러(Robert Fowler) 169
파울리, 볼프강 75, 147
《파워 엘리트(The Power Elite)》 143
파월(Powell) 168
파이살(Faisal ibn Abd al-Aziz) 185
파이살 2세(Faisal II.) 147
〈파일럿〉 305
《파저란트(Faserland)》 227
파지트노프(Aleksei Pazhitnov) 205
《파친코(Pachinko)》 275
파커(Alton B. Parker) 23
파커(Charlie Parker) 139
파퀴아오(Manny Pacquiao) 271
파크스(Rosa Parks) 139, 249
파키스탄(Pakistan) 119, 133, 137, 143, 152, 173, 177, 213, 233, 253, 263
 - 자치령 119
파테트라오(Pathet Lao) 185
파트와(fatwa) 213
파틸(Pratibha Patil) 253
파푸아뉴기니(Papua New Guinea) 185
팍타(Luigi Facta) 65
판데르발스(Johannes Diderik van der Waals) 67
판문점(板門店) 129, 130, 132, 134, 166, 176, 204, 224, 251, 280
 - 공동경비구역 176, 270, 278
 - 도끼 사건 186
 - 선언 277, 278, 284
판소리 90
〈판의 미로(El laberinto del fauno)〉 251
《판타지(Fantasmagorie)》 31
〈8과 1/2(8½)〉 157
팔라우(Belau / Palau) 225
팔랑헤당 무장조직 185
팔러먼트 광장 285
팔레르모 대학교(Università degli Studi di Palermo) 97
팔레비 왕조(Pahlavi dynasty) 63, 71, 193
팔레비(Mohammad Reza Pahlavi) 135, 195
팔레스타인(Palestine) 53, 119, 123, 127, 159, 165, 171, 173, 179, 183, 185, 199, 211, 213, 223, 227, 237, 247, 251, 253, 265
팔레스타인 결의안 183
팔레스타인민족평의회(PNC) 159, 171

팔레스타인해방기구(PLO) 159, 171, 183, 199, 213, 223
팔레스타인해방인민전선(PFLP) 173
팔레스트라 이탈리아(Palestra Italia) 47
팔렌지크(Christa Vahlensieck) 169
팔렘방(Palembang) 279
팔로마 천문대(Palomar Observatory) 123
팔메(Olof Palme) 209
팔미도 등대(八尾島燈臺) 18
팔봉비평문학상(八峰批評文學賞) 125
《82년생 김지영》 273
〈8월의 크리스마스〉 233, 283
8월 전원회의 사건 → 8월 종파사건
8월 종파사건 142
8월 혁명 115
8·15 범민족대회 228
8·15 선언 172
팔작지붕(八作-) 35
8888 항쟁 213
팡테옹(Panthéon) 151
패독(Charley Paddock) 168
패션쇼 147
패티 김 181
팬데믹 284, 285
팻 맨(Fat Man) 125
팽크허스트(Emmeline Pankhurst) 19
퍼거슨(Alex Ferguson) 267
퍼니스크릭(Furnace Creek) 45
퍼스(Charles Sanders Peirce) 47
퍼시픽리그(パシフィック・リーグ) 185
퍼펙트 게임(perfect game) 23
〈퍼플 헤이즈(Purple Haze)〉 171
퍼피(PUFFY) 229
펀치 드렁크 러브 241
〈펄프 픽션(Pulp Fiction)〉 225
〈페니 레인(Penny Lane)〉 165
페니실린(penicillin) 29, 77
페더러(Roger Federer) 245, 279
페데(Anni Pede) 169
페라티푸스(Paratyphoid fever) 48
페란티 마크 1 131
페레로 241
페레스트로이카 211
페렉(Georges Perec) 191
페론(Eva Perón) 133
페론(Isabel Perón) 187
페론, 후안 도밍고(Juan Domingo Perón) 183
페루 173, 203, 233, 254
페루 지진 249
페루자(Vincenzo Peruggia) 41
페르디난트, 프란츠 47
페르마(Pierre de Fermat) 223
 -의 마지막 정리(Fermat's Last Theorem) 223
페르미(Enrico Fermi) 137
페르세폴리스 FC 285

페르시아 183, 219
페리에르(Carlo Perrier) 97
페멕스(PEMEX) 99
《페미니즘의 도전》 249
페브르(Lucien Febvre) 143
페스 조약 43
페스트 47, 48, 245
《페스트(La Peste)》 119, 151
페이스북(Facebook) 247, 267
페이지(Larry Page) 233
페이퍼백(paperback) 91
페촐트(Christian Petzold) 279
페타치(Clara Petacci) 296
페탱(Philippe Pétain) 131
페텔(Sebastian Vettel) 261
페트로그라드(Petrograd) 53, 69
페트로파블롭스크 성당 55
펜실베이니아 17
펜타곤 141, 239
펠레(Pelé) 43, 147, 243, 285
펠리니(Federico Fellini) 157, 223
펠프스(Michael Phelps) 247
펭귄북스(Penguin Books) 91
펫코 파크(Petco Park) 251
평리원 터(平理院 -) 35
평민당 → 평화민주당
평식원(平式院) 17
평양(平壤) 25, 26, 45, 51, 52, 57, 79, 80, 82, 85, 96, 108, 114, 117, 126, 128, 142, 146, 155, 178, 180, 199, 206, 215, 224, 232, 236, 249, 276, 278, 281
 - 감옥 48
 -관(-館) 83
 - 고무노동자 총파업 80
 -대극장 206
 -방송국 95
 - 신사(平壤神社) 98
 -의과대학 166
평양서문밖교회 98
평원고무공장 82
평창(平昌) 279
평창 동계 올림픽 279
평택(平澤) 146, 250, 278
평택 미군기지 이전 250, 278
평화선(平和線) 130, 132, 158
평화민주당 210, 212, 228, 255, 271, 277
평화유지군(平和維持軍) 221, 231, 233
평화의 댐 208, 248
평화통일론 142, 146
평화통일자문회의 196
평화헌법 117, 119, 137, 271
《폐허(廢墟)》 61
폐허파(廢墟派) 65
포괄적 핵실험 금지조약(CTBT) 233
포니 엑셀 208
포드(Chris Ford) 193

찾아보기

포드(Edsel Ford) 45
포드(Gerald Ford) 183, 187, 251
포드(Henry Ford) 45, 119
포드(John Ford) 143
포드 모델 A(Ford Model A) 19, 75
포드 모델 T(Ford Model T) 31, 45, 73
포드자동차사(Ford Motor Company) 19, 31, 45, 75
〈포레스트 검프(Forrest Gump)〉 47
포르사(Forssa) 19
포르자 이탈리아(Forza Italia) 225
포르토프랭스(Port-au-Prince) 261
포르투갈(Portugal) 31, 39, 73, 153, 163, 165, 181, 183, 185, 235, 241, 245, 253, 261, 265, 269
포르투알레그리(Porto Alegre) 19, 81
포뮬러 원(Formula One) → F1
포뮬러 원 월드 챔피언십(Formula One) 247
포스베리 플롭(Fosbury flop) 167
포스코(POSCO) 180
포스터(E. M. Forster) 31
포시(Dian Fossey) 207
〈포이즌〉 233
〈포제션(Possession)〉 197
포천군 184
포츠담 선언(Potsdam Declaration) 114, 115, 116
포츠머스 조약(Treaty of Portsmouth) 23, 24
포켓몬(ポケモン) → 포켓몬스터
포켓몬스터(ポケットモンスター) 185, 229
포크너(William Faulkner) 155
포클랜드 전쟁(Falklands War) 199
포클랜드 제도(Falkland Islands) 199
포터(Beatrix Potter) 15
포터(Edwin S. Porter) 19
포토저널리즘 95
포틀랜드 트레일블레이저스(Portland Trail Blazers) 247
포퍼(Karl Popper) 115
포포프(Sergey Popov) 169
포항(浦項) 186, 188, 274, 275
　－축구전용구장 217
　－스틸러스 217
　－스틸야드 217
포항제철 → 포항종합제철
포항종합제철 180
포항공과대학교 209, 225
포항방사광가속기 225
포헐(Wouter V Vogel) 285
폭격기(爆擊機) 20, 97, 161
폭스(Fox Broadcasting Company) 73
폭스 73, 75, 109, 211, 229, 281
폭스 뉴스 채널 229
폭탄 60, 64, 70, 82, 83, 84, 110
폴라니(Karl Polanyi) 111
폴란드(Polska / Poland) 55, 61, 63, 71, 83, 101, 105, 115, 125, 139, 165, 167, 173, 191, 195, 197, 203, 215, 223, 279, 281
폴란드-소련 전쟁 63
폴록(Jackson Pollock) 143
폴링, 라이너스(Linus Pauling) 125
폴 포트(Pol Pot) 191, 233
〈퐁당퐁당〉 75
퐁피두 센터(centre Pompidou) 275
푀이야드(Louis Feuillade) 49
《표범(Il Gattopardo)》 147
〈표본실의 청개구리〉 63
푸딩 원자모형(plum pudding model) 41
푸른곰팡이(Penicillium) 77
《푸른 연꽃(Le Lotus bleu)》 95
푸미폰 아둔야뎃(Bhumibol Adulyadej) 273
푸순 탄광(撫順炭鑛) 32
푸어드 1세 65
푸아로(Hercule Poirot) 61
푸앵카레(Henri Poincaré) 17, 43
푸에블로호(USS Pueblo) 166
푸이(溥儀) 31, 41, 43, 85, 89, 165
푸치니(Giacomo Puccini) 23, 69
푸코(Michel Foucault) 153, 163, 205
푸틴(Vladimir Putin) 235, 237, 257, 265, 269, 279
푼타델에스타(Punta del Este) 209, 225
풀브라이트 144
풀턴(Fulton) 117
풍계리(豊溪里) 250, 258
풍계리 핵실험장 250, 274
풍기광복단(豊基光復團) 44, 48
풍산개 99
〈풍운아 홍길동〉 164
《풍요한 사회(The Affluent Society)》 147
풍자만화 33
퓰리처(Joseph Pulitzer) 41
프놈펜(Phnom Penh) 185
프라차티뽁(Prajadhipok) 85
프라하(Praha) 165
프라하의 봄(Pražské jaro) 167
프란치스코(Franciscus) 267, 268
프랑스(France) 15, 17, 20, 21, 23, 25, 26, 27, 29, 33, 39, 41, 43, 45, 47 (50까지 완료?)
　－와 한국 14, 16, 22, 34
　－의 스포츠 19, 23
　－1차대전과 프랑스 47, 49, 51
프랑스공사 14, 22
프랑스공사관 22, 34
프랑스령 기아나(Guyane française) 221
프랑스령 콩고 151
프랑스 오픈(Internationaux de France de tennis) 117, 207, 235, 287
프랑스 월드컵 231, 233
프랑스 공사관 터 34
프랑스 영사관 34
프랑시(V. Colinde Plancy) 34
〈프랑켄슈타인(Frankenstein)〉 39
〈프랑켄슈타인의 신부(Bride of Frankenstein)〉 91
프랑코(Francisco Franco) 95, 97, 101, 185, 189
프랑크(Anne Frank) 115, 119
프랑크푸르트(Frankfurt) 43, 191
　－도서전(Frankfurter Buchmesse) 125
프래버스(P. L. Travers) 89
프레게(Gottlob Frege) 71
프레베르(Jacques Prévert) 117
프레슬리(Elvis Presley) 147, 189
프레온가스(Freon gas) → 염화불화탄소
프렉시트(Frexit) 275
프로레슬링 161, 183
프로야구 한국시리즈 253
프로이센(Preußen) 33
프로이센 과학학술원(Preußische Akademie der Wissenschaften) 49
프로이트(Sigmund Freud) 43, 45, 67, 81, 101
프로축구 승부조작 263
《프로테스탄트 윤리와 자본주의 정신(Die protestantische Ethik und der Geist des Kapitalismus)》 23
프롬(Erich Fromm) 105, 195, 261
프루스트(Marcel Proust) 45, 65
프리고진(Ilya Prigogine) 245
프리던(Betty Friedan) 157
프리드먼(Milton Friedman) 155, 251
프리미어 12(Premier 12) 271
프리미어리그(Premier League) 238, 261, 267 273
프리슈(Max Frisch) 137
프리스(Janus Friis) 245
프리즘(PRISM) 267
프리스 273
프린시페섬(Ilha do Príncipe) 57
프린체스호(Prinzess Irene) 33
플라스틱 29, 31, 51, 61
〈Fly〉 249
플라이어 1(Flyer 1) 18, 19, 20
플라자 합의 207
플라자 호텔 207
플랑크(Max Planck) 119
플러그 앤 플레이(Plug and play) 227
플레밍(Alexander Fleming) 77, 139
플레밍(Ian Fleming) 135
플레밍(John Ambrose Fleming) 23, 27
플레밍(Victor Fleming) 101
플레시 대 퍼거슨 판결 137
《플레이보이(Playboy)》 135
플로리다 237
플로이드(George Floyd) 285
플루토늄 폭탄 125
《플리즈 플리즈 미(Please Please Me)》 157
피겨스케이팅 251, 260, 261
피겨스케이팅 그랑프리 파이널(Grand Prix of Figure Skating Final) 251
피구(Luís Figo) 17
피그스만(Bay of Pigs) 153
〈피너츠(Peanuts)〉 235
《피네간의 경야(Finnegans Wake)》 101
피녜라(Sebastián Piñera) 281
피노체트(Augusto Pinochet) 181, 233, 251
〈PD수첩〉 256
피란델로(Luigi Pirandello) 63
〈피막〉 197, 282
〈피바다〉 177
《피부(La pelle)》 125
피사로(Camille Pissarro) 19
〈피아골〉 139, 282
〈피아노(The Piano)〉 223
〈피아노 협주곡 2번〉 15
피아제(Jean Piaget) 195
피아프(Édith Piaf) 119, 157
피어리(Robert Peary) 33
피어시(Violet Piercy) 169
피에르 화랑(Galerie Pierre) 71, 83
〈피에타〉 85, 265
피의 능선 129
피의 메이데이 사건 133
피의 일요일(Krovavoye voskresen'ye) 25, 179, 215
피의 일요일 사건 173, 175
피임 진료소 51
피임약 151
피지(Fiji) 173
PGA 투어(PGA Tour) 241
피츠버그(Pittsburgh) 137
피츠버그 파이러리츠 17
피츠제럴드(F. Scott Fitzgerald) 71, 103
피츠헤이먼(Lewin Fitzhamon) 25
피카르(Bertrand Piccard) 21, 273
피카소(Pablo Picasso) 15, 29, 71, 79, 97, 181
피케티(Thomas Piketty) 267
《피터 래빗 이야기(The Tale of Peter Rabbit)》 15
피터 앤 고든(Peter and Gordon) 159
《피터와 웬디(Peter and Wendy)》 41
〈피터 팬: 자라지 않는 소년(Peter Pan; or, the Boy Who Wouldn't Grow Up)〉 23
피터스(Jim Peters) 169
피플 파워 혁명(People Power Revolution) 209
《픽션들(Ficciones)》 111
핀란드(Suomi / Finland) 19, 29, 53, 101, 133, 249
핀란드 노동자당 19
핀란드 사회민주당 19

찾아보기

핀타섬땅거북(Chelonoidis niger abingdonii) 265
필드하키(field hockey) 143
필라델피아 애슬레틱스(Philadelphia Athletics) 23, 61
필리프빌(Philippeville) 137
필리핀 25, 89, 107, 111, 117, 127, 137, 145, 165, 173, 209, 231, 267, 271
　- 공화국 15, 117
　- 대통령 선거 273
　- 자치정부 91
　- 헌법 91
필립스(Koninklijke Philips) 157, 199
필립스 스포르트 퍼레이니힝(Philips' Sport Vereniging) 45, 237, 249
필즈(John Charles Fields) 85
필즈상(Fields Medal) 269
필트다운인(Piltdown Man) 135
〈핑계〉 225
핑클 229, 233
핑퐁 외교(Ping-pong diplomacy) 177

ㅎ

하겐베크(Carl Claus Hagenbeck) 29
하겐베크 동물원(Tierpark Hagenbeck) 29
하길종 179, 185, 193, 282
〈하나 그리고 둘(A One and a Two)〉 237
하나금융지주 260
《하나비(HANA-BI)》 233
하나은행 164
하나회(-會) 222, 274
〈하녀〉 151, 282
하노이(Hà Nội) 75, 115, 117, 141, 280
하누치(Khalid Khannouchi) 169
《하늘과 바람과 별과 시》 71, 108, 123
하드 디스크 드라이브 139, 143
하디(Abd-Rabbo Mansur Hadi) 271
하디(Thomas Hardy) 77
하딩(Warren G. Harding) 61, 67,
하디드(Zaha Hadid) 273
하라 다카시(原敬) 63
하라, 빅토르 181
하라리(Yuval Noah Harari) 263
〈하루하루〉 257
하리(Armin Hary) 168
하마드 공항 → 도하 하마드 국제공항
하마 학살 195
하마구치 오사치(濱口雄幸) 81
하바롭스크(Khabarovsk) 54
하버(Fritz Haber) 89
하버그레이스(Harbour Grace) 85
하버드 대학교(Harvard University) 111, 173, 227
하버드 마크 I(Harvard Mark I) 111

하버마스(Jürgen Habermas) 197
하벨(Václav Havel) 189, 215, 217
하브자리마나(Juvénal Habyarimana) 225
하비브(Philip C. Habib) 35
하빌랜드 DH.106 코멧(de Havilland DH.106 Comet) 21, 123
하세가와 요시미치(長谷川好道) 26, 50, 54
〈하숙생〉 163, 279
하승진 247
하시모토 류타로(橋本龍太郎) 229
하시모토 슈헤이(橋本秀平) 60
하심 가 147
하심 왕조 147
하야시 곤스케(林権助) 22
〈하얀전쟁〉 221, 282
하얼빈 32, 68, 86, 229
하와이(Hawaii) 16, 38, 44, 45, 46, 105, 107, 114, 149, 150, 276
　- 이민 16, 38, 45
〈하운드 도그(Hound dog)〉 147
하위징아(Johan Huizinga) 57
하이데거(Martin Heidegger) 187
하이드리히(Reinhard Heydrich) 107
하이랜더스 19
하이린(海林) 80
하이브 237
〈하이센스〉 213
하이스미스(Patricia Highsmith) 139
하이에크(Friedrich Hayek) 111, 221
하이젠베르크(Werner Heisenberg) 71, 75, 171, 187
하이퍼텍스트(hypertext) 215
하이퐁(Hải Phòng) 117, 141
하인스(Jim Hines) 167, 168
하인켈 He 178(Heinkel He 178) 101
하일브로너(Robert Heilbroner) 135
하지(John R. Hodge) 114
〈하트 브레이크 호텔(Heartbreak Hotel)〉 147
하퍼(Ernest Harper) 95
〈학도가(學徒歌)〉 25 動員
학도원본부(學徒動員本部) 110
학도병(學徒兵) 65, 106, 108, 111
학도호국단 184
학력고사 → 대학입학학력고사
학무국(學務局) 90, 94, 97, 100
학부(學部) 24, 29
학살 33
〈학생의 맹서〉 124
학예회(學藝會) 115
《학원(學園)》 133
　- 문학상 133
학원자율화 조치 202
학전소극장(學田小劇場) 225
《한 권으로 읽는 조선왕조실록》 229
한(Otto Hahn) 99
한-EU 자유무역협정 256

한강(漢江) 52, 65, 145, 153, 160, 170, 190, 212, 216, 224, 236,
한강(소설가) 195, 253, 269, 273
《한강》 239
한강대교 160
한강방어선 128
한강인도교 52
한강철교 276
〈한 걸음 더〉 217
《한겨레》 56, 208, 272
《한겨레21》 234
《한겨레신문》 208, 212
한겨레신문사 223
한국국민당(1935) 90, 96, 102
한국국민당(1981) 196, 254
한국 RCA(KORCAD) 142
한국 YMCA 18, 27
《한국과학기술사》 163
한국과학기술연구소(KIST) 163
한국 표준시 30, 42
한국건축조사보고(韓國建築調查報告) 17
《한국경제》 157
《한국경제의 실상과 허상》 191
《한국공산주의 운동사》 165
한국공연예술진흥협의회 229
한국공해문제 연구소 203
《한국과학기술사》 161
한국과학기술연구소(KIST) 159 → 한국과학기술연구원
한국과학기술원(KAIST) 211
한국광복군(韓國光復軍) 86, 88, 102, 104
한국광복군 선언문 102
한국광복군 태극기 106
한국광복동지회(韓國光復同志會) 84
한국광복운동단체연합 96, 100
한국광복운동단체연합회 92
한국국민당 90, 96, 102, 196, 255
〈한국군의 월남증파 동의안〉 162
한국기독교회관 → 기독교회관
《한국노동운동사》 173
한국대일전선통일동맹(韓國對日戰線統一同盟) 84
한국대학생연합 228
한국독립군 80, 86
한국독립당(임시정부) 80, 82, 84, 88, 90, 96, 102, 104, 110, 122, 254
한국독립당(지청천 등) 80
한국독립당 당의(韓國獨立黨黨義) 80
《한국독립운동지혈사(韓國獨立運動之血史)》 48, 61
《한국문학사》 181
《한국문화사대계》 159
한국미술협회 117
한국민족예술단체총연합 213
한국민족전선연맹 100
한국민주당 114, 122, 124,

《한국민중사》 209
한국민중사연구회 209
한국방송공사 → KBS
한국방송협회 118
한국비료 사카린 밀수 사건 158, 162
《한국사신론》 165
한국산업규격(KS) → 한국산업표준
한국산업표준(KS) 241
한국산업은행 136, 233
한국시리즈 200, 209, 235, 239, 253
한국신문편집인협회 144
한국여자농구 여름리그 233
한국여자농구연맹(WKBL) 306
《한국영화사》 157
한국영화인총연합 155
한국예술문화단체총연합회 155
한국 YMCA 18, 27
한국외환은행 → 외환은행
한국은행(대한제국) 32
　- 권 16, 38
한국은행(대한민국) 126, 164, 198, 230
　- 권 126, 258
《한국은행법》 126
〈한국은행조례(韓國銀行條例)〉 40
한국이동통신 212
《한국일보》 125, 134, 136, 143, 145, 171
한국자유총연맹 258
한국전기통신공사 198
한국전력(韓國電力) 152
한국전자통신연구원 199
한국전쟁 26, 124~136, 144, 152, 164, 176, 186, 204, 206, 214, 224, 232, 234, 251, 279
《한국전쟁의 기원(Origins of the Korean War)》 197
한국정신문화연구원 191
한국종합전시장 216
한국주차군(韓國駐箚軍) 24, 26, 32
한국주차군사령부(韓國駐箚軍司令部) 24, 26, 32
한국철도공사 → 코레일
한국총영사관 230
한국·칠레 자유무역협정(FTA) 240, 246
한국통감(韓國統監) 32, 38
《한국통사(韓國痛史)》 49, 85
한국특무대독립군(韓國特務隊獨立軍) 88
한국프로농구 231
한국 프로야구 263
한국프로야구선수협의회 213
한국항공우주연구원 241
한국혁명당 84, 88
한국현대문학관 55
한국화약주식회사 188
《한글》(1927) 75
《한글》(1932) 75, 107
한글간소화 방안 137
한글날 73, 137

찾아보기

〈한글 마춤법 통일안〉 87
한글맞춤법 규정 87
〈한글전용에관한법률〉 123
한글 파동 137
한글학회 107, 145
한나라당 217, 230, 236, 238, 240, 244, 246, 250, 252, 255, 256, 260, 262, 264, 272, 277
한남대학교 236
한남대교 170
한남동 166
한대수 171, 183
한대화 199
한동석 130
〈한동안 뜸 했었지〉 191
한라산(漢拏山) 253
한류(韓流) 219, 229, 245, 247, 253, 287
한명숙(가수) 153
한명숙(정치인) 234, 236, 278
한미 FTA 250, 252
한미 FTA 저지 범국민운동본부 250
한미 쇠고기 협상 256, 277
한미자유무역협정(FTA) 250, 252, 260, 262
한미경제조정협정 132
한미경제협정 152
한미경제협정 반대 공동투쟁위원회 152
〈한미상호방위조약〉 134, 136, 276
한미안보협의회(SCM) 250
한미연합군 126
한미연합군사령부 190
한미연합사훈련 222
한미영화협상 211
한미전기회사(韓美電氣會社) 18
한미정상회담 234
한미투자협정 233
한미합동경제위원회 132
한미행정협정→주한미군지위협정
한민당→한국민주당
한반도기 219, 237, 279
한반도 지도 31
한반도 분할 점령 114
한반도 평화·번영·통일 위한 판문점 선언문' 278
《한밤의 아이들(Midnight's Children)》 197
한보그룹 230
한보철강 230
한비야 249
한상룡 110
한설야 71, 131, 187
한성전기회사(漢城電氣會社) 14, 18, 19
한성 진격 30
한성고등여학교(漢城高等女學校) 30
한성공원(漢城公園) 38
한성농공은행(漢城農工銀行) 54
한성부 26
한성빈관(漢城賓館) 16

한성은행 42
한성재판소 35
한성전기회사 14, 19
한성전보사(漢城電報司) 16
한성정부 56
한센병 50
한승헌 182
한양(漢陽, 중국) 41
한용운 45, 73, 111
한운사 155
한위경 67
한인비행학교 60
한인사회당 54
한인사회주의자동맹 54
한인애국단(韓人愛國團) 84, 96
한인오 29
한일각료회담 164
한일공동공원(韓日共同公園) 38
한일 군사정보보호협정(GSOMIA·지소미아) 280
〈한일기본조약(韓日基本條約)〉 154, 156, 160
한일병합 조약 38
한일서점(韓一書店) 65
한일신협약 24, 28
한일예비회담 130
한일 월드컵 240, 242
〈한일의정서(韓日議定書)〉 22
〈한일청구권 협정〉 154
한일합방 26, 33
한일합방조약 38
한일협정→한일기본조약
한일협정반대시위 156
한일호-충남함 충돌 사고(韓一號忠南艦衝突事故) 164
한일회담 158, 160, 276
한일회담 반대 158
한 자녀 정책→계획생육정책
한장호 60
한재림 283
한전(韓電)→한국전력
한정원 240
한-중 수교 220
한중연합토일군(韓中聯軍討日軍)→중한연합토일군
한지근 118
한진그룹 268
한진상사 170
한진중공업 244
한징 106
한창련→한국대학총학생회연합
한총련→한국대학총학생회연합
한국대학총학생회연합 228
한커우(漢口) 41
한큐 브레이브스(阪急ブレーブス) 195
한형모 137, 143, 282
한호림 223

한화그룹 209, 252
한화 이글스 200, 209, 235, 265
할레(Halle) 215
할렐루야(축구팀) 195, 203
할리우드(Hollywood) 211, 213, 275, 279
　- 사인(- Sign) 67
〈할 수 있어〉 231
할슈타인 독트린(Hallstein-Doktrin) 139
함기용 127
함부르크(Hamburg) 29
함석헌 114, 127, 146, 186, 192, 215
함석헌 필화사건 146
함세웅 186
함태영 129, 132
함평 고구마부정수매사건 190
함평농민회 204
함흥(咸興) 80
　-방송국 98
합계출산율 154, 155, 203, 271, 278
합성수지 29
〈Hot 뜨거〉 245
항공사령부 68
항공의 날 122
항미원조전쟁 126
항불안제 139
항생제(抗生劑) 29, 77
항일무장투쟁 40, 68, 78
항일세력 30
항일의병부대 38
항저우(杭州) 84, 90
해관등대국(海關燈臺局) 18
해군협정 91
해리스(Kamala Harris) 285, 287
해리슨(George Harrison) 239
해리어 전투기 21
《해리 포터와 마법사의 돌(Harry Potter and the Philosopher's Stone)》(책) 231
〈해리 포터와 마법사의 돌(Harry Potter and the Philosopher's Stone)〉(영화) 239
해밀턴(Lewis Hamilton) 247
해밀턴(Angus Hamilton) 14
해방병단(海防兵團) 114
《해방신학(Teología de la liberación)》 177
《해방 전후사의 인식》 193
해병대 33, 47, 49
해설자들(The Interpreters)》 161
〈해에게서 소년에게〉 31
해외여행 전면자유화 214
《해저 2만리(Vingt Mille Lieues sous les mers)》 107
해직언론인협의회 204
〈해 질 녘〉 50, 51
《해커스 토익》 247
해태제과 93, 239
해태 타이거즈 198, 200, 211, 239
핵분열(核分裂) 99

〈핵산의 구조: 데옥시리보 핵산의 구조(Molecular Structure of Nucleic Acids: A Structure for Deoxyribose Nucleic Acid)〉 135
핵 보유국 133, 145, 159, 250
핵 실험 115, 117, 127, 149, 157, 159, 167, 177, 233, 250, 258, 266, 272, 274
핵 전쟁 149, 155, 203
핵항공모함 166
핵확산금지조약(NPT) 163, 169, 180, 202, 240
핵확산방지조약(NPT) 218, 220
핸드(David Hand) 97
핸드볼(handball) 227, 247, 263
핸들러(Ruth Handler) 149
핸슨(Jacqueline Hansen) 169
〈햇님〉 181
햇볕정책 236, 287
〈행복의 나라로〉 171, 183
행성(行星) 81
행정도시특별법 248, 260
행주대교(幸州大橋) 216
〈행진〉 207
《향성(Tropismes)》 101
향수(香水) 63
《향수(Das Parfum)》 207
향토예비군 172
허리케인(Hurricane) 275
　- 카트리나(- Katrina) 249
허먼스 허밋(Herman's Hermits) 159
허베이 스피리트호 252
허블(Edwin Hubble) 69, 79, 123, 135, 217
　-의 법칙 79
　-르메트르 법칙 79
　- 우주망원경 217
허수경 221
허우샤오셴(侯孝賢) 215, 271
허장강 185
허정 150
허정무 45
허진호 229, 235, 274, 275, 283
헉슬리, 올더스 85, 157
헌법(일본) 263
헌법(파키스탄) 139
헌법 개정(남아프리카 공화국) 203
헌법 개정(대한민국) 132, 136, 138, 146, 170, 176, 178, 180, 182, 184, 206, 208, 210, 216, 272, 276
　대한민국 -의 역사 123
헌법 개정(임시정부) 70, 102
헌법 개정(조선민주주의인민공화국) 232
헌법 개정(중국) 279
헌법개정특별위원회 208
헌법재판소 229, 230, 238, 246, 248, 268, 270, 274, 277, 280, 286
헌병 24, 38, 42, 132, 138, 142, 150

찾아보기

헌터 올스타스(Hunter All-Stars) 65
헌팅턴(Samuel P. Huntington) 229
헝가리(Magyarország / Hungary) 31, 99, 101, 105, 125, 135, 137, 167, 189, 215, 223, 279
　-와 한국 17, 187, 212, 214, 227, 276
　- 혁명 143
헤레로·나마 집단학살 23
헤레로인(Herero people) 23
헤르메스사 159
헤르베르거(Josef Herberger) 242
헤밍웨이(Ernest Hemingway) 79, 91, 97, 103, 133, 153
헤세(Hermann Hesse) 57, 155
헤알 계획(Plano Real) 211
〈헤어질 결심〉 283
〈헤이 주드〉(Hey Jude)〉 167
헤이그(Den Haag/ The Hague) 28, 29, 239
　- 특사 사건 28
헤이그 협약(Hague Conventions) 24
헤이그 회담 → 만국평화회의
헤이더(Sian Heder) 287
헤이렌베인 211
헤이룽장성(黑龍江省) 80
헤이-뷔노바리야 조약(Hay-Bunau-Varilla Treaty) 19
헤이스(Denis Hayes) 173
헤이스(Johnny Hayes) 169
헤일(George Ellery Hale) 123
헤일 망원경(Hale Telescope) 123
헤즈볼라(Hezbollah) 205, 251
헤프너(Hugh Hefner) 135
헨드릭스(Jimi Hendrix) 171, 173
《헨젤과 그레텔의 섬(ヘンゼルとグレーテルの島)》 203
헨켈 171
〈헬로〉 265
헬로키티(ハロ−キティ) 185
헬리콥터 21, 29, 105, 194, 261
헬싱키(Helsinki) 179, 249
　- 하계 올림픽 133
헬싱키 선언(Helsinki Declaration) 189
헵번(Audrey Hepburn) 153, 223
헵워스(Cecil Hepworth) 25
혁명가극 177
혁명공약 152
《혁명의 시대(The Age of Revolution: Europe 1789~1848)》 155
혁명통일전선 69
혁신단(革新團) 45
〈현기증(Vertigo)〉 147
현대 195, 200, 201
현대건설 285
현대그룹 220, 232, 262
현대모터스 267
《현대문학》 225
현대산업 233
현대 유니콘스 257
현대자동차 93, 164, 208
현미경 83
현생 인류 아프리카 기원설 211
현순 56
현실과 발언 193
현실동인 193
현우현 110
현익철 78
현인 119, 135
현정 262
현정화 215, 219, 223
현제명 83
현진건 69, 109
현진영 221
현채 27
현행헌법개정청원 운동본부 180
〈혈맥〉 157
혈맹단(血盟團) 85
《혈의 누(血−淚)》 27
혈죽가(血竹歌) 27
〈혈해(血海)〉 177
협률사(協律司) 17
〈형법(刑法)〉(대한민국) 134, 270, 280
〈형법(刑法)〉(일본) 32, 134
형사법긴급권한법 57
〈형사소송법(刑事訴訟法)〉(일본) 134
형사(衡平社) 66
혜민원(惠民院) 14
혜은이 170, 181, 193
호가드(Robert Hoggard) 30
호나우두(Ronaldo Nazário) 17
호나우두 다 코스타(Ronaldo da Costa)
호날두(Cristiano Ronaldo) 17
호남고속도로 172
호남선(湖南線) 46, 142
호남선 열차 142
호남정유(湖南精油) 227
호남차별 46
호남의대장 44
호네커(Erich Honecker) 211, 215, 225
호놀룰루(Honolulu) 16, 38, 276
〈호랑나비〉 215
호랑이 31, 53, 81, 229
호메이니(Ruhollah Khomeini) 193, 213
호모 에렉투스(Homo erectus) 211
《호밀밭의 파수꾼(The Catcher in the Rye)》 131
호바트 동물원 95
호세프(Dilma Rousseff) 273
호암아트홀 231
호외(號外) 96, 208
호일(Fred Hoyle) 125
호자(Enver Hoxha) 117
호적(戶籍) 32, 64
〈호적법(戶籍法)〉 64
호주제(戶主制) 64, 214, 248, 277
호주상속제도 214
호찌민(Hồ Chí Minh) 81, 105, 115, 117, 140, 141, 171
호크스(Howard Hawks) 85, 135
호킹(Stephen Hawking) 135, 213, 279
호퍼(Edward Hopper) 165
호퍼(Eric Hoffer) 203
혹스(Howard Hawks) 99
혼다 이시로(本多猪四郞) 137
《혼불》 76, 203
혼인빙자간음 138
혼일강리역대국도지도 197
《혼자 가는 먼 집》 221
혼천시계 207
《홀로서기》 211
홀로도모르(Holodomor) 87
홀로코스트(The Holocaust)
〈홀리 모터스(Holy Motors)〉 265
홀츠바르트(Werner Holzwarth) 223
홈런(home run) 63, 183, 195, 233, 253
홉스봄(Eric Hobsbawm) 155, 265
홉슨(J. A. Hobson) 17
홋카이도(北海道) 176, 275
홍교(虹橋) 34
홍군(紅軍) 89
홍기주 118
〈홍길동〉 164, 165
홍난파 61, 75, 77, 79, 87, 96, 125
〈홍도야 우지마라〉 101
홍명희 42, 74, 76, 77, 167
홍범도 40, 60, 109
홍사용 65, 119
홍삼(紅蔘) 290
〈홍삼전매법(紅蔘專賣法)〉 30
홍상수 229, 233, 282
홍성기 125, 153
홍성대 163
홍수(洪水) 16, 159, 183, 216, 275
홍수환 183, 189
홍역(紅疫) 48
홍원식 30
홍이섭 111
홍준표 274
홍진 72, 80, 88, 90
홍차옥 219
홍천(洪川) 175, 197, 279
홍커우(虹口) 86
　- 공원 84
홍콩(香港) 79, 139, 186, 195, 205, 205, 213, 221, 231, 238, 249, 265, 273
홍콩 ATV 221
〈홍콩 국가보안법(香港國家安全法)〉 285
홍콩 국제영화제(香港國際電影節) 229
홍콩 반환 205, 231
홍택기 98
홍형숙 241, 261, 283
화교(華僑) 82
〈화녀(火女)〉 173, 282
〈화니와 알렉산더(Fanny och Alexander)〉 197
화덴(樺甸) 76
화력발전소 80, 273
화북조선청년연합회(맹)(華北朝鮮靑年聯合會) 106
〈화분(꽃가루)〉 179
《화사집(花蛇集)》 105
화산(火山) 253
화산 아래서(Under the Volcano)〉 119
화성(華城) 56, 234
　- 연쇄 살인사건 280
화성(火星) 187, 231, 287
《화성 연대기(The Martian Chronicles)》 127
화성-14(火星14) 274
화성-15(火星15) 274
《화성에서 온 남자 금성에서 온 여자(Men Are from Mars, Women Are from Venus)》 221
화성 착륙 187, 231, 287
화씨 온도 41
〈화양연화(花樣年華)〉 237
화요일(火曜日) 68, 70, 72
화웨이(華爲) 281
화이자-바이온텍 코로나19 백신(Pfizer-BioNTech COVID-19 vaccine) 285
화이트 나이트(White Knight) 247
화이트리스트 280
화이트 스타 라인(White Star Line) 43
화이트헤드(Alfred North Whitehead) 39, 119
화천대유(火天大有) 286
화평굴기(和平崛起) 247
화폐개혁(대한민국) 118, 134, 154
화폐개혁(버마) 213
화폐개혁(조선민주주의인민공화국) 258
〈화폐법〉 54
〈화폐조례(貨幣條例)〉 14, 24
〈화폐조례 실시에 관한 건〉 24
화학결합의 유형 51
화학무기금지협약(CWC) 49, 223
화해·치유재단 270
환(圓) 154
환경관리관실 195
환경보호청(미국) 179
환경부(環境部) 217, 225, 229
환경의 날 179
환경처(環境處) 213, 225
환경청(環境廳) 195, 217, 225
환구단(圜丘壇) 35
〈환자 보호 및 적정부담 보험법〉 267
환태평양경제 동반자협정(TPP) 275
활동사진(活動寫眞) 19
황강댐(黃江댐) 258

찾아보기

황국신민서사(皇國臣民誓詞)〉 96
황국신민체조 97
황국신민화(皇國臣民化) 54, 98, 104, 107
황군위문작가단(皇軍慰問作家團) 101
황궁우(皇穹宇) 35
황금곰상(Goldener Bär) 131
황금광(黃金狂) 85
황금사원(Golden temple) 304
황금자기쟁탈고교야구대회 179
황금사자상(Leone d'oro) 85, 131, 265
황금심 97
황금정(黃金町) 30, 39, 88
황금종려상(Palme d'or) 117, 281, 283, 285
황대권 241
황도파(皇道派) 95
황도(皇道) 102, 109
황도학회(皇道學會) 102
황동규 298
황동혁 286
《황무지(The Waste Land)》 65
황미나 213
황민화 정책(皇民化政策) → 황국신민화 정책
황병기 279
황석영 183, 187, 207, 214
황석우 63
황성기독교청년회(皇城基督敎靑年會) 18, 25, 27, 43, 51
 - 학관(-學館) 39
황성YMCA 야구단 43, 47
황선미 237
〈황성 옛터〉 77
〈황성(荒城)의 적(跡)〉 77
황성YMCA → 황성기독교청년회
황성기독교청년회 18, 25, 27
 - 야구단 43, 47
황성기독교청년회학관(皇城基督敎靑年會學館) 39
《황성신문(皇城新聞)》 17, 18, 24
〈황성의 달(荒城の月)〉 15
황순원 237
황싱(黃興) 25
황열병(黃熱病) 47
황영조 221
황우석 247, 248
황을수 85
황장엽 230
황진남 56
황토현(黃土峴) 18
황포탄 의거(黃浦灘義擧) 64
횃불 작전(Operation Torch) 107
〈회사령〉 38
효봉 163
효성물산 206
효창운동장(孝昌運動場) 151, 160
후나키 가즈오(舟木一夫) 157
후버(Herbert Hoover) 77, 79, 85, 159

후버 댐(Hoover Dam) 87, 91, 95
후베이성(湖北省) 41
후사크(Gustáv Husák) 189
후설(Edmund Husserl) 15, 99
후세인 1세(Hussein I) 147
후세인(Saddam Hussein) 239, 245, 251
후쇼샤판 역사교과서 238
후안 카를로스(Juan Carlos I) 185
후야오방(胡耀邦) 204, 215
후지 텔레비전(フジテレビジョン) 157, 191
후진타오(胡錦濤) 247, 249, 259
후천성면역 결핍증후군(AIDS) 197, 284
후커 망원경(Hooker telescope) 69
후쿠시마 원자력발전소 사고(福島原子力發電所) 사고 263, 275,
후쿠시마 원전 오염수 방류 286, 287
후쿠야마(Francis Fukuyama) 221
후쿠자와 유키치(福澤諭吉) 15
후투족(Hutu) 225
후티(Houthis) 271
훈민정음(訓民正音) 29, 73
훈민정음 해례본(訓民正音解例本) 99
훈춘 사건(琿春事件) 60
휘문고등학교 → 휘문의숙
휘문운동장 79
휘문의숙(徽文義塾) 65
휴스(Charles Evans Hughes) 51
휴스턴호(USS Houston) 107
휴스턴 로키츠(Houston Rockets) 193
휴스턴(Whitney Houston) 265
〈휴일〉 167, 282
휴전성명 128
휴전협정 55, 109, 134, 135
휴전회담 129
흉년 14
흐루쇼프(Nikita Khrushchyov) 69, 155, 159, 177
〈흐르는 강물처럼(川の流れのように)〉 215
〈흐린 기억 속의 그대〉 221
〈흑산도 아가씨〉 159
흑인 목숨도 소중하다(Black Lives Matter) 285
흑색공포단 86
흑표범당(Black Panther Party) 163
흑해(Black Sea) 47
〈흡혈귀들(Les Vampires)〉 49
흥국생명 285
흥남(興南) 74, 78, 90, 126, 128
흥남 철수 작전 128
흥사단(興士團) 44, 80, 96, 138
〈흩어진 꽃잎(Broken Blossoms)〉 57
희대(戲臺) 17
〈희망의 나라로〉 83
《희망의 원리(Das Prinzip Hoffnung)》 137
희천발전소(熙川發電所) 262
히딩크(Guus Hiddink) 45, 237, 240
히라야마 마츠타로(平山松太郎) 25

히로시마(廣島) 115, 225
히로히토(裕仁) 73, 84, 114, 115, 215
히치콕(Alfred Hitchcock) 109, 147, 195
히토미 기누에(人見絹枝) 166
〈히트(Heat)〉 227
히틀러(Adolf Hitler) 67, 71, 85, 87, 89, 91, 95, 99, 101, 105, 115, 116
히틀리(Basil Heatley) 169
힉스 보손(Higgs boson) → 힉스 입자
힉스 입자(Higgs particle) 257, 267
힌덴부르크 참사(Hindenburg-Katastrophe) 21, 97
힌덴부르크(Paul von Hindenburg) 71, 85, 87, 89
힐러(Arthur Hiller) 173
힐러리(Edmund Hillary) 135, 257
힐베르트(David Hilbert) 109
힐즈버러 경기장(Hillsborough Stadium) 215
힐즈버러 참사(Hillsborough disaster) 215
힘러(Heinrich Himmler) 103
힝기스(Martina Hingis) 235

영문 알파벳으로 시작하는 단어들

영문 약어

AfD(Alternative für Deutschland) → 독일을 위한 대안(AfD)
AFKN(American Forces Korean Network) 144
AI(artificial intelligence) → 인공지능
AIDS(human immunodeficiency virus) → 후천성면역 결핍증후군
AP(Associated Press) 234
ARSA(Arakan Rohingya Salvation Army) → 아라칸 로힝야 구원군
AS 로마(Associazione Sportiva Roma) 75
ASA(Association of Southeast Asia) → 동남아시아연합
ASEAN(Association of Southeast Asian Nations) → 동남아시아국가연합
ASEAN+3 249
BBC(British Broadcasting Corporation) 65, 125
BOAC(British Overseas Airways Corporation) → 영국해외항공
BRICS(Brazi • Russia • India • China • South Africa) → 브릭스
BTS(Bangtan Boys) → 방탄소년단
CD(compact disc) → 콤팩트디스크
CDC(Centers for Disease Control and Prevention) → 질병통제예방센터
CDP-101, 199
〈Cherry Bomb〉 275
CIA(Central Intelligence Agency) → 중앙정보국
CIS(Commonwealth of Independent States) → 독립국가연합
CITES(Convention on International Trade in Endangered Species of Wild Fauna and Flora) → 멸종위기에 처한 야생동식물의 국제거래에 관한 협약)
CNN 195, 219, 229
〈Come Back Home〉 227
DDT(dichlorodiphenyltrichloroethane) 101, 131, 155, 179
DH.106 → 하빌랜드 DH.106 코멧
DNA(deoxyribonucleic acid) 55, 111, 135, 211
DNA 검사(DNA testing) → 유전자 검사
EAS(East Asia Summit) → 동아시아정상회의
EC(European Community) → 유럽공동체
ECSC(European Coal and Steel Community) → 유럽석탄철강공동체
EEC(European Economic Community) → 유럽경제공동체
EEC(Event Horizon Telescope) → 사상수평선망원경
EHT(Event Horizon Telescope)
ENIAC(Electronic Numerical Integrator and Computer) 117
EU(European Union) → 유럽연합
F1(Formula One) 247, 261
FBI(Federal Bureau of Investigation) → 연방수사국
FDA(Food and Drug Administration) → 미국식품의약국
FIBA(Fédération Internationale de Basketball) → 국제농구연맹
FIFA(Fédération Internationale de Football Association) → 국제축구연맹
 - 여자 월드컵(FIFA Women's World Cup) 219, 242, 243
 - U-20 월드컵(FIFA U-20 World Cup) 203, 242, 281
 - 월드컵(FIFA World Cup) 81, 89, 99, 117, 127, 137, 147, 155, 163, 165, 171, 173, 183, 191, 199, 207, 209, 217, 223, 225, 231, 233, 237, 240, 241, 242, 243, 251, 261, 263, 269, 279, 281
FMLN(Frente Farabundo Martí para la Liberación Nacional) → 파라분도 마르티 민족해방전선
FTA(Free Trade Agreement) → 자유무역협정
GATT(General Agreement on Tariffs and Trade) → 관세와 무역에 관한 일반협정
G6(Group of Six) 185
G7(Group of Seven) 185, 236
G8(Group of Eight) 185, 260
G20(Group of 20) 260
IAEA → 국제원자력기구(IAEA)

찾아보기

IBF(International Boxing Federation) → 국제복싱연맹
IAU(International Astronomical Union) → 국제천문연맹
IBM(International Business Machines Corporation) 111, 137, 147, 159, 205
IBRD(International Bank for Reconstruction and Development) → 국제부흥개발은행
ICBM(intercontinental ballistic missile) → 대륙간탄도미사일
ILO(International Labour Organization) → 국제노동기구
IFBA(International Female Boxers Association) → 국제여자복싱협회
IMF(International Monetary Fund) 국제통화기금
IOC(International Olympic Committee) → 국제올림픽위원회
IQ(intelligence quotient) → 지능지수
IS(Islamic State) → 이슬람국가
ISS(International Space Station) → 국제우주정거장
IUCN(International Union for Conservation of Nature) → 세계자연보전연맹
ITU(International Telecommunication Union) → 국제전기통신연합
IWC(International Whaling Commission) → 국제포경위원회
KAPF(Korea Artista Proleta Federacio) → 조선프롤레타리아예술가동맹
KKK(Ku Klux Klan) 49
KS(Korean Industrial Standards) → 한국산업표준
LHC(Large Hadron Collider) → 대형 강입자 충돌기
LP(long playing) 123, 199
LPGA(Ladies Professional Golf Association) 263, 271
LZ 1 (Luftschiff Zeppelin 1) 20
MSG(monosodium glutamate) 33
NACA(National Advisory Committee for Aeronautics) → 국가항공자문위원회
NAFTA(North American Free Trade Agreement) → 북미자유무역협정
NASA(National Aeronautics and Space Administration) → 미국항공우주국
NATO(North Atlantic Treaty Organization) → 북대서양조약기구
NBC(National Broadcasting Company) 73, 75, 109
NHK(Nippon Hoso Kyokai, 日本放送協会) 135, 247
NLL(Northern Limit Line) → 북방한계선
NRG(NRG New Radiancy Group) 231
NSA(National Security Agency) → 국가안보국

OAU(Organisation of African Unity) → 아프리카단결기구
OAPEC(Organization of Arab Petroleum Exporting Countries) → 아랍석유수출국기구
OECD(Organisation for Economic Cooperation and Development) → 경제협력개발기구
OEEC(Organisation for European Economic Cooperation) → 유럽경제협력기구
OPEC(Organization of the Petroleum Exporting Countries) → 석유수출국기구
OS(operating system) → 운영체제
PLO(Palestine Liberation Organization) → 팔레스타인해방기구
PSV 에인트호번 → 필립스 스포르트 퍼레이니힝
SA(Sturmabteilung) → 돌격대
SARS(severe acute respiratory syndrome) → 사스
SETI(search for extraterrestrial intelligence) → 외계 지적 생명체 탐사
SN(social networking service) → 소셜 네트워크 서비스
SOFA(status of forces agreement) → 주한미군지위협정
START I (Strategic Arms Reduction Treaty) → 전략무기감축조약
TBC(Tongyang Broadcasting Company) → 157, 158
THAAD(Terminal High Altitude Area Defense) → 사드
TPP(Trans-Pacific Partnership) → 환태평양경제동반자협정
UIP(United International Pictures) → 유나이티드 인터내셔널 픽처스
UN(United Nations) → 유엔
UNICEF(United Nations International Children's Emergency Fund) → 유니세프
UPI(United Press International) 29
USMCA(United States - Mexico - Canada Agreement) → 미국-멕시코-캐나다 협정 225
WWW(World Wide Web) → 월드 와이드 웹
WBC(World Boxing Council) → 세계복싱평의회
WBA(World Boxing Association) → 세계복싱협회
WHO(World Health Organization) → 세계보건기구
WBC(World Baseball Classic) → 월드 베이스볼 클래식
WWF(World Wide Fund for Nature) → 세계자연기금
WTO(Warsaw Treaty Organization) → 바르샤바 조약기구
WTO(World Trade Organization) → 세계무역기구

기획·집필

장석봉

전방위 지식큐레이터. 복잡한 세상에서 쉴 새 없이 쏟아지는 지식과 정보 중에서 필요하고 유익한 것들을 골라 소개한다. 대표작으로 32,000여 개의 단어와 6,000컷의 이미지로 세상의 모든 사물에 이름을 붙인 『세계만물그림사전』이 있다.

서강대학교에서 철학과 사회학을 공부하고, 수학, 과학, 역사책을 기획·번역하고 있으며, 『어메이징 필로소피』, 『세상에서 가장 아름다운 수학 공식』, 『빠르게 보는 수학의 역사』, 『과학이란 무엇인가』 등을 우리말로 옮겼다.

횡단 한국사

1판 1쇄 찍음 2025년 8월 26일
1판 1쇄 펴냄 2025년 9월 15일

기획·집필 장석봉

편집 김현숙, 이나연 | **디자인** 이현정
마케팅 백국현(제작), 문윤기 | **관리** 오유나

펴낸곳 궁리출판 | **펴낸이** 이갑수

등록 1999년 3월 29일 제300-2004-162호
주소 10881 경기도 파주시 회동길 325-12
전화 031-955-9818 | **팩스** 031-955-9848
홈페이지 www.kungree.com
전자우편 kungree@kungree.com
페이스북 /kungreepress | **트위터** @kungreepress
인스타그램 /kungree_press

ⓒ 장석봉, 2025.

ISBN 978-89-5820-912-6 03900

책값은 뒤표지에 있습니다.
파본은 구입하신 서점에서 바꾸어 드립니다.